中研院歷史語言研究所集刊論文類編

文獻考訂編

一

中華書局

圖書在版編目(CIP)數據

中研院歷史語言研究所集刊論文類編. 文獻考訂編/
中華書局編輯部編. —北京:中華書局,2009.4
ISBN 978 - 7 - 101 - 06258 - 8

I. 中… II. 中… III. ①社會科學 - 文集②古文獻學 - 中國 - 文集 IV. C53 G256 - 53

中國版本圖書館 CIP 數據核字(2008)第 119603 號

責任編輯:王 勗

中研院歷史語言研究所集刊論文類編
文獻考訂編
(全六册)
中華書局編輯部 編
*
中 華 書 局 出 版 發 行
(北京市豐臺區太平橋西里 38 號 100073)
http://www.zhbc.com.cn
E - mail:zhbc@ zhbc.com.cn
北京市白帆印務有限公司印刷
*
787×1092 毫米 1/16 · 383¼印張 · 1 插頁 · 7000 千字
2009 年 4 月第 1 版 2009 年 4 月北京第 1 次印刷
印數 1—700 册 定價:2450.00 元

ISBN 978 - 7 - 101 - 06258 - 8

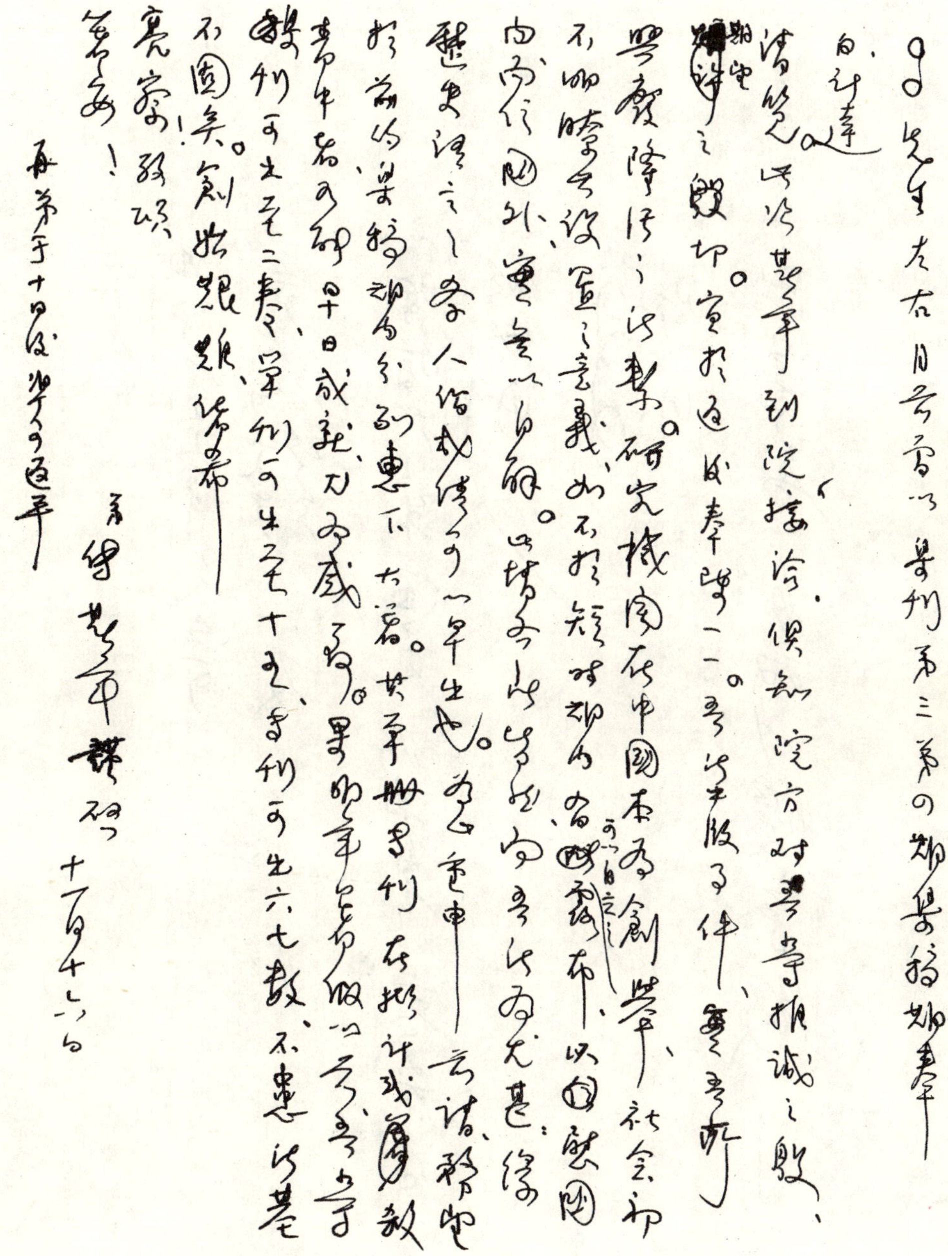

圖一① 傅斯年函稿

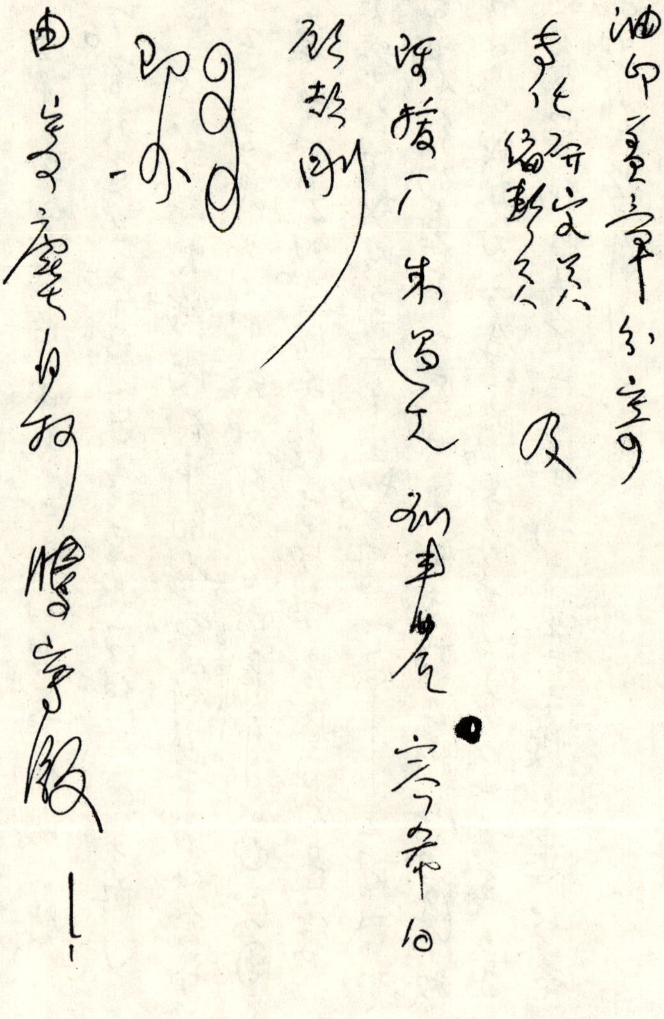

圖一② 傅斯年函稿

圖二　蔡元培《集刊發刊辭》稿

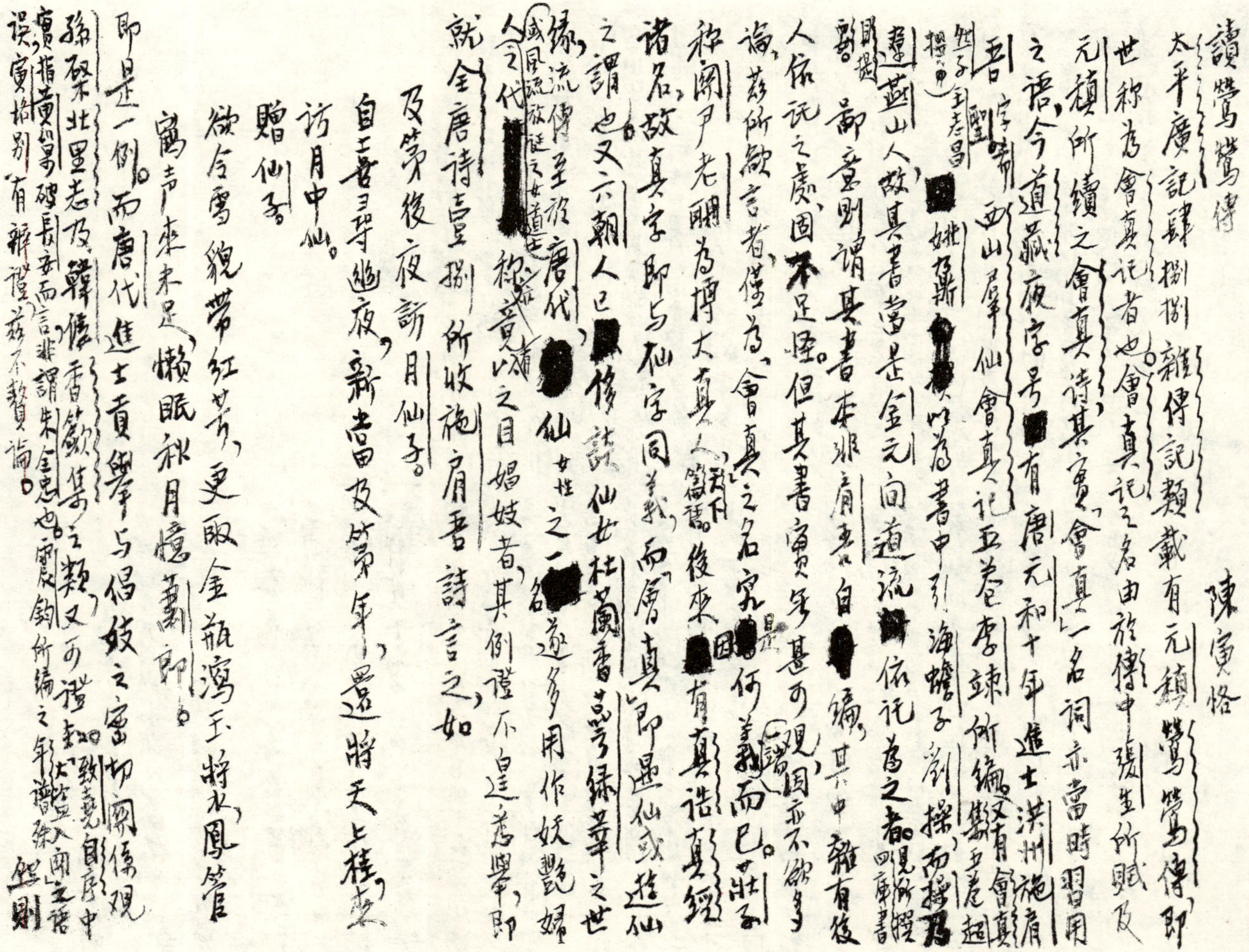

圖三① 陳寅恪《讀鶯鶯傳》稿

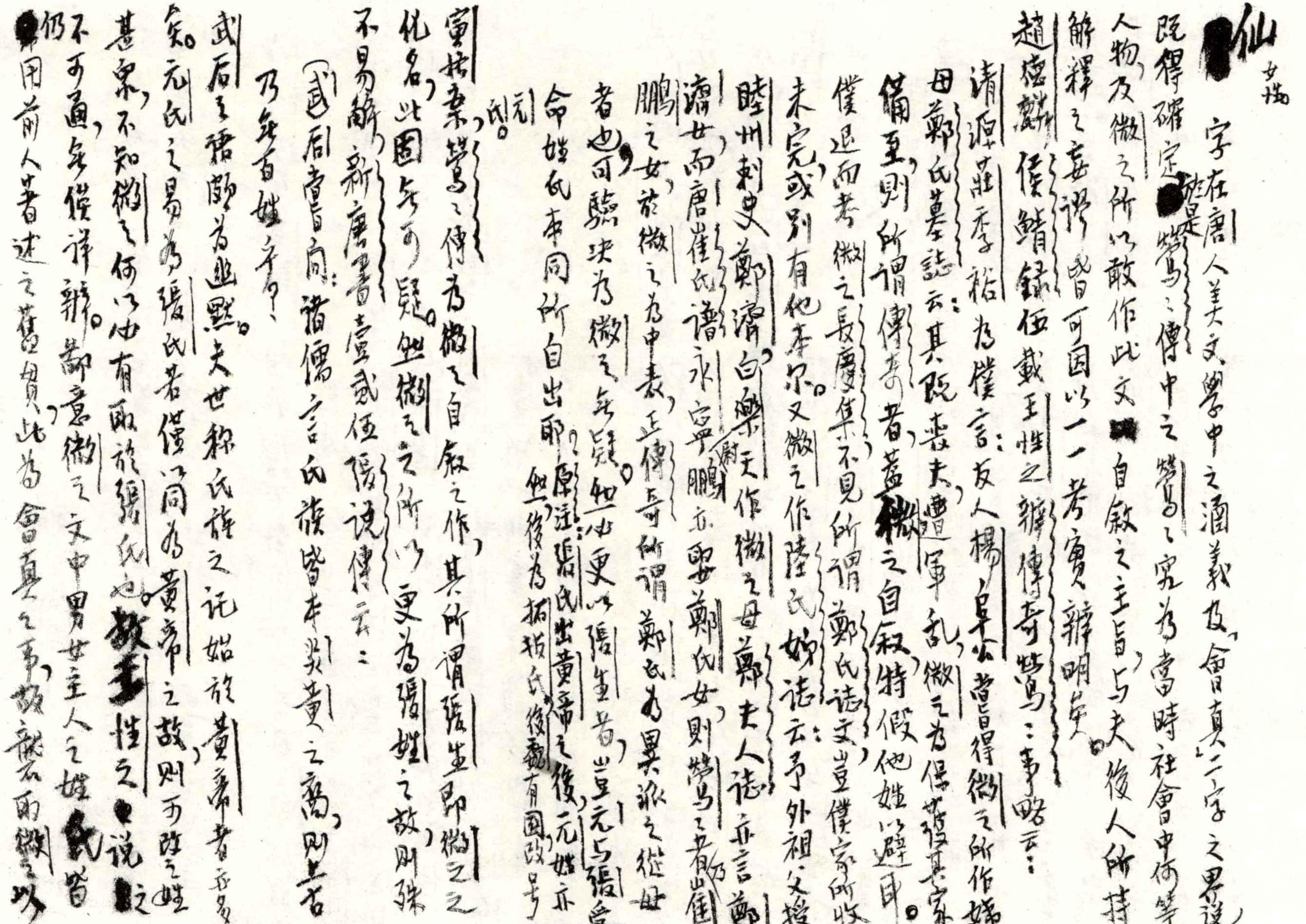

圖三② 陳寅恪《讀鶯鶯傳》稿

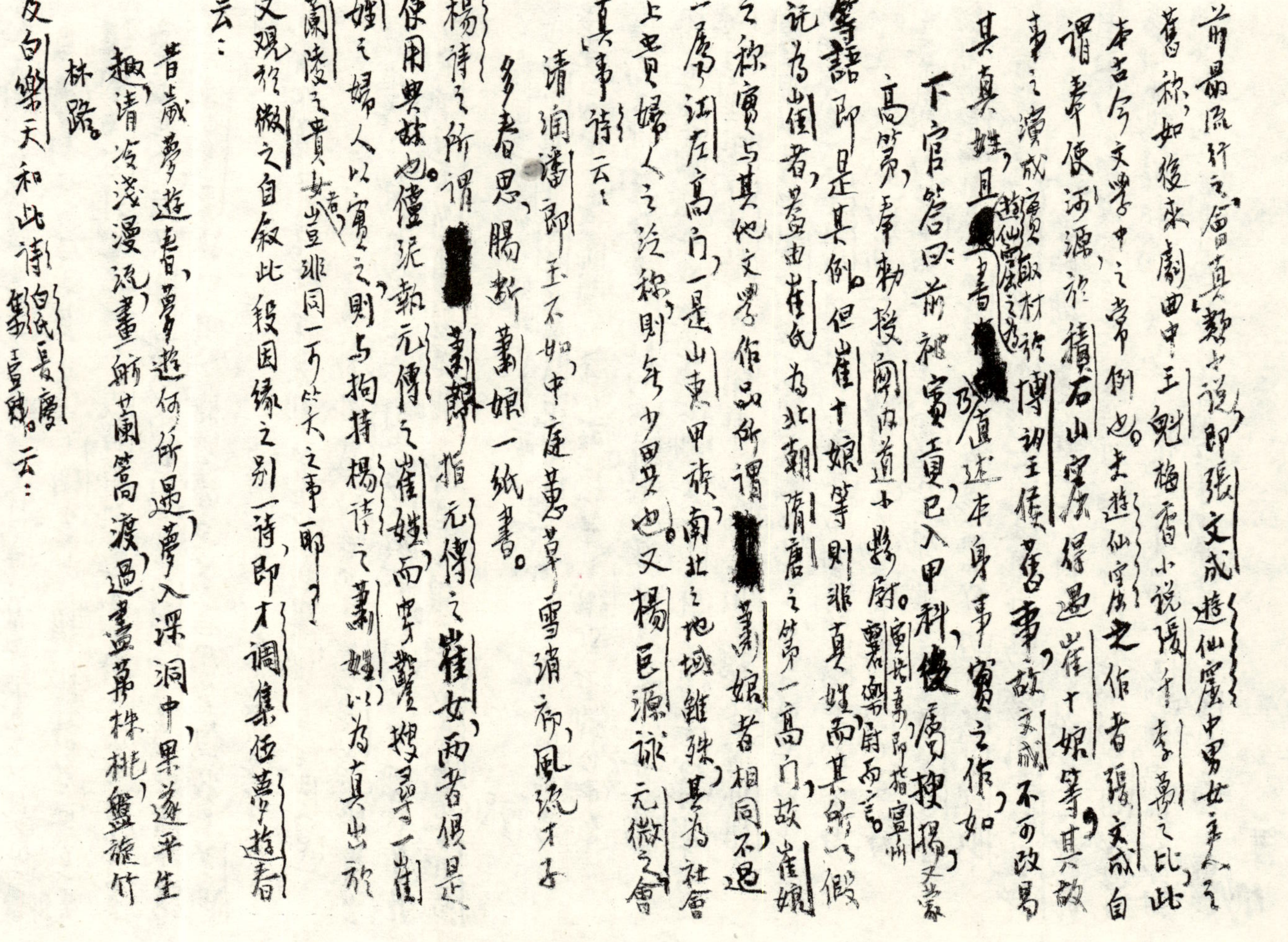

前最流行之當真數小說，即張文成遊仙窟中男女主人之舊稱，如後來劇曲中王魁梅香小說張千李萬之比。此本古今文學中之常例也。（遊仙窟之作者張文成自謂奉使河源，於積石山窟得遇崔十娘等，其故事之演成，（遊仙窟之為）取材於博望侯舊事，故文成不可改易其真姓，且[redacted]書[redacted]乃直述本身事實之作，如下官答以前被賓貢已入甲科，後屬搜揚，又蒙高第，奉敕授關內道小縣尉。（寅恪案：即指寧州襄樂尉而言）等語，即是其例。但崔十娘等則非真姓，而其所以假託為山崔者，蓋由崔氏為北朝隋唐之第一高門，故崔娘之稱，實與其他文學作品所謂[redacted]蕭娘者相同，不過一屬河東高門，一是山東甲族，南北之地域雖殊，其為社會上貴婦人之泛稱，則無少異也。又楊巨源詠元微之會真事詩云：

清潤潘郎玉不如，中庭蕙草雪消初。風流才子多春思，腸斷蕭娘一紙書。

楊詩之所謂[redacted]蕭娘指元傳之崔女，兩者俱是使用典故也。儻泥執元傳之崔娘，而穿鑿搜尋一崔姓之婦人以實之，則與拘持楊詩之蕭娘，以為真出於蘭陵之貴女者，豈非同一可笑之事耶？又觀於微之自敘此段因緣之別一詩，即才調集伍夢遊春云：

昔歲夢遊春，夢遊何所遇。夢入深洞中，果遂平生趣。清冷淺漫流，畫舫蘭篙渡。過盡萬株桃，盤旋竹林路。

及白樂天和此詩（白氏長慶集壹肆）云：

圖三③ 陳寅恪《讀鶯鶯傳》稿

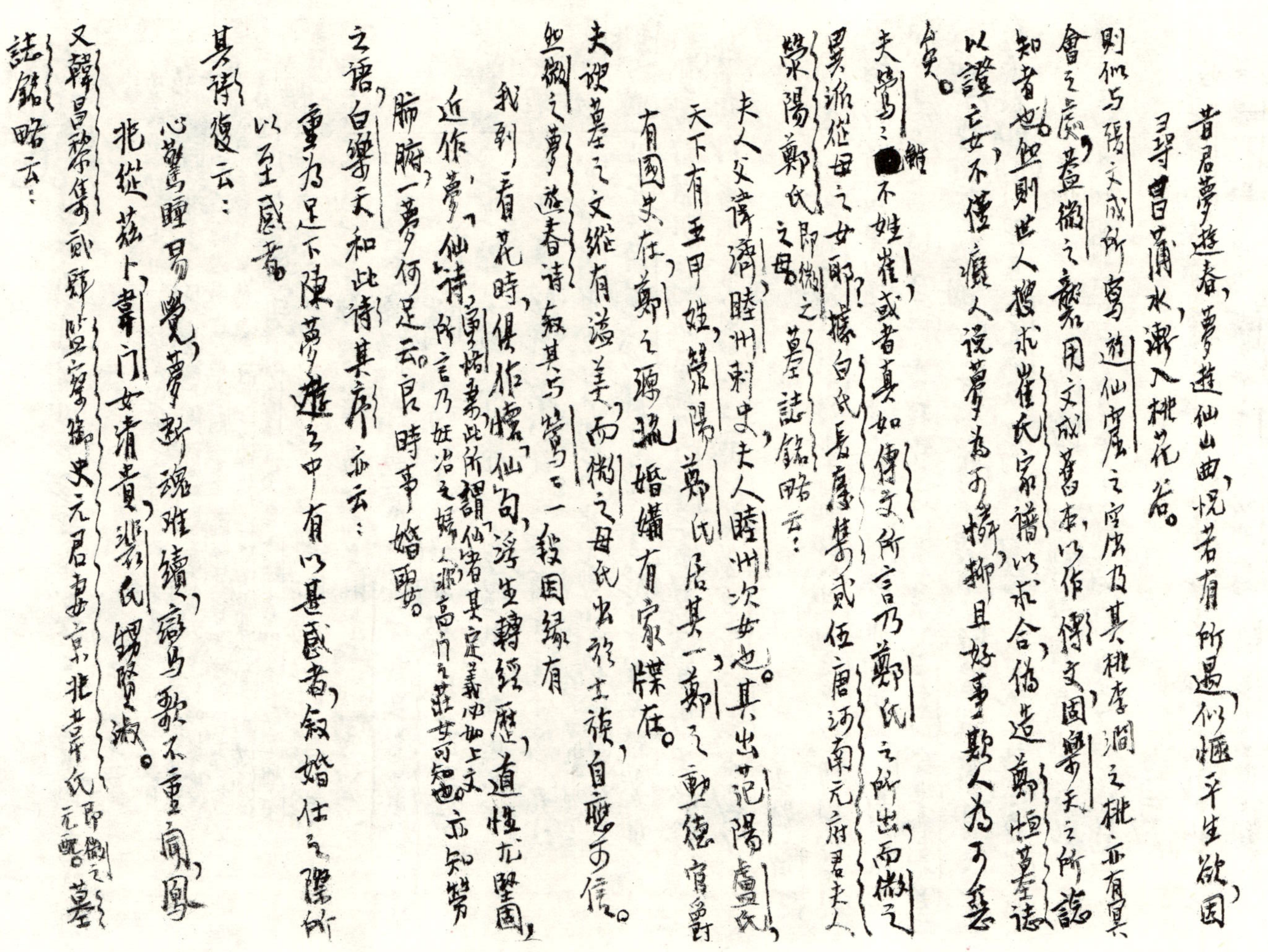
昔君夢遊春，夢遊仙山曲，怳若有所遇，似愜平生欲。因
尋昌蒲水，漸入桃花谷。
則似與張文成所寫遊仙窟之窟及其桃李澗之桃亦有冥
會之處，蓋微之襲用文成舊本以作傳文，固夢天之所認
知者也。然則世人雖求崔氏家譜以求合，偽造鄭恒墓誌
以證之者，不僅癡人說夢，為可憐憫，且好事欺人為可惡
矣。
夫鶯鶯之雖不姓崔，或者真如傳文所言乃鄭氏之所出，而微之
異派從母之女耶？據白氏長慶集貳伍唐河南元府君夫人
滎陽鄭氏（即微之之母）墓誌銘略云：
夫人父諱濟，睦州刺史。夫人，睦州次女也。其出范陽盧氏。
天下有五甲姓，滎陽鄭氏居其一，鄭之勳德官爵
有國史在，鄭之源流婚媾有家牒在。
夫觀墓誌之文，縱有溢美，而微之母氏出於士族，自應可信。
然微之夢遊春詩敘其與鶯鶯一段因緣有
我到看花時，但作懷仙句。浮生轉經歷，道性尤堅固。
近作夢仙詩，（夢仙詩者，此所謂仙，即指其定義如上文所言乃妖冶之婦人，非高門之莊女可知也）亦知勞
肺腑。一夢何足云，良時事婚娶。
之語，白樂天和此詩，其序亦云：
重為足下陳夢遊之中所以甚感者，敘婚仕之際所
以至感者。
其詩復云：
心驚睡易覺，夢斷魂難續。鸞歌不重聞，鳳
兆從茲卜。韋門女清貴，裴氏甥賢淑。
又韓昌黎集貳肆監察御史元君妻京兆韋氏（即微之元配）墓
誌銘略云：

圖三④ 陳寅恪《讀鶯鶯傳》稿

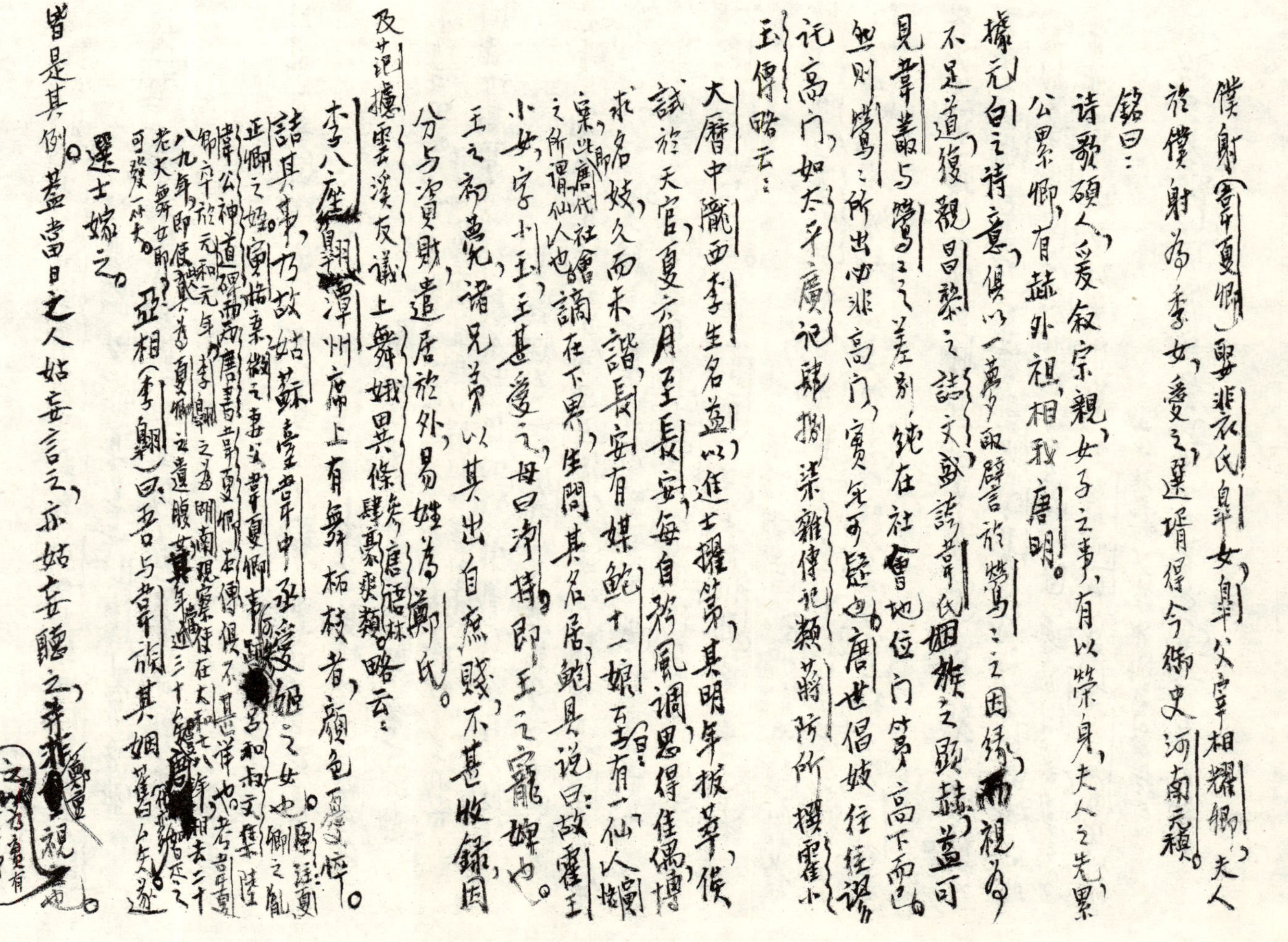

圖三⑤ 陳寅恪《讀鶯鶯傳》稿

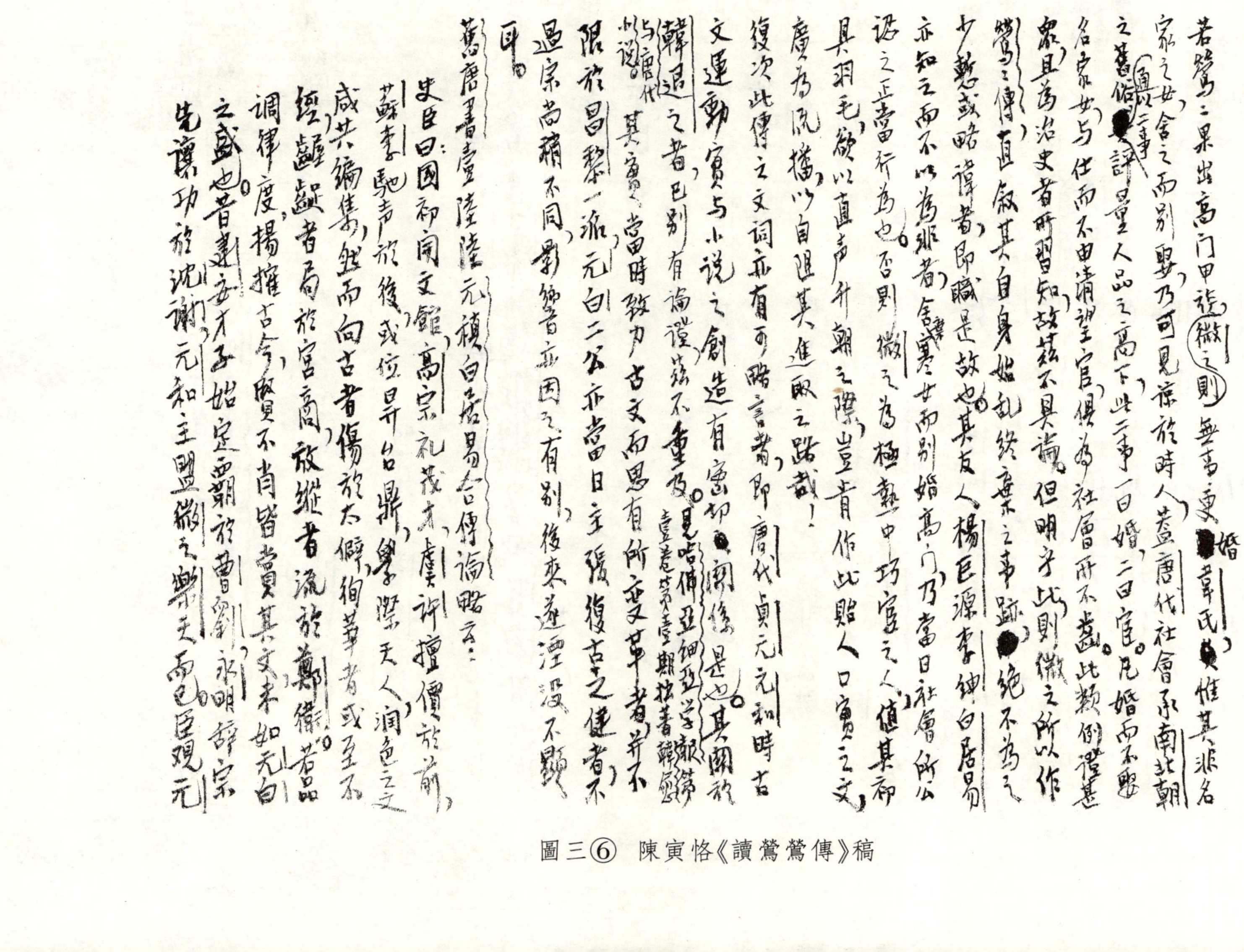

圖三⑥ 陳寅恪《讀鶯鶯傳》稿

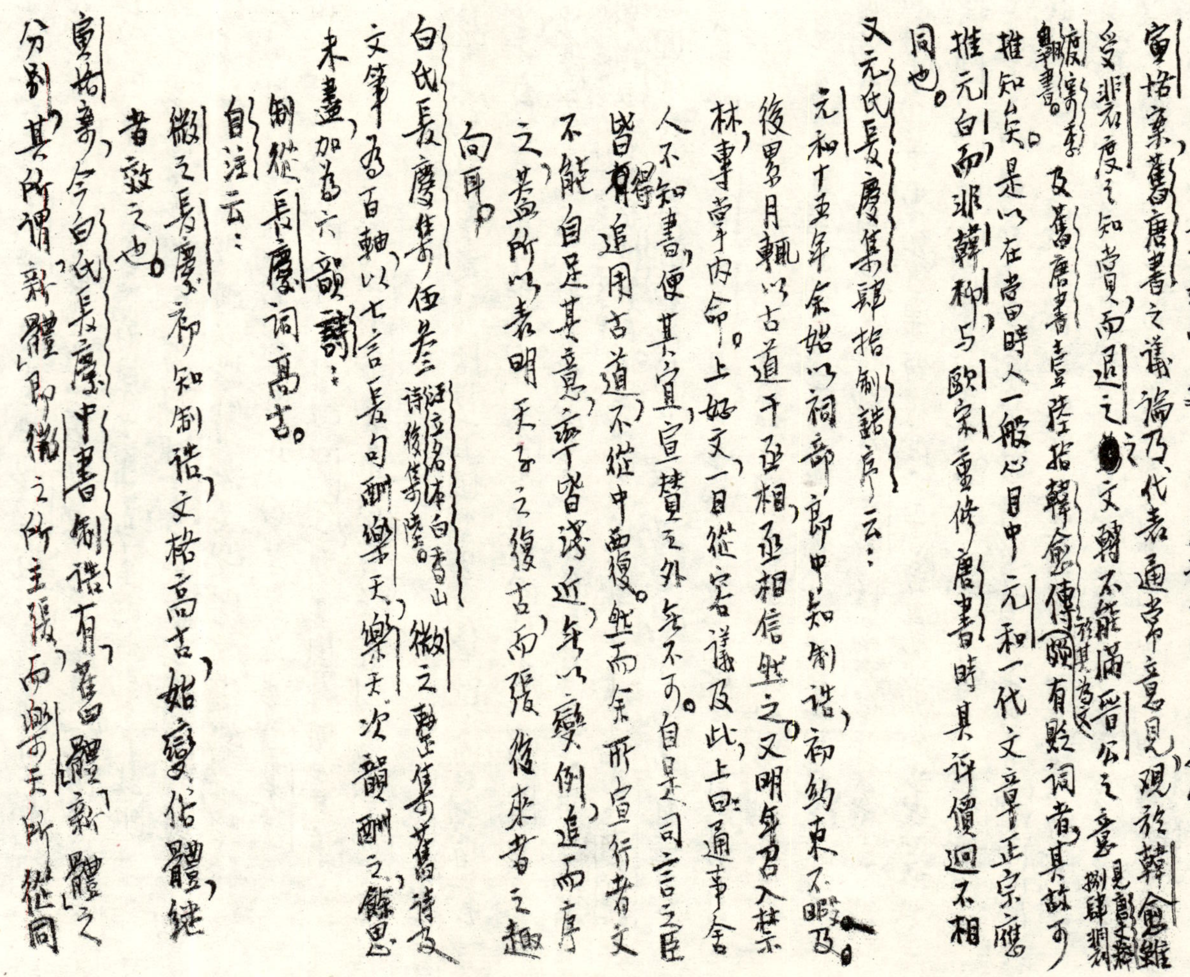
之制策，白之奏議，極文章之壺奧，盡治亂之根荄。
贊曰：文章新體，建安、永明。沈謝既往，元白挺生。
寅恪案：舊唐書之議論，乃代表通常意見，觀於韓愈雖受裴度之知賞，而退之之文轉不能滿晉公之意（見文苑英華陸捌柒裴度寄李翱書），及舊唐書壹陸拾韓愈傳（於其為文）頗有貶詞者，其故可推知矣。是以在當時人一般心目中，元和一代文章正宗應推元白，而非韓柳，與歐宋重修唐書時其評價迥不相同也。
又元氏長慶集肆拾制誥序云：
元和十五年余始以祠部郎中知制誥，初約束不暇，及後累月，輒以古道干丞相，丞相信然之。又明年，召入禁林，專掌內命。上好文，一日從容議及此，上曰：通事舍人不知書，便其宜，宣贊之外無不可。自是司言之臣皆得追用古道，不從中覆。然而余所宜行者文不能自足其意，率皆淺近，無以變例。追而序之，蓋所以表明天子之復古，而張後來者之趣向耳。
白氏長慶集伍叁（汪立名本白香山詩後集陸）微之整集舊詩及文筆為百軸，以七言長句寄樂天，樂天次韻酬之，餘思未盡，加為六韻重寄詩：
制從長慶辭高古。
自注云：
微之長慶初知制誥，文格高古，始變俗體，繼者效之也。
寅恪案：今白氏長慶集中書制誥有「舊體」「新體」之分別，其所謂「新體」即微之所主張，而樂天所從同

圖三⑦ 陳寅恪《讀鶯鶯傳》稿

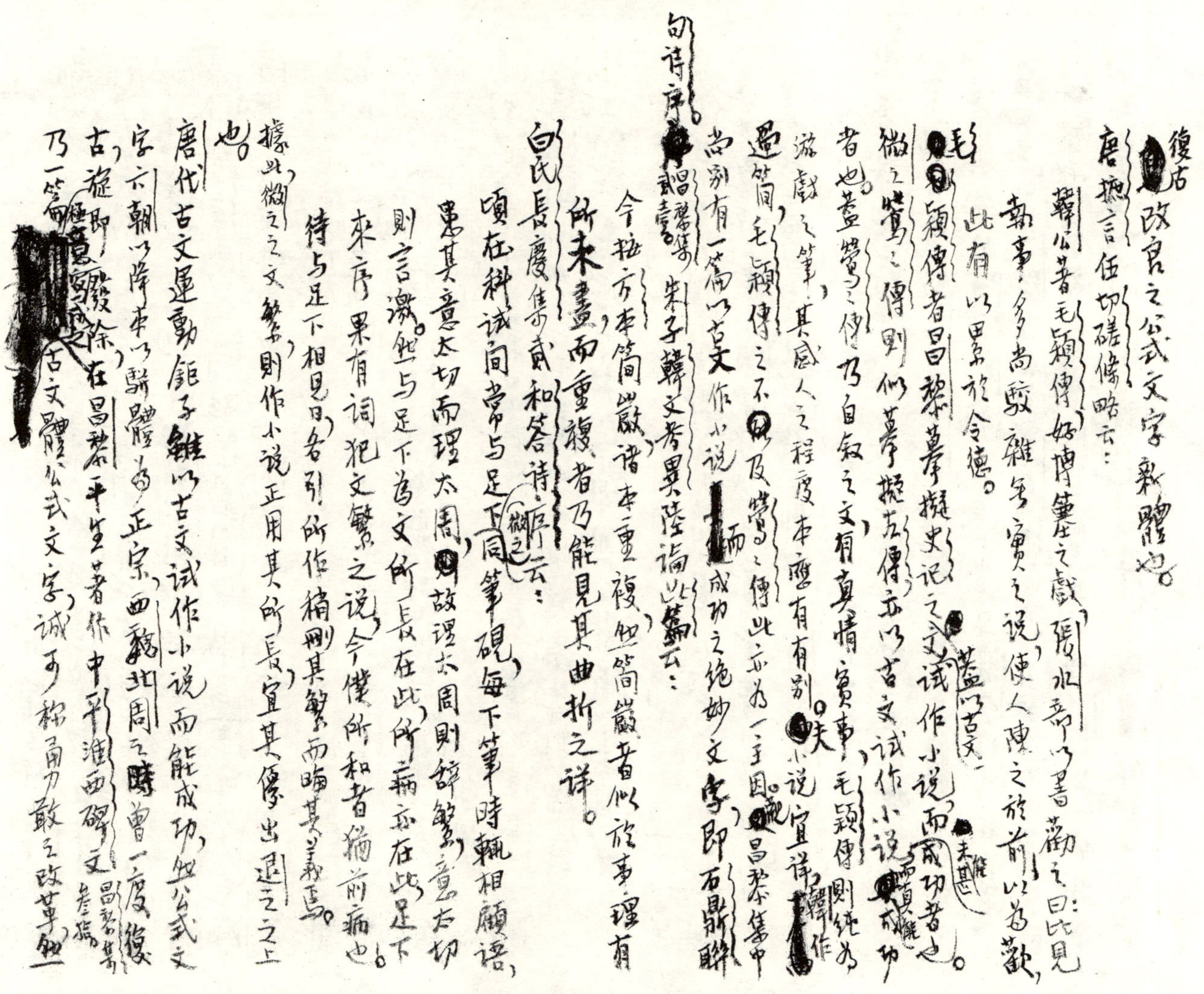

圖三⑧ 陳寅恪《讀鶯鶯傳》稿

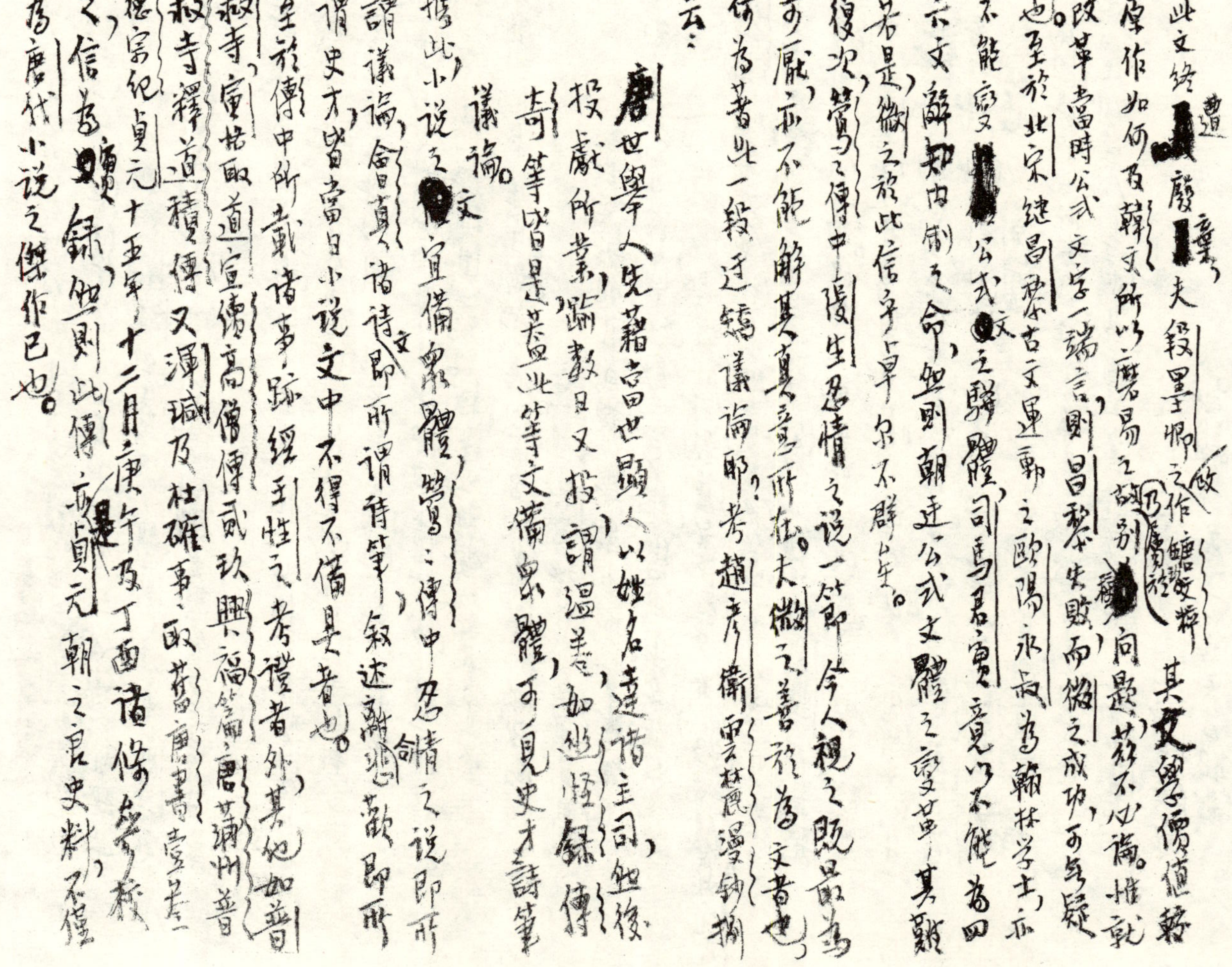

圖三⑨ 陳寅恪《讀鶯鶯傳》稿

序

中央研究院歷史語言研究所創始於一九二八年，到二〇〇八年就是八十週年了。史語所創所伊始，即有《中央研究院歷史語言研究所集刊》，在《集刊》的第一本第一分中，傅斯年所長發表了《歷史語言研究所工作之旨趣》，提出新材料、新方法、新工具、新問題等主張，這些主張不但影響了《集刊》文章的風格，對近代史學界也産生了極大的影響。

目前爲止，《集刊》已持續出刊近八十年，在近代中國，大部份學術刊物倏起倏滅，能持續到八十年的學刊，確實不多。從這一點來説，我們不能不珍惜這一個得來不易的成果。

除《集刊》外，史語所還出版專刊、單刊、田野工作報告、資料叢刊、目録索引叢刊等，近二十年來，更有《新史學》(與台灣史學界同仁合辦)、《古今論衡》及在世界漢學界素有聲譽的 Asia Major 等刊物。

史語所從創所開始一直到今天，都是一個多學科、跨領域的研究所，所包含的學門基本上有歷史、語言、考古、人類學、文字、文籍考訂等，所以《集刊》所收文章的門類也就相當多樣。過去一二十年來，中國大陸出版界迭有要求，希望重印《集刊》，作爲學術研究的參考。但是《集刊》卷帙浩繁，不易查索，究竟以何種方式呈現比較方便讀者，確實頗費思量。北京中華書局是卓負盛譽的出版單位，他們在獲得史語所授權之後，提出以類相從的辦法，出版《中研院歷史語言研究所集刊論文類編》。這種出版方式可以同時方便個人及機構，使得《集刊》文章能到達更多需要參考的人手中。

文章分類特别困難，在編輯的過程中，協助檢核分類者，依各卷順序爲：語言所何大安先生，史語所陳昭容女士、邢義田先生、劉增貴先生、劉淑芬女士、柳立言先生、劉錚雲先生、李永迪先生、陳鴻森先生、王明珂先生等，另有張秀芬女士、陳靜芬女士協助整理，附此致謝。

中研院歷史語言研究所所長

王汎森　謹誌

凡　例

一、《中研院歷史語言研究所集刊論文類編》(以下簡稱《類編》)所收論文,取自《中研院歷史語言研究所集刊》(以下簡稱《集刊》)1928 年第 1 本第 1 分至 2000 年第 71 本第 4 分。《集刊》2000 年以後所刊載論文,待日後再行續編。

二、本次類編,根據《集刊》所刊載論文涉及的研究領域,分爲六編,其中《語言文字編》、《歷史編》下設卷,具體編、卷名目如下:

語言文字編(音韵卷、語法卷、方言卷、文字卷)

歷史編(先秦卷、秦漢卷、魏晋隋唐五代卷、宋遼金元卷、明清卷)

考古編

文獻考訂編

思想與文化編

民族與社會編

其中,《思想與文化編》中"文化"爲廣義的文化概念;《民族與社會編》涵蓋民族、生活禮俗、科技、醫療、工藝等方面;涉及跨斷代内容的論文,以最早斷代爲收録原則;論文具有多重性質者,以"研究者使用需要"及"論文重點"爲歸屬各編(卷)的標準。

三、爲體現《集刊》的辦刊宗旨,現將蔡元培先生撰寫的《發刊辭》、傅斯年先生撰寫的《歷史語言研究所工作之旨趣》置於《語言文字編》、《歷史編》、《考古編》、《文獻考訂編》、《思想與文化編》、《民族與社會編》所收論文前;《語言文字編》另增置傅斯年先生提議之《本所對語言學工作之範圍及旨趣》一文。

四、《類編》各編(卷)所收論文,均按刊期排列。爲便於閲讀、查檢,各編(卷)目録置於書前,《集刊》(1928—2000)《類編》總目置於書後;頁眉處標示本編(卷)通碼;頁脚處保留原刊頁碼;各篇論文文末附注原刊刊期,以"出自第某本第某分"予以表示,括注公曆出版年月。

五、《類編》所收論文中,基本保留了原版面貌,個別表述與現行規範不相符合之處,做了適當的技術處理,敬請讀者鑑之。

六、因轉載著作權等原因,以下五篇論文未予以收録:

陳槃《"戰國的統治機構與治術"劄記跋》(原刊《集刊》第 37 本下)

陳槃《"論貨幣單位鍰"劄記跋》(原刊《集刊》第 39 本上)

宋光宇《清境與吉洋——兩個安置從滇緬邊區撤回義民聚落的調查報告》(原刊《集刊》第 53 本第 4 分)

Aelence, Transitivity, Focus, Case and the Auxiliary Verb Systems in Yami(原刊《集刊》第 62 本第 1 分)

高去尋《李峪出土銅器及其相關之問題》(原刊《集刊》第 70 本第 4 分)

目　録

集刊發刊辭

同是動物，爲什麼止有人類能不斷的進步，能創造文化？因爲人類有歷史，而別的動物沒有。因爲他們沒有歷史，不能把過去的經驗傳說下去，作爲一層層積累上去的基礎，所以不容易進步。例如蜂蟻的社會組織，不能不說是達到高等的程度；然而到了這個程度，不見得永遠向上變化，這豈不是沒有歷史的緣故？

同是動物，爲什麼止有人類能創造歷史，而別的動物沒有？因爲人類有變化無窮的語言，而後來又有記錄語言的工具。動物的鳴聲本可以算是他們的語言；古人說介葛盧識牛鳴，公冶長通鳥語，雖然不是近代確切的觀念；然而狗可以練習得聞人言而動，人可以因經驗了解狼的發聲之用意，這是現代的事實；但是他們的鳴聲既沒有可以記錄的工具，且又斷不是和人的語言有同等複雜的根基的，所以不能爲無窮的變化，不能作爲記錄無限經驗的工具，所以不能產生歷史。人類當沒有文字的時候，已有十口相傳的故事與史歌，已不類他種動物鳴聲的簡單而會有歷史的作用。發明文字以後，傳抄印刷，語言日加複雜，可以助記憶力，而歷史始能成立。

人類有這種特殊的語言，而因以產生歷史，這也是人類在動物中特別進步的要點，而語言學與歷史學，便是和我們最有密切關係的科學。

語言學的研究，或偏於聲音，或偏於語式，或爲一區域，一種族，一時期間的考證，或注重於各區域，各種族，各時期間相互的關係；固不必皆屬於歷史，但一涉參互錯綜的痕迹，就與歷史上事實相關。歷史的研究，範圍更爲廣大；不但有史以來，人類食衣住行的習慣，疾疫戰爭的變異，政教實業的嬗變，文哲科學藝術的進行，都是研究的對象；而且有史以前的古物與遺蹟，地質學上的化石，生物學上進化的成例，也不能不研究；固然不都是與語言學有關，而語言學的材料，與歷史學關係的很多；所以我們把這兩種科學，合設研究所，覺得是很便利的。

我們研究的旨趣，與方法，與計畫，已經有專篇說明了。幾個月來，我們少數同志，按著預定的計畫，分途工作，已經有開頭的一點小小材料，我們希望有多數同志加入，把工作的範圍擴大起來，不能不隨時把我們已有的工作作報告，聽同志們的評判，這就是我們開始印行這集刊的緣故。

蔡元培　中華民國十七年八月　南京

出自第一本第一分(一九二八年八月)

歷史語言研究所工作之旨趣

歷史學和語言學在歐洲都是很近才發達的。歷史學不是著史：著史每多多少少帶點古世中世的意味，且每取倫理家的手段，作文章家的本事。近代的歷史學只是史料學，利用自然科學供給我們的一切工具，整理一切可逢着的史料，所以近代史學所達到的範域，自地質學以至目下新聞紙，而史學外的達爾文論正是歷史方法之大成。歐洲近代的語言學在梵文的發見影響了兩種古典語學以後纔降生，正當十八十九世紀之交。經幾個大家的手，印度日耳曼系的語言學已經成了近代學問最光榮的成就之一個，別個如賽米的系，芬匈系，也都有相當的成就，即在印度支那語系也有有意味的揣測。十九世紀下半的人們又注意到些個和歐洲語言全不相同的語言，如黑人的話等等，「審音之功」更大進步，成就了甚細密的實驗語音學，而一語裏面方言研究之發達，更使學者知道語言流變的因緣，所以以前比較言語學尙不過是和動物植物分類學或比較解剖學在一列的，最近一世語言學所達到的地步，已經是生物發生學，環境學，生理學了。無論綜比的系族語學，如印度日耳曼族語學，等等，或各種的專語學，如日耳曼語學，芬蘭語學，伊斯蘭語學，等等，在現在都成大國。本來語言即是思想，一個民族的語言即是這一個民族精神上的富有，所以語言學總是一個大題目，而直到現在的語言學的成就也很能副這一個大題目。在歷史學和語言學發達甚後的歐洲是如此，難道在這些學問發達甚早的中國，必須看着他荒廢，我們不能製造別人的原料，便是自己的原料也讓別人製造嗎？

論到語言學和歷史學在中國的發達是很引人尋思的。西曆紀元前兩世紀的司馬遷，能那樣子傳信存疑以別史料，能作八書，能排比列國的紀年，能有若干觀念比十九世紀的大名家還近代些。北宋的歐陽修一面修五代史，純粹不是客觀的史學，一面却作集古錄，下手研究直接材料，是近代史學的眞工夫。北南宋的人雖然有歐陽修的五代史，朱熹的綱目，是代表中世古世的思想的，但如司馬光作通鑑，「編閱舊史，旁採小說，」他和劉攽劉恕范祖禹諸人都能利用無限的史料，考定舊記，凡通鑑和所謂正史不同的地方每多是詳細考定的結果，可惜長篇不存在，我們不得詳細看他們的方法，然尙有通鑑考異說明史料的異同。宋朝晚年一切史料的利用，及考定辯疑的精審，有些很使人更驚異的。照這樣進化到明朝，應可以有當代歐洲的局面了，不幸胡元之亂，明朝人之浮誇，不特不進步，或者退步了。明清之交，浙東的史學派又發了一個好端涯，但康熙以後漸漸的熄滅，無論官書和私箸，都未見得開新趨向，這乃由於外族政府最忌眞史學發達之故。語言學中，中國雖然沒有普日尼，但中國語本不使中國出普日尼，而中國文字也出了說文解字，這書雖然現在看來只是一部沒有時代觀念，不自知說何文解何字的系統哲學，但當年總是金聲玉振的書，何況還有認識方言的輶軒使者？古代的故事且少論，論近代：顧炎武搜求直接的史料訂史文，以因時因地的音變觀念爲語學，閻若璩以實在地理訂古記載，以一切比核辯證僞孔，不注經而提出經的題目，並解決了他，不箸史而成就了可以永遠爲法式的辨史料法。亭林百詩這樣對付歷史學和語言學，是最近代的：這樣立點便是不朽的遺訓。不幸三百年前雖然已經成就了這樣近代的一個遺訓，一百多年前更有了循這遺訓的形跡而出的好成就，而到了現在，除零零星星幾個例外以外，不特不因和西洋人接觸，能夠借用新工具，擴張新材料，反要坐看修元史修清史的做那樣官樣形式文章，又坐看章炳麟君一流人尸學問上的大權威。章氏在文字學以外是個文人，在文字學以內做了一部文始，一步倒退過孫詒讓，再步倒退過吳大澂，三步倒退過阮元，不特自己不能用新材料，即是別人已經開頭用了的新材料，他還抹殺着，至於那部新方言，東西南北的猜去，何嘗尋楊雄就一字因地變異作觀察？這麼竟倒退過二千多年了。

推繹說去，爲甚麼在中國的歷史學和語言學開了一個好的端緒以後，不能隨時發展，到了現在這樣落後呢？這原故本來顯然，我們可以把一句很平實的話作一個很該括的標準。(一)凡能直接研究材料，便進步，凡間接的研究前人所研究或前人所創造之系統，而不繁豐細密的參照所包含的事實，便退步。上項正是所謂科學的研究，下項正是所謂書院學究的研究，在自然科學是這樣，在語言學和歷史學亦何嘗不然？舉例說，以說文爲本體，爲究竟，去作研究的文字學，是書院學究的作爲，僅以說文爲材料之一種，能充量的辨別着去用一切材料，如金文，甲骨文等，因而成就的文字學，乃是科學的研究。照着司馬子長的舊公式，去寫紀表書傳，是化石的史學，能利用各地各時的直接材料，大如地方志書，小如私人的日記，遠如石器時代的發掘，近如某個洋行的貿易册，去把史事無論鉅者或細者，單者或綜合者，條理出來，是科學的本事。科學研究中的題目是事實之匯集，因事實之研究而更產生別個題目。所以有些從前世傳來的題目經過若干時期，不是被解決了，乃是被解散了，因爲新的事實證明了舊來問題不成題問，這樣的問題不管他困了多少年的學者，一經爲後來發見的事實所不許之後，自然失了他的成爲問題之地位。破壞了遺傳的問題，解決了事實逼出來的問題，這學問自然進步。譬如兩部皇清經解，其中的問題是很多的，如果我們這些以外不再成題目，這些以內不肯捐棄任何題目，自然這學問是靜止的，是不進步的。一種學問中的題目能夠新陳代謝，則所得結果可以層層堆積上去，即使年代久遠，堆積衆多，究竟不覺得累贅，還可以到處出來新路，例如很發達的天文物理化學生物等科目；如果永遠盤桓於傳留的問題，舊題不下世，新題不出生，則結果直是旋風舞而已，例如中國的所謂經學中甚多題目，如西洋的哲學。所以中國各地零零碎碎致力於歷史或語言學範圍內事的人也本不少，還有些所謂整理國故的工作，不過每每因爲所持住的一些題目不在關鍵中，換言之，無後世的題目，或者是自縛的題目，遂至於這些學問不見奔馳的發展，只表昏黃的殘缺。(二)凡一種學問能擴張他所研究的材料便進步，不能的便退步。西洋人研究中國或牽連中國的事物，本來沒有很多的成績，因爲他們讀中國書不能親切，認中國事實不能嚴辯，所以關於一切文字審求，文籍考訂，史事辯別，等等，在他們永遠一籌莫展，但他們却有些地方比我們範圍來得寬些。我們中國人多是不會解決史籍上的四裔問題的，丁謙君的諸史外國傳考證遠不如沙萬君之譯外國傳，玉連之解大唐西域記，高幾耶之注馬哥博羅遊記，米勒之發讀回紇文書，這都不是中國人現在已經辦到的。凡中國人所忽略·如匈奴，鮮卑，突厥，回紇，契丹，女眞，蒙古，滿洲等問題，在歐洲人卻施格外的注意。說句笑話，假如中國學是漢學，爲此學者是漢學家，則西洋人治這些匈奴以來的問題豈不是虜學，治這學者豈不是虜學家嗎？然而也許漢學之發達有些地方正借重虜學呢！又如最有趣的一些材料，如神祇崇拜，歌謠，民俗，各地各時雕刻文式之差別，中國人把他們忽略了千百年，還是歐洲人開頭爲有規模的注意。零星注意中國向來有的。西洋人作學問不是去讀書，是動手動脚到處尋找新材料，隨時擴大舊範圍，所以這學問才有四方的發展，向上的增高。中國文字學之進步，正因爲說文之研究消滅了汗簡，阮吳諸人金文之研究識破了說文，近年孫詒讓王國維等之殷文研究更能繼續金文之研究。材料愈擴充，學問愈進步，利用了檔案，然後可以訂史，利用了別國的記載，然後可以考四裔史事。在中國史學的盛時，材料用得還是廣的，地方上求材料，刻文上抄材料，檔庫中出材料，傳說中辨材料，到了現在，不特不能去擴張材料，去學曹操設「發塚校尉」，求出一部古史於地下遺物，就是「自然」送給我們的出土的物事，以及燉煌石藏，內閣檔案，還由他燬壞了好多，剩下的流傳海外，京師圖書館所存摩尼經典等等良籍，還復任其擱置，一面則談整理國故者人多如鯽，這樣焉能進步？(三)凡一種學問能擴充他作研究時應用的工具的，則進步，不能的，退步。實驗學家之相競如鬥寶一般，不得其器，不成其事，語言學和歷史學亦復如此。中國歷來的音韻學者審不了音，所以把一部切韻始終弄不甚明白，一切古音研究僅僅以統計的方法分類，因爲幾個字的牽連，使得分類上各家不同，即令這些分類有的對了，也不過能舉其數，不能舉其實，知其然不知其所以然，如錢大昕論輕唇舌上古來無之，乃自重唇舌頭出，此言全是，然何以重唇分出一類爲輕唇，舌頭分出一類爲舌上，竟不是全部的變遷，這層道理非現在審音的人不能明白，錢君固說不出。若把一個熟習語音學的人和這樣一個無工具的研究者比長短，是沒法子競爭的。又如解釋隋唐音，西洋人之知道梵音的，自然按照譯名容易下手，在中國人本沒有這個工具，又沒有法子。又如西藏，緬甸，暹羅等語，實在和漢語出於一語族，將來以比較言語學的方法來建設中國古代言語學，取資於這些語言中的印證處至多，沒有這些工具不能成這些學問。又如現代的歷史學研究已經成了一個各種科學的方法之匯集。地質，地理，考古，生物，氣象，天文等學，無一不供給研究歷史問題者之工具。顧亭林研究歷史事跡時自己觀察地形，這意思雖然至好，但如果他能有我們現在可以向西洋人借來的一切自然科學的工具，成績豈不更卓越呢？若干歷史學的問題非有自然科學之資助無從下手，無從解決。譬如春秋經是不是終於獲麟，左氏經後一段是不是劉歆所造補，我們正可以算算哀公十四年之日食是不是對的，如不對，自然是僞作，如對了，自然是和獲麟前春秋文同出史所記。又譬如我們要掘地去，沒有科學資助的人一鏟子下去，損壞了無數古事物，且正不知掘準了沒有，如果先有幾種必要科學的訓練，可以一層一層的自然發現，不特得寶，並且得知當年入土之蹤跡，這每每比所得物更是重大的智識。所以古史學在現在之需用測量本領及地質氣象常識，並不少於航海家。中國史學者先沒有這些工具，那能使得史學進步，無非靠天幫忙，這裏那裏現些出土物，又靠西洋人的腿，然而却又不一定是他們的腦袋，找到些新材料而已。整理自己的物事的工具尙不夠，更說不上整理別人的物事，如希拉藝術如何影響中國佛教藝術，中央亞細亞的文化成分如何影響到中國的物事，中國文化成分如何由安西西去，等等，西洋的東方學者之拿手好戲，日本近年也有竟敢去幹的，中國人目前只好拱手謝之而已。

由上列的三項看來，除幾個例外算，近幾世中中國語言學和歷史學實不大進步，其所以如此自是必然的事實。在中國的語言學和歷史學當年之有光榮的歷史，正因爲能開拓的用材料，後來之衰歇，正因爲題目固定了，材料不大擴充了，工具不添新的了。不過在中國境內語言學和歷史學的材料是最多的，歐洲人求之尙難得，我們却坐看他毁壞亡失。我們着實不滿這個狀態，着實不服氣就是物質的原料以外，即便學問的原料，也被歐洲人搬了去乃至偷了去。我們很想借幾個不陳的工具，處治些新獲見的材料，所以才有這歷史語言研究所之設置。

我們宗旨第一條是保持亭林百詩的遺訓。這不是因爲我們震慴於大權威，也不是因爲我們發什麼「懷古之幽情」，正因爲我們覺得亭林百詩在很早的時代已經使用最近代的手段，他們的歷史學和語言學都是照着材料的分量出貨物的。他們搜尋金石刻文以考證史事，親看地勢以察古地名。亭林於語言按照時和地變遷的這一個觀念看得頗清楚，百詩於文籍考訂上成那末一個偉大的模範著作，都是能利用舊的新的材料，客觀的處理實在問題，因解决之問題更生新問題，因問題之解决更要求多項的材料。這種精神在語言學和歷史學裏是必要的，也是充足的。本這精神，因行動擴充材料，因時代擴充工具，便是唯一的正當路徑。

宗旨第二條是擴張研究的材料

第三條是擴張研究的工具　這兩層的理由上文中已叙說，不再重復了。這三件實在是一句話，沒有客觀的處理史學或語言學的題目之精神，即所謂亭林百詩的遺訓者，是不感覺着擴充材料之必要，且正也擴充不了，若不擴張工具，也不能實現這精神，處置這材料。

關於我們宗旨的負面還有幾句話，要說。

(一)我們反對「國故」一個觀念。如果我們所去研究的材料多半是在中國的，這並不是由於我們專要研究「國」的東西，乃是因爲在中國的材料到我們的手中方便些，因爲我們前前後後對於這些材料或已經有了些研究，以後堆積上研究去方便些，好比在中國的地質或地理研究所所致力的，總多是些中國地質地理問題，在中國的生物研究所所致力的，總多是些中國生物問題，在中國的氣象研究所所致力的，總是些中國各地氣象觀察。世界上無論那一種歷史學或那一種語言學，要想做科學的研究，只得用同一的方法，所以這學問斷不以國別成邏輯的分別，不過是因地域的方便成分工。國故本來即是國粹，不過說來客氣一點兒，而所謂國學院也恐怕是一個改良的存古學堂。原來「國學」「中國學」等等名詞，說來都甚不祥，西洋人造了支那學「新諾邏輯」一個名詞，本是和埃及脫邏輯亞西里亞邏輯同等看的，難道我們自己也要如此看嗎？果然中國還有將來，爲什麼算學天文物理化學等等不都成了國學，爲什麼國學之下都僅僅是些言語歷史民俗等等題目？且這名詞還不通達，取所謂國學的大題目在語言學或歷史學的範圍中的而論，因爲求這些題目之解決與推進，如我們上文所敍的，擴充材料，擴充工具，勢必至於弄到不國了，或不故了，或且不國不故了。這層並不是名詞的爭執，實在是精神的差異之表顯。(二)我們反對疏通，我們只是要把材料整理好，則事實自然顯明了。一分材料出一分貨，十分材料出十分貨，沒有材料便不出貨。兩件事實之間，隔着一大段，把他們聯絡起來的一切涉想，自然有些也是多多少少可以容許的，但推論是危險的事，以假設可能爲當然是不誠信的事。所以我們存而不補，這是我們對於材料的態度；我們證而不疏，這是我們處置材料的手段。材料之內使他發見無遺，材料之外我們一點也不越過去說。果然我們同人中也有些在別處發揮歷史哲學或語言泛想，這些都僅可以當作私人的事，不是研究所的工作。(三)我們不做或者反對，所謂普及那一行中的工作。近百年中，拉丁文和希臘文在歐洲一般教育中之退步，和他們在學問上之進步，恰恰成正比例，我們希望在中國也是如此。現在中國希望製造一個新將來，取用材料自然最重要的是歐美的物質文明，即物質以外的東西也應該取精神於未衰敗的外國。歷史學和語言學之發達自然於教育上也有相當的關係，但這都不見得即是什麼經國之大業不朽之盛事，只要有十幾個書院的學究肯把他們的一生消耗到這些不生利的事物上，也就足以點綴國家之崇尚學術了——這一行的學術。這個反正沒有一般的用處，自然用不着去引誘別人也好這個，如果一旦引了，不特有時免不了致人於無用，且愛好的主觀過於我們的人進來時，帶進了些烏煙瘴氣，又怎麽辦？

這個歷史語言研究所本是大學院院長蔡先生委託在廣州的三人籌備的，現在正計畫和接洽應舉的事，已有些條隨着人的所在小小動手，却還沒有把研究所的大體設定。稍過些時，北伐定功，破虜收京之後，這研究所的所在或者一部分在廣州一部分在北京，位置的方便供給我們許多工作進行的方便。我們最要注意的是求新材料，第一步想沿京漢路，安陽至易州，安陽殷墟以前盜出之物並非澈底發掘，易州邯鄲又是燕趙故都，這一帶又是衞邶故域。這些地方我們既頗知其富有，又容易達到的，現在已着手調查及布置，河南軍事少靜止，便結隊前去。第二步是洛陽一帶，將來一步一步的西去，到中央亞細亞各地，就脫了純中國材料之範圍了。爲這一些工作及隨時搜集之方便，我們想在洛陽或西安燉煌或吐魯蕃疏勒，設幾個工作站，「有志者事竟成」！因爲廣州的地理位置，我們將要設置的研究所要有一半在廣州，在廣州的四方是最富於語言學和人類學的材料的，漢語將來之大成全靠各種方言之研究，廣東省內及鄰省有很多種的方言，可以每種每種的細細研究，並製定表式，用語音學幫助，作比較的調查。至於人類學的材料，則漢族以外還有幾個小民族，漢族以內，有幾個不同的式和部居，這些最可寶貴的材料怕要漸漸以開化和交通的緣故而消滅，我們想趕緊着手採集。我們又希望數年以後能在廣州發達南洋學：南洋之富於地質生物的材料，是早已箸明的了。南洋之富於人類學材料，現在已漸漸爲人公認。南洋學應該是中國人的學問，因爲南洋在一切意義上是「漢廣」。總而言之，我們不是讀書的人，我們只是上窮碧落下黃泉，動手動脚找東西！

現因我們研究所之要求及同人之祈向，想次第在兩年以內設立下列各組；各組之旨趣及計畫，以後分別刊印。

一，文籍考訂；

二，史料徵集；

三，考古；

四，人類及民物；

五，比較藝術；

以上歷史範圍；

六，漢語；

七，西南語；

八，中央亞細亞語；

九，語言學：

以上語言範圍；

歷史學和語言學發展到現在，已經不容易由個人作孤立的研究了，他旣靠圖書館或學會供給他材料，靠團體爲他尋材料，並且須得在一個研究的環境中，才能大家互相補其所不能，互相引會，互相訂正，於是乎孤立的製作漸漸的難，漸漸的無意謂，集衆的工作漸漸的成一切工作的樣式了。這集衆的工作中有的不過是幾個人就一題目之合作，有的可就是有規模的系統研究。無論範圍大小，只要其中步步都是做研究工夫的，便不會流成「官書」的無聊。所有這些集衆工作的題目及附帶的計劃，後來隨時布白。希望社會上欣賞這些問題，並同情這樣工作的人多多加以助力！果然我們動手動脚得有結果，因而更改了「讀書就是學問」的風氣，雖然比不得自然科學上的貢獻較爲有益於民生國計，也或者可以免於妄自生事之譏誚罷？我們高呼：

一，把些傳統的或自造的「仁義禮智」和其他主觀，同歷史學和語言學混在一氣的人，絕對不是我們的同志！

二，要把歷史學語言學建設得和生物學地質學等同樣，乃是我們的同志！

三，我們要科學的東方學之正統在中國！

中央研究院歷史語言研究所籌備處

中華民國十七年五月　廣州

出自第一本第一分(一九二八年八月)

燉煌刼餘錄序

陳寅恪

一時代之學術，必有其新材料與新問題。取用此材料，以研求問題，則爲此時代學術之新潮流。治學之士得預於此潮流者，謂之預流（借用佛教初果之名）。其未得預者，謂之未入流。此古今學術史之通義，非彼閉門造車之徒所能同喻者也。燉煌學者，今日世界學術之新潮流也。自發見以來，二十餘年間，東起日本，西迄法英，諸國學人，各就其治學範圍，先後咸有所貢獻。吾國學者，其撰述得列於世界燉煌學著作之林者，僅三數人而已。夫燉煌在吾國境內，所出經典又以中文爲多，吾國燉煌學著作，較之他國轉獨少者，固因國人治學，罕具通識，然亦未始非以燉煌所出經典，涵括至廣，散佚至衆，迄無詳備之目錄，不易檢校其內容，學者縱欲有所致力，而憑藉末由也。新會陳援庵先生垣，往歲嘗取燉煌所出摩尼教經，以考證宗教史。其書精博，世皆讀而知之矣。今復應中央研究院歷史語言研究所之請，就北平圖書館所藏燉煌寫本八千餘軸，分別部居，稽覈同異，編爲目錄，號曰燉煌刼餘錄。誠治燉煌學者不可缺之工具也。書既成，命寅恪序之。或曰燉煌者吾國學術之傷心史也。其發見之佳品，不流入於異國，即秘藏於私家。茲國有之八千餘軸，蓋當時唾棄之賸餘，精華已去，糟粕空存，則此殘篇故紙，未必實有繫於學術之輕重者在。今日之編斯錄也，不過聊以寄其憤慨之思耳！是說也，寅恪有以知其不然。請舉數例以明之。摩尼教經之外，如八婆羅夷經所載吐蕃乞里提足贊普之詔書，姓氏錄所載貞觀時諸郡著姓等，有關於唐代史事者也。佛說禪門經，馬鳴菩薩圓明論等，有關於佛教教義者也。佛本行集經演義，維摩詰經菩薩品演義，八相成道變，地獄變等，有關於小說文學史者也。佛說孝順子修行成佛經，首羅比丘見月光童子經等，有關於佛教故事者也。維摩詰經頌，唐睿宗玄宗讚文等，有關於唐代詩歌之佚文者也。其他如佛說諸經雜緣喻因由記中彌勒之對音，可與中亞發見之古文互證。六朝舊譯之原名，藉此推知。破昏怠法所引龍樹論，不見於日本石山寺寫本龍樹五明論中，當是舊譯別本之佚文。唐蕃翻經大德法成辛酉年（當是唐武宗會昌元年）出麥與人抄錄經典，及周廣順八年道宗往西天取經，諸紙背題記等。皆有關於學術之考證者也。但此僅就寅恪所曾讀者而言，其爲數尙不及全部寫本百分之一，而世所未見之奇書佚籍已若是之衆，儻綜合並世所存燉煌寫本，取質量二者相與互較，而平均通計之，則吾國有之八千餘軸。比於異國及私家之所藏，又何多讓焉。今後斯錄旣出，國人獲玆憑藉，宜益能取用材料以研求問題，勉作燉煌學之預流。庶幾內可以不負此歷刼僅存之國寶，外有以襄進世界之學術於將來，斯則寅恪受命綴詞所不勝大願者也。

出自第一本第二分(一九三〇年六月)

戰國文籍中之篇式書體——一個短記

傅斯年

(一)

譬如說，「管子書是假的」，這句話和說「管子書是眞的」同樣的有毛病。假如在後來歷史觀念作者觀念大明之時，出了一部管子書；裏面並不顯然出來些管子的謚，桓公的謚，管子死後事，而題曰，「春秋時齊相潁川人管仲撰，」以問世，被人考核了一下子，原來是一部做了售世的書，這然後說，「這部書是假的」。若管子書中，引老子，引戰國末年事，稱桓公的謚法，稱管仲的死後事，本是齊人託管子之功名而箸之書，只是當時的一種文體，他自己先不曾說是眞的，戰國時也不會有題「齊相管仲撰」的事，又何勞我們答他曰「是假的」。旣有一個梁任公先生，硬說管子那個人做了管子那些書，便應該有人回答他說，管子不曾做了這些篇的一個字。說到這樣好到這樣。若進一步去說，管子書是假的，則先須假定戰國時人已有精嚴的箸者觀念，先須假定戰國時這些篇出來的時候上邊寫着「齊桓公相管仲撰」。這樣假定當然是不可以的。管子這部書現在所見的集合，乃是劉向的事，其中篇章是齊學之會集，書中直接稱道管仲的篇章，在戰國託於人而出來，也不過是自尸爲管仲之學之後世，別人敘論他，也不過可說「愼輕重，貴權衡，因禍爲福，古之道術有在于是者。齊人聞管仲之傳說而悅之，作爲……。」果然我們充管仲晏子是假書一類話，則國語論語孟子墨子莊子等等無不是假書，因爲國語當然不是孔子所稱之左丘明寫的，論語當然沒有一個字是孔子寫的，孟子書稱梁惠王襄王之謚當然也是他的弟子記的。墨子中最墨子者，也譬頭就說「子墨子言曰」，中間又說「是以子墨子言曰」，莊子更是漢朝人所集合，魏晉人所編印的。那麽，眞書只剩了呂覽，還要減去月令了。若說這些書裏有些眞話，眞材料，則我們又焉能保管晏書中沒有一點眞話，眞材料，一切都是度的差別能了。我們這樣 ad absurdum 一看，可以確知我們切不可以後來人箸書之觀念論戰國文籍。總而言之：

(1) 戰國時「箸作者」之觀念不明瞭。

(2) 戰國時記言書多不是說者自寫，所託只是有遠有近有切有不相干罷了。

(3) 戰國書除呂覽外，都只是些篇，沒有成部的書，戰國書之成部，是漢朝人集合的。

這層意思，我們反覆說來好像不厭其詳者，實因為了解戰國文籍之成書性，是分析戰國文籍的一個前提。

(二) 記言——箸論——成書

箸述脫離了官書的地步，而成私人箸作，我們現在可見之最早者，是論語。論語是記言的。論語的體裁現在看了未免奇怪，除很少的幾段記得較豐充以外，每一段話，只記幾句，前無因，後無果。在我們現在固已不知春秋末年情景，其不懂得，猶可說，乃漢儒對於論語上的話，也有好些像是不懂得何所為而發的樣子。且如「禮與其奢也寧儉，喪與其易也寧戚，」一類的話，若不附帶着「本事」，不和「喪欲速貧，死欲速朽，」發生同樣的誤會嗎？(見檀弓)記言記到沒頭沒尾，不附帶口說便使人不懂得，而一經展轉，便生誤會，決然不是一種妥當的記言法。再試看論語中的言，每段常含蓄很多的意思，有時顯出語長而所記者短的樣子。且論語成書大約在曾子弟子時去孟子時已不遠，孟子便是那樣汪洋大論，雖說孟子是個「戰國辯士」，談言微中與信口開合者不同，然孔子也是靠說話而做東西南北之人者，若他說的話都像論語所記那樣子，恐怕他所專要見的公侯上大夫下大夫中，懂得他的真少啦！這樣看來，論語成書時代，文書之物質尚難得，一段話只能寫下個綱目，以備忘記，而詳細處則憑口說，到了戰國中年，文書的工具大便宜了，於是乎記長篇大論如孟子莊子書那樣子的可能了遂由簡約的記言進而為鋪排的記言，更可成就設寓的記言。記言是戰國文體的步初。論語，孟子，莊子中若干部分，晏子，管子中若干部分，墨子書中的演說體，以及兼記事記言的國語，都屬於這一類。

但一段思想不必有機會言之而出，而假設的記言有時不信人，有時又大費事，於是乎舍去記言之體而據題抒論。史記呂不韋列傳，「是時諸侯多辯士，如荀卿之徒，著書布天下。」現在看荀卿的書，好些不是記言，而是據題為論者，這樣箸篇，實是記言之一變，由對語(Diglogue) 進而為單語 (Monologue) 這樣體裁，恐怕戰國中期才

有 現存戰國末年書，如商君書，荀子，韓非子 ，及管子之一部 ，大體上屬於這一類。這是戰國諸子文體演進之第二步。

箸論雖已不是記言，但獨立的論，仍然只有篇的觀念，沒有書的觀念。戰國晚年五德六數之義盛行，人們箸書當趨於系統化。愼到箸十二論，(見史記)這個數目是很整齊的，而又以齊物爲首，(見莊子天下篇)或者這是做全部書的開始。但我們現在不見愼子全書，不能作決定。而呂不韋之八覽六論十二紀二十餘萬言，乃成一部全始要終的書，不是些散篇了。八覽六論十二紀，六爲秦之聖數，八則卦數，十二則記天之數，這三個數八，六，十二 ，也都是在當時有意義的整數。 這部呂子眞是中國第一部整書，以前只是些散篇而已。這個體裁雖始於戰國末，然這樣的系統箸作尙非依傍大財力不可，故漢朝人之繼續者，始有劉安，在體裁上淮南子是「青出於藍而青於藍」的呂氏春秋。太史公未必富，但有異常的精力，也許武帝時文書的物質更廉了，於是百三十篇又是一部要去貫天地人的通書。十表像天干，十二本紀像地支，書八章像八卦，三十世家取老子三十輻共一轂之語，七十列傳之數亦取一個豐長的整數。從此以後，系統的箸書乃更多，周禮之成書，一往整齊，卜筮如太玄，續子長者如漢書，乃至字書之說文解字，都在那裏有始有終，託於系統哲學啦。

更把上文寫成一表如下

記言之書	→成之篇書	→系統之書
(一) 因受文書材料之限制但記一言之綱目者如論語 (二) 豐長的記言如孟子 (三) 託言如莊子 (四) 故事之製作如韓子說林	由託言一變即成箸論	由箸論之相爲終始即成一系之書

蘇格拉底有語無文，猶之孔子時。柏拉圖依師說散爲無窮盡之對語，對語亦記言。亞里士多德乃眞箸書。在中國一二百年中之變遷，在希臘則師生三代各代表之，這頗是一個文體進化的平行現象。

問曰 因文體之演進，文詞之內容會不會受影響的？答曰：這是不免的。文辭之由記言而箸論，由箸論而成書，是由自然的話語到了較不自然的斲飾辭句。說話固可以抽象，然總不能忘了聽的人之直接了解，說話固可以鋪排，然總不能忘了聽的人之捉模得住，一經離了純粹記言的地位，文法可以代語法，泛詞可以代切詞。戰國子書中頗有不少白話，而荀子已是很簡約的文言，呂氏春秋已有些無話說話的油腔滑調，入漢而箸作者，更都是文言了。(此處用文言乃如所謂 Kunstsprache 與古文不同)

十八年二月

出自第一本第二分(一九三〇年六月)

大唐西域記撰人辯機

陳　垣

1　緒論。

2　辯機之自述。

3　瑜伽師地論後序之辯機。

4　慧立口中之辯機。

5　道宣口中之辯機。

6　僧傳中散見之辯機。

7　新唐書辯機凡三見。

8　資治通鑑中之辯機。

9　辯機之略歷及年歲。

10　辯機與高陽公主來往之年。

11　辯機被戮之年及譯經年表。

12　王鳴盛不信西域記爲辯機撰。

13　同時是否有兩辯機。

14　餘論。

大唐西域記撰人辯機

陳　垣

1　緒論

玄奘所譯經論七十五部，卷首皆稱某某造，玄奘奉詔譯，不著綴文人。惟大唐西域記卷首獨著玄奘奉詔譯，沙門辯機撰。故辯機之名獨著。西域記所以與他經論異者；他經論係照本翻譯，西域記則玄奘自述，辯機爲撰文。又他經論雖稱奉詔譯，實奘所自請，經帝准許;西域記則係帝所特屬。觀慈恩傳所載自明。傳云:'貞觀十九年二月，玄奘見帝於洛陽宮，廣問彼事。帝曰：'佛國遐遠，前史不能委詳。師旣親覩，宜修一傳，以示未聞'。二十年七月，書成表進。帝親自答書。曰：'請爲經題，非己所聞，新撰西域記，當自披覽。'"卷六　此西域記爲帝所特屬之證也。傳又稱；"玄奘奏：'從西域所得梵本六百餘部，一言未譯，望爲國翻譯，伏聽敕旨。'帝曰：'西京弘福寺有禪院，法師可就翻譯'"卷同　此諸經論爲奘所自請，經帝准許之證也。諸經論，非究心內典之人不讀。西域記，則究心歷史地理之人皆讀之。故佛藏以外，傳本亦衆。惟辯機僧傳無傳。新唐書通鑑載高陽公主與辯機亂，事發，辯機被誅。僧傳不爲立傳，亦自有因。今特搜集關於辯機之史料而論次之。

2　辯機之自述，

大唐西域記卷末有記贊一首，二千三百餘言，詞旨甚美。中有辯機自述。曰："辯機，遠承輕舉之胤，少懷高蹈之節，年方志學，抽簪革服，爲大總持寺薩婆多部道岳法師弟子。雖遇匠石，朽木難彫，幸入法流，脂膏不潤；徒飽食而終日，誠面牆而卒歲。幸藉時來，屬斯嘉會，負燕雀之資，廁鵷鴻之末。爰命庸才，撰斯方志，學非博古，文無麗藻，磨鈍勵朽，力疲曳蹇，恭承志記，倫次其文，尙書給筆札，而僎錄焉。淺智褊能，多所闕漏，或有盈辭，尙無刊落。昔司馬子長，良史之才也，序太史公書，仍父子繼業。或名而不字，或縣而不郡。故曰一人之精，思繁文重，蓋不暇也。其況下愚之智，而能詳備哉？"此辯機之謙詞也。大唐西域記之先，三十餘年，有隋吏部侍郎裴矩撰西域圖記三卷。 玄奘在西域時，又有王玄策使西域，曾撰中天竺國行記十卷。 大唐西域記之後，十餘年，唐高宗又曾遣使分往康國吐火訪其風俗物產，詔史官撰次西域圖志六十卷。 皆載新唐書藝文志 卷五八 地理類。 然諸書今皆不傳，所傳者獨大唐西域記。 固有賴乎釋藏，亦其文采優美，足以流傳後禩也。

3 瑜伽師地論後序之辯機

玄奘所譯經論，今皆存在。 然七十五部中，其當時後記後序存者，並大唐西域記，亦不過九部。 卽

大乘大集地藏十輪經。	不空羂索神咒心經。
菩薩戒羯磨文。	瑜伽師地論。
因明入正理論。	成唯識論。
阿毗達磨界身足論。	阿毗達磨大毗婆沙論。

據開元錄，則玄奘所譯諸經，皆有訖事年月日，其必根據當時後記後序可知。 今七十六部中，除西域記後贊爲辯機自撰外，與辯機有關者，唯瑜伽師地論後序。 序爲中書令許敬宗作，在卷一之後，不敢與卷首御製序平行也。 許敬宗爲當時監譯人，其序略曰：“貞觀二十一年五月十五日，肇譯瑜伽師地論。 三藏法師玄奘，敬執梵文，譯爲唐語。

卷一至卷十，凡十卷。普光寺沙門道智受旨證文。

卷十一至二十，凡十卷。蒲州普救寺沙門行友受旨證文。

卷廿一至廿九，凡九卷。玄法寺沙門玄賾受旨證文。

卷三十至卅四，凡五卷。汴州眞諦寺沙門玄忠受旨證文。

卷卅五至五十，凡十六卷。簡州福衆寺沙門靖邁受旨證文。

卷五十一至八十，凡三十卷。大總持寺沙門辯機受旨證文。

卷八一至八四，凡四卷，普光寺沙門處衡受旨證文。

卷八五至一百，凡十六卷。弘福寺沙門明濬受旨證文。

至二十二年，五月十五日絕筆。 僧徒並戒行圓深，道業貞固，欣承嘉召，得奉高人，各罄幽心，隨畢奏上。 有感宸衷，親裁鴻序。”

此經譯訖，辯機與高陽公主事件，猶未發露。故曰'僧徒並戒行圓深，道業貞固'也。瑜伽師地論百卷，綴文者八人，辯機所譯獨多，其材實可兼人。惜乎其爲一女子所累，以至早亡也。

4　慧立口中之辯機

慧立與辯機同僚，慈恩傳載開始譯經時諸僧題名最詳。開元釋教錄諸書，卽本於此。計

證義大德，諳解大小乘經論，爲時輩所推者，一十二人。

綴文大德九人。

字學大德一人。

證梵語梵文大德一人。所謂綴文大德九人者：卽

西京普光寺沙門棲玄。

西京弘福寺沙門明濬。

西京會昌寺沙門辯機。

終南山豐德寺沙門道宣。

簡州福聚寺沙門靖邁。

蒲州普救寺沙門行友。

蒲州棲巖寺沙門道卓。

豳川昭仁寺沙門慧立。

洛州天宮寺沙門玄則。

九人中，以辯機，道宣，靖邁，慧立，四人名最著。因四人皆於譯經外，有關於史傳之著述。如辯機之西域記，道宣之內典錄，續高僧傳，靖邁之譯經圖記，慧立之慈恩傳等，皆承學之士所共讀之書也。

5　道宣口中之辯機

道宣亦與辯機同僚，行輩較長。然對於辯機，稱道不衰。大唐內典錄撰於麟德元年，卽玄奘示寂之年。記載玄奘譯事者，除諸經後序外，當以此錄與慈恩傳爲最早。其詞曰："奘以貞觀十九年躬謁文帝，畀倫禮接。仍敕名德沙門二十餘人，助緝文句，初在弘福翻經，公給資什。沙門靈閏等證義，沙門行友等綴文，沙門辯

機等執筆。 及慈恩創置，又移於彼參譯。”大唐內典錄五 名德沙門既有二十餘人，辯機既因事被誅，本可敍述他人，何必舉機爲例？ 又道宣撰續高僧傳玄奘傳稱：“奘既承明命，返迹京師，遂召沙門慧明靈閏等，以爲證義；沙門行友玄賾等，以爲綴緝；沙門智證辯機等，以爲錄文；沙門玄模，以證梵語；沙門玄應，以定字僞。 創開翻譯大菩薩藏經二十卷，余爲執筆，并删綴詞理。 又復旁翻顯揚聖教論二十卷，智證等更迭錄文，沙門行友，詳理文句。 次又翻大乘對法論一十五卷，沙門玄賾筆受。微有餘隙，又出西域傳一十二卷，沙門辯機，親受時事。 連紕前後，兼出佛地，六門神呪等經，都合八十許卷。”續高僧傳四 於辯機名字，題之至再。 是時機之被戮，已十五六年，事過境遷，追懷當日，不無耿耿。 蓋此次譯事，最先開譯者爲大菩薩藏經，卽道宣執筆。 其次爲顯揚聖教論頌，六門陀羅尼經，佛地經，皆辯機執筆。宣與機固最密切之人，英英妙年，竟遭慘戮，其爲愴痛，夫何可言！ 既不便爲立專傳，則不可不於適當處旁見之，亦僧史所應爾也。

6 僧傳中散見之辯機

宋撰高僧傳，辯機亦無傳。 惟靖邁及普光傳偶及之。 靖邁傳云：“貞觀中，屬玄奘西迴，勑奉爲太穆太后於京造廣福寺，就彼翻譯。 所須吏力，悉與玄齡商量務令優給。 遂召證義大德諳練大小乘經論爲時所尊尙者，得一十一人。 邁預其選，卽居慈恩寺，同普光寺棲玄，廣福寺明濬，會昌寺辯機，終南山豐德寺道宣，同執筆綴文，翻譯本事經七卷。”宋高僧傳四 廣福寺卽弘福寺，明濬卽朗濬避宋諱易之。 此傳所據，卽慈恩傳所列開始譯經時綴文之人。 不諱辯機，可見辯機因事被戮情形，宋初已不甚著。 又普光傳因普光以大乘光之名顯，而普光原名不顯，遂以辯機爲證。 可見辯機之名，在宋初極其顯著。 人皆知其譯經多種，而不知其曾因事被戮也。 普光傳云；“普光未知何許人，嘗隨奘往玉華宮譯大般若經，時號大乘光。 奘自貞觀十九年創譯，訖麟德元年，凡二十載。 總出大小乘經律論七十五部，一千三百三十五卷。 十分七八，是光筆受。 或謂嘉光，普光也。 若驗從辯機同參譯務，卽普光是也。”宋高僧傳四 據開元釋教錄，玄奘所譯經論：大乘光筆受者二十八部，大乘基六部，辯機與大乘雲各五部，其他三四部或一二部不等。 今不以大乘基大乘雲證普光，而獨以辯機證普光者：一因基雲本名，上一字亦有疑問，不便以爲證；

二因基雲後至，不如辯機之開始卽與普光同事也。

7 新唐書辯機凡三見

新唐書，歐陽修主修紀志，宋祁主修列傳。宋祁不喜浮屠，故舊書方伎傳有僧玄奘神秀一行等傳，新書皆削而不書。唯辯機則以高陽公主故，不惜一見再見。其一，在公主傳。其二，在房玄齡傳。新唐書糾謬，曾在事狀叢複類卷十二譏之。其三，則在藝文志道家類釋氏。今分錄其詞如下：

公主傳曰："合浦公主，始封高陽，下嫁房玄齡子遺愛。主帝所愛，故禮異它壻。主負所愛而驕，房遺直以嫡當拜銀青光祿大夫，讓弟遺愛，帝不許。玄齡卒，主導遺愛異貲，旣而反譖之。遺直自言，帝痛讓主，乃免。自是稍疏外，主怏怏。會御史劾盜，得浮屠辯機金寶神枕，自言主所賜。初，浮屠廬主之封地，會主與遺愛獵，見而悅之，具帳其廬，與之亂。更以二女子從遺愛。私餉億計。至是，浮屠殊死，殺奴婢十餘。主益怨望。帝崩，無哀容。又浮屠智勗，迎占禍福，惠弘能視鬼，道士李晃高醫，皆私侍主。主使掖廷令陳玄運伺宮省禨祥，步星次。永徽中，與遺愛謀反，賜死。顯慶時追贈。"卷八十三

房玄齡傳曰；"次子遺愛，誕率無學，有武力。尙高陽公主，爲右衞將軍。公主帝所愛，故禮與它壻絕。主驕蹇，疾遺直任嫡。遺直懼，讓爵，帝不許。主稍失愛，意怏怏。與浮屠辯機亂。帝怒，斬浮屠，殺奴婢數十人。主怨望。帝崩，哭不哀。高宗時，出遺直汴州刺史，遺愛房州刺史。主又誣遺直罪，帝敕長孫無忌鞫治，乃得主與遺愛反狀，遺愛伏誅，主賜死。遺直以先勳免，貶銅陵尉，詔停配享。"卷九十六

舊唐書無公主傳。房玄齡傳卷六六載遺愛與公主謀反事，而不及辯機。辯機之事，蓋新書所得新史料，而據以增入者也。至謀反云云，乃漢唐以來帝室常有之事，不足異。卽帝室親族中有謀繼承帝業；或羣臣中有謀擁戴其他帝裔繼承帝業，皆謂之謀反。此次房遺愛與公主謀反，卽欲擁戴太宗弟荆王元景也，帝家親族爭產，無是非之可言。今所欲言者，名僧點史耳。

惟舊書房玄齡傳有一語爲新書所略者，卽遺愛伏誅，公主賜死後，'諸子配流嶺表，'是也。據此，公主殆不止一子。其爲玄齡之裔歟？抑辯機之胤乎？不可知

矣。

新書藝文志道家類釋氏條下，載玄奘大唐西域記十二卷。又載辯機西域記十二卷。卷五九蓋一書誤爲二書也。

舊書經籍志不載大唐西域記，而方伎卷一九一玄奘傳載之，但不言辯機撰。據法苑珠林卷百十九，慧琳一切經音義卷八十二，大唐西域記，均只題玄奘奉勑撰，亦不題辯機。可知唐本西域記有單題玄奘撰者。新書既删去玄奘傳，故歐陽特載其西域記於藝文志，不知何故，又重出一辯機。通志藝文略卷六六以西域記不當入釋氏類，乃改入地理類。而亦沿唐志之誤，重出一辯機。蓋卽通志校讎略卷七一所譏見名不見書，而又躬自蹈之也。惟通考經籍考卷二百六據陳氏書錄解題尚不至誤。玉海卷十六則前據中興書目不誤，後據新書藝文志亦誤。

8　資治通鑑中之辯機

通鑑以資治爲名，對於釋氏，亦非因事不書。故佛圖澄鳩摩羅什等，旣因事而書，而譯經千卷之玄奘，乃竟不置一詞；獨辯機則以通公主故，大書特書。且其詞與新唐書頗有異同。知其同一史源，而各加修綴者也。通鑑卷一九九永徽三年之末，記云："散騎常侍房遺愛，尙太宗女高陽公主。公主驕恣甚。房玄齡薨，公主教遺愛與兄遺直異財。旣而反譖遺直，太宗深責讓主，由是寵衰。主怏怏不悅。會御史劾盜，得浮屠辯機寶枕，云主所賜。主與辯機私通，餉遺億計。更以二女子侍遺愛。太宗怒，腰斬辯機，殺奴婢十餘人。主益怨望。太宗崩，無戚容。上卽位，主又謀黜遺直，奪其封爵，使人誣告遺直無禮於已。上令長孫無忌鞫之，獲遺愛及主反狀。"

據右記，通鑑所省略者爲公主出獵，遇見辯機一節。又金寶神枕，通鑑但言寶枕。至浮屠殊死，通鑑則作腰斬辯機。腰斬，在唐非常刑，蓋必本來記載如此。通鑑照原文，而新唐書改爲殊死也。

通鑑，"貞觀十九年二月，或詣留臺告房玄齡反，上腰斬告者。"新唐書房玄齡傳，亦改腰斬爲斬。腰斬蓋事實，新書嫌其不文而改之。由此可證新書所引辯機之史料，通鑑同時亦見之。考核旣實，故著於錄，而非漫然襲自新書者也。故嘗謂此事之發露，亦偶然耳。假令寶枕不爲盜竊，則辯機與主之祕密，孰得而擧之？

（余詠史舊句有“若非胠篋偷神枕，安得唐書載辯機？”句。）又假令通鑑唐書不載其文，則辯機雖被戮，其事亦未必傳於後。後人讀瑜伽師地論後序，亦惟有深信辯機之‘戒行圓深，道業貞固’而已。

9　辯機之略歷及年歲

譯經以前之辯機無可考。據辯機自述，年方志學，爲大總持寺道岳法師弟子。道岳，續高僧傳卷十三有傳。云“貞觀八年秋，皇太子召諸碩德集弘文館講義。岳廣開衢術，神旨標被。太子顧曰：‘何法師？若此之辯也。’左庶子杜正倫曰：‘大總持寺道岳法師也。’太子曰：‘皇帝爲寡人造寺，廣召名德，今可屈知寺任。’屢辭不免，遂住普光。以貞觀十年春二月，卒於住寺。春秋六十九。”道岳旣以貞觀八年秋後，移住普光，貞觀十年二月卒。則辯機之從道岳，最遲亦當在貞觀八年。因辯機是在大總持寺從道岳，不在普光寺從道岳也。假定辯機果以貞觀八年年十五出家，至貞觀十九年開始譯經之時，亦當年二十六。更證以同時譯經諸僧年歲可考者，則武德五年玄奘二十一歲，貞觀十九年，玄奘四十四歲。據宋高僧傳卷十四道宣傳，“乾封二年十月卒，春秋七十二。”則貞觀十九年，道宣五十歲。又據宋高僧傳卷十七慧立傳，“年十五，貞觀三年出家。”則貞觀十九年，慧立三十一歲。道宣，慧立，與辯機同爲貞觀十九年開始譯經時綴文大德九人之一。道宣行輩較老，慧立與辯機行輩相若。辯機旣爲公主所悅，則謂其被殺之日，年在三十左右，即後有新史料發見，亦當無大誤。且唐太宗卒年，據舊書本紀，年五十二，太宗有二十一女，高陽公主在新書公主傳中排十七。太宗卒年，公主亦諒不過三十。更證以舊書卷六五長孫無忌傳：“顯慶四年，許敬宗奏長孫無忌謀反。帝曰：‘我家不幸，親戚頻有惡事！高陽公主與朕同氣，往年與房遺愛謀反。今阿舅復如此，使我慚見萬姓！’敬宗曰：‘房遺愛乳臭兒，與女子謀反，豈得成事？無忌與先朝取天下，衆人服其智；作宰相三十年，百姓畏其威。’云云。”則公主與遺愛辯機，皆同屬青年，可斷言也。諸書稱辯機爲大總持寺沙門，或稱會昌寺沙門。蓋先在大總持寺出家，而後住會昌也。大總持寺在長安城西南隅之永陽坊，唐兩京城坊考四　會昌寺在城西北之金城坊，唐會要四八　二寺皆在城中。新唐書所謂初浮屠廬主之封地者，其寺必在郊垧可獵之地，蓋另一伽藍也。

10 辯機與高陽公主來往之年

辯機與公主來往，係在公主已嫁房遺愛之後，則必須先考公主出嫁之年。據舊書卷六六房玄齡傳：“玄齡自以居端揆十五年，女爲韓王妃，男遺愛尙高陽公主，實顯貴之極。頻表辭位，優詔不許。”所謂居端揆十五年者，應自玄齡爲端揆之年起算。若以尙書僕射解釋端揆，則玄齡貞觀三年二月始爲尙書左僕射，由貞觀三年算至十五年，當爲貞觀十七年。與舊書本傳，繫此事於十六年之前不合。若以中書令解釋端揆，據舊書本傳玄齡以貞觀元年代蕭瑀爲中書令，由貞觀元年算至十五年，適爲貞觀十五年。與舊書本傳繫此事於貞觀十六年之前合。但據舊書太宗紀，新書高祖紀，及宰相表，均云武德九年七月，房玄齡爲中書令。由武德九年算至十五年，當爲貞觀十四年。是公主之嫁房遺愛，實在貞觀十四年。公主未嫁遺愛之前，玄齡已有女爲韓王妃，至是遺愛又尙公主，玄齡以此爲顯貴之極，深畏滿盈，故頻表辭位也。而通鑑繫此事於貞觀十三年正月之下，與居端揆十五年語不相應。旣知公主何時出嫁遺愛，則辯機之識公主，總在貞觀十四年後。直至辯機之死，二人來往，已有八九年之可能。宜帝殺之而益恨也。

11 辯機被戮之年及譯經年表

辯機被戮之年，史無明文。然由新唐書通鑑之記載推之；辯機事件之發露，在玄齡已死，公主導遺愛與兄異貲之後；辯機旣殺，主益怨望，帝崩無戚容，是辯機之殺，必在太宗未死之前。玄齡以貞觀廿二年七月卒，太宗以貞觀廿三年五月卒，辯機之被戮，蓋在貞觀廿二年七月後，廿三年五月前。更以玄奘譯經年表攷之，辯機最後所受之經，爲天請問經，以貞觀廿二年三月廿日訖。又瑜伽師地論中有辯機參譯，亦以貞觀廿二年五月十五日訖。此後諸經，不復見有辯機之名，更無法於貞觀廿三年以後，證明辯機之存在也。今將玄奘譯經年表，斷自唐太宗未死以前之一部分，附錄如下，以備參攷。本表月日，悉據開元錄卷八排列，其不著始畢者，皆當日了者也。

大菩薩藏經二十卷

貞觀十九年五月二日始 九月二日畢	譯經地 弘福寺	綴文人智 證道宣等

顯揚聖教論頌一卷

貞觀十九年六月十日　　弘福寺　　辯機

六門陀羅尼經一卷

貞觀十九年七月十四日　　弘福寺　　辯機

佛地經一卷

貞觀十九年七月十五日　　弘福寺　　辯機

顯揚聖教論二十卷

貞觀十九年十月一日始 二十年正月十五日畢　　弘福寺　　智證等

大乘阿毗達磨雜集論十六卷

貞觀廿年正月十七日始 閏三月廿九日畢　　弘福寺　　玄賾等

瑜伽師地論一百卷

貞觀二十年五月十五日始 廿二年五月十五日畢　　弘福寺　　靈會朗濬等

大唐西域記十二卷

貞觀二十年七月畢　　弘福寺　　辯機

大乘五蘊論一卷

貞觀廿一年二月廿四日　　弘福寺　　大乘光等

攝大乘論無性釋十卷

貞觀廿一年三月一日始 廿三年六月十七日畢　　弘福寺始 慈恩寺畢　　大乘巍大乘林等

解深蜜經五卷

貞觀廿一年五月十八日始 七月十三日畢　　弘福寺　　大乘光

因明入正理論一卷

貞觀廿一年八月六日　　弘福寺　　明濬卽朗濬

天請問經一卷

貞觀廿二年三月廿日　　弘福寺　　辯機

辯機之譯經自此止，尙有參譯之瑜伽師地論，五月十五日止，

勝宗十句義論一卷

貞觀廿二年五月十五日　　弘福寺　　靈雋

唯識三十論一卷

貞觀廿二年五月廿九日　弘福寺　大乘光

房玄齡本年七月癸卯（廿四日）卒

能斷金剛般若波羅蜜多經一卷

貞觀廿二年十月一日　玉華宮弘法臺　杜行顗

大乘百法明門論一卷

貞觀廿二年十一月十七日　北闕弘法院　玄忠

攝大乘論世親釋十卷

貞觀廿二年十二月八日始 廿三年六月十七日畢　北闕弘法院始 慈恩寺畢　大乘巍等

攝大乘論本三卷

貞觀廿二年閏月廿六日始 廿三年六月十七日畢　北闕弘法院始 慈恩寺畢　大乘巍等

緣起聖道經一卷

貞觀廿三年正月一日　北闕弘法院　大乘光

阿毗達磨識身足論十六卷

貞觀廿三年正月十五日始 八月八日畢　北闕弘法院始 慈恩寺畢　大乘光等

如來示教勝軍王經一卷

貞觀廿三年二月六日　慈恩寺　大乘光

甚希有經一卷

貞觀廿三年五月十八日　終南山翠微宮　大乘欽

般若波羅蜜多心經一卷

貞觀廿三年五月廿四日　終南山翠微宮　知仁

唐太宗本年五月己巳（廿六日）卒

12　王鳴盛不信西域記爲辯機撰

西域記之爲辯機撰文，本無問題，惟未見釋教目錄者，則易生疑問。　十七史商榷卷九二西域記之條，引玉海第十六卷云："唐西域記十二卷，玄奘譯，辯機譔。今佛藏有此，卷首並列二僧名。　據舊唐書方伎玄奘傳，及石刻太宗御製聖教序，錢易南部新書，則玄奘所譯乃佛經，此書玄奘自譔，何譯之有？　辯機惡僧，豈能著書？　玉海非是，藏本承其誤耳。"

又蛾術編卷十二西域記之條云："西域記十二卷，予得自釋藏。每卷首題三藏法師玄奘奉詔譯，大總持寺沙門辯機撰。似元奘述之，辯機記之。竊意斷無同時僧有兩辯機之事。以一淫亂沙門，乃意在譔述，亦理所無。然載在正史者，不可不信。其書究係元奘作乎？與辯機同作乎？荒盧誕幻，吾何由而知之？"

此王鳴盛不信西域記爲辯機撰之說也。鳴盛蓋未細讀西域記後贊耳。惡僧不能著書，不成理由。昔鳩摩羅什爲姚主所逼，強受十女。自爾以來，不住僧坊，每至講說，常先自說，譬如臭泥，中生蓮花，但採蓮花，勿採臭泥。高僧傳二鳩摩羅什傳 辯機之被汚，何以異是！相傳玄奘大弟子窺基，常以三車自隨，前乘經論，中乘自御，後乘家妓。故關輔語曰"三車和尚"。宋高僧傳四窺基傳 此又何說？曾謂羅什窺基，不能著書乎？似不足辯也。謂藏本承玉海之誤，則釋敎自有目錄，且遠在玉海之前五六百年，從何承起哉！

13　同時是否有兩辯機

同時有兩辯機，事本可能。鼎鼎大名之玄奘，後四十年卽有一元奘與之同名。見宋撰僧傳卷廿四，江陵人，通大小乘學，尤明法華。被召在京二載。景龍三年二月，告乞還鄉，詔賜御詩，諸學士大僚奉和焉。此一例也。撰慈恩傳者慧立，箋慈恩傳者彥悰。彥悰以貞觀之末，求法於玄奘之門。然隋大業間，已先有一彥琮。廣弘明集選其序論多首，相隔亦不過四十年。清人編全唐文，卷九百五 卽誤以彥琮爲彥悰。此又一例也。且慧立，與惠立一人。靖邁，與靜邁亦一人。而全唐文卷同上 則以靜邁與靖邁分爲二人。此亦一反比例也。然則謂通公主之辯機，與撰西域記之辯機，爲另一人，有何不可？然而唐之有兩玄奘也，宋僧傳早辨之矣。卷五恆景傳曾述及玄奘，因系之曰："江陵玄奘，與三藏法師，形影相接，相去幾何？然其名同實異，亦猶藺相如得強秦之所畏，馬相如令揚雄之追慕，各有所長，短亦可見也。"假定辯機有二，一貞一淫，當淫僧被戮之時，同名者同在西京，豈能絕無聞見？後來僧傳，何不一一爲辯之？且彥悰之悰從心，彥琮之琮從玉，明明不同也。然彥悰傳宋傳四載"或有調之曰，'子與隋彥琮相去幾何？'對曰：'賜也何敢望回！'長卿慕藺，心宗慕於玉宗，故有以也。"以是推之，假定著書辯機之辯從言，被戮辨機之辨從ソ，猶將有以辯之，而況乎同從言也。則貞觀末年，西京只有一辯機，無兩辯機也。

14 餘論

辯機之罪，似不至死，更何至於腰斬？又何至殺奴婢十餘人？頗疑其別有背景。舊唐書卷五七裴寂傳“貞觀三年，有沙門法雅，初以恩倖出入兩宮，至是禁絕之。法雅怨望，出妖言，伏法。”事並見續僧傳卷廿四大總持寺沙門智實傳。今新唐書高陽公主傳，言辯機之外，有浮屠智勗惠弘等，皆私侍主，能占禍福，視鬼。殆亦法雅妖言之類。辯機之死，想與有關。宮掖事祕，莫能詳也。且唐太宗自始卽不喜佛教，故貞觀十一年二月，有詔道士女冠在僧尼之前。大唐詔令集一一三 貞觀十三年冬，又有詔問法琳謗訕皇宗之罪。續僧傳廿四法琳傳 皇宗，謂老子也。試更以太子太保蕭瑀之事證之。蕭瑀夙稱好佛，會瑀請出家，太宗謂曰：“知公素愛桑門，今者不能違意，”瑀旋奏曰：“臣頃思量，不能出家。”太宗怒，貶瑀爲商州刺史。手詔責之曰：“朕於佛教，非意所遵，雖有國之常經，固弊俗之虛術。求其道者，未驗福於將來，修其教者，翻受辜於既往。至若梁武窮心於釋氏，簡文銳意於法門，傾帑藏以給僧祇，殫人力以供塔廟，及乎三淮沸浪，五嶺騰烟，假餘息於熊蹯，引殘魂於雀鷇，子孫覆亡而不暇，社稷俄頃而爲墟，報施之徵，何其繆也！而太子太保宋國公瑀，踐覆車之餘軌，襲亡國之遺風，修累業之殃源，祈一躬之福本，往前朕謂張亮，卿旣事佛，何不出家？瑀乃端然，請先入道，朕卽許之，尋復不用。一迴一惑，在於瞬息之間，自可自否，變於帷扆之所，乖棟梁之大體，豈具瞻之量乎？宜卽去茲朝闕，出牧小藩，可商州刺史，仍除其封。”舊唐書卷六三蕭瑀傳 此貞觀二十年十月事也。與貞觀二十二年御製聖教序時，相距僅一年有半，其言矛盾若是。非矛盾也，帝者操縱天下之術，無施不可也。蕭瑀爲梁武帝玄孫，故曰‘襲亡國之遺風，踐覆車之餘軌。’深惡痛絕，情見乎詞。據此手詔，則太宗對佛教之眞態，可以瞭然。其不能容法雅之妖言，任辯機之淫亂也，必矣。若徒據釋門著述，謂太宗本隆禮佛教，何至以此責瑀？何至對辯機如此其酷？是豈知太宗者哉！

出自第二本第一分（一九三〇年五月）

鈔本甲乙事案跋

附文秉事略

朱希祖

鈔本甲乙事案殘本三卷，文秉撰。 書中弘字末缺筆，避清高宗諱，而清宣宗甯字諱不避，蓋係乾嘉間鈔本。 舊爲江陰繆氏所藏，首鈐荃孫及雲輪閣朱文長方印二，（案繆荃孫藝風堂藏書續記，甲乙事案二卷，舊鈔本，無撰人名氏，分甲申乙酉年爲上下册。 則此三卷題文秉撰者，非繆氏藏本，圖記疑僞。）又有龔氏藏書之印白文方印一。 每半葉九行，行二十字。 卷首甲乙事案小序末題竺塢遺民文秉書於考槃之南雲庵， 仿朱子綱目之例，記事之後，有發明以闡書法；又仿附錄之條，存事蹟以備考核。 所謂甲乙者，蓋記崇禎十七年甲申弘光元年乙酉事耳。

案近年坊間有排印本聖安本紀六卷，其文全與此書同，題崑山遺民亭林氏顧炎武撰，道光活字本，荆駝逸史內亦有聖安本紀六卷，與排印本同，惟題名上無遺民二字而已。 攷此六卷本聖安本紀，實卽文秉所撰甲乙事案，作僞者改其名爲顧炎武聖安本紀；而不知顧炎武自有聖安皇帝本紀二卷，刻於明季稗史彙編。 其書仿正史之本紀體，與此編年之綱目體，逈不相同！ 康熙時温睿臨撰南疆逸史，所引書名，有顧氏之聖安本紀，亦有文氏之甲乙事案，故此二書，皆非僞作。 惟甲乙事案列爲禁書，傳鈔者恐干禁令，故易其名爲聖安本紀，此等改冒，蓋爲避禍計，或爲貿利計，則不可得而知矣。 玆將六卷本聖安本紀與甲乙事案對校，其作僞改易之跡，顯而易見者，列舉於下：

一. 六卷本聖安本紀序與甲乙事案序，完全相同；惟序末竺塢遺民文秉書於考槃之南雲庵十四字，易爲崑山遺民亭林氏顧炎武撰。（荆駝逸史本無遺民二字。） 案文秉所作烈皇小識八卷，刻於明季稗史彙編，其序文末，亦題竹（案當作竺）塢遺民文秉書於考槃之賚石亭。 又其序文句調詞例，亦與甲乙事案序文相類，與顧氏之文絕不相同！

一. 甲乙事案序云：『予自遭仲氏之難，列在官府者，幸荷寬政；而託在至戚者，反罹密網，孑然數口，屏迹深山，吸風茹霜，莫可訴語，窮愁無聊之餘，漫檢破笥，偶存弘光事略一册，見其間邪說充塞，黑白倒置。』案明史文震孟傳，『震孟二子，秉，乘。乘遭國變，死於難。』同治蘇州府志文震孟傳，『乘字應符，隱山中，有誣其與吳江吳易通者，逮至官，乘不辨，就死。』朱彝尊文點墓誌銘云：『處士長洲文君點以疾卒於郊西之竺塢。』點爲秉之子，秉稱竺塢遺民以此。蓋與其弟乘同隱山中，其弟死難，秉仍居山中，故云「遭仲氏之難，屏跡深山，莫可訴語」也。其弟死難，蓋爲至戚所誣，故云「託在至戚者，反罹密網」也。若顧炎武，雖於弘光元年七月遭崑城之難，生母折臂，二弟皆殉；然其家於崇禎十七年十二月，已遷居常熟，崑山破後九日，常熟城破，其母乃不食死，九月，至嘉定，至明年十二月，始遷居，欲往閩中，赴職方之職。(見山陽徐嘉顧亭林詩譜)未嘗屏跡深山，歷吸風茹霜之苦境也。然則此序爲文秉作，無疑義矣。至改弘光事略爲聖安事略，不過欲爲聖安本紀作張本耳。

一．甲乙事案『崇禎十七年六月丙寅，予故大學士文某等諡』。又云：『禮部尙書顧錫疇請削故輔溫體仁文忠之諡，[其體仁所摧抑正人，宜諡，文某文肅，羅喩義文介，姚希孟文毅』。而聖安本紀改文某爲文震孟，秉爲震孟長子，故避家諱而稱某；作僞者改易以名，此尙是其精審處。聖安本紀『弘光元年六月辛卯，薙髮令下。壬辰，在籍少詹事徐汧死之。中書文震亨時寓陽城，聞令，自投於河，家人救之，絕粒六日而死，遺筆有「僅保一髮以見祖宗於地下」之句』。此節紀事，殘本甲乙事案已缺，震亨爲震孟弟，秉之叔父也，似亦宜避諱，或敬缺末筆，今此鈔本不全，已無從證吾說之是非矣。南疆逸史文震亨傳，蓋卽采甲乙事案而成，以秉之記載家事，必較他人詳確，秉親見遺筆，故云『有「僅保一髮以見祖宗於地下」之句，』在他人記之，恐不能如此詳盡，此亦可證明是書之爲文秉撰也。

以上三事，均足證六卷本聖安本紀，卽爲甲乙事案所改冒，而聖安皇帝本紀二卷刻於明季稗史彙編者，持以與南疆逸史聖安帝紀略對校，十同七八，足徵溫氏紀略，卽采顧氏本紀而作，稗史本似非僞書明矣！亭林文集有與戴耘野書，言『昔年有纂錄南都時事一本，』蓋卽此二卷本之聖安本紀也。吳縣朱記榮刻亭林全集，中有聖安記事三卷，亦卽此二卷本聖安本紀所改名，然則六卷本聖安本紀，實卽爲甲乙事案之足本。同治蘇州府志藝文類，文秉甲乙事案一卷，繆荃孫藏書記，甲乙事案二卷，此鈔本甲乙事案三卷，皆非足本。而足本六卷，僅賴僞託顧氏之書以傳，是亦可謂幸存也矣！

六卷本聖安本紀，與二卷本聖安皇帝本紀，前賢皆以爲顧炎武撰，無有疑之者，如李慈銘博覽南明史籍，精於鑒裁，然於此二書，亦無分別，其日記云：

> 聖安本紀六卷，崑山顧炎武著，聖安者，隆武所上弘光尊號也。用大書分注法，又有發明，前有亭林自序，較明季稗史本爲多，蓋別一本？（孟學齋日記乙集下。）
>
> 聖安本紀，以崇禎十七年四月史可法等誓師勤王起，至乙酉十一月魯監國上弘光帝謚曰赧皇帝，太子謚曰悼皇帝，潞王常淓謚曰閔王，止。其書有附錄，有發明。據亭林自序，謂是書作於與崑山葉氏構難避居之時，意在深誅馬劉之奸，故倣紫陽綱目，斤斤以書法爲主；又倣之作發明。不特與本紀之名不相應副，而踵春秋胡傳之陋，拾尹起莘輩之唾，頗近無謂；且動引經傳以譏二奸，亦迂而不切。固由寧人少年所爲，猶不脫明人學究氣也。惟紀事差爲詳備，行文亦爽健可取，其譏史公等勤王之舉太緩，爲不急君父之仇，譏張有譽不力辭中旨計相之擢，皆責備之名言。（孟學齋日記乙集下。）

李氏言「亭林自序謂是書作於與崑山葉氏構難避居之時，」其言亦爲臆測無據！考張穆顧譜『順治九年，世僕陸恩叛投里豪葉方恆。十二年五月十三日，擒叛奴陸恩，數其罪，沈諸水。叛黨復投葉氏，訟之官，移獄松江。十三年春，獄解，回崑山。三月，本生母何太儒人卒，閏五月，至鍾山舊居，獄解，葉氏遣刺客擊之，傷首。十四年春，自金陵仍返崑山，避難北遊，留連山東，十五年，始入都。』然則所謂羅密網者，顧氏無有焉。惟文秉之弟乘，爲吳易所牽連，始可謂之羅密網。且顧氏於此時，往來金陵崑山間，亦未嘗屏跡深山也。李氏又謂此書係寧人少年所作，考顧氏避葉氏之難，已四十四歲，不得謂爲少年，其時著述，已斐然可觀，決不至以本紀之名，而作綱目之體。 不特顧氏無此體裁，卽文氏亦不至爲名不副實之書也。 蓋作僞者不顧體要，漫然以事案之名，易爲本紀耳。 事案而爲綱目體，又有發明，如斷獄判案之作，始可謂之名副其實矣！

附文秉事略

文秉，字孫符，（見先撥志始自序）大學士震孟長子，（見明史文震孟傳）〔注一〕翰林院待詔徵明之玄孫，國子監博士彭之曾孫也。〔注二〕 秉承蔭官生，經亂，隱居不仕。（見朱彝尊文點墓誌銘）著有定陵注略，先朝遺事，及先撥志始六卷，甲乙事案一卷，烈皇小識四卷，前星野語三卷，（見同治蘇州府志藝文類）〔注三〕子二，然，點。（見朱彝尊文點墓誌銘）

〔注一〕 南疆逸史義士傳『秉，字應符，文肅仲子，隱山中。 有誣其與吳易通者，逮至官，秉不辨，徐曰，「不敢辱吾父，願就死。」 臨刑，賦詩曰：「三百年來舊姓文，一心報國許誰聞？ 忠魂今夜歸何處？ 明月灘頭弔白雲。」 妻□氏，亦殉其旁。』（上海國光書局排印本，舊鈔本同，南天痕亦同。） 考明史文震孟傳『震孟二子，秉，乘。 乘遭國變，死於難。』 同治蘇州府志文震孟傳『二子秉，乘。 乘，字應符，隱山中。 有誣其與吳江吳易通者，逮至官，乘不辨，徐曰，「不敢辱吾父，願就死。」 妻周氏，卽順昌之女，亦殉其旁。』 據此，則南疆逸史等書，誤以文乘爲文秉矣。 文乘事詳見顧苓塔影園集卷一文公子傳。

〔注二〕 朱彝尊文點墓誌銘云：『翰林院待詔徵明，生國子監博士彭，彭生同知衞輝府事元發，元發生禮部左侍郎兼東閣大學士贈尙書謚文肅震孟』（見曝書亭文集）

〔注三〕 四庫全書總目『先撥志始二卷，』道光丁未刻本同。 甲乙事案，今考定爲六卷，顧炎武聖安本紀六卷，卽此書所改。

中華民國十九年五月一日。

出自第二本第二分（一九三〇年八月）

幾何原本滿文譯本跋

陳 寅 恪

幾何原本滿文譯本寫本七卷，舊藏景陽宮。蓋歐几里得書前六卷之譯本也。戊辰仲冬，予始得北平北海圖書館影本讀之。此本不依歐氏原文迻譯。故與利泰西徐文定共譯本迥異。予取數理精蘊中十二卷之幾何原本校之。其體製內容適與之相符。惟滿文本所分卷數間有不同。所列條款及其數目之多寡亦往往與數理精蘊本不合。如滿文本之第六卷卽數理精蘊本之第六卷至第十卷。然數理精蘊本第六卷至第十卷共爲六十四條。而滿文本之第六卷則爲九十條。又滿文本之文復有軼出數理精蘊本之外者。如滿文本之第一卷卷首序論卽不載數理精蘊本中。此二本之互異者也。二本之文字詳略及各卷所附圖式則大抵符合。此二本之相同者也。今綜校二本之異同，姑不論滿文本譯自數理精蘊本。抑數理精蘊本譯自滿文本。要之此二本同出於一源，則無疑義。嘗讀數理精蘊本怪其與利徐共譯本體裁絕異。復與清初杜臨甫之幾何論約及方位伯之數度衍所附幾何約諸書，僅就利徐共譯本删節者，皆不相類。頗致疑於清聖祖及諸臣删改之說。往歲游學海外。偶於圖書館檢夏鳥氏 (Sommervogel) 耶穌教會著述目錄見有滿文幾何原本之名。考法蘭西人支那學書目，(H. Cordier: Bibliotheca Sinica Vol. II P. 1092) 天學初函於乾隆二十三年譯爲滿文。但彼爲利徐共譯本非此景陽宮七卷本也。今此七卷本既非利徐共譯本，又不似利徐共譯本之删節本，殊不知其所從出。然數理精蘊中之割圜術，本西說也。而詭稱御製。(據李儼君所言。) 數理精蘊中之幾何原本與景陽宮之幾何原本滿文譯本，原爲一書殆出於耶穌教會諸子之手，而夏鳥氏目錄所載者，當亦卽此書也。夫歐几里得之書，條理統系，精密絕倫，非僅論數論象之書，實爲希臘民族精神之所表現。此滿文譯本及數理精蘊本皆經删改，意在取便實施，而不知轉以是失其精意。耶穌教會諸子號稱通達權變，折衷中西，雖於東土舊傳拜死敬天之禮，亦有不妨寬假之意，然顓門名家之學，與應世之術不同。若一無依據，未必能盡易原書體裁。

考歐邏巴洲十六七世紀時，歐几里得之書屢經編校刊行，頗有纂譯簡易之本，以資淺學實習之用者，如德意志人浩爾資曼 Wilhelm Holtzmann 所譯德文幾何原本前六卷之本，其自序略謂"此本爲實用者而作。實用者僅知當然已足。不必更示以所以然之理。故凡關於證明之文，概從芟略云云。"（見 Thomas L. Heath 英譯幾何原本第二版第一册第一百零七頁）即其一例也。予因之疑此滿文譯本及數理精蘊本皆間接直接出於與浩氏相類似之本。而數理精蘊本恐非僅就利徐共譯本所能删改而成者。惜局處中土，無從廣徵歐書舊刊，爲之證明耳。然則此七卷之滿文譯本者，蓋景陵當日幾暇格物之書，西海疇人重譯顓門之業，迄乎茲世，猶在人間，即此一段因緣，已足特加珍護。況復藉以得知歐几里得前六卷之書，赤縣神州自萬曆至康熙百年之間，已一譯而再譯，則其事之關係於我國近世學術史，及中西交通史者至大，尤不可以尋常滿文譯籍等視之矣。

出自第二本第三分(一九三一年四月)

論考證中國古書眞僞之方法[1]

高本漢

王靜如譯

〔引言——譯者〕

〔中國考據之學，從唐季興起以後，經過宋明兩朝人繼續努力，到了清代，纔算成了一種專門的學問。他們所用的方法是科學的，得的結論大致不錯；不過到了他們興致最高的時候，就每涉及別種意味。他們怎麽算是'衞道'，怎麽算是義例，都非我們今日所應持的論調，可是他牽涉到"今古文"的全體的問題，的確是一件有趣味的事情。爲了今古文的爭持，劉歆所要立于學官的左傳就當了他們當中必爭的要津了。左傳眞僞的討論，雖然經過了劉逢祿，康有爲，章太炎諸先生的辯論，但是仍然爲未定之說，並不能算是什麽定評。前三年高本漢曾著了一部左傳眞僞考[2]，把左傳的文法語助詞，和別的古書作了一個充分的比較研究，證明左傳是眞實的，他所用的方法完全是逃出了清季和近人因襲的今古文俗套，別創了從語言學立足的新法來解釋左傳眞僞的問題，給中國漸漸沈寂的考據界造了一條新路。實際說來，用語言學的立脚點來考證古書，應在這文法，語音，詞彙三方面着想。高先生來考左傳僅用了第一項，第二三項都未涉及，去年他更繼左傳眞僞考而來論三項所表顯于古書的情形，並且將中國考據家的方法加以討論，全文發表在瑞典斯託克漢姆遠東古物博物院學報。文中共分十項、前九項都是于中國方法外，附加己意，或別有批評。最末項，纔是他所論的語言學的那三點。因爲考據舊法，我國學者已經早熟悉了，所以只節譯末項，介紹出來。不過他後來所提出的語音，詞彙二項中國考據家曾作過這種工夫沒

〔(1) Bernhard Karlgren: *The Authenticity of Ancient Chinese Texts.—The Bulletin of Museum of Far Eastern Antiquities. No. I Stockholm 1929*〕

〔(2) Bernhard Karlgren: *On the Authenticity and the Nature of Tsochuan.* Gothenburg大學叢書第 32 種，1926。陸侃如有譯本名左傳眞僞考，新月書店出版，1927。〕

有，他評論舊法究竟怎麼樣，文中所涉及的古書，都是什麼情形，很有說明的必要，或者和他本文更有些幫助。

何休註春秋公羊傳解以齊語，王逸注楚辭引用楚言，高誘注淮南子兼採吳楚，鄭玄注禮率引齊音，這輩古人都是能夠拿當日方言來解釋古書所表現方言難讀的地方；同時他們也就是最先倡古書有方言存在的先知先覺了！　高先生自豪的說道，他未發覺古書有文法不同以前，别人都不相信有這件事。　的確文法在古書上討論，我國人少有特別論及的（指考證古書言。　自然是清人已知“斯”僅用魯語著作，惟未加擴大論斷；近人胡適之先生更先高氏論古書代名詞）。　但是關于語音方面，高先生就不能稱自己創成的了。　近人淳于鴻恩有公羊方言箋疏，李翹有屈宋方言考，雖然都是僅祖述何，王再擴大的工作，可是關於馬伯樂認爲難作，高先生認爲須從事大探討的字書方面，其供獻也就非同小可了。　如果我們能夠繼續的工作下去，這一方面就算大有可觀的了，前人的注釋每每涉及語音方面，是很應注意的。　在鄭玄注禮經的裏邊，時常看到，我們找到一個有條理的例子：

a.“个”讀如齊人攜幹之幹（周禮，考工記梓人）

b.齊人謂柯斧柄爲“椑”（周禮，考工記廬人）

c.獻讀爲摩莎之“莎”齊語（周禮，春官，司尊彜）

獻讀當爲莎齊語聲之誤也（禮記，郊特牲）

d.衣讀如殷，聲之誤也，（齊人言殷聲如“衣”（禮記中庸）。　高誘注呂氏春秋，愼大覽今兗州人讀殷氏皆曰衣。

e.扶當爲蟠，齊，魯之間聲如酺，酺聲近蟠，止不行也。　（漢書，天文志引鄭氏）

從古書中找到這些例子又有條理，眞是不能不算是一件奇巧的事情，不過我們從這裏更可看出古人早曾用方音來證釋古書了，那末他們自然也是承認古書有方音性的。个字切韻時的古音 kâ 讀成幹 kân 不大說得過去，我暫假定“幹”齊人讀如个，方較合理。　底下的柄 pǐwɐŋ 讀椑 pjiĕ，獻 xǐɐn，讀莎 suâ 殷 ·ǐən 讀衣 ·ĕi，蟠 b'uân 讀扶 b'ǐu，酺 b'uo 的說法自然也可解釋。　況且高誘也說當日齊方言的確是把收-n 的字讀如不帶 -n 了。　那末我可以明瞭齊地古代方音是大概把古音的鼻輔音 -n 韻尾

失掉了(或成半鼻音的),如果這種假定不錯,林玉堂先生所定"公羊確齊音"的論斷更可證實了,他曾舉:

a. 左氏昭十年,十一年,三十一年"季孫意如"

公羊都作"季孫隱如"

b. 左氏哀六年,"薛伯夷卒"

公羊作"薛伯寅卒"

c. 左氏僖元年"邢遷于夷儀"

公羊作"遷于陳儀"

d. 穀梁宣十一年"盟于夷陵"

公羊作"盟于辰陵"(左氏同)

這些例公羊雖然都是用收 -n 的字來對左,穀二傳的不收 -n 的字,我們只有理由說公羊因齊方音把收 -n 的字讀如不收 -n,所以用了"寅,陳,辰"三字亂來對一個"夷"字。但是假如你要反過來說,以左氏"夷"音應如"寅,陳"(收-n)的音在現在我們還沒能力證明"夷"上古音爲有輔音韻尾 -d 的當兒,是不大容易說明的。所以我們覺得公羊這種現像,恰好把他的作者方言表現給我們,同時也就證明他的確是齊人作品,如古書所傳說的。那末鄭玄拿方言說明禮經的幾部分,也可明瞭他是齊,魯一帶的方言,至少也是證明他是齊,魯方言的開始。近人林玉堂先生曾把左氏,公羊穀梁三傳方音的不同,以研究左氏,公羊,穀梁作者的地域眞僞[(3)]。他用得這種方法我十分的佩服,並且可以算是近人用方言考證古書的開創者。其次關于文法繼高氏考古書的更有馮沅君的論左傳與國語的異點[(4)],衞聚賢的讀論左傳與國語的異點以後[(5)]等著作,我們不必細說了。底下便略提一提高氏論中國舊法是那幾種:

1. 古代之書,乃有述及其後代之史跡,當爲僞著。(只譯大意,後同)

2. 古書所引據之上古著作而不見于今日稱爲上古書者,則此上古書當系贋品。

〔(3)林玉堂:左傳眞僞與上古方音——語絲第四卷第廿七,八期。〕

〔(4)馮沅君:論左傳與國語的異點——新月第一卷第七號。〕

〔(5)新月第一卷第九號。〕

3.文章淺陋，不似古人之作，蓋係僞著。

4.文體與古書不類，亦係後人之作。

5.著者事跡，近人業已論僞有據，則此書亦屬贋作。

6.覈之羣志，而觀其年代相隔極長，未能尋其連絡者，則此書亦係僞作。

7.篇卷之數在各誌略所載不同，則此書或經錯亂增減，甚或爲後人編造者。

8.其書所引之書今已證其爲僞著，則此書亦爲僞著。

9.書之內容，與其他古書有相同部分，則此書當爲晚出。

這幾項當中以論九項最詳，並有駁馬伯樂的幾段，我們並不持馬氏主張，所以不必寫在這裏，只他對這項還有一點詳細的分析，我把他寫下。 他以爲我們按論理學上的分法還當再分三項：

A.有抄襲此書，能如本書本來面目而全不加改變的。 那末他就有兩種可能：

a.書中章節刊印和語言與本書不相同者，我們馬上就可看出那是抄襲當時所見存之書而來的。 例如孟子後三卷是。 但是在大多數書中，這種事很少的。

b 書中章節在刊印和語言上與本書認爲插入者，沒有什麼不同，那末我們比較兩種著作就不能斷定那一個是原來的，那一個是後加的。

B 他把那章節，東改一點，西改一點，看上去像同一個題目的又一種說法，那麼光是簡單的比較我們也是不能說那一個是原來的，那一個是後加的。

C 能譯其意使其易讀，用常用之字代其奇難之字，改其短而不明之句。 這個我們很容易指出那是原來的著作，在我的左傳眞僞考（p.24.譯本p.34.）裏面曾舉一長段係司馬遷借自左傳原文而譯意的例子。（以上原書 p.171.）

我想高先生這樣謹慎細密的態度，我們怎忍忽略過去，況且還可啓發我們考古書上應走的道路呢。 底下我來說高本漢先生這次在本譯文中所提出的那幾部書是怎麼樣。

左傳以下，至于魯語諸作，他在左傳眞僞考書中都說到了，我現在不願再討論這些。 這次新加的書，一本是竹書紀年一本就是逸周書。 王國維先生曾有今本竹書紀年疏證和古本竹書紀年輯校兩部書，使我們很可明瞭今本之僞，關于這一點我們除贊成王先生考證方法精密之外，用文法也可明瞭那作品只是把各本書輯起來，並未加修改，好像方纔引過的高先生第九項A條之a。你看他抄宋書符瑞志的地方全用"於"如"黃帝五十年秋七月庚申鳳鳥至帝祭於洛水"。僞注更是一律。可是他抄別的書每用"于"如"帝堯七十三年春正月舜受終于文祖"。這就是宋書原來用"於"，書經等書原來用"于"，他忘了改掉的。別的例子你只要找就多的很，橫豎我們已知其僞，不必再饒舌了。那末馬伯樂用以駁高先生，高先生又來說這本和春秋都是缺少文法組織的理由駁馬先生，看起來大可不必了。不過就是使我們不大理會的，而只有十幾頁輯本（古本竹書，由各書所引而輯校者）的紀年，也並不和春秋相同。春秋凡是當"和"講的字，都是用"及"(and, with)而輯本竹書則"及，與"亂用，我覺得這輯本所引的多半是被改變過的，不然就是原本與春秋文法用字壓根就是不同；如：

春秋僖公二十二年秋八月丁未及邾人戰于升陘。

文公三年冬如晉，十有二月己巳公及晉侯盟。

竹書梁惠成王（三十年）與秦戰岸門。

桀末喜氏以與伊尹交，遂以間夏。

春秋僖公三十三年夏四月辛巳晉人及姜戎敗秦師于殽。

竹書梁惠成王（九年鄭）威侯（七年）與邯鄲圍襄陵。

晉惠公十五年狐毛與先軫禦秦至于廬柳。

這都是春秋用"及"而竹書輯本兼用"與"字的例，在這裏我不便更有深遠的預測，我只覺得有上兩種可能。

至于逸周書孫詒讓找到汲縣晉石刻太公呂表引竹書周志文例殊異後，給逸周書非汲冢書的說法更添了有力的證據。(6) 我想不到高先生在逸周書注上加汲冢周書是什麼意思，但是他好像曾見過孫詒讓的書似的，不過未必見到他的斠補也未可知，(7) 可是孫以前的學者也都討論過這件事啊。我的意思雖然在這兒不願再寫許多，但我覺得也許像陳振孫所說的，他的文體不似古書，乃似出自戰國者。你看他書中有匈奴樓蘭

〔(6)孫詒讓：周書斠補序。〕

〔(7)高本漢看過王念孫讀書雜誌，俞樾諸子平議，孫詒讓札迻（本書 p. 172）〕

等名，就得使你懷疑起來。 現在我們還沒充分研究他，只得停止在這裏。 其餘我們想到中國現在討論最熱鬧的左傳問題，我也願給他們一點供獻。 就是衞聚賢說過的國語多楚語，我看左傳更多，一翻方言就明白了。 衞聚賢定國語爲楚左氏所著，把左傳給了衞子夏，[8] 胡適之先生說"何不直截假定吳起爲左傳的作者呢"[9]。 左氏失明的傳說是怎樣演變出來的，我們自然不易揣想去。 可是淮南子精神訓也說子夏失明，那末這似乎有兩種可能，一種是他們倆都曾失明，一種就是他倆任何那一個先失明，別一個是後人附會的。 史略缺乏的原故，我不能決定那一種對，那個是眞曾失明，只能想到左傳作者或者同他們兩都有直接或間接的關係。 那末衞聚賢的假定也未必就不可靠，不過這終久是歸于假定範圍之內，還希望他們努力去作，使這個問題弄個水落石出，那纔眞痛快呢。 底下便是高先生的第十項正文。〕

* *

假設一種書的文章有些給他造成他的個性的，而又是後來造僞書所想不到學不會的些文法上的特點，那末那種書就是眞的。

我曾把這個試驗的原則，應用在那部最長又最重要的古書左傳，我是指出他的助詞和代名詞的用法不跟其他古書相同，尤其是跟以乎應該相同的些魯地著作，反而不同（論語，孟子，禮記之一部）[10]。 我對於這種現像曾給他一個說明 ，就是說這是表示中國古代有一些不同的方言，左傳是用一種方言寫的，魯地諸書是用又一種方言寫的。 除此以外，並且我找出了還有好幾種方言，都是因爲各有各的語助詞系統而看出他的方言的不同來。 這些文法的系統是分歧得很利害，不能只認爲小小的不一致就算罷了。

我這種解說 ，有兩位學者在他批評我那書的時候表示反對 ，一位是佛兒克(A. Forke在東方文學雜誌，*Orientalistische Literaturzeitung 1928. p. 514* 裏)，那位就是馬伯

〔(8)衞聚賢：左傳之研究，國學論叢第一卷第一二號。〕

〔(9)左傳眞僞考，胡適序頁39〕。

(10)我曾研究此書中之"若"和"如"；"於"和"于"；"吾"，"我"和"予"；斯當"則"用；斯當"此"用；乎用于介詞，與用于疑問詞，及當"與"用。

樂 (H. Masperc 在亞細亞雜誌 *Journal Asiatique 1928 P·159*裏)。 他倆都以為與其用方言之不同，來解釋我所發現的現象，莫如以文體（style）的不同說來更好一些。 那末如果假定他們這種解釋是對的，那我的考訂眞僞的標準當然不能成立了。 因爲（a）一種方言的不同，是限于某地某時的事情，一個活語言裏面當中的過渡的現象，是一種特別而不大會可以倣效的東西（無論怎樣後一時代的人，因爲他簡直就不會注意這種文法上的特性，所以不會去倣效他）[11]；而(b)文體之不同乃是文章的事情，是人造的現象，他的要素就在個摹倣。 設若周人已很對于文體有相當辨別力，抝使他們利用各套的文法來寫各體的文章，那末漢代人當然也會懂得這個，就能夠假造的都"得體"的。 所以現在要考查究竟還是我說周代方音不同對； 或是佛兒克和馬伯樂說文體不同對，這就成了極有關係的問題了。

〔現在先論這二位先生的主張〕。 他們立論的起點，各自有不同。 佛兒克的意見以為中國的文言從來未有直接據口語而來的。 在周代的時候，就已經成了人造的，並不與口語相同了。 他分爲"詩文體(詩經)"，散文體(書經易經)"，"哲文體（論語，孟子)"，"史文體（左傳)"等數種文體，以為文言裏不能有方言的存在，僅是文體的不同罷了。 這意見顯然是錯誤的。 不論那位公平的讀者都看得出論語，孟子和莊子的對語，以及左傳的敘說的很活現的些故事是無以復加再純粹的口語的記述了。 我們簡直可以聽得見說話的人操着他們那神妙的口氣，缺少文法結合的語句和驚歎詞。 說得更遠些，我相信甚至于漢季那書中的語句和白話相去並不甚遠。 常遇有些個地方顯然有意把實在說的話一字一字的記載下來，而這些作品就是我們恰恰稱爲"文言"的。 試舉一特例。 史記卷九十六周昌列傳，含怒的周昌，因爲口吃不利的原故，語中有："臣口不能言，然臣期期知其不可……"。 不論誰都很容易明白這口吃現象的"…期期…"不會插入到"文言——非白話"的句中的。 因此，這"知其不可"這句話，雖然咱們覺得牠文雅得很而在漢季就是白話。 關于這一點，此地也不必再多說了。

馬伯樂所持的理由跟我有些不同，他說竹書紀年（魏國人作），極似春秋（魯國

〔(11)假定語言的變遷認爲天然的現象。〕

人作)。 所以在文言記載之中並沒什麼方言的不同，僅有文體的分別，就是分成“史文體(春秋，竹書紀年)”，“史藝文體(Langue de romans)(左傳，國語)，”“哲文體，(論語，孟子，莊子)”，“紀勅文體(書經，逸周書)”，“詩文體(詩經)”。 據他看起來，這種說法比之於既沒有詞類(vocabulary)的大不同，而又假定他們是方言的不同，較近理些。 但是方言一書足表現他在西漢時代各地用詞很有些不同。 那末周距漢纔數世紀，他不能夠使方言的分支之多遠勝過周代，是當然的了。

第一，他那竹書紀年和春秋是用簡單的文句寫成的——簡直是些史料的題頭——所以幾乎沒有文法助詞在裏面，那末對於他自然也不能下什麼結論。 但是咱們得來先討論討論，這文體的說法像不像對，再論他實在是對不對，然後再回到這方言的問題上去。

當周朝中葉跟晚年的時代，我們知道的僅有二十來種的文學作品。 當孔門論語仍然表現原來口語的痕跡，很費事才寫成成篇的作品的時代，一當這種時候，像不像會已經演成了五種(五種之多吶!)不同的和比較嚴格而分得開的文體，而這文體每一體的特點是對于語助詞和代名詞各有一套的用法，這種事像不像會有呢? 讓我們試想想看這就變成怎麼一回事了。 儻如有一李姓者，生當紀元前四世紀，若彼屬於文人，並且也有著書之癖，一定感覺困難極了。 假如他寫歷史上的逸事(如左傳的文體)，他就得要用若當“假如”講永不用如，而當“似像”講就得用如不用若。 但是他要寫關于修德方面的文章如孔，孟之類，關于“假如”講的用法就得反轉過來總用如永不用若，可是當“似，如”講的他就可以仿彿得一種酬勞似的如，若二字都隨便高興去用。 設若這位不幸的先生得要著一部紀載——他一用如可就糟了! 他非得記住無論當‘假如”或當“似，如”都得用若的。

復次，假如他若發關于孔子所講的修德方面的議論，他對當“就，是以”的，就得總用斯字;但是他要稍涉及莊子並且開始寫關于道的著作，就得要特別小心的把斯丟開，來用則字。 孔子(指論語)跟莊子馬伯樂倒是把他們都歸入“哲文體”之下的，可是論，孟用斯而莊子則否(還有別的不同)。 那末看這樣子我們像得要再分此文體爲二:一個論孟哲文體，一個道家哲文體! 假設可憐之李君，到此時不是被攪瘋了的人，他就得跋涉于崎嶇“文體學”道路上去。 當演明哲理之時，他能用乎和於——在內，在的意思，並且可以隨便用與當作疑問句的語尾助詞，可是決不許用于。假如他著作紀載他就得謹防乎和於可是總用于。 並且設若他把疑問句的語尾助詞與寫上去，他就很丟人了。 可是假如他要更廣及歷史逸事那乎和疑問句語尾助詞與就全須禁用，惟於字還可用，但最好用作“跟（誰那兒），在（誰那兒)”（＝英 with 法 auprès de, 德 bei）講；于則當作“在內”(in) 的意思。——我固仍能再細述下去，不過還值得再費力麼？ 整個的這文體說，解釋這幾種古書裏助詞用法的差別，顯然是不像會對的吧。

不過我們能反過來試試看這文體的說法究竟對不對。 倒底有沒有一個“哲文體”的存在？ 試取例以明之。 如：孟子，莊子，荀子，韓非子四哲學家彼等實同時生存（前四世紀之後半至三世紀之中葉）並且他們的著作的派别和內容是極近似的。 假設文體說是對的，他們當然有一樣的文法。 可是我已經指出了莊子不像孟子（及其他魯地著作），他不用斯（無論當作“則”“此”用）；此外，莊子常用的疑問語尾助詞邪，而魯地著作中找不出來的。 荀子和韓非子邪字也是常用的。 但魯地著作用的尾音與在莊子和荀子用者極少，並且在韓非子中是全沒有的。 所以所謂“哲文體”者，並沒有這會事的。

國語和左傳的文法非常的近似(雖然有一個重要的區别)。 現在我們知道戰國策實和國語爲同時作品，並且書的內容跟派别相近的，簡直可以說他們是同一著者寫的——要不是他們的文法（助詞之系統）差的那麼遠的話！ 國語關于於和于有一個用法的不同；及常用作“和，同”，沒有歎詞尾邪；而戰國策差不多全不用於他幾乎沒有及惟邪字還不少。 介系字用的乎字戰國策常見，却不見於國語。 那末“史藝文體”（馬伯樂把國語歸入此體）也是不能成立的。

復次，關於論“禮典”的書，佛兒克和馬伯樂都沒有提到。 像那類的書我們一死的要定他爲那種文體也必定陷于不可能，因爲那書裏面的文法有大不同呢。（參看我的左傳眞僞考 p.56，譯本 29 頁）。 其實啊，這個因評論我的左傳眞僞考而引起的這全套的“文體說”，從那被評書中已經載明的些事實看起來，他就根本不能成立的了。

若是如此，那末古代作品中的文法不同，像不像須得根據方言才可以解釋呢？馬伯樂的意見以爲也應有一種實詞（用詞）上的不同，那是一件有趣的事，並且像是很令人注意的事。

現在讓我們先假定“方言”(dialects) 這名詞怎樣解釋。在這兒我並不取土話 “des patois.”，如中國鄉村之土語，或下等社會所操之語，乃如古代希臘方言之類或取其更近些的例，方言中如已受教育的北京人或上海人所表現者。這類的情形，大概可以代表魯，周，魏，齊，等文人的語言的不同，這些地方都有獨立的文化，各自爲政，而且有地理的障礙的（中國內地的湖澤（濕田），森林，野族都能使交通困難）。假設我們要比較曾受過教育的上海人和北京人的語言，可找出他們有三處不同：(1)文法（助詞和代名詞）(2)詞彙方面；(3) 音韻方面（同一字而兩處讀音不同)。不過假如你論的不是土話（大概方言所講的就是），假如你論的是受過教育人說的話，那你馬上就看出來，——設若你翻覽翻閱像Hawks Pott 的上海語課本 (*Lessons in the Shanghai Dialect* 1920)就會覺出來文法和音韻同北京大有差別，而用字(詞彙）方面則大致相同；這兩種方言中各自特有的字實爲少數。所以我們得了以下的情形：

1.文法很有點不同。

2.音韻很有點不同。

3.詞彙中有細微的不同。

可是他在古書裏面是什麼情形呢？

1.文法不同的（助詞和代名詞）已經被我在左傳眞僞考裏指出來了。

2.音韻不同的，一會兒我就要討論。

3.詞彙中的不同，據馬伯樂以爲簡直看不出來的。（他說：詞彙中沒有什麼要緊的不同 “sans aucune différence importante du vocabulaire” *J.As. 1928 p. 165*)

關于第三項果如馬伯樂先生所說的麼？我不以爲如此，據我所能知道的，這個問題固向未有人細考過，並且沒從事統計，什麼也不能確定的。古書中有文法的差異，在我未證明他以前，是沒人相信的。不過講到詞彙時，我們能不能得到一個滿意的解答，這倒不敢說一定的。 先前我們確定古書文法方言性的時候，僅用二十來頁的書就夠了，如果考定詞彙方面就得用數百或到數千方可。 論語，孟子和檀弓（禮記）很足以確定魯語的文法；但是關于詞彙方面他們僅能供給一點零碎而且極少的材料罷了。 不過我們雖然因古書保存下來的那樣的少且短的原故而處于這不利的地位，可是我們只要細心的觀察去，也可以找見他們那詞彙方面的明顯不同的些痕跡。關于這一點莊子這部書就是特別的一個例。 這裏不是發表我的關于這題的材料的地方，現在暫舉其一。 譬如“船”字在莊子書裏用牠（卷三十一莊子門人所著，參馬伯樂的 *La Chine Antique* 古代之中國 p. 490）現代的語言都用他；但據我所知道，十三經裏全用“舟”[12]所以我們比較書中之方言之不同，文法詞彙方面容易看出的多，這是無足怪而且恰恰我們所略得到的。

因爲中國文字的性質的緣故，我們不幸不能着手于分出中國古代方音的不同來。比方現代的 jï, ze, čr, niɑt 等音，都隱于一個“日”字之中，在古代也是同樣的情形。我們雖然有理由略想古代很有點讀音不同的存在，我們却沒有能力去證實他。 不過我們要知道這個假設是否眞實，特別在研究上古文字學的時候，那是急于要知的（就是說在研究諧聲字中的時候，我們須得知道可否假定找得出一個上古的一個統一的語言）；就是關于現在我們所討論的問題；——關于文法的分歧用方言來解釋的——也是同樣的重要。 果然這共同的字在這各文化中心地讀音有差異麼？ 現在我要陳述在至少有幾點，我們是可以穿破他的隱密的。

漢書（卷九十，十三頁金陵書局本）如淳（三世紀中葉）注釋“寺門桓東”桓字，所謂桓表（古音[13] γuân pĭău）說：“陳宋之俗，言桓聲如和（古 γuâ）。今猶謂之和表”[14]。這個情形不僅第三世紀如此，更早一點從張衡（死于 139 年）東京賦（文選卷三，

〔(12)方言卷九：“舟”自關而西謂之船，自關而東謂之舟或謂之“航”。〕

〔(13)指切韵音。〕

〔(14)如淳曰：舊亭傳於四角面百步築土四方上有屋，屋上有柱出高丈餘，有板貫柱四出名曰桓表，縣所治夾兩邊各一桓，陳宋之俗，言桓聲如和，今猶謂之和表。 師古曰：即華表也。——酷吏列傳。〕

也可看出他用和來代替桓的情形。　像這樣一處方言或一些方音讀桓如和的現像，漢大師鄭玄（死于紀元200年）恐怕就很知道，並且他相信書經裏頭也是如此。　他注釋禹貢（書經卷三十六四部叢刊本）的"和夷（旅平和夷）"說和讀如桓，並指出了這桓河在四川省。　不管怎樣這種漢朝的方言情形在周朝已經存在，是靠得住的了。因爲逸周書（汲冢周書）卷八"桓于黎民般"桓當和用，沒有什麼可疑惑的。　關於這一點可給我們說明中國文字學上一些至今不可解的奇特例子，那就是 -â 諧 -ân 聲的字，或者-ân 諧 -â 的字：

亂 *luân*：㒩 *luâ*；　般 *puân*：鞶 *puâ*；　酸 *suân*：梭 *suâ*；　裸 *kuân*：果 *kuâ*；　番 *p'iwɒn*；　皤 *puâ*；　難 *nân*，儺 *nâ*；　單 *tân*：癉 *ta*；　㡯 *t'ân*；　多 *tâ*；　笴 *kân*　可 *k'â*.

像上面舉的例，是少見的，這都是不合普通諧聲規則的字。　現在幸而有了一個如淳的證據，可以使我們只是猜想的假定變成知道的事實：就是口鼻韵互諧是由方音不分口鼻所致的。　這種情形，我們極易看出來。　-an 和 -ang 音的字在中國方音裏，大多數有很強烈的到半鼻音上去的傾向；kan (或 kang)可變成 kaⁿ 甚至將其附韻聲尾 -n（或-ng）全部失掉，參看高本漢的中國音韻學（*Études sur la Phonogie Chinoise p.764-765*）。　這類的音變不是新近才有，在舊日已經有了，伯希和（Pelliot）早已指出過的。　他指出中央亞細亞的 upadhyāya 和中國的"和尚"爲一字，"和尚"在唐代爲 γuâ-ẑiang，較古爲 γuâ-d'iang；那末 d'iang 可對譯 dhyā 自然是因爲古代的半鼻音近似近代北方諸種方音半鼻音化了。　這種半鼻音似乎在中國音韻史上於長長短短的各時期是常出出沒沒的。　並且他一定是一種半鼻音的方音 γuâ(ⁿ) 等等呢。　這種方音可以說明 γuâ 代 γuân 的原因，同時也可明瞭上邊說的非疊韻的口鼻韵諧聲的原故。　這一點可以使我們古文字學家記住，不要凡遇古怪的諧聲都勉強用上古標準語（normal language）來解釋，其中恐怕一定有許多出軌的諧聲缺竅是藏在方音裏呢。[15]　那末從這些舉例，我們知道周代語言裏方言的變化不僅是文法，詞彙的不同，並且讀音也是有差異的。　所以我想我有種種理由保持我關於左傳文法的特點

(15) Walter Simon 在他的 *Zur Rekonstruktion der altchinesischen Endkonsonanten*

用方言來解釋的說法；而這文法特點仍是一樁考古書的眞僞標準呢。

上古中國附韻聲尾之重造（*Mitteil Sem. Or. Spr. Berl 1928* 單行本）*p.22* 曾試解：難 *nân*（切韻，寒）：儺 *nâ*（歌）等例，他說上古第二字元音後曾有附聲尾（摩擦音）作 *nâδ*，至隋（切韻）前失掉。 那末這種現像就得算是全語皆然，並非方音性了。 可是這是一件不可能的事情啊。 在古代（切韵隋）-*â*（歌）和 -*uâ*（戈）音的字很多；-*ât*（曷）和 -*uat*（末）也很多。 假設他們上古是 -*aδ*, -*uâδ*, 那末他在詩經押韻或諧聲中斷然無疑的一定要和 -*ât*（曷）-*uat*（末）要接觸的（*kâ*←*kâδ* 諧 *kât* 或 *kât* 諧 *kâ*←*kâδ*）。 可是並無此種情形存在，所以他這種說法不能成立的。 上古-âd, -*uâδ*的音（d是破裂音的任何一種）到了古代（隋）變成了 -*âi*（咍，泰）-*uâi* 之（灰，泰）並沒變-*â*, -*uâ*的。〔參高本漢分析字典 *p.29*.〕

出自第二本第三分（一九三一年四月）

刼灰錄跋

朱希祖

言刼灰錄著作者有數家，分爲三派：

一謂此書爲臨海馮甦著，如尤侗艮齋倦稾少司寇馮公傳，劉繼莊廣陽雜記，温睿臨南疆逸史，李蓀刼灰錄補注，陳去病刼灰錄跋是也。

一謂此書爲方以智錢秉鐙一輩人手筆，如葉廷琯吹網錄刼灰錄補注跋並撰人辨（繆荃孫藝風堂藏書續記刼灰錄下全襲葉廷琯文而沒其名）是也。

二派之外，復有闕疑一派，如傅以禮華延年室題跋中刼灰錄跋是也。

以余觀之，刼灰錄蓋襲馮甦見聞隨筆下卷所變名，特去其上卷兩粜賊傳，而專取其記西南往事耳。馮氏記西南往事序云：

> 予以辛丑（順治十八年）赴滇，值緬甸旋師，丙辰(康熙五年)冬，來五嶺，往還黔楚間，弔黍離於五華，拾遺鏃於交水，過古泥悲爰止之無枝，臨端溪惜穴中之倘闢，往往父老猶能指其故蹟，未嘗不慨然傷之。己未（康熙十八年）秋日，承乏武殿試讀卷官，得與宗伯葉訒菴先生朝夕從事，時宗伯方受命總裁明史，以予久於南中，因以西南事實見訪，予頷之。逾年，宗伯索稿益力，同人阮亭侍讀宮贊大可兩太史，亦咸以爲言，且曰，吳越八閩故多士大夫，獨西南僻在荒徼，爲吾子舊游地，咨訪有獲，而匿不以傳，非以仰副聖天子破忌諱購遺文鑒往垂訓之盛心也。予義不獲辭，因以退食餘暇，記永明王竊號始末一篇，其事在異地，一篇中不能并詳者，別爲雜傳十首，參互而觀之，十數年中敗亡之蹟，與本朝創業一統之艱難，可得而概見焉。

據此，則此書蓋成於康熙十九年；其事，則於順治十八年赴滇，康熙五年冬來五嶺往還黔楚間，親得之耳聞目覩。蓋當吳三桂於康熙元年四月弒永曆帝於雲南時，馮氏正官於彼地，故其記載較親切而有味；又承明史總裁之索稿，故尤精心密意而爲之。馮氏爲順治戊戌(十五年)進士，文筆雅而著述富，余別有見聞隨筆跋詳言之，決不至襲他人之著作，而冒爲己有者。

今世所傳刼灰錄，蓋有二本：其一爲無注本，題「珠江寓舫偶記」，吳江陳去病所藏舊鈔，國學保存會排印本，首題永明王僭號始末，與見聞隨筆稱永明王竊號始末名相應。其一爲有注本，分六卷，首第一卷題永曆紀，前有自序，末題「壬申秋杪珠江舊史氏識」，壬申爲康熙三十一年。

案尤侗艮齋倦稾少司寇馮公傳言「甦卒於壬申十一月」，此錄自序作於壬申秋杪，假甦作此自序，亦屬可能；然馮氏旣已仕清，何必改易見聞隨筆爲刼灰錄，易永明王始末爲永曆紀？余意刼灰錄必爲他人襲馮氏書而改名者，如明末五小史之改爲五藩實錄，殘明紀事之改爲安龍逸史，南疆逸史之改爲南天痕，甲乙事案之改爲聖安本紀，稍易序跋，改題篇目，增損字句，或一字不易，卽可以詐耀淺學之徒，見聞隨筆之改爲刼灰錄，亦猶是也。而葉氏廷琯武斷爲方以智錢秉鐙一輩人所撰，致來傅氏以禮之駁。余謂若拘「珠江舊史」之名，必爲廣東人作，而方錢二氏，皆安徽人，其名已不相稱；又見自序紀年壬申，爲康熙三十一年，上距三桂弒君已三十年，見聞不能如此之確，且在馮甦見聞隨筆之後，不無勦襲之嫌，於是臆改年代，易壬申爲壬寅，爲康熙元年，適當三桂弒君馮甦未著書之時，則於方錢二公乃爲相近，嗚呼！因仍舊說，以誤傳誤，固爲非是；而改竄原文，以就己說，此所謂削足適屨，清代學者往往有此弊，尤爲治史者所當深戒；而游移兩可，雖有闕疑之美，然此淺而易見，實易定其是非，特不肯詳實攷證耳，故上列三派，其說皆非也。

中華民國二十年一月六日作

出自第二本第四分(一九三一年)

酈學考序目

丁山

方經緯術之未東來也，我中國輿地舊學，大別爲三：以脈水爲綱者，則有若禹貢，以度山爲綱者，則有若山海經；以疆理爲綱者，則有若職方王會，而禹貢較爲近古。古昔先民，漁牧爲生也。非艸無以爲畜，非水無以爲漁，沿流而居，居無定在，聚族爲國，國無定疆；故爲輿圖也，不能劃彼疆此界，不能極峻嚴大壑。進而爲農藝時代，稻粱黍稷亦非水不能滋茂；故考史前文化者不可不知河流遷移；而論輿地學史者不得不以脈水爲近古。夏商無徵矣，在周則有河圖。周書顧命「天球河圖在東序」，天球蓋即後世渾天儀，所謂天圓地方也；河圖當爲大河流域圖，亦即當時之輿地圖。穆天子傳，「天子西征至陽紆之山，河伯馮夷之所居，是爲河宗氏。天子乃沈璧禮焉。河伯乃與天子披圖視典，以觀天子之寶器，玉果，璇珠，燭銀，金膏等物，皆河圖所載」，是河圖即河伯所掌輿地圖，非龍馬負圖之八卦也。其在散氏盤紀散夨封域之銘曰：「乃爲圖夨王于豆新宮東廷，」東廷東序，方位相同，然則顧命之河圖，猶散盤之封域圖；若舍禹貢山經職方王會後人僞托之書，以論我國輿地學史，亦不得不以河圖爲最古。河圖亡矣，其因河圖爲著書，今惟水經在。水經作者，傳論不一，舊唐書經籍志云，郭璞撰，新唐書藝文志云桑欽撰，王應麟據經文有武侯壘魏興郡，涉及三國地名，謂「非後漢人所撰，疑出于璞」困學紀聞閻若璩據璞注山海經引水經者八，古文尚書疏證而郭撰之說亦破。近楊守敬又據「劉璋分巴郡置巴東巴西郡，而夷水漾水經文只稱巴郡；蜀先主置漢嘉郡，涪陵郡，而若水延江水經文不稱漢嘉涪陵；他如吳省沙羡縣而經仍稱江夏沙羡；吳置始安郡于始安，而經仍稱零陵始安；」以爲敵國所改之制故外之，謂經文確魏人所作。水經注疏凡例山以經水所過郡縣考之，則不盡然。魏更吳房縣名遂寧，而瀙水仍云「東過吳房縣南；」魏更殺𣏌縣名泥陽，而沮水仍云「東過馮翊殺𣏌縣東；」魏改定陵縣爲北舞郡而汝水仍云「東過定陵縣北；」魏分淮陰縣屬廣陵郡而淮水仍云「東北至下邳淮陰縣」凡此魏改漢制，作經者果曹魏人，不當舍魏制而沿漢名。沙陵縣廢于漢末，而河水云「又屈南過沙陵縣西；」陰館縣廢于漢靈帝末，而㶟水云出「鴈門陰館縣；」經果作于建安以後，不得涉及陰館沙陵矣。不寧惟是。秦置郟縣屬潁川郡，後漢省之，魏雖復置郟縣，但改屬汝城郡，汝水則仍云「又東過潁川郟縣南；」漢武帝分隴立天水郡，後漢明帝改曰漢陽郡，河水則仍云「又東過天水北界」後漢省土軍縣，高平縣，箕縣，而經則仍曰，「河水又南過土軍縣西，泗水又南過高平縣西，濰水出琅邪箕縣濰山，」凡此郡縣之名，旣不合于魏制，亦不同後漢郡國志，經固有西漢舊文矣。更就禹貢山水澤地所在言，「汧山在扶風汧縣之西」汧縣舊屬扶風，至漢靈帝分屬漢安郡，經曰：「扶風汧縣」則非靈帝以後所作可知。蒙陰縣漢屬大山郡後漢省入南武陽，懷德縣漢屬馮翊郡，後漢省入頻陽，而經曰「蒙山在太山蒙陰縣西南，荆山在馮翊懷德縣南，」亦非後漢人可得而語也。由文稱西漢郡縣者言，知經爲西漢人所記；由文稱後漢郡縣者言，知經爲後漢人所記；由文稱曹魏郡縣者言，知經爲曹魏人所記。水經爲書，蓋艸剏于西漢，東京以後，遞有增益，至曹魏時經水始備。不然，則某水爲西漢成文，某水或東京舊記，至曹魏人補苴潤色，褒爲一書；作者不一人，續者不一代，全祖望謂「東京初人爲之，曹魏初人續成之，」蓋爲近是。，歐陽玄不知「江水東逕永安宮南」注訛爲經也，謂經爲蜀漢間人所爲，其誤與王應麟之武侯壘相同，不足是正。

水經祖河圖而師禹貢，河圖佚而水經獨與禹貢並傳者，賴有酈道元注也。酈注世或「厭其枝蔓太繁，頗無關涉」楊慎云。甚者譏其「徧該而旨未洽，橫蒐而詞未修，以備稽考，則優孟志怪以耀世，引遐搜僻以示異，雖宏富贍給，而靡所取裁」詹景龍云。山謂酈注所以傳世者正賴其橫蒐博考，歷覽奇書，委曲敘事，文章爾雅，稽古之彥，汲其謏聞，詞章之士，掇其纖藻。郭象注南華，人謂南華注郭象；李善注文選，選學之盛自李善。道元此書，詳贍未必逮陸澄地理書，任昉地記，精審未必逮庾仲翔川瀆記，庾仲雍江漢水記，陸任庾諸作均見隋書經籍志。而傳也未必爲訪瀆搜渠，川流相屬，亦不過文選注，初學記，書鈔白帖之比，誰知李吉甫黃宗羲所欲删，正酈注所以傳哉。

道元，字善長，事具魏收書酷吏傳，其生卒年月，魏書北史皆未之詳。茲驗以本傳，參以其父範，其弟道愼，道約事，庶可得其概數，魏書言範卒年六十二，失魏帝紀年，但曰「範五子，道元第四弟道愼，正光五年(公曆五二四年)卒，年三十八。道愼弟道約，年六十三，武定七年（五五四年）卒；」是愼約之生並在魏孝文太和十一年（四八七年），若非孿生，即是異母；範之卒當在太和十一年後。　北史道元傳，「初襲爵永寧侯，例降爲伯，御史中尉李彪以道元執法清刻，自太尉掾引爲書侍御史，彪爲僕射李沖所奏，道元以屬官坐免。」　按：彪傳，李沖奏彪當車駕南伐之時，表曰：「大駕南行以來，彪兼尙書，日夕共事，始乃知其言與行舛，是已非人」者是也。　孝文帝除彪名，則在懸瓠軍次，彪傳所謂「高祖在懸瓠，覽表歎愕」者是也。　高祖紀，「太和十七年，八月己丑，車駕發京師，南伐，步騎百餘萬。　十八年十二月戊辰，車駕至懸瓠。　十九年二月壬戌，乃詔班師。」　是李彪除名在太和十九年春，其爲御史中尉，猶在十七年前；道元爲書侍御史在太和十七年前，其襲爵或在十三四年間；範之卒即在太和十三四年間，其生約在魏太武帝神䴥初元（四二八年）。　男子三十而娶，十年而字，範生于神䴥，則道元之生蓋在魏獻文帝皇興之世。　假定道元生于皇興初元（四六七年）爲不巨誤，則襲爵爲伯，其年廿五；免書侍御史，其年廿九；爲冀州鎭東府長史，其年卅五；爲魯陽太守，其年四十三；爲東荆州刺史，其年四十九；爲河南尹，其年五十八；孝昌三年（五二七年），爲關右大使，被害于陰盤驛亭，行年六十餘矣。　爲使省覽，表之如次：

公曆紀年附干支	魏帝紀年	酈家紀事	考證
四二八戊辰	太武帝神䴥元年	道元父範生，範字世則，魏書有傳。	按：上文範于太和十三四年間，年六十二，故假定爲是年生。
四五二壬辰	文成帝興安元年	範廿五歲，襲爵永寧男加寧遠將軍。	魏書範傳，「世祖時給事東宮，高宗踐祚，追錄先朝舊勳，賜爵永寧男，加寧遠將軍，」其給事東宮，始于何年，不可考矣。

四五五乙未	太安元年	範廿八歲，進子爵。	魏書範傳，「範以奉禮郎奉遷世祖恭宗神主于太廟，進爵爲子，」按奉主事高宗紀云，在太安元年春。
四六七丁未	獻文帝 皇興元年	範四十歲，爲征南大將軍左司馬，尋爲青州刺史。 道元生。	魏書範傳，「征南大將軍慕容白曜南征，範爲左司馬，」北史範傳，「及定三齊，白曜表範爲青州刺史。」按：顯祖紀，及白曜傳，白曜加征南大將軍，平定三齊，事在皇興元年，則範爲青州刺史，當在是年，北史以範爲司馬，在太安初，誤。道元之生，雖不能確定是年，然以其父其弟生卒年月推之，相差當不甚遠。
四八七丁卯	孝文帝 太和十一年	範六十歲，爲平東將軍，青州刺史，假范陽公。 道元二十一歲。 道慎，道約生。	魏書範傳，「範後進侯爵，加冠軍將軍，遷倘書右丞，後除平東將軍青州刺史，假范陽公。」則範進公爵，末年事也。 又，「道元第四弟道慎正光五年卒，年卅八；道慎弟道約年六十三，武定七年，卒，」則慎約之生，並在是年。

四八九己巳	太和十三年	範六十二歲，卒，謚曰穆。 道元二十三歲。 道慎，道約三歲。	魏書範傳，「鎮將伊利表範與外賊交通，還朝，年六十二，卒于京師，謚曰穆。
四九一辛未	太和十五年	道元二十五歲。 襲爵永寧侯，降爲伯，爲太尉椽。 道慎，道約五歲。	魏書本傳，「初襲爵永寧侯，例降爲伯，」按高祖紀，李彪是年爲假通直散騎常侍，禮志則云，彪爲秘書丞。
四九二壬申	太和十六年	道元二十六歲。 自太尉椽遷治書侍御史。 道慎，道約六歲。	彪遷御史中尉，疑在是年。彪傳云，「後車駕南征，假彪冠軍將軍，東道副將，尋假征虜將軍，車駕還京，遷御史中尉，領箸作郎，其時代旣與禮志不合，又與李冲表相左，表當有誤，彪是年遷御史中尉。則道元是年爲治書侍御史，本傳所謂「御史中尉李彪以道元執法清勤，引爲治書侍御史」也。
四九三癸酉	太和十七年	道元二十七歲。 道慎，道約七歲。	高祖紀，「八月乙亥，車駕發京師，南伐，步騎百餘萬，」彪傳，「車駕南伐，彪兼度支尙書，與僕射李冲任城王等參理留臺事。」

四九四甲戌	太和十八年	道元二十八歲。 道慎，道約八歲。	高祖紀，「十二月戊辰，車駕至懸瓠，」按是月辛亥朔，戊辰，爲二十八日，是高祖至懸瓠，歲已盡矣。
四九五乙亥	太和十九年	道元二十九歲，免官。 道慎，道約九歲。	彪傳，「彪素性剛豪，與冲等意議乖異，冲積其前後罪過，乃于尙書省禁止彪，上表。高祖在懸瓠覽表歎愕，除【彪】名」高祖紀，「十九年春正月辛未朔，朝饗羣臣于懸瓠，二月壬戌，乃詔班師」是冲之表彪，事在十八年末，彪之除名，定在十九年春。道元傳，「彪爲李冲所奏，道元以屬官坐免，」其免官亦在是年春。
五〇一	宣武帝 景明二年	道元三十五歲。 爲冀州鎮東府長史。 道慎，道約十五歲。	水經「淯水又東南過長社縣北，」注，「余以景明中出宰茲郡，」北史本傳亦曰，「景明中爲冀州鎮東府長史，」魏史闕載。
五〇九乙丑	永平二年	道元四十三歲。 除魯陽郡太守，遷輔國將軍。 道慎，道約二十三歲。	水經汝水注，「余以永平中蒙魯陽太守，」北史本傳云，「試守魯陽郡，」魏書闕載，但曰累遷輔國將軍。

五一五乙未	延昌四年	道元四十九歲。 除東荊州刺史，尋坐免。 道愼，道約二十九歲。	水經比水注，「余以延昌四年，蒙除東荊州刺史，」魏書本傳，「遷東荊州刺史，威猛爲治，蠻民詣闕，頌其刻峻，坐免官。」
五二四甲辰	孝明帝 正光五年	道元五十八歲。 除河南尹，兼黃門侍郎。 道愼，道約三十八歲。 是年，道愼卒。	魏書本傳，「久之，行河南尹，尋即眞。肅宗以沃野懷朔諸鎭，並改爲州，詔道元持節兼黃門侍郎，與督都李崇籌宜置立裁減去留。」按：肅宗紀，改鎭爲州，詔在五年，而周書趙肅傳言，道元爲河南尹，亦在正光五年，疑道元除河事在正光之初，至五年遷御史中尉也。道愼卒，詳範傳。
五二六丙午	孝昌二年	道元六十歲。 兼侍中，攝行臺尙書，節度諸軍，尋除安南將軍，御史中尉。 道約四十歲。	北史本傳：「孝昌初，梁遣將揚州刺史元法僧，又于彭城反叛，詔道元持節兼侍中攝行臺尙書，節度諸軍，依僕射李平故事。後除御史中尉。」按：肅宗紀，「孝昌二年，遣河間王琛爲大都督，酈道元爲行臺。」魏書本傳云，「除安南將軍，御史中尉。」

五二七丁未	孝昌三年	道元六十一歲。 爲關右大使，冬十月，與弟道口子二人同被害于陰盤驛亭，殯于長安東。 道約四十一歲。	北史本傳，「時雍州刺史蕭寶夤反狀稍露，侍中城陽王徽，素忌道元，因諷朝廷遣爲關右大使，寶夤慮道元圖己，遣其行臺郎中郭子帙，圍道元于陰盤驛亭，水盡力窮，賊遂踰墻而入，道元與弟道口二子俱被害，寶夤猶遣殯其父子，殯于長安東。」蕭寶夤傳，「十月朝廷乃遣御史中尉酈道元爲關右大使，寶夤謂密謀取己，彌以憂懼，遣其將郭子恢等攻而殺之，詐收道元尸，」肅宗紀，「孝昌三年十月，蕭寶夤据州反，」是道元被害，確在孝昌三年十月，北史郭子帙當爲子恢之誤。
五二八戊申	武泰元年	追贈道元吏部尚書冀州刺史，安定縣男。 道約四十二歲。	北史本傳，「事平，喪還，贈吏部尚書冀州刺史安定縣男。」肅宗紀，「武泰元年正月，雍州城人侯終德相率攻寶夤，寶夤渡渭而走，雍州平，」是追贈道元，即在被害次年。
五五四甲戌	東魏孝靜帝武定七年	道約六十三歲卒。	詳範傳。

善長撰注水經，史雖不著其成書年月，然觀汝水注云：「余以永平中蒙除魯陽太守，會上臺下，列山川圖，以方志參差，遂令尋其源流，」比水東南流過其縣比陽南，泄水從南來注之」注云：「余以延昌四年蒙除東荆州刺史，治比陽縣故城，城南有蔡水，西北流于比，非泄水也。」可知其尋圖訪蹟，歷時攸久，簿書倉卒，不廢探討。自序云：「竊以多暇，空傾歲月，輒注水經，布廣前文，」意者延昌神龜之間，罷官多暇，即善長殺青注文之時歟？

酈書行世，千又四百年矣。唐前經注單行之本，久無蹤跡，其見于今者大抵宋元祐二年（一〇八七年），孫晏諸君之所校正補缺也。觀其跋曰：「水經舊有三十卷，刊于成都府學宮，元祐二年春，運制孫公始得善本于何聖從家，乃與運使晏公委官校正，募工鏤版，完缺補陋，比舊本凡益編一十有三，共成四十卷。其次序先後咸以何本爲正。」錢曾影鈔宋刻水經注跋。然則今所傳本名曰孫晏諸君校本，實則何聖從本；名曰四十卷足本，實則蜀刻殘本所割裂，視崇文館閣所藏，殘佚尤甚。崇文總目所錄只殘五卷。因經注合併而經注乃混淆，因孫晏割裂而章句多錯簡，兩宋之際，酈書固無善本矣。故雙鑑樓藏宋本，雖有字句佳勝，不能獨無錯簡；王國維宋刊殘本水經注跋。永樂大典本，柳僉，馮已蒼手鈔本，世業堂寫本，見張穆全校水經注辨誣。以及歸有光，顧抱冲，朱遏先，鐵琴銅劍樓等所藏明寫本，固皆影寫宋刻也，而按諸家題跋，不能獨無經注混淆；他如謝兆申，見朱箋，趙琦美，孫潛，袁壽階，見王國維跋孫潛校本。等所校宋本，或校影宋鈔本，固與宋本齊觀也。亦不聞于通行殘佚本外，別有發現；今日治酈書者倘得比較參考，窺見善長典型，則元以來，校槧補正之功，是不可後矣。

校槧酈書者始于宋元祐間孫晏二君，在元有楊弁，見蘇天爵題補正水經後。在明有黃省曾，陳仁錫，吳琯，陸弼，俞策，二人見方沅撰吳刻本序。朱謀㙔，謝兆申，孫汝澄，李克家，三人見李長庚撰朱箋序。柳僉，馮已蒼，趙琦美，全元立，及其孫天叙趙一清參校諸本。等，而朱箋最爲名家，在清有孫潛，袁壽階，胡渭，黃儀，見廣陽雜記。劉獻廷，姜宸英，何焯，馮夢禎，黃宗羲今本經序云馮開之。沈炳巽，全吾騏，及其孫祖望，吾騏見趙釋參校諸本。趙一清，汪兆虓，汪義門，惕齊，三人見丁日昌跋。季滄葦，見沈大成校記。沈大成，見楹書偶錄。戴震，楊希閔，吳薨床，吳騫跋。　孫星衍，蘇海，王先謙，及其弟先慎，四人見合校本序例。　董祐誠，楊守敬，熊會貞，見楊守敬要刪序。　龐鴻書，見葉德輝朱箋跋。王國維等。　而胡渭，黃儀，全祖望，趙一清，戴震，楊守敬最爲有名。　朱箋開闢蠶叢，尙多掛漏；胡黃釐定錯簡，所獲良多；至全趙戴分別經注，不使牽溷，楊氏尋繹三君，進而詳水道遷流，橫流縱剔，直欲還經注單行本舊觀，皆大有功于酈書也。顧向來傳說，有趙戴之是非，有全本之眞僞，鄉隅戶見，時相詰難。　尊全本者曰：「全書精華已多見趙書中，而其改訂字句，則與趙十同八九，全爲趙書所序，則採其說，自在意中，然中有趙所不載者，雖未必一一皆當，自非沈酣此書者不能，」楊守敬注疏凡例。　詆之者則斥今傳七校本爲僞造。林頤山。　尊戴詆趙者曰：「乙酉六月，乾隆卅年，一七六五。〔東原〕始因胡朏明南北礫谿之誤，霍然大悟，將經注劃淸，專寫經文爲一卷，摘注文前後倒亂甚者附考于後，又舉經注三例以爲跋尾。　戴書上于甲午，乾隆卅九年，一七七四。　越十三年丙午，乾隆五十一年，一七八六。趙誠夫水經注釋始出，而最異者，更正經注，亦大略與戴無異。　夫字句偶竄一二，校古之常也；取經注互易之，校古之叛，人所不能爲者也；東原氏灼知而叛爲之，誠夫于字句偶竄，必詳其原本，而經注混淆，突兀叛改者，不詳何以互改之故，爲駭俗之事而深沒其文，非著書之體也，」段玉裁與梁耀北書。　尊趙詆戴者則曰；「趙書未刻以前，先收入四庫全書，今四庫全書與刊本無二，是戴在四庫館時先覩預竊之明證。　若謂趙氏序例中未言經文不重舉某水，注必重舉某水之例，則不知趙書第二卷河水篇下首言之矣。　且趙與全同時治水經，全氏于經注分晰尤詳，凡戴氏所舉三例，皆在其中，故趙書不重述凡例；豈若戴氏攘人所纂，故于趙書首闢其注中有疏之說？　及戴氏所校，則又于河水篇爾雅河出崑崙下引物理論十六字爲注中之小注，是爲注中小注之說，戴氏旣竊之而又斥之，」魏源書趙校本後。　山按謂戴襲趙，說至不易，王國維進而譏戴氏私改大典原本以實己說，僞託歸有光本，以掩盜竊之跡詳聚珍版戴校水經注跋。　則太過。　段玉裁直隸河渠書辯引戴書卷一唐河中有云：「杭人趙一淸補注水經，于地理之學甚核，嘗游定州，爲州牧作奴盧水考，」是乾隆卅三年（一七八六），戴修河渠書時，確見趙釋，則戴云：「凡經例云過，注例云逕，以是推之，雖經注混淆，而尋求端緒，可俾歸條貫，」水經酈道元注序。　直襲趙釋增錄之「一清按，經仿禹貢，總書爲過，注以逕字代之，以此例河濟江淮諸經混淆，百無一失。」卷上浙江採進遺書總目採趙全書，四庫總目不著其坿錄者，或戴氏所弄之玄虛，此亦戴襲趙書之切證。趙釋參校諸本引歸氏有光本云，「太僕家藏舊鈔，何義門曾見之，」楹書隅錄引沈大成水經注校記云，「庚辰初夏，按即乾隆廿五年，一七六〇。從吾友朱文游奂借何義門先生校本，復校于廣陵，同觀者休寧戴東原震，亦嗜古之士也，」卷二。則戴氏親見何校歸藏鈔本，其五引歸有光本，自在意中，安得因其勦襲而謂所引舊本亦出僞託？酈書大典本，舊藏上海東方圖書館，今春倭氛襲滬，圖書館蕩爲灰燼，大典本存亡莫卜，中間塗改，無從質證。即所塗改，合于戴校，亦可謂戴校据大典，何由知塗改必出戴手？深文周納，强入人罪，王氏云云，蓋猶未免成見所囿矣。注中小注之說，山疑戴襲全氏。董秉純謝山年譜，「乾隆十九年，維揚故人以書招往養痾，仍治水經，」所謂維揚故人，即揚州馬氏小玲瓏山館，則全氏五校六校本，馬氏當有傳本。据段撰東原年譜，「乾隆廿二年客揚州，廿三年，客揚州，廿五年，又客揚州。馬氏小玲瓏山館藏書，不容不見，全校諸本，不容不過目，深疑戴校水經注，卽因全氏啓發也。

趙氏水經注釋，山所見者約有四本：一，四庫全書本，二，拜經樓藏傳鈔本，今藏北平圖書館，無朱墨刊誤。皆寫本也；三，小山堂刻本，四，張氏翻刻小山堂本，張鴻楠重刊跋曰，「水經注釋，行于今者實有二本；其一，卷首有乾隆甲寅年字樣，末卷有男德元，履元，載元，保元，同校刊列名，一本無之。一本有酈氏原序之半，後附趙氏識語。一無此序及識語，至書中異者，亦各卷錯見，不一而足。大氐此書有初刻未修本，有修後改刻本。」王先謙合校例略，亦謂趙釋有「眞最初印本，有字句增損竄易本，」且舉卷八濟水篇魯恭冢下釋文爲證，是小山堂原本又有初印與剜改之別。嘗以小山堂本照四庫本，錯簡誤字完全相同，深疑初印本雖曰原本，尙非東潛所手定；果爲手定原稿，不當于濟水釋文，「史家異同」下夾行注云，「缺二字」八卷，二十五葉，注文十八行。文有缺佚，不能補正，其爲謄寫者之謹，抑一清艸稿未就至子載等始爲殺靑則不可知。論其剜改則有出于筆誤者如：颸正爲颺，五卷，二葉，後五行。而正爲亓，五卷，廿八葉，後四行。弁正爲牟，十一卷，十五葉，前注六行。埇正爲蝻，廿七卷，八葉，後注十一行。劭正爲邵，同上葉，十六行。　喜正爲嘉，同上葉，十七行。　狂洣正爲注洣，同上葉，注三行。　北注于漫謂之濩流口正爲注于濩謂之漫流口，七卷，二葉，後六行。　凡此初印誤字，即貼紙改正者，手民之過也。　亦有初印本仍沿俗譌，未及校正而載元等直依戴校剜改者，如：河水注「西北逕控乘川；」二卷，廿四葉，後九行。　初印本與俗本同也，剜改則同戴校而曰「西北流控引乘川；」滱水注「有漢朝時孝子王立碑，」十一卷，十七葉，後七行。　初印本與俗本同也，剜改則同戴校而曰「漢明帝時；」泗水注「黃溝又東逕郜城北成武縣故城南，」廿五卷，十四葉，前六行，初印本與俗本同也，剜改則同戴校而删「郜城北」三字；江水注，「犀牛二頭在府中，一頭在市橋」卅三卷，五葉，後八行。　初印本與俗本同也，剜改本則同戴校而曰「一頭在府市市橋門；」他如：瀆水注橋改爲澤，六卷，十七葉，前七行。　淄水注蓄改爲芻，廿九卷，七葉，後二行。　潍水注夷改爲男，卅卷，十葉，後一行。　潤水注亞夫改爲弱夫，十九卷，廿葉，前七行。　凡戴校太典改俗本，戴元等直攘改一淸原本而不言，則亦不能無盜竊之誚。楊守敬曰，「趙之襲戴在身後，一二小節，臧獲隱匿，何得歸罪主人？　戴之襲趙在當躬，千百宿贓，質證昭然，不得爲攘奪者曲讓」要删序。　其論較爲篤實。

若夫今傳全本，謂爲五校則可異，謂爲七校絕難信。　董秉純撰謝山年譜，「乾隆十四年己巳（一七四九年），先生四十五歲，校水經注；十五年仍校水經注；十七年，適廣東，而朝夕不倦者則水經注，蓋已七校矣。　十八年自粵中歸于家，猶以水經注未卒業，時時檢閱；十九年，居揚州，養疴，仍治水經；二十年乙亥（一七五五年），先生五十一歲，卒于家。」　其題鮚埼亭外集亦云，「水經注用功最勤，經七校俱有更正。　其第七校擬移經文諸錯簡，重定剪綴，分黏大半，而先生卒，今若依題跋所摘而整理之，倘可成就。　予以任之蔣孝廉學鏞，竟未克爲。」　董君親炙全氏，其所紀述，當較尨澗者爲可信，則全氏易簀時，七校本纔成大半；今之所謂七校本者非董沛剪綴，即王梓材所贋造。　即以王梓材諸跋論之，其跋云，「七校本首十餘册，藏盧月船家，其本多割裂移綴。」　後跋云「十卷以後，謝山剪裂分黏之本，藏月湖林氏；又有鈔錄副本數百葉，卷卅，卷卅八，底本無存，則以副本補之；其未完卷者鈔趙本大小注依例補之，」一補再補，所謂七校本者，直王氏一手包辦成功，董沛例言云，「王氏往往据戴改全，與題辭顯相背戾，」作僞之情，固已顯然。　董沛又云謝山弟子「殷耀殘鈔本，序目題辭而外，尚有十二卷，與王本不同，細核之則七校清本之僅存者也。」同七校也，何以殷鈔清本與盧藏底本不同？殷鈔清本僞也，林藏謝山剪裂分黏本亦因盧藏割綴本僞也。王蔭跋謂盧藏本「前有題辭，有序目，大都以南北瀆爲綱，而分別諸水，以更正舊次。」按：今傳七校本確以南北瀆爲綱，書前亦有序目題辭；但題辭爲五校本，無與七校也。其辭曰：「昔人校書，不敢輕下雌黃，于錯簡則曰疑當在某條之下，于譌字則曰疑當作某，蓋其慎也。予初亦以此施之水經，勢有所不能。其經注相混之處，若不合并爲淨本，則讀者終茫然無理會，故不能復仍其舊，但于下注明舊時之誤而已。及更定其序目，而卷次俱有別裁，然其實則當年善長眞面目也。」玩其語意，五校本即已分別經注，割裂移綴，董譜所謂「七校擬移經文諸錯簡重定剪綴」者，或爲重定剪綴改移五校本之語誤，傳世割綴之本，固不必七校也。趙釋參校諸本，述全氏七校之發明曰，「四明全謝山取諸本手校于篔菴，謂道元注中有注，本雙行夾寫，今混作大字，幾不可辨，蓋述其先世舊聞，」與五校題辭「專言水道者爲大注，其兼及于州郡城郭之沿革而不關于水者乃小注。大注爲大文，小注則皆小字，是言也首發之先司空公，按即全元立。其後先宗伯公按即天敍，始句出，爲朱墨分其界，先大父贈公按即吾騏，又細勘之，至予始直令繕寫爲大小字作定本，」語意正合，而「校于篔菴」亦與五校題末云，「卒業于錢塘之篔菴」相契無間，則趙釋參校諸本已誤認五校爲七校。且七校始于粵嶠，續于維揚，當全易簀，尚未卒業，不能言校于篔菴。意者趙釋確爲載元寫定，載元熟聞全氏七校，不知七校尚未成書，即以家藏五校題爲七校，凡世傳七校皆同此誤；由故疑今本謂爲五校則可眞，謂爲七校絕難信也。趙釋又曰，「謝山謂河洛濟渭沔江諸篇經注混淆，臥病中忽悟其義，馳書三千里至京師告予，予聞之，通夜不寐，竟通其說，悉加改正，」證之五校題辭及水經礫谿帖子柬愼甫云，「東樵胡渭以誤本注中廣武城而下六條俱列于經，而不知其非也，就其文而更定其句」云云，鮚埼亭集卷四。則疑經注混淆者，始于金字文虛中，歐陽玄補正序。分別經注混淆者，始于馮夢禎，而其告成則爲全祖望；至趙釋戴校，或因其啓發，或襲其規矩，成書在後，槧行在前，世或因王梓材董沛僞造七校內容，而并五校題辭及殘卷疑之，烏虖，埋沒了英雄矣。

酈學至今，校槧而外，惟二事足述：一曰補輯佚文，一曰勘定善長之誤。　唐六典稱「水經所引天下之水百三十七江河在焉；酈善長注水經引其枝流一千二百五十二。」卷七注。　今本支流若干未知其諗，經水只存百廿四，散佚者十又三，則可確知者也。　全祖望摭拾羣書，于渭水篇後補豐，涇，汭，洛，四水，于漳水後補滏，洺，溠，泜，滋，虖池，六水，于廬江後補滁水，于桓水上，補弱黑二水，詳序目。　數適合于唐六典。　趙一清則謂今本「以梓潼爲潼，以廬江爲廬，舊本之脫耳；以㶟水爲濕水，瀘水爲沮水，施水爲䓛水，滙水爲滙水，滱水爲深水，皆誤文也；經水凡百十六，較唐六典少廿一篇。書目錄後　又删去無名之沅西水，乃證以本注，雜采他籍，于全補之外，又補泒，伊，灅，澗，渠，獲，洙，日南，八水，與唐六典經水數亦相符。　而汪士鐸非之曰；「豐水見渭水注中，汭水敘于渭水末，皆不當補也；滁乃小水不宜爲一篇，」趙刻水經注跋。　則綜全趙所補尙佚三水。　汪士鐸虖沱記，沈垚滹北滱南諸水考，謝鍾英補洛涇二水，其所補輯皆在全趙之中；戴震記洞過水，董佑誠覇產考，楊守敬廬江異同答問，大抵疏通酈注，無關佚篇；然則今本所佚三水爲何？　尙有待于此後之推詳。　勘善長之誤者，始于金蔡珪之補正。歐陽玄有序。　補正今亡矣，其可考見者，則有黃宗羲今水經，汪士鐸訂正注文十二篇，陳澧西南諸水考，丁謙正誤舉例等，所以勘善長脈水之疏也。　顧炎武，大梁靈丘之誤。　周嬰，析酈。　錢大昕，水經注難盡信。　洪亮吉，曉讀書齋雜錄。　劉寶楠，水經注之誤。　等或考覈史實之謬，或辨正地望之舛，擿疑發覆，言而有信，善長有知，引爲諍友，言酈學者不得以其攻訐古人而少之也。

酈書價値，自來毀譽不一，譽之者曰，「總其概而覽之天下可運于掌，」王禕序。　或曰，「宇宙未有之奇書；」劉獻廷廣陽雜記。　毀之者則曰：「水經僻書，代人多不之覩」杜佑議水經，按杜言水經，實兼酈注。　或曰：「酈氏之病在立意修辭，因端起類，牽連附合，百折千回，文采有餘，本旨轉晦。」　顧祖禹讀史方輿紀要凡例。　山謂立意修辭，文采有餘，六朝人通病，因端起類，牽連附合，正酈書之特色。　酈書之所以曠絕今古者，爲能貫史實於地望，明郡縣之沿革，更以郡縣沿革，考水經遷流，自序所謂「緜古芒昧，華戎代襲，郭邑空傾，川流戕改，殊名異目，世乃不同，川渠隱顯，圖書自負」者也。　善長欲藉水經包舉天下枝水川水，故不得不牽連；欲藉川流考鏡郡縣沿革，不得不附合；欲知郡縣所以沿革，不得不因端起類，毛舉掌故，綜史地于一簡，閱古今之興替，水經一注，匪特我中古時代乙部之奇觀，亦世界與地學界有數之鴻箸。　繼是有作，則唯疏北魏以來郡縣之沿革，水道之移徙；劉獻廷有疏未成。　則唯補闆江之闕，匡大江南域經流枝川之失，齊召南水道提綱，尚嫌疏漏。　則唯運用近代科學知識，測量河身之深淺，江面之寬狹，川流之緩急，水性之淡鹵；不違善長稽古初衷，使更切于水利之用，如山之「識絕深經，道淪要博，進無訪一知二之機，退無觀隅反三之慧，」心有餘，學不足矣。

玆編上卷可以見版本源流，校勘得失；中卷可以見疏通證明，研繹得失；下卷可以見彌違匡謬，刊正得失；三數年來，搜得材料，略盡于此，聞見寡陋，學未專門，本不欲問世，然斯錄也，雖曰材料結束，實余研究酈學之權輿，「庶備忘誤之私，求其省覽之易，」不敢言述作也。

趙釋坿錄，爲我先驅，潘君實君，常助校錄，輯錄有成，二君之力居多，謹志謝忱於簡首。

中華民國二十一年，丁山識於北平。

重印朝鮮世宗實錄地理志序

孟　森

古朝鮮國遞嬗而爲三韓，爲高麗新羅百濟三國，又爲高麗統一國，至李氏朝乃請改國號於明，明太祖復其朝鮮舊名。　朝鮮之太宗李芳遠朝實錄，後附禮樂地理政算各篇，比於史之有志，其文一倣吾國志體。　彼之所謂文獻，如禮樂之類，無甚裨益於吾國學術之討論。　惟地理則爲彼境自有之疆索，非得其紀載，不能詳；且於吾國東北地域之沿革出入，關係甚密，於前清先世之發祥地，尤爲考證之根柢。　蓋斡朵里即抑婁之諧音，抑婁即桂婁之變音，桂婁以山名，本在朝鮮東北境內，至後漢則女眞部族全境悉以抑婁名之。　斡朵里地域，在渤海時爲率賓府之建州所轄。　率賓之名，遼時尙沿之，金已諧音爲恤品，今謂之綏芬。　建州固在圖們江流域，斡朵里即在其中。　而斡朵里族之處斡木河，即清世所謂俄漠惠者，則純在明清兩代朝鮮東北境內，咸吉道之鏡城府地。　清太祖太宗時，尙知朝鮮境內有其斡朵里之族屬存在，屢勤兵於東海瓦爾喀，取其遺種以歸。　當時所患者地曠而人太稀，故急於得其人，而並不貪朝鮮之地。　瓦爾喀者兀良哈之轉音。　兀良哈明史專屬之大甯三衛，在朝鮮則爲建州女眞，及大甯三衛之統名，清代改爲烏梁海，其義爲林木中人。　稍北則其音變爲兀狄哈，或作兀者，又作完者，清代則作窩集，或作烏稽，皆是一義；舊稱山戎，所謂打牲部落，以別於蒙古之遊牧部落者也。　蒙古之近興安嶺者，亦爲恃獵而生，即亦爲林木中人，其生活與在長白山者相同，故西北亦有烏梁海部落。　唐取高麗，已奄有周秦漢朝鮮之地。　後沒於渤海，遂爲屬國，而不直轄。　渤海亦不能全有，高麗惟得東北咸吉道地。　遼滅渤海，其地入遼。　金始亦起自其地，而遷松花江流域以創業。　旣滅遼分宋之半，意在經營中夏，不暇問高麗所占女眞舊地。高麗自遼天祚之世，乘遼之衰，取得圖們江流域，歷金世未改。　元之興也，取圖們江之高麗地，屬遼東行省之開元路，鴨綠江之高麗地，爲遼東行省之東甯路。　繼且盡收高麗全國爲征東行省，惟未廢其國王，仍即以爲征東行省之丞相。　未幾幷復其國權。 而開元東甯兩路所轄高麗之地，則終元世不改也。 明初尙設三萬衛於斡朵里地，後以運道難繼，撤還；遂幷開元之名而移之。 又改開元爲開原，而爲三萬衛之新治所。 久而自忘開原之先，本名開元。 且開元自有故地，遂附會歧出，甚且指開原爲金之黃龍府矣。 東甯亦自明初設衛，治在鴨綠之西岸，其東岸平壤等地，皆還之朝鮮。 淸世沿之，朝鮮國遂以圖們鴨綠兩江爲界。 撮舉朝鮮疆域沿革之略，皆與我東北地理相關。 而朝鮮太宗實錄中地理志所記，最爲簡明翔實，撰自明宣德年間，後來無大變革，足爲譚東北史地者一大論證，不當以屬國載記觀之。 傅君孟眞錄此志，別爲印行，以備治東北史地者蒐討，爲益於史地學者非淺。 以余方撰明元淸系通紀，頗曾循繹其文，屬爲揭其旨意於簡端，用書涉獵所知者如此。

民國二十三年，六月，心史氏孟森書。

出自第三本第四分(一九三三年)

鹽鐵論校記

勞榦

鹽鐵論自漢志以後，諸家皆有著錄。 漢志作六十篇，隋志纂修時，已合寫爲十卷。 今所傳本自江陰涂禎所刻以下，皆十卷六十篇。 明嘉靖中張之象注本則割裂卷第改爲十二卷，諸家在張之象以後者多從張本，至清嘉慶張敦仁始取涂本重刻於江寧。 今舊本見於著錄者，有十三行二十五字宋元本題『新刊鹽鐵論』，有弘治十四年江陰令涂禎覆宋嘉泰本，弘治辛酉(十四年)無錫華氏刊活字本，擷寧齋抄本，嘉靖倪邦彥刊本，九行十八字本，嘉靖張之象注本，萬歷胡維新兩京遺編本，萬歷張袠太玄書室本，沈延銓刊本。 今宋元本不可見，諸本中涂刻原本，倪本，九行十八字本，胡本，太玄書室本，沈本均藏江安傅沅叔先生雙鑑樓；華本之景寫本由黃丕烈以擷寧齋抄本及太玄書室本校者，藏北平圖書館。 今以涂本爲底本與諸本相校，審知諸本雖多自涂本出，然或與涂本岐異。 而與涂本異者又往往互有相同，又不無因襲之迹。 或亦別有所據，未必盡由擅自改竄也。

華本據黃氏所景寫者爲半頁十八行十七字，書口題重光作噩，蓋其刊行亦在弘治辛酉與涂本同時也。 據張敦仁所考證其書與涂本異者往往與大典所引相同，今所見者脫行誤字復不可勝計亦不似全據涂本者。 大抵華氏原藏舊刊本，見涂氏刊行覆宋本後，亦將此本用活字刊行，雖其刊本多誤謬不足據，然其原出於涂本外者甚多，亦人間瓌寶也。 今將其異於涂本者列於下方，至其脫字及誤字之顯著者，則舉不勝舉，列之徒費楮墨，不更及之。

本議：『然後教化可興』作『而後教化可興』。

『蕃貨長財』作『番貨長財』。

『江南之柟梓竹箭』作『楠梓竹箭』。

『作爲舟檝之用』作『作爲舟楫之用』。

『工不出則農用乖』作『工不出則農用乏』。

『賤即買貴則賣』作『賤則買貴則賣』。

『則物騰躍』作『則物騰踴』。

力耕:『以虛蕩其實』作『以虛易其實』。

『古者商通物而不豫』作『用物而不豫』。

『不愛其貨』作『不愛奇貨』。

『故乃萬賈之富』作『故乃賈之富』。

通有:『窯窳偸生』作『呰窳偸生』。

『揭夫匹婦』作『褐夫匹婦』。

禁耕:『尙函匣而藏之』作『尙函匱而藏之』。

『秦楚燕齊士力不同』作『土力不同』。

復古:『罷機利之人人權縣太久』少一『人』字。

『守小節而遺大體』作『守末節』。

非鞅:『故用不竭而民不知地盡西河而民不苦』『用』作『利』删『地』字。

『而見其害也』作『而見其所害也』。

『文學雖欲無憂其可得也』作『其可得乎』。

『蘇秦合縱連橫』作『蘇秦合從連橫』。

晁錯:『此解楊之所以厚於晉而薄於荆也』作『解揚』。

刺權:『公室卑而田宗強』作『公室卑而巨室強』。

『有司之慮亦遠矣』『慮』下有『利』字。

『耕者釋耒而不勤』『勤』下有『耕』字。

刺權:『遭風而未薄』作『遭風而未泊』。

『馳傳而巡省郡國』作『持傳』。

『抗弊而從法』作『撫弊』(顧千里眉批云『抚字是也抚刘同字』。)

『叔眄退而隱處』作『叔盻』。

憂邊:『即匈奴沒齒不食其所用矣』『即』作『帥』。

『君臣所宜』作『羣臣所宜』。

『而妨聖主之德乎』『主』作『王』。

園池：『路有餧人』『餧』作『餒』。

輕重：『通利末之道』作』通於利末之道』。

『各安其宇』作『各安其家』。

『含衆和之氣』作『合衆和之氣』。

未通：『民跛耒而耕』作『民乘耒而耕』（顧千里曰『跛字是』。）

『負輅於路』作『負戴於路』。

『墮民不務田作』『墮』作『惰』（與倪本同）

『粒米梁糲』作『粒米狼戾』（與太玄本張之象本並同顧千里曰『此梁糲是也，不與今孟子同』。）

『以口率被墾田而不足空倉廩而賑貧乏』作『以此率彼墾田而不足空倉廩而賑之貧乏』。

『吏正畏憚不敢篤責』作『不敢督責』。

『若此則君無賑於民』作『若此則君無賦於民』。

『丁者治其田里老者修其唐園』作『壯者治者田里老者修其丘園』。

『御史默不荅也』作『御史默然不荅也』。

地廣：『王者包含并覆』作『王者包含徧覆』。

『非人主用心』作『非人主生用』。

『不滿檐石』作『不滿擔石』（顧千里曰『檐字是，見羣經音辨』。）

貧富：『一二籌策之』作『一一』。

『富而可求也雖執鞭之事吾亦爲之』作『富而可求也雖執鞭之士吾亦爲之』（顧千里曰『無者爲是，此不與今本論語同』。）

毀學：『然而荀卿謂之不食』『荀』作『孫』。

『見利不虞害』『虞』作『憂』。

『終身行無寃尤』作『終身行無怨惡』（顧千里曰『寃尤是也，此不與今本孝經同』。）

『動作應禮』作『動作有禮』。

『孫以出之』作『遜以出之』。

『今人主』作『凡今人主』。

『過九軼二』作『輻湊二京』。

『願被布褐而處窮鄙之蒿廬』『處』下有『之』字。

褒賢：『誦古之道』作『誦堯之道』。

相刺：『公儀爲相子思子原爲之卿』作『公儀子爲相子思子柳爲之卿』。

『外有膠鬲棘子故其不能存』作『外有膠鬲諸子非其不能』。

『而並顯齊秦』作『而並顯於齊秦』。

『賢聖不能正不食諫諍之君』作『賢聖不能正不受諫諍之君』（顧千里云『食字是，第四十云食文學之至言，亦用此字』。）

『桀有關龍逢而亡夏』作『夏亡』。

『言而不見從行而不合者也』作『言而不見用行而不見合者也』。

『通一孔』作『通一經』（顧千里曰『孔字是』。）

『辰參之錯』作『辰參之舛錯』。

『非說也非聽之過也』作『非說之罪也聽之過也』。

『安得良工而剖之』『剖』作『別』。

『屈原行吟澤畔』『行』上有『之』字。

『天設三光以照記』作『天設三光以照臨』。

『而賢者所務也』『務』作『輔』。

『文侯改言行稱爲賢君』『君』作『者』。

『方今人主轂之』『轂』作『用』。

殊路：『二君身被殺』『殺』作『弑』。

『物莫能飭也』『飭作飾』。

『可以宗祀上帝』删『宗』字。（顧千里曰『有者是』。）

『否則斯養之疊才』『斯』作『厮』(顧千里曰『斯字是，斯正厮俗』。)

訟賢：『行忠正之道』『忠』作『中』。

『狡而以爲知』『狡』作『絞』

『無其能得乎』删『無』字。

『何肯不及諸己』作『何肯不反諸己』。

遵道：『孔對三君殊意』作『孔子對三君殊意』。

『文學不言所爲治』『所』下有『以』字。

『不可與世俗同者』『與』作『以』。

論誹：『禮煩而難行』『煩』作『繁』。

『以己爲拭』作『以己爲式』。

『而狄山死於匈奴也』作『而狄山所以死於匈奴也』。

『禮義立民無亂患』作『禮義立而民無亂患』。

『道諛日進』作『導諛日進』。

『驩兠誅』作『誅驩兠』。

『販䔢糲者』作『販茹糲者』。（顧千里曰『䔢字是』。）

孝養：『有詔公卿與斯議而空戰口也』『戰』作『議』。

利議：『舍其車而識其牛』『識』作『失』。

『有司竊周公之位』『位』作『法』。

國病：『不禁而止』作『不禁而正』。

『德音教澤』作『德音敷澤』。

『出無佚游之觀』『佚』作『佚』。

『行卽負羸』作『行卽負羸』（顧千里曰『羸字是』。）

『殘吏萌起』作『殘吏蜂起』。

『紈跨枲裝』作『紈絝枲裝』。

散不足：『不粥於市』作『不鬻於市』。

『繭紬縑練』作『繭細縑煉』。

『革鞮皮廌』作『革緹皮薦』。

『少者立食』作『小者立食』。

『堅領健舌』作『堅額健舌』。

『單藺籧篨』作『單藺籧除』。

『獮皮代旃』作『漢皮代旃』。

『腼羔豆賜』作『腼羔豆膓』。

『富者盈室』作『富者盈屋』。

『而令當耕耘者養食之』『令』作『今』。

『蠻夷或厭酒肉』作『蠻夷或厭酒食』。

『婢妾韋沓絲履』作『婢妾韋沓系履』。

『吏捕索掣頓』作『吏捕索掔頓』。

『怨思者十有半』『半』作『九』。

救匱:『大夫側身行道』作『大夫則身行道』

鹽鐵箴石:『則遠鄙倍矣』作『則遠鄙俗矣』。

授時:『無亂萌』作『無亂刑』。

『及政教之治』作『及政教之洽』。

水旱:『工致其事』作『士致其事』。

『輓運衍之阡陌之間』作『輓運行之阡陌之間』。

『或頗賦與民』作『或頗賦於民』。

崇禮:『隋和之名寶也』『隋和滿篋』『隋』並作『隨』。

『非恃其衆而歸齊也』作『非持其衆』。

『邊境爲之不害也』『害』作『割』。

執務:『無乏困之憂』作『無困乏之憂』。

能言:『能言而不能行』刪不字。

鹽鐵取下:『刑人若刈菅芳』『菅芳』作『草菅』。

擊之:『負給西域』作『負給西域』。

『持以無用之地』作『恃以無用之地』。

結和:『何命亡十獲一乎』『命』作『有』。

『家有數年之稸』『稸作畜』。

『不覩其成』作『不觀其成』。

『登得前利』作『豈得前利』。

誅秦:『禹舜堯之佐也』作『舜禹』。

『若江海流彌久不竭』作『江河』。

『腹臆疾於內』作『腹心』。

『卒獲其慶』作『則獲其慶』。

伐功：『度遼東而攻朝鮮』作『渡遼東』。

西域：『才地計衆』作『裁地』。

『雖破宛得寶馬』『寶』作『瑤』。

『遣上大夫衣繡衣以興擊之』作『與擊之』。

世務：『詰爾人民』作『詰爾人民』。

和親：『老者超越而入葆』作『起越』。

險固：『服羣獸者』作『伏羣獸者』。

『秦左殽函』作『秦地左有殽函』。（案李善西都賦注亦作『秦左殽函』。）

『王者博愛遠施』作『溥愛』。

論勇：『谿無交兵』作『谿無交兵』。

論功：『旃廗爲蓋』作『旃席爲蓋』。

『指麾而令從』作『旨麾』。

『剡骨卷衣』作『剡骨卷木』。

『惟天同大焉』作『惟天惟大焉』。

『黃帝不能斥』作『黃帝不能匡』。

論鄒：『分爲九川』作『分爲九州』。

『不知大道之涵』作『大道之逕』。

論菑：『陰陽之化』作『陽陰』。

『曲言之故』作『由言』。

『降福攘攘』作『瀼瀼』。

刑德：『故治民道』作『故治民之道』。

『罪與殺人同』作『殺之』。

『加之功賞之上』作『功賞』。

『舍正令而不從』作『不能』。

申韓：『百姓木棲』作『大姓木棲』。

『犯法茲多』作『犯法滋多』。

『淪骨以輔』作『淪胥以鋪』。

周秦：『什伍相連』作『什五』。

『莫不震慴悼慄者』作『振慴』。

詔聖：『衣弊而革才』作『衣弊而革材』。

『少目之罔』作『少目之網』。

『法弊而亂』作『法弊而不亂』。

大論：『則有司不以文學』作『不似文學』。

『進見而不能往』作『迫見而不能往』。

『執合有媒』作『執令有媒』。

雜論：『切而不爍』作『切而不憏』。

『惡然大能自解』作『恧然大能自解』。

攖寧齋抄本今不可見，惟於黃蕘圃所校華本中得其大略。 此本與涂禎刻本異同至少，而其改涂本處亦間有當。 黃氏校語云：

『嘉慶癸亥夏，用攖寧齋舊抄本校，與太元書室刊本甚近。 然首有都穆序謂刻於江陰，其作序年歲又同出於弘治辛酉，而實勝活字本未知何故。』（案張敦仁本刊於嘉慶丁卯，在此五年以後，張序稱『近因顧千里得宏治十四年江陰令涂禎依嘉慶壬戌本所刻』云云。 言『近因顧千里得』則在五年以前黃氏尚未見涂本，故其校語不稱嘗見涂本，而謂不解何故也。）

則其前有都穆序，蓋出於涂本，而更有所刊正者也。 今將所異於涂本者列右：

本議：『而富商積貨』作『吏富商積貨』。

力耕：『故伊尹高逝遊薄』作『遊亳』。（與張之象本同顧千里曰『薄字是也，薄亳同字耳』。）

通有：『揭夫匹婦』作匹夫匹婦』。（與倪本同。）

『雕文刻鏤』作『鵰文刻鏤』。

錯幣：『冶鐵羨鹽』作『治鐵羨鹽』。

復古：『窮夫否婦』作『匹婦』。

『管仲負當世之累』作『當時』。

非鞅：『建周而不疲』作『健周』。

『子孫紹位』作『紹爲』。

『狐剌之鑿』作『孤剌』。

『威震天下』作『威鎭』。

『比干剖心』作『劏心』。

刺權：『齊國內倍而外附』作『內信』。

論儒：『務功不休』作『務切』。

未通：『而列卿大夫』作『別卿』。

『修其唐園』作『修其塘園』。（與倪本同。）

『居三年不呼其門』作『古三年不呼其門』。

殊路：『文學蒙以不潔』作『文學曰蒙以不潔』。

訟賢：『起卒伍爲縣令』『令』作『今』。

『遭子柳之譖也』作『遭子椒之譖也』。

『無其能得乎』作『惡其能得乎』。

遵道：『轉若陶鈞』作『轉若陶鈞』。（顧千里曰『鈞字中去一點，南宋本避諱字如此，學者尠知之矣』。）

『欲治者因世』作『困世』。

『非所與論道術之外也』作『非所以』。

『聖達而謀小人』作『聖達而謀大』。（與倪本同。）

利議：『文表而柔裏亂實也』作『文表而柔裏亂實者也』。

『有舍其車而識其牛』『其』作『某』。

『若穿踰之盜』作『穿窬』。

國病：『沛若時雨』作『沛然時雨』。

散不足：『秋風至而聲無者生』作『無諸生』。

『錯鑣塗釆珥』作『錯鏖』。

『非祭祀無酒肉』删去。（同倪本顧千里曰，『此無六字最是，蓋此段專言休息，與酒肉，不相涉也。因下段而錯衍耳』。）

『獷皮代旂』作『獷皮代旂』。

『宣帝建學官』作『陛下建學官』。（與張之象本同。）

授時：『窮乏可立而待也』作『窮之』。

『故民易與適禮』作『通禮』。

水旱：『壹其賈』作『一其賈』。

『各得其便』作『各得其使』。

崇禮：『旣與入文王之廟』作『旣與』。

備胡：『以廣野爲閭里』作『廣也』。

『刼燕之東地』作『切燕之東地』。

『棘人冉駹』作『冉驪』。

『邇者習善』作『通者』。

『及齊平』『及鄭平』並作『乎』。

執務：『各反其本』作『各及其本』。

『延頸而西望』作『筵頸』。

『畏此罪罟』作『畏此罪苦』。

能言：『卑而言高』作『卑言』。

鹽鐵取下：『郡國榷沽』作『榷治』。

結和：『外內相信』作『內外』。

『傾衛遺簋之變』作『傾衛』。

『殺兩曍』作『殺兩譯』。

『秦知進取之利』作『秦之』。

誅秦：『秦任戰勝而幷天下』作『勝戰』。

伐功：『過代谷』作『過大谷』。

西域：『雖輕利馬不能得也』作『不服得也』。

『胡得衆國而益強』作『議強』。

『末成一簣而止度功業無斷成之理』作『一匱』『功策』。

『歷數期而後克之』作『歷數明』。

世務：『不治則寖以深』作『寖以深』。

『故民之於事』作『故民之於事也』。

和親：『解甲弛弩』作弛弓』。

繇役：『文學曰周道衰』作『文學曰昔周道衰』。

險固：『而折衝萬里也』作『折衝』。

『楚有滿堂之固』作『滿室之固』。

『何擊拓而待』作『擊柝』。

『非升平之興』作『昇平』。

『專諸空拳』作『專諸空權』。（顧千里曰『權字是也，當作擢，從手，見六經文字』。）

論勇：『谿無交兵』作『貉無交兵』。（與華本及張敦仁改本同。）

『干將之劍也』作『于將之劍也』。

『桓公之興戎狄驅之爾』作『桓公之興戎狄驅之爾』（與張敦仁本同）。

論功：『銀黃絲漆之飾』作『銀黃系漆之飭』。

論鄒：『而分爲九川』作『九州』（與華本同）。

『有大瀛海圜其外』作『有太瀛海國其外』。

『而不知大道之迹』作『而不知大道之逕』（與華本張敦仁本同）。

論菑：『以美言爲亂耳』作『妖言』。

『羿敖以功力不得其死』作『羿奡』。

『陽光盛於上』作『勝於上』。

『則衆星墜矣』作『則衆星墜也』。

『五勝相代生』作『互勝』（與倪本以下諸本同）。

『水生於申』作『水生於甲』（與倪本同）。

刑德：『網密於凝脂』作『罔密於疑脂』。

『曠若大路』作『曠若大路』。

『謂盜而傷人者耶』作『傷於人』。

『舉陷陷穽』作『卒陷陷穽』。（與張之象本太玄本。同顧千里曰『卒字是』。）

『秦夫不通大道』作『本夫不通大道』。（與倪本以下各本同）。

申韓：『闕而不務』作『闕而無務』。

『垂拱無爲』作『垂拱而爲』。

『而民不可化』作『不能化』。

『州里驚駭』作『州閭驚駭』。

『淪骨以輔』作『淪骨以鋪』。

周秦：『故良民內能』作『故其良民』。

『況衆庶乎』作『況庶衆乎』。

『民將欺而況民盜乎』删下『民』字。（顧千里曰『無者是』。）

詔聖：『行一卒之令』作『行三章之令』。（與九行十八字本張之象本同）。

『峻則樓季三刃』作『峻則樓季難三刃』。（顧千里曰『有難字是』。）

『刑法可以止暴』作『刑罰』。

大論：『膠車脩逢雨』作『膠車倏逢雨』。（參見張本考證顧千里曰有此字者是，一本作修誤）。

雜論：知任武可以闢地』作『之任武可以闢地』。

『畜利長威』作『稸利長威』。

『辟略小辯』作『辟略小辨』。

綜上所記，此本與涂本，倪本，太玄本張之象本，均互有異同。而所存古字（若鈞字倏字之屬）亦往往出於諸本以外，則涂本之外别有所據蓋有可言者。此本所據之别本中如宣帝作陛下，一章作三章之類爲張之象本所採，而華本粱糲之改狠戾亦爲張本所採，遂致諸本所從相爲歧互矣。

倪邦彥本每半頁十行每行二十字與涂本同而版心較大刊於嘉靖三十年序云：

『嘗披閱古之文多雅馴，兩漢中尤於鹽鐵論超悅焉。鹽鐵論者，桓次公推衍詰難，增益條縷，錯變數萬言以成一機柚，班蘭臺有贊述矣。其學博通善屬文，故每一篇辭響發而披赤懇，意沈壯而寓諷激。其遙遙乎莫知玄邈疾靡能物色也。　世所傳已多，計年代變尙有陸離，思得其完而觀之，幸有涂江陰鋟者凡六十首，然雖虎是執而亥豕多訛。　拜彥翻校覆輯，而桓之論其完見於今者，煥然嚯聯璧之華，而讀有餘愴矣。　緬維桓意亦欲師古，始建明德，芟夷利湧，靜醇俗風，以咸登國家之敎政。　世之學者命辭以託志，至乎桓而後爲論不能至，要之不知論爾。　是故善附者異旨如肝膽，拙會者同音如胡越。　嗟乎論議其難唯有寬焉。　此邦彥所希覬，而天下所甚翳也，是爲序。

是其原明出於涂本也，至其異於涂本者列下·

本議第一　涂本『開委府於京以籠貨物，賤卽買，貴則賣』。　倪本『籠』改『龍』『則』改『卽』。　(1)

『古者之賦稅於民也』改『則稅於民』。　(2)

力耕第二　『萬賈之富或累萬金』刪『萬』字。　(3)

『不勞而有功者』作『不勞而有巧者』。　(4)

通有第三『然後篜窳偸生』『篜』改『呰』下釋之曰『呰舊作篜』　(5)

『是以揭夫匹婦』改『是以褐夫匹夫』。　(6)

『百工居肆以致其事』『致』改『成』。　(7)

錯幣第四　『古者市朝而無刀幣』作『刀弊』。　(8)

『水衡三官』作『水衡二官』。　(9)

禁耕第五　『三桓專魯』作『三栢』。　(10)

晁錯第八　『夫以璠璵之玼而棄其璞』『璞』作『樸』。　(11)

『此解楊所以厚於晉而薄於荆也』『楊』作『揚』。　(12)

論儒第十一　『以爲非困此不行』『困』作『因』。　(13)

夏邊第十二　『若醉而新寤』『寤』作『寐』。　(14)

輕重第十四　『可謂無間矣』『謂』作『爲』。　(15)

未通第十五　『修其唐園』『唐』作『塘』。　(16)

貧富第十七　『莫不戴其德』作『載』其『德』　(17)

毀學第十八　『然而荀卿謂之不食』『謂』作『爲』　(18)

『栖栖然亦未爲得也』作『棲棲』。 (19)

褒賢第十九　『文學節高行』作『盛節高行』。 (20)

『狂夫不忍爲』作『狂天不忍爲』。 (21)

相刺第二十　『太顛閎天九卿之人』『閎』作『閔』。 (22)

殊路第二十一　『文學蒙以不潔』作『文學曰蒙以不潔』。 (23)

遵道第二十三　君子聖達而謀小人』『小人』作『大』。 (24)

孝養第二十五　『乞者由不取也』『由』作『猶』。 (25)

『害老親之腹』『害』作『審』。 (26)

『陳餘背漢斬於泜水』『泜』作『…』。 (27)

利議第二十七　『詛事隋議』『隋』作『隳』。 (28)

國病第二十八　『閎天太顛』『太』作『大』。 (29)

『富者空減』『減』作『藏』。 (30)

散不足第二十九　『怠於禮義』『怠』作『忌』。 (31)

『陶桴複穴』『穴』作『冗』。 (32)

『士顒首』『頴』作『顙』。 (33)

『今富者䩞耳銀鑷䩥』『䩞』作『䩥』。 (34)

『罽繡弁汗垂珥胡鮮』『汗』作『汙』。 (35)

『古者汙尊坏飲』『汙』作『杅』。 (36)

『非膢臘不休息非祭祀無酒肉』刪『非祭祀無酒肉』一句 (37)

備胡第三十八『南越內侵滑服令氐棘人冉駹嶲唐昆明之屬擾隴西巴蜀』『氐』作『氏』。 (38)

鹽鐵取下第四十一　『而欲擅山澤』『擅』作『壇』。 (39)

『從容房闈之閒』『閒』作『間』。 (40)

『不知短褐糖糲之苦』『糖』作『糠』。 (41)

結和第四十三　『今四夷內侵不攘』『攘』作『禳』。 (42)

『腹腸之養也』『腸』作『脹』。 (43)

世務第四十七　『中述齊桓所以興』『述』作『迷』。 (44)

『則近者哥謳而樂之』『哥作歌』。 (45)

險固第五十　『所以備寇難』作『寇儺』。 (46)

『地利不如人和』『利』作『和』。 (47)

『重門擊拓』『拓』作『拆』。 (48)

論勇第五十一　『力不支漢』『力』作『刄』。 (49)

論菑第五十四　『五勝相代生』『五』作『互』。 (50)

『水生於申』『申』作『甲』。 (51)

刑德第五十五　『矯弋飾而加其上』『矯』作『蹻』。 (52)

『秦夫不通大道』『秦』作『本』。 (53)

申韓第五十六　『犯法玆多』『玆』作『滋』。 (54)

周秦第五十七　『於閭里無所容』『閭』作『間』。 (55)

詔聖第五十八　『衣弊而革才』『才』作『裁』。 (56)

雜論第六十　『果隕其性』『性』作『姓』。 (57)

以上(2)，(4)，(6)之夫字，(8)，(9)，(11)，(13)，(14)，(21)，(22)，(29)，(31)，(32)，(33)，(35)，(36)，(38)，(39)，(42)，(43)，(44)，(47)，(49)，(51)，(52)，(55)，諸則皆為倪本誤字，可勿論。　其中(1)條『則』與『卽』，(12)條『揚』與『楊』，(15)條及(18)條『謂』與『爲』，(9)條『栖』與『棲』，(25)條『由』與『猶』，(45)條『哥』與『歌』，(55)條『玆』與『滋』，(56)條『裁』與『才』，(27)條『隋』與『墮』，(48)條『拓』與『柝』，皆本可互通，倪氏蓋據別本改者。　(6)條『揭』改『褐』，(20)條補『盛』字，(23)條補『曰』字，(26)條『害』改『審』，(31)條『滅』改『臧』，(34)條『䫻』改『韄』，(41)條『糖』改『糠』，(53)條『秦』改『本』，則皆可以正涂本之失。（張古餘考證云『身下脫一字未詳，秦字不當重，此因上誤而下衍。「身□幽囚」爲一句，張之象改下「秦」爲「本」，非』。　案張之象據倪本，『本』字因上有『秦』字而誤作『秦』至易，『身』下脫一字，何以隔若干字至『秦』字而始復衍？　張氏考證恐非）。　然亦有妄改者，(7)條『百工居肆以致其事』，白虎通辟雍篇亦作『致』，則『致』不誤，『成』字據今周易本而改，(15)條『老者修其唐園』，『唐園』又見後孝養篇，執務篇，鹽鐵取下篇，管子輕重篇，呂氏春秋尊師篇，亦有之(參見盧氏拾補)，則『墙』字爲妄改。 第(24)條『君子聖達而謀小』本與下『小人智淺而謀大』對，其下『人』字涉下文小人而衍，倪本改『小』作『大』，與『叡智而事寡』意不相屬，亦妄。 (37) 前之『非祭祀無酒肉』與『非臘臘不休息相對，後之『非祭祀無酒肉』就上文重言之，非鈔寫致複，倪本删之，非。 (50)『五』改『互』按漢人常言五勝，無言互勝者，郊祀志『秦推五勝以爲水德』是其證，改作互，非。(60)『性』改『姓』與漢書不合，亦非。 惟(46)『難』改『儺』，大抵就別本改之，未能遽斷其是非也。 案鹽鐵論自宋元以來，妨本之訛誤幾不可完詰，葉煥彬郎園讀書志所稱『宋元刊本論儒第十脫全篇未通第十五失收民句下脫至末四百三十字，水旱第三十六爲善于下句自福應起至耨土此脫六百五十一字，執務第三十九，能言第四十，鹽鐵取下第四十一皆全脫』。 張古餘本涂序稱『禎游學宮時得廬江太守丞汝南桓寬次公所著鹽鐵論讀之……惜所鈔紙墨歲久漫漶或不能句，有遺恨焉』，則在涂氏覆宋本以前，向鮮善本。 倪氏序云『世所傳已多，計年代變，尙有陸離，思得其完而覩之』，則其所據涂本以外之本正非完本，以此而校涂刻，固難得當也。 然倪氏所改者，如本議第一『江南之枏漆竹箭』，『箭』作『簳』，與簡牘字體相合，蓋所據本猶有改古字未盡之處，通有第三『鯊』改『呰』，于其下釋之曰『呰』舊作『鯊』，則其所肊改者猶加小注，尙勝於後之擅改者矣。

明九行十八字刊本，葉煥彬曾藏一帙，以爲涂本，而景印流傳之。 其書蓋明嘉靖所刻，以倪本爲底本更以涂本校之者，其字迹筆畫均與倪本最近。 倪本卷前無目錄，此本補入。 倪本之誤字改字前引第(4)，(6)，(8)，(11)，(21)，(22)，(29)(39)，(42)，(43)，(44)，(46)，(47)，(49)，(51)，(55)，(56)此本俱經刊正，餘並同倪本。 然倪本行款大體猶仿涂本，此本則易爲九行十八字。 倪本所未改力耕第二『賴均輸之畜』，此本作『蓄』；未通十五『粒米梁糲』此作『狼戾』；毀學十八『德薄而位高力少而任重』，此本『少』改『小』；險固五十『夫何妄行而之乎』，此作『之有乎』；論功五十二『不當漢家之巨郡』，此作『臣郡』；刑德五十五『舉陷陷穽』，此本『舉』作『卒』；詔聖五十八『行一卒之令』此作『行三章之令』。案倪本所改之字或形體相近，或音義相通，所改雖多，未必無據，此本如『梁糲』之改『狠戾』，顯然據孟子而改，『一卒』之改『三章』，顯然據後文而改，雖或同於華本攖寧本，要未必可據。 至若『可南面者數人云』改『云』爲『可』竟原書句讀亦失之，(毁學十八)。 惟此書誤字猶少，尙不失爲善本也。

張之象注本序作於嘉靖三十二年。 無刊行年月，每頁九行十七字，無涂序及都序。 其書凡九行十八字本之與涂本異者，此書皆同於九行十八字本而異於涂本，則其書與九行十八字本有淵源可知，又其所改之字出於九行十八字本以外者甚多，則張本采自九行十八字本而非九行十八字本采自張本也。 倪本刊於嘉靖三十年，九行十八字當後於倪本，張之象本又采自九行十八字本，則序雖作於嘉靖三十二年而其刊行或在嘉靖三十二年以後也。 其書卷第字句改易涂本處過多，盧抱經張古餘等皆攻之甚力，然張之象之距宋代，亦猶今日之于明，其去涂氏亦猶今日之于王益吾，唐詩類苑附傳稱其藏書萬餘卷（張刻老子，史通，今猶稱善本。）或有別本相校，未必全不可據。 惟其書勇於改字，殊涉魯莽，故不敢竟從耳。 其書王謨收入漢魏叢書，頗有删削，然多無當，所改字又有出於張本以外者。 四庫全書總目謂雖無所發明然事實則粗具梗概，未言其改字，則疏於考訂之事矣。 今案其注往往徵引全篇，可取者僅一二語，甚至有不必注釋者而注釋之；如本議第一『匈奴背叛不臣數爲寇暴於邊鄙』，而引淳維獯鬻之事；『天子不言多少，諸侯不言利害，大夫不言得喪』引韓詩外傳與此有關者可矣，而引全篇；此其繁冗之例也。 力耕第二『山東被災齊趙大飢』出史記平準書，『汝漢之金』語出管子，通有第三『各安其居，樂其俗，安其食，便其器』，語出老子此皆隨手可得者，注均未及之。 至散不足一篇尤連篇累牘，未曾注釋。 （如『羊淹雞寒』見曹植名都篇李善注而未徵引）。 至於取證史事以論學術政治之淵源流變尤鮮所得，此其漏略之例也。 刺復第八釋『師曠之調五音』用拾遺記，地廣十六釋『湯武之伐非好用兵也』用越絕書，鑒別不明，去取無準，此其猥瑣之例也。 其引書或稱書名而不及篇名，或稱篇名而不及書名，引莊子而曰『南華經』，引韓詩外傳而曰『韓嬰曰』，引新序雜事篇而不稱新序，引淮南子泰族訓而不稱淮南，甚至引國策魯仲連述夷維子之言而僅曰『夷維子』，引禮記表記孔子之言而僅曰『孔子曰』，此其引書無體例之例也。 力耕第二『蹠蹻之徒無猗頓之富』而引莊子盜跖篇盜跖事以釋之，通有第三『富在儉力趣時不在歲司羽鳩』，而引左傳昭十七年鄭子言官之語以釋之，皆與原義有違，此其不明原義，妄爲徵引之例也。案張注前無所因，後鮮能繼之者，（王紹南楊遇夫二氏注本均未見）。其所徵引古代載籍或往往可與原書相發明，非不足道。惟明人文士之習過深，又成書草率，以致繁而不要，略而無當。淸人謂其注全無可取，亦未免門戶之見也。玆因論其板本並及之。

胡維新兩京遺篇本鹽鐵論，萬歷刊，每半頁九行十七字，款式與涂本大異，而書則全據涂本，惟卷末多一『終』字。其書誤字則有本儀第一『行姦賣平』『平』作『乎』，方耕第二，『所以誘外國而釣羌胡之寶也』『釣』作『鈎』，輕重十四『傷肌膚』『肌』作『飢』，『用鍼石』『鍼』作『鐵』，『不足蓋形』『形』作『刑』未通十五『居三年不呼其門』『居』作『屈』，地廣十六『處寒苦之地』『苦』作『苦』，相刺二十『治其麻枲』麻作麻，遵道二十三『雚葦而有蘩』葦作『韋』，國病二十八『天下之腹心』『腹』作『復』，備胡三十八『季桓隳其都城』『桓』作『栢』，『季孫所以憂顓臾』『季』作『李』，險固五十『泰山巨海』『巨』作『臣』，申韓五十六反聖人之道』『反』作『又』，相刺十六『未可以爲能歌也』『未可』作空白未刻，『明先王之術』『明』字未刻，『用則』『爲世法』『用則』二字未刻，國病二十八『先令欠鄙』之『先』字，險固第五十『以禦寇固國』之『禦』字，論菑五十四『爭壤土』之『壤』字，『陽居於實』『陽居』二字，皆未刻。則此本校時固極草率，然無改字，猶勝他本一籌也。

太玄書室本萬歷十四年張袠校刊，書前有都穆序無涂禎序與倪本同，序後有『時萬歷十四年星聚堂張氏重梓』十三字。書九行二十字版心標『太玄書室』四字。其書改字甚多，與盧氏所引大典及華本，王先謙所引類書皆不合，或由肊改也。其所改字凡百餘處，見後表。禁耕第五刪『朐邴人吳王皆』六字。復古第六刪『令品』二字，散不足第二十九刪『非祭祀無酒肉』五字（與華本，倪本，十八字本，張之象本同）。刑德五十五刪『律令塵蠹於棧閣，吏不能徧覩而況愚民乎』十七字。凡九行十八字本所改之字此本幾全從。而散不足第二十九『宣帝』作陛下，大論五十九『靈公簡之，匡人圍之，子西謗之』諸語又與張之象本同。蓋用九行十八字本與張本校，又以己意增刪者也。

沈延銓本九行二十字卷前題明東吳沈延銓校，雙鑑樓藏書續記云『相其板刻似在萬歷以後』。　今案其書款式及用字十九與張之象本相同，則出自張本無疑，而其改字又往往更出於張本之外蓋卽所謂校者也。　今將太玄書室本，張之象本，沈本所改之字并列於後以資參證焉。　至沈本并卷數爲四卽將張之象所改之十二卷合并者，張本之失前人已言之，此不足更論也。

太玄本,張本,沈本,改字表:

篇名及涂本原文	太玄書室本	張之象本	沈本
本議第一			
數爲寇暴於邊鄙	同涂本	删寇字	同
外乏執備之用	『執』改『寇』	未改	未改
善師者不陣	同涂本	『陣』改『陳』	同
而折衝還師	『還師』改『外境』	未改	未改
憂邊用	『憂』改『虧』	未改	未改
於其義未便也	删『其』字	未改	未改
古者貴以德	『以』改『修』	未改	未改
農用乏則穀不殖	未改	『用乏』改『不出』	同
夫導民以德	未改	『導』改『道』	同
聖人作爲舟檝之用	未改	删『之用』二字	同
山海不能贍溪壑	未改	『贍』改『譫』張本贍悉作澹，後不更舉。	同
是開利孔爲民罪梯也	未改	『梯』下加『者』字	同
貴則賣	未改	『則』改『卽』	未改
商買無所貿利	未改	『貿』改『牟』	同
行姦賣平	未改	『行』上加『而』字 『平』改『乎』	同
女工再稅	未改	『工』改『紅』張本凡女工皆改女紅，不更舉。	同

力耕第二

賴均輸之畜	『畜』改『蓄』	同	同同九行十八字本
躬耕趣時而衣食足	未改	未改	『趣』改『趨』
賢聖治家非一室	『室』改『術』	未改	未改王先謙本『賢聖』二字倒
管仲以權譎覇	未改	『覇』改『伯』張之象本凡覇均作伯後不悉舉，沈本並同。	同
所以誘外國而致胡羌之寶也	未改	『胡羌』作『羌胡』	同同九行十八字本
耕稼田魚	『魚』改『漁』	『田魚』改『佃漁』	同
工則飾罵	『罵』改『僞』	『飾』改『致』	同
高逝遊薄	『遊薄』改『薄遊』	『薄』改『亳』	同同攖寧本
一揖而中萬鍾之粟也	未改	『揖』作『挹』	同
不愛其貨以富其國	『其』改『奇』	同	同
知者因地財	未改	『知』改『智』張之象本知悉改智，沈本並同	同
故乃萬賈之富或累萬金	删上『萬』字	同	同同華本
河水泛濫而有宣房之功	未改	『濫』作『溢』	同
雖有湊會之要	未改	『有』改『以』	同

通有第三

右蜀漢之材	『材』改『財』	未改	未改
然後鮆窳偸生	『鮆』作『呰』	同	同同華本
地廣而饒財	『財』改『材』	未改	『財』改『材』
日給月單	未改	未改	『單』改『殫』
富在儉力趣時	未改	未改	『趣』改『趨』
萊黄之鮐	未改	未改	『鮐』改『駘』

天地之利無不贍	未改	『天地』作『天下』	同
求蠻貉之物以眩中國	未改	『貉』改『貊』	『貉』改『貊』
揭夫匹婦	改『褐夫匹婦』同華本攖寧本	改『褐衣匹婦』	同
孫叔敖相楚未改	未改	『季文子相魯』	同
不可太儉極下	改『不可太儉偪下』	未改	未改
本業所出	『業』下加『無』字	未改	未改
百工居肆以致其事	『致』改『成』	同	同同九行十八字本
若則飾宮室	『則』改『使』	未改	未改
田漁以時	未改	『田』改『佃』	同
患無狹廬糠糟也	未改	『糠糟』倒置	同
錯幣第四			
俗弊家法	未改	未改	『改俗弊法易』
防失以禮	未改	『防』改『坊』後並同	未改
水衡三官	『三』改『二』	未改	未改
其疑或亦滋甚	未改	『或』改『惑』	同
禁耕第五			
朐邴人吳王皆鹽鐵初議也	『鹽』字以上删去	删『朐邴』二字『人』字下皆增『君有』二字	同
君有吳王	未改	『君有』二字删去	同
大夫曰	作『大夫口』	未改	未改
高下在口吻	作在『曰吻』	未改	未改
田野闢而五穀熟寶路則百姓贍而民用給	未改	作『田野闢則五穀熟而寶路開寶路開則百姓澹而民用給』	同惟『澹』仍作『贍』
士力不同		作『土』力不同同華本	

鹽治之處大傲皆依山川	『傲』作『抵』	『傲』作『校』	同
近鐵炭			
卒踐更者多不勘責		未改	『勘』作『堪』
復古第六			
令品甚明	删『令品』二字	未改	未改
册陳安危	『册』作『策』	未改	未改
擒單于	未改	『禽』作『絕』	同
非鞅第七			
外設百倍之利	未改	未改	『設』作『飭』
文學雖欲無憂	未改	未改	删『無』字
欺舊交以爲功	未改	『交』作『友』	同
蘇秦合縱連橫	未改	『橫』作『衡』	同
人臣盡節以徇名	未改	『徇』作『殉』	同
賢聖不能自理於亂世	『賢聖』作『聖賢』	同	同 同九行十八字本
晁錯第八			
誦其文而行不猶其道	『猶』作『由』	同	同 同九行十八字本
解楊之所以厚於晉	『楊』改『揚』	同	同 同華本
刺權第九			
人君統而守之	未改	『守』作『一』	同
咸陽孔僅等	未改	删『咸陽』二字	同
有僭奢之道著	『有』作『而』	同	同 同九行十八字本
故起而佐堯	『而』作『禹』	未改	未改
父尊於內	未改	『父』作『公』	同
刺復第十			
方今爲天下腹居郡	改『方今』爲『天下憂勞郡國』	未改	未改
中外未然	『然』改『洽』	未改	未改

若侯周卲	未改	『卲』改『召』	同
千乘倪寬	未改	『倪』改『兒』	同
維綱不張	未改	『維綱』作『綱維』	同
逸於用之	『之』改『人』	未改	未改
以諸侯之師匹夫	『之』改『而』	同	同同九行十八字本
遽卽三公	改『據位三公』	未改	未改
殆非龍虵之才	『虵』作『蛇』	同	同同九行十八字本
承明詔	未改	未改	『詔』改『諸』
買爵敗官	『敗』改『販』	同	同
而爲者徇私	未改	『徇』改『狥』	同
論儒十一			
孔子修道魯衞之閒	未改	『魯衞』作『齊魯』	同
稱誦其德	未改	未改	『誦』改『頌』
雖舜禹不能正萬民	未改	『世』作『勢』	同
諸儒諫不從	未改	『儒』作『侯』	同
以爲非困此不行	『困』作『因』	同	同同倪本或九行十八字本
伊尹之干湯	未改	『干』作『於』	同
其册素行於已	未改	『册』下注『通作策』	『册』改『策』
安能受已而從俗化	未改	『化』改『也』	同
聞正道不行	未改	『不』改『而』	同
親於其身爲不善者	未改	『親』上有『云』字	同
男女不授	未改	『授』下有『受』字	同
禮義由孔氏	未改	『氏』下有『出』字	同
憂邊第十二			
溺而弗救	未改	『弗』作『不』	同
册滋國用	未改	改『册兹國用』	改『策兹國用』

覽羣臣極言至內論雅頌外鳴和鑾	删『內』字雅頌上加『外詠』二字	『鑾』改『鸞』	同
若醉而新寤	『寤』作『寐』	同	同同倪本及九行十八字本
園池十三			
置任任田官	未改	删下『任』字	同
以贍諸用而猶未足	未改	作以贍諸用猶不足	同
絕其原	未改	未改	『原』作『源』
男耕女績	未改	『績』作『織』	同
假稅殊名	改『租稅名』	未改	未改
田野闢	未改	『闢』作『辟』	同
輕重第十四			
管仲相桓公	『仲』改『子』	未改	未改
管仲專於桓公	未改	删『管仲專於』四字	同
大夫君以心計策國用	『君』改『各』	『策』改『册』	『君』改『各』
可爲無間矣	『爲』改『謂』	同	同同九行十八字本
陽氣盛則損之而調陰寒氣盛則損之而調陽	未改	『之』均改『乏』	同
富者愈富貧者愈貧	未改	『愈』均改『益』	同
以億萬計	未改	删去	同
中國困於繇賦	未改	『賦』改『役』	同
未通第十五			
邊郡之利亦饒矣	未改	未改	『郡』改『鄙』
聞往者未伐胡越之時	未改	删『聞』字	同
田野有隴而不墾	未改	『隴』作『壟』	同
民勤已不獨衍民衍已不獨勤	未改	『勤』並改『饉』	同

樂歲粒米梁糲	『粱糲』改『狼戾』	『粱糲』改『狼戾』	同 同華本
田地日無	未改	『無』改『蕪』	同
而饑寒遂及已也	未改	未改	删『遂』字
用度不足以訾徵賦	未改	『訾』改『貲』	『貲』改『資』
不敢篤責細民	未改	『篤』改『督』	同
民不堪	未改	未改	『堪』改『甚』
故相倣傚	未改	删『倣傚』二字	同
適其所安	未改	未改	『適』改『道』
古者十五入大學	未改	『大』作『太』	同
五十以上	未改	未改	『十』改『上』
商師若烏周師若荼	『烏』改『鳥』	改『商師若荼。周師若烏』	同
修其唐園	唐作塘	『唐』作『塘』	同 同華擽本
五十已上	已改以	未改	未改
今或僵尸棄衰絰而從戎事非所以子百姓順孝悌之心也	未改	删去	同
御史默不答也	『也』作『之』	未改	未改
地廣第十六			
而我獨勞	未改	未改	『我』下增『賢』字
遠寇國安災	『災』下增『弭』字	未改	未改
古者天子之立於天下之中	『之』下增『國』字	未改	未改
道路迴避	未改	『避』改『遠』	同
今中國弊落	『中國』二字倒置	未改	未改
因河山以爲防	『河山』二字倒置	未改	未改
割斗辟之縣	未改	『斗』作『什』	同

斗辟之費……斗辟造陽	未改	『斗』作『什』	同
地彌遠而民彌勞	『彌』改『滋』	同	同同九行十八字本
不滿檐石	未改	『檐』作『穧』	同
必將以貌取人	未改	『必』作『及』	同
寧戚不離飯牛矣	未改	『寧』上加『而』字	同
不爲窮變節不爲賤易志	未改	『爲』俱改『以』	同
臨財苟得	『苟』上增『不』字	同	同同九行十八字本

貧富第十七

夫白圭之廢著子貢之三至千金	未改	改『子貢之廢著陶朱公之三至千金』	同
故賢士之立功成名因資而假物者也	未改	删去	未改
而不能自爲專屋狹廬	未改	『屋』改『室』	同
因國君銅鐵以爲金鑪大鍾	未改	删『銅鐵』二字	同
莫不戴其德稱其仁	戴作載	未改	未改
雖付以韓魏之家	未改	未改	『付』改『附』
非其志則不居也	未改	删『也』字	同
晉文公見韓慶下車而趨	未改	未改	『趨』作『趍』

毀學第十八

自託擬無欲	未改	未改	『託』作『托』
非此士之情也	未改	『非此』作『此非』	『非此』作『此非』
據萬乘之權	未改	删『之權』二字	同
雖言仁義亦不足貴也	未改	『仁』作『好』	『仁』作『好』
而荀卿謂之不食	『謂』作『爲』	同	同同倪本
無赫赫之勢	本改	未改	勢改埶
故智伯身禽於趙	未改	删去『故智伯』三字	同

若蹈坎穽食於縣門之下此李斯所以伏五刑也	未改	改『若蹈坎穽食於縣門之下』『伏』改『具』	同
得無若太山鴟嚇鵷雛乎	未改	删『若』字	同
而曰懸門腐鼠何辭之鄙背而悖於所聞也	未改	『懸』改『縣』『背』改『皆』	同
分祿以任賢	未改	『任』作『養』	同
力少而任重	『少』作『小』	同	同同九行十八字本
夫泰山鴟啄腐鼠於窮澤	未改	『泰』改『太』	同
惡得若泰山之鴟乎	未改	『泰』改『太』	同
商人不媿恥辱	未改	『媿』改『醜』	同
棲棲然	未改	未改	改『栖栖』

褒賢第十九

卑辭縶	『辭』下加『厚』字	未改	未改
張儀以橫任於秦	未改	『橫』作『衡』	同
仕者先辟害	『辟』作『避』	未改	未改
遜頭屈遰	未改	『頭』改『身』	同
文學節高行	『節』改『抗辭』	未改	未改
盛節絜言（下絜言汙行同）	『絜』改『潔』	『絜』作『潔』	同同九行十八字本
長衣官之也	删去	未改	未改
蒙恬用兵於外	未改	『用』改『治』	同
而有姦利殘忍之心	未改	『姦』改『奸』	同
況無東方朔之口其餘無可觀者也	未改	『無』改『夫』『可』改『足』	同
鴿咽於求	未改	『鴿』改『嗌』	同

相刺第二十

非良農不得食於收穫	未改	『穫』改『獲』	未改

巧僞良民	未改	『僞』改『爲』	同同九行十八字本
簪墮不掇	未改	未改	『掇』作『輟』
退而修王道	『修』作『循』	未改	未改
垂之萬載之後	未改	『載』作『世』	同
當不耕織	『當』作『憂』	未改	未改
誦詩書負管	未改	删『誦』字	同
虞不用百里奚而滅	未改	删『奚』字	同
夫言而不用	未改	删『夫』字	同
殷有三人而商滅	未改	未改	『商滅』改『滅商』
未可爲能歌也	未改	『爲』改『謂』	同
未可謂能說也	『謂』改『爲』	未改	未改
堅據古文以應當世	未改	『文』作『人』	同
非說也	『也』改『之』	『也』改『者』	同
資質足以履行其道	未改	『資』改『姿』	未改
道行則言孔墨	未改	『言』改『稱』	同
遭時蒙率	『率』改『幸』	未改	未改
天設三光以照記	『照』下增『臨』字	未改	未改
百姓輯睦	未改	未改	『睦』改『穆』
殊路第二十一			
可南面者數人云	『云』改『可』	同	同同九行十八字本
知季有之賢授之政晚而國亂	『有』改『友』	删『國』字	同
美珠不畫	『珠』改『味』	未改	未改
反遭行潦流	『反』改『及』	同	同從倪本
枕籍詩書	未改	未改	『籍』改『藉』
荷負巨任	未改	『荷負』倒置	未改
東流無崖之川	『崖』作『涯』	未改	未改

文學褰以不潔	『文學』下補『曰』字	同	同 同攖寧本倪本
故事人加則爲宗廟器否則斯養之爨才	改『士加琢則爲宗廟器否則廝養之爨才』	『斯』作『廝』	未改
干越之鋌不厲	未改	改『于越之鋌不礪』	同
訟賢第二十二			
文學四騏驎之輗鹽車	『驎』改『驥』	同	同
有以蜂蠆介毒而自害也	『以』改『似』	未改	未改
未睹功業所至	未改	未改	『睹』改『覩』
而見東觀之殃	未改	『東』改『兩』	同
狡而以爲知	『知』改『智』	『狡』改『儌』	同
不遜以爲勇	未改	『遜』改『孫』	同
其遭難故其宜也	未改	未改	『故』改『固』
行忠正之道	未改	未改	『忠』改『中』
竭力以徇公	未改	『徇』改『狥』	同
何肯不及諸己	『及』改『反』	同	同 同倪本
無其能得乎	『無』作『惡』	同	同 同九行十八字本
遵道第二十三			
聖達而謀小人	『小人』二字改『大』	同	同 同攖寧本倪本
亦無負累之殃也	未改	『負累』倒置	同
論誹第二十四			
此人本狂	『狂』改『枉』	同	同
僞巧言以輔非	『僞』改『爲』	同	同 同九行十八字本
小人淺淺面從	『淺』改『諓』	同	同
雖有堯明之君	未改	改『堯之明君』	同

君子疾鄙夫不可與事君	未改	删『君』字	未改
若子之爲人吏	未改	『若』改『君』	同
丞相史曰蓋聞士之居世也以下	未改	列孝養二十五	同
孝養二十五			
貴禮不貪其養	未改	『貴』下增『其』字	同
雖公西赤不能以養爲容	未改	删『養』字	同
雖閔曾不能以養卒	『辛』下增『禮』字	删『養』字	同
乞者由不取也	『由』改『猶』	同	同同倪本
害老親之腹	『害』作『審』	『害』作『審』	同同倪本
陳餘背漢斬於沍水	『沍』作『泜』	同	同同倪本
以亂政導諛	未改	未改	『道』作『導』
故卑位而言高罪也	未改	未改	『卑』作『惡』
刺議二十六			
非其儒也	未改	『其』作『眞』	未改
利議二十七			
將欲觀殊議異策	未改	『策』作『册』	同
安邊境之策……詔策曰	未改	『策』作『册』	同
如品卽口	『卽』改『飾』	未改	未改
沮事隋議	未改	『隋』改『隳』	未改
亂實也	未改	『實』下有『者』字	未改
大夫曰嘻諸生闒茸無行以下	未改	屬國病二十八	同
斥逐於魯君	『君』改『國』	未改	未改
坑之謂中	『謂』改『渭』	同	同同倪本
國病第二十八		張本目錄作『國疾』	
當小位於魯	『當』改『嘗』	未改	未改

亦憂執事富貴而多患也	未改	『亦』上有『儒』字	未改
賢良曰窮巷多曲辯	未改	『賢良』改『丞相史』	同
文學守死溟涬之語	『溟涬』改『溟涬』	未改	同 同九行十八字本
願分明政治失之事	未改	『失』改『識』	未改
竊所以聞閭里長老之言	未改	『所』改『者』	同
然居民肆然復安	未改	『然』改『故』	同
机席緝蹈	『机』作『几』	『机』作『几』	同 同倪本
秉耒抱插	未改	未改	『耒』作『來』
富者空減	『減』作『藏』	『減』作『藏』	同 同倪本
散不足第二十九			
怠於禮義	『怠』改『忌』	未改	未改
故緻罔不入於澤	未改	『罔』作『網』	同
復茈蓼蘇	未改	『茈』改『芘』	同
陶桴複穴	『穴』改『冗』	同	同 同倪本
行則服梔	未改	『梔』作『扼』	同
單複木具	未改	『複』作『椱』	同
樸羝皮傳	未改	『傳』改『傳』	同
今富者鞼耳銀鑷韀	『鞼』改『韊』	『鞼』改『韊』	同 同倪本
罽繡弁汙	『汙』改『汗』	同	同 同倪本
非祭祀無酒肉	删去 同攖寧本倪本	未删	同
雞豕五芳	未改	未改	『豕』作『失』
聽訑言而幸得出	未改	『訑』作『馳』	同
今富者黼繡帷帷	删『幄』字『帷』上增『維』字	未改	未改
古者土鼓凷枹	『由』作『由』	未改	未改
繁路環佩	未改	『路』作『露』	同 同九行十八字本
姪娣九女而已	未改	『娣』作『姊』	同

各以時供公職	未改	『供』作『共』	同
信禨祥	未改	『禨』作『機』	同
使盧生求羨門高徐市等	未改	『市』作『沛』	同
宣帝建學官	『宣帝』改『陛下』	同	同 同攖寧本
故賢第三十			
葛繹彭侯之等	未改	『彭』改『澎』	同
疾貪第三十三			
足以代其耕而食其祿	未改	未改	『足』改『是』
後刑第三十四			
刑一惡而萬民悅	未改	『悅』改『說』張本『悅』悉改『說』下同	同
授時第三十五			
國無窮乏人	未改	删『窮』字	未改
秋省斂以助不給	未改	未改	『給』改『足』
水旱第三十六			
天道然	然上有『固』字	同	同
雨必以夜	未改	未改	『以』改『一』
器和利而中用	未改	未改	『和』改『何』
或時貰民	未改	未改	删『時』字
崇禮第三十七			
殆與周公之傳遠方殊	未改	脫『之』字	同
舉臨菑	未改	『菑』作『蓄』	同
葵藿爲之不採	未改	未改	『採』改『采』
備胡第三十八			
而中國以騷動矣	『騷』字重出	未改	未改
少發則不足以更適多發	未改	未改	『發』均作『廢』
則民不堪其役			

我今來思	『我今』作『今我』	同	同
譏久役也	未改	未改	『役』作『復』
執務第三十九			
丞相曰	未改	『曰』上補『史』字	同
流人還歸	未改	未改	『還』作『旋』
蟲螟生	未改	作『螟貸生』	作『螟螣生』
鹽鐵取下第四十一			
上下交讓天下平	未改	『天』上補『而』字	同
海春諫曰	未改	『海』作『宛』	未改
年饑則肆	未改	『饑』作『譏』	同
怠於公乎	『乎』作『事』	未改	未改
憂私責	未改	未改	『責』作『債』
糟糠之苦	『糟』作『糠』	同	同同倪本
處溫室載安車者	未改	『載』作『戴』	同
言若易然	未改	『易』字重見	同
擊之第四十二			
賢良曰文學旣拜咸取列	未改	屬上篇	同
大夫辭丞相御史			
結和第四十三			
先帝觀其可以武折	『觀』作『覩』	未改	未改
藏於記府	未改	『記』作『紀』	同
何命亡十獲一乎	『命』作『言』	未改	未改華本作有
而倘踞敖	未改	未改	『敖』作『傲』
三王所畢怒也	未改	『畢』下注『一作必』（言『一作』則別有所據可知）	『畢』改『必』
三王何怒焉	未改	『怒』作『愁』	未改

以強凌弱者亡	未改	未改	『弱』改『辱』
登得前利	『登』改『言』	未改	未改 華本作豈
誅秦第四十四			
不務積德而務相侵	未改	下『務』字改『負』	同
置五屬國以距胡	『距』改『治』	未改	未改
以并天下	未改	『并』改『兼』	同
旋車遺族相望	未改	『旋』作『還』	同
輕計還馬足	未改	『計』改『騎』	同
伐功第四十五			
民思之若得之望雨	『之』下有『者』字	同	同 同九行十八字本
西域第四十六			
其勢易以相禽也	未改	未改	『相』改『以』
張騫言大宛之天馬汗血	未改	未改	『騫』作『蹇』
皆在於欲畢匈奴而遠幾也	『幾』作『戍』	未改	未改
兵未戰	『未』作『不』	同	同 同九行十八字本
世務第四十七			
則北垂無寇虜之憂	未改	未改	『則』下有『此』字
春秋不與夷狄中國爲禮	未改	删『夷狄』二字	同未改
干戈閉藏而不用	未改	『閉』作『蔽』	同
近者哥謳而樂之	『哥』作『歌』 從倪本	同	同『歌謳』二字倒置
和親第四十八			
昔徐偃行王義而滅	『行王』倒置	同	同 同九行十八字本
非足行而仁辦之也	『仁』改『勢』	『仁』改『人』	同
推其仁恩而皇之誠也	『推』改『惟』	未改	『皇』改『懷』
繇役第四十九			

罯者解分中理	未改	未改	『分』改『紛』
畫地爲境	未改	未改	『境』改『禁』
旣而偃兵搢笏而朝天下之民莫不願爲之臣	未改	删去	同
徭役遠而外內煩也	未改	未改	删『遠』字

險固第五十

龜猖有介	未改	『猖』作『倡』	未改
闇昧妄行也	未改	未改	『闇』作『暗』
誠以行義爲阻	『行』改『仁』	未改	未改
夫何妄行而之乎	未改	作『夫何妄行之有乎』	同
秦師敗崤嶔崟是也	未改	『崟』作『巖』	同
桀紂有天下兼於滲亳	未改	『於』作『有』	同
梁關者邦國之固	『梁關』二字倒置	同	同
湯以七千里	『千』改『十』	『千』改『十』	同 同九行十八字本
重門擊柝	『拓』作『折』 同攖寧本倪本	『拓』作『柝』	同

論勇第五十一

失守備	未改	删『備』字	同
齊桓公得管仲以覇諸侯秦穆公得由余西戎八國服	未改	張本及沈本並作『齊桓公得管仲寧戚以伯諸侯秦穆公得百里奚由余西戎八國服』	
以之召遠	未改	『之』作『德』	同

論功第五十二

匈奴無城廓之守	未改	『廓』作『郭』	同
戎狄驅之爾	未改	『狄』作『狐』	未改
上下無禮	『禮』改『理』	未改	未改
賫粮不見案首	未改	未改	『見』改『現』

倨強倨敖	未改	『敖』作『傲』	同
及二世弒死望夷	未改	『弒』改『殺』	同
論鄙五十三			
絕陵陸不通	未改	上有『谷阻』二字	同
論菑第五十四			
故內恕以行	未改	『內』改『由』	同
越人美羸蚌	『羸』改『蠃』	同	同 同九行十八字本
羿敖	『敖』改『奡』	同	同 同九行十八字本
螟蠖生	未改	未改	『蠖』改『虫』
神祇相況	未改	『況』作『貺』	同
五勝相代生	『五』改『互』	同	同 同倪本
厭而不揚	未改	『陽』作『揚』	未改
刑德第五十五			
禁不必法	『不』作『下』	同	同 同九行十八字本
民放佚而輕犯禁	未改	未改	『佚』改『逸』
咸知所避	未改	『避』改『辟』	同
律令塵蠹於棧閣吏不能偏覩而況愚民乎	刪去	刪去	刪去 同九行十八字本
自何能穀	『自』改『其』	未改	未改
法之徹者	『徹』改『徽』	未改	未改
乘騎車馬	未改	刪『騎』字	同
蹻弋飾而加其上	『蹻』改『躡』 從倪本	未改	未改
刑罰者國之維楲也	未改	刪『也』字	同
無銜橛而禦捍馬也	未改	『捍』作『馯』	同
舉陷陷穽	『舉』作『卒』 從倪本	同	同

秦夫不通大道	『秦』作『本』 同攖寧本倪本	同	同

申韓第五十六

視省河堤	『堤』改『提』		
犯法茲多	『茲』改『滋』	同	同
苦隱括輔檠之正弧刺也	未改	『括』作『栝』	同
專以己之殘心	『心』改『生』	未改	未改
淪骨以輔	未改	改作『淪胥以鋪』	同 同華本攖寧本

周秦第五十七

傷小指之累四體也	未改	未改	『累』改『類』
有罪及誅	『及誅』作『誅及』	同	同 同九行十八字本
莫不震慴悼慄者	未改	『悼』下加『悚』字	刪『悼』字加『悚』字
下而修慈母之所以敗子	『修』改『循』	未改	未改
秦有收帑之法	『帑』作『拏』	同	同
務知而不務威	未改	『知』改『恩』	同

詔聖第五十八

衣弊而革才	『才』改『裁』 同倪本	同	同
行一卒之令	『一卒』改『三章』 同攖寧本九行十八字本	同	同
少目之罔	未改	『罔』改『網』	同
不可暴虎	未改	『可』改『敢』	同
使民不踰上乎	『乎上』二字易置	同	同
過往之事	未改	『往』作『任』	同
周秦所以然乎	未改	『所』上有『之』字	同
明好惡以道其民	未改	『道』作『導』	同

大論第五十九

有司不以文學	未改	『以』作『似』	同同華本
不用隱括斧斤	未改	『括』作『栝』	同
不待自善之民	未改	未改	『待』作『得』
山東關內暴徒保人阻險	『人』改『入』	同	同
夸矜	未改	倒置	同
適衞靈公圍陽虎謗之	作『適衞靈公簡之。匡人圍之。子西謗之。』	同	同

雜論第六十

知任武可以辟地	『辟』作『闢』	未改	未改
直而不徼	未改	未改	『徼』作『澆』
果隕其性	『性』作『姓』同倪本	同	同
阿意苟合	未改	『合』作『念』	同
可足筭哉	未改	『筭』作『選』	同

張敦仁本嘉慶十二據涂本重雕，其書款式一仿涂本，惟用涂本抄錄非用涂本景寫，故其字迹頗與涂本異趣。涂本字殊秀勁，張本則方整，顯係淸人曾習館閣書體者所爲，稍失涂本之意態矣。張本筆畫亦與涂本不能盡同，如『淫』作『滛』，『暴』作『㬥』，『御』作『御』，『擅』作『擅』之類，不備舉。誤字極少，然改正涂本者則頗有之。如刺復『買爵販官』此作『販』(同攖寧本)，未通『居三年不呼其門』此作『君』(同太玄本)，貧富『舔羹者不能與之爭澤』此作『舔』。毀學『小人懷士賢士徇名』此作『小人懷土賢士徇名』(並同華本攖寧本)，殊路『反遭行波流』此作『及』(同太玄本)，訟賢『子柳之譏也』此作『椒』(同華攖二本)，論誹『此人本狂』此作『枉』(同太玄本)，利議『坑之謂中』此作『湑』『同攖寧本』，鹽鐵取下『糖粘之苦也』此作『糠』(同華攖二本)，論勇『谿無交兵』此作『谿』(同華攖二本)，論鄒『大道之迻』此作『遥』(同華攖二本)，申韓『論胥以輔』此作『論胥以鋪』(同華本)，此等處大都爲涂本之誤，然不言其刊

正之所自出，則亦未能免於疏失矣。

就上所述，鹽鐵論版本之原流，大略如下：

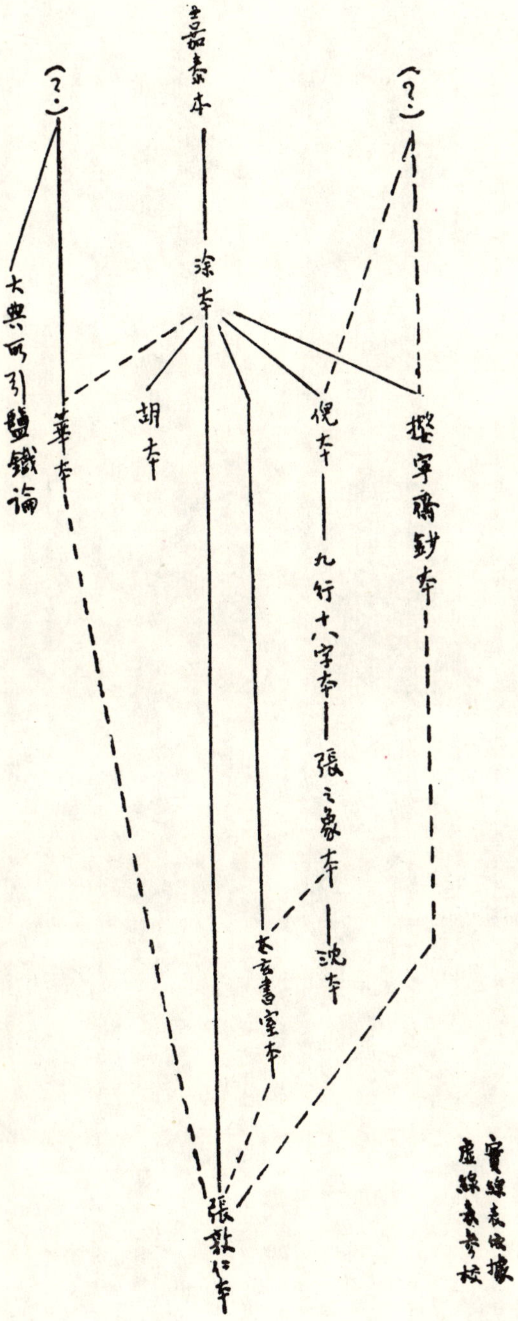

此篇所據各本，其中傅沅叔先生所藏則由傅孟眞先生轉借者，北平圖書館所藏則由趙斐雲先生接洽者。 此皆海內奇珍，均承惠假，書此志謝。

出自第五本第一分(一九三五年十月)

紀唐音統籤

俞大綱

(一) 弁言

唐音統籤一千三十三卷（案故宮圖書館藏范氏鈔補本，自甲籤訖壬籤一千卷，癸籤三十三卷，合一千三十三卷，與四庫總目壹玖叁總集類存目叁戊籤條提要所稱共一千二十七卷者不符，今從范本舉數，）明海鹽胡震亨纂，輯錄有唐一代詩，卷帙浩繁，網羅宏備，爲私家總集纂輯之冠。清康熙飭詞臣輯全唐詩，實以其書與季振宜所編全唐詩互爲藁本，略加校補而成。

大綱按今本全唐詩康熙四十六年御製序：「朕茲發內府所有全唐詩，命諸詞臣合唐音統籤諸編，參互校勘，蒐補缺遺」。又四庫全書總目壹玖，總集類伍御定全唐詩條提要云：「是編裒承聖訓，以震亨書爲稿本，而益以內府所藏全唐詩集，又旁採殘碑斷碣稗史雜書之所載，補苴所遺」。今按康熙序中所言「內府全唐詩」及提要所稱「內府全唐詩集」，皆指季振宜所編全唐詩也，〔以下但稱爲季氏書，以別於今本全唐詩〕。其書有凡七百十七卷，成於康熙十二年，經進呈內府，今存故宮圖書館，底稿今藏鄧氏羣碧樓。今本全唐詩前載曹寅等進書表，亦云：「康熙四十四年三月十九日奉旨頒發全唐詩一部，命臣寅等刊刻，臣〔彭〕

定求(下列預修諸人名,茲略去)等校對」。 所指亦卽季氏書。 又今本全唐詩凡例第十條:「唐人世次前後,最爲冗雜,別無善本。 全唐詩及唐音統籤,亦多訛謬」。 皆足證當時撰修以統籤季書互爲藍本。 提要於季氏書僅稱內府全唐詩集,不著纂人名,或者以季書本錢牧齋殘稿而成(見季氏書自序),因禁例而不之及耶。 惟今本全唐詩成於康熙間,亦不及季氏名,故特附揭於此。

統籤卷帙旣繁,未嘗全部鋟版,歷來通行易得,僅戊癸二籤刻本(戊籤康熙二十四年孝轅孫成之曾孫頎所刻,前有成之等序。 癸籤崇禎時已先有刻本,四庫總集存目著錄康熙五十七年江甯書肆刻本,仍謂舊無刊版者,實誤。 又提要壹玖叁戊籤條,壹玖陸癸籤條所述戊癸兩籤外餘籤無刻本者,亦誤,說詳下章。) 全書久不見於人間,故前人記述其書者,多出自傳聞摩揣,舛誤極多,(王士禎分甘餘話肆:「海鹽胡震亨孝轅輯唐詩〔按詩爲音之誤〕統籤,自甲至癸,凡千餘卷,卷帙浩汗,久未版行,余僅見其癸籤一部(大綱按漁洋後亦得見戊籤,見居易錄壹)。 康熙四十四年,上命購其全書,令織造局兼理鹽課通政使曹公寅,鳩工刻於廣陵,胡氏遺書,幸不湮沒,然版藏內府,亦無從而見之也」。 按此,漁洋未見統籤全書,又誤以今本全唐詩卽轉刻統籤。 漁洋清初一代風騷之主,平生於唐人詩集,輯綴採補,用力至勤,尙不得見統籤全書,有此謬論,遑論他人哉。) 今惟故宮藏有全帙,大綱今春奉孟眞先生之命,入故宮圖書館借讀,並與傳世諸唐人總集別集及今本全唐詩等書較其精疏同異,閱數月僅得粗告畢工。 孟眞先生命將校讀所得,雜取若干條,錄成此篇。 頃故宮圖書館,北平圖書館及本所擬刊行國藏善本書,統籤有收入刊布之議,一代鉅著,行當脫三百年之沈錮而復見於世,茲篇之成,觀者但以解題提要一類文字視之可也。

(二) 紀故宮統籤藏本

故宮所藏統籤,全帙無遺闕。 刻本外,鈔本皆題邢村范希仁文若鈔補。 考文若,清初海鹽人。 徐用儀修海鹽縣志壹玖人物傳國朝隱逸門引海鹽續圖經文若傳云:「范希仁,字文若。 性質古,不事舉業,工於詩。 家貧甚,賦詠一市樓,晝而不輟。 生平積書數千卷,盡出手錄。 年七十三卒,無嗣,著述散佚不傳。 徐滄浮贈詩，所謂郭西有布衣，隱市寄茆蕪者也」。（大綱案徐滄浮名㙫貞，字德宣，亦海鹽人，著有滄浮子詩鈔，見兩浙輶軒錄。）則其人亦好古敏學之士，今故宮統籤藏帙，書端間鈐范氏藏書印記，其爲文若自藏之本無疑。文若與胡氏子孫，同時同邑，統籤之有刻本者，自易得之，稾本未刻者，亦可借錄鈔補，故此帙傳世獨備耳。

今按范氏統籤藏帙之屬刻本者，爲甲乙戊癸四籤全帙；丙籤卷捌柒至玖貳，玖陸至壹柒壹爲刻本，卷玖叁至玖伍，壹柒貳至貳壹壹抄補；丁籤卷貳壹貳至叁貳壹，卷肆〇〇至肆玖柒爲刻本；卷叁貳貳至叁玖玖，卷肆捌〇至伍伍貳鈔補。餘籤概係鈔本。大約當時刻本，亦僅此數籤，其餘實未板行，非范氏所藏有闕也。其板刻始末，除癸戊兩籤有序識可攷，甲乙丙丁四籤則皆不著鋟板年月，及授梓人姓名，歷來著錄全書者，亦不及之。四庫總目壹玖叁總集類存目叁戊籤提要，且誤謂「戊籤外，惟癸籤僅有續刊，餘則繕錄之本」，實爲大謬。今考戊籤楊𪨝序：「先生嗣君宣子念齋，一爲博學名儒，一爲二千石良吏，皆足力承先業，用付剞劂，惜乎功未半，相繼捐館。今先生文孫有令修翁耆韶九思黯諸君，悉彬彬雋雅，爲鄉黨典則，能卒業祖父書，累年劬讎，孜孜靡已，而戊籤乃於康熙乙丑（二十四年）之夏先告成焉」。是則胡氏子孫，歷三世（按思黯爲孝轅曾孫，見孝轅所著讀書雜錄前陳光緯序，）以謀刊刻先人遺著，所成必不止戊籤一種。楊氏又言戊籤先告成，則餘籤續布，成於孝轅孫曾輩，要爲無疑。今諸籤板刻，款式一例，筆畫鈎勒相同，可爲左證也。

楊序所舉孝轅子孫，事蹟多有可考者。夏客字宣子，孝轅次子，「少年以諸生貢成均，鼎革後，隱居不仕，」（見兩浙輶軒錄補遺。）年七十餘卒。徐志壹柒有小傳。夏客博學，著有谷水集二十二卷，四庫總目壹捌玖別集類存目玖著錄，提要云：「孝轅撰唐音統籤，夏客與有力。泛濫古人，耳目既廣，故負其才調，頗以氣骨自高，而粗豪之失，亦由於此」。谷水集大綱未見，其論經史詩文各條，略見徐志小傳所引，皆有考據。吳槎客拜經樓詩話壹引其谷水談林解村詩「一戎纔汙馬」，謂唐高宗有一戎大定樂，（大綱案一戎大定樂，高宗伐高麗時作，見新唐書貳壹禮樂志第拾壹，）皆可見其學淹貫。統籤丙貳捌李頎集中引胡夏客注一條，提要稱統籤之成，夏客有力，當非妄說。念齋名季瀛字子市，孝轅第三子，順治戊子副貢，廷試第一，官終九江守，見徐志壹陸季瀛傳及讀書雜錄陳光繹序。 惟據楊序宜子念齋皆歿於康熙二十四年戊籤刊成之前，則兩人似無與於續布諸籤之役，其梓行餘籤者，疑當屬之楊氏所舉孝轅孫曾行中令修思黯二人也。

案嘉慶嘉興府志(伊湯安修)伍柒胡申之傳：「胡申之，字令修，副貢生，以病廢目。 性嗜書，先世遺稿刊布，不遺餘力。 有復齋心在錄」。 黃梨州南雷文歷貳天一閣藏書記：「海鹽胡孝轅考索精詳，意其家必有藏書，訪其子(大綱按應作孫)令修，慨然發其故篋，亦有宋元集十餘種， 然皆余所見者。 孝轅筆記引姚牧庵集(大綱按見讀書雜錄下，)令言亦言有其書，一時索之不能即得，餘書則多殘本矣」。南雷詩歷貳謝胡令修借孝轅先生藏書詩云：「聞說匡牀楊子居，何期得見昔人書，塵封蠹走精神在，墨艷朱明歲月除。 寰海被兵方殘士，傳家有集勝垂魚。 一瓻還借我無有，慚愧此來幸不虛」。 讀書雜錄陳光繹序：「今慈孫思黯，紹隆家學，行將盡出所論譔以問世。 而曾孫思黯，夙從余游，篤行好古。 其校定先世諸集，如沈麟士之手鈔不倦也」。 據此令修思黯之能世其家學，實可與同時隱湖毛氏家學媲美，而統籤之繼續刊行之成於二人，又可假以論定矣。

(三) 紀統籤編制上 兼論統籤與今本全唐詩異同大略

大綱按今本全唐詩雖本胡季兩氏之書以成，然亦時從別本參訂，從長擷取，不專宗一書，故以之持校統籤，多有違異之處。 如諸集排次先後不同，則以唐人世次多有不可考者，各據己見設論，皆有引據，難遽定其是非。 如篇目多寡不同，今本全唐詩後出，所收自應較統籤為多，惟所增亦有胡氏以為僞作而加刪棄者，全集如戴叔倫集中所雜元明人詩，單題如孟浩然示孟郊詩，胡氏皆加芟除，而今本全唐詩仍依所據本收錄，故不能歸於一致。 又有統籤著錄一人，今本全唐詩分為二人二集者。 如韋紓集，統籤收錄。 今本全唐詩於韋紓之外，別增車紡集，兩人詩既大同小異，而車紡二字又類為韋紓之訛寫，且韋紓詩載在文苑英華，車紡出處無考，似今本全唐詩有誤矣。 然考之季書，正復如此，季氏博雅，或另有據，不能遽以相詆。 以上略舉數端，以見兩書編制，紛拏不一，輯錄既各有所本，考訂亦各有所據，不能據此非彼。 至若略舉兩書人數多寡，篇目異同；絕不能概定其精疏優劣，則又明矣。

至於集中篇題不同，文字有異，皆校勘上問題，與上舉三端之關涉考據者不同，則又紛出雜見，更不能一一指數。大綱當另爲專文，摘條商榷。今但揭舉胡書大綱目，略注其與今全唐詩異同，聊示今本全唐書淵源於統籤者曷在耳。

甲籤帝王詩七卷

大綱按今本全唐詩亦以帝王詩冠總集前，后妃宮人詩亦附入，統籤后妃宮人詩編入壬籤宮閨詩。

乙籤初唐詩七十九卷

丙籤盛唐詩一百二十五卷

丁籤中唐詩三百四十一卷

戊籤晚唐詩二百一卷，餘閏六十四卷

大綱按季氏書今本全唐詩但依諸家世次編錄，時代無考者另編，不揭初盛中晚等界分。

謹案唐詩分初盛中晚之說，始於嚴滄浪（見滄浪詩話壹，）元楊正宏選刻唐音，遵其說分初盛中晚，洪武中高棅纂唐詩品彙，亦踵此說爲界分，嘉靖中華亭朱氏刻百家唐詩亦分初盛中晚，胡氏亦援其例也。錢牧齋敘陸勅先刻元遺山唐詩鼓吹，痛詆唐詩分野之說曰：「三百年來，詩學之受病深矣，館閣之教習，家塾之程課，咸秉承嚴氏之詩法，高氏之品彙，耳濡目染，鐫心刻骨，學士大夫，生而墮地，師友熏習，隱隱然兩家種子盤互于藏識之中（中略）。唐人一代之詩，各有神髓，各有气侯，今以初盛中晚，釐爲界分，又從而判斷之（中略），支離割剝，俾唐人之面目，蒙羃于千載之上，而後人之心眼，沈錮於千載之下」。（見有學集壹伍唐詩鼓吹序，）季氏書自序引此文，並自翊其踵錢說，不以初盛中晚爲界分，爲能「論其世而不論工拙」（見季書自序，）此說甚是。惟案統籤乙丙丁戊四籤，雖以初盛中晚爲界分，而仍依世次爲先後，似亦無礙於其謹嚴。但以雜家詩入己籤，仍分五唐限斷，略有以界分論工拙之嫌耳。

己籤五唐雜家詩五十四卷

五唐，初，盛，中，晚，閏也，其世次無考者，附末。

大綱按己籤多收諸家存詩過少者，零篇佚句，率輯自雜史總集類書筆記詩話地志石刻等，最足考見胡氏蒐討之勤。 今本全唐詩所收此數十家詩，多據此籤。惟胡氏每注明出處，今本全唐詩抹去不載，至可惜也。

庚籤僧詩三十九卷

今本全唐詩僧詩亦另錄。

又道士詩六卷

今本全唐詩道士詩亦另錄。

又宮閨詩九卷

今本全唐詩后妃宮人詩附入帝王詩，另錄名媛詩。

又外夷詩一卷

今本全唐詩依世次列入諸家中，不另立外夷詩名目。

辛籤樂章十卷

今本全唐詩作郊廟樂章。

又雜曲五卷

按雜曲即樂府雜曲，今本全唐詩有樂府門，又以散見諸家集中者彙輯收入，故其數多於統籤雜曲。

又塡詞十卷

按胡氏自陳晦伯花草粹編中錄出，以花間集爲訂校，排次依粹編，以調爲主。

今本全唐詩略有補葺，排次以人爲主。

又謌，謠，諺，語，四卷；諧謔四卷；謎，酒令，一卷；題語，判語一卷；讖記一卷；占辭一卷；蒙求一卷。

按今本全唐詩分爲諧謔一卷，判一卷，歌一卷，讖記一卷，語一卷，諺，謎一卷，謠一卷，酒令一卷，占辭一卷，蒙求一卷，全依胡書錄成，惟排比先後，稍加改更，又全將出處删去，但存小注。

又章咒四卷，偈頌二十四卷。

按今本全唐詩删去，(參今本全唐詩凡例。)

按胡書章咒四卷，其卷一，卷二，諸經章咒， 胡氏注出度人經， 引趙琦美語一條，則所據或玄度藏本，今傳本脈望館書目仙家類有雜抄道藏經六十一本，或此經卽在其中（胡氏輯統籤參校趙氏藏本極多，詳另章。） 卷三四錄黃籙玉籙金籙，自注出杜光庭撰。

偈頌二十四卷，胡氏敍錄云：「唐禪衲說法韵語，亦詩之流。今除散在篇話中者不錄外，錄其明以偈頌標者，自四五六祖訖五宗諸嗣，以及他名偈舉識詩之全。其初二三祖四雖出往朝，分冠卷首，著開承之有自焉」。略可見其編制之例。其序次：一，諸祖；二，四五祖旁出法嗣；三，六祖旁出法嗣；四，南嶽下，五，青原下；六，潙仰宗；七，臨濟宗；不，曹洞宗；九，雲門宗；十，法眼宗；十一，應眞往生諸異僧並僧讖；十二至十七，寒山子詩；十八，拾得豐干詩；（按寒山子拾得豐干詩今本全唐詩收入僧詩。） 十九二十，道世頌；二十一，名僧語諺；二十二之二十四，龐蘊詩偈。（案龐蘊詩今本全唐詩收入僧詩。又案胡氏所錄諸祖諸宗偈頌，要不出於五鐙會元也。）

壬籤仙詩三卷，神詩一卷，鬼詩二卷，夢詩一卷，物怪詩一卷。

今本全唐詩，分仙，女仙，鬼，怪四類，據統籤而略加補輯，排比秩序不同，而多刪其所注出處。

癸籤分體裁，法微，評彙，樂通，詁箋，談叢，集錄，等七門，共三十三卷。

今本全唐詩不收。按四庫總目壹玖陸詩文評類貳唐音癸籤條提要云：「（上略）爲目有七，一曰體裁，凡一卷，論詩體；二曰法微，凡三卷，分二十四子目，自格律以至字句聲調，無不備論；三曰評彙，凡七卷，集諸家之評論；四曰樂通，凡四卷，論樂府；五曰詁箋，凡九卷，訓釋名物典故；六曰談叢，凡五卷，採摭逸事（大綱案談叢清曹溶收入學海類編；）七曰集錄，凡四卷，首錄唐集卷數，次唐選各總集，次金石墨蹟」。又曰：「詩話採摭大備，爲全唐詩所未收，雖多錄明人議論，未可盡爲定評，而三百年之源流正變，犂然可按，實於談藝有裨」。所論大體不誤，可資參照也。

（四）紀統籤編制下

統籤編訂諸集之例，首弁小傳，大抵取材於兩唐書，雜史，筆記，地志，詩話，及各家別集等書，較今本全唐詩爲加詳，而不及季書之繁冗（季書多錄兩唐書本傳全文。)諸家世次,籍貫,行誼之有疑義者,間加考據,每能精當。如駁新唐書以王昌齡爲江甯人而不言其官江甯之誤。引其集中有灞上閒居詩及「故園今在灞陵西」之句;方輿勝覽沅州地志:昌齡自江甯丞謫龍標,引其詩云,「昨從金陵邑,還謫沅溪濱」。又舊書陸據傳亦有文士知名京兆王昌齡之語等三證,斷昌齡爲關中人官江甯者,世稱王江甯,蓋以官,非以里,(具見丙貳壹。)今按覈皆不誤。又辨錢起江行無題一百首應屬其孫珝之作,引文苑英華載珝舟中集序「秋八月從襄陽浮江而行」語,證以詩中所敍時節景色,經行之地,定爲珝自中書謫撫州時所作(見戊捌捌,)皆一一脗合,精確不移之說也。又採輯佚聞遺事,附入小注,並注明出處,雖不能一一賅備,亦不失以詩繫人,爲論世之資,作一代別史觀也。

小傳以下,敍錄諸集之著錄於唐宋志,晁志,陳錄,馬氏經籍考者,其卷數多寡,篇目存佚之可考者,亦間及之。間或注明其所引用板本,疏通源流,校訂得失,往往有裨於治習唐集目錄之學,大綱有另章紀之。其名家集如李白,杜甫,韓愈,白居易,並附年譜,則皆删節舊譜以成,李譜用薛仲邕本,杜譜雜用黃鶴魯訔本,韓譜用洪興祖本,白譜用唐詩紀事輯本,則其時孝轅未及見陳伯玉本白譜也。(陳本罕傳,朱竹垞得之於隱湖毛氏,以贈汪立名,汪氏纂白香山詩集,刻入集中,自是始爲世人習見。)

集中篇目,概以體類排比,先分體,次分類,(全書僅李紳追昔游詩,韓偓香奩集,依原次序編錄),因之舊本面目,概無可考,彌爲缺憾。蓋自五代以來,唐集流傳日少,即名家之集,亦多輯自宋人,明嘉隆以後,宋元舊本,亦漸亡佚,後人重加補輯,無從規復舊觀,遂以體類相從,分科編卷,嘉靖以後,吳中活字板唐人詩集,種類甚多,編訂以體類爲分者,十居其九,孝轅此書,殆亦難求其有所特異矣。獨滄葦以精鑒名家,袪除此弊,其所編訂全唐詩集,類皆依舊本編定。季氏藏書,網羅最富,延令書目載宋元本唐人別集,特稱完備,今循目以校全唐詩集,款式篇題,類皆脗合。惟杜工部集,逕用牧齋箋注之本(按牧齋箋注用吳若本),並迻錄箋注,弁以錢氏原序,未免阿私所好,有悖全書不用注釋之例。然正亦足見季氏之重視舊本矣。

今本全唐詩,藉胡季兩書爲前資,可以從容定其去取。故於季書之依舊本編定者，概仍其舊貫，不加改張。其蒐求遺佚，補輯散落以成集者，胡書最著功績，今本全唐詩得力於此者爲多。此以三書並觀，可以一一考見者也。

考今本全唐詩之修纂，始於康熙四十四年三月，成於四十五年十月（見曹寅進書表，）費時不足二年。入局參校之人，彭定求楊訥潘從律汪士鋐沈三曾徐樹本車鼎晉汪繹查嗣瑮俞梅共十人（見進書表，）而汪繹以四十五年七月詩局未竣時逝，見繹所著秋影廔詩集查慎行序，故終其事者僅九人，且亦不時駐局中，（彭定求南畇文藁前載定求六世孫祖賢編南畇老人年譜，載定求康熙四十四年奉特旨令爲全唐詩校刊官，五月赴詩局（按詩局設在楊州），九月暫歸。次年二月赴詩局，九月暫歸；十月復至楊州；十一月歸。可見當時諸與參校者，亦不時在局中也。）千卷之書，以不足十人之力，不盈二年之功以成之，其不能多所校正增補，理或宜然。朱竹垞致曹通政寅書云：「曩承面諭補綴全唐詩第十一函第七册孫元晏以下，至張元正，共十四開無考，今查出四十三人官爵似宜注明，又李譚□六詩七首，又聯句三首，似宜補入，但業經進呈，成事不說，留此以見愚者千慮之一得耳。（見晨風閣叢書內潛采堂書目四種之一全唐詩未備書目後瀍登甫記。）」蓋其時竹垞方在楊州修兩淮鹽筴志，受楝亭之托，從事補綴。兩人過從，於時爲密，乃竹垞補綴方畢，而其書已經進呈，亦可見當時匆匆校訂成書，固未暇細箟密理，「業經進呈，成事不說」，尤足見官修書敷衍了事，不顧深究之積習。若全唐詩之校訂，在乾隆嘉靖盛飾文物之時，得敏學博古之士，廣集佚書，詳蒐大典，其精詳當不止倍蓰於今之全唐詩矣。今其書疏謬各處，爲學人詬病摘斥者，亦有襲自胡季兩書，咎不專屬于與修諸人，然亦有兩書不訛，今本全唐詩獨誤者，又不尠其例，則當時分工校讐，不能會通諸集，（汪繹秋影廔詩集中邗江集和忍齋校書述懷叠韵見寄詩云：「唐賢千八百，分校百之十」，蓋季氏書共收一千八百九十五人，故云千八百，十人分校，各得百之十。又朱竹垞曝書亭集叁叁寄査伊德編修書云：「比得書知校刊全唐詩業已開局，近聞足下先取杜少陵作，審字義之異同，去注釋之紛綸，而歸于一是」。皆可考見分校情形。）細細比較。故一詩兩見之作，不盡注互見。甲詩竄入乙集，統籤加注志疑者，又皆删去其注。如此之類，數見不乏其例。趙居貞雲門寺投龍詩小序中「非禮也」句下，脫去「當是時上元龍禮猶未備余責以龍壁觀之皆不肖於是詰劾官吏

□數人更易□□壁擇良日祈福，」其詩「陰崖」下亦脫去「仙乳滴兀然起羣山遠望倒所隔太陽未出氿曠晃」共至數十字，其校刻之疏，又可知矣。

(五) 紀統籤引用板本

統籤諸集所據板本，胡氏間於敍錄中注明，茲鈔掇若干條，加以疏證。其中祕笈僻本，今已散佚無考者，居其半。大綱譾陋，何足盡其原委，然考覈所及，亦稍有發明，可以訂補前人著錄唐人別集者數事，故敢藉此比附於徵訪唐人小集之義，草成此章，進求博雅之士，加以指教也。按胡氏藏書稱富，而當時同邑姚士粦輩，又皆淹貫羣書，尤精鑒別，搜奇訪佚，以聲氣相投。其餘如趙玄度錢牧齋毛子晉輩，皆江左藏書之盟主，與胡氏相往還，通假圖書，並有可考。胡氏藉斯風會，博采兼收，緗綗琳琅，耀人心目，今茲所記，猶可窺其一鱗半爪。至於愚旨所在，頗擬藉此考求唐人別集流傳原委，爲日後尋繹全唐詩出處之初程，非條列書名，作「望梅」之饜而已也。其餘統籤依據之本，胡氏未加明注者，則雖有會心，知其厓略，不敢竄入篇中云。

杜審言集乙陸陸

胡氏敍錄：「唐志集十卷，宋志亡。（乾道）時有吉州戶曹趙彥清，以審言嘗爲其州司戶，搜得詩四十三首爲一卷，刻之戶廳。今集卽趙本也」。

大綱按宋本杜審言集，前有乾道庚寅廬陵楊萬里序云：「杜審言，字必簡，嘗爲吉州司戶。戶曹趙君彥清，旁搜遠摭，得其詩四十三首，將以刻棗，以傳好事，且爲戶廳寶玉大弓。屬余序之」。（下略）（陸氏皕宋樓藏書志陸捌載全序，又見丁氏善本書室藏書志貳肆。）胡氏所據卽此集。其書明有緟刻，天一閣范氏及丁氏所藏皆明刻，海源閣楊氏所藏，乃宋刻也，皆見各家書目。

孟浩然集丙壹貳

胡氏敍錄云：「王士源編爲詩二百十七首，劉須溪增多三十三首，近世顧道洪復益三十首，今校正爲二百六十四首」。

大綱按元刊劉須溪批點孟浩然詩集，見錢牧齋絳雲樓書目，及黃蕘圃士禮居藏書題跋記伍。明人繙刻有二。其一有吳興淩濛初識語，謂參以李夢陽評語，又稱全錄則從劉本，次第從李本者是。其一，顧道洪以宋本參校本。（上兩本丁丙善本室藏書志貳肆皆有詳明著錄。）胡氏蓋據顧本而加以校正，亦錄須溪評語也。

顧氏此刻凡例，謂以宋本爲準，凡有字異者，句異者，前後倒置者，通篇不同者，並於宋本內注元本作某，或二本作某字，（按二本蓋指劉本及顧氏所稱吳下刻高岑王孟十二家本。）句亦如之，故其書稱完善。黃蕘圃譏元刻劉須溪評點本紕繆，（見士禮居藏書題跋記伍孟浩然詩集三卷宋本跋，）正不可以此見同等視顧刻胡書也。（蕘圃譏元刻須溪評點本無歲晚歸南山作爲脫所不當脫，今胡書收此詩，並有須溪評一條，又譏元刻收歲除夜有懷爲衍所不當衍，丁丙氏已疑當日宋本不止一刻，不可據彼非此矣。）

戴叔倫集丁陸肆

胡氏敍錄：「唐宋志述藁十卷，宋志詩一卷。今代雲間朱氏刻本二卷，但中雜元人丁鶴年，本朝劉崧詩，而他詩亦有引用後代事者，訛謬不一。今稍加删訂，其見中興閒氣，又玄，才調三集，文苑英華，郭氏樂府，洪氏絕句，紀事，三體，高氏品彙，確然無僞者，定爲正集二卷。餘在疑似間者，別爲附錄一卷，庶不相殽亂云」。

大綱案胡氏蓋據華亭朱氏百家唐詩本叔倫集而又加以删訂也。

朱氏百家唐詩，前後有兩刻，取捨略有不同，叔倫集則兩刻皆具。後刻依徐獻忠唐詩品品目編訂，故歷來概稱其書爲徐獻忠編（參四庫總目壹玖貳五十家唐詩條，）實則其書有嘉靖華亭朱警東愚識語，明言其書編刻自其父子，故胡氏直稱爲雲間朱氏刻本耳。其書大綱另有考索，見下孟貫集條。

張籍集丁柒伍

胡氏敍錄云：「唐志籍詩七卷，宋志十二卷，乃南唐張洎重輯，爲篇四百餘，錢公輔名爲木鐸集，（案見陳氏書錄解題壹玖。）後侍講湯中復益二十七卷，引據昌黎外集及籍詩中語，定籍生於吳，寓於和。淳祐中吳守魏峻復益六篇，編爲九卷。其商女勤齊二詩，爲樂天所稱者，（大綱按見樂天讀張籍古樂府詩），及效阮步兵一日復一日同昌黎公作者，並亡逸不可得」。

大綱按胡氏當時必見及湯本爲編訂之資，敍錄所引湯氏所益篇數，諸家著錄皆無之，非目驗不得臆說，又集中引湯中評語一條，據正德劉成德刻本，後跋稱得湯本合校歷陽盱江二本以成書者亦無湯評，皆可證胡氏見及湯本也。敍錄所云淳祐吳守魏峻編爲九卷，增益湯本六篇，亦不見於其他著錄（書錄解題僅言魏峻叔高刻之平江，不言所增篇數，）四庫總目壹伍〇張司業集條提要引陳氏語直稱湯氏刻之平江，略去魏峻不言，略有疏漏之嫌矣。

孟郊集丁柒柒

胡氏敍錄云：「郊集宋敏求重編者也，稱爲完書，詩五百十一篇。分其類爲十三，不分體。景定中武康令國材重鋟，有評。今分體仍以類爲次，國令評及劉辰翁評可採者並附」。

大綱按景定國氏所刻孟東野集，明嘉靖丙辰無錫秦禾有重鋟本，見莫友芝宋元舊本書經眼錄，丁氏善本書室藏書志（貳伍，）惟諸家著錄不言有國氏評語，豈重鋟刪去耶。劉辰翁評疑出須溪集佚本中，誌此以待他日探考。

盧仝集丁柒捌

胡氏敍錄：「宋慶曆中本又有集外詩十五首附集後，另爲卷，乃昌黎韓盈得之道士崔懷玉補者，今合爲一卷，編注補字題下，存其舊」。

大綱按胡氏蓋據宋慶曆韓盈序三卷本爲編補也。（涵芬樓四部叢刊影印明影宋鈔本，後有徐獻忠跋，丁氏善本書室藏書志及孫之騄注玉川子詩集孫峻跋引徐跋皆稱亡名氏跋，則傳鈔漏其署名也。）宋本刻成於皇祐元年己丑四月，見孫之騄注玉川子詩集孫峻跋，胡氏據韓序署慶曆八年，遂稱慶曆本耳。今本全唐詩亦錄自三卷本，故目次卷數皆同，惟增逢病軍人，除夜，山中數首。四庫總目壹柒肆別集存目一，玉川子詩集註條云：「全唐詩增多（正德刊本）二十二首，編爲三卷」。實不知全唐詩所增于正德本者，即出自傳世之三卷本也。

李賀集丁捌壹

胡氏敍錄云：按賀詩二百三十三首，出賀所手編，授沈學士子明者，載杜序。其明投匽中之說，恐不足信。宋劉後村謂佳句原不可多得，使賀集不遭厄，未必能一一如今之積善，此言爲得之。今本四編爲二百十九首，較原數缺十四首，不知何年所遺去。外集二十二首，宋人所補，晁公武云，得之梁子美家者，不知前所遺十四篇卽在此中否。今別錄於後。郭茂倩樂府載有逸詩二篇，幷附。若東觀餘論云賀有逸詩五十二篇，則今無考矣。元至元中復古堂本有臨川吳正子箋注，及劉辰翁評語同行，今采摘一二錄附各篇備覽」。

大綱按元至元復古堂刊吳正子箋注劉辰翁評李長吉詩集四卷外集一卷，有識云：「長吉詩舊藏京本，會稽本，宣城本，互有得失，獨上黨本爲勝，今定以鮑本，而參以諸家。箋注則得之臨川吳西泉，批點則得之須溪先生評論，幷附入梓」。胡氏所舉者，卽此本也。（又案此本有明弘治間翻刻本。）外集詩自宋書棚本以下皆十五首，胡氏謂爲十四首者，以其中白門前與正集上之回語句相同，故刪汰之爲十四首耳。其據樂府詩集所補逸詩二首，爲靜女春曙曲，少年樂，故今本全唐詩李賀詩五（當通行本外集，）亦去白門前而另增靜女春曙曲少年樂二首於集尾也。

鮑溶集丁玖拾

胡氏敍錄：「按溶集唐藝文志五卷，曾子固增爲六卷，晁公武讀書志有本止詩一百九十二篇，則逸其三分之一。今所據爲南昌李念襄本，故友趙玄度所藏，子固所稱別爲一卷三十三篇者咸在，而其他則多闕佚。以洪氏絕句及文苑英華等書補之，得七十八篇。逸句載張爲主客圖及晁志者附焉，容再訪全璧」。

大綱按鮑溶集胡氏所云李念襄本，今無考，玄度脈望館目亦未著錄。今傳世汲古閣本，六卷，集外詩一卷，計詩一百七十七首，較統籤所收爲富。然統籤所載風箏，湘妃列女操，羽林行，鳴雁行，織婦行，塞上行，採珠行，采葛行，南塘(二首,)東鄰女,寄李都護,長安旅舍懷舊山,漢宮詞(二首,)薦冰,送薛補闕入朝等共十七篇爲汲古本所無, 是又出於李念襄本可資訂補者, 彌可貴也。 今本全唐詩據以補入,而不注出處。 四庫所收江南葉裕家鈔本,與汲古本同,提要謂全唐詩多葉鈔十六首,(案全唐詩實多葉鈔十七首,其風箏一首,增於第十六卷末,不與其他十六首同綴書末,故館臣未之察耳。) 亦不知其出於統籤也。

白居易集丁玖叁

大綱案胡氏此集,假錢牧齋宋刻善本,補詩十八首。 胡氏敘錄:「續後集之止存一卷者,近復於錢太史受之所藏宋刻善本錄得一卷, 附各體後,注補字以別之」,考居易集,據其自記:「長慶集五十卷, 後集二十卷, 續後集五卷。(見白氏集後記。)」 晁氏讀書志著錄七十一卷,又云:「續後集亡三卷」。陳氏書錄解題拾陸著錄白氏長慶集亦七十一卷,並云:「今本七十一卷,蘇本,蜀本,編次亦不同,蜀本又有外集一卷,往往非自記之舊矣」。 馬氏經籍考壹叁叁亦云「續後集亡三卷」。 此宋以來所稱續後集亡佚之數。 再據歷來藏家著錄,更參校明華氏活字本,錢(應龍)本,馬(調元)本,(大綱按錢馬二本最紕繆,清汪立名刻白香山詩集所撰凡例中曾論及之,其說甚是,)無論其爲宋刻,校宋,覆宋本,皆不出七十一卷之數。 而續後集之名,蓋久已不預於刻家之事矣。 今涵芬樓影日本元和戊午刻本,其第七十一卷,別稱後集,論者以爲未改廬山次第(見重印四部叢刊書錄,)但亦無續後集之稱。 今胡氏引牧齋宋刻善本,明著爲久佚之續後集,且所引詩十八首,皆傳世舊本所無。 即東瀛之本,集後有聞李崖州貶二絕,爲他本所無,與晁氏所記獨合,其書今稱獨步者,亦無此十八首也。 由此論之,則牧齋所藏續後集,倘即宋時所存二卷中之一,而七十一卷本中之七十一卷,亦爲續後集中之一卷耶。 如此,則晁馬兩氏續後集亡三卷,藉此可得一通解矣。

復案錢曾讀書敏求記白氏文集條:「樂天自杭州刺史詔還,排纂其文成五十卷,號長慶集,微之爲之序。 又成後集二十卷,自爲之序,嘗錄一部一部置廬山東林寺，北宋時鏤諸板，所謂廬山本是也。絳雲樓藏書中有之，惜乎不及繕寫，庚寅一炬，此本種子斷絕，自此（章鈺校云，原校自此二字改世字，題詞本阮本胡校本均作世，）無有知廬山本矣」。（據章鈺校讀書敏求記四之上。）據此，胡氏所假牧齋藏本，必即此本無疑。若此則遵王所謂種子斷絕者，人間猶有遺蛻可尋，摩挲此十八首存佚之詩，令人有拾遺編殘卷於鳴沙石室之同快也。

再案統籤於七月一日作詩下注云，「錢太史藏宋本云，前二韵題作雨歇池上」。今考此詩惟日本元和本亦作雨歇池上。又聞李崖州貶二絕，見於晁志者，又獨此集及日本元和本有之，則元和本與錢本實同源，不過少續後集一卷耳。特遵王稱牧齋之藏爲廬山東林本者，略有疑義。考宋敏求春明退朝錄卷下云：「白公自勒文集成五十卷後集二十卷，皆寫本，寄藏廬山東林寺，又藏龍門香山寺。高駢鎮淮南寄語江西廉使，取東林集而有之。香山集經亂亦不復存。其後履道（坊）宅爲普明僧院，後唐明宗子從榮，又寫本置之經藏院，今本是也。後人亦補東林所藏，皆篇目次第未眞，與今吳蜀本摹板無異」。則東林本已爲後人所補，遵王直引白氏自記藏書東林事，而謂北宋時取而鏤諸板，一若牧齋藏本無異東林舊帙者，微覺失於考據。惟其謂牧齋藏本，屬北宋鋟，當非妄語。至於敏求稱東林本與吳蜀摹板無異，但概指篇目次第非眞，非謂其一一相同，證以直齋所謂蘇本蜀本編次又不同之語，可以知之矣。

又按淸汪立名編白香山詩集，四庫總目壹伍〇稱其於諸刻之中，特爲善本。立名蓋曾據統籤校訂，（見其書凡例，）轉錄牧齋所藏續後集中佚詩十八首也。又另自季滄葦手校宋本補輯十一首，並文苑英華才調集等書所存漏載詩，共五十五首爲補遺一卷，故其書至今稱詳備。今本全唐詩白集末卷依汪氏補遺編訂，僅提出誚婢失牓一首，但皆削去出處，遂令人不知其有出於絳雲珍本，季氏祕笈者矣。

玆將佚詩十八首篇目錄如次：

池畔閒坐兼呈侍中

叔冬卽事憶皇甫十

小庭寒夜寄夢得

西還壽安路西歇馬

酬令孤丞留守尙書見贈十韵

聽蘆管

送滕庶子致仕婺州

雨中訪崔十八

夢得得新書

初見劉二十八郎中有感

夜題玉泉

拜表早出贈皇甫賓客

贈鄭尹

別楊同州後却寄

狐泉店前作

贈盧績

與裴華州同過敷水戲贈

開游

元稹集丁玖肆

胡氏敍錄：「唐藝文志元氏長慶集一百卷，小集十卷。宋志集四十八卷，逸詩二卷。閩蜀本止六十卷，亡去四十卷，多紊十體之舊。今行世閩蜀本，洪适重雕越郡者也。（大綱按洪景明重雕者，當與閩本同源，與蜀本無涉。）今稍加釐正，分體爲次，仍於各體中分注古諷，古體，悼亡等類，其樂府古題新題，槩多樂諷，與律詩之律諷，皆難以細分。祇仍以舊次爲編。而艶詩一體獨闕，晁氏云五十二篇。今以互見他書者，得五十九篇，而其他集所排漏者又十一篇，則附各體之末，注補之以別之」。

大綱案元集洪景明之刻於浙中者，有明嘉靖壬子董氏翻刻本。錢曾讀書敏求記元氏長慶集條：「弘治元年楊君謙抄黴之集，行間多空字，蓋以宋本藏久漫滅而不敢益之也。代書詩一百韵「光陰聽話移」後全闕，乃宋本脫去二頁，無從補入耳。嘉靖壬子東吳董氏用此本翻雕，而以己意妄填空字，可資捧腹。亂後牧翁得此宋刻微之全集于南城廢殿，向所闕誤，一一完好（下略）」。近人傅沅叔先生藏園羣書題記（第一集）宋蜀本元微之文集十卷跋：「（上略）（盧）抱經所見，乃浙本，即上湖之錢牧齋所得，楊君謙所錄皆是也」。可知當時元集傳世浙本，多有闕佚，楊錄董刻莫不然，洎牧齋得善本，始盡補闕文，遂有微之集殘闕四百年一旦復爲全書「寶玉大弓，其猶歸魯之徵」等語。今案統籤微之代書詩一百韵「光陰聽話移」句下，亦闕，胡氏拾紀事所載佚句補之，是則胡氏猶未及見宋刻之全者也。惟季氏書此句下亦缺，最不可解。案延令書目，有照宋鈔元氏長慶集一套，又元集既經牧齋手補，遵王著錄，滄葦不應未見之也。今本全唐詩則概已補正，則必當時與修諸人得見牧齋補本耳。

又案微之集，宋人重編者已紊十體之舊，（微之敍詩寄樂天書云，「有詩八百餘首，色類相從，只成十體。」見元氏長慶集叁拾。）洪景伯刻微之集，已致慨云，「今之所編，又律呂乖次，惜矣，舊規之不能存也（見浙本元氏長慶集洪氏自跋）」。馬氏經籍考（貳叁叁）引晁公武讀書志：「長慶集今亡四十卷。又有外集一卷，詩五十二篇，皆宮體也」。（大綱按涵芬樓影印宋袁州本晁氏讀書志及通行本皆無又有外集一卷以下三句，或者馬氏所加也。）陳振孫書錄解題拾陸：「中興目錄止四十八卷，又有逸詩二卷。稹嘗自彙其詩爲十體，其末爲艶詩，暈眉約鬢，匹配色澤，劇婦人之怪艶者。今世所傳李娃鶯鶯夢游春古決絕句，贈雙文示揚瓊諸詩，皆不見於六十卷中。意館中所謂逸詩，即其艶體耶」。此即宋人已無可取證之懸疑也。胡氏編艶體爲五十九首，意欲規復厥始，而所取多才調集中詩，爲正集所漏佚者，今本全唐詩遂取才調集所載，錄爲一卷，另收統籤所輯見于他籍之逸詩，略加補綴，別成一卷，皆附集末，此今本全唐詩元集之所以獨稱贍備耳。

劉禹錫集丁玖伍

胡氏敍錄云：「按禹錫集本四十卷，宋逸其十。常山宋次道輯而補之，名曰外集。 正集吳中有鈔本，譌舛殊甚，外集雖楊升庵亦云未見其全，惟嶺南黎民表嘉靖中得自京師藏書家者爲獨備。 今取正外二集合編之，間取一二逸者補焉，仍爲十八卷，以存其舊」。

大綱按劉禹錫集外集明以來極罕見，胡氏稱雖楊升庵亦未見其全，汲古閣珍藏書目有宋板劉賓客外集十本，毛斧季識云，「正集人間有，外集世罕有之」。 黃蕘圃僅得外集舊抄，亦稱訛譌不一。（見士禮居藏書題跋記伍。） 四庫總目（壹伍〇）劉集提要亦謂「外集世罕流傳，藏書家珍爲祕笈」。 明初刻本，正集三十卷，稱中山集。 胡氏獲黎民表（案黎民表，字惟敬，從化人，號瑤石山人，有詩名，）所得外集，在當時誠屬瑰寶矣。 近年武進董氏影東瀛舊藏宋刊正外集行世，涵芬樓四部叢刊復加影印通行，公私藏家，架上案頭，往往而備，以今視昔，尤嘆前賢治學之不易，胡氏蒐求之力爲不可及矣。

又按胡元瑞筆叢稱萬歷中黎惟敬刻劉夢得集，中多正是。 陸氏皕宋樓藏書志陸致有劉賓客文集三十卷，外集十卷，舊抄本，有黎民表萬歷二年刻序。

施肩吾集丁壹百拾

胡氏敍錄：「宋黃伯思跋肩吾集云，肩吾詩無慮五百篇，陳倩所序，纔六十二篇，雖倍於倩書，而尙虧於元本五之四，可爲浩嘆。 兹補黃本爲多」。

大綱按施肩吾西山集十卷，唐宋志同，晁志馬氏經籍考並五卷。 其書傳世極少。 胡氏所云宋黃伯思跋，見伯思所著東觀餘論下跋施眞人集後條，要不能卽定爲胡氏所據之本也。 今本全唐詩肩吾集所收詩無增于統籤者，當亦以無他本可以據補，知胡氏所據自亦舊傳善本也。

殷堯藩集丁壹壹叁

胡氏敍錄云：「其集久亡，吾友屠君懋昭，以鄉之前獻（按胡氏考據云「按紀事堯藩嘗以侍御江南，白樂天集云，堯藩有憶江南詩三十章，皆言蘇杭事，稱堯藩爲旅人。 乃吾郡古志，並稱堯藩人物中，鑿有可據，當是先客禾中，後樂其風土移家耳」，故胡氏稱之爲鄉之前獻。） 不忍遺佚，講求數年，始得宋刻本，爲詩八十七篇，庶幾全璧云」。

大綱按堯蕃詩，唐志著錄僅一卷，胡氏稱屠君所得宋刻，八十七篇，庶幾全璧，要非誣詞。屠氏之藏，久已不聞於世，統籤本雖經改訂，非復宋刻舊時面目，然名驥不得，馬骨自足珍也。季氏書無堯蕃集，蓋博覽精鑒於延令，亦未見此集，資其紕訂。故今本全唐詩堯蕃集即依統籤編定也。

顧非熊集丁叁肆伍

胡氏敍錄：「鹽邑舊有刻本，僅得詩十七篇，今以弘治中如暱老人張習抄本及虞山趙玄度藏本，共補爲七十四首」。

大綱按非熊詩集，唐宋志著錄皆一卷，胡氏蒐合七十四首，不可謂不備矣。考非熊爲况子，海鹽人，萬歷間顧氏裔孫名瑞者，輯况華陽集三卷，附非熊一卷，四庫所收即此本，胡氏所云鹽邑舊刻僅十七篇者，殆即其書也。提要云，「非熊詩僅十餘首（中略）未爲賅備」，此誠不可與胡氏所輯較詳略矣。張習本無考，趙玄度本亦不見於脈望館書目，或者在彙刻中，書目未標出耳。

許渾集戊伍

胡氏敍錄：「本集篇目五百餘，後人或劄入杜牧集中，或取趙嘏詩益之，本多淆譌。今據大德中信安祝得甫本，益加釐正，益以別見者二十餘篇，合得四百五十五篇云」。

大綱案許渾丁卯集有元大德信安祝得甫刻本，即錢遵王所謂「暇日校許渾詩，元刻增廣者較宋板多詩幾大半」（見讀書敏求記集部許渾丁卯集條）者是也。

李羣玉集戊陸

胡氏跋云：「余舊鈔宋本文山集，缺其七首。嘉靖中，澧人劉崇文刻者爲全。外王父方伯劉公炘秉憲于澧得之，爲吾中表玄將鐸所藏，因得補完。余書讐校，玄將功爲多，不獨此編也。癸未仲冬日震亨」。

大綱案李羣玉詩集，宋刻棚本及黃蕘圃藏舊鈔刻各種本與毛氏汲古閣刻八唐人集中李文山集皆不同，蕘叟極詆毛刻謬誤，（具見士禮居藏書題跋記伍李羣玉詩集刻明鈔本，宋刻本前後二條，案此宋本非棚本，蓋棚本分體編，而此宋本不分，跋語可考。棚本蕘叟後得，極珍異之，前後題跋皆滿，未錄入潘刻題跋記也。今棚本已入本所之藏，涵芬樓取以影印行世者卽此本，蓋假自鄧氏羣碧樓，今又轉入本所矣，，）取校各本，又有不同。胡氏所云「舊抄宋刻文山集」，不知所指何本，今以統籤校棚本毛刻又各異。如洞庭驛樓雪夜燕集奉贈前湘州張員外詩，「風雨沉銀鉤」句下，統籤注云缺八字，卽下接「滄洲」兩字合爲一聯，再接以下九韵。棚本毛刻皆以「風雨沉銀鉤」爲終篇之句，別以「滄洲」以下九韵爲另一首，卽以「滄洲」二字爲詩題，此其違異出入最大處也。今按此詩自應連「滄洲」以下九韵始能收語意俱到之妙，蓋「滄洲」句以上，追敍張湘州在任時同游觀之樂，「滄洲」句以下接「童兒侍郭伋，竹馬空遲留」，點明此時張已去任，故云「竹馬空遲留」，始與題「前湘州張員外」相合，而驛樓之會，蓋餞張君，故又接以「路指雲漢津，誰能吟四愁」之句。如此敍述，始能氣脉銜貫，詞意並達，固非僅以上下段韵脚同叶而已也。若割「滄洲」爲詩題，屬之下九韵，不徒詩不可解，抑且此九韵詩中無一語與滄洲二字有干係也。據此知胡氏所據之本，別出棚本毛刻之外，而亦有棚本所不及處，可資參訂也。今本全唐詩，此詩依統籤本，又注云「一本自兒童以下另爲一首，題作滄洲」，蓋亦以割裂之不可通也。

澧人劉崇文本待考。

方干集戊壹叁

胡氏敍錄：「干集宋本具存，計三百十七篇，少楊弁所綴者五十餘，而宋藝文志爲卷僅二，意當時已有遺落者。今於他書搜得二十九篇，各注補字題下，尙缺二十有餘，俟淹博者再補之」。

大綱按方干集前有唐昭宗乾甯丙辰中書舍人王贊序，稱于甥楊弁洎門僧居遠收綴遺詩三百七十餘篇，析爲十卷云云。唐書藝文志同，宋史藝文志僅二卷，故胡氏謂當時已有遺佚也。胡氏所稱宋本不知指何本，按席氏百家唐詩本亦從宋刻錄出，持校統籤，類多相合。 惟席刻不分體，而統籤例以體類相從，無從按覈所據原本篇目次第，以斷其是否與席刻同出一源也。

李頻集戊叁叁

胡氏敍錄：「建郡刻頻梨嶽詩集，乃宋元熙，元大德舊本，詩一百九十五首，今續補者五首」。

大綱案今以統籤校涵芬樓影印明鈔本梨嶽詩，統籤實多即席送許□之曹南省兄，送綘著作兩浙按嶽，暮秋宿清源上人院，秋夜宿重本上人院，贈立規山人，蘇州寒食送人歸覲，下第後屏居書懷寄張侍御，共七首。 明鈔即出自宋嘉熙元大德本者，然則胡氏所稱續補五首者，豈七首之訛，抑胡氏所見較此鈔爲多二首耶。今本全唐詩即依統籤所補增入集後，故闕字與統籤皆同，但另增答韓中丞容不飲酒一首耳。

薛能集戊伍陸

胡氏敍錄：「鄭谷云，近世詩人述作，惟薛公篇什最多。 宋張詠亦云，薛詩近千餘首，詠知益州日， 以薛詩無全本， 搜輯五七言自二韵至百韵得四百四十八篇，依舊卷數編十卷行世。 後紹興中山陰陸棨望以全集累句不少，删爲二百三十篇。 自跋云，于太拙無負。 今傳本即陸所删，然實二百五十六篇也。 玆于陸本外更搜得四十八篇，各注補字題下，通爲三百四篇云」。

大綱按薛能許昌集紹興陸棨望删本，毛氏汲古閣刻之八唐人集中，胡氏即據陸本增訂者也。

孟貫集戊餘拾壹

胡氏敍錄：「詩一卷。 諸志不載貫集，惟雲間朱氏百家唐詩有之，蓋晚出得之宋刻者」。

大綱案雲間朱氏百家唐詩，前後有兩刻，子目微有不同，孟貫集即前刻有而後刻無之。 前刻著錄於天祿琳琅書目（續二十，）以其書不著彙刻姓名，撰目者遂不知其爲朱氏所梓。後刻著錄於錢氏絳雲樓書目，季氏延令書目，丁氏善本書室藏書志等。丁氏著錄僅謂所藏與天祿琳琅子目不同，亦未知其爲一書而有前後二刻也。

茲略加考訂如次：按朱氏百家唐詩今公私藏書家多有庋藏其書者，前書有嘉靖庚子秋華亭朱警東愚識云：「先大人馳心唐藝，篤論詞華，乃雜取宋刻爲百家。初以晚唐諸子格卑，欲加删易，林丘薄暮，遂成遺志。小子譾薄，未敢輕議。友人徐君伯成獻忠，作唐詩品一卷，論三變之原委，探諸子之悰意，各深其義，如抵諸掌。乃循其所尙，差其品目，於舊本之外，補入十二家，而以徐君所撰冠諸端」。據此朱氏蓋於其父所編，有所更易，遂托遵遺志，而改訂則循友人品目，示不敢輕於删易其先人之書耳。至其確有删動，則文義甚明。今考天祿琳琅著錄，卽其父所編，錢氏以下以迄見存者，則改編之本。何以言之。按朱氏識云：「於舊本之外，補入十二家」。今天祿琳琅著錄其書子目，共九十八人，其異於今傳藏本者，少李百藥，楊師道，董思恭，劉廷芝，盧照鄰，駱賓王，張說，張九齡，王維，孟浩然，張籍，李嘉祐十二家，恰符于朱氏所稱補入之數。多許琳（琳，案當作郴，說見下），尙顏，蘇懷，于武陵，淸塞，唐求，孟貫，牟融，司馬札，無名氏十家，正後刻删去者也。九十八去十家，補十二家，正符百家總目。此後刻删易之迹，顯然可尋。而天祿所著之爲前刻，毫無疑義也。

孟貫集，後刻删去，胡氏據前刻收入，故云雲間朱氏百家唐詩有之。又趙琦美脈望館書目舊板百家唐詩下亦有貫集，稱曰舊板，蓋別於後刻也。凡此皆前人著錄此書所未及，茲特考訂如此。

又按朱氏百家唐詩，中多睦親坊陳氏書棚舊本，最足珍貴，胡氏統籤資其書參校者極多。又統籤諸集所錄徐獻忠評語多條，蓋亦出自朱書所收獻忠唐詩品，朱氏識語所稱以徐君所撰冠諸首者是也。

又戊籤肆捌許郴集，胡氏敍錄云：「唐宋志不載有集，惟近代朱氏百家唐詩有其集，而中秋有懷一詩，與紀事所收同，知其編偶晚出，非僞撰者，惟郴字作琳，疑爲傳寫之誤」。案郴集天祿琳琅唐百家詩子目中有之，郴正作琳，而百家詩後刻本無郴集，益可證天祿著錄之必爲朱氏唐百家詩之前刻本矣。

以下數集胡氏並注出趙玄度藏本：

沈佺期集 乙陸玖

奉和聖製同皇太子翫游慈恩寺應制詩下注：「趙玄度本」。

大綱案脈望館書目唐人詩集類有沈佺期詩一本。

司空曙集 丁壹玖

失題梁城老人怨二首下並注：「趙玄度藏本」。

大綱案脈望館書目唐人詩集類舊板百家唐詩十四本內有司空曙集。惟統籤各彙依朱氏百家唐詩本迻錄者甚多，不盡注出玄度藏本，此二詩恐不出朱氏本，乃趙氏另藏曙集中詩也。

李益集 丁叁伍

聯句下注云：「趙琦美得之孫蘭公本，今行世本無之」。

大綱按脈望館書目未著錄李益集，或在所藏彙刻唐集中。

楊凝集 丁叁玖

春晴詩下注云：「趙玄度云出李近復藏本」。

大綱按今傳本脈望館書目未著錄楊凝集，或在所藏彙刻唐集中。

李德裕集丁壹叁叁

題柳中郎故居詩下注云：「見趙玄度抄本」。

大綱按脈望館書目唐人詩集類有李文饒集五本甲。又十本乙。又續增書目中，有李衛公集鈔四本。

周朴集戊陸玖

胡氏敍錄：「按朴集萬曆丁未閩人徐興公編刻。奉常趙琦美得其本於李念襄，念襄補遺一首，趙又搜得中巖寺桐柏觀二律。歐公詩話云，唐晚年詩人無復李杜豪放之格，然亦務以精意相高，如周朴者，構思尤難，每有所得，必極其雕琢。故時人稱朴詩月鍛季鍊，未及成篇。余少時猶及見其集，今不復傳矣。觀此則閩刻亦非全集之舊矣」。

大綱案李念襄補天台寺詩一首。

又案脈望館書目有周大朴詩一本，當即胡氏所指玄度得自李念襄之本，朴，字大朴也。

于武陵集戊叁肆

感懷詩下注云：「以下十八首出文苑英華及趙玄度家藏宋本」。

大綱案脈望館書目集部唐人詩集類舊板百家唐詩中有于武陵集，恐非胡氏所指宋本。又舊板書目內有于武陵集一本。

聶夷中集戊叁玖

胡氏敍錄：「夷中詩載史傳，文苑英華，洪氏絕句者二十七首。載郭茂倩樂府，互見孟東野集者一首，皆爲夷中原集之舊。趙玄度藏有李孔章本，多七首。今校定雜怨二首，即孟東野之征婦怨。鋤田日當午一絕乃李紳詩，並删去，別爲副錄存之」。

大綱案今傳鈔脈望館書目無聶中夷集，疑在彙刻中。

（六）紀胡氏略歷 附著述考略

胡氏略歷，見於徐用儀修海鹽縣志壹伍轉引續圖經孝轅小傳，尚稱詳核。今略加銓釋補證，具引如次：

胡震亨，字孝轅，（大綱按胡氏又號遯叟。又案胡氏生於明隆慶三年己巳公元一五六九，讀書雜錄上有「余生七歲時爲萬曆之乙亥」語可證。）才高博學，於書無不讀，而尤究心治術。自爲諸生時，黃葵陽馮具區諸先輩，即以經濟推之。（案讀書雜錄上有云：「余年二十時客黃學士洪憲家，學士好作程文，老不衰。嘗語余云：翰苑中讀書作文是常課，今相國申時行王錫爵兩公登第初，主司慈谿袁公煒退朝後，即召至邸中，面課文字，殆無虛日，蓋前輩之教然也」。又一條云：「余館黃學士家，一日，假山足鼓壤中閣閣有聲，（中略），是歲學士捐館」。考黃洪憲，秀水人，隆慶進士，官至少詹事掌翰林院堂事，以文受知於張居正，居正敗，共誣以逆，遂告歸。據胡氏所記，蓋嘗館於其家，此亦略可見其早歲受知於諸聞人矣。洪憲傳略見朱竹垞明詩綜伍叁。）中萬歷丁酉浙榜，（丁酉，萬曆二十五年，胡氏年二十九，）名著海內。數上公車，不遇。（案讀書雜錄上，有云：「余年三十，偕計入京」。）就職爲固城教諭，以尙書授諸生。固城眭氏，皆其高第。大學士范景文，亦及門士也。（按景文，吳橋人，萬曆四十一年進士。天啓五年起文選郎中，魏忠賢暨魏廣微中外用事，景文同鄉不一詣其門，亦不附東林，孤立行意而已。崇禎十七年二月令以（工部尙書）兼東閣大學士，入參機務。李自成陷都城，死節。謚文貞，清順治九年，表章明代忠臣二十人，建祠贈謚，以景文爲首，謚文忠。見明史貳陸伍本傳。）升合肥知縣，勵精政治，訟獄精明，錢糧分毫不可欺，鳳米解戶，悉改官解，大興水利，治狀冠江北。吏治之餘，講求兵事，劉綎援遼渡淮，震亨馳謁論兵，老將心折。（按明史貳壹神宗紀：（萬曆）四十七年春二月乙丑經略楊鎬誓師於遼陽，總兵官李如柏杜松劉綎馬林分道出塞。三月庚寅劉綎深入阿布達里岡，戰死」。又肆柒綎本傳：「（上略）以軍政拾遺罷歸，（萬曆）四十六年，帝念遼警，召爲左府僉書。明年二月，經略楊鎬令綎及杜松李如柏馬林四路出師」。據此則綎援遼渡淮，當在萬曆四十六年，赴左府僉書之召時，明年卽出塞戰死矣。胡氏此時以合肥知縣，馳謁論兵，則胡氏之宰合肥，在萬曆四十六年間，從可知矣。萬曆四十六年，胡氏年五十。）議擧邊才不果，升德州知州，州吏持牘來迎，震亨批牘尾以詩，有云：「自愛小窗吟好句，不隨五馬渡江來」，謝病不起。崇禎季年，荐補定州知州，南北師行絡繹，供億有法，以城守功，擢職方員外郎，乞歸。藏書萬卷，日夕探討，凡祕册僻本，舊典佚事，遺誤魯魚，漫漶不可句讀者，無不補綴揚摧，稱博物君子。

（案胡氏富藏書，校讀精勤，略見上引黃梨州天一閣藏書記與謝胡令修借孝轅先生遺書詩。又王漁洋帶經堂詩話陸張宗枏附識：「吾鄉前輩在明神廟時，推孝轅先生爲博雅第一。儲藏古籍，與鄭端簡公埒，遺編印記宛然，余少時尚及睹其一二，今盡入雲烟過眼中矣」。亦可參求一二，其餘見下著述考。）所著海鹽圖經，續文選，靖康咨（案當作盜，見讀書雜錄陳光縡序）鑒錄。凡海虞毛氏書，多震亨所編定也。（案胡氏著述不止此，詳下。）

大綱再案徐志不載胡氏卒年，考讀書雜錄下諸條有涉及甲申之變，及南都開國黨爭事，皆致慟慷之意者，則胡氏之卒當在崇禎以後。又吳文憲順治乙酉（是年當福王弘光二年，公元一六五四）全城紀事：「乙酉夏五月初九日，大清幕府以千餘騎從瓜州渡江，（中略）鹽邑聞變在十四日，余與駕部胡震亨同謁分守帥周公一誠，邑大夫張公岳，謀所以全城之策」。可證胡氏是年五月猶存。再按讀書雜錄陳光縡序：「崇禎季年，吾鄉有職方孝轅公，淹雅而饒著作，爲江表學府。余少時進而考業，百問百應，或令自抽書帙以證，無一絲繆者，是以晨夕樂有異嗜，如游樊桐而探策府也。居無何，公去世」，蓋胡氏崇禎季年，退居鄉里，光縡因得問業，其云「居無何，公去世」，則胡氏卒年，不得越崇禎甲申過久，證以上引吳氏乙酉全城紀事，乙酉五月胡氏尚與之同詣守帥，倘胡氏易簀之期，卽在甲申次歲乙酉五月以後數月中耶。今讀書雜錄中雖不常涉及時事，然甲申之變，及南都開國黨爭事，皆大書於卷末，極致慘痛之辭，其乙酉以後，世局大更，江東巨變迭起，書中遂無片字及之者，亦足證胡氏之卒，不自其後也。

又按胡氏墓在海鹽平駕橋西北，見帶經堂詩話陸張宗枏附識。

胡氏著述考略：

赤城山人藁

胡氏集名赤城山人藁，見讀書雜錄陳光縡序，朱竹垞明詩綜伍捌胡氏小傳。今海鹽張菊生先生藏有其書殘本。

讀書雜錄二卷

胡氏孫令修曾孫思黯校刻。前有康熙己未（十八年）陳光縡序，大綱所見者爲張菊生先生所藏鈔本。

海鹽縣圖經十六卷

見四庫總目壹陸地理類存目叁〇，其書今存。

文獻通考纂

見讀書敏求記陳序，又嘉慶伊湯安修嘉興府志柒叁經籍門貳引尤氏藝文志。　存否待考。

鹽邑藝文志

伊修嘉興府志著錄。　黃虞稷曰：「前集始秦漢迄元，後集明」。　存否待考。

續文選四十卷

見讀書敏求記陳光緈序。　存否待考。

唐音統籤一千三十三卷

今存。

李詩通二十一卷

大綱案清王琦注李太白集自跋曰：「明季孝轅胡氏作李詩通二十一卷，頗有發明，及駁正舊之紕繆，最爲精確，但惜其傳不廣」。　又其書自序：「(李詩注)余所見楊子見蕭粹齋胡孝轅三家，外此寥寥無聞矣」。　又曰：「余得肩隨胡氏之後，而附於討論修飾之列，其亦可乎」。　皆可見胡氏此書之精博，有以資啓王氏也。　本所藏清初鈔本李杜詩通，爲崇藕舲及劉氏羣碧樓故物。

杜詩通四十卷

大綱案浙江省立圖書館藏明刊本杜詩通，計首弁序論年譜，五古十二卷，七古六卷，五律十一卷，五言排律五卷，七言律詩四卷，排律五絕七絕二卷，逸句聯句附卷末。　排次雖與統籤杜集同，惟篇目注釋，又皆互異。　書前並題秀水朱秀時訂。

靖康盜鑒錄

讀書敏求記陳光緈序：「其豫知紱冠之充斥也，則有靖康盜鑒錄」。　今存否待考。　又按絳雲樓書目壹雜史類著錄靖康盜鑒錄一册。

祕册彙函

四庫總目壹叁肆子部雜家類存目拾壹：津逮秘書提要云：「明毛晉編，（中略）首有胡震亨序，震亨初刻所藏古笈爲祕册彙函，未成而燬于火，因以殘版歸晉，晉增爲此編。凡版心書名在魚尾下，用宋本舊式者，皆震亨之舊，書名在魚尾上而下刻汲古閣字者，皆晉所增也。下略。」葉德輝書林淸話柒，明毛晉汲古閣刻書之七云：「按祕册彙函其未經歸幷津逮祕書以前印本，傳布頗稀，吾曾藏有多種，歲華紀麗，瑯環記實（案二書提要指爲僞書）在其內，其所收蕪雜，咎不屬子晉一人，且有高似孫緯略一種，爲津逮所未收，而唐晉統籤板式亦復相合，是否爲祕册舊有，事無可考，今則藏書家惟知有津逮祕書矣」。大綱按胡氏祕册彙函所收歲華紀麗四卷，題唐韓鄂撰，胡氏跋稱得之鄭曉家。王士禎首稱其書爲胡氏僞撰云：「萬歷間，學士多撰僞書以欺世，今類書中所撰唐韓鄂歲華紀麗，乃海鹽胡震亨孝轅所造，於陵子其友姚士粦所作也」。（見居易錄陸。）提要襲其說，葉氏因謂津逮「所收蕪雜」，咎不在子晉一人，實則漁洋此語無佐證，錢遵王曾見李中麓家藏宋本（詳見讀書敏求記章校本貳之中），其非胡氏妄造可知。漁洋豈以姚士粦與胡氏爲摯友，又與之同修海鹽縣圖經，士粦夙有工於造僞之稱（閻百詩引萬季野語謂心史爲士粦所依托，見全紹衣鮚埼亭集叁肆心史題詞，）因並胡氏亦難逃同罪耶。

胡氏著述，可考者如此。其淹博深宏，精力邁人，信乎足當「江表學府」（見讀書雜錄陳光緯序）之稱。所惜所騖過廣，業不及專，遂僅足以繼楊升菴縱橫淹濆之學，爲有明一代博學者之尾聲，豈時代所限而然耶。今遺編散佚，猶待搜求，則又後學之責矣。

補　記

（一）

大綱草此文時，僻處故居，海鹽縣圖經及續圖經二書，無從假讀，故所引胡氏及范文若諸小傳，皆自徐用儀海鹽縣志轉錄。原書具存，未能引據，實有虧於治學謹嚴之方。去冬得暇，爰詣南京國學圖書館借讀一過，檢得胡氏父祖名字略歷，亟撮要補錄如下。 其胡范等小傳，以與徐志所引無甚差異，可不重出，今但著明卷數，以示諸文之所自焉。

孝轅高祖名宏字景容 ， 與兄景灝（名寬），皆授書里中。 （海鹽縣圖經壹肆。）

曾祖名顏字希仁，布衣教授里中，好吟咏，詩存者七十一篇，爲一卷。（圖經壹肆）。

祖名憲仲字文徵，嘉靖庚戌進士，官南京刑部主事，禦倭寇有功，著有胡比部詩文集行世。 （圖結壹叁）。

父彭述字信甫，幼喪父，事母仇極孝， 好藏書， 有好古堂書目。 （圖經壹肆）。 （大綱案信甫好古堂書目自序有云：「予家世爲塾師，自誠齋府君迄仰匡府君凡四世，雖隱現不同，而其雅好均類於（張）華，以故藏書幾至萬卷，亦已盛矣 。 據此則孝轅之博綜羣籍，蓋有由矣）。

孝轅小傳見續圖經陸，夏客季瀛及范文若小傳，並見同書同卷。

（二）

本所藏鈔本李杜詩通，有胡夏客識語，述及統籤編訂年月，寫錄如次：

先大夫孝轅府君，搜輯唐音，結習自少，至乙丑歲始克發凡定例，（大綱案乙丑天啓五年，胡氏年五十七）。 撰統籤一千卷， 閱十年， 書成，（大綱案乙丑閱十年爲乙亥，崇禎八年也。 胡氏年六十七）。 又箋釋太白子美兩大家詩，加以評論，成李杜詩通。 寫就頻繙，鉛黃重疊，迄於七年，（大綱案此指崇禎十五年壬午，距統籤脫稿李杜詩通起稿之乙亥歲正七年也，與下云年七十四亦正合。 時年七十四，復盡卷竄訂焉。 旋遘改革，頻囑小子夏客藏稿本山寺行遁（疑爲僧名或下有脫字），不懌而卒。 兵燹旣過， 夏客次第捧歸，深幸手澤無恙。 （此下述秀水朱子葵茂時爲板刻李杜詩通事，從略），夏客感激涕零， 死且不朽，將行乞四方， 圖盡刻統籤全帙，風雅同好，有如子蔡子若其人者，是編與竝行，可幾也已。

(三)

張菊生先生見告,海鹽人張燕昌(曾著金石契者)於清嘉慶年間得唐音統籤遺稿數百册,舉而歸之震亨七世孫焯,見燕昌所撰胡焯著石膽山人詩稿序。

又大綱撰此文時,承菊生先生惠假圖籍,其所藏赤城山人稿爲友人久假未歸者,並殷勤許訂相借之約,並此誌感。

二十六年三月八日校後補識

出自第七本第三分(一九三七年十一月)

燉煌寫本張淮深變文跋

孫楷第

巴黎國家圖書館藏三四五一號卷子，首尾文句殘破不完。記安西回鶻投款而中變，侵犯唐境。（文云：早向瓜州欺牧守，似投款瓜州，又云引旆奔衝過狄泉似犯肅州酒泉也，）尙書破之，降其首領。虜回鶻千餘人。表聞天子。天子以回鶻子孫流落，旅居安西，不能堅守盟約，信任諸下，輒此猖狂（原文作子孫流落□□□西不□堅守□□□信任諸下，今以意逆之，）然義不伐亂，宜厚遇之。乃遣使宣撫回鶻。復命散騎常侍李□甫，□（當是內字）供奉官李全傳，品官楊繼瑀等上下九使之沙州，詔賜尙書，褒獎之。尙書承命，即縱生降回鶻使還。而天使返朝，才過酒泉，回鶻王子復領兵西來，營於西桐海畔。尙書復將兵討之，奏凱東歸。其大略如此。所以知爲安西回鶻者，以此本第十二行尙存安西二字，且記用兵在沙州以西也。西桐地名，張義潮變文記義潮征吐渾吐蕃亦經此地，云取西南疾路，信宿即至。此本云回鶻王子領兵西來，尙書傳令出兵，不逾信宿，已近西桐，賊且依海而住。其頌讚有『獫狁從玆分散盡，□□歌樂却東歸』之句。知西桐在沙州之西，地有澤泊，且距燉煌不甚遠。而徧檢古地志迄無此名。其讚以桐與龍韵，又非誤字。蓋實當時地名而地志少見也。

至所稱尙書，當指張義潮姪淮深。何以明之？此文中篇末頌讚云：『自從司徒歸闕後，有我尙書獨進奏；持節河西理五州，惠化恩沾及飛走』。按：義潮以懿宗咸通八年二月入朝，朝命以爲右神武統軍。賜第及田。留京師。命其姪淮深守歸義。新五代史吐蕃傳及通鑑二百五十懿宗紀俱載之（今通鑑淮深作惟深。）此本稱司徒歸闕後由尙書進奏，正指其事。其稱司徒者，蓋義潮大中十年間曾官僕射，至咸通入朝之時已進至三公也。又燉煌本張氏勳德記（日本印燉煌遺書本，）爲淮深修造寺像而作，即成于淮深之世。其文稱淮深嗣其父義潭爲沙州刺史左驍衛大將軍。 有治績。 加授御史中丞，尋加授左散騎常侍兼御史大夫。 太保(按義潮卒贈太保，)咸通八年歸闕之日，河西軍務封章陳款，總委姪男淮深，令守藩垣。以下敍其理河西之績，書云：加授戶部尚書，充河西節度。 又書云：加授兵部尙書。 云云。 據此勳德記之文，知義潮歸闕後，猶遙領河西節度，而以淮深知留後。 逮咸通十三年義潮卒，乃以戶部尙書充河西節度。 後又授兵部尙書。 此本屢稱尙書，與勳德記合，可爲尙書卽淮深之證也。 又據勳德記，淮深父義潭與義潮同復河西官沙州刺史。 先身入質，壽終於京永嘉坊私第。 義潭歿雖不知何時，然淮深繼其父刺沙州，必在其父入質之後，乃大中時事無疑。 勳德記於淮深授兵部尙書後總敍其榮遇云 恩被三朝，官遷五級。 由宣宗下數至僖宗，適爲三朝。 則勳德記之作已在僖宗之世。 此本但云尙書，不悉爲何部。 然頌讚云：『去歲官崇總馬政』，則謂加授太僕。 云『今秋寵遇拜貂蟬』，則謂加授侍中或中書令。(唐制侍中中書令加貂蟬，)侍中中書令皆丞相官，較尙書爲高。 則此本所記淮深加官事當在授兵部尙書之後，其討安西回鶻亦是僖宗時事矣。 唯僖宗在位十餘年，此本成于僖宗何時，亦得言之否？ 按文讚天使之來云：『初離魏闕□霞靜，漸過蕭關磧路平。 □爲遠銜天子命，星馳猶戀隴山青』。 蕭關縣名，屬原州平涼郡。其地當隴道之要。 舊書馬璘等傳贊所謂『璘等但能自守而不能西出蕭關，俾十九郡生靈淪於左衽』者是也。 新唐書地理志(三十七)原州下書云：廣德元年沒吐蕃，大中三年收復。 廣明後復沒吐蕃。 武州下云：大中五年以原州之蕭關置。 中和四年僑治潘原。 (按潘原涇州屬)是原州及以蕭關縣所置之武州於大中間收復者，至僖宗中和間因黃巢之亂復沒于蕃。 今此本記天使經由蕭關，則其時蕭關尙未失可知。 然則此本之作，以其記事推之，至晚不得在中和四年以後。 或當在乾符中未可知也。

兩唐書記張義潮事皆甚略。 至淮深守河西，唯新書吐蕃傳有『命族子淮深代守歸義』一語，全無事蹟可見。 羅振玉氏補唐書張義潮傳於張氏事搜羅甚備，於淮深則僅據張氏勳德記書淮深嗣爲節度，加左驍衞大將軍，累加左散騎常侍兼御史大夫兵部尙書。 亦不著其事蹟。 今觀此本，則淮深禦寇奏捷及朝庭使命往還之事，粲然滿帙。 不特可補張氏一家之事，且關涉當時邊情國勢，其所讚敍有極足注意者。

今參考史籍，證以本文，標舉三目：（一）曰咸通間涼州之克復；（二）曰唐末甘州回鶻與安西回鶻；（三）曰唐大中以來沙州與河西隴右之關係。 以下各就本題委曲討論之。

一 咸通間涼州之克復

此本篇末歌讚頌淮深之功云：『南破西戎北掃胡』。 胡謂回鶻，西戎謂吐蕃，語意甚明。 考吐蕃自大中間部落分散，河西隴右州郡除涼州外，皆爲唐收復。 其涼州克復，則遠在咸通之際。 新書吐蕃傳書其事云：咸通二年，義潮奉涼州來歸。通鑑繫此事於咸通四年，云：義潮自將蕃漢兵七千人復涼州，遣使入告。 是涼州由義潮自將收復之，史書所記皆同，初無二義也。 唯據此本所記，則克涼州者似爲淮深。 如讚云：『河西淪落百年餘，路阻蕭關雁信稀；賴得將軍開舊路，一振雄名天下知』。 按蕭關屬原州，爲要害之地，已見上文。 原州不守，則通隴右河西之道斷隔。 河隴不守，則通四鎮北庭之道斷隔：此大中以前之形勢也。 然涼州在河西道之東境。 涼州不復，則雖有關隴及其他河西州郡，河西長安舊路猶之不能通：此大中已復河隴後之形勢也。 由是而言，則歌讚所謂開舊路者，必指復涼州事無疑。然敍事不屬之義潮而屬之淮深，則克涼州之役必是淮深首功，而義潮以使主居其名。雖於義不乖，而其事賴此本詳之。 此亦究唐末河西事者所宜知者也。

二 唐末甘州回鶻與安西回鶻

舊唐書回紇傳，稱開成末回紇爲黠戛斯所破，部衆散奔。 龐特勒（新舊唐書通鑑凡特勤皆誤作特勒，今引諸書悉仍其原文，不代改正，下同，）等十五部西奔葛邏祿，一支投安西。 又稱大中初安西龐特勒已自稱可汗，有磧西諸城。 其後嗣君弱臣強，居甘州，無復昔時之盛云。 按：甘州爲回鶻所并，事在唐末。 新書二一六下吐蕃傳稱咸通後中原多故，甘州爲回鶻所幷。 新五代史七十四回鶻傳稱五代之際回鶻有居甘州西州者，常見中國。 而甘州回鶻數至，猶呼中國爲舅。 以西州回鶻與甘州回鶻分言，不言其關係。 若依舊書甘州回鶻乃安西回鶻龐特勒後裔之說，則當唐末安西回鶻有東徙甘州者，有留磧西者。 緣分居二處，故五代時中國人稱回鶻，有甘州回鶻西州回鶻之目：此姑以地爲分別，實非二部也。唯舊書紀事有可疑者：舊書回紇傳稱大中初龐特勒稱可汗，有磧西諸城；新書突騎施傳(二一五下)稱斛瑟羅(按：西突厥阿史那步眞子)，餘部附回鶻。及其破滅，有特龐勒(按當作龐特勒)居焉耆城，稱葉護，餘部保金莎領，(即金沙嶺，山在今新疆吐魯番北，)衆至二十萬。又回鶻傳稱懿宗時回鶻大酋僕固俊自北廷擊吐蕃斬論尚熱，盡取西州輪臺等城：是自大中初以至咸通之際，四鎭北庭之地，盡爲回紇所有，其轄地廣遠仍不失爲名蕃，固非其他雜虜可比也。而據燉煌寫本張義潮變文及此張淮深變文，義潮爲歸義節度，屢破蕃渾及安西回鶻；淮深嗣立，亦屢摧安西回鶻之師，其英武不下於義潮。淮深卒於昭宗大順元年，(據燉煌本張景俅撰張淮深墓誌銘)則在大順以前，安西回鶻殆無內徙甘州之事。又李氏再修功德記碑植于乾寧元年，碑載義潮壻李明振子弘諫爲甘州刺史，則乾寧初甘州尙未淪回鶻。唯哀宗天祐三年，燉煌人爲張奉撰龍泉神劍歌，始記張奉與甘州回鶻爭戰事。後梁乾化元年，沙州百姓上甘州回鶻可汗書，稱至今□□間遇可汗居住張掖，東路開通，天使不絕；近三五年來，彼此各起讎心，遂令百姓不安。云云。(以上龍泉神劍歌，及沙州人民上甘州回鶻可汗書並見北平圖書館館刊九卷六號王重民金山國墜事零拾引)，則回鶻之據甘州，當在昭宗乾寧之後，哀宗天祐之前。新書『咸通後甘州爲回鶻所幷』之語，稍嫌廣泛；實則僖宗一朝，雖中原多故，河西州郡尙屬完整，實未有異族攘據之事也。今按唐末諸胡盜據邊州者，多是內徙之胡，久居其地，値中國多事不能鎭懾，遂浸成强虜。如沙陀之居振武，因而據河東，浸假而爲後唐。黨項之居夏綏銀宥等州因世守其地，五代之君，皆不能徙。吐蕃嗢末之居隴右河西，因而陷河湟諸州。蓋諸胡內附，居中國之地，伺隙乘釁，其勢甚便。又生聚蕃衍，根抵已深，州郡一旦爲所據有，卽未易收復之。唐末諸州陷蕃，歷五代至宋仍不能克復者，其故以此。安西回鶻雖號强蕃，然距甘州甚遠，越國鄙遠，究非易事。觀河西五郡獨甘州爲回鶻所幷，其餘四郡均不能有；則據甘州者疑非安西回鶻，而係回鶻夙居河西境內者。此徵之沙陀黨項嗢末吐蕃諸族，可以信其不誤。且考之史籍，則回鶻之居河西，其歷史甚悠久；其佔據甘州，實非偶然者。則舊書甘州回鶻爲安西龐特勒後裔之說，實屬文字之偶疏，不可信也。

唐會要卷九十八紀回紇事云：

> 顯慶三年，以回紇故燭龍州刺史吐迷度子婆閏授左衞大將軍。…… 婆閏卒，子比來栗代立。 比來栗卒，子獨解支立。 （按：舊書一九五回紇傳云，永隆中獨解支），其都督親屬及部落征戰有功者，並自磧北移居甘州界。 故天寶末取驍壯以充赤水軍。 獨解支卒，子伏帝匐立，爲河西經略副使兼赤水軍使。 （按：舊書回紇傳：嗣聖中伏帝匐），開元七年，伏帝匐卒，子承宗立。 承宗爲涼州都督王君㚟誣奏，長流瀼州而死。 其部落猶存。

會要記回紇部落自磧北移甘州界於獨解支立之後，似謂回紇南徙即在高宗永隆後獨解支爲酋長之時。 然永徽顯慶中回紇婆閏率其衆從漢兵平賀魯，又東征高麗，所向有功；其部衆之受唐官，居甘涼間，未必不在此時。 則會要『回紇都督親屬及部落征戰有功者，並自磧北移居甘州界』一語，當總承上文，兼婆閏以下三世言之，非謂卽在永隆之際也。 新唐書回鶻傳（二一七上）記回紇契苾思結渾四部南徙事云：

> ……比栗（卽比來栗）死，子獨解支嗣。 武后時，（按獨解支與武后不相值，其子伏帝匐立在嗣聖中，開元七年卒，正當武后之時，）突厥默啜方彊，取鐵勒故地；故回紇與契苾思結渾三部度磧徙甘涼間。 然唐常取其壯騎佐赤水軍云。 獨解支死，子伏帝匐立。 明年，助唐攻殺默啜。 於是別部移健頡利發與同羅霫等皆來。 詔置其部于大武軍北。……

新書記回紇四部南徙，由武后時突厥默啜之取鐵勒九姓地，（回紇契苾思結渾，皆鐵勒九姓部落），與會要所載高宗時回紇部落因戰功南徙者不同；故不得認爲一事。 然新舊書突厥傳均載默啜討九姓，九姓思結等部來降事，與新書回鶻傳所記默啜取鐵勒地一段極相似；但其事在開元初，不在武后時。 如舊書云：

> 開元二年。…… 明年秋，默啜與九姓首領阿布思等戰於磧北。 九姓大潰，人畜多死。 阿布思率衆來降。 （新書突厥傳同，唯改『阿布思率衆來歸』，作思結等部來歸），

此開元三年事。 舊書下文又載明年默啜之死云：

> 四年，默啜又北討九姓拔曳固，戰於獨樂河。 拔曳固大敗。 默啜負勝，輕歸而不設備，遇拔曳固迸卒頡質略於柳林中突出，擊默啜斬之。 仍與入蕃使

郝靈荃傳默啜首領至京師。

通鑑二一一開元四年：

六月癸酉，拔曳固斬突厥可汗默啜首來獻。…… 懸其首于廣街。 拔曳固回紇同羅霫僕固五部皆來降。 置於大武軍北。（按大武軍在朔州，開元十二年改爲大同軍），

默啜死及諸部來降在開元四年，通鑑舊書突厥傳新書玄宗紀皆同。 新書回鶻傳記默啜死及諸部降事，但作明年，上無所係，實文字之疏。 而其上文記默啜取鐵勒地，回紇思結等四部徙甘涼間；與新舊書突厥傳所載開元三年默啜討九姓，思結等部來降事甚相似。 似爲一事。 而文特標武后時，頗難索解。 然據通鑑二一一，開元三年所書，『九姓思結都督磨散等來降。 己未，悉除官。 遣還』。（通鑑書此事在九月之後十一月之前）册府元龜九七四載（開元三年）十月己未，授北蕃投降九姓思結都督磨散大首領斛薛移利殊功契苾都督邪沒施等七部首領爲將軍，並員外置，依舊兼刺史。 放還蕃。 則開元三年思結等部來降，但授官而還，未嘗內徙。 而新書回鶻傳載回紇思結等四部內徙居甘涼間：以此知新書回鶻傳所載，與新舊書突厥傳所載開元三年事並非一事。 舊書一九九下鐵勒傳云：

（貞觀）二十二年，契苾回紇等十餘部落以薛延陀亡散殆盡，乃相繼歸國。 太宗各因其地土，擇其部落，置爲州府。…… 至則天時突厥强盛，鐵勒諸部在漠北者漸爲所併。 回紇契苾思結渾部徙於甘涼二州之地。

此記回紇，契苾，思結，渾四部以則天時徙居甘涼間，與新書回鶻傳正同。 以此知武后時確有四部內徙之事，不得以新書『明年助唐攻殺默啜』一語偶犯上文而稍涉疑惑也。

由上所說，知回紇等九姓部落，自高宗及武后時先後徙甘涼界，而唐常取其衆以充赤水軍。 赤水軍在涼州。 唐會要七十八節度使類：赤水軍置在涼州西城。 武德二年七月，安修仁以其地來降，遂置軍。 新書四十地理志涼州注：赤水軍幅員五千一百八十里，軍之最大者。 其軍使或以回紇酋長爲之，如伏帝匐以河西經略副使兼赤水軍使是。 景雲以來，河西節度使每兼督察九姓使及赤水軍使；如楊執一王君㚟崔希逸李林甫哥舒翰等皆帶督察九姓赤水軍大使銜。（楊執一銜見文苑英華八

九五張說撰贈戶部尚書楊君碑及會要七十八，王君㚟銜見張說之文集十七左羽林大將軍王公碑，崔希逸銜見文苑英華四五二授崔希逸左散騎常侍兼河西節度副大使制，李林甫銜見唐大詔令集五十二李林甫兼河西節度使制，哥舒翰銜見唐大詔令集六十隴右河西節度使哥舒翰西平郡王制），知當時重視其事。而九姓部落在河西地位之重要可以想見之也。

回紇承宗事，亦見新書回鶻傳，舊書一百三王君㚟傳，通鑑二一三唐紀。而通鑑所記始末稍詳。

初，突厥默啜之强也，迫奪鐵勒之地。故回紇契苾思結渾四部度磧徙居甘涼之間以避之。王君㚟微時，往來四部，爲其所輕；及爲河西節度使，以法繩之。四部恥怨，密遣使人詣東都自訴。君㚟遽發驛奏四部難制，潛有叛計。上遣中使往察之，諸部竟不得直。於是瀚海大都督回紇承宗流瀼州；渾大得流吉州；賀蘭都督契苾承明流藤州；盧山都督思結歸國流瓊州。以回紇伏帝難爲瀚海大都督。……

通鑑記此事在開元十五年。承宗旣貶，其族子瀚海州司馬護輸結黨數百人（張說之文集十七左羽林大將軍王公碑：俄而回紇內叛，以八九之從人，當數百之強虜），爲承宗報仇，襲殺君㚟於甘州鞏筆驛。懼罪，奔吐蕃。舊書回紇傳謂回紇殺君㚟，斷安西諸國入長安路。玄宗命郭知運討逐，退保烏德健山。按：郭知運爲節度在君㚟之前，繼君㚟者乃蕭嵩，非郭知運。其說實誤。故通鑑不從之。至回紇懷仁可汗實護輸後裔。新書二一七上回鶻傳，稱護輸久之奔突厥，死。子骨力裴羅立。天寶初，與葛邏祿拔悉密共擊走突厥烏蘇米施可汗。天寶三年，裴羅自立爲可汗，南居突厥故地，徙牙烏德鞬山昆河之間。詔拜爲懷仁可汗云云。是護輸實歸磧北，而其子始并突厥地爲名蕃。然護輸殺君㚟，在開元十五年；裴羅自立，在天寶三年；中間相距十七年之久。而據通鑑及會要所載，承宗貶後，伏帝難嗣爲酋長，其部落猶存。唐天寶末且取涼甘界回紇以充赤水軍：則回鶻居甘涼者，殆未嘗隨護輸歸漠北本部。其開元間從護輸叛去者，不過數百人。舊書所載亦不盡合事實也。

新書四三下地理志載總章元年涼州都督府所轄回紇部落州三，府一。其目爲：

蹛林州 原注：以思結別部置。 按：新書回鶻傳載貞觀中以阿布思爲蹛林州。

金水州

賀蘭州 按：契苾州。

盧山都督府 原注：以思結部置。

舊書四十地理志載吐渾突厥九姓思結等部寄在涼州界者，有八州府。 目爲：

吐渾部落

興昔部落

閤門府

皐蘭府

盧山府

金水州

蹛林州

賀蘭州

所載盧山以下州三，府一，與新書同：皆九姓州府。 其皐蘭府興昔部落，據新書四三下，涼州都督府所屬有皐蘭州，注云：以阿史德特健部置。 有興昔都督府無注。（按高宗時曾以西突厥阿史那彌射爲興昔亡可汗，興昔部名疑本此），皆突厥州府。其閤門府新書四三下地理志吐谷渾州目有閤門州，隸涼州都督府。 當與吐渾部落同爲吐渾州府。 舊書記此八州府在涼州界共有戶五千四十八， 口一萬七千二百一十二。 是戶口本不多。 然新舊書地理志所記蕃州大抵據高宗時版籍。 及武后時突厥強盛，有回紇等四部徙甘涼間之事。 開元天寶初因默啜之昏暴及突厥之亡諸部亦多內附。 則至玄宗時河西蕃落當甚衆多，決非如舊書所記云云。 今以他書考之，如會要新書俱稱唐常以回紇等部充赤水軍，赤水軍管兵卽三萬三千人。（舊書三十八地理志鎭兵注）又姚汝能安祿山事蹟載天寶十四載，河西隴右節度使哥舒翰領河隴諸蕃部落奴剌，頡跌，朱邪，契苾，渾，蹛林，奚結，沙陀，蓬子，處密，吐谷渾，思結等十三部落蕃漢兵二十一萬八千人鎭潼關，以拒安祿山。（通鑑考異卷十四引按實祇十二部）就中十二部中，除西突厥十姓部落外，以鐵勒九姓部落爲多。 又通鑑二一八肅宗紀至德元載載河西諸胡部落聞其都護皆從哥舒翰沒於潼關，故爭自立，相攻擊。上乃以周泌爲河西節度使，與都護思結進明等俱之鎮，招其部落云云。則雖天寶以後，回紇及九姓雜虜在河西者爲數仍不少，可斷言也。

至德之後唐之河西隴右盡淪吐蕃，回紇等部落之居河西界者，是否依舊？故書不詳載。今固不得臆測。然諸部皆回鶻種落，其在河西與吐蕃之關係，正不妨以回鶻本部說明之。按回鶻強蕃，爲唐與國，與吐蕃之爲唐仇者不同。當安史之亂，唐嘗資其衆以定河朔。及貞元以還，又利用之以牽制西戎。而回紇以親唐之故，亦數出師擊吐蕃。通鑑二三三貞元七年：

> 吐蕃攻靈州，爲回鶻所敗，夜遁。九月，回鶻遣使來獻俘。冬十二月，甲午，又遣使獻所獲吐蕃酋長尚結心。（舊書一九五回紇傳略同）。

此時回鶻爲唐擊吐蕃，解靈州之圍，乃貞元四年和親之效。及貞元末，回鶻乃深入河西，據涼州而有之。通鑑考異卷十九引趙鳳後唐懿祖紀年錄所載朱邪盡忠事云：

> 懿祖諱執宜，烈考諱盡忠。……貞元六年，北庭之衆刼烈祖降於吐蕃。由是舉族七千帳徙於甘州（按：居甘州南，以新五代史于闐傳高居誨記證之）。臣事贊普。貞元十三年，回紇奉誠可汗收復涼州，大敗吐蕃之衆。或間烈考於贊普者云：沙陀本回紇部人，（按：沙陀十姓突厥部落，與回紇不同部）。今聞回紇彊，必爲內應。贊普將遷烈考之牙於河外。懿祖白烈考曰：吾家世爲唐臣，不幸陷虜，爲它效命，反見猜嫌。不如乘其不意，復歸本朝。烈考然之。貞元十七年，率其部三萬東奔。吐蕃追兵大至。自洮河轉戰至石門關，委曲三千里，凡數百戰。烈考戰沒。懿祖合餘衆至靈州。德宗因於鹽州置陰山府以懿祖爲都督。（新書沙陀傳記盡忠東奔在元和三年，通鑑同。此謂回紇奉誠可汗取涼州在貞元十三年，盡忠東奔在貞元十七年。按：奉誠可汗卒於貞元十一年，所記恐有誤。惟新傳通鑑俱不明載回紇取涼州之年，今姑據紀年錄）。

據此知回紇貞元中攻吐蕃有取涼州之事。其佔領涼州，歷若干歲時？何時復爲吐蕃所取？今不可知。然觀紀年錄所記，回紇以貞元十三年取涼州，至貞元十七年，沙陀朱邪盡忠懼其部爲吐蕃所徙，始率部東奔歸唐，則回紇之於涼州，殆非短期佔領旋得旋失者。　而吐蕃以失涼州之故，至以沙陀爲回紇部人，懼其爲內應，將徙其種落於他處；則事體重大非偶然挫敗失一城者可比。　因疑其時回紇在河西界已有不可侮之勢力，其破吐蕃，據涼州，非僅決勝於一時，乃其勢力在河西伸張之結果。按：天寶亂後，吐蕃陷隴右，廣德後又陷河西。　自是安西北庭路閉不通，且因河湟形勢以犯近畿，爲患最烈。　然吐蕃所得者似止其州縣，其河西北路，轄境廣遠，承平時列置蕃州，立軍鎮以統之，皆是諸蕃部落所居，吐蕃實未能有其地。（唐河西州郡，州境雖狹，而軍界甚廣，如赤水軍幅員五千里，寧寇軍在涼州東北千餘里，墨離軍在瓜州西北千里），而此等部落多與回鶻同種姓，易於接近。　疑回鶻等部落之居河西北路者，當與回鶻本部表裏。　而回鶻因之以窺河西，取涼府。　故吐蕃震慴憂慮，雖沙陀之爲所用者，亦疑其將爲內應，而欲遠徙之也。　按：吐蕃頻年犯唐，多出隴右道，河西回鶻等部居河西北路，於吐蕃對唐用兵原無大妨礙，其族帳居河西界，宜不足爲吐蕃重視。　然其地介吐蕃與回鶻本部之間，若回鶻因其衆以擾吐蕃所領之河西南路，實爲吐蕃肘腋之患。　而吐蕃自沙陀叛去，兵力稍稍減弱（新書沙陀傳），且連年內犯，未得大逞其志，遂亦稍厭兵革。　及長慶初遂有請盟之事。　新書二一六下吐蕃傳云：

> 長慶元年，聞回鶻和親，犯青塞堡，爲李文悅所逐，乃遣使來朝，且請盟。詔許之。　以大理卿劉元鼎爲盟會使。　明年，就盟其國。……　是歲，尚綺心兒（吐蕃都元帥尚書令）以兵擊回鶻黨項。

此所稱回鶻，當指河西回鶻而言。　觀此則吐蕃甫與唐訂盟修好，即移師擊河西界回鶻，豈非惡其逼，乘東路無虞亟欲驅除之乎？　然吐蕃於河西界回鶻，似終未達其驅除之願。　以新書他傳稽之，則太和開成之際，河西回鶻諸部固猶是居河西。　蓋自長慶以來，吐蕃已漸衰替，（新書二一六下吐蕃傳於元和開成間書云：可黎可足立爲贊普幾三十年，病不事，委任大臣，故不能抗中國，邊候晏然。　死，弟達磨嗣，政益亂）。訂盟之後，與唐及本部回鶻皆無戰事，河西諸回鶻部落，自當安居其間也。新書二一七契苾傳云：

> ……何力倘紐卒其部來歸。　時貞觀六年也。　詔處之甘涼間，以其地爲榆溪州。　永徽四年，以其部爲賀蘭都督府。　太和中，其種帳附於振武云。

（按會昌中有契苾通爲蔚州刺史，乃何力五世孫）

此契苾部於貞觀中來附者，居甘涼間，至大和中始附於振武；然則大和以前此契苾部倘居甘涼間可知。 其他回鶻等部自高宗及武后時先後徙甘涼者，史未載其來歸，則雖大和以後，猶居甘涼間抑又可知。 然則河西回鶻等部，至德後非唐之政令所能及，其地亦非吐蕃所能有。 其中唯契苾一部大和中爲唐誘附，餘部大抵遙倚回鶻，居河西界，未有變動。 以諸書所記參互證之，殆爲事實。 至開成末回鶻破滅，其漠北部落分散乃多有逃至河西者。 舊唐書回鶻傳述其事云：

> 黠戞斯領十萬騎破回鶻城，燒蕩殆盡。 回鶻散奔諸蕃。 有回鶻相馺職者擁外甥龐特勒及男鹿幷遏粉等兄弟五人一十五部西奔葛羅祿，一支投吐蕃，一支投安西。 又有近可汗牙十三部以特勤烏介爲可汗，南來附漢。……

回鶻西奔，一支投吐蕃。 此吐蕃實指河西隴右之吐蕃而言。 其烏介南徙近塞，不得逞。 至會昌中部衆亦離散，有降幽州振武者，有投河西者。 舊書回鶻傳記此事書云：

> 有特勒葉被沽兄李二部南奔吐蕃。

此吐蕃亦指河西隴右，故新五代史四夷附錄三回鶻傳（七十四）書其事作

> 回鶻爲黠戞斯所侵，徙天德振武之間。 又爲石雄張仲武所破。 其餘衆西徙，役屬吐蕃。 是時吐蕃已陷河西隴右，乃以回鶻散處之。

觀上文知開成會昌之間，回鶻部落經殘破之後往往徙河西界。 然其徙何西者，未必以爲吐蕃可親，亦因其族落先有住河西者也。

回鶻徙安西者浸成大國，其徙河西者初附於吐蕃。 如通鑑二四八載大中元年事云：

> 吐蕃論恐熱乘武宗之喪，誘黨項及回鶻餘衆寇河西。（按：此時唐倘未有河西道，所稱河西，殆指河曲言之）。 詔河東節度使王宰將代北諸軍擊之。 宰以沙陀朱邪赤心爲前鋒，自麟州濟河，與恐熱戰於鹽州，破走之。

是時吐蕃雖大亂，而唐倘未復隴右河西，故回鶻之居河西者，猶爲論恐熱所用。 及大中五年以後，河西隴右十一州復爲唐有， 唐之威令已及河隴全境， 非大中初年可比。 以意揣之，其時河西回鶻部落當羈縻於唐。 然其與他蕃部及唐之關係，史籍

所載，殊不詳悉。唯新唐書二一八沙陀傳通鑑二五二僖宗紀載回鶻事數條，疑皆河西回鶻事。今具引於後

新唐書沙陀傳記朱邪赤心事云：

……龐勛平，賜氏李，名國昌。……回鶻叩楡林，擾靈鹽，詔國昌爲鄜延節度使。又寇天德，乃徙節振武。

國昌賜姓，在咸通十年。授振武節度使在咸通十一年(據舊書一九上懿宗紀及通鑑二五二)。此所記回鶻入寇當是咸通十年及十一年間之事。通鑑僖宗乾符元年記回鶻事凡兩見：

十二月黨項回鶻寇天德軍(新書九僖宗紀同。舊書十九下僖宗紀：乾符元年十二月，黨項回鶻寇邊。不言天德，當係省文。按：乾符元年黨項回鶻寇天德軍，是時振武節度使仍爲李國昌。然距咸通十一年受命鎭振武，已五年之久。近吳氏唐方鎭年表以乾符元年爲國昌初任振武節度之年，蓋誤合新書沙陀傳及通鑑乾符元年所書回鶻事爲一事。)

初，回鶻屢求册命。詔遣册立使郗宗莒詣其國。會回鶻爲吐谷渾嗢末所破，逃遁不知所之。詔宗莒以玉册國信授靈鹽節度使唐弘夫掌之。還京師。(此條在十二月寇天德軍之後似宗莒還京師即十二月事)

通鑑乾符二年：

回鶻還至羅川。十一月，遣使者同羅楡祿入貢。賜拯接絹萬匹。

以上所舉諸條前後相承，當互相關連。尋繹其文，似回鶻部落與他番部不能相安，因請唐册立以鎭壓之。既不得遂所願，乃數擾邊境。沙陀素健鬥，爲九姓六州胡所畏(柳公綽語)朝廷乃畀李國昌節鎭以禦之。久之回鶻爲吐渾嗢末所破，失所依據，乃結黨項寇天德軍，欲保其地。(按會昌中回鶻烏介可汗請借天德城，不許，此覬覦天德，殆仍是烏介故智)，唐册立使至其國，而回鶻部衆逃遁，已不知所之。次年，其酋率衆款羅川。(按唐寧州貞寧縣，隋羅川縣，天寶元年改爲貞寧)，朝廷乃賜絹帛拯濟之。其始末如此。依余之意，此諸條所記回鶻事，當皆屬河西界之回鶻，而非安西回鶻。因靈鹽與河西相望，唐末黨項居夏宥等州去天德及涼甘等州均不甚遠。而羅川在關內。以當時形勢推之，自以結黨項擾靈鹽寇

天德楡林入羅川者屬之河西界回鶻爲最近于情理。 反之如認爲安西回鶻，無論安西回鶻强大，吐渾嗢末雜虜其力未足以動搖安西；卽使挫衂，亦無逃至羅川之理。 且以此燉煌本張淮深變文考之，變文所述乃中和以前事，與通鑑二五二卷所記回鶻事同時，據變文則此時安西回鶻屢犯河西，方與歸義軍爭戰不已，何嘗有破國逃散之事？則通鑑二五二卷所記回鶻事，乃河西界回鶻，實無可疑。 其新書沙陀傳所載，亦可信爲河西回鶻。 胡三省不察，乃於通鑑乾符二年回鶻條注云：回鶻大中二年西奔，至是方還。 眞不得其解矣。

通鑑乾符二年『回鶻還至羅川』之語，意義不明。 觀上文元年載册立使郗宗莒詣其國，會其國破，詔宗莒以玉册國信授靈鹽節度使掌之，還京師。 則回鶻國決不在羅川。 通鑑所謂還羅川者，蓋謂回鶻失國逃遁，至是內徙，駐牙羅川耳。 然回鶻駐羅川似亦不甚久。 因邠寧至五代至宋均爲中國州郡。 徵之史籍，未有言『寧州回鶻』者，而甘州回鶻屢見于五代史。 因疑幷甘州之回鶻卽通鑑所載寇天德徙羅川之回鶻。 蓋其始也居涼甘界，與嗢末吐渾錯處，曾一度爲蕃渾所逐，而內徙羅川。 後移帳近河西，卒得甘州：此亦理所宜有也。 新唐書回鶻傳（二一七下）載昭宗時回鶻事云：

> 昭宗幸鳳翔。（按天復元年十一月宦官韓全誨刼帝赴鳳翔），靈州節度使韓遜表回鶻請率兵赴難。 翰林學士韓偓曰：虜爲國讐舊矣。 自會昌時伺邊，羽翼未成，不得逞。 今乘我危以冀幸，不可開也。 遂格不報，然其國卒不振，時時以玉馬與邊州相市云。

此事新書韓偓傳不載。 通鑑二六三昭宗天復二年書云

> （夏四月）辛丑，回鶻遣使入貢，請發兵赴難。 上命翰林學士承旨韓偓答書許之。 乙巳，偓上言：戎狄不可倚信。 彼見國家人物華靡，而城邑荒殘，甲兵彫弊，必有輕中國之心，啓其貪婪。 且自會昌以來，回鶻爲中國所破，恐其乘危復怨。 所賜可汗書，宜諭以小小寇竊，不須赴難。 虛愧其意，實沮其謀。 從之。

以上新書通鑑所記回鶻請發兵赴難事，疑指河西回鶻而言。 此時蓋已入據甘州矣。

甘州回鶻之爲舊河西回鶻部落，非自安西移來者；上文所論已詳。 而遼史所

記，尙有足以證明吾說者。遼史卷三十天祚帝紀附書耶律大石西奔事云：

……先遣書回鶻王畢勒哥曰：昔我太祖皇帝北征，過卜古罕城，卽遣使至甘州，詔爾祖烏毋主曰：汝思故國耶，朕卽爲汝復之。汝不能返耶，朕則有之。在朕猶在爾也。爾祖卽表謝，以爲遷國于此，十有餘世，軍民皆安土重遷，不能復返矣。是與爾國非一日之好也。今我將西至大食，假道爾國，其勿致疑！

耶律大石此書與安西回鶻，而所述實甘州回鶻事。遼史卷二太祖紀載此事云：

(天贊三年)十一月乙未朔，獲甘州回鶻都督畢離遏，因遣使諭其主烏毋主可汗。

天贊三年，卽後唐莊宗同光二年。甘州回鶻可汗烏毋主此時自稱『遷國于此，十有餘世』。按回鶻幷甘州，在昭宗乾寧以後。自後唐同光二年上數至唐昭宗乾寧元年，中間相距不過三十年，僅得一世，不得言十餘世。卽上數至文宗開成五年回鶻爲黠戛斯所滅，其部落分投安西及河西吐蕃之時；相距不過八十四年，言十餘世亦嫌太多。若依會要所記回鶻部衆自高宗時內徙甘州界，則由同光二年上數至高宗顯慶永隆之際，中間相距二百餘年，則十餘世之說殆勉强成立矣。由是而言，則唐時回鶻部落之居河西，殆與唐一代相終始。其入據甘州，稱可汗，亦乘唐之衰自立，非於其地毫無根據，由他處來取之也。然則舊唐書稱安西龐特勒後嗣居甘州，其語宜作何解？曰：開成中回鶻已亡，龐特勒率十五部西奔，一支投安西，一支投河隴界。則開成末回鶻之投河西者，固是龐特勤部衆。且龐特勤旋稱可汗，爲回鶻共主，雄視西域。則龐特勤後裔之說，唐末甘州回鶻自樂稱之，中國從其說亦以龐特勤後裔稱之，固無不可也。又以耶律大石遺安西回鶻書例之，安西回鶻，自是龐特勤後裔；而書稱『我太祖至甘州詔爾祖烏毋主』。云云。唐末甘州回鶻可汗，在遼末旣可目爲安西回鶻之祖；則中唐時安西回鶻可汗，在唐末亦何不可目爲甘州回鶻之祖？是故以種類言，則甘州回鶻安西回鶻同是藥羅葛氏之裔，其族旣同，其後裔對於所互尊之祖卽不妨通稱之。若以所佔之地域言，則甘州回鶻固與安西回鶻有別，據甘州者乃久居河西界之回鶻，而非安西回鶻：此不容混淆者也。

三 唐大中以來沙州與河西隴右之關係

唐之河西隴右，自天寶亂後，先後爲吐蕃所陷。歷百餘年之久，至大中五年，沙州人張義潮始克復瓜沙等十一州；至咸通四年，又克復涼州。於是河隴州郡盡歸於唐，在名義上悉復天寶之舊。此在唐末爲一重要之事，新書與通鑑俱載之。然河西隴右收復之後，其州郡情形如何，緣當時朝廷於西陲漫不加意，經營之事，既無所聞，求之史書，亦遂全不能得其梗概。此本記使臣到沙州後入開元寺拜玄宗聖容歎念燉煌百年阻漢，沒落西戎，尙敬本朝，餘留帝像。其餘四郡，悉莫能存。又云：甘涼□雉堞凋殘，居人與蕃醜齊肩，衣着□□於左衽。獨有沙州一郡，人物風華一同內地。天使兩兩相看，一時垂淚云云。此謂涼甘諸郡夷夏交居，與沙州情形大異。然據後來史籍所記，則五代時涼州情形更有甚于此者：文獻通考吐蕃考記後唐明宗時西涼留後孫超遣使來。明宗召見。稱涼州舊有鄆人二千五百人爲戍卒。（按咸通間張義潮復涼州，發鄆州二千五百人戍之，見新五代史四夷附錄三）今城中漢戶百餘，皆戍兵之子孫。又言涼州郭外數十里，尙有漢民陷沒者耕作。餘皆吐蕃。云云。是則至後唐之時，涼州幾純爲吐蕃人蕃衍之地，而漢戶零落至此，殊可駭異也。按：唐河西隴右諸州以涼州爲最大，河西節度使治此。其節度副使則常以甘州刺史領之。據舊唐書地理志涼州州戶二萬二千四百六十二，口十一萬二百八十一。甘州戶六千二百八十四，口二萬二千九十二。（以上天寶戶籍），沙州戶四千二百六十五，口萬六千二百五十（以上舊戶籍按新舊書沙州天寶戶籍均缺），是則以戶口而論，沙州且不及甘州，與涼州則相去遠矣。更以鎮戍兵考之。據舊唐書地理志及通鑑三一五玄宗紀天寶元年所書，河西節度統鎮兵七萬餘人。其軍如赤水，大斗，建康，寧寇，其守捉如白亭，（按白亭守捉，天寶十四載爲軍），張掖，交城，烏城，蓼泉等，皆在涼州甘州界內，不下數萬人。而在沙州者不過城內豆盧一軍，管兵四千三百人而已。夫沙州之於涼州甘州，戶口戍卒相去懸絕如此；其經天寶亂後先後爲吐蕃所據又同；顧何以陷蕃百年之後，沙州則張義潮藉之以驅逐吐蕃，因而盡復河隴諸州，其子孫世守垂五十餘年；自五代以還，曹氏襲其餘蔭保有瓜沙二州者又百餘年之久；而涼甘等州方大中吐蕃衰亂之時已不能自拔，及其歸唐仍雜戎俗，浸假爲蕃戎之境者，其故何歟？ 余今以私意試爲解說於下：

按唐之盛時，重兵多在西陲。 自隴坻以西以至四鎮北庭，屯戍相望。 其牧監倉蓄之制，均極講求。 以之鎮懾蕃胡，故常處於不敗之地。 及羯胡亂作，盡徵河隴精銳入援，於內地置行營。 吐蕃乘中國之虛因次第盜據諸州而有之。 隴右先陷，河西繼之，四鎮北庭最後。 至河西涼甘肅瓜沙五郡陷蕃之年，元和郡縣志所載如下：

涼州　廣德（代宗）二年陷蕃

甘州　永泰（代宗）二年陷蕃　（按是年十一月改元大曆）

肅州　大曆（代宗）元年陷蕃

瓜州　大曆（代宗）十一年陷蕃

沙州　建中（德宗）二年陷蕃

其蠶食次第由東而西；凡方向逐漸西移者，其攻陷時期亦與之俱後。 蓋蕃戎狡猾，取切斷政策，以絕中國之援。 至涼州之陷，舊唐書吐蕃傳（一九六上）書其事云：

廣德二年，河西節度使楊志烈被圍，守數年，以孤城無援乃跳身西走甘州。涼州又陷於寇。

通鑑二二三代宗紀廣德二年十月記僕固懷恩引吐蕃回鶻由靈武進逼奉天，兼敍此事，較舊書爲詳。 據通鑑所記，知當時志烈守涼州不唯孤城無援，且曾分兵躡僕固懷恩之後以解京師之危。 其兵既爲懷恩所敗，涼州遂愈不能守。 今具錄其文於左：

懷恩之南寇也，河西節度使楊志烈發卒五千，謂監軍柏文達曰：河西銳卒，盡於此矣！ 君將之以攻靈武，則懷恩有反顧之慮：此亦救京師之一奇也。 文達遂將衆擊摧砂堡靈武縣，皆下之，進攻靈州。 懷恩聞之，自永壽遽歸。使蕃渾二千騎夜襲文達，大破之。 士卒死者殆半。 文達將餘衆歸涼州，哭而入。 志烈迎之曰：此行有安京室之功，卒死何傷？ 士卒怨其言。 未幾，吐蕃圍涼州，士卒不爲用。 志烈奔甘州，爲沙陀所殺。 （按志烈爲沙陀所殺乃明年永泰元年十月事，見舊書代宗紀，通鑑附書之）。

志烈既死，河西失其統帥。 朝廷乃遣使巡撫河西， 兼置涼甘肅瓜沙等州長史。（按此殆天寶亂後，諸州長史多缺而不補，至是請置之，蓋非常之時，慮刺史有失，可以長史領州事也，）迨大曆元年，楊休明繼爲河西節度使，乃徙鎭沙州。

通鑑二二四代宗紀：永泰元年閏十月，郭子儀入朝，請遣使巡撫河西及置涼甘肅瓜沙等州長史。上皆從之。

又同卷：大曆元年五月，河西節度使楊休明徙鎭沙州。

新唐書卷六七方鎭表：大曆元年，河西節度徙治沙州。

是沙州當大曆元年已取得涼州之地位。然甘州肅州復相繼於是年陷落。則其時河西節度所領不過瓜沙二州。然軍帥以二州之地與勁虜相持，至十年之久。至大曆十一年瓜州復陷，而沙州一州爲唐固守者猶五六年，至建中二年始力屈而降。當時軍將之忠于爲國，不屈不撓，誠可矜式也。

由上所說觀之，沙州陷蕃，後於涼州者將二十年；後於甘肅二州者亦十餘年之久。以情理揣之，當大曆元年節鎭西移，其鎭戍諸軍必多有隨至沙州者。其涼甘肅瓜等州人民西走沙州者或亦不在少數。如沙州文錄所錄吳僧統碑記僧統父吳緒芝事云：

皇考諱緒芝，前唐王府司馬。揚旌鎭遠，授建康軍使二十餘載。屬大漠風煙，揚關（疑當作陽關）路阻，元戎率武遠守燉煌。警候安危，連年匪懈。隨軍久滯，因爲燉煌縣人也。復遇人經虎噬，地沒于蕃。元戎從城下之盟，士卒屈死休之勢。屯邅若此，猶鍾儀之見縶，時望南冠；類莊舃之執珪，人聽越響。方承見在之安，且沐當時之教。曲肱處于仁里，廉踐公門。……

按建康軍管兵五千三百人，在甘州境。新書四十地理志：甘州西北百九十里祁連山北有建康軍。證聖元年王孝傑以甘肅二州相距迴遠，置軍。此碑記緒芝爲建康軍使，値元戎率軍遠守燉煌，隨軍久滯，因爲燉煌縣人；可爲涼州失陷後楊休明移鎭沙州，曾發建康軍往戍之證。按唐鎭兵之制，大者爲軍，小者爲守捉。河西節度所統，凡九軍八守捉。除豆盧軍在沙州城內外，餘皆在涼甘肅瓜境內。建康軍旣移戍沙州，其他諸軍當亦有西徙者。然則沙州因節度之來治及涼甘肅等州軍民之移徙，其鎭兵戶口之數視承平時當反有增加。在沙州未陷之前燉煌一郡實爲河西人民保聚之地此其異於其他諸州者也。

然卽沙州爲吐蕃攻下之時，其所遭命運亦有勝於他州者：新唐書二一六吐蕃傳載周鼎(時以節度領州事)及閻朝守城事云：

始沙州刺史周鼎爲唐固守。贊普徙帳南山，使尚綺心兒攻之。鼎請救回鶻，踰年不至。議焚城郭引衆東奔，皆以爲不可。鼎遣都知兵馬使閻朝領壯士行視水草。晨入謁辭行，與鼎親吏周沙奴共射，彀弓揖讓，射沙奴卽死。執鼎而縊殺之，自領州事。城守者八年。出綾一端募麥一斗；應者甚衆。朝喜曰：民且有食，可以死守也。又二歲，糧械皆竭。登城而譟曰：苟毋徙它境，請以城降。綺心兒許諾。於是出降。自攻城至是，凡十一年。贊普以綺心兒代守。後疑朝謀變，置毒鞾中而死。州人皆胡服臣虜。每歲時祀父祖，衣中國之服，號慟而藏之。

按吐蕃所破州郡，皆毀其城郭廬舍，棄羸老虜丁壯而去。所俘分隸諸蕃部，質其妻子，厚其財貨，反驅迫之以寇中國。新舊書吐蕃傳所記甚詳。其犯近畿如此，其於河隴州郡，當亦無二致。據新書此條，則沙州以閻朝之約，其人民得不徙他境。雖勢窮力屈，隸屬吐蕃，而人民固猶是中國之人民。其風俗未改，種性猶存：此與其他州郡又有不同者也。

新書此條，甚關重要。舊書吐蕃傳不載。今再引百餘年後沙州人之言，以證明新唐書記事之眞。

燉煌本梁乾化辛未沙州人民上甘州回鶻可汗書述沙州舊事云：

沙州本是善國神鄉，福德之地。天寶之年，河西五州盡陷，唯有燉煌一郡不曾破散。直爲本朝多事相救不得，□沒吐蕃，四時八節些些供進，亦不曾輒有移動。(國立北平圖書館館刊第九卷六號王重民金山國墜事零拾引)

河西諸州陷蕃，唯沙州人民得保全；他州則殘破之餘人物蕩然。觀新書及沙州人民上回鶻可汗書，可以知之。然則自大曆貞元以來，沙州不失其故，猶爲漢人生聚之地。而他州則漢人已失其主要地位，漸以吐蕃雜虜易之，與沙州正相反。此點旣明，則此本所記『沙州人物風華一同內地，而涼甘諸州殘墣凋殘居民與蕃醜齊肩』者，爲不足怪矣。且沙州人民之偶得保全，其影響於後世者，不僅一郡之繁華而已；卽河隴州郡之得恢復，亦全基于此。據新書吐蕃傳載吐蕃大亂，義潮陰結豪英歸唐。一日，帥衆（帥字據通鑑補）擐甲譟州門。漢人皆助之。虜守者驚走。遂攝州事。繕甲兵耕且戰，悉復餘州。通鑑三四九宣宗紀記義潮以沙州歸唐在大中五年正月；記義潮略定十州以十一州圖籍入見，即在是年十月；去沙州之復，相去不過數月。是隴右河西百年陷蕃，取之猶如反手，可爲非常之事。非義潮之勇略，固不能如此。然隴右河西十有九郡，何以他州不能乘吐蕃之衰率先自拔？而義師之起必始于沙州。以情理測之，必因沙州漢人衆多，吐蕃自知不能守，因委之而去。而義潮徵兵整武，得以略定諸州，亦全因沙州多中國人爲所用之故。然則沙州之收復與十郡之略定，皆可認爲民族意識之表見，不可以義潮爲首領之故盡認爲義潮一人之功也。

新五代史七十四四夷附錄三于闐傳載晉天福三年高居誨使于闐歸，述所經行之地云：

> 自靈州過黃河，行三十里，始涉沙入黨項界。……至涼州。自涼州西行至甘州。甘州，回鶻牙也。其南山百餘里，漢小月支之故地也。有別族號鹿角山沙陀，云朱耶氏之遺族也。……至肅州。出玉門關經吐蕃界。……西至瓜州沙州。二州多中國人。聞晉使來，其刺史曹元深等郊迎，問使者天子起居。……自靈州渡黃河至于闐，往往見吐蕃族帳。而于闐常與吐蕃相攻。

據居誨所記，所經河西五郡，甘州爲回鶻牙，其南有沙陀；肅州西爲吐蕃界；而瓜沙二州多中國人。（按瓜州陷蕃，在大歷十一年，後于涼甘肅者十餘年），然則曹氏自五代以來，保有瓜沙二州，處羣虜之中而能不失其地者，亦緣瓜沙二州多中國人，非盡關守衞之術也。

由上所說言之，則沙州一郡，大中時張氏藉其民以復河隴十一州；五代以還，曹氏藉其民以保二州之地；其所以致此，則因天寶亂後河西隴右淪陷，他州多爲吐蕃殘破，而沙州人民因刺史閻朝與吐蕃之約獨得保全故也。夫河西隴右之陷，在州則十有九郡　民則百萬；以沙州下郡，軍民合計不過二萬餘人，其偶然保全不至分散者，其事亦可謂小矣。然而即因此一州之故，使百年陷蕃之河西隴右十一州郡一旦復爲唐有，以張氏之支持，邊疆無事者歷四朝五十年之久；其後曹氏繼之，處羣虜之中，保有二州之地，歷五代至宋又百四五十年，至皇祐後始爲西夏所滅：斯則因沙州一州之故使唐宋間中國人在河西歷史綿延至二百年之久，此在中國歷史上固一極堪注意之事，不得以小事目之矣。

出自第七本第三分(一九三七年十一月)

敦煌石室寫經題記彙編序

陳 寅 恪

許雨新先生國霖以所輯敦煌石室寫經題記彙編來徵序於寅恪，寅恪受而讀之，以爲敦煌寫本之有題記者不止佛教經典，而佛教經典之有題記者此編所收亦尚未盡，然即取此編所收諸卷題記之著有年月地名者與南北朝隋唐之史事一參究之，其關繫當時政治之變遷及佛教之情況者，約有二事，可得而言：一則足供證明，一則僅資談助，請分別陳之。

此編所收寫經題記之著有年號者，上起西晉，下迄北宋，前後幾七百年，而其中屬於楊隋一朝及唐高宗武則天時代者，以比例計之，最居高位。隋書叁伍經籍志佛經類總序通鑑壹柒伍陳宣帝紀太建十三年條同。云：

開皇元年高祖普詔天下，任聽出家，仍令計口出家，營造經像，而京師及相州洛州等諸大都邑之處並官寫一切經，置於寺內，而又別寫藏於祕閣。　天下之人從風而靡，競相景慕，民間佛經多於六經數十百倍。

案，楊氏有國不及四十年，而此編所收寫經題之著有開皇仁壽大業之年號者凡三十有六種，故知史氏謂當時民間佛經多於六經數十百倍，實非誇大之詞，李唐開國，高祖太宗頗不崇佛，唐代佛教之盛，始於高宗之世，此與武則天之母氏家世信仰有關，武周革命時，嘗藉佛教教義以證明其政治上特殊之地位，蓋武曌以女身而爲帝王，開中國有史以來未有之創局，實爲吾國政治史中一大公案，寅恪昔已詳論，見中央研究院歷史語言研究所集刊第五本拙著武曌與佛教。茲不復贅。　今觀是編所收寫經題記著有唐高宗武則天之年號者若是之衆，亦可徵當時佛教之盛，所謂足供證明者是也。

又是編所收寫經題記共著有中國南方地名或南朝年號者，前後七百年間僅得六卷，敦煌本古逸經論章疏並古寫經目錄尚載有天監十一年寫摩訶般若波羅蜜經爲此編所未收，吳越錢氏捨入西關磚塔之寶篋印陀羅尼經實出現在南方，不應與其他西北出土諸經並列，故不置論。又是編所收尚有其他西北諸地如吐峪溝等所出經卷，若嚴格論之，亦非「敦煌石室」一名所能概括，然則是編之題「敦煌石室寫經」者，蓋就其主要部分北平圖書館所藏者言之耳。恐讀者誤會，特爲申明其義於此。除南齊武帝永明元年所書之佛說普賢經一卷外，此編誤題爲妙法蓮華經。其餘諸卷皆書於梁武帝之世，而其中天監五年所寫之大涅槃經特著明造於荊州。論者謂永明之世佛教甚盛，梁武尤崇內法，而江左篇章之盛亦無踰梁時，見廣弘明集叁阮孝緒七錄序。則齊梁時代寫經必多。南朝寫經可因通常南北交通之會，流入北地，其事固不足異。又後梁爲西魏周隋之附庸者三十餘載，荊州之地既在北朝西部統屬之下如是之久，則南朝寫經之因以輾轉流入西北，亦非甚難也。寅恪以爲此說雖是，然猶有未能盡解釋者，蓋如論者之說，南朝所寫諸經既可因通常南北交通之會，流入北地，又經後梁屬境轉至西北，亦非難事，則南朝帝王年號之在梁武以後者，與夫隋唐統一時代南方郡邑之名何以幾全不見於此編所收寫經題記之中？是編惟仁壽元年所寫攝論疏有辰州崇敬寺之語，可指爲隋代南方地名之題記，但此題記殘缺不完，尚有疑義，亦未能斷定也。夫陳及隋唐中國南方佛教依然興盛，其所寫經卷竟不因通常南北交通之會流至西北，是何故耶？且後梁君臨荊土三十餘載，祖孫三世佛教信仰未嘗少替，則其封內所寫佛經自應不尠，何以其三世之年號此編有天保一年所寫妙法蓮華經一卷，當是北齊之天保非後梁之天保也。與其封內地名連文者，亦不於此編少留跡象耶？由此觀之，恐尚別有其故也。茲姑妄作一假設，以解釋之。續高僧傳壹壹吉藏傳云：

> 王晉王，即隋煬帝。又於京師置日嚴寺，別教延藏，往彼居之。欲使道振中原，行高帝壤。既初登輦，道俗雲奔。中略。在昔陳隋廢興，江陰凌亂，道俗波迸，各棄城邑，乃率其所屬，往諸寺中，但是文疏，並皆收聚，置於三間堂內，及平定後，方洮簡之，故目學之廣，勿過於藏，注引宏廣，咸由此焉。

又同書壹陸僧實傳云：

> 逮太祖宇文泰。平梁荊後，益州大德五十餘人各懷經部，送像至京。以眞諦妙

宗，條以問實，旣而慧心潛運，南北疏通，卽爲披抉，洞出情外，並神而服之。

廣弘明集貳貳隋煬帝寶臺經藏願文云：

至尊隋文帝拯溺百王，混一四海，平陳之日，道俗無虧，而東南愚民餘澘相煽，爰受廟略，重淸海濱，役不勞師，以時寧復。 深慮靈像尊經多同煨燼，結鬘繩墨湮滅溝渠，是以遠命衆軍，隨方收聚，未及朞月，輕舟總至。 乃命學司，依名次錄，並延道場義府，覃思證明，所由用意推比，多得本類，莊嚴修葺，其舊惟新，寶臺四藏將十萬軸。因發弘誓，永事流通，仍書願文，悉連卷後。頻屬朝覲，著功始畢，今止寶臺正藏，親躬受持，其次藏以下，則慧日法雲道場，日嚴弘善靈刹，此外京都寺塔，諸方精舍，而梵宮互有大小，僧徒亦各衆寡，並隨經部多少，斟酌分付，授者旣其懇至，受者亦宜殷勤，長存法本，遠布達摩，必欲傳文，來入寺寫，勿使零落，兩失無作。

隋書叁煬帝紀上云：

（開皇）八年，冬大舉伐陳，以上爲行軍元帥，及陳平，中略。復拜幷州總管，俄而江南高智慧等相繼作亂，徙上爲揚州總管，鎭江都。詳見隋書貳高祖紀下及肆捌楊素傳等。

案，南北朝政治雖爲分隔對立，而文化則互相交流影響，佛教經典之由私人往來攜取由南入北者，事所常有，其例頗多，不勞舉證。 但此類由南朝輸入北國之佛經，若在平時，僅經一二私人攜取或收聚，其數量不能不遭限制，蓋有資力及交通法禁等困難也。 故衆多數量之收聚及輸送其事常與南北朝政治之變遷有關，如吉藏因陳亡之際，得大收經卷，其後入京，則所洮簡之南朝精本當亦隨之入北，五十餘蜀僧各懷經部北至長安，使僧實得通南朝佛教之新義，此二例雖爲私人之收聚及輸送，然非値南北朝政治之變遷，則難以致此。 至若隋煬帝因江南高智慧等之亂，悉收南朝之經卷，而輸之北方，其措施非私人資力之所能，且與南北朝政治之變遷有關，固不待言也。

據此，可知南朝經卷之輸入北方其數量較多者，如吉藏之所收，隋煬之所藏，皆在陳亡之後，故其中至少有寫在陳時及造於吳地者，又歷李唐一代迄於北宋，更四百年，其間佛教流行旣南北相同，則南方寫經之數量亦應不大異於北土，而今檢此編題記，其有南方地名或南朝年號者，僅南齊武帝永明之一卷梁武帝時之五卷及尙有疑義不易斷定之隋仁壽時辰州崇敬寺所寫一卷而巳。是敦煌經卷之寫於南朝或南方者當非復吉藏蜀僧及隋煬所收送之餘，恐亦無李唐五代北宋時南方所造者在也。

夫經卷較多數量之自南入北，旣如前述大抵由南北朝政治變遷所致，而敦煌寫經題記之著有南朝年號或南方地名者，除仁壽時辰州所寫一卷尙有疑義未易斷定，可以不論外，則又俱屬於齊梁之世，依此二點，故頗疑天監五年造於荆州之一卷及其他寫於齊梁時之諸卷乃梁元帝承聖三年江陵陷沒時北朝將士虜獲之戰利品，後復隨凱旋之軍以北歸者。考西魏所遣攻梁諸大將中惟楊忠即後來隋之太祖武元皇帝，其人最爲信佛。詳見拙著武曌與佛教中楊隋皇室之佛教信仰條周書壹玖楊忠傳北史壹壹隋本紀略同。云：

及于謹伐江陵，忠爲前軍，屯江津，遏其走路。中略。及江陵平，朝廷立蕭詧爲梁王。中略。（保定）四年乃拜總管涇幽寅恪案幽當依趙明誠金石錄貳貳普六茹忠墓誌跋作豳。靈雲鹽顯六州諸軍事涇州刺史。中略。天和三年以疾還京師。

據此，西魏之取江陵，楊忠旣參預其事，後又爲涇州總管，居西北之地凡五歲之久，則此梁武之世荆州寫造之佛典殆爲楊忠當日隨軍所收，因而攜往西北，遂散在人間，流傳至於今日，按諸舊史，徵以遺編，或亦有可能耶？此則未得確證，姑作假設，以供他日解決問題之參考，所謂僅資談助者是也。

足供證明者別見他篇，可不詳論，僅資談助者聊書於此，以寄遐想而已。若此僅資談助之假設而竟爲史實也，則此編所收南朝數卷之佛典者，蓋當年江陵圍城之內蕭七符拔劍擊柱文武道盡之時，不隨十四萬卷圖書而灰飛煙滅者，是誠可幸可珍，而又可哀者矣！嘗謂釋迦氏之教其生天成佛諸奥義殊非凡鄙淺識所能窺測，今此寫經題記竟得以殘闕之餘，編輯搜羅成於一人之手，頗與內典歷刼因緣之說若相冥會，然則貝多葉中果有眞實之語，可以信受不疑者歟？質之雨新先生，以爲何如？

出自第八本第一分（一九三九年）

讀洛陽伽藍記書後

陳寅恪

劉知幾史通伍補註篇云：

亦有躬爲史臣，手自刊補，雖志存賅博，而才闕倫敍，除煩則意有所恡，畢載則言有所妨，遂乃定彼榛楛，列爲子注，若蕭大圜淮海亂離志羊衒之洛陽伽藍記宋孝王關東風俗傳王劭齊志之類是也。

顧廣圻思適齋集壹肆洛陽伽藍記跋略云：

予嘗讀史通補注，知此書原用大小字分別書之，今一概連寫，是混注入正文也，意欲如全謝山治水經注之例，改定一本，惜牽率乏暇，汗青無日，爰標識於最後，世之通才倘依此例求之，於讀是書，思過半也矣。

於是吳若準洛陽伽藍記集證卽依顧氏之說，分析正文子注，羣推爲善本。吳氏自序其書云：

古本旣無由見，未必一如舊觀，而綱目麤具，讀是書者或有取乎？

然吳本正文太簡，子注過繁，其所分析疑與楊書舊觀相去甚遠，唐晏因是有洛陽伽藍記鈎沉之作，其洛陽伽藍記鈎沉自序云：

昔唐劉知幾謂：洛陽伽藍記「定彼榛楛，列爲子注」，斯言已逾千歲，而世行本皆刊於明代，子注已雜入正文，無復分別，亦竟無人爲料理出之，此書遂不可讀矣。近者之江吳氏始創爲之書分段落，正文與注甫得眉目，然究嫌其界域未淸，混淆不免，雖少勝於舊編，猶未盡夫塵障，鄙人索居海上，偶展此書，覺有會於心，乃信手鈎乙，數則以後迎刃而解，都已盡卷，未敢謂足揆原編，然較各本則有間矣。

故唐本正文較之吳本溢出三倍，似可少糾吳氏之失，但唐氏之分別正文子注，其標準多由主觀，是否符合楊書之舊，仍甚可疑，近人張宗祥君之洛陽伽藍合校本附錄吳本及唐本所分正文，并記其後略云：

昔顧澗蘋先生欲仿全氏治水經之例，分別此書注文而未果，吳氏開斯言於其舅朱氏，集證本遂起而分之，然極簡略，恐非楊氏之舊，如楊氏舊文果如吳氏所述，則記文寥寥，注文繁重，作注而非作記矣。楊氏具史才，當不如此，唐氏復因吳氏之簡，起而正之，然第五卷原本注文且誤入正文，則亦未爲盡合也，蓋此書子注之難分實非水經注之比，苟無如隱以前之古本可以勘正，實不必泥顧氏之說，強爲分析，致蹈明人竄改古籍之覆轍也。

張君於唐氏所定第壹卷城內永寧寺條正文「東西兩門皆亦如之」一節下附案語云：

「東西兩門皆亦如之」者，言與「南門闆以雲氣云云」種種相同也，今「闆以雲氣」四十一字作注文，則「皆亦如之」一語無歸宿矣。

於第五卷城北凝圓寺條「所謂永平里也注」之「注」字下附案語云：

衒之此記本自有注，不知何時併入正文，遂不能分別，此「注」字之幸存者，自此至下文「不可勝數」句當是凝圓寺注文，鈎沉本以此下一句爲正文。

又於其附錄之鈎沉本正文城北禪虛寺條「注卽漢太上王廣處」句下附以案語，重申其說云：

此處「注」字幸存，「卽漢太上王廣處」六字明係注文，不得誤入正文。

寅恪案，張君之合校本最晚出，其言「不必泥顧氏之說，強爲分析，致蹈明人竄改古籍之覆轍」可謂矜慎，於楊書第伍卷舉出幸存之「注」字，尤足見讀書之精審，不僅可以糾正唐氏之違失已也。然竊有所不解者，吳唐二氏所分析之正文與子注雖不與楊書原本符會，而楊書原本子注亦必甚多，自無疑義，若凡屬子注悉冠以「注」字，則正文之與注文分別瞭然，後人傳寫楊書，轉應因此不易淆誤，今之注文混入正文者，正坐楊書原本其子注大抵不冠以「注」字，故後人傳寫牽連，不可分別，遂成今日之本。張君所舉之例疑是楊書原本偶用「注」字，後人不復删去，實非全書子注悉以「注」字冠首也。鄙意衒之習染佛法，其書製裁乃摹擬魏晉南北朝僧徒合本子注之體，劉子玄蓋特指其書第伍卷慧生宋雲道榮等西行求法一節以立說舉例，後代章句儒生雖精世典，而罕讀佛書，不知南北朝僧徒著作之中實有此體，故於洛陽伽藍記一書之製裁義例懵然未解固無足異。寅恪昔年嘗作支愍度學說考載於中央研究院歷史語言研究所蔡元培先生六十五歲紀念論文集中，詳考佛書合本子注之體，玆僅引梵夾數事，以比類楊書，證成鄙說，其餘不復備論。

梁僧祐出三藏記集柒支敏度合首楞嚴經記捌支道林大小品對比要鈔序支敏度合維摩詰經序拾壹竺曇無蘭大比丘二百六十戒三部合異序等俱論合本子注之體裁，玆節錄一二，以見其例如下：

支敏度合維摩詰經序云：

然斯經梵本出自維耶離，在昔漢興，始流玆土，于時有優婆塞支恭明，逮及于晉，有法護叔蘭，先後譯傳，別為三經，同本人殊出異，或辭句出入，先後不同，或有無離合，先後各異，若其偏執一經，則失兼通之巧，廣披其三，則文煩難究，余是以合兩令相附，以明所出為本，以蘭所出為子，分章斷句，使事類相從，令尋之者瞻上視下，案彼讀此，足以釋乖迂之勞。

竺曇無蘭大比丘二百六十戒三部合異序云：

余因閑暇為之三部合異，粗斷起盡，以二百六十戒為本，二百五十者為子，以前出常行戒全句繫之於事末，而亦有永乖不相似者，有以以一為二者，有以三為一者，余復分合，令事相從。

說戒者乃曰：僧和集會，未受大戒者出！僧何等作為？衆僧和聚！會悉受無戒！於僧有何事？答：說戒。僧答言：布薩。不來者囑受清淨說！諸人者當說當來！之淨！答言：說淨。

據上所引，魏晉南北朝僧徒合本子注之體例可以推知，洛陽伽藍記伍凝圓寺條紀述惠生宋雲等使西域事既竟，楊氏結以數語云：

衒之按，惠之行記事多不盡錄，今依道榮傳宋雲家記，故並載之，以備缺文。

觀今本洛陽伽藍記楊氏紀惠生使西域一節，輒以宋雲言語行事及道榮傳所述參錯成文，其間頗嫌重複，實則楊氏之紀此事，乃合惠生行記道榮傳及宋雲家傳三書為一本，即僧徒「合本」之體，支敏度所謂「合令相附」及「使事類相從」者也。楊書此節之文如：

至乾陀羅城，東南七里有雀離浮圖，道榮傳云：城東四里。

卽竺曇無蘭大比二百六十戒三部合異序後所附子注之例，其「道榮傳云：城東四里」。乃是正文「東南七里有雀離浮圖」。之子注也。又楊書此節之

（迦尼色迦）王更廣塔基三百餘步，道榮傳云：三百九十步。

其「道榮傳云：三百九十步」。乃是正文「三百餘步」之子注也。其餘類此者不勝枚舉。玆僅揭一二例，亦如顧氏之意，欲世之通才依此求之，寫成定本，以復楊書之舊觀耳。夫史通所論實指慧生等西行求法一節，而吳唐二氏俱以此節悉爲子注，張君無所糾正，其意殆同目此文全段皆是子注也。故自楊氏此書正文與子注混淆之後，顧氏雖據史通之語，知其書之有注，而未能釐定其文，吳唐張三家治此書極勤，亦未能發此久蔽之覆，因舉魏晉南北朝僧徒合本子注之例，證成鄙說，爲讀是書者進一解，並以求教於通知古今文章體製學術流變之君子。

出自第八本第二分(一九三九年)

貞石證史

岑仲勉

去歲嘗草金石證史，略變前人碑跋之體，良以碑各爲跋，則小學、碑例、書法之專義，非方家不能兼其長，而父子、兄弟、夫婦之記載，分讀或將費乎詞也。頃檢朱楓雍州金石記九云，「余記金石，每於零落之餘，偶有所得，可以正史傳之缺謬，闡前人之未發，爲可喜也。」又翁方綱平津讀碑記序云，「夫金石之足證經史，其實證經者二十之一耳，證史則處處有之。」幸往所命名，稍合昔指，續有筆錄，易名貞石，昭其實也。凡在論議，有金石家所已發而余得見者，抹去之，以無與前賢爭短長云。時民廿六年八月。順德岑仲勉記。

清代金石家不可屈指數，然專金石而兼史者居多，專史而兼金石如錢大昕輩，寥落如晨星也，取塗不同，其最常見者凡有二蔽：

一過信石刻。石刻之可貴，在一經刊上後，難於挖改，視書本之傳鈔，翻印易於轉訛者不同。然此係就碑誌已成時觀之，若碑誌之撰述有誤，正與史傳之撰述有誤，同一可能也。矧碑誌之太半，皆假手於學術寡陋之士，修史者大都爲世之通人，長短乘除，未易軒輊。顧專金石者每遇異同之處，輒曰，「自當以碑爲正，」千篇一律，膠固弗通，則未知須斟酌而後成定論也。

二偏責史失。列傳之設，靡論舊新史家，均以覩其言行爲首要，而出處次之；郭子儀、唐名人也，然二十四考中書令，本傳或不克備載，其他聲譽遠遜者更何足論。夫碑誌與列傳，旨趣有異，前者爲私門撰述，臚舉仕履，人必不責其過繁；後者乃舉國官書，滿紙升除，舉將詆曰朝報，史家用累遷等字，其勢所必至，亦其例應爾也。今凡不見於傳者，金石家動責曰，史之失載；夫重要之遷降不載，責其失，可也，不然，則曾受一命而弗見於史者，恆河沙數矣，史之缺，正準乎史之例，其失反在乎責之者。

崑山葉奕苞氏繼趙爲金石錄補二十七卷，亦清代金石家之表表者，其卷二十一跋唐主簿范隋告云，「然宰相表、審權爲中書侍郎兼工部尙書，在元年九月，不帶平章事，二年無審權名字，與此告異者，表之漏也」則未知宰相表之例，記其任免，非每歲必書。大中十三年十二月，兵部侍郎杜審權同平章事，此審權之入相也；咸通四年五月，審權檢校吏部尙書、同平章事、鎭海軍節度使，此審權之罷爲使相也；元年九月之爲中書侍郎兼工尙，三年二月之爲門下侍郎兼吏尙，乃審權在相位中之轉官，不書平章事者，表省繁文也；葉顧以爲漏，吾故曰，專史而兼金石者少也。

拙學殖荒落，史之不通，石尤昧昧，今爲此編，所兢兢自戒者，期免於蔽而已，證史云乎哉。民廿七年八月，仲勉再記於昆明。

凡 目

李崗李璆誌與新表 修浯溪記之讀法
隱山李渤等題名 吳武陵事迹
李渤留別南溪詩 祕書省正字郎
溫佶無隱曾孫 後周介公玄孫太陽子
兩崔倬 其年春
韋損與韋塤 再跋苻璘碑
左神策軍紀聖德碑 會昌七年
韋瓘會昌末刺楚州 張仲武蘭陵郡王
守宣州右丞相 王夫人
贊皇公 崔詹墓誌後唐立

總論碑誌之信値

金石之學盛於清，充其量，大有碑誌所書，絕無可疑之概，則猶事班史者比漢書於麟經，中許迷者等說文於聖傳，時風所極，無怪其然。若夫挾持私見，強非成是，特矜所學，以爲自重，其人更卑不足道矣。

晚近碑誌大出，視前人所得，何啻倍蓰，比觀參核，疑團愈多，於是吾人對於碑誌之信値，有不能不變昔賢之絕對信仰，而持相對慎重之態度者。

翁方綱氏平津讀碑記序云，「有如唐溫彥博，史稱其褊急，好爭論是非，而碑特書其弘量不與人爭，其相反乃若是，岑江陵固不應作諛墓文，此當表出之以資論世者，」按憲公固未必諛墓，然溫彥博碑是奉勑撰，（碑有云，「又詔有司立碑紀德。」）朝廷方隆飾終之典，詞臣遽爲身後之譏，可乎？江陵而果有不滿彥博者，則唯如蕭俛辭撰王士眞神道碑所對，「臣器褊狹，此不能強，王承宗先朝阻命，事無可觀，如臣秉筆，不能溢美，……臣不願爲之秉筆，」（舊書一七二）斯可矣。然彥博之功績，不與承宗等倫，翁氏之言，唯出以主觀，初未嘗就撰人設身處地作想也。

昔蔡中郎有言，吾爲人作碑多矣，唯郭有道無愧詞。李北海長於碑頌，人奉金帛請其文，前後受鉅萬計，漢、唐兩邕，皆能志墓者，而其言其行如是，他可類知。

杜甫爲其姑萬年縣君誌，云「甫以世之錄行跡示將來者多矣，大抵家人賄賂，詞客阿諛，虛僞百端，波瀾一揆。」（工部集二〇）封氏聞見記六，「近代碑稍衆，有力之家，多輦金帛以祈作者，雖人子罔極之心，順情虛飾，遂成風俗。」又唐語林，一「長安中爭爲碑誌，若市賈然，大官薨，其門如市，至有喧競構致，不由喪家者。」後一節雖描寫過刻，然此以文鬻，彼以賄來，撰者方苦贊揚之不至，求者豈容譏詆之相加，碑誌不能與史傳比論，其勢然也。

集古錄跋九白敏中碑云，「其爲毁譽難信蓋如此，故余於碑誌，惟取其世次、官壽、鄉里爲正，至於功過，善惡，未嘗爲據者，以此也。」此良由歐陽所見旣博，故能抒爲明達之論。抑由今觀之，世次、官壽、鄉里、豈亦必無疑問哉。

古泉山館金石文編跋魏邈誌云，「趙氏誌爲外人所撰，其所述邈之事實甚略，此爲其子所作，情文固當質直詳盡。趙氏卒葬會昌五年，後於此三十年，其書子匡贊前任劍州普安縣主簿，文質任梓州永泰縣令，齊貢前任延州豐林縣令，與此皆不合，固無足怪。乃以齊貢爲長，匡贊爲次，文質爲幼，序次逈異，此志旣爲匡贊自撰，宜無錯誤，則其誤應在王僑。惟趙氏卒葬時，如匡贊等皆在，亦當爲之更正，豈於匡贊、齊貢之官上皆加前任二字，已先卒耶？然文質上獨無前任字，又不可解。彼志亦先女而後男，云有女四人，長適皇甫氏，次適李氏，次適侯氏，幼適王氏，此志祇記三人而無適皇甫氏者，卽數嫁李氏者爲長，又與彼不合，皆不可解。」（補正六九）古誌石華一九云，「一家之事，二石互異，考據家欲據衆手共成之史，辯論千古得失，不亦難矣哉。」

誌之朝代誤者，如王美暢夫人長孫氏誌，「曾祖敞，隨金紫光祿大夫、宗正卿、平原郡開國公。」（石華八）據舊唐書一八三敞傳，「仕隋爲左衛郎將，煬帝幸江都，留敞守京城禁苑，及義旗入關，……貞觀初，……尋拜宗正少卿致仕，加金紫光祿大夫，累封平原郡公。」誌所書皆入唐已後官，而撰文者顧附諸勝國。

誌之官謚誤者，如王叔雅誌，「五代祖祐，周驃騎大將軍、開府儀同三司、光祿卿，隋拜司空、兼中書令，謚曰忠烈。」（古刻）按隋人自始諱忠或中，故郎中祇稱郎，且官制並無中書令。如謂隋內史令卽唐中書令，因以唐制追稱，而謚則不可追改也，何以忠烈之謚，明犯隋諱。

此外覺其舛謬或矛盾者，於本條末附論或分目詳之，茲總揭大要如次：

1.姓源　安師誌與康達誌，突厥人溉墓誌，安神儼誌與康杕誌，房兆誌等。

2.朝代　老子祠造象記，襄陽張氏諸誌等。

3.名字　趙肅、趙威、趙進三誌，范彥及彥妻柳氏誌，張敬詵兩誌等。

4.世次　田侁及其妻祔誌，張敬詵兩誌，襄陽張氏諸誌，王固已，志悌兩誌，石橋詩刻石記等。

5.官歷　趙肅、趙威、趙進三誌，陳壽、陳懐儼兩誌，田侁及其妻祔誌，老子祠造象記等。

6.年壽　田侁及其妻祔誌，張敬詵兩誌，張孚誌等。

7.鄉里　張敬詵兩誌。

其中猶或可解曰，假手外人與不學無術之輩也，金石補正七三跋博陵崔氏夫人誌云，「以前李繼墓誌證之，知崔氏即李繼之妻也，惟彼誌所述，繼卒于元和四年，與此誌所書庚寅者差一年。」按李繼誌，李紳爲其親兄於元和十一年所撰誌也。（補正目錄二誤元和十年。）崔氏誌，紳爲其嫂於開成三年所撰誌也，中更廿二年耳。紳非他，曾相武宗而元和初早以短李知名者也，是不得以外人解，不得以衰落解，不得以荒疎無學解，記其兄卒，猶顯差一年，幸而兩誌俱出，否則世有不執一以信其必眞者乎。

余爲此論，非謂碑誌全不可信，固謂不可執泥；讀碑誌之文，先須知其立場與史傳有別，要多從客觀着想，如是，則採其長以補史所不足，石刻之致用，甯得云小補乎哉。

趙肅趙威趙進三誌附

趙肅誌，（芒洛四編二）顯慶元年立，趙進誌，（同書補編）大足元年立，據文則進固肅子也。前誌云，「祖遐，齊散騎常侍、門下郎中。」後誌云，「曾祖遐，隨青州司戶參軍事；」前誌云，「父相，隨臨漳縣令，」後誌云，「祖相，隨洋州錄事參軍事；」前誌云，「君諱肅，字威……………授謁者臺員外登仕郎，」後誌云，「父威，隨宋州宋城縣令；」兩誌之立，相去不過四十餘年，而所敍三代官歷，竟無一同，何耶。

不特此也，既有趙肅誌，又有趙威誌，（同書二）然夫既前卒，及妻卒合葬而再立誌，事有其因，猶可言也。今前誌云，「公諱肅，字威，」後誌云，「公諱威，字文肅，」夫隋、唐人爲名爲字，往往說各不同，此在出諸他人之記載者，事常有之，然肅誌則云長子義感，後誌亦謂有子徐王府執仗義感，是皆出諸義感之口者，何記其父之名字，亦後先弗同耶。至威誌、祖還，隨任安州刺史，父相，任涼州刺史，威遷任戶部員外郎云云，復與前兩誌迴異。考唐世郎署，其任綦重，今未遷戶外以前，絕無官歷，或謂入唐不仕，或稱遠蹟要務，作僞之跡，躍然紙上，今姑不問其石眞否，祇就文字論，已絕無傳信之價值矣。

安師誌與康達誌附

師誌、龍朔三年立，達誌、總章二年立，後先纔七年，皆芒洛遺文也。（四編三）師誌云：

「原夫玉關之右，金城之外，踰狼望而北走，越龍堆而西指，隨水引弓之人，著土脾刀之域，俱立君長，並建王侯，控賞罰之權，執殺生之柄，天孫出降，侍子入朝，日磾隆於漢辰，由余重於秦代，求之往古，備在緗緗。」

此誌之首段，計八十字，康達誌亦然，達誌除泐去「而北、」「西、」「著土、」「俱立、」「備」八字外，唯「指」作「相」，（或著錄之訛）「殺」作「煞，」（通用字）「出」作「外，」小異。又如師誌中段云：

「並勇冠褰旗，力踰扛鼎，至如逢蒙射法，越女劍端，減竈削樹之奇，塞井飛灰之術，莫不得之天性，闇合璽篇。君克嗣嘉聲，仰隆堂構，編名蜀府，譽重城都，文武兼資，名行雙美，以斯厚德，宜享大年，彼蒼不仁，殲良奄及。」

此一段八十二字，達誌所不同者祇「蜀府」作「勳校，」「譽重城都」作「舉重城都。」又次師誌末段云：

「嗚呼哀哉！永言人事，悲涼天道，小年隨朝露共盡，大夜與厚地俱深，著嬪風於冥漠，紀懿範於沈陰，譬銀河之不晦，同壁月而長臨。其詞曰，日磾仕漢，由余宦秦，美哉祖德，望古爲隣，篤生懿範，道潤松筠。爰有華族，來儀作嬪，四德無爽，六行紛綸，誕茲令胤，時乃日新，奄捐朱景，遽委黃塵，泉扃一閉，春非我春。」

此一段一百十七字，達誌祇渺「涼」「沈」「美哉」「揖」五字，餘盡同，但安氏夫妻同穴，康氏則不然也。尤怪者，師誌敍世系之辭云：

「君諱師，字文則，河南洛陽人也。十六代祖，西華國君，東漢永平中，遣子仰入侍，求爲屬國，乃以仰爲并州刺史，因家洛陽焉。」

而達誌亦云：

「君諱達，自文則，河南伊闕人也。十六代祖，西華國君，東漢永平中，遣子仰入侍，求爲屬國，□以□爲并州刺史，因家河□焉。」

安、康當不同出，何姓源猶復抄襲。今如蜀府改爲勳校，執筆之人，似非絕不諳文義者，而字與先系，竟任其完全雷同，是可怪也。

康達死後四十三年，卽太極元年，又有康威者卒，其誌亦北邙遺物也。云，「曾祖諱遠，後魏左龍相將軍、壽陽縣開國公，祖諱滿，隨右衛郎將、壽陽侯，父諱達，皇朝金谷府統軍，」(芒洛四編五)其父與前之康達同姓名，曾祖遠亦與前誌祖逵字相肖，然官爵都不類，頗難決是前誌康達之子也。若威誌稱衛人，又言道武遷豫，遂籍河南，由前兩誌觀之，此等記述，殆不值比定也。

陳壽陳懷儼兩誌附

陳壽、陳懷儼兩誌，(芒洛四編三)壽、乾封二年卒，春秋六十六，儼、上元二年卒，春秋七十八，儼雖壽姪而差長四歲者也。前誌云，祖顯，齊奉車都尉，改授鎮西將軍，檢瀛州刺史，後誌云，曾祖顯，齊任奉車都尉，後除青州司馬；又前誌云，父瑤，隨任右驍衛長史，後誌云，祖瑤，隨齊王府記室參軍，遷幽州范陽令；兩誌之立，不足十年，而官歷亦幾無相同者何也。

范彥及彥妻柳氏誌附

唐人名字之糾混，及多所更易，余嘗屢舉其證，今范彥誌，(芒洛三編)「君諱彥，字裒，其妻柳氏誌則「君諱褒，字彥褒」，(同上)既名字互易，復不盡同，前誌以總章二年立，後誌上元二年立，後先纔七載耳。前誌又云，「去顯慶年中，任集州符陽縣主簿，」後誌云，「以永徽四年，釋褐集州符陽縣主簿，」比而觀之，固可謂是由永徽連任至顯慶，但若僅見前誌，則以爲始顯慶年矣，由此可知讀前人文字，有時萬不能固泥者。

田侁及其妻祔誌附

田侁誌，貞元三年立。稱「高祖弘，皇光祿大夫，靈、冀等州刺史。」（補正六六）田侁與妻合祔誌，貞元十一年立，稱「曾祖弘，唐故光祿大夫，驃騎大將軍，靈、冀等州刺史。」（同上）又前誌侁春秋五十有一，後誌就享年五十，兩者之立，後先相差九年耳。補正云，「至曾祖弘，前誌作高祖，彼誤此不誤，」此亦難言。

又前誌云，「父仁俊，朝議大夫，朔州刺史，」後誌云，「父仁俊，朝議大夫、祥州刺史之次子也，」補正云，「朔州屬河東道，未嘗改名祥州，唐書地理志亦無祥州，蓋誤也。」若此之類，幸而兩誌俱出，吾人尚可據其一以疑其一，不然，僅出一石而其人或史傳有考，幾何不使考證家大興筆戰耶。

張敬詵兩誌附

張敬詵誌，貞元十年立，張詵及其妻樊氏誌，永貞元年立。（萃編一〇三及一〇五）前誌云。「公諱敬詵，馮翊同川人也，」後誌云，「公諱詵，隴右天水人也。」唐人名字，有時省却一字，此不足怪；忽而馮翊，忽而天水，亦得爲新，舊望之異。又前誌云，「皇朝左金吾衞大將軍元長府君之孫，皇朝中散大夫撫州長史崇讓府君之次子。」後誌云，「祖定遠，甘州司馬，父崇正，潭州長沙縣尉。」崇讓、崇正，顯非一人，元長、定遠，官歷不同，是否一名一字，亦難決定，前誌明云次子，則是崇讓本生，故如謂元長、定遠同人者、應敬詵出後於崇正，如謂否者，應讓正非胞兄弟，否則應崇讓、敬詵兩重出後，方能解說。敬詵五女，兩誌相合，惟前誌三女歸王氏，後誌三女適天水趙詡，豈再醮歟。其最不同者，前誌、敬詵貞元十年八月廿三日卒，春秋六十八，後誌、貞元十年八月廿日卒，春秋六十九，豈事距十餘年，遂不復確憶歟。

平津記七，「右押衙張詵夫人樊氏墓誌銘，……與前鴻臚卿張敬詵爲一人，而所敍祖父、名位、幷籍貫、薨日俱不同，契氏之卒，在敬説卒後十年，門祚衰落，沙門撰碑，又未暇深考，故兩誌多舛錯，」不得其解，亦祇有如是推想而已。（李駕持論與洪氏，故不繁引。）

寇奉叔等祖孫父子兄弟誌

周書三七寇儁傳「子奉，位至儀同三司、大將軍、順陽郡守、洵州刺史、昌國縣公，」北史二七略同。按芒洛續編上寇奉叔誌，諱奉叔，字遵夏，非名奉。蓋題昌國公，首題昌國惠公，誌則云，「改封昌國縣男，……尋進爵爲子，……改封爲伯。」疑「公」字是泛稱，非五等爵之公也。誌又言，「拜洵州贊治兼司馬，……遷別駕，治長史，尋加通直散騎常侍，仍授帥都督幷檢校洵州城防，」則奉叔亦未嘗任洵州刺史，似以誌爲可信。

寇遵考誌，（芒洛續編上）儁仕魏爲南中郎、梁洛二州刺史，改封潁川郡開國公，北史亦稱永安二年出爲梁州刺史，惟汲古本周書作涼州；按傳下文又言梁將曹琰之屢擾疆埸，儁遣兵攻克其城，並擒琰之，果爲涼州，不得與梁界，知汲古本作涼者誤，百衲本不誤。

寇遵考誌，「公諱，字遵考，」以周書核之，卽奉叔之弟顒也。周書稱其歷官儀同大將軍，掌朝、布憲、典祀下大夫，小納言，濩澤郡公；按誌「遷掌上士，其任則御史之職，於是糾察非違，朝儀肅穆。」（掌下疑奪一字）卽掌朝也。「遷布憲大夫，」卽布憲也。「授典祀中大夫，」史訛中爲下也。北史乃改爲「位儀同大將軍，掌朝布憲，爲典祀下大夫，」則由李氏不知掌朝布憲各與大夫字相連，誤官名爲職掌，中間遂強插「爲」字矣。

奉叔兄弟、暨臻子治及遵、又臻孫偘各誌，（六朝志華）均稱臻幽郢二州刺史，惟遵考誌稱龍驤將軍監安遠府諸軍事，以臻誌（六朝菁華二）驗之，知龍驤將軍、幽州刺史均是贈官，故史不詳，周書稱安遠將軍，亦不盡合。此外臻誌有而魏書從略者，爲封昌平子、除建忠將軍二事。又誌，沘陽鎭將，魏書四二作北陽，考沘陽之名，亦見寇治誌，可據誌以校正魏書也。臻子九人，見於史者有長子祖訓，祖訓弟治，（字祖禮）治弟彌及儁，（字祖儁）若寇偘之父軌，余以爲卽祖訓之名，知者因誌稱順陽太守，與史同也。

魏書、讚長子元寶，元寶卒，子祖襲爵，卒，子靈孫襲，以臻諸子均字祖某詳之，則元寶子祖之下，顯奪一字，今觀寇演誌（六朝菁華二）云「君諱演，字眞孫，」眞孫、靈孫、其字同排，又魏書之祖□，高祖時爲安南將軍、東徐州刺史，演誌稱「父祖暎，使持節安南將軍，徐州刺史，三假太尉，河南愼公。」由是知魏書子祖下應補暎字。誌又云，「祖元寶，本州別駕，安南將軍，豫州刺史，再假太尉，河南簡公，」依魏書、將軍刺史皆贈官，此又誌得史而後明者也。

玆并以寇氏各誌之享年可考者，列表如次：

臻卒正始二年。（五〇五） 享年未詳。

臻第二子治，卒正光六年，（五二六） 年六十九，生太安四年。（四五八）

臻第七子憑，卒神龜元年，（五一八） 年三十四，生太和九年。（四八五）

臻孫軌子偘，卒孝昌二年，（五二六） 年四十一，生太和十年。（四八六）

臻孫儁子奉叔，卒開皇二年，（五八二） 年七十六，生正始四年。（五〇七）

臻孫儁子遵考，卒開皇三年，（五八三） 年五十八，生孝昌二年。（五二六）

臻長兄元寶孫（祖暎子） 演，卒神龜元年，（五一八） 年五十五，生和平五年。（四六四）

寇治（祖禮）與酈道元

魏書八九道元傳，「累遷輔國將軍、東荆州刺史，威猛爲治，蠻民詣闕，訟其刻峻，坐免官。」又四二治傳，「稍遷鎭遠將軍、東荆州刺史，代下之後，蠻民以刺史酈道元峻刻，請治爲刺史，朝議以邊民宜悅，乃以治代道元，進號征虜將軍，坐遣戍兵送道元免官。」均不舉其年代，惟治傳下文有「世宗末，」則以爲世宗朝事也，北史二七道元傳敍事較詳云，「延昌中，爲東荆州刺吏，威猛爲政，如在冀州，蠻人詣闕，訟其刻峻，請前刺史寇祖禮，及以遣戍兵七十人送道元還京，二人並坐免官。」然治復代道元，究在世宗之末，抑肅宗之初，亦未明著。惟同卷祖禮傳有「宣武末、爲河州刺史」語，宣武末即世宗末之變文，是亦沿襲魏書，認其爲世宗朝事也。但考寇治誌（六朝菁華三）之記述，則大有異同，誌云，「以父憂解任，……服未闋，起前將軍，尋遷假節督東荆州諸軍事、鎮遠將軍、東荆州刺史。」治父臻卒正始二年二月，有臻誌可證，服既未闋而起復，而尋遷，則其初次督荆，似在正始之末，永平之初。誌下文又云，「朝廷深嘉公誠，就拜驃騎將軍，復授征虜將軍，世宗晏駕，入奔山陵，除將作大匠。」世宗崩於延昌四年正月，果如其說，是治之督荆可七年也。誌又接云，「其邦雖舊，其制唯新，時荆、淮蔡澤，沔北思仁，重除持節督東荆州諸軍事、前將軍、東荆州刺史，……遭繼母憂解任。」道元蒞任若干時後，始被蠻民之訟，今不可知，然以誌言度之，似應遞入肅宗初期矣。誌不言遣兵送道元坐免，或許執筆者爲諱。顧魏書以爲世宗末治遷河州刺史，誌則在繼母喪後，繼母喪又在世宗晏駕入奔山陵復出督荆之後，是誌與史敍事之年代，終不盡脗合也。

誌稱遷廷尉卿、度支尚書，傳祇云又兼尚書，略去部名；誌稱贈衞將軍，傳稱衞大將軍；亦其小異之處。

淡廣郡

集古後錄跋東魏崇先寺記云，「建此寺者隴西君，君上滅一字，其官爲持節假撫軍將軍、鎮遠將軍、諫議大夫、新野鎮將、帶新野太守、當郡淡廣兩郡大都督，……唯淡廣郡、求之于史無所得，今南陽平氏有徐史君碑，稱興和三年，拜撫軍將軍、南雍州刺史，在淡廣置立州鎮，其陰又有淡廣太守、郡丞、郡功曹等數人。」（叢編三）余按魏書、淡廣郡不止一處，有屬廣州者，（見一〇六中）非此也。此之淡廣郡屬荆州，（見一〇六下）當是魏置。隋書三〇南陽郡下云，「又有淡廣郡，西魏改爲黃岡郡，」即其地也。

陳留太守蔡謨

老子祠造象記，「次祖諱謨，………晉光初元年征東將軍、六州諸軍事、陳□□守、兗州刺史、司徒公，」（山右石刻叢編一）所闕兩字，胡聘之云，「按當爲留侯二字，」非也。考記後題名第一列，有「晉征東將軍、六州諸軍事、陳留太守、兗州刺史、司徒公蔡□，字□□，」即蔡謨也，所記官歷相同；位蔡元之後，蔡定之前，昭穆亦合；是闕去之兩字，本碑文自可互證，胡氏乃以爲陳留侯，何不細讀石刻耶。至謨之官歷：與晉書本傳牴牾，實無据信之價値，今姑就碑言碑耳。例如光初是劉曜年號，而冠以晉，且施諸晉臣，尤妄。

司馬子如誌

北齊書一八、北史五四均云子如字遵業，誌則諱遵業字子如，（鄴下遺文二）大柢周、齊、隋、唐之際，名字最難分別，殊不足怪。傳稱八世祖模，誌稱九葉祖隴西王泰，泰卽模父，據晉書三七，泰初封隴西，後改高密。至誌稱子如祖乾，魏侍中，可補史闕一代。誌又云，「父興龍，魏司徒，」傳祇著魯陽太守，當後來贈官耳。北史子如初爲懷朔鎭省事，卽誌所謂雲州主簿。北史子如謚文明，今誌「司馬文」下泐兩字，其一蓋明字。魏書有岐州及南岐州，今誌中間出除岐州刺史，北齊書乃南岐，未詳孰正。又除岐州後，誌謂「徵還，除儀同三司，又加侍中，」北齊書讀來，則儼若齊高祖入洛始追赴京者，是亦小異。

閭大肥

閭大肥、魏書三〇本傳祇稱蠕蠕人，赫連夫人閭氏誌以爲茹茹國主步渾之子，（鄴下遺文補）考金石錄二二北齊郁久閭業碑跋，「碑又云，業、茹茹國王步渾之玄孫，蠕蠕或稱茹茹，見於前史，惟魏書蠕蠕列傳，自木骨閭以來，敍其世系甚詳，無名步渾者，亦莫知其爲何人也。」余按魏書一〇三蠕蠕傳，大檀之父、社崙之季父名僕渾，僕步、音之寬促，疑卽其人，若然，則大肥卽大檀之昆弟也。傳稱大檀先統別部，鎭於西界，國人推爲可汗，殆藉僕渾之餘蔭，故誌稱曰國主。大肥歸國，本傳初尙華陰公主，主卒，復尙濩澤公主，（華陰北史作華陽）誌則統稱隴西長公主；除使持節安南將軍，誌有而傳無；追贈中山王，誌作老生王；均史誌差異之處。又傳稱大肥子賀，早卒，大肥弟驎襲爵，今誌固有子菩薩，冀州刺史、晉陽公，生阿各頭，平原鎭將、安富侯，意不使其他子襲爵，非謂賀而外大肥無支子也。

金石錄又言，「又碑云，祖名大泥鵠起，而史作大肥，」按前引金石錄，業爲步渾玄孫，則與赫連夫人閭氏同輩，閭氏於大肥曰曾孫，業亦當大肥之曾孫或從曾孫，大泥鵠起祇是業祖，與大肥並不同代，無怪其名有異，非如趙氏所疑碑史牴牾也。

金石錄又云，「魏書於皇后傳云，姓郁久閭，而於毗與大肥傳，止言姓閭，毗於景穆皇后爲兄弟，其姓不應有異，使後嘗更姓，史家亦當具載，兼大肥之孫，亦不當復用舊姓也。」按魏代之衰，代人多復舊姓，郁久閭是舊姓無疑，姓氏辨誤二七亦襲趙說，似未細考。然業碑立天保七年，閭氏誌立河淸三年，前者稱郁久閭，後者仍稱閭，則復姓之事，當日仍非一致矣。

徐之才誌

徐之才墓誌，（鄴下遺文）近世出土，所敍歷官，比北齊書三三本傳較詳，自是應有之義，其小異者如：

1. 誌云，「東莞姑幕人，……故世居江表，」傳則逕書其占籍爲丹陽人。
2. 北齊書，「父雄，事南齊，位蘭陵太守。」北史，「文伯仕南齊，位東莞、太山、蘭陵三郡太守，子雄，員外散騎侍郎。」誌則云，「大父文伯，梁散騎常侍，……考雄，不幸早卒，終於員外散騎侍郎。」考南史三二，文伯至宋後廢帝時尙存，傳稱仕齊，應無疑義，所未知者誌稱梁散騎常侍耳。蘭陵太守，北齊書以屬雄，當誤，錢大昕氏謂此卷是北史，今由之才傳觀之，尙非全無異同也。
3. 誌云，「釋褐豫章王國左常侍，」北史九〇同；北齊書作右，當誤。
4. 北齊書，「除趙州刺史，竟不獲述職，」北史同；據誌則天保五年除趙州刺史，未之官，十年再除，之官，故下云「乾明元年徵金紫光祿大夫」也。傳文之「雖有外授，頃卽徵還，」雖略作總結，但因同是趙州刺史，或任或不任，非得誌之詳敍，後人讀史者固易生誤會耳。

史之最誤者爲之才享齡；北齊書、北史皆云年八十卒，誌則云武平三年六月卒，春秋六十八。誌之可信者兩點：（甲）誌云，「懸車將老，俗遊遽迫，」知之才未逹七十。（乙）袁昂領丹陽尹，辟之才主簿，誌敍於年十五丁父憂之後，釋褐之前，傳亦緊敍於年十三召爲學生之次，今考梁書三一，袁昂以普通三年官丹陽尹，下去武平三年，計五十祀，則辟主簿時之才正十八歲，與誌、傳均合，史蓋奪「六」字，又倒訛十八爲八十也。錢氏歷代名人生卒錄二作八十，仍沿傳誤。

赫連子悅

北齊書四〇、北史五五本傳均云勃勃之後，據誌，（鄴下遺文補）高祖勃勃，曾祖倫，祖豆勿于也。誌云，子悅字士忻，傳作欣，古忻、欣字通。誌敍歷官，又比傳較詳，此史體使然，所異者，傳稱除濟州別駕，誌作濟州城局參軍。考隋書二七，北齊上上州置府，屬官有城局參軍，州屬官有別駕從事史；又誌稱轉陽州刺史，（北齊書缺）北史作楊，考魏志有陽、楊二州；均似誌爲徵信。至加位開府仍行北豫州事，及除侍中、北周使主，皆北史與誌合，而北齊書所缺者。惟傳謂子悅「既無學術，又闕風儀，人倫淸鑒，去之彌遠，一旦居銓衡之首，大招物議。」而誌顧云，「公激濁揚淸，搜奇簡異，草萊必進，管庫無遺，」則私門贊頌，必不如公史批評之允洽矣。

誌云，「化政代名人，」按魏志一〇六下，代名郡，太安二年置，化政郡，太和十二年置，是代名置在化政之先，不得以代名本化政屬縣爲解，豈後來改併而收書未之及歟，抑本雙頭郡而史失考歟？

附神武肅公紇豆陵墓誌

見叢編九引京兆金石錄，不著年月。按竇氏之先，賜姓紇豆陵氏，周書三〇毅傳云，「孝閔帝踐祚，進爵神武郡公，……隋開皇初，拜定州總管，……二年，薨於州，……謚曰肅，」是神武肅公紇豆陵者，卽竇毅也。

附鄭君誌卽鄭大仕

中州遺文云，「鄭君墓誌銘，……二石分刻，第一石已失，蓋篆儀同、大將軍，臨渠州刺史鄭君之神銘」誌云，「轉渠州諸軍事渠州刺史，……以開皇十一年閏十二月九日薨於私第，」余以鄭敞碑、（金薤琳琅九）鄭謎誌（芒洛遺文四編五）勘之，知卽鄭大仕之墓誌也。敞碑，「祖大仕，隨上開府儀同三司、驃騎將軍、渠州刺史、襄城公，」謎誌，「偉子大仕，隋開府儀同三司、渠州刺史，並襲爵襄城公，」先代官歷，往往不能盡舉，曰渠州刺史，載其終官也。今存誌文，雖未見儀同、將軍，而家蓋有之。敞碑、符祖偉，後魏龍驤將軍、襄城公，則襲爵襄城。當隋已前事，易代而後別錫勳封，故鄭君誌有進爵開國伯之語，非相違也。敞碑、諶誌均謂敞父仁基，隋通事舍人，鄭君誌有世子德政、次子德育等，仁基爲政、育任一之字，抑不在列舉中，難以言矣。鄭君誌出滎澤，諶誌出邙洛，然後者固云權窆，亦不必以異地致疑。

鄭敞碑，「長子朝議大夫行果州司功參軍諝，第二子越州都督府士曹參軍諲，第三子右贊郎諶，第四子太子典設郎譓，第五子宋州司功參軍訢等，」諶誌則云，「公即洛陽之中子也，」中字似當如字讀，非仲子也。

突厥人㵿墓誌

石華九云，「前蕭思亮誌有龍門之桐，始半生而半死，此文（胡侄誌）亦有是句。蓋唐人作文。已有活套，轉相勦襲，要知此語尙不始於思亮誌也。」余少讀書，見夫舊日三家村冬烘先生，爲人寫婚禮書帖，往往編成一種套語，豫備鈔謄，故除郡望之外，幾無不大同小異。以此而推，古代民間墓誌，如非平生事蹟可紀，或延文人捉刀者，當亦難免斯弊。例如安神儼誌云，「原夫吹律命系，肇跡姑臧，因土分枝，建旗強魏，英賢接武，光備管絃，……公稟和交泰，感質貞明，志局開朗，心神警發，仁惠之道，資訓自天，孝友之方，無假因習。」（芒洛三編）又康杴誌云，「原夫吹律命系，肇跡東周，因土分枝，建旗西魏，英賢接武，光備管絃，……君稟和交泰，感質貞明，志局開朗，心神警發，仁惠之道，資訓自天，孝友之方，無假因習。」（芒洛四編三）兩段文各五十九字，不同者祇姑臧改東周，強魏改西魏，康或得爲胡人之後，如曰漢姓，則姓氏書稱康叔之後，東周字總非貼切，可見碑誌中姓源文字，常不可信賴也。前誌以調露二年二月立，後誌以永隆二年八月立，相去祇一年半，且同出北邙，則疑文出一人手，否亦相識，故有此一段鈔塡文字也。

向達長安與西域文明云，「今按隋末尙有諱㵿字姞旺者，亦波斯人，祖各志，父若多志，（？）於大業十二年（西元六一六）三月十日，卒於洛陽，墓志出土，失去其蓋，故名存姓佚，……此蓋波斯部族之臣於突厥者，是以志文云爾也。」（二三頁）余按芒洛續編上蓋錄此誌，題「□㵿墓誌銘，」意似謂已佚其姓，向氏名存姓佚之說，亦嘗如是設想；但當時突厥衰落，入居中土者不少，未必盡有漢姓，似不能遽斷爲佚姓也。向氏僅據「波斯之別族」語，卽定爲波斯人，結論亦覺來得太早。此語之不可信，與上舉例同，亦猶康遂之系，無殊乎安師之系，（說見前文）執筆者昧於外族區別，遂塡入「波斯」二字矣。縱讓一步言之，要有疑問，蓋俠姪卽唐之跌跌，亦稱阿跌，光顏之族也，溫庭筠醉歌作阿䪺，通典一九九云，「阿跌亦鐵勒之別部，……隋代號訶咥(咥？)部，是也，」本自譯音，故字無定寫，俠跌同從夾得聲，姪音咥，今誌一則云，「塞北突厥人也，」再則云，「俠姪之苗胄，」而波斯祇曰別族，輕重攸分，能卽據是以爲波斯人乎。澈祖各志，祖若多志，志卽「支」之異譯，如史所云答摩支、（慈恩傳）可達志、（新書七九）遂哥支、（貞觀政要四）等，尤徵是突厥名稱，並無波斯痕跡也。

誌云，「乃於丙子之年，丁亥之朔，丁亥之日，忽然喪沒，」丙子爲大業十二年，是歲三月丁亥朔，澈卽卒於朔日，誌末刻「大業十二年三月十日，」乃葬日，向氏以爲卒日，則未細考誌文也。

海州刺史李亮

拙著隋書州郡牧守編年表（七〇頁）曾據神符碑及舊書六〇本傳，謂其父亮當卒於開皇前半葉，今閱寶刻叢編八唐鄭孝王亮墓誌下引復齋碑錄云，「開皇元年薨，唐贈鄭王，」幸所疑尚不妄也。惟神符享年，毛氏金石文字存逸考七作七十三，與舊傳同，而顧氏代刊文字新編一又作七十五，未見石刻，不審孰是，今使傳作七十三爲眞，則神符生周大象二年，蓋三歲而孤也。

萃編五七李孝同碑跋云，「唐書宗室世系表，……其第八子鄭孝王亮，隋趙興太守，……舊唐書傳，淮安王神通父亮，隋海州刺史，……新書傳，鄭孝王亮仕隋爲海州刺史，追王，是趙興太守，海州刺史。表與傳分見，而碑則連書之，且增寧州二字；……考隋書地理志無寧州趙興之名。其海州本東莞、瑯琊二郡地，東魏武定七年，嘗置海州東彭城郡，始有海州之名，齊、周之朝，置朐山、東海二郡，隋開皇初，廢東海郡，大業初復置，至唐初始置海州東海郡，屬河南道，則隋時未嘗有海州，亮何緣爲刺史，是碑傳與地理不合也。」余按隋書三一云，「東海郡，梁置南北二青州，東魏改爲海州，」顯言隋承東魏設海州，與廢東海郡毫不相涉，作跋者蓋未知開皇廢郡存州，故有此妄說。又隋書二九北地郡云，「後魏置豳州，西魏改爲寧州，大業初復曰豳州，」所屬定安縣下云。「舊置趙興郡，開皇初郡廢，」則隋地志明有寧州趙興郡，何得曰無此名。亮歷任寧州趙興郡太守暨海州刺史，故碑連書之，世系表祇未及其最高之職，碑、傳與地理志更毫無衝突。惟亮自太守改刺史，是否在隋文受禪之後，今墓誌既亡，不得而確考矣。

段志玄名雄

金石錄二三云，「右唐段志玄碑，……碑云，公諱某，字志玄，而其名已殘闕，然史初不載其名也，」志玄何名，此後金石家均未之及，余則謂志玄名雄，就昭陵諸碑自見之。許洛仁碑云，「武德開元，拜三衞車騎，侯君集、段雄、喬軌並莫府功臣，悉在部內。」（參萃編五四及碑錄中）曰幕府功臣，而段雄史未之見，揚雄嘗作太玄，段名雄，故字志玄也。碑云，「從上破西河，迎朝□大夫，□□破□老□於霍□，……又與□紀劉文靜破桑顯和、屈突通，」按舊書一，大業十三年六月，命太宗將兵徇西河，下之，八月，辛巳，高祖引師趨霍邑，斬宋老生，老之上下爲宋生字，霍下爲邑字。又舊書五八柴紹傳云，「隋將桑顯和來擊，孫華率精銳渡河以援之，紹引軍直掩其背，與史大奈合勢擊之，顯和大敗，因與諸將進下京城，」劉文靜之上，應爲柴紹二字。此皆志玄於起師之初所立功績，故曰幕府功臣也。

孫氏昭陵碑攷一云，「又碑云，………遷銀青光祿大夫，新舊史皆作歷左光祿大夫；從劉文靜破屈突通，遷（下闕）封□臨濟縣侯，食邑□百戶，……俱不及封爵、食邑，」按碑遷銀青光祿大夫之下，又稱累遷右光祿大夫，史乃舉其大者，所異者左右互殊耳。

碑云，「齊州鄒平縣人也，」萃編四五云，「兩唐書俱作齊州臨淄人，舊唐書地理志，武德元年，置鄒州，領臨濟、蒲臺、高苑、長山、鄒平五縣，八年，廢鄒州，鄒平屬譚州，譚州廢，屬淄州，臨淄縣屬青州，頗疑傳稱齊州臨淄，是臨濟之譌。」余按碑、志玄初封臨濟縣侯，姓纂、志玄原望齊郡鄒平縣，古誌石華一張推兒誌，「濇北伍行，」黃本驥云，「濇字乃淄字之別寫，」芒洛遺文上段會誌，「淄州鄒平人，」又寫淄爲濇，濇淄字或易誤讀若濟，萃編疑臨淄爲臨濟之譌，是也。

昭陵碑攷一又云「又碑云，上初踐少陽，不忘惟舊，除右虞候率，拜右驍衞將軍，兩史俱云，太宗卽位，累遷左驍衞大將軍，封樊國公，食實封九百戶，此碑、傳互有詳略。」按史云累遷，乃略小舉大，孫氏錄出之碑字，如「遷左驍衞大將軍、」「進封□國公、」「實封□□戶」等，固尙可見，碑幷未略。右虞候率、右驍衞將軍之兩右字，萃編、碑錄均作左，孫刻誤。

昭陵碑攷一又云，「傳云，與尉遲敬德等同誅建成、元吉，碑獨不載，何也。」按玄武之變，太宗慚德，撰碑與作史異，率其親好爲之，廱諱者諱，情之常也。貞觀十六年，五月，追贈建成爲皇太子，元吉爲巢王，（舊書六四）朝廷方務掩飾，碑不書此事，正撰文者之得體也，何異之有。

昭陵碑攷一又云，「碑云，丁父憂，起復本任，文德皇后山陵檢校，（下闕）疑卽指史云文德皇后之葬也、……公閉門不納之事。」今據碑錄上觀之，此事碑未敍及。

段會誌，永徽三年立，會字志合，祖琰，北齊平陵縣令，父偃師，唐散騎常侍、郢州刺史、益都縣開國公，會以永徽三年卒，年五十九，（芒洛遺文上）按志玄卒貞觀十六年，春秋卌五，則會、志玄兄也。志玄有母弟志感，見舊書六八，會字志合，雄字志玄，命名相似。偃師官爵，與志玄碑及舊傳同。

又一段會誌，永徽四年立，蓋與其妻合窆之誌也。此誌稱祖璦，齊任郡主簿，遷齡境大都督，父師，唐散騎常侍、光祿大夫，贈洪州都督八州諸軍事，益都縣開國公。謚曰信公；（芒洛遺文三）偃師之官爵，比志玄碑增光祿大夫一項，又不稱偃師而單稱師，亦與碑及前誌異。

志玄之祖，碑泐其名，下云，「齊□□□□□□川太守；」（昭陵碑錄）兩誌一作琰，一作璦，歷官亦全異，又不舉太守。更不同者，前誌稱會左驍衞朔坡府折衝都尉，後誌作右，兩誌之作，相去祇一年，胡竟如此，豈羅氏之轉錄或訛歟。

李儼卽李懷儼

舊書一九〇上崔行功傳，「高宗時，……當時朝廷大手筆，多是行功及蘭臺侍郎李懷儼之詞，」按同書五九李襲譽傳，「兄子懷儼，頗以文才著名，歷蘭臺侍郎，受制檢校寫四部書進內，以書有汙，左授郢州刺史，後卒于禮部侍郎。」蘭臺侍郎卽祕書少監，蓋未左授前所歷最高之職也。顧求諸碑集中，未見有所謂李懷儼者，而李儼之作，著錄者凡十二篇，茲以年序次之：

皇甫忠碑	著作佐郎李儼撰	貞觀十六年（集古錄跋五）
辯法師碑	祕書丞李儼撰	顯慶三年八月（集古錄目）
辛良碑	李儼撰	龍朔三年二月（叢編八引復齋碑錄）
杜君綽碑	（上缺）臺司元大夫隴西李儼字仲思撰	龍朔三年二月（昭陵碑錄中）
道因法師碑	中臺司藩大夫隴西李儼字仲思製文（雍州記三）	龍朔三年十月（金石錄四）
清河公主碑	隴西李儼字仲思製文	麟德元年十月（金石錄四）
寶德玄碑	李儼撰	乾封元年十一月（金石錄四）
劉君碑	李儼撰	乾封二年二月（金石錄四）
法苑珠林序	朝散大夫蘭臺侍郎隴西李儼仲思撰	總章元年三月（法苑珠林）
舍利塔銘	李儼撰	總章二年五月（寶刻類編二）
董寶亮碑	李儼撰	咸亨四年十月（金石錄四）
太妃楊氏碑	李儼撰	無年月（叢編九引京兆金石錄）

按著作佐郎秩從六品上，祕書丞從五品上，司元大夫即戶部郎中，司藩大夫即主客郎中，（通典亦作司藩，惟舊書四二作司蕃，潛研堂金石文跋尾續二謂應以碑爲正。）亦從五品上，蘭臺侍郎從四品上，法苑珠林之序，作於麟德三年抑總章元年，尚難確定，（見聖心二期拙著課餘讀書記三二——三三頁）惟由上表，固已確知儼自祕書丞歷戶部、主客二郎中而累遷祕書少監矣。隋、唐間人，往往取其名之一字以行，（如楊士雄稱雄，楊士達稱達，楊文紀稱紀。）歷史上不少其例，今儼與懷儼，同是位蘭臺侍郎，又同以文筆著，儼即懷儼，斷無疑矣。（大興善寺舍利塔銘，金石錄四誤寶儼撰，茲據類編二校正。）

此外儼或懷儼之事迹可考者，如唐會要六三云，「貞觀二十年，閏三月，詔修晉書，令前雍州刺史令狐德棻暨屯田員外郎李懷儼等，詳其條例，量加考正，」則貞觀二十年任屯田員外，且與修晉書。又郎官柱倉部郎中題名，崔義起之後二人爲李懷儼，據舊書龜茲傳，貞觀二十二年，義起方官倉中，則懷儼官此，當在永徽中。又會要三五云，「乾封元年，十月十四日，上以四部羣書傳寫訛謬，並亦缺少，乃詔東臺侍郎趙仁本、兼蘭臺侍郎李懷儼、兼東臺舍人張文瓘等，集儒學之士刊正，然後繕寫，」懷嚴必懷儼之訛；今金石錄所著李儼乾封二碑，雖未記其結銜，而法苑珠林序，一云麟德三年（卽乾封元年）作，署蘭臺侍郎李儼，是懷儼與儼於同年內同作此官，尤爲同是一人之強證。卽不然，而謂是總章元年三月作，前後亦祇相差一年半，無害乎儼之卽懷儼也。

昭陵碑攷六杜君綽碑跋云，「道因碑亦李儼撰，立於龍朔三年十月，稱中臺司籓（藩）大夫，書此碑時，蓋由禮部而轉戶部也。」依前表，應云由戶部轉禮部，孫氏誤。又兩碑均祇撰文，孫用「書」字，亦犯語病。

全文二〇一李儼下祇收道因法師碑一首，殊未詳考。

豆盧遜少孤

懷讓子豆盧遜墓誌云，「及悲纏茹蓼，痛切匪莪，標氣就淪，惕陰□隕。」（續編五）古泉山館金石文編云，「譣志文，約略知駙馬懷讓早卒，遜係少孤。」余按叢編九引京兆金石錄，駙馬都尉豆盧懷讓碑，永徽元年立，倘卽卒於是年，則遜纔八齡耳。（遜卒顯慶四年，年十七。）

袁昂之子

蕭夫人袁氏誌，顯慶五年立，（芒洛遺文四編二）誌云，「高祖昂，梁尚書令、司空公，……曾祖君□，梁侍中、左人尚書，……祖梵，梁始安王文學、南郡王友，……父弘略，陳丹陽□。」又芒洛續編上袁弘毅誌云，「曾祖昂，……祖君方，梁蜀郡太守、右尚書，父梵，陳黃門侍郎、行丹陽尹，」兩者比觀，知前誌之君□，應爲君方，右尚書殆卽左人尚書之訛奪。蕭夫人顯慶四年卒，已享齡八十三，弘略龍朔二年卒，祇春秋七十五，則蕭夫人且長弘毅十一齡，弘毅蓋弘略幼弟也。昂有多子，史祇著君正、敬、泌，得此兩誌，可補君方一人。至梵之仕歷，兩誌不同，祇是各舉一朝者，弗足疑也。

房兆之先

芒洛四編三房寶子誌云,「君諱寶子,字子寶,河(南)洛陽人,漢司空植之(此脊一字)也,……曾祖慶,周交、洵、長、顯、恆五州刺史,……祖兆,隨使持節萊、徐二州刺史,平高公,……父叔,故齊王右一府大將軍。」余按隋書五三劉方傳,「兆、代人也,本姓屋引氏,剛毅有武略,頻爲行軍總管擊胡,以功官至柱國、徐州總管,並史失其事。」魏書官氏志、屋引氏後改爲房氏,姓氏書辨證三五云,「虜俗謂房爲屋引,」是房兆之先,本爲代族,誌乃謂房植之後,則由於後人或撰人之妄爲攀附也。惟兆曾刺萊州,封平高公,又其父若子名,得此誌可以補隋書之闕云。

竇懷節

金石錄四,「唐司元太常伯竇德玄碑,李儼撰,姪懷節正書,乾封元年十一月。」類編二同作姪懷節,叢編八祇作姪節。考元和姓纂及新表七一下,竇彥生德素、德沖、德玄,德遠,德素生懷哲,德沖生義節,德遠生知節,無懷節名,懷哲尙太宗女蘭陵公主,其碑卽哲自書之,豈懷節卽懷哲之訛歟。

于宣道贈官

于士恭誌,「曾祖宣道,隨左衞率,皇涼、甘、肅、瓜、沙五州諸軍使,涼州刺史,成安子。」(續編七)金石補正五三云,「誌稱涼州刺史,傳所未及,或以志寧之貴,唐代所追贈耶。」余按志寧碑固云,「父宣道,………皇上緬𢹂德音,榮光松木,追贈使持節□□□□□□□沙五州諸軍事□州刺史,謚曰獻。」(萃編五六)持節下所泐,殆「都督涼、甘、肅、瓜、」六字,州上所泐當「涼」字,志寧碑立於乾封,皇上者高宗也,碑、誌比讀,其爲高宗贈官,絕無可疑,陸氏特未之檢耳。若續編七謂「宣道爲五州諸軍使當在武德七年之後,」則所測更誤,蓋據隋書三九,宣道卒年四十二,由武德七年上推四十二年,應爲隋開皇三年,而隋傳固謂宣道逮仕北周也。傳又云,「丁父憂,……免喪,拜車騎將軍兼左衞長史,舍人如故,後六歲,遷太子左衞副率,進位上儀同卒。」考宣道父義,卒於開皇三年四月,(見隋書一)是宣道之卒，想猶在文帝之世也。

歐陽修昧於史體

集古錄跋跋徐王元禮碑云，「而碑云使持節徐、譙、泗三州諸軍事徐州刺史，又云，贈太尉、使持節大都督冀、相、貝、滄、德、隸、魏、博等八州諸軍事冀州刺史，傳云爲徐州都督，又云，贈冀州大都督，傳旣簡略，又都無法，而碑之所書亦失也。蓋刺史非兼州之官，都督非一州之號，碑云持節徐、譙、泗三州諸軍，而傳獨爲徐一州刺史，此其失也。當如前史持節秦、涼州諸軍事秦、涼二州刺史，乃爲得爾。其書贈官，則如碑之書是矣，蓋爲一州刺史而兼督八州軍（集本有州字）事爾，督者有所兼總之名也。」（隸應作棣）此跋相傳爲治平元年眞蹟，新唐書旣上後之作品也，余讀其文，所不解者二焉。

(一)　歐陽謂碑書亦失，指評不明；其謂使持節下略「都督」二字歟，恐碑未必爾，惜原石已佚，無可質證，然觀歐陽擧例前史「持節秦、涼州諸軍事，」彼固認爲得者，亦無都督兩字，則知歐陽之意，不如是云云也。其謂徐州刺史單書一州爲不合歟，考隋及唐初通制，軍事率都督數州，民事祇兼駐在地之一州刺史，史傳纍證，無煩縷擧，故徐王在軍則都督徐、譙、泗，在民則單刺徐州，碑之所書，曾未有失。若「秦、涼二州刺史，」乃屬特例，倘謂須書作「徐、譙、泗三州刺史，」是強改唐制以合乎前史之特例矣，所不解者一也。

(二)　徐王歷官，舊（六四）新（七九）傳略同，所謂傳旣簡略，殆兼譏之。然新書修固觀成，躬與其役，退議其失，責任之謂何！解者曰，宋祁前輩，不欲妄改，則何不於手纂之本紀備書之。今新紀一、武德六年，「十月，丙午，殺廣州都督劉世讓，」七年，三月，「己亥，孝恭殺越州都督闞稜，」六月，「壬戌，慶州都督楊文幹反，」八年，八月，壬申，「鄆州都督張德政死之，」九年，三月，「丁巳，突厥寇涼州，都督長樂郡王幼良敗之，」六月，「庚辰，幽州都督廬江郡王瑗反，」……不可勝擧，此其都督，非止一州者，然則本紀不書，求文省事增爾。倘謂紀書則冗，傳書獨不爲冗乎。在己求文省事增，對前輩宋祁，乃責其不書動輒十數字之官銜，一一中唐已後，具官常至六七十字，不備書，亦爲失也。——且退而議之，則不如逕改之爲愈矣。己所弗欲，勿加諸人，所不解者二也。

李貽孫夔州都督府記云，「逮我武德，復夔之號，州始都督黔、巫上下之地十九城。是後或總七城，或爲雲安郡，或統峽中五郡，尋復爲夔州都督之號，或加或去。」(全文五四四)同是夔州，而十九城，而七城，而五郡，更革無常，一州如此，他州都督亦如此。倘曾官都督者，傳必備書，恐未必具充分之史料，況有同任之內中間改制，又能一一備其增減之數乎。欲救其弊，計惟有於百官志或地理志詳之，或更如方鎮表表之，今方鎮表起自唐中，不表唐初之都督，讀史者方將爲求全之毀，而歐陽反以譏傳失，過矣。

九國志六晉暉傳，「(王)建開國，授武泰軍節度使、同平章事，黔中郡縣，多屬涪陵，比部員外郎陳凝爲涪州守，以暉制衙中不帶涪州刺史，遂不納牌印。」按唐中已後之節度，猶唐初之總管、都督。通鑑二六四、天復三年，「建以(王)宗本爲武泰留後，武泰軍舊治黔州，宗本以其地多瘴癘，請徙治涪州，建許之。」卽此可知唐制都督，例兼駐在州之刺史，元禮並非兼徐、泗、譙三州刺史也。

唐之公士

開元寺三門樓石柱題名，稱公士者凡六；(一)公士劉行通，(二)公士劉相卿(三)公士劉珍寶，(四)公士劉靜寶，(五)公士彭善通，(六)公士周通仁。又有稱制賜爵公士者凡二；(一)制賜爵公士靳玄恪，(二)制賜爵公士靳楚玉。(均見常山貞石志卷五及六)貞石志六云，「公士卽公士。余嘗論說文士土同字，見文集中，據此知唐時二字猶通用矣。」沈氏十德齋文集，適手頭無本。第考金石存一四伯夷叔齊廟碑跋云，「義士、烈士，皆士字也；漢隸書士字下畫皆長，與水土字無別，韓勑碑、四方士仁，史晨碑、百辟卿士，周憬碑、濟濟吉士，石門頌、庶士悅雕，侯成碑、遐邇士仁，皆然，唐人則不如此，升卿亦偶用漢法耳。」據余所見，斛斯氏誌，「小子將仕郎公士處沖等，」其建立在夷齊廟碑前，則唐初尚存此種寫法。

貞石志五又云，「案漢書百官公卿表，爵一級曰公士；後魏書高祖紀，太和十七年，以皇太子立，詔賜民爲父後者爵一級爲公士；又宋史職官志，端拱二年，賜諸州高年一百二十七人爵公士，景德中，福建民有擒获強盜者，並賜公士；又雲南安寧州唐河東州刺史王仁求碑銘，署長子具官新昌縣開國子、公士王善寶自書；是公士之爵，自漢迄宋，相仍不改，而唐以前史或不詳，則史書之漏略，賴金石以存古制者正不尠矣。」復據卷六三門樓讚，門樓造於如意年中，則上衆題名者八人，想都是見行或最近賜爵，王仁求碑立於聖歷元年，亦武后時代也。玆更就各碑刻所見唐代公士（或公土）彙錄之：

□故公士驍騎尉崔君之銘文并序。（山右遺文上）永淳元年立。

小子將仕郎公士處沖等。　見芒洛遺文四編四斛斯氏誌，天授二年立。

唐授飛騎尉，制加公士。　見山右遺文上申居義誌，如意元年立。

大周朝散大夫行右千牛衛長史上騎都尉高陽郡公士許琮故妻贊皇縣君李氏墓誌銘并序。（芒洛遺文四編四）　長壽二年立。

大周故公士崔府君墓誌銘并序。（山右遺文上）　延載元年立。

大唐故公士安君墓誌銘并序。（唐文續拾一及八瓊室金石補正四九）　神龍元年立。

上徵六事，不出高宗、武后二朝，此外見於文集者，有全文三九七王師乾右軍祠堂碑之「從十一代孫正議大夫、守越州都督、上柱國、公士希俊。」由其前文推之，希俊當亦高、武兩朝人物，前此或後此，今均未之見，可注意者一。舊書四三，凡勳三轉爲飛騎尉，比從六品，四轉爲驍騎尉，比正六品，六轉爲上騎都尉，比正五品，八轉爲上輕車都尉，比正四品；今許琮以上騎都尉而仍稱公士，申居義以飛騎尉而曰制加公士，又王善寶爵則新昌縣開國子，（第八等）勳則上輕車都尉，而亦曰公士，王希俊且爲十二轉視正二品之上柱國，足見唐代當日之公士，其性質多少特立。金石補正四九以爲品秩之最下，殆未盡然，可注意者二。貞石志五嘗謂武后自文明稱制，嵩嶽登封，每遇改元及國家大典，內外官必轉階賜爵，余以爲唐之公士，即屬此類，乃高、武兩朝遇慶典而特加者，非唐代之永制也。例如英華四六三、載初元年改正朔制云，「內外見任文武九品已上職事官，並賜古爵之級，」古爵、即公士也。後乎此者，如舊紀一二、大歷十四年六月大赦下，有「致仕官同見任百姓爲戶者賜古爵一級」之條，惟今存德宗朝石刻，尚未見所謂公士者云。

賈玄贊殯記辨僞

記見芒洛四編三，云，「□□□年六月七日，終於神都時邕里之私第，春秋六十有一，卽以其年歲次□□六月□□朔，廿二日景申，權殯于河南縣王寇村之西北原，」羅跋云，「此志爲唐垂拱元年乙酉六月乙亥朔廿二日景申，妄人將首行唐字改隋，文中垂拱字改大業，歲次乙酉改甲戌，乙亥朔改辛未，茲將改鑿字作方圍，並考訂其年月。」余按舊紀六，嗣聖元年九月，改東都爲神都，是垂拱前并無神都之稱；諱丙申爲景申，世業作代業，尤證貞觀後文筆，羅說是也。然羅氏尚有辨之未盡者，記又云，「開皇十有八載，齒冑庠門，廿一年以明經擢第，」考隋書二，「仁壽元年，春正月，乙酉朔，大赦，改元。」則在仁壽後多年之人，不應稱開皇廿一年，斷不能援同年改元遠地未知爲例，此其作僞之拙者一。況如羅氏所考，玄贊實生武德八年，後於開皇廿年者廿五稔，焉能入學讀書；就如所改「大業十年甲戌，」玄贊又應生西魏恭帝元年，至開皇末已四十七歲，而始齒冑庠門，則老泉發憤之年，尚覺其早，此作僞之拙者二。蓋碑估之流，伎倆嘗如是矣。然則開皇者貞觀所改鑿也；貞觀有廿一年，玄贊入庠時方廿二齡云。

張柬之世系糾謬

柬之世系表多闕訛，金石補正嘗言之矣，而未盡也。抑襄陽張氏諸誌，亦有不可必信者。張點誌，「九世祖貞，從西晉入東晉。」（襄陽遺文）張軫誌，「九世祖貞，仕宋南徙。」（同上）考東晉享國百有三年，貞如生西晉末，不應逮仕劉宋，此家誌之自相衝突者一也。張漪誌，「四代祖策，從後梁宣帝入西魏。」（補正五四）其子軫誌，「五世祖策，隨梁北歸，」合矣；然點誌則云，「六代祖策，去西魏自南齊，」點、漪姪也，胡爲四六差一。點、軫均柬之孫也，胡爲五六互異。補正五四猶謂「詳略各殊，尙無不合，」何也？抑西魏相當之朝代非南齊，補正又謂「表不言齊，與不言魏同，」是曲說也。若張愿誌，「五代祖策，」（襄陽遺文）稱高祖之父祖爲五代祖，尤與一般用法迥異。此家誌之自相違異者二也。

依新表七二下，點、軫之九世祖曰輿，卽張華之孫，附見晉書三六華傳，避難過江，似與點誌之言相類；但華爲一代名人，使柬之果華裔，則誌文何不略增其詞曰十一世祖華，而只舉世所弗知之九世祖貞，可疑者一。又假謂貞與輿爲同人，則各誌中何竟不大書特書曰見於某史，而反舉史所不載之別名，可疑者二。執是以繩，吾極謂新表以東之爲華後之不足信也。若點誌，「軒轅錫族，司空分派，」此不過張姓誌文之開首套語，不能據以證東之出自司空；嘏誌祇云「漢功臣留侯之後，」曾不數華，可資反證。今試以平均一世三十年之數核之，貞逮仕宋，畛誌爲可信，點誌則不近理，此余對於誌文自相衝突之解釋也。

策、新表作弘策，弘策梁書一一有傳，唐高宗以後諱弘，似誌祇稱策，係因諱省，補正五四，「誌諱(僙)言策者，避太子弘諱，猶袁弘機之稱袁機也，」卽主是說。考弘策爲獻皇后從父弟，梁書七獻后傳云，「范陽方城人也，祖次惠，宋濮陽太守，……父穆之，晉司空華六世孫，曾祖輿。」輿爲華孫，具見前引晉書，然則六世孫云者，就獻后言之，且連本身計算者也。弘策旣華裔，斯東之亦華裔，余疑新表之誤，或執是以爲誣；然新表無貞，究與諸張誌不符，一疑也。唐人重門閥，弘策梁書有傳，贊高祖於龍潛之世，身沒褒榮，何滂、畛、點三誌無一語道及；且弘策沒梁初，與滂誌「從後梁宣帝入西魏，」畛誌「隨梁北歸，」時代尤絕不合，二疑也。嘏誌，「五代祖策，梁岳陽王諮議參軍，贈持節蔡州諸軍事蔡州刺史，」岳陽王、督也，中大通三年始進封，弘策沒天監初，先於其封約卅年，何從事督。後梁宣帝，亦督號也，以大統十五年歸魏，(周書四八)又在封後約廿年，相去益遠矣，三疑也。弘策終衞尉卿、洮陽縣侯，卒贈散騎常侍、車騎將軍，謚曰愍，與誌絕無一合，四疑也。余嘗細思其故，始知新表誤會策卽弘策之省，強併爲一人，遂使濮陽之宗，亂入司空之裔，亦猶王方慶後有璵，新表遂誤宰相王璵爲方慶後人，同一笑柄矣。補正五四祇謂官位「當以誌石爲正，」而不知其並非同人。唯策非弘策，逮仕蕭督，故滂誌曰「從後梁宣帝入西魏，」畛誌曰「隨梁北歸」也。補正五四云，「案策、表作弘策，係點之五代祖，滂誌稱四代祖，畛。嘏二誌並稱五代祖，此作六者誤。」乍觀之，似從衆立言，持論尙穩；殊不知嘏乃畛從姪，世代焉能相同，嘏誌之五代，實是誤用，辨見前文，不能持以證點誌之非也。試合觀嘏誌、新表，東之先世，應爲策(非弘策)生玠，(表作紒，似當從誌。)玠生則，則生玄弼，玄弼生東之，策歸西魏後約六十年而玄弼始生，(據誌生大業三年)中隔兩代，事屬可信，玠仕周、隋之交，則官隋比陽、澧陽二縣令，時序亦合，依是以計，故謂點誌作六代祖者是，滂誌四代、杉誌五世者均非，此余對於誌文自相違異之解釋也。

此外新表脫誤尙多，如金石補正四〇云，「又表載柬之之子有晉州刺史琪者，以珦、瑀等名例之，當是柬之之玄孫行。又載濬之子有某戶部郎中、巽大理評事者，亦誤，據誌，濬無是二子也。又載有名纁者，當卽嗛之誤耳。」同書五四云，「右張濬墓誌，……誌首行有姪子愿述字，是撰文者爲張愿，濬之從子也，新唐書張柬之傳以愿爲柬之之子，宰相世系表以愿爲濬之子，二者互異而皆誤也。濬四子，表失載孚名。表脫漏甚多。」其言均可據。

然亦有不必信者，如同書五七云，「張杉誌已編錄，此其夫人合葬之誌也，……前誌云，嗣子繟、紹等，此誌云，嗣子曰繟曰縉，縉當卽紹之改名者，世系表均不載。」按唐誌之例，嗣子非必列舉，曰「等，」則許未列縉名；後誌云，「嗣子曰繟曰縉，欒欒相撫，哀哀相次，」後誌之立，去前誌十四年，如紹已前卒，亦不能於此文參入。故未獲他證已前，仍宜暫認紹、縉爲兩人也。

綜上辨證，新表柬之世系，應改正如次：

襄陽張氏，漢留侯張良之後，裔孫貞，仕宋南徙，貞曾孫策。

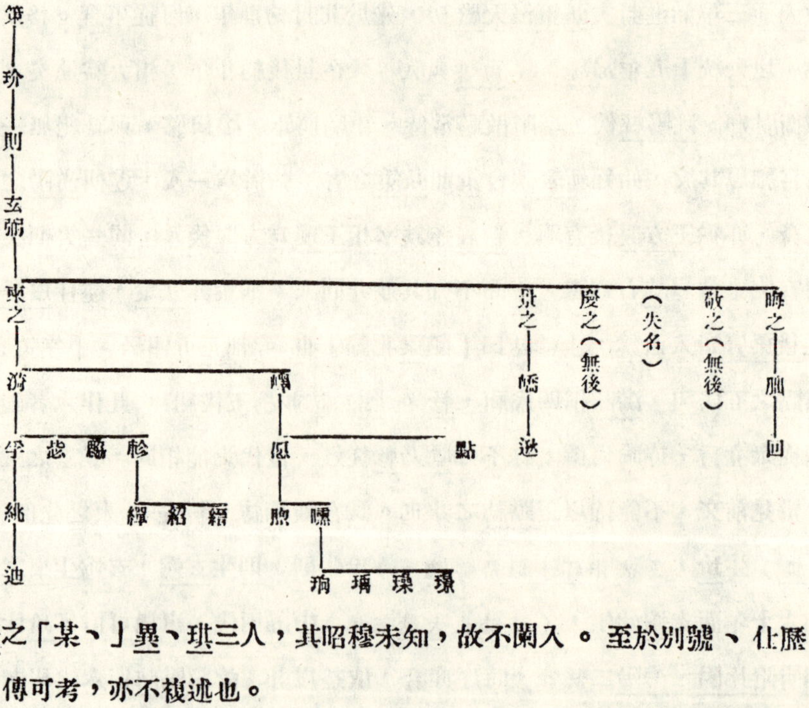

新表之「某、」巽、琪三人，其昭穆未知，故不闌入。至於別號、仕歷，各有誌、表、傳可考，亦不複述也。

梁州盤秓縣

三門樓題名有「梁州盤秓縣上輕車都尉米山口，」常山貞石志五云，「秓字即行書和字，……梁州無盤和縣，案元和郡縣圖志，隴右道涼州天寶縣，本漢番禾縣，……番禾，前後漢、後魏、隋志、太平寰宇記皆作番和，則知作禾字者誤。又漢書地理志、如淳曰，番音盤，則番盤乃同聲相假字，盤和即番禾無疑。又新書志云，涼州天寶縣，本番禾，咸亨元年，以縣置雄州，調露元年，州廢，來屬，天寶三載，更名；三門樓創於武后時，正在州廢屬涼之後，天寶改名之前，縣稱盤和，正相符合。惟番和係屬涼州，其地與梁州相距遼遠，斷難割隸，豈摻管者因梁涼音同，率爾誤筆耶。」

金石補正四三、辨之云，「其說甚辯而未必然也。竊疑秓爲利字之俗，利州之域，曾設盤利，割隸梁州，如西縣、三泉之類，嗣經併省更置而史不及詳也。抑或盤道、七盤、平利之改名，未屬而旋還故邪。顧無左證，闕疑可耳。」按陸氏謂利州曾設盤利，純出肊想，盤道等改名，亦羌無故實，何必強辨。余以爲沈說可信者二；寇儁官梁州，而汲古本周書四三作涼，程玄景誌之平梁縣，金石續編六謂即平涼縣，舊紀八、開元十三年，改梁州爲褒州，以避文相類及聲相近者，可見梁、涼互訛，事必屢見，一也。古無米姓，米出自西胡，涼州尤其麕集之地，胡人不諳漢字，隴西地理亦僻，徒以音傳，尤易錯寫，可信二也。

唐之王仁恭

三門樓題名又有「上輕車都尉太原郡王仁恭，」常山貞石志六云，「新唐書宰相世系表、太原王氏無仁恭之名，惟見高祖本紀，……案此係隋末事，下距石柱題名，幾八十年，雖柱上有名者題柱時不必皆在，然使果係馬邑太守，無論其入仕李唐及仕終馬邑，子孫爲之題名，必當書其所歷執事之官，不應僅署上輕車都尉，據此知其決非一人，」謂仁恭偶同姓名，是也。然仁恭死於劉武周之難，隋書四及六五本傳斑斑可考，亦何容疑其入仕李唐耶。傳云，天水上邽人，與此書太原郡者亦小異。

隴西牛氏之祖

姓氏辨誤一五牛氏云,「按唐相僧孺係漢主簿崇之後,見世系表,而辯證乃云魏大將軍牛金之後,謬甚。」余按樊川集七牛僧孺墓誌銘云,「八代祖弘,以德行儒學相隋氏,封奇章郡公,贈文安侯,李珏撰神道碑略同。(文粹五六)」知僧孺家譜固認牛弘爲近祖,非牧、珏所私相儗議者也。而辨誤一〇寮氏下又云,「世系表,安定牛氏出自漢隴西主簿崇之後,遼允,後周工部尚書、臨涇公,生宏,按隋書牛宏傳,宏本姓寮氏,祖熾,父允,魏侍中、工部尚書、臨涇公,賜姓牛氏,則允本姓寮名允,不名寮允,則非牛崇之後。而周書、寮允本姓牛氏,賜姓宇文氏,子弘,大象末復姓牛氏,北史牛宏傳又以宏本姓牛,其先避難,改姓遼氏,父復姓,兩史互異,未詳孰是。世系表當兩存其說,不得獨據北史以宏爲牛姓也。」是張氏固認弘非必姓牛也。夫新表七五上以僧孺爲弘後,與杜牧、李珏文同,辨誤既認弘非必姓牛,則僧孺亦非必姓牛可知,何以牛氏下又堅信新表之說而斥辯證爲謬妄,兩卷之間,自相錯戾如此!

姓纂牛姓云,「安定、狀云,牛金之後,逃難改牢氏,又改爲遼氏,裔孫後周工部尚書、臨涇公遼允,復姓牛氏。」是安定牛姓狀自述,與北史略同,辯證以僧孺爲牛金後,正上承姓纂,亦即承安定牛姓所自述。牛崇在牛金前,吾人無反證,更烏知牛金非即牛崇之冑。山右遺文牛高誌云,「魏司徒公金之後也。」(萬歲通天元年立)張九齡隴西縣君牛氏像龕碑云,「厥後有晉將軍□金,金十一(下缺)」(萃編八一)大約碑誌敍及先代,恆欲取官爵榮顯者,不得其悖妄之據,可無嘵嘵矣。

袁憲或袁充

袁氏權殯誌,「曾祖君正,梁祕書監、太子詹事,祖□,隨祕書監、贈上柱國、陽夏縣開國公。」(續編六)古誌石華八云,「誌缺祖名,表載君正三子,長憲,字憲章,隋開府儀同三司,謚曰簡,誌書祖爲隋官,當卽憲也。」余按憲、陳書二四有傳,云字德章;新表七四下字憲章殆涉筆之誤。傳又云,「隋授使持節昌州諸軍事、開府儀同三司、昌州刺史,開皇十四年,詔授晉王府長史,十八年卒,時年七十,贈大將軍、安城郡公,謚曰簡。」歷職贈官,均與誌異,夫人之祖必非憲可知。古泉山館金石文編云,「隋書有袁充傳,云,字德符,本陳郡陽夏人也,其後寓居丹陽,祖昂，父君正，傳爲梁侍中，充年十七，仕陳，及陳滅歸國，歷蒙、鄘二州司馬，遷內史舍人，拜朝請大夫、祕書少監，超拜祕書令，後爲宇文化及所誅，合之此言其祖隋祕書監及陽夏縣開國公，正相合，蓋史言祕書令，實祕書監之誤也。」按君正一家，均陽夏人，封陽夏公不能卽爲袁充之證。隋書二八、祕書省，「其後又改監、少監爲令、少令。」傳稱令並不誤，瞿說爲失考。若隋書六五之祕書監袁充，殆從其舊制稱之，或充之任適丁過渡時期，不足異也。菁華四，蕭瑒誌「（大業）四年，守祕書監，五年，卽眞祕書監，」充遷是官，當在瑒後。抑充死江都之難，其贈官是否出越王侗或恭帝，亦無可稽。金石補正四五云，「祖下所缺，隱隱尚有筆蹤，黄氏、陸氏疑爲憲字，瞿氏謂當是充字，審之均不甚似，」是故謂夫人祖充，雖較黄說爲優，仍待徵實。若續編臚列兩說，猶疑夫人祖憲，眞失於審擇矣。

王美暢暨子王昕

北峯塔院銘見金石補正五九，陸氏跋云，「文首言有天下之初，下云詳夫甲子，蓋一百卌一載焉，又云，七聖之丕業，蓋肅宗至德二載焉。」余按自武德元年（西元六一八）計至至德三載，（卽乾元元年——西元七五八）始足百四十一之數，陸氏誤差一年；此處載字係泛用，更不必以是歲二月復稱曰年爲泥也。

銘云，「公名𣅜，字臣忠，其先太原人也，……皇朝水部員外、主爵郎中、陳鄂饒潤四州刺史、薛國公之孫，前殿中少監司。（下泐）」陸氏跋云，「又按宰相世系表，烏丸王氏有美暢，爲司封郎中，封薛公，長孫氏墓志題潤州刺史王美暢，此志云陳、鄂、饒、潤四州刺史，豈臣忠之祖卽係美暢耶。」按郎官石柱考五已以爲同是一人。集古錄目，「唐贈益州都督王美暢碑，……美暢字通理，太原祁人，官至潤州刺史，其女爲睿宗德妃。」曰太原者舉舊望，曰烏丸者舉新望，曰潤州刺史者祇錄終官，未有異也。

陸跋又云，「司下已缺，豈卽表所載美暢之子昕爲司農寺卿者耶，表於昕下無聞，不能定矣。」按美暢既得實證，則陸氏疑下文爲昕，自可置信。長安志七，安仁門坊西南，汝州刺史王昕宅，注云，「昕卽薛王業之舅。」據舊書九五，王德妃生惠宣太子業，故曰業之舅。若郎官石柱金外之王昕，與此時代不同，勞考一六所徵，亦摻雜數人，當別辨之。

七代祖頎

司稼寺卿杜夫人誌「七代祖頎，晉征南將軍……以長安三年五月廿八日，終於幽州之官第，春秋六十有三。」(萃編六五及補正四九)按頎是晉初人，去唐武后已四百一十餘載，平均卅年一世之計法，歷時愈久而愈貶，若夫人祇頎七世孫，則平均一世可六十年，於繁殖之理，絕對不合。杜甫為征南十三葉孫，審言十一葉，以時代比之，夫人當是十葉，十字漫漶類於七，故著錄家皆誤為七代祖，否者、原文亦必不信也。

勿部珣功德記

大唐口部將軍功德記，景龍元年立，萃編六八著錄者部上缺一字，顧、錢、王、徐四家均未考出。余按英華四五九、開元二年，三月，命姚崇等北代(伐)制有右金吾衞大將軍勿部珣，部珣二字相同；記稱右金吾衞將軍，則謂後來晉本衞大將軍，事實亦合；所泐之字，其必為「勿」字矣。

補李義府世系表

新書六一，永徽六年，七月，乙酉，中書舍人李義府守中書侍郎參知政事，顯慶二年，三月，癸丑，兼中書令，三年，十一月，乙酉，貶普州刺史；四年，八月，壬子，兼吏部尙書同中書門下三品，龍朔二年，七月，戊戌，以母喪罷；九月，丁丑，起復，三年，正月乙丑，為右相，四月，戊子，流于嶲州。余按癸丑、舊書四作甲子，沈炳震謂是月無甲子，當从新書；八月、舊紀作七月，然是年七月無壬子，沈本作八月；丁丑、舊紀作戊寅差一日；皆非大乖忤。惟舊書八二義府傳，「龍朔元年，丁母憂去職，二年，起復為司列太常伯同東西臺三品。」下文既有二年字，則元年之「元，」必非傳訛。考異四六云，「龍朔三(二)年，七月，戊戌，李義府以母喪罷，九月丁丑卽起復，止隔四十日，未免太促，或其中有閏月，則亦百日矣。」是舊傳有異文，錢氏皆未注意也。新紀三雖亦著義府之罷於二年，然紀、表同出一手，不能自證，故舊傳之文，縱未能確斷其是，新紀、新表，要亦可疑。今且就其最低限度言之，義府三次柄國，總及六年，明明宰相也，而表竟失其系。（考異五〇曾舉出）同列姦臣者如許敬宗，固自列表，是不得以此爲解；質言之，亦姓纂所不載，故新表從缺耳。（說見拙著姓纂四校記自序）舊傳義府父德晟，芒洛三編王夫人誌云，「曾祖德盛，隋西城郡守，皇朝贈魏州刺史，謚獻公，祖義府，………父澤，周朝任桂坊司直。」晟、盛未詳孰是。玆據舊傳及誌，略補義府之系于次：（表內左領軍，新書一一〇作右。舊傳稱次子洽、洋，新傳稱最少子湛，故以澤次於其間云。）

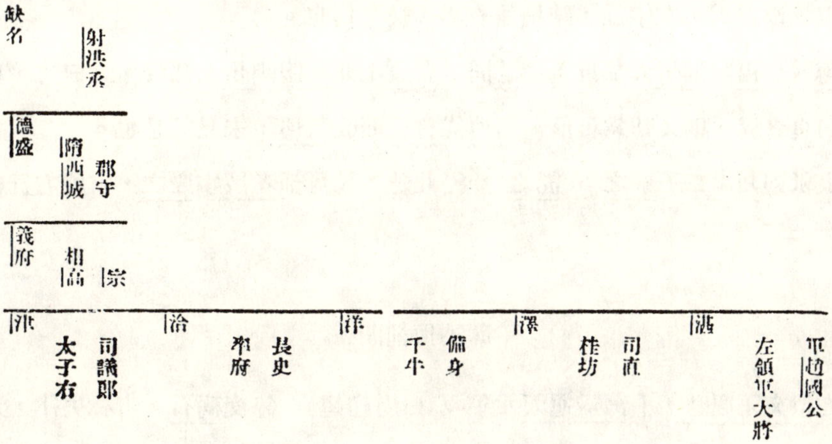

能氏

盧思亮誌「夫人譙郡能氏，左金吾將軍元逸之女。」（古誌石華八）石華云，「夫人熊氏，誌作能氏，左氏春秋，晉侯夢黃能，釋文云，熊亦作能。」按六書假借，似祇一般用詞有之，若後世姓氏，苟非因事改變，恐不能適用「字或作某」之例。姓纂、「能音耐，姓苑云，長廣人，狀云，楚熊摯之後，避難改爲能氏。」是能姓雖自熊字變出，然既變後，音讀迥殊，當不復書作熊也。姓纂又書唐有京兆少尹能延休，上元中眞（貝？）州刺史能元皓，子昃，太僕少卿，能姓非無聞人，何黃氏竟不一檢耶。萃編六九著錄爲熊氏，當亦因其希姓而誤。

崔孝昌誌

崔孝昌誌，曾祖樞，陝州刺史、司農卿，祖義直，陝州刺史；（芒洛四編五）考舊書一八五上知溫傳,祖偘,司農卿,父義貞,陝州刺史,又新表七二下,偘、利州刺史,義貞峽州刺史,合而校之,似舊書作貞、新表作峽者均訛,偘是否嘗刺利州不可知,今誌又稱刺陝州,與義貞同,豈贈官歟。

誌又云,「父知溫,皇朝英府司馬兼尚書右丞。」按儀鳳二年八月,中宗自周王徙封英王,知溫何時由尚書丞轉黃門侍郎,今未得證,惟總在儀鳳四年八月已前。(據舊書五)是知溫官英府司馬兼尚書右丞,似介儀鳳二年八月至四年八月之間;惟同時知溫兄知悌於儀鳳元年底已官左丞,迄四年四月,乃遷戶部尚書。(亦據舊書五)舊傳知溫累遷左丞,左字疑,誌稱兼右丞,較可信也。

舊傳、知溫贈荊州大都督,與誌同;會要七九、贈幽州大都督,謚曰忠,與誌荊州及謚曰良者異,則又誌爲可信,新傳從會要而改舊傳,未見其是也。

新表祇列知溫二子泰之、謂之,得此誌,又可補孝昌字慶之,官終右贊善大夫也。

薛訥傳補闕

山左遺文王慶誌,「萬歲通天元年,白虜趑趄,鋒交碣石,青林失律,大照甘泉,天子詔左衛將軍薛訥絕海長驅,掩其巢穴,飛芻輓粟,霧集登萊。」按舊紀六、通天元年,五月,李盡忠反,新書二一九,武后遣曹仁師、張玄遇、李多祚、麻仁節等二十八將擊之,訥當廿八人之一,今舊書九三、新書一一一薛訥傳均祇記聖歷東討,未敍此事。

右庶子于府君之名

金石錄三有「唐右庶子于府君碑,姪儒卿撰,………開元十年七月,」不著府君名。考元和姓纂云,「唐中書舍人于季子,今居齊郡歷城,姪儒卿,」以此推之,府君卽季子無疑。儒、精舍碑作孺,可參勞考二。

新書世系表之唐貞休

專信石刻而不信書本,此爲向來金石家之大蔽,然亦有反其道而又陷於錯誤者,於以見讀書必須虛心，萬不能先存成見也。唐貞休德政碑已甚缺泐，其敍先系有云，「（上泐）開國公、食邑五百戶，謚曰忠武，曾祖陵，……平壽公，謚曰達，祖□□□□□□□舍人華州華陰縣令，……（中泐）尙書虞部員外郎，出爲簡州長史，……公則簡州長史之第二子也。」（金石補正五一）以其後先之序測之，先曾祖而後祖，則曾祖之前，當爲高祖或遠祖；又貞休爲簡州長史子，祖之後恰存簡州長史四字，則中間顯缺其父名。筠淸館金石記云，「案唐書宰相世系表，貞休鄜州刺史，父防，工部員外郎，祖陵，字子雲，儀同三司、襲平壽達公，曾祖永，後周儀同三司、平壽忠武公；碑言謚曰忠武，卽謂永也。言平壽公謚曰達，卽謂陵也。言尙書虞部員外郎，出爲簡州長史，卽謂防也。陵爲貞休之祖，不知碑何以書爲曾祖。」按吳氏所釋永之一名，自甚允洽，惟於曾祖一節，疑碑而不疑表，則大堪討論也。德政碑立開元十年，（據潛研堂跋）距貞休刺萊，爲時不遠，涉其先世，撰文者似不能不向本人或本人之親友，有所咨詢，此碑文不可忽視者一。據表，永仕後周，據碑，貞休仕武后、中、睿二宗，（參下文）以卅年一世之數推之，中隔隋朝及高祖、太、高二宗而祇得一葉，似未中理，此碑文不可忽視者二。陵之曾孫，表有貞亮、貞松、貞筠、貞質、貞操、貞泰、貞敏、貞節、貞觀、貞廉、貞行十一人，均以貞爲排，而陵之孫复有貞儀、貞休，揆諸宗系避名，勿能相信，此碑文不可忽視者三。反觀新表，陵子怡字君長，內史大夫、漢陽公，懿字君德，隋(隨？)相二州刺史，防有子名君侯。隋、唐間人，往往名字互用，假依表君侯爲怡、懿之姪，是姪之名同乎兩伯之字，可疑一。防之子貞儀、貞休，與懿之孫同以「貞」爲聯名，君侯獨否，可疑二。又簡州之父，官止舍人、華陰令，則其父必非怡或懿。（因歷官不同）由此思之，新表蓋誤將君侯與防，昭穆易位，又將防之子貞儀、貞休，貞休之子詡，各推上一代也。君侯不著歷官，此殆新表所據史料原缺，不足深疑。夫唐氏世系表，宋臣曾誤將鑒、憲、（字茂彝）思脊之三代，各推下一格，余經於隋書牧守表（一五頁）正之，此處固難保其不一誤再誤矣。本斯辨證，新表原文（祗撮其有關辨證者）之

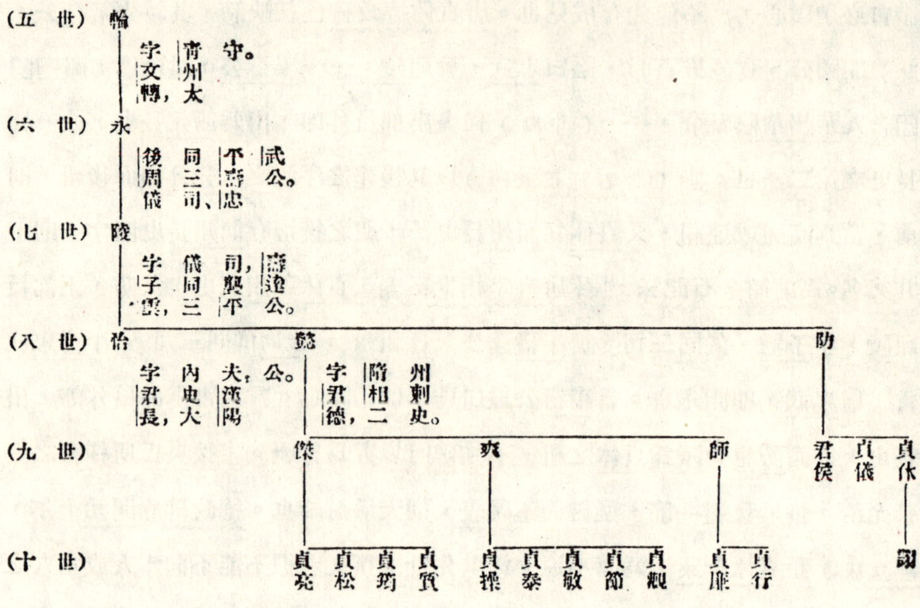

當改正爲

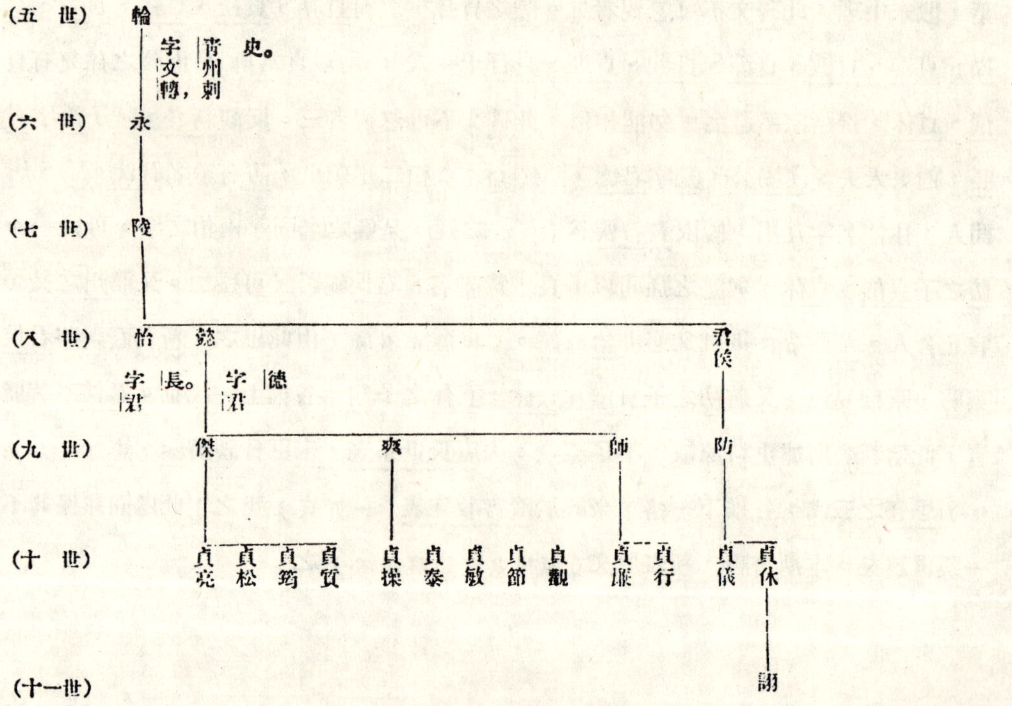

如是，則君俠與怡字君長、懿字君德者爲同父兄弟，貞儀、貞休亦得與其再從兄

弟互爲聯名，不至彼此衝犯，其信値殆出乎新表之上矣。唯可疑者，據碑、貞休之父，歷虞部員外、簡州長史，據表、防爲工部員外，工、虞雖同部而不同曹；又表、防尚有子遜，字志順，簡州刺史，刺史、長史，易爲一字之訛；則亦許防無所出，而貞儀、貞休實爲遜子，表將其誤行排後，惜碑已缺貞休父名，他未有證，不敢作劇烈之更動也。（表內輪應書青州刺史，不應書青州太守，據後引雲門山功德銘改正。）

青州雲門山功德銘，撰文者唐姓，其詞云，「六代祖後魏使持節青州諸軍事青州刺史，諱輪，作牧玆□，道被東夏。逮從祖諱季卿，剖符□□，大庇□人，嗣紱（？）□□貞休□□是邦，纂□丕烈。」（金石補正五四，但剖訛部，據讀碑記改。）平津讀碑記六云，「新唐書宰相世系表，輪字文轉，青州刺史，北史作倫，附見其子永傳，以貞休德政碑推之，輪爲貞休四世祖，則貞休亦道周之從祖也。」洪氏以撰文者爲道周，補正不敢證實，表固無道周名，季卿亦不見。依貞休德政碑，輪應貞休五世祖，非四世，洪氏之信表不信碑，與吳氏同。紱字可疑，下泐兩字，恐非從祖，彼稱輪六世祖，則應稱貞休從父也。

德政碑又云，「（上泐）鑾輿頻動，將幸離宮，乃先授公岐州扶風縣令，公上祇天顏，………恩勑加公朝散大夫、雍州奉天縣令，屬天聖皇后甍。」山左金石志云，「案扶風與麟遊比近，以新唐書地理志徵之，麟遊有九成宮，永徽三年曰萬年宮，乾封二年復曰九成，又西二十里有永安宮，蓋當時有事幸此，因以貞休吏幹豫爲之供張歟。……貞休居官，更歷高宗、中宗、容宗三帝，事蹟可推者如是。」按高宗屢幸九成，武后又多居洛陽，阮氏因以此推扶風之任，在高宗時，貞休居官，更歷高宗，尙非純出臆測。但長安元年末至三年末，武后固嘗一度還京，鑾輿偶幸，或史未盡書。今碑文扶風令與雍州奉天令之間，雖有闕泐，而奉天以文明元年始置，天授二年改隸稷州，大足（卽長安）元年乃還雍州，（據舊書三八）授扶風令又適際武后之甍，其必爲神龍初或長安末事，顯而易見。如謂任扶風于高宗頻幸九成之際，則則天稱位廿一年，扶風、奉天兩任之相距，就碑文測之，恐未必如是其久。然則阮氏謂貞休逮事高宗，實未有的據也。

貞休之祖若父及其世代，新表錯誤，既如上述，不謂新表於貞休後人，其錯誤亦復如是，玆故因類倂及之：

全文五〇三權德輿鄜坊節度使推官大理評事唐君墓誌銘，「君諱款，字嘉言，北海人。曾祖貞休，皇比部郎中、河南少尹。祖翊，太子洗馬。考試，河南府士曹參軍。………君清方敏厚，幼有立志，與伯氏文編講藝修詞，知名於士友間。」余初讀此，以爲「考試」之「試」屬下讀，卽試判之試，而誌奪款之父名，及檢新表七四下，則次與款之父名誠，乃知試字屬上讀，卽款之父名，試、誠形近．未知全文與新表孰正矣。誌舉曾、祖、考三代，爲墓文通例，則「試」未必翊之弟，今表翊與「誠」同列第十世，是「誠」爲翊弟，翊爲次、款之伯父而非祖，貞休爲次、款之祖而非曾，誌固未必有如是巧妙之傳訛；且貞休仕武后、中、睿，（說見前文）若祇是款祖，世代亦太相懸隔，故知新表必誤也。本權氏之文，則新表所列貞休後人，（原表扶以下不分格，玆揭示其意，非照錄原表。其世數之次，承前表記之，以便參較。）

當改正爲

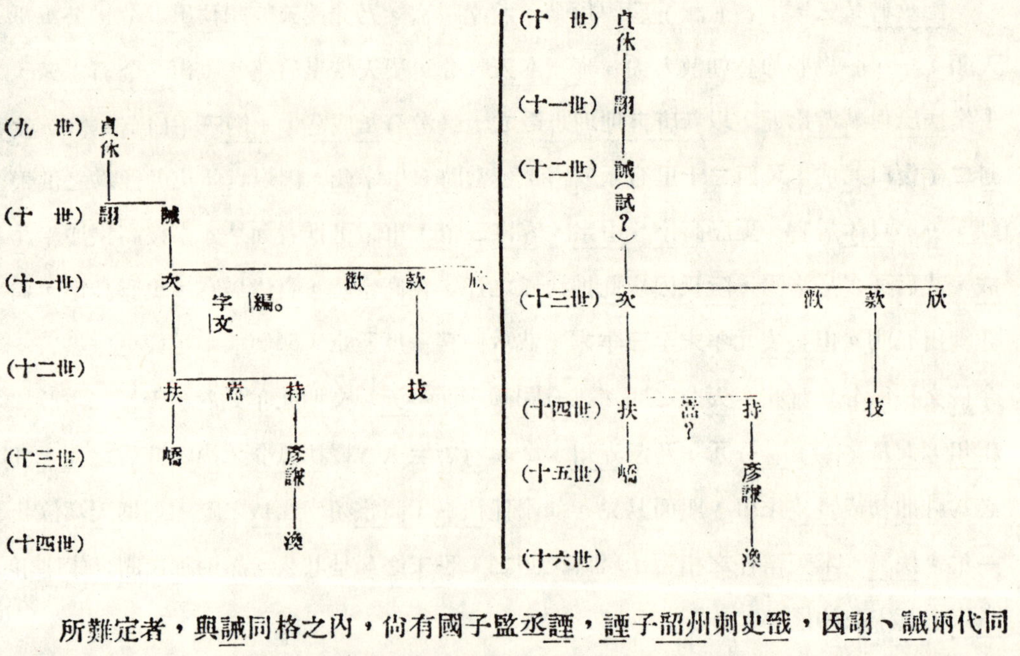

所難定者，與誠同格之內，尙有國子監丞諲，諲子韶州刺史戩，因翊、誠兩代同以言旁字命名，無從推擬其爲翊之弟抑誠之弟，故暫從闕疑，以俟考實。又舊書一九〇下唐次傳，次子扶、持，其從昆技名亦從手旁，今表次有子嵩，殊不類，惟扶有子

嶠，部首相同，則疑「生嶠字仲中，」應連「嵩字清休」爲文，表誤析一行，遂致本次孫者竟成次子矣，惟未獲明證，亦姑仍其舊。

試取兩表比觀，便見新表最大之錯誤，爲縮少兩世。考貞休高祖永，仕後周，從祖怡爲內史大夫，似是隋官，則貞休之祖，當遞入唐初；又彥謙子渙，正當唐末，依改正之表，計得九世，與唐祚二百八十九年相除，約合乎卅年一世之平均。若依新表，則自怡已下祇有七世，視平均數相差較遠，亦新表可疑之隙也。

新表於貞休世系，既有此糾亂，傳則何如？

舊書一九〇下次傳云，「國初功臣禮部尚書儉之後，」新書八九唐儉傳於儉弟憲之後，標云「裔孫次，」新舊唐書互證一一云，「案新書此竝系於儉弟憲後，不知是憲裔或儉裔也。考舊書文苑唐次傳云，國初功臣禮部尚書儉之後，然證之世系表，則皆不然；表云唐弘三子瑤、俗、諧，號三祖，儉、憲在瑤下，次乃系於諧之下，則其族疎遠甚矣。」余按唐重門閥，好依麗名賢以自厚，舊傳稱次爲儉裔，或根於此；新書既有附表，自不難兩爲比勘，而亦沿舊傳之誤，則何貴乎改作耶。

于士恭非孝顯從孫

續編七云，「士恭乃孝顯從孫也，」余按士恭墓誌，五代祖謹，曾祖宣道，祖永寧，實缺高祖一代，依于志寧碑，士恭之高祖，卽于義也；又孝顯碑，祖瑾，父禮，禮卽義之胞弟，宣道、孝顯爲從昆弟，然則士恭者孝顯之再從曾孫也，續編誤。

張漪卒年

張漪誌，「洎後王辭廟堂，恩拜本郡，君表乞扶侍，采蘭奕沔，無幾而太妃薨，棘人欒欒，哀毀滅性，未卒哭，終於倚廬，嗚呼痛哉，壯年卌有七；」又銘云，「讒搆于朝，忠弃于野，惟伯扶侍，除官告罷，太妃俄薨，血淚交灑，荼苦過制，因淪大難。」(補正五四)未明言漪卒何年。按舊書七，神龍元年七月，柬之除襄州刺史，二年六月，貶新州司馬。同書九一本傳，「貶授新州司馬，柬之至新州，憤恚而卒。」今誌未言柬之之貶之卒，一則曰無幾，再則曰俄，似太妃及漪卒，係回襄不久之事；柬之卒何年，史文不明，然總在景雲元年追贈以前，(據通鑑當在神龍二年)補正五四乃謂漪卒當在玄宗初年，諒據爭誌而誤。

張爭誌，「父漪，……公、著作之元子，………年十八，以門資齋郎常選，廿而孤。」(襄陽遺文及補正五六)據誌，爭卒開元廿八年，春秋五十八，則生弘道元年癸未，其廿歲應是長安二年，顧此時東之猶未建復唐之功，漪固未卒。若謂唐稱孤子，不限於父，則漪妻卒開元廿年，時代愈後。若謂廿、世形近，可以互訛，則爭年三十，已爲先天元祀，證諸前論，又難相合；況誌於旣孤之下，始云，「神龍後讒訣間興，家遇屯剝。」是知爭誌之必有誤也。

漢文闕特勤碑之建月

余去年跋突厥文闕特勤碑，因並就漢文碑合校異同，(輔仁學誌六卷一二期)其碑末建立月日，以書函誤會，刊時削去，顧此爲碑文中一要節，約憶所論，補記於此。

芬蘭本作「大唐開元廿年歲次壬申十二月辛丑朔七日丁未建書，」羅本作「大唐開元廿年歲次壬申十月辛丑朔七日丁未建，」鈴木本作「大唐開元廿年歲次壬申七月辛丑朔七日丁未建，」三本不同；此其疑問，卽(一)月分之上爲一抑兩字，(二)倘祇一字，則「十」與「七」孰正，是也。

涉於(一)問，據朔閏考三，是歲十二月庚午朔，二日辛未，與辛丑正差卅日。倘謂建立月日，在國內先事題定，在勢不能預測蕆功之期，且碑末一行正書，與碑文分書者異，則似到突厥後再題爲近，使臣應必載曆以行也。由是體察，芬本之著錄十二月，可斷其誤。復次、余未見拓本時，頗疑是「十一月，」蓋朔閏考雖稱十一月庚子朔，唯新紀五書「十一月，辛丑，如北都，」新紀日食外都不書「朔，」今以辛丑入十一月，是卽謂「十一月辛丑朔」矣。再檢舊紀八，則書「冬十月，丙戌，………辛卯，……辛丑，至北都。癸丑，曲赦太原三年。十一月。庚午，………」岑刊校記四云，「沈本辛丑上有十一月，而删下庚午上之十一月，是也。張氏宗泰云，辛丑十一月朔。」舊時學者，殆據新紀以校舊紀也。然亦有同乎朔閏考者，如馬師誌云，「卽以開元廿年歲次壬申，十一月庚子朔，廿一日庚申，……」(鄴下遺文下)則新紀可據與否，又屬疑問。其最要者，余諦審拓木，月上似只一字，非兩字也。

涉於(二)問，二十年非閏月，如以公約數六十推之，已知「七」與「十」必任有一誤，——原文之誤或著錄之誤——因七月辛丑朔，則十月不得有辛丑，十月辛丑朔，則七月不得有辛丑也。更觀朔閏考，則七月壬寅朔，辛丑爲六月晦；十月辛未朔，去辛丑卅日；故苟非原文之誤，則羅本之著錄，斷斷不合，鈴木之七月，或有可能。（假六月之大建，誤爲小建。）復次朔閏考，是歲辛丑朔者獨有九月，王怡誌亦云，「以開元廿年七月七日終於集賢里之私第，卽以其年歲次壬申，九月辛丑朔，二日壬寅，……」「七」「九」「十」上方均多少相象，月上之字，恐非親摩遺碣，不易斷定也。

最末一字是「建」字，非「書」字。

光大匯

金石錄二六云，「右唐南嶽眞君碑，有別駕賞紫金魚袋光大匯，」精舍題名考二於元光大下引此條，且注云，「爾雅釋詁，…匯大也，案元和姓纂二十二元，虞部郎中太府少卿元知讓，生匯，侍御史，……疑卽此人，光大當卽匯字，蓋以字行，此云光大匯，或碑文未載其姓，或趙、洪脫書元字，惜石刻已失，無從正之。」余按金石錄六，此碑以開元廿年十月立，知讓開耀元年官太府少卿。（見伯玉集六）據姓纂，有子昭、匯、陳、曉、暖，鬱林觀東巖壁紀（開元七年）之「行東海縣令元暖字徽明，」金石補正五一疑卽知讓之子，余以爲不誤。然則其兄弟匯在開元二十年官至別駕，固時代相當，執此可作勞說之旁證矣。若麓山寺碑陰（開元十八年）之衡山員外尉王光大，（補正五四）時地雖近，名字雖同，而官職太懸，不足據也。碑本云賞紫金魚袋，而容齋隨筆八脫爲賞魚袋，且詡其創見，勞氏所疑趙、洪脫書，自意中事。

王方慶六世孫璵

新書一一六王方慶傳云，「六世孫璵，」又一〇九王璵傳云，「方慶六世孫。」通鑑考異一三云，「舊傳不言璵鄉里世系，……又新舊傳皆云抗疏請置春壇，因遷太常博士，不知其本何官也。新表王方慶五世孫璵（相）肅宗，按方慶長安二年卒，距此才三十六年，不應已有五世、六世孫能上疏，恐璵偶與之同名，實非也，今不取。」沈炳震云，「按方慶、武后萬歲通天元年入相，璵、肅宗乾元元年入相，相去六十三年耳，且璵開元末已爲博士，則又止四十餘年，不應爲六世孫也。而宰相世系表、方慶生光輔，光輔生龍，龍生仲連，仲連生紹，紹生璵，抑何世次歷歷耶，恐別是一王璵，而作史者混牽爲一也。」余按此所云六世孫，係連本身計算。錢氏考異五三謂當云五世孫者，不連本身計算，今試以舊書八九王方慶傳之世系驗之：

曾祖褒　周少司空。

祖鼐　隋衞尉丞。

伯父弘讓　貞觀中，中書舍人。

父弘直　漢王元昌友，龍朔中（六六一——六六三）卒。

方慶　年十六，起家越王府參軍，咸亨五年，（六七四）考功員外，（唐摭言一，參登科記考二。）長安二年（七〇二）五月卒。

方慶之卒，距開元末（七四一）剛四十年，（新舊唐書互證一三云，「案王方慶傳，卒於長安二年，至開元二十九年，纔四十二年耳，」計算殊誤。）通鑑載璵上疏在開元二十五年，更祇三十六年，糾謬九云，「且（蘇）瓌爲相，在睿宗時，至代宗時，不過六十餘年耳，則震不當便爲七世孫也。」六十餘年。不當爲七世孫，則不及四十年者，不當便爲六世孫也明矣。世系表訂譌又云，「又案方慶傳，光輔開元中官潞州刺史，璵傳，開元末爲太常博士，光輔、璵之高祖，同時而仕，恐未必然。」舊書一三〇王璵傳並未載其屬籍，司馬考異謂偶與同名，殆絕無可疑矣。

抑會要三五，「神功元年，五月，……方慶奏曰，臣十代再從伯祖羲之書，先有四十餘卷，……臣十一代祖導，十代祖洽，九代祖珣，八代祖曇首，七代祖僧綽，六代祖仲寶，五代祖騫，高祖規，曾祖襃，并九代三從伯祖晉中書令獻之，已下二十八人書，共十卷，上之。」（舊傳略同，但有誤。）東晉初至神功，約三百八十年，猶不過十一代，豈方慶之後，其繁殖乃突飛猛晉，超過於生理上所許可之程度耶。然元龜一五三稱，元和「五年，三月，戶部尙書李元素免官，以出妻無狀故也。元素再娶妻王氏，石泉公方慶諸孫，」則璵相五十年後，方慶之孫尙健存，凡此皆璵不得爲方慶六世孫之旁證也。（奚陟卒貞元十五年，娶石泉公曾孫，見全文六〇九劉禹錫撰碑，則德宗時亦傳至曾玄耳。）

據余考證所及，唐代王璵，最少有三人；其二見於郎官柱或精舍碑，其一祇見於新傳及新表，茲先別其名號，再申論之。

1. 光祿王璵　說之集一六、故夏州都督王方翼碑云，「神龍中興，以陷酷吏例復官爵，……有子故光祿少卿璵、今祕書監珣，……說少也，蒙會友昇堂，今老矣，豈能文旌蕊。」珣開元五年已官祕書少監，（舊書一〇二）說以開元十八年卒。年六十四，文自稱老，則撰年約當開元中葉。文又稱故光祿少卿，故者已故也，（與「前」字用法迥異。）是撰碑時璵已前卒，此應名光祿王璵別之。今精舍碑、殿中侍御史內供奉前列第九人爲王璵，應是開元前任，（參勞御考二自知之）即光祿王璵也；勞氏於其下注云，「王昌齡有宿灞上寄侍御璵弟詩，」殊不知昌齡開元、天寶間始知名，（舊書一九七下）非開元前人物，安得稱張說儕輩之光祿璵爲弟耶，昌齡之詩，寄宰相璵之詩耳。

舊書一八五上方翼傳，「子琺、珣、瑨，並知名。琺、瑨開元中，皆爲中書舍人。」同書一〇五王鉷傳，「祖方翼，……生珽、瑨，珣。珽、瑨開元初，並歷中書舍人。」試比照說之集，則琺或珽應與光祿王璵爲一人，舊史用「開元中」等字樣，意甚寬泛。鉷傳謂「開元初，」當近於事實也。今郎官柱勳外有王璵，其名尚居蕭嵩前，決爲光祿王璵無疑；勞考八又雜引新表紹子璵、舊王璵傳、賈至授王璵祠中制三事，殊不知方翼之子璵，早官至少列，其卒在張說卒之前，絕無疑問，安得與開元末始遷太常博士之王璵，治爲一爐，吾故謂勞氏書審定之功未畢也。（略見拙著新書突厥傳擬注）

2. 宰相王璵　舊書一三〇王璵傳，「開元末，……因遷太常博士、侍御史，充祠祭使。」今精舍碑碑陰下層題名有王璵，列於天寶初諸臣楊釗、崔寓、源少良、韋鎰之間。（參勞御考三）同碑侍御史兼殿中題名下有王璵，列開元末殿中侍御史鄭審之後，（參勞御考三）均決爲宰相王璵無疑，與殿中侍御史王璵，非一人也。

郎官柱祠中王璵，勞考二一引賈至授制；考舊書一九〇中，賈至天寶末始爲中書舍人，宰相王璵以祠事進，宜其嘗官祠部，特不能謂即勳外之王璵耳。

3. 紹子王璵　據新表七二中，此王璵即方慶子光輔之玄孫，紹之子，其曾孫博，相昭宗，故稱曰紹子王璵別之。今由方慶卒年起，計至摶，傳八世，（史姓韻編以摶爲僖九世孫，蓋誤讀新書。）約二百年，依此約略求之，當爲貞元人物，時代比宰相王璵更後也。

三王璵之時代既明，卽可以推究新傳、新表致誤之故。考宰相王璵非方慶之胤，歷來考證家雖如是斷論，然果何所出，迄未有人加以擬議，余近來略涉碑刻，偶得一綫，頗合事理，因記錄如右：

故忠王府文學王固己誌云，「以開元廿六年六月八日，終於河南府河南縣宣教里之私第，春秋六十有一，……嗣子璵等守而行之。」（芒洛四編五）由是知固己之子名璵，而固己者，𤧞之曾孫，弘訓之孫，方智之季子也。易言之，卽固己爲方慶從姪，璵爲方慶再從孫也。固己卒年六十二，則其子璵當亦近於強仕之年，固己嘗事肅宗（忠王）於私邸，其子厥後入相，亦非無因。吾故謂宰相王璵，卽固己之子璵也。唐人尙門閥，意璵當日引方慶自重，致傳說流傳，以璵爲方慶嫡胤，宋氏或嘗有所聞，恰遇摶之曾祖，亦爲王璵，且上承方慶，遂不及細考，強將紹子王璵當宰相王璵，新表之編製，殆在列傳後，故遂沿列傳之謬也。依是解釋，誠所謂事出有因，新傳、新表之誤，猶可略恕矣。

復次新表總序世系，祇云「（𤧞）子弘讓、弘直，」係下表列，則𤧞凡八子，弘直下似應補「等」字方合。

碑刻人名世數之矛盾

石刻如此而板本不如此，金石家必曰板本誤，此常見之辭也。今如郎官柱戶中有王智方，勞考一七引說之集一四裴公神道碑，「擇帳下之士，則有……王智方，」暨新表七二中，「方智戶部郎中」爲證，因注新表下曰，「方智二字互倒，」此等斷論，似甚滿意，且無可訾議矣，然不知有未必盡然者。王固己誌云，「公則隋安都太守、石泉侯諱𤧞之曾孫，皇朝御史中丞諱弘訓之孫，戶部郎中諱方智之季子。」（芒洛四編五）固作方智，不作智方。夫郎官柱本自官書，燕公文章於近代，其爲無誤，似相得益彰，然固己誌固方智孫輩所述，傳信價值，寧能謂在郎官柱、說之集下。抑更有疑者，新表列方智諸昆季十四人，以方某爲名字者十三，以某方爲名字者無一。

是方智乃其原名，更可徵信矣。大抵唐人服官，往往更改名字，事甚方便，至唐中猶然，可於衡州集六韋武碑見之，方智之名，或後來倒用爲智方，不敢謂其必無，然由此可見吾人讀唐史時，涉名字討論，須審愼焉耳。

王智方一名，余尚須附致其疑者，唐制文人兼武職，事所常見，勞氏以裴行儉帳下之王智方，比於郎官柱戶中之王智方，余初亦不爲怪，及循覆史料，疑問漸生。元龜一一〇、開元九年，「四月，戊辰，御丹鳳樓，宴平胡節將王晙、郭知運、王智方、高崇、謝知信。」裴公碑，「擇帳下之士，則有張知運、薛訥、閻敬容、廿元㥠、裴思諒、王智方、呂休璟、劉玄意。」就中知運、訥、休璟等，玄宗之初，尚總戎節，則元龜之智方，應與裴碑智方爲同人。固已卒開元廿六，春秋六十一，當開元九年，行年已四十四，旣爲季子，（依新表，固已有六兄。）使其父果生，年亦不弱，何以固已誌止言丁太夫人憂，不聞丁府君憂？余以爲彼之喪父，在釋褐前，故誌不敍入，誌特記母喪者，因單父令解職之故也。此說果眞，則裴公碑之王智方，不得爲戶中之王智方。倘謂戶中王智方，卒在固已之後，則余亦有說。考戶中王智方題名，剛薛克搆後，（克搆之任是職，在高宗永隆初。）又在武后相張錫前約十一名，是智方官戶中，分當武后初期；夫誌與新表著方智戶部郎中者，非其終官，卽所歷最高之職也。彼旣於武后初官戶中，又閱三四十年而有平胡之功，中間未必全休林下，而謂其官遂止於戶中已乎，吾有以疑戶中之人，非行儉帳下之人也。更申言之，則戶中王智方之故事，可徵者今祇有固已誌及新表，（觀之集及元龜所說，別爲一人。）而皆作方智，不作智方，是難保非書郎官柱者之誤倒矣。（今柱是大中改立，非本人題名。）

固已誌又云，「自晉光祿貞公覽至於公，凡十三代，」言固已爲覽十三代孫也。同卷王志悌誌云，「晉丞相十二代孫，」丞相者王導，志悌於固已爲從子，是固已爲導十一世孫也，導卽覽孫。然則兩誌所記先代世數，固相符矣。顧今新表七二中則云，覽生裁，裁生導，導生洽，洽生珣，珣生曇首，曇首生僧綽，僧綽生儉，儉生騫，騫生規，規生褒，褒生鼒，鼒生弘訓，弘訓生方智，方智生固已，徵諸晉、宋、齊、梁、周諸書，世次完全相合。（唯裁晉書作裁）依此計算，固已應覽十四世孫，導十二世孫，（志悌例推）視兩誌多差一代，然則爲子孫者計其世次，亦有時未可盡信耶。

抑神功元年王方慶奏，前條已引之，奏稱十一代祖導，十代祖洽，九代祖珣，八代祖曇首，七代祖僧綽，六代祖仲寶，（即儉字）五代祖騫，高祖規，曾祖褒，其世次歷數而下，與單提一代者異，數目斷不至傳訛，固己爲方慶從姪，志悌爲方慶從姪孫，如方慶奏，固己亦應導十二世孫，志悌十三世孫，是明明誌不可信也。

王固已志悌兩誌再跋

固己誌云，「秩滿，校左千牛衛兵曹參軍，」又云，「乃校宋州單父縣令，」校字兩見，猶檢校也，當日行文，似有如此省稱之法，非奪檢字。（同書三陳泰誌，祗稱檢瀛州刺史。）

固己誌，毒、隋安都太守、石泉侯，志悌誌，毒、隋安都、竟陵二郡守，新表、毒、隋安都通守、石泉明威侯；按大業改郡，無安都郡，毒所守兩郡，當在開皇未廢郡之前，然通守大業始設，新表不稱太守而稱通守，似不合。

志悌誌，「曾祖弘讓，隨工部憲部郎、中書舍人，祖方泰，皇朝中書舍人、司府少卿，父鴻，皇同州馮翊縣丞。公、……又轉京兆府宜壽縣尉，又遷長安縣尉，貶襄陽郡穀城縣尉，又移南陽郡臨湍縣尉。」史表較略，必然之理，然新表弘讓下不書隋，則朝代弗明；志悌書宜壽尉，則非要職，亦非終官，誌首稱大唐故長安縣尉，其要職也。誌又云，「嗣子胡子，繼室崔氏之子。」似志悌祇一子，今表列志悌子汶，殿中少監，胡子豈汶之小名歟。隋人諱忠，無中書舍人，誌或以唐制追稱之。

金仙公主卒年

金仙長公主碑，清人跋者有林侗、武億、錢大昕、王昶數大家，均不言舊史記公主卒年，余前跋信賴過當，更誤疑上仙爲金仙，（金石證史三〇頁）其實上仙乃玄宗女，（會要六）舊紀八、開元二十年五月下又明書「辛亥，金仙長公主薨，」不勞猜擬也。涼、代二國同歲，鄎國少代國二歲，洪頤煊平津讀碑記六亦已拈出。至荆山即鄎國初封，新傳重出，本不在數，細詳之，自以洪說爲長；關中金石記三謂安興昭懷蚤死，故削去不計，並非的論。循是則四公主之生卒、年壽，可簡表如次：

封號	行次	生年	卒年	享年
代國	第四	垂拱三	開元廿二	四十八
涼國	第五	垂拱三	開元十二	三十八
鄎國	第七	永昌元	開元十三	三十七
金仙	第八	永昌元	開元二十	四十四

畢利州及其時代

大唐利州刺史畢公柏堂寺菩提瑞象頌并序，其第二行尚有「姪前鄉貢進士彥」殘字，觀序中「粵若季父銀青光祿大夫、使持節利州（下泐）」語，則此乃撰人也。序又云，「（上泐）郡太守、度支尚書、兗州刺史府君，……公之曾祖，（中泐）大父皇朝尚舍奉御、蜀、虢二王府長史、台、鄂、滁三州刺史府君，……」金石補正七一云，「案元和姓纂，太原畢氏，狀稱畢諶之後，唐滁州刺史畢誠，生操，操生正表、正則、正義，正表生重華，絳州刺史，生彥雄，……竊疑碑所稱台、鄂、滁三州刺史府君者，卽誠也，畢公之大父也。畢公卽重華，其刺絳州在利州後也，畢公之姪彥□，與重華之子彥雄，均以彥字爲排次，亦無不合。」余按序曾祖之後，繼說大父，則台、鄂、滁三州刺史，自是畢利州之祖所官，但據姓纂，誠乃重華曾祖，非重華之祖，故苟非證明姓纂世次有誤，則陸氏謂利州卽重華者，實相差一世。

補正又云，「碑無年月，……是此碑之刻，不在明皇之前，卽在敬宗之世也，附寶曆末。」余按平津記五、香積寺淨業法師塔銘，開元十二年六月立，題正字畢彥雄撰，此彥雄殆卽姓纂之彥雄，假陸氏而認撰人彥□與彥雄爲從兄弟者，則其人必不能生存至敬宗時。況碑記利州縣官，有「制授秦州都督（下泐）」之殘文，釋之，當是都督府屬，恐非天寶以後之制，吾謂當附開元末（時未改郡）爲近也。昌黎集一二諱辨云，「今上章及詔，不聞諱滸、勢、秉、饑也，惟宦官宮妾，乃不敢言諭及機，以爲觸犯。」補正謂「明皇名隆基，兼避箕、姬、幾、機等字，文云或因機以變，石不避機字。」以爲或刻在玄宗之前，否則敬宗之世，亦不能確立。朱孝誠碑固穆宗長慶元年建者，文內「午參之□變，」（萃編一〇七）變上空格，補正同卷且補「機」字，是穆宗之世，宦官宮妾（孝誠是宦官，其嗣子亦然。）且已不諱機字矣，陸氏何善忘若是。

余重思之，戶部尙書，唐初因隋爲民部，太宗卽世，諱民改戶，顯慶元年，易戶部尙書爲度支尙書，龍朔二年，復更度支尙書爲司元太常伯。終唐之世。稱度支尙書者，僅顯慶初至龍朔初六年間耳。利州曾祖官度支尙書，最少爲高宗初人，下去敬宗百七十年，傳止三代，不近於常軌者一。且唐改郡置太守，唯天寶、至德十餘年間事，利州曾祖旣任度支尙書，又嘗爲某某郡太守，顯慶距天寶，約九十年，一人之身，豈能兼事，不近於常軌者二。考隋書一，開皇三年，罷天下諸郡；同書三，大業三年，改州爲郡；同書二八，開皇三年後，改度支尙書爲戶部尙書，是一人而得兼郡太守、度支尙書者，唯在隋爲可能，利州之曾祖旣隋人，則利州斷不能晚至敬宗時，此余所由主張暫附碑於開元末也。

李迪誌

通例高祖之父，率稱五代祖，此誌（芒洛四編五）高祖純之上，稱四代祖澈，疑是筆誤。澈、新表七二上作徹。迪曾祖德晏，隨洛陽令，祖玄同，度支員外，新表所記略同，唯表不著隋字。誌又云，「父愿，倉部員外，給事中，博、陳二州刺史，朝請大夫，襲贊皇縣上柱國開國男。」今表作甑給事中，依表，甑弟名恁，以連名之例覈之，疑當從誌作愿爲是。唯今郎官柱倉外題名，愿或甑均不見。迪終宗城尉，表亦未及。又勳官不襲，贊皇縣應與開國男相連爲文，誌以上柱國三字橫插其間，想是書者誤倒也。

復次、新表恁有子名愁，以名例例之，疑實愿、恁諸昆而誤推下一代也；又恁之孫、逢之子、名建者二人，非複則訛，惜均未得碑誌證之。

全文四四一有李迪，云，「廣德元年，官京兆功曹參軍，」非同人，此迪葬於天寶六載。

劉渙

劉元尙誌，「北庭使劉渙躬行勃逆，委公斬之。」萃編九〇云，「又北庭劉渙，……史皆無攷。」古誌石華一二亦云，「北庭使劉渙，……史無可攷。」余按曲江集五勅安西節度王斛斯書云，「頃者劉涣凶（凶）悖，遂起姦謀，朕以偏荒，比加隱忍，而惡迹彰露，人神不容，忠義之徒，復知密旨，且閒伏法，自取誅夷。」勅伊吾軍使張楚賓書云，「近得卿表，知沙陁入界，此爲劉涣凶逆，處置狂疎，遂令此蕃，驚有遷轉，今劉涣伏法，遠近知之。」又勅北庭將士百姓等書云，「逆賊劉涣，不意含氣，有此狂愚，忽於夷塗，坐生逆節，姦謀雖起，狡數自窮，誘人不從，欺天斯甚，由是忠義奮發，凶醜就擒。」同書六勅突騎施毗伽可汗書云，「故闕俟斤入朝，行至北庭有隙，因此計議，即起異心，何羯達所言，即是彼人自告，蹤跡已露，然始行誅，邊頭事宜，未是全失，朕以擅殺彼使，兼爲罪責，北庭破劉涣之家，仍傳首於彼。」據余攷證，乃開元廿二年初之事。

栖先塋記

栖先塋記，「粤烏虖，昔倉龍大泉獻，遭家不造，先侍郎即世，建塋霸陵，遺令也。」萃編九四云，「按此碑述者名全沕，石墨鐫華以爲季卿，据三墳記爲季卿述，首稱先侍郎之子云云，此碑亦有先侍郎即世之語，則其同爲季卿所述，固無可疑。」余按新書二〇二李適傳，「睿宗時待詔宣光閣，再遷工部侍郎、卒，年四十九，……勅其子曰，霸陵原西視京師，吾樂之，可營墓，樹十松焉。」與記言合，先侍郎即適也。

鐫華四跋此記云，「此李氏卜葬李曜卿兄弟三人，而弟季卿記，從子陽冰書。」按記有云，「天珤改元，我之伯也卒，間五六年，仲也卒，不三四年，叔也卒。君子曰，李氏子天假其才，不將其壽，盍謀及龜策，謀及鬼神歟。方士邵權徧得管、郭之道，喈曰，霸岸盤龕，客土琵矣，干溫冥之禁，非宅麥攸宜，是用□葉永地，其原鳳栖。」蓋季卿以三兄不壽，惑於堪輿，謗過先塋，自霸陵遷之鳳栖原，三兄從祔；季卿遷其父墓，故曰先，趙氏猥謂弟季卿記，從子陽冰書，則名分亂矣。試觀三墳記後，祇題「季卿述、陽冰書，」陽冰於曜卿等不爲從子也。

記又云，「攝提格辜月仲旬□日，」萃編云，「攝提格者寅年也，當是壬寅年，仲、叔之卒，在天寶十一載壬辰，又越十載爲寶應元年，辜月、十一月也，以壬寅十一年栖葬也。」（勉按仲叔之仲字衍。）余按毘陵集一一季卿誌，「歲在丁未，七月，丁卯，有唐故右散騎常侍李季卿薨，享年五十九。」遐不足五年而季卿卒，且在刻石之歲，又不登壽，方士之說，可無惑矣。

記又云，「無藏金玉，厥惟琴書，先志也。」卽新傳所謂「及未病時，衣冠往寢石榻上，置所譔九經要句及素琴於前，士貴其達」者也。

記又云，「異時，述□三百篇，永泰中，小宗伯賈公至爲之敍。」萃編云，「此必是其先侍郎所作之詩也，唐書賈至傳，至之轉禮部侍郎，正在永泰二年未改大曆之前，惜不知其集名，無從考矣。」余按賈至工部侍郎李公集序，「神龍中興，朝稱多士濟濟，儒術煥乎文章，則我李公傑立當代，……至先大夫與公有皮、鮑之知，公嗣子吏部侍郎季卿與至有璵璺之好，……敢不序焉。」（全文三六八）又舊唐書四七著錄李適集二十卷，新書六〇作十卷，非無考也。

記末題「嗣□□□述」由賈序觀之，當爲「嗣子季卿述」無疑。（參看下嗣子條）

記之釋義既明，則適之卒年，可以討論。萃編云，「碑云天寶改元，我之伯也卒，天寶以壬午年改元，則其前云蒼龍大淵獻，是開元二十三年乙亥歲。」以蒼龍大泉獻當乙亥，說若可信。顧有疑者，舊書一九〇中適傳云，「睿宗時，天台道士司馬承禎被徵至京師，及還，適贈詩，序其高尙之致，其詞甚美，當時朝廷之士，無不屬和，凡三百餘人，徐彥伯編而敍之，謂之白雲記，頗傳於代，尋卒。」若謂適卒開元乙亥，則去承禎初次至京，凡廿餘年，不應曰尋卒也，與史忤者一。新傳謂「再遷工部侍郎卒，年四十九。」晚年似非退休者，而廿餘年祇得再遷，於事不類。況新傳又云，「武后脩三教珠英書，以李嶠、張昌宗爲使，取文學士綴集，於是適與王無競、尹元凱、富嘉謨、宋之問、沈佺期、閻朝隱、劉允濟在選，書成，遷戶部員外郎。」若依王說及新傳享年合計，則適生垂拱三年丁亥，而三教珠英成書，在大足元年辛丑，（見會要三六）創修更在其前，是適以十三四歲童子與修書之役乎？抑未修書前，適尙有「舉進士、再調猗氏尉」（新傳）之仕歷，尤不可能也，與史忤者二。綜是以思，余頗疑蒼龍大泉獻是指開元十一年癸亥，或更睿宗之末，蒼龍猶云龍集某歲，非對甲乙言之者。

記尙有言，「先大夫徐公高□備矣。」萃編云，「此先大夫未詳何謂也。」余按此石對於考妣之稱謂，如先侍郎、先夫人，其上均空三格，先大夫之上不空，此之

「先，」疑已故之謂，非先人之先。何義(一)或指徐彥伯之敍，(見前引舊傳)(二)否則徐公者曾爲適作墓文，當時徐姓以文名者二人，彥伯之外有堅，堅曾與修三教珠英，見舊書一〇二本傳，卒開元十七。彥伯則卒開元二年(舊書九四)記文而果屬(二)義者，斯適之卒年，更易於決定，惜其辭過簡括也。(全唐詩二函二册李適小傳還云，「睿宗朝，終工部侍郎，」殆衍新傳之意者，未爲實證。)

三墳記

三墳記，季卿之伯兄名曜卿，字華，仲兄□卿，字萬，叔兄□卿，字榮。萃編九四云，「三墳惟長曰曜卿，其名全，次二人皆闕上一字，兩唐書傳無曜卿等兄弟四人之傳。……碑稱曜卿賦古樂府廿四章，韋良嗣爲敍文集十卷；次□卿，游嵩、少，聞山鐘賦詩，亦有集若干卷行世；又次□卿，有文集百一十二篇；稽諸兩唐書經籍、藝文，皆不著錄，全唐詩不載李曜卿，而有李子卿、李幼卿二人，皆大歷間人，此三墳皆卒於天寶十年以前，其非此二人明矣。碑爲從子陽冰篆書。」余按季卿、新書二〇二附見其父適傳，舊書九九誤附李適之傳，考異已辨之，(參輔大學誌六卷拙著突厥傳擬注六三頁)王氏謂四人皆無傳者，未詳考也。

唐詩紀事二七，李幼卿「字長夫，隴西人，大歷中，以右庶子領滁州，別業在常州義興，曰玉潭莊，在滁州時，以書託獨孤至之。」又云，「蕭穎士樂聞人善，以推引後進爲己任，如李陽冰、李幼卿、皇甫冉、陸渭輩，由奬目皆爲名士，滁州迨今有庶子泉，以幼卿得名也。」則此幼卿當非季卿之兄。

全唐詩五函六册云，「李子卿，大曆末與崔損同第，」據河東集一二注，損大歷十一年中進士第；又全文四五四收李子卿文十餘篇，內有對國公嘉禮判，考同書四三六陶朝、達奚槃兩人，皆嘗對此判，並云肅宗時擢書判拔萃科，則此李子卿殆同時中書判拔萃者之一。

記云，「嘗遊嵩、少，夜聞山鐘，賦云，□□機也，洪鑪沸鼎火半死，巨谿重林風稍止，無聞□□□未巳，詞人珍之。」驗其詞句，乃賦體，非詩體，王氏以爲賦詩，亦誤。今所疑者，全文李子卿下收「夜聞山寺鐘賦(時宿嵩山少林寺)」一首，其題、其注，均與記合。賦有云，「鶩嶺深兮夜分後，龍宮隱兮洪鐘扣，蒲牢鬪兮獅子吼，魍魎懾兮魑魅走，搏泉頂兮隤谷口，入有閒兮出無有。其發地也，衆竅怒兮羣籟起，旣彈山兮復噎水，石鼓震於四荒，雲雷飛於百里。其在空也，漫兮浩浩，般兮雄雄，若陽臺之散雨，似溟海之生風。其稍絕也，小不窮兮細不緊，斷還連兮遠而近，著迴風而欲散，値輕吹而更引，寂兮寥兮，忽不知其所盡。」作體亦近。且循審全段，「其發地也」與「其在空也」相對，「其稍絕也」則孤而無偶，況方敍鐘聲之發地、在空，卽承以稍絕，物情固不熨貼，文氣亦欠舒徐。由是思之，余謂記之「□□纖也，」應爲「其□纖也，」卽此賦「似溟海之生風」下之脫文，而與後「其稍絕也」一排相對舉者。季卿所贊爲警句，而今本適全節刊落者也。

顧此之考證，與上舉子卿時代不相容，余於是別生一解，以爲唐代李子卿有二；其一天寶前人，季卿之仲兄也。其他大歷進士，嘗對國公蒸禮判者也。石晉修書，曾誤李適子爲李適之子，安見全文不誤併兩李子卿之文爲一耶。進一步言，季卿仲兄旣長於賦，則全文與唐寺聖容瑞光賦（會要四八，開元二十年，六月七日，改罔極寺爲興唐寺，時代亦合。）已下賦十四首，殆皆季卿仲兄之作，子卿字萬，亦相照也。

唯集古錄目云，「唐李氏三墳記，李季卿撰，李陽冰篆書，季卿改葬其兄晉安郡戶曹參軍曜卿，字華，金城尉叔卿，字萬，朝邑簿春卿，字榮，凡三墳。」則仲兄名叔卿，今碑泐無驗，歐陽說果眞，或以子卿、叔卿名相近而誤併其文歟？

記又云，「莅鹿邑、虞鄉二尉，魏守崔公沔洎相國晉公□□甲科第之，進等舉之。」魏卽魏字，說見拙著義淨法師年譜九頁，（聖心二期）崔沔約開元十年後出爲魏州刺史，見舊書一八八本傳及通典一五，相國晉公，則李林甫是也。

記末祇題「陽冰書，」王氏謂是從子陽冰，此與鐫華謂先塋記爲弟季卿記者，同一名分混亂，（說見前條）皆由不詳審兩記主人之過。

元公再臨道州

韋詞修浯溪記云，「元公再臨道州，有嫗伏亂活之恩，封部歌吟，旁洽於永，故去此五十年而俚俗猶知敬慕。」萃編一〇八云，「但傳未嘗有再臨道州之事。」余按次山集一〇謝上表，廣德二年道州進，內云，「去年九月，勑授道州刺史，屬西戎侵軼，至十二月，臣始於鄂州授勑牒，卽日赴任，……臣在道路，待恩命者三月，臣以五月二十二日到州上訖。」同集四舂陵行序云，「癸卯歲，漫叟授道州刺史。」是結以廣德元年癸卯九月授道州，至二年五月，始行抵任所也。同集一〇再謝上表，永樂（泰）二年進，內云，「某伏奉某月日勅，再授臣道州刺史，以某月日到州上訖。」是結以永泰二年（卽大曆元年）丙午，在道州任內再授是州刺史也。

同集九寒亭記，「永泰丙午中，巡屬縣至江華，……今大暑登之，疑天時將寒。」江華、道州屬縣，此丙午盛夏結猶在道之證也。又同集四欸乃曲序云，「大曆丁未中，漫叟以軍事詣都使，還州，逢春水，舟行不進。」其詞有「來謁大官兼問政、扁舟却入九疑山、」「湘江二月春水平、」「零陵郡北湘水東、浯溪形勝滿湘中、」等句，此大曆二年丁未春間結猶在道之證也。惟何時離道，集無明文，今朝陽巖銘，是後人翻刻，補正六〇云，「名（銘）後添入銜名一行云，進授容管經略使道州刺史元結次山譔、凡十六字。次山進授容管經略使，見唐書本傳，傳不詳何年，此以爲永泰年，不知所據。次山浯溪銘在大曆三年，未署此銜也。」永泰而已題稱容管，其爲紕繆，無庸深辨。浯溪諸刻，今有年月可考者，峿臺銘題「有唐大曆二年歲次丁未六月十五日刻。」（萃編九四）浯廎銘題「有唐大曆三年歲次戊申閏六月九日□□林雲刻。」（補正六一）然大唐中興頌，上元二年撰，大曆六年始刻，卽彼例此，上有年月，不能爲同時撰文之強證，尤不能爲同時元結猶在道任之強證也。抑右堂銘亦結撰，亦刻於浯溪，而後題「大曆六年歲次辛亥閏三月□高□明書。」（補正六一）吾人能因是謂六年結猶未去道乎。獨顏公集一一元結表墓碑云，「轉容府都督、兼侍御史、本管經略使，……容府自艱虞以來，所管皆固拒山谷，君單車入洞，親自撫諭，六旬而收復八州，丁陳郡太夫人憂，百姓詣使請留，大曆四年，夏四月，拜左金吾衞將軍、兼御（史）中丞，管使如故，君矢死陳乞者再三。」而兩月撫諭，而丁母氏憂，而百姓請留，而奉詔奪情猶是四年四月，則知結之由道蒞容，其必在大曆三年無疑矣。由此計至韋詞作記之歲，恰先後五十一年，故記謂去此五十年也。碑又云，「起家爲道州刺史，……二年間，歸者萬餘家，賊亦懷畏□□不敢來犯，旣受代，百姓詣闕，請立生祠，仍乞再留。」廣德二年至永泰二年，恰爲兩年，再授道州，當卽百姓請留之後，故曰再臨。補正六一云，「考元次山於代宗永泰中爲道州刺史，先於肅宗上元間，以水部員外郎佐荆南節度使呂諲府，其時或曾經游歷浯溪，亦未可定，」則由未知再授之事：抑初臨道州，亦非永泰中也。

輿地碑記目三梧州下云，「元結冰井銘，井在州北一里，唐大曆十三年，容州經略使元結過郡，目曰冰井，又為銘，刻石泉上。」按結卒大曆七年四月，見表墓碑，謂十三年尙領使過梧，更誤，想亦後人刻石之日耳。

右銀臺

金石萃編九四跋會善寺戒壇牒云，「碑云，謹詣右銀臺門奉表陳謝以聞，長安志、禁苑內苑章，載東內苑南北二里，與大明宮城齊，東西盡一坊之地，南卽延政門，北卽銀臺門，東卽太和門，不云右銀臺門。據元稹詩，當年出入右銀臺，每怪春風例早迴。又李商隱詩，右銀臺路雪三尺，鳳詔裁成當直歸。是皆有右字，與碑合。」平津記七辨之云，「唐六典、紫宸殿之東曰左銀臺門，西曰右銀臺門，元稹詩，……皆謂此，金石萃編以東內苑北之銀臺門當之，非也。」余按兩家所言，實二而一者也，讀前人書未盡其奧耳。試檢長安志之唐大明宮圖觀之，則見紫宸殿之東，曰左銀臺門，西曰右銀臺門，左銀臺門適居東內苑之北，志謂北卽銀臺門者，略左字也，此不過指其交接之地言之，而洪氏必以為專屬東內苑，泥也。抑志之大明宮章固云，「東面左銀臺門，西面右銀臺門，」王氏祇檢內苑，不檢大明宮，亦失察也。

王訓尙公主乎

王訓父子兩誌，余曾於金石證史編略有論及。(史學專刊一卷四期二〇——二一頁)尙餘一事，存疑未決者，訓誌云，「父縣，……尙永穆長公主，……公……早年娶嗣紀王鐵城之季女也。夫人尋逝，有女方笄，生人之哀，孤遺之極。後尙博平郡主。癸卯歲，居鄧州別業，因中風疾，遂還京師，公主罄玆上藥，竭以秦醫，……春秋卌一，……公主崩心震悼，哀過禮經。」萃編九四云，「此公主卽謂博平，前稱郡主，後稱公主，所未詳也。」厥後平津續記及古誌石華一三，均採王說，余屢讀之而滋疑，今乃決其必妄，洪、黃為沿襲弗察也。余所主之理由凡二：

一、由訓誌，知訓初娶紀王女，祇生一女，無子。博平郡主，訓之繼妻，卽郯之繼母或生母也。今郯誌祇云，「父訓，累授光祿卿，娶嗣紀王鐵城之季女，」使博平郡主而晉封公主者，則三代尙主，爲世之榮，郯誌何以勿及。

二、據萃編，訓誌內「公文備四教」及「公亦保合于永年矣」之公字，均指訓言，其上祇空一格；而「公主罄茲上藥」及「公主崩心震悼」之公主字，其上均空兩格，與「曾祖知道」之例同。使公主卽博平，猶訓妻也，公主縱天子女，於禮豈得上夫。

由是知公主非他，永穆長公主也，卽訓之母也，哀過禮經者，猶云喪明之痛也。萃編各碑誌依空格著錄，彼雖不能探其例，然使吾人因而得一線之光明，其例大可師也。若石華不留空格，非特自誤，且不足以悟人矣。

訓誌撰人李潓，由守光祿卿同正授祕書監，見制詔集一〇，制稱再從叔，蓋在代宗之世，（代宗與潓同高祖）誌以大曆二年立，已稱前祕書監，則授官時當代宗初年矣。新書七〇下只云守光祿卿，非其終官也。

王郯誌撰人結銜爲「中大夫、恩王府司馬、賜紫金魚袋、嗣澤王潤，」考元龜二八四，「貞元五年，十二月，封故澤王諶男潤爲嗣澤王，」諶潓之訛。

延和元年官制

古泉山館金石文編跋李楷洛碑云，「則延和元年承武后之制，不當有左武衞、左驍衞之稱。」余按通典二八、左右武衞，「大唐光宅元年，改爲左右鷹揚衞，神龍元年，復爲武衞。」又云，「光宅元年，改左右驍衞爲左右武威，神龍元年復舊。」舊書四四亦言神龍復舊，（唯左右武衞誤神龍爲龍朔，廿泉本未校正。）延和元年，何嘗承武后之制，瞿氏誤。

趙含章

宋璟碑側記云，「開元末，安西都護趙含章冒于貨賄，多以金帛賂朝廷之士，九品已上，悉皆有名。其後節度范陽，事方發覺，有司具以上聞，玄宗切責名品，將加黜削，公一無所受，乃進諫焉，玄宗納之，遂御花萼樓，一切釋放。」按舊紀八、開元十八年五月，「契丹衙官突可汗殺其主李召固，……制幽州長史趙含章率兵討之。」二十年六月，「幽州長史趙含章坐盜用庫物，左監門員外將軍楊元方受含章饋餉，並於朝堂決杖，流瀼州，皆賜死于路。」是含章之罪爲盜用庫物，尤甚於賄賂公行，元方以受饋決杖賜死，亦非一切釋放也。元和姓纂、「范陽節度使趙含章，醴泉人。」紀曰長史者，以領節度使之諸王不出閤，故長史卽兼節度使事。金石錄六，「唐游擊將軍薛侯碑，趙含章撰、幷行書，開元十八年正月。」據叢編六，碑在幽州，（引金石錄脫章字。）各碑錄缺其歷官，由前引文觀之，蓋卽含章在范陽節度任內所撰書者，然則其任節度在十七年歲底已前也，唐方鎭年表四祇列十八年下，未詳確。

開元十二年，安西都護張孝嵩遷太原尹，杜暹代之。（舊書九八）十四年九月，暹入相，趙頤貞代之。（通典一九九）至十六年正月，頤貞破吐蕃，尙見於史。（舊書八誤歸貞）何年謫衡州司馬，（容齋隨筆八）史未之詳，故含章之任安西都護，如非介十六七年之間，卽應先乎孝嵩矣，今唐方鎭年表八不著含章。

馬炫爲鄆州刺史

黃石公祠記，大曆八年建，碑陰有云，「頃歲馬公炫自郎官出牧。」授堂金石跋云，「蓋以刑部郎中爲鄆州刺史，而傳僅稱連、潤二州，非也。」余按舊書一三四炫傳，「光弼甚重之，奏授比部、刑部郎中，田神功鎭汴州，奏授節度判官、檢校兵部郎中，轉連州刺史。」新書一五五亦作連。考顏眞卿八關齋會報德記云，「明年，拜淄靑節度使，屬侯希逸自平盧至，公以州讓之，……拜御史大夫，加開府，充兗、鄆節度，……廣德元年，……二年，拜汴、宋節度。」則神功以廣德二年節度汴、宋，而據新表六五，鄆州是時正隸汴、宋節度之下，故炫傳所謂轉連州刺史者，余謂卽鄆州之訛，鄆連字同有車，相類也。嶺南連州爲貶臣之地，炫當日未必有此命耳。

寶應二年

張銳誌，「以寶應二年正月二十五日，夭歿于江陵府之官舍。」補正六三云，「寶應元年，肅宗崩，代宗卽位，寶應無二年，此作二年，何也？且此志撰於大曆九年，不得以未奉詔例之。」陸爲此說，蓋祇略觀新紀系年，又未細讀紀文之誤也。舊紀一〇，「寶應二年，三月，庚午，葬于建陵。」同書一一，「（寶應）二年，……秋七月，……壬子，御宣政殿，宣制改元曰廣德。」固明明有二年矣。抑舊紀系年用舊號，新紀採最末之號，近世多從新書，而不知皆離乎實也。舊號既廢之後，猶復沿用，則使新號無元年，此一說也。然如萬歲登封、萬歲通天，同是一年，何必偏重通天。當日之碑刻文書上，在未改號以前，必祇書寶應二年正月，果能一一追改乎。事實上本無廣德元年正月，而必系之，未見其可通也。竊謂一歲內改元一兩次者，爲適合事實起見，應分段書之，寶應二年無八月已下，廣德元年無六月已上，不悖乎實也。武后改十月爲正月，舊新書皆從而書之，準例相同，曷爲不可。否則以舊號揭於歲首，以某月某日改元某某分注其下，亦較簡便可行而利於閱讀。若今舊新書之例，皆無取焉。

盧知誨與盧知晦

盧濤誌，「七代祖後魏司徒敬侯尙之之裔，鹽山縣尉知誨之子。」（古誌石華一三）黃本驥云，「以唐書宰相世系表證之，知誨爲後魏祕書監陽烏之九世孫，而尙之則陽烏之季弟也，與誌不合，蓋表誤爾。」余按誌當於裔字斷句，濤稱尙之爲七世祖，則濤之父知誨，自是尙之六世孫也。依唐人通行計代之法，知晦應爲陽烏八世孫，——非九世——亦卽尙之八世從孫，則誌、表世代不同；誌從言作誨，表從日作晦，（百衲本殿本同）寫法亦異。尙之之裔，非必盡新表所搜羅，此可從新表之根本構成上覘之，（參拙著元和姓纂四校記序）安知其六世孫不別有知誨耶？遽定表誤，要爲粗率

昭甫季女

殷履直妻顏氏殘碑，稱夫人爲「昭甫府君之季女，」（萃編一〇一）字尙可見，授堂金石跋據碑立言，初未有誤；古泉山館金石文編乃云，「今碑文已殘缺不可辨，而武虛谷授堂金石跋乃云，夫人爲昭甫季女，必有誤矣。」瞿氏此跋，屢引萃編，而萃編固明著此七字，前乎萃編者更有金石續錄卷三，豈瞿氏竟未之見；揣瞿氏意，必以爲碑文上方有「君率二妹」語，既有妹，則不應曰季，所辨者其排次非季，而又辭不達意也。按唐人常合同祖所出以爲排次，故眞卿此碑稱第十三姪男，碑前文敍「叔父吏部郞中敬仲府君爲酷吏所誣，」然後君率二妹割耳訴冤，然則二妹殆敬仲之女，

由從姊領導以救父者，眞卿不書曰從妹，親之也，季女非有誤也。

萃編著錄「天　皇曹王侍讀，」瞿跋乃云，「今拓本天字尙淸而易辨，而王侍郎所錄，遺去此字，於皇子上空一格，」其實王氏幷未漏此字，不過誤移於空格之上耳，補正六四亦謂王缺天字，非也。又補正所舉此碑萃編缺某字，以王書對之，多不缺，陸氏校勘殊疎也。

嗣子

松翁未焚稾崔沔誌跋云，「沔誌則稱公長子同州馮翊縣尉成甫、嗣子祐甫等，並至性本天，彝訓過禮，誌後祐甫附記，稱孝公長子成甫，服闋授陝縣尉，以事貶黜，乾元初卒于江介，並載、成甫三子並早夭，二孫並未仕，是祐甫非孝公所生，乃嗣于兄弟者，不知爲誰之子也。據泰和作誌，載長子成甫，嗣子祐甫，成甫尙在而復嗣兄弟之子，殊不可解，而兩史沔與祐甫傳均不之及，可謂疏矣。」余按羅氏固舊學家，且沈溺於金石者有年，顧「嗣子」兩字如何解法，竟未明白，反咎兩史之疏，吾於是不能不責其辭之妄也。

今姑先以唐初之伯玉集喻之；集六高某誌，「嗣子思恭，」此猶可諉曰子僅一人，或是入嗣。然同卷子昂自撰其父元敬墓誌，一則云「謂其嗣子子昂，」再則云「孤子子昂，」子昂並未自承是入嗣者也。更如集五楊越碑，「嗣子嘉賓等。」集六高琔誌，「嗣子紹等。」又淸河張氏誌，「嗣子某等，」豈如許者子皆入嗣，且嗣一之不已，而必至於數多乎，吾有以知其非也。又舊書一四九于休烈傳，「嗣子益、次子肅相繼爲翰林學士，」如羅氏釋，豈長子者嗣人之子，次子已下爲自生子耶。

今再取唐代他名家之文觀之，如崔祐甫齊昭公(崔日用)集序，「公薨五十載，嗣孫起居舍人儒，……公嗣子宗之，」嗣卽嗣宗之義。其有視此更明顯者，如

嗣子定遠將軍、前左驍衛翊府左郎將、兼檢校左監門衛中郎將、上柱國敬康，次子中大夫、前安北都護、上柱國希莊，三子前左金吾衛中候、賜緋魚袋、上柱國敬之，四子前左司禦率府長史、賜紫金魚袋、內供奉、上柱國奉忠，五子前殿中省進馬、上柱國敬沘等。　李邕羽林大將軍臧公墓誌銘。(全文二六五)

嗣子輪，行太常寺奉禮郎，次子輬、轍、轔、輯等。　席豫唐故朝請大夫吏部郎

中上柱國高都公楊府君碑銘幷序。（全文二三五）

嗣子朝散大夫、行太子典設郎鍊，次子太子內直郎鋼等。李渼然太子少傅竇希瓘神道碑。（全文一〇〇）

長子殿中侍御史、贈潁州刺史均，敎忠能仕，不幸蚤夭，嗣子右威衞騎曹參軍士涇，……與支子右衞率府兵曹參軍士參、洎士良及士和等。權德輿唐故四鎭北庭行軍兼涇原等州節度支度營田等使……劉公神道碑銘。（全文四九九）

長子某，年在羈貫，嗣子某，未離襁抱。同人唐故使持節歙州諸軍事守歙州刺史賜緋魚袋陸君墓誌銘。（全文五〇三）

嗣子左補闕綯集公之文，成一百三十卷，因長子太子左諭德弘分司東都，負其笥來謁。劉禹錫唐故相國贈司空令狐公集序。（全文六〇五）

其變詞者如

長子頲，……終洋州司戶參軍，冢子頎，……歷戶部侍郎，以公事貶泉州司戶，贈楚州刺史，幼子頊，……司空公（頔）卽第三子也。權德輿唐金紫光祿大夫守司空同中書門下平章事……于公先廟碑銘（全文四九七）

然亦有衆子稱嗣子者，如李季卿凡三兄，曰曜卿，叔卿，春卿，而栖先塋記季卿自稱嗣子，賈至爲其父作集序，亦稱曰嗣子。（見前條）更如

嗣子南金等。靳翰大唐故朝散大夫護軍行黃州司馬陸府君墓誌銘。（全文二七九）

嗣子陳州刺史先齊、左千牛中郎將先擇等。蘇頲右僕射太子少師唐璿神道碑。（全文二五七）

嗣子發、丕、堅、粲、垂、向、呂、稷、望、咸等。李華唐丞相故太保贈太師韓國公苗公墓誌銘。（全文三二一）

嗣子前太子左贊善大夫正、祕書丞方、某官季友、某官某等。權德輿衞國夫人李氏墓誌銘。（全文五〇四）

嗣子兼指衆子，其義更明。若夫可與沔誌相比觀者，尤莫如

長子械，河中府士曹參軍。次子協，殿中侍御史、劍南西川節度推官。嗣子公弼，以文學克家，仕至國子監主簿，以似續疏土，封會稽縣男。幼子公晛，亦以修詞

爲鄉黨所薦。 權德輿唐故山南西道節度營田觀察處置等使開府儀同三司檢校尚書左僕射同中書門下平章事兼興元尹上柱國馮翊郡王贈太保嚴公墓誌銘幷序。（載之集二一）

按唐人固有未娶而蓄妾生子者，例如崔氏誌云，「休源未娶，有女子子一人，夫人撫待甚慈，外姻皆不知其他出也。」（芒洛四編六）即不然，嫡所出亦不定長於庶所出，故沔誌之長子與嗣子，殆是摘庶之分。後此如李華崔沔集序，「長子成甫，進士擢第，校書郎，陝縣尉，知名當時，不幸早世，嗣子祐甫論譔先志一卷爲第三十卷。」（全文三一五）又顏眞卿崔沔陋室銘記，「凡所著文集二十九卷，並嗣子祐甫論次先志一卷，爲三十卷，………長子成甫，倜儻有才名，進士、校書郎，早卒。」（全文三三八）其詞與李邕所爲沔誌略同。

其以他人子爲子者，往往特書之，不曰嗣子，如

無子，以猶子某爲後。 權德輿唐故東都留守東都汝州防禦使………杜公神道碑銘。（全文四九七）

遺命以兄之子某爲嗣。 同人唐故朝議郎使持節溫州諸軍事溫州刺史……裴府君神道碑銘。（全文五〇一）

初公無胤子，命兄子某爲後。 梁肅明州刺史李公墓誌銘。（全文五二〇）

總言之「嗣」雖有入嗣之義，然唐人碑誌用此，率指嗣宗者言之，或且泛及於諸子，非必入嗣之謂。欲廣其意，再任取羅氏所編芒洛冢墓遺文四編四五兩卷，將唐代諸貞石記子之例，類列觀之：

（甲）嗣子下祇一名者。

嗣子利賓。 崔夫人誌。

嗣子……脩政。 麴信誌。

嗣子某。 陸大亨誌。

嗣子翼軫。（一名？） 張詮誌。

嗣子昭乘。 朱行斌誌。

嗣子揖。 源夫人誌。

嗣子邈。 李夫人誌。

嗣子宏。 楊夫人誌。

嗣子𤕩。 王爽誌。

嗣子胡子。 王志悌誌。

（乙）嗣子下有等字或數名者。

嗣子思過等。 王玄裕誌。

嗣子……惟忠等。李氏誌。

嗣子安定等。 王詢誌。

嗣子景愉、介愉。 張安誌。

嗣子元紹等。 高知行誌。

嗣子倩、將仙等。 邢思賢誌。

嗣子等。 董守貞誌。

嗣子鍠等。 張㽞妻誌。

嗣子元一、貞一、太一、志一、興一、介一等六人。 鄭鼎誌。

嗣子璵等。 王岡已誌。

嗣子晏等。 呂夫人誌。

（丙）嗣子與他子別者。

嗣子……齊俠，次子……元璀，次子……元及。 張素誌。

嗣子……德成，次子……德儼等。 李夫人誌。

（丁）不稱嗣子者。

長子……豐都，小子……處沖等。 格善義妻誌。

胤子脊名等。 昝斌誌。

孤子濟哲等。 闞師誌。

子懷義等。 楊岳誌。

孤子懷質。 秦朗誌。

有子思敬等。 貞隱子誌。

次子……嗣宗等。 牛阿師誌。

有子崇德。 高慈誌。

有子曰元伯，……次子元奬。 王嘉誌。

胤子元悊、思悊、思盛、法珍、文琰等。張方仁誌。

哀子。 楊承胤誌。

有子全質等。 盧珍誌。

有子思元。 王頠誌。

孤子庭玉。 康威誌。

常欽坦腹，竟未結褵，有子且孤，貌焉承繼。 王怡誌。

長子遊哲等。 張休光誌。

長子項之等。 裴坦誌。

子希先等。 崔夫人誌。

孤子……渾，次子……浦，次子澤，……次子……澥。 劉夫人誌。

嗣子字用於(乙)類者，視(甲)類爲多，且(甲)類不加等字，或因祗生一子。推此言之，是通俗固常以嗣子之稱加於諸子也。其明繼他人子爲後者，唯(丁)類之王怡誌，然文固不用嗣子也。

抑祐甫是沔所生，可於祐甫之文實證之：全文四〇九祐甫上宰相牋云，「祐甫天倫十人，身處其季，……左右提攜，仰於兄姊，……長兄宰豐城閒歲，遭罹不淑，仲姊寓吉郡周年，繼以鞠凶，……宗兄著作自蜀來吳，萬里歸復，羈孤之日，斯所依焉。豈期積善之人，昊天不弔，門緒淪替，山頹梁折。今玆夏末，宗兄辭代，顧渺渺之身，巋然獨在，孱弱嬰孺，前悲後泣，一門之中，髮首相弔。」天倫十人者，同胞之謂也，合男女言之，而祐甫居最少，然則疑祐甫非沔所生者，可以休矣。

羅跋又云，「則嬰甫與祐甫不同祖，乃從弟，非弟也，豈祐甫亦以嬰甫子嗣沔者耶。」「嬰甫子」是「嬰甫兄」之誤，正言之，嬰甫於祐甫爲再從弟。

芝貞異肆

顏君廟碑，「秦有芝、貞，漢有異、駟。」萃編一〇一云，「芝、貞、異、肆亦無考。」按元和姓纂，「顏芝，河間人，生貞，秦末藏孝經者也。漢大司農顏異，濟南人也。顏駟，江都人。」碑之駟，卽姓纂之肆。又經典釋文一，「孝經者，……河間人顏芝爲秦禁藏之，漢氏尊學，芝子貞出之。」具見漢書食貨志及百官公卿表。

景教碑書人呂秀巖非呂巖

書碑者題朝議郎前行台州司士參軍呂秀巖，日人佐伯因樓觀附近有呂仙洞等遺蹟，以爲舊提呂秀巖卽呂巖、亦卽呂洞賓之假設，更有可能。向達氏云，「得見新出土呂洞賓之父呂讓墓誌，讓凡兄弟四人，以溫、恭、儉、讓排行，讓其季也；讓有五子，一早殤，行三者名煜。據新安呂氏家乘，則洞賓行三，原名煜，後改名巖，純陽、洞賓又其後改之名，其父名讓，所誌官階履歷，與新出土墓誌正合。唯俱不云呂巖又名秀巖，是佐伯氏呂秀巖卽呂巖之假設，固尚待新證據之發現，此際猶難爲定論也。」（長安與西域文明一〇七頁）余按呂讓卽唐代大文家呂溫之弟，據衡州集七柳郡君墓誌，「有男四人，長曰恭，………幼曰讓，年小未學，恭之中弟字與，夭於襁褓。……所母先公之子三人，……長曰溫，……次曰儉，季字秦生，能言而夭。」兄弟原不止四人，讓誌稱四人者，早夭不計，與河東集一〇呂恭誌、「生四子溫、恭、儉、讓」之書法相同。復次郡君卒貞元十六年，在書碑（建中二）後已二十載，而讓猶年小未學，何有於巖，故巖苟爲讓子之說不謬，則佐伯假設，可絕對推翻也。

讓、元和十年中第，見河東集二四送表弟呂讓將仕進序注。舊紀一八上、會昌六年二月，「壬午，右庶子呂讓進狀，亡兄溫女太（大）和七年嫁左衞兵曹蕭敏，生二男。開成三年，敏心疾乖忤，因而離婚，今敏日愈，御乞與臣姪女配合，從之。」又范致明岳陽風土記云，「呂先生，河中府唐禮部尚書渭之孫，海州刺史讓之子，會昌中兩舉進士，不第。」（據蕎庵閒話一）凡此皆足見讓與巖所處之時代者。韓之支有湘，呂之胤有巖，文家故事，可爲互相輝映。

韋和上誌

韋和上墓誌銘，（芒洛續編補）興元二年立，誌云，「上座卽永城第二女也，……依止本寺李上座爲受業和上，和上卽已王之女，玄宗諸姑。」已王卽紀王也。誌云，「曾祖知人，皇朝司庫員郎，贈織□郎中。」以姓纂及毘陵集八韋縝碑校之，員下奪外字，織□乃職方之訛泐也。誌又云，「列祖縕，皇朝散大夫、丹州別駕，……

父安時，皇亳州永城縣丞。」姓纂祇著錄知人四子維、縝、縱、紹，故新表亦無緄一支，此可補新表之闕。

墓誌尼稱和上或和尚者，合此凡三，（參拙著金石證史二四頁）見於文集者，又有權德輿唐故東京安國寺契徽和尚塔銘，（全文五〇一）德輿之從祖姑也，由是知此種稱謂，在唐代固常有之。

韋奧與韋澳

集古錄目有唐韋奧遺愛頌，云，「奧字又玄，京兆杜陵人，嘗爲夏縣令，此碑夏縣人所立，以貞元二年八月刻，在夏縣。」（據叢編一〇）類編四略同。考元和姓纂，嗣立生濟，濟生奧，濟天寶末尙爲馮翊太守，時代正可相當，姓纂雖以小逍遙公房附襄陽郡望，然其先本出杜陵，唐人好舉祖居，故張說逍遙公墓誌亦云，京兆杜陵人也。（說之集二二）新表七四上，濟子無奧，而嗣立子有史，姓纂、嗣立生恒、濟、孚。舊書八八云，「三子孚、恒、濟，」皆取義易卦，與「史」無聯繫，史殆卽奧之訛，而又誤推上一代也。

金石錄八止云夏縣令韋公，盧文弨云，「案韋公名澳，」誤也。澳爲貫之子，舊書一五八稱其大和六年始擢進士第，在立碑後四十六年矣。

信安王禕非吳王恪子

石橋詩刻石記，「聖唐開元中，天枝信安郡王再臨斯郡，王、太宗皇帝子吳王之次子。」（補正六六）兩浙金石志二云，「予按新唐書表，恪第三子琨，琨子禕，今碑云，……世次少一代，文述于當時，且出懿親，似不當誤。」補正云，「按新唐書宗室世系表，吳王次子朗陵王瑋，三子嗣吳王琨，琨子信安王禕，碑云，……豈以瑋禕音同形近而誤邪。碑又云，王之次三子梁國公峴，與表相符，而李峴本傳云吳王恪孫，又與碑文相合，殊不可解。」余按舊書七六，禕以天寶「二年遷太子少師，制出，病薨，年八十餘。」同書四，吳王恪以永徽四年二月乙酉賜死，假令禕爲恪子，其出生斷不能後於永徽四年，由是年計至天寶二年，已九十一年，而禕祇八十餘，此禕非恪子之強證也。如謂八十餘得爲九十之約辭，又須知恪凡四子，其下尙有兩弟，豈同是生於永徽四年春或遺腹子耶。琨贈吳王，或得與恪混，但吳王之稱，應追溯於恪，若以稱琨，贈字必不可少，況琨又非太宗子也；子字或得爲孫訛，但新表褘固居長，於文「次子」要不合也；雖是懿親，猶不免誤，石刻之不可固信，蓋與木刻等耳。

峴應爲吳王恪曾孫，舊書七六、新書七〇下及八〇均同，惟舊書一一二峴傳，「太宗第三子吳王恪之孫，恪第三子琨，生信安王褘，褘生三子，峘、嶧、峴。」張宗泰云，「依下所敍世次，當補曾字。」校勘記四三云，「按沈本之下有曾字，」是舊書奪一曾字。新書爲文省之故，又不細讀舊傳下文，故一三一峴傳遂有「吳王恪孫也」之誤，此實因誤而巧與碑合，不能據是以信碑之有據也。

峴是恪曾孫，全文三二一李華梁國公李峴傳更可證；傳云，「曾祖曰吳王，太宗愛子也，父曰信安郡王，玄宗之大臣、肅宗之軍佐也。」惟略琨不敍，亦滋後人誤會之點。

復次、此詩記爲韋荐所書并篆額，見叢編一三，荐疑卽新表七五上之廌，說見拙著姓纂校記。叢編一條，阮、陸兩家均失引，故并及之。

「再臨」與「復臨」別

修語溪記「元公再臨道州」之再字，余已有說明見前；石橋詩記之「再臨斯郡，」據碑下文，「其始至也，以初封江王，發軔於此，其再臨也，以勳列崇異，改封信安。」褘嘗兩刺衢州，其事甚明。碑下文又云，「王之次三子梁國公峴，融液元化，弼諧義、軒，功成身退，復臨斯郡。」補正六六云，「傳言峴能相，出爲蜀州刺史，至代宗時，始以檢校兵部尚書兼衢州刺史，碑云功成身退，復臨斯郡，正是罷相之時，疑蜀州爲衢州之誤。」殊不知峴固兩度入相，就其終生事迹言之，在肅宗初罷時，未得爲功成身退，及代宗再罷時，乃爲功成身退也。抑復臨之「復」，與再臨之「再」異，其義則同乎下文「韋公光輔……又分符竹」之「又」，係承上褘曾臨斯郡而言，陸氏錯解復字，無怪乎輒疑史誤矣。李華梁國公傳固云，「還吏部尙書平章事，以正直進，以正直退，貶蜀州刺史。」

卅世世

桑𪩘誌，「辛丑年中十一月而卒，……日諸月諸，世餘祀，……以貞元五年八月二十一日，歸祔河南縣平樂鄉先君。」（補正六六）世字當是卅字，殆陸氏轉錄之誤也。辛丑即肅宗上元二年，計至貞元五年己巳，後先二十九年，故曰卅餘祀，唐人諱世，缺筆或寫作卅，如郎官石柱史中之李卅規，萃編一一六云，「卅卽世字，」陸氏慣於世之諱避，不暇詳審其義，故訛爲世字矣。

或者曰，石華二一鄭恒誌，「蓋世一霜也。」黃氏跋云，「世有一霜，三十年爲一世，一年爲一霜，蓋三十一年也。」然則世餘祀者，何嘗不可作三十餘祀解。余曰，鄭恒之誌，爲眞爲僞，今且不論；但據萃編一一四著錄，高祖世斌之世作世，世餘祀之世作卅，唐人雖亦諱世爲卅，顧何以同一誌內，名尙不避，而泛用者反避之？唐人寫二十爲卄，四十爲卌，然則此處之世直今之卅字，曰卅一霜，則文從均順，黃氏以爲世一，殊近於曲解矣。抑桑𪩘誌更不能援此爲例，良以辛丑至己巳，未足卅年也。

世、唐碑或作卅，如于志寧碑「卅武之長女也」是；萃編五六云，「世武、避諱缺末筆作卅。」卅又作世，如王怡誌「降年世六，福善之應無」（芒洛四編五）是。

韋縱所書三碑

鹽池靈慶公碑，貞元十三年立，將仕郎、前試大理評事韋縱書；萃編一〇三云，「韋氏鼓（彭）城公房有縱，左金吾衞兵曹參軍，今碑所署卽其人。」余按新表有兩韋縱；一出南皮公房，然時代居前，彭城公房者卽韋綬兄弟，王說是也。寶刻類編四誤韋縱爲崔縱，同卷又別出「韋縱，刺史崔淙遺愛頌，楊憑撰；書幷篆額，貞元十七年十月立，潞。」考金石錄九，「唐同州刺史崔淙遺愛碑，楊憑撰，韋縱正書。」舊紀一三，貞元十四年九月，以同州刺史崔宗爲陝、虢觀察，字作宗，唐方鎮年表四引作崔琮，不審據何本。全文六三一、呂溫崔公行狀固作「公諱淙，」新表七二下，「淙字君濟，同州刺史，」均與兩碑目同，然則作琮者當誤。（郎官柱封外、倉中及精舍碑有崔琮，但非其人。）行狀云，「擢同州刺史，……其餘則去思有碑，詳在篆述，可覆視也。」卽指其碑，碑應在同州，類編以爲在潞，必誤，惜叢編同、潞兩州，今均殘缺，不得而實證之耳。

王顏追樹十八代祖碑，（說見後）亦十七年立，書人韋縱上結銜五字全泐，余以鹽池碑例之，頗疑是「前（或試）大理評事。」

肅宗躍龍之所

大福和上碑，「開二十六年五月五日，果勅置空寂寺，………道侶精構安國寺，以睿宗舊邸，肅宗躍龍之所，資於法器以住持也，摠持寺扌(遠□□又請安居，……久而謂門人曰，………」（補正六七）補正云，「大福卒於天寶二年，………惟碑云，……則尙在大福未卒之前開元、天寶間，何以言肅宗躍龍之所，殊不可解，豈後來追述其事，一意鋪張而臨文失檢邪。」余謂陸說殊誤會也。長安志八，長樂坊大安國寺注云，「睿宗在藩舊宅，景雲元年，立爲寺，」則此舊宅玄宗嘗暫居之，惟肅宗以景雲二年九月三日乙亥生於東宮之別殿，（參據舊書一〇、唐會要三及舊書校勘記五，唯會要訛二年爲三年。）睿邸旣元年改寺，則其得孕恐不在是地，意當日民間未事深考，故目此爲肅宗躍龍之所也。建寺係二十六年五月五日奉勅，肅宗係同年六月三日庚子册立，則精構之前，已曉然皇嗣所屬，碑文之意，在開元末言之，猶云先帝舊邸暨皇太子躍龍之所；但大福碑遲至貞元始立，陸氏業有考定，後來追述，自應改曰肅宗躍龍，謂非事實或有之，若責以臨文失檢，則直未了解操翰者之用意矣。

魏知古父名

知古相玄宗，舊新書本傳及新表七二中均不著其父名，今姓纂亦失知古之系。玆得魏夫人誌云，「曾祖諱行覽，贈瀛州刺史，祖諱知古，銀青光祿大夫、守侍中、工戶部二尙書、上柱國、梁國忠公，先府君諱喆，正議大夫巴、延、邛、歙、寧五州刺史、鉅鹿縣開國男之第四女也。」（芒洛四編六）可補表、傳所缺。又表祇稱喆延安（卽延州）太守，得此亦更詳其官歷也。

舊書九八，知古、深州陸澤人，誌則云鉅鹿曲陽人，前者舉占籍，後者舉郡望，非有異也。

王顏所說太原王氏

追樹十八代祖晉司空河東太守猗氏侯太原王公神道碑,貞元十七年立,王顏撰文,通篇大意,在辨論及記述王氏之族系,可分作三段讀之:

(一)其記載太原王氏之姓源云,「厥後子孫,因王顯姓,始自四十一代祖周平王孫赤,其父泄未立而卒,平王崩,赤當嗣,爲叔父桓王林廢而自立,用赤爲大夫,及莊王不明,赤遂奔晉,晉用爲并州牧。自赤至龜八代,代牧并州。龜生喬,至文釗十六代,通前八代,代襲封晉陽侯。文釗生叔儁,叔儁生伯明,伯明生乇,乇河東太守、征西大將軍。乇生卓,卓字世盛,歷魏、晉爲河東太守,遷司空,封猗氏侯;夫人河東裴氏,父仲賢,任雍州牧。卓翁年七十九,薨於河東,時屬劉聰、石勒亂太原晉陽,不遂歸葬,葬河東猗氏縣焉。隋併猗氏爲桑泉縣,今司空塚墓在縣東南解古城西二里,至今子孫族焉。」(參據萃編一〇四及全唐文五四五,下同。)

(二)其論唐代冒族之弊云,「開元中,左丞相張公說越認范陽,封燕國公,大歷初,左相縉叔越認瑯邪,封齊國公。且河東王承太原顯望久矣,一旦爲縉叔齊公沒之而望乎沈也。如燕、齊兩公,皆明世大賢,社稷重器,尙爾爲也,況中智已下薄俗者乎。又見近代太原房譜,稱顯姓之祖,始自周靈王太子晉,瑯邪房譜亦云太子晉後;且晉平公聞周太子生而異,使師曠朝周,見太子,太子年方十五,曠謂太子色赤,太子謂曠曰,吾後三年上賓于帝,果十八而仙,得不謂元精下降,全眞上賓,則知年未十五,已是神仙矣,豈於三年之中而始同凡有嗣息耶?是各爲修譜者務神奇祖先,競稱太子晉後,不其妄歟。」

(三)其記唐代族中英賢云,「凡稱太原王者,無非周平王之孫赤之後,前已詳之明矣,桑泉房隋奉朝請善翁,善之子聃子翁,官至開府儀同三司、車騎將軍、河北道大總管,見隋書,墓今有碑。僧曇延有奇表,身長八尺,見高僧傳,蒲州桑泉人也,或有延公贊曰,德與天全,身居佛半。桑泉房幽州都督元珪翁,廣州都督方平翁,皆盛德光時;左補闕智明伯,戶部員外郎岳靈叔,猗氏房右丞維叔、左相縉叔,俱偉文耀世,或有上縉叔詩曰,朝廷左相筆,天下右丞詩,人謂戲言,時稱定論。虞鄕房安西、北庭二節度正見叔。」

全文收此篇入卷五四五，且系以注云，「謹案蒲州府志以此碑非唐人所作，云，文中謂周平王孫赤，其父泄未立而卒，平王崩，赤當嗣，爲叔父桓王林廢之而自立，及莊王不明，赤遂奔晉，求之傳記，事皆無有。且晉於是時獻公未強，幷州太原，尙在狄地；況州牧之官，始自漢世，安得晉於此時卽用以爲牧而先立此號。又謂自赤至龜八代，代牧幷州，自龜至文釗十六代，通前八代，代襲封晉陽侯，語尤無稽。且太原鄕牒，其狀乃顏所上，狀稱冀州刺史，碑乃云河東太守；狀稱卓在晉爲司空、河東太守，碑乃云歷魏、晉爲河東太守，遷司空；安有一人自述其先世，而牴牾不合若此。又謂開元中左相張說越認范陽，封燕國公，大歷初左相縉叔越認瑯琊，封齊國公；夫說與縉自以功名官位得封，初未聞越認之事，且公侯之爵，亦非因越認門望可邀得者云云，其辨甚詳，今登載原文，仍錄辨語存證。」

余對於此碑之信値，仍分三段陳述鄙見：

（甲）萃編云，「史記周本紀、平王崩，太子洩父蚤死，立其子林，是爲桓王，不云洩父又有子赤，亦不云林廢赤而自立；且太子名洩父，與碑之單名泄者不同。」按洩、泄往往通寫，父、古尊稱之詞，泄當指洩父言之。萃編又云，「幷州牧、晉國未嘗有此官名。周莊王時赤奔晉，其時曲沃武公方強，滅晉侯緡而獻寶器於釐王，赤所奔必是曲沃，然考之晉國諸臣，未有其人。碑所敍諸人，史皆無傳可考。」按末句係專指（一）段王氏諸人，蒲志以此段爲無稽，自屬正論。但描以爲姓源之可信不可信，係一問題，碑之眞僞，又別一問題，兩者並無密切之聯繫。踐跡、感夢，狼負、犬乳，人類祖先之原起，識者嗤之，要不能不認是史前神話所傳下也。獨孤氏之先，出自光武，光武生沛王輔，輔生釐王定，定生節王正，正次子廣，仕爲洛陽令，生穆，穆生進伯，爲度遼將軍，擊匈奴敗，被俘，居獨孤山下，生尸利單于，遂號獨孤部；秦前史記，固多失傳，後漢已下，大略可見矣，而廣、穆、進伯，於史靡聞，顧獨孤及以是敍其先表，（全文三九三）梁肅亦据是銘其友誌，（全文五二一）不可信與顏碑將毋同，吾人豈遂斷其非及文、肅文耶。夫人不欲無所承，情之常也，中原板蕩，黔赤流離，漢裔且忘其先，他何逃此，生既滋盛，好事輩從而渲染傅會之，爲中世後家譜恒見之事，其無稽止顏族已哉！且粵觀他族，方原原本本，縷數家珍，已則自辨其先代歷史是僞，此其至公無我，可期於大同世行之，雖在明哲，固將灼知其非而莫能自拔。唯有大魄力如劉子玄者，撰劉氏家史十五卷，譜考三卷，推定漢氏爲陸終苗裔，非堯之後；彭城叢亭里諸劉，出自宣帝子楚孝王囂曾孫司徒居巢侯劉愷之後，不承楚元王交，(舊書一〇二)然此幸其按據明白耳，無可追溯，則亦誰敢毅然排流俗之譏而自承失譜乎。是故先代多不可考，唐前已然，非唐人作者必爲徵信，不能據此點以定其碑之年代也。太原鄉牒，余未之見，安知非碑是眞而牒是僞者。潛研堂金石文跋尾三、造太上老君石像記云，「似是蔡氏後裔爲其祖洪造像以資冥福而作，其敍述先世，有秦大將軍大丞相蔡翟、故太常卿汝南太守陳留侯蔡順、晉征東將軍六州諸軍事陳留太守兗州刺史司徒公蔡謨字仲□諸人，以史證之，皆不合。」(按此石全文見山右石刻叢編一。)吾人未職是而疑其非魏碑也。余敢斷此爲唐文，後再詳之。

(乙)萃編又云，「越認二字，殆是越次而認他族之義乎，則認族之說，始於此矣。然据唐書張說傳，稱其先自范陽徙河南，更爲洛陽人。宰相世系表、張氏自後漢世居武陽犍爲，其後有諱宇者，官北平范陽太守，避地居方城，迨晉張華二子禕、韙，禕子孫徙居襄陽，韙子孫自河東徙洛陽，卽說之系也，然則說之先世，本由范陽徙洛陽，與認族者異，碑云越認，其義究未詳。」余按唐已前最重郡望，郡望卽其祖先之表示，除新舊望相承者外，郡望不同，便等於同姓不宗。是故天水閻帥錯封他郡，猷表抗議，憲宗卽急諭宰相爲元和姓纂之作，蒲志、萃編於當日習俗，都未透解，前者遂駁越認之非，後者乃疑越認之義。其實越者踰也，申言之，冒也，本自爲族而謂他人祖，故曰越認也。據新表七二下，「韙、晉散騎常侍，隨元帝南遷，寓居江左，六世孫隆，太常卿，復還河東。」中間缺數世名字，必有來歷不明處，當時人應知之較悉，故顏斥張說以洛陽冒范陽望也。縉是太原人，於例可封晉國，今封齊國，故顏斥縉以太原冒琅邪宗也。蒲志猥謂說、縉自以功名得封，非越認可邀云云，是直隔靴搔癢之論；顏之意，非謂不越認不可得封，特謂二人封號背乎郡籍，說不當封燕，縉不當封齊耳。此事可與韓愈自稱昌黎同看，(參拙著唐集質疑韓愈河南河陽人條)正顏所謂大寶重器、倘爾爲之者。夫後五代土宇崩析，華冑奔亡，下迄天水，郡望已不復辨，新書於郡望、占籍，紛然雜書，況中智已下乎；越認之說，宋人之不明，猶清人也，卽此一端，可決其碑非唐巳後人所能僞。

封氏聞見記一〇，「著作郎孔至二十傳儒學，撰百家類例，品第海內族姓，以燕公張說爲近代新門，不入百家之數。駙馬張垍，燕公之子也，盛承寵眷，見至所撰，謂弟埱曰，多事漢，天下族姓，何關尒事，而妄爲升降。」目說爲新門，則非范陽舊望可知，是說之冒認，當日實有是說，得此，則王顏之論不孤矣。

（丙）萃編又云「維、縉兄弟，稱之爲叔，當與顏同系；然檢宰相世系表，以維、縉爲河東王氏系，其源不從卓始，其流又不及顏之本支，皆所未詳。要之顏撰此碑，自必無誤，其追溯源流，亦必有據，或所傳各有不同，未可據他書以疑碑也。」余按舊書一一八、縉河中人，猗氏屬河中，則傳與碑合。隋書四五楊諒反，署王聃爲蒲州刺史，亦作王聃子，（參拙著隋書牧守表一一七頁）故碑云見隋書；當君主時代，聃子爲助逆之輩，顏猶認是桑泉房人，必不妄也。戶部員外岳靈，今見郎官柱題名。通典一九三引杜環經行記，「天寶七年，北庭節度使王正見薄伐，城壁摧毀，邑居零落。」舊書一〇四封常清傳，「（天寶）十載，……王正見爲安西節度，……十一載，正見死，」官歷亦均相合。碑之稱謂，由翁而伯而叔，似循時代先後爲定，是皆不易於作僞之據也。碑言「在下宗子，四縣離居，」著者有桑泉、猗氏、虞鄉三房。縉旣越認，自不提卓，縉表缺去，無怪其然。顏非縉之近支，表之弗及，尤常事矣。

萃編又云，「稽之唐書宰相世系表，所載太原王氏先世，及大房二房子孫，無一合者，可知其與同時之太原氏族，皆不同系矣。」余按新表太原大房爲宰相王溥世係，顧同書一八二溥傳又謂失其何所人，自相矛盾。太原二房並無宰相，實不應入表而贅列者。質言之，此兩房皆非赫赫之宗，未足代表太原王氏。況表列世系，祖太子晉者之說也，顏不祖晉，則先世不同，無足深訝。抑白居易王恕墓誌云，「其先出自周靈王太子晉，凡二十一代而生翦，翦爲秦將軍。又三世而生珣，珣居太原，故今爲太原人。又十九代而生瓊，瓊爲後魏僕射，諡孝簡公。」（全文六七九，叢刊本白氏集二五有訛文。）徵諸新表，則謂太子晉後十六世曰翦，與恕誌差五代。翦之十二世孫霸，始居太原，與恕誌翦後三世珣居太原者異。霸之後有瓊，後魏鎮東將軍，與恕誌之瓊，似同而又不同。又新表之譜王氏也，自翦而賁，而離，離二子元、威，元避琅邪，是爲琅邪之祖，四世孫曰吉。威九世孫霸，居太原，是爲太原之祖，其廿一世孫昶，曹魏司空、京陵穆侯。全文七二〇戴少平王榮神道碑則云，「子晉生敬宗，爲司徒，至秦始皇大將軍翦，子曰賁，孫曰離，皆以武略著名，列於戰國策。及漢昌邑中尉吉，博通墳典，形於書籍，生二子，長曰霸，居太原，次曰駿，居瑯琊，……自翦至魏凡三十四代，有昶爲征南將軍。」新表所謂威九世孫霸者，乃易而爲元四世孫吉之子，昶世次雖略同而官則小異。夫居易、少平製碑，當本家諜，新表史料，應採姓書，姓書亦不外轉錄家諜；申言之，卽祖晉之太原家諜，已自乖違，況乎不祖晉者。

涉顏之仕歷，則碑有云，「孱孫顏由進士官□□□，除洛陽令，移典杭州，入大理少卿，拜御史中丞，出虢州刺史。」按乾道臨安志三，「王顏、貞元六年爲杭州刺史，見國一禪師塔銘，」金石錄九，「第一千六百二十一，唐徑山大覺師碑，王顏撰，王倚正書，貞元十年十一月。」(卽國一禪師，叢編一四引訛顏爲頴。)計其年次，亦無可疑。

或尙有疑者，則「華州刺史□滋篆額」之結銜耳。萃編云，「篆額者滋，泐其姓，乃袁滋也。軒轅鑄鼎原碑，虢州刺史王顏撰，華州刺史袁滋書，結銜與此同，」謂滋卽袁滋，與舊書一八五下本傳「滋工篆籀書」合。顧中州金石記三跋鼎原碑云，「碑刻于貞元十七年，滋爲華州刺史兼御史中丞；劉昫書稱拜尙書右丞，知吏選事，出爲華州刺史、兼御史中丞、潼關防禦使、鎭國軍使，在貞元十九年來年夏，不知何也。」萃編又云，「袁滋爲華州刺史，新唐書傳不著何年，舊書傳則在貞元十九年來年夏，是二十年也。傳稱十九年韋臯通西南夷，命滋持節充入南詔使，來年夏，使還，乃出爲華州刺史；韋臯傳載、十七年，吐蕃北寇靈、朔，令韋臯出兵，自八月至十月，大破蕃兵，生擒論莽熱，獻于朝，德宗本紀、獻論莽熱在十八年正月，至十九年五月，吐蕃遣使論頰熱入朝。則滋之使南詔，當卽在此時。」苟如畢、王之說，滋刺華州在十九年後，而追樹十八代祖碑明書建於十七年十月，滋之結銜，不得以追書爲解，是豈非後人作僞之旁證乎？是亦不然，畢、王兩家特爲舊傳所誤耳。

元龜九六五、貞元十年五月下云，「是月，加工部員外郎袁滋兼御史中丞、賜紫金魚，袋持節册南詔使。」舊紀一三、貞元十年六月，「癸丑，以祠部郎中袁滋兼御史中丞爲册南詔使。」五月書工外，六月書祠中，是即傳所謂「以本官兼御史中丞、持節充入南詔使、未行、遷祠部郎中、使如故」也。袁滋縱許兩——其實祇一——次使南詔，由工外改祠中以使，則不必有兩次，然則舊傳之「貞元十九年」，「九」實衍文，來年夏，十一年之夏也。其更明確者，莫如舊書一九七南詔傳：

傳云，「會劍南西川節度使韋皋招撫諸蠻苴烏星爸望等歸化，微聞牟尋之意，因令蠻寓書於牟尋，且招懷之，時貞元四年也。……九年，四月，牟尋乃與酋長定計，……使凡三輩，致書於韋皋。……其明年，……以祠部郎中兼御史中丞袁滋持節册南詔。……十一年，三月，遣淸平官尹輔酋隨袁滋來朝。」來年夏爲十一年夏，益無疑義，王氏猥以韋皋傳文當之，疎矣。

授堂續跋云，「案德宗紀、貞元十六年，三月，壬子，以尚書右丞袁滋爲華州刺史、潼關防禦鎭國軍使，紀與傳不合，以此（鑄鼎原）碑證之，當依紀十六年爲是，此碑十七年題銜華州刺史爲得其實，傳作十九年，誤也。」能以紀證傳誤，比王氏識高一着。但傳之「十九年，」指滋册南詔，非指刺華州，倘改傳之十九年爲十六年，則其刺華仍在來年——即十七年——夏之後，仍與紀不合，武氏之論，猶未得透澈也。

載之集三六、送袁中丞持節册迴鶻序，「今年春，迴鶻君長，納忠內附……乃擇才臣，以宣皇仁，於是詔工部郎袁君加中憲之重，被命服之貴，將行，又拜祠部郎中。」郎官考二一以爲送袁滋，是也。按迴或作回，（全文四九一）類乎「南，」鶻之旁又近於「詔，」此必原作南詔而後人妄改者。序云，「且滇池、昆明，爲西南雄部，」又云，「彼唐蒙開地，爲好事之臣，諸葛渡瀘，蓋一方之利，況今文武吉甫，鎭安蜀都，」皆西南故實。末云，「鄙人不腆，忝記言之職，」據德輿祭建昌崔丞文，（全文五〇九）十一年德輿方官起居舍人也。九年春，異牟尋遣使告捷，亦見舊南詔傳。

疏釋旣明，則讀此碑者可見唐世一般冒宗之風習，亦即後來郡望統一之起徵，洎五代紛亂，北方華冑，日就陵夷，中古前氏族源流，遂失其緖，此文蓋當年說譜系者之幸遺也，烏得以僞碑視之。

軒轅鑄鼎原銘之「貞元十一年」

集古錄目，「唐軒轅鑄鼎原銘，虢州刺史王顏撰，華州刺史袁滋擂書，……碑以貞元十一年正月立。」金石錄九，「唐軒轅鑄鼎原碑，王顏撰，袁滋篆書，貞元十一年正月。」又廣川書跋云，「其作銘在貞元十一年九月，」以為十一年所立，三家皆同。廣川之九月，或誤讀篆文九日而然。今篆文末行署「唐貞元十一年、歲次辛□、正月九日癸卯建，」假近代所見，無以異乎宋，而三家碑目之著錄不訛也。余茲所疑，則在石而不在前人之著錄。

1. 貞元十一年是乙亥，非辛□，碑刻日干常有訛，年干似不易訛也，疑一。

2. 十一年正月庚午朔，（朔閏考三）月內無癸卯，九日是戊寅，並非一兩日之差，疑二。

3. 碑陰釋文署「唐貞元十□年、歲次辛□、二月癸□朔、十日建。」（參萃編一〇四及補正六七）廣川書跋以為「至十七年葦諷復書識其後。」萃編又云，「其實碑但存「貞元十」字，以下並泐，其為十七年，本無明文，然據碑陰王顏進表，存「十」字而泐文在下，則又非二十年立矣，今從廣川跋系於十七年。」今姑不論確立在貞元何年，但所刻釋文，縱使與篆文非同時刊石，依王氏論證，相去亦斷不及十年；（既非二十年，則最多不過十九年。）夫釋文者卽釋碑陽之篆文也，何以前頭各行，篆楷一一相對，毫無差異，惟最後涉於建立月日，則篆作「唐貞元十一年歲次辛□正月九日癸卯建，」楷作「唐貞元十□年歲次辛□二月癸□朔十日建，」字既差一，文復不盡同耶？此不得以年湮代遠誤會為解也，疑三。

4. 依前追樹十八代祖碑考證，滋出官華州，斷為貞元十六年，若作貞元十一，與史文絕不相容；且自十年六月至十一年三月滋方在使南詔道上，則十一年正月之前半年內，滋未必有書碑之機會，疑四。

考十七年正月甲午朔，十日是癸卯，非九日，但前人所記日干，與演算所得，常有差一日者，（如朔閏考三引柳宗元亡姑權厝誌，是歲九月六日甲子，據演算實是五日，其例甚多。）又同年二月為癸巳朔，則釋文現存之「二月癸□朔」五字，亦未見其誤，故此碑究建於十七年正月抑二月，頗難推決，惟「十一年」三字，余根據上述四點，極信是曾經宋人復開致誤，不然，終無以調解其矛盾也。前賢各跋，對此未嘗有相當疏明，故贅及之。

衡陽宇文炫題字

湖南衡陽縣（即舊衡州府城）城外石鼓山，舊題西谿二字，清泉縣江志云，「在石鼓山西谿石壁，字大徑八寸，與東巖寺皆貞觀中刺史宇文炫書。」（據補正七二引，清泉今併入衡陽）補正七二云，「石無題款，志謂宇文炫書，未知所據，通志職官亦未載其名。」余按姓纂、宇文融生寬，審，寬戸部員外郎，生炫，刑部郎中，新表七一下以炫爲審子，餘同；融於開元中相玄宗，其孫當仕貞元，作貞觀者誤。

昌黎集二合江亭詩，「維昔經營初，邦君實王佐，……伊人去軒騰，茲宇遂頹挫，老郎來何暮，高唱久乃和。」考異云，「公永貞元年七月初自陽山量移江陵，道衡山，詩所以作，此亭在衡州負郭，今之石鼓頭，即其地也。」韓集點勘一云，「邦君實王佐句，宋本下注故相齊映所作，老郎一聯下，注宇文郎中炫又增其制，……定公自注之文。」炫嘗爲衡州刺史，且有所題建，得此可以實證，湖南通志失考耳。復檢舊書一三六，貞元三年正月，貶映夔州刺史，又轉衡州，七年授桂管觀察；同書一三，貞元十八年九月，楊憑爲湖南觀察，據韓詩及集注，鄒刺史之前任爲元澄，被楊憑劾去，約知炫之守衡，在貞元十年已後，十八年已前，此刻可附貞元十七年末。

清河路恕及所官

湖南永興縣有「清河　路恕體仁」題名，古泉山館金石文編云，「恕字體仁，京兆三原人，……路恕不稱官，清河非路姓郡望，下又空一字，不可解。其題名作一行，在李吉甫銜名前，文理不甚相屬，然隸書結體大小及行款字數皆合，似是同時所題。」余按舊書一二二恕傳及本紀一一，大曆十年，恕助父嗣恭平廣州賊，年纔三十，卒年七十三，中間四十載而傳敍歷官甚簡，知其必有略也。今題名之下又云，「朝議大夫前守郴州刺史李吉甫，貞元十九年歲次癸未，拾月戊寅朔，二十四日辛丑，蒙恩除替，歸赴京闕。」（金石補正六七）曰除替，替之者必有其人，替人非他，路恕也。今之永興即唐郴州，蓋舊新刺史會於此而題名者，吉甫既署前刺史，則新任可以不書官；方恕殺賊立功，氣概正不可一世，乃鬱鬱幾三十年，猶淪落邊荒，不稱官者亦大有因也。（元和三年二月，恕由右金吾衛大將軍出鄜坊節度，見舊紀一四；九年正月，由太子詹事貶吉州刺史，見元龜一五三。)

魏書七二，「路恃慶字伯瑞，陽平清淵人也。」同書八八，「路邕、陽平清淵人。」清淵晉縣，屬司州陽平郡，北魏同；路姓之望，應曰陽平，今姓纂及昌黎集二六作平陽者當乙之，否則唐人已誤也。稱望之法，或舉縣而不舉郡，淵唐人所諱，常以泉、水等字代之，此以河代淵，亦其特見者；蓋清河非崔氏、張氏之清河，實清淵之避文也。

所略疑者，舊書一四八吉甫傳，「尋授柳(郴)州刺史，遷饒州。」此云除替赴闕，似不脗合；惟是吉甫饒州刺史謝上表言，「今月五日，中使劉元晏奉宣聖旨，擢授臣饒州刺史，兼賜官告，仍至當州送上者，臣與元晏以某月二十三日至州上訖。」(全文五一二)豈初追赴闕，中復宣旨改授饒州，故文有小異歟。

勑頭

太倉署題名碑，題名者有署令馬喬、趙寬，署丞謝文逵、山鉞，及其他官職不明者十三人，各人授官之日，雖有小蹦泐，然綜全碑觀之，則皆貞元二十年正月十四日所授也。補正六七云，「此碑所稱勅頭者，史所不詳，馬喬、趙寬、謝文逵下並注云，勅頭身為，山鉞以下十四人，下注勅頭謝文逵者二，勅頭馬喬者十二，是勅頭即令、丞所充者矣。」余按沙州文錄補、敦煌殘戶籍索思禮下注云，「官、天寶十三年十一月二十七日授，甲頭張思默；勳、開元十九年四月十八日授，甲頭王游仙；」王國維跋云，「云甲頭某某者，唐制授官有團甲過甲之制，授散官與勳亦然，言甲頭某某者，猶唐以來言某某下及第、某某牓下進士矣。」此勑頭之義，亦猶甲頭。唐會要五四，「凡王言之制有七，……四曰發勅，謂御畫發勅日也，……授六品以下官。」太倉署令、丞以下皆為官，故經勅授，馬、趙、謝三人，恰各居勅首，故曰勅頭自為也；山鉞二人附謝勅，餘十二人附馬勅，故曰勅頭謝、勅頭馬也；想必無某官應居勅首之規定，陸氏不明其意，乃強解之。

唐語林，「武翊黃，府送為解頭，及第為狀頭，弘詞為敕頭，時為武三頭。」乾臊子，「牛僧孺以制科敕首除伊闕尉，臺參，乾度不知僧孺授官之本，問何色出身，……僧孺對曰，某制策連捷，忝為敕頭。」唐摭言二，「張又新時號張三頭，進士狀頭，弘詞敕頭，京兆解頭。」南部新書甲，「韓昆、大歷中爲制科第三等敕頭。」又同書丙，「崔元翰晚年取應，咸爲首捷，京兆解頭，禮部狀頭，弘詞敕頭，制科三等敕頭。」勅頭字固常見。

唐才子傳一、崔顥，「開元十一年源少良下進士及第。」登科記考七云，「玉芝堂談薈以源少良爲是年狀元，誤也。」蓋某某下及第者指考官言，非指榜首言，王國維氏引以比勅頭，誤與談薈同，故并正之。

更考其義，唐制府州送士用解文，故曰解頭，禮部奏用狀，故曰狀頭，弘詞宣以勅，故曰勅頭，清代庶吉士臚唱而仍曰狀元，名稱雖同，本義已失矣。

季

鄭仲碑，「公之季曰傪，」金石補正六八云，「宰相世系表仲字君舒，……其弟二人，傪、馮翊尉，伾、虢州文學，碑文僅見傪名，稱曰公之季，似傪居最幼，不復有弟，然未可遽指表爲誤也。」余按唐文季字或作弟字解，如太白集一八、送二季之江東，江州集三、歲日寄京師諸季端、武等，又登郡樓寄京師諸季、淮南子弟，又同集二、九日灃上作寄崔主簿倬二季端、繫，皆季爲弟字代用之證，假曰最末，不得有二，尤不得稱諸也。

二季端、繫，叢刊本及全唐詩作二李誤，意大歷十才子有李端，與應物同時，淺知者遂妄改爲李也。李應作季，上舉諸證外，有江州集之

休沐東還胄貴里示端。（集二）

將往滁城戀新竹簡崔都水示端。（同上）

閒居寄端及重陽。（集三）

送端東行。（集四）

答端（集五）二首。

重陽、應物之崔氏甥播也，（見集五）曰還里，曰示，此端爲應物弟之證也。姓纂介儀生鑾、鎔，鑾生應物，鎔生繫，繫爲應物從弟，尤徵端之非李端也。

辥苹唱和詩即禹廟詩

集古錄跋九，「唐薛苹唱和詩，大和中，右薛苹唱和詩，其間馮宿、馮定、李紳皆唐顯人，靈澈以詩名後世，皆人所想見者。」按苹卒元和十四年七月，具見舊紀一五，𥡴碑立於十五年閏正月，見金石錄九，都無可疑，大和中安得與人唱和。靈澈終元和十一，見唐詩紀事七二，亦非大和中唱和之人。考叢編一三引集古錄目云，「唐禹廟詩，唐浙東觀察使越州刺史薛苹詩，不著書人名氏，苹初至鎮，易禹廟金紫服以冠冕，後因祈雨，作此詩，其和者鹽鐵轉運崔逑等凡十七首。」輿地碑記目一引集古錄薛苹詩，亦是崔逑等凡十七首，是目、跋所言，本同一刻，不過題名各異耳。據唐方鎮年表五，苹節度浙東時期，係自元和二年正月至五年八月；舊書一六八馮宿傳，「乃從浙東賈全府辟，（張）愔恨其去己，奏貶泉州司戶，徵爲太常博士，王士眞死，……宿以爲懷柔之義，不可遺其忠勞，乃加之美謚。」士眞死四年三月，則宿之徵入，約在此時已前；又全文六九四李紳龍宮寺碑云，「及貞元十八年，余以進士客於江浙，……元和三年，余罷金陵從事，河東薛公平（苹）招遊鏡中。」鏡中、鏡湖也，在越州，故跋尾之大和，應元和之譌。其詩作於元和三年，（舊紀、是歲江南等地旱。）宿或被徵過境，紳則招遊此邦，是以同與唱酬也。繆校集古錄目九、既收禹廟詩，卷十又據輿地碑目收薛苹唱和詩，是複出，應删。

翰林學士韋表微之僞銜

山左金石志一三、麟臺碑，元和五年十一月立，碑云，

「麟臺碑銘并序，唐元和五年翰林學士韋表微撰。」

照文面讀去，是元和五年表微方官翰林學士也。顧碑末又云，

「元和五年，冬十一月，表微以滑之從事，使乎鄆陽，停驂訪古，得獲麟之舊壤。」(卅)

則五年之末，表微實官滑之從事，唐世翰林學士，不得爲藩佐之兼銜，吾知兩者必有一譌也。考重修承旨學士壁記，表微、長慶二年二月二日自監察御史充，其爲學士在立碑後十許年，山左金石志謂「此碑李鐵橋錄寄，未詳尺寸，」則畢氏等未親見拓本，此結銜殆後人追題及譌題歟。文粹五四已著錄此碑，字句亦有異同云。

表微撰翰林學士院新樓記，「表微……秉筆視草，於玆六年，……太（大）和元

年某月日記，」由大和元上溯六年，卽長慶二年，與學士壁記合。

道州刺史廳後記

金石補正六七著錄道州殘石一，僅餘「尙書……許子……君子之淸……卽命圬而……」十二字，陸氏跋云，「道州有廳壁後記，刺史呂溫撰，湖南通志僅存其目，云文見道州新志，呂溫爲刺史，當在貞元年間，此刻疑卽是也。當覓道州志檢文一校之。」余以衡州集（秦刻）一〇勘之，此誠溫所撰道州刺史廳後記也；尙書卽文云「前年冬由尙書刑部郎中出爲此州，」許子卽「往刺史有許子良者，」君子之淸卽「後亦有時號君子之淸者涖此，」卽命圬而則「卽命圬而書之」也。溫以元和三年自刑部郎中貶均州刺史，朝議所責太輕，再貶道州刺史，見舊書一三七本傳，陸氏乃擬爲貞元，何竟不一檢舊新書耶。溫於元和五年轉衡州，故此碑應附元和五年下。

馬燧之曾孫歟

馬廿三娘誌，「廿三娘郎郎姹姹，扶風人也，故侍中太原尹，子曾王父；故太子諭德兼兵部郎中，子大王父；故鄂州州從事，子之先父也。」（古誌石華一六）廿三娘四字爲名，殊罕見。唐代馬氏曾居侍中、太原尹者唯馬燧，據姓纂及舊書一三四，燧子彙、暢，均非官終諭德，唯姓纂燧兄炬，生當，右諭德，豈廿三娘者炬之後歟，待考。

李尙李璆誌與新表

新表排列，非必準天倫順序，而不知者往往以此責之，則近於瞀。尙、宰相絳之祖也，誌云，「嗣孫前祕書省祕書郎孤子涇，次孫前兵部尙書高邑縣子孤子絳。」（芒洛三編）涇、表作經，絳昆仲四人，餘二均從系旁，唐碑寫糸旁，時或甚近乎氵，未知羅氏轉錄之訛，抑當日有所改易否。嗣孫之後爲次孫，明絳少於經，顧表七二上以絳居先，亦上舉之一例矣。誌又云，「顯考諱貞簡，皇河南府武臨縣令，」舊書一六四絳傳，「曾祖貞簡，祖剛，官終宰邑。」表稱貞簡司農卿，必贈官也。尙終譙郡永城縣令，末官成武，當日絳預葬事，誌必不誤，且更有絳子璆誌（芒洛三編）可證，表稱崗、成武令，又訛外之顯然者也。

絳子璆誌，「生四子，三夭，一子右神武軍錄事參軍曰陶，」是陶而外無別子也，新表則云，「生隱，字巖士，」豈陶後來更名歟，抑陶、隱均從阜旁，隱在三夭之列歟。

修浯溪記之讀法

此記之元公再臨道州暨去此五十年兩語，余已於前文詳釋之。記末題「元和十三年十二月六日、江州員外司馬韋詞記，」此後又附刻一段云，「余自朗州刺史，以奉法不謹，謫佐于道，去年五月四日，維舟於此，負罪奔迫，不及題記，故於簡餘書之。」（萃編一〇八）此段是韋詞再題抑元結子友讓所題，萃編未加說明。平津讀碑記八云，「此記後有寶曆元年五月二十三日元友讓題，距韋詞作記時又八年矣，」則似認爲友讓所題者；瞿中溶古泉山館金石文編乃確以元友讓題語名之，補正六一轉錄其說而不加辨正，當亦同乎瞿氏所見也。

瞿氏疑此石非唐時原刻，余未經摩挲，不敢強解，第觀所舉三疑，則殆無一而當，有不能不加以辨正者。

瞿云，「其韋詞記後附元友讓題語，題語之後，始署書人羅洧姓名，後又附元友讓復浯溪舊居五言律詩，敍次無倫，款式不雅，一也。」余按前引一段，並非友讓題語，係瞿氏誤解；（說見下文）抑後一行「寶曆元年五月二十三日浯溪山客元友讓建，」是建也，非題也，夫必有斥資建立者，然後倩人書之，屬工鐫之，程功之序也，何云敍次無倫。先以友記，末附己詩，謙抑之懷也，何云款式不雅。此瞿氏之謬一也。

瞿又云，「豆盧下空六字，及相字下畢字上空六字，語氣不相屬，可疑二也。」余按記「乃罄微資俸，託所部祁陽長豆盧□□□□□□□歸喜獲私尚，會余亦以恩例自道州司馬移佐江州，帆風機流，相□□□□□□□畢，寶鼎竦然曰，」瞿氏兩言空，皆泐也，豆盧下一字當爲名，意猶友讓以資託祁陽令豆盧某修復舊迹，（浯溪屬祁陽）豆盧不負所託，故云喜獲私尚。第二段泐六字，意當爲相與遊觀既畢，友讓乃竦然陳詞，今泐字既不可復覩，安見語氣弗屬，此瞿氏之肊二也。

瞿又云，「又據韋詞記，元友讓假道州長史，維舟亭下，在憲宗元和十三年春，而友讓題語，在敬宗寶曆元年，上距已逾六年，而云去年五月維舟於此，可疑三也。」此之疑，純因瞿氏誤解前引一段爲友讓題語。考舊書一六〇韋辭傳，「元和九年，自藍田令入拜侍御史，以事累出爲朗州刺史，再貶江州司馬，長慶初，……」記又稱自道州司馬移佐江州，瞿跋云，「則詞先爲道州司馬，後改江州，而傳不書者，蓋以再貶二字括之也；」考元龜三二四，「詞嘗爲殿中侍御史，以事累出爲朗州刺史，再貶道州、江州司馬。」又岑刊校記五三云，「再貶江州司馬，册府（三百二十四）江上有道州二字，」是「道州」特今本脫簡，非傳之括言，循是以釋之，則「余自朗州刺史、以奉法不謹、謫佐于道」者，韋詞之附記也，非友讓之題語也。詞以九年入爲侍御史，外除朗州，十二年五月，謫道，過浯溪，十三年十二月，最移江州，復出其地，年序先後，史與記兩合。唯其自朗貶道，故云負罪奔迫。寰宇記一一六祁陽縣，「唐中興頌碑，在縣南五里浯溪口。」（古逸補）朗在道州之北，友讓十三年春，以觀察使命攝道州長史，亦當從北來，故皆泝湘南上，路出浯溪也。若友讓餘六年而後建記，殆必再履其地，史闕有間，無所施疑。夫舊韋辭傳、瞿跋固曾詳引者，何爲交臂失之，此瞿氏之疎三也。

余嘗以爲書不在多，貴能讀，讀書不在太多，貴能解，否則愈多而愈失所主張矣，因論瞿跋，聊復抒之。

隱山李渤等題名

劉玉麐跋李渤南溪詩云，「隱山李渤題名，首行云寶歷元年，以下漫漶不可識；次行云和年既豐，乃以泉石爲娛云云，和年二字連文，似不相屬，和字上疑當爲太字。」（粤西金石略一）此劉氏因詩後署「太和二年十一月十三日，」故遂疑和字上爲太字也。今據金石補正七一著錄題名之全文爲：「寶歷元年，給事隴西公以直出廉察于此□和年既豐，乃以泉石爲娛，搜□訪異，獨得兹山，山有四洞，兹爲最，水石清拔，幽然有眞趣，可以遊目，可以永日，愚以爲天作以遺公也。不然，何前人之蠱遺耶。明日，與諸生遊，因紀名氏，武陵奉命操筆、倚石敍題之。」題名中有「桂州刺史兼御史中丞李渤、」「都防禦判官侍御史內供奉吳武陵、」「都防禦衙推韓方明」等，末署「六月十七日書。」釋全文意義，「此」下所空一格，似應爲「州」或其等詞，若「此」字斷句，文義均未完善。和年既豐，語固不調，惟唐文曾見積年既豐之句，積之漫滅，得訛而爲和，況南溪詩末有「大宋紹興二十年季夏，張仲宇、鄧宏重命工刊整，住巖僧如湊、慧本」一行，似今詩之刻石全部或一部，爲南宋翻刊。尤有證者，見存唐代正確石刻，文宗年號，均作大和，不作太和，作太者後世傳訛，已爲史家所公認，渤朝廷命官，南荒作鎮，年號用字，絕不應誤，其誤殆在南宋；大既可訛太，安見積不可訛和乎。

吳武陵事迹

金石補正七一跋李渤等題名云，「新唐書本傳，吳武陵、信州人，元和初第進士，長慶初，竇易直判（度）支，表武陵主鹽北邊，久之，入爲太常（學之訛）博士，後出爲韶州刺史，貶潘州司戶參軍卒，不言其爲都防禦判官，亦不言其爲侍御史內供奉，傳之漏也。」余按都防禦判官祇察使幕佐，侍御史內供奉不過兼銜，史傳在勢不能詳敍，非作史者之責也。

跋又言，「傳又云，柳宗元謫永州，武陵亦坐事流永，及爲柳州刺史，武陵北還，大爲裴度器遇；宗元刺柳州在元和中年，其時武陵北還，尚未爲太常（學）博士，武陵之至桂州，其在出刺韶州之後耶。」余按永貞元年，宗元貶永州司馬，元和十年三月，遷柳州刺史，十二年七月，裴度東討，韓愈爲司馬；傳言宗元遷柳而武陵北還，而獻計於愈，（有文粹八〇上韓舍人行軍書可證）時序正合。今河東集二一濮陽吳君集序言，「會其子偘更名武陵，升進士，得罪來永州，」據集注，元和二年登第，三年坐事流永，（集三〇與楊憑書注同）何事得罪不能詳。柳集一六之復吳子松說，二二之同吳武陵送前桂州杜留後詩序，二三之同吳武陵贈李睦州詩序，三一之答吳武陵論非國語書，皆永州作也。然新傳武陵入爲學博而後大和初杜牧高第，而後出除韶州，今李渤題名，固寶曆元年六月十七日，在大和前，陸氏竟謂寶曆之事，後於大和之事，何昧昧耶。抑武陵自韶刺再貶，猶有實職，胡爲淪於幕佐也。武陵爲宗元賞識，題名敍鍊語簡潔，氣味近乎柳，當非偶同姓名者。舊書一六七，易直、長慶二年十一月判度支，迄於寶曆元年七月，新傳謂易直以不職薄遇武陵，諫又不納，然則武陵殆不得志於易直而南之桂府歟。弘簡錄稱長慶初武陵擢戶部員外，而郎官石柱無其名，度亦帶檢校之銜已耳。

末又檢得唐摭言六云，「崔郾侍郎旣拜命於東都試舉人，……時吳武陵任太學博士，策蹇而至，……武陵曰，……就而觀之，乃進士杜牧阿房宮賦，若其人，眞王佐才也……請侍郎與狀頭。郾曰，已有人。曰，不得已卽第五人。……郾應聲曰，敬依所教。」（學津本）據樊川集，牧以大和二年登第，益確證武陵官學博在佐桂後，陸說之誤無疑。

武陵又有上崔相公書，略云，「先相國居位旬朔，而所舉者亦數十百人，今不知相公所舉阿誰，所黜阿誰，自秋徂春，非特旬朔，……始從北來，得邊鄙之事，謹條別狀。」（文粹八九）按武陵時代，崔氏父子繼相者唯植爲然，此乃上植書也。祐甫以大歷十四年閏五月相，至冬而被疾。（舊書一二及一一九）故短言之曰旬朔，植以元和十五年八月相，故曰自秋徂冬，依此考證，知上植書係在長慶元年春，武陵剛從北邊回也。

文安禮柳文年譜云，「元和三年戊子，有貞符，……答吳武陵書，同吳秀才贈李睦州詩序。貞符序言臣所貶州有流人吳武陵，爲臣言董仲舒對三代受命之符；而元和四年有與楊京兆書云，去年吳武陵來，美其齒少，才氣壯健，可以興西漢之文章；則吳武陵之來永州，蓋在是年也。」今集三三賀王參元失火書注，謂武陵謫永在元和四年，非徒與譜異，且與前注（卷二一及三〇）自相違也。

全文七一八吳武陵陽朔縣廳壁題名，「寶歷元年，……明年春，余使番禺，」蓋奉渤之命，使於番禺，自桂林東下，故經陽朔也。又唐詩紀事四三云，「或云，李渤爲桂管觀察，吳（武陵）爲副，因宴大醉，命衙校米蘭梟之，明日乃悟其太過，釋之。」此兩段故事，正足與題名相印證；蓋桂管之官銜爲桂管都防禦觀察處置等使，武陵充都防禦判官，卽渤之副也，其至桂確在寶歷元、二年。

舊書一七三吳汝訥傳，「武陵……自尚書員外郎出爲忠州刺史，改韶州，坐贓，貶播州司戶卒，」播、沈本作潘；孟棨本事詩，「吳武陵嘗爲部內刺史，贓罪狼藉，敕令廣州幕吏鞫之。」據紀事四三，部內乃韶州之訛；紀事又云，「尋貶潘州司戶卒，時大和八年也；」是刺韶之後，武陵遂卒於貶官矣。

輿地碑記目三梧州下云,「在桂坊橋上,有石刻云,咸通二年七月五日吳武陵之墓,」上去大和末,垂三十年,或其改葬之地歟。

鑒誡錄七,「(李)吉甫繼歷臺省,自信州刺史節制青州,待士稍薄,舉子吳武陵詣府投卿,相國似無見重之意。」按吉甫未嘗爲信、青二州,此殆牛、李黨爭故爲誹語者。(吳湘爲武陵兄子,德裕卽以湘獄貶死厓州。舊傳言武陵坐贓時,德裕爲相,故挾怨附李黨,同作謗言。又武陵此事,雲溪友議所記似不同,惟未得足本檢之。)

李渤留別南溪詩

劉玉麐跋李渤南溪詩云,「又案舊史云,渤在桂管二年,新史云,渤出爲桂管觀察使,踰年,以病歸洛;又李涉元巖銘序稱,渤在桂,一之年,治鄉野之病,二之載,搜邪郭之遺,是渤在桂僅二載,與史傳合,今此刻乃題云太和二年,豈在桂當寶歷二年因風恙求代,直至太和二年始得代歸洛,有此留題耶,姑識之以俟考證。」(粵西金石略一)余按舊紀一七上,大和元年,正月、戊寅,劉栖楚爲桂管觀察,九月、壬午,卒官,丙戌,以蕭祐代之;又舊書一六八祐傳,大和二年八月卒官,是渤請代之後,至二年十一月,最少已三易其人,劉氏候代之疑,斷非事實。意者當日題而未刻,閱年然後由渤再書上石歟,抑末行月日爲刊石時別一人手筆歟,未見眞蹟,不敢強解。(參前李渤題名條,「大」如作「太」,可決其非當日眞蹟也。)

祕書省正字郎

潛研堂金石文跋尾續三,「唐時祕書省著作局、集賢院司經局皆設正字,或四人,或二人,階或正九品下,或從九品上,此碑結銜係以郎字,不知何時所增也。」

余按今阿育王寺常住田碑(兩浙金石志一)乃大和七年重刻,題「前祕書省正字郎萬齊融撰,」于明友碑後記云,「此寺碑記嘗爲寇盜隳壞,久無竪立,有好事僧惠印錄其舊文,藏于篋笥,」維時拓術未行,重刻之時,祇據錄本,難保不惠印誤增,一也。記又云,「會剡越間有隱逸之士曰范的,業文功書,……余邀以書之,」旣由的重書,苟昧邦故,亦可意添郎字,二也。考集古錄目、玄儼律師碑,祇云前祕書省正字萬齊融撰，幷無郎字，余故疑今常田碑之書郎者，非必官制之一度改稱，闕疑可矣。

溫佶無隱曾孫

溫佶神道碑，「（上缺）無隱□祖之德，爆聞于時，馨烈薰炙，益熾而大，□州生范陽令晉沖，范陽生右金吾（下缺）」筠清館金石錄云，「世系表、佶之曾祖及祖，皆闕其名，父南鄭令景倩，碑敍高、曾、祖、父，適當泐處，僅存無隱二字，據表，無隱、大雅之子，佶之從曾祖也。」余按新表七二中敍溫氏世系，其一部如下：

君攸						
大雅						
無隱			釋胤			
克讓	克明	晉昌				
				景倩		
				佶		
				逸	造	遜

自來讀表者對此，均以爲景倩必釋胤之孫，否亦必無隱之姪孫，而不知其未必然也。讀者何以誤會，何以不能了解，則皆由未明瞭新表史源之故。（詳說見拙著姓纂四校記自序，幷參拙著新書突厥傳擬注。）姓纂溫姓云，「玄孫君攸，…… 生大雅、彥博、彥將；大雅、禮部尚書黎孝公，生無隱、釋胤；無隱、工部侍郎，生克讓、克明、晉昌，」故新表之前段，實據姓纂而編製。舊書一六五溫造傳，「祖景倩，南鄭令，父輔國，太常丞，……造對曰，臣五代祖大雅。」又新書九一溫造傳，「兄逸、弟遜，」故新表之後段，實據舊新傳而編製。不然，佶碑固云，「子男五（？）人，曰遵，曰邈，曰造，曰□，曰遜，（下缺）」何新表獨取其三？佶碑至今尚見祖名，何新表祇著其禰？是知新表幷未嘗參諸此碑也。新表根據兩種史料，集腋成裘，非無可取，奈其昧於表式，不知就景倩之父祖兩格，填注「未詳」字樣，（依今世表式，

則景倩之父祖兩格，應作？符號。）強爲縫合，遂令後世讀者，非誤會景倩爲釋脁之孫，否亦必誤會景倩爲無隱姪孫，而不知景倩是否釋脁之孫，是否無隱姪孫，在舊有史料中，並無其據也。易言之，卽吾人斷不應如筠清館誤解新表，謂無隱爲佶之從曾祖，是也。

前說既明，則佶與無隱之親屬關係，究如何歟？夫列舉有名之旁親，以爲引重，碑誌中固嘗見之，但考佶碑無隱之下，固云「□祖之德，爆聞于時，」似無隱非佶之旁屬也。舊傳於無隱祇着「官至工部侍郎」六字，亦非令聞彰著也。碑銘有云，「先生之先，在世多才，曰博、弘、將，三英彥聯，黎公、瀛州，行□而濟。」筠清館金石錄云，「曰博、弘、將，謂佶之高祖禮部尚書大雅字彥弘，及其弟彥博、彥將也，黎公、瀛州，未詳所指，皆溫之先世也。」余按大雅封黎國公，見姓纂、舊傳，吳氏殊失考。唐代尙侍，往往出刺一州，瀛州者殆無隱之終官，亦卽佶之曾祖，姓纂曰工侍，特舉所歷最高之職耳。（此殆姓纂書例，不必繁證。）是說苟不誤，則碑文「□州生范陽令晉沖，」所泐字卽瀛字；尤可證者，無隱三子，一曰晉昌，昌沖祇一音之訛，故余謂佶祖晉沖，卽姓纂新表之晉昌也。（或應從碑作沖）總上論證，新表溫氏世系之一段，改作如次：

君攸						
大雅						
無隱						釋脁
克讓	克明	晉昌（卽晉沖）				
		景倩				
		佶				
		遘	遡	造	□	遜

筠清館金石錄又云，「碑無年月，溫佶卒于建中元年，撰文之牛僧孺，爲文宗宰相，碑中有穆宗、文宗等字，其時文宗已稱廟號，則碑當立於武宗會昌間矣。」陸氏續編承其說，以佶碑廁會昌年間，余未見拓本，是否吳氏誤錄敬宗爲文宗，不敢斷

定，今所辨正者、此碑斷非撰書於會昌時代也。碑云，「具於仲兄今尙書公誌墓文，」尙書公、造也，言見於造所爲仲兄邈墓誌也，而曰今，則造其時爲尙書矣。碑又云，「而今河陽三城節度使檢校戶部尙書公出焉。」曰今，則造其時爲河陽節度矣。據舊書造傳，「（大和）五年，……七月，檢校戶部尙書東都留守，……九月，制改授河陽懷節度觀察等使，……七年十一月，入爲御史大夫。」則此碑之作，應在大和五年九月已後，七年十一月已前。撰文之牛僧孺，題銜淮南節度副大使、檢校尙書右僕射、同中書門下平章事、兼揚州大都督府長史，覈諸舊書一七二僧孺傳，則大和六年十二月始授此官；（右僕射、傳誤左。）又書碑者裴潾，題銜守左散騎常侍、充集賢殿學士，依舊書一七一本傳，大和七年始遷此官，八年卽轉刑部侍郎，至開成三年四月卒；連前引造傳合推，知佶碑撰書，當在大和七年，且在七年十一月前。況造卒大和九年六月，過此已後，尤不得屢稱今尙書公也。

宋氏撰列傳，旁採碑誌，余嘗於劉沔碑證之；（金石證史二六頁）今新書佶傳云，「安祿山亂，往見平原太守顏眞卿，助爲守計，李光弼厚遇之，後居鄴，薛嵩薦之朝，授太常丞，一謝嵩卽去，屏處郊野，世雅其高節。」卽碑「開魯郡公眞卿守平原，公杖策往謁，……當是時，二顏横起，虜喉咽斷，□□□愁幾至（中泐）實繄公之助也。乾元、至德間，太尉臨淮王以智力自高，少爲士屈，待公如神，不(中泐)乞以爵縻，因授太常丞，公行藏有素，訖謝而去。」一段之節略，碑中間所泐，當言其居鄴被薦也。傳云，「邈、長慶、大和中，累以拾遺、補闕召，不應。」卽碑之「邈於長慶、大和間，累以拾遺、補闕（下泐）」也。傳云，「遜嘗爲邑宰，解印綬去，」卽碑之「起爲百里」也。大抵宋氏修史，蒐羅碑誌頗廣，故得撮爲小傳，邈、遜有事迹可記，因并及之，而遺遴等二人，修表者則必未見此碑，（集古錄目亦未著錄）徒據列傳，故於佶之祖、曾，不復能詳，而造昆仲五人，亦僅列三人止矣。

後周介公玄孫太陽子

溪州刺史田英誌，題「經略隨軍將仕郎試太子通事舍人後周介公玄孫太陽子撰，」誌末又題「宇文坤述文并書。」由是知介公玄孫之名爲坤。補正七三謂其前題署銜，不署名，似以太陽子爲封爵；余按太陽雖一度爲北魏縣名，但此處之太陽子，當是坤自號，非朝廷封爵，倘是封爵，應敍在太子通事舍人下，不應書在玄孫之下。夫前不書名而別出後方，坤於碑例已立意取異，以號入誌，未足奇矣。抑游神泉詩序有裕明子河間尹元凱、雲陽主簿明臯子徐彥伯，(金石存四)李涉南溪銘自題青溪子李涉，又全文三六一李筌陰符經疏序自稱少室山達觀子李筌，則此種書例，亦非坤開其先者。

補正又云，「後周介公者宇文洛也，文帝叔虞公阿頭之孫，興之子，隋封介公，宰相世系表自洛至庭立，並襲介公，而離惑之下，庭立之上闕佚兩世名字，亦無坤名，此稱介公玄孫，則似非襲爵者，雖於離惑爲子行，旣非離惑之子，卽未必爲庭立之祖也。」余按周書一，系生韜，韜生肱，武成追尊肱曰德皇帝，是爲宇文泰之父，阿頭爲韜弟，則是文帝之叔祖，非文帝之叔。又據同書一〇，虞國公仲，德皇帝從父兄也，生興，興生洛。姓纂、阿頭孫興，則洛乃阿頭曾孫，非阿頭之孫。陸氏所云，實沿新表七一下之誤而不察，此一事也。自洛至庭立，並襲介公，則坤可稱其間任一世曰介公，(此係審度結銜文理，取泛義言之，若嚴義解釋，仍以指洛爲合。)況洛之介公，受封自隋，(見周書一〇)唐因厥號，其上似不應冠稱後周，然則後周介公者，坤之意，猶云後周後裔之介公某，非指洛而言也，此又一事也。

若猶有疑，更可舉一反證；惟未提出反證以前，應就今新表兩本不同之處，先作概括之討論。

陸氏謂離惑之下，庭立之上，新表闕佚兩世名字，百衲本卽是如此；殿本則不然，中間無空格，而庭立爲離惑之子也。考姓纂云，「生洛，封介公，洛生裕，裕生延，延生離惑，惑生庭立，並襲介公。」新表多本姓纂，(余別有說)今殿本與姓纂同，此殿本之較可信者一。李郴夫人宇文氏誌，高祖遠惑，曾祖成器。祖邈，(關中存逸考二)新表、離惑子庭立，庭立之姪行曰邈，(邈非庭立子，別見拙著姓纂校記。)合之則遠惑、離惑，適爲兄弟行，如中空兩格，遠惑乃離惑之孫輩，命名似不合，此殿本之較可信者二。

復次、元龜一七三，開元二十五年，「六月辛酉，制曰，……故介國公宇文超男晏，倬彼茂緒，日予嘉客，……爰復爾國，以承天休，可襲封介國公。」超、晏兩名，均不見姓纂、新表，依周書洛傳，洛約生周初，(西元五五七)以年世計之，超得爲離惑之子，百衲本岑兩代，又似不妄，但唐人名字，時多變更，非再獲信憑，未能作是非之論定也。此後天寶九載六月，聽崔昌、衞包言，廢韓、介、酅等公，至十二載五月九日復。（會要二四）元和十五年，閏正月，甲寅，介國公宇文仲逵卒。（舊紀一六）姓纂敍元和初事，而庭立、仲逵，名復不同，是亦可疑之點。更後則開成五年十月，介公宇文士元亡。（會要二四）大抵介公之稱，至唐末而勿廢，斷不專爲洛之稱號也。

今且不問新表兩本之孰正，就殿本言，邈、洛之五世孫也，就陸氏見本言，洛之七世孫也。河東集一二先君石表陰先友記，約元和二年作，中云，「宇文邈（大曆二年進士，河南人，……爲御史中丞，……然以直免官，復爲刺史卒。」則邈卒於元和前，再三十餘年（田英誌、開成三年立。）而坤尚生存，坤苟爲洛玄孫，是邈之叔或曾叔祖輩也，後者（卽曾叔祖）其必不可能也。況自北周初至開成三年，（西元八三八）二百八十祀矣，中間衹得五世，而第五世者尚未死，尤悖乎人口繁殖死亡之理也。

補正七六跋李郴妻誌云，「再表有離惑，系邈之高祖行，此志所列遠惑，當是離惑之昆季，爲邈之曾祖，是表又差一世矣，皆可據志補正之。」按李郴妻高祖遠惑，祖邈，依誌、遠惑乃邈祖耳，陸氏乃謂曾祖，大誤。餘詳前文，不復辨。

兩崔倬

顏魯公石幢事，宋州刺史崔倬撰，有云，倬大中己巳歲守郡，明年，暇日訪求前賢事蹟，……大中五年正月一日敍。」中州金石記三云，「倬見宰相世系表，隋義（儀）同酅城公棨四世之孫，所書有大和六年四月裴度撰文宣王廟記，在襄州，見寶刻類編。」余按崔氏表並無隋儀同酅城公棨，惟七五下權氏表見之，有玄孫名倬，乃德輿從祖，畢氏竟以權倬當崔倬，謬誤已極，且隋去大中，何止四世也。嘗考唐之崔倬可知者兩人：

芒洛四編六崔氏誌，黃門侍郎元綜生陵州司馬令同，陵州生伊闕令琚，伊闕生澤州刺史諱倬，澤州生美原尉亮，夫人卽美原第二女，開成二年卒，春秋廿四，誌以開成三年立，既稱諱倬，則此崔倬卒於開成三年已前，斷非大中五年之崔倬，毫無疑義。

依誌，崔氏生元和九年，(八一四)試由此再逆推四十年，則當大曆九年，可見崔氏祖澤州倬，約爲代宗時人物，澤州倬即武后相元綜曾孫，時代亦符。惟元綜之後，新表不詳，舊新傳亦闕，幸得此誌，知非燕翼無人耳。復考江州集二有九日澧上作寄崔主簿倬二李端繫詩，(按李乃季之訛。)同集五有答崔主簿倬詩，以時代相衡，應即澤州刺史崔倬，非宋州刺史崔倬也。

其次米芾書史、載有幾玄者跋汝南公主誌云，「故祭酒崔十八丈綽，常與寇章、賀拔恭皆以鑒賞相尋，……自會昌以來，時覩斯帖，……頃年崔丈每送余兄弟下第東歸，必云，此去獲見汝南帖，亦何減於昇第耶，……咸通二年春，……」(據景百川學海本；二年或作三年)。按新表七二下博陵第三房有崔綽，乃脊、玄二宗宰相日用從孫，旣無官歷，年代尤不相當。此祭酒崔綽旣精賞鑒，亦必能書，綽殆倬之別寫或訛寫。味跋文之意，其人卒時下去咸通二年必不久，祭酒似是後來歷官，余故謂宋州崔倬即祭酒崔綽也。新表崔氏名倬者祇一人，乃隱甫曾孫，太常少卿溉之子，不著仕履。考溉卒貞元十八年，(參據郎官考三)新表脊料多本姓纂，元和之初，倬當未達，故仕履缺。蒿里遺文目錄續編、邢州南和令崔渙誌，開成戊午(三年)立，姪孫倬撰；按表，渙、隱甫之子也，由是以觀，宋州崔倬必溉子無疑。又再建圓覺塔誌，大中七年正月五日立，京兆少尹崔倬書。(補正七五)綜是，知此崔倬嘗官宋州刺史，後轉京兆少尹，而終於國子祭酒者也。至倬所書襄州文宣王廟記，原見金石錄一〇，不著其官。

全文五一九梁肅繡觀世音菩薩像讚云，「初尚書吏部郎趙郡李公第六女，歸於博陵崔綽，大歷初，居公憂」，吏部、李華也，此崔綽殆即新表日用之從孫。

其年春

陳少公母蔣氏誌，「自夫人於開成五年六月中旬臥疾伏枕，至今春，漸將逾縻，……以其年春二月十三日甲寅寧神，卜兆于江陽縣嘉寧鄉北五乍之平原。」誌末又題「會昌元年二月十□日記，」補正七三云，「誌立於會昌元年，敍云其年春二月十三日，臨文失檢矣，是年二月壬寅朔，干支正合。」今試將序文與誌末比觀，則十下泐一字，必「三」字也。其年春與誌末相應，則爲會昌元年，讀而知之矣；抑其年又承上今春而言，今春在「自開成五年」後，上着「至」字，復有誌末會昌元年字樣爲之限，則今春——卽其年春——爲會昌元年春，亦讀而知之矣，作誌者蓋取前後照應之法，未得謂之失檢。

韋損與韋塤

郎官柱度中有韋損，勞考一三徵事四條：

1. 舊李光弼傳，乾元二年，光弼判官韋損。

2. 新地志潤州下，永泰中刺史韋損。

3. 李華潤州天鄉寺雲禪師碑，刺史韋損。

4. 同人潤州丹陽縣復練塘頌，永泰元年十一月二十三日，拜前常州刺史韋損爲潤州。

就柱之序列，約以時代按之，損列名於源休、許鳴謙（孟容父）之前，則此韋損自是肅、代間人，而姓纂鄖城公房岳子之子，亦卽韋臯從父，勞考所徵不誤。

次郎官柱倉中又有韋損，勞考一七徵事四條：

1. 新表及姓纂、小逍遙公房嗣業子損，不詳歷官。

2. 姓纂鄖城公房韋損，職方郎中，潤州刺史。

3. 常袞授前潤州刺史韋損大理少卿制。

4. 嘉定鎮江志，永泰二年，潤州刺史韋損。

余按小逍遙公房嗣業之子名希損，不名損，官止府曹，未嘗爲倉中，且以開元七年卒，有希損誌可證。（文字新編三）新表謂名損者，實沿姓纂之誤。（說詳拙著姓纂四校記）今倉中韋損厠名歸崇敬之前，（參拙著郎官石柱題名）仍應是肅、代人物，——卽鄖城公房之韋損——勞考誤合不同名之希損與損爲一人，故1、條當刪却。就讓一步言之，小逍遙公房有韋損，要不能與鄖城公房之韋損，合而一之也。

再次郎官柱倉外有韋損，見萃編一一五著錄，勞考一八沿之，云，「見度中、倉中，」且徵事四條：

1. 新表南皮公房韋頲子損。

2. 唐會要一九，大中五年四月，武昌軍節度韋損奏臣四代祖韋湊云云。

3,沈珣授韋損鄆州節度制。

4.長安志九,大中五年,湊孫韋損請重修家廟。

按此處既引南皮公房韋損,則不應與度中、倉外引鄖城公房者爲同人,且永泰二年至大中五年,中經八十餘祀,前之韋損,能至是尚生存乎?故「見度中、倉中」五字,亦應删却。更有疑者,勞徵四事,均無韋損曾官郎署之證,果能決其卽是人乎?考芒洛四編六韋墳誌云,「府君諱墳,字道和,……今昭州相國李公珏尹正東洛,奏君司錄河南,……旋拜倉部員外,……以會昌元年五月五日卒于明州郡署。」又其妻溫氏誌云,「公諱墳,字導和,大和、開成中,……入遷倉部員外,」兩誌均作墳,由其字診之,作墳不誤,由郎官柱之時代稽之,(前二名之李款,於鄭注敗後,自倉外累遷江西觀察。)亦恰符,於是恍然於官倉外者乃韋墳,非韋損,郎官柱原訛,勞氏因而致誤也。夫官倉外者未必卽擢倉中,矧兩人時代相去甚遠乎。依此考定,損應正作墳,勞徵四事,均當删除。

再跋苻璘碑

集古錄目云,「贈越州都督符元亮碑,不著書、撰人名氏,其字畫則柳公權書也,元亮其字也,闕其名,官至左神策軍將軍,贈越州都督,碑以貞元中立。」寶刻叢編七採入京兆府內,蓋知其在京兆而未知確在何縣也;類編四柳公權所書碑,亦襲歐說著錄,云,「貞元中立,按此碑不著書、撰人名氏,其字畫公權書也。」但同時叢編一〇又引諸道石刻錄云,「唐贈越州都督符璘碑,唐李宗閔撰,柳公權書,大和七年立,」類編四公權書碑內亦收越州都督符璘碑,云,「李宗閔撰,大和七年立,耀,存。」今按璘碑擘首卽云,「公諱璘,字元亮,其先琅耶人。」是苻元亮碑卽苻璘碑,無待考證;歐陽所見搨本,必甚模糊,故云缺其名,又云不著書、撰人名氏,既不知書、撰人,又不詳考末段,故誤爲貞元中立。趙明誠見本較好,故能舉其名,而仍誤爲大和中立。至南宋時,拓本或不易獲,——因通志公權名下兩碑均不著錄、及叢編以屬京兆,知之。——叢編、類編皆祇摭拾集古錄目及諸道石刻錄舊說,故前者既見京兆,復見耀州;後者亦一碑分作兩碑也。叢編一〇耀州下復引京兆金石錄云,「唐贈戶部尚書符令奇碑,唐鄭叔規撰,貞元八年立,在富平。」璘卽令奇子,故令璘碑亦在富平。（萃編一一三）金石後錄云，「傳云，璘與父令奇別，而碑不載，豈作史者欲形其父子之忠義而粉飾之也耶。」爲此說者祇作片面觀，故妄疑史家；殊不知令奇先有碑在，無煩複述，宋祁氏搜羅頗富，令奇特立專傳，諒取材於碑。（舊書一八七下璘傳不載其事。）不能以己所不見而遽疑史家之粉飾也。抑璘字元亮，明著新書，陳思市估，無足深責，歐陽氏固預修新書者，亦竟失考，得不謂之疎歟。

金石錄三〇云，「琅邪苻氏，出於魯頃公之孫公雅，爲秦苻節令，因以爲氏，而武都苻氏，出於有扈之後……今此碑以璘爲符氏，又云其先琅邪人，皆不可知，然按璘與弟瑤皆封邑於琅邪，豈書碑者誤以符爲苻，其家出於武吏，不知是正乎？」按璘、澈等雖武吏，姓之從竹從艹，未必不分，璘碑作苻而史家、金石家均作符，則其誤或在此而不在彼；若郡邑誤封，爰作姓纂，封於琅邪，竊恐不能據以定令奇之元姓矣。

萃編謂碑書於開成三年，今考重修學士壁記柳公權下云，「（開成）三年九月十八日，遷工部侍郎知制誥，加承旨，五年三月九日，加散騎常侍出院，」與結銜比觀而嚴義言之，則此碑應書於開成三年九月十八後，五年三月九日前，前證未盡，故再詳之。

左神策軍紀聖德碑

庚子銷夏記七，「柳公權神策軍紀聖德碑，碑爲崔鉉文，柳公權書，書法端勁中帶有溫恭之致，乃其最得意之筆，唐時刻在禁中，人無敢搨者，故墨本最少，即歐陽文忠及趙德父，俱未見也。予所收乃賈似道家物，上有秋壑圖書及長字印，元入內府，上有官書條記，後在晉王府中，卷首手書云，恠君何處得此本，猶有桓元寒具油，乃鮮于伯幾筆也。」余按集古錄目、左神策軍紀聖德碑，崔鉉撰，柳公權書，徐方平篆額，以會昌三年立；（引見叢編八萬年縣下）又金石錄一〇第一八六三及一八六四，亦著唐巡幸左神策軍碑之目，通志略稱武宗皇帝巡幸左神策軍紀聖德碑，類編四謂立於三年四月，是不特歐、趙兩家見之，南宋人亦多見之，孫氏殊失檢。

金石文字記五，「皇帝巡幸左神策軍紀聖德碑，……拓本，」同書六謂碑中齊聖廣泉之泉即淵字，葳蕤即蕤字，解辮蹶角即厥字，大特勤嗢沒斯即勒字，則顧氏猶得及見拓本，惟未知即孫本否。前年余編會昌伐叛集，亟搜金石諸書，蹋覩孫記，乃恍然端勁溫恭之筆，殆不復留存世間矣。

長安志六，「太和門外之北，從西第一曰左羽林軍，第二曰左龍武軍，第三曰左神策軍。……九仙門外之北，從東第一曰右羽林軍，第二曰右龍武軍，第三曰右神策軍，」據同卷，東內苑與大明宮城齊，東即太和門，又大明宮西面右銀臺門，次北翰林門，翰林門北曰九仙門，今唐禁苑圖大明宮之東，注「左軍碑」三字，當即此碑所在地。天下金石志云，「唐聖德碑，……在左軍。」

會昌七年

古代交通阻滯，布政單簡，僻在草野，往往消息懸隔或傳聞失眞，後之讀史者固不必過責當日之人，然同時亦不可遽信其有據也。即如平□羅□軍兵造彌勒像設平□齋記，（唐文續拾九）末題

「會昌七載丁卯歲二月一日記」。

又如百巖寺修法堂記，（續編一一）內稱

「會昌七年春三月革號大中。」

考舊紀一八下，宣宗以正月戊申（十一日）改元，新紀八，以正月甲寅（十七日）改元，前記殆未奉詔書，後記又據奉詔之月也。復次、武宗崩於會昌六年三月二十三日甲子，舊新紀相同，而後記乃云，「至六年夏四月，武宗昇遐」，則以越在草莽，故傳述失實矣。

王倬誌，「以會昌七年正月二十四日葬于共城縣西北二里，」（中州遺文補遺）亦改元詔未頒到者之一例。至京兆府涇陽縣尉盧踐言墓誌，稱會昌七年閏三月景寅朔七日壬申，文爲從兄懿撰，（蒿里遺文目錄續編）其石似出鞏、洛，懿如即會昌初充侍講學士之盧懿，（見重修學士壁記）不應昧於改元，惜未得拓本一讀之。

韋瓘會昌末刺楚州

韋瓘題記，「大中二年十二月七日過此，余大和中，以中書舍人謫宦康州，逮今十六年，去冬罷楚州刺史。」（補正六一。唯補正改二年爲三年，茲從舊讀。）古泉

山館金石文編云，「玫璡，…… 新唐書附韋夏卿傳後，稱其會昌末累遷楚州刺史，今據其自述，乃在大中元年，史亦未得其實。」按瞿氏作大中二年讀，故以去冬爲元年，但去冬是罷楚州，非遷楚州，記文甚明，以大中元年罷，安見其不以會昌末遷，遽詆史未得實，殊失之躁。

張仲武蘭陵郡王

舊書一八〇張仲武傳，「尋改仲武節度副大使知節度事、檢校工部尙書、幽州大都督府長史、兼御史大夫、蘭陵郡王。」新書二一二本傳作「卽拜仲武副大使、檢校工部尙書、蘭陵郡公。」宋氏訛王爲公，余編會昌伐叛集嘗辨之。頃閱金石補正七七跋閻好問誌云，「誌又有云樂師贈太尉蘭陵張莊王者，張仲武也，仲武范陽人，封蘭陵郡公，……史稱公、誌稱王者，進爵爲王而史遺之也，」蓋不審新書之誤，從而爲之辭者。或者謂舊傳着「尋改」字，亦可證改封之說，殊不知所改者乃改留後爲節度副大使耳；縱讓言之，然舊傳改副大使，同時爲蘭陵郡王，新傳拜副大使，同時猶是郡公，兩弗相合，不能影射舊傳以爲解也。而況幽州節度封郡王，固多有先例耶。（參拙著會昌伐叛集編證八三頁）

守宣州右丞相

敬延祚誌，「考諱全紀，充北衙將判官，曾祖諱包，攝幽都縣令，祖諱輝守宣州右丞相。」古誌石華二四云，「中宗相敬暉，……誌云祖諱輝，守宣州右丞相，當卽暉之誤也。本傳不詳暉之父名，世系表云，父山松，澄城令，誌云，曾祖諱包，攝幽都縣令；表云，暉四子讓、誠、詢、謹，誌云考諱全紀；皆與唐書不合。唐代敬氏別無名輝而爲宰相之人，史誤耶，抑誌誤耶，不可攷矣。」余按黃氏此跋，太不注意於時代問題；敬暉貶死於中宗時，人之所知，今延祚卒中和二年享年三十有六，則不過生大中元年，中間父之一代，竟綿延至百四十年耶。

石刻之誤，原因不一，撰人、書家、刻工任何不愼，皆足以致之。官制州有丞佐，余意敬輝特一州之丞耳。舊紀一四、貞元二十一年二月，「以吏部郎中韋執誼爲尙書右丞相同中書門下平章事，」錢氏攷異五七云，「此時無左右丞相之官，相字衍。同書一九上咸通六年五月,「以左丞相楊知溫爲河南尹,」沈本左丞相作尚書左丞,與同書一七六符。通鑑考異一一謂新紀表誤文昌左丞爲文昌左相。又元龜一六二、開元「二十一年,二月,以簡較尚書右丞相皇甫翼充河南、淮南道宣慰使。」翼官止尚書左丞,見元和姓纂。且唐代官制,亦祇開元中一度置左右丞相,更無「丞相」上冠州名者,誌之誤,猶舊紀等之誤耳,何泥爲。

王夫人

右誌石華二四王氏誌,誌首尚殘存「王夫人墓誌銘」幷「氏吳郡人也」等字,黃本覈於氏字上補「夫人王」三字;誌末又有「(上泐)二人長子珣次子(下泐)」等字。潛研堂金石文跋尾續卷第三云,「頃歲虎邱僧掘地得之,殘闕僅存一片,其文有云,西北七里武丘山,又云長子珣,好事者因附會爲晉中書令王珣母墓,錢唐袁簡齋以晉人不當預避唐諱,疑爲贋作,然驗其字迹,似非宋以後所能爲,當是唐人誌石。王夫人未知適誰氏,珣家世無可攷,若以短簿實之,則妄矣。」石華云,「潛研疑之,甚當,然以王爲夫人母家姓則非也。其子珣實慕短簿而命名者,則其弟名珉,亦可意揣也,……故知王爲珣姓,非夫人母家。」余按錢跋至允,黃氏唯泥於主簿命名,遂至強詞奪理,自相矛盾,足見學者之不可先存成見也。

先孝廉公通金石諸例,嘗徧加丹黃,小子愧不能讀先人之書,不敢言例;今姑彙石華所載唐代婦人誌之文格相仿者,互爲對照,以矛攻盾,可乎。

(甲)曰王夫人,則夫人王姓也,非其夫家姓也,同此者如石華

卷八　大周故杜夫人之墓誌。

卷十一　大唐故范夫人墓誌銘。

卷十二　唐故義興周夫人墓誌銘。

卷十四　大唐故清河張夫人墓誌銘。

卷十五　唐故周夫人墓誌銘。

卷十八　新平公主女姜夫人墓。蓋故天水姜夫人誌銘。

卷二十　故萬夫人墓誌。

凡此諸誌內夫人上所冠之姓,皆黃氏所認爲母家姓者也,而冠夫姓者絕無一焉,

黄氏何不歸而求之。

（乙）黄氏旣補曰夫人王氏，則夫人必自姓王，非夫家姓也，同此者如石華

卷八　夫巫袁氏。

夫巫長孫氏。

夫巫杜氏。

卷九　夫人賀蘭氏。

卷十　夫人曹氏。

夫人裴氏。

卷十三　夫人鄭氏。

卷十七　夫人弘農楊氏。

卷十八　夫人辛氏。

卷二十一　夫人金氏。

爲問黄氏所集諸誌，果有以夫姓冠於氏字上者否？黄氏所補如此，所論又如彼，吾故謂其自相矛盾也。

抑王方翼之子名珣（說之集一六）梁王琳之兄亦名珣（通鑑一六四）未聞必有弟名珉者，黄氏於次子下補珉字，其妄尤不待辨。珉字右旁犯唐諱，果縉紳之家，宜不願以此命名也。

贊皇公

贊皇公詩刻、平泉郊居卽事奉寄侍郎大尹云，「高秩慙非願，閑林喜退居，老農爭席坐，稚子帶經鋤，竹徑難迴騎，仙舟但跂予，豈知陶靖節，祇自愛園廬。」金石補正七八云，「右贊皇公詩刻在洛陽存古閣，上列橫額贊皇公詩四字，……案新唐書李栖筠傳云，栖筠喜奬善而樂人攻己短，爲天下士歸重，不敢有所斥，稱贊皇公云，此題贊皇公，當卽栖筠所作也。」其說殊誤。按栖筠暨子吉甫、孫德裕均嘗封贊皇，故人亦以贊皇公稱德裕，如全文七三一賈餗贊皇公李德裕德政碑，同人聖祖院碑銘，「唐寶歷二年，歲直景午，浙右連帥、御史大夫、贊皇公，……」賈氏談錄，「贊皇公平泉莊周圍十里，」唐摭言三，「會昌三年，贊皇公爲上相，」皆是也。平泉山居，

德裕經始以追先志，（文饒別集九平泉山居戒子孫記）嘗有平泉山居草木記之作，（見上同卷）劇談錄、談錄均艷說其勝。上舉詩刻，今收別集一〇，題曰郊外即事奉寄侍郎大尹，非頎作非隱，園廬作吾廬，（畿輔、叢刊兩本同）皆以集本爲佳。

崔詹墓誌後唐立

芒洛四編六崔詹墓誌，目題天祐四年，大誤。誌有云，「天祐四年，故相國于公主文，精求名實，公登其選，首冠萃英，」是天祐四年始登第耳。今且不問誌敍詹颺歷內外，事隔多年，然誌下文固云，「俄轉戶部郎中知制誥，掌綸二年，咸歎淹抑，」棲遲於制誥之職者已二歲，寧復得爲天祐四年乎。抑誌之撰人，題銜中散大夫、守尚書兵部侍郎、柱國、賜紫金魚袋王權，考舊五代史九二王權傳云，「唐莊宗平梁，以例出爲隨州司馬，會赦量移許州，月餘入爲右庶子，遷戶、兵、吏三侍郎。」余於是恍然於詹固歷仕後梁、後唐兩朝者，誌題唐故中書舍人，後唐也，後唐自稱承唐後，權之撰誌，蓋難於詞，不著卒年，有以也，此誌應移入後唐之下。

更有證者，崔詹爲天祐四年狀元，見玉芝堂談薈，是歲知貢舉，登科記考二四闕其姓名。考舊五代史四、開平二年，「四月，以吏部侍郎于兢爲中書侍郎平章事。」又卷八乾化四年，「夏四月，丁丑，以守司空平章事于兢爲工部侍郎，尋貶萊州司馬。」新五代史同作兢，兩史均無傳，萬斯同五代將相大臣年表誤爲于競。兢未遷吏侍之先，當官禮侍，誌所謂故相國于公主文者，卽于兢無疑，是又可據誌以補登科記考之闕。

校後再記（卄八、十一、十三）

一年已來，多讀數書，有前人已說者，或前人誤解者，或拙論尙可補充者，校稿旣畢，因再記之。

周書寇儁傳奉叔誤作奉，寇遵考卽周書之顯，寇軌卽魏書之祖訓，魏書元寶子祖下奪嘆；（松翁近藁）赫連子悅爲勃勃玄孫，北史本傳誤陽州刺史爲揚州；（丙寅稿）燕夫人袁氏誌之曾祖君口，應是曾祖君方；（遼居藁）李義府父德晟、德盛，未詳孰是；（丁戊稿）舊唐書誤崔知溫父爲義眞，官右丞爲左丞，新唐書誤知溫贈官荊州爲幽州，謚良爲謚忠，世系表漏列其子孝昌；（丙寅藁）李迪誌之黴，新表作徹，又表迪父翫當作愿；（丁戊稿）及魏知古父名等，（遼居藁）均已見羅振玉各跋，然互有詳略，仍足相參。至丁戊稿謂李貞簡新表稱司農卿，殆因晉客官司農少卿而誤，則似羅說近信。

惟羅氏謂「案舊唐書李義府傳、義府瀛州饒陽人，既貴之後，自言本出趙郡，始與諸李敍昭穆，故唐書宰相世系表趙郡李氏不列義府一系，」（丁戊稿）則不能爲新表之漏列作解嘲，蓋義府縱不附趙郡，要應自歸瀛州一系也。

羅跋李迪誌又謂「案唐書宰相世系表、趙郡李氏，澈至玄同四世，表與誌合，」（丁戊稿）說更未完。據表、徹生純，純生德晏，德晏生玄同，則徹固玄同曾祖耳，後世罕有稱曾祖曰四世祖者；矧迪誌以迪爲主，四世自當依迪言之。揣撰文者意，必以祖父之祖爲一世祖，曾祖爲二世祖，高祖爲三世祖，故稱澈曰四世祖，然此種異乎一般稱謂之例，不可爲訓也。

據丙寅藁、崔泰之墓誌跋稱，「曾祖世樞（樞）皇朝上大將軍、散騎常侍、司農卿、武成侯，祖義直，紀、越二王長史、陝州刺史、嗣武成侯，」則崔孝昌誌之曾祖樞陝州刺史，益疑祇是贈官，新表之峽爲陝訛，更無庸疑。

容齋隨筆一四次山謝表條云，「次山臨道州，歲在癸卯，唐代宗初元廣德也，」此言其勅授之年則可，若上任則確在二年，洪氏於謝表似未細閱。

羅跋崔沔夫人王氏誌云，「誌稱夫人一男三女，唐書宰相世系表載沔子成甫、祐甫，與誌不合，」余按唐代婦人墓誌，率是記其所出，此不足以疑新表，羅於唐誌書例，似尚無適當之研究也。

全文九四八載辛溥故眞空寺尼韋提墓誌，「和倘賈氏，洛陽人也，」亦女尼稱和倘者。

李德裕稱贊皇公，尚有全文七四六劉三復滑州節堂記云，「我連帥贊皇公以全才上略，標炳中外，輟爲霖於將命，膺作翰之攸寄，歲値己酉，擁旄來斯，」已酉、大和三年，據舊書一七四本傳，裴度薦以爲相，李宗閔憚其大用，是歲九月，出除鄭、滑節度使，故曰輟爲霖於將命也。又全文九二八王棲霞靈寶院記，「及唐太（大）和中，太尉贊皇李公每瞻遺躅，屢構遐緣，」贊皇亦指德裕，唯文末署「時太（大）和三年重光單閼歲九月乙酉朔九日癸巳謹記」云云，則吳之太和，非唐之大和。

摭言八、「三榜裴公，……第二、第三榜，諫議柳遜、起居舍人于兢佐之，」又苯編一一八王審知德政碑、首題「銀青光祿大夫、行尙書禮部侍郞、上柱國、臣于兢奉勅撰，」末題「天祐三年丙寅歲閏十二月一日准勅建，」是四年于兢以禮侍知舉，又獲一證。

全詩十二函三册貫休有晚春寄吳融、于兢二侍郎，又送于兢補闕赴京，前題作競訛。

北夢瑣言稱顏蕘謫官，歿於湖外，將卒時，（在陸龜蒙卒後）自草墓志，言「後有吏部尙書薛公貽矩、兵部侍郎于公兢、中書舍人鄭公撰三君子者，予今日以前不變，不知後日見予骨肉孤幼，復如何哉。」苯編竟謂于兢無考，非是。

懷岷精舍金石跋尾（李宗蓮）亦嘗據襄陽張氏諸碑，補新書張氏世系表，惟仍以梁書之弘策爲策，愿爲滿子，則未能正表之誤也。

再跋㮚先塋記及三墳記

㮚先塋記涉於李適卒年，前之結論，以爲最遲爲開元十一年癸亥，早或景雲二年辛亥，玆再取見存適應制各詩觀之。（全詩二函二册）

1. 侍宴長寧公主東莊應制　此是景龍二年四月，見拙著讀全唐詩札記。

2. 奉和九日登慈恩寺浮圖應制　此是二年九月，參同前拙著。

3. 奉和幸望春宮送朔方軍大總管張仁亶　舊紀七、景龍三年八月，「乙未，（十一日）親送朔方軍總管韓國公張仁亶於通化門外，上製序賦詩。」

4. 侍宴安樂公主莊應制　舊紀、三年八月，「乙巳，（廿一日）幸安樂公主山亭，宴侍臣學士，賜繒帛有差。」

5. 奉和聖製九日侍宴應制得高字　舊紀、三年，「九月，壬戌，（九日）幸九曲亭子，宴侍臣學士。」

6. 安樂公主移入新宅，又侍宴安樂公主新宅應制　舊紀、三年，「冬十月，庚寅，（八日）幸安樂公主金城新宅，宴侍臣學士。」

7. 奉和送金城公主適西蕃應制　此是四年正月，參同前拙著。

8. 帝幸興慶池戲競渡應制　舊紀、四年四月，「乙未，（十四日）幸隆慶池，結綵爲樓，宴侍臣，泛舟戲樂。（與字後來諱改。）

此外如遊禁苑幸臨渭亭遇雪應制，人日宴大明宮恩賜綵縷人勝應制，奉和春日幸望春宮應制，奉和立春遊苑迎春四詩，雖未確知年月，然今一函二册中宗猶有立春遊苑迎春詩，則皆中宗時作也。

復次全詩同册、徐彥伯題東山子李適碑陰二首并序云，「噫嘻李公，生自號東山子，死葬東山，豈其識哉，神交者歌薤露以送子歸東山，爲詩鐫于碑陰云；」據舊書九四、彥伯卒開元二年，此前之大淵獻，必爲景雲二年辛亥，蒼龍應作龍集解，又先大夫徐公必指彥伯，得此詩而三事均可解決矣。

又全詩二函五册、沈佺期有同工部李侍郎適訪司馬子微詩，據舊書一九〇中、佺期開元初卒，則其與適同訪子微，（卽承禎）厥爲景雲時承禎來京之一次，非開元時來京之一次；推言之，卽景雲時適已官工侍，全詩李適小傳謂「睿宗朝終工部侍郎，」益可憑信。

伯玉集七送吉州杜司戶審言序，「蒼龍閹茂，扁舟入吳，」閹茂、戌也，此蒼龍作「龍集」解之確證。（清儀閣七册聚府君志專、「大和六年，青龍在壬，」亦可旁證。）

全詩四函四册、李白同族弟金城尉叔卿燭照山水壁畫歌，姓名、官歷，與集古目合，則集古目謂仲名叔卿當不妄。適萬年人，自出隴西，故曰族弟。又全詩十一函八册收李叔卿詩二首，其芳樹五言長句，頗係開、天聲調。

寶刻叢編七、跋李氏三墳記云，「李氏三晁季墳記於耀卿、春卿，載其有平日文集，獨於叔卿缺焉，且卒句云吏不敢而止，而疑其碑不全，屢於好古刻君子求覩，與所藏無異。後獲全盛時所藏舊本，於叔卿卒章吏不敢之下，乃有十數字，刻畫爛班尙可識，其字正云有文集若干卷，遂與三卿同，始知墨本以字漫滅，墨工惜紙墨耳。」今以碑驗之，曜卿作耀訛；吏不敢三字係敍春卿事，非在叔卿之卒章；叔卿衹言文集百一十二篇，亦非言若干卷。又今陸氏十萬卷樓本叢編引集古錄目、誤作金石錄。

補論太原鄉牒

王顏所說太原王氏條之太原鄉牒，全文收入卷九八六，下署大歷十四年四月，略云,「得前同州郃陽令王顏狀,鄉名太原者本因遠祖乇,乇生卓,乇漢末爲冀州刺史,卓在晉爲司空河東太守,」碑祇稱「乇河東太守、征西大將軍,」誠有小異。若碑之「卓字世盛,歷魏、晉爲河東太守,遷司空,」與狀之「卓在晉爲司空、河東太守,」則不過敍法先後稍易,未得云牴牾不合。近世人修明譜諜,猶常有將其祖宗世次、名字、仕歷更正之舉,碑立後於上狀廿許年,其有小異,正可以此解釋之;猶諸狀言「乇塚今在猗氏縣西次郭門外,」而碑削不提,又狀言「卓塚在臨晉縣東南解故城二里,」據舊書三九、臨晉卽桑泉,天寶十三年改名,而碑仍著桑泉。狀與碑之小小異同,未得爲碑非唐立之信證也。

全詩八函九册、李商隱詩引,「題道靜院,院在中條山,故王顏中丞所置,虢州刺史捨官居此,今寫眞存焉,」此亦顏事之可徵者。

碑之高僧傳,卽道宣續高僧傳,曇延傳見卷八云,「俗緣王氏,蒲州桑泉人也,……延形長九尺五寸,」大致與碑合。

出自第八本第四分(一九三九年)

唐集質疑

岑仲勉

集之一部爲史源，亦史餘也。邇年涉獵唐史，佐讀唐集，閱札所見，積百許條，旣來湖湘，適徵工作，因以陳拾遺集、張曲江集考證及白氏長慶集之僞文，別出專篇，其餘名曰質疑云。旹民國二十六年冬，記於長沙聖經學校。

凡目

家憲公遺文存目——都督閻公之雅望——王勃疑年——杭州崔使君——龍筋鳳髓判——王泠然上張說書——趙公——張說撰姚崇碑——張說郭知運碑銘用韻——楊執一碑——盧思道碑——太白集王琦注——韋南陵冰——虞城縣令李公去思頌碑——柏貞節即茂林改名——贈李八祕書別詩——杜甫祖母盧氏志——杜甫世系——中唐四李觀——杭州刺史廳壁記——獨孤及系年錄——李季卿志——陳留文宣王廟碑撰人——制詔集——常袞世系——顏眞卿馮翊太守謝上表——顏特進判尚書武部員外郎——袁高——顏魯公世系表——置千秋節——李端墓誌與新表之異同——過舊園賦——修禪道場碑之作年——王良士爲韋令公謝表——京兆韋詞——祭座主顧公文——柳宗元世系——陽城出刺道州——承乾之子孫及其歷官——元饒州——府王殿震及馮翊王公——上趙昌尚書啓——柳柳州外集——南鎮碑及碣記——韓愈初貶之詞——閬忠二州牧——刺史鄭君——禮部郎中韓雲卿——及此年泊洋州許使君——李觀疑年——馬燧之冢婦——羅池廟碑作年——韓愈河南河陽人——元稹世系——韋應物——答朱載言書——賈島貶年及其享齡——京尹十年十五人——太宗十八舉義兵——德宗妃韋氏——李德或李遜——薛苹與薛平——京兆府二十四縣——于明州——河南換七尹——同時六學士——條流與條疏——送相公十八丈鎮揚州詩——姚合與李德裕及其系屬——上周相公啓——韓偓南依記——河嶽英靈集——

家憲公遺文存目

初唐制誥，首推顏、岑，自師古被讒，家憲公受文皇特達之知，專典機密，倚如左右手者凡十餘年，一時王章典誥，多由起草，夢得集二三唐故李相國集紀云，「故起文章爲大臣者，魏文貞以諫諍顯，馬高唐以智略奮，岑江陵以潤色聞，無草昧汗馬之勞而任遇在功臣上，」文饒別集六與桂州鄭中丞書云，「貞觀初有顏、岑二中書，代宗朝常相，元和初某先太師忠公，一代盛事，皆所潤色，」舊書四七著錄岑文本集六十卷，今全文一五。所收止廿篇，曾未及其什一，誠初唐考史者之莫大損失也。內溫彥博碑一通，據石刻轉錄，殘泐不可讀，近人昭陵碑錄勘出二千一百餘字，差可識其大義矣。他見於典籍有目無文者，猶得六篇，玆彙記下方，期或有發見之一日也。

唐昭福寺碑。寰宇記五八洺州云，「平劉黑闥壘在縣西南十里洺水南，唐貞觀四年，于壘東置昭福寺，寺碑岑文本詞」。

突利可汗什鉢苾碑。貞觀五年，見通典一九七。

頡利可汗碑。貞觀八年，同前。

渾邪碑。同上。

唐河間元王(孝恭)碑。于立政正書，貞觀十四年，見金石錄三。

隋觀德王楊雄碑。金石存逸考八，「潼關新志云，隋觀德王楊雄墓，在潼關西十里，有唐中書侍郎岑文本碑，今碎，案此石今久逸矣」。

都督閻公之雅望

萬姓統譜六七，「閻伯璵爲豫章都督，王勃滕王閣記云，都督閻公之雅望棨戟遙臨。」考姓纂、唐安固令閻春生處節，處節生自厚，自厚生懿道，懿道生伯璵，閻春當仕唐初，而舊書一九〇上王勃傳，勃之南行，在高宗上元二年旋卒，試問春之玄孫，焉能仕至都督，不可者一。伯璵以開元二十六年後始入翰林(會要五七)唐尉遲迥碑，開元二十六年立，伯璵撰文，不過題前華州鄭縣尉，上去上元末六十餘年，不可者二。

王勃疑年

舊書一九〇上王勃傳，「上元二年，勃往交阯省父，道出江中，爲採蓮賦以見意，其辭甚美，渡南海，墮水而卒，時年二十八，」新書二〇一作年二十九。錢氏考異五六云，「楊盈川撰勃文集序云，春秋二十有八，卒於上元三年八月；」同人疑年錄一系勃卒於上元二年，年二十八，因上推其生爲貞觀二十二年戊申，又與集序異，似與舊傳同。第舊傳之上元二年，係敍事揭起法，勃非必卒於是歲，新紀書例取後元，故無上元三年，舊紀則有之，是年十一月始改元儀鳳集序之三年八月，在文面幷不誤。

余循誦子安全集，猶有疑者。集一春思賦序云，「咸亨二年，余春秋二十有二，旅寓巴蜀，」依此推之，實應生高宗永徽元年庚戌，比錢之考定，後差兩年也。更由是而計其卒，可得不同之結果四種：

卒上元二年，　　則享年二十六。

卒上元三年，　　則享年二十七。

享年二十八，　　應卒儀鳳二年丁丑。

享年二十九，　　應卒儀鳳三年戊寅。

與舊說無一相合。或疑賦序之數字或訛，顧以同集他文證之，如卷五遊山廟（詩）序，「吾之有生，二十載矣，……………粤以勝友良暇，相與遊於玄武西山廟，蓋蜀郡三靈峯也，」又卷四入蜀紀行詩序，「總章二年，五月癸卯，余自常安觀景物于蜀，遂出褒斜之隘道，抵岷峨之絕徑，」則入蜀之歲，勃年二十，（如謂遊山廟之時，非卽入蜀之初歲，則勃年更少，與舊說相差愈遠。）總章二年己巳爲二十，正與咸亨二年辛未爲二十二相符，未必其傳訛有如是恰巧也。然則勃之生，可斷在永徽初元，其卒疑以上元三年爲近信，猶未過老泉發憤之年也。（劉汝霖子安年譜卒上元二，說未檢得）。

復檢集序云，「年十有四，時譽斯歸，太常伯劉公巡行風俗，見而異之曰，此神童也，因加表薦，對策高第，拜爲朝散郎，」考舊紀四、龍朔三年八月，「命司元太常伯竇德玄、司刑太常伯劉祥道等九人爲特節大使，分行天下，仍令內外官五品已上，各舉所知，」集序之太常伯劉公，即祥道也，龍朔三年癸亥年十四，亦足爲余前說之旁證。

集六遊冀州韓家園序末云，「則大唐調露之元年獻歲正月也，」調露更後於儀鳳三年一歲，且勃旣死南中，何得忽回北地，調露字如不誤，即此篇非王文也。

杭州崔使君

全文二四三李嶠爲杭州崔使君賀加尊號表云，「伏奉五月十一日制書陛下俯順輿情，楙膺大典，……伏惟越古金輪聖神皇帝陛下，……」考舊紀六、長壽三(即延載元)年五月，上加尊號爲越古金輪聖神皇帝，新紀四系甲午下，甲午卽十一日。又舊紀、證聖元年，春一月，上加尊號曰慈氏越古金輪聖神皇帝，是越古金輪聖神之號，祇延載元年五月至證聖元年臘月八箇月內行之，此表必上於延載無疑。復考勞格杭州刺史考，延載下有崔元奬，咸淳志、歲月事蹟無考，(勞氏讀書雜識七)又知崔使君當卽元奬矣。據舊書九四嶠傳，嶠以平反狄仁傑獄(長壽元年初)忤旨，出爲潤州司馬，豈延載中猶在江南乎。

全文二四五復有嶠爲杭州刺史崔元將獻綠毛龜表，依前引文，元將元奬之訛，表祇稱金輪聖神皇帝陛下，則延載元年，五月未加越古尊號前所上也。

龍筋鳳髓判(海山本)

容齋續筆一二云，「百判純是當時文格，全類俳體，但知堆垛故事，而於蔽罪議法處不能深切，殆是無一篇可讀，一聯可味，」洪氏評此書之辭也。然余以爲讀書貴得其通，不可呆板，通則開卷有益，仁者見仁，智者見智，此之謂也。

卷三判題有云，「將軍任季狀稱，於蔚州飛狐口累石牆，灌以鐵汁，一勞永逸，無北狄之憂，」又云，「又請削橛，於塞上數千里釘以刺突厥馬蹄，斷賊北道，」此兩策在昔視之，正如原判所謂「無益皇威，有同兒戲，」或「此愚夫之淺計，非達士之弘圖」矣，然神而明之，固與今日之構築工事、埋放地雷、密佈電網、暨建設國防線數百里者，無以異也。同卷復有題云，「將軍宋敬狀，被差防河，恐冰合賊過，請差州兵上下數千里推冰，庶存通鎮，」卽今破冰之制也。又有題云，「中郎將田海請於舊長城塹，東至遼海，西至臨洮，各闊十步，深三丈，並仰審利害，」即今挖濠之法也。苟未雨而綢繆，豈醜虜之能度，昔謂之拙，今謂其工，即俳儷文章，亦何嘗臭腐，夫是以貴得其通而已矣，安見無一篇可讀者。

判之舊注，明嘉靖中劉允鵬撰，清嘉慶十六年，蕭山陳春復爲補正，余未見原注，不知其「補苴逸義、翦落淳詞」（陳氏跋語）者各如何，然竊以爲注古人文字，當探其所本，張鷟、高宗至開元中人也；今注採用之書，如杜甫詩、柳宗元詩、韓愈詩、劉禹錫集、白居易集、酉陽雜俎、李義山詩、天寶遺事，皆鷟已後之唐人著述；次如馬縞古今注，爲五代著述；次如埤雅、王灼糖霜譜、佛祖統紀，爲宋人著述；次如文獻通考、韻會，爲元人著述；甚而下引至一統志，是果張氏之隸事所自乎，與其濫也寧闕。

劉注之誤，汪繼培跋曾舉兩事，略爲涉獵，亦得一二；如卷二少府監判東玉未進，今注云，「按東玉蓋卽璽字拚合之誤，」璽字訛析，形似東玉，拚合應作分離，涉筆之訛也。

又如卷三領軍衛判，「途經八千餘里，」係就長城言之，今注乃引「左思蜀都賦、經途所亘，五千餘里，」與文意殊不相關「途經」二字，可不用注也。又如卷四太醫判，「若君臣相使，情理或通，若畏惡相刑，科條無捨，」今注云，「畏惡、謂藥有可畏可惡者，」按藥之相忌者謂之畏惡，用甲藥卽不可再用乙藥，見本草，此謂可畏可惡，望文生義之辭也。

王泠然上張説書

見唐摭言卷六，此書余定爲開元十一年作，可得四證：

(一)書云，「今公復爲相，隨駕在秦，僕適効官，分司在洛，」據舊紀八，開元十一年三月，車駕至京師，十二年十一月，幸東都。

(二)書云，「豈有冬初不雪，春盡不雨，」又云，「故自十月不雨，至于五月，」據舊紀，開元十一年十一月，自京師至于山東、淮南，大雪平地三尺餘，可見非十二年作。

(三)書云「今蘇屈居益部，公坐廟堂，」按唐方鎭年表六劍南下，采蘇頲於十

一、十二年。

(四)書云,「必欲舉御史中丞,莫若舉襄州刺史靳口,」所空一字,「恆」字也,或後來唐宋人避諱而然。曲江集一二、故襄州刺史靳公遺愛銘序云,「開元十二年,以理跡尤異,廉使上達,天子嘉之,稍遷陝州刺史,」據金石補正五二,石刻實作開元十一年,恆既以十一年遷陝州,而書仍稱襄州,當非十二年作,蔣光煦校曝書亭鈔本摭言,靳口作吳靳誤。(全文二九四誤同)。

趙公

唐詩紀事二〇、「(王)琚自荆湖入朝,至岳陽,張說有送王十一及趙公入朝之作,……趙公、冬曦也,」余按說之集六有岳州別王十一趙公入朝詩,據舊書一〇六琚傳,初封趙國公,中間曾削封,後又還之,說稱曰趙公,尤琚稱說曰燕公也。琚是時蓋自衡、郴任罷北還,故經岳州,紀事謂自荆湖,考之未實。若趙冬曦則說自岳遷荆時,尚留岳州,有同集七出湖寄趙冬曦二首之「東瞻岳陽郡,」及「湘浦未賜環、荆門猶主諾,」可證,且冬曦是說後輩,集中各題,止稱趙侍御,否則逕名曰冬曦,尤不得膺趙公之尊稱也,紀事引文衍「及」字。故致誤解。

張說撰姚崇碑

明皇雜錄,「姚元崇與張說同爲宰輔,頗懷疑阻,屢以事相侵,張銜之頗切。姚既病,誡諸子曰,……便當錄其玩用,致於張公,仍以神道碑爲請,既獲其文,登時便寫進御,仍先礱石以待之,便令鐫刻,張丞相見事遲於我,數日之後,必當悔,若卻徵碑文,以刊削爲辭,當引使視其鐫刻,仍告以聞上訖。姚既歿,張果至,目其玩服三四,姚氏諸孤悉如教誡,不數日文成,敍述該詳,時爲極筆,其略曰,八柱承天,高明之位列,四時成歲,亭毒之功存。後數日,果使使取文本,以爲詞未周密,欲重加删改,姚氏諸子乃引使者示其碑,并告以奏御。使者復命,悔恨拊膺曰,死姚崇猶能算生張說,吾今日方知才之不及遠矣。」余按說之集一四、梁國文貞公碑,題奉勅撰,碑曰,子异、奕思綴遺美,以實罔極,有詔掌文之官敍事,盛德之老銘功,將以寵宗臣,揚英烈,帝乃洒恩仙翰,鏤澤豐碣,」銘又曰,

「帝念頻軫，仙毫特紆，鐫金刻石，鳳篆龍圖，」則碑固由崇子所請，奉勑特撰，玄宗且親自書之，後人特因崇、說不睦，故有此說耳。

張說郭知運碑銘用韻

顧炎武音論云：「張說隴右節度大使郭知運神道碑銘，河曲迴兵，臨洮舊防，手握金節，魂沈玉帳，千里送喪，三軍悽愴，唐文粹本改防爲阯以叶上文喜、祉、諸字，不知廣韻四十一漾部元有防字，」余按景明嘉靖本說之集一七、全文二二七字均作防，顧說是也。觀顧所引，似亦以爲防字起韻者，細思之則不然。

考此銘凡三十二句，首八句以軍、羣、獯、軍、雲韻，次八句以喜、祉、祀、鯉、子韻，末八句以崇、豐、雄、空、功韻，唯此八句之首二句爲「流沙博望，羽林飛騎，」騎屬五寘，不應與六止之喜、祉等爲韻，而望字則適屬四十一漾，可疑一。碑銘奉勑而作，更不應首末各八句韻，而中權乃十句六句各韻，以示參差才拙之勢，可疑二。由此詳之，流沙兩句應乙，而此八句以望、防、帳、愴韻，全銘甚整齊矣。首次末八句均第一句韻，此首句用騎字，與前五韻隔叶，乃文例之略變。殆宋人旣改防爲阯，遂并前兩句誤乙，後人仍從防作者猶承誤而不知正歟。

楊執一碑

說之集二五、贈戶部尙書河東公楊君神道碑云，「公諱執一，字某，弘農華陰人也，司空觀王雄之曾孫，鄆州弘農公續之孫，潞州湖城公思止之子，戶部尙書相國執柔之弟；觀公侍中恭仁公之伯父也，安德公尙書令師道公之叔父也。」（全文二二九同。）按新表七一下，觀王士雄生恭仁、綝、續、綱、恭道、師道，執一應稱恭仁爲伯祖，師道爲叔祖，集作伯父、叔父者訛。

盧思道碑

說之集二五盧思道碑云，「自漢世中郎將植，至侍中陽烏，徵君之子，稟天靈傑，承家令軌，」全文二二七同。按隋書五七思道傳，「祖陽烏，魏祕書監，父道亮，隱居不仕，」又盧承業誌，「曾祖道亮，韜光不仕，祖思道，齊黃門侍郎、隋武陽太守，」(芒洛四編三，咸亨三年立。)張文所謂徵君，指道亮言，徵君之子思道也，陽烏之下，徵君之上，當敍及道亮而後遞入思道，今本蓋佚去一節。

太白集王琦注

王氏注太白集，於人事方面，殊多缺憾，遠不如宋人注韓柳集之詳細，此固時代較後使然，要亦未盡搜羅能事也。集一一有經亂離後天恩流夜郎憶舊遊贈江夏韋太守良宰詩，注云，「按方輿勝覽以贈此詩之韋太守爲韋景駿未知何據；」余按景駿卽韋述之父，舊書一〇二述傳「景龍中，景駿爲肥鄉令，」據年譜，白以乾元元年流夜郎，上距景龍，餘五十載，景駿當已前卒，此勝覽之說不可據也。姓纂、彭城公房，行佺生良宰、利見，良宰不敍歷官，新表多本姓纂，故新表亦缺，然吾人未能因此斷江夏守韋良宰非此良宰也。良宰族父如元旦、方質等，皆仕武后，良宰當爲玄宗時人，又利見以乾元元年官廣府節度，見舊紀一〇，時代正合。

韋南陵冰

太白集一一、江夏寄韋南陵冰五古一首，黃本驥云，「案此詩乾元二年太白流夜郎中途遇赦還憩漢陽時作，……韋冰、元珪之子，後爲鄠令者也。」(魯公集一六)余按姓纂、鄖城公房，景駿生述、迪、冰、冰一名達，生渠牟，太常卿，是冰與述爲兄弟；又據載之集二三渠牟墓誌，「維貞元十七年，秋七月，乙酉，太常韋公諱渠牟，年五十三，啓手足于靖恭里……父冰著作郎兼蘇州司馬，……大歷末，丁著作府君憂，」則太白所詠，正與此韋冰時代相當。復次姓纂、元珪宗正卿，生堅、蘭、芝，新表七四上，堅、蘭、芝外尙有冰，云鄠令，卽黃氏所指之人也。按舊書一〇五韋堅傳，「(天寶)五載，……七月，堅又長流嶺南臨封郡，堅弟將作少匠蘭，鄠縣令冰，兵部員外芝，堅男河南府戶曹諒，並遠貶，至十月，使監察御史羅希奭逐而殺之，諸弟及男諒並死，」是白作詩時，元珪之子冰，慘死已一周星紀矣，黃氏誤也。

虞城縣令李公去思頌碑

金石錄九，「唐虞城令李公去思頌李白撰，王遹篆書，元和四年六月，」同書二九云，「碑側題云，元和四年二月重篆，蓋遹不與白同時，此碑後來追建爾，歐陽公集古錄云，遹在陽冰前者，誤也。」考太白集二九去思頌碑稱，「天寶四載；拜虞城令，」又「陽無驕僭，四載有年，」則其碑約天寶七八載立。碑又云，「高祖楷，隋上大將軍，緜、益、原三州刺史，封汝陽公。曾祖騰雲，皇朝廣、茂二州都督，廣武伯。祖立節，起家韓王府記室參軍，襲廣武伯。父浦，郢、海、淄、唐、陳五州刺史，魯郡都督，廣平太守，襲廣武伯。」以隋書五五獨孤楷傳及元和姓纂獨孤姓之文(今誤收入辨證內)合勘之，高祖楷者獨孤楷也，隋書五四，「獨孤楷字修則，不知何許人也，本姓李氏，父屯，從齊神武帝與周師戰於沙苑，齊師敗績，因爲柱國獨孤信所擒，配爲士伍，給使信家，漸得親近，知賜姓獨孤氏」楷嘗官原、益、幷三州總管，後轉長平(澤州)太守，未視事卒，不載緜州，豈李文有訛歟。楷不知何許人，而碑顧云，「公名錫，字元勳，隴西成紀人也，」則猶是王必稱太原、張必稱清河之故套。姓纂楷子滕雲，荊府長史、廣武公，當以集作騰者近是。復次姓纂、滕雲「生奉節，生琬、炎，琬太僕卿，開元中，上表請改姓李氏名傭，」碑之浦與姓纂之傭，僅偏旁略差，天寶元年改郡，乃號太守，今碑既敍浦五州刺史，末又着廣平太守，顯見改郡後尙存，不稱太僕卿，或許時尙未任。況復姓李氏，固自傭始，碑不曰獨孤錫，而曰李錫，尤徵錫卽傭子，亦浦與傭同爲一人之證。所異者中間奉節、立節，名差一字，其爲任一有誤，或立、奉本昆仲而傭出嗣，尙未能斷定耳。

會要三六，「大歷三年正月二十四日，太子中允李良佐及諸房譜(請)依舊姓獨孤氏從之，」據舊書五二，良佐卽代宗貞懿皇后之兄，蓋自開元中已後，獨孤楷之胄，已因浦之請而復李姓，及代宗時，貞懿寵傾後宮，宗屬多貴，代宗殊有吳孟子之嫌，故良佐又請姓獨孤也。姓纂祇敍浦及瑋兩次復李，中間不提良佐之復獨孤，固爲君上諱，然苟無會要此節，則幾令人疑浦當日之請，限於一房，非徧及諸房矣。

柏貞節卽茂林改名

杜工部集七、覽柏中允兼子姪數人除官制詞因述父子兄弟四美載歌絲綸詩，錢注曰，「柏中允、蔡興宗正異云，當作中丞，注家云，即柏茂琳、貞節起兵討崔旰者，集所謂夔府柏都督也。按新舊書帝紀及杜鴻漸崔寧傳載茂琳、貞節事，彼此互異，今合而考之，爲郭英乂之前軍與崔旰戰敗于成都西門者，柏茂琳也，以卭州牙將起兵討崔旰者，柏貞節也。英乂之敗，郭英幹以都知兵馬使爲左軍，郭嘉琳以都虞候爲後軍，而茂琳爲前軍，是時旰亦西山都知兵馬使耳，茂琳之官，與三人相頡頏，可知茂琳敗，英乂死，而貞節復自卭、劍起兵，與旰爲難，柏氏實爲職志，是故鴻漸至駱谷，即請授茂琳爲卭南防禦使，旰爲西山防禦使，以兩解之，旣入成都，又請授旰爲西川節度行軍司馬，茂琳爲卭南節度使，而貞節等爲本州刺史，各令解兵。方鎭表云，大曆元年置卭南防禦使，治卭州，尋升爲節度使，未幾廢；置劍南西山防禦使，治茂州，未幾廢；二使之置廢，專爲旰與茂琳也。舊書帝紀、卭州牙將誤書茂琳，又帝紀不書授貞節刺史，而鴻漸傳不書授茂琳節度，故先後踳駁也。卭南節度旋廢，史不書茂琳他除，豈即拜夔州都督乎。謝上表云，就其小效，復分深憂，察臣劍南區區，恐失臣節如彼，失臣節者旰也，曰劍南區區，則繇劍南而荆南可知也。絲綸詩曰。「紛紛喪亂際，見此忠孝門。深誠補王室，戮力自元昆。同心注師律，洒血在戎軒。奉公舉骨肉，誅叛經寒温。」則豈非茂琳、貞節出于一門同心討旰之證乎？杜又有柏二別駕將中丞命詩云，遷轉五州防禦使，廣德二年，置夔、涪、忠、都防禦使，治夔州，夔州都督當兼領防禦使，中丞蓋其兼官也。茂琳以節度使遷夔州，而貞節自牙將起兵，遂授刺史，此詩云，方當節鉞用，必茂琳，非貞節也。史旣不詳，而通鑑尤爲闕誤，故詳辨之于此。」按杜集詩文涉柏中丞者有：

覽鏡呈柏中丞。（一六）

陪柏中丞觀宴將士二首。（同上）

送田四弟將軍將夔州柏中丞命起居江陵節度陽城郡王衞公幕。（同上）

奉送蜀州柏二別駕將中丞命赴江陵起居衞尚書太夫人，因示從弟行軍司馬佐。（一七）

爲夔府柏都督謝上表。（二〇）

王道俊博議云，「年譜、公至夔州時，柏中丞爲夔州都督，公爲作謝上表；今考柏都督乃柏茂林，中丞其兼官也。黄鶴注以柏都督是貞節，中丞則茂林，又以茂林，與貞節爲兄弟，俱大謬。舊書於杜鴻漸傳則云，崔旰殺英乂，據成都，自稱留後，邛州牙將柏貞節、瀘州牙將楊子琳、劍州牙將李昌巙等興兵討之，于崔寧傳又云，旰率兵攻成都，英乂出兵於城西門，令柏茂林爲前軍，郭英幹爲左軍，郭嘉琳爲後軍，與旰戰，茂林等軍屢敗，旰令降將統兵與英乂轉戰，大敗之，一則記貞節興兵而不及茂林，一則記茂林喪軍而不及貞節。新書崔寧傳則兼錄二傳之文，上書柏茂林等戰敗，下書邛州柏貞節討寧，鴻漸表爲邛州刺史，於杜鴻漸傳則止書貞節。今以本紀考之，則授邛州刺史、邛南防禦及節度，皆茂琳一人之事；蓋茂琳以衙將爲英乂前軍，敗於城西，復歸邛州，興兵討寧耳，疑貞節乃茂琳之字、或後改名，非二人也。」（據仇兆鼇詳註一八引）以貞節爲茂琳改名，實至當之論；唐世改名、賜名之風頗盛，反正効忠之軍將，尤屢見之，即如崔寧本名旰，寧、大曆元年所賜名也，（舊書一一七）思蜀亂之弭，則賜名曰寧，勵諸將之忠，則賜名曰貞節，兩人同時晉官，又同時賜名，頗合乎事理。尤有強證者，常袞制詔集一三云，「開府儀同三司、試太常卿、使持節邛州諸軍事兼邛州刺史、御史中丞、劍南防禦使及邛南招討使、上柱國、鉅鹿縣開國子柏貞節，……可使持節都督夔州諸軍事兼夔州刺史，依前兼御史中丞，充夔、忠、萬、歸、涪等州都防禦使，」是「遷轉五州防禦使」者柏貞節，亦即舊紀之柏茂林也。唯舊書紀傳兩名互見，新書不加考證，更一傳中兩名岐出，遂致後來注杜者或謂兩人，或謂一人，猶成懸案，皆因未見制詔集之文耳。

贈李八祕書別詩

工部集一五贈李八祕書別三十韻，「往時中補右，扈蹕上元初。反氣凌行在，妖聲下直廬。……一戎纔汗馬，百姓免爲魚。通籍蟠螭印，差肩列鳳輿。事殊迎代邸，喜異賞朱虛。寇盜方歸順，乾坤欲晏如。不才同補袞，奉詔許牽裾。」錢謙益注云，「公於肅宗初拜左拾遺，所謂中補右者，必李祕書於是時官右補闕也；」又云，「漢文帝即位，先封太尉朱虛侯等而後封宋昌，肅宗行賞，獨厚于靈武諸臣，公有文公賞從臣之譏，而此又以朱虛爲喩，皆微詞也。」余按同集八有奉贈李八丈判官曛詩云，「我丈時英特，宗枝神堯後，」今新宗室世系表未載曛名，然其確爲宗室，則詩固顯言之。詩又云，「篋書積諷諫，宮闕限奔走，入幕未展材，秉鈞孰爲偶；」本詩云，「軍急羽毛書，幕府籌頻問，」自注，「山劍元帥杜相公初屈幕府參籌畫，相公朝謁，今赴後期也，」兩詩所敍事迹甚相近。余頗謂此之李八，亦即李曛，宗室也，詩用朱虛字，特喩其天潢枝派耳，縱不然，喜異賞朱虛句，係就李祕書咏，錢謂杜有微詞，然則李之受官，杜亦不滿乎。杜縱感懷弗遇，要何至譖傷友人，錢氏所注，殊失忠厚之旨也。

李八、本或作李公，但同集一六又有送李八祕書赴杜相公幕詩，則作八者是。杜相公卽鴻漸，大歷二年六月，自西川入朝，此詩自注「相公朝謁，今赴後期也」，正與前詩自注同，則其人顯然同人，兩詩亦應同時所作，顧黃鶴注前詩，以爲「當是大歷元年七月作」，（仇注一七引）後詩又以爲「當是其年九月作」，（仇注一九引）相差兩月。殊無的據。

杜甫祖母盧氏誌

工部集二〇、甫爲其祖母盧氏誌云，「維天寶三載，五月五日，故修文館學士著作郎京兆杜府君諱某之繼室、范陽縣太君盧氏，卒於陳留郡之私第，……前夫人薛氏之合葬也，……孤子登號如嬰兒，視無人色，……薛氏所生子，適曰某，故朝議大夫兗州司馬，次曰升，幼卒，報復父讎，國史有傳，次曰專，歷開封尉，先是不祿。……登卽太君所生，前任武康尉，……其往也旣哭成位，有若冢婦同郡盧氏、介婦滎陽鄭氏、鉅鹿魏氏、京兆王氏」。錢箋云，「此誌代其父閑作也。薛氏所生子，曰閑，曰并，曰專：太君所生曰登，誌曰某等夙遭內艱，有長自太君之手者，知其代父作也。又云，并幼卒，專先是不祿，則知閑尙無恙也。鶴以爲代登作，又疑閑已卒，何不考之甚也。元誌云，閑爲奉天令，是時尙爲兗州司馬，閑之卒蓋在天寶間，而其年不可考矣。公母崔氏，此云冢婦盧氏，盧字以祭外祖父母文及張燕公義陽王碑考之，甚明，而作年譜者曲爲之說曰，先生之母微，故歿而不書，或又大書於世系曰，母盧氏，生母崔氏，其敢爲誕妄如此」。又朱鶴齡注云，

「按誌云，故朝議大夫兗州司馬，猶漢書李廣傳所云故李將軍，非謂已沒也，舊譜殆因故字誤。但閑時爲兗州司馬，而誌、傳俱云終奉天令，考奉天爲次赤縣，唐制、京縣令正五品上階，閑自兗州司馬授奉天令，蓋從五品陞正五品也。公東郡趨庭之後，閑卽丁太君憂，必服闋補此官耳」。又云，「盧氏乃崔氏之訛，極有據，但崔之郡望爲淸河，此曰同郡，疑倂誤」。（朱注據仇注二五引）涉於此誌，前人誤會殊多，可分兩點論之：

（1）盧太君棄世時，閑已前卒　誌之「某等夙遭內艱」，本云「閑等夙遭內艱」。特集內避不塡諱耳。閑、并、專爲薛氏出，薛旣早死，閑等由繼母鞠育，義所應敍，初不必閑之尙存也。若謂并言幼卒，專言不祿，而閑未之言，則不知「故」字卽其變文，此錢說之無據者也。朱引「故李將軍」以解，於文甚辨，但須知文字之用，常易世而義殊，唐人碑誌，「故」字都作已故解釋，漢書之文，在唐已無時效也。朱復援官制以證則更謬；考舊書四二，正五品上階爲萬年、長安、河南、洛陽、太原、晉陽、奉先、會昌縣令，正六品上階爲京兆、河南、太原府諸縣令，奉天（與奉先異）旣未在正五列舉之內，則是正六上無疑，朱顧謂奉天令高於兗州司馬，此誤解舊史也。奉天令爲正官，司馬爲佐貳，誌、傳不舉司馬，或卽此故。

（2）盧氏未必崔氏之訛　錢疑盧爲崔訛，則未顧及「同郡」字樣；朱知其不可通，於是倂疑同郡爲誤。余按誌所云旣哭成位，係就諸婦中生存者言之，今假閑之前妻崔氏早卒，繼娶曰盧，固未嘗不可。況依錢、朱兩家之說，閑與崔氏皆卒於天寶三（或五）載之後，此時甫著咏漸多，未見其跡，存疑可也。（依誌、私第在陳留郡，甫母諒亦居此，而年譜於天寶四五載後，均著甫在長安，豈甫丁艱不奔喪耶？無以自圓其說，則闕疑爲愈矣）。

杜甫世系

仇氏杜少陵集詳註卷首有杜氏世系一篇，大致如次：

一代	二代	三代	四代	五代	六代	七代	八代
杜預	錫	□	□	□	乾光	漸	叔毗
	躋						
	耽						
	尹						

九代	十代	十一代	十二代	十三代
某	某	易簡		
某	依藝	審言	閑	甫

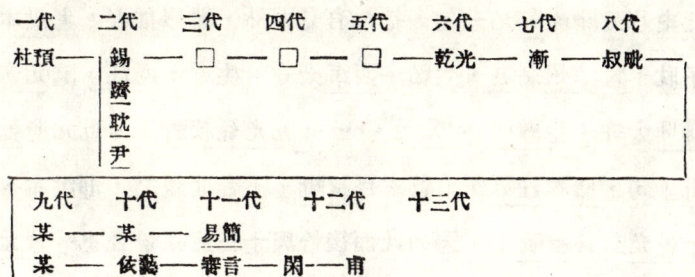

錢謙益曰，「唐宰相世系表，杜預四子，錫、躋、耽、尹，襄陽杜氏出自預少子尹，元稹墓誌、晉當陽侯下十世而生依藝，甫祭當陽君文稱十三葉孫，甫爲預之後，未知預四子誰爲甫之祖，舊譜以甫爲尹之後，此何據也。唐舊書杜易簡傳，易簡、襄州襄陽人，周硤州刺史叔毗曾孫，易簡從祖弟審言，易簡、審言同出叔毗下，獲嘉爲甫高祖，即硤州之子也；周書杜叔毗傳，其先京兆杜陵人，徙居襄陽，祖乾光，齊右（字衍）司徒右長史，父漸，梁邊城太守，此世系之較然可考者。以世系表推之，尹下六代爲襲沚陽侯洪泰，與乾光爲行，洪泰生二子，祖悅、顒，與漸爲行，顒生三子，景仲、景秀、景恭，與叔毗爲行，叔毗、景恭皆仕周。其子皆仕隋，叔毗之子爲廉卿，則未知其爲易簡之祖與，審言之祖與？舊譜以叔毗爲顒子，景仲、叔毗並系顒下，紕繆極矣。顏魯公撰杜濟神道碑，爲征南十四代孫，甫有示從孫濟詩，斯爲合矣。世系表、濟與位同出景秀下，並征南十四代，而詩稱從弟位，抑又何與？宋人謂世系表承逐家譜牒，多所謬誤耳」。（仇注引）余未見宋本杜集不知此譜是否創自宋人，若然，彼時尙有元和姓纂可考，何如是缺漏也。錢、仇生明、淸之交，姓纂巳乏傳本，莫能補正，無怪其然。今殘本姓纂復出，甫爲預子耽之後，非尹之後，易簡祖名憑石，父名依德，審言祖名魚石，均非廉卿之孫，可無事揣擬；然雖如是，甫之先世，疑問尙多也。

(一)十三葉孫之計法　計世之法有二焉，一連本身，一不連本身。唐代用後法者多，十三葉即十三世之變文，可於元稹誌「晉當陽侯姓杜氏，下十世而生依藝」，比勘知之，然元誌曰「下十世」，便見合預本身共爲十一代，即用後法以計世也。推而下之，預至甫應共爲十四代，今上列世系，預至甫共十三代，與元誌不合，亦即與甫之自敍不合。

(二)乾光與叔毗　周書四六叔毗傳稱，「祖乾光，齊司徒右長史，父漸，梁邊城太守」，北史八五删祖乾光一句，是否有見而然，難以推擬。考洪本姓纂、「當陽侯元凱少子耽，晉涼州刺史，生顧，西海太守。生遜，過江，隨元帝南遷，居襄陽，遜官至魏興太守，生靈啓、乾元，……乾光孫叔毗」，乾元應乾光之訛，惟「乾光孫叔毗」句，庫本姓纂作「乾玄孫叔毗」，合而觀之，則洪本、庫本殆均有誤，應正作「乾光玄孫叔毗」，因如此而後恰與十三葉孫恰合也。晉元之初，（三一七）下去南齊之初，（四七九）已百六十餘年，乾光爲遜子，似不能逮仕蕭氏，故疑周書之「祖乾光、齊司徒右長史」，當有誤也。

茲參據姓纂、新表，草爲杜氏世系比較簡表如次：

一世	二世	三世	四世	五世	六世	七世	八世	九世	十世	十一世	十二世	十三世	十四世	十五世
杜預	耽	顧	遜	乾光			漸	叔毗	慿石	依德	易簡			
	(西晉)	(西晉)	(東晉)				(梁)	(周)	魚石(隋)	依藝(唐)	審言	閑	甫	
	尹	綝	襲	摽	冲	洪泰	顒	景秀	懿(隋)	乾祐(隋)	續(唐)	知讓	惠	濟
						(魏)	(周)	(周)	遜	淹	行敏(唐)	崇懿	希望	位
														佑

如是，則甫爲預十三世孫，濟爲預十四世孫，杜甫、顏眞卿、元稹三家之文，與姓纂、新表，大體相符；杜集之從弟位、從孫濟。殆皆從子之訛，錢氏過信傳本杜集，偏疑新表，恐未必爾。若佑之世系，姓纂固傳刻有訛，（說見拙著姓纂四校記）近人鄭鶴聲氏所爲杜佑年譜，更大誤會，以非本節主文。當別辨之。

末檢全文三九五杜位小傳云，「位、襄陽人，右拾遺甫之從子」，與拙說合，全文當有所據也。

中唐四李觀

全文三一五李華送觀往吳中序，「見觀送蘭州兄詩，敬不踰節，情而中禮，是篇也，得詩人之一端矣。……在昔蘭陵府君、平棘（闕）公、柏人懿公、兄弟三人，有重名於天下；鉅鹿、蘭陵之穆也，故揚州孝公後之，觀之世父也。高平、平棘之裔也，吾後之。宣成文昭公，柏人之嗣也，故中丞蘇州後之。……觀於經感士匄、郯子之祖德，於史慕子長、孟堅之自敍，羈旅無書，往吳中，蒐以備家傳之遺闕。……永泰二年四月庚寅叔父華序」。余按新表七二上、東祖頤四子，勰、系、奉、曾、勰、蘭陵太守，系、後魏平棘令，曾、後魏趙郡太守、相仁懿子，相仁、柏仁——柏人之訛，所謂蘭陵府君、平棘公、柏人懿公也。勰子璽，後魏洛州刺史鉅鹿簡公、所謂蘭陵之穆也。孝公即李頊。緦十世孫觀,監察御史,系九世孫華,字遐叔,吏部員外郎,序所謂叔父華也。然則華序所送之觀,斷爲新表之監察御史觀無疑,吾名之曰御史李觀。

新書二〇三李華傳,「李華字遐叔,趙州贊皇人,……宗子翰,從子觀,皆有名……觀字元賓,貞元中舉進士、宏辭連中,授太子校書郎卒,年二十九」,以元賓爲華從子,未審所據。新傳誤會者不一而足,如以宰相王璵爲方慶六世孫(說見拙著貞石證史)合兩韋嗣立爲一人,(說見拙著唐史餘瀋)皆狃於名姓偶同,輒爲比附,此其說,諒即因華有送觀之序,且名見新表,故鑄此錯也。考昌黎集二四李元賓墓誌,「李觀字元賓,其先隴西人也,始來自江之東。……得太子校書,又一年,年二十九,客死于京師」,同集三六瘞硯文,「隴西李觀元賓,始從進士貢在京師」,太子校書正九品下,監察御史正八品下,則終官不同。元賓來自江東,御史觀顧往吳中蒐書,則里居不同。唐人雖有攀附著望之積習,(見下文韓愈河南河陽人條)然除唐代皇室外,趙郡李較隴西李悠久而昌盛,固不必降格以稱,今韓愈兩文皆曰,元賓隴西,則郡望不同。而同集三七馬彙行狀則曰,「趙郡李華刻碑頌之」,使觀爲華從子者,何不曰趙郡李觀。抑元賓而果即御史李觀者,固名門之後,何愈爲墓誌,竟無一語道及其先世也。此猶其小者,夫元賓卒貞元十年,年二十九,余別有說,(見下文李觀疑年條)是生大歷元年,今華送觀序作於永泰二(即大歷元)年四月五日庚寅,元賓曾否呱呱墮地,猶未可知,謂能咏送蘭州兄詩,又能慕馬班爲人而自往吳中蒐備家乘乎?

抑其可證者更莫如李觀自撰之文:(1)觀有與睦州獨孤使君論朱利見書,(全文五三三)據姓纂、獨孤汜睦州刺史,及之兄也,約卒貞元二十年,(說見後獨孤及系年錄條)及與李華爲莫逆,可於其祭李員外文(全文五二二)見之,今觀與汜書,幾千一百言,無非欲拯「非有半面故素、一夕優狎」者之急難,使先輩有此交分,正可略爲引敍以濟其救人之心,而書則無有也。(2)觀又有報弟兌書,(全文五三三)其昆仲似以易卦名,若御史觀之昆仲七人,曰涉、擇、潏、瀾、汪、從、徽,獨無有兌,殊弗類也。(3)觀又有浙西觀察判官廳壁記,略云,「太原王公廉察之七年,署監察御史李公士舉爲觀察判官,公從事浙右十有餘年,……從姪觀拜命而書」。（全文五三四）考士舉見崔備壁書飛白蕭字記，略云，「韓晉公領浙西之歲，得於建業佛寺，……及晉公入贊廟謨，……故殿中李侍御士舉爲部從事，……紿而方得，……至甲申歲，（按卽貞元二十年）士舉爲江西從事，通好江淮，……後十餘日，壁書自吳負來，士舉於道病卒」，（全文五四四）則士舉名不誤，如謂觀屬趙郡，其從叔士舉應亦趙郡，似得見於東祖表中，而今新表則無有也。此皆觀非趙郡李氏及華從子之旁證也。況觀謁夫子廟文擘首卽云，「世載儒訓者隴西李氏子觀」，不曰趙郡，論文章、述家世之際，曾未齒華一字，是知新傳爲讕言無據也，吾於是別之曰元賓李觀。（新書一六四崔弘禮傳，「所善李觀病且死」，亦指元賓。若全詩四函七及十二函九皇甫冉重陽日酬李觀，舟中送李觀，其爲何人，尙待考證）。

全文三二一李華揚州司馬李公墓誌銘，「公諱并，字某，趙郡高邑人也。……享年六十六，廣德二年六月十三日也。長子規，前刑部員外郎兼侍御史；次子覲，故沂州沂水縣丞；次子覿，故太原府楡次縣尉；次子峴，前汾州平遙縣丞；幼子觀，前左監門衛率府兵曹參軍事」。英華注云，「世系表稱長子峴，廬江令，次子規，壽州刺史，三子覲，四子覿，幼子觀，官閥不同，次序亦異」。余按誌敍現官，表或敍終官，不足致疑；元和姓纂常略微職，又不定循長幼之序，新表以姓纂爲基幹，則誌較可信。此李觀與御史觀同見新表，其爲兩人無待論；又此李觀屬南祖，華屬東祖，若聯其世系，亦華之族子。（誌有云，「華於公諸從雁行，」可證）。并誌云，「奉迎裳帷於太原，歸安洛汭，禮罔不備，某年月日窆於某原，禮也」，誌雖不詳作於何年，然華約卒大曆九年，見今年中央日報黃天朋李華生卒考，於時元賓方童齔，更不得爲前左監門衛率府兵曹參軍也，且元賓亦未嘗膺此官也，吾乃號之曰參軍李觀。

他之李觀，舊書一四四、新書一五六均有傳，舊紀一三、貞元四年，「十二月辛巳，少府監李觀卒」，卽其人。舊傳云，「李觀、洛陽人，其先自趙郡徙焉，秋官員外郎敬仁姪孫也」，則與御史觀、參軍觀世系逈殊，吾更謂之曰少府李觀。

總言之，御史觀、參軍觀，趙郡之李也，少府觀，趙郡而徙洛者也，元賓李觀，隴西之李也，自新傳亂其宗，於是後之人盲然和之，如郡齋讀書志一七云，

「右唐李觀元賓也,華之從子」,謬說流傳,千年不悟,吾焉能不亟亟辨之。

杭州刺史廳壁記

勞格氏爲杭州刺史考,(見所著讀書雜識七,實專於唐代)。搜輯散佚,得唐代杭刺八十六人,亦嘗引李華杭州刺史廳壁記,然於記所舉盧幼平已前諸公,未一一徵疏,使讀李文者猶有撲朔迷離之感,又存姓缺名者二人,亦未補入,茲錄李記一節,且以鄙見釋之,俟夫將來之尋索徵信云。

李記云,「國家皁成兆人,戶口日益增,領九縣,所臨涖者多當時名公;宋丞相、劉僕射、崔尙書之訏謨大政,其閒劉尙書、裴給事之盛德遠業,魏左丞、蘇吏部之公望,遺愛在人,韋太原、崔河南、劉右丞、侯中丞節制方隅,有事以來,承制權假以相國元公,旬朔之間,生人受賜」。記末題永泰元年七月二十五日記,則上舉諸公,皆永泰前任也。

宋丞相　璟也,舊書九六本傳,開元十七年,遷尙書右丞相。

劉僕射　幽求也,舊書九七本傳,先天元年,拜尙書右僕射,及太平公主伏誅,復拜左僕射。

崔尙書　就訏謨大政語觀,似指常登台輔者,舊紀一一、永泰元年,三月壬辰朔,詔檢校工部尙書崔渙等十三人集賢院待詔,尙書蓋指渙言之。

劉尙書　幽求而外,盧幼平已前,勞考著錄劉姓者、祇劉晏一人,舊書一二三本傳,寶應二年。遷吏部尙書平章事,此指晏也。

裴給事　杭刺裴姓,勞考著錄者有裴惓,中宗時任;又不知時代者,裴有斂、裴珏二人。據新表七一上,珏爲寬之玄姪孫,時代較後,必非其人。惟載之集二三衞尉少卿裴君(會)墓誌,梓州玄武丞贈中書舍人義弘,生贈司空惓,歷給事中杭、鄧二州刺史,君之王父也,則給事卽惓。

魏左丞　魏姓嘗官左丞者無考,勞考亦不著,此可補姓而缺其名也。

蘇吏部　勞考無蘇姓者,未詳其名,此亦應補姓缺名也。

韋太原　文苑英華九一四有韋述唐太原節度使韋湊神道碑,卽湊也。

崔河南　英華八六〇李華杭州餘杭縣龍泉寺故大律師碑,「故李大理昇期、崔河南希逸嘗撫本州，麾幢往復」　按舊書一九六上，「希逸以失信怏怏，在軍不得志，俄遷爲河南尹，行至京師……而死」。終河南尹，故曰崔河南。

劉右丞　按勞考不知時代下補劉暹，考新表七一上，「暹字士昭，杭州刺史」，乃晏之兄，據新書一四九晏傳，暹終潮州刺史，則杭刺非其終官。復次郎官石柱戶中有劉暹，其名列在王鉷後第四人及呂延之前；戶中王鉷以天寶十一載四月杖死，（舊書一〇五）延之則乾元二年六月，自明州刺史爲浙東節度，（舊書一〇）是暹官戶中，在天寶末或肅宗初，以官資論，固可於永泰前出任杭刺史也。惟是否嘗居右丞，今無明文，記之以待徵實。

侯中丞　此卽勞考之侯令儀無疑，據舊紀一〇、乾元三年正月，令儀自杭刺爲浙西節度，節度率兼御史中丞，故曰侯中丞也。

元相　勞考云，「元載（補），李華杭州刺史廳壁記」。余按記言，「有事以來，承制權假以相國元公，旬朔之間，生人受賜」，蓋刺史交接之際，舊任已去，新任未上，則由方鎭委屬吏權知留後，唐時已往往有之，故李記一則曰承制權假，再則曰旬朔之間，而舊新載本傳亦不記其事，猶諸淸代之委署也。終唐之世，類此者或不乏其人，華特記之，則以載是時居相位，且引起「由是望甲餘州、名士良將、遞臨此郡」、之下文耳。依嚴義言，載實非眞拜杭州刺史者，謂應別出其名，附於篇後，無以「假」亂「眞」也。

勞氏所徵故實。亦多漏略。以不屬本題，容別出之。

獨孤及系年錄

垂拱三年，（六八七）及父通理生。（毗陵集一〇）

天册萬歲元年，（六九五）及母長孫夫人生。（同上）

約開元三年至七年（七一五——七一九）及長兄汜生。（說見後）

開元九年（七二一）及第三兄嶝生。（毗陵集一〇）

開元十二年，（七二四）及姊李氏夫人生。（全文五二一及五一九）

開元十三年，（七二五）及生。（毗陵集附錄）

開元二十五年，（七三七）及第五弟丕生。（同上一〇）

開元二十八年，（七四〇）及第六弟萬生。（同上）

開元二十九年，（七四一）及第七弟正生。（說見後）

天寶元年，（七四二）憕卒，年二十三。（毗陵集一〇）

天寶二年，（七四三）通理卒，年五十七（同上）

乾元元年，（七五八）六月，萬卒，年十九。（同上）

同年，七月，長孫夫人卒，年六十四。（同上）

乾元二年，（七五九）丕卒，年二十三。（同上）

永泰二年，（七六六）及長姊鄭氏夫人卒。（同上）

大歷十年，（七七五）及長子朗生。（李文公集一四）

大歷十一年，(七七六)八月，及姊李氏夫人卒，年五十三。（全文五二一）

同年某月，正卒，年三十六。（說見後）。

同年，及次子郁生。（昌黎集二九）

大歷十二年，（七七七）及卒，年五十三。（毗陵集附錄）

貞元二十年，（八〇四）汜卒，卒年八十餘。（全文五〇九）

元和元年，（八〇六）郁子天官（卽晦，又名庠）生。（昌黎集二九及注又韓集點勘四）

元和十年，（八一五）郁卒，年四十。（昌黎集二九）

元和十四年，（八一九）朗子孟常生。（李文公集一四）

大和元年，（八二七）朗卒，年五十三。（同上）

登科記考五，「獨孤楷、……考唐宰相世系表有潁川郡長史楷，蓋卽及之父」，按徐說大誤，楷與通理雖同官潁川郡長史，然崔祐甫所爲及神道碑，固著通理名，新表亦大書及之世系，徐氏何竟不細閱耶。

且新表誤編，徐氏固未之詳耳。表列楷三子，曰「澄」，曰「丕、字山甫，剡主簿」，曰「萬」；通理祇四子，汜、巨、及、正。顧通理第三子憕，第五子丕，第六子萬，則皆有毗陵集一〇諸墓誌可證；丕字山甫，終剡縣主簿，又有丕誌可證；楷與通理，應是三從昆弟，（說詳拙著姓纂四校記）寧有如是服屬，而所生三子恰同名，且其字、其官，亦復相同乎。閒嘗推考新表所以誤編之故，始知姓纂通理之下，祇云「生氾、巨、及、丕」，依表，丕似正之訛，通理靈表亦云，「氾、巨、及、正等」，表本姓纂，故通理下僅著氾、巨、及、正四子也。然宋臣編表者，閒復搜羅名集，以補其缺，憕、丕、萬三人，卽據毗陵集而增修者，傳鈔不慎，訛憕爲澄，又誤附楷下，遂鑄此錯。夫通理之子，可以錯隸於楷，則通理之官，亦可以錯隸於楷，蛛絲馬跡，理殆固然，是新表著楷爲潁川郡長史者，或亦舉通理之官，連類錯移於楷下耳。

及碑云，「厥兄檢校水部員外郎兼侍御史氾、方佐浙河東帥，聞喪來奔。……水部曰，天之降割於我家，仲叔季盡矣」，知氾爲及長兄。全文五〇九權德輿祭獨孤台州文，「維貞元二十年，歲次甲申，十一月戊申朔，禮部侍郎權德輿……敬祭於故台州刺史獨孤七丈之靈……不登期頤者十數歲而已，……四爲二千石……介弟憲公，……猶子秀茂，申以婚姻」，憲公、及也，猶子、郁也，則此獨孤台州爲及兄氾無疑。氾四爲二千石，新表稱氾睦州刺史，與姓纂同，特舉其一州，意台州乃終官也。氾壽八十餘，則應生於開元三至十二（七一五——七二四）年之間，及長兄氾，三兄憕，旣有明證，斯巨爲及仲兄無疑。憕生開元九年，其前尙有巨，故氾之生不能晚於開元七年，其較穩健之假定，可爲開元五六年，卽氾壽八十七八是也。

全文五一九梁肅金剛般若波羅密經石幢讚云，「隴西李氏先夫人，常州刺史獨孤公之伯姊也，……十一年八月，卽世於晉陵郡舍」，又五二一同人衢州司士參軍李君夫人河南獨孤氏墓誌銘云，「享年五十三，大歷十一年某月日，寢疾終於常州」，依此推計，知及之姊實生開元十二年甲子。唯余以爲獨孤及碑「仲兄、季弟、伯姊，三年之間繼歿」，洎石幢讚「獨孤公之伯姊」，兩「伯姊」字祇應作「姊」字解；蓋李氏夫人誌第云「夫人祕書之第某女」，而鄭氏夫人墓版則云，「夫人潁川府君長女」，……及敢書伯姊之德」，明其爲長，且出自及之口，知李氏非長也。不然，鄭氏卒永泰二年，正卒大歷十一，何嘗是三年間相繼淪沒耶。惜鄭氏墓版今傳本但云「享年若干」，無從擬其生年耳。

萬墓誌云，「乾元三年，夏六月，與昆弟同侍板輿，將如吳，遇疾，歿于楚州，春秋二十九」，（全文三九二同）按舊紀一〇，乾元三年閏四月，始改元上元，本可有乾元三年．但萬爲第六子，如享年二十九，則比第五子丕尙長數歲，不合，故知二十九之「二」爲衍文。復次誌有「同侍板輿」語，則母尙在堂，而據後文，其母乾元元年七月終於會稽，已抵吳矣，謂萬乾元三年卒亦不合。靈表云，「至德二年，隨子東征」，正同侍板輿之時，三年殆元年之訛也，依此計算，萬少於丕三歲，斯合理矣。

全文五二一、梁肅恆州眞定縣尉獨孤君墓誌銘，「君諱正，……故殿中侍御史潁川郡長史……之少子，故常州刺史……之愛弟，春秋四十六，大歷十一年某月日，卒於毗陵郡，……先是君李氏之姊捐館，其明年四月，常州府君薨，反葬之日，三喪俱引」，則正生於開元十九年辛未，其卒在李氏姊後也。但丕生開元二十五萬生開元二十八，毗陵集均有明文，依此尋之，四十六當三十六之訛，卽生開元二十九年辛巳是也。

靈表云，「至德二年，隨子東征；明年，歲在甲戌，七月二十四日，終於會稽」，至德二年之明年爲乾元元年，乃戊戌，依全文三九三，甲乃戊之訛，亦見英華辨證四。獨孤七子，唯巨生年不可考。水部曰，仲叔季盡，知巨先及卒。及碑又云．「前是公之仲(本作從，趙懷玉校記云，英華作仲是)。兄、季弟、伯姊，三年之間繼歿」，今旣知及之姊及季弟，均卒於大歷十一，則巨殆卒於大歷九年；又巨之生應屆汜與憕之間，其享年約近於五十五也。

昌黎集二九獨孤郁誌「君生之年，憲公歿世」，注云，「大歷十二年四月二十九日卒，年五十三，時郁始二歲」。陳景雲韓集點勘四云，「按誌言君生之年，憲公歿世，則始生而孤明矣，注二歲語誤」。余按誌復言，「十年正月，病遂殆，……年四十」，元和十年乙未年四十，則郁應生於大歷十一年丙辰。

李翺獨孤朗誌云，「年二十一，與弟郁同來舉進士，其二年，旣得之矣，會有司出賦題，德宗不悅，宰相喩使減人數，故公與十餘人皆黜，……大和元年，……九月壬子，以疽卒，年五十三」，登科記考一四云，「以大和元年卒年五十三計之，二十一歲當貞元十一年，舉進士之二年，則十三年也」，據同記、十三年所試賦題爲西掖瞬柳，正唐會要所謂德宗聞而惡之者，合此推之，是朗明生於大歷十年乙卯矣。

及妻崔夫人先及卒，於崔祐甫所撰及碑見之，朗、郁殆皆庶出，同母否不可知；假其同者，則朗長郁一歲爲合理。顧郁誌又云，「年二十四，登進士第」，注云，「貞元十二年，郁與朗同來舉進士，時郁年二十二，十四年郁登第」，考郁爲顧少連門生，見呂温祭座主文，據登科記考一四，少連祇主十四年一榜，則郁必十四年登第無疑，十四年年二十四，應生於大歷十年乙卯，是不徒與誌末享齡相忤，且朗、郁生同歲，有蹈於不可能之危險矣。（尤其是十年無閏月）。質言之，郁誌之計年，非傳本訛，卽元來算數有誤也。「二」之行寫類乎「之」，余頗疑「君生之年」爲「君生二年」，如是，則與誌末享齡合；否者、卽爲渾言之之辭，猶及碑所謂未及齠齓，非謂郁生之當年而及沒也。準此計算，郁生大歷十一，卒元和十，春秋四十，與誌合。唯年二十三登第，視誌早一年，然其差異乃因誌本身有誤而然。倘依陳說，郁生大歷十二，則享齡祇三十九，與誌差一年，登第祇二十二，更早差二年。余是以主張郁爲生於大歷十一也。

疑年錄一，「獨孤至之五十三(及)，生天寶三載甲申，卒大歷十二年丙子」，按大歷十二乃丁巳，非丙子，一誤也。由天寶三載數至大歷十二，祇三十四，非五十三歲，二誤也。名人年譜二，天寶三載，獨孤至之、及生，大歷十三年，獨孤至之卒，(年三十五)三十五乃五十三之倒，涉疑年錄之誤而再誤也。關於卒年問題，梁肅毗陵集後序，「大歷丁巳歲，夏四月，有唐文宗常州刺史獨孤公薨于位」，崔祐甫獨孤公神道碑，「其時也，大歷十二年夏四月二十九日」，（文粹五八）又同人祭常州文，「維大歷十二年歲次月日」，皆爲十二年卒之證；梁肅獨孤公行狀云，「大歷十二年，四月壬寅晦，暴疾薨於位」，（全文五二二同）亦作十二年。（英華辨證五云，及以大歷十二年卒）。但考朔閏考三，是歲四月壬午朔，五月辛亥朔，晦日應是庚戌，壬寅爲二十一日，又十三年四月晦爲乙巳，均與壬寅不符；毗陵集之干支，訛誤屢見，卽如同上行狀稱，「甲辰歲，冬十月二十日，甘露降於庭樹」（全文五二二同）係大歷中及刺常州時事，甲辰爲廣德二年，是知甲辰應甲寅（大歷九年）之訛也。祭賈尚書文稱，大歷七年四月，儉校司封郎中舒州刺史獨孤及；祭亡妻文稱，大歷八年，二月，舒州刺史獨孤及；（均毗陵集二〇）行狀謂加檢校封中之明年，擢拜常州，明獨孤及之拜常州在八年也。謝常州刺史表言，去年十二月二十三日，勅授常州刺史，令以三月十七日到州，（同集五）明獨孤及之涖常州在九年也。行狀又云，爲郡之四載疾卒，則更明及卒十二年，非十三年也。若毗陵集四賀太陽當虧不虧表，下署大歷十三年。

考朱文鑫歷代日食考云，「案甲戌爲是年八月朔，舊書天文志不書月，係史之闕文，舊志云，有司奏合蝕不蝕，蓋此次環食經北美洲，中國自不可見，有司奏不蝕，宜也」，（七〇頁）則此表上於大歷十三年八月已後，及卒固年餘矣，顯係他人之文，誤行編入者。（全文亦誤收）金石錄八，「唐樗里子墓碣，獨孤及撰，……貞元三年」，（三長物本）據叢編七引錄作獨孤實撰，按及以大歷十二年卒，雖許撰作在先，然毗陵集無此文，要以叢編所引爲近是，實爲愐子、及姪，見姓纂補。韓集點勘四云，「祕監妻權夫人以夫歿之歲十月卒，其父文公作誌，言子晦生十年，卽此誌之天官也。誌以四月作，蓋其時猶未命名，故稱其小名耳。本傳及世系表皆言名庠，必又後來所改也」。

李季卿誌

季卿之卒，拙著新書突厥傳擬注（六二頁）嘗據毗陵集一一季卿墓誌，以爲大歷二年，但墓誌下文又云，「大歷三年，拜右常侍」，（全文三九一同）或以此爲疑。余按制詔集六有授李季卿右散騎常侍、李涵尙書右丞制，涵以滿喪起復，舊書一二六涵本傳云，「服闋，除給事中，遷尙書左丞，以幽州之亂，充河朔宣慰使」，據舊紀一一，涵以大歷二年九月，宣慰河北，是知季卿之拜常侍，應在此前，作三年者傳刻之訛也。

陳留文宣王廟碑撰人

文苑英華辨證六云，「陳留郡文宣王廟碑，文苑總目旣題作獨孤及，而兩卷重出（八百十四卷，八百四十六卷）。並作陳兼；按此篇載獨孤及集中，梁肅作集後敍云，述聖德以揚儒風，則陳留郡文宣王廟碑，肅出及門，必不誤書，然碑末乃云，命客卿前封丘縣丞泗上陳兼志之，豈及命兼代作，或及自作以兼爲名手」。余按梁肅獨孤公行狀，「天寶十三年，應詔至京師，時玄宗以道莅天下，故黃老教列於學官，公以洞曉元經，對策高第」，碑則天寶十一載立，于時及猶未第，世不大知，一郡之碑，弗署其名者，情也。行狀又云，「二十餘，以文章遊梁、宋間，通人潁川陳兼、長樂賈至、渤海高適見公，皆色授心服，約子孫之契」，是兼固及前輩而許其能文者，當是兼命及代作，非及命兼代作也。今全文三七三收入陳兼下。

制詔集

沁泉山館本卷十五編入減放太原及沿邊州郡稅錢制一首，下題會昌三年七月八日，常袞死德宗初，不審郭氏何昧昧也。此制聲調鏗鏘，迥異常氏文筆。舊記一八上、會昌三年七月，「戊子，（戌誤，十一日也）。宰相奏秋色已至，將議進軍，幽州須早平迴鶻，鎮魏須速誅劉稹，」正與制云「頃以虜騎犯塞、王師戍邊、今以潞寇阻兵、靈旗指境」相合。制又云，「今欲及徵秋稅之時，宜有蠲免，……其太原管內忻、雲、汾、代、蔚、朔六州，振武、天德及河中、晉、絳、陝沿路州縣，今年秋稅及地頭錢宜放免」，正與新紀八會昌三年、「七月、庚子、（十三日）免河東今歲秋稅」相合。新紀祇稱河東，蓋略言之，集署八日，紀稱十三，祇差五日，此制非常氏作，斷無疑矣。（此制全文未收常袞，祇收七七武宗是也）。

同卷又有答元和南省請上尊號表，下署元和十四年；按舊紀一五、元和十四年，七月，辛巳，羣臣上尊號曰元和聖文神武法天應道皇帝，在齊、魯既平之後，詔所謂「今寰海削平載櫜弓矢」也。接下答請上尊號第三表一首，文意相同，應亦元和十四年批答，統須删除。（此兩篇全文四一五亦誤收）。

常袞世系

新表七五下，稭、咸安令，生毅，杞王府司馬，生楚珪，雍王府文學，生無名、無爲、無欲、無求，無名、禮部員外郎，生著、曾、普、魯，著、侍御史，曾、弘農令，普、戶部郎中，魯、渭南尉。余按制詔集一九叔父無名墓誌云，「賓客諱無名，……卽文學之第三子也，伯仲叔季，嗣世清德」，可見無名非居長，新表之排列，殆據姓纂佚文成之，因姓纂恆不據行序爲先後也。墓誌、「皇考慶王文學，諱楚珪」，同集六謝贈官表同，英華辨證三以爲慶雍當兩存疑。郎官柱戶中題名有常魯，勞氏題名考一一因疑新表之普戶部郎中，與魯渭南尉，名位互倒；考墓誌，「生長子侍御史著，……生次子弘農縣令晉，叔子大理評事普，季子渭南縣尉魯」，則魯似確嘗爲渭南尉，意者新表據別種史料添改，誤以魯之歷官，易爲普之名位，遂成此錯，非如勞氏說二人名位互倒也。

舊書一九六下，建中二年十二月，入蕃使判官常魯等至自蕃中，四年正月，張鎰及會盟官常魯等與吐蕃盟於清水，不舉常魯之正官，依會要九七，則二年時魯職監察御史，勞氏題名考引有李益送常魯侍御史西蕃寄題西川詩。

無欲、新表闕歷官，今精舍碑監察及左側有無欲題名，則無欲非未仕也。

顏眞卿馮翊太守謝上表

黃本驥云，「案舊書本傳云，出爲同州刺史，新書本傳云，出爲馮翊太守，至德二載十二月，始復郡太守爲州刺史，公以是載十月，自鳳翔扈從還京，爲宰相所忌，出貶同州，其到任謝上，當是十二月事，應以舊傳爲是，是表標題及除臣云云，集本皆作馮翊太守，今從全唐文改正」。余按舊傳、從其改定言之也，新傳、從其始命言之也，就敍事言之，兩者皆不爲誤。惟此表則不然，祇可題馮翊太守，不可題同州刺史，全唐文誤，黃氏不察，且擅改集本，妄也。殷亮爲眞卿母之從子，知公行事甚悉，黃氏跋行狀之詞也，而行狀則曰貶馮翊太守，令狐峘之墓誌銘亦云，「出爲馮翊太守」，不應作同州刺史者此其一。留元剛顏魯公年譜，「十一月，出爲馮翊太守」，若復諸州名，舊新紀皆書於十二月十五日戊午之下，不應作同州刺史者此其二。同州雖是近畿，然據同卷蒲州刺史謝上表云，「臣今月十一日，伏奉五日恩制」，則制詔自京至同，前後需七日，依此推之，復州之詔，亦應十二月二十一日始能遞到同州，眞卿謝上，是否確經奉詔，不應作同州刺史者此其三。況馮翊謝上表固云，「竊以此郡破亡，再陷凶逆」，肅宗批答云，「今左輔之郡，凋敝之餘」，比觀蒲州謝上表則云，「臣竊以此州之地，堯舜所都」，肅宗批答云，「況自同及蒲，襟帶相接」，表詔皆著郡字，是明明授馮翊太守之證矣，不應作同州刺史者此其四。黃氏謂謝上爲十二月事，是亦默認出除非十二月，夫出除非十二月，則授制非同州刺史，復何容疑，制非同州，安得曰「恩制除臣同州刺史」。

顏特進

魯公集七家廟碑，「特進黃門之文章」，黃本驥云，「見遠以治書侍御史兼中丞，故稱特進」，（魯公集二九）所釋異常矯強，苟見遠曾爲特進，何此碑及大宗碑均不敍及。晉書二四百官志云，「特進、漢官也，二漢及魏、晉以加官，從本官車服，無吏卒，太僕羊琇遜位，拜特進，加散騎常侍，無餘官，故給吏卒車服，其餘加特進者，唯食其祿賜，位其班位而已」，是特進原爲散官，并非兼中丞者卽稱特進也。宋書七三、顏延之卒，追贈散騎常侍特進，金紫光祿大夫如故，延之固含後，故廟碑引稱之，如延之者，誠不愧「特進、黃門之文章」矣，黃氏泥解本文，遂鑄此錯，然下文「祕監、華州之學識」，師古亦何嘗是惟貞本支耶。黃氏又跋劉仕俌誌云，「特進乃其官階，太宗昭陵陪葬諸碑內，豆盧寬碑額曰唐故特進芮定公之碑，不敍其由某階特進某階，亦此例也」，（古誌石華二二）謂特進有特進某階之解，殊所創聞，質言之，黃氏於特進一辭，未得其通而已。

判尙書武部員外郎

多寶塔碑，顏眞卿結銜曰朝議郎判尙書武部員外郎，萃編一九云，「尙書上加判字，史志不詳其例」，黃本驥云，「曰判尙書者，以武部員外郎掌武官選舉，總判兵部、職方、駕部、庫部事」，王氏固失檢，黃說尤支離。按六部屬尙書，故詳言之皆曰尙書某某郎，判者卽判此郎官，不能截屬上讀也。謂判爲總判四曹之事，考諸官志，直無其據。郎官石柱考例言云，「而又有稱撿校者，自稱判者，唐志云，員外、判、試、檢校，自則天、中宗後始有之，皆不佩魚，蓋雖以階級未至，故稱此以別之，未實授而實辦本職」，（按雖字應乙於未實授之上）。卽引此碑爲例，言頗通澈。惟朝議郎爲正六品上階，員外郎爲從六品上階，則亦不盡階級未至，試觀曲江集附錄，袁暉以朝議郎行尙書禮部員外郎。便可知之，階級字當易作資歷也。又張九齡以通直郎判尙書禮部員外郎，遷守尙書司勳員外郎，倘如黃說，九齡原部禮部四曹事，則易司勳而權限反削矣。舊書四三，吏部員外郎，一人掌判南曹，一人掌判曹務。兵部員外郎，一人掌判南曹，黃氏蓋惑於此而肊爲之說者，殊不知此之云「判」，乃職務，非官稱也。

唐興寺碑，開元六年立，撰人結銜爲殿中侍御史判職方員外郎許景先，（金石存一三）約與九齡同時，亦稱「判」之一例。

袁高

魯公集一二之五雜組下，黃本驥注云，「袁高字公頤，東光人，時爲浙西觀察使」，余按同集七妙喜寺碑銘云，「時浙江西觀察判官殿中侍御史袁君高巡部至州，會於此土」，乃觀察判官，非觀察使也，黃氏誤。高、舊新書均有傳，未嘗官浙西觀察。

顏魯公世系表

黃本驥氏撰魯公世系表，其美備遠出關中金石記者之上，然尙有缺誤兩點：

(一)元和姓纂「髦生綝暢，暢孫師伯，宋侍中左僕射」，考宋書七七師伯傳祇稱父，邵邵當是暢子，傳謂師伯峻族兄，實竣三從兄也，應於綝後補暢以全其支。復次姓纂云，「南昌狀云，與師古同承綝」，則靖之之外，似綝尙有他子，但不可考矣。

(二)表云，「從覽、宏式，皆魯公曾孫」，按姓纂杲卿孫證，右庶子，生縱覽，則從覽乃杲卿曾孫，舊書一二八載文宗詔云，「如聞從覽、弘式，實眞卿之孫」，據元龜一四〇，眞卿上有杲卿字，後世傳鈔誤脫耳。郎官石柱考二六兼引姓纂、舊傳，並未指出兩說同異，蓋非勞氏完成之書也。

又姓纂云，「允臧生頍，楚州刺史」，黃氏則以頍爲魯公兄闕疑、喬卿、眞長之子，按魯公集九允臧神道碑，「其孤前京兆參軍頍臮頖、禺等」，曰「等」，或未必列舉，頍究何人之子，尙待考證。（頖乃頖之訛，禺應作顒）。

置千秋節

顧況八月五日歌云，「四月八日明皇出，摩耶夫人降千佛，八月五日佳氣新，昭成太后出聖人，開元九年燕公說，奉詔聽置千秋節」，(紀事二八)明皇、明星之訛，相傳卽星隕如雨之日也。舊紀八、開元十七年，「八月，癸亥，上以降誕日讌百寮于花蕚樓下，百寮表請以每年八月五日爲千秋節，……從之」，又會要二九、「開元十七年，八月五日，左丞相源乾曜、右丞相張說等上表，請以是日爲千秋節」，置千秋節在十七年，非九年，況歌誤。

李端墓誌與新表之異同

顧況饒州刺史趙郡李府君墓誌銘，「趙郡東祖源流甚長，衞州刺史嘉祚曾孫，榮州刺史璿孫，贈尙書郎銛子，諱端，字公表，……出泉、饒二州刺史，……貞元八年秋七月，終於郡署，年六十一，……夫人贊皇郡淸河崔氏，從其子拭盡力哀敬」。考新表七二上李氏東祖，「嘉祚、衞州刺史」，生「澮，鄆州長史」，生「銛，南梁州司功參軍」，生「端，饒州刺史，生域」，其異者：(一)誌作璿而表作澮，今表列其昆弟有渙與況，似從澮爲是。表又有名「住」者，亦頗疑「注」之訛也。(二)誌稱榮州刺史，表稱鄆州長史，或各舉其一官。(三)誌作銛，表作銛，按唐人名數見銛字，如宗室李銛、夏侯銛、皇甫銛、路銛是，名銛者尙未能徵，則誌爲近信。唐無南梁州，意因梁、涼易訛，故新表所據之史料加南以別之，而表未及改。若世系表引得讀「銛南」爲名，則余斷以爲誤，其從昆如銑、如鍠，均單名也。(四)誌之拭，表作域，兩字形肖，必有一誤。

過舊園賦

全文五一七梁肅過舊園賦序云，「余行年十八歲，當上元辛丑，盜入洛陽，三河間大塗炭，因竄身東下，轉徙阨難之中者垂二十年。上嗣位歲，應詔詣京師，其年夏，除東宮校書郞」。又賦云，「洎大歷之二七，六龍忽其上升，赫元聖之統天，……啓公車以選能，予筮遇觀之六四，聿投迹於雲羅，謬試言於內殿，俾典校乎承華，……二十載而一來，紛蕪穢而莫治」，自上元二年辛丑至建中元年庚申，恰二十稔，卽序、賦所謂垂二十年及二十載也。如依序文計之，辛丑行年十八，肅應生天寶三載甲申，顧全文五二三崔元翰梁肅誌則云，「貞元……九年冬十有一月，旬有六日，寢疾於萬年之永康里，享年四十有一」，是肅生天寶十二癸巳，至辛丑僅九歲耳。誌又云，「年十八，趙郡李遐叔、河南獨孤至之始見其文，稱其美」，而據肅祭獨孤常州文，「初公來思，拜遇梅里，如舊相識，綢繆慰止，更居恤貧，四稔於此」，肅蓋以大歷九年始拜謁於及，如謂上元辛丑年已十八，時序、人事，同是弗類。況過舊園賦固云，「昔予生之三歲，值勍虜之衝奔，徙穹廬於華縣，蒙郊廟於氛昏，皇遊蜀川，帝出朔原」，天寶十四載時肅三歲，正與據誌所推肅生天寶十二合，由此詳之，賦序「十八」實「九」字之破體，一字而誤析爲兩也。

修禪道場碑之作年

全文五二三、崔元翰右補闕翰林學士梁君墓誌云，「唐右補闕、翰林學士、皇太子諸王侍讀、史館修撰梁君諱肅，字寬中，……貞元五年，以監察御史徵還臺，……九年，冬十有一月，旬有六日，寢疾於萬年之永康里」，李文公集一、感知己賦序云，「貞元九年，翺始就州府之貢舉人事，其九月，執文章一通，謁于右補闕安定梁君，……十一月，梁君遘疾而歿」，又載之集四八、祭故梁補闕文云，「維貞元九年，歲次癸酉，十一月，朔日，左補闕權德輿等謹以清酌庶羞之奠，敬祭於故右補闕、贈禮部郎中梁君之靈」，（朔日卽某某朔某某日之略）。是梁肅卒於貞元九年六月中旬也。今石刻修禪道場碑，元和六年建，題右補闕、翰林學士梁肅撰，或者以爲疑：殊不知碑有云，「自大師歿一百九十餘載，大比丘然公光紹大師之遺訓，以啓後學，門人比丘法智灑掃大師之舊居，以護寶所，門人安定梁肅銘勒大師之遺烈，以示後世云」，又云，「緣離化滅，涅槃茲山，是歲隋開皇十七年也」，自開皇十七年（五九七）計至貞元八年，（七九二）恰一百九十六載。又重修學士壁記，梁肅、貞元七年，自左（右）補闕充，正與碑之結銜相符。使此碑作於元和六年，（八一一）則已二百十五年，反爲不合，是知梁作此碑後，又約遲二十年而始立也。文粹六一載修禪道場碑，與石本多異同，一百九十作一百八十，尤誤。同書九二、崔恭唐右補闕梁肅文集序有言，「知法要，識權實，作天台山禪林寺碑」，碑爲肅作，亦無疑議云。

金石錄九，「唐丘公夫人虞氏石表碑，梁肅撰，……貞元十年十月」，撰碑之後，非必卽立，此不足以疑肅之卒年。

肅一字敬之，見德輿祭故梁補闕文及全文六八四陳諫心印銘序，按肅墓誌云，「以至於唐朝散大夫、右臺侍御史、趙王行臺記室、宜春公曰敬，實公之高祖」，或因疊其祖諱而改字寬中歟。

王良士爲韋令公謝表

文苑英華五九七有□良士代韋令公謝先人贈官表，勞格辨證拾遺云，「表云，贈臣父尙書右丞司農卿先臣某揚州大都督，此是韋琇，（元甫父）見郞官石柱題名考。（左中）全文良士無考，案舊房式傳、劉闢反，高崇文至成都，房式、王良士、崔從、盧士玖（玫）等白衣麻蹻，銜土請罪，崇文寬禮之，表其狀，末云彷徨海隅，是韋元甫無疑，本是二首，一脫其文，一脫其目耳」。余按勞氏王良士之證，誠無可疑，而所代之韋令公何人，尙待指實。

據舊書一一五元甫傳，大曆初，宰相杜鴻漸薦授揚州長史淮南節度，在揚州三年，六年八月，疾卒於位，元甫父之贈揚州大都督，蓋因子之見官，勞氏以表文屬元甫，此余所同者也。抑令公卽中書令簡稱，故姚崇稱姚令公，郭子儀稱郭令公，今元甫官不過淮南節度，其非令公無疑，然則令公何人，竊謂仍可於王良士之事實索之。

裴度劉太眞碑，勞氏郞官考三以爲元和中立，碑云，「（貞元）三年，拜禮部侍郞，天下賓王之士尙實遠名者，竊相賀矣，……於是門生之在朝廷者，中書舍人裴度，起居舍人盧士玫，……在藩牧者，……嘉州刺史王良士，」（全文五三八）復據舊紀一二，太眞以貞元五年三月貶信州刺史，則王良士乃貞元四五年劉太眞下進士也。此後事迹，不可多考，唯由舊房式傳觀之，知其元和元年時在西川，是似嘗參韋皐幕者，皐於貞元十七年加檢校司徒兼中書令，（舊書一四〇）正合稱韋令公，表當貞元末作，吾於是知王良士爲韋皐謝表，今存其目而佚其文，事涉韋氏，故元甫之表，存其文而佚其目也。

京兆韋詞

呂衡州集六、韋府君神道碑，府君卽韋夏卿也，中有云，「開府辟士；則有……京兆韋詷、隴西李景儉、中山衞中行、平陽路隨」。顧廣圻考證云，「文苑英華九百一所載嗣作詞，注云，集作嗣。按韋詞、考兩唐書無傳，唯湖南郝陽有修浯溪記，題元和十三年十二月六月江州員外司馬韋詞記，石本尙存，蓋作詞爲是，而舊鈔及馮本皆作嗣，與英華注同，或別有韋嗣，今存集舊」。余按韋詞、李文公集數見之，作詞是也。集一八來南錄云，「元和三年十月」翱旣受嶺南尙書公之命，四年正月己丑，（十二日）……上船於漕」，又題桄榔亭云，「翱與監察御史韋君詞，皆自東京如嶺南」，按夏卿以永貞元年十二月，自東都留守爲太子少保，元和元年正月卒，（舊紀一四）則詞入夏卿幕，在元和已前，（與舊書一六〇符）至元和四年，南佐楊於陵於廣州也。集一四於陵墓誌云，「其在廣州，以韋詞爲節度判官，任之以政，改易侵人之事，凡一十有七，嶺外之人，至玆傳道之，…故遂振密表譖公，直言韋詞、李翱惑亂軍政。於是除替罷歸」，按元和五年三月，鄭絪代於陵爲嶺南節度，（舊紀一四）則詞之北歸，應在是年也。又集七、薦士於中書舍人書，首稱前嶺南節度判官試大理司直兼殿中侍御史韋詞，極稱詞之才能無方，忠厚可保，又北歸後翱爲之揄揚於公卿者也。詞新表七四上同，舊書一六〇有傳，作辭，岑刊校記五三云，「册府（三百二十四）辭作詞」，萃編一〇八謂兩唐書皆無傳，古泉山館金石文編曾正之，顧氏蓋承王而誤。昌黎集三二鄭群誌，「生二女一男，長女嫁京兆韋詞，」注云，「詞或作嗣宗」，作嗣宗者非。

舊傳，韋辭字踐之，祖召卿，洛陽丞，父翃，官至侍御史」，按河東集一一獨孤申叔墓碣，貞元十八年作，末云，「李景儉致用，隴西人，……韋詞致用，京兆杜陵人」，兩人皆號致用，考元氏集一七有哀病驄呈致用詩，一八有送致用詩，一九有留呈夢得、子厚、致用詩，疑指景儉，唯舊書一七一景儉字寬中，又詞字踐之，見李翱答朱載言書，其殆均後來改字歟。

金石錄二九云，「翃有子詢，仕爲湖南觀察使，舊史有傳，新史無之，墓誌云翃父幼卿，而傳作台卿，墓誌云翃官終殿中御史，而傳作侍御史，皆非也」，詢、詞之訛，可知趙氏見本舊書猶作詞，今本訛耳。

舊紀一七上、大和三年十月，以中書舍人韋詞爲湖南觀察使，又一七下、四年十二月，湖南觀察使韋詞卒，會要五九，「長慶三年十二月，度支奏主客員外郎判度支案白行簡，前以當司判案郎官刑（？）部郎中韋詞近差使京西句當和糴，遂請白行簡判案，今韋詞卻回，其白行簡合歸本司」，無作辭者。

全文六三〇作「京兆尹韋詞」，按詞未嘗官京兆尹，尹字衍，和叔集六（叢刊本）作「京兆尹韋詞」，則衍而且誤。（平津訪碑錄四修浯溪記下亦訛韋詢）。

祭座主顧公文

登科記考一四，「呂溫祭座主故兵部尙書顧公文，維貞元十年，門生侍御史王播，監察御史劉禹錫、陳諷、柳宗元、左拾遺呂溫、李逢吉，右拾遺盧元輔，劍南西川觀察支使李正叔，萬年縣主簿談元茂，集賢殿校書郎王起，祕書省校書郎李建，京兆府文學李逢，渭南縣尉席夔，鄠縣尉張棣初，奉禮郎獨孤郁，協律郎蕭節，奉禮郎時元佐，滎陽主簿李宗衡，前鄉貢進士鄭素，……按貞元十年爲元和十年之訛」。徐松氏此節考證，可謂疎極，良以顧少連門生十九人中，不乏知名士，其仕履多彰彰在載籍也。今且就其最著者略言之：

（一）王播　舊書一六四本傳，「歷侍御史，貞元末，倖臣李實爲京兆尹，……」

（二）劉禹錫　舊書一六〇本傳，「從佑入朝爲監察御史，與吏部郎中韋執誼相善，貞元末，……」

（三）柳宗元　據文安禮柳先生年譜，貞元十九年，爲監察御史裏行，永貞元年，入尙書爲禮部員外郎。

（四）呂溫　夢得集二三呂君集紀，「德宗聞其名，自集賢殿校書郎擢爲左拾遺，明年，犬戎請和，上問能使絕域者，君以奇表有專對材膺選」。

（五）王起　舊書一六四，「起字舉之，貞元十四年，擢進士第，釋褐集賢校理，登制策直言極諫科，授藍田尉」，據會要七六，元和二年王起直言極諫科及第。

（六）獨孤郁　昌黎集二九墓誌，「時故相太常權公掌出詔文，望臨一時，歸以其子，選授奉禮郎」。

由上舉六人之歷官觀之，知少連之卒，應在貞元末年；就中呂温於元和六年卒衡州任內，河東集班班可據，徐竟謂其元和十年尙生，且官猶左拾遺，無乃不考之甚耶。復據杜黃裳顧少連碑，貞元癸未(十九)年，十月四日，少連卒於洛陽私第，(全文四七八)又全文六三一收呂温祭文，作「維貞元二十年，歲次甲申，月日」，郎官考四謂十上脫二字，是也。此篇今衡州集及叢刊本和叔集均失收。

柳宗元世系

河東集一二柳鎮神道表，「曾祖諱奭，字子燕，唐中書令」，注云，「奭爲侍御曾祖，則當爲公高伯祖矣，新史公傳及韓文公爲公作墓誌，皆云曾伯祖，若有誤焉」。(世綵本)按注文既稱高伯祖，則原文之「曾祖諱奭」，及注之「奭爲侍御曾祖」，皆係傳刻誤脫伯字，有文安禮柳宗元年譜可證。元和姓纂、旦生則、楷，則生奭，楷爲鎮高祖，即奭爲鎮之曾伯祖，宗元之高伯祖，韓文稱謂旣誤，舊新傳又襲韓文而不察也。(全文五八八正作曾伯祖諱奭，不脫伯字)。

同集一三李夫人墓誌云，「又其先曰常侍府君，諱楷，常侍之兄曰中書令，諱奭」據前引姓纂，奭是楷姪，則常侍之兄，應云常侍之兄子，本奪子字，全文五九〇同。

誌又云，「自中書以上爲宰相四世，」注云，「奭父則，則父旦，旦父慶，凡四世爲相」。按慶爲後魏僕射，奭爲唐中書令，稱之曰相，是矣。據隋書四七，旦官不過攝判黃門侍郎，居其上者尙有納言，未得謂之相也，今縱因唐代中書、門下侍郎率知政事，強爲牽比，猶自可說。若則之歷官，據舊書七七，不過左衞騎曹，其去宰相遠矣。考慶之子機，在隋初爲納言，機之子述，以兵尙參掌機密，(均見隋書四七)是皆職與宰相等，柳文所云爲宰相四世，係自慶以下言之，作注者漫不加察，以爲指奭之直系言之，遂沿訛至今矣。

舊書七七云，「開元初，亨孫渙爲中書舍人，表曰，臣堂伯祖奭」，據姓纂，渙爲亨曾孫，舊傳亨下奪曾字；新書一一二云，「柳澤，……曾祖亨」，又云，「澤兄渙爲中書舍人」，不誤。

陽城出刺道州

陳景雲柳先生年譜跋云，「又陽城自國子司業出刺道州，唐史無年月，通鑑考異（一九）據柳子所作司業遺愛碣，謂在貞元十四年，譜則以遺愛碣及與太學諸生書，並繫貞元十五年，與通鑑異，然諦觀碣文，則譜爲是也」。按河東集注亦作貞元十四年，然不能指出十四、十五之是非所在，則與司馬考異、文安禮柳譜暨陳景雲跋相同，余於是取柳子兩文讀之，乃知前輩多忽略小處，故不能提出炳證也。

河東集九遺愛碣云，「四年五月，……卽隱所起陽公爲諫議大夫，後七年，……遷爲國子司業，……又四年，九月己巳，出拜道州刺史」，貞元四年後七年爲貞元十一年，由是再加四年，則爲貞元十五年，陳氏所謂諦觀碣文以譜爲是者，度必因此，惜陳氏猶未諦觀書文耳。

同集三四與太學生書云，「始朝廷用諫議大夫陽公爲司業，諸生陶煦醇懿，熙然大洽，於茲四祀而已，詔書出爲道州」，夫我國計年，祇論干支，不求足數，此通習也，自貞元十一年起計四祀，則爲貞元十四年無疑，陳氏而不同時諦觀書文，斯其失也。然余尙有更明確之證據在。

九月己巳出陽城爲道州，柳文所言也，今考貞元十四年九月丁未朔，則己巳二十三日，十五年九月壬寅朔，則己巳二十八日。（朔閏考三）碣有云，「太學生魯郡季儻、廬江何蕃等百六十人，投業奔走，稽首闕下，叫閽籲天，願乞復舊，朝廷重更其事，如己巳詔，翌日，會徒北嚮如初，行至延喜門，公使追奪其章，遮道願罷，遂不果獻」，書又云，「詔書出爲道州，……翌日，退自書府，就車於司馬門外，聞之於抱關掌管者，道諸生愛慕陽公之德教，不忍其去，頓首西闕下，懇悃至願，乞留如故者百數十人」，是詔下翌日，太學生聚闕下乞留，不得許，又翌日，擬再接再厲而陽城阻之，其事甚明。然書首固云，「二十六日，集賢殿正字柳宗元敬致尺牘」，今使如譜作十五年，則九月二十六日刺道之詔尙未下，如曰十月二十六日，宗元之書，抑何遲遲，有以知其非也。唯依通鑑作十四年，則九月二十三詔城出刺道州，翌日，——二十四——而太學生詣闕乞留，又翌日，——二十五——而陽城阻其再請，宗元致書，卽在其更後一日，——二十六——如是，則事實合拍緊凑，不必再生猜擬矣。

陳氏韓集點勘誤與跋同，今不復引。

元龜六〇七，「裴澄爲國子司業，貞元十二年，表上乘輿月令十二卷」，或以此爲疑，但據舊書四四，司業固設兩員。

承乾之子象及其歷官

舊書九九李適之傳，「伯父厥」，是厥長於象也。然同書七六承乾傳則云，「二子象、厥」，新書七〇下亦以鄂州別駕厥次郇國公象之後，河東集一〇邕州刺史李公誌云，「別子曰承乾，……繼別曰象，蘄春郡太守，贈越州大都督事，封郇國公，大宗曰玭」，適之傳之伯父，殆叔父之訛。又新表承乾尚有子醫，舊、新傳均不提。

象官至懷州別駕，舊新(八〇)承乾傳、舊適之傳均同，今柳文敍蘄春太守於贈官之前，應是生前所歷官，考舊適之傳云，「開元二十七年，……適之以祖得罪見廢，父又遭則天所黜，葬禮有闕，上疏請歸葬昭陵之闕內，於是下詔追贈承乾爲恆山愍王，象爲越州都督、郇國公」，則象已早卒，而天寶元年始改州曰郡，刺史曰太守，象不得及身爲郡太守也。倘謂後來追稱，然宗元作誌之際，郡太守復爲州刺史者久矣，不用象當日之稱，又不用作誌者見時之稱，偏用中間一度改制之稱，有是理乎。適之貶終宜春(袁州)太守，柳文之蘄春(蘄州)太守，或許涉此而訛；總之，墓誌此處，必有誤筆無疑，前人都無注，諒亦因其與史不符之故。

元饒州

河東集三一有答元饒州論春秋書，三二又有答元饒州論政理書，注云，「考新舊史，元姓不見其爲饒州者，新史年表有元洪者，嘗爲饒州刺史，而時不可考，元和間惟有元稹，而傳不載其爲饒州，公此書所與元饒州，未詳其人，劉禹錫集中亦有答元饒州論政理書，大率其意與公此書同」。余按前書稱亡友呂和叔，溫字和叔，以元和六年八月卒；又稱「今以奉獻與宣英讀之」，宣英韓曄字，以元和十年自饒州司馬召回，則柳集兩書，當作於元和七至九年頃，亦即元氏刺饒州之時代也。復據姓纂，元姓刺饒者有兩人；(一)元誼，貸敦九世孫也，祖守眞，生澄，湛，澄遂州刺史，湛生誼，考華嶽題名、大歷八年有虞部員外兼殿中侍御史元澄，謂其姪輩在元和初爲刺史，時代亦合。(二)元洪，卽集注所舉者，力眞十二世孫，父揾，吏部員外，其授制見制詔集八，亦大歷人物，揾生洪、錫，錫自福州刺史調宣州刺史，見舊紀一五元和十四年六月，則洪刺饒州，亦可在元和中，且核其世代，誼與洪，均稹之族昆弟也。

其官饒州不見於姓纂而見唐人文集，且年代相近者，更有元藇。元氏長慶集四八、元藇杭州刺史等制云，「勅饒州刺史元藇等，……以藇之理課甄明」，是藇固以政理稱，此制爲稹知制誥時事。勞格讀書雜識七云，「案新安志九、續定命錄並云，元和十五年，崔元亮自密州刺史遷歙州刺史，則藇遷杭州，亦當在是年」；又困學紀聞一七云，「答元饒州論春秋，又論政理，按鄱陽志，元藇也，艾軒策問以爲元次山，次山不與子厚同時，亦未嘗爲饒州」；由前所考證及勞、王兩說觀之，則藇須任饒連六七年，是否如是，仍當於方志中求其確證。藇、姓纂與元、白(二六)二集同，若紀聞作璵，宋本元集作藇，文苑英華作輿，(據雜識引)疑均誤。

府王嚴震及馮翊王公

諸葛武侯新廟碑云：「皇帝御極貞元三祀，時乘盛秋，府王左僕射馮翊嚴□總率文武將佐」，陝西通志以爲嚴下所泐爲武字，嚴有馮翊、華陰二望，稱馮翊者舉其舊望也，然嚴武無左僕射之官，舊傳言其卒於永泰元年，下去貞元三年，已二十二載，與碑不合；關中金石記四以爲府王左僕射指舒王謨，謨時爲荆襄江西沔鄂節度諸軍行營兵馬都元帥也，然亦未有左僕射之官，且碑云馮翊嚴□，義更無着，是兩者萃編一〇三已辨之。余謂此嚴□非他，乃嚴震也。依載之集二一嚴震墓誌，「本馮翊人，後徙家於梓潼」，舉其舊望，正是前人書法；舊書一二、興元元年六月，以梁州爲興元府，加興元尹嚴震檢校右僕射，右、同書一一七作左，姓纂亦然，此碑稱左僕射之合也。舊書一二、震先以建中三年十一月代賈耽爲梁州刺史山南西道節度使，撰碑者沈迴，方爲山南西道節度行軍司馬，正震之部屬，廣州稱廣府，揚州稱揚府，則梁州得稱梁府，再不然，興元府尤合府稱；震封王不見舊書本傳，新書有之，載之集一五嚴礪碑云，「初公從祖兄太師馮翊忠穆王政成於梁，勳在盟府」，姓纂稱震從祖弟礪，又載之集二一嚴震墓誌，「建中三年，……後二歲，皇帝以避狄之亂，狩於是邦，加戶部尙書馮翊郡王」，是震曾封王，此碑稱府王嚴□之合也。梁州卽天寶時代之漢中郡，沔其屬境，貞元三年之秋，蕃寇方盛，震墓誌謂「出輿師以會漢南之討而人不知役」，此碑稱營軍沔陽虜騎收跡之合也。震自建中末作鎭山南，至貞元十五年，卒於任所，此碑記貞元三祀之事而立碑乃在貞元十一年之合也。有此數證，嚴下泐一字，其當爲震無疑矣。唐文慣用州主之稱，例如魯公集一〇杜濟神道碑，「補梁州南鄭主簿，州主司馬垂爲山南西道採訪使」，州可稱主，府亦可稱主，故余初纂以府王爲府主之訛，及讀權文，乃知王字確有所本。舊書五九屈突通傳，「力屈而至，爲本朝之辱，以愧相王」，沈德潛考證云，「按當時無相王其人，前文云義兵起，代王遣通進屯河東，此必代王之訛也」，考異五九云，「按六朝以後，丞相封公稱相公，封王則稱相王，是時高祖以唐王領大丞相，故有相王之稱，或疑爲代王之譌，非也」，余按陳子良爲王季卿與王仁壽書，卽稱高祖曰相王，（全文一三四）作相者稱相王，準斯例也，開府者自可稱府王。

柳宗元送班孝廉擢第歸東川省覲序云，「相國馮翊王公，功在社稷，德在生人」，（集二二）注云，「德宗幸奉天，進封嚴震馮翊郡王中書門下，貞元十三年卒，見震本傳，晏元獻曰，宜去王字」。今使有某甲官止封侯，載筆者書曰某公，考證家必從而議其後曰，某不過封侯耳，此誤；（如此之例甚多，不必實舉）。今又使柳氏之序，祇曰馮翊公，吾知必又有議者曰，震已封王，稱公非也；柳序首稱王，則對人無貶降之嫌，王後繼以公，則在已盡恭敬之道，行文緻密，宜無訾議，沈晦河東先生集後序猶謂「馮翊王公，宜去王字」，蓋因送公睨序祇稱馮翊公（同集二三）而云，然自可兩存也。（又震以貞元十五年卒，舊新傳皆同，集注作十三，亦訛），杜少陵集（仇本）二〇奉送卿二翁統節度鎭軍還江陵詩，又二一暮春江陵送馬大卿公恩命追赴闕下詩，曰卿或大卿，稱其官，公稱也，卽宋璟所謂「以官言之、正當爲卿」者；曰翁或公，私稱也，卿而必繼以翁，大卿而必繼以公，馮翊王公，同斯例矣。少陵集二一更有送田四弟將軍將夔州柏中丞命起居江陵節度使陽城郡王衞公幕詩，尤王下可稱公之鐵證。

全詩三函八册岑參尹相公京兆府中棠樹降甘露詩，「相公尹京兆，政成人不歟」，是宰相出尹京兆者稱曰尹相公；又送張郎中赴隴右覲省卿公詩注，「時張卿公亦充節度留後」，是本官爲卿者稱曰卿公；此外如同人之過梁州奉贈張尚書大夫公，又崔元翰、（五函七）韓愈、（五函十）孟郊（六函五）等詩之丞公或中丞公，皆唐人於官爵下用公字示敬之例。

繼檢全文四四四所收此碑，則作「府主左僕射馮翊嚴氏」，以府王爲府主，與余初所臆想同，而碑實作王，且既知爲嚴震，則王字無可疑。抑唐人文體，碑誌塡諱之外，直書其名者絕少，即書名亦必間以「公」字，如云「某公某」，今嚴下祇泐一字，又斷非「公某」兩字也。況撰人沈迥，其結銜爲山南西道節度行軍司馬、檢校尚書刑部員外郎、□□（按此兩字當是監察）御史，乃府王之下屬，而果直斥其名乎？是故陝志以所泐爲「武」字，係未嘗講究文體者之淺說；第尊稱之詞，唐文用「氏」字者亦極少見，徐氏補作氏，厥誤相同。余謂所泐一字，「公」字也，其人則嚴震也，如此分析補釋，庶或有當乎原文之意義矣。

上趙昌尚書啓

柳河東集三五有上廣州趙宗儒尚書陳情啓，注云，「一本無廣州字，宗儒字秉文，鄧州穰人，按新史未嘗爲廣州節度使，此啓云天罰深重，當元和初公喪母之時，元和元年四月，以安南都護趙昌爲廣州刺史，則此啓當是與昌，然公送趙大秀才序亦云，尚書由交、廣爲（荆州）刺史，必有所據也」。按舊書一六七宗儒傳，元和初，檢校禮尚，充東都留守，入爲禮、戶二尚，尋出任荆南節度使，六年，又入爲刑尚，而同書一五一昌傳則云，憲宗即位，加檢校工尚，尋轉戶尚，充嶺南節度，元和三年，遷鎭荆南，同書一四本紀、元和三年四月，「乙亥，以嶺南節度使趙昌爲江陵尹荆南節度使」，又會要七三、元和四年九月，安南副都護杜英策等奏趙昌到任日近，旋除廣州，（李德裕貶死年月辨證，四年昌移荆南，四年、三年之訛）是廣州趙尚書應爲昌而非宗儒，彰彰可據。一本雖無廣州字樣，但啓有云，「叩穎南望」，廣在永之南，廣州字幷不誤也。復考同集二二送趙大秀才往江陵謁趙尚書序，「自吾竄永州三年」，三年一作四年，當是元和三年作；又云，「宗人以碩德崇功，由交、廣臨荆州」，試觀上引兩傳，足證此趙尚書或宗人斷即趙昌非爲宗儒。顧今注兩歧其說云，「宗人指趙宗儒也，元和初，檢校禮部尙書東都留守，三遷爲吏部尙書荆南節度使；一曰趙昌，字洪祚，天水人，貞元二十年三月，自國子司業爲安南都護，安南卽交州，元和元年四月，轉戶部尙書，爲嶺南節度使，三年四月，遷荆南節度使」，於是作啓注者誤認「宗人」爲宗儒，遂謂送趙大序亦稱宗儒由交、廣爲荆州，必有所據，一誤再誤，幾使人茫然莫解。竊嘗揣之，河東原槀，或衹題上趙尙書陳情啓，禹錫爲編遺集，一時失察，錯塡宗儒之名，故至今猶滋疑竇也。抑前舉兩篇，均題趙尙書，同集三五賀辟符載啓，特題趙江陵宗儒，三六寄所著文啓，題江陵趙相公，意當日自有分別，後人未之辨耳。

三六上江陵趙相公啓，注云，「趙宗儒，……元和三年，自東都留守遷荆南節度使，公前後與宗儒啓凡三」，卽誤連陳情啓計入，故數有三，實衹兩啓而已。據本傳，宗儒自留守入爲禮、戶二尙，乃出守江陵，前引卷二二注亦謂三遷爲荆南節度，非自留守逕遷荆南也。

柳柳州外集

柳河東集，（世綵本）除集注所疑所辨者外，內集中猶有可疑之作。頃見寶章閣影刊（光緖十三年）宋乾道永州本柳柳州外集一卷，孟眞先生題語云，「韓集源流，今猶可考，柳集則三十卷之舊，不可知矣。此卷之存，猶足證南宋刻本之作四十五卷者南宋人所輯，其中當有非柳文而濫收妄取者也。凡外集幾皆是定本既成後所輯，或非作者所願收，或竟後人所誤傳，列之別集，以當補遺，尙不亂眞面，若雜入本集，後人何以識其朔乎。世綵堂本蓋刻工之雄，非纂定之善也」。余按渭南集二七跋柳柳州集云，「此一卷集外文，其中多後人妄取他人之文，冒柳州之名者聊且裒類於此，子京；此三十一字宋景文公手書，藏其從孫晸家，然所謂集外文者，今往往分入卷中矣」。今觀此外集一卷，凡詩文四十五首，世綵堂收入內集者三十四首，外集者八首，未收者三首，茲揭其目別如次：

(一)世綵堂本收入內集者。（附所收卷數）

眎民詩。（卷一）

舜禹之事。

謗譽。

咸宜。（已上卷二〇）

賀踐祚表。

御史臺賀嘉禾表。

禮部賀嘉禾及芝草表。

京兆府賀嘉瓜白兎連理棠樹等表。

禮部賀甘露表

禮部賀白龍青蓮花合歡蓮子黃瓜表。

禮部賀白鵲表。

禮部賀嘉瓜表。

爲王京兆賀嘉蓮表。

爲王京兆賀雨表五首（已上卷三七）

爲韋侍郎賀除布衣竇羣右拾遺表。

爲樊左丞讓官表。

代裴中丞謝討賊表。

爲裴中丞舉人自代伐黃賊表。

代柳公綽謝上表。

代李愬襄州謝上表。

代節使謝遷鎮表。

爲劉同州謝上表。

代裴行立謝移鎮表。

代廣南節使舉人自代表。

奏薦從事表。

代廣南節使謝出鎮表。

爲楊湖南謝設表。

爲武中丞謝賜櫻桃表。

謝賜時服表

謝賜端午綾帛衣服表(已上卷三八)

(二)世綵堂本仍收外集者。

吾子。

劉叟傳。

河間傳。(已上卷上)

賀平李懷光表。

舉裴冕表。

謝賜新茶表。

賀赦表。

賀太子牋。(已上卷下)

(三)世綵堂本未收者

送元暠師詩。

上宰相啓。

上裴桂州狀。

其中如代李愬襄州謝上任表,注云,「愬、……元和十二年,夜入蔡州,擒吳元濟,十一月,有詔進檢校尚書右僕射,爲襄州刺史、山南東道節度使,然襄州與嶺表遼絕,而公自柳州爲作謝上表,恐非公之文」。又代廣南節度使舉裴中丞自代表,注云,「此表當是長慶後廣南節度使舉桂中丞仲武自代,非裴中丞也,亦他人作,誤錄於此;一本註節度作鄭絪,非是,以桂仲武事與表合,絪爲廣南,乃元和五年也」。是注家已深疑之,廖氏顧編入內集,所謂纂定非善也。又如三九爲浙東薛中丞奏五色雲狀,注亦疑其僞。此雖不見於永州本外集,然未必是三十卷之舊也。

三八有柳州謝上表,文苑英華辨證五云,「李吉甫郴州刺史謝上表,亦載柳集,以郴作柳;按新史吉甫傳,改郴、移饒,舊史乃以郴作柳,是致柳集誤收。況宗元自有柳州謝表,其題作謝除,云奉三月十三日制,六月二十七日上訖,考其月日、文理,皆非宗元事,其爲吉甫何疑」。余考此表有云,「臣前歲以久停官秩,去年蒙聖恩除替,便欲裂裳裹足,趨赴京師,以舊疾所嬰,彌年未愈,逮及今夏,始就歸途，襄陽節度使于頔與臣早歲同官，臣當暑在道，懇留在館」，據舊書一四八吉甫本傳，「遇赦，起爲忠州刺史，時贄已謫在忠州，……六年不徙官，以疾罷免，尋授柳（郴）州刺史」，陸贄以貞元十一年四月謫忠州，吉甫以十九年十月去郴州（見金石補正六七）吉甫除郴刺，約在十六七年頃，正于頔官襄陽節度時也。又據舊書一五六，頔曾官駕部郎中，而吉甫嘗官駕部員外，早歲同官，殆即指此，彭氏謂吉甫所作，信而有徵。矧宗元十年改柳州時，頔早除太子賓客，宗元比頔後一輩，安得云早歲同官，是篇應自柳集剔出，斷無疑矣。辨證五又言，「又第二表末云，謹遣當州軍事衙前虞侯王國淸奉表陳賀以聞，正與吉甫郴州謝上表末語同」，今世綵堂本收此表，亦漏去末句。

辨證五又云，「林逢請聽政表（七首），第三表載柳宗元集中，作第二表，晏元獻公云，柳集第二表，據文苑迺林逢第三表，而柳集又自別有第二表，第四表亦載柳集，作第三表，詳表文云，兩河之寇盜雖除，（柳集作難除非）。百姓之瘡痍未合，又云，成先帝之大功，繼中興之盛業，乃穆宗、敬宗時事，宗元當憲宗元和十四年已卒，此二表柳集誤收何疑」。依彭氏引文，晏殊於第二表已疑之，而世綵堂本三七收入此表，且注云，「晏元獻本，據文苑英華，此表乃是林逢請聽政第三表，別有子厚第二表，今載於後」，注於晏氏之疑，引敍不明，恍若晏確認其柳文者。

辨證五又云，「又如爲文武百官請復尊號六表，載柳宗元集中，而唐類表作崔元翰，文苑總目作類表，而本卷迺作常袞；按唐德宗興元元年，幸奉天，削去徽號，貞元五年、六年，百官請復舊，即此六表是也，（舊史載貞元五年、六年，百官請復徽號，正指此事）。是時、崔元翰爲禮部員外郎，歷知制誥，唐書稱其詔令溫雅，則類表云元翰作，是矣，況又總目明言取之類表乎。本卷乃誤作常袞，袞於建中初卒，至是已十年矣。又柳文收此表，或入正集，或入外集：按宗元年譜，貞元五年，方十七歲，（時其父以事忤宰相竇參被貶）。八年；始貢京師，其誤可知」。余按此六表、世綵堂本全收外集卷下，注云，「公正集中有爲京兆府請復尊號表三，又有爲耆老請復尊號表二，皆在貞元十九年間，蓋爲德宗復聖神文武之號作也，其事已詳於正集之註，今又有表六，蓋在正集之表前作」，不特不著其疑，且認其確。考六表之末，復有改文兩段；第一段題「及大會議戶部尚書班宏又請改所上尊號加奉道字故其文如後表」，第二段題「及大會議國子祭酒韓洄請歷數近日徵應祥瑞故又改其文如後表」，按此數表應是貞元五六年所上，說詳拙著跋封氏聞見記，權德輿比部郎中崔君元翰集序亦稱，「推人情以陳聖德，則請復尊號表」，（全文四八九）於時宗元未登仕版，其非柳作，復可疑焉。文安禮柳子厚年譜貞元五年下；「有爲文武百官請復尊號表三首」，又六年下，「爲文武百官請復尊號表三首，又大會議表二首，（並見外集）」後來注家，殆皆誤信文說，然依舊洞傳，則六年尚未除祭酒也。

余覺其可疑者，則有三八之代廣南節度使謝出鎮表，注云，「鄭絪傳、初拜中書侍郎，……轉門下侍郎，憲宗初，勵精求理，絪與杜黃裳同當國柄，黃裳多所關決，首建議誅惠琳，斬劉闢，及它制置，絪謙默，多無所事，由是出爲嶺南節度觀察使廣州刺史」，注家之意，蓋以表內有「天德薦臨、遂加台政、不能翊宣明聖、增日月之光、俾兕渠勦絕、人用康寧」等語，謂與傳合也，但細察之，疑點固不少。唐稱嶺南，廣南乃宋稱，今題廣南節度使，正與前引僞文舉裴中丞自代狀所題相同，是題目之不合者一。謝上表之首，當云某月日到州上任訖，今表無其語，是體裁之不合者二。倘謂絪剛奉詔，卽上表謝，則絪以元和五年三月，自太子賓客詔除廣州，宗元時方在永，官吏上任，於制不得久逗遛，而謂數千里外托柳草此表乎，是時間之不合者三。表末云，「獻俘未遠，展效有期，希此微功，上答殊造」，嶺南時非用兵，絪並無專征之寄，是事實之不合者四。呂和叔集五有代鄭南海謝上表一首，長數百言，温卒元和六年，此正代絪所作，（當是絪過衡州，托其代作）。兩相比觀，眞僞便判，更作僞者所不及知也。

三九之爲廣南鄭相公奏百姓產三男狀，僅寥寥數十字，題目誤與前同，此等瑣節，與謝上表異，於其人之進退、休戚無關，且永不隸嶺南，更非巡察、上謁所至，幕縱無材，亦未必千里外干人爲之，注家以爲元和六七年代鄭絪作，余則謂題目苟不誤者，斷非柳文。

陳蘭森寰宇記補闕永州祁陽縣云，「浯溪在縣南五里，水清石峻，流入湘江，柳宗元有記」，余求諸河東集，未見其文，輿地紀勝五六亦不載，陳氏殆誤記元結浯溪銘也。

南鎮碑及碣記

全文六一三羊士諤南鎮永興公祠堂碑，「貞元九年，夏四月，連率安定皇甫公以前月丁酉詔旨，奉玄玉制幣，禱於靈壇」，貞元九年當癸酉。同書六一六孟簡建南鎮碣記則云，「太山諫卿……由進士尉陽羨，安邑(定)公愛其道直，延爲從事，是時鄙夫亦受辟書，故得與諫卿遊處最密，常記其撰南鎮碣，彩章輝煥，物象飛動，當貞元之丁丑也，迨元和甲午，……求當時之碣，則未樹立，因訪太山之故吏，乃得舊本，爰徵樂石，磨琢鐫刻，流芳自此」，丁丑是貞元十三年。羊碑既爲孟氏刻建，文中所紀貞元九年，孟應見之，而記乃曰丁丑，丁丑爲皇甫政任浙東之末年，則意羊文非九年當年作，而追作於皇甫任之末，故石未之立，兩文初不相觸也。（集古目四、會稽山神祠堂碣，羊士諤撰，無刻石年月）。

韓愈初貶之詞

太平廣記四九七引嘉話錄云，「韓愈初貶之制，舍人席夔爲之，詞曰，早登科第，亦有聲名」，此事韓子年譜未採，初貶何官，原文復失敍。余按終愈一生可稱貶官者凡三事：

(一)貞元十九年冬貶陽山令；據全文六三一呂溫祭座主文，貞元二十年作，（原訛十年，余已別有證明）。下稱渭南縣尉席夔，則並非指此次甚明。

(二)元和十四年春貶潮州刺史；據全詩七函四册白居易東南行一百韻云，「去夏微之瘧，今春席八殂」，原注，「今春聞席八歿，久與還往，能無慟哭」，全詩又注云，「元稹集和此詩注內、本題末尚有兼投弔席八舍人七字」，余考定白詩爲十二年作，正與韓集、樊譜註謂席卒十二年者合。韓集點勘二乃云，「及公貶潮而夔猶在右掖，公之謫詞，即夔所草」，則不知其時夔之墓草已宿矣。

(三)元和七年春自職方員外郎復爲國子博士；按國博正五品上，員外郎從六品上，以階言之，原不爲貶。唯唐人重尚書省，博士閒職，況韓本自此官改都官員外，歷河南令職方員外，今復還充，就唐代仕進觀之，自應謂之曰貶。元和姓纂修於元和七年，其書已稱夔中書舍人，此次貶制或得爲夔之詞，但曰初貶，則仍有未合也。

開忠二州牧

昌黎集二送靈師詩，「開、忠二州牧，詩賦時多傳」，集注云，「魏道輔謂二牧，韋處厚、白居易也，二公出守在元和末，此詩作於貞元二十年間，考其時，非也」。韓集點勘一云，「按開牧未詳，忠牧蓋謂李吉甫也，吉甫以貞元中自郎署左官於外，及在忠州，乂六年不遷，故曰失職，是詩作於貞元二十年，而二牧之贈僧詩，則又在前，觀下咋者句可知矣」，陳氏以忠牧爲李吉甫，是也。

開牧爲誰？余曰，唐次是。全詩五函八權德輿有唐開州文編遠寄新賦詩。舊書一九〇下唐次傳，「貞元初，歷侍御史，竇參深重之，轉禮部員外郎，八年，參貶官，次坐出爲開州刺史，在巴峽間十餘年，不獲進用」。全文四八七、權德輿駕部員外郎舉朝散郎使持節開州諸軍事開州刺史賜緋魚袋唐次自代狀稱，「常任起居郎、禮部員外郎，出守四年，日新其道」，十一年所上也。同書四九四、同人開州刺史新宅記，「貞元八年四月，北海唐侯文編承詔爲郡，……時十三年冬十月，文編居部之六歲也」，文編、次字。又四九〇、同人唐使君盛山唱和集序，「八年夏，佩盛山印綬，……十九年冬，既受代，轉遷於夔，……理盛山十二年，其屬詩多矣」，次之刺開，自貞元八年夏至十九冬，故贈詩者必次也。

刺史鄒君

昌黎集二題合江亭寄刺史鄒君詩，注云，「鄒君逸其名。亭故相齊映所作，故曰維昔經營初，邦君實王佐。前刺史元澄無政，廉使中丞楊公憑奏黜之，遂用鄒公，其曰中丞黜凶邪，指此意也。公永貞元年七月初，自陽山量移江陵，道衡山，詩所以作。此亭在衡州負郭，今之石鼓頭卽其地也」。余按元和姓纂鄒姓，「開元中有象先，……象先生儒立，衡州刺史」，據唐詩紀事二二，象先爲蕭穎士同年生，卽開元二十三年進士，時代相當，此刺史應卽儒立，鄒姓著者不多，況復同爲衡州刺史也。儒立、貞元四年賢良方正科及第，見會要七六；江州集四有送雲陽鄒儒立少府侍奉還京師詩，意貞元初作；十四年，官殿中侍御史，見會要六二；鄭滙墓誌，十七年立，撰人結銜曰殿中侍御史武功縣令鄒儒立，見芒洛遺文續編補遺，四五年間，自京縣令擢升刺史，固常事也。

禮部郎中韓雲卿

昌黎集一三注云，「名雲卿，仕終禮部侍郎」，又三五注云，「次雲卿，禮部侍郎」；余按元和姓纂，「禮部郎中韓雲卿」，（新表七三上同）昌黎集三五韓氏誌，「尙書禮部郎中諱雲卿之孫」，李文公集一五韋氏誌，「自後魏尙書令安定桓王，六世生禮部郎中雲卿」，平蠻頌，大歷十二年立，雲卿撰文，結銜□□郎守尙書禮部郎中上柱國，（金石續編八）又舜廟碑，建中元年立，亦殘存郎中字，（同上九）則明明是郎中，非侍郎矣。李誌又言，「其文章出於時而官不甚高」，確非曾任侍郎者之語。新表七三上以雲卿爲桓王五世孫，與皇甫湜文公神道碑及墓誌同，與文公集異，六世者連本身計之也。

文公集一一韓愈行狀，曾祖泰祖濬素，全文六三九同；持正集六作叡素，新表及全文六八七同。

及此年泊洋州許使君

昌黎集二一韋侍講盛山十二詩序，「及此年，韋侯爲中書舍人，侍講六經禁中，和者、通州元司馬爲宰相，洋州許使君爲京兆，忠州白使君爲中書舍人，…………」篇目侍講或作侍御者誤，處厚以元和十五年充侍講學士，可證也。據集注，「韓以長慶二年作序」，又舊紀一六，處厚長慶二年，四月癸未，改中書舍人，居易同年七月，出除杭州，則此序似當作於二年五六月間。

集注又云，「和者下六人「諸本亦各書其名云，元司馬名稹，許使君名康佐，白使君居易，……」韓集點勘三云。「按許康佐歷官，具見唐史本傳，無刺洋、尹京事，則此使君必非康佐，與以嚴謨爲嚴武同」，陳氏之辨誠是也。余按許季同附見其兄孟容傳，（新書一六二）官歷頗略，唯元氏長慶集四八授吉旼京兆府渭南縣令制云，「今京兆尹季同以旼有幹蠱之稱，流聞於西，遂陳換縣之求」。季同、許季同也。但據舊紀一六，長慶元年，十月壬午，以稹爲工部侍郎，罷學士，卽不復掌制，則季同官京尹，應在其前。而舊紀又載同年三月，戊午，以兵部侍郎柳公綽爲京兆尹，十月，甲申，以京兆尹柳公綽爲吏部侍郎，己丑，以祕書監許季同爲華州刺史，二年八月，丁丑，以前東都留守李絳爲華州刺史，十月己卯，以前華州刺史許季同爲工部侍郎，白氏長慶集三二有大理卿許季同授祕書監制，是季同祕書監之前官爲大理卿。復次、舊書一七一李渤傳，「穆宗卽位，召爲考功員外郎，十一月，定京官考，不避權幸，皆行昇黜，奏曰，……大理卿許季同任使于翬、韋道沖、韋正牧，皆以犯贓，或左降，或處死，合考中下」，是元和十五年底，李同已官大理卿，元稹制所稱京兆尹季同，斷爲十五年五月稹自祠部郎中知制誥（通鑑二四一）後不久之事，其姓雖合乎詩序，而其任官時期，則前差一年餘也。

繼細讀詩序下文云，「李使君爲諫議大夫，黔府嚴中丞爲祕書監，温司馬爲起居舍人，皆集闕下」，據注所考證，李使君卽景儉，温司馬卽造，絕無疑義。然考舊紀一六，長慶元年，八月庚寅，以建州刺史李景儉爲諫議大夫，同年十二月，丁卯，貶諫議大夫李景儉爲楚州刺史，戊寅，貶起居舍人温造朗州刺史，則二年時景儉、造均已外貶，不得云皆集闕下也。景儉、造旣外貶而韓序猶記其前官，循斯例也，亦許許季同旣去京兆而韓序仍記其前官矣，是洋州許使君者非他，季同也。全文六一六、孟簡建南鎮碣記，「太山諫卿……出爲巴州刺史，……理行居最，再移資州，如巴之政，今復爲洋州，……十年十月十日建」，據郎官考一一，太山諫卿卽羊士諤，是十年十月前士諤已官洋州刺史，又嚴州重修圖經一，羊士諤、元和十二年三月五日自洋州刺史拜，是十二年三月後士諤方去洋州，季同官洋州，斷在其後。全文六〇五劉禹錫韋處厚集序云，「學文於伯舅許公孟容」，則季同亦處厚之舅也。

或者曰，舊紀一六、長慶二年，「五月辛卯朔，以德州刺史李景儉爲諫議大夫」，然則如予所說，二年五六月間，許景儉復回闕下也。余按岑刊校記八，「沈氏炳震云，案景儉、元年十二月貶楚州刺史，未嘗爲德州，又案景儉傳，景儉初貶漳州，元稹爲相，改楚州，諫官論之，稹懼物議，追還，授少府少監，未嘗爲諫議大夫，疑非是。張氏宗泰云，……當卽上（年）八月甲（勉按甲誤，當作庚）。寅下復書之錯簡，而又誤建州爲德州也」。由是觀之，景儉再入，並不爲大諫。不得以舊紀訛文爲解也。

抑景儉二年得居朝矣，而溫造又如何。舊書一六五本傳云，「俄而坐與諫議大夫李景儉史館飲酒，景儉醉謁丞相，出造爲朗州刺史，……居四年，召拜侍御史」，則造二年明明不在闕下矣。

更有黔府嚴中丞者，諸本作嚴中丞武，集注云，「今考嚴謂嚴謩，時爲祕書監，樂天集有制詞可考。諸本改作嚴武，蜀本又作少監，皆非也」，又云，「元和十四年二月，以商州刺史嚴謩爲黔中觀察使，長慶元年，入爲祕書(監)卒」。余按白氏長慶集三四中書制誥云，「朝議大夫、前守祕書監、驍騎尉、賜紫金魚袋、嚴謨，嘗守商、洛，刺黔、巫，……可使持節都督桂州諸軍事、守桂州刺史、兼御史中丞、桂州本管都防禦、觀察、處置等使」，謨、謩字之異體，即集注所謂樂天集有制詞可考者也。嚴武與杜甫同時，其人已早卒，誤不待辨。謩爲士良子，見元和姓纂，舊紀一六、長慶二年四月，「丁亥，以祕書監嚴謩爲桂管觀察使」，昌黎集一〇、送桂州嚴大夫詩，孫注引舊紀，正作嚴謨，今本特訛謩爲譽，集注謂謩卒祕監者誤，然則謩之出除，甫在處厚改舍人之後四日也。唐制，祕書監止一員，依前引舊紀季同自祕監改官華州之條，又知謩蓋繼季同而任者。

循上所條辨，得結論兩點，即二年四月癸未處厚改中書舍人後，

(一)和詩者六人，非其時同集闕下。

(二)和詩者六人，其見官不盡同詩序所列舉。

依此以求之，詩序之意，猶云此一兩年間，和詩者六人皆嘗復爲京朝官，來會闕下耳。「及此年」、閣本作明年，杭本作時年，朱熹考異已辨之，然「及此」兩字，「明」或「時」各祇一字，不能恰相當，余意「及此」或「比」之訛衍，比、此形肖，既訛「此」而復衍「及」也。果若是，則不特與閣、杭兩本作一字者相當，且示六人係後先——非同時——來集，與上舉(一)(二)兩結論毫無衝突，用書拙見，以正於世之精研韓文者。

或又曰，知制誥得稱中書舍人，子嘗有所徵證，今據重修學士壁記，處厚元和十五年，二月二十四日，即自戶部郎中知制誥充侍講學士，此序得勿作於長慶元年

乎？余曰，元稹以二年二月十九日辛巳始入相，序明云通州元司馬爲宰相，即使知誥者得稱舍人，此序之作，仍不能上推至二月底已上；於前舉(一)(二)兩結論之衝突，仍無以解圍也，且由是益覺余謂「及此年」應作「比年」之可信。

困學紀聞注一八引何焯云，「張文昌集中有十二詩，其和又在作序之後」，殊不知序中所舉，乃既外貶而復內用之人，張籍未外貶，當不列。何未明韓文用意，遽持此以斷張和在後，殊無據。

李觀疑年

李觀卒年，各疑年錄及歷代名人年譜均未確著，昌黎集二四李元賓誌，「始來自江之東，年二十四，舉進士，三年登上第，又舉博學弘詞，得太子校書，又一年，年二十九，客死於京師」，韓文簡鍊，讀者易誤解，以余釋之，三年登上第，即觀舉進士後三年——二十七歲——乃登第也。同集三六瘞硯文，「李元賓始從進士，貢在京師，或貽之硯，既四年，悲歡否泰，未嘗廢其用，凡與之試藝春官，實二年，登上第」，釋其意，亦似來京之四年登第者。考摭言一，「貞元八年，歐陽詹第三人，李觀第五人，」又唐詩紀事四〇，貞元八年，觀舉博學弘詞，然則貞元八年，觀年二十七，其卒應在貞元十年矣。

韓譜三、貞元九年下附考云，「按科第錄，是年博學弘詞試太清宮觀紫極舞賦，顏子不貳過論，應者三十二人，中選者李觀、裴度、陸復禮也」，登科記考一三貞元九年下云，「按李、裴、陸三人，已於去年登弘詞，洪氏誤載」，又同書八年博學弘詞科下云，「按文苑英華有鈞天樂賦，……裴度、陸復禮、李觀皆有賦，爲弘詞試題無疑」，按八九兩年弘詞試題不同，今李、裴、陸三人之文具存，附考以觀等爲中九年弘詞，自是誤；記至附考之撰人，實是莆田方崧卿，（據陳景雲韓譜跋）各條間嘗指證洪興祖之誤，可知必非洪作，徐松責其過於洪氏，亦失考也。

附考九年下又云，「公與崔虞部書，謂三人之中，二人者華實兼者也，畢竟得之，而又升焉，一人華與實違者，畢竟退之，豈固退公而收陸耶」，按陸復禮舉八年弘詞，非九年弘詞，具如前論，昌黎集一四有顏子不貳過論，則固應九年弘詞者，且(據登科記考一三)八年弘詞考官爲裴垍，及第最少四人，(據洪氏韓譜)九年弘詞考官爲崔虞部，及第祇二人，事實迥異，安能混作一年之事。

次之，「又一年」三字應一逗，猶云越過一年無事也，與下「年二十九客死於京師」句不相連，非謂又一年卽年二十九也。書錄解題一六云，「觀與韓退之，貞元八年同年進士，明年試博學弘詞，觀中其科而愈不在選，顏子不貳過論，其年所試文也，又一年，觀年二十九卒」，按觀非舉九年弘詞，前已申辨且元賓誌中並無明年字樣也，陳氏於又一年下不作一逗，故誤以爲卽二十九歲之年；然循其意推之，亦謂觀卒貞元十年矣。

昌黎集一重雲李觀疾贈之詩，注云，「觀字元賓，隴西人，與公同舉貞元八年進士，以十年死於京師」，使「又一年」不作一逗，安從得其死於十年耶。今文苑英華載張復元、李絳太淸宮觀紫極舞賦各一首，（參登科記考一三）當卽韓愈所謂華實兼之兩人，方氏以爲退韓收陸，匪徒悖乎事實，直未能通韓文之意矣。因事與觀舉弘詞相連，故幷正之。

續疑年錄一李觀下注稱，「韓昌黎撰墓誌云，二十四舉進士」，涉於此節，易滋誤會，按「舉進士」者或祇應試之謂，非必登第之謂，故唐人常言舉進士不第，韓愈諱辨有「愈與進士李賀書、勸賀舉進士」、皇甫湜答李生書、有「舉進士者有司高張科格、每歲聚者試之」之語，若誤以二十四爲觀進士及第之年，則相差數載矣，是知引文中萬不可略去「三年登上第」一句。

昌黎集二四注云，「按今石刻首題云韓愈撰，段季展書，其後題云十一年十二月建立，疑立石在葬後」，疑立石在葬後，固主十年之說也。近世所出李觀墓銘，陸增祥金石祛僞以爲據韓集別本爲之，說確不錯，李文公集七與陸傪書，「李觀之文章如此，官止於太子校書郎，年止於二十九」，唐摭言五引文同，今僞石作「年三十九，客死於京師」，斷斷不合；又宋人所見石本，首有撰書人姓名，末有建立年月，今均無之，是爲近世僞作無疑，此說陸氏未之及，亦祛僞之一助也。

觀卒貞元十年，觀之遺文有可旁證者，如常州軍事判官廳壁記云，「六年冬，皇帝郊昊天，……九年冬，復命襲爵南陽公，……是年十一月，某赴京師，自蘇州至常州，會袁生引廳前軒，如翬斯飛，植竹新欄，如鳳斯食，乃白府公留爲記，……記之年月，在乎記中」，（全文五三四）則觀過常州而爲作記，非飛緘委撰之文也。考舊紀一三，貞元六年「十一月庚午，日南至，上親祀昊天上帝於郊丘」，記之六年，明是貞元，若曰大歷六年，觀極其量不過六七歲耳。由是知貞元九年十一月，觀方在蘇、常道中，蓋觀旣獲雋，東還省覲，至是復來京師也，此得於其報弟兌書（全文五三三）覘之。然非僅此孤證也，其浙西觀察判官廳壁記又云，「太原王公廉察之七年；署監察御史李公士舉爲觀察判官，……九年冬，蘇州刺史有丁憂去官，連城命公來撫吳，……從姪觀拜命而書，愧爲公羞，九年十一月十四日記」。考舊紀一二，貞元三年八月，「壬申，以給事中王緯爲潤州刺史浙西觀察使」。（浙訛江，據唐方鎭年表五校正）。自三年至九年，爲蒞任之七年，王公，王緯也。由是又知貞元九年十一月十四日，觀尙滯在浙西。夫私人行旅，由浙西至長安，總非月餘不能達，墓銘固謂觀卒京師，以程時計，其必遞入十年，毫無疑義矣。

近人撰歷代名人年里碑傳總表，稱觀年二十九，生肅宗乾元、上元間云云，按乾元之末，當西元七五九，上元之初，當西元七六〇，今試由上元初起數二十九年，爲西元七八八，卽德宗貞元四年也，是觀卒乃在登第（貞元八年）前四年，其誤殊不待辨。

馬燧之冢婦

呂黎集二八馬暢妻扶風郡夫人誌，「爲司徒侍中莊武公之冢婦，少府監西平郡王、贈工部尙書之夫人。初司徒與其配陳國夫人元氏惟宗廟之尊重，繼序之不易，賢其子之才，求婦之可與齊者」。韓集點勘四云，「按侍中二子，少府其次也，則盧夫人乃介婦，今云冢婦，未詳。或疑少府是嫡子，故云爾，然以公少府兄行狀考之，蓋同母，無嫡庶之異也」。余按或說是，陳之辨非也。今請先擧集三七之馬彙行狀言之，行狀云，「司空生燧，爲司徒、侍中北平王、贈太傅，謚莊武，莊武之勳勞在策書，君其長子也」，長子非必嫡出，則彙、暢無同母之確證者一。行狀又云，「初司徒公娶河南元氏，封潁川郡夫人，贈許國夫人，許國薨，少府始孩，顧託以其姪爲繼室，是爲陳國夫人，陳國無子，愛君與少府如己生」，愛庶出與嫡出如己生，同是繼母令德，則彙、暢無同母之確證者又一。陳氏以爲據行狀無嫡庶之異，余則以爲據行狀無同母之證也。若盧夫人是冢婦，則可於本誌兩徵之，誌曰，「少府監、西平郡王贈工部尚書之夫人」，西平、北平之訛，於行狀及唐史見之；夫北平郡王，燧之封爵，而暢襲之，舊制襲爵率以嫡，彙長子而不襲，暢爲嫡子，即盧爲冢婦之證一也。誌又曰，「惟宗廟之尊重，繼序之不易」，冢婦承宗廟之事，盧爲冢婦之證二也。誌有暢爲嫡子之證，斯誌無彙、暢同母之文，益可以反映而見矣。

羅池廟碑作年

集古錄目，「唐羅池神廟碑，吏部侍郎韓愈撰，中書舍人沈傳師書，……碑以長慶元年正月立」，韓子年譜云，「按長慶元年正月，公尚爲祭酒，二年九月，始爲吏部，歐陽公云，據建碑時，公未爲吏部，碑云，柳侯死後三年廟成，明年，愈爲柳人書羅池事，子厚以元和十四年卒，至後二（二乃四之訛，黄本驥引歐陽集本作後三年，亦不合）年愈作碑時，當是長慶三年，其云元年，蓋傳摹者誤刻之耳」，昌黎集三一注云，「按穆宗實錄，長慶二年二月，傳師爲中書舍人史館修撰，……沈亦未爲舍人，當是長慶二年，則二君官正與此碑同」，涉於此種辨難，應分兩節討論之。

(一)沈傳師遷中書舍人，據重修承旨學士壁記，係長慶元年二月二十四日，至二年二月，出守本官判史館事，（參拙著學士壁記斠補）非二年二月始爲中書舍人也，故元年正月，沈雖未陟此官，然以爲二年始任，集注亦誤。

(二)羅池廟碑不得爲長慶元年或二年作，更不得爲三年以後作，即可於韓文本身決之，文云：

「明年，吾將死，死而爲神，後三年爲廟祀我，及期而死，三年孟秋辛卯，侯降於州之後堂，歐陽翼等見而拜之，……其月景辰，廟成，……明年春，魏忠、歐陽翼使謝寧來京師，請書其事於石」。

集注於「三年孟秋辛卯」句注云，「長慶三年也」，是以此碑爲四年所作也，大妄。夷考辛卯後二十五日爲丙辰，丙辰後三十五日爲辛卯，故一月內同見辛卯、丙辰者，必辛卯在先，此定例也；今長慶元年七月乙未朔，三年七月癸丑朔，四年七月戊申朔，月內皆祇有丙辰，無辛卯，唯二年七月己丑朔，（據朔閏考三）辛卯爲三日，丙辰爲二十八日，然則「三年孟秋辛卯」者，承前「後三年」之省，非長慶三年也，前文未著年號，焉得遽以長慶實之。二年之明春，卽長慶三年，本文自可決，固不必斷斷於官位矣。粤雅本柳譜引韓文作「後二年爲廟祀我」，「二」字亦訛。

韓愈河南河陽人

韓愈爲某地人，後世論者紛紛，其病非隔靴搔癢，卽糾纏不清。質言之，則唐世習稱郡望，弗重里居，迨五代離亂，人口播遷，郡望之別就湮，占籍之邦是舉，由是李姓者唯號隴西，王姓者祇知太原，俗與世移，本不足怪，奈攻學之士，昧於掌故，徒抱現代之觀感，尙論古代之民風，弊遂至於格格不相入，學之與用，判然兩途，非廓淸而溝通之，終無以致學術於光明，且徒耗學子之腦汁也。

唐人習稱郡望，就舊新唐書列傳及近代出土碑誌中，俯拾卽是，不勞枚舉，試推原其風尙，厥故計有兩端：

(一)張、劉、王、李，其生甚繁，單舉姓氏以爲稱，未識系屬之同異，郡望、卽別宗派之一法也。然歷傳愈久，支裔愈多，則舊望之中，又生新望，舊望識遠祖，新望識近祖，所以救其窮也。例如姓纂韓姓，「南陽堵（陽）縣，頹當玄孫騫，避王莽亂，因居之，魏司徒甫陽恭侯曁，六代孫延之」，南陽者舊望也。又云，「昌黎棘城縣，晉員外韓安之，生潛、恬，後魏書云，並延之族弟」，依上所記，延之出南陽，則延之之族弟安之，亦當出南陽，是昌黎者新望也。從嚴義而言，舊望之子孫，不能稱新望，新望之子孫，得稱其舊望；易言之，卽人得舉其近祖，亦得舉其遠祖也。

(二)元魏已來，崔、盧、李、鄭，山東甲族，太宗崛起，雖嘗有意掃蕩（舊書六五）而門戶之見，卒莫剗除，同一姓也，分望常多，舉其著，則目爲故家，舉其不著，則視同寒畯，唐人游宦，往往隨地占居，（例如愈叔紳卿之子岌，因官虢而家之，見昌黎集三五）。然必舉其望而不舉其居者，固以別宗支，尤以顯門閥也。勢利之見，賢哲不免，流風所及，有本非著望而冒用其稱者，後世郡望之統一，亦濫觴於是。

上說既明，則知郡望與里居，兩者不容混視，歷史愈久，里居與郡望，更常不相同。姓纂云，「潁川長社縣，漢御史大夫韓安國與稜，並潁川人」，又云，「陳留、本潁川人，稜後，徙陳留，唐禮部郎中韓雲卿，弟紳卿，京兆司錄，兄子會、愈」，依此，則愈之舊望，應曰潁川，新望應曰陳留，而顧稱南陽或昌黎者何哉？唐初宰相，南陽有韓瑗，迄乎中葉，昌黎爲盛，(可參姓纂)正所謂門閥之見，賢哲不免，依附稱謂，初不必爲愈諱矣。例如宋思禮之望本江夏安陸，（姓纂）而駱賓王靈泉頌則曰廣平宋思禮，廣平，宋之名望也。又如趙元亮之先，本居河間而後遷汲，（伯玉集五）而姓纂則謂徙自天水，天水，亦趙之名望也。張說越認范陽，王縉越認琅邪，宰相猶不免俗，況其他哉。（參拙著貞石證史王顏所說太原王氏條）

後之論愈著籍者，入主出奴，各自鳴是，其蔽則可一言以括之，卽據郡望以求里居，說終無當而已。郡望既廢，後世科舉嚴於戶籍，有影冒者，羣起排之，於唐則不然。唐摭言二云，「同、華解最推利市，與京兆無異，若首送，無不捷者，元和中，令狐文公鎮三峯時，……常年以淸要書題求薦者，率不減十數人，其年，莫有至者，……唯盧弘正尙書獨詣華請試，……弘正已試兩場，而馬植下解」，據史、弘正河中人也，植、扶風人也，而應試於華，可見古今俗習不同，据近習以揣古風，遂相鑿枘，李白仲卿武昌去思碑云，南陽人，李翺愈行狀云，昌黎人，皆假著望以爲稱，於唐文不乏其例。漢書地理志有兩南陽，一曰河內修武，卽晉啓南陽者是，但郡望托始於秦、漢之設郡，古地南陽，與郡望無關。二曰南陽堵陽，卽韓騫所徙者是，南陽郡在唐爲鄧州，故新書以爲鄧州南陽人，然唐鄧州無南陽縣，以唐之州稱，冠於古之郡望，其辭實不可通，若謂將古郡翻唐州，亦祇可題鄧州人而已。況漢南陽郡之堵陽縣，在唐乃均州地，卽使古地今翻，鄧亦不合。或者因女挐壙銘，「歸女挐之骨于河南之河陽韓氏墓葬之」，(昌黎集三五)河陽亦古河內地，遂以愈爲河內南陽人，（見洪興祖韓譜）則未知南陽是郡望，指漢郡言之，與古地之晉啓南陽，如風馬牛弗涉；河內郡，南陽亦郡，兩郡貫言，尤缺輿地之識。洪興祖作韓譜，辨河內南陽之非，允矣。然仍謂李白以爲南陽人者是，新史近之，則猶未辨郡望、里居之有別。方崧卿韓譜增考、引董逌說，以爲騫乃韓瑗、韓休之祖，而愈自出於尋、稜，蓋本於元和姓纂與新書世系表。其論南陽則云，今孟、懷州皆春秋南陽之地，自漢至隋，二州皆屬河內郡，唐顯慶中，始以孟州隸河南府，建中中，乃以河南之四縣入河陽三城使，其後又改爲孟州，今河內有河陽縣，韓氏世居之，故愈每自言歸河陽省墳墓，而女挐之銘亦曰，歸骨于河南之河陽韓氏墓，張籍祭愈詩亦云，舊塋盟津北，則知愈爲河內之南陽人；（方氏此段，據朱熹校韓集傳所節引，今刻韓文類譜，已佚其文，孟縣志引作朱熹創說，誤也）。所說河內南陽，猶是祖述洪興祖所引之或說，非方氏新得，牽率春秋之南陽，以傅合漢之南陽郡，尤昧於古地與郡望，涇渭攸分也。朱熹校韓集傳云，「……而中間嘗徙陳留，則公固潁川之族，尋、稜之後，而不得承騫之系矣，……但據此，則公與昌黎之韓異派，而每以自稱，則又有不可曉者，豈是時昌黎之族類盛，故隨稱之，亦若所謂言劉悉出彭城，言李悉出隴西者邪」，釋愈稱昌黎之故，見誠獨到，惜固執南陽爲河內修武，則視新書、洪譜，曾無百步五十步之分也。

書錄解題一六云，「南陽者唐東都之河陽，春秋傳晉於是始啓南陽者也，新書以爲鄧州，非是」。殊不知河陽唐之縣，愈里居也，南陽漢之郡，愈之郡望也，春秋南陽，晉之地也，爲義各異，地復鼎立，乃合而同之，新書鄧州雖誤，不幾愈於振孫之妄爲牽比乎。

授堂文鈔三與朱少白書，「考異以李白作韓文公父仲卿去思碑云南陽人，……李碑但謂南陽，則先生自言歸河陽省墳墓，即於左氏傳所謂晉啓南陽者相符。而新書承襲之故，尚不在此；唐說部、韓若雲有韓仙傳，蓋爲韓會而作，自著其族居，已云仲卿者刺史，江南人，受德濟家於鄧州之南陽，新史好叢稗野異聞，固沿此而因以致誤與」。謂新書亦本說部，或可信，若以晉啓南陽傅會於河陽，則仍不脫宋人之窠臼。

孟縣志云，「右韓昶自爲墓誌銘，……按縣牘略云，誌石於前明萬歷年間，自孟縣北二十里蘇村即古尹村韓王墈前出土，當時韓文公裔孫得之，藏於家。至於國朝雍正四年，河南巡撫田文鏡以孟縣即古河陽地，爲韓文公故里，因飭府縣查取後裔入告，請襲五經博士，其時裔孫韓法祖以其七代以下宗圖呈閱，幷稱戶編儒籍，世耕祀田，官支祭麥，更有家藏別駕此誌石刻可據，經田撫核實題奏，後經部議以引例失當，未得准行。至乾隆元年，文公裔孫韓法祖再行呈請，……欽賜世襲五經博士。是以後人作修武志者，皆載韓文公爲修武人，與作昌黎縣志者，據舊書載公爲昌黎人，其說皆堅持而不下，而不意千載之下，此誌迺出於孟縣尹村韓氏祖塋之前，因以知韓公所謂往河陽省墳墓者確在此地，而公之爲唐河陽縣人今孟縣地，灼然無疑」，據石刻以定愈之里居，可使爭議者無置喙餘地，顧於舊說致誤之因，與夫非理之惑，咸未能疏決淨盡，夫是以續爲之辨也。

全文六八七皇甫湜所爲愈墓誌曰，「三月癸酉，葬河南河陽」，愈貫河南河陽，初不待昶誌之出而後明。又昌黎集二八息國夫人墓誌云，「葬河南河陽，……將葬，戡與成以其事乞銘於其鄰韓愈」，葬河陽而與愈爲鄰，愈爲河陽人，已一語道破，無事深求，惜考證者之必生枝論也。

元稹世系

元稹所爲仲兄墓誌銘云，「有魏昭成皇帝十一代而生我隋朝兵部尚書府君諱某，後五代而生我比部郎中舒王府長史府君諱某，君卽府君之第二子也」，（長慶集五七）據姓纂，兵尚卽元巖，比部郎中者稹之父寬也，依此而計，則昭成至稹十七世。舊書一六六稹傳云，「後魏昭成皇帝，稹十代祖也」，與集迥異，豈舊傳誤以十一代爲昭成至稹世數，故有此書法歟；抑舊書多訛錯，今本十字之下，有脫文歟。白居易元稹墓誌云，「公卽僕射府君第四子，後魏昭成皇帝十五代孫也」，與稹仲兄誌相差兩代，卽謂稹兄誌連本身計，亦與稹誌相差一代，元、白膠漆，不應如是其失考也。又據姓纂，昭成生力眞，力眞生勃，勃玄孫禎，禎生巖，巖生琳，琳生義端，義端生延景，延景生悱，悱生寬，寬生稹，連本身計，則爲昭成十四代孫，否者十三代，是與稹誌亦最少相差一代也。復考新表七五下，什翼犍生力眞，力眞生意勁，（卽姓纂之勃）五世孫禎，禎生巖，巖生弘，弘生義端，義端生延景，延景生悱，悱生寬，寬生稹，如新表之五世不連本身，稹誌之十五代連本身，則新表尚與稹誌合；顧新表此段世系，顯合姓纂、白集而編成，保無削足適屨之舉，（此弊已於拙著姓纂校記指出）。吾人不能据新表以證白集稹誌之必合也。

然則上數說中，何說爲可信耶，曰姓纂可信。於何徵之，曰卽自元集徵之。

長慶集五三故京兆府盩厔縣尉元君墓誌銘云，「唐盩厔縣尉諱某，字某，姓元氏，於有魏昭成皇帝爲十四世孫，曾曰尚食奉御某，祖曰綿州長史贈太子賓客某，父曰都官郎中岳州刺史某」，此元某者失其名，勘諸姓纂，尚食奉御，延祚也，綿州長史，平叔也，都官郎中，持也，延祚於延景爲諸昆，是盩厔尉元某，卽稹之三從兄弟也。墓誌銘末又云，「是月二十一日，猶子晦跪于予曰，某日孤子震襄祔事，請銘於季父，由是銘」，盩厔尉之子若姪，稱稹爲季父，尤可證也。循是言之，稹應爲昭成十四世孫，連本身計之；若稹兄誌十七世，稹誌十五世，舊稹傳十世，均誤也。稹爲十四世，斯巖爲八世，無論如何，稹兄誌所云昭成十一代而生巖者，其中必有舛誤。

或曰，長慶集五七唐故建州浦（或誤蒲）城縣尉元君墓誌銘云，「君諱某，字莫之有，魏昭成皇帝十七世而生某官某，君卽某官之次子也」，此浦城尉雖失其名，然與稹同祖昭成，又同時代，行輩當相近，今誌亦作十七世，則稹兄誌未必是誤也。余按稹兄誌「十一代而生」，暨浦城尉誌「十七世而生」，就文義言之，均應連本身計算，今設依姓纂勃玄孫稹，不依新表勃五世孫稹，則由始祖神元皇帝力微計至元巖，恰是十一葉，故余謂兩誌之昭成，當是神元之誤；非然者，浦城、盩厔，同是親族，誌又出一手，何至三誌中世系自相矛盾耶。惟巖是十一葉，斯稹應爲勃玄孫，非五世孫，吾前謂新表有削足適屨者，此其是也。

浦城縣尉墓誌又云，「無何，宗姪義方觀察福建……又無何，宗姪觀察鄜坊」，十七世連本身計，則浦城尉某應十八世，義方是浦城尉姪，應十九世，玆試合魏書及元和姓纂所記義方世代，列爲一簡表觀之：

一世	二世	三世	四世	五世	六世	七世	八世	九世	十世	十一世	十二世	十三世	十四世
神元皇帝	沙漠汗	思皇帝弗	平文皇帝	昭成皇帝	獻明皇帝	道武皇帝	明元皇帝	太武皇帝	景穆太子晃	子推	恆芝	暹	瀍

十五世	十六世	十七世	十八世	十九世
大智	光賓	詢倩	正	義方

由此表觀之，便見神元至義方，恰十九葉，若昭成則祇十五葉，誌文昭成是神元之誤，信而有徵矣。

元稹墓誌，「五代祖弘，隋北平太守」，按隋書六二巖傳「子弘嗣，仕歷給事郎、司朝謁者、北平通守」，是通守，非太守也。新表、巖生琳、弘，琳生義恭，弘、隋北平刺史，生義端，以義端父爲弘，與今姓纂異，蓋從白氏集也，余故曰，新表此節，殆合姓纂、白集而編製也。然隋制州曰刺史，郡曰太守，北平、郡也，而曰刺史，則又誤中之誤也。（參拙著隋書州郡牧守表七頁）元氏集不著其五代祖名，惟卷五九告贈皇祖皇妣文云，「降及兵部，爲隋巨人，抑揚直聲，扶衞衰俗，戶部績紹，傳于魏州」，兵部、巖也，魏州、義端也，戶部卽五代祖之歷官，今隋書敍弘歷官無戶部，職是故稹誌（新表同）之五代祖弘，是否可據，尙再待乎徵信也。

韋應物

左司韋應物，非劉禹錫舉以自代之韋應物，養新錄一二曾引各說辨之。考白氏集五九、寶歷元年七月二十日題吳郡詩石記云，「貞元初，韋應物爲蘇州牧，房孺復爲房州牧，皆豪人也，韋嗜詩，房嗜酒，每與賓客一醉一詠，其風流雅韻，多播於吳中，或目韋、房爲詩酒仙，時予始年十四五，旅二郡」，又云，「韋在此州，歌詩甚多，有郡宴詩云，兵衞森畫戟，燕寢凝淸香，最爲警策，今刻此篇于石，傳貽將來」，詳味記文，白刺蘇州，韋卒已久，不然，韋苟生存，以白氏仰慕之深，詩興之健，寧不干前輩相爲唱和耶。白集同卷與劉蘇州書云，「去年冬，夢得由禮部郎中集賢學士遷蘇州刺史，……命曰劉白吳洛唱和集，自大和六年冬送夢得之任之作始」，則劉刺蘇州，又在白氏題記後七年，上距應物，更四十六七年矣。夢得集二二蘇州舉韋中丞自代狀，大和六年十二月九日上，狀云，「諸道鹽鐵轉運、江淮留後、朝議郎、守太僕少卿、兼御史中丞、上柱國、賜紫金魚袋韋應物，……前件官歷掌劇務，皆有美名，執心不回，臨事能斷，今領職雖重，本官尙輕」，使此韋應物卽前四十六七年曾守蘇州之詩人，劉狀不應絕不提及，何謂本官尙輕，是知前後兩應物，幷非同人，詩人未嘗登遐齡至百餘歲也。

答朱載言書

四庫全書李文公集提要云，「然觀與梁載言書，論文甚詳」，今馮氏刻本卷六題稱「答朱載言書」，下注云，「一本作梁載言」，余按舊書一九〇中，梁載言以則天時出仕，中宗時爲懷州刺史，下去德宗世已八十年，載言之卒久矣，李書云，「而足下齒幼而位卑」，則尚是翶之後輩，梁字誤無疑。樊川集一八有朱載言除循州刺史制，稱前靈鹽節度掌書記、朝請郎、試大理司直、兼殿中侍御史朱載言，當卽其人。文粹八五又訛王載言，唯容齋隨筆七及全文六三五正作朱。

賈島貶年及其享齡

蘇絳唐故司倉參軍賈公(島)墓銘，「解褐責授遂州長江縣主簿，三年在任，卷不釋手。秩滿，遷普州司倉參軍。……會昌癸亥歲七月二十八日，終於郡官舍，春秋六十有五。嗚呼，殆未浹旬，轉授普州司戶參軍，榮命雖來，於我何有」，癸亥、會昌三年也。新書一七六島傳，「文宗時，坐飛謗，貶長江主簿，會昌初，以普州司倉參軍遷司戶，未受命卒，年五十六」，蓋本此誌，唯享年五十六，與汲古本長江集作六十五者，單十兩位，恰相倒置。全文七六三載此誌又作「春秋六十有四」。未得他證，難定其孰是也。

唐摭言一一云，「又嘗遇武宗皇帝於定水精舍，島尤肆侮，上訝之，他日有中旨令與一官謫去，乃受長江縣尉，稍遷普州司倉而卒」，稱島被貶於武宗時；又長江集首載唐宣宗皇帝賜賈島墨制，中有云，「可守劍南道遂州長江縣主簿」，末署大中八年九月七日，稱島被貶於宣宗時，均與誌異。宋紹興初王遠跋云，「右大中墨敕九十四字，舊刻石祠堂中，……蘇絳當時人，誌必不差，摘(摭)言載武宗時謫去，尤非也。然則大中恐是大和字，今不敢輒改，以俟知者辯之」。余按全唐詩九函四册島詩有送令狐綯相公、謝令狐綯相公賜衣九事、寄令狐綯相公、寄令狐綯相公等四首，皆注云，「一本無綯字」，汲古本有綯字。考令狐楚曾相憲宗，故稱相公，據舊書一七二本傳，「(大和)七年六月，入爲吏部尙書，仍檢校右僕射，……九年六月，轉太常卿，十月，守尙書左僕射」，僕射是東省，故其第四詩云，「一主長江印，三封東省書」，況上呈高官之詩文，於禮不署其名，顯後人妄添綯字耳。島又有觀冬設上東川楊尙書詩，第七句曰，「逐遷屬吏隨賓列」，依舊書一七六汝士傳，「開成元年，……十二月，檢校禮部尙書、梓州刺史劍南東川節度使，……四年九月，入爲吏部侍郎」，遂州歸東川轄，故島自稱逐遷屬吏，使島而謫於武、宣時者，焉得與汝士相値耶。是則王氏之疑，可以解矣。

唐制主簿比尉高一階，前引第二詩有云，「長江飛鳥外，主簿跨驢歸」，是島爲主簿，摭言稱長江尉，亦誤。

京尹十年十五人

白氏長慶集二贈友詩五首之四，「京師四方則，王化之本根，長吏久於政，然後風教敦，如何尹京者，遷次不逡巡，請君屈指數，十年十五人」，極言京尹之頻更也。嘗就唐代史獻求之，所謂十年者，似指元和元年至十年，茲試將當日京兆尹之移動，列表如次：

元年，二月，戊午，（據岑刊校記七改正）李鄘爲尙書右丞，鄭雲逵自金吾大將軍授。

五月，丁卯，鄭雲逵卒，辛未，韋武自兵部侍郎授。

閏六月，韋武卒，辛未，董叔經自祕書監授。

八月，癸未，董叔經卒，丙戌，李鄘自尙書右丞授。

二年，六月，辛巳，李鄘爲鳳翔節度，——？

三年春，——？鄭元自刑部尙書兼。

九月，鄭元復判度支，——？

四年，——？楊憑自刑部侍郎授。

七月，壬戌，楊憑貶臨賀尉，戊辰，許孟容自尙書右丞授。

五年，十月，戊辰朔，許孟容爲兵部侍郎，王播自御史中丞授。

六年，四月，庚午，王播爲刑部侍郎，元義方自福建觀察授。

七年，正月，辛未，元義方爲鄜坊觀察，李銛自司農卿授。

八年，十二月，庚辰朔，李銛爲鄜坊觀察，裴武自鄜坊觀察授。

十年，七月，乙未，裴武爲司農卿，李翛自司農卿授。

如此看來，自李鄘以至李翛，誠十年之間十五人矣。十五人中，已知十三，未知二，表內所採史料，除已見舊紀十四、十五兩卷外，有須附以說明者；如（一）鄭雲逵之卒，在元年五月，舊書一三七本傳作五年誤。(二)韋武之卒，紀未之書，呂衡州集六韋武碑稱凡七十日遇暴疾薨，然由紀之除授日觀之，實不足六十日也。(三)李鄘再任，以二年六月去，舊書一四六鄭元傳云，「三年春，遷刑部尙書兼京兆尹，九月，復判度支，依前刑部尙書兼御史大夫」，是二年六月已後，三年春已前，應尙有一人也。(四)鄭元旣以三年九月去，而舊書同卷楊憑傳云，「入爲左散騎常侍、刑部侍郎、京兆尹，…… 元和四年，拜京兆尹」，則元三年已去之後，憑四年未拜之前，又尙有一人也。(五)舊紀、十一年十一月，(據沈本補)庚午，以京兆尹李脩爲浙西觀察，同書一六二脩傳，「召拜司農卿，遷京兆尹，十年，莊憲太后崩」。昌黎集三八進王用碑文狀云，「右京兆尹李脩，是王用親表」，脩或作修誤，據同集二七碑文，用、元和十一年七月八日壬申卒，十一月十一日壬申葬，集三八注又誤爲用卒八月，蓋未細讀碑文「將以八月葬莊憲太后、前一月壬申」之「前」字，且是歲八月甲午朔，月內無壬申也。脩固繼裴武後者。(六)舊紀、七年十二月，「戊戌，以京兆尹裴向爲同州防禦使」，似李銛中嘗停任，然考白氏集三八除裴向同州刺史制云，「京兆少尹裴向，……累守大郡，入亞天府，……左輔之重，佥膺其選」，明明是由少尹刺同州，今舊紀誤脫「少」字耳。(此非居易文，當別辨之)。(七)白氏長慶集三八有除李遜京兆尹制一篇，亦非居易作，(均辨見拙著白氏集僞文)今先就文論文，則制詞有云，「浙江東都(道訛)觀察使、御史中丞李遜，……可權知京兆尹」，據嘉泰會稽志，九年九月，遜自浙東追赴闕，然舊書一五五遜本傳乃云，「九年，入爲給事中」，新書一六二同，後雖一度除京兆尹，則約在十三年，且裴武之任，中間未停，故此僞文之權知京兆尹，似不可信。(八)英華九八七、韓愈祭張員外文稱，元和十年，中書舍人王涯、考功郎中知制誥韓愈、禮部侍郎崔羣、京兆尹許季同、考功員外郎庾承宣、河中節度判官殿中侍御史邢册等，似季同或繼裴武之後而爲京尹；但考新書一六二季同傳，「歷長安令，再遷兵部郎中，孟容爲禮部侍郎，徙季同京兆少尹」，元和姓纂稱季同金部郎中，應是七年中修姓纂時見官，在再遷兵中之前，又季同以六年十二月停長安令，(元龜一五三)孟容以兵侍權知禮部貢舉，至七年二月十三日壬寅，自兵侍出爲河南尹，(舊紀一五及登科記考一八)距季同停官，不過月餘，未必已再遷兵中，復改少尹，新傳所記時期，恐不盡實。余意季同之改少尹，當在八九年間，十年所官，仍是少尹，此如裴向本京兆少尹，而舊紀奪書爲京兆尹，（見前文）李建本京兆少尹，（據新書一六二）而舊傳奪書爲京兆尹耳。（見下文）（九）舊書一五五李建傳，「遷兵部郎中知制誥，自以草詔思遲，不願司文翰，改京兆尹，與宰相韋貫之友善，貫之罷相，建亦出爲澧州刺史」，考貫之九年十二月相，十一年八月罷，似建於十，十一年間曾官京尹；但新書一六二建本傳則云，「以兵部郎中知制誥，宰相有竄定詔藁者，亟請解職，除京兆少尹」，元氏長慶集五四李建誌，「換兵部郎中知制誥，丞相視草時數有竄益，遂不復出，樂爲少京兆」，白氏長慶集二四有唐善人墓碑亦云，「公官歷校書郎、左拾遺、詹府司直、殿中侍御史、比部兵部吏部員外郎、兵部吏部郎中、京兆少尹、澧州刺史」，是建官少尹，非尹也。抑京兆尹官從三品，試觀前文十餘人中，率自四品已上見官除授，最卑者爲中丞王播，亦正五品上，郎中祇從五品上，通制恐不得遞除京尹也，前條許季同亦同斯例。

十五人中，知其卒官者，鄭雲逵、韋武、董叔經三人，而皆在元年之內，居任僅五十餘至七十餘日，外此楊憑以坐贓貶，裴武以緩賊調，其餘更動之故，不復可知，最久任者首推李鄘，僅及二十三月，次裴武，不足二十一月（連閏）又次許孟容，餘十四月，他均未朞而去。

當日京兆難治，可於各傳得其髣髴；如舊書一五七李鄘傳，「元和初，以京師多盜，復選爲京兆尹，擒奸禁暴，威望甚著。一五四孟容傳，「四年，拜京兆尹，賜紫。神策吏李昱假貸長安富人錢八千貫，滿三歲不償，孟容遣吏收捕械繫，尅日命還之，日不及期當死。自興元已後，禁軍有功，又中貴之尤有渥恩者，方得護軍，故軍士日益縱橫，府縣不能制，孟容剛正不懼，以法繩之，一軍盡驚，寃訴於上，立命中使宣旨，令送本軍，孟容繫之不遣，中使再至，乃執奏曰，臣誠知不奉詔當誅，然臣職司輦轂，合爲陛下彈抑豪強，錢未盡輸，昱不可得。上以其守正，許之。自此豪右斂迹，威望大震」。一六四王播傳，「十月，代許孟容爲京兆尹，時禁軍諸鎮，布列畿內，軍人出入，屬鞬佩劍，往往盜發，難以禁姦，而播奏請畿內軍鎮將卒出入，不得持戎具，諸王駙馬權豪之家，不得於京內按試鷹犬畋獵之具，詔從之，自是姦盜弭息」。又新書一六三柳公綽傳，「拜京兆尹，方赴府，有神策校乘馬不避者，卽時榜死，帝(憲宗)怒其專殺，公綽曰，此非獨試臣，乃輕陛下法。帝曰，旣死不以聞，可乎。公綽曰，臣不當奏，在市死，職金吾，在坊死，職左右巡使；帝乃解」。舊書一六五同人傳，「長慶元年，罷使爲京兆尹兼御史大夫，時河朔復叛，朝廷用兵，補授行營諸將，朝令夕改，驛騎相望，公綽奏曰，自幽鎭用兵，使命繁併，館遞匱乏，鞍馬多闕，又勅使行李人數，都無限約，其衣緋紫乘馬者二十三十四，衣黃綠者不下十四五匹，驛吏不得視券牒，隨口卽供，驛馬旣盡，遂奪路人鞍馬，衣冠士庶，驚擾怨嗟，遠近喧騰，行李將絕，伏望聖慈聊爲定限。乃下中書條疏人數，自是吏不告勞。以言直爲北司所惡，尋轉吏部侍郎」，合觀各事，便曉然於京尹一職，大不易當，能者速去，不能者亦去；蓋輦轂之下，閹豎橫行，處事稍疎，動輒得咎，一也。強藩跋扈，姦諜潛滋，戕相毀陵，目無皇法，二也。治之太寬，人庶嗟怨，持之過峻，朝且責言，三也。九重之上，非不知更調過頻，難以爲治，然姦宄之作，巨室實主之，旣欲民吏乂安，又弗願開罪權倖，世寧有如是衝突之致治理論哉。白詩云，「誰能變此法，待君贊彌綸」，誠見乎安民之道，純由在上者出以決心，不爲權勢所動搖而已。昔人以杜甫爲詩史，白傅之詩，余謂無愧是名。

太宗十八舉義兵

新唐書糾謬四云，「今案虞世南傳敍太宗語曰，吾年十八舉義兵，二十四平天下，未三十卽大位。且太宗以隋煬帝大業十三年起義兵，是歲丁丑，而太宗自謂年十八，則是庚申歲生。又太宗紀云，大業中，突厥圍煬帝鴈門，詔書募兵赴援，太宗時年十六，往應募。案隋書紀、突厥以大業十一年圍煬帝於鴈門，是歲乙亥，而太宗年十六，則亦是生於庚申歲。以二者推較，則太宗以庚申生無疑矣。貞觀二十三年，歲在己酉，自庚申至己酉，止是五十年，而本紀以爲年五十三，則誤也」。葉酉考證云，「太宗紀年五十三，舊書作五十二，按太宗生於隋開皇十八年戊午，至是年己酉，乃五十二，當從舊書」。錢大昕考異四二云，「案唐會要、太宗以隋開皇十八年十二月戊午生於武功別館，武德九年八月卽位，年二十七，貞觀二十三年五月二十六日崩於翠微宮含風殿，年五十二」。趙紹祖新舊唐書互證一云，「案舊書太宗紀云，隋開皇十八年十二月戊午，生於武功之別館，竹汀先生河須引會要也。且會要祇云武德九年六月七日册爲皇太子，八月九日即位，無年二十七之文，計太宗是時年二十九矣」。余按葉、錢兩家考證，於新書本紀與糾謬之誤因，論之尙嫌未澈。考新書七九、太宗同母弟玄霸，大業十年卒，年十六，則大業十一年應十七歲，太宗爲兄，何得尙年十六，此必新書本紀以大業十三年爲舉義，因退卻兩年爲十六也。舊書七二虞世南傳祇云，「但吾纔弱冠舉義兵，年二十四平天下，未三十而居大位」，唯白氏集三新樂府七德舞云，「太宗十八舉義兵，白旄黃鉞定兩京，擒充戮竇四海淸，二十有四功業成，二十有九卽帝位，三十有五致太平」，新傳之「年十八舉義兵」，殆與白詩同一本據。（貞觀政要一〇、「但朕年十八，便爲經綸王業」，又「但朕年十八便舉兵」）。今試就白詩求之，二十有四功業成者，卽武德四年擒充戮竇之歲也，二十有九卽帝位者，武德九年也，武德四年爲二十四，九年爲二十九，兩數相符，由是逆推，年十八應爲大業十一年，是歲煬帝被突厥圍於鴈門，卽舊紀二所云，「大業末，煬帝於鴈門爲突厥所圍，太宗應募救援」，是也。新紀不知應以大業十一爲舉義之年，而誤爲大業十三，故應募之年，縮少兩歲，吳氏弗察，又盲從其說以施計算，夫於是糾人謬者，其謬復爲人所糾矣。苟謂不然，以大業十三爲起義，則二十四歲當武德六年，是歲無大戰爭，不得曰平天下也；二十九歲當貞觀二年，太宗卽位已兩臘也。新紀不合，糾之誠是，無如吳氏持以糾人者仍謬也。

余今所未盡明者，太宗三十五歲，當貞觀六年，突厥先於四年被滅，白氏稱六年爲致太平，在歷史上殊無特徵，唯舊書二三禮儀志，「貞觀六年，平突厥，年穀屢登」，又元龜三五，「（貞觀）六年，公卿百寮以天下太平，四夷賓服，詣闕請封禪者首尾相屬」，白詩其卽取意於是歟。

德宗妃韋氏

舊書五二云，「德宗韋賢妃，不知氏族所出」；考會要三，「妃祖濯，尙中宗女定安公主，官至衞尉少卿，父會昌中爲義王駙馬」，新書七七亦云，祖濯，尙定安公主」，蓋舊書失考也。妃之父斷不能遲至會昌中爲義王駙馬，元和姓纂、「灌，駙馬太僕(卿)，生會，贊善大夫」，知會乃妃父之名，會字下當有奪誤。義王、玄宗子，開元十三年封，會娶其女，則妃母或封縣主，今賢妃墓誌乃云，「母曰永穆公主」，(白氏長慶集二五全文六八〇同)其文必誤。永穆玄宗長女，會要六、新書八三均祇云降王繇，不合者一。尙公主必稱駙馬，而姓纂於會未之言，不合者二。誌有言，「今奉詔，但書地及時與妃之所以由賢之義而已」，意因此而白氏不及細考歟。

李愻或李遜

白氏集三九翰林制詔有答李遜等謝恩令附入屬籍表，又三八有除李遜京兆尹制，乍視之，必若同人，其實非然也。考舊紀一四、元和四年(據殿本考證)四月，「庚子，制故太尉西平郡王李晟宜編附屬籍」，此正居易翰林當制之時，今答詔有云，「卿先父頃逢多難，嘗立大功」，非晟固不足當之，晟碑有子「曰愻，左神武軍大將軍兼御史大夫」，(萃編一〇八)愻、古遜字，故新書八八之張長愻，舊書五七作長遜，此李遜即晟子愻也。然依碑愻非長子，以之領銜，或元和初內官居最高歟。京兆尹之李遜，舊書一五五、新書一六二有傳，未嘗沾編附之恩，且據傳，其父震祇雅州別駕，更不足勝「嘗立大功」之奬譽矣。(除京兆尹制是僞文，別於白氏長慶集之僞文篇論之)。

薛苹與薛平

白氏集四〇答薛苹賀生擒李錡表，苹、英華四六七作平，且注云，「集作苹非」，(全文六六五同作平)余按作苹固誤，然依此尙易尋其眞跡，作平則不特字訛，且別爲兩人矣。唐中有薛苹與薛平，其時代相當，苹、循吏也，舊書一八五下、新書一六四有傳。平、武夫也，舊書附見一二四其父嵩傳，新書附見一一一其曾祖仁貴傳。

舊苹傳不著朝代字様，讀終篇而不知其何時人，新傳著「憲宗時奏最」一語，此卻新勝於舊之處，然舊紀中固見苹事數條：

(1)建中三年四月，長安令薛苹荷校乘車，於坊市搜索。(舊紀一二)

(2)永貞元年，十一月，(據沈本補)甲申，以虢州刺史薛苹爲潭州刺史湖南觀察使(舊紀一四)

(3)元和五年，八月，乙亥，以浙東觀察使薛苹爲潤州刺史浙西觀察使(同上)

(4)元和十四年，七月，己卯，左散騎常侍薛苹卒。(同上一五。苹之仕歷，可參全文四九七薛公先廟碑)。

復據唐方鎮年表引韓集石君墓誌注，「元和三年，正月，以薛苹爲浙東」，(今通行本無此注)李錡之平，在元和二年十一月，苹蓋從湖南任上表賀也。

或者曰，舊書「嵩子平，年十二爲磁州刺史，嵩卒，軍吏欲用河北故事，脅平知留後務」，又「宰相杜黃裳深器之」薦爲汝州刺史兼御史中丞」，黃裳知政，正元和初年，安知非平表賀者。余曰，今白集答詔下有與薛萃詔一篇云，「且清白之風，旣自家而刑國」，依苹傳，彼固以清白聞；其後又有答薛萃謝授浙東觀察使表，苹萃字形甚相近，後之萃必苹之訛，吾是以決前之萃亦苹之訛也。(全文六六五此篇亦誤平)。

舊傳苹卒年七十四，實生天寶五載。舊紀一七下、平以大和六年正月卒，其父卒時(大歷八年)最少年十二，則約生寶應之元，輩後於苹，享年亦七十已上。

京兆府二十四縣

白氏長慶集四〇答京兆府二十四縣謝賑貸表，係六年二月作。余按元和郡縣志一、京兆府管縣十二，又十一；舊書三八、京兆府天寶領縣二十三，與元和志同；新書三七則領縣二十，因奉先、櫟陽、盩厔三縣，唐末改屬他州也。已上三書，皆無二十四之數，唯新書同卷鳳翔府郿縣下云，「大歷五年，權隸京兆」，亦不詳何時還隸，豈二十四縣卽兼郿言之耶。然元和志修於元和八年二月，僅後於答表兩載，何於郿縣下無一語及之，書以俟考。

或疑四字傳訛，是亦不然。舊紀一四、元和六年，二月癸巳，以京畿民貧，貸常平義倉粟二十四萬石，全文六二憲宗賑恤百姓德音亦云，「京兆府宜以常平義倉粟二十四萬石，貸借百姓」，每縣萬石，其數均，故應是二十四縣也。

于明州

英華辨證九云，「白居易題于家公主舊宅詩，……髭鬚皓白向韶州，(韶、集，作明)。按于家公主，憲宗之女永昌公主，下嫁于頔之子季友，……居易所題舊宅在洛中，……其後有寄明州于駙馬使君詩，留滯三年在浙東，又有近海饒風、海味腥鹹之語，皆指明州也。檢唐史于頔傳，不書季友終於何官，而宰相世系表、季友絳宋等州刺史，不及明州，蓋省文也。今文苑乃作韶州，……誤指季友爲于琮，遂改作韶州，不可不辨」。余按皓、白集作雪，白前詩收白集六四，後詩收六五，皆大和三年居易分司東都後所作，今育王寺碑後記末，題「大和七年十二月一日明州刺史于季友記」，(萃編一〇八)時代正合，更足爲彭說之確證。萃編疑季友是否同人，平津續記言新表不載，則未知南宋人早經論定也。

河南換七尹

白氏長慶集六七有詩題曰，「自罷河南，已換七尹，每一入府，悵然舊遊，因宿內廳，偶題西壁，兼呈韋尹常侍，并贈張處士、韋山人」，余按同集六二詠興五首序云，「七年四月，予罷河南府，歸履道第」，已換七尹者，大和七年四月已後事也，其詩約開成三年作。七尹姓名，具見舊紀，爲次列之：

(一)嚴休復　舊紀一七下、七年三月，「丙辰，(二十九日)以散騎常侍嚴休復爲河南尹」，四月，「壬子(沈本作壬午是，二十五日)。以河南尹白居易爲太子賓客、分司東都」，此休復繼居易任也。同年十二月，「丁未，(二十五日)以河南尹嚴休復檢校禮部尙書、充平盧軍節度淄、青、登、萊、棣觀察等使」，自始命至遷，不足十月。(是歲閏七月)

(二)王質　舊紀、七年十二月，「戊申，(二十六日)以給事中王質權知河南尹」，八年九月，「辛酉，(十三日)以權知河南尹王質爲宣、歙觀察使」，自始除至遷，僅八月有半。

(三)鄭澣　舊紀、八年九月，「癸亥，(十五日)以尙書吏部侍郎鄭澣爲河南尹」，開成元年，「夏四月，庚午朔，以河南尹鄭澣爲左丞」，自始除至召還，僅逾年半。

(四)李紳　舊紀、元年四月，庚午朔，「以太子賓客分司東都李紳爲河南尹」。同年，「六月，戊戌朔，以河南尹李紳檢校禮部尙書、汴州刺史、充宣武軍節度使」，自始除至遷，剛三月。（是歲閏五月）惟全詩八函一册紳拜三川守詩引云，「開成元年三月二十五日，蒙恩除河南尹，四月六日詔下洛陽」，月日與紀少乖。

(五)李珏　珏之除尹，不見舊紀，今元年六月下祇得記事一條，疑有缺文也。唯同年四月十日己卯下書，「以江州刺史李珏爲太子賓客分司」，同書一七三本傳，「開成元年，四月，以太子賓客分司東都，遷河南尹」，又白氏集六六詩序，「開成二年三月三日」，河南尹李待價以人和歲稔，將禊於洛濱」，待價、珏字，則珏繼紳而任也。又舊紀、二年三月，「戊子，（二十五日）以河南尹李珏爲戶部侍郎」，在任約十月。復次白氏集六六有春盡日天津橋醉吟偶呈李尹侍郎及惜春贈李尹兩詩，考紳、珏俱曾爲侍郎，集中亦多與紳酬贈之詩，唯紳四月始授，六月即去，所謂「春盡」、「惜春」，語非密貼，則未知爲紳抑爲珏作也。

(六)裴潾　舊紀、二年三月壬辰，(二十九日)「以兵部侍郎裴潾爲河南尹」，又文饒別集一〇潾題平泉山居詩後云，「開成二年，有，（全唐詩八函四册無此字，余按春字之訛）。潾自兵部侍郎除河南尹，乃於河南廨中自書於石，立於平泉之山居，開成二年九月二十五日，河南尹裴潾題」。獨潾之內召，不見於紀，唯舊書一七一本傳云，「二年，加集賢院學士、判院事，尋出爲河南尹，入爲兵部侍郎，三年四月卒」，則繼潾者韋長也，在任不足十月。

(七)韋長　舊紀、三年正月，「丁丑，（十八日）以前荆南節度使韋長爲河南尹」四年七月，「壬寅，(二十三日)以河南尹韋長爲平盧軍節度使」自始除至遷，約十九月。（四年閏正月）前引白氏集呈韋尹常侍詩，即長也。文饒別集一〇、余所居平泉村舍，近蒙韋常侍大尹特改嘉名，因寄詩以謝詩，亦當是長；若同卷之郊外即事奉寄侍郎大尹詩，常侍、侍郎，所官不同，應別爲一人。（參拙著貞石證史贊皇公條）。

由是知韋長已前六人，任期逾一年者唯鄭澣，最短者莫如李紳，剛及三月，白氏之悵然，正有同乎京尹十年十五人（見前）之興歎矣。

同時六學士

新書四六，「別置學士院，專掌內命，凡充其職者無定員」，考異四四云，「按學士無定員，見於李肇翰林志，然舊唐書職官志稱；翰林例置學士六人，內擇年深德重者一人爲承旨，白居易詩有同時六學士之句，則非無定員也」。余按容齋續筆二云，「白樂天分司東都，有詩上李留守相公，其序言公見過池上，汎舟舉酒，話及翰林舊事，因成四韻，後兩聯云，白首故情在，青雲往事空，同時六學士，五相一漁翁，此詩蓋與李絳者，其詞正紀元和二年至六年事，予以其時考之，所謂五相者，裴垍、王涯、杜元穎、崔羣及絳也」，洪氏所言，若甚切實，顧核以史乘，則其妄有三：

杜元穎於元和十二年入充，參諸壁記，絕無疑議，對居易爲十年後輩，王涯、裴垍、李絳，均先乎居易，更無論矣。方元穎之入，上去涯、垍等出院，遠或十年，近者亦兩三年，（參下表）而謂元穎與涯、垍等同時，其妄一也。

白氏之詩，編入卷六十九，後一題爲閏九月九日獨飲，此會昌元年（是歲閏九月）之作也。舊書一六四李絳傳，絳曾留守東都者二，皆在長慶時；據舊紀一六，長慶元年十月壬申，以吏尙李絳爲東都留守，二年二月丁亥，裴度代之，三月甲寅，前東都留守李絳復拜舊官，七月乙卯（二十七日），陳楚代之，八月丁丑，以前東都留守李絳爲鎮國軍使，居易則於二年七月壬寅（十四日），自中書舍人出爲杭州刺史，白集四四杭刺謝上表有云，「去七月十四日，蒙恩除授杭州刺史，屬汴路未通，取襄、漢路赴任」，微特擁旄出守，未得自號漁翁，而東京道上，白、李庸有班荊之會乎，其妄二也。

依壁記，自元和二年十一月六日居易入院後，繼之者衞次公，以三年六月再入，錢徽八月入，韋弘景四年七月入，獨孤郁五年四月入，蕭俛六年四月入，此五人中位至宰輔者唯俛一人，詩人覓句，縱有時忽略事實，然謂同時六學士爲二年至六年事，直把衞、錢、韋、獨孤四公，置而不論，恐未必如是偏就詩鋒，其妄三也。

同時非指元和二年至六年，五相無元穎，留守非李絳，洪之解釋，旣不貼切，則同時者何時乎？居易初入院之時也。五相何人乎？李程、王涯、裴垍、李絳、崔羣也。留守相公者誰？李程是也。

涉於第一、第二解釋，唯壁記稱衞次公以元和三年正月出，似欠圓滿，余則謂三年實二年之訛，（說詳拙著重修學士壁記斠補）果如是，則二年十一月六日居易入院之日，前此在院者有李程、王涯、裴垍、李絳四學士，與居易同日入者崔羣學士，恰符六數。（參下表）稍遲而涯與垍三年四月出，程七月後出，員雖或合乎六，若相則非五矣。

涉於第三解釋者，新書一三一李程傳云，「武宗立，爲東都留守卒」，考舊紀一八上，會昌元年二月，「賜仇士良紀功碑，詔右僕射李程爲其文」，程之出爲留守，當在此後，固與白詩之編次相合。白氏集中、如卷六八雪朝乘輿欲詣李司徒留守先以五韻戲之詩，又卷七一和李相公留守題漕上新橋六韻詩，皆爲程作也。舊書一六七本傳云，（開成）二年三月，檢校司徒，出爲襄州刺史、山南東道節度使卒」，以程卒山南東道，非是。

尙有附帶辨明者，舊書一六四李絳傳，「長慶元年，……充東都留守，二年正月，檢校本官兗州刺史兗海節度觀察等使，三年，復爲東都留守，四年，就加檢校司空，寶曆初，入爲尙書左僕射」，以舊紀觀之，三年蓋三月之訛也。新書一五二絳傳，「還兵部尙書，歷東都留守，徙東川節度使，復爲留守，寶曆初，拜尙書左僕射」，考絳於長慶三年代王涯爲東川，（吳氏方鎭表六）寶曆元年四月乙亥，自東川檢校司空入爲左僕射，（舊紀一七上）新傳置復爲留守於節度東川之後，大誤。舊傳復爲留守下，又奪去節度東川之文，大抵就加司空，係在東川任內也。至新傳之兵尙，與舊紀、舊傳作吏尙者亦小異。

三釋已明，斯可以進論學士之有無定員矣。白詩記元和，玆卽依翰林院故事重修壁記暨余所補正，列爲元和學士表以覘之。

年分	入充	出院
元和已前留充者	衞次公 李程 張 聿 王涯 李吉甫 裴垍	

元和元年	…………	…………
二　年	四月八日，李絳。 十一月六日，崔羣、白居易	正月，衞次公、張聿。 同月二十一日，李吉甫。
三　年	六月二十五日，衞次公。 八月二十六日，錢徽。	四月十三日，王涯。 二十五日，裴垍。 七月二十三日後，李程。
四　年	七月一日，韋弘景。	三月，衞次公。
五　年	四月一日，獨孤郁。	九月，獨孤郁。
六　年	四月十二日，蕭俛。	二月二十七日，李絳。 四月，白居易。
七　年	…………	…………
八　年	正月二十七日，劉從周。 十二月二十二日，獨孤郁。	十月二十三日，韋弘景。
九　年	七月二十三日，徐晦。 二十五日，令狐楚。 十一月六日，郭求？	六月二十六日，崔羣。 十一月前，獨孤郁。 劉從周卒？
十　年	是歲王涯？	十一月，錢徽。
十一年	八月十五日、張仲素、段文昌。	正月十四日，蕭俛。 十一月八日，郭求。 十二月十六日，王涯。
十二年	二月十三日，沈傳師、杜元穎。	二月十一日，徐晦。 八月四日，令狐楚。
十三年	七月十六日，李肇。	…………
十四年	…………	歲底？張仲素卒。
十五年	閏正月十三日，李德裕、李紳，庾敬休。	閏正月八日，段文昌。

侍講學士或侍書學士，與翰林學士有別，故上表不闌入，依此，則元和十五年中，確知爲學士六員者，計有五個時期：

(甲)元和元年至二年正月已前。

(乙)二年十一月六日至三年四月十三日。

(丙)五年四月一日至同年九月前。

(丁)十一年八月十五日至同年十一月八日。

(戊)十五年閏正月十三日已後。

此外尚有兩個時期，如三年下半年李程之出，月日未詳，又八九年頃，劉從周卒於何時，郭求以何時入，尙未確知，不能算定員數，然雖是如此，要可斷言元和十五年中，學士有六員者不及五年；易言之，卽不及全期三分之一也，由是可見學士常設六員說之根本錯誤。再就居易切身言之，則(甲)期彼未入院，(丁)(戊)兩期彼已出院，相當者唯(乙)(丙)兩期，丙)期六人爲李絳、崔羣、白居易、錢徽、韋弘景、獨孤郁，錢、韋、獨孤未嘗相，與五相不合，是知合者更祇有(乙)期之李程、王涯、裴垍、李絳、崔羣、白居易六人；易言之，卽居易初入院之時也。夫白詩同時六學士，固謂於時同事六人，語意甚明，竇牟嘗有元日嘉聞大禮寄四學士六舍人詩，(紀事三一)使如錢氏泥解「六」字，然則亦可謂學士定設四員乎。

學士有無定員，知之最悉者莫如當日之翰林學士，李肇翰林志之說，錢氏亦旣引之，然可徵者尙不止此也。韋執誼翰林院故事云，「大抵召入者一二人，或三四人，或五六人，出於所命，蓋無定數」，又翰林志云，「元和十二(三之訛)年，肇自監察御史入，明年四月，改左補闕，依舊職守，中書舍人張仲素、祠部郎中知制誥段文昌、司勳員外郎杜元穎、司門員外郎沈傳師在焉」，前者早言無定額，後者數不過五，錢氏乃不之信而偏信舊志，傎矣。

抑錢旣援舊志，志之誤斯不可不辨。志云，「至德已後，天下用兵，軍國多務，深謀密詔，皆從中出，尤擇名士，翰林學士，得充選者，文士爲榮，亦如中書舍人例，置學士六人，內擇年深德重者一人爲承旨，所以獨承密命故也，德宗好文，尤難其選，貞元已後，爲學士承旨者多至宰相焉」，通鑑二一七天寶十三載下，胡氏卽本此爲注，(尤擇名士胡注作名臼)，由其文觀之，是謂德宗時已有承旨之設也，考翰林志云，「元和已後、院長一人，別敕承旨」，元稹承旨學士院記云，「舊制、學士無得以承旨爲名者，應對顧問，參會旅次，班第以官爲上下，憲宗章武孝皇帝以永貞元年卽大位，始命鄭公絪爲承旨學士，位在諸學士上」，舊志說承旨已誤，則六人云云，庸可恃爲信據。通鑑二一五大歷十三年下胡注，又謂學士無定員，雖與前注相違，究屬不誤，錢氏通鑑注辯正二乃糾之曰，「按此注云，學士無定員，而天寶十三載注又云，如中書舍人例，置學士六人，內擇年深德重者一人爲承旨，則非無定員矣，白居易詩亦有同時六學士之句」，夫有無定員，吾人可依重修壁記列表而知之，錢氏固嘗撰唐學士年表者，胡竟不擇言若是耶。復次大曆十三年胡注前段，係引翰林故事，末段則否，錢氏辯正，乃以爲引故事之詞，由未取本對勘也。

全文七八〇李商隱居易墓碑，「大人居翰林六同列，五具爲相，獨白氏亡有」，其辭亦含混。

條流與條疏

會昌一品集一三條疏太原巳北邊備事宜狀，明本卷目條疏作條流，余嘗疑卷目之誤，（伐叛集編證一四五頁）今細詳之，兩者皆可通也。全文三一五李華與表弟盧復書，「弟爲華具條流相報也」，六二憲宗賑恤百姓德音，「委度支鹽鐵使及京兆尹即具作分數條流聞奏」，七六武宗條流百官俸料制，「特委中書門下條流」，八一宣宗答考功條陳敕，「考功所條流較考功事，頗爲詳悉」，禁嶺南貨賣男女敕，「仍先具條流聞奏」，平党項德音，「委長吏條流聞奏」，八三懿宗平徐州推恩制，「續議條流處分」，此條流字之常用者。

亦有作條疏者，如全文八一宣宗刺史交代敕，「條疏刺史交代」，停稅茶敕，「裴休條疏茶法事極精詳」，八二大中改元南郊赦文，「自會昌元年後赦文及諸色條疏，有不便於人者，委有司及外州府長吏條疏聞奏，……赦書有所不該者，所司具條疏聞奏」，皆是也。如謂條疏得爲條流之訛，則全文八二宣宗受尊號赦文又有云「復委本司各條流疏理聞奏」，是知條流、條疏，兩皆可通。

送相公十八丈鎮揚州詩

李衞公別集奉送相公十八丈鎮揚州詩，下署西川節度使李德裕，詩云，「千騎風生大旆舒，春江重到武侯廬。共懸龜印銜新綬，同憶鱣庭訪舊居。取履橋邊啼鳥換，釣璜溪畔落（花）初。今來卻笑臨邛客，入蜀空馳使者車」。後又附淮南節度使王播酬西川尙書詩，就詩詞用字，如武侯廬、臨邛客、入蜀等觀之，似是有涉川西而作。唐語林四云，「王太尉播少貧，居瓜州寄食，…… 後鎮淮南，乃遊瓜州故居，賦詩感舊，李衛公出在蜀關，而致和其詩以寄播」，紀事四五載此兩詩，亦云德裕與播和作。考舊紀一六、長慶二年三月戊午，以中書侍郎平章事王播充淮南節度使；於時德裕方官御史中丞，其年九月，出爲浙西觀察，非西川節使也。又據舊紀一七下、大和四年十月，德裕充西川節度，播已於是年正月先卒，非播所及見也。播出鎮淮南時，官西川節度者爲段文昌，先於長慶元年二月罷相外守，若謂詩是段作，不應言送，播詩亦不應曰酬西川尚書也。復考起爲播弟，元氏長慶集一六、白氏長慶集五均稱王十一起，則播不得爲十八丈。總之、語林所採故事多妄，紀事與別集殆皆據語林收編，此詩是否德裕作，又是否酬播而作，固大有疑問也。

姚合與李德裕及其系屬

新書一二四姚勗傳，「累遷諫議大夫，更湖、常二州刺史，爲宰相李德裕厚善，及德裕爲令狐綯等讚，遂擿索支黨，無敢通勞問，旣居海上，家無資，病無湯劑，勗數饋餉候問，不傳時爲厚薄」。按文饒別集八舌箴云，「戊辰歲，仲春月，戊申夜，余宿於洞庭西，夢與中書令姚公偶坐，……余對曰，去歲居守東周，於公曾孫諫議某處，覩金石之刻」。（全文七一〇同）戊辰卽大中二年，時德裕方貶潮州司馬，姚公、元崇也，由新傳觀之，似曾孫諫議某者卽勗。

抑同集六有與姚諫議郃書三首，郃、全文七〇七作部，郃、部易混，郃又合之異體，（如召郃往往通用）如撰元英先生傳（卽方干）者孫郃，而全文八六五兩郃字均訛部，又如方干所謁者錢塘太守姚合，而唐詩紀事六三作錢塘守姚公郃，依此詳之，姚諫議郃，姚武功合也。第三書云，「伏蒙又賜口箴，不任感戴，東都日所惠本，留洛中，無人檢得」，則此之諫議，應卽舌箴中之諫議；易言之，卽舌箴中之曾孫諫議某爲姚合也。

或謂舊（九六）新（一二四）傳皆未言合官諫議，因以爲疑，則郡齋讀書志一八云，「右唐姚合也，崇曾孫，以詩聞，元和十一年，李逢吉知舉進士，歷武功主簿，富平、萬年尉，寶應中，監察、殿中御史，戶部員外郎，出金、杭二州刺史，爲刑、戶二部郎中，諫議大夫，給事中，陝、虢觀察使，開成末終祕書監，世號姚武功云」，（金杭、唐詩紀事及毛晉跋姚少監詩誤荆杭，四庫提要一五一承之，按荊州刺史早改江陵尹，且由荊南節度兼領）合固嘗官諫議也。

或者曰，如子所引，合終開成之末，豈大中尚存，是直自攻其盾耳。余按姚少監集一〇有太尉李德裕自城外拜辭後歸弊居詩，德裕守太尉在會昌四年八月，明合會昌時猶健在，讀書志亦有未盡信者。合自給事中出陝、虢觀察，見舊紀一七下開成四年八月，讀書志之「開成末」，或約言之耳。

假謂合與勗同厚德裕，數有餽餉，亦調停之一說；然德裕第二書云，「平生舊知，無復弔問，閣老至仁念舊，盛德矜孤，再降專人，遠逾溟漲，兼賜衣服、器物、茶藥至多」，第三書云，「兼以道路艱阻，二年來不曾有人至洛」，如是交厚者恐未必有兩人。況據新表，勗爲崇玄孫行，合爲崇曾姪孫，唐人好攀附名賢，余屢有指證，韓湘字北渚，介之孫、老成之子而愈之姪孫，人所熟知者，沈亞之送韓北渚赴江西序顧稱爲吏部昌黎公之諸孫（全文七三五）讀此種文字，略從客觀方面落想，則德裕稱合姚崇曾孫，本不足奇，是以輩行而論，合始與舌箴所指者相當，而勗則差一世也。新傳好雜採說部，意其所据，只稱姚諫議而不名，作傳者又徒知諫議有勗，因以合之事，轉爲勗之事，記述之誤，固許有之，未獲他證，竊未敢專信新傳也。

合、勗與崇之系屬，舊、新書不同，論者亦主張各異；舊傳云，「崇長子彝，……次子异，……，少子弈，……弈出爲永陽太守，奐出爲臨淄太守，玄孫合」，「玄孫」字顯對專傳之姚崇言之。新傳云，「弈貶永陽太守卒，曾孫合、勗」，新書之修，斷未必不參舊傳，則「曾孫」字又當對弈言之。顧新表七四下崇生彝，彝生闢，闢生侹，侹生勗，勗非弈之曾孫也。崇弟元素生算，算生閈，閈生合，合乃崇曾姪孫，而弈之從姪孫，且與勗相差一輩也。故無論如何解釋，新書表、傳間必有一誤。

宋人除讀書志外，書錄解題一九亦稱合爲崇曾孫，與文饒別集同，而與舊、新書全忤。

沈炳震世系表訂譌姚合云，「元之傳、元之玄孫，弟勗，當是侹子」，此種考訂，殊極粗率，蓋未有他證，安見傳之必信也。況卽就傳言之，傳云，「曾孫合、勗」，猶謂合、勗同爲弈曾孫耳，同爲弈曾孫者不必其同父，安見合必爲侹之子，

「弟勗」兩字，明是沈氏意想出之，故沈說無討論之值。

登科記考一八云，「按宋鄧名世古今姓氏書辨證云，陝郡姚氏懿，……生元景、元之、元素，元素生匯陵令算，算生閈，閈子祕書合，……則合爲元素曾孫，才子傳以爲崇曾孫誤，舊書以爲崇玄孫，尤誤」，按辨證之材料，一部是本自新表；易言之，卽以新表證新表，縱許事實如斯，要未合乎考證方法也。

羅振玉李公夫人吳興姚氏墓誌跋云，「此誌夫人從子鄉貢進士潛撰，稱夫人爲宗正少卿府君諱元景之的曾孫，汝州司馬府君諱算之孫，相州臨河縣令贈太子右庶子府君之季女也，祕書監贈禮部尙書我府君之女弟也。案唐書宰相世系表、陝郡姚氏，元景潭州刺史，生孝孫，壺關令，不及其孫曾，……今以誌證之，則算爲元景子，閈爲元景孫，合爲元景曾孫，表誤以此三世錯列元素系也。合子潛，表亦失書」。（丁稿）得此誌，則合之本系明，而合非崇曾孫更無事猜論。

合刺杭州，勞格杭州刺史考（雜識七）附於寶歷下，非也。考白氏集六五送姚杭州赴任因思舊遊第二首末聯云，「舍人雖健無多興，老校當時八九年」，卽送姚合之詩，居易長慶四年五月罷杭州，再閱八九年，應大和六七年；但姚少監詩九又有謝李太尉牧杭州德裕詩，（德裕二字應旁注）。似在會昌時代，兩者孰眞，尙須待他事證之。

上周相公啓

樊川集一六、上周相公啓云，「伏奉三月八日勅，除尙書司勳員外郎、史館修撰」，蓋自睦州守內調謝周墀之啓事也。余按舊書一八下、大中二年，「三月己酉，兵部侍郎判度支周墀本官平章事」，然是年三月辛酉朔，月內無己酉，新書八書於五月，而六三宰相表又書於正月己卯日下，一書之內，紀表不符。考樊川集七、牧所爲墀墓誌稱，「今天子卽位二年五月，以本官平章事，後一月，正位中書侍郎」，則新表實誤，新紀爲正，舊書置於三月者亦誤。

樊川集一六、上宰相求杭州啓云，「自去年八月時（特）蒙奬擢，授以名曹郎官，史氏重職，七年棄逐，再復官榮，……自去年十二月至京」，考牧以會昌二年七月出守黃州，（見同卷求湖州第二啓）計至大中二年，恰是七年，是年八月內授郎官，正周墀入相之後，得其援引，故有申謝。若如上周相公啓作三月八日，墀未爲相，於事不符，況三月奉命，何至十二月始行入京，是知三月應八月之訛也。

韓偓南依記

新書一八三韓偓傳，「貶濮州司馬，帝執其手流涕曰，我左右無人矣。再貶榮懿尉，徙鄧州司馬。天祐二年，復名爲學士，還故官，偓不敢入朝，挈其族南依王審知而卒」。按偓自天復元年已後一紀之事蹤，從其詩集（全詩十函七册）中擷拾之，尙得大概，不辭瑣屑，節略爲次記。

昭宗天復元年辛酉　先後作無題十四韻三首）當時和者宰相王溥一首，侍郞學士吳融、舍人學士令狐涣各三首，舍人劉崇魯一首，吏部員外王涣二首。（無題詩序）隨又倒押前韻成第四首，吳融亦屬和一首。（參拙著讀全唐詩札記）。

十月末在內直。（無題詩序）。

十一月，兵起，隨駕幸岐下，文藁咸棄。（無題詩序及辛酉歲冬十一月隨駕幸岐下作）。

天復二年壬戌　隨駕在鳳翔府。其恩賜櫻桃分寄朝士，（在岐下）秋霖夜憶家，（隨駕在鳳翔府）當均是年之作。又冬至夜作（天復二年壬戌隨駕在鳳翔府）云，「不道慘舒無定分，卻憂蚊響又成雷」，則已怵乎讒口之可憎矣。

天復三年癸亥　正月丙午，（四日）上令偓及趙國夫人寵顏宣諭於朱全忠軍。（舊紀二〇上）。

己巳，（二十七日）車駕入京師。（同上舊紀）。

二月十一日，（壬午）貶濮州司馬。（出官經硤石縣注）。

二十二日，（癸巳）經硤石縣。（同上注）　硤石屬陝州，地志從山不從石；詩云，「謫宦過東畿，所抵州名濮，……尙得佐方州，信是皇恩沐」。按偓自濮州再貶榮懿，榮懿屬江南道溱州，又徙山南道鄧州，是否通履三任，無可確考。偓在湖南賦早翫雪梅有懷親屬詩，又家書後批二十八字詩注，「在醴陵時聞家在登州」，偓原籍京兆萬年，則似家屬隨至濮州，故得東徙海岸。唐末朝命不行，且偓之貶出於權姦排擠，爲保身計，意偓以泝江之便，遂轉入湖南，未嘗至榮懿也。

天復四年（天祐元）甲子　二月，在湖南；（訪同年虞部李郎中注）。小隱詩，「借得茅齋岳麓西，擬將身世老鋤犂」，蓋在潭州也，時節度使爲馬殷。

五月，自長沙赴醴陵；詩題云，「甲子歲夏五月，自長沙抵醴陵，貴就深僻，以便疎慵，由道林之南，步步勝絕，去綠口分東入南小江，山水益秀」，按綠口今圖作淥口。

天祐二年乙丑　至袁州。按贈孫仁本尊師泊易卜崔江處士二詩，均注在袁州，偓以去年抑今年至袁，不可確考，惟九月在蕭灘，則已逾袁而東，系諸本年，斷非全誤。

九月，在蕭灘鎮駐泊兩月，得商馬楊迢員外書，賀復除兵部侍郎依舊承旨；詩題云，「乙丑歲九月，在蕭灘鎮駐泊兩月，忽得商馬楊迢員外書，賀余復除戎曹依舊承旨，還緘後因書四十字」。太平寰宇記一〇六清江縣云，「本吉州蕭灘鎮，僞唐昪元年中以其地當要衝，升爲清江縣，以大江清流爲名」。按偓病中初聞復官二首末聯云，「宦途巇險終難測，穩泊漁州隱姓名」，其不復北上，早具決心矣。

天祐三年丙寅　二月在撫州。（丙寅二月二十二日撫州如歸館雨中有懷諸朝客）。又有和王舍人撫州飲席贈韋司空。

三月二十七日，自撫州徳南城縣。（三月二十七日自撫州往南城縣舟行見拂水薔薇因有是作）。

秋、到福州。（荔枝三首注，「丙寅年秋到福州」）。

九月，前東都度支院侍御史蘇暐以淪落詩藁見還。（無題詩序）

在福州寄上兄長詩云，「兩地支離路八千，襟懷悽愴鬢蒼然，亂來未必長團會，其奈而今更長年」，按新書偓傳，「兄儀，字羽光，亦以翰林學士爲御史中丞，偓貶之明年，帝宴文思毬場，全忠入，百官坐廡下，全忠怒，貶儀棣州司馬」，寰宇記一百、福州至長安七千二百九十五里，路八千豈其指原居京兆歟。

天祐四年丁卯　正月十八日乙未，王審知於開元寺設二十萬人齋，號無遮會；是日、中朝官與偓同在座者，有右散騎常侍李洵，中書舍人王滌，右補闕崔道融，司農卿王標，吏部郎中夏侯淑，司勳員外郎王拯，刑部員外郎楊承休，弘文館直學士楊贊圖、王倜，集賢殿校理歸傳懿等。（全文八二五黃滔丈六金身碑）。

天祐五年戊辰　現下己巳兩詩題，則是歲殆已移居汀州沙縣矣。

天祐六年己巳　在汀州沙縣養病；詩題云，「余寓汀州沙縣，病中聞前鄭左丞璘隨外鎮舉薦赴洛，兼云繼有急徵，旋見脂轄，因作七言四韻，戲以贈之，或冀其感悟也。（己巳年）」璘、故僖宗相從讜子也。

正月十二日，自沙縣抵邵武軍，將謀撫、信之行，會王審知有急召，卻請，赴沙縣；詩題云，「己巳年正月十二日，自沙縣抵邵武軍，將謀撫、信之行，到纔一夕，爲閩相急脚相召，卻請，赴沙縣，郊外泊船，偶成一篇」，按邵武是時稱軍疑，說見拙著讀全唐詩札記。

寒食日在沙縣；有寒食日沙縣雨中看薔薇（原注己巳）詩。

天祐七年庚午　自沙縣抵尤溪縣；詩題云，「自沙縣抵龍（一作尤）溪縣，值泉州軍過後，村落皆空，因有一絕（此後庚午年）」按龍字誤，應作尤，說見拙著讀全唐詩札記。

是歲居南安縣桃林場。按前題之後爲此翁，注云，「此後在桃林場」，又下有騰騰詩云，「八年流落醉騰騰」，自癸亥被貶起至此八年也，又多情詩亦注「庚午年在桃林場作」。寰宇記一〇二泉州永春縣，「唐長慶二年，析南安縣西界兩鄉置桃林場，福州僞命壬寅歲改爲永春縣」，又淸溪縣云，「唐咸通五年，析南安縣西界兩鄉置桃林場，江南僞命乙卯歲升爲淸溪縣」，兩記桃林場之置年雖不同，但均是南安西界，今永春南之晉江上源，猶稱桃林溪，偓當日所居卽其地。新書一九〇王審邽傳，「中原亂，公卿多來依之，振賦以財，如楊承休、鄭璘、韓偓、歸傳懿、楊贊圖、鄭戩等，賴以免禍，審邽遣子延彬作招賢院以禮之」，考偓初至福州，後乃之泉，觀此翁詩有「高閣羣公莫忌儂、儂心不在宦名中」等語，知審知左右忌之者衆，故偓謀撫、信之遷，及奉急足相留，旣卻其請，遂改而依泉也。詩題、「桃林場客舍之前，有池半畝，木槿櫛比，闞於遮山」，豈卽傳稱招賢院之客舍歟。其中秋寄楊學士詩，一作中秋永夕奉寄楊學士兄弟，余謂楊學士贊圖也，新表、承休楊堪之子，虞卿之孫，與贊圖爲從昆，故曰學士兄弟也；全文八二九手簡帖，「楊學士兄弟來此」，亦同。劉克莊謂審知據福唐，韓居南安，曷嘗依之云，廣記三七四引「稽神錄，閩王審知初爲泉州刺史，州北數十里地名桃林」，劉殊未詳審。

天祐八年辛未　在南安縣，有深院詩。（見汲古香奩集）

天祐九年壬申。在南安縣；其江岸閑步詩注云，「此後壬申年作，在南安縣」，又汲古本閨恨詩注，「壬申年在南安縣作」。

天祐十年癸酉　在南安縣；其驛步詩注云，「癸酉年在南安縣」，又南安寓止詩云，「此地三年偶寄家」汲古香奩集閨情詩亦注，「癸酉年在南安縣作」。

天祐十一年甲戌　是歲偓妻裴郡君卒。劉克莊跋韓致光帖云，「致光自癸亥去國，至甲戌悼亡，十有二年，流落久矣，而乃心唐室，始終不衰，其自書裴郡君祭文首書甲戌歲，銜書前翰林學士承旨銀青光祿大夫行尚書戶部侍郎知制誥、昌黎縣開國男食邑三百戶韓某，是歲朱氏篡唐已八年，爲乾化四年，猶書唐故官而不用梁年號，賢於楊風子輩遠矣」，按偓此篇今全文不收，想已佚。

綜觀偓詩文，其卒最早不過是年，但無可確考。

全文八二九所收偓手簡十一帖，如云「旬日前所諮啓乞一書與建州，爲右司李郎中經過，希稍延接，……偓雖承建州八座眷私，自是旅客，難於托人」，如云「泉州書謹封納」，洎前引楊學士帖，顯皆南依後所作，（慶歷溫陵所刻）惜祇見月日而闕紀年，亦無從條繫矣。

河嶽英靈集

全文四三六殷璠河嶽英靈集序，「武德初微波尚在，貞觀末標格漸高，景雲中頗通遠調，開元十五年聲律風骨始備矣，實由主上惡華好樸，去僞從眞，使海內詞人，翕然遵古，有周風雅，再闡今日。璠雖不佞，竊嘗好事，常願删略羣才，贊聖朝之美，爰因退迹，得遂宿心。粤若王維、王昌齡、儲光羲等三十五人，皆河、嶽英靈也，此集卽以河嶽英靈爲稱。詩一百七十首，分爲上下卷，起甲寅，終乙酉，論次於序，以品藻各冠於篇額」。按明刊本河嶽英靈集載此序，字句略有異同，今不備舉；其要者「開元十五年」下有「後」字，三十五人作二十四人，一百七十首作二百三十四首，乙酉作癸巳。毛晉常建集跋云，「丹陽進士殷璠選河嶽英靈集，起甲寅終癸巳，上下四十年，品藻二十四人，譔錄二百三十四詩」，其說與明刊本同，詩數亦與書錄解題著錄者合。然起甲寅兩句，可有數種解法，璠以何朝選集，諸家都未明指，全文且誤爲處士。自余觀之，則天寶時所輯綴也，知者：(一)序文開元之下第稱主上，則知非玄宗後撰作。(二)璠所輯丹陽集，如稱渭南尉蔡希寂、武進尉申堂構，參諸姓纂，二人均非終於此官，是知璠旣輯河嶽之詩，又裒其鄉人歌詠，別爲一集，杜甫起於較後，(天寶十載獻賦授官)。故集亦不及。依此解釋，則甲寅爲開元二年，乙酉爲天寶四載，癸巳則天寶十二載，乙酉、癸巳孰是，非將全集詩稍加考證，不能遽定也。

明本所收詩確爲二十四人；據卷目數之，共二百二十九首，然常建稱十五首者實祇十四首，則二百二十八而已。孫毓修校何焯本，孟浩然多建德江宿、永嘉上浦館逢張子容兩首，數仍不符。同人校毛扆本，未云詩有增出，所附黃丕烈跋，亦不之及，豈毛晉見本已不足二百三十四之數歟。

出自第九本(一九四七年九月)

讀全唐詩札記

岑仲勉

競病之學，少卽不近，詩家之鳴者多怨憤若柔婉，余持達觀，又躁率，宜乎鑿枘也。歲初，旣汎覽全唐文竟，再旁及全唐詩，開卷之際，覺篇章複累，（除已注明者）小傳疎舛，其數初不減於全文，徐氏誠可以解嘲矣。

劉師培氏曾爲全唐詩發微，而未之見，不自知陋鈍，則亦倣讀全文例，擇其所專注者記之。夫以煌煌九百卷之鉅册，苟非先成緜密檢索，謬誤之積，豈易爬梳淨盡；況外道如余，僅月半之功，妄思貢獻，不見哂於愚公移山者幾希矣。抑重思之，深於詩者尙意寫，弗拘拘陳迹，甚或杜撰故實，自抒其悃，然則斯篇之成，寧曰讀詩札記，直作讀史札記觀可也。若夫推敲之道，有詞翰家專之，不敢涉。時民國二十八年二月，順德岑仲勉識。

附記　據原刻本。有疑者亦嘗取汲古閣刻盛唐四家詩、唐四家名集、五唐人詩集、唐六名家集、唐人八家詩洎手頭所有之四部叢刊唐集等相校，惟不足是正者，不復徵及。

一函二册、唐太宗詠烏代陳師道詩，按唐初名人有楊師道，相太宗，未聞陳師道，今同函八册收師道一卷，傳稱其善草隸，工詩，內有應詔詠巢烏一首，陳疑楊之誤。

同册同人餞中書侍郎來濟，注云「一作宋之問詩、非」，余按勞氏英華辨證補，「都穆跋云，宋之問詩」，同函十册此詩亦收宋之問，注云，「一作太宗詩」。考舊書八〇濟傳，「（貞觀）十八年，初置太子司議郎，妙選人望，遂以濟爲之，仍兼崇賢館直學士；尋遷中書舍人，與令狐德棻等撰晉書，永徽二年，拜中書侍郎，兼弘文館學士，監修國史」，是濟於高宗時始爲中書侍郎，今同函八册亦有許敬宗奉和聖制送來濟應制一首，余以爲此高宗詩而誤傳太宗耳。之問登朝，當在高宗末，而濟以顯慶二年除台州，五年徙庭州，龍朔二年沒於陣，詩當非之問作，況敬宗固有奉和應制詩乎。

同册中宗、景龍四年正月五日移仗蓬萊宮、御大明殿、會吐蕃騎馬之戲、因重爲柏梁體聯句，內聯句者有「再司銓筦恩可忘（吏部侍郎崔湜）、文江學海思濟航（著作郎鄭愔、……玉醴由來獻壽觴（吐蕃舍人明悉獵）」等；按此詩本自唐詩紀事一，紀事敍其事云，「時上疑御史大夫竇從一、將作大匠宗晉卿素不屬文，未卽令續，二人固請，許之，從一曰，權豪屛迹肅嚴霜，晉卿曰，鑄鼎開嶽造明堂，此外遺忘，時吐蕃舍人明悉獵請令授筆與之，曰玉醴由來獻壽觴，上大悅，賜與衣服」，曰「此外遺忘」，則計氏固自認其非全文，且由傳述得來，非從集本錄出。考元龜一一〇，「（景龍）四年，正月，乙丑，宴吐蕃使於苑內毬場，命駙馬都尉楊愼交與吐蕃使打毬，帝率侍臣觀之」，乙丑十三日，蓋使來逆女也；又會要九七，「（開元）十七年，……及遣其重臣名悉獵隨惟明入朝，……悉獵頗曉書記，先是迎公主至長安，當時朝廷皆稱有才辨」，謂明悉獵景龍末來使，與賦柏梁，尙有旁據。次舊書七四崔湜傳，「俄拜吏部侍郎，尋轉中書侍郎同中書門下平章事，與鄭愔同知選事，銓綜失序，爲御史李尙隱所劾，愔坐配流嶺表，湜左轉爲江州司馬，上官昭容密與安樂公主曲爲申理，中宗乃以愔爲江州司馬，授湜襄州刺史，未幾，入爲尙書左丞」，舊紀七、景龍三年，「夏五月，丙戌，崔湜、鄭愔坐贓，湜貶襄州刺史，愔貶江州司馬」，新書四及六一同，通鑑二〇九則云，「夏五月，丙寅，愔免死流吉州，湜貶江州司馬，……明日，以湜爲襄州刺史，愔爲江州司馬」，按是歲五月丙辰朔，無丙戌，通鑑所記日支近是。由上所言，湜貶江州未行，旋改襄州，則四年正月初可以復召在京，同年六月再相時，其本官爲吏侍，詩言再司銓筦，亦屬符合。愔自太常少卿相，階從四品上，貶上州司馬，從五品下，著作郎從五品上，得爲復召之官。所難溝通者湜詩耳；同函十册湜有景龍二年、余自門下平章事削階、授江州員外司馬、尋拜襄州刺史、春日赴襄陽、途中言志詩，作二年，與史載三年異；依史、湜以五月貶，不得逗留至春而後赴任，果能遲至春者，則安樂公主等方力可回天，湜固不必行矣。如認題中「春」字無誤，湜應先曾赴江州，然又乖乎諸史所記，且四年正月不得以再司吏銓與會也。湜又有襄陽早秋寄岑侍郎詩，岑羲也，湜由襄陽內召之年月，史不明著，但此早秋，固應三年之秋，非四年之秋，蓋四年六月壬午（二日，新紀表）或癸未，（三日，舊紀）湜已自吏侍復相韋后也，三年秋既居襄陽，則其赴襄陽不應在春日。總此勘之。其誤當爲崔湜詩題之春日字，湜、愔內召於三年末，故四年初得與聯句也。

同册玄宗賜諸州刺史以題座右詩，注云，「開元十六年，帝自擇廷臣爲諸州刺史，許景先虢州，源光裕鄭州，寇泚宋州，鄭溫琦邠州，袁仁恭杭州，崔志廉襄州，李昇期邢州，鄭放定州，蔣挺湖州，裴觀滄州，崔誠遂州，凡十一人」，按此注本自唐詩紀事二，依元龜六七一、通鑑二一二，其事在十三年，非十六年也。元龜、通鑑均有尚書左丞楊承令汾州刺史，無定州鄭放，通鑑書初命於是歲二月下，其三月下又云，「汾州刺史楊承令不欲外補，意怏怏，自言吾出守有由，上聞之怒，壬寅，貶睦州別駕」。又袁仁敬、姓纂與元龜同，紀事之仁恭，避宋諱改。

同册德宗麟德殿宴百僚詩，按舊紀一三、貞元四年，三月「甲寅，地震，宴羣臣於麟德殿，設九部樂，內出舞馬，上賦詩一章，羣臣屬和」，卽此詩也，故有務閑春向暮之句。

同册文宗上巳日賜裴度詩，注云，「裴度拜中書令，以疾未任朝謝，上巳曲江賜宴，羣臣賦詩，帝遣中使賜度詩，仍賜御札曰，朕詩集中要有卿倡和詩，故令示此，卿疾未差，可異日進來，御札及門而度薨」，據舊紀一七下、開成四年三月，「乙酉，（三日）賜羣臣上巳宴於曲江，……丙申，司徒中書令裴度卒」，度卒誠在上巳之翌日，但拜中書令早在大和九年十月，不過此歲閏正月纔來朝耳，注本紀事二，說來未甚明白。

同册宣宗瀑布聯句，注曰，「詩史云，帝遊方外，至黃檗，與黃檗禪師同觀瀑布聯句，佛祖統紀云，帝至廬山，與香嚴閑禪師詠，時黃檗在海昌，詩史誤」，按十六宅諸王不出閣，宣宗何由至廬山，觀詩「溪澗豈能留得住，終歸大海作波濤」，特野人傅會詞耳。

寰宇記一〇六洪州奉新縣，「大雄山在縣西百四十里，……唐宣宗潛遊至此賦詩」，則唐末似已有此妄說。

一函四册岑參凱歌六首，注云，「天寶中，回紇寇邊，常清出師征之，及破播仙，奏捷獻凱，乃作凱歌」，據新書四三下，播仙鎮、故且末城也，地不近回紇，當日亦未聞有入寇事，殆吐蕃之誤耳。

一函七册伊川歌第一，注云，「伊州商調曲，西涼節度蓋嘉運所進」，川顯州之訛。

同册勅勒歌，不著撰人，惟第一句勅勒金隤壁，注云，「温庭筠集作幘」，失題温作也，述古堂景宋寫本温集作金幘。

一函八册褚亮晚別樂記室彥詩，按此疑彥瑋之奪，後相高宗者。同册庾抱亦有和樂記室憶江水詩，當是同人。

同册「陸敬（一作凌敬），陸敬仕竇建德爲祭酒，秦王軍武牢，敬說建德自太行、上黨進，乘唐之虛，以取山北，建德不從，以及於敗」，按注本紀事三，景嘉靖洪氏本總目及卷目作陸敬，文作陵敬，皆訛也，凌敬事迹見舊書五四建德傳。

同册馬周句．「何惜鄧林樹，不借一枝棲」，注云，「出册府元龜，與李義甫句相似」，甫應作府。

一函九册盧照鄰辛法司宅觀妓，注云，「一作司法」，司法是也，即司法參軍，無作法司者，明閩漳張氏刊本幽憂子集三亦倒。

同册「任希古，一作知古，一作奉古」，其傳云，「任希古，字敬臣，棣州人，五歲喪母，刻志從學，年十六，刺史崔樞欲舉秀才，自以學未廣，遯去，後舉孝廉，虞世南器之，求徽初，與郭正一、崔融等同爲薛元超所薦，終太子舍人」，蓋本紀事六，而紀事又雜采新書一九五任敬臣傳、舊書七三薛元超傳者。舊傳稱希古，新傳則云，任敬臣，字希古，若任知古乃武后時相，非爲一人。紀事載奉和太子納妃等三首，今收六首，其和左僕射燕公等三首，是否誤混，須再考覈也。

同册魏求己傳，「官御史，謫山陽丞」，此本大唐新語八；元和姓纂則云，荀臺亦代孫求己，吏部員外郎、中書舍人，惟今郎官柱吏外題名無求己。

同册劉懷一傳，「瀛州司法，拜右臺殿中侍御史」，按姓纂，懷一駕部郎中、潞州刺史，其官潞在景龍三年，見說之集一一。

同册張九齡晚霽登王六東閣，按此詩又收十二函九册補遺嚴維，當誤，說見後。又詩、彼美作俊美。

同人末收答陸澧一首，按明成化韶州刊本及祠堂本曲江集，均不載此詩。陸齊望子澧，見姓纂，此作澧訛。（參下三函一册）其所往還者皆代、德朝人，當非九齡之作，五函七册收入朱放（此失注）。較爲可信。

一函十册楊烱送鄭州周司空，注云，「一作司功」，余按明童氏刊本盈川集亦作司功，司功參軍爲州屬，故稱之者常以州名冠，如同人送梓州周司功，是也。三公顯官，固不必冠籍，況烱同時並無周司空其人乎。

同册宋之問收餞中書侍郎來濟詩，注云，「一作太宗詩」，此斷非之問作，已辨見前一函二册。

同册崔湜、景龍二年余自門下平章事削階、授江州員外司馬、尋拜襄州刺史、春日赴襄陽、途中言志，春日字疑誤，已於前一函二册著其說，二年字誤，固有史可證，卽就湜應制諸詩求之，亦約得其迹：

（1）侍宴長寧公主東莊應制　舊紀七、景龍二年，四月己丑，（二十七日）幸長樂公主莊，卽日還宮」，按中宗女無長樂，長寧西京甲第之盛，見新書八三及全詩二函七册丁仙芝長寧公主舊山池詩，殆卽此事，「樂」字誤，岑刊本失校。

（2）慈恩寺九日應制　元龜一一三，景隆（龍訛）二年，九月，丁卯，幸慈恩寺，按是歲九月庚寅朔，無丁卯，八日丁酉，九日戊戌，殆丁酉之誤。

（3）幸梨園亭打毬應制。（一作梨園亭子侍宴應制）　舊紀、三年正月，乙亥，（十七日）宴侍臣及近親於梨園亭，意卽此，非同年七月之宴也。

（4）奉和幸韋嗣立山莊侍宴應制，又奉和幸韋嗣立山莊應制　舊紀、三年十二月，庚子，（十八日）幸兵部尙書韋嗣立莊。

（5）幸白鹿觀應制。（一作鄭愔詩）　舊紀、幸嗣立莊下云，「便游白鹿觀」，愔與湜同貶而重於湜，其召回殆隨湜之後，爲愔詩抑湜詩，與此問題無大關係。

（6）奉和登驪山高頂寓目應制　舊紀、三年十二月甲辰（二十二日）下云，「是月幸驪山」，十七史商榷七一以爲月當作日。

（7）奉和送金城公主適西蕃應制　舊紀、景龍四年正月，已卯，（二十七日）幸始平，送金城公主歸吐蕃。

如上說，二年四月末湜尙在都，則非是年春貶赴襄陽，又湜之召回，得此知其在三年十二月中已前也。英華辨證三云，「其或有疑當兩存者，如湜崔赴襄陽詩題云，授江州司馬，尋拜襄州刺史。檢湜傳同，今詩迺云始佐廬陵郡，尋牧襄陽城」，廬陵吉州，非江州，是亦疑問之待決者。

二函二册、「蔣挺，景雲時人」，按開元十三年，挺出爲湖州刺史，見前一函二册玄宗詩注，亦略見舊書一八五上高智周傳。（挺譌捷）。

同册「郡昇，中宗時人」，按昇官至都官郎中，自安陽徙汝南，見元和姓纂。

同册劉憲奉和幸禮部尚書竇希玠宅應制云，「一作陪幸五王宅」，余按舊紀七景龍四年四月，「乙未，幸隆慶池，結綵爲樓，宴侍臣，泛舟戲樂，因幸禮部尚書竇希玠（此字據沈本補）宅」，下文如同册蘇頲、五册李乂、（亦云一作陪幸五王宅）。沈佺期均有同賦，但此詩今又收六册蕭至忠下，逕題「陪幸五王宅」，兩處均失注互收。復考憲詩結聯「行漏今徒晚，風煙起觀津」，漢書九七上孝文竇皇后傳，「竇皇后親蚤卒，葬觀津」，三輔決錄曰，「文帝竇后名猗，清河觀津人，父遭秦之亂，隱身漁釣，墜淵而卒，景帝卽位，后登尊號，遣使者更填父所墜淵而築起大墳，觀津城南青山是也」，（御覽三九六）又隋圖經云，「觀津東南三里青冢，高三十餘丈，周迴千步」，（寰宇記六三）詩中觀津，明切竇氏外戚，其非幸五王宅詩明矣。

同册「弓嗣初，登咸亨二年進士第一人」，按嗣初雍州司功，見姓纂。

同册「長孫正隱，高宗時人」，按長孫貞隱太常博士，見姓纂，宋人諱貞改爲正也。

同册蘇頲同餞陽將軍兼源州都督御史中丞，源、原之訛。復次開元初、楊執一曾以左衞將軍攝御史中丞爲原州都督，見說之集二五楊執一碑，陽是否應作楊，待考。

同册「張敬忠」，官監察御史，以文吏著稱，張仁亶在朔方，奏判軍事，開元中爲平盧節度使」，按敬忠官歷，可參郎官考三及唐方鎭年表六劍南西川。

同人戲詠下注云，「先天中，王主敬爲侍御史，自以才望華妙，當入省，望前行，忽除膳部員外，微有悵惋，故敬忠戲之」，按兩京新記（太平廣記二百五十引）作王上客，南部新書丁作王主敬，然主敬名未有考，上客歷侍御史，固見精舍碑，新書殆誤。

同册徐彥伯同韋舍人元旦早朝，元旦、韋舍人之名，見前文，有早朝詩一首，非元日之元旦也。同函五册沈佺期和韋舍人早朝，六册鄭愔同韋舍人早朝。

二函三册駱賓王陪潤州薛司空丹徒桂明府遊招隱寺，司空亦司功之誤，說見前一函十册楊炯。

二函四册張說送考功武員外學士使嵩山署舍利塔，余按同函六册徐堅有送考功武員外學士使嵩山置舍利塔歌，署、置之訛。

同人和朱使欣道峽似巫山之作，又和朱使欣二首，余按嘉靖伍氏本、後題作和朱使二首，詩有「使越才應有」句，似「使」是指其官者，今二函五册逕題朱使欣是以使欣爲名也。又前一首收五册，以爲使欣詩，此復以爲張說詩，說既和二首，則前詩當朱作。

同册同人送趙順直（一作頤眞）郎中赴安西副大都督（一作護）按頤貞、冬曦弟，見姓纂及新書二〇〇，舊紀八、開元十六年，正月，「壬寅，安西副大都護趙頤貞敗吐蕃於曲子城」，（據沈本改）即其人。又安西稱都護，不稱都督，作順直、頤眞或都督者均誤。下七册孫逖有送趙大夫護邊，（一作送趙都護赴安西）盧象有送趙都護赴安西，前一函九册張九齡有送趙都護赴安西，皆送頤貞之作。

同册同人和尹懋秋夜遊灉湖，下張均詩題同；按尹懋卽同人與趙冬曦、尹悉、子均登南樓，和尹從事悉泛洞庭，張均和尹悉登南樓之尹悉也，悉、字書同懋，但五册著錄爲尹悉，兩懋字似應改同一律。

二函五册吳少微哭富嘉謨并序，「維三月癸丑，河南富嘉謨卒」，詩云，「乃通承明籍，遘此敦牂春，欒厲其可畏，皇穹故匪仁」，敦牂、午也，舊書一九〇中嘉謨傳「中興初爲左臺監察御史卒」，開元六年戊午，三月丙申朔，月內有癸丑，知嘉謨卒是歲矣。

同册「丘悅，開元時人」，按悅歷太子右諭德，昭文館學士兼宋王侍讀，終岐王傅，見韋利器等造像銘、（金石續編六）妙門由起序（全文九二三）及元和姓纂。

同册沈佺期哭蘇眉州崔司業二公并序，「同時郎裴懷古者作牧潭府，神龍三年秋八月，佺期承恩北歸，途中覲止，訪及故舊，知眉州蘇使君味道、國子崔司業融馳旋閒相次而逝；蘇往任鳳閣侍郎，佺期忝通事舍人，崔重爲鳳閣舍人，佺期又遷給事，……前年負譴南荒，二公先移官守」，按舊書一八五下懷古傳，「神龍中，遷左羽林大將軍，行未達都，復授并州長史」，新書一九七略同，均不及其爲譚府都督，可以補史闕，此外蘇、崔卒年，佺期官歷，亦足與各本傳相參證也。

同册「陰行先，開元間爲張說湘州從事」，按唐無湘州，前尹悉傳云，「爲張說岳州從事」，是也。行先，全文四〇八張均陰府君碑同，姓纂作行光，云國子司業。

同册朱使欣，說見前三册張說，所收道峽似巫山詩一首，又誤收張說，否則應注明也。

二函六册「牛鳳及，長壽中撰唐書，劉軻與馬植論史官書嘗稱之」，按鳳及嘗官春官及中書門下侍郎，見姓纂及樊川集七牛僧孺誌。

同册「司馬逸客，則天朝嘗從相王北征，李乂有詩送之，稱爲員外」，按逸客嘗官涼州都督（英華四五九）卒贈鴻臚卿，謚烈，（會要七九）李乂之外，前五册沈佺期亦有送詩。

同册「李崇嗣，則天時奉宸府主簿，聖曆中曾奉敕東觀修書，見沈佺期黃口贊序」，按崇嗣嘗官參軍，見伯玉集二。

同册「東方虬，則天時爲左史」，按虬又嘗爲禮部員外郎，見元和姓纂。

同册「麴瞻，景龍時人」，按元和姓纂、麴崇裕弟瞻，司農卿。

同册「孫佺，字麟德，汝州人，宰相處約子，中宗時爲幽州都督」，按佺督幽州在玄宗時，參拙著通鑑此事舉疑。佺以員外從相王北征，李乂、沈佺期均有詩送，見前同函五册。

同册「鄭愔，字文靖，滄州人，年十七，進士擢第」，按寰宇記九云，「鄭愔，滎陽人，年十七，進士及第」，豈望出滎陽而占籍滄州歟。

同册「程行諶，與鄠縣尉裴子餘同舍，行諶以文法稱，而子儒以儒顯，長史陳崇業曰，蘭菊異芬，無可廢者」，按英華八八九有蘇頲贈右丞相程行謀碑，（郎官考一五云，謀當作諶）。可撮錄，同册「劉庭琦，開元時人，終雅州司戶」，按庭琦汾州長史，見元和姓纂。司戶係自萬年尉貶，見通鑑二一二。

同册「劉晃，開元中人」，按前一函二册玄宗有同劉晃喜雨詩，卽其人，今所收者無此詩，蓋已逸矣。晃、仁軌孫，給事中太常少（新表無少字）卿，見姓纂。

二函七册「蘇綰，嘗爲書記，與杜審言同時」，按姓纂、澄生綰，工部郎中荆南府司馬，同册下孫逖有送蘇郎中綰出佐荆州詩。

同册「康庭芝爲河陰令，與杜審言同時」，按庭芝亦嘗爲洛州士曹參軍，見二函五册沈佺期。

同册盧崇道收新都南亭別郭大元振詩，按此詩亦收前四册張說，應注明。

同册「蔡希寂，曲阿人，希周弟爲渭南尉，（一云濟南人，官至金部郎中）」。按渭南尉是其初官，姓纂希寂司勳郎中丹陽人，亦見郎官柱勳中、勳外題名，今金中無希寂，當誤。又蔡以濟陽爲舊望，濟南或濟陽之訛。

同册「孫處玄，一作立」，又云，「孫處玄，江寧人，則天長安中官左拾遺，神龍初論時事不合，歸里，開元初薦不起」，按新書六〇，「江寧有右拾遺孫處玄」，全文九八七闕名重修順祐王廟記引孫處元（玄）潤州圖經；又同册前文包融下注引新書亦作右拾遺，作立作左者均誤。

同册「樊晃一作光」，又云，「樊晃、句容人，硤石主簿」，按此樊晃當卽爲杜甫編遺集作序之人，官至潤州刺史，亦見姓纂。新書六〇祇稱硤石主簿，當據丹陽集就其初官言之，如同集蔡希寂至司勳郎中，而新志曰渭南尉（見前）又申堂構至虞部員外，而新志曰武進尉，可例推也。作光非是。

同册萬齊融下注云，「按舊唐書文苑傳云，神龍中，賀知章與賀朝萬、齊融、張若虛、邢巨、包融俱以吳越之士，文辭俊秀，名揚於上京，人間往往傳其文，朝萬止山陰尉，齊融崑山令，蓋以萬字屬上文作賀朝萬，及考唐人所選國秀、搜玉二集，俱作萬齊融、賀朝，今仍之」，淸代考證家多仍其說，以爲舊傳誤將萬字屬上，唯兩浙金石志一則謂賀實名朝萬，兩萬字相連，故誤省其一云。

同册孫逖和左司張員外自洛使入京中路先赴長安逢立春日贈韋侍御（一作郎）等諸公，是五律，按下文又有同題詩，是七律，不知兩首皆逖作否也。後一首作贈韋侍御。

同册「袁瓘，明皇時官贛縣尉」，按元和姓纂、左拾遺袁瓘，宋州人。

同册盧象贈張均員外、「公門世緒昌、才子冠裴王」云云，按此詩明刊本孟浩然集二亦收入，題「上張吏部」，汲古本孟襄陽集一同，惟均至「天池待鳳凰」句止，無「承歡疇日顧」末四句。

同册徐安貞送呂向補闕西岳勒碑，「聖作西山頌，君其出使年，勒碑懸日月，驅傳接雲煙，寒盡函關路，春歸洛水邊，別離能幾許，朝暮玉墀前」，按呂向述聖頌，關中金石記曾引孫逖送呂補闕詩以證，觀此，則亦見向以春初自洛奉命赴華陰也。

同册「陸海，餘慶之孫，有才思，與陳子昂、盧藏用爲方外十友，工於五言，爲賀知章所賞，性嚴峻，不附權要，自省郎出牧潮州」，又云，「陸海一作孫海」，按唐詩紀事三二陸海條，「陸餘慶與陳子昂 、 盧藏用爲方外十友 ，孫海、工於五言」，藏用陳子昂別傳亦云，「友人趙貞固、鳳閣舍人陸餘慶」，是餘慶與子昂、藏用友，非海也。郎官柱主外、海題名次歸崇敬、董晉後，其除制常袞所行，則在代宗之初，安能上友高、 武時人，總由編者誤讀紀事耳。其以孫海之孫字爲姓，亦同。又潮州、同紀事，姓纂祇云司門員外，新表七三下作湖州，待考。

二函八册王維寄河上段十六，按此詩亦收七册盧象，當注明。

二函九册祖詠贈苗發員外，一作李端詩，按詠舉開元十二進士，發官員外，似在代宗，疑端詩近是。下文又有同題詩一首，亦恐非詠作。

同册李頎贈別穆元林，此穆元休之訛也，參拙著跋封氏聞見記(甲)項。

二函十册儲光羲送丘健至州勑放作時任下邽縣(一作尉)，按詩有云，「河隴徵鞞卒，虎符到我州，朝集咸林城，師言亂啁啾，……元戎啓神皇，廟堂發嘉謀，息兵業稼穡，歸馬復休牛」，其前一首爲次天元十載華陰發兵作時有郎官點發，知丘健乃兵健之訛，非人名也，光羲官止縣尉，縣字應正作尉，通常言任某縣者皆指縣令。

同册王昌齡爲張僨贈閻使臣，按同册常建有鄂渚招王昌齡、張僨，僨僨形近易訛，今明本河岳英靈集上、汲古本常建集及唐摭言一一皆作張僨，可決其同是一人也。

同人淇上酬薛據兼寄郭微，注云，「一作高適詩」，按三函十册高適下所收，題作薛三據，郭下多少府字，又篇末多「且欲同鷦鷯、焉能志鴻鵠」二句。

同册「王岳靈，登開元進士第，天寶中，累官至監察御史」，按岳靈官至戶外，見王顏十八代祖碑及郎官石柱題名。

三函一册劉長卿朱放自杭州與故里相使君立碑回因以奉簡吏部楊侍郎製文，此杭州刺史相里造碑也，淺人不知相里是姓，故乙「里」字於上，勞格雜識七引劉隨州文集一又奪里字，皆不合。

同人送度支留後若侍御之歙州便赴信州省覲，按若姓者甚少，豈賀若之奪歟，待考。

同人送鄭說之歙州謁薛郎中，注云，「一作薛能郎中，按唐代知名之薛能，仕懿、僖時，與長卿不相及。

同人毘陵送鄒結（一作紹）先赴河南充判官，按姓纂象先、紹先、彥先、是兄弟，以「象」字詳之，作紹者是，今同函十册所收亦作紹先也。

同人送陸灃還吳中（一作李嘉祐詩），按下文送陸灃倉曹西上，新安送陸灃歸江陰，字均作灃；唯同函九册李嘉祐下所收作陸澧。又四函七册皇甫冉送陸灃、郭郎，同函十册嚴維自雲陽歸晚泊陸澧宅，五函二册盧綸同耿湋宿陸澧旅舍，七册朱放答陸澧，六函一册陳羽若耶溪逢陸澧，十二函二册皎然遙和塵外上人與陸澧夜集山寺問涅槃義兼賞陸生文卷，則灃、澧雜出。考姓纂陸齊望生渭、灃、澗、瀍、淮，自其昆仲之名猜之，當作灃爲是。

同人獻淮寧（一作寧淮）軍節度使李相公，（一作淮西將李中丞，又作獻南平王，按此淮西李希烈也，應作淮寧。後有觀校獵上淮西相公詩，當亦獻希烈之作。

同人哭陳（一作李）歙州（一作使君），按同函九册李嘉祐有傷歙州陳二使君，應即同人。

同人自夏口至鸚鵡洲夕望岳陽寄源（一作元）中丞，按中丞當是湖南觀察，據唐方鎮年表六，無源姓者，蓋即貞元二三年間之元全柔也，時長卿方貶謫。

同人罪所上御史惟則，此疑奪其姓。

同人送台州李使君兼寄題國淸寺，按勞氏雜識六文苑英華辨證補，「八百五十九李華台州乾元國淸寺碑，碑云，盈川、非古邑也，襟東江山，因而城之，則此寺當在盈川，案舊書地理志、台州無盈川縣，惟如意元年析衢州龍丘置盈川縣，（新志同，又云元和七年省）。又元和郡縣圖志（二十六），分信安、龍丘兩縣置，不云曾屬台州，則此台州當作衢州」。余按同碑云，「耆壽徐君讚、錄事徐知古等請於縣令隴西李公平，平請於前刺史趙郡李公丹」，則丹嘗爲其州刺史；復考英華八六〇李華衢州龍興寺故律師碑，「李中丞丹，……皆爲此州」，則勞氏衢州說似不妄。然長卿此詩疑亦送李丹者，何以同題台州，且將國淸寺屬台州也。又寶刻叢編一三、唐國淸寺額，據諸道石刻錄附台州；全詩九函九册皮日休、十册陸龜蒙同有寄題天台國淸寺齊梁體詩，

三函三册孟浩然家園臥疾畢太祝曜（一無此字）見尋，按紀事二六作畢燿，授堂金石跋謂作曜者訛。

同人聽鄭五愔彈琴，按中宗相有鄭愔，行輩在先，此稱鄭五愔，當是同姓名者。

同人和賈主簿弁九日登峴山，下又有送賈昇主簿之荆府；賈昇、浩然集四作賈昪正與前題之賈弁同，昪字少見，故訛昇及弁，姓纂之水部郎中賈昇，疑卽其人。

同人陪張丞相登荆城樓因寄薊州（一作蘇臺）張使君及浪泊戍主劉家，按詩首句卽云薊門天北畔，作蘇臺者當非。

三函五册李白送崔度還吳，注云，「度、故人禮部員外輔國之子」，按崔國輔詩一首，今收二函七册，又國輔與度均見新書七二下淸河靑州房，輔國字乙。

三函七册「韋應物，……永泰中授京兆功曹，遷洛陽丞，大歷十四年，自鄠令制除櫟陽令，以疾辭不就，建中三年，拜比部員外郎，出爲滁州刺史」，按此小傳大致本紀事二六，而紀事則由詩題詩注中排比得來者；如

（1）答劉西曹詩注，「時爲京兆功曹」，答貢士黎逢詩注，「時任京兆功曹」，天長寺上方別子西有道詩注，「時任京兆府功曹攝高陵宰」。

（2）任洛陽丞請告，又任洛陽丞答前長安田少府問。

（3）任鄠令渼陂遊眺。

（4）謝櫟陽令歸西郊贈別諸友生詩注，「大歷十四年六月二十三日，自鄠縣制除櫟陽令，以疾辭歸善福精舍，七月二十日賦此詩」。

（5）始除尚書郎別善福精舍詩注，「建中二年四月十九日，自櫟陽令除尚書比部員外郎」，紀事及蘇州集四亦作二年，小傳之「三年」訛。

（6）自尚書郎出爲滁州刺史詩。

總觀全集都無貞元中已後痕跡，誰謂詩人百歲耶。（參拙著唐集質疑）

同人春日郊居寄萬年吉少府中孚、三原少府偉、夏侯校書審，按元偉官三原尉，見姓纂，下文有酬元偉過洛陽夜燕詩，則此三原少府爲元偉無疑，少府上應有「元」字，後人因「原元」兩字相連，誤省其一也。

同人送李十四山東遊，（一作山人東遊）按詩首句云，「聖朝有遺逸」，中云，「東遊無復繫，梁楚多大蕃」，則作山人東遊者是。

同人雜言送黎六郎注，「壽陽公之子」，按前文秋集罷還途中作謹獻壽春公黎公詩云，「東帶自衡門，奉命宰王畿，君侯枉高鑒，舉善掩瑕疵」，後有至開化里壽春公故宅詩，新書一四五黎幹傳，「擢累諫議大夫，封壽春公」。又舊書一一八幹傳，大歷八年，復拜京兆尹，十三年，除兵部侍郎，依前應物傳條，則應物宰京畿時，正黎幹爲尹，獻壽春公者獻幹，六郎卽其子，此作壽陽誤。

同人送姚孫還河中注，「孫一作系」，按四函八册收姚係，傳卽引此詩，係爲崇曾孫，見新表七四下，係、孫字近，故傳訛，作系者又脫去偏旁耳。系、係雖同義，然係之諸昆，命名皆從亻旁。

同人答史館張學士段（一作同）柳庶子學士集賢院看花見寄兼呈柳學士，按段如是姓，則段、柳二人之官，未必同是庶子學士，且兼呈亦未必遺段也。同柳庶子學士集賢院看花，乃張學士所寄應物之詩題，故答詩於柳曰兼呈，作同者合，汲古本蘇州集五無「一作同」三字，更非是。

三函八册「劉灣，字靈源，西蜀人，天寶進士，祿山之亂，以侍御史居衡陽，與元結相友善」，按灣如彭城劉氏，見次山集七別王佐卿序及姓纂，後書記其官至職方郎中，紀事二五亦云彭城，殆編全詩者誤會彭城爲彭州，遂署曰西蜀人歟。

同册岑參崔倉曹席上送殷寅充石相判官赴淮南，按淮南節度無石姓，石相殆右相之訛。右相卽中書令，崔圓曾爲之，罷相後出鎮淮南，寅蓋充圓之判官。

三函九册「趙良器，兵部員外」，按良器官至中書舍人，見姓纂，其事迹可參郎官考一八。

同册「閻寬，醴泉尉」，按寬天寶時曾爲太子正字及監察御史，見集古錄目及魯公集五。

同册「屈同仙，一作屈同」，又云，「千牛兵曹」，按屈同僊櫟陽尉，洛陽人，見姓纂。

同册「梁洽，開、寶間進士」，按下十册高適有哭單父梁九（一作洽）少府詩，是洽官終單父尉。

同册李嘉祐，「謫鄱江令，調江陰，入爲中臺郎」，按嘉祐詩有奉酬路五郎中院長新除工部員外見簡，則嘗官工外，又今郎官柱勳外題名亦見嘉祐。

同人潤州楊別駕宅送蔣九侍御收兵歸揚州，按此詩又誤收十二函九册張祜補遺，說見後。英華入二七一送行門，但亦複收爲李嘉祐奉陪韋潤州游鶴林寺詩，英華辨證六已舉其誤。

同人送陸澧還吳中（一作劉長卿詩），說見前一册劉長卿。

三函十册高適薊門不遇王之焕郭密之因以留贈，按王之渙今收四函八册，此作焕誤。（常侍集作渙）

同人同呂員外酬田著作幕（一作莫）門軍西宿盤山秋夜作，按通典一七二、元和志三九、舊書三八均作莫門，屬隴右。

同人淇上酬薛三據兼寄郭少府微，（一作王昌齡詩）說見前二函十册王昌齡。（常待集作薛三椽誤）。

同人燕歌行并序，「開元二十六年，（英華作十六年）客有從御史大夫張公出塞而還者，作燕歌行以示」，此刺張守珪也。舊書一〇三守珪傳，二十三年，以功兼御史大夫，二十六年擊奚，諱敗爲勝，詩所由云「孤城落日鬭兵稀、身當恩遇恆輕敵、力盡關山未解圍」也。據方鎮年表四，開元十六年，督幽州者李尚隱，非張姓，英華誤。（常侍集「三十六年」，更誤）。

同人使靑夷軍入居庸，按通典一七二、舊書三八均作淸夷，屬范陽，此誤。

同人送柴司戶充劉卿（一作鄉）判官之嶺外，按卿是鎮嶺外者之本官鄉字非。

同册「馮著，韋應物同時人，嘗受李廣州署爲錄事，應物有詩以送其行」，按元和姓纂、河間馮師古孫著，左補闕。

四函二册杜甫觀公孫大娘弟子舞劍器行序，「大歷二年十月十九日，夔府別駕元持（一作特）宅」，按今郎官柱吏外題名作元特，封外作元持，以其兄弟名攜觀之，則从才者爲是。

五函三册同人秦州見敕（一作除）目薛三璩（一作據）授司議郎、畢四曜除監察與二子有故遠喜遷官兼述索居凡三十韻，按薛三據累見王昌齡等諸家詩，今同函八册亦收薛據，作據者是。又曜應作燿，見前三函三册孟浩然，紀事二六引此詩，正作燿也。

四函五册錢起白石枕序，「起與監察御史畢公燿交之厚矣」，此亦卽前條之畢燿，作耀者訛。

又「錢起字仲文，吳興人，天寶十載登進士第，官祕書省校書郎，終尙書考功郎中」，此本自舊（錢徽傳）新書及才子傳四，於起中間歷官從略。今按起詩有罷章陵令山居過中峯道者，此非文宗之章陵，殆指章懷太子陵，詩首句云寧辭園令秩也。又有初黃綬赴藍田縣作云，「一明尉京甸」，是初授藍田尉也。皆可以補傳闕。

同人同鄔戴關中旅寓，此當是李華弟子之鄔載，其詩收三函九册，戴字訛。

同人同王錥起居、程浩郎中、韓翃舍人題安國寺用上人院，按郎官柱吏外有王銷，勞氏郎官考四引考功集入此詩作王銷，錥字殆訛。

四函六册張繼送鄒判官往陳留注，「一作洪州送郄紹充河南祖庸判官」，按前三函一册劉長卿有送鄒紹先赴河南充判官，卽其人也，郄紹乃鄒紹先之訛奪；四函九册嚴維之留別鄒紹，其誤同。

同册韓翃送夏侯侍郎注，「自大理兼侍御史攝登州」，由注觀之，夏侯官是侍御，非侍郎也，蓋以幕府權知州事者。

同人贈張五諲歸濠州別業，按此詩又收下七册郎士元。

四函七册獨孤及夏中酬于逖、畢耀問病見贈，按同人前文有客舍月下對酒醉後寄畢四燿，作燿正合，參前三函三册孟浩然及四函三册杜甫、五册錢起。

同册耶士元贈張五諲歸濠州别業，按此詩已收前六册韓翃。

同册皇甫冉同温丹(一作司)徒登萬歲樓，按唐人稱縣令，往往以縣綴姓下，稱刺史，州綴姓下，詩有丹陽古渡、瓜步空洲語，則温爲丹徒令也，且同時無温姓司徒，作司誤。

同人和朝郎中揚子翫雪寄山陰嚴維，按朝姓者甚少，東國之朝衡，非郎中也，此與五函二册盧綸之朝長史，疑均誤，待考。

同人送夔州班使君，按此詩又收五函二册盧綸，唯晚日作曉日，與山作與城，如昰作知楚，天上去作天子許。

同册「李岑，天寶、天歷間人，詩一首」，又「李岑，天寶中宋州刺史，詩二首」，按新表七二上有兩李岑；一出姑臧大房，水部郎中、眉州刺史，子曰舟、丹，當卽後之李岑。一出趙郡東祖，宰相絳之從祖，不著官，或卽前之李岑歟，

同册「畢燿(杜甫集作曜)，」按燿、曜均非，參前三册獨孤及條。

同册李岑西河郡太原守張夫人輓歌，按西河郡卽汾州，太原郡卽太原府，就使其人曾任兩郡太守，亦不應如此標題，余以爲「原」字衍文也。

同册陳孫移耶溪舊居呈陳元初校書，又云，「陳孫，明皇時人」，余按紀事二八秦系下，「系將移耶溪舊居留呈嚴長史陳校書允初云，……」其詩全與此同，蓋陳、秦音之訛，孫、系形之訛，實是烏有，今此詩又收下秦系，(見下文)人與詩統應删卻也。紀事四七陳元初下訛陳孫，全詩編者未加互勘，故至沿誤。又允初殿中侍御史，見姓纂，紀事四七著錄鮑防、嚴維、丘丹等聯句，亦正作允初，「元」字誤。

同册王季友代賀若(一作枝)令譽贈沈千運，按複姓有賀拔，無賀枝，枝拔之訛，令譽是姓賀若抑賀拔，待考。

同册秦系將移耶溪舊居留贈嚴維祕書，(一作留呈嚴長史陳祕書)按紀事二八秦系收此詩，四七陳元(允)初下互見而誤爲陳孫，全詩遂沿其誤，分作兩人，說見前陳孫條。此處所著錄，與紀事字句小異，如卽令邀客，此作那邀落日，書笈及書篋又作書展是。

四函九册嚴維自雲陽歸晚泊陸澧宅，按澧似當作灃，說見三函一册劉長卿。

同人留別鄒紹、劉長卿，按此是鄒紹先之奪，見前六册張繼條。

同册顧況寄上兵部韓侍郎奉呈李戶部盧刑部杜三侍郎，按三侍郎若連韓計之，則杜字衍文，否則杜下奪部名。

同人八月五日歌，「開元九年燕公說，奉詔聽置千秋節」，九年是況誤記，說見拙著唐集質疑。

四函十册戎昱同辛兗州巢父盧副端岳相思獻酬之作因紓歸懷兼呈辛魏二院長楊長寧，按此詩又收五函一册戴叔倫，盧作盧，此誤；副端、殿中侍御史也。又明月彼作明日，館至彼作皆去。

同册竇庠酬韓愈侍郎登岳陽樓見贈，（時予權知岳州事）按洪氏韓譜，永貞元年，自陽山令移江陵法曹參軍，又云，「自此泛洞庭阻風贈張十一云，十月陰氣盛，北風無時休，……既至岳州，別竇司直於岳陽樓云，……竇庠字冑卿，時以武呂幕大理司直權知岳州」，韓是時官法曹耳，其前官監察御史，應正云侍御。

同人靈臺鎮贈丘岑中丞，按奉天錄韓滉將丘岑，同此作岑，姓纂作涔，其昆仲沂、洲皆從氵旁也。

五函一册「于結，大歷間人，崔寧嘗欲薦爲御史，爲楊炎所沮」，按結官至諫議大夫，見姓纂。

同册戴叔倫送崔融云，「王者應無敵，天兵動遠征，建牙連朔漠，飛騎入胡城，夜月邊塵影，秋風隴水聲，陳琳能草檄，含笑出長平」，按新表雖有三箇崔融，但詩首四句說北征，在代、德兩朝實無類此之事。考伯玉集七有送著作佐郎崔融等從梁王東征序，同集二又有送別崔著作東征、送崔著作各一首，前首用征、兵、平、名四韻，與此詩相同者二；復次全詩二函一册杜審言送崔融，押征、城、聲平四韻，更與此次序全同。是知此崔融乃武后朝之崔融，與叔倫時弗相當，其爲某人作而誤收叔倫，待考。

同人江上別劉駕，按紀事六三有劉駕，大中時人，所收倘不誤，則是同姓名者。

同人別鄭谷，按詩家有名之鄭谷，生於唐末，此乃中唐人（參下十二函二册皎然)寰宇記一二五舒州云,「吳陵祠,……唐開成五年,刺史鄭谷又以神不得與神仙雜處,遂於廟垣之東,別建祠宇」,叔倫之卒,下去開成末又五十年,開成紀號如不誤,亦與前後兩鄭谷無關。

同人同辛兗州巢父盧副端岳相思獻酬之作因抒歸懷兼呈辛魏二院長楊長寧,按此詩已收四函十册戎昱,說見前。

同册「陸長源,字泳之,海之孫也,歷汝州刺史,貞元中爲宣武節度司馬,總留後事,軍亂遇害」,按舊書一四五,「陸長源,字泳之,開元、天寶中尚書左丞太子詹事餘慶之孫,西河太守璪之子」,又姓纂、海與長源爲昆弟,唯紀事三二陸海條云,「孫長源,有才思」,「孫」字承前數行之陸餘慶而言,行文原不明白,編詩者又弗參諸史乘,故與前二函七册之陸海傳同一誤繆也。

五函二册盧綸送從舅成都丞廣(一本有南字)歸蜀注,「一作李端詩」,按前文綸亦有送從舅成都縣丞廣歸蜀,未必綸、端兩人同稱從舅,存疑。

同人送道士郄彝素歸內道場,按郗與郄別,此疑是郗字。

同人和李使君三郎早秋城北亭樓宴崔司士因寄關中弟張評事時遇,按此詩又收六函四册呂溫,唯詩題之三郎,一作兄弟,無樓字、弟字及時遇弟;又詩內之軍士(一作事)作塵事,偏多作偏重,登龍作登臨,瓊枝又作瓊林。

同人同柳侍郎題侯釗侍郎新昌里,(一作訓侯釗侍郎春日見寄)按下文有陳翃郎中北亭送侯釗侍御釗官似未至侍郎,侍御或侍郎,全詩所引本常互異,此當是侍御耳。(參拙著姓纂四校記侯姓)。

同人奉和陝州十四翁中丞寄雷州二十翁司戶,按此詩又收六函六册張籍,唯二十翁作二十二翁。詩云,「聯飛獨不前,迴落海南天,……洗劣本多感,況聞原上篇」,由詩題及詩而尋繹,則似奉和之人,應與陝州中丞爲同姓,則陝州中丞、雷州司戶又昆仲行者,據方鎮年表四,陝、虢觀察可相當於綸者有盧嶽,相當於籍者有張弘靖,唯雷州司戶均未得着落。貞元二年十二月,曾貶尚書右丞度支元琇爲雷州司戶,但與嶽不同姓,此詩爲綸抑籍作,尚待研考也。

同人訓陳翃郎中冬至攜柳郎竇郎歸河中舊居見寄,和陳翃郎中拜本府少尹兼侍御史獻上侍中因呈同院諸公,陳翃郎中北亭送侯釗侍御賦得帶冰流歌,秋幕中夜獨坐遲明因陪陳翃郎中晨謁上公因書卽事兼呈同院諸公，陳翃中丞東齋賦白玉簪，字均作翃；唯秋夜宴集陳翃郎中圃亭美校書郎張正元歸鄉，則翃一作雄。按此人之名，翃、雄而外，又或作翊，（說詳拙著姓纂四校記陳姓）。唐郭忠武公將佐略，集古錄跋八及金石錄九均稱貞元十二年立，陳翃撰，此顯先佐子儀後佐渾瑊之人，而寶刻類編四著錄爲陳翊；又金石錄七、唐王公城河中頌，陳翃撰，上元元年立，黃本驥云，「本作陳翃，何氏改作翊」，今寶刻叢編一〇著錄亦作翊。合此觀之，似作翃者近是，作雄者非。

同人綸與吉侍郎中孚、司空郎中署、苗員外發、崔補闕峒、耿拾遺湋、李校書端、風塵追遊、向三十載、數公皆負當時盛稱、榮耀未幾、俱沈下泉、……按署應作曙。

同人陳翃郎中北亭送侯釗侍御（一作送劉侍御）賦得帶冰流歌，按唐碑如郎官柱，往往寫劉爲「刭」，甚近釗字，故姓纂訛侯釗爲侯劉，此又一作劉侍御也。

同人送朝長史赴荊南舊幕，朝字疑誤，說見前四函七册皇甫冉。

同人偶逢姚校書憑附書達河南郄推官因以戲贈，此郄字亦當郗字之誤，郗推官疑卽士美。

同人同耿湋宿陸澧旅舍，說見前三函一册劉長卿，今耿湋詩已失此題。

同人過玉貞公主影殿，玉貞應作玉眞，睿宗女。

同人秋夜宴集陳翃（一作雄）郎中圃亭美校書郎張正元歸鄉，美疑應作送，形近而訛。

同册（李竦，大歷二年登進士第，官戶部尙書、鄧岳、觀察使」，鄧岳、鄂岳之訛，見舊紀一二。

同册「張莒，長山人，登大歷九年進士第，大中時官吏部員外郎」，郎官考四，「柳宗元先君石表陰先友記，張莒（原注、大歷九年進士）。常山人，至鄧州刺史，（河東先生集十二。案唐詩紀事三十一引先友碑云，大中時官吏部外郎，今柳文無此句，未詳所據，大中疑建中之誤）。」余按此又誤常山爲長山。

同人元日望含元殿御扇開合，（大歷十三年吏部試）郎官考四，「文苑英華（百八十）有張莒元日望含元殿御扇開合詩，（大中十三年，歲時雜詠一作大歷）。」

余按此作大歷十三當不誤。

同册「獨孤綬，大曆十年登進士第，舉博學弘詞，嘗試馴象賦，德宗稱之，特書第三」，下收投珠於泉詩一首，下文又收獨孤授，云，「獨孤授，大歷十四年登第」；登科記考一一云，「獨孤綬，文苑英華作獨孤授，注云，登科記作獨孤綬，第十八人」，又云，「按舊書本紀、放文單國所獻舞象事，在大歷十四年閏五月丁亥，獨孤綬蓋於是年登進士第，又登弘詞科」，按獨孤良器沈（非投，綬詩有云，「成性卻沈泉」，又良器詩見下七册，亦作賦得沈珠於泉，詩有云，「皎潔沈泉水，……沈非將寶契，……自爲暗投殊」，作投誤）。珠於泉詩，是大歷十四年弘詞試題，見文苑英華，則此獨孤綬應舉十四年弘詞無疑。今傳以爲十年進士，別無所據，應依登科記考删併。又杜陽雜編言德宗特書綬第三等，傳删去「等」字，意義亦異。

同册「仲子陵，峨眉人，大歷中登第，歷官常侍」，按全文五〇二權德輿仲君誌，子陵官終司門員外，未登常侍，其進士及第乃大歷十三年也。子陵曾祖晉始自彭城徙於蜀都，少好學，肄業峨眉山下，姓纂稱子陵成都人，此作峨眉誤。

同册「周徹，大歷進士」，按全文五〇六權德輿周渭誌及姓纂均作澈，兄弟名同從水旁也。澈官鄧州刺史，亦見姓纂。

同册「周渭，大歷十四年登第」，按渭卽澈兄，字兆師，官終祠部郎中，以祕書少監致仕，永貞元年卒，見權德輿所爲墓誌。

五函三册李益同崔邠（一作頒）登鸛雀樓，按邠、舊新書有傳，頒則余尚未聞。

同人九月十日雨中過張伯佳（一作雄）期柳鎮（一作雄）未至以詩招之，按李益見河東集一二先君石表陰先友記，此當是宗元父鎮也。

同人統漢峯（一作烽）下（一作過降戶至統漢烽）詩云，「統漢峯（一作烽）西降戶營」，按此卽隋之通漢烽，見隋書突厥傳，作烽是。

同人夜上受降城聞笛，「回樂峯（一作烽）前沙似雪」，按前文暮過回樂烽詩云，「烽火高飛百尺臺」，知作峯者非。

同册李端長安書事寄薛戴，又贈薛戴，按前二册盧綸同耿拾遺春中題第四郎新修書院注云，「一作同錢員外春中題薛載少府新書院」，似卽一人，惟戴、載未詳孰是。

同人題從叔沆林園，按此詩亦收六函四册呂温，題爲題從叔園林，前二册盧綸有題李沆林園，沆姓李則端稱從叔正合，殆非呂温詩也。又詩內遠草、彼作野草，鳥哢（一作上）花間曲（一作井）作鳥向花間井。

同人雲陽觀（一作華陽洞）寄袁稠，（一作元陽觀寄元稱）下文又有送袁倜遊江南，余按前二册盧綸有送袁偁詩，姓纂，袁異式任曾孫倜、偁，袁元因音同而訛，稠、稱又倜、偁之訛，惟未知此詩寄倜抑寄偁耳

同人送從舅成都丞廣南歸蜀，（一作盧綸詩）說見前二册盧綸。

五函四册「暢當，河東人，初以子弟被召從軍，後登大歷七年進士第，貞元初爲太常博士，終果州刺史，與弟諸皆有詩名」。按此傳本自紀事二七，然余讀之，蓄有兩疑；(一)當爲果州刺史，不外根據其詩，一卽南充謝郡客遊澧州留贈宇文中丞，詩云，「僕本濩落人，辱當州郡使，量力頗及早，謝歸今卽已」，南充卽果州。二卽自平陽(一作阿)館赴郡詩，「奉恩謬符竹，伏軾省頑鄙」，是爲強證；顧由反面觀之，如四函十册之耿湋，五函一册之戴叔倫，二册之盧綸，三册之李端、司空曙，凡與當唱和，皆逕題其姓名或曰博士，無稱官刺史者，如謂凡此皆在前，則叔倫之弔暢當亦然。且叔倫詩，「萬里江南一布衣，早將佳句動京畿，徒聞子敬遺琴在，不見相如駟馬歸」，亦不類嘗官刺史。全文五二八顧況韓滉謚議注云，代太博暢當作，滉卒在貞元三年正月，（舊紀一二）則三年初當猶是太博，又叔倫卒五年六月，（全文五〇二）弔詩未必卽作於卒前不久，然則此年餘間，當果由從七品上之太博，超躋中州刺史歟。此雖非極強之反駁，然南充謝郡詩固有題王昌齡者，則安保非他人詩而誤入暢當，此余所疑而未明者也。（二）文苑英華、暢諸開元九年拔萃科，計至貞元三年，已六十二祀，假諸拔萃時年二十，則貞元初餘八十矣；當之父璀，大歷十年始卒，貞元初當斷未逾八十，是謂暢諸爲暢當弟者妄也。況姓纂及舊書一一一，璀、河東人，子當，（姓纂訛璀爲璀，玆改正）。姓纂又稱詩人暢諸，汝州人，許昌尉，則籍望且不相同，紀事之妄，殆無疑義。復次全文四三〇李翰河中鸛鵲樓集序，（郎官考一謂鵲疑作雀）。「河南尹趙公受帝新命，宜

風三晉，右賢好事，（士？）遊人若歸，小子承連帥之眷，列在下客」，趙卽趙惠伯，其臨河中在建中二年。(舊紀一二)序又云，「前輩暢諸題詩上層，名播前後，山川景象，備於一言，上客有……，相與言詩，以繼暢生之作」，則諸之詩名早播，謂是開元人物，良屬可信。今所收當詩有登鸛雀樓云，「迥臨飛鳥上，高出世塵間，天勢圍平野，河流入斷山」，正與翰贊其「山川景象備於一言」者合，是後人又誤以暢諸之詩，當暢當之詩矣。

同册「張濛與陸贄同時」，濛之仕歷，可參拙著唐方鎮年表正誤。

同册「元友直，結之子，大歷進士」，按友直官至京兆少府（尹？）見姓纂。

同册「沈迴，大歷進士第」，按沈迴事迹，略見勞格讀書雜識七。

同册司空曙送曹三同（一作原）猗（一作桐椅）遊山寺，下文又有送曹同（一作桐）椅，按同椅如是名，則曹三乃其排行，如作三原，則是所官之地。

同人雲陽館與韓紳（一作韓升卿）宿別，按前三册李端有送韓紳卿，又戲贈韓判官紳卿，此當奪卿字。紳卿、愈之叔，新表七三上有升卿，洪氏韓譜以爲誤。

同人酬張芬有赦後見贈，（一作司空圖詩）按張芬亦見李端詩，與柳中庸同時，則此詩斷非圖作。

同人過閔𥖶病居，按𥖶應作寀，其事迹參拙著姓纂四校記。

同人送李嘉祐正字括圖書兼往揚州覲省，按書錄解題一九，嘉祐天寶七載進士，其官正字似當在玄宗時，比曙輩行遙先，此疑誤收，否則別有同姓名者。

同册王烈酬崔峒，又「崔季卿峒之從弟」，按峒與峒，移上移左之異，但他處皆寫作峒也。

同册張南史酬張二倉曹楊子閒居見寄兼呈韓郎中左補闕皇甫冉，按前四函十册耿湋有宣城逢張二南史，同册竇常有哭張倉曹南史，是張二倉曹卽南史，此乃他人酬張之詩而誤爲張作者。

五函五册「王建字仲初，潁川人，大歷十年進士，初爲渭南尉，歷祕書丞、侍御史」，按建詩有初到昭應呈同僚云，「白髮初爲吏，有慚年少郎」，縣丞廳卽事云，「聖朝收外府，皆自九天除」，又昭應官舍云，「文案把來看未會，雖書一字甚慚顏，」又昭應官舍書事云，「縣在華清宮北面，曉看樓殿正相當，……臘月近湯泉不凍，夏天臨渭屋多涼」，（舊書三八、昭應治溫泉宮之西北）。是建初歷昭應丞。今九册楊巨源寄昭應王丞詩，「武皇金輅輾香塵，每歲朝元及此辰，光動泉心初浴日，氣蒸山腹總成春，謳歌已入雲韶曲，（按指宮詞百首）。詞賦方歸侍從臣，瑞靄朝朝猶望幸，天教赤縣有詩人」，依紀事四四，寄建詩也。建又有初授太府丞言懷，紀事亦言建「爲昭應丞、太府寺丞」。

同人薛二十（一作十二）池亭，按詩又收八函三册姚合，此失注；彼標爲「題薛十二（一作一）池亭」也，又每箇作每日，（日字當誤），行匝作行過，斜豎作斜立，山石作幽石。

五函六册「陳翃一作詡，大歷中登進士第，貞元中官戶部郎中知制誥」，按郎官考一一引文苑英華八七、新書藝文志及閩川名士傳，均作詡，餘參拙著讀全文札記卷四四六下。

同册朱灣送李司直歸浙東幕兼寄鮑行(一作參)軍持節大夫初拜東平郡王，（一作朱長文詩）按此題疑有奪文。

同册鮑防送薛補闕入朝，人日陪宣州范中丞傳正與范侍御傳眞宴東峯亭，上巳寄浙東孟中丞，均云一作鮑溶詩：又秋暮憶中秋夜與王璠侍御賞月因愴遠離聊以奉寄，及元日早朝行，均云見鮑溶集。按防卒貞元六年，見全文七八三穆質所爲碑，今除首末兩篇難確考外，范傳正爲宣、歙觀察，在元和七年八月，孟簡爲浙東觀察，在九年九月，均見舊紀一五，璠官侍御，據舊書一六九本傳，應在元和之末，皆斷非防詩也，應剔出。

同册「陳元初，(元一作允)校書郎，居廬源，僧靈一有送元初卜居廬源詩」，按作允者是，說見前四函八册陳孫條。

同册「范燈，貞元時人」，燈、余疑燈之訛，見姓纂，全詩本紀事四七，紀事多訛文也。

同册郭鄖寒食寄李補闕，據八函一册李紳建元寺詩引，補闕卽紳兄吏部也，詩引所徵，字句小異，閭閻作人家，悲前事作非前事，（非字當誤）。誰肯一作誰復更。

同册范元凱章仇公（兼瓊）席上詠眞珠姬注，「章仇公大歷中蜀州刺史」，按顏眞卿鮮於少保碑，開元二十七年，章仇兼瓊爲劍南節度，四川通志稱其在蜀八年，計至大歷，又相去念載矣，此疑別一同姓之人。

五函七册羅珦（一作炯）云，「會稽人，家於廬州，貞元中刺本郡，以治行聞，再遷京兆尹」，按全文五〇六權德輿羅珦誌，其先會稽人，卒太子賓客，歸祔於會稽之兆域，作炯誤。

同册皇甫澈賦四相詩序，「蜀州刺史廳壁記，居相位者前後四公」，內中書令漢陽王張柬之，中書令鍾紹京，禮部尙書門下侍郎平章事李峴，均見本傳，唯門下侍郎平章事王縉，則舊書一一八、新書一四五本傳均不載。

同册羅讓（一作尙）云，（字景宣，迴之子，少以文學知名，舉進士弘辭、賢良方正，皆高第」，按羅珦誌，「嗣子讓，鄉舉進士、博學弘詞、能直言極諫，三登甲科」，迴卽前文之珦也，作迴誤。

同册朱放歸桐廬舊居寄嚴長史，（一作竟八元詩）。按當是章八元，但余見本是坊賈配寫之頁，不知原刻訛否。

同人答陸澧，說見前三函一册劉長卿及一函九册張九齡。

同册武元衡八月十五酬從兄常望月有懷，按後一題爲酬太常從兄留別，常上疑奪太字，非其名也。

同册李吉甫九日小園獨謠贈（贈一作奉寄）門下武相公，按前武元衡詩有聞相公三兄小園置宴以元衡寓直因寄上兼呈中書三兄，則獨謠乃獨讌之訛。

同册蕭祜奉陪武相公西亭夜晏陸郎中，按前崔備、後王良士等均有同賦，晏應作宴。

同册「王良士，貞元進士，爲西川劉闢幕僚，闢敗應坐，高崇文宥之」，按良士前佐韋臯，後爲刺史，說見拙著唐集質疑。

同册「獨孤實，嘗爲武元衡鎭西川時僚吏」，按河東集二二注，實舉貞元七年進士，姓纂作實，殿中御史。

同册盧士政（一作致）按石刻武侯祠堂碑陰及郎官柱吏中、吏外均作致，作政誤。

同册「張聿，建中進士」，聿之事迹，略見拙著重修教士壁記斠注。

五函八册權德輿酬陸三十二參浙東見寄，按參又作傪，參拙著姓纂四校記。

同人酬穆七侍郎早登使院南樓感懷，按此當是穆寧四子之一，官未至侍郎，侍御之訛。

同人早發杭州泛富春江寄陸三十一公佐，（一作祐）按傪字公佐，見李文公集，祐字誤。前稱三十二，此作三十一，別考。

五函九册羊士諤乾元初嚴黃門自京兆少尹貶牧巴郡詩注，「時郄詹事昂自拾遺貶清化尉，黃門年三十餘，且爲府主，與郄意氣友善」，又同人「題郡南山光福寺，……州門有去思碑，卽郄拾遺之詞也」，三郄字皆應正作郗。

同册令狐楚，按楚有望京樓詩，今全詩沿寰宇記一之訛，誤收入九黜三册令狐綯，說見後。

五函十册韓愈送鄭十校理得洛字注，「鄭餘慶子瀚，本名涵，以文宗藩邸時名同，改名瀚，按瀚應作澣，說詳拙著重修教士壁記斠注，下六函四册及八函二册注亦作鄭澣。

六函一册「賈稜，貞元八年進士第」，按姓纂、洛陽賈稜，大理評事。

同册「劉遵古，貞元八年進士第」，按姓纂、遵古東平人；後終大理卿，見舊紀一七下；其事迹可參勞氏郎官考一。

同册「李正封，官監察御史」，按此本新表七二上，新表蓋本自姓纂佚，文乃正封元和七年時見官也，據郎官柱，正封嘗官勳中，在元和末。

同册「崔立之，貞元進士第」，按立之字斯立，望出博陵，貞元四年進士，元和初以前大理評事言得失黜官，再轉爲藍田丞，見昌黎集一三及集注。

同册「韋紓，貞元進士第」，按紓官戶中，見郎官柱，大和五年自司駕員外出典處州，可參郎官考一一。

同册「范傳正，貞元中舉進士、弘辭皆高第」，按傳正字西老，貞元十年進士，舊書一八五下、新書一七二均有傳。

同册陳羽若耶溪逢陸澧，說見前三函一册劉長卿。

同册歐陽詹詠德上韋檢察注，「卽韋相臯之弟也，名纁」，詩云，「少華類太華，太室似少室，亞相與丞相，亦復無異質」，按韋臯兄弟無名纁者，貫之弟名纁，見舊書一五八，「臯之」未審是「貫之」訛否，但貫之作相，與詹不相及，（參後二條）如非誤收，必注有舛謬，葛氏藏明刊本歐陽行周集，祇注云「卽韋相之弟也」。

同人盆昌行序，「貞元年中，天子以工部郎中興元少尹吳興陸（一作次）公長源牧利州，其爲政五年，……利、故盆昌郡也，目之曰盆昌行」，按舊書一四五陸長源傳，「因佐昭義軍，節度薛嵩卒後，久之，歷建、信二州刺史，浙西節度韓滉兼領江淮轉運，奏長源檢校郎中兼中丞，充轉運副使，罷爲都官郎中，改萬年縣令，出爲汝州刺史，貞元十二年，授檢校禮部尚書宣武軍行軍司馬」新書一五一略同，無刺利州事。考嵩卒大歷八年，（舊紀一一）滉貞元二年末加江淮轉運使，（舊書一二九）貞元五年，長源已官汝州刺史，（集古錄目）更不許刺利至五年之久，檢葛氏本實作吳興沈公長源，沈字漫漶，故類「次」也，吳興爲沈氏之望。

同人蜀中將歸留辭韓（一作韋）相公貫之，按葛氏本此詩題蜀中將迴留辭韋相公，不著其名，詹約卒於貞元十五年後，當時蜀帥，别無韓姓其人，則作韋者是。唯臯字城武，舊書一四〇、新書一五八同，若相憲宗之韋貫之，雖嘗貶守巴州，然在作相之前，且其時詹卒久矣，此處當有誤。

同人江夏留别華二，（一作别辛三十，時自襄陽同舟而下，予歸闕，從此赴舉）。余按葛氏本作辛三十，又「從此」上有辛字，此奪。

同人題華十二判官汝州宅內亭序，字皆作華，葛氏本皆作華，字似華非華，似葉非葉，按唐代華姓甚少見，葉、華字舊籍常互訛，否則如前文華二之一作辛三十耳。

六函二册劉禹錫詶馮十七舍人宿衛贈别五韻，按馮十七卽宿也，宿以長慶元年知制誥，約二年拜中書舍人，據禹錫歷陽書事詩引，長慶四年八月，禹錫始自夔州轉和州，故詩有云，「白首相逢處，巴江煙浪深，使星上三蜀，春雨霑衣襟」也，衛字殆衍文。第宿以何事使蜀，舊書一六八本傳及宿碑（萃編一一三）均不載。

同人經東都安國觀九仙公主（一作九公子）舊院作，按九仙公主亦見五函五册王建詩題，不作九公子。

六函三册同人答東陽于令寒碧圖詩引，「東陽令于興宗，丞相燕國公之猶子」，按新表七二下，于頂子興宗，河南少尹，與、輿形近，疑作輿者是，九函二册王鐸及三册均作輿宗。

同人楊州春夜李端公益、張侍御登、段侍御平路、（一作仲）密縣李少府暘、祕書張正字復元同會於水館，按段平仲，舊書一五三、新書一六二有傳，杜祐鎮淮南，平仲爲掌書記，此詩正禹錫佐佑時作，作平路者非也。

六函四册「李應，貞元十一年登進士第」，按同時李晟之子亦名應，郎官考一一謂此李應元和十一年自戶中授蘇州刺史，十四年官湖州刺史云，惟勞氏又雜引宗室表蔡王房、虢王房兩李應則非是。

同册呂温和李使君三郎（一作兄弟）早秋城北亭宴崔司士因寄關中張評事，按此詩已收五函二册盧綸，說見前。

同人題從叔園林，按此詩又收前五函三册李端，說詳上。

六函五册孟郊貧女詞寄從叔先輩簡，舟中喜遇從叔簡別後寄上時從叔初擢第（一作侍從）歸江南郊不從行，同從叔簡酬盧殷少府，山中送從叔簡赴舉，山中送從叔簡，感別送從叔校書簡再登科東歸，送從叔校書簡南歸；（一作東遊）登科記考二七列孟簡爲兩人；一云，「郊之叔，見孟郊詩」。一云，「舊書本傳，簡字幾道，平昌人，天后時同州刺史詵之孫，工詩有名，擢進士第，登弘詞科，唐詩紀事簡元和中上第，按此與孟郊之叔，別是一人」，徐氏殆因史稱郊爲湖州武康人，故有是說。然平昌是孟姓之望，觀姓纂自見之，不必其占籍，舊傳簡舉進士及弘辭，正與郊詩再登科相符，「從叔」之用，時或頗泛，可參拙著跋唐摭言也。又傳謂簡元和四年已拜諫議大夫，紀事以爲元和中上第，必不然；七函九册「裴次元，貞元中第進士」，其詩有賦得亞父碎玉斗，用碎字韻，十册孟簡賦同題，亦用碎字韻，簡當是貞元進士也。

同人抒情因上郎中二十二叔、監察十五叔、兼呈李益端公，柳縝評事，按河東集一二先侍御神道表，「授左金吾衞倉曹參軍，專掌書奏，進大理評事」，柳縝者柳鎮之訛也，昌黎集二九，郊卒年六十四，斯得爲宗元之父執，唯今碑陰先友記缺其名。

同人悼吳興湯（一作楊，一作張）衡評事，余初以爲卽與符載同隱廬山後舉貞元進士之楊衡，及讀十二函二册皎然詩題有云，「苕溪草堂自大歷三年夏新營，洎秋及春，彌覺境勝，因紀其事，簡潘丞述湯評衡四十三韻」，乃恍然於湯衡、楊衡之灼是兩人，且彷彿黃校顏魯公集似有湯衡辨證，唯詞不復憶，故先記所見於此。郊詩云，「君生(一作在)霅水清，君歿霅水渾」，才子傳五謂楊衡霅人，豈卽因是而誤歟。

六函六册張籍寄昭應王中丞，「借得街西宅，開門渭(一作御)水頭，長貧唯要健，漸老不禁愁」，按此卽寄王建詩也，「中」字衍，參前五函五册王建。

同人送楊少尹赴滿(一作蒲)城，又和裴司空酬滿(一作蒲)城楊少尹，按此卽楊巨源也。才子傳五，「巨源字景山，蒲中人，貞元五年劉太眞下第二人及第，……大和中爲河中少尹」，河中卽蒲州，作滿誤。巨源以詩名，故前詩有「公事況閑詩更好」句，與度同年，故後詩云「更憶登科舊日同」也。籍約卒何時，各疑年、錄均不詳，依此則當在大和中；又據居易詩五十尙爲太祝，知水部固年登周甲矣。

同人和韋開州盛山十二首；一宿雲亭，(一作寺)二梅溪，三茶嶺，四流杯渠，五盤石磴，六桃塢，七竹巖，八琵琶臺，九胡盧沼，十隱月岫，十一繡衣石榻，十二上士泉缾。(一本無缾字)按昌黎集二一韋侍講盛山十二詩序云，「于時應而和者凡十人」，見名者六，籍未外官，故不在列舉中歟。韓集注，「一宿雲亭，二隱月岫，三茶嶺，四梅溪，五流盃渠，六盤石磴，七桃塢，八竹嵓，九琵琶臺，十胡盧沼，十一繡衣石塌，十二上士瓶泉」，次序較整齊。由張詩觀之，泉缾兩字，亦應乙正。

同人送元結，(一作紹)按詩果籍作，則斷非元次山也。

同人送辛少府任樂安，(一作安縣)按樂安屬台州，詩云，「選得天台山下住，一家全作學仙人」，作樂安合。

六函九册元稹酬翰林白學士代書一百韻注，「予元和元年任拾遺，八十三日延英對，九月十三，貶授河南尉」，八下顯脫月字。景明董氏本元氏長慶集此頁，似是配補，亦奪月字；又「十三」作「十日」。

同人酬盧祕書序，「予自唐歸京之歲，祕書郎盧拱作喜過白贊善學士詩二十韻，兼以見貽，白詩酬和先出，予草蹙未暇，皇（一作盧）頻有致師之挑，故篇末不無憤辭」，余按盧未必挑戰，此殆「白」字而訛皇也。

同人酬樂天東南行詩一百韻注，「十年春，自唐州詔予召入京」，予召兩字乙之較順。又注，「今日得樂天書，六年聞席八歿」，據詩序，此是元和十三年作，樊汝霖韓譜注，夔卒十二年，則「六年」乃「去年」之訛，七函四册白氏詩注作今春者，白詩作於十二年也。

同人酬樂天待漏入閤見贈詩，「丞旨絕常班」，注，「丞旨學士在諸學士上」，按丞本當作承，但唐人往往書作丞。

同人酬哥舒大少府寄同年科第注，「平判李十一復禮、呂四頻、哥舒大熕」，登科記考一五云，「呂頻，文苑英華作呂穎誤」，又云，「哥舒恆一作垣」，按作穎者英華而外，尚有姓纂及白氏集五，全詩七函一册作熕，徐氏祇據今本元集以斷英華之誤，未見其允。又唐、宋人皆諱恆，作熕亦未定可信。

同人贈呂三校書，按呂三應作呂二，說見拙著唐人行第錄。

六函十册同人一字至七字詩，（以題爲韻，同王起諸公送白居易分司東郡作）。東郡、東都之訛。

七函二册白居易村中留李三固言宿，按元氏集七遣病，「李三三十九」，原注，「監察御史顧言」，前六函八册同，十二函八册亦云，監察御史李顧言，元和元年及第，此作固異。白氏集六祇題村中留李三宿。

七函三册同人代書詩一百韻寄微之，「笑勸迂辛酒，閑吟短李詩」，原注，「辛大立度性迂嗜酒，李二十紳形短能詩，故當時有迂辛短李之號」，此辛大丘度也，立字訛。迂辛者迂拘之謂，今日本翻宋本一三作遷辛，蓋日人不盡通中國文義者所爲，又將各注全删，非善本也。

同人敍德書情四十韻上宣歙翟（一作崔）中丞注，「宣州薦送及第後，重投此詩」，按居易貞元十六年進士，據唐方鎮年表五，此時正崔衍爲觀察也，作翟非。

同人春中與盧四周諒（一作鯨）華陽觀同居，按新表七三上，道將之後有周諒，不著歷官。

七函四册同人東南行一百韻寄通州元九侍御、澧州李十二舍人……，按澧州李舍人，建也，他處皆作十一，前六函九册元稹和詩同，此作十二訛。

同人題元八谿居云，「聲來枕上千年鶴，影落杯中五老峯」，按前同函二册居易題元十八溪亭云，「見君五老峯，益悔居城市」，兩詩同是江州作，元八當元十八之奪，元十八亦見河東集二五、昌黎集六，名集虛。

同人十年三月三十日別微之於澧上……，按前六函九册元稹酬樂天東南行詩序，「元和十年，三月二十五日，予司馬通州，二十九日，與樂天於鄂東蒲池村別」，則澧應作灃。

同人送馮（一作馬）舍人閣老往襄陽，按此詩是白入中書後所作，正與前六函二册劉禹錫詶馮十七舍人宿之詩，（說見前）時代相同，作馬者非。此云往襄陽，或後來有命更上蜀歟。

同人商山路有感序，「前年夏，予自忠州刺史除書歸闕，時刑部李十一侍郎、戶部崔二十員外亦自澧、果二郡守徵還」，按此卽前東南行一百韻之果州崔二十二使君也，他處皆作二十二，此奪一「二」字。

同人予以長慶二年冬十月到杭州明年秋九月始與范陽盧賈、汝南周元範、蘭陵蕭悅、淸河崔求、東萊劉方輿同遊恩德寺之泉洞、……遂留絕句，按此周元範似是白之從事，唯下五册和酬鄭侍御東陽春悶放懷追越遊見寄，「此詩勿遣閑人見，見恐與他爲笑資，白首舊寮知我者，憑君一詠向周師」，原注，「周判官師範，蘇、杭舊判官，去範字叶韻」，師、資爲韻，則師字不誤，與此作元範異。復次紀事五六，周元範，句曲人，七函九册收其和白太守揀貢橘一首，九函四册賈島亦有送周判官元範赴越一篇。

七函七册同人寄獻北都留守裴令公詩注，「居易每十齋日在會，常蒙以二勒湯代酒也」，二勒應作三勒，見本草。

七函八册同人病中五絕句自注，「李、元，皆予執友也，杓直少予八歲，卽世已九年，微之少予七年，薨巳八年矣，今予始病，得非幸乎」，按白氏集二四李建墓碑，建長慶元年卒，春秋五十八，若元稹則卒大和五年辛亥，計八年應當開成三年戊午，建卒至是十八年矣。又依前碑以推，建實生廣德二年甲辰，長居易八歲，非少於居易。如謂墓碑之「五十」字有誤而據建少八歲推之，則建應生建中元年庚申，享年祇四十二，又不合乎尾數之「八」。故知詩注有傳訛也。白氏集二三又有祭李侍郎文，「五十加八，亦不爲夭」，可證「五十八」字不誤。同集六九感舊詩，「微之捐館將一紀，杓直歸丘二十春」，可證詩注必誤。

七函九册「盧拱，祕書郎，終申州刺史，與白居易同時」，按此卽六函九册元稹所酬之盧祕書拱也，七函三册白居易亦有酬盧祕書二十韻，（時初奉詔除贊善大夫）。今盧詩二十韻已失傳。

同册楊嗣復謝寄新茶，封題寄與楊司馬，應爲前銜是相公」，注，「嗣復作相後止貶觀察、郡守，此稱司馬，疑非嗣復詩」，按注係據舊（一七六）新（一七四）傳及通鑑而云然，殊不知舊紀一八上固作潮州司馬（沈本）也，須考。

同册「楊衡，字仲師，吳興人，初與符載、崔羣、宋濟隱廬山，號山中四友，後登第，至大理評事」，按衡字中師，才子傳五及全唐文符載諸文均同，衡中義相應，作仲誤。其里居及隱友，經於拙著跋唐摭言論之，評事亦恐非楊衡所官。（參六函五册孟郊條）。此去李渤而增宋濟，（本紀事五一）與才子傳異，據余所知，宋五濟，玄宗時人。（摭言一〇）

同人哭李象，按象當卽山中四友之一，唯全文六九〇符載荆州與楊衡說舊因送遊南越序作李元象，與此差一字。

同人廣州石門寺重送李尙赴朝時兼宗正卿，按前引符載序有云，「乘時蒸鑠，將遊炎方，又何其濩落也。相國齊公……新荷天寵，鎭安越服」，衡之南行，余以爲在貞元七年夏，說見拙著跋唐摭言。復次舊書一一二李復傳，「遷廣州刺史兼御史大夫、嶺南節度觀察使，……徵拜宗正卿，加檢校工部尙書」，復之去廣，唐方鎭年表七列於貞元八年，然則衡此詩送復詩也，李尙下奪「書」字。

同册王播淮南游故居感舊酬西川李尙書德裕，（一本題作爲淮南節度使遊故居感舊）按德裕鎭川，不與播鎭淮南同時，余於唐集質疑已辨之，八函八册許渾和淮南王相公與賓僚同游瓜州別業題舊書齋，亦不提及德裕。

同人題木蘭院（一作惠照寺）二首後，用大字標題云，「播少孤貧，嘗客揚州惠照寺木蘭院隨僧齋餐，僧厭怠，乃齋罷而後擊鍾，後二紀，播自重位出鎭是邦，因訪舊遊，向之題名，皆以碧紗幕其詩，播繼以二絕句」按此節乃紀事四五所記播之故事，非播自題如此，應夾注書之，今乃大書，誤矣。

同册「牟融有贈歐陽詹、張籍、韓翃諸人詩，蓋貞元、元和間人也」，按融有贈浙西李相公詩，以其時考之，則德裕也。德裕初守浙西，在長慶二年，未爲相，大和八年再除，始在作相之後，詩與題苟均不誤者，則融至大和尙存矣。又有送徐浩詩，工書之徐浩，卒建中三年，年八十，(舊書一三七)恐非同人。

同册長孫佐輔答邊信。(一作代答邊信同心結)按此詩又收十一函十册長孫佐轉(輔之訛)妻，題爲答外，邊水作邊水，心不離作不心離，書字作離字，一夜作一衣，貯書作封書，書字故作書故字。

同册「嚴公弼，梓州人，擢進士第，襲父震爵，封鄖國公」，按公弼貞元五年進士，見河東集二三注。歷太子中舍，沔、隨二州刺史，見河東集三七、裴度劉太眞碑及元龜六八三。

同册「嚴公貺，公弼之弟」，按公貺嘗爲嚴礪從事，見全文五二三楊於陵賀收劍門表。

同册「宋濟，德宗時人，與楊衡同栖靑城」，按符載文靑城四友，無宋濟名，余所知之宋濟，乃玄宗時人，參前楊衡條。

同册「符載，字厚之，蜀人，初隱廬山，後辟西川掌書記，加授監察御史」，按載之姓从艹作苻，見載所爲亡妻李氏誌，(關中金石文字存逸考二)普通文字苻、符通用，在姓恐不然也。載曾辟江陵趙宗儒記室，(在西川後)見河東集三五。

同册「鄭立之，貞元、元和中人，詩一首」，卽哭林傑詩也。按前文云，「林傑，字智周，閩人，幼而秀異，六歲賦詩，援筆立成，唐扶見而賞之，……年十七卒」，傑獻詩唐大夫扶，見太平廣記；舊紀一七下，開成元年五月，扶自舍人出爲福建觀察，今假是年傑卽六歲，其卒應在大中元年，此稱貞元、元和中人，殊不切。

同册「浩虛舟，隰州刺史聿之子，中弘詞科」，按虛舟長慶二年進士，見文苑英華。

七函十册李渤南溪詩序，末題「寶歷三年三月七日」，按金石補正七一錄石刻，作二年三月七日，余嘗於貞石證史篇中論及之。

同册孫革一作華，又云，「孫革，憲宗朝爲監察御史」，按革，精舍碑有題名，作華非。全文七四五云，「長慶時遷刑部員外郎，拜刑部侍郎，大和時爲左庶子」，比此詳。

同册「徐凝，睦州人，元和中官至侍郎」，按前七册白居易憑李睦州訪徐凝山人（凝卽睦州之民也）。詩云，「郡守輕詩客，鄉人薄釣翁，解憐徐處士，唯有李郎中」，係分司時作，凝與張祜爭元，見雲溪友議，又才子傳六，「遂歸舊隱，潛心詩酒，人間榮耀，徐山人不復貯齒頰中也」，是凝並未仕，不知何來「元和中官至侍郎」之誤。

同人自鄂渚至河南將歸江外留辭侍郎，按才子傳六引此詩云，「將歸，以詩辭韓吏部」，此題當奪一字。

同册李德裕奉送相公十八丈鎭楊州，（一作和王播遊故居感舊）按題文之十八丈，余有所疑，經於唐集質疑內詳之。

同人郊外卽事寄侍郎大尹，「高秋慙非隱，……」按此詩石刻與集本字句小異，余經於貞石證史中詳之，高秋顯高秩之訛。

同册李涉重到襄陽哭亡友韋壽朋，按此詩又收八函七册杜牧，韋一作章，題一作重宿襄州哭韋楚老拾遺，詩、立字一作五，便空作更空，笛一作曲。

同册韋處厚盛山十二詩；一隱月岫，二流桮渠，三竹巖，四繡石楊，（爲温侍御置）五宿雲亭，六梅谿，七桃塢，八胡盧沼，九茶嶺，十盤石磴，十一琵琶臺，十二上士缾泉，（爲柳律師置）觀此，更知前六函六册泉缾字之應乙。又十二詩之次序，與藉詩異。然均不如昌黎集注之整齊也。

八函一册李紳龍宮寺詩引，「至元和二年，余以前進士爲故薛革（一作苹）常侍招至越中」，作革誤，是時苹爲觀察，禹廟詩紳有和章，見拙著貞石證史。

同人建元寺（一作和郭鄖寒食）引云，「大曆中，詩人郭雲（一作鄖）曾賦寒食詩，贈吏部先兄」，按郭鄖收五函六册，祇存詩一首，卽紳所引者，唯字句小異，說見前，作雲非。

同人拜三川守詩引，「開成元年，三月二十五日，蒙恩除河南尹，四月六日，詔下洛陽」，按舊紀一七下，「夏四月，庚午朔，以河南尹鄭澣爲左丞，以太子賓

客分司東都李紳爲河南尹」，視此後差六日。（參後條）

同人拜宣武軍節度使詩引，「開成元年，六月二十六日，制授宣武軍節度使，七月三日，中使劉泰押送旌節止洛陽，五日赴鎮」，按舊紀一七下，「六月戊戌朔，癸亥，以河南尹李紳檢校禮部尙書、汴州刺史充宣武軍節度使」，制授日相符，依此，則詔到洛陽，計程七日；前條如據詩引計之，乃需十一日，程餘倍半，豈詩引所記有傳訛歟。

同册「崔公信，元和元年進士第，張洪靖帥太原，辟爲掌記」，按洪靖應作弘靖。

同册「趙蕃，元和進士第」，余按蕃之略歷，可參拙著會昌伐叛集編證上一〇七頁；登元和四年進士，見文苑英華，九函一册趙嘏送從翁中丞詩，亦蕃也。

同册鮑溶范眞傳（一作傳眞）侍御累有寄因奉酬十首，按下文人日陪宣州范中丞傳正與范侍御宴，注云，「一作鮑防詩，一本侍御下有傳質二字」，而五函六册鮑防下所收，則作范侍御傳眞，注云，「一作貞」，是范侍御之名，有四種寫法。考傳正昆仲，以傳字爲排行，可於姓纂見之，作眞傳者必誤倒；惟眞、貞、質三字孰是，尙待考定耳。（下二册有范傳質，元和進士，十一函二册沈顏有題縣令范傳具化洽亭詩）。

同人竊覽都官李郎中和李舍人益酬張舍人弘靜……，按靜當作靖。

同人秋暮送裴垍員外刺婺州，按憲宗相裴垍，據舊（一四八）新（一六九）傳未嘗出刺婺州，不知字誤爲復是有同姓名者。

同人上巳日寄樊瓘樊宗憲兼呈上浙東孟中丞簡，按此詩亦收五函六册鮑防，應注明：又彼詩題衹作上巳寄（或呈浙東）孟中丞也。

同人秋暮八月十五夜與王璠侍御賞月因愴遠離聊以奉寄，按詩亦收五函六册鮑防，此失注；彼題爲秋暮憶中秋夜……，詩首二句云，「前月月明夜，美人同遠光」，「憶」字似不可少。

八函三册「姚合，……開成末終祕書監」，按此本紀事四九，新書一二四合傳衹云終祕書監，不擧其時，余嘗疑合卒在大中，（見唐集質疑）其詩有文宗皇帝挽詞，則總在文宗崩後矣。小傳又有「出荊、杭州刺史」語，余已辨荊當作金；全詩八函十册喻鳧送賈島往金州謁姚員外，九函一册項斯贈金州姚合使君，二册馬戴寄金州姚使君員外，十二函一册無可陪姚合遊金州南池，又金州別姚合，皆可證。

同人寄送盧拱祕書）一作王祕書（遊魏州（一作川）詩，「太行山下路，荊棘昨來平」，應是魏州，川字訛。

同人贈劉乂，按乂當叉之訛，少監集四正作叉，叉詩收六函七册，元和時人，觀合詩句意，正與叉身分相合。叉詩有自古無長生勸姚合酒一題，又有姚秀才愛予小劒因贈，秀才亦必是合也。

同人題薛十二（一作一）池亭，（一作王建詩）按此題及字句，均與五函五册小異，說見前。

同人和裴令公遊南莊憶白二十韋七二賓客，按白卽居易，其行爲二十二，各集皆同，此奪「二」字。

同人牧杭州謝李太尉德裕，按合之守杭，余疑在開成中，（見唐集質疑）其時德裕未官太尉也，此應考。

八函四册周賀送張諲之睦州，按諲與王維爲友，累見二函八册王維詩，賀未必與之相及，非誤收卽姓名相同耳。

同册「張光朝，元和時人」，按張仲武之父亦名光朝，官至「冠軍大將軍行左威衞大將軍□□□□□□□□□□□尙書」，（金石補正七四）時正相當，未知卽其人否。

同册顧非熊送李相公昭義平復起彼宣慰員外副行，按起當赴之訛，是會昌時事，李相公疑卽讓夷，但舊（一七六）新（一八一）傳及舊紀均不載。

八函六册「朱慶餘，名可久，以字行，越州人，受知於張籍，登寶歷進士第」，按上四册周賀有贈朱慶餘校書，才子傳六亦云授祕書省校書。（參八函八册許渾）

同人上翰林蔣防舍人詩，按此詩又收九函四册賈島，題「贈（一本有某字）翰林」，可過一作無過，不及句作不及身，及一作覲，得後意長新作見徹語長新，長一作當，獨在文場久作獨向名場苦，十有餘年作曾十餘年，浪過一作浪度。

同册「許玫，大和元年登進士第，兄弟琯、瓘皆高科」，按前五册張祜有走筆贈許玖赴桂州命，疑即其人，猶盧士玫之訛盧士玖也。

同册雍陶盧岳閑居十韻，盧疑當作盧。

八函七册杜牧重到襄陽哭亡友韋（一作章）壽朋，（一作重宿襄州哭韋楚老拾遺）按此詩已收七函十册李涉，此失注，餘見前。

同人聞開江相國宋（一作宋相公申錫）下世二首，此詩又收八册許渾，題聞開江宋相公申錫下世二首，此失注，乘軒彼作乘時誤。

同人梁秀才以早春旅次大梁將歸郊扉言懷兼別示亦蒙見贈凡二十韻走筆依韻，自注有云，「某自監察御史謝病歸家，蒙除潤州司馬」，按全文七五四牧自撰墓銘，「拜眞監察御史，分司東都，以弟病去官，授宣州團練判官」，與此不合。唯才子傳七許渾傳云，「爲當塗、太平二縣令，……久之，起爲潤州司馬，太　大）中三年，拜監察御史」，則兩仕相符而後先互倒，豈才子傳誤歟，抑前者未即眞而後者眞拜歟。渾詩誤收杜牧者不止一首，似可斷此爲渾詩矣。

同人題王丘長史宅，「更無人吏在門前，不似居官似學僊，……」按此詩如非誤收，則是別一人，與開元之王丘同姓名也。

同人分司東都寓居履道叨承川尹劉侍郎大夫恩知上四十韻，自注有云，「侍郎自補闕拜」，又云，「侍郎尋歸翰苑」，又云，「侍郎自中書舍人遷刑部郎中」，按舊書一七七劉瑑傳，「會昌末，累遷尙書郎知制誥，正拜中書舍人，大中初，轉刑部侍郎，……出爲河南尹」，河南尹、唐人常稱曰三川尹，若西川者則稱成都尹，不稱川尹，且牧同時成都尹亦無劉姓其人，合而勘之，確知劉侍郎卽瑑，川上者「三」字也。舍人高於郎中，前行郎中亦須秩滿始得眞除中舍，今自注言自中舍遷刑部郎中，與官制許，又知郎中乃侍郎之訛，否則視題、注累稱侍郎者不符也。復次新書一八二瑑傳，「入遷左拾遺，諫罷武宗方士」，又重修學士壁記，「會昌六年六月二日，自殿中侍御史充」，與自注謂自補闕拜者小異，豈中嘗改官歟。瑑出河南尹，依壁記及舊紀一八下，應在大中五年五月後，牧則是年八月十二方卸湖州刺史，（見牧詩）隨卽入拜考功郎中知制誥，遷中書舍人而卒，（見舊書一四七）方瑑官河南尹，牧無分司東都事。唯舊牧傳云，「假眞拜監察御史，分司東都」，李紳拜宣武軍節度使詩引，「開成元年六月二十六日，制授宣武軍節度使，七月…

…，五日赴鎮，……留臺御史杜牧使臺吏遮毆百姓，令其廢祖帳」，則牧分司在開成元年，詩題之意，如云前分司東都時承瑑恩知、茲追頌其德則可，否則此詩不得爲杜作。（尙有所疑，下文當再考之）。

八函八册「許渾，……爲當塗、太平二縣令，以病免，起潤州司馬，大中三年，爲監察御史」，按此本才子傳七，唯渾詩自注與此小異，說見前七册杜牧條。

同人再遊越中傷朱餘慶（一作慶餘）協律、（一作先輩）好（一本無好字）直上人，按慶餘越州人，詩收前六册，協律正八品上，此校書郎高四階，作餘慶者誤倒。

同人甑殘雪寄江（一作河）南劉大夫，按下文又有蒙河南劉大夫見示與吏部張公喜雪酬唱輒敢攀和，皆河南尹劉瑑也，（參前七册杜牧條）作江南誤，且唐世亦無江南尹一官。（汲古本丁卯集兩題皆未收）。

同人漢水傷稼并序，按此詩亦收七册杜牧，作題白雲樓，且無序，又詩之釣翁作塞翁。

同人寄獻三川守劉公詩序，「余奉陪三川守劉公讌言，嘗蒙詢訪行止，因話一麾之任，冀成三逕之謀，特蒙俯鑒丹誠，尋許慰薦，屬移履道，臥疾彌旬，輒抒二章寄獻」，按此亦劉瑑也。(見前二條)紀事五六，「渾、睦州人，字用晦，圉師之後，大中三年，任監察御史，以疾乞東歸，終郢、睦二州刺史」，又渾十二月拜起居表回詩云，「一章西奏拜仙曹，回馬天津北望勞」，天津者天津橋，在洛陽，唐制請疾者往往分司東都，分司之官，每月須拜表起居，（可於白居易詩見之）。渾其時殆以御史(？)分司東都，故得陪從劉瑑也。余由是復悟前七册杜牧之分司東都寓居履道叨承（三）川尹劉侍郎大夫恩知上四十韻一首，乃許渾詩而誤收杜牧者。何以見之，一緣瑑尹河南，牧已知制誥，無恩知事迹，而瑑許薦渾出守，有此序可據。二緣分司東都詩自注云，「某六代祖國初賜宅，在仁和里，尋已屬官舍，今於履道坊賃宅居止」，據新表七二上，牧六代祖淹，官不過本縣中正，何來賜宅；渾爲高宗相圉師後，或即其六世孫，高宗常幸東都，圉師可得賜宅。且履道坊賃宅，正與此題屬移履道洎「半年三度轉蓬居」句合，若牧則方官西京，應無賃居履道之可能也。再進一步，更疑八函七册杜牧之中秋日拜起居表晨渡天津橋卽事十六韻獻居守相國崔公兼呈工部劉公一章，亦是渾詩，蓋牧分司之日，裴度居留，繼者牛僧孺，無崔相國其人，惜大中後史闕有閒，未能提炳證耳。

同人聞開江宋相公中錫下世二首，按此詩亦收七册杜牧，說見前。

八函九册李商隱彭城（當作陽）公薨後贈杜二十七勝李十七潘（一作藩）二君並與愚同出故尚書安平公門下，按依郎官杜題名及郎官考七所搜材料觀之，李名當作潘，下文過故崔兗海宅與崔明秀才話舊因寄舊僚杜、趙、李三掾，注云，「兗海，崔戎也，杜、趙、李三掾，即杜勝、趙晳、李潘」，是也。

同人大鹵平後詩注，「會昌四年，河東都將楊弁逐節度使李石，據軍府應劉稹，三月，李義忠克太原，生擒弁」，按舊紀一八上，四年正月壬子，（二十八日）「河東監軍使呂義忠收復太原，生擒楊弁」，通鑑二四七略同，新紀八則作二月八日辛酉楊弁伏誅，此作三月及李義忠，均異。

八函十册「牛叢字表齡，曾儒之子」，儒應作孺。

同册「嚴惲，字子重，吳興人，舉進士不第，與杜牧游」，按惲卒咸通十一年，見九函九册皮日休傷進士嚴子重詩序。

同册朱景玄遠聞本郡行春到舊山二首，按此詩亦收九函十册王貞白，觀第一首三四句「已傾煙霞光野徑，深慚老幼候柴關」，第二首一二句「清風借響松筠外，畫隼停暉水石間」，似實一律詩而析作兩首耳。

同册薛逢八月初一駕幸延喜樓看冠帶降戎，按舊紀一八下，大中三年，「七月，三州七關軍人百姓偕河隴遺黎數千人見於闕下，上御延喜門撫慰，令其解辮，賜之冠帶」，通鑑二四八則云，「八月，……河隴老幼千餘人詣闕，己丑，上御延喜門樓見之，歡呼舞躍，解胡服，襲冠帶」，是月壬午朔，己丑初八日，與詩異。

同人送李蘊赴鄭州因獻盧郎中，注云，「以下九首並見趙嘏集」，餘八詩多不可確考，唯送同年鄭祥先輩歸漢南一章，原注云，「時恩門相公鎮山南」，據登科記考二二，逢會昌元年進士，主司柳璟，未鎮山南，嘏四年進士，主司王起，即以是秋出充山南西節度，則信乎其非逢詩也。

九函一册「趙嘏，字承祐，山陽人，會昌二年登進士第」，按佚存本才子傳七亦云，「會昌二年鄭言榜進士」，惟登科記考二二引才子傳則作四年；又才子傳同卷馬戴下亦云，「會昌四年左僕射王起下進士，與項斯、趙嘏同榜，具有盛名」，則作二年者訛，二年主司柳璟，尤與前條不合。

同人贈越客，按此詩亦收下二册馬戴，心久作已久，何當作何時，定知釣魚伴作遙知釣船畔，汀州作汀洲。

同人送盧緘（一作鍼）歸揚州，送李裴評事，（一本無李字）送同年鄭祥先輩歸漢南，送沈單作尉江都，送李蘊赴鄭州因獻盧郎中（一作中丞）假，送韓絳歸淮南寄韓綽先輩，送薛耽先輩歸謁漢南，七詩均曾收入八册十册薛逢，此失注。（參前文）

同册「盧肇，……咸通中出知歙州，移宣、池、吉三州卒」，按肇有被謫連州暨謫連州書春牛榜子詩，則中間嘗謫連也。

同册姚鵠送石貫（一作賈）歸湖州詩，「同志幸同年，高堂君獨還」，按前收石貫詩云，「石貫字總之，會昌三年進士第」，鵠亦三年進士，作賈非。

同人旱魚詞上苗相公，按唐末宰相無苗姓，下二册薛能有贈苗端公，「相」或端訛。

同人送賀知章入道，（一本題上有擬字）按鵠於知章不同時，有「擬」字者是。

九函二册馬戴贈越客，按此詩亦收前一册趙嘏，說見前。

同人襄陽席上呈于司空，（一作元稹詩）按此是元和初事，戴當不相及。

九函三册令狐綯登望京樓賦，「夷門一鎮五經秋，未得朝天不免愁，因上此樓望京國，便名樓作望京樓」，按寰宇記一開封府浚儀縣，「望京樓，城西門樓，本無名，唐文宗太和二年，節度使令狐綯重修，因登臨賦詩曰」云云，詩中不免作未免。據舊書一七上，長慶四年九月，「庚戌，以河南尹令狐楚檢校禮部尚書、汴州刺史宣武軍節度宋、汴、亳觀察等使」，由此計至太和二年，恰是五年，綯雖嘗一鎮宣武，但舊書一七二綯傳云，「咸通二年，改汴州刺史宣武軍節度使，三年冬，遷揚州大都督府長史淮南節度副大使知節度事」，則先後祇兩年，非五經秋也。且在大和二年後三十餘祀，紀年亦不合，是知寰宇記之令狐綯，實令狐楚之訛，此詩應移收前五函九册，綯更無他詩，名應刪卻。

同册「南卓，字昭嗣，初爲拾遺，因諫出宰松滋，大中時爲黔南經略使」，按八函十册朱景玄有兼寄南商州郎中詩，當卽南卓。

同册「于興宗，大中時御史中丞，守綿州，後爲洋州節度」，按所收東陽涵碧亭詩注，「金華志，興宗寶歷初令東陽」，亦見前六函三册劉禹錫詩，云于頔猶子也。又洋州屬山南西，無洋州節度之稱，殆誤。

同册「于瓌，字正德，敖之子，大中七年進士第一人」，按新表七二下、瓌字匡德，正字宋人諱改之，唯廣卓異記引登科記作于瑍。

同册「李羣玉，字文山，灃州人，……裴休觀察湖南延致之」，灃當作澧。

九函四册賈島光州王建使君水亭作，又留別光州王使君建，（一本無建字）按詩人王建未聞官光州刺史，此須考。

同人贈（一本有某字）翰林，按此詩已收八函六册朱慶餘，說見前。

九函六册李頻奉和鄭熏相公（一本此下有七松亭三字）詩云，「三四株松匝草亭，……」據新書一七七薰傳，「既老，號所居爲隱巖，蒔松於庭，號七松處士云」，則薰名不誤，但熏未嘗作相也。

九函七册「儲嗣宗，大中十三年登進士第」，按今姓纂、嗣宗光羲曾孫，校書郎。

同册「袁郊，字之儀，朗山人，滋之子也，咸通時爲祠部郎中，昭宗朝爲翰林學士」，按郊之仕歷，疑問殊多，參拙著重修學士壁記斠注補。

九函九册皮日休奉送浙東德師侍御罷府西歸詩，按此詩九函十册陸龜蒙，十函一册張賁，皆有同咏。「李殼字德師，咸通進士，唐末爲浙東觀察推官兼殿中侍御史」，其酬別詩卽收十函一册，非前鮑溶詩之袁德師侍御也。

九函十册陸龜蒙懷楊台文楊鼎文（一作台鼎）二秀才，按前九册皮日休奉和詩作楊鼎文。

十函一册司空圖酬張芬赦後見寄，（一作司空曙詩）按此斷非圖作，說見前五函四册。又彼處題作酬張芬有赦後見贈，花燭作花竹，愧不作恨不。

同册張喬弔建州李員外，按此詩亦收十一函二册曹松，說見後。

同人哭陳陶，按此詩又收十二函一册無可，題作哭張籍司業。

十函三册方千新秋獨夜（？）寄戴叔倫，按叔倫卒貞元五年，見前五函四册暢當條，此疑非干詩，否則必非詩人戴叔倫也。

十函四册羅隱經來陽杜工部墓，按元氏集五六、杜甫墓係銘，「啓子美之柩，襄祔事於偃師，次於荆」，又云，「扁舟下荆楚間，竟以寓卒，旋殯岳陽」，其銘云，「維元和之癸巳，粤某月某日之佳辰，合窆我杜子美於首陽之前山」，則工部遺櫬，早已北遷，岳陽是否指耒陽，雖有疑問，然隱過時必非眞墓，可斷言也。

同人薛陽陶觱篥歌，「平泉上相東征日，曾爲陽陶歌觱篥，烏江太守會稽侯，相次三篇皆俊逸」，英華辨證六，「平泉謂李德裕，曾作此歌，蘇州刺史白居易、越州刺史元稹並有和篇，此言烏江，恐是吳江，乃蘇州也」。余按烏江，和州也，劉禹錫長慶末刺是州，德裕述夢詩四十韻，元、劉均有唱和。居易小童薛陽陶吹觱栗歌，見全詩居易二十一，下注云，「和浙西李大夫作」，詩有云，「潤州城高霜月明，吟霜思月欲發聲，……明旦公堂陳宴席，主人命樂娛賓客，碎絲細竹徒紛紛，宮調一聲雄出羣」，又廣記二〇四引桂苑叢譚云，「咸通中，丞相李蔚拜端揆日，自大梁移鎮淮海，……一旦、聞浙右小校薛陽陶監押度支運米入城，公喜其姓名有同曩日朱崖李相左右者，遂令試詢之，果是舊人矣，公甚喜，如獲古物，乃命衙庭小將代押運糧，留止別館，一日、公召陽陶遊，詢其所聞及往日蘆管之事，薛因獻朱崖李相、陸暢、元、白所撰歌一軸，公益喜之」，白有歌傳，固爲據矣。然全詩禹錫三亦自有和浙西李大夫霜夜對月聽小童吹觱篥歌依本韻，其用韻與白集者不同，此則烏江非必吳江之確證也。

十函五册唐彦謙贈孟德茂注，「浩然子」，按詩有云，「平生萬卷應夫子，兩世功名窮布衣」，又前文有應德茂先離棠溪一首，則德茂姓應，非姓孟，且彦謙咸通人，亦疑與浩然子不相及。

同人咸通中始聞褚河南歸葬陽翟、是歲上平徐方、大肆慶賞、又詔八品錫其裔孫、追敍風槩、因成二十韻，按舊紀一九上，龐勛平於咸通十年，新書一〇五遂良傳，「咸通九年，詔訪其後，護喪歸葬陽翟云」，愛州路遙，蓋始詔在九年，至翌年乃克歸葬也。

同册周朴哭李端，按此詩苟非誤收，則與大歷十才子之李端不同人，因詩有新墳句，非追悼之作。

十函六册鄭谷送司封從叔員外徼赴華州裴尙書均辟，又駐蹕華下同年司封員外從翁許共遊西溪久違前契戲成寄贈，郎官考六分爲鄭徼、鄭□兩人，余則以爲同是一人耳。

同人乾符丙申歲奉試春漲曲江池（用春字）。登科記考二三云，「唐才子傳、鄭谷字守愚，袁州宜春人，光啓三年進士，永樂大典引宜春志，亦云鄭谷、史之子，光啓三年登進士第，按文苑英華載鄭谷漲曲江池詩注云，乾符丙申歲春，則鄭谷當於乾符三年及第，光啓爲乾符之訛，今改正」。按春字屬詩題讀，故用春字韻，徐氏以屬上乾符丙申歲讀，此引文之誤也。舊書一七八趙隱傳，子光裔，光啓三年擢第，郎官考七云，「雲臺編中有春夕伴同年禮部趙員外省直詩，又寄同年禮部趙郎中詩，案洛陽九老祖龍學文集鄭都官墓表，光啓三年進士及第，以此證之，知卽光裔也」，則仍主光啓之說，兩者比觀，頗謂舊說近信。緣谷授右拾遺，由薛廷珪行制，廷珪知制，始大順初，去乾符丙申，已逾一紀，唐末遷轉甚速，谷之官程，恐未必如是濡滯也。讀書志、書錄解題皆作光啓。

同人駕部鄭郎中三十八丈（一作大）尹武東周榮加金紫谷以末派之外、恩舊事深因賀送，按詩題言尹武東周，詩又有京河亞尹是優賢句，明是河南少尹，若作大尹，則河南尹矣。

十函七册韓偓己巳年正月十二日自沙縣抵邵武軍將謀撫信之行到纔一夕爲閩相急腳相召卻請赴沙縣郊外泊船偶成一篇，按舊新地志、邵武屬建州，均無軍稱，寰宇記一〇一邵武軍云，「皇朝太平興國五年，以戶口繁會，路當要衝，於縣置邵武軍，從轉運司之奏請也」，豈宋人錯改邵武縣爲邵武軍歟，抑審知已有此臨時設置歟。

同人自沙縣抵龍（一作尤）溪縣値泉州軍過後村落皆空因有一絕，按唐尤溪屬福州，龍溪屬漳州，龍字草寫略類尤，故兩本不同，但考當日偓自邵武還沙縣，其後又留居南安之桃林場，則自沙縣南下，必經尤溪，作龍者誤，偓斷非西南行至龍溪也。

同人大慶堂賜宴元璫而有詩呈吳越王，曁又和、再和、重和凡四首，皆收十一函八册吳越失姓名人下，彼題元瑫下無「而」字，又和之銅烏作銅壺，乍(一作半)坼作乍折，重和之八米作八朵；按偓未嘗入吳越，此殆誤收。（內翰、香籢兩集均未收）。

同人效崔國輔（一作輔國）體四首，按作輔國者誤。

同人無題序云，「余辛酉年戲作無題十四韻，故奉常王公相國首於繼和，故內翰吳侍郎融、令狐舍人渙、閣下劉舍人崇譽、吏部王員外渙、相次屬和，余因作第二首卻寄諸公，二內翰及小天亦再和，余復作第三首，二內翰亦三和，王公一首，劉紫微一首，王小天二首，二學士各三首，余又倒押前韻成第四首，二學士笑謂余曰，謹豎降旗，何朱研如是也，遂絕筆」，按下同册吳融今收和韓致光侍郎無題三首十四韻，與序符，又有倒次元韻一首，則與序謹豎降旗異。

十函八册孫偓答門生王渙李德鄰、趙光胤、王拯長句，（一作裴贄詩）按此詩見摭言三，是贄作，偓非知舉也，參登科記考二四大順二年及同册下王渙。

同册薛昭緯華州牓寄諸門生第七句，自笑觀光輝下闕，按此詩見唐摭言三，末兩句作自笑觀光渾昨日，披心爭不愧羣生。

同册裴贄答王渙（一作孫偓詩）按詩非偓作，見前孫偓條，此題不全。

同册杜荀鶴哭劉德仁，按他處皆作得仁，此作德非。

十函九册王貞白遠聞本郡行春到舊山二首，按此詩亦收八函十册朱景玄，說見前。

十函十册黃滔寄同年李侍郎龜正，按登科記考二四引黃御史集作龜禎。

十一函一册殷文圭，「文圭與遊恭獨步場屋」，按紀事六八遊作游，遊非姓也。

同册徐夤府主僕射王搏生日，（昭宗光化三年己未八月獻）。按己未是二年，據舊紀二〇上，搏三年六月賜死，搏字亦訛。

同册「錢珝，……宰相王溥薦知制誥」，按應作宰相王搏。

十一函二册「盧延讓，……光化九年進士第」，光化無九年，依摭言六及才子傳十，應作三年。

同册曹松弔建州李員外，按此詩已收十函一册張喬，且松前文又有哭李頻員外一首，(原注、「時在建川」，乃建州之訛)。則此殆非松詩也。

十一函四册伍喬聞杜牧赴闕，此別一人，非杜牧之也，觀詩則曾隱匡、廬者。

同册「陳陶，……大中時遊學長安，南唐昇元中，隱洪州西山，後不知所終」，按讀書志一八，「大中時隱洪州西山，自號三教布衣云，江南野史有傳」，又紀事六〇，「陶唐末自稱布衣，開寶中人或見之，或云已得仙矣」，謂其得仙，詭說也。前十函一册張喬有哭陳陶，(此詩又作無可哭張籍)。三册方干有哭江西處士陳陶，八册杜荀鶴有哭陳陶，干約卒昭宗初，荀鶴卒昭宗末，陶之卒當昭宗前。

十一函七册嚴識玄下注云，「以下有爵里，無世次」，茲就所知者次錄之：

同册「丘光庭，吳興人，國子博士」，按十函四册羅隱有酬丘光庭詩，則與隱同時。

同册「武翊黃，府選爲解頭，及第爲狀頭，弘詞爲勅頭，時號武氏三頭」，按氏字可衍，八函四册章孝標有錢塘贈武翊黃，第四句云「天人科第上(一作占)三頭」，則與孝標同時。金石錄九，張誠碑，立長慶二年，翊黃書；又涅槃和尙碑，翊黃撰，立大和二年。

同册「胡玢，隱廬山，苦心五言，李騰廉問江西，弓旌不至，人惜之」，考唐方鎭年表五，江西無李騰其人，唯李騭咸通九年出江西觀察，見重修學士壁記，騰必騭之訛，若然則懿宗時人，此沿紀事六五之誤也。

同册鄭軌下注云，「以下無世次爵里可考」，茲亦就所見次擧之：

同册符子珪，按姓纂子珪附符姓下，從艹不從竹，云金州刺史苻子珪，約開元十八年頃，子珪爲定州別駕，見全文九一四釋具大忍寺門樓碑。(參拙著姓纂四校記)

同册羅烱行縣至浮查寺，(一作羅晌詩)按五函七册羅珦下云，「一作烱」，余已辨之，然彼處作珦不作晌也。彼題爲行縣至浮查山寺，考寰宇記一二六廬州愼縣云，「浮闍山亦名浮槎山，在縣東南四十五里」，槎、查字之異體，珦刺廬州，故行縣至浮查山，然則並無羅烱其人，應删併。又詩之二十年，五函作三十，光前事作過前寺。

同册韓雄敕和元相公家園卽事寄王相公，按唐世元、王同相者唯元載、王縉，今此詩已收四函六册韓翃，敕和作奉和，翃、雄字往往互訛，（如五函二册之陳翃）。蓋別無韓雄其人也，應删卻。又詩內之碧芳，彼作碧茸，夜水作寒水，相應作相憶。

同册李謹言水殿抛毬曲二首，按第一首又收下八册無名氏，題爲抛毬詩。曉未休作未肯休，自覺作自詫。

同册戴休珽，按郎官柱倉外有戴休璇，倉中有戴休珽，此作休珽誤，開元間人，餘參拙著姓纂四校記。

同册蔣吉，按書錄解題一九蔣吉集一卷，未詳何人，考宰相蔣伸弟有蔣佶，舊書一四九云，官至刺史，姓纂云，官國子祭酒，豈脫去亻旁而爲吉歟，惜今存詩十五首，未足覘其人之出處也。

同册韋鎰，按姓纂、令儀生鎰，監察御史，據衡州集六韋武碑，鎰終禮、吏、戶三侍郎。

同册馬逢，按姓纂、逢監察御史，後官侍御，（參拙著姓纂四校記）才子傳五亦有馬逢傳也。

同册潘求仁，按姓纂、潘子義，隋尚書右丞，孫求仁，唐屯田郎中、杭州刺史，其官杭在貞觀十四年，（參拙著四校記）舊書四七、潘求仁集三卷。

同册李播，按前八函二册曾據紀事四七，收李播詩一首，此復出李播，不知何緣斷是兩人也。依郎官考一六所徵史料，李播同姓名者最少有四人，紀事之李播，當是嘗官金外、此中及杭州刺史者。

十一函八册李伉謫宜陽到荆渚，按此詩見萬首唐人絕句七二，目錄稱李沆袁州刺史，宜陽卽袁州也，郎官柱吏中、戶中均見李沆，前者列王維前，後者列張博濟、吉温前，則玄宗時人。

同册「馮道之一作用之」，按姓纂、萬年縣令馮用之，洛陽人，仕天寶朝，見拙著四校記。

同册賈彥璋，按姓纂陝郡庫部郎中賈彥璋，時代未詳。

同册李叔卿，按此當卽栖三墳記中三李之一，適子而季卿之兄也，字萬，弱冠舉明經，授鹿邑、虞鄉二尉，轉金城尉，天寶中卒，觀其格調，良與聞山鐘賦相

近。(參拙著貞石證史)

同册熊曜,按姓纂有開元臨淸尉熊曜,依封氏聞見記九,實熊曜之訛,前三函八册岑參有呈熊曜詩,全文三五一亦收曜賦一篇。

同册林璠,按姓纂、希禮生璠,京兆法曹,林寶之從父也,參拙著姓纂四校記。

同册郭汭同崔員外温泉宮卽事一首,按會要三〇,「開元十一年,十月五日,置温泉宮於驪山,至天寶六載十月三日,改温泉宮爲華淸宮」,觀其題,當是開、天時作,格調亦然。考郎官柱題名封外有郭納,據姓纂、後官至給事中陳留採訪使,詠詩者應是當日侍從之臣,余以爲郭汭者郭納之訛也。

同册權徹,按徹名曾見他家詩題,猝未檢得;又見精舍碑之監察御史并內供奉暨左側題名,毘陵集八有高平郡別駕權徹神道碑。

同册「豆盧回一作田」,按姓纂、豆盧靈昭生回,京兆少尹,仕天寶時。

同册張南容,按范陽張南容,見全文三一五李華楊騎曹集序,同書三二二蕭穎士蓮蘂散賦序,「友生于逖、張南容在大梁,聞之,以言於方牧李公」。

同册林琨,按姓纂、希丘生琨,司駕員外知制誥,膳部、左司郎中,諫議大夫,中都男,贈兵部侍郎、工部尙書,寶之父也。

同册張軫,按軫爲宰相柬之之孫,今存墓誌,見金石補正五四。

同册郭求,按求之仕歷,見重修學士壁記,並參勞格讀書雜識六,姓纂、求校書郎,乃元和七年見官也。

同册穆寂,按姓纂、寂著作佐郎,當是元和七年見官,登科記考一三引永樂大典,貞元九年進士。

同册杜周士,可參勞格讀全唐文札記及拙續。(卷六九三)

同册叔孫玄觀,按姓纂、魯國薛縣開元大理司直叔孫玄觀。(參拙著四校記)

同册「王季友詩一首,與開、寶間王季友同名,另一人也」,按玉壺冰一首,前已收四函八册王季友,彼處雖注言「統籤云作此詩者另一王季友」,但此處旣確信其兩人,似不應分收。復次紀事二六,「季友,肅、代間詩人也」,今十二函九册補遺季友有皇帝移晦日爲中和節詩,據舊紀一三,貞元五年正月,詔自今宜以二月一日爲中和節，以代正月晦日，是季友至貞元初尙生矣，此曰開、寶間，亦欠包括。

同册南巨川，按舊紀一〇，至德二載三月，吐蕃遣使和親，遣給事中南巨川報命，卽其人。

同册丁居晦，按居晦仕歷，略見重修學士壁記，開成末終戶部侍郎知制誥。

同册陳中師，按中師見舊書一二九張弘靖傳及白氏集五一，蓋仕憲、穆兩朝者，郎官柱題名吏中、吏外作仲師，封中作中師。

同册呂靈，按靈見元氏集一六及白氏集卷五，據姓纂則呂牧（見五函一册）之子也（參拙著四校記），緱氏人。

同册劉公輿，按此殆劉公輿之訛，見白氏集五。

同册孟匡明餞王將軍赴雲中一首，按此殆孟匡朝之訛，玄宗朝匡朝爲翰林學士，見翰林志。

同册万俟造，按姓纂、造爲唐秦府車騎將軍万俟元道之五世孫，殆德宗時人。

同册呂敵，按姓纂、敵監察御史，似是元和修書時見官，前文呂靈之從昆也。

同册濮陽瓘，按姓纂、大歷嶺南判官檢校刑部員外濮陽灌，當卽其人，唯灌，瓘小異。

同册盧尙書哭李遠詩一首，按新書六〇，李遠字求古，大中建州刺史，則此盧尙書當大中時人。（遠詩今收八函六册）。

同册梁補闕贈米都知一首，按此詩見南部新書，唐代梁補闕最知名者爲梁肅，或卽肅之詩歟。

同册吳越失姓名人詩五首，按前四首又收十函七册韓偓，說見前。

同册無名氏下收題取經詩一首，注云，「載翻譯名義集云，唐義淨三藏作」，按義淨詩今收十二函一册，何不類附而別出於無名氏之下，豈編者未知義淨三藏卽義淨歟。然此詩祗據翻譯名義集錄，集又著名義淨三藏。終不得謂曰無名氏也。

十一函九册嚴維聯句中人有陳元初，按元初應作允初，說見前四函八册。

同册淸晝建安寺西院喜王郎中遘恩命初至聯句下，有「齊翙前吏部郎中兼括州刺史」，按郎官考三引新表齊翃部郎中云，「案翃疑當作翊，集韻一東工翃，（勉按工羽是翁字之破）。或書作玥，玥與貢音同，石刻有齊貢，時代正合，疑卽是」，又云，「杼山集十有五言冬日建安寺西院喜晝公自吳興至聯句一首，有前吏部郎中兼括州刺史齊翔，翔當作玥」，是也。

同人聯句中有「巨川失姓」，按朱巨川卒建中四年，（全文三九五）與淸晝（卽皎然）時代相當，朱與顏眞卿善，晝又數偕眞卿聯句，意巨川卽朱巨川歟。

同册「中堂構，丹徒人，嘗爲武進尉」，按此據新書六〇丹陽集所注，堂構官至虞部員外，見姓纂。

十一函十册「薛瑤，東明國人，左武衞將軍承沖之女，嫁郭元振爲妾，詩一首」，按全文二一六陳子昂郭公姬薛氏誌，作左武衞大將軍永沖，伯玉集六作左武將軍永沖，（後者殆有奪文），又此謠卽見子昂所爲誌中，意文人緣飾之辭，未必瑤作也。

同册長孫佐轉妻答外注，「佐轉戍邊不歸，寄書與妻，作詩答之」，按佐轉是佐輔之訛，說見前七函九册佐輔條。

同册李冶送韓揆之江西（一作送閻伯鈞往江州）。又得閻伯鈞書，按伯鈞，紀事七八同，唯姓纂閻伯璵從父弟伯均，又前三函九册李嘉祐送內弟閻伯均歸江州，包何同閻伯均宿道士觀，十一函九册淸晝閻伯均等聯句，字皆作均，鈞字殆訛。

十二函一册義淨一作淨義，按作淨義者誤倒。又與無行禪師同遊鷲嶺瞻奉旣訖遐眺鄉關無任殷憂聊述所懷爲雜言詩注，「一作慧淨詩」，亦非是，此詩固見義淨求法高僧傳也。

同册靈一送陳允初卜居麻園詩欲向麻源隱，……按紀事七二題及詩俱作麻源此作園誤。

同册無可春日送麗處士歸龍山，按麗姓極少見，此疑厲玄侍御之兄，故詩云愛弟直霜臺，因音類而訛者。

同人哭張籍司業，按此詩亦收十函一册張喬，題作哭陳陶。

十二函二册皎然妙喜寺達公禪齋寄李司直公孫、房都曹德裕、從事方舟、顏武康士騁四十二韻，按從事之上，顯脫其姓；考十一函九册淸晝（卽皎然）講古文聯句下，「裴濟字方舟，曾爲從事」，則脫裴字也。（淸晝又有與李司直令從荻塘聯句，公孫當卽令從）。同人下文更見西白溪期裴方舟不至，答裴濟從事，冬日梅溪送裴方舟宣州，顧洛行寄裴方舟，春夜期裴都曹濟集心上人院不至。

同人遙和塵外上人與陸澧夜集山寺問涅槃義兼賞陸生文卷，按澧當作灃，見前三函一册。

同人題鄭谷江畔桐齋，（鄭生好琴，性達，兼寡欲）。又夏日題鄭谷江上納涼館，依此，則中唐別有鄭谷，與唐末之鄭都官異。

同人送薛逢之宣州謁廢使（一作謁裴庶君）廢應正作廉。

十二函三册貫休晚春寄吳融、于競二侍郎，按下文又有送于兢補闕赴京，作競誤，說見拙著貞石證史崔詹誌條。

同人送令狐煥赴闕，按煥應作澳，綯子也，見舊、新兩唐書令狐楚傳及前引韓偓無題詩序。

同人春送趙文觀送故合州座主神櫬歸洛，按摭言一四，「乾寧二年，崔凝榜放，貶合州刺史」，又是歲進士命陸扆重試，以趙觀文爲榜首，（參登科記考二四）文觀二字乙。

十二函四册齊己送劉蛻秀才赴舉，按唐末有劉蛻，著文泉子，友人以爲會昌進士，余則仍主書錄解題大中四年之說，今不具論。就齊己言之，其卒年及享壽，疑年錄等一類之書均未詳，彼之喜乾晝上人遠相訪詩有云，「彼此垂七十，相逢意若何」，七十作詩云，「七十去百歲，都來三十春，縱饒生得到，終免死無因」，又荆渚感懷寄僧達禪弟三首之一云，「電擊流年七十三，齒衰氣沮竟何堪」，則春秋要在七十三已上。提要一五一謂齊己爲僧正時，當龍德元年辛巳，在唐莊宗入洛之後，卽據其渚宮莫問詩序而云然，紀年更後之可考者，尙有同光歲送人及第東歸詩，今試假定唐莊宗同光元年癸未齊已爲八十，猶不過生會昌四年甲子，劉蛻赴舉時必未能賦詩也。人同姓名，雖屬常見，但下五册齊己有寄韓蛻秀才及送韓蛻秀才赴舉，此詩末聯復云，「都人看春膀，韓字在誰前」，若送劉姓，殊不相關，然則劉蛻蓋韓蛻之誤。

同人渚宮莫問詩一十五首序，「予以辛已歲蒙主人命居龍安寺」，按前文小傳，「經江陵，高從誨留爲僧正，居之龍興寺」，提要亦言嘗依高季興爲龍興寺僧正，此作龍安異，豈因犯季興名而易之歟。

十二函七册尉佗和崔侍御下注，「貞元中有崔子向者，從事南海，……刺史徐紳讀其詩」，按紳應作申，新書有傳。

十二函八册張元一敍可笑事，「朱前疑著綠，遙仁傑著朱，閻知微騎馬，馬吉甫騎驢，將名作姓李千里，將作名吳栖梧，左臺胡御史，右臺御史胡」，按遶晉錄，見寰宇記九，第一二句之朱……綠遶……朱，與五六句之李、里、吳、梧，純以諧音取噱，若三四句之閻馬馬驢，殊乏諧意。考姓纂閻姓下，「唐朝左補闕閻知徵」，乃知閻、閻之誤也，閻、驢諧聲，故閻……馬馬……驢爲笑柄，唯閻知微曾被突厥逼立可汗，其名較著，無知者弗審事意，遂誤改閻爲閻矣。(出廣記二五四，亦誤)。同册「石抱忠，則天時檢校天官郎中」，按石抱忠官至天官侍郎，見姓纂及舊書一八六上吉頊傳，此作郎中，非也，郎中是中間歷官。

同册韋鏗嘲邵景、蕭嵩注，「邵景擢第，遷至右臺監察、考功員外，時神武卽位，景與殿中御史蕭嵩、韋鏗俱升殿行事，制出，景、嵩俱授朝散大夫，而鏗無命，景、嵩貌皆類胡，景鼻高而嵩鬚多」，又邵景嘲韋鏗注，「景詠之云云」，按全文三一三孫逖先府君墓誌，「久視初預拔萃，與邵靈、齊澣同昇甲科」，姓纂、邵靈考功員外，唐語林五引此事亦作靈，郎官考一〇云，「廣記靈作景，係避太宗御名改」，是也。

同册呂温嘲柳州柳子厚，「柳州柳刺史，種柳柳江邊，柳管依然在，千秋柳拂天」，按温卒元和六年，十年宗元方除柳州，況宗元南謫，正痛心之事，呂、柳交厚，卽使和叔尚生，亦必不爲此也。

同人嘲黔南觀察南卓，(一云卓故人做呂温作)。「終南南太守，南郡在雲南，閑向南亭醉，南風變俗談」，據唐方鎭表六，卓廉察黔南，在大中中，謂是温文，其妄更不彼辨。後說卓故人作，斯爲近之，然亦不得云做呂温，因前之嘲柳州斷非温文也。

同册閻敬爰題濠州高塘館，按敬愛又作敬受、敬授，參拙著跋封氏聞見記。

同册三御史詠注，「元福慶拜右臺監察，與韋虛名、任正名頗事軒昂」，按太平廣記二五〇引御史臺記作韋虛心，此訛。

同册嘲四相注，「宣宗時曹確、楊收、徐商、士巖同秉政」，按此是懿宗時事，又士巖應作路巖。

同册高宗時語注，「閻立本善畫爲右相，姜格以邊將立功爲左相」，按格應作恪。

同册時人爲李義甫語注，「義甫耑權，……義甫敗」，按各甫字皆當作府。

同册江淮間語注，「安陸郝處俊與其舅許圉早同鄉里」，按圉下奪師字。

同册景雲初語注，「裴卽行儉，馬謂戴，李謂朝隱也」，按戴應作載，馬周之子，與詩人馬戴異。

十二函九册嚴維晚霽登王六東閣，按此詩已收一函九册張九齡，九齡又有酬王六霽後書懷見示，酬王六寒朝見詒，與王六履震廣州津亭曉望，晚憩王少府東閣，又曲江集一一陪王司馬宴王少府東閣序，「王六官志其大者，司馬公引而申之」，則此詩斷九齡之作，維時代較後也。

同册張祜潤州楊別駕宅送蔣侍御收兵歸揚州，按此詩已收前三函九册李嘉祐，蔣下有「九」字，張祜時代似無類此之事，疑應在肅宗初期，時嘉祐方官江陰令也。

同册李郢，「郢自街西醉歸，馬鞭墜失，崔員外、赳秘書知其闕用，皆許見貽，俄頃之間，二信俱至」，按姓赳者甚少見，疑趙之訛。

出自第九本（一九四七年九月）

跋封氏聞見記(校證本)

岑仲勉

近年趙貞信氏著封氏聞見記校證，以本來一册薄書，成功之後，變爲煌煌鉅帙，且使吾人讀者開卷而獲十數種本之益，甚盛事也。

學者有言，讀書貴能闕疑；然考證之旨，將以辨是非，瓊瑤珷玞，參錯眩目，觀者庶取糟而棄精也。比歲獵唐史，於其人物、官制等，略有究心，敢竊取善善從長！有疑必質之義，直書所見於後，或愛讀是書者所許與商榷歟。其所不知，則從闕如。

抑封演著書，非必無誤，奈今本聞見記幾經轉錄、刊校，廬山眞面，難復確尋，故凡與史實相忤之記載，吾人祇有諉諸傳刻之訛而已。

(甲)諸本參互而可以斷正者

（1）卷三貢舉條，「王師旦爲員外郎」校證云，「天一閣本、馮本、莫本、學海本爲下並無員字，凌本旁加員字，注、一本有員字。」按有員字者是也，員外郎罕省稱外郎。通典一七載此事云，「（貞觀）二十三年，九月，考功員外郎王師旦知貢舉，時冀州進士張昌齡、王公瑾並有俊才，聲振京邑，而師旦考其文策，黜之，舉朝不知所以。及奏等第，太宗怪無昌齡等名，因召師旦問之，對曰，此輩誠有詞華，然其體輕薄，文章浮艷，必不成令器，臣若擢之，恐後生相倣效，有變陛下風雅，帝以爲名言。後並如其言。」登科記考一云，「師旦知舉，……通典、册府元龜又載於二十三年，蓋此數年皆師旦知舉，惟太宗於是年五月崩，……言九月亦誤，」考登科記考引唐會要作「貞觀二十年」，與校證引蘇局本作「二十二年」者異，則通典之「三」，或亦傳刻之衍。通典創始於大歷之初，謂杜本於封，斷不然，大柢同取材於唐之國史而互有删改者；此條與元龜六五一之文，（引見後(丙)

類1條)校證均未引，皆可作封記參考料也。

(2)同前條「龍翔中」 校證云，「秦本、學海本、翔並作朔」，按高宗年號祇有龍朔，朔字唐人率寫類翔，故訛翔。

(3)同前條「員外郎劉思立」 校證云，「馮本思作司」，余按校證引會要七六、新書四四、語林八之外，如通典一五、元和姓纂、舊新書劉憲傳、會要三八及七七、文苑英華八九三李乂碑、唐文粹二八楊綰疏新書九八韋萬石傳均作思立，司字誤。宋諱玄字，或缺末筆，與立字近，故思立訛思玄，唐摭言一又由思玄諱改思元也。

(4)同前條「開元二十四年冬，……侍郎姚英。(一作奕)」校證云，「天一閣本、馮本、秦本、學海本、英並作奕」。余按校證引會要七五及七六、又語林八均作奕，舊書九六姚崇傳，「少子弈，……開元末爲禮部侍郎」，其人也；說之集一四文貞公碑，「子异、弈、思緩遺美」，新表七四下、元之子弈，作英者誤。

(5)同前條「達奚珣」 校證云，「學海本珣作恂」，余按校證引語林八作珣，石刻中如精舍碑左稜及左側、又石臺孝經，書本中如太平廣記引明皇雜錄、又舊紀一〇至德二載末、均作珣，作恂者非是。

(6)同前條「進士張繹，漢陽王柬之曾孫也。」校證云，「秦本繹下注蔣本作釋，案唐摭言作倬，」余按柬之第二子名嶧，嶧、繹音同，則柬之曾孫未必取名曰繹，以犯其祖或從祖之嫌諱，(嶧見襄陽遺文張點誌。)蓋繹、釋形近而訛也。據襄陽諸誌，柬之曾孫無名倬者，蓋繹字草寫之訛也。(系草寫類亻，睪類於卓。)若「嗣子繹、紹等，」見開元廿一年柬之孫張軫誌，「嗣子曰繹、曰縉，」見天寶六載張軫合祔誌，(均襄陽遺文)。正與演時代相當，作釋作倬皆非是。又唐摭言一〇云，「張倬者柬之孫也」，「孫」字應作泛義解釋，否則孫上奪曾字。

(7)同卷制科條「次拾遺、補闕」 校證云，「學海本拾作捨」，按唐官無捨遺，顯是抄刻之訛；卷八竊蟲條同。

(8)同卷銓曹條「中書令馬周」 校證云，「封本周作用」，余按貞觀祇有中書令馬周，無中書令馬用，封本之不堪信据，於此可見一端。

(9)同前條「高宗龍翔(一作朔)之後。」校證云，「天一閣本龍翔作隴朔，秦本、學海本、學津本翔並作朔，」余按文云「之後」，顯承年號，則隴朔不可通；龍翔之訛，與前2條同。

(10)同前條「皆以崔、鄭爲口實，愔坐貶江州司馬員外，盧藏用承鄭氏之後。」校證云，「天一閣本、叢書堂本、莫本、秦本、凌本、學海本、司馬員外並作員外司馬，秦本馬字下注，舊作司馬員外，今從兩鈔本。」余按員外之官，天后始置，率以「員外」字冠官名上，如本記後一條風憲云，「則天更置內供奉及員外試御史」，修浯溪記末署「江州員外司馬韋詞記」，（萃編一〇八）均是。若官名行前，則如一般除制曰，「可某某官員外置」，或曰，「可某某官員外置同正員」，用「置」字壓脚，取別於尙書諸曹之「員外郎」也。此文自以作「貶江州員外司馬」者爲正，校證以「貶江州司馬」爲句，「員外」二字屬下盧藏用讀，尤其大誤。果如此標點，則「員外」應作「員外郎」解，謂是時藏用以吏部員外郎繼愔後也；試觀本條前文所舉，如馬周、唐皎、魏克己、鄧元挺、李志遠、顧琮、陸元方、崔湜、鄭愔等，後文所舉，如宋璟、李乂、盧從愿、姜晦、裴光庭、楊國忠等，無一非吏部(或天官)之尙書、侍郎，通典二三吏部尙書云，「自魏、晉以來，凡吏部官屬，悉高於諸曹，其選舉皆尙書主之，自隋置侍郎貳尙書之事，則六品以下銓補，多以歸之，大唐至貞觀以前，尙書掌五品選事，至景龍中，尙書掌七品以上選，侍郎掌八品以下選，至景雲元年，宋璟爲尙書，始通其選而分掌之，因爲常例，」員外郎階不過從六品上，豈堪知選事者。況據舊書九四藏用傳，「景龍中爲吏部侍郎，藏用性無挺特，多爲權要所逼，頗隳公道，」是藏用固吏侍矣，員外兩字，焉能屬下讀。近年整理國故，甚囂塵上，坊賈輒以標點古書，乘時弋利，滿紙錯誤，嘵舌不勝，爲利未弘，弊已多種，則願愼選其人，無操切從事也。校證此處失句，弗足爲白圭之玷，特慨夫邇來標點古書之粗劣，用附申之，以見興利尤須防弊。（全文五九七、歐陽詹餞裴參和序，「郡司戶置同正前大理評事扶風竇公」，二公亭記，「別駕置同正員前相國天水姜公」，置同正及置同正員，皆員外置同正員之省；又如同書六〇三、劉禹錫上杜司徒書，自稱「故吏守朗州司馬員外置同正員劉某」，對長官言之，故不省；此皆涉唐文中稱謂之法，可資參較者。）

全唐詩一函十册崔湜詩題云，「景龍二年，余自門下平章事削階，授江州員外司馬，尋拜襄州刺史，春日赴襄陽途中言志，」詩有「天道何期平，幽冤終見明，始佐廬陵郡，尋牧襄陽城」等句，按諸舊書七四湜傳，「與鄭愔同知選事，銓綜失序，爲御史李尙隱所劾，愔坐配流嶺表，湜左轉爲江州司馬，上官昭容密與安樂公主曲爲申理，中宗乃以愔爲江州司馬，授湜襄州刺史，」記事相合。惟湜貶在景龍三年五月，詩題「二年」，似應作三年，(據舊紀七)。記謂愔爲江州員外司馬，猶是量移後所官，非最初貶命也。舊紀七書「夏五月，丙戌，崔湜、鄭愔坐贓，湜貶襄州刺史，愔貶江州司馬」亦同。

(11)同前條「十四年，元宗在東都，勅吏部置十銓，以禮部侍郎□□、工部尙書盧從愿、散騎常侍徐堅、御史中丞宇文融、朝集使蒲州刺史崔材、(一作林)魏州刺史崔征、鄭州刺史王岳、荆府長史韋虛心等同掌選。」校證云，「天一閣本、□□作空九字，叢書堂本、陸本、莫本、凌本、學海本皆作空二字，封本不空。秦本□□下注蘇頲刑部侍郎六字，舊脫，依兩鈔本補。凌本注二字別本亦缺」。余按通典一五，「禮部尙書蘇頲、刑部尙書韋抗、工部尙書盧從愿、右常侍徐堅、御史中丞宇文融、朝集使蒲州刺史崔琳、魏州刺史崔沔、荆州長史韋虛心、鄭州刺史賈曾、懷州刺史王丘，各掌其一」，舊紀八、開元十三年，「是冬，分吏部爲十銓，勅禮部尙書蘇頲、刑部尙書韋抗、工部尙書盧從愿等分掌選事」，八八頲傳，「八年，除禮部尙書罷政事」，九二抗傳，「十一年，入爲大理卿，其年，代陸象先爲刑部尙書，」合諸校證所引會要七四，則知十人之序列，先尙書，次常侍，次中丞，又次諸州刺史；尙書三人，又以禮、刑、工爲次，蓋依據官秩，先內後外，厥序釐然，本作侍郎者均尙書之誤，空格實應補「蘇頲刑部尙書韋抗」八字。崔琳見郎官柱戶中題名，材、林均訛。崔征之征，顯沔字轉訛，顏眞卿崔孝公陋室銘記，「出爲魏州刺史，……乙丑歲，玄宗東封，……明年入朝，分掌十銓，公與王丘爲選人所歌曰，沔人澄明澈底清，丘山介直連峻天」。王丘非鄭州刺史，旣如勞格氏所說，又不足十人，則鄭州刺史下顯脫「賈曾懷州刺史」六字。荆府、校證云，「馮本府作撫」，按荆州爲大都督府，故唐人亦常稱曰荆府，如恆州司馬碑之荆府法曹，(金石萃編補略二)是也，作撫者非是。

(12)卷四定謚條「代宗朝，吏部尙書韋涉薨。」校證云，「莫本涉作陟」，又引新書一二二韋陟傳；余按郎官柱吏中、封中、主外三題名均作陟，莫本是。

(13)卷五頌德條「林甫見碑，問之，祭酒班景倩具以事對。」校證云，「封本倩作債，」按郎官柱及精舍碑景倩名凡八見，兩唐書均附其子宏傳，元龜三三、天寶十載，景倩官國子祭酒，正林甫當國時也。又「班生此行若登仙」之佳話，文人久已爛熟，而封本竟訛爲債，其値可想矣。

(14)卷六石誌條「河東賈昊以爲司馬越女嫁爲苟晞子婦」 校證云，「學海本苟作荀」，但引續博物志八亦作苟晞。余按苟晞、晉書六一有傳，元和姓纂亦見苟姓下，若本記卷十避忌條德宗改苟曾爲荀曾，曾遂姓荀，不歸舊姓，此是後來事，學海本誤。

(15)同卷羊虎條「盧思西征記云」。 校證云，「天一閣本、叢書堂本、莫本、秦本、凌本、學海本思下並有道字，」按盧思道、隋書五七有傳，說之集二五又有碑。西征記、隋書藝文志不著錄，太平寰宇記河北道下曾引一條。校證引炙轂子作虞思道，亦訛。

(16)同卷道祭條「諸道節度使使人脩范陽祭祭盤最爲高大。」校證云，「秦本范陽祭作祭范陽」，又引唐語林八，「諸道節度使使人修祭，范陽祭盤最爲高大。」按辛雲京爲河東節度，卒官，范陽屬幽州，如風馬牛不屬，「使人脩范陽祭」爲句，殊不可通。中唐方鎮，餽贈慶弔，信使往來，有同春秋時各國，如杜甫送田四將柏中丞命起居江陵節度衞公詩，又送柏別駕將中丞命赴江陵起居衞尙書太夫人詩，（工部集一六及一七）。又書錄解題八燕吳行役記下云，「大中九年，崔鉉鎭淮南，諸鎭畢賀，」皆其一例，應依秦本及語林句法也。

(17)同前條「刻木爲尉遲鄭公突厥鬬將之戲」 校證云，「學海本鄭作鄂」，又引語林八亦作鄂公。按唐將唯尉遲敬德最知名，初封吳國，後改鄂國，有碑及本傳可據，學海本是。

(18)同前條「及昭義節度薛公薨，絳、忻諸方幷管內滏陽城南設祭。」 校證云，「天一閣本、叢書堂本、滏並作滏，學海本無滏字，」又引語林八作滏陽城。按薛公即薛嵩，大歷八年正月卒昭義節度任內，（舊紀一一及一二四傳同，新傳一一一作七年，殿本考證謂「舊書傳與新書紀皆作大歷八年」，「新」、舊之訛，新紀並未書嵩卒)。所領磁州治滏陽,作滏、滏或缺去者均誤。

(19)卷七蜀無兔鴿條「葉(一作萬)余國所獻也。」 校證云,「學海本葉作夫」,又云,「學海本余作餘,學津本作護,」又引會要一〇〇、「葉護獻馬乳葡萄」。余按元龜九七〇載遠夷方物條略同會要,而字句多異,並非本自會要,亦作「葉護獻馬乳蒲桃」,康國一帶,久以葡萄著,漢書已後各史屢記之,此處之葉護,蓋指吐火羅,若夫餘則非葡萄名產之地也,以學津本爲正,餘皆誤。

(乙)諸本同誤而應行校改者

(1)卷三貢舉條「勅左史董思恭」。 校證引唐語林八亦作左史。唯元和姓纂云,「右史董思恭,范陽人。」元龜一五二,「龍朔三年,四月,壬辰,右史董思恭以知考功貢舉事預賣策問受贓,帝令於朝堂斬之,百僚畢集。帝使謂之曰,古者帝王皆不獨理,藉股肱舟楫,共安百姓。今委寄公等,本望副朕心,董思恭賣策問,取錢物,悉已搜獲,亂我憲章,蠹害特甚,事須以殺止殺,懲警後來,公等宜看決思恭,與衆共棄。使語思恭曰,汝是百代寒微,未及倫伍,只如右史,簡英俊爲之,爲汝薄解文章,所以不次擢授,計應少自勉厲(勵),深荷恩榮,遂敢狠藉取錢,自觸刑網,汝須甘心服死,爲天下鑒誡。思恭臨刑告變,免死,長流嶺表。」舊書一九〇上思恭傳,「初爲右史,知考功舉事」。又新書五九,「許敬宗搖山玉彩五百卷,孝敬皇帝令太子少師許敬宗、司議郎孟利貞、崇賢館學士郭瑜、顧胤、右史董思恭等譔。」已上所引四條,未必經過互勘之機會,而皆作右史,(即起居舍人)左右字舊籍中互訛者不知凡幾,則疑今本作左史,乃校勘家沿語林之誤而誤耳。思恭吳人,姓纂曰范陽,其郡望也。

(2)同前條「開曜元年」。按高宗年號作開耀,校證引語林不誤,此誤。

(3)同前條「李嚴」。 校證此下無注,祇引語林八作李巖,是諸本皆作李嚴也。唯登科記考九引封氏聞見錄云,「天寶初,達奚珣、李巖相次知貢舉」,未知徐氏是據庫本否。校證說庫本云,「此本因其與雅雨堂本全同,故僅抽校若干篇,間有異文,多屬抄者之誤,非其本然,」又未知是趙氏失校否。考巖爲素立曾孫,從遠之子,終兵部侍郎,見新書七二上及一九七;文苑英華三九二有孫逖授楊仲昌吏部員外郎、（戶部員外郎）李巖兵部員外郎制；天寶四載九月立之石臺孝經，末題「太中大夫行給事中臣李巖」；與今郎官柱戶外題名，字均作巖，作嚴者顯誤。復次文粹五八席豫楊仲昌碑，稱其自吏外遷本司郎中，卒開元二十九年七月，巖自戶外轉兵外，當在此已前，循其歷官，均甚相合，非別有李嚴其人也。

（4）同卷制科條「穆元林上洪範外傳上卷」。校證云，「叢書堂本、莫本、穆元並作史記義，天一閣本穆下無元字」，又引玉海三七，「穆元休外傳十卷」，幷據勞格(字季言)校引新書藝文志，「穆元休洪範外注十卷」。余按依叢書堂等本，則其文爲「史記義林上洪範外傳上卷」，詞不可通，蓋涉下文有「史記義林」而誤。元和姓纂，「思恭生元休，安陽令」，文粹七七崔祐甫穆氏四子講藝記，「又嘗聞迺祖安陽府君傳洪範九疇」，作元林誤。

（5）同前條「卞長福上續文選三十卷。」校證云，「天一閣本卞作下」，並據勞格校引新書藝文志作卜長福。余按元和姓纂卜姓，「開元中，卜長福獻續文選三十卷，杭州富陽縣尉，」作卞者非，下則卞之脫形也。

（6）同卷銓曹條「貞觀十年，中書令馬周」。余按舊書七四周傳，貞觀「六年，授監察御史，……尋除侍御史，加朝散大夫，十一年，……俄拜給事中，十二年，轉中書舍人，……十八年，遷中書令，」是貞觀十年，周尙未官中書舍人，中書令更相差太遠矣。考會要七五，「貞觀十九年，十一月，馬周爲吏部尙書，以吏部四時持衡，略無暇休，遂奏請取所由文解，十月一日赴省，三月三十日銓畢，」注，「按工部侍郎韋述唐書云，貞觀八年，唐皎爲吏部侍郎，以選集無限，隨到補職，時漸太平，選人稍衆，請以冬初一時大集，終季春而畢，至今行用之，諸史又云是馬周，未知孰是，兩存焉，」與本記所敍者同一事。又舊書周傳言，太宗征遼還，以本官攝吏部尙書，然則貞觀十年乃貞觀十九年之奪文也，應補「九」字；通典一五、元龜六二九、新書四五亦均作十九年。

（7）卷四匭使條「保宗父承曄，自御史中丞坐貶義州司馬」。余按通典一七〇，魚承曄爲則天時酷吏，居殘害宗支毒陷良善情狀稍輕者四人之一，貫京兆府櫟陽縣，見開元十三年之開元格。元和姓纂魚姓，「生曄、曦，度支郎中司農少卿也，」考馬懷素誌有潤州（據郎官考一三考定）長史魚承曦，蓋兄弟以「承」排行，而姓纂略「承」字者。舊紀七，神龍元年三月，處分酷吏內有魚承曄。又通鑑二〇三，光宅元年，「太后命……侍御史櫟陽魚承曄鞫之，」同卷垂拱二年，「侍御史魚承曄之子保家。」凡此四書，字均作曄，不作暐，暐、曄同音、則疑經清人改避耳。　義州、校證引語林作儀州，按唐之義州，在今廣西，正竄謫之地，唐之儀州，先天始改，見寰宇記四四。

(8)卷六道祭條「大歷中，太原節度辛景雲葬日」。　校證亦旣引新書一四七辛雲京傳及唐語林八、作辛雲京矣，舊紀一一，廣德二年九月、大歷二年十二月，三年八月下，辛雲京凡三見，各本作景雲者旣倒而復訛也。雲京昆從名京杲、雲晁、京升，京杲一名，有倒爲杲京者，有訛作雲杲者，(詳拙著姓纂四校記)此處亦傳抄之誤也。

(9)卷七蜀無兎鴿條「波羅拔藻葉似紅蘭，實如蒺藜，泥婆羅國所獻也。」校證引唐會要一〇〇，「泥婆羅國獻波稜菜，類紅藍花。」按元龜九七〇亦稱，「泥鉢羅獻波稜菜，類紅藍，」卽今南北普見之波菜也，羅字涉波而衍，拔藻卽稜菜之訛。　校證又云，「天一閣本、叢書堂本、莫本、秦本、學海本蘭並作藍，」是也。波菜稍似紅藍，若校證引語林八，「泥婆羅獻娑羅樹，一名菩提，葉似紅藍，實如蒺藜，」以木本比草本，非原書脫簡，則記述之誤。

(10)卷八大魚膘條「吳時滕循爲廣州，……循不之信，……封以寄循」。　校證引王隱晉書(據御覽九四三)及北戶錄，均作滕脩、按脩、晉書五七有傳，唐人寫脩字，與循甚相類，於碑誌中見之，故脩；循往往互訛，此處似以作脩爲是。

(11)卷九惠化條「閻伯嶼爲袁州，……伯嶼專以惠化招撫，……伯嶼未行，……伯嶼於所在江津見舟船。」　校證引唐語林一作伯璵；按尉遲迥碑，開元廿六年立，撰人題閻伯璵，餘如元和姓纂，(洪本)載之集一七王端神道碑，全文五二一梁肅閻氏誌，均作伯璵，此從山作嶼誤。

(12)同卷解紛條「熊曜爲臨淸尉，……太原守宋渾被人告，經采訪使論，使司差官領告事人就郡按之，行至臨淸，曜欲解其事，……太守李澄不之罪也。」　按臨淸屬河北道貝州，——卽淸河郡——太原屬河東道，玄宗時采訪使係分道設立，河東、河北，兩不相混，河東之事，何至受河北采訪使按問而行經臨淸，履諸程途、考其隸屬而不合者一。舊書三九，開元十一年，置北都，改幷州爲太原府，府制曰尹，不曰守，皆河東節度兼之，試參勞氏郎官考六、吳氏唐方鎭年表四，渾並未嘗任此官，徵諸官制、檢其仕歷而不合者二。舊書九六宋璟傳云，「次渾，與右相李林甫善，引爲諫議大夫、平原太守，……」平原即德州，正屬河北，故受河北采訪使按，又德、貝地相隣，所由行經臨淸之界，然則記文「太原守」乃「平原太守」之倒脫也。 舊書一八七下李憕傳，「天寶初，出爲淸河太守，」正與宋渾爲平原太守時相當，然則「太守李澄」又「太守李憕」，之誤也。舊紀九，天寶九載，「二月，壬午，御史中丞宋渾坐贓及姦，長流高要郡」，渾雖經曜一度營救，卒不免於罪也。

(丙)諸本如一而尙須存疑者

(1)卷三貢舉條「冀州進士張昌齡、王瑾。」 王瑾，除校證引會要七六、新書四四、語林三作公瑾外，通典一七亦作公瑾，「引見前(甲)1條」唯新書二〇一昌齡傳，「與王公治齊名，皆爲考功員外郎王師旦所絀，」登科記考一云，「王公瑾即王公治，治避諱爲理，理訛爲瑾耳。」余按新傳作治，當有所本，元龜六五一云，「唐王師旦爲考功員外郎，冀州進士張昌齡、王公理並有俊才，聲振京邑，而師旦考其文策全下，舉朝不知所以，及奏第等，太宗恠無昌齡等名，因召師旦問之，對曰，此輩誠有詞華，然其體性輕薄，文章浮豔，必不成令器，臣若擢之，恐後生相效，有變陛下風雅，帝以爲名言，後並如其言，」太宗時世民二字且不偏諱，太子名之不諱可知，至貞觀二十三年七月，高宗始從有司之請，詔諱治，本名公治者因改公理，徐氏之說，亦若可能。今本通典作瑾，固不合，然公瑾、公理(公治)之孰正，尙須懸案待質也。

(2)同卷銓曹條「始奏選人取所由文解，十月一日起㕔，三月三十日畢。」按通典一五，「(貞觀)十九年，十一月，馬周爲吏部尙書，以吏部四時提衡，略無休暇，遂請取所由文解，十月一日起省，三月三十日畢，」起省兩字，稍爲費解，會要七五則作赴省，「引見前(乙)類6條」元龜六二九亦云，「十九年，十一月，吏部尙書馬周以吏部四時提衡，略無休暇，奏請所繇文解，十月一日赴省，三月三十日畢，」省者尙書省也，赴省猶云選集，通典之「起省」，應「赴省」之訛。今本封記作「起首」，似斟對「畢」字爲可通，然首、省形甚近，安知淺人不因本訛「起省」，遂并肊改爲「起首」乎，余頗主張此「起首」字應逕改爲「赴省」也。

（3）同前條「中宗時，余從叔希顏始爲大樂丞」。 余按會要七五，「先天元年，侍中魏知古嘗表薦……左補闕袁暉、封希顏，……後咸居清要」，舊書九八知古傳略同，唯作「左補闕袁暉、右補闕封希顏，」補闕從七品上，（舊書四二）太樂丞從八品下，（同上四四）則太樂丞正希顏釋褐後初除之官也。近人封寶楨所撰封德彝歷史，以希顏爲德彝二世姪孫，演爲德彝四世孫，校證云，「聞見記銓曹篇云，余從叔希顏，據表四、表五，則當稱從叔祖，未知孰是，」殊不知演卽夏時，新表（卽表五）實無其說，此不過寶楨私人之說耳（卽表四）。於舊籍無據，豈能改新表從寶楨以疑聞見記乎。

（4）卷四尊號條「貞元初，主上超然覺悟，乃下詔去其徽號，直稱皇帝，合于古矣。近歲百僚復請加尊號，上守謙沖，意不之許。」 校證云，「天一閣本貞作眞」，引說郛卷四六亦作眞，又引會要二、「興元元年，正月，上在奉天，頒罪己之詔，讓去徽號，其後雖翦大盜，復天步，羣臣屢請，終不許焉。」余按舊紀一二，興元元年，正月朔，詔自今已後中外書奏，不得言聖神文武之號，明是興元初事，非貞元初事，演是當時人，不應誤記，興字省寫類於貞，殆是傳鈔之誤，宋人又再諱貞爲眞也。 舊紀一三，貞元五年，十月，「庚午，百寮請復徽號，不允，」六年，「冬十月，己亥，文武百寮、京城道俗抗表請徽號，上曰，朕以春夏亢旱，粟麥不登，朕精誠祈禱，獲降甘雨，旣致豐穰，告謝郊廟，朕倘因禋祀而受徽號，是有爲爲之，勿煩固請也」，當日百官累次請復，「參下（己）著書時期條」德宗卒未之許，記文「意不之許，」校證引說郛本作「意不許之」，着一「意」字，言詞則涉於揣摩，論體又未協稱頌，意・竟字近，余以爲實「竟」字之訛，且與會要「終不許焉」之「終」，命意相同也。

（5）同卷匭使條「有魚保宗者頗機巧，上書請置匭以受四方之書。」 校證引新書四七百官志同作保宗，又南部新書戊，「魚思恆性巧，造匭函。」余按通鑑二〇三、垂拱二年三月下，「保家上書請鑄銅爲匭，以受天下密奏，」考異一一曰，「又朝野僉載作魚思咺，云上欲作匭，召工匠，無人作得者，思咺應制爲之，甚合規矩，遂用之，今從御史臺記，」是通鑑作保家，本自韓琬御史臺記，琬筮仕武后之世，見聞比封氏近也。新志作保宗，似即本封記，不能据以證封記無誤。咺、恆字相近，殆宋人諱避改之。

（6）卷九忠鯁條「使王衡弟頗干政。」　校證引唐語林三，「其使尙衡弟頗干政，」又語林殘本「尙作王」。按上文既稱「李惇爲淄青節度判官，」則名衡者顯是淄青節度，據唐方鎭年表三，貞元已前，充淄青者祇有乾元二年三月之尙衡，與唐語林正合，衡當日或許封郡王，（惟未得明證）則依府王嚴震之例，（說見拙著唐集質疑府王嚴震條）稱曰使王，語未嘗不可通，惟校證以王爲姓，旁作符號，則必誤無疑。

（丁）字近諱避而未可確定者

（1）卷三銓曹條「同時鄭元挺素無藻鑑。」　校證云，「天一閣本、叢書堂本、莫本、四庫本、凌本元並作玄，秦本作糹」，又引會要七四作元挺。余按元和姓纂，「素子元挺，吏部侍郎，」又郎官石柱戶中、戶外凡三見，均作元挺，唯舊書四七及一九〇上作玄挺，則今本作元挺者未必是諱改，（洪本姓纂諱玄爲元，但庫本姓纂常不諱玄，而庫本亦作元挺也。）

（戊）文已殘闕而附加考證者

（1）卷七高唐館條。　上文已缺，校證引南部新書庚及詩話總龜三五記此事，殆皆本自封氏也。新書作「御史閻敬愛宿此館」，總龜作「御史閆欽授宿此館，」按閆卽俗閻字，元和姓纂、閻脊止，左司郎中，生敬言、敬受、敬仲，宋人諱敬，故總龜以欽字代，受、授音同，受、愛形肖，疑敬受近是，然尙須證實也。

余之所尤側重者在

（己）封演著書之時期

四庫提要一二〇、封氏聞見記十卷云，「書中石經一條，稱天寶中爲太學生，貢舉一條，記其登第時張繟有千佛名經之戲，然不云登第在何年，佛圖澄碑一條，記大歷中行縣至內丘，則嘗刺邢州，卷首結銜題朝散大夫、檢校尙書吏部郎中、兼御史中丞，而尊號一條，記貞元間事，則德宗時終於是官也」後之學者，於此罕有論列，聞見說及，——如金石萃編九七宋璟碑側記跋——亦不能出其範圍。考貞元五、六兩年，百寮請復尊號，已引見（丙）4條下，文苑英華辨證五云，「又如爲文武百官請復尊號六表，載柳宗元集中，而唐類表作崔元翰，文苑總目作類表，而本卷迺作常袞；按唐德宗興元元年，幸奉天，削去徽號，貞元五年、六年，百官請復舊，卽此六表是也，（舊史載貞元五年、六年百官請復徽號，正指此事。）是時崔元翰爲禮部員外郎，歷知制誥，唐書稱其詔令温雅，則類表云元翰作是矣，況又總目明言取之類表乎。」今第一表有言，「羣臣等上順聖心，以成恭德，……五年於茲，若墜冰谷，」五年所上也。第四表有言，「臣等去年九月三度詣闕上表，請復上尊號，懇悃雖竭，精誠未通，又懼於累塵聖聽，是用中輟，」六年所上也。第五表注，「爲文武百僚太子少保于頎以下作，」第六表言，「臣頎等言，臣等今月七日所上表，昨十五日下詔旨如初，辭讓愈固，……俯徇羣心，因來月謁太淸宮、太廟，郊祀上帝，遂以告祠，」據舊紀一三，貞元六年，「十一月，庚午，日南至，上親祀昊天上帝於郊丘，」然則「今月七日」，卽六年十月七日，與前引舊紀書十月已亥符。第六表末注，「及大會議，國子祭酒韓洄請歷數近日徵應祥瑞，故又改其文如後表：又伏見陛下以今年四月以來，方當雩祭之修，而有旱備之請，纔愆期而未害於物，深軫念而將恤其人，氣潛通而交感以和，澤旋流而滂霈思遠，由是風雨時而霜雹不降，稼穡茂而蝗螟不生，農功以成，年穀大熟，」與前引舊紀德宗謂春夏亢旱、朕精誠祈禱、獲降甘雨、旣致豐穰符。注又繼言，「休祥數見，福應屢臻，仁木連理而垂陰，嘉禾同穎而挺秀，壽星舒景炎之盛，芝草布葩英之重」，（已上六表，亦見全文五二三。）卽韓洄請歷數近日徵祥者；據元龜二五，貞元「六年，正月，防（坊？）州言櫪連理，八月甲寅，老人星見，是月，京兆府・河南府並奏嘉禾異本同穎，潮州上言芝草生連理李樹」，又與表一一符合。然則第五、六兩表，同是六年十月所上也。准舊書一二九洄傳，「貞元七年，十一月，爲國子祭酒」，又全文五九八、歐陽詹唐天文述，「歲在辛未，實貞元七年，……昌黎韓公洄爲夏官之三年，」則六年洄未官祭酒，表注豈就其終官書之歟。

六表既上，德宗卒未之許，余所以謂記文之「意不之許」，應是「竟不之許」也。其後雖有柳宗元爲京兆府及耆老等請復尊號表各二首，然觀表文「沐浴皇風，二十餘載，」又「臣伏以陛下尊號未復，一十九年，」（均見河東集三七。）均貞元末作，由是進一步求之，聞見記之成書，斷在貞元六年巳後。

(庚)封演略史及封寶楨說之影響

全唐文封演小傳云，「演天寶中爲太學生，大歷中，官邢州刺史，貞元中，歷檢校尚書吏部郎中、兼御史中丞」，按太學生一節，據記內石經條言之，大歷中及貞元中兩節，則據提要所考定，演之事迹，雖未詳盡，要不失爲信史。

封寶楨重刻封氏聞見記緣起乃云，「公天寶太學生，天寶十二年，及第進士，大歷七年，爲邢州內邱令，九年爲相州太守，十二年爲邢州刺史，清素自持，甚著聲績，民吏敬而愛之，建中二年，拜朝散大夫，入爲檢校尚書吏部郎中，貞元四年，拜兼御史中丞，」除太學生一句，本自記文，又清素自持三句，純是空洞贊詞外，其疎妄無據，請得逐條聲辨之。

（1）登科記考九據新書藝文志（五八）「天寶末進士第」語，附演於天寶十五載進士之列，雖未可作準，然既不得其確年，尚是無法之法，此作天寶十二年，絕無據。

（2）記云，「邢州內丘縣西古中丘城寺有碑，（校證云，「封本邢作刑」誤）。大歷中，予因行縣，憩於此寺」，夫曰「行縣」，當是縣令上官刺史之所爲，提要因是而謂演嘗刺邢州，萃編九七從之，通乎文理者自應如是云云也。今乃強翻舊說，以爲內丘令，且明系諸大歷七年，殊不知固有極顯著之反證在。顏眞卿宋璟碑側記云，「旋□羯胡作亂，事竟不成，眞卿時忝監察、殿中，爲中丞屬吏，故公孫儼泣請眞卿論譔之。昭義軍節度觀察使、尚書左僕射、兼御史大夫、平陽郡王薛公曰嵩，以文武忠義之姿，爲國保障，上慕公之德業，歎尙無窮，次嘉儼之懇誠，崇豎莫致，迺命屯田郎中、權知邢州刺史封演購他山之石，曳以百牛，僝刻字之工，成乎半歲，磨礱既畢，建立斯崇，遠近嗟稱，古今榮觀，雖大賢爲德，樹善庸(限)於存亡，而小子何知，附驥托跡於階序。」（萃編九七）論譔者宋璟神道碑也，建立者亦宋璟神道碑也，今碑末題「大曆七年歲次壬子九月二十五日孫儼追建，」又碑側記謂刻字半歲而後功成，是則知大曆七年之初，演已是權知邢州刺史矣，猥指爲內丘令，妄乎不妄。

（3）相州太守一官，全無據；且唐自天寶元年二月改刺史爲太守，（舊紀九）至德二載十二月復舊，（舊紀一〇）已後卽無太守之名，如爲太守，上須冠郡，（相州爲鄴郡）。今曰相州太守，其名非驢非馬，不可信益彰彰矣。又況舊紀一一，大曆八年正月，「壬午，昭義軍節度、檢校右僕射、相州刺史薛嵩卒」，同書一二四嵩傳，嵩旣卒，軍吏欲用河北故事，脅其子平知留後務，平僞許之，讓於叔父崿，詔遣崿知留後，十年正月，丁酉，昭義軍兵馬使裴志清盜所將兵逐崿，舉衆歸田承嗣以叛，舊紀、同月乙巳，以昭義將薛擇爲相州刺史，二月丙子，以華州刺史李承昭爲相州刺史、知昭義兵馬留後；當此羣雄角逐之頃，演固與若輩爭乎。抑相州之官，誰實授之，揑造史實者事猶小，陷其祖先爲唐之叛臣，誠所不取耳。

（4）演在大曆七年初，已官邢州刺史，具如前論，今云「十二年爲邢州刺史」，或因曾見碑側記末有「十三年春三月吏部尙書顏眞卿記」字樣，遂肊爲此影響之說歟？殊不知演之購石僝工，事屬建碑，若碑側記則眞卿後來自刻之，並不同時，況薛嵩卒八年正月六日，（引見前）嵩命建碑，斷不能後此，謂其揑造，斷無可辭。

（5）朝散大夫乃文散官，非實官，可云「遷」或「加」，然此猶其小者。錢氏考異六〇云，「唐初檢校官，乃任職而未正授之稱，故新史宰輔表開元以前，檢校左右僕射、侍中、中書令者，皆與正官同列，肅、代以後，檢校但爲虛銜，故檢校之三師、三公，不入於表，」蓋唐制重內，故中葉後外藩僚佐，率帶檢校京朝官，以爲榮寵，彼揑造者昧於唐制，遂於「檢校尙書吏部郎中」上，增「入爲」兩字，正所謂弄巧反拙，適以彰其僞者也。

（6）結銜之「兼御史中丞」，與檢校差同，大抵唐世外州刺史，率帶是銜，猶清代巡撫之兼都察院右副都御史也；他官兼此銜者亦常見，如演撰三門樓碑之田悅、田緒、田昂是也。演之此銜，殆邢州時已有之，今乃揑曰「貞元四年拜」，殊非諳稔唐制者之詞，此當涉尊號一條而意爲之也。

所猶有言者，演撰三門樓碑，諸家都未論及，考金石錄八，「第一千五百三十六唐開元寺三門樓碑，封演撰，八分書，大歷十三年七月，」寶刻叢編六北京下亦收「唐開元寺新建門樓碑」，並附金石錄之說。碑有云，「此寺自神龍至於寶應，五十有七年而遇焚毁，自寶應以至於兹，十有三年而復舊物，」寶應後之十三年，應大歷十年，金石錄稱十三年立，其殆先三年撰文歟。今全唐文所收，當據宋集，（未得文苑英華檢之。）惜未著撰人結銜，不知時充何職也。碑又言，「寺主僧法敬，昂公所度之子也，……上座僧志高、都維那僧道圓及諸徒衆等，」校證以「法敬昂」「志高都」各爲一名，余殊不謂然；僧號罕見三字者，疑昂爲昴之訛，屬下讀，法敬其名也，公卽田承嗣。都維那爲執事僧之稱，志高其名也。以涉演之文，故附言之。

綜上檢討，演之仕歷，可括敍如下：

嘗爲太學生。天寶末，進士第。累官屯田郎中。約大歷六七年頃，權知邢州刺史。歷檢校吏部郎中、兼御史中丞。

(辛)封演卽夏時辨

重刻聞見記緣起又云，「公字端肅，派名夏時，開元十四年，春三月，生鳳翔麟遊賜第，（第卽隋開皇十三年文帝詔楊素命內史舍人封德彝所營仁壽宮廢宮也，德彝投唐爲宰輔，高祖賜居）。」校證據目云，「惟以千數百載上之人，久不見於他種記載，今乃對於其生年、生地、名號等，言之如是鑿鑿，誠不能使余毫不致疑，且其所稱家傳本聞見記，乃無異雅雨本，則其所謂家傳者，果傳自何世耶，」疑之誠是也。顧於王昶跋後又附案語云，「唐書宰相世系表不作演，作夏時，而歷來無知演名夏時者，故四庫提要及此跋均稱世系表不著」，若演名夏時說之果信而提要、王昶猶是寡陋者，噫，過矣！

「派名」不審作何解，若謂是聯名，新表中諸人固未見有同一字者。且記三固曰「余從叔希顏」，嚴義言之，則同曾祖所出之稱也，依新表昭穆，（七一下）演應是行實曾孫，厥稱最合。今夏時爲德彝後，與希顏祇同六代祖，是直族叔而已，未合乎舊史者一。

據新表，夏時比希顏低兩代，如夏時卽演，應稱希顏曰族叔祖，未合乎舊史者二。

新表夏時官止兼殿中侍御史，而演則嘗歷郎中、刺史等官，未合乎舊史者三。

或曰，新表行實止一子廣城，「從叔」云者，泛稱耳。然亦須知新表子姓，往往缺略弗盡，其故係於新表所據之史源，且行實固似尙有他子者，（說詳後）無確證以決新表之誤，未能藉此而影射演卽夏時也。

其尤妄者，謂演生於麟遊賜第，卽隋之仁壽宮；考通典一七三麟遊縣云，「有九成宮，卽隋仁壽宮，隋文帝崩於此」，元和郡縣志二麟遊縣云，「九成宮在縣西一里，卽隋文帝所置仁壽宮，每歲避暑，春往冬還，義寧元年廢宮，置立郡縣，貞觀五年，復修舊宮，以爲避暑之所，改名九成宮」，則隋之仁壽宮，貞觀初已因其故址改爲九成宮，高宗時乘輿屢幸，見於舊紀，由其說，演將生在皇宮乎？

夫演之仕歷，其妄也如彼，演之世代、出生，其未合也又如此，演卽夏時之說，其可信者僅矣。夫二三千年前古史，近人猶將辨其僞，而謂千年之下，突生絕無根據之新說以淆惑聽聞，吾人可不辭而闢之乎。

抑史家慣例，知卒年不知生年者多，知生年不知卒年者甚少，今則生且知其月，而卒並不知其年，如謂傳自家譜，其孰能信。

(壬)封氏世系表之辨正

涉於此條，可分兩項論之：

(子)封本之說

(1)重刻緣起云，「公曾祖思敏，太府少卿、鄂、岳節度副使，」按思敏、元和姓纂及新表均不著歷官，依世代推之，應高宗、武后時人，而據舊書四一，永泰後始置鄂岳觀察使，又順宗實錄，永貞元年，始除武昌軍節度，高、武時鄂、岳猶不過二單州耳，何來鄂、岳節度副使之稱。

(2)重刻緣起云，「公祖守靜，戶部郎中、渠州刺史，」按依前後說推之，守靜應與中、睿、玄三宗相當，今郎官柱戶中題名，此三時代皆完好，初無守靜，姓纂、新表亦不著，倘曰贈官，則許有之。

(3)重刻緣起又云，「公父利建，中書侍郎、國子祭酒，」按姓纂、新表均不記利建歷官，今可考者，金石錄六源公石幢記，「封利建撰，賀遂回八分書，開元二十一年，」無結銜，又全文三六二栢城令李公德政碑，利建撰，碑云，「初利建之登於王畿也，聞未有栢城大夫隴西李公之德，能媚於神而和於人者久矣，及是而與之差肩焉，」全文云，「利建、天寶十三載栢城縣令；」此後無聞，利建而果曾官中書侍郎者，必在天寶已後，斷無疑也。抑唐代官制，天寶前之中書侍郎，不必其爲相，天寶後之中書侍郎，都爲宰相帶官，利建而謂曾入相乎，其尤妄者也。

一言以蔽之，爲緣起者於唐代官利，未嘗深究，故其僞迹隨處暴露矣。又封德彝歷史內自孫思敏起稱一世孫，曾孫稱二世孫，玄孫稱三世孫，……古來亦罕見如此計世之法。

(丑)校證之說

校證云，「封懿，表一、表三同作懿，表四作靳；表一、表三懿爲放子，鑒爲奕曾孫，表四作靳爲奕子，鑒爲靳孫。」余按表一據魏書封懿傳排列，表三據北史封懿傳排列，表四據唐書宰相世系表排列，今考魏書懿傳，曾祖釋，父放，北史同，則懿爲放子，其說甚明；新表釋二子悛、悛、悛二子放、奕、奕二子靳、勸，則靳爲奕子，說亦甚明；易言之，即靳爲放姪而與懿爲從昆弟行者，不過新表略去放之後人，表一、表三又恰未將靳敍入，表四之靳，非與表一、表三之懿同爲一人也，此校證之誤會者一。

懿與靳既各爲一人，則表四之靳爲奕子，鑒爲靳孫，適得以補表一、表三之闕，所差者靳之子，鑒之父，猶失其名耳，新表非與魏書、北史有乖也，此校證之誤會者二。

揣趙氏所誤會，殆因懿孫磨奴取鑒子回爲後之故，殊不知靳，回之本生曾祖也，懿，回之出嗣曾祖也，明乎此，益知懿靳之確是兩人，而新表與魏書、北史，初無異同矣。

外此如北齊書延之子孝纂，以其從昆名孝琬、孝琰、孝璋者觀之，北史作纂，許傳刻之脫；然六朝人兩字名者往往省稱一字，是亦不足奇，姓纂即單稱「纂」。也。(見下文)礭、確同音，北齊書、北史作確而新表作礶，亦得爲轉繕之誤。

又北齊書「隆之弟興之，字祖胄」，今表三不書其名而書其字，且訛作祖曹，是則涉筆之誤也。

(癸)封氏世系表補

新書世系表以元和姓纂爲基幹，余別有詳說，(見拙著姓纂四校記)。今校證未據姓纂爲表，故爲補之。然姓纂或殘脫，則參世系表等正之，其不可強解者缺弗書而附說於表後。封氏之裔，閒見唐人碑集者，一並附入。

姓纂前文云，「渤海蓨縣，封岌始居蓨，五代孫仁，仁孫釋，晉侍中」，玆表自釋始，不敍官歷，惟有異同者逑鄙見於表後。

(a)姓纂、「悛生奕，燕太尉，……悛生放，」庫本注云，「案唐世系表悛生放、奕、奕燕太尉，奕二子靳、勸，與此不合，」余按姓纂訛脫固多，新表亦舛誤弗少，魏書、北史初無放、奕爲同胞兄弟之明文，則無以見新表必是，姓纂必非。今校證中表一、表三放與奕之間，皆用實綫相聯，蓋純依賴新表而未知姓纂有異文也，謂宜改用虛綫聯之。

(b)姓纂、「孫鑒，後魏滄水太守，琳、回」，琳上奪「生」字。庫本注云，「案唐世系表鑒三子琳、回、滑，此守字下疑脫去三子二字，」校證云，「唐書宰相世系表稱鑒……二子琳、回、滑，滑字似爲衍文，然據表三，似滑可作肅父，則或宰相世系表之「二」爲「三」字之誤。」余按新表稱二子而名有三，已自乖違，且姓纂亦無滑也。北史雖稱「琳弟子肅」，而魏書又云「尙書回之兄子，」則肅之父尙難碻定，滑名又他未經見，其信否猶待新證。

(c)姓纂、「回、尙書僕射，生隆之，右僕射」，庫本注云，「案隆之下疑脫興之一人。」余按下文有纂，依北齊書二一，係隆之弟延之之子，則延之一名，似亦在脫佚之列。又姓纂、「隆之生子繪、子繡、孝琬，」庫本注云，「案孝琬字當衍，」是也。

(d)瞻、新表作贍。

(e)芒洛四編四封抱誌云，「曾祖君明，隋任懷、冀二州刺史，勃海公，食邑七百戶；祖賓行，隋任汾州錄事參軍；父孝瑜，唐任龍門主簿、盩縣丞。」賓行之時代，約與行賓相當，未審是否行賓之誤倒，若然，則君明卽德潤，潤潤之從昆，以「君」字爲排行者有多人也。惟德潤、姓纂祇稱隋青城令，視刺史而卑，又似不合。至誌謂抱洛陽人，則許隨父宦流落者。以猶有所疑，故不補入。

(f)姓纂、「行賓生廣成，雍州司法，廣成生希彥，中書舍人、吏部侍郎，」庫本注云，「案唐世系表廣成作廣城，希彥作希顏。」余按成、城未詳孰是，唯希顏見郎官柱戶外題名，又見舊書九八及會要七五，玆改正。

(g)姓纂、「行高，禮部侍郎，」庫本注云，「案唐世系表，……行高禮部侍郎作禮部郎中，」余按舊書六三亦稱行高「貞觀中，官至禮部郎中。」

(h)姓纂、「梁客中」，庫本注云，「按梁客中書舍人，此中字下脫三字，」是也。又郎官柱吏外題名梁作良，當誤，唐人以客字命名者，其上率爲地名，余別有說。

(i)姓纂德輿，新表同，陳伯玉集臨邛令封君遺愛碑云，「曾祖子繡，齊潁川、渤海三(三誤，全文二一五作二。)郡太守，霍州刺史，隋通直郎，通州刺史，……祖德於，北齊著作郎，隋扶風郡南陽縣令，……父安壽，皇朝尙衣直長，懷州司馬，豪州刺史，湖州刺史，……公則使君第某子也，」以新表勘之，「於」、輿之訛。又新表稱德輿隋南田令，考隋扶風止有南由縣，作陽、作田均誤；封德彝歷史亦誤南田，果有家傳唐譜者，何至與新表同陷舛繆耶。(南田之誤，遼居丙稿已先我言之，引見後。)

(j)姓纂無安壽，新表有，伯玉集亦可證。又遼居丙稿湖州刺史封泰墓誌跋(此誌立年，余未檢得。)云，「泰字安壽，勃海蓨人，高祖回，曾祖隆之，祖子繡，父德輿，與唐書宰相世系表合。惟表稱德輿隋南田令，誌作扶風南由令，隋書地理志南由隸雍州扶風郡，表作田者譌也。表稱德輿子安壽，孫元(玄)景，據誌則泰字安壽，表舉其字而遺其名。泰子中牟令玄朗，次子玄景、玄震、玄節、玄慶，表則舉其一而遺其四矣。」余按新表元和已前人物，多據姓纂，今姓纂無安壽，殆在佚文中。又封君遺愛碑亦以安壽與德輿、子繡並舉，則安壽當日許以字行，此羅氏所未知者也。遺愛碑又云，「年始若干，爲國子生，……某年，以明經擢第，解褐守恆州參軍，秩滿，補許州司法參軍，……又轉洺州司兵參軍，……某年，選補臨邛縣令，……某年，以太夫人憂去職，于時公之蒞始逾年矣，」余雖未詳安壽卒年，唯合陳文、羅跋觀之，定知其卒在妻前，於時玄朗已官至中牟令，而遺愛碑無此歷官，且曰使君第某子，則臨邛令非玄朗亦可知。惜未見全誌，臨邛令究爲玄景四人中之某一人，要無從推擬耳。夫德輿有子官中牟令，又有子官臨邛令，而封德彝歷史均不詳，斯可決其非家傳譜譜，所謂夏時郎演，爲眞爲僞，益可想而知之。

（k）姓纂、「生言道，駙馬，司門郎中，汝、汴二州刺史，新表作汝、宋，舊書六三亦云，「官至宋州刺史」，芒洛遺文上鄭膽誌又云，「夫人渤海封氏，……淄州刺史、尙淮南大長公主、駙馬都尉、修公之第二女也。」言道，唐會要六倒作道言，新書糾謬六云，「公主傳、高祖女淮南公主下嫁封道言，今案封倫傳乃名言道，未知孰是，」公主傳蓋沿會要之訛。

（l）姓纂、「君夷生道弘，右司郎中、虢州刺史、」新表同。郎官考一引新表疑右爲左，誤；按左司今無道弘，右司不可觀，而勞氏所引會要二六道弘爲許州長史、襄陽者舊傳下道弘爲襄州刺史，絕不涉及左司，勞氏之疑，未免太無根據矣。

（M）全詩五函三李益有溪中月下寄楊子尉封亮詩。

（m）姓纂、「亮生敖」、庫本注云，「案唐世系表敖生望卿，此脫，」羅校云，「振玉案原校甚誤，考舊史敖傳，敖爲元和十年進士，此書成於元和七年，望卿更後於敖，姓纂本不得有其名，非脫漏也」。

（n）按踐一、踐福是兄弟，無待、無遺是從昆，今新表誤將踐福（第七格）無遺（第八格）各推下一世，趙氏表四踐一、踐福同列，無待、無遺同列，在事實上雖不誤，但對世系表言之，則不符也，（原云，「據唐書宰相世系表排列」。）將於下 p 條再詳之。

（o）此處應補延之，說見前（c）條。

（p）姓纂祇云，「纂五代孫道瑜，」其上殆脫「延之生纂」四字，因前文無纂

1	釋　悛
2	慳　放
3	奕(a)　懿(r)　孚收(s)
4	蘄　勸(p)　虔之　?
5	?　?　君明　軌
6	鑾(b)　?　君義(t)　詢
7	琳　回　?　淑　道嗣
8	?　隆之(c)　興之　廷之(o)　?　?
9	孝綽　子綸　子繡　孝琬　孝瑛　孝璋　纂(p)　?　子都
10	?　德潤　德輿(i)　德如　德彝　君誕　君奭　?　全福　全禎
11	智瞻(d)　行實(e)　行高(g)　梁客(h)　安壽(j)　言道(k)　道弘(l)　彥明　謀　堅(u)
12	廣成　玄朗　玄景　玄震　玄節　玄慶　思敏　叔廉　踐一　踐福(n)　崇正　崇眞
13	希顏(f)　守靜　愷悌　無待　無遺　若愚　若水　若虛　若沖
14	利建　希奭
15	夏時　亮(M)
16	敫(m)

也。新表不著纂及延之，遂使道瑜一支，恍如孝瑋或興之之後，大誤。姓纂下文接云，「道瑜生綽，孫思業，戶部郎中，綽弟士泰，生松年，孫廷弼，京兆尹士曹，生綱，」(廷弼、新表作良弼，綱作洄)。如照此排列，則思業爲十七世，綱爲十九世，綱之時代雖未詳，但思業於久視元年官殿中侍御史，見元龜九八六，又郎官柱戶中，思業名次裴惓前一人，其官戶中，亦在武、中之世，是行輩後於利建三代，而顯仕反遠超其先，揆諸繁殖之理，殊爲不合。就令如新表所列，道瑜爲興之五代孫，所差亦不過一代，仕武后之思業，乃與元和末登第之敖同輩，理仍不通。意姓纂「五代」字必有誤，新表本自姓纂，故爲誤相同，今不以此支入表，存疑也。抑新表列道瑜於第七格，本與趙氏之十三世相當，趙不知新表之踐福、無遺，各誤推下一代，躋踐福於踐一之列，遂並將道瑜以下各推上一代，此校證之誤也。

(q)姓纂祇云，「奕生靳」而下文又有「勸七代孫彥明」，蓋奪去也，玆據新表補。

(r)姓纂、「悛生放，燕吏部尚書令勗君明，」按此文不可通，顯有誤。考魏書三二封懿傳，曾祖釋，父放，慕容暐吏部尚書，懿仕慕容寶，位至中書令，子玄之謀亂，伏誅，玄之四子同坐，唯宥其弟虔之之子磨奴字君明云云，今下文有懿，此處顯脫懿名；又官制有吏部尚書，無吏部尚書令，疑「吏部尚書」下原文或應作「生懿、中書令、孫君明」，所難決者「勗」是否虔之別名耳。

(s)姓纂、「懿弟孚攸，燕太尉，攸孫軌　後魏廷尉卿，」按懿傳，兄孚，慕容超太尉。與此作「弟」及名「孚攸」異；又軌爲廷尉少卿，亦小異。傳祇云「回族叔軌」，得此，則知其爲攸孫也。

(t)姓纂、「生君義、詢；君義，聘梁副使 、五兵尚書 ，生淑。詢、北齊左丞。」羅校云，「振玉案北齊書封述傳，字君義，述弟詢，此以詢爲述子，未知孰是。」余按此文應以「生淑」爲句，其「詢北齊左丞」，應連下「生道嗣」爲文，試觀上文「生君義、詢」句便知，姓纂固謂述、詢爲昆弟，特羅氏失句，致疑與史不合耳。又北齊書四三封述傳，校證不收，亦嫌罣漏。

(u)此據庫本，洪本作暨。

時民國二十七年十二月，雲南起義紀念前十日，順德岑仲勉跋於昆明。

封敖歷史附言

全文七七七、李商隱爲興元裴從事賀封尚書加官啓，「伏承天恩，榮加寵秩，伏惟感慰。伏以蓬、果兇徒，遂爲逋寇，……尚書四丈機在掌中，兵存堂上，爰擇幕府，俾帥軍行……一舉而張角師殲，再戰而孫恩黨盡，雖合勢於三川，實先鳴於二子，……某早忝生徒，復叨參佐。……」按新書一七七敖傳，「大中中，歷平盧、興元節度使，……蓬、果賊依雞山，寇三川，敖遣副使王贄捕平之，加檢校吏部尚書，」商隱之文，即代裴某賀其府主加檢校吏尙者。今封實楨所輯封敖歷史，祇沿舊傳云，「四年，出爲興元尹、御史大夫、山南西道節度使，歷左散騎常侍」未免略要而見小也。敖之排行爲四，亦得此啓知之。

全文七八六温飛卿上封尚書啓，全詩八函十薛逢送封尚書節制興元，義山詩集五行至金牛驛寄興元渤海尚書，亦敖也。

出自第九本(一九四七年九月)

跋唐摭言(學津本)

岑仲勉

此書與封氏聞見記，皆王士正氏以爲祕本可貴者也。中多貢舉時代故實，其得名亦自有因，然記述數外謬，編次缺條理，遠非封記之侔矣。卷內複出各條，除學津本已注互見者外，尙有卷一太宗謂英雄入彀，又見卷十五，卷二盧弘正，馬植爭元，又見卷五，卷三李湯題名，又見卷十三，卷四方干刺徐凝，又見卷十，卷六韓愈、皇甫湜訪牛僧孺，又見卷七，卷八楊知至等落下，又見卷十一，是均無需複述者。

四庫總目提要一四〇評之云，「又序中稱溥爲丞相，則是書成於周世宗顯德元年以後，故題唐國號，不復作內詞。」劉毓崧唐摭言跋下以爲書中言國朝者卽指唐代，且有徑言我唐者，於唐代諸君，仍稱之曰文皇帝、高宗皇帝、武宗皇帝、大中皇帝、昭宗皇帝，且也言及懿宗，則曰聖顏，言及僖宗，則曰大駕，凡此書法，皆臣子紀述君父之詞云云，(通義堂集未檢得，祇據余氏辨證節引，下同)。余嘉錫氏提要辨證子部七云，「然則提要謂定保題唐國號不復作內詞者，又非也。」余按稱國朝者猶有卷二「國朝自廣明庚子之亂」一條，劉氏未引，如此纍纍文字，修書諸臣，未必無覩，則意所謂「題唐國號不復作內詞」者，單就「唐摭言」一名言之。考唐人遺著，如大唐創業起居注、大唐西域記、大唐郊祀錄、大唐傳載或大唐新語等仍著「大」於唐字之上，流傳至今，然唐月令注、唐六典、唐闕史、唐國史補、唐朝名畫錄，亦唐人撰述，可因今題不署大唐，遂謂其不作內詞乎。抑今傳世碑誌，唐上固不定著「大」字，何況易世之後，幾經删變，大明一統志，吾人常稱曰明一統志，唐之律疏，翻名爲故唐律疏，詎能執是以立論乎。

卷三散序云，「定保生於咸通庚寅歲，時屬南蠻騷動，諸道徵兵，自是聯翩寇亂中土，雖舊第太平里，而跡未嘗達京師，故治平盛事，罕得博聞。然以樂聞科第之美，嘗諮訪於前達間，如丞相吳郡公扆，翰林侍郎濮陽公融，恩門省右李常侍湜，顏文拜蕘，從翁丞相溥，從叔南海記室渙，其次同年盧十三延讓，楊五十一贊圖，崔二十七籍若等十許人，時蒙言及京華故事，靡不錄之於心，退則編之於簡策。」既非目擊，則傳聞失眞，又雜記人言，便易生複互，其舛謬之處，曾別於重修承旨學士壁記斠注補內，隨所見辨之，而有未盡者，更彙聚爲：

(甲)事實疑誤

壓倒元白之半虛

卷三，「寶歷年中，楊嗣復相公具慶下繼放兩榜，時先僕射自東洛入覲，嗣復率生徒迎於潼關。旣而大宴於新昌里第，僕射與所執坐於正寢，公領諸生翼坐於兩序，時元、白俱在，皆賦詩於席上，唯刑部楊汝士侍郎詩後成，元、白覽之失色。詩曰，隔座應須賜御屛，盡將仙翰入高冥，文章舊價留鸞掖，桃李新陰在鯉庭，再歲生徒陳賀宴，一時良史盡傳馨，當年疏傅雖云盛，詎有茲筵醉醁醽。汝士其日大醉歸，謂子弟曰，我今日壓倒元、白。」

按嗣復主寶歷元、二年貢舉，詳登科記考二〇；李文公集一四楊於陵墓誌云，「又一年，改太常卿，又一年，改東都留守，……旣三年，方將告休，會以疾而罷，……疾平，遷檢校左僕射兼太子少傅，……遂西至京師，」據舊紀一七上，長慶二年閏十月，以戶部尙書楊於陵爲太常卿，寶歷二年，八月癸丑，以太常卿崔從爲東都留守，十一月癸巳，以前東都留守楊於陵爲太子少傅，於陵至京，蓋在寶歷末或大和初。

白氏集六一元稹誌云，「(長慶)二年，改御史大夫、浙東觀察使，……在越八載，……又以尙書左丞徵還」，又舊書一六六稹傳，(大和)三年九月，入爲尙書左丞，」是大和之初，稹方居越，安得與嗣復之宴。

舊書一七六汝士傳，「長慶元年，爲右補闕，坐弟殷士貢舉覆落，貶開江令，入爲戶部員外，再遷職方郎中，大和三年七月，以本官知制誥，」大和初汝士蓋官郎中也。(參下文。)然汝士所歷祇工、戶、兵、吏四侍郎，非刑侍，若言終官，固刑部尙書，又不止侍郎，(參舊傳及新書一七五。)且與宴時又斷未躋此階也。

故就汝士言之，則官稱不合。丁卯集上和人賀楊僕射致政詩序云，「祠部楊員外以僕射楊公拜官致仕，舊府賓僚及門生合讌申賀，飲後書事，因和呈」然汝士未嘗官祠外，（郎官柱及本傳均無之。）且與下引白集不合，丁卯集當誤也。此詩汝士起唱，亦必非指汝士外他一姓楊者。（可參郎官考二十二。）

白氏集五五、和楊郎中賀楊僕射致仕後楊侍郎門生合宴席上作詩云，「業重關西繼大名，恩深闕下遂高情，祥鱣降伴趨庭鯉，賀鷰飛和出谷鶯，范蠡舟中無子弟，疎家席上欠門生，可憐玉樹連桃李，從古無如此會榮。」據舊紀一七上，大和元年，「四月壬辰朔，癸巳，以太子少傅楊於陵守右僕射致仕，俸料全給，」則摭言所謂大宴，當在此後，賀於陵致仕之會也。楊郎中顯指汝士，居易猶有和詩，固未甘被壓倒矣。

白之詩，猶可以高下解之，楊之官，猶可以近似解之，獨謂稹亦在座，則眞誤矣。夫「壓倒元、白」，昔文人之口頭禪也，而其根據半爲烏有，邦人之性，事不求實，於此一端見之。

李肇著國史補之朝代

卷一，「元和中，中書舍人李肇撰國史補。」

郡齋讀書志六云，「國史補二卷，右唐李肇撰，起開元、止長慶間事。初劉餗記元魏迄唐開元事，名曰國朝傳記，故肇續之。」四庫提要一四〇云，「此書其官尙書左司郎中時所作也。」余按今本國史補有長慶初吏部尙書李絳議置郎官十人一條，又長慶初穆宗以刑法爲重一條，書曰穆宗，則最早亦敬宗時作，非元和中也。

肇、兩唐書無傳，其官歷可考者：

廣記四七五引異聞錄，「（李）公佐貞元十八年秋八月自吳之洛，暫泊淮浦，偶覿淳于生棼，詢訪遺跡，翻覆再三，事皆摭實，輒編錄成傳以資好事。……前華州參軍李肇贊曰，」則貞元十八後肇曾從事華州。又全詩五函五王建荊南贈別李肇著作轉韻詩，「淸門有君子，……兩京二十（一作十二）年，投食公卿間，封章旣不下，故舊多慚顏，……上宰鎭荊州，敬重同歲遊，歡逢通世友，簡授畫戎籌，」則建曾共肇從事荊南；由封章不下一聯觀之，著作當檢校官，惟未得其確年。

全文七二一肇撰東林寺經藏碑銘云，「元和四年，……七年，博陵崔公以仁和政成，憫默舊績，由是東林以遺功得請篆刻之，感其成公志，故（？）家府從事李肇爲之文曰，」崔公名芃，元和六年自常刺遷江西觀察，則七年時肇爲江西觀察從事。

重修學士壁記，「李肇，元和十三年七月十六日，自監察御史充，十四年四月五日，遷右補闕，九月二十四日，賜緋，十五年閏正月一日，賜紫，二十一日，加司勳員外郎，長慶元年正月十三日，出守本官，」合前條觀之，元和已前，肇官並未至中書舍人也。

舊紀一六，長慶元年，十二月戊寅，貶司勳員外郎李肇澧州刺史，坐與李景儉於史館同飲，景儉乘醉見宰相謾駡故也；又白氏集三三李肇可中散大夫等制云，「勑、朝請大夫、使持節澧州諸軍事澧州刺史、上柱國、賜紫金魚袋李肇等，乃者李景儉使酒獲戾，而肇等與之會合（合字衍，全文六六三無。）飲，失於檢愼，宜有所懲，由是左遷，分爲郡守，今首坐者旣復班列，緣累者亦當徵還，但以長吏數易，其弊頗甚，況聞三郡皆有政能，人方便安，不宜遷換，故吾以采章階級並命而就加之；」則長慶二年上半年，肇似尚留澧州任內。（因居易以二年七月出刺杭州也。）

新書五八國史補下注云，「坐薦柏耆，自中書舍人左遷將作少監，」按耆之獲罪，在大和三年五月，則肇大和初官中書舍人。今郎官柱左中一欄，上截殘泐，未見肇名，肇而果嘗官左中者，應在第十行高元裕之前，（參拙著郎官柱題名新著錄。）亦約當寶曆、大和之間。（郎中視舍人低兩階）。

肇之終官及卒年不詳，唯必卒在開成元年以前，則有李德裕之言可證。文饒別集七懷崧樓記云，「元和庚子歲，予獲在內庭，同僚九人，丞弼者五，數十（按此兩字疑應乙。）年間，零落將盡，今所存者惟三川守李公而已，（已殁者，……舍人李公）。」末署丙辰歲守滁州刺史李德裕記。按庚子元和十五年，丙辰、開成元年，舊紀一七下，開成元年，三月（三日）壬寅，以袁州長史李德裕爲滁州刺史，四月，庚午朔，以太子賓客分司李紳爲河南尹，三川守，紳也，參前引重修壁記觀之，則舍人李公，肇也。（說又見拙著重修壁記斠注補）。將作少監雖高於中書舍人一階，而官則不如中舍之要，故新志曰左遷，而德裕亦以舍人爲稱也。

嘉定赤城志八，大中七年、八年，李肇爲台州刺史，依前之說，肇卒殆已念年，如非別有姓名相同，則大中許大和之誤，惟未確知其卒年，難爲斷論耳。

綜上尋證，肇之著書，殆在大和之世，元和中當大和中之傳訛。（全文四七六崔損貞元十二年祭成紀公文有左拾遺李肇，其姓疑誤，斷非此李肇也。）

裴度守洛與元白聯句

卷十三，「裴令公居守東洛，夜宴半酣，公索聯句，元、白有得色。時公爲破題，次至楊侍郎「汝士，或曰非也。）曰，昔日蘭亭無豔質，此時金谷有高人，白知不能加，遽裂之曰，笙歌鼎沸，勿作此冷淡生活，元顧曰，白樂天所謂能全其名者也。」

按裴度曾兩命東都；第一次，長慶二年二月丁亥，（二十五日）以河東節度使、司空兼門下侍郎平章事裴度守司徒平章事、充東都留守、判東都尚書省事、都畿汝防禦使、太微宮等使，（舊紀一六。舊書一七〇度傳敍元年下，非是。司徒，舊傳同，新書六三及一七三作司空。）三月，壬子，（二十一日）以新授東都留守裴度爲揚州大都督府長史、充淮南節度使，（同上舊紀）是此次留守任，度並未上，於時稹方執政，白官舍人，汝士止郎中，（見前壓倒元白條。）並無在洛下者，度更未加中書令也。

第二次，大和八年，三月庚午，（十九日）以山南東道節度使裴度充東都留守、依前守司徒兼侍中，九年，十月庚子，（二十八日）東都留守、特進、守司徒侍中裴度進位中書令，開成二年，五月乙亥，（三日）以東都留守裴度爲太原尹、北都留守、河東節度使，依前守司徒、中書令，（均舊紀一七下。）則度之保釐東周，厥屆大和八年三月暨開成二年五月間。此三年中，白分司東都，與裴酬唱頗多，可不必論。元則早於大和五年七月（據白氏集六一；舊紀書八月五日庚午，殆奏至之日。）卒鄂、岳任所矣。汝士七年四月，自中書舍人爲工侍，八年七月，出守同州，九年九月，入爲戶侍，開成元年七月，轉兵侍，其年十二月，出東川節度，（舊紀一七下及舊書一七六。）官則同而頗無至洛之機緣也。

由上觀之，此段故事，可爲純出虛造。

裴晉公宴致仕白樂天

卷十五，「白樂天以正卿致仕，時裴晉公保釐，夜宴諸致仕官，樂天獨有詩曰，九燭臺前十二姝，主人留醉任歡娛，飄颻舞袖雙飛蝶，宛轉歌喉一索珠，坐久欲醒還酩酊，夜深臨散更踟躕，南山賓客東山妓，此會人間曾有無。」

按舊紀一七下，大和九年，十月乙未，以新授同州刺史白居易爲太子少傅分司，白氏集六九官俸初罷詩，「七年爲少傅」，又香山居士寫眞詩序，「會昌二年，罷太子少傅，」同集七一有初致仕後戲酬留守牛相公詩，是居易致仕，在會昌二年，度已先卒於開成四年三月矣。

此詩今收白氏長慶集六五，題爲夜宴醉後留獻裴侍中，依前條引舊紀觀之，不曰令公而曰侍中　則猶是白賓客分司時作也。飄颻、集作翩翻，歌喉作歌聲，「臨散更」作「初散又」。

苻載楊衡栖隱匡廬事

卷二，「合肥李郎中羣始與楊衡、苻載同隱廬山，號山中四友。(內一人不記姓名。)先是封川李相遷閤長，會有名郎出牧九江郡者，執辭之際，屢以文柄迎賀於公。公曰，誠如所言，廬山處士四人，(儻)能計偕，當以到京兆先後爲齒。旣公果主文，於是擁旌旗，造柴關，激之而笑。時三賢皆膠固，唯合肥公年十八，矍然曰，及其成功一也，遂束書就貢，比及京師，已鎖貢院，乃搥院門請引見。公問其所止，答云，到京後時，未遑就館。合肥神質環秀，主副爲之動容，因曰，不爲作狀頭，便可延於吾廬矣。楊衡後因中表盜衡文章及第，詣闕尋其人，遂舉，亦及第。……符載後佐李隲爲江西副使，失意去從劉闢。」

張海鵬校注云，「已上李羣與楊衡、符載等事一節，事意年代，前後不相接，差互尤甚。」

余按封川李相，宗閔也，宗閔出爲封州刺史，故名。舊書一七六本傳，長慶「三年冬，權知禮部侍郎，四年，貢舉事畢，權知兵部侍郎，」又唐才子傳六，韓琮、長慶四年李羣榜進士及第，則李羣長慶四年爲狀頭，事固可信，年祇十八，是羣生元和初耳。若劉闢挾西川以叛，乃在元和元年，時李郎中羣恐尚未呱呱墮地，何得於羣長慶登第之後，猶云苻載後從劉闢。(符應作苻，見關中金石存逸考二苻載妻李氏誌。)

楊衡擢第之年，不可確考。據全文六九一載撰犀浦令楊鷗誌云，「唐益州犀浦縣令弘農楊府君春秋三十九，以大歷十四年冬十月，卒於郫縣之私第，且迫多故，權窆於是縣之近郊。有才子衡，進士擢第，官曰左金吾衞倉曹參軍，爲桂陽部從事，以貞元十五年十月某日，啓護於成都，以十六年春二月某日，歸葬於鳳翔之陳倉某鄉某原，從先塋也。」(廣記四六七引戎幕閑談，「唐貞元丁丑歲，隴西李公佐泛瀟湘、蒼梧，偶遇征南從事弘農楊衡，泊舟古岸，淹留佛寺，」丁丑卽十三年，恰在此前。)知衡登第總在貞元十三年前。又據同書六九〇、載撰荆州與楊衡說舊因送遊南越序云。「己巳歲，自成都至，中師自長安僑寓荆州。……孰謂倏忽與中師啓襟顏，期晦明，一十二年於玆矣，辭山林，隨塵滓，五變星霜矣。……前年冬，中師輒整文思起，嘗於禮闈間，飛聲騰陵，諠動公卿，常伯輸教，俯授高第。……相國齊公……新荷天寵，鎭安越服。」己巳、貞元五年，中師、楊衡字；相國齊公卽齊映，貞元七年五月，自衡州刺史爲桂管觀察，八年七月，改江西觀察；又載建中初居廬山，(說見下)計至貞元七年爲十二年；則此序約七年作，衡蓋以四五年登第者，在羣出生前猶十餘年，何得於羣長慶登第之後，猶云楊衡後亦及第。

廬山四友，摭言謂失記一人，今固可考。送楊衡遊南越序云，「載弱年，與北海王簡言、隴西李元象、洎中師高明，會合於蜀，……無幾何，共欲張聞見之路，方乘扁舟，沿三峽，造潯陽廬山，復營蓬居，遂我遁棲，……去歲迄今，凶問洊臻，王、李二生，相次殞零」依序之作年，則李元象、王簡言卒貞元初，王簡言卽姓名不記者也。中師稱字，則簡言、元象，意亦稱字，元象是否名羣不可知，(紀事五一衡有哭李象詩)要可斷其必非郎中李羣也。全文卷六九一又有載祭處士李君文云，「良友三人，來自蜀川，身棲廬嶽，氣厲雲天，……君與王生，早落窮泉，」又見所謂四友者確爲李元象，而李卒於處士，摭言誤以李郎中當之也。

重修學士壁記、李騭，咸通九年五月，除江西觀察使，上去劉闢之敗，六十餘年矣，全文六八八有載謝李巽常侍書，答李巽再請書，及答李巽第三書，其第一書云，「伏知常侍不以載儒劣無取，飛章上聞，蒙授太常寺奉禮郎、充南昌軍副使

者」，是則李巽嘗延載爲江西副使，而摭言又誤以李隲當之者也。（參紀事五一）

載等建中初居廬山，其可考見者；如全文六八八載寄贈于尙書書云，「一昨奉辭伐罪，統貔虎之師，……某、一凡夫也，棲遁匡廬，垂二十年，」于尙書卽頔，奉辭伐罪者指貞元十五年吳少誠之役。又送楊衡遊南越序云，「居五六年，載出廬岳，歸蜀問起居，……己巳歲，自成都至，……辭山林，隨塵滓，五變星霜矣，」依前說此序作年，則載以貞元初歸蜀。(1) 又文粹九八、崔羣送廬嶽處士符(苻)載歸蜀覲省序云，「建中初，有峨嵋客符(苻)君，發六籍，棹三湘，深入匡廬，絕迹半紀……君家在岷蜀，展愛高堂，」曰半紀，與前序五六年相符。若白氏集二六代書云，「廬山……貞元初，有符(苻)載、楊衡輩隱焉，亦出爲文人，」則不過約言之耳。

抑崔序撰人，余有疑者；序首云，「旄頭光明，垂三十載，不習俎豆化爲侯王者，十有八九焉，」是信貞元初之詞也。序又言，「頃予奉命江西三年，往復彭蠡，未嘗不咏湖月，漱天倪，造符(苻)君雲扃，宿五老峯下，」按羣未嘗帥江西，且舊書一五九羣傳，大和六年卒，年六十一，則生大歷七年，白氏集六一祭崔相公文「與公齒髮，甲子同年，」亦可證，是貞元之初，羣猶十四歲童子，絕不能有奉命江西之事，此殆當日官江州刺史者爲之，其人或同崔姓而後來訛作崔羣也。

摭言此節之誤，張氏揭其凡而未詳其實，故茲備言之。

唐才子傳五，「楊衡字中師，雲人，天寶間避地西來，與符(苻)載、李羣、李渤同隱廬山。」據前引衡父鴟誌，其先居鳳翔陳倉而宦遊於蜀，非雲人也。鴟卒大歷十四年己未，年三十九，計生開元二十九年辛巳，假二十生子，則天寶之末，衡未出世。名人年譜二，渤生大歷八年癸丑，輩行更後；蓋沿摭言之誤而朝代復舛，遺其一人，又強增渤以實之者，用並附正其誤於此。（北夢瑣言又誤爲載與楊衡、宋濟同隱。）

(1) 載答盧大夫書，自廬山發，鄂岳盧元卿也。首署貞元元年八月二十五日，（全文六八八）又所爲廬山黃仙師瞿童記，署貞元元年八月二十日，（全文六八九）故載歸蜀，當在貞元元年九月，卽送載歸蜀覲省序所云，「秋九月，楚人歌采蘭以送之，」是也。載夏日盧大夫席送敬侍御之南海序，稱二年夏六月，（全文六九〇）則其時已下山西至鄂渚矣。

李翺守楚州日泊與楊嗣復爲親表

卷八，「楊嗣復第二榜盧求者，李翺之壻。先是翺典合肥郡，有一道人詣翺，自言能使鬼神，翺謂其妖，叱去。……後翺任楚州，（或曰桂州）其人復至，其年楊嗣復知舉，求落第，嗣復、翺之親表，由是頗以求爲慊，因訪於道人。……遽對桉手疏二緘，遲明，授翺曰，今秋有主司，且開小卷，明年見榜，開大卷，翺如所教。尋遞中報至，嗣復依前主文，卽開小卷，辭云，非頭黃尾，三求六李，翺奇之，遂寄嗣復，嗣復已有所貯，頗疑漏泄。及放榜，開大卷，乃一榜煥然，不差一字，其年裴俅爲狀元，黃價居榜末，次則盧求耳，餘皆契合。……」

黃價、蔣校云，「方校作駕，」蓋據唐詩紀事五三也。按舊書一六〇、新書一七七翺傳，均不著楚州一任，舊紀一七上，寶曆元年，二月，（原脫）辛卯，以前禮部郎中李翺爲廬州刺史，又舊翺傳，「逢吉奏授廬州刺史，太(大)和初，入朝爲諫議大夫，」則寶曆二年，翺正在廬州任上。

舊書一七六嗣復傳，「乃令嗣復權知禮部侍郎，寶歷元年二月，選貢士六十八人，後多至達官，文宗卽位，拜戶部侍郎」，登科記考二〇云，「按是年（寶歷元年）及明年進士，適符六十八人之數，而傳言元年二月，或專謂元年進士及諸科，然祇六十五人，疑有誤字。」余按貢士專指進士，不計諸科，二月實二年之訛，由是又知嗣復之第二榜，翺正在廬州任上。

舊紀一七下，大和五年，十二月，癸巳，以鄭州刺史李翺爲桂管觀察使，上去嗣復知舉，已五年有奇。

合而言之，則摭言謂翺初守廬州，及嗣復兩歲知舉時，翺任楚州或桂州，均大大錯誤。正言之，嗣復未知舉前，翺祇曾官朗州刺史，及由禮中出除合肥，則嗣復初年知舉，方將告畢，其第二榜始是廬州任上事也。

唐詩紀事五三云，「時第一人裴求，榜末黃駕，次則李俅、盧求，又李方玄、從毅、道裕、景初、李助、李俅共六人，」所釋「三求六李」，視摭言詳明，或今本摭言有奪文歟。

摭言以翺與嗣復爲親表，紀事又謂翺妹壻楊嗣復，兩說均不可信。觀翺所爲於陵墓誌云，「子景復，衞尉卿，曰嗣復，戶部侍郎，……大卿、侍郎以翺之受恩也久，來請爲誌」，(全文六三九)又同人祭楊僕射文云，「嗚呼，貞元中歲，公旣爲郎，始獲趨門，仰公之光，遂假薦言，幽蟄用彰，德惠之厚，歿身敢忘。公以直道，於南出藩，謬管記室，日陪討論，……賓主之義，由玆益敦。……翺復守郡，居不敢寧，追懐恩舊，躬在郊坰。」使嗣復與翺爲親表或妻舅者，其言不當如是也。

崔顥薦齊孝若書

卷六，「崔顥薦樊衡書，夫相州者九王之舊都，西山雄崇，足是秀異，竊見縣人樊衡年三十，……今國家封山勒崇，希代罕遇……」

按玄宗開元十三年封泰山，書所謂封勒也，會要七六，開元十五年，武足安邊科，樊衡及第，或即用顥之薦而獲舉，此書署顥撰，(文粹八六同。)當可信。

其後一條爲「顥薦齊秀才書，……竊見前進士高陽齊孝若考叔，年二十四，……況孝若相門子弟，射策甲科。……」

按元和姓纂、齊映子孝若，書所云相門之子也。又洪興祖韓子年譜，貞元八年，齊孝若與韓愈等同登第，所謂秀才或前進士也。蔣光煦校云，「按此篇、文粹作令狐楚，」楚與孝若同時，自可信。若顥卒天寶十三載，(舊書一九〇下)烏得而薦之。登科記考一三云，「令狐楚薦齊孝若書，……崔顥亦有薦齊秀才文」，殊不知兩書文同，必有一誤，徐氏特未覽其文且稍思其時代耳。

韓愈皇甫湜揄揚牛僧孺

卷六，「韓文公、皇甫湜貞元中，名價籍甚，亦一代之龍門也。奇章公始來自江、黄間，置書囊於國東門，攜所業先詣二公卜進退，偶屬二公從容，皆謁之，各袖一軸面贄，其首篇說樂，韓始見題而掩卷問之曰，且以拍板爲什麽。僧孺曰，樂句，二公因大稱賞之，問所止。僧孺曰，某始出山隨計，進退唯公命，故未敢入國門。答曰，吾子之文，不止一第，當垂名耳，因命於客戶坊僦一室而居，俟其他適，二公訪之，因大署其門曰，韓愈、皇甫湜同訪幾官先輩不遇。翌日，自遺闕而下，觀者如堵，咸投刺先謁之，由是僧孺之名，大震天下。」

卷七，「奇章公始舉進士，致琴書於灞、滻間，先以所業謁韓文公、皇甫員外。時首造退之，退之他適，第留卷而已。無何，退之訪湜，遇奇章亦及門，二賢見刺欣然，同契迎接，詢及所止。對曰，某方以薄技卜妍醜於崇匠，進退惟命，一囊猶置於國門之外。二公披卷，卷首有說樂一章，未閱其詞，遽曰斯高文，且以拍板爲什麼。對曰，謂之樂句。二公相顧大喜，曰，斯高文必矣。公因謀所居，二公沈默良久曰，可於客戶坊稅一廟院。公如所教，造門致謝，二公復誨之曰，某日可遊青龍寺，薄暮而歸。二公其日聯鑣至彼，因大署其門曰，韓愈、皇甫湜同謁幾官先輩不過，（蔣校遇）。翌日，輦轂名士咸往觀焉，奇章之名，由是赫然矣」。

此兩節大概相若，唯事意小異，今且不論。考全文七二〇、李珏僧孺神道碑，「洎四五年業成，舉進士，軒然有聲，時韋崖州作相，網羅賢雋，知公名，願與交，公袖文往謁，一見如舊，由是公卿籍甚，名動京師，得上第，」又七五五、杜牧僧孺墓誌，「故丞相韋公執誼以聰明氣勢，急於褒拔，如柳宗元、劉禹錫輩，以文學秀才，皆在門下，韋公亟命柳、劉於樊鄉訪公，曰，願得一相見，公乘驢至門，韋公曰，是矣，東京李元禮爲後進師，隋奇章公仁德祿位，二者包而有之，公登進士上第，」執誼貶臣，非有赫赫業，不必引以重，何碑、誌皆舉執誼弗舉愈、湜也。執誼永貞元年相，僧孺即是年登第，（北夢瑣言）且瑣言謂牛氏居宛、葉間，墓誌又謂其讀書長安南下杜樊鄉，非來自江、黃間也。愈雖貞元有名，然十九年冬，貶陽山令，永貞元年，移江陵法曹參軍，元和元年夏，始召爲國子博士，計僧孺登第前後三年頃，韓氏固不在都下；若湜第進士，且後乎僧孺一年，（參登科記考一六及一五）余以爲此特推崇韓文者大言之，弗足深信也。

李觀等謁梁肅三歲未面

卷七，「貞元中，李元賓、韓愈、李絳、崔羣同年進士。先是、四君子定交久矣，共遊梁補闕之門，居三歲，肅未之面，而四賢造肅多矣，靡不偕行，肅異之。一日，延接觀等，俱以文學爲肅所稱，復奬以交遊之道，然肅素有人倫之鑒，觀、愈等既去，復止絳、羣曰，公等文行相契，他日皆振大名，然二君子位極人臣，勉旃勉旃，後二賢果如所卜。」

按全文五二三、崔元翰右補闕梁肅誌，「其後淮南節度使、吏部尚書京兆杜公表爲殿中侍御史內供奉管書記之任，非其所好，貞元五年，以監察御史徵還臺，……九年，冬十有一月，旬有六日，寢疾於萬年之永康里。」據舊紀一三，貞元五年，十二月壬申，（五日）以陝、虢觀察杜佑爲檢校禮部尙書淮南節度使，又全文五一八、肅有中和節奉陪杜尙書宴集序，「謂二月之吉，殷天人之和，肇以是日爲中和節，……於時上元甲子之六歲，……粵我主公牧揚州，領東諸侯，旣承湛露之澤，且修式燕之禮，……旣醉，小子輒起言曰」，以二月一日爲中和節，始定於貞元五年，（同上舊紀）是六年二月初吉，肅猶居揚州，其赴闕最早在六年，墓誌五年徵還，語小誤。果肅甫抵都而觀等修謁，三歲之久，亦已闌入九年，於時觀等登第之翌歲矣，肅非傲士者，其可信乎。

抑舊書一五九羣傳云，「初羣年未冠，舉進士，陸贄知舉，訪於梁肅，議其登第有才行者。肅曰，崔羣雖少年，他日必至公輔，果如其言。」肅如非早見羣，何由下此語，然則摭言之說，其本此而傳訛也。三歲未面，如改作三月，或尙非言之太過。

其他

卷九，「郭薰者不知何許人，與丞相于都尉向爲硯席之交，及琮居重地，復綰財賦，薰不能避機嫌而樂爲半夜客，咸通十三年，趙騭主文，斷意爲薰致高等，……」按卷一二又云，「韓衮、咸通七年下趙騭狀元及第，」舊紀一九上，咸通六年九月，以中書舍人趙騭權知禮部貢舉，若十三年知舉者乃崔瑾，見舊書一五五，「十三」顯爲「七」之誤。于琮、咸通八年始登宰輔，曰丞相者追稱之辭。

卷一三，「貞元中，劉忠州任大夫，科選多濫進，有無名子自云山東野客，移書於劉吏部足下，……其常衮之徒，令天下受屈，……況杜亞薄知經籍，素懵文辭，李翰雖以辭藻擢第，不以書判擅名，不愼舉人，自貽伊咎，」余按舊書一二三劉晏傳，大歷「八年，知三銓選事，」又元龜六三五，大歷「八年十月，勅中書舍人常衮、諫議大夫杜亞、起居郎劉灣、左補闕李翰考吏部選人判，」無名子謗議，卽指此言，乃大歷中事，作貞元中者誤。

又摭言雅雨堂本，余未檢得，今並就學津本有誤字而未見於蔣校或其說未盡者彙舉如次：

卷三，「楊汝士尙書鎭東川，其子知溫及第。」 按汝士子名知溫，見舊書一七六及郎官柱左外題名，登科記考二二引摭言，固作知溫。

卷四，「李華三賢論云，（喬）潭昂之孫，有古人風。」　蔣校云，「無之孫二字，有昂字」，按「潭昂有古人風」，語仍費解，今卷七載三賢論全篇，固云，「梁國喬澤（蔣校潭）德源昂昂有古風」，是「昂」字應重，「之」殆「々」之訛而又誤衍「孫」字也。

同卷，「楊虞卿及第後，舉三篇爲校書郎，來淮南就李郃親情。」　按李郃、登科記考一八引作李鄘，虞卿、元和五年進士，依方鎮年表五，此後數年，並是鄘鎮淮南，「郃」字誤。李宗閔父名鄮，不作郃，然未嘗爲淮南。

卷六，「至於崔融、李嶠、宋之問、沈佺期、富嘉謀、徐彥伯、杜審言、陳子昂者。」　按嘉謨，舊書一九〇中、新書二〇二有傳，謨、謀涉音義相近而訛。

同卷，「莫若舉襄州刺史靳□，清輦轂之路，非太元不可，生臺閣之風，非靳不可。」　蔣校云，「（靳□）作吳靳」，又云「（非□）作吳靳」，是雅雨本缺末□字也。靳□應作靳恆，余別有說，（見曲江集校證）殆宋人諱恆，傳本遂缺去也。作吳靳者涉吳太玄（清諱作元 。）而誤 ，然文內固吳、靳分途者。太玄舉其名，以文體整齊論之，恆亦當舉其名，「非靳不可」，又似「非恆不可」之避改。若下文「僕非吳、靳親友」，兩提其姓，斯燕雀均衡矣。

卷九，「咸康末，小魏公沆自闕下黜循州佐。」　按舊紀一九上，咸通十三年五月，中書舍人崔沆貶循州司戶，登科記考二三引摭言，固作咸通，「康」字誤。

同卷，「又會相庭有所阻，「時崔相公徹恃權，即永樂猶子也。）」　登科記考二二永樂即安潛，又據舊書一七七，胤爲安潛姪，昭宗時正柄權，同時亦無崔徹者爲相，胤、徹涉形似而訛。

卷十，「張倬者、柬之孫也，嘗舉進士落第，捧登科記頂戴之曰，此即千佛名經也。」　按此見封氏聞見記三頁舉條云，「進士張繟，漢陽王柬之曾孫也，」張繟見襄陽冢墓遺文張軫、張孚及張軫合祔三誌，與新表七二下均未見倬名，封演與繟同時，當可信，（參前跋聞見記（甲）項6條）

同卷，「十年不見，酌然不錯。」　按「灼然」字常見唐文，酌當作灼。

卷十四，「倣與浙東鄭商綽大夫雪門生辟扶狀」。　按商綽、覃子，商、商字近，故訛。

(乙)家世辨論

定保世系，劉跋言之最詳，余細讀其文，實有未敢遽信者：

定保爲方操後歟

卷一，「咸亨五年，七世伯祖鸞臺鳳閣龍石白水公時任考功員外郎下覆試十一人。」

養新錄一二王定保條云，「書中稱王方慶爲七世伯祖，」登科記考二云，「按舊書方慶傳，封白泉縣男，遷鸞臺侍郎同鳳閣鸞臺平章事，俄轉鳳閣侍郎，則所謂鸞臺鳳閣者卽方慶也，白水爲泉字之訛，龍字衍文，」劉氏以爲龍字乃襲字之訛，石泉者封爵，方慶曾祖褒、祖鼒，均封石泉，故方慶受封於唐，仍襲其號，此條校誤，自以劉說爲最完。

劉氏又云，據宰相世系表，方慶昆弟五人，其行第居四，伯兄名緘，字方舉，仲兄名續，字方紹，叔兄名績，字方節，季弟名緄，字方操，定保以七世伯祖稱方慶，則其七世祖當是方操。

按新表多本元和姓纂，近人曾致其疑，余則業爲確證；(見拙著姓纂校記自序)。姓纂之編製，逈異譜諜，(1)子姓不定列舉完全，(2)先後不定遵循倫序，姓纂如此，新表亦如此，故方慶是否止有一弟名緄，又緘、續、績、綝(卽方慶)、緄是否卽長幼之次，今旣知新表史料所本洎其構造性質，卽不能徒據表列而下斷論，此謂定保爲方操後之疑一也。

就令讓一步言之，方慶止此兄弟五人，倫序復不紊，仍不能執「伯祖」兩字以斷定保必方操後人。蓋唐重門閥，引先世名達，無論自稱、稱人，往往含渾其辭，(參拙著唐集質疑姚合系屬條)。例如韓泰兄弟，據余考證，瑗從兄子之後也，而河東集一一故温縣主簿韓君墓誌云，「傳世至今唐侍中諱瑗，克用貞亮，奮於國難，侍中兄子郢州刺史諱某」，第渾言曰兄子。(見拙著姓纂校記)。更如柳旦生則、楷，則子奭，相高宗，楷生融、子敬、子夏，子夏之曾孫曰鎮，(參姓纂及新表七三上)。正言之，融、子敬，鎮之曾伯叔祖也，奭、鎮之從曾伯祖也，而河東集一二所爲其父先侍御史府君(鎮)神道表云，「曾伯祖諱奭，字子燕，唐中書令，」(參拙著唐集質疑柳宗元世系條，世綵本奪「伯」字。)第渾言之曰『曾伯祖』。苟明乎唐人之攀附習尙，則柳文如此者，定保之文，何必不如此，此斷定保爲方操後之疑二也。

從翁丞相溥

養新錄一二云，「考昭宗時宰相有王摶，字昭逸，出自琅邪；有王溥，字德潤，出自太原；定保旣出琅邪，則溥當爲摶之訛，但依表所列，摶爲方慶八世孫，而定保稱方慶七世伯祖，則於摶不當有從翁之稱，是亦可疑也。」

劉氏云，今按王溥爲相，舊唐書昭宗紀在天復三年，新唐書昭宗紀在天復元年，皆在光化三年之後，其時定保業已登第，前此溥所歷官，皆在京朝，定保應舉時固可接見。然舊唐書不爲溥立傳，其里居家世無考，新唐書宰相世系表列溥於太原大房，而列傳則云失其何所人，沈氏炳震宰相世系表訂譌據此，疑其未必爲太原，而世系歷歷，其說甚爲有見。雖表、傳不出於一手，表或別有所本，未可竟斥其非，但溥旣出自太原，則與琅邪無涉，定保不應稱爲從翁。且溥之共高祖兄弟有名凝者，官宣、歙觀察使，溥若果係定保從祖，則凝亦係定保從祖，而此書直稱爲王凝，則定保非凝之從孫可知，旣非凝之從孫，則亦非溥之從孫可知。昭宗光化以後，王氏居相位爲定保應舉時所及見者，自溥之外惟摶；摶之入相，舊唐書昭宗紀在景福二年，新唐書昭宗紀在乾寧二年，皆在光化之前，至其爲崔胤所誣，罷相、貶官、賜死，則新舊唐書皆在光化三年六月，卽定保登第之年，唐代試進士皆在春間，則定保登第時摶猶爲相，摶與溥字形相近，而摶又系出琅邪，錢氏謂溥當爲摶，其說亦是也。

已上兩說，純因定保系出琅邪，遂引起從翁丞相果爲何人之疑問，其注重咸在「從」字，以爲郡望旣殊，卽不合稱「從」，由是而斷「溥」爲「摶」訛。然摶是方慶後，定保非方慶後，無論如何，必非服屬已內之親，是劉氏固認「從翁」之「從」爲「泛義之從」，非「嚴格之從」矣。「從」字而泛用，則其泛至無界限，易言之，猶「族翁」之謂耳。少陵集二一敬寄族弟唐十八使君詩，注云，「公萬年縣君杜氏墓銘，其先系統於伊祁，分姓於唐、杜，……按左傳，豕韋、唐、杜與劉氏皆出陶唐後，故於唐使君、劉判官皆稱爲弟而各敍淵源，」又全文六二七呂溫上族叔齊河南書，齊映也，夫杜氏呂氏得稱唐氏齊氏曰族弟、族叔，則同王氏者何不可稱族翁或從翁。

唐人用從字至泛，尙有多證：如全詩九函七曹鄴將赴天平職書懷寄翰林從兄，以學士壁記考之，卽曹確也，鄴、桂州人，確、河南人；鄴又有寄監察從兄詩，亦當是確，詩只云「我祖居鄴地」，則從兄之爲泛泛者可知。李白雖出隴西，而與天潢枝派相去懸遠，今全詩四函五册白有感時留別從兄徐王延年從弟延陵，據新表七〇下，延年爲徐王元禮之曾孫，延陵名雖不見，殆卽延年之弟，白顧稱曰從兄、從弟，「從」字之泛至無限，此其例也。

其用從翁字，如全詩十函六鄭谷故少師從翁隱巖別墅……，少師、薰也，鄉里頗不明，谷則袁州人也；又如同書九函一姚鵠奉和祕監從翁夏日陝州河亭晚望，祕監爲合，絕無可疑，崇之裔，陝州人也，而鵠則出於蜀；從翁兩字之勿庸泥求，可瞭然矣。

抑王姓郡望，今固統稱太原，而唐則琅邪爲著；縉、宰相也，由太原而越認琅邪，張說、宰相且文豪也，以洛陽而越認范陽，（說見拙著貞石證史王顏所說太原王氏條。）韓愈、文豪也，本潁川而自稱昌黎，（參拙著唐集質疑韓愈河南河陽人條。）依表，溥雖出太原，然唐人門閥之習念甚深，安知溥不附麗於琅邪，因之定保有從翁之謂。蓋新表之類列爲一事，各人當日之自稱又別爲一事，新表、縉固列太原，愈固列潁川，而縉則越認琅邪，愈則越認昌黎，不能據新表以斷定保必非稱溥曰從翁——族翁——也。

劉氏又云，且摭言紀王搏之事，尙不止此一處；卷八云，王倜、丞相魯公損之子，倜及第翌日，損登庸，王倜過堂別見，今按新唐書宰相世系表，王氏宰相十三人，無名損者，而琅邪王氏有名倜者，字垂光，官鄠尉，直弘文館，卽搏之子也，據此，則摭言損字必是搏字之訛。其上文云，崔昭矩、大順中裴公下狀元及第，翌日兄昭緯登庸，而王倜之事，卽彙敍於下，搏封魯公，見新唐書本傳，定保稱搏爲丞相魯公，乃尊其從祖之詞，而於倜則不稱官階，似非所以尊其從叔，當是王倜之上，本有官階，而傳寫者脫去；蓋崔昭緯不稱爵位而王搏稱爵位者，尊搏而異其詞也，崔昭矩不稱官階而王倜稱官階者，尊倜而異其詞也，試思定保言及從叔渙，稱其官階曰南海記室，倜與渙同是從叔，於渙既稱其官階，則於倜亦必稱其官階，此稱謂之常例也。否則不獨書法未能畫一，亦非待從叔之禮矣。

此則別引摭言，將以實其溥爲摶訛之說也。謂王損應作王摶，說誠不誤，然此曰「丞相魯公」，彼曰「從翁丞相」，安見定保不特異文以爲別。余申斯辨，雖未見「從翁丞相摶」之必非，要以見「從翁丞相摶」之未必確是也。若劉氏引從叔南海記室渙爲例，疑王倜上奪文，亦未必然。摭言三有云，「大順中，王渙自左史拜考功員外，……渙首唱長句感恩上裴公曰，」使摭言書法從叔姓名上必冠官階者，則何不小變其文曰「大順中、左史王渙拜考功員外」。抑倜與渙之爲定保「從叔」，直族叔耳，（參下從叔王渙條。）不比婦翁親；顧定保稱其婦翁，或曰吳子華，或逕名之曰吳融，定保婦雖占脫輻，然終身不娶，誓於湖湘，又在南越成書之前，（參據劉說。）正當尊其稱謂，藉蓋前愆，而摭言竟若此，是固可以一定書法繩其書乎。（魯公，蔣校作曾非。）

劉氏疏釋，不爲不詳，仍無以溝通乎摭言七世伯祖方慶洎新表摶爲方慶八世孫之矛盾也。氏於是復爲之辭曰，定保既稱方慶爲七世伯祖，又稱摶爲從翁，則摶必是方慶五世孫，而宰相世系表以摶爲方慶八世孫者，世系表於方慶及摶之中間，誤羼三世。蓋肅宗時宰相王璵，非方慶之後人，亦非摶之先世，新書璵傳誤以爲方慶之六世孫，摶之曾祖，世系表亦同其誤，沈氏炳震因三人時代相距，或遠或近，世數並參差不合，斷爲牽附，其辨析最爲詳明，然則璵以前及璵以後，當必有兩世出於牽附，若除去其牽附者，則世數自相合矣。錢氏謂定保稱摶從翁爲可疑，其說亦未嘗不是也。惟自方慶至摶，實止六世，自方慶至定保，實止八世，祇可據摭言以訂世系表，不可援世系表以改摭言耳。

余按肅宗相王璵，斷非方慶六世孫，無待繁論。新表紕繆不少，然或因姓名之誤會，或本史料之殘闕，或由編製之失檢，或基抄刻之錯顚，致誤之來，爲因非一，沈氏世系表訂譌五云，「要之肅宗時之相，乃別一王璵，非方慶六世孫，亦非摶之曾祖，其爲牽附無疑，」新表之誤，固許不在方慶六世孫之名璵，而在誤認方慶六世孫璵卽爲同姓名之宰相，——易言之，卽新表誤附「相肅宗」三字於方慶六世孫璵之下，（參拙著貞石證史王方慶六世孫璵條。）——今劉氏遽斷璵名之羼入，其疑一。

讓一步言之，就令瑰之名亦爲羼附，然劉氏果何據而確知羼附者非一世、兩世或四世、五世，而必爲前後三世，然則劉氏「誤羼三世」之論，乃極粗粃、極武斷、且削足適屨以自實肊說之考證耳，其疑二。

劉氏又云，「琅邪王氏亦有名溥者，係方慶曾孫，定保高祖，非從翁也，」合前引同人六世八世之說觀之，劉氏之釋「從翁」，與「從祖」同義。考王顏晉太原王公碑有云，「桑泉房隋奉朝請善翁，善之子聃子翁，」顏、貞元人也，稱隋人曰翁，非「祖」輩可知，兩世同稱「翁」，「翁」之義不定等於「祖」尤可知，余以爲翁之義，常得爲老成顯達者之稱，不專用於「祖」輩，今劉氏因從翁二字，遽斷爲方慶至溥實止六世，其疑三。

併前條所辨而總言之，則定保爲方操後洎從翁丞相是王溥之兩說，均不能據爲定論，苟非獲新史料爲之證明，則疑以傳疑斯可矣。

王損，全文八二九收通犀賦一首，云，「損，唐末宰相，」據新表七二中，溥姪損，字中禮，未爲相，殆涉摭言而誤，非別有所本也。

王倜登第之年

於此應附帶考及者，爲王倜登第之年。登科記考二四、乾寧二年下，不著錄王倜，但是歲進士二十五人，重放一十五人，(趙觀文，程晏，崔賞，崔仁寶，盧贍，韋說，封渭，韋希震，張蠙，黃滔，盧鼎，王貞白，沈崧，陳曉，李龜禎。)落下十人，(張貽憲，孫溥，李光序，李樞，李途，崔礪，蘇楷，杜承昭，鄭稼，盧賡。)其名歷歷可考，具見黃御史集，則倜必非乾寧二年進士。

登科記考同卷景福元年下，著錄「□□」，注云，「徐寅有贈垂光同年詩曰，丹桂攀來十七春，如今始見茜袍新，須知紅杏園中客，終作金鑾殿裏臣，逸少家風惟筆札，元成事業是陶鈞，他時黃閣調元處，莫忘同年射策人」。按倜字垂光，見前引文，詩中逸少家風切王姓，元成事業切其父作相，萃編一一八王審知德政碑，末題「天祐三年丙寅歲閏二月一日准勅建，將任(仕之訛)郎前守京兆府鄠縣尉直弘文館王倜書□□，)又全文八二五黃滔丈六金身碑，天祐四年正月作，中言王審知座客有「弘文館直學士瑯琊王公倜，」是天祐末倜已南遷於閩，又徐寅，莆田人，亦事王審知，見五代史補，合此考之，可決寅所贈詩者確爲王倜。詩云丹桂攀來十七春，如今始見茜袍新，假由乾寧初起計十七年，則當後梁開平、乾化間，茜袍新謂換緋，言倜仕審知至是始遷五品也 。申言之 ，則吾人由此知倜與徐寅爲同年。

奈徐寅登第之歲，復有三說不同：

(1)僖宗乾符元年甲午　說見下。

(2)昭宗大順三(卽景福元)年壬子　登科記考二四主此說，云，「唐才子禮(傳之訛)，徐寅大順三年蔣泳下進士及第；按永樂大典引莆陽志作乾符元年，誤。」

(3)昭宗乾寧元年甲寅　十國春秋，「徐寅，字昭夢，莆田人，登唐乾寧進士第，試止戈爲武賦，一燭裁盡，已有破山加點、擬戍無人之句，禮部侍郎李擇覽而奇之，」記考不主其說，云，「按此(景福元)年蔣泳知舉，李擇未詳所出」，又於乾寧元年下注云，「十國春秋以徐寅爲是年進士，知舉者李擇，今從才子傳移徐寅於大順三年，而存擇名於此以俟考。」

三說中待論者實止兩說 ，因假如寅與倜乾符登第 ，則「丹桂攀來十七春」之日，猶是大順元年庚戌，於時摶斷未登庸，與「元成事業是陶鈞」句不符，故莆陽志之乾符，可決是乾寧之誤。如是，則謂寅——亦卽倜——乾寧元登第，固有莆陽志與十國春秋相合，而謂寅——亦卽倜——景福登第者，祇唐才子傳，所以吾寧信乾寧元之說而不信景福元之說，主張恰與徐氏相反也。

今無論倜之登第，爲景福元抑乾寧元，復無論摶之相，爲景福二(舊紀)抑乾寧二，(新紀)而皆與摭言倜登第翌日摶登庸不合，豈諸書皆誤歟，抑定保之所聞失眞歟，是亦懸候待質之疑問也。

從叔南海記室渙

此人、諸家未嘗論其系屬。「從」字可泛作「族」字解，具見前說，全文七八四穆員李抱眞墓誌，「從父兄司徒涼國公抱玉」，又舊書一三二，「李抱眞，抱玉從父弟也，」然據姓纂及新表，抱眞、抱玉，已非服屬之親，斯其例也。郎官考一〇考外，據摭言補王渙，下引兩人；(一)「新表太原第二房王氏，愔子(見祠外)

渙，字羣吉。」(二)「又琅邪王氏，越州倉曹參軍綺子渙，不詳歷官。（時代不合。）」余按琅邪房之渙，爲方慶從曾孫輩，非唐末之渙，斷然無疑。唐詩紀事六六王渙下，卽錄摭言三大順中王渙一節，下又云，「渙字羣吉，大順二年侍郎裴贄下登第，德鄰、拯、光胤，皆同年也，」是認考外之王渙，與太原二房之王渙同一人矣。考新表、太原大房遵業，二房廣業，同是瓊子，丞相溥爲遵業十世孫，渙亦廣業十世孫，固與大順中之王渙，時代相當，紀事之說良可信。太原之王渙，亦許其附麗琅邪，故定保稱曰從叔，——族叔——卽不然，同姓曰族叔，稱謂尙合也。由是推之，太原房者可以稱從叔，太原房者何不可稱從翁，（溥爲丞相，則用較尊稱之「翁」，亦是常情，不定與世數有關。）從翁丞相溥非必從翁丞相，搏之訛，是亦一說也。

或者又以南海記室渙與考功員外渙是兩人爲疑，然由前引散序，則記室渙固嘗官京朝者；考外渙以大順二及第，去唐之亡，僅十餘年，時方紛亂，中土官宦，多南客以避其鋒，考外渙因去而爲嶺南記室，意中事也，定保書旣成於南漢，因書渙後來之職，亦意中事也，此似不用多疑耳。（天復元年吏部王員外渙，見韓偓無題詩序。）

更有一事爲諸家全未注意者，曰：

定保父名之猜擬

卷四，「盧大郎補闕（盧名上字與僕家諱同，下字曰暉。）升平鄭公之甥也，暉少孤，長於外氏，愍常誨之舉進士，咸通十一年初舉，……自是龍鍾場屋，復十許歲，大順中，方爲弘農公所擢，卒於右袞。」

卷十，「方干，桐廬人也，幼有淸才，爲徐凝所器，誨之格律，……王大夫（名與定保家諱一字同。）廉問浙東，干造之，連跪三拜，因號方三拜，王公將薦之於朝，請吳子華爲表草，無何，公遘疾而卒，事不諧矣。」

涉於前條，登科記考二四於景福二年下著錄進士盧元暉，卽引摭言此條爲注，且云，「按言大順中誤。」按定保著書，旣避家諱，上一字「元」，是否後人代填，抑經徐氏考出，記考不加說明，無從推擬。抑祇就摭言書標目言之，如卷二之「元和元年」，「府元落」，「等第末爲狀元」，「爭解元」，其他篇內「元」字，尚不勝舉，使定保之父果有一字爲「元」者，何以獨諱此而不諱彼。嗣檢新表七三上，范陽盧氏有「玄暉字子餘」，豈後人即因下「暉」字相同，塡入「玄」字，淸人復避諱而改寫爲「元」歟。新表玄暉時代，未能確考，約測之，則其六世祖輩始入唐，又同輩中如翰、如邁，均相德宗，斷不能下延於五代，故「元暉」而苟據新表「玄暉」者，上一字殊未可信據也。

涉於後條，則咸通末王姓觀察浙東者有兩人；(一)王渢，(二)王龜。

嘉泰會稽志、咸通八年，王渢自前戶部侍郎授浙東，方干越中言事二首原注，「咸通八年瑯琊公到任後作，」(全唐詩十函三册，下同。)瑯琊公當卽王渢。舊紀一九上、咸通十三年五月，吏部侍郎王璵貶漳州刺史，通鑑考異二三引續寶運錄作王諷建州刺史，郎官考七、唐方鎭年表五均謂與王渢同人；考文粹六四、王諷漳州三平大師碑銘，咸通十三年末作，中有云，「諷自吏部侍郎，以旁累謫守漳浦，」漳州名漳浦郡，則舊紀作漳是而作建者誤。復次方干有送王侍郎浙東入朝詩，殆渢自浙東內召爲侍郎而後貶者，計自蒞浙東起至外貶漳州，已後先六年；又全文八八、僖宗宣撫東都官吏敕，稱東都留守王渢，則乾符時尚生；今摭言謂王公無何疾卒，王公當非王渢。

郡齋讀書志一八云，「右唐方干，……隱鏡湖上，……嘗謁廉使，誤三拜，人號方三拜，將薦於朝而卒，門人謚元英先生，其集(甥)楊弇與孫郃編次遺詩，王贊爲序，郃又爲作元英先生傳附，」此廉使，唐才子傳七亦祇稱王公，不著其名。惟全唐詩干小傳云，「遂遯會稽，漁於鑑湖，太守王龜以其亢直，宜在諫署，欲薦之，不果，」考四庫提要一五一元英集下，「是集前有乾寧丙辰中書舍人祁縣王贊序，又有安樂(二字乙)孫郃所作小傳，」全詩之王龜，疑原出孫郃撰傳。(此傳全文八二〇所收，係據唐詩紀事六三，祇略引。)王贊元英詩集序有言，「今年遇樂安孫部(郃)於荆，早與生善，出示所作元英先生傳，」則郃之言可信，摭言所謂王公，爲龜無疑。申言之，則定保之父名有一字爲「龜」也。

干與王龜之關係，可於其詩見之，如獻王大夫二首之一云，「都緣聲價振皇州，高臥中條不自由，早副急徵來鳳沼，常陪內宴醉龍樓，鏘金五字能揆筆，釣玉三年信直鉤，必恐借留終不遂，越人相顧已先愁，」方鎭年表列爲獻王渢之詩，誤也。考舊書一六四龜傳，「及從父起在河中，於中條山谷中起草堂，與山人道士遊，朔望一還府第，後人目為郎君谷，」詩所謂高臥中條也。「武宗知之，以左拾遺徵，久之方至殿庭一謝，」詩所謂早副(一作赴)急徵也。「入為兵部郎中，賜金紫，尋知制誥，」詩所謂常陪內宴也。干又有獻浙東王大夫二首，辭意雖不證其獻於何人，然由詩題同稱大夫觀之，疑亦獻龜之作。

龜傳又云，「(咸通)十四年，轉越州刺史、御史大夫、浙東團練觀察使，……屬徐、泗之亂，江、淮盜起，山越亂，攻郡，為賊所害，」新書一六七祇言，「徙浙東觀察使，……卒，」不書被害，與摭言稱疾略同，豈舊書為傳聞異詞歟。

復次讀書志之「將薦於朝而卒，門人謚元英先生，」讀來似方干之卒者；考全詩云，「干自咸通得名，迄文德，江之南無有及者，歿後十餘年，宰臣張文蔚奏，……」則干卒昭宗初年，讀書志之措辭不明也。

考證既畢，可決定保之父名□龜，是否為元龜，尚待徵實。(以元龜名者，有全文八四九後唐李元龜，全詩十一函九胡元龜。)著摭言之王定保，非字翊聖之王定保，養新錄一二已辨之，然此定保之父名□龜，彼定保之祖名龜，(即上文之王大夫。)則又名字中之更為巧合者。

時民國二十七年，十二月，雲南起義紀念後四日，順德岑仲勉跋於昆明。

續勞格讀全唐文札記

岑仲勉

南宋彭叔夏著文苑英華辨證，分二十門，曰用字，用韻，事證，事誤，事疑，人名，官爵，郡縣，年月，名氏，題目，門類，脫文，同異，離合，避諱，異域，鳥獸，草木，雜錄，多考訂精湛，爲總集校讐之善本，顧廣圻摘其黑虎之釄，舍爾雅而徵七命，余亦疑烏江太守非吳江之訛，然終如顧氏所云，小疵不足掩大醇

前年秋，余從校元和姓纂，爲搜唐代史料，取英華泛覽之，隨錄所見，甫數十條而抗戰之役作。

湘、桂轉徙，圖籍分散，去秋九月，始得取全唐文爲之代。憶往歲陳前輩援庵函詔，其書多舛誤，不可恃，及此覩之，意専爲編中之小傳發也。全唐文凡例云，「一小傳無取繁冗，載里居、科第後，略序歷官始末，其事蹟見史傳及習見之書者，概不敍入，惟其人事蹟不經見，則搜訪遺佚，間采瑣事，以備掌故，」爲例本善，第按諸實際則不盡然，故爲小㓕。昔勞格撰札記一卷，抉其複誤，補其疎略，目其遺載，讀是書者誠當家置一編矣，以余學殖淺薄，珠玉居前，復局促於三月旁事之功，而欲導竅發微，此奚可者。顧念厥書文因人隸，便於鈎稽，本出近世，易以取覽，則其校也不容緩；然網羅弘富，萬有咸苞，專校已非窮年累月所能殫，統校尤非一家箇見可能盡。姑爲齧效，就小傳洎人名、官爵、郡縣、年月等數類，筆其偶見，例倣勞氏，順卷次列，名之曰續，知必狗尾不如；所以名者，相期海內博雅，二續、三續，至於無數續，使落葉盡掃，翳障都消而已。唯然，玆篇之名，庶不貽譏冒昧也歟。時民國二十八年一月，順德岑仲勉識於昆明。

附記：所據爲廣雅翻本，原刻未取得，然原刻術不誤，無傷乎斯校也，故不復合校。

卷八太宗宣慰劍南將士詔，勞氏云，「疑是玄宗」，是也。詔有云，「古之用兵，在於責帥，王昱緣此，亦已貶官」，按舊書一九六上吐蕃傳，開元二十六年，九月，吐蕃救安戎城，官軍大敗，王昱（原訛昊）左遷括州刺史，此詔當二十六年底所下。

卷一一高宗下收入免岐王珍爲庶人制一首，勞氏已言其誤而未詳其故，余按舊紀一〇、上元二年，「夏四月，乙亥朔，嗣岐王珍得罪，廢爲庶人，於溱州安置」，亦見同書九五李範、一八六下敬羽傳，（羽傳訛岐王爲薛王）。編者誤以後上元當前上元，故收入高宗下也。

卷一六中宗下有勞契丹李失活詔，余按此詔見元龜九七四、「五年，……十一月，丙申，契丹李失活來朝，詔勞之曰」之下，今元龜景龍年後失題開元，故編者誤入中宗，然亦須知景龍年號無五年也。

卷一七中宗下有賜突厥書，余按此書亦見元龜九七四，乃開元五年事，全文之致誤，與前條同。

卷一九容宗下與劉仁軌書，按舊書八四仁軌本傳及舊紀六，仁軌以垂拱元年正月卒，於時睿宗未立，何得云以留守事託公，此誤收。

卷二三玄宗贈兗國公陸象先尙書左丞制云，「贈尙書左丞」，按象先相睿、玄二宗，舊書八八本傳，「贈尙書左丞相」，此誤奪相字。

卷二四玄宗封臨晉公主制，「第一女……可封臨晉公主」，按會要六、新書八三俱列臨晉爲十二女，此必有奪誤。

卷二五玄宗宣慰湖南制云，「宜令中散大夫給事中賀若察往湖南宣慰處置」，勞氏已言宜入常衮，余按此制見英華四三四，乃常衮所行，又元龜一六二，「大歷二年，八月，以潭、衡水災，命給事中賀若察使於湖南宣慰」，正常衮掌制之時，全文顯以代宗之制，誤收玄宗。

卷二七玄宗遣使巡察河南北詔，「宜令戶部郎中蔡容往河北道」，按此詔見英華四六一，作蔡秦客，今郎官柱戶中、金中均見秦客名，此作容誤。

同上玄宗封永樂縣主降松漠郡王詔，「可封永樂縣主」，按舊書八、新書二一九均作公主，況前後出降者均公主，契丹又屬大藩，無此獨爲縣主之理，縣字誤。

卷三五玄宗遣祭郊廟山川勅，「國子祭酒張說祭南嶽」，據勅是時李林甫兼中書令，牛仙客同三品，則說死久矣，說乃涚之訛，名見郎官石柱及精舍碑，舊張大安傳、子涚，開元中爲國子祭酒，是也。

卷三七玄宗答張九齡賀康待賓克捷批，據曲江集八及五，此乃西州都督張待賓報捷也，若康待賓之擒，在九齡爲相十年已前。

同上玄宗答張九齡賀賊魯蘇遁走批，據曲江集八，此乃賀蘇祿遁走也，魯蘇、奚王，開元十八年已失國來歸。

卷三八玄宗贈張九齡司徒誥，按曲江集附錄已辨此是德宗所贈，徐浩碑當作於大歷二、三年節度嶺南時，使玄宗已贈司徒，正應大書，何猶云贈大都督耶。

同上册東海神爲廣德王文，「維天寶十載，歲次辛卯，三月甲申朔，十七日庚子，……惟東海浴日浮天，納來宏往，善利萬物，以宗以都，……是用封神爲廣德王」，末注云，「此文下有惟南海蕩滌炎州，包括溟漲，涵育庶類，以成厥德；惟西海氾濫疏名，清晏表德，成茲潤澤，奠彼金方；惟北海限蠻阻夷，實資坎德，含奇蘊粹，實曰天池；似非一篇，今從唐大詔令，附註篇末」。余按此卽後世通用制誥之填換格也，翰林學士院舊規，東海廣德王，西海廣潤王，南海寧邦王，北海廣澤王，祭南海文卽將王號及惟南海四句填換，餘頭尾俱同，西、北海類推，徐氏官內閣中書，書詔樣式，宜若熟悉，復何疑之有。

卷五六憲宗封鄧王等制，「第十男審可封建王」，十乃七之傳訛，說見拙著唐史餘瀋。

卷五七憲宗授張弘靖太原節度制，「中書令張弘靖高蓋垂慶」，按弘靖未嘗爲中書令，乃中書侍郎之訛，同卷別有授中書制也。

卷一〇〇金城公主小傳云，「太和中歸國薨」，按金城公主卒於開元之末，有舊書一九六上可考，大和上去中宗百許年矣，徐氏誤。

卷一三四高儉文思博要序舉預修之官，有「祕書丞房元齡」，列太常博士呂才之下．會要三六作祕書監房玄齡，新書五九作祕書丞李淳風。按舊書六六玄齡傳雖稱，「十六年，又與士廉等撰文思博要成」，然玄齡久已作相，其名不應壓居下方，舊書七九李淳風傳，「十五年，除太常博士，尋轉太史丞，……又預撰文思博要」，但又非祕書丞，此處全文必有誤也。

卷一五一許敬宗賀隰州等龍見表，「伏見隰州刺史表裏（疑）異度表稱，某日月，青龍見隰州城北」，表乃袁之訛，裏字衍，日月應乙，說見拙著姓纂四校記。

卷一五三劉思立爲河南王武懿宗論功表，按思立之卒，最遲似在高宗末年，（參會要六二及登科記考二）於時諸武並未封王，何得代表。據伯玉集四，此表實子昂作，河南、河內之訛，全文誤收。又全文所錄，訛舛頗多，讀者可比照知之，不一一校。

卷一五四上官儀册竇元德司元太常伯文，「惟爾大司憲護軍竇元德」，按此卽竇德玄也，新書九五附見威傳，元德字乙，元又玄之諱改。

卷一五五上官儀爲李祕書上祖集表，「臣大父隋荆州刺史元操」，據隋書五七及三五，李元操卒金州刺史，且荆州是「總管刺史」，不是單車刺史，金、荆涉音近而訛。

卷一六五吳揚昊成均監太學博士下，收不毀化胡經議一首，又卷二〇八吳揚吾聖歷初成均博士下，收明堂告朔議一首，據新書五九，議毀化胡經在萬歲通天元年，其後二年卽爲聖歷，此兩名顯然一人，蓋昊、吳形近，吳、吾音通，必涉此而訛，唯未知兩字孰正耳。

卷二三六任知古寧義寺經藏碑，小傳謂知古朝議郎行麟臺郎，按碑云，「於時歲在泉獻，大唐之握寶圖，七十餘祀，皇太后紹隆景化」，泉獻卽淵獻之諱避，是武后垂拱三年丁亥也，考武后相任知古，天授二年六月，自鳳閣侍郎入知政事，當卽其人，傳殊失考。碑又云，「使持節青州諸軍事青州刺史司徒雍王，亦今上之叔祖也」，今上指睿宗，然高祖諸子，無封雍王者，其他曾封雍，如李繪則不襲，素節、守禮，又均於文不合，惟舊書六四舒王元名傳，「垂拱年，除青州刺史」，又新表六一，弘道元年十二月，舒王元名爲司空，載初元年正月，元名爲司徒，（舊傳祇云神龍贈司徒，恐誤）。此必就舒王言之，文當有誤。

卷二三七魏知古答張九齡賀西幸延期表，此沿英華四六七之誤，斷非知古作，已辨見英華辨證補。或曰，開元之初，九齡旣登朝列，庸知非彼時所上乎？殊不知詔有云，「所請偏示朝列及宜付史館，亦豈煩也，任卿等自商量」，此豈對小臣言者，抑開元元二年未幸東都，更安得有西幸延期之事。

同卷同人報吐番宰相坌達延書，「解琬國之重臣，……昔嘗充使西安」，西安二字乙。

卷二三八盧藏用蘇瓌神道碑，「公有子七人，長子頲，字廷碩」，按卷二五五頲有謝兄除太常丞表云，「恩及長兄，不敢多讓」，則頲似非長，新表七四上雖列頲最先，然本出姓纂，不可據信，當俟再考。

卷二四五李嶠爲杭州刺史崔元將獻綠毛龜表，據新書七二下及咸淳臨安志，元將應作元奬。

卷二四六李嶠爲王華暢謝兄授官表，按此文已收入卷二一〇陳子昂，華暢作美暢，美暢事迹，略見郎官考五，英華誤華暢，全文沿之，且又誤收兩家也。兩卷之文，各有是非，此卷者舛誤尤多，如豫州承唐人諱改爲武州，是也，讀者可比觀得之，不一一校。

卷二五〇蘇頲授阿史那承獻特進制，文內亦稱興昔可汗阿史那承獻，按此是阿史那元慶之子獻也，各書都不云承獻，承字衍。

同卷同人授李林甫特進制云，「光祿大夫、尚書左僕射兼右相、吏部尚書、集賢院學士修國史、上柱國、晉國公李林甫，……可特進、行尚書左僕射、兼吏部尚書」，按此是天寶元年已後事，頲卒久矣，英華四一七此制下作前人，前人卽蘇頲，全文蓋沿其誤，今蘇頲文時與孫逖文相互誤收，考其時代，應爲逖作。

卷二五一同人授慕容珣吏部郎中等制，注云，「一作賈至」，按制云，「朝請（一作散）大夫檢校尚書主爵郎中慕容珣，……可尚書吏部郎中」，據元龜一〇五，開元二年，珣官主爵員外；舊書五〇及會要三九，開元六七年，官吏侍；在賈至知制前三十餘年，作至者非。英華三八九此制本作蘇頲，惟總目誤賈至，全文不加審擇，遂至錯編也。又郎中從五品上，與朝請大夫相當，故無行、守字樣，若珣散官爲朝散，則制應云「可守尚書吏部郎中」，是知朝請爲合。

卷二五二同人授高仙芝右羽林大將軍制，「四鎭經略副使、前右羽林軍大將軍員外置同正員、密雲縣開國男、賜紫金魚袋、上柱國高仙芝，……可起復右羽林軍大將軍員外置同正員」，按舊書一〇四，仙芝開元末始顯，此必非頲文。

同卷同人授裴君士太子少詹事制云，「正議大夫行殿中少監員外置同正員裴君士，……可太子詹事」，按新表七一上東眷，裴居士太子少詹事，其昆仲咸以居排，居、君涉形似而訛；又文內太子下奪少字。

卷二五三同人遣姚巂陸象先等依前按察制云，「銀青光祿大夫、益州大都督府長史、姚、巂處置兵馬使、上柱國、兗國公陸象先等，……」姚、巂，二州名，祇揭陸象先，概舉也，標目乃以姚、巂爲人名，大誤。

卷二五七同人右僕射太子少師唐璿神道碑，「神功初，徵拜輔國大將軍同中書門下三品」，據舊書九三璟本傳，「中宗卽位，召拜輔國大將軍、同中書門下三品」，神功、神龍之訛。

卷二五八同人御史大夫贈右丞相程行謀神道碑，「景龍六年，鳴牝肆孽，分宰京邑」，按行謀，據舊紀八應作行諶。景龍無六年，此卽舊書五一韋溫總知內外兵馬、韋捷、韋濯分掌左右屯營之事，六年應作四年。文又云，「贈左丞相」，與標題贈右丞相不符。

同卷同人刑部尚書韋抗神道碑，「是生銀青光祿大夫、太子詹事、贈秦州都督、謚曰貞、諱瑎」，瑎乃琨之訛，說見拙著姓纂四校記，蓋右旁昆字倒寫而爲皆也。

同上文，「太選持衡者京兆韋嗣立、河內司馬鍾」，鍾乃鍠之訛，鍠嘗官吏部侍郎，見姓纂。

卷二五九路敬淳小傳，「敬淳，貝州臨淸人，貞觀末，官申州刺史，垂拱四年，官弘文館學士」，余按敬淳、證聖元年始官著作佐郎，見會要二六；據舊書一八九下本傳，「父文逸，隋大業末，闔門遇盜，文逸潛匿草澤，……遂免於難，貞觀末，官至申州司馬」，徐氏誤以父官爲子官，且復訛司馬爲刺史也。

卷二六〇魏歸仁小傳，「歸仁，武后時人」，余按元和姓纂，「彥深，隋著作郎，孫歸仁，一名克己，吏部侍郎、同州刺史」，舊書一九三魏氏傳，父克己，有詞學，則天時爲天官侍郎，說之集一作吏部侍郎魏仁歸，復據會要七四，弘道元年，十二月，吏侍魏克己貶太子中允，又封氏聞見記三銓曹條，弘道中，侍郎魏克己出爲同州刺史，則應稱高宗時人。

卷二六七徐嶠（新唐書作嶠之）小傳，「歷趙、湖、洛、潤三州刺史」，州有四而曰三，不合。又古刻叢鈔徐氏山口碣石，嶠之歷典趙、衢、豫、吉、湖、洺六州，徐浩碑（平津記七引）亦作洺，作嶠及洛均誤；況全文所收嶠之洺州帖，固云蒙恩獎擢，授洺州，一歲三遷也。又六州中亦無潤。

卷二七九潘好禮下收諫立武惠妃爲皇后疏，按此疏、會要三蘇冕已駁非好禮所作，謂應附入闕名一類而記其疑也。

卷二八二李迥秀小傳，「贈秦州都督大寬族孫」，大寬、大亮之訛。

卷二九五韓休贈邠州刺史韋公（鈞）神道碑，「以開元十一年十二月十九日遘疾，終於漢州之官舍，……以開元十二年七月二十五日，遷窆於萬年縣洪固鄉，……開元二年正月四日，乃下制贈公邠州刺史」，按鈞卒十一年，焉有二年先已制贈之理，「二年」字必有奪誤無疑。叢編八引京兆金石錄，此碑開元二十八年立，亦云韓休撰文，似二年或爲二十八年之訛。但據舊書九八，休以二十七年卒，碑先撰後立，事雖常見，若撰文則不能預說後事也，今碑文無二十八年字樣，京兆金石錄之二十八年，未詳所據。二年爲何年之訛，尙無法推定。

卷三〇〇崇宗之，「宗之，開元時官禮部員外郎」，按崇，勞氏疑崔之訛，是也。英華七〇二崔祐甫齊昭公崔府君集序，嗣子宗之，開元中爲起居郎，再爲尙書禮部員外郎。

卷三〇四崔尙小傳，「尙、久視六年進士」，余按登科記考四，「唐詩紀事、尙登久視六年進士第，按六亦元字之訛」，此處漏未改正。

卷三〇九孫逖授陸操太原少尹制，「守洛陽縣令陸操……宜佐理於汾州，可守太原少尹」，按元和姓纂餘慶子璪，汾州刺史兵部郎中，時代正合，新書一一六云，「除洛陽令……出爲太原少尹，累徙西河太守」，操當作璪，佐理汾州之汾，疑當作并。

卷三一〇同人授李裕鄧州別駕、魏滉德州別駕制，「朝議大夫前使持節泗州刺史、上柱國、開國男魏滉等，咸資舊德，早踐通班，頃坐微瑕，因從免職，賢哲之後，可以勸能，……滉可守德州別駕」，按卷一八睿宗褒恤魏元忠制，其子著作郎晃實封一百戶，又元和姓纂，元忠子晃，泗州刺史，所謂早踐通班賢哲之後也，作混者訛。開國男上又奪去封地。

卷三一三同人太子右庶子王公（敬從）神道碑，「大定中舉文擅詞場，景雲歲辟茂才異等，開元初徵文藻弘麗，公三對策詔，皆爲甲科」，按登科記考四引此，作大足中，定字訛。寰宇記四一宜芳縣下亦訛大足爲大定，固常見也。

同上碑又云，「若夫軍旅之事，公能兼之，故信安王褘、張忠敬引以咨度」，忠敬二字應乙。同卷同人韋虛心碑，「大父曰知人，事高祖，歷司庫員外郎，贈職方郎中」，高祖乃高宗之訛，因虛心曾祖事太宗、父事睿宗知之。

同卷同人先府君墓誌，「魏郡武水人也，故屬安樂」，按卷三一五李華楊騎曹集序，「刑部侍郎樂安孫公逖以文章之冠，爲考功員外郎」，樂安爲孫氏望，見姓纂，安樂字乙。

卷三一五李華送張十五往吳中序云，「南陽張士容引帽攝策，晨告余行曰」，按同卷同人楊騎曹集序，「舉進士時，刑部侍郎樂安孫公逖以文章之冠，爲考功員外郎，精試羣材，君以南陽張茂之、京兆杜鴻漸、瑯邪顏眞卿、蘭陵蕭穎士、……南陽張階、常山閻防、范陽張南容、高平郗昂等連年高第，華亦與焉」，又卷三二二蕭穎士，蓬蘂散賦序，「友生于逖、張南容在大梁，聞之，以言於方牧李公」，頗疑此之南陽張士容，爲南（或范）陽張南容之訛，是否待考。又張茂之字季豐，見下三一七同人三賢論，士容亦似非茂之之字。

卷三一九目錄，李華杭州餘姚縣龍泉寺故大律師碑，篇目同，唯文內則云，「師諱道一，字法籥，餘杭嚴氏」，杭州有餘杭，餘姚非杭州，兩姚字均訛。

同卷同人杭州餘姚縣龍泉寺故大律師碑，約天寶十三年作，云，「故成御史廣業、盧華州元裕、兵部韓員外賞、屈身郡邑，輪舸洄沿」，按成廣業應是咸廙業之訛，廙業爲開元名人，（參拙著金石證史一之一三及二九頁）若成廣業則未之聞。

同卷同人衢州龍興寺故律師體公碑，「信安王褘、趙太常頤眞、鄭庶子倬、李中丞丹、前相國李梁公峴，皆爲此州」，頤眞應正作頤貞，冬曦之弟也，宋人避諱改之。

同卷同人荊州南泉大雲寺故蘭若和尙碑，「弟尙書右丞紹眞行備乎身，德及乎人」，又云，「和尙諱慧眞，南陽冠族張氏也，父大禮，銀青光祿大夫、坊州刺史」，按卷三〇八有孫逖授張紹貞尙書右丞制，字作貞。

卷三二〇同人潤州天鄉寺故大德雲禪師碑，「永泰二年，某月日，涅槃於潤州丹徒天鄉寺，……御史中丞韋公元輔頃臨潤州，嘗申跪禮，無何，韋公兼觀察，領浙西，案部至京江，來修謁問，……韋公致別之明日，長老繩牀跏趺，無病而滅」，按卷三一四同人潤州丹陽縣復練塘頌云，「永泰元年，……是歲十一月二十三日，拜常州刺史京兆韋公損爲潤州，……乃白本道觀察使兼御史中丞韋公元甫」，元輔、元甫之訛。

同文又云，「俗姓申氏，其先魏都之望」，按申姓望出魏郡，見元和姓纂，都爲郡之訛。

同卷同人潤州鶴林寺故徑山大師碑銘，「故給事中韓延賞」，按英華八六二文粹八四祇作韓賞，元和姓纂、韓朝宗生賞，給事中，前引三一九同人龍泉寺律師碑亦作韓賞，此外石刻如郎官柱戶外及告太華府君文皆同，延字衍。

卷三二六王維大唐故臨汝郡太守贈祕書監京兆韋公神道碑銘云，「轉太常少卿，六宗九奏，悉具其儀，天神地祇，可得而禮，俄入覲累貶巴陵太守」，按入覲不應貶，卽貶亦不當以此爲辭，況常少居京，更無所謂入覲，入覲蓋「以親」之誤，前以聲訛，後以形訛，如此則累字屬上讀，非累貶也。

同卷同人裴僕射齊州遺愛碑，「大駕還都，分遣中丞蔣欽緒、御史劉日政、宋珣等巡按」，按宋詢見元和姓纂、元龜一六二、及全文二五八蘇頲程行諶碑，字皆作詢，此作珣訛。

卷三二八張嵩小傳，「嵩初舉進士，常以邊任自許，代郭虔瓘爲安西都護，開元十年，轉太原尹」，按此卽張孝嵩也，各書作嵩或孝嵩，殊不一致，要以作孝嵩者爲是。孝嵩轉太原，唐方鎭年表四系於十二年，考舊書九八杜暹傳亦云，「十二年，安西都護張孝嵩遷爲太原尹」，作十年者必不合。

卷三三〇韓賞小傳，「賞、開元中，官御史，歷右補闕、戶祠二部員外郎」，按賞官至給事中，見前卷三二〇條，嘗歷兵外，見卷三一九條，今郎官柱祠外題名並無韓賞。

同卷趙煜小傳，「煜字雲卿，鄧州穰人，開元中舉進士，連擢科第，授大理評事,乾元初,累拜左補闕,遷祕書少監,建中四年卒,追贈華州刺史」,按此卽宗儒之父也,本書卷三一五及三一七、元和姓纂、舊書一六七、新書七三下及一五一、唐詩紀事二七均作曅,唯舊書一八七下作曄,無作煜者,疑因曄諱改之。

卷三三三邵軫小傳,「軫、汝南人」,余按卷三一七李華三賢論,「汝南邵軫緯卿詞舉標榦」,又云,「茂挺與趙曅、邵軫洎華最善,天下謂之顏蕭之交」,則軫字緯卿也,可補入。

卷三三五萬齊融法華寺戒壇院碑,「開元二十六載,恩制度人,採訪使潤州刺史齊瀚」,按瀚、澣之訛。

卷三四六劉長卿湘妃詩序,「韓愈黃陵廟碑曰,秦博士對始皇帝云,湘君者堯之二女舜妃者也,劉向、鄭玄亦皆以二妃爲湘君,而離騷九歌旣有湘君,又有湘夫人,王逸以爲湘君者自其水神,而謂湘夫人乃二妃,璞與逸俱失也,堯之長女娥皇,爲舜正妃,故曰君,其二女女英,自宜降曰夫人也,故九歌謂娥皇爲君,女英爲帝子,各以其盛者推言之也,禮有小君,明其正自得稱君也」,按長卿開元二十一年進士,(書目解題一六)舊書一三七趙涓傳,大歷中官鄂、岳轉運使判官,新書六〇,長卿「以檢校祠部員外郎爲轉運使判官,知淮西鄂、岳轉運留後,鄂、岳觀察使吳仲孺誣奏,貶潘州南巴尉,會有爲辨之者,除睦州司馬,終隋州刺史」,據楊綰汾陽王妻王氏碑(約大歷十二年作)云,「次女適鄂州觀察使吳仲孺」(全文三三一)又長卿唐睦州司倉參軍盧公夫人鄭氏墓誌銘云,「有唐大歷十三年九月二十一日,……終於所寓之官舍,……以其月二十九日,……權厝於津德縣佩犢鄉之東原」,似大歷十三年頃,長卿卽在睦州司馬任內,依此推之,長卿殆卒於德宗初年,去其舉進士時,已四十餘祀矣。尤強證者,權德輿秦徵君校書與劉隨州唱和詩序,「貞元中,……七年春,始與予遇於南徐,……故隨州劉君長卿贈答之卷,惜其長往,謂余宜敍」,則長卿確卒貞元七年已前,據昌黎集三一,黃陵廟碑、長慶元年作,又再後三四十年,劉隨州焉得尙生而引愈之文。元和姓纂別有一劉長卿,官工部員外,時代不詳,然總是元和或元和以前人。以余觀之,此序節引黃陵廟碑一大段後,下承「按琴操有湘妃怨、又有湘夫人曲」兩句,戛然而止,於詩序之意殊未完,後半殆已闕佚,若韓愈黃陵碑一節,或後人附注於劉序,傳久失眞,遂混入正文者也。

卷三五一郭納小傳，「納、開元朝陳留採訪使」，據元龜六四三，納、開元二十六年及第，又據舊書二〇〇上，天寶十四載，陳留太守郭納降祿山，「開元朝」應正作天寶末。

卷三五三苗晉卿壽州刺史郭公神道碑，「公諱敬之，字敬之，昔王季之列乎周虢叔之允（胤），」列乎當別子之訛。

同文又云，「曾祖廣意，光祿大夫，生益儒，爲馮翊之表也」，按卷三三九顏眞卿郭公廟碑銘，「漢有光祿大夫廣德，生孟儒，爲馮翊太守」，今依石刻家廟碑，則作廣意及孟儒者爲是，廣意亦見漢書百官公卿表。苗文之曾，或應釋作層，非一般高曾之曾也。

卷三五四源涓小傳，「涓、天寶中□南道觀察使」，按元龜二四，天寶十四載，□南道觀察源涓，卽全文所本，考元和姓纂、光裕生洧，給事中、江陵節度採訪留後，新表亦作洧，全文所收上雲氣圖奏云，「江陵郡古紀城東有紫氣成雲，……臣謹畫圖奏獻」，是源氏時官江陵，空格當補「山」字，涓應正作洧。

同卷齊光義小傳，「光義、開元中郴州博士」，勞氏已訂其誤，按卷三四五李林甫進御刊定禮記月令表，天寶五載上，內作注者有宣城郡司馬齊光乂，新書五七亦作光乂，義字草寫類於乂，故全文誤爲光義也。

卷三六二丘悅下收石佛銘，文云，「奉爲亡妣扶陽郡太夫人天水趙氏所造」，按此卽韋利器等造像銘也，見金石續編六，文內旣删利器等名，則令後世讀此文者恍如丘悅自爲亡妣造像矣，應補入。

同卷孫會小傳云，「會、開元二十九年，官郴州太守」，此蓋因會所撰蘇仙碑銘，「亘唐開元二十九年也、……時郴州太守樂安孫會」、而云然，但此太守字不過文字上之代用，猶諸唐文常稱某州牧，然唐制諸州固未嘗以牧名官也，故依官制正言之，州應曰刺史，郡乃曰太守，開元二十九年尙未改郡，應作郴州刺史方合。

同卷韋良嗣小傳，「良嗣、天寶時人」，此因所收恭皇后哀册文是天寶元年五月作也。按元和姓纂、良嗣給事中，三墳記稱左史韋良嗣，左史卽起居郎，又孝經序天寶四年立，題名有朝請大夫守給中韋良嗣，（此條勞氏已引）良嗣旣撰哀册，當必曾知制誥者，傳當云玄宗時人也。

卷三六三蘇傀小傳，「傀(一作婉)常山人，開元中爲太原府錄事參軍」，按石壁寺彌勒像頌，開元二十九年立，其題額稱朝議郎太原府司錄參軍事蘇傀(萃編八四)元和姓纂、味道子傀，職方郎中。新表七四上同作傀，作婉者非。開元中應改爲開元末。

卷三六五敬騫小傳，「騫、開元時官監察御史」，按元和姓纂、敬括生騫，建州刺史，括文收卷三五四，云大歷六年卒，其子騫當不能於開元官至御史，考英華騫大歷二年進士，元龜六一九，德宗時，由御史貶高州電白尉，集古錄目、神女廟詩，元和五年刻，稱荆南節度判官敬騫，開元殆貞元之誤。

同卷蔡希綜小傳，「希綜、曲阿人」，據希綜法書論，希綜是希寂弟，元和姓纂列希寂於丹陽望下，新書六〇丹陽集六有渭南尉蔡希寂。

卷三六六賈至授韋綬禮部尙書、薛放刑部侍郎、丁公著工部侍郎等制云，「勅、尙書左丞韋綬等，朕在東宮時，先皇帝垂慈聖之德，念予沖蒙，選端士通儒，使講貫今古」，勞氏已引白集及舊鈔英華以爲居易之作。余按綬、放、公著三人，皆穆宗師，此乃穆宗時制，距賈至充中書舍人時，已數十年。

同卷同人授韋環司封郎中制，「勅、司駕員外郞韋環，……可司封郎中、充淮南行軍司馬兼召募使」，按元和姓纂、韋光乘生儇，江西觀察，與玄宗相見素爲再從兄弟，時代正合；儇嘗爲江西觀察，亦見元龜八〇四，環應儇之訛，其兄弟倫、俛，名皆從亻旁也。

同卷同人授學士李讓夷職方員外郎充職制，「翰林學士、朝議郎行左補闕、賜緋魚袋李讓夷，……可行尙書職方員外郎，依前充翰林學士，散官、賜如故」，據重修承旨學士壁記，讓夷乃文宗朝學士，勞氏引英華三八四，以爲李虞仲作，是也。

卷三六七同人授敬昭道殿中侍御史等制，「勅、朝議郎行監察御史敬昭道等，……」按大唐新語，延和中，昭道爲大理評事，舊書三七及會要四四，開元四年，充殺蝗使，在賈至行制之前四十年，英華三九五誤賈至，惟總目作蘇頲，時代正合，精舍碑考二仍題至名，均沿誤。

同卷同人授韓洪山南東道防禦使等制，「勅、襄陽太守韓洪、左補闕韓紘等，令德之後，象賢而立，克光前業，不墜家聲，……紘可考功員外郎知制誥」，按紘乃汯之訛，洪、汯皆韓休子，故制云令德之後也。汯上元中爲諫議大夫，見舊書九八。

卷三七二柳并意林序，「天后朝，宰臣朱翼祖則又述十代興亡論一帙」，按武后朝朱姓相者祇敬則一人，非單名則，據舊書九〇、新書一一五，敬則字少連，如謂敬則一號翼祖，則前文述庾仲容、李文博、虞世南三人，均不著其字，行文之例，亦似應名先字後也。翼祖之誤，細思之，乃大恍然，緣宋尊趙敬爲翼祖，宋本必以翼祖諱三字代敬字，後人不察，刊落諱字，遂轉訛爲朱翼祖則矣。新書五九著錄朱敬則十代興亡論十卷。

卷三九五馬逢下收西郊迎秋賦一首，云，「逢、開元時人」，余按姓纂、馬擇，兵部員外、河間太守，生署，署生逢，監察御史。會要七八，元和二年，鄂、岳觀察使呂元膺奏新妹壻京兆府咸陽尉馬縫授試大理評事、充京兆（？）觀察支度使，疑卽此人而誤增系旁者。又元氏長慶集一一有送東川馬逢侍御史詩，裴度劉太眞碑（元和中作）稱殿中侍御馬逢，唐才子傳五、馬逢，關中人，貞元五年進士，殆卽作賦之馬逢，而全文小傳誤貞元爲開元也。

卷三九七皇甫璟小傳，「璟、開元中，官陽翟尉，上疏諫置勸農判官，貶盈川尉」，按璟、會要八五作憬，姓纂及新表七五下同，其昆仲連名均從忄，此誤。

卷三九八、「楚（一作樊）冕，冕、開元時，擢書判拔萃科」，余按新書六〇，「杜甫集六十卷，小集六卷，涯（？）州刺史樊冕集」，時代相合，當卽其人，則作樊者是。復考少陵集附錄有潤州刺史樊晃杜工部小集序，晃爲潤刺，見姓纂，此作楚冕樊冕者，皆樊晃之傳訛也。涯亦潤誤。

卷三九九于儒卿小傳，「儒卿、開元時，擢書判拔萃科」，按各書或作孺卿，作儒誤，說見拙著姓纂四校記。

卷三九六收常東名唐思恆律師誌銘一首，云，「東名、開元十四年，官鄠縣尉」，蓋據石刻轉錄者也。考金石萃編七七著錄此石，常下兩字缺，復考全文四二〇常袞叔父故禮部員外郎墓誌云，「賓客諱無名，字某，……開元十年，舉文藻弘麗，……與孫逖同入第二等，擢鄠縣尉」，思恆誌之撰人，蓋常無名也，作東名者誤。

卷四〇〇收韋縝讀春令賦一首，云，「縝、開元時，擢進士第」，余按韋姓名縝者姓纂凡三人：(一)屬鄖國公房，見貞元六年韋夫人誌及元和十五年韋端誌。(二)屬彭城公房，其弟綬新書有傳，仕德宗時，此兩韋縝均時代較後，非全文此處之韋縝也。(三)屬南皮公房，毗陵集八有神道碑，云，「公諱縝，……鄉舉經行，吏部登賢能，拔授祕書省校書郎，親累徙官，再遷至亳州臨渙縣令，……遷薛王府文學，轉祕書郎，……歷佐濮、徐、仙三州，……入爲申王府司馬，……會寢疾，終於位，是歲開元十二年，……」未言舉進士，以其歷官之數覘之，亦非開元始擢進士者。考全文小傳往往誤貞元爲開元，(已見前文)然他兩韋縝是否進士登第，尙無考也。

卷四〇二、魏靜，開元時官慶州刺史，余按姓纂，「光本生靖，庫部郎中、秦州都督」，少游之父也，芒洛遺文中魏和誌、會要四一及元龜五四四均作靖。

卷四〇四馮用之小傳，「用之、天寶朝官金部員外郎、考功郎中」，按用之實倉部郎中，據勞格郎官題名考、石柱折斷，後人修治者誤將倉中接考中下，故趙魏、王昶兩家均以用之爲考中，徐氏沿其訛也，可參拙著郎官石柱題名新著錄。

卷四〇六陳讜言小傳云，「讜言(一作儻言)字士龍，玄宗時擢書判拔萃科」，余按姓纂，「禮部員外郎陳讜言，京兆人」，又潁川陳讜言士然，見李華三賢論，(卷三一七)則作儻者非，潁川舉其望也。又古寫然作肰，與龍之草寫相近，作士龍亦當訛。

卷四〇七蔣至小傳云，「至、天寶十年進士」，余按英華稱至天寶五載進士，登科記考九據英華列六載之下，因以試年爲定，故退後一年也；至之罔兩賦卽是載試文，此作十年顯誤。

同卷韓液小傳云，「液、天寶時進士」，余按英華、液開元二十二年進士，登科記考八同，此作天寶時誤；液之公孫弘開東閣賦，卽是年弘詞試題。

卷四二〇常袞贊善大夫李君墓誌銘，「開元中，御史大夫李商隱按察東都，大明黜陟」，余按商隱、尙隱之訛。

同卷同人叔父故禮部員外郎墓誌銘，「至上元、廣德之間，以長子官在淸近，加贈工部侍郎客」，余按前文云，「賓客諱無名」，無名生前歷官未至賓客，是贈官也，客上脫太子賓三字。

卷四二四于邵謝贈亡妻鄭國夫人表，不言代作，乍觀之，若邵妻贈夫人矣，求之於史，乃知是李晟上表，或邵代晟作也。表云，「特蒙聖慈追贈妻單氏鄭國夫人」，按萃編一〇八李晟碑「鄭國夫人杜氏祔焉」，則夫人姓杜，非姓單。表又云，「臣亡妻所生男憑，見任御史中丞，充張孝忠軍職務，臣頃應援易、定之日，屬京師變亂之初，臣方誓死赴軍，星言赴難，……男憑年甚幼小，留定婚姻」，按舊書一三三晟傳，「晟乃獻狀請解趙州之圍，欲引兵赴定州，與張孝忠合勢，……會晟病甚，不知人者數焉，軍吏合謀，乃以馬輿還定州，賊不敢逼，晟疾間，復將進師，會京城變起」，同書一四一孝忠傳，「孝忠以女妻晟子憑，與晟勠力同心，整訓士衆，竟全易、定」，表所言固純屬晟事矣。大柢唐文中常有代作而今標題闕「代」者，引用時應愼審其本人官歷也。

同卷同人爲商州吳仲儒中丞讓起復表，中有云，「况聖恩一昨用臣之意，本爲子儀奏聞」，按孺、儒二字，唐代遺文常誤混，仲孺是子儀之壻，見前卷三四六。

卷四三二張懷瓘文字論，「其後僕賦成，往呈之，遇褚思光、萬希莊、包融並會」，余按思光是無量五從姪，見姓纂；開元七年制科及第，見會要七六；前卷三九八亦收思光之文，此處作恩光訛。

卷四三五衞偁小傳，「偁字立言，元和朝官國子司業」，余按新書五八，「杜信東齋籍二十卷，字立言，元和國子司業」，今全文卷四三六收杜信書判一首，祇云，「信、肅宗朝擢書判拔萃科」，殆誤以信之字與官，附於偁下也。

卷四三六劉肱小傳，「肱、屯田員外郎敎實子」，余按姓纂、敎行，屯田員外，生朓、肱，新表七一上同，此作敎實者誤。

同卷長孫憲小傳，「憲、河南洛城人，官屯田郎中、德州刺史」，余按河南無洛城縣，新表七二上長孫氏出河南洛陽，城字誤。

同卷殷璠，「璠、丹陽人，處士」，按璠是進士，新書六〇及書錄解題一五同，此誤。其河嶽英靈集序，別於唐集質疑論之。

卷四三八李訥記崔侍御遺事，勞氏云，「此見會稽掇英總集十，題云盛少叢歌贈崔侍御，然總集本從雲溪友議二錄出，字句微有異同，所云李尙書，卽李訥也。李訥唐有二人；一在玄宗朝，無傳，廬山記二、唐開元十四年，庫部郎中、中書舍人、江州刺史李訥作佛馱跋陀羅禪師記，訥亦自稱兀兀禪師。（開元十七年）一在武、宣朝，附見新書李建傳」，窺其意，蓋謂全文所收李訥之文，實屬兩人，特文未完成，丁寶書又不能足其意耳。余按全文訥小傳，「訥字敦止，第進士，累遷中書舍人，出爲浙東觀察使，貶朗州刺史，召爲河南尹，凡三爲華州刺史，歷兵部尙書，終太子太保」，此卽武、宣朝之訥也。紀崔侍御遺事云，「李尙書夜登越城樓，聞歌曰，……」旣如勞說，尙書卽訥，訥爲文不應擘首自稱李尙書，本從雲溪友議錄出，則此篇應删，一也。次所收授盧弘正、韋讓等徐滑節度使制，依方鎭年表，乃大中三年五月所命；授薛元賞昭義軍節度使制，依方鎭年表，屬大中三年；又授陳君從鄜州節度使、塞門行營使制，依方鎭年表，屬大中六年，則此三篇應編入武、宣朝李訥，二也。次收東林寺舍利塔銘幷序云，「東林寺上坊舍利塔者，有宋佛馱跋陀羅禪師之所立也，……皇帝……步自開元，今龍集攝提格七月丁丑朔二十八日甲辰，凡一紀而有二載矣，……訥才非半古，命不偶時，頃自庫部郎中出爲此州刺史，剖符淹歲，奉計臨岐」，時卽開元十四年丙寅，（朔閏考三、七月丙子朔，差一日。）亦卽廬山記之佛馱跋陀羅禪師記，應編入開元李訥，三也。兩李訥或先或後，今全文四廁諸德、憲兩朝趙宗儒、馬燧、韋夏卿等輩間，亦編隸之失宜者。又少叢、全詩十一函十册作小叢，勞記訛。

卷四三九史翽小傳，「翽官京兆尹，出鎭山西東道，爲亂兵所害」，按翽出鎭山南東道，見舊紀一〇，此作山西訛。

卷四四二潘炎小傳，「炎、史亡何所人」，此沿新書一六〇炎子孟陽傳之詞也，按姓纂，「唐監察御史潘玠，世居信都，稱相樂之後，玠生炎，禮部侍郎」，（據庫本）則炎信都人也。

卷四四四韓翃下收謝追贈父表、謝追贈母表、謝敕書賜臘日口脂等表各一首，此皆代人作也，今失題，應考。

卷四四五王行先小傳，「行先、肅宗時人」，余按行先有爲王大夫奏元誼防秋表云,「洛州元誼等防秋將士,以今月日盡發上道訖,……臣統茲卒乘,臨問郊垌」,通鑑二三五、貞元十年七月,「以王延貴爲昭義留後,賜名虔休,昭義行軍司馬攝洛州刺史元誼聞虔休爲留後,意不平,……虔休自將兵攻之」,舊紀一三、貞元十二年正月,「庚子,元誼、李文通率洺州兵五千、民五萬家,東奔田緒」,洛乃洺之訛。又舊書一三二虔休傳,「授虔休潞州左司馬,依前兼御史大夫掌留後」,王大夫,虔休也,此是貞元中事,祇稱行先肅宗時人,殊未盡。

卷四四六陳詡小傳,「詡(一作翊)字載物,閩縣人,大歷中進士,貞元中官戶部郎中知制誥」,余按新書六〇、「陳詡詩集十卷,字載初,福州閩縣人,貞元戶部郎中知制誥」,小傳之末三句,蓋卽本此。但詡之西掖瑞柳賦,明是貞元十三年進士試題,徐氏所著登科記考一四,亦據永樂大典引閩中記、陳詡字載物、貞元十三年及第,何此處又作大歷進士也。以唐代登進之循資計之,詡貞元登第,六七年間斷未官至知制誥,意原文謂詡貞元進士,官終知制誥,修新志者誤會,遂以爲貞元知制誥,而徐氏又沿全唐詩游移其詞也。

記考引淳熙三山志又以爲詡終戶外知制誥,與新志異,但今郎官柱戶外無詡,戶中亦然。載初、載物,未知孰是。(全詩五函六册作載物)。

同卷李融小傳,「融官直學士,貞元中爲義成節度使」,按學士李融與節度李融判然兩人,已於拙著新唐書突厥傳擬注六一——六三頁(輔仁學誌六卷)辨之,全文所收對廬樹判一首,同書四五九柳潤之下,亦有此題,潤之是代宗朝書判拔萃,則此文應屬節度李融,官直學士四字應删却。

卷四四七竇泉述書賦下書乃備詳句注云,「其眞蹟今御史大夫黎翰得之」,翰、榦之訛,有文一首,收入卷四四六。考舊書一一八幹傳,大歷八年,復拜京兆尹兼御史大夫,十三年,除兵部侍郎,則述書賦約大歷末作。

卷四五三周渭小傳,「渭、大歷十四年進士,貞元中官度支郎中」、按權德輿有周渭誌,見全文五〇六,此謂渭爲度中,亦沿前人誤解郎官石柱而云然,(說已見前。)其實渭所官乃祠中也。

卷四五四李子卿下收興唐寺聖容瑞光賦等凡十五首,按其文似是兩人同姓名而混合收入者,說見拙著貞石證史三墳記條。

卷四五七、勞氏引常著對附貫五年復訖判云，「舊鈔文苑英華（五百二十九）作章著」，按常著文原收卷四三六，非四五七，勞氏誤系。常著是常袞從昆，見新表七五下，章著尙無聞，作常者近是。

同卷勞氏又引達奚摯判一云，「此賀朝作，已見四百八，此當删」，按達奚摯之對國公嘉禮判，原收卷四三六，非四五七，勞氏亦誤系。卷四〇八賀朝文一首，爲對襲代封逃判，題洎文均與達奚摯下所收者異，此處當丁寶書述錄有誤，待考。

同卷勞氏又引韋建，按韋建文原收卷三七五，非四五七，勞氏誤系。

卷四五八韓章小傳，「章、大歷五年官吳興縣令，歷司封郎中，建中六年，遷諫議大夫」，按吳興志、大慈寺神鐘記，武康縣令韓章撰，大歷五年鑄；又大寧寺建功德碑，兼武康縣令韓章撰，大歷六年建，章乃武康令，非吳興令，唐是時無吳興縣，一誤也。章見郎官柱勳中，非司封，二誤也。建中無六年，貞元六年章官諫議大夫，見會要七四，三誤也。

同卷韋𥫗小傳，「𥫗官御史大夫」，按金石錄二九有唐殿中侍御史韋𥫗墓誌，新表七四上亦稱𥫗侍御史，此作大夫誤。

同卷李竦小傳，「竦、大歷二年登進士第，官司封員外郎，遷吏部郎中，累官戶部尙書、鄧岳觀察使」，按竦見郎官柱勳外，非封外。又舊紀一二、貞元三年正月，戶侍李竦爲鄂岳觀察，鄧字亦訛。

卷四七六崔損祭成紀公文，「維貞元十二年月日，……起居舍人楊憑、左補闕熊執易、右補闕歸澄、崔邠、韋渠牟，左拾遺李肇、王中書，右拾遺蔣武等」，按憑應依郎官柱作憑，其文收入卷四七八。歸澄乃歸登之訛，登官右補闕，見舊書一四九本傳。又同書一九〇下王仲舒傳，「貞元十年，策試賢良方正能直言極諫等科，仲舒登乙第，超拜右拾遺」，此作中書，蓋音近而訛。至著國史補之李肇，元和七年尙爲試太常寺協律，斷非此人，亦未聞同姓名者，李肇字殆有誤。

卷四七八杜黃裳東都留守顧公神道碑，「自晉司空和洎梁給事中耀至公，十三代矣，……曾王父諱君卿，晉朝柳州司馬」，晉朝、皇朝之訛。

同卷鄭餘慶左僕射賈耽神道碑，「夫人贈扶風郡夫人，武功蘇氏駕部郎中守忠之孫」，按卷五〇五權德輿賈耽誌則云，「夫人武功蘇氏，駕部郎中守忠之曾孫」，碑誌同時作，未必互差一世，以世數核之，作曾孫者可信，今鄭文誤落曾字也，說見拙著姓纂四校記蘇姓。

卷四七九許孟容祭楊郎中文，「維貞元十九年歲次癸未，四月壬午朔，二十二日癸卯，給事中許孟容、吏部郎中李儵……，」按儵應作鄘，勞氏郎官柱考三已辨之，全文蓋沿英華九八五而誤。

卷四八〇呂頌爲張侍郎乞入覲表，按此表見英華六〇六，勞氏郎官考一以張侍郎三字爲衍文，是也。唐方鎮年表謂是張濛，誤，說見拙者唐方鎮年表改正。

卷四八二路隨上憲宗實錄表，「長慶二年，詔監修宰臣杜元穎、命翰林侍講學士臣處厚、臣趙暨史官沈傳師、鄭瀚、宇文籍等分年編次」，余按臣趙是臣隋之訛，隋、長慶二年閏十月八日加史館修撰，見重修學士壁記。鄭瀚、鄭澣之訛，見拙著學士壁記斠補。下文又云，「又與見在史官蘇景裔等」，景裔卽景胤，見新書五八，八關十六子之一人也，宋人諱改之。

同卷同人修定順宗實錄錯誤奏云，「近伏見衞尉卿周居巢、諫議大夫王彥威、給事中李固言、史官蘇景允等各上章疏」，居巢、君巢之訛，見拙著姓纂四校記。景允卽前條景胤，或淸人改之，故前後若兩人也。

卷四八六權德輿奏孝子劉敦儒狀，「曾祖子元，祖況，父浹」，按子玄子、姓纂及兩唐書均作貺，此作況訛。

卷四九六同人大唐湖南都團練觀察處置等使……李公遺愛碑銘，「申命小宗伯呂、公謂爲之代」，按呂渭、舊新書均有傳，姓纂訛渭爲謂，郎官考六已正之，此處謂字誤同。

卷四九一同人送袁中丞持節册回鶻序，「今年春，回鶻君長納忠內附」，兩回鶻字皆誤，應正作南詔，說見拙著貞石證史王顏所說太原王氏條。

卷四九八同人唐故成德軍節度營田副使……河間尹府君神道碑銘，「武進之父曰正義，歷許、相、宋三州刺史司農少卿，司農之父曰良，終滄州司馬」，按姓纂良作朗，近是，緣宋人諱朗，全文多承自英華也。

同卷同人故正議大夫守門下侍郎同中書門下平章事成紀縣開國男……貞憲趙公神道碑銘，「王父贈趙州都督諠」，按趙諠見郎官柱左中題名，元和姓纂、載之集一三及新表七三下均作誼，此訛。

卷五〇〇同人故尙書工部員外郎贈禮部尙書王公神道碑銘，「公與河南元德秀、天水閻仲璵同歲中正鵠」，按尉遲迥碑、元和姓纂、載之集一七、會要五七及唐語林一均作伯璵，此訛。

同卷同人故中散大夫殿中侍御史潤州司馬贈吏部尙書沛國武公神道碑銘，「初臨淮王至監察御史而孤」，按前後文均稱臨淮(郡)公，卽武元衡也，元衡未嘗封王，此訛。

卷五〇二同人故朝議郎行尙書倉部員外郎集賢院待制權府君墓誌銘，「曾祖武，隋開府儀同三司、淅、豫、桂三州刺史、潭府總管、始平郡太守」，按隋無始平郡，始安之訛，卽大業初由桂州刺史改稱也，有隋書六五本傳可證。

同卷同人朝散大夫守司農少卿賜紫金魚袋隴西縣開國男李公墓誌銘，「宏農太原守璟，鹽州之穆也」，原字衍，太原稱尹不稱守，璟祇官弘農太守，有新表七〇上及前卷三四二齊物碑、四二九李復去思頌可證。

卷五〇三同人再從叔故試大理評事兼徐州蘄縣令府君墓誌銘，「有子曰長儒」，按長孺之名，漢人常見，唐文中孺字，今往往訛爲儒，前巳言之，新表七五下及前卷四九二送長孺歸徐州序可證。

同卷同人鄜坊節度使推官大理評事唐君墓誌銘，「華州司士參軍集之女，予之從祖妹也」，按後兩篇叔父故朝散郎華州司士參軍府君墓誌銘，「公諱隼，字子鷙」，新表七五下同，集字訛。

同卷同人叔父故朝散郎華州司士參軍府君墓誌銘，「王父益州成都縣令諱無待」，按前卷五〇一契微和尙塔銘、後卷五〇四柳君夫人墓誌銘及新表七五下，均作成都縣尉無待，此作令訛。

卷五〇六同人唐故太常卿贈刑部尙書韋公墓誌銘，「父永，著作郎兼蘇州司馬」，按元和姓纂及載之集二三均作冰，亦卽太白集之韋南陵冰，(說見拙著唐集質疑)此作永訛。

同卷同人唐故朝散大夫守祕書監致仕周君墓誌銘，「祖守則，婺州金華丞，父隨州棗陽令」，父下奪名。

卷五〇九同人祭徐給事文，「維貞元十四年歲次戊寅，八月戊寅朔，十日丁亥，……右補闕王紓……」，按王仲舒十二年官左拾遺，見前卷四七六證明，昌黎集三一王仲舒碑云，「其後入閣，德宗顧列謂宰相曰，第幾人必王某也，果然，月餘，特改右補闕」，月餘承上德宗顧列言，非謂拜左拾遺後之月餘也，依是推之，十四年官右補闕者當王仲舒無疑，此作紓誤，猶卷四七六之誤王中書也。

卷五一二李吉甫柳州刺史謝上表，「臣某言，伏奉詔書授任柳州刺史」云云，按此是郴州刺史謝上表，英華辨證五已正之，今卷五七一又複收入柳宗元下，應分別刪正。

卷五一三李演小傳，「演、貞元時人。謹按李演見唐書者凡四；一爲江安元王祥九世孫。一爲讓皇帝十世孫。一爲憲宗孫，封臨川郡王。一從李晟收京，攻朱泚於光泰門，率騎士先登者。東林寺碑作於貞元十一年，惟江王孫及從李晟立功者時代相合」。余按江王之九世孫，即高祖十世孫，然德宗不過高祖七世孫，此江王後之李演，時代殊未見相合。見於唐書而全文未之及者，尚有趙郡東祖之李演，其人爲李嶠三從姪，同輩中有官太守者，應是開、天間人，時代亦較先。又江安元王祥應乙爲江安王元祥。

同卷于公異下收賀聖躬痊復表二首，皇帝違和請朝覲表、奏投降吐蕃表、端午進馬狀、進貢扶風縣平地穿得金盞二枚并甆子一枚狀各一首，按公異未嘗獨居方面，此爲代作無疑，中如違和請覲表，「聖躬乖理，股肱何安」，尤似代李晟者，今雖未能一一窮源，似應注入「代」字，以無使考史者誤會也。

同卷同人爲王尚書奏洛州事宜并進翻城副將李澄表，首云，「自元謔亂常，已經寒暑，王師討逆，久未凱旋」，按此是洺州事，與文內之「控引洺水」，同是洺誤，參前卷四四五條。

卷五二一梁肅越州長史李公墓誌銘，「詔遷晉陵令，爲治加上饒一等，郡守李公西筠尤重之」，按西筠訛，應作栖筠，新書一四六栖筠傳，「元載忌之，出爲常州刺史」。

同卷同人處州刺史李公墓誌銘，「字曰公受，……換處州刺史」，按卷四四三李舟小傳，「舟字公受，水部員外郞岑之子，以尚書郞奉使，出爲虔州刺史」，字作虔。英華九五一載此誌作虔州，新表七二上丶舟，虔州刺史，又唐常州刺史獨孤公文集序，結銜稱前守虔州刺史，國史補有虔州刺史李舟與妹書，處、虔孰正，待考。

同前文，「即拜公金部員外郎，選吏部，張鎰節制大梁，請公爲介」，余按今郎官柱吏外、金外均有李舟題名，選乃遷之訛。郎官考四張鎰下注云，「集作鎰，校正云非，案鎰字是」，據舊書一二五鎰傳，「改汴滑節度觀察使汴州刺史兼御史大夫，以疾辭，逗留於中路」，正是此事，若鎬固廣德末早卒（舊書一一一）矣。

同卷同人恆州眞定縣尉獨孤君墓誌銘，「其後有永公羅辰、臨川王永業」，據新表七五下，羅辰永安公，永下奪安字。

同卷同人鄭州原武縣丞崔君夫人源氏墓誌銘，「景王生魏太尉隴西宣王賀，賀生司徒惠王恭」，按魏書四一源賀傳，賀子思禮，後賜名懷，卒贈司徒，諡曰惠，若子恭則懷之子，賀之孫也，此殆奪文。

卷五二二同人祭李處州文，按此即卷五二一之刺史李舟也，知者：（一）祭文言「於越於宣，先在西藩」，與誌「辟宣歙、浙東二府」合。（二）祭文「濯纓歸朝，再踐郎官」，與誌「即拜公金部員外郎、遷吏部」合。(三)祭文「解印歸來，考槃是卜，龍沙遊衍，餘干耕鑿」，與誌「旣授代、家於鄱陽」合。(四)祭文「季奉裳帷，九原是歸，葬於洛表，路出淮夷」，與誌「公母弟曰丹、……以某年月日奉輤車歸葬於洛陽某鄉原」合。惟祭文「剖符於處，美化斯弘」，仍作處不作虔，但此句非韻，不定用仄聲字，未能證作處州之必合也，參前卷五二一條。

卷五二四雍維良小傳，「貞元初，官殿中侍御史內供奉，遷主客員外郎、倉部郎中」，余按英華四七九有景雲二年維良對文可以經邦國策一道，登科記考五即據定爲景雲三年進士，下去貞元初七十餘載矣，全文常誤混開元與貞元，此亦一例。又維良是主客郎中，此作倉部，承前人誤解郎官柱之故也。

卷五三一王仲周代王尙書謝一子官狀，其下有第二狀，略云，「伏見某月日制除臣男憑御史中丞，……臣頃戰伐河北，男亦隨身救援李忠，頓軍易、定，屬陛下遷幸，聞及河南，臣留與論婚娶，然得引軍關右，堅保渭橋，……臣初沐殊私，卽將陳讓，但緣李忠在外，方遏寇戎，已行之恩，難可追止，柔遠之體，或要順從」，余按此第二狀乃代李晟所上也，說見前卷四二四于邵謝贈亡妻鄭國夫人表條。兩李忠字應正作孝忠，涉李、孝相似而訛。

卷五三二李觀小傳，「觀字元賓，檢校吏部員外郎華從子」，此承舊說而誤也。觀非華之從子，辨見拙著唐集質疑中唐四李觀條。

卷五四三令狐楚盤鑑圖銘記，「元和十三載二月八日，予爲中書舍人翰林學士」，十三字疑有誤，說見拙著重修學士壁記斠補。

卷五四四李貽孫小傳，「貽孫、貞元時官夔州刺史」，按所收文兩篇；其一歐陽詹集序，自稱大和中爲福建團練副使，大中六年又爲觀察使。其二夔州都督府記，署會昌五年十一月十三日建。考廣川書跋八、酆都宮陰眞人祠刻詩三章，唐貞元中刺史李貽孫書，武億謂貞元至大中，越五六十年，貽孫卽少致通顯，至此亦已八十餘，疑貞元字有誤云云，其說是也，全文蓋承書跋而誤者。

卷五四五袁司直小傳，「司直、大歷十四年舉進士第五人」，余按徐氏所撰登科記考一一，據文苑英華注引登科記作袁同直，今姓纂及舊書一九六下亦作同直，司字誤。

卷五七一柳宗元柳州謝上表，按此是李吉甫郴州謝上表，非宗元柳州謝上表。前已收卷五一二，此處複而且誤，應删，見前卷五一二條。

同卷同人及大會議、戶部尙書班宏又請改所上尊號加奉道字、故其文如後表云云一首，又及大會議、國子祭酒韓洄請歷數近日徵應祥瑞、故又改其文如後表云云一首，按此兩題及文，已略見前卷五二三崔元翰請復尊號第三、第六兩表下，此非宗元之文，英華辨證五已詳言之，況所收更非全篇乎。

卷五九八歐陽詹唐天文述，「皇唐百七十有一載，皇帝御宇之十四祀也，歲在辛未，實貞元七年」，按武德元年戊寅至貞元七年辛未，已百七十四載，又德宗自大歷十四年己未卽位，至貞元七年辛未，祇十三祀，此作百七十有一載及十四祀，均不合。

卷五九九劉禹錫下收「授倉部郎中制」、「授主客郎中制」、「授比部郎中制」、「授屯田郎中制」各一首，按下文又有「擬太子太傅制」、「擬太子太保制」二首，卷六〇〇有擬册皇太子、齊王、楚王、邠王、晉王、公主册文共六首，禹錫未嘗知制誥，則其文皆擬文也，四「授」字謂應改作「擬」字以昭其實而從同。

卷六〇五同人唐故中書侍郎平章事韋公集序，「憲宗朝，河南元公禛、京兆韋公惇以材識兼茂徵」，按禛、稹之訛，宋人本諱貞，顧今世刊本反多訛稹爲禛，所未詳也。處厚本名淳，見下文，此作惇亦訛。

卷六一〇同人故朝散大夫檢校尚書吏部郎中兼御史中丞賜紫金魚袋清河縣開國男贈太師崔公神道碑，「太師諱陲，字平仲」，按舊書一五五、新書一六三，陲均作倕。

卷六一三韋紓小傳，「紓、貞元中進士，元和朝官戶部郎中」，按紓撰括郡廳壁記，「大和五年，紓自司駕員外郎奉符典州」，大和時猶是員外郎，則元和中斷未至戶中也。倘謂中有黜降，則郎官柱戶中題名，紓在楊敬之後五人，敬之大和九年七月外貶，紓官戶中，殆開成之際。

卷六一六孟簡建南鎮碣記，「太山諫卿受氣端勁，爲文雅拔，由進士尉陽羨，安邑公愛其道直，延爲從事」，郎官考一一引會稽掇英總集一八安邑作安定，謂安定公卽皇甫政，是也，此作安邑訛。

卷六一八陸淳小傳，「淳本名質，因避諱改名，……順宗時，徵爲太子侍讀，貞元二十一年卒」，按舊書一八九下陸質傳，「本名淳，避憲宗名改之」，乃由淳改質，非本名質而改淳，此誤。貞元一句，係沿舊傳文，但先旣稱順宗時，應改云「永貞元年」，其詞較順。

卷六一九陸參小傳，「參、吳郡人」，按參，李文公集七及一三作傪，他書雖有作參者，（如呂黎集一一）但本書五〇三權德輿陸君誌，「君諱傪，字公佐」，六三五李翺與陸傪書，六三一同人陸傪檻銘，六三八同人陸歙州述，「吾郡陸傪字公佐」，均作傪，則此處應注云一作傪，方合。又吾郡之吾應正作吳。

卷六二〇獨孤良弼小傳，「良弼、貞元間進士，官左司郎中」，此本唐詩紀事三三，唯今郎官柱無良弼名，（元龜六三六、貞元五年，良器官右司郎中。）未知是誤抑爲檢校官也，應存疑。

卷六二一李罕唐檢校右散騎常侍兼御史中丞容州刺史李公去思頌幷序一首，按此文已收前卷四二九于邵下，舊書一三七邵嘗爲史館修撰，由文末「以予之嘗修史記而爲訓辭」句觀，邵作爲是。序、頌分撰，唐人雖有此體，唯文中未載。文云，「嶺南經略使判官權知容州留後事監察御史裏行同郡李罕，（卷四二九訛牢）始以文學居辟選之首，遂參帷席，復以謀能當器任之重，留總軍府，美公之政大備，感公之禮有加，因其人之請而上之，上可其奏」，是請立去思碑者李罕，非撰文者李罕也，倘是罕作，不應自許文學、謀能，故全文李罕一名應删却。又文內「監州刺史諱孝詵府君之曾孫，宏農郡太君諱璟府君之孫」，應依前卷監正作鹽，太君正作太守，詵字亦訛，應作銳。

卷六二二賈晉小傳，「晉、洛陽人，滑州刺史慶言子」，此本姓纂，新表七五下則作敬言生令思，令思生晉，精舍碑考二疑姓纂脫一代，又慶字、余亦疑後晉及宋時諱改者。

同卷趙德收昌黎文錄序一首，其小傳云，「德官殿中丞」，余按元和姓纂，「仲懿生瑍，金城公、左僕射、冀州刺史，瑍生信丞、正臣，正臣生德，皆唐殿中丞」，全文當本於此。但迴相隋文，其孫德唐初人，若撰昌黎文錄序之趙德，據昌黎外集五潮州請置鄉校牒，不過言「趙德秀才……請攝海陽縣尉、爲衙推官、專勾當州學」耳，時代迥異，應改正。

同卷徐元弼小傳，「元弼、東海郯人，贈太子少保申子，元和中官右衛倉曹」，注云，「按元和姓纂，元弼、南昌人，官中書侍郎」，按傳文本權德輿徐申墓誌，（卷五〇二）東海郯乃徐氏舊望。姓纂言「諫議大夫徐元之居南昌」者，申之曾祖官吉州太和丞，元之殆隨父宦居其地。卷六三九李翺徐申行狀云，「京兆府萬年縣青蓋鄉交原里，……永泰元年，寄籍京兆府舉進士」，則申後來又徙居京兆，唐人遊宦，所居屢遷，是不足異也。姓纂「又生申嶺南節度兼御史大夫元弼」，「又」爲義字草寫之訛，元弼上脫生字，並未敍元弼官中書侍郎，四字應屬下「徐安貞」讀，安貞天寶初官此，徐氏失句，故誤爲元弼之官耳。

卷六二三熊執易武陵郡王馬公神道碑，「加鄖鄜三州刺史」，按唐無加州、鄖州，當嘉、眉之訛、

卷六二七呂温上族叔齊河南書，首稱「大尹叔父閣下」，中言「前罷鎮南服，入侍東掖」，考舊書一三六齊映傳，「轉潭州刺史湖南都團練觀察使，入爲給事

中，又為河南尹」，舊紀一三、貞元十年二月，「乙卯，以給事中齊抗為河南尹」，此齊河南卽抗也，齊、呂兩姓同出於齊，故曰族叔，恐讀者或以為誤，特附記之。

卷六三〇同人南嶽彌陀寺承遠和尙碑，「貞元歲，某獲分朝寄，廉問湘中」，按舊紀一三、貞元十三年九月，呂渭自禮侍出為湖南觀察，十六年七月卒於任，渭卽温父，此碑約作於貞元十八年九月後，渭已先卒，蓋温文不塡其父諱，「某」字非温自稱也，用並釋之。

卷六三一同人祭座主故兵部尙書顧公文，「維貞元十年歲次甲申」，按「十」上脫「二」字，說見郞官考四。

卷六三九李翺唐故金紫光祿大夫尙書右僕射致仕上柱國弘農郡開國公食邑二千戶贈司空楊公墓誌銘云，「及浙西觀察使李修死」，修、脩之訛。又云，「改東都留守、兼兵部尙書御史大夫、充蘄汝都防禦使」，蘄汝、畿汝之訛。又云，「遷檢校左僕射兼太子少傅，……詔遷左僕射致仕」，題目作右僕射必有一訛。

卷六四〇李翺故東川節度使盧公傳，「江寧節度使裴垍(一作均)入為僕射，……遂為垍所排」按裴垍未嘗出領節度，亦未為僕射，此乃裴均自荆南節度入也，荆南節度兼江陵尹，陵、寧音轉，故訛。三誤字應改正，注可删。

同前文，「以韓重葉（一作華）為代北水運使」，按新書一七九，韓約本名重華，華、葉字舊寫甚近，故秦之華陽君，亦訛葉陽君，應改正並删注。

卷六四四張仲素賀東川麟見表，「臣等幸覩休異，喜萬恆品」，賀蔡州破賊表，「臣謬忝地官之職，情同率士之歡」，賀破賊（劉闢）表，「某忝荷鴻私，謬承朝寄」，又賀捉獲劉闢等表，「臣謬沐殊私，叨承重寄」，余按劉闢之平為元和元年九月，據舊書一六四楊於陵傳，七年時仲素官屯田員外，「朝寄」、「重寄」等詞，仲素本人，尙未合用；又麟見表有「臣等」字，蔡州表有「地官」字，可見均是代作而傳刻脫落者。遇考證其人事迹時，「代」字之有無，饒見關繫也。

卷六六五白居易答元應授鄂岳觀察使謝上表，按英華四六七作元膺，注云，「膺、集作應非」，然亦漏去元膺之姓「呂」也。舊紀一四、元和五年十二月，壬午，「以前御史中丞呂元膺為鄂州刺史鄂、黃（按黃字衍）岳、沔、蘄、安、黃等州觀察使」，白氏翰林制誥，是元和時作也。又如同卷居易答元素謝上表，元素、李元素也，依舊紀、元和二年十月，自御史大夫出爲浙西節度，（英華同卷亦誤）。今白氏集目錄往往缺姓不書，如盧從史曰從史，武元衡曰元衡，皆不可爲例。

卷六八三穆寂小傳，「寂、貞元時人」，按呂衡州集一〇、元和三年，寂官監察御史，（勞氏已引）其後官著作佐郎，見姓纂。

卷六八六皇甫湜唐故著作左郎顧況集序，左、佐之訛，文亦云入佐著作也。

卷六八六符載請朝覲表，「臣自違天顏，二十餘載」，廬州進嘉禾表，「得廬州刺史裴靖狀稱」，謝賜藥方表，「伏知聖旨念臣風疾，賜臣手詔，并賜御札藥方四道」，謝手詔表，「臣初中風疾，狀候頗劇，自蒙聖澤，特賜神方」，又第二表，「并示除改廬州刺史路應等，……臣伏見自淮而南，天下重鎮，臣叨受旄鉞，僅二十年，……臣所患風疾，漸至降損，……此皆陛下神方祕術之所攻療。……伏見除改諸州刺史等，路應和而明，裴靖才而通，羅珦斷而達，李正明強而毅」，按符載未登方面，則此諸表當皆代作。考卷六九〇、同人淮南節度使杜佑寫眞讚，自稱爲佑之部從事，其送薛評事還晉州序云，「十八年秋七月，余自潯陽來赴丞相府」，（卷六九〇）甘露記云，「癸未歲，……夏四月，余自淮南罷去丞相府」，（卷六八九）癸未即貞元十九年，則載之佐佑，蓋在貞元十八九年間。據韓昌黎集二六路應誌，約貞元中刺廬州，又全文五〇六權德輿羅珦誌，「刺廬、壽二州，……廬江劇部，號爲難理，……今司徒岐公上其理狀，詔賜紫金命服」，廬、淮南所轄，杜佑治淮南凡十餘年，與各表所言，若合符轍；且前文載又有爲杜相公賀恩淮西粟帛表，是諸表皆代佑作也，今失題。由此推之，其謝賜冬衣表亦同。復次依全文五〇六及新書一九七，羅珦應正作羅珦，近人名人碑傳總表作羅珦，亦誤。

卷六八八同人上襄陽楚大夫書，按楚姓唐代無知名者，其書云，「伏覩大夫起自堯山宰，奮臂遊長安，……不十數年，佩虎符，握龍節」，據舊書一二二樊澤傳，「相、衛節度薛嵩奏爲磁州司倉堯山縣令」，又澤嘗兩官襄州刺史山南東道節度，初次興元元年至貞元三年，二次貞元八至十四年，樊楚涉形似而訛也。卷前有賀樊公畋獲虎頌，末有從樊漢南爲鹿門處士求修墓牋，亦是樊澤。

卷六九〇同人送盧端公歸巴陵兼往江夏謁何大夫序，「乙卯歲，主君以清淨之理，治洪州之三年也，……顧謂部從事苻（符）載序而導之，……常侍於公有松柏之心」，載嘗爲江西李巽從事，常侍指巽言，（如卷六八八謝李巽常侍書）。舊紀一三、貞元十三年九月，以李巽爲洪州刺史江西觀察，（洪原誤江，依十七史商榷七三改正）。其三年卽十五年己卯，此作乙卯訛。

同卷同人夏日盧大夫席送敬侍御之南海序，「二年春，……詔近臣冠惠文冠者四人，分行郡國，……夏四月辛巳，至於江夏，六月丁酉，馳於嶺嶠」，盧大夫，鄂、岳盧元卿也，二年卽貞元二年，據朔閏考三，是歲六月戊午朔，月內無丁酉，月日當有訛。

卷六九一同人尙書比部郎中蕭府君墓誌銘，「大歷初，與昌黎韓愈、天水趙贊、博陵崔造素友善齊名」，按蕭府君、存也，愈生大歷三年，大歷初安得有名。考昌黎集一〇遊西林寺題蕭二兄郎中舊堂詩，集注云，「存少與韓會、梁肅友善」，又洪氏韓子年譜云，「會、永泰中與盧東美、張正則、崔造爲友，以王佐自許，時號四夔，大歷中爲起居舍人，貶韶州卒」，愈應正作會，蓋淺人徒知有愈，故致訛也。

卷六九二白行簡紀夢云，「時會昌二年六月十五日也」，按全文行簡小傳，「寶曆二年卒」，係據舊書一六六，亦有白氏集六〇祭弟文可證，會昌時卒已久矣。且文有云，「見一紫綬大官，……識之，乃言曰，吏部沈公也，俄更呼曰，尙書來，又有識者，幷帥王公也」，沈卽傳師，終吏部侍郎，王卽王璠，終戶部尙書、河東節度，二人皆卒大和九年，則此篇斷非行簡之作，應剔出入闕名內。

卷六九三元錫小傳，「錫字君貺，元和九年蘇州從事，歷淄王傅，終衢州刺史」，按錫蘇州刺史謝上表，」伏惟睿聖文武皇帝陛下，……所歷衢、婺兩州，皆屢荒殘之後」，睿聖文武爲元和三年憲宗所册尊號，十四年七月又上尊號曰元和聖文神武法天應道皇帝，則錫任蘇州，尙在此前。復據昌黎集二七衢州徐偃王廟碑集注，「石刻云，……福州刺史元錫書，元和十年十二月九日立」，舊紀一五、元和十四年六月，以福建觀察元錫爲宣州刺史、宣歙池觀察，福建觀察例兼福州刺史，則錫官蘇州，又在十年底已前。蘇之先嘗歷衢、婺兩州，則九年時斷非蘇州從事可知，從事蓋刺史之訛，衢州亦非其終官。又考元龜九一七，錫初歷衢、蘇二州，除福建觀察，移鎮宣州，又除祕書監分司，以贓發貶壁州；集古錄目，「唐元錫碑，官至淄王傅，贈尚書右僕射，碑以開成四年七月立」，則錫實終淄王傅，（金石錄一〇題爲唐淄王傅元公碑）其小傳應改云，「歷衢、婺、蘇三州刺史，遷福建、宣歙觀察，除祕書監分司，貶壁州刺史，終淄王傅」。

同卷杜周士小傳，「周士、京兆人，鄉貢進士」，按河東集一七童區寄傳，「桂部從事杜周士爲余言之」，集注，「周士、貞元十七年第進士，元和中從事桂管」，此作鄉貢進士誤。

卷六九四李紳龍宮寺碑，「元和三年，余罷金陵從事，河東薛公平招遊鏡中」，按鏡中即鏡湖，在越州，此時薛苹爲浙東觀察，與薛平非同人，（參拙著唐集質疑薛苹與薛平條。）此作平誤。

卷六九五韋宗卿小傳，「出爲盆州刺史」，按宗卿嘗官某州刺史，余尚未考出，惟唐自至德已後，改益州刺史爲成都尹，西川節度使兼領之，盆州字必誤，所收隱山六峒記一篇，則寶歷元年李渤觀察桂管時所作也。

卷七一三邱元素小傳，「元素、元和中，拜戶部侍郎同中書門下平章事，出爲荆南節度使」，按元和一朝宰相及荆南節度，均無丘元素其人，此傳大誤。今所收荆州天王道悟禪師碑一首，元和三年戊子十月入滅，時荆南節度乃趙昌也。（參唐方鎮年表五）又元和初同名不同姓者有李元素，自浙西節度召入，尋轉戶部尚書，事迹亦不合。

同卷崔黃中小傳，「黃中、開成時人」，其觀風驛新井記云，「元和六載，我司空鄭公節度荆南，……三年，政閒事簡，……黃中猥從鄉第，得廁賓筵」，鄭公、嚴綬之封也，（舊書一四六）則作記時爲元和八年，稱曰開成時人，殊懸遠。篇首「自荆門至淸宮三百里」，淸宮、唐方鎮年表引作諸宮，實渚宮之訛。又此文錄自英華八一二，中云，「支使庾承度宣貞絕俗仗義」，度宣兩字，郎官考一〇謂「疑當乙」，余謂殆當作支度使庾承宣。

卷七一六齊推小傳，「推、高陽人」，按推爲抗弟，見前卷六八四陳詠登石傘峯詩序，今所收靈飛散傳信錄序有云，「是歲余授鍾陵奏辟」，則又嘗爲江西從事也。

卷七一七韋辭小傳，按辭、唯舊書一六〇如此寫法，他皆作詞，卽所收修浯溪記石刻亦作詞也。（參拙著唐集質疑京兆韋詞條）。又傳末「贈散騎常寺」，寺、侍之訛。

同卷張述小傳，「述、大和朝官司封郎中，出爲袁州刺史」，按今郎官柱封中題名，述之前二（？）人爲丁居晦，後一人爲崔鉉，依重修學士壁記，開成二年九月，居晦除封中，三年八月遷舍人，又鉉、會昌二年正月除封中，則述官封中，應在會昌初，（或開成末除？）此曰大和朝，語未確，郎官考五亦採之而未舉其疑也。

卷七一九蔣防小傳，「元和中，官司封郎中知制誥，進翰林學士，出爲汀州刺史」，按重修學士壁記，蔣防、長慶「二年十月九日，加司封員外郎，三年三月一日，加知制誥，四年二月六日，貶汀州刺史」，此長慶事，非元和，防亦未官封中也。

卷七二〇李玨故丞相太子少師贈太尉牛公神道碑銘，「劉從諫死，劉稹自擅，以昭義軍阻命，天兵誅討，五年方尅」，按會昌三年四月，劉從諫卒，至四年七月而澤潞平，僅逾年耳，「五年」字如非傳刻之訛，則是玨厚誣德裕也。

卷七二四韋乾度桃源觀石壇記，「大唐元和十二祀，睿聖文武皇帝御宇之十有四載，勘定淮蔡之前年，余出爲銅陵郡守之去歲也」，余按憲宗於永貞元年卽位，至元和十二年，祇得十三載，是歲十月淮蔡平，非前年也。晉之桃源故蹟，相傳在朗州，卽武陵郡，唐世無銅陵郡之稱。去歲之「去」字，由上文讀下，亦說不去。考元龜五二二，元和十二年，乾度自御史中丞貶朗州刺史，故知此文之十有四載，應正作十有三載，前年之「前」、去歲之「去」字，均衍。

同卷李騭徐襄州碑，「大中十年春，今丞相東海公自蒲移鎭於襄，四十年，詔徵赴闕，今天子咸通五年，公爲御史大夫，自始去襄，於茲六年矣」，按大中十四年至咸通五年恰六年，「四十」字應乙。又同文「自十五代祖諱欽，十四代祖諱某，兩世繼爲中書侍郎，十三代祖諱湛，十一代祖諱孝嗣，閒代繼爲太尉，南朝之盛，具在南史本傳」，按欽及湛，宋書洎南史均作欽之，湛之，此奪兩「之」字。

卷七二七舒元輿御史臺新造中書院記，「上元二年，侍御史劉儒之……」，按儒之應作孺之，見前卷四七六，宰相從一之父也。

卷七三二趙儋小傳，「儋、長慶人，爲鄜坊節度使」，按舊紀一七下，大和九年十一月，「丁未，鄜坊節度使趙儋卒」，全文意卽指此。但考伯玉集附錄、子昂旌德碑，前題「前監察御史趙儋撰」，後題「唐大歷六年歲次辛亥十月癸丑朔日建」，又碑題，伯玉集與全文同作大唐劍南東川（伯玉集訛州）節度觀察處置等使戶部尙書兼御史大夫梓州刺史（伯玉集作「兼梓州刺史兼御史大夫」，以本官刺史列兼銜大夫之前，不合體例，且衍一「兼」字。）鮮于公爲故拾遺（伯玉集拾遺上多「右」字）陳公建旌德之碑，鮮于公非他，鮮于叔明也。文顯大歷時撰，大和之趙儋，不過姓名偶同耳。

同卷侯喜，貞元十九年進士，所收文乃有唐高宗天皇大帝封禪文、唐玄宗明皇帝封泰山玉牒文各一首，時代相懸，又非擬作。按前一文已收卷一五高宗下，字句小異，後一文收卷四〇玄宗下，全同，勞氏謂當改入缺名，猶未知其複收也。

卷七三五沈亞之與潞鄜州書，按此、路恕也，舊紀一四、元和三年二月，除恕鄜坊節度，作潞誤。

同卷同人送張從事侍中東征序，按序云，「今年齊淄不順命，天子復使討，……於是侍中空大梁，驅甲馬三萬騎，……張生從焉，生舉進士得第，因東客於侍中門」，蓋張生從侍中東征，侍中上應補「從」字，侍中卽韓弘，平淮蔡後所加之官。

同卷同人送韓北渚赴江西序，昔者余嘗得諸吏部昌黎公，……北渚、公之諸孫也」，按新表七三上，介之孫、老成之子曰湘，字北渚，愈姪孫也，此之諸孫，猶云孫輩，唐人好引名賢爲重，故往往約略其辭，非誤也。

卷七三六同人壽州團練副使廳壁記，「元和中，韋公武以殿中侍御史爲之，九年秋，蔡州叛」，按元和元年武爲京兆尹卒，有呂溫韋武碑可證，其爲殿中侍御史，在德宗時，蔡州之叛，則元和事也，此文當誤。

卷七三八同人唐故銀青光祿大夫檢校左散騎常侍兼宮苑閑廄使駙馬都尉郭公墓誌銘，「長慶二年，七月五日，暴疾卒於主家」，「二年」、三年之訛，說詳拙著唐史餘瀋郭鏦卒年條。

卷七三九、「重元、寶歷時人」,據卷目,重元姓薛,此奪薛字。

卷七四〇張元素小傳,「元素、寶歷三年,官黃梅縣令」,(令訛今)所收仙壇山銘云,「逮寶歷二年,善政縣令岑仲休以德義當官」,按元和姓纂、曼倩有子仲休,據舊書七〇,睿宗時官商州刺史,果爲同人,疑寶歷、聖歷之訛也。嗣檢集古錄目二(黃本)周仙壇山名(銘)云,「其後縣令岑琢石爲像,碑以聖歷三年立,在溧水縣」,始知所疑不妄。叢編一五(陸本)引錄目云,「其後縣令岑仲琢石爲像,碑以寶歷三年立,在溧水縣」,比黃本增「仲」字而仍奪「休」字,又訛聖歷爲寶歷。

同卷呂穎小傳,「穎、敬宗時擢書判拔萃科」,按此即貞元十九年與白居易同擢拔萃八人之一也。元氏集一六詩注作呂四頻,白氏集五作呂四穎,以姓纂及英華校之,作穎者是。登科記考一五著錄爲呂頻,云,「文苑英華作呂穎誤」,非也。此作敬宗,尤誤,應正作德宗。

同卷哥舒恆小傳,「恆,敬宗時擢書判拔萃科」,此即前條呂穎之同年也,誤與前同,可由所收對毀方瓦合判知之。登科記考一五云,恆一作垣。

卷七四二劉軻與馬植書,「言隋書有若王師邵」,按王劭有傳,見隋書六九,「師」字衍。

同卷同人廬山東林寺故臨壇大德塔銘,「至四十年春,九江守李公康以東林遠公舊社」,「四十」字乙,貞元十四年也,唐代紀年,無至四十者,可由卷七四七鄭素卿西林寺水閣院律大德齊朗和尙碑、「貞元三年、……十四年、郡守李公康興甘露之會」、見之。

卷七四四盧求成都記序,「又改爲宋大都督府,天后析益州置彭、蜀、漢二州」,宋字訛或衍,二應作三。

卷七四七蕭倣與浙東鄭商綽大夫雪門生薛扶狀,按裔綽、宰相覃子,據唐方鎭年表五,其鎭浙東在咸通三四年,商字沿摭言之訛也。

卷七五一杜牧授司勛(勳)員外郎謝宰相書,按此即下卷七五二上周相公啓之節文,應删。

卷七五二同人上宣州高大夫書,「來濟、上官儀、李元義,皆進士也,後爲宰相，……儀革廢武后召，元義助處俊言不可以位與武后」，據舊書八一及八四，李元義、李義琰也，豈以武宗名炎，故集文改曰元義歟。「革廢武后召」乃「草廢武后詔」之訛，已見英華辨證十。又同篇原注云，「開州取唐舍人爲職方郎中知制誥」，依前卷四九〇權德輿唐使君盛山唱和集序，次自夔州內召，非自開州，此處是杜牧記述之誤。

卷七五五同人唐故宣州觀察使御史大夫韋公墓誌銘，「丁當侍喪，自毀不欲生」，按當侍、常侍之訛，見上文，韋綬也。

卷七五六同人唐故灞陵駱處士墓誌銘，「司徒薛公革在鄭滑」，按此是薛平，嵩之子也，與循吏薛苹異，說見拙著唐集質疑薛苹與薛平條。

卷七六〇張次宗薦前漢州刺史薛元賞狀云，「臣任當廉察」，薦前澧州刺史崔芸狀云，「臣任忝宣風」，薦觀察判官陸暢請章服狀，全是觀察使語氣，又請立前節度使李德裕碑文狀云，「臣謬當交代」，據舊紀一七下，繼德裕節度西川者爲段文昌，今考次宗位未至節度、觀察，則此等表狀，皆代作也，其餘數狀，可以類推。

同卷勞氏引段瓌舉人自代狀云，「此卽文苑英華（六百三十九）李商隱爲濮陽公陳許奏韓琮等四人充判官第二狀，所云件官，卽段瓌，已見下（七百七十二），當删」，按段瓌原編卷七五九，非七六〇，勞氏誤系。段瓌在奏韓琮等四人充判官狀之第二節，亦非第二狀也。

卷七六一褚藏言竇常傳，「與故吏部侍郎溪陟，……同年上第，……嗣子宏餘，任黃州敕史」，溪應作奚，敕作剌。

卷七六四蕭鄴嶺南節度使韋公神道碑，「八世至隋郁城莊公諱元禮」，郁城、鄖城之訛，卽鄖城公房之祖也。

卷七六五李遠小傳，「遠、會昌九年，官尙書司門員外郎」，所收靈棋絃序文末亦云，「時唐會昌九年秋九月，尙書司門員外郎李遠序」，按會昌無九年，或元年之訛歟。

卷七七二李商隱爲大夫平安公華州進賀皇躬痊復物狀，按卷目作安平。平安二字乙，此崔戎也。舊紀一七下、大和七年，十二月，庚子，聖體不康，八年，正月,丁巳,聖體痊平,三月,丙子,以華州刺史崔戎爲兗海觀察使,今後一篇卽爲安平公兗州奏杜勝等四人充判官狀,時事均符。

同卷同人爲濮陽公陳許奏韓琮等四人充判官狀,第二人段環,按前卷七五九複收此文之一節,(勞氏已言之,說見卷七六〇。)作段瓌,瓌環二字,舊籍往往易訛。

卷七七五同人上李太尉狀,「伏奉別紙榮示,伏承以所撰武宗一朝册書誥命并奏議等一十五軸,編次已成,爰命庸虛,俾之序引」,按今會昌一品集首載鄭亞序,商隱雖亦有太尉衞公會昌一品集序,然文字不同,當是商隱佐亞幕時承命代作,後來亞又別自成篇者,(此說見英華辨證七)。易言之,卽德裕請亞作序,非請商隱,此文題前當增「爲滎陽公」四字。

卷七七六同人爲濮陽公上白相公、杜相公、崔相公、馬相公、鳳翔崔相公賀正啓,按濮陽公,王茂元也,卒會昌中,馬相公,植也,以大中二年相,三年罷爲天平軍節度,濮陽當滎陽之訛,蓋大中三年賀正啓也。白卽敏中,鳳翔崔卽珙,據唐方鎭年表一,大中三年初,珙尙官鳳翔,時序正合,杜卽悰,崔卽元式,舊相也。

卷七八四穆員陝虢觀察使盧公墓誌銘,「道虔生齊左庶子昌衞,昌衞生隋澤州内部長寶素」,按昌衡見魏書四七及隋書五七,衞字訛。

同卷同人祕書監致仕穆元(玄)堂誌,穆下應補「公」字,卷目同。又文內之「曾禮固禮」,應正作「曾祖」。

同卷同人國子司業嚴公墓誌銘,「後四業(葉)至元魏平南將軍郤陽侯稚玉」,按魏書四三,嚴稜賜爵郃陽侯,子稚玉襲,太和五年,出爲平南將軍東兗州刺史,姓纂亦作郃陽,此作郤陽訛。同文「推連州刺史,換彬州,……初公自彬之歸也」,依江州集三詩注,嚴士元官郴州刺史,兩彬字均誤。

卷七八八蔣伸授鄭涓徐州節度使制,「平盧軍節度使檢校左散騎常侍鄭涓」,平盧應作平盧。

卷七九一劉濛請石刻准勘節目奏,「刑部侍郎高鉞條疏」,鉞、釴之訛,見拙著重修學士壁記蔛注補。

同卷趙璘小傳,「開成三年進士,大中時官祠部員外郎,歷度支、金部郎中,遷左補闕」，按自員外郎、郎中而改補闕，則爲降，不得言遷，況據因話錄一，大中七年璘官左補闕，又東觀奏記上，十年璘官祠部員外，則任補闕顯在祠外之前，當云「大中時官左補闕，遷祠部員外郎」也。

卷七九二李景儉小傳，「景儉、憲宗朝官侍御史，大中時累遷御史大夫」，下收諫宣宗爲鄭光輟朝疏一首，勞氏云，「見舊書（忠義下）李景讓傳，唐會要（二十五）節載此疏，誤作景儉，因此沿誤，當改併入（七百六十三）李景讓文，考舊書景儉終少府少監，非御史大夫也」，按全文蓋合景儉、景讓二人之仕歷爲一傳，憲宗朝句屬景儉，大中時句屬景讓。

卷七九三王徽小傳，「大中十一年登第，乾封初，累拜中書舍人」，乾封、乾符之訛，舊新書均有傳。

卷七九五孫樵祭梓潼帝君文，「大中十八年，七月九日，鄉貢進士孫樵……」，登科記考二二云，「考大中無十八年，蓋十字衍文，樵於九年登第，故八年猶稱鄉貢」。

卷八〇二獨孤霖書宣州疊嶂樓，「咸通十二年，十一月，辛亥，宣州刺史獨孤霖書」按文粹七四作十二月，據朔閏考三，是歲十一月癸酉朔，無辛亥，從文粹爲正。

卷八〇四王景風小傳，「景風，咸通中官吏部侍郎，後謫守漳浦」，按此卽卷七九一王諷（渢）之仕歷，傳誤。

卷八〇七司空圖答孫郃書，此當卽卷八二〇之孫郃，字似當作郃，見下文。

卷八一四樂朋龜王鐸弘文館大學士等制，兩衺徹字均應作澈。

同卷同人賜陳敬瑄太尉鐵劵文，「潁川郡食邑三千戶」，郡下奪王字，於下青羊宮碑見之。

同卷同人西川青羊宮碑銘，「吏部尚書韋照度」，照應作昭，古雖通用，今則不然。

卷八一八張玄晏先與承郎啓，乃「先與承旨崔侍郎啓」之奪文，由前文有未召試先與孫相公啓、上承旨崔侍郎啓、洎此啓內有「伏審侍郎學士」語、知之。

同卷同人下元金籙道場青詞，「維乾寧二年，歲次丙辰，十月，戊申朔」，二年、三年之訛。

卷八二〇孫郃小傳，「郃字希韓」，按唐詩紀事六三及全唐詩十函第八册均作孫郃，此訛。

同卷同人方元英先生傳，按此篇實錄自唐詩紀事六三，審其詞句，當是節文。末段「及卒，弇編其詩，請舍人王贊之爲（二字乙）序，贊序云，張祐升杜甫之堂，方于（干）入錢起之室云」，更似節略贊序之說。

同卷吳融授王搏中書侍郎同中書門下平章事判戶部制，按唐末宰相只有王摶、王溥，無王搏，制內之「昨者朕失遵王度，致降天災，釁起蕭牆，幽加洊棘，而賴能謀於上相，說彼中權，反正乘輿，肅清輦轂，疇其中節，雖已擢於禁林」，是天復初王溥助昭宗反正事迹，王摶時已賜死矣，搏應正作溥。

卷八二一盧說小傳，「說官汝陽主簿」，下收授李思敬馬殷湖南節度使制一首，按此是內制，應翰學起草，說官翰林學士兵部侍郎，見英華四一九錢珝行制，今無論汝陽主簿是否此盧說初官，抑別有同姓名者，（待考）其小傳云云，終覺不稱也。

卷八二六黃滔祭崔補闕文，「元和之起也，則有陽諫議城凜凜清風」，元和字誤，應作貞元。

同卷同人祭陳先輩鼎文，「祭於東君之靈」，東君、陳君之訛。

卷八二九王損小傳，「損、唐末宰相」，下收通犀賦一首，按唐摭言之「丞相魯公損」，前人已辨其訛（參拙著跋唐摭言。）豈別有名損者作此賦，徐氏因涉摭言而訛歟。如謂此賦亦王摶作，則前文卷八二一已收王搏，又應歸併也。

卷八三〇徐寅止戈爲武賦，「下破山而加點，理絕乘危，上擬成以無人，誠爲動衆」，按十國春秋作擬戍無人，是也，「成」誤字。

同卷錢珝授禮部員外郎集賢院直學士賜紫金魚袋王摶刑部郎中兼御史知雜事制，郎官考二〇引英華三九四云，「案依新傳，摶當作溥」，是也。據珝舟中錄序，（英華七〇七）珝知制始乙卯之冬，於時摶已相矣，制有云，「御史中丞光逢以望執憲，縉紳間咸觀其初，故選薦府僚，審而後定」，正與新傳一八二「御史中丞趙光逢奏爲刑部郎中知雜事」合。

卷八三一同人授右郎中張元（玄）晏翰林學士制，右下脫司字，卷目不脫。

卷八三三同人武昌軍節度使杜洪妻晉封夫人進封秦國夫人制，按卷目及文內均作晉國夫人，「晉封」字誤。

卷八三六同人舟中錄序，「乙丑歲，冬十一月，余以尙書郎得掌誥命，庚申歲夏六月，以舍人獲譴」，按就其近者言之，乙丑在庚申後，天祐元年也，據英華七〇七，此乃乙卯之訛，乾寧二年也。

卷八四〇韓儀授朱朴平章事制末，「可朝議大夫同中書門下平章事」，依舊新紀及新宰相表「朝議」乃□（左或右）諫議之訛奪。

同卷同人授王摶平章事制，摶應作摶，制內同。

同卷同人授朱思讓延州節度使制，按思讓、舊新紀及通鑑均作思諫，此殆誤。

卷八四一裴廷裕授孫偓判戶部制，「仍封安樂縣開國子」，安樂二字乙，孫姓望也。

同卷同人東觀奏記序，「以宣宗、懿宗三朝實錄未修」，懿宗下據會要六三，奪「僖宗」二字。

同卷于兢下收大周相州安陽靈泉寺故寺主大德智□師像塔銘，按序有云，「至年十二，屬大唐太宗□武聖皇帝廣闢度門，……春秋六十有八夏，踰卌□□訖於□安二年六月五日蛻遷」，太宗時年十二而春秋六十八，則年號「安」上缺一字必爲「長」可知，此與于兢時代迥異，不知何故誤收。兢下又收大唐故處士張君墓誌銘一首，按此誌亦見金石續編五，顯龍朔元年物，且無撰人。

卷八六五王贄小傳，「贄、澶州觀城人，少爲小吏，累遷本州馬步軍都虞候，周世宗卽位，補東頭供奉官，累遷右驍衞將軍、三司副使，及征關南，以爲客省使，領河北諸州計度使，還復爲三司副使，入宋，知揚州，溺死」，下收元英先生詩集序一首；按小傳所言，乃宋史二七四有傳之王贄，四庫提要一五一元英集下固云，「是集前有乾寧丙辰中書舍人祁縣王贄序」，乾寧已官中舍，想年復不弱，豈能如長樂老歷仕五朝入仕於宋乎，徐作小傳，竟未一翻提要而以武人當之，率矣。

卷八七四陳致雍再改正顏子兗國公祝文議，「至正元年，兵部員外郞李紓」，貞元、宋人諱改爲正元。

卷八七六林贊小傳，「贊初官沔王長史，後仕南唐，保大十三年，守司士參軍，嘗表奏試太常寺奉議郎」，按林贊相傳爲沔王府長史，見舊紀一七下開成三年，余別有考，詳拙著姓纂四校記自序，下去南唐保大十三年，已幾甲子兩周，焉得爲同人。

卷八七八徐鉉泉州節度使劉從効檢校太師制，卷八八〇同人追贈劉（一作留）從効父册，按留從效宋史四八三有傳，應均正作留。

卷九〇二王總爲鄭滑李僕射辭官表，「自陛下嗣臨寶位，一十七年，……入居宗廟之司，出典股肱之郡，八座之貴，臣拜者三，六條之榮，臣守其五，四開戎幕，一佐中軍，……閒歲初領華州，方宜聖澤，俄以滑臺選帥，非次及臣，……臣先於嶺南染風毒脚氣」，以舊書一一二勘之，李僕射卽復也。玄宗已後，唐帝在位至十七年者，唯代、德二宗，復傳貞元十二年，加檢校左僕射，由建中起計，恰十七年，此是貞元中文字，尙可考證，不應編入此卷。

同卷王志愔下收對大夫棨地祭判一首，按志愔今有墓誌（芒洛四編五）可考，卒天寶十載，應編入玄宗時代各卷中。

同卷程彥矩銀青光祿大夫檢校太子賓客兼監察御史柱國河南爾朱府君墓碣，「享年世有九」，依萃編一一八，世、卅之訛。又潛研堂金石文跋尾以此爲唐中葉以後之誌，今誌前有「十四」字，後有「以其年」字，如「十四」上爲年號，則中唐後紀年至十四者，惟大歷，貞元、元和、咸通，余頗疑是咸通遺石也。

卷九一一道宣大恩寺釋元奘傳論，恩上奪慈字。

卷九一三、「子儀號水月大師，天授中樂淸白鶴寺沙門」，下收白鶴寺記一首，記有云，「宣宗大中之載」，天授疑天祐之訛。

卷九一六、「吉藏族姓安氏，其先安息人，祖世避仇，移居南海，後遷金陵，七歲出家，隋開皇末，詔住慧日寺，唐初敕住延興寺，武德六年卒，年七十五」，下收上元宗遺表一首，元宗字誤。

同卷、「慧靈，莊嚴寺沙門，大中七年賜紫，敕補新寺上座，後預代宗永泰中參譚證義，年百餘歲」，按代宗時年號大歷，非大中，但大歷在永泰後，不得云「後預代宗永泰中」也。

卷九一九、「匡白，太和中沙門」，下收江州德化東林寺白氏文集記一首，末有云，「時太和六年歲次甲午，八月己巳朔，十二日庚辰」，按此五代吳之太和也，今與唐大和（原均誤太和）師用、東乂諸僧雜列，使讀者誤會爲同時人矣。

卷九二三史崇小傳，「崇、武后時太淸觀主，……」下收妙門由起序一首，文內亦作史崇，余按崇文總目四道書一、一切道書音義敍亦稱史崇等撰，惟新書五九作史崇玄。又文內崔湜結銜爲檢校中書令，則其文先天時作也。

卷九二五吳筠天柱山天柱觀記，「寶慶中，羣寇蟻聚」，按唐無寶慶，乃寶應之訛，文末署大歷十三年。

卷九二七蔡瑋玉眞公主朝謁應（闕二字）眞源宮受（闕三字）王屋山仙人臺靈壇祥應記，據金石續編八，此碑實題「玉眞公主朝謁譙郡眞源宮受道王屋山……」。又文內「睿宗大聖貞皇帝之十女」，作「……眞皇帝之愛女」，「十」字必誤無疑。

卷九三三杜光庭歷代崇道記，「乃告晉州刺史賀君孝義」，據山右石刻六慶唐觀碑及元和姓纂，賀君、賀若之誤；又碑稱晉州長史。

卷九四五、「楊氏，弘農人，宰相王摶妻，著女誡一卷」，摶字誤。

卷九四八、辛溥大唐故眞空寺韋提墓誌銘，「和尙賈氏，洛陽人也，曾祖憲，朝請大夫河南府陽翟縣令，祖□，朝散大夫衞尉寺主簿，父元禕，綿州昌明縣令，……上人卽昌明府君之第二女也，……享年卌有□□□□□十一月十二日大漸於眞空寺也，……上人之昆弟□或澄淸□□，或從政郡邑，服勤王事，咸闕臨喪」，按姓纂、洛陽賈憲生處靜處澄，處澄生元禕，元禕生季鄰、季良，季鄰、長安主簿，季良、奉天尉，又通鑑二一六天寶十一載季鄰官長安尉，誌所謂兄弟服官，當指季鄰、季良而言，（新表七五下有誤，說別見拙著姓纂四校記）。依其享壽及其兄弟服官時期推之，誌似天寶元至十載所立，因享年「卌有」下祇闕五字，內最少一字屬上讀，則紀年祇得四字，當非開元十一至二十九年之文也，否者亦斷不出肅、代之世耳。（肅、代在位共二十四年）。

卷九五二、王延翰瀛州天尊院畫壁贊，「瀛州天尊院立於唐孝明皇帝，……至於二百年，高堂非故，遺構尙存」，卽由開元初起，二百年已入五代，則延翰五代時人，惟未必是王審知之子耳。

卷九五三、良士代韋令公謝先人贈官表，按勞格讀書雜識六文苑英華辨證補謂此篇本是二首，一脫其文，一脫其目，良士卽王良士，是也。韋令公卽韋皐，余別有說，見唐集質疑。

卷九五四閻至爲無傳，按至爲，太常博士，伯璵之從父行，見姓纂，當開元前人，前卷三七五之閻寬，是其姪。

卷九五六許景休無傳，按此似卽許景先之兄弟，玄宗時人，說見拙著姓纂校記。

同卷杜環無傳，據通典，環從高仙芝西征被虜，寶應初自大食逃歸，是玄、肅時人。

同卷杜信無傳，按姓纂，信刑部員外杭州刺史，疑卽其人，前四三六已收杜信判一首，此卷者應併入。

同卷馬光粹無傳，據姓纂，馬頠生光粹，卽馬總之祖，舉進士爲滎陽令，見前卷七一四李宗閔馬公家廟碑，當玄宗時人。

卷九五八鄭楚容無傳，下收對圭田判一首，郎官考一五云，「文苑英華(五四二十四)有鄭楚客對圭田判，(舊鈔本；刊本誤楚容)」。是也。以郎官題名驗之，楚客、玄宗時人。

卷九五九薛昇代崔大夫諫造銅燈樹表，「昔漢文罷露臺之役，晉武焚夏翟之裘，豈徒惜一女之功，愛十家之產，焚而罷之，蓋欲愼所好而使天下如所焚矣」，於末焚字下側注「疑」字，按「如所焚」猶效其所焚之謂，義自通。

同卷林慮山人下收鍾期聽伯牙鼓琴賦一首，按高常侍集三有宋中遇林慮楊十七山人因而有別詩，未知卽其人否。

同卷闕姓幾元下收汝南公主墓誌銘跋一首，按此跋出米芾書史，原稱咸通二年記，則幾元武、宣、懿時人。

同卷歸耕子下收三元寶照法序一首，按序末題天復二年述，則昭宗時人。

同卷徐闕名下收(上闕)兼左驍衞大將軍知內侍上柱國號國(闕)像銘一首，末注云，「謹案碑在洛陽龍門，撰人名已泐，銜亦不全，惟存慈源縣開國公徐撰八字」，余按虢國公，授堂金石跋經考定爲楊思勗，并謂此像銘當造於開元十三年後，第與萃編七七、訪碑錄三、平津讀碑記、金石補正三二，均不說及撰人，則徐氏見本，較諸家爲善。新書一九九徐嶠傳，「開元中，……遷中書舍人內供奉、河南尹，封慈源縣公」，是撰人爲徐嶠無疑，撰年疑在堅卒（開元十七）之後。讀碑記謂碑末題「開元□□□□四月廿三日」，又有「□□郎□□□騎都尉直集賢院張□□□」，未詳何人，余意此卽書人之結銜，訪碑錄以爲徐浩行書，當因撰人徐姓而肊揣之者。又徐嶠文前已收卷二六七，此應併入。

同卷華闕名下收唐故處士吳興施府君墓誌銘一首，文有云，「君以元和四年、……以是年冬十二月一日，歲在乙丑，朔次壬申，祔窆□於故夫人之墳東」，則華某是元和時人。又乙丑訛，應作己丑。

同卷闕姓庠下收唐殘墓誌一首，按誌云，「以咸通十一年二月廿四卜於昭元鄉昭元里杜頭村之原也」，則庠是懿宗時人，訪碑錄四作咸通十二年二月，未詳孰是。

卷九六二闕名授王安實天雄軍節度使制，「充天雄軍節度秦城河渭等州營田觀察處置押蕃落等使」，勞氏英華辨證補引英華四五三秦城作秦州，云，「一本城誤」，按勞氏下文又引通鑑唐紀六十六，咸通四年二月，置天雄軍於秦州，以成、河、渭三州隸焉，是秦城河渭，顯秦、成、河、渭之訛，況下文云「等州」，此處更不必言秦州，疑勞氏涉筆之誤也。

卷九六七「論郭仲文不合襲封奏（開成元年給事中）」，蓋據舊書一二〇收入者，按此文已收卷七四一盧弘宣下，比此略文首數句，字句亦小有異同，應併入前卷而附注其下。

卷九八六闕名移劉吏部書云，「山東野客移書於劉吏部足下，……」按此書見唐摭言一三，前卷九五九既以林慮山人、雁門公等署名，準例斯可以山東野客署名也。

同卷太原鄉牒，「又按天后朝拾遺陳子昂集有中州司馬濟翁墓志云，葬於長壽原，至今鄉有太原號也」，據伯玉集六，中州作申州。

卷九八七闕名擬公孫龍子論，「咸亨二十年，歲次辛未，十二月庚寅」，按咸亨無二十年，乃咸亨二年也，「十」字衍。

卷九九一闕名大唐故左戎衛大將軍兼太子左典戎衛率贈荆州都督上柱國懷寧縣開國襄公杜公碑，按此是杜君綽碑，李儼撰，應入前卷二〇一。

卷九九三闕名唐太原節度使韋湊神道碑，據英華九一四及辨證三，此是韋述文，應入前卷三〇二。又文內「祖諱叔詣，皇朝蒲州刺史」，詣應作諧，蒲應作蒲，見姓纂及舊書一〇一。

出自第九本(一九四七年九月)

論白氏長慶集源流并

評東洋本白集

岑仲勉

(一)白氏各集編定之經過——(甲)前集——(乙)後集——(丙)續後集——(二)白氏全集源流——(三)宋代之吳本蜀本——(四)高斯得本白氏長慶集——(五)評東洋本——(甲)分卷——(乙)分類——(丙)帙數——(丁)首數——(戊)參差——(己)陵亂——(庚)篇複——(辛)注削——(六)東本與全唐詩比讀——(甲)卷第——(乙)異同——(丙)較量——(丁)發微——(七)汪編香山詩集之整理工夫——(甲)次第——(乙)類別——(丙)考證——(丁)補遺——(八)東本與全唐文比讀——(甲)篇各失收——(乙)誤有同犯——(丙)東本差長——(丁)全文叵短——(九)東本與盧見影宋本——(一〇)馬刻爲見行白集較完本——(一一)東本與白氏諷諫——(一二)白氏詩文五篇雜校——(甲)長恨歌傳及歌——(乙)池上篇并序——(丙)初授拾遺獻書——(丁)劉白唱和集解——(戊)記異——(一三)檢討元劉酬和白詩後所見——(甲)元稹酬和白詩表解——(乙)劉禹錫酬和白詩表解——(一四)宋見石刻中之白氏詩文——(一五)拙見總述——

（稿既成，余始購得香山詩集，有頃而後見馬刊全集，其有應在汪編、馬本論及者，乃或散見他節，類於大改革，故多仍之，要無關乎全篇之旨耳。民二十八年十一月六日再識。）

邵亭知見傳本書目云：

「白氏長慶集七十一卷，唐白居易撰；明錫山華堅蘭雪堂活字本，明姑蘇錢應龍刻本，明松江馬元調刻。宋紹興刻白氏長慶集，昭文張氏藏，缺三十一之三十三及三十五、三十六，凡五卷，皆鈔補，中遇構字，注犯御名，桓字注淵聖御名，紹興三十年前刻，曾藏文氏、王氏、錢氏、李（？）處。汲古閣校本與明刻小字本，俱藏吳門黃氏；汲古本又歸張金吾」。

此爲莫友芝氏所知見之本。年前涵芬樓曾據瞿氏鐵琴銅劍樓所庋宋刻影照，不幸而燬於一二八之難。姜慶揚跋日本翻宋本，又稱近獲明錫山華氏銅活字本，然亦未聞翻刊。故見有白氏長慶集，就以四部叢刊景東洋本（省稱東本）爲最流行。邇來愛讀唐史，寢饋於玆編者有日，覺其佳處固不可沒，其闕點要復甚多，甚望更有他刻賡傳，庶讀者得爲互勘，斯則非徒箇人之幸，且余草此文，不爲徒勞矣。

(一)白氏各集編定之經過

(甲)前集

白氏官江州司馬時，早有自編詩卷之事，觀集二八與元九書云：

「僕數月來檢討囊袠中，得新舊詩，……凡爲十五卷，約八百首。」

又集一六編集拙詩成一十五卷因題卷末戲贈元九李二十云：

「莫怪氣麤言語大，新排十五卷詩成。」

兩篇均約元和十至十二年所作，然此不過一時掇拾，未爲定卷，其合詩筆而成集，則自長慶四年冬始。全文六五三元稹白氏長慶集序：

「長慶四年，樂天自杭州刺史以右庶子詔還，予時刺郡會稽，因得盡徵其文，手自排纘，成五十卷，凡二千二百五十一首。前輩多以前集、中集爲名，予以爲國家改元，長慶訖於是，因號曰白氏長慶集。……長慶四年冬十二月十日微之序。」

詔、舊書一六六居易本傳作召。刺下無郡字，叢刊本元氏集及東本同。凡二千二百五十一首，元氏集及東本作「凡二千一百九十一首。」予以爲一句，舊傳作「予以爲陛下明年當改元，長慶訖於是矣，」元氏集及東本作「予以爲陛下明年秋當改元，長慶訖於是。」又號下、舊傳無曰字。按首數兩文相差六十，實計東本首數，雖屬相近，未得全合；況此本複錯羼亂，不一而足，(見下文)是不能因其數近而斷定全文、舊傳之非，此涉前集首數之疑問也。抑元序固謂不以「前集」爲名者，但後來白氏自稱如是，(引見後)故玆用之，以資辨別。

文苑英華辨證四云：

「元稹白氏長慶集敍：長慶四年，樂天手自排纘，成五十卷，予以爲皇帝明年當改元，長慶訖於是，集作明年秋當改元；按長慶四年穆宗崩，敬宗卽位，明年改元，卽正月也，按制詔內寶歷赦書，長慶五年正月七日改寶歷元年，安得謂之秋乎。」

汪立名云：

「序作於長慶四年冬，故曰明年當改元，卽位必踰年改元，禮也，時本明年下有秋字，又删去訖字、矣字，誤。」

余按皇帝卽位，踰年改元，自是常例，然稹於先一年作文，要不應呆測其何時，今元、白兩集明年秋之秋字，顯是衍文，全文作「國家改元」，文意亦略嫌不足，舊傳、英華所著錄爲最善也。英華之「皇帝」，舊傳、元、白兩集作陛下，爲友人作集序而單稱陛下，似不合體，余意仍主從英華。至稹爲居易編定，有白集五一後序。

「前三年，元微之爲予編次文集而敍之，凡五帙，每帙十卷，」

可證，辨證作「樂天手自排纂，」蓋彭氏節引之誤，非見文有異也。

（乙）後集

在前集編定之後，後集未編之前，白氏又嘗自作長慶集後序一首，玆錄全文六七五之文如下：

「前三年，元微之爲予編次文集而敍之，凡五帙，每帙十卷，訖長慶二年冬，號白氏長慶集。邇來復有格詩、律詩、碑志序記表贊，以類相附，合爲卷軸，又從五十一以降，卷而第之，是時太和二年秋，予春秋五十有七，目昏頭白，……因附前集報微之，故復序於卷首云爾。」

東本五一訖訛記，唯太和正作大和。（通用者不記）。按元序謂居易罷杭，盡徵其文，代爲編集，居易係以長慶四年五月罷杭州，序又作於是年十二月，則此序中之「訖長慶二年冬」，顯四年冬之誤。由大和二年追溯，則長慶四年應爲前四年，此序曰前三年，殆由白氏奉到元序（寶歷元年初）之時計之歟。白氏是時加附詩文若干首，序中不詳，後來當再事編定，故此一回追附之卷數、首數，無從尋究。

或者謂稹長慶三年八月除浙東，（嘉泰會稽志）十月上任，今東本五三首載元微之除浙東觀察使喜得杭越鄰州先贈長句，全詩題下原注云，「十七首並與微之和答，」此十七首爲稹路經蘇州泊抵郡後唱和之作，一覽自明，不煩多證。尤是蘇州李中丞以元日郡齋感懷詩寄微之及余輒依來篇七言八韻走筆奉答兼呈微之一首中、有云，「再把江南新歲酒」，居易二年冬十月到杭，（見集二〇。）曰再把，則已越三年而至四年之春矣。外此爲杭任之作尙多，玆更舉一二言之；如早春憶微之，元集二二和作云，「湖添水剩消殘雪，江送潮頭湧漫波，」湖、鏡湖，切越州，江、錢塘，切杭州。又得湖州崔十八使君書喜與杭越鄰郡因成長句代賀兼寄微之，崔即玄亮，詩云，「越國封疆吞碧海，杭城樓閣入青烟，」則崔上湖州，更在元上越州之後。(1)

又卷五九錢唐湖石記，末題長慶四年三月。

凡此諸據，足徵前集實編至二年冬爲止，其二年已下詩屬後集，符於東本之編第，兩者誠互相發明，君以二年爲四年之訛，非也。

余對曰，子知一不知二，余請以東本二〇明之。據卷中第二首之宿陽城驛對月，非注云「自此後詩赴杭州路中作」乎，又遊恩德寺絕句，非云二年十月到杭州乎。顧卷中又收

題靈隱寺紅辛夷花戲酬光上人。

題孤山寺山石榴花示諸僧衆。

戲題木蘭花。

數種名花，皆入春始開，其不得爲二年春而最少爲三年春，抑又明矣。此猶曰言外見之，更有明著於文字者，如

錢塘湖春行。

送李校書趁寒食歸義興山居。

二月五日花下作。(中云，「五十二人頭似霜」，卽長慶三年癸卯。)

清明日觀妓舞聽客詩。

杭州春望。

正月十五日夜月。

湖上招客送春汎舟。

最少已入三年之春矣。又

新秋病起。

木芙蓉花下招客飲。(詩云，「莫怕秋無伴醉物，水蓮花盡木蓮開。」)

遊恩德寺絕句題有云，「予以長慶二年冬十月到杭州，明年秋九月，始與……」

(1)嘉泰吳興志一四，「崔玄亮、長慶三年十一月二十二日自刑部郎中拜」，可證。

且入三年之秋矣。又

與諸客攜酒尋去年梅花有感。

詩云，「馬上同攜今日盃，湖邊共覓去春梅，」是蓋居易到杭後之第二春，益見入四年之春矣。前舉正月十五日、湖上招客兩題，原編此詩之後，或亦四年初所作也。更如晚興詩云，「等閑消一日，不覺過三年」，說出居杭三歲，非四年春日詩而何。若有史實可證者爲

醉送李協律赴湖南辟命因寄沈八中丞。

沈八卽傳師，考昌黎集三三孔戣誌注：

「長慶元年正月，（孔）戣自湖南觀察又（入之訛）爲少府監。」

又舊紀一六長慶三年下：

「六月，宰相監修國史杜元穎奏史官沈傳師除鎭湖南。」

知此詩亦三年作。如謂「迄長慶二年冬」爲是，何以前集內竟收三、四年之詩？故無論如何，今東本非將後集混入前集，卽是將前集混入後集，二者必居其一，然由元序全徵其文一句觀之，余是以信後者爲是，而二年應正作四年也。汪立名云：

「蓋白詩歲月本井然可考，如長慶集公自謂訖二年冬，而胡（震亨）本於三年詩亦注前集；公自杭州還始卜居洛中，得履道宅，乃別杭州等詩竝在後集，而洛中卜居履道里等詩反注前集；雖本相沿之繆，要其考據亦不得謂之詳密矣。」

又云；

「顧前集八卷及二十卷卷末反雜長慶三年詩者，要亦有故；嘗考元序與公自序、長慶集五十卷，後集二十卷，各以詩文編次，舊本旣亡，今本盡編文稾於三十七卷後，中間取足卷尾，未免移補，遂失其舊。如曲江感秋詩序云，元和二年、三年、四年皆有曲江感秋詩，編在第七集卷，今本第七卷盡江州詩，而所謂第七集卷者皆莫可考。」

是蓋明乎白氏全集之糾紛遺墜，而因未見分列前、後集之本，——如今東本——遂不能決其癥結。夫今東本固分次前、後兩集，非截然列文於後者，然其不盡循年分，則與先詩後文之本無異。然則糾紛所起，自有前因，不由文藁移後而發生也。

同時元、白唱和之什，又別編爲因繼集，全文六七五載居易因繼集重序云：

「去年、微之取予長慶集中詩未對答者五十七首追和之，合一百一十四首寄來，題爲因繼集卷之一。今年、予復以近詩五十首寄去，微之不踰月，依韻盡和，合一百首，又寄來，題爲因繼集卷之二。……予不敢退舍，即日又收拾新作格、律共五十首寄去，……和晨興一章，錄在別紙，語盡於此，亦不修書，二年十月十五日樂天重序。」

東本予復以三字、誤倒爲復予以，唯新作格律下多一詩字。稹卒大和五年，則序之二年，非大和即寶歷。晨興一章，今見東本五二和微之詩二十三首中之第二十（元集似無以晨興爲題者，待考。）其全題爲和晨興因報問龜兒，詩有云：

「西院病孀婦，後牀孤姪兒，……雙目失一目，四肢斷兩肢，……前時君寄詩，憂念問阿龜，喉燥聲氣窒，經年無報辭，及覩晨興句，未吟先涕垂。」

阿龜即行簡子，居易之姪，行簡「寶歷二年冬病卒，」附見舊書一六六居易傳，故詩言孤姪、斷肢，居易寶歷二年八月三十方解蘇州，而詩謂經年無報，合此以推，知斷爲大和二年無疑矣。因繼今雖不傳，然從白氏文章，亦可約知其卷數，如前引和微之詩二十三首之序云：

「微之又以近作四十三首寄來，命僕繼和，……四十二章麾掃並畢，不知大敵以爲如何，……況曩者唱酬，近來因繼，已十六卷，凡千餘首矣」。

全詩七函五册同，然前云四十三首，後云四十二章，大敵當前，居易未必示弱，則疑任一數目有誤。且今存二十三首，尤與卌三、卌二相差太遠，非白氏自行刪汰，即傳本有闕矣。又全文六七五白氏長慶集後序云：（東本七一題爲白氏集後記。）

「又有元白唱和因繼集共十七卷，……其文盡在大集內錄出，……會昌五年夏五月一日樂天重記。」

知最後寫定爲十七卷，今已不傳。

白氏大集，（二字見前引文。）在大和二年秋後，尙繼續自行編定，其可考者，如全文六七六東林寺白氏文集記云：

「昔余爲江州司馬時，常與廬山長老於東林寺經藏中，披閱遠大師與諸文士唱和集卷，時諸長老請余文集亦置經藏，唯然心許他日致之，迨茲餘二十年矣。今余前後所著文大小合二千九百六十四首，勒成六十卷，編次既畢，納於藏中。……仍請本寺長老及主藏僧依遠公文集例，不借外客，不出寺門，幸甚。太和九年夏，太子賓客晉陽縣開國男太原白居易樂天記。」（東本六一、太和正作大和）。

此爲東林寺六十卷本，定於大和九年夏。自元和十年居易初貶江州起計，後先二十一年，故曰餘二十年。如依舊傳及全文，前集爲文二、二五一首，則寶歷元年初至大和九年夏十一年中，得文七一三首；依東本及元集，則得七七三首。

次全文六七六聖善寺白氏文集記云：

「中大夫守太子少傅、馮翊縣開國侯、上柱國、賜紫金魚袋、太原白居易，字樂天，與東都聖善寺鉢塔院故長老如滿大師有齋戒之因，與今長老振大士爲香火之社，……故以斯文寘於是院。其集也帙六十五卷，凡三千二百五十五首，題爲白氏文集，納於律疏庫樓。仍請不出院門，不借官客，有好事者仍就觀之，開成元年五月十三日樂天記。」）也字誤，東本六一正作「其集七袠」。唯東本誤大師爲太師。又仍就、東本作任就，未詳孰是。五月十三日作閏五月十二日，是歲恰閏五，則或有閏字者爲正也。）

此爲東都聖善寺六十五卷本，定於開成元年夏，比上年（卽大和九年）夏所定者增多五卷，文則多二九一首。全詩八函一册、李紳題白樂天文集，注云，「樂天藏書東都聖善寺，號白氏文集，紳作詩以美之」，其詩云：

「寄玉蓮花藏，緘珠貝葉扃，院閑容客讀，講倦許僧聽，部列雕金榜，題存刻石銘，永添鴻寶集，莫雜小乘經。」

東本六一附刻此詩，題爲「看題文集石記因成四韻以美之，」似斟對詩中「題存刻石銘」句，但未著明何人文集，恐非當日原題眞相，石亦未見宋人著錄也。下署「中散大夫守河南尹賜紫金魚袋李紳」，按舊紀一七下、開成元年四月，庚午朔，以太子賓客分司東都李紳爲河南尹，六日癸亥，以河南尹李紳檢校禮部尙書、汴州刺史充宣武軍節度使，是歲閏五月時，紳正在河南尹任上，蓋卽題聖善寺六十五卷本之詩也。

次全文六七六蘇州南禪院白氏文集記云：

「唐馮翊縣開國侯太原白居易字樂天，有文集七帙，合六十七卷，凡三千四百八十七首。……故其集家藏之外，別錄三本，一本寘於東都聖善寺鉢塔院律庫中，一本寘於廬山東林寺經藏中，一本寘於蘇州南禪院千佛堂內。……開成四年二月二日樂天記。」

此爲開成四年春六十七卷定本，距前開成元年夏聖善寺本，三年中計增二卷，文增二三二首。除家藏外，別錄三本，一存廬山東林寺，一存東都聖善寺，一存蘇州南禪寺，前此庋東林寺之六十卷本，聖善寺之六十五卷本，是否換回改定，並無明文，此節將於下文再討論之。

次全文會昌五年五月白氏長慶集後序云：

「白氏前著長慶集五十卷，元微爲之序，後集二十卷，自爲序。」（爲之二字乙，東本不誤。）

依此，則介開成四年二月與會昌五年五月之間，白氏曾繼元稹之後，把寶歷已來文字，總編爲後集二十卷。所謂自爲之序，未知即指前引之後序否？汪立名曾疑之云：

「按各本後序列二十一卷之首者，乃序長慶三年至太(大)和二年六載之詩，尙未及洛中諸作，似非二十卷之序也，今姑仍之。」

又云：

「然公自記後集二十卷自爲序，而此序中未詳卷數，且止六年之詩，豈其初隨年類卷，迨二十卷編次既成，遂因以爲後集序耶，抑別有自序散失未載耶？」

故後集增成爲二十卷後，實載文若干首，殊有疑問。全文六七九載居易醉吟先生墓誌銘云：

「前後著文集七十卷，合三千七百二十首，傳於家。」（東本不載此文，馬本七一有之。）

卷數與集後記不符。書錄解題一六白氏長慶集下，對此已有疑問，乃爲之說云：

「墓志乃云集前後七十卷，當時預爲誌時，未有續後集。」

余極疑此誌是僞作，（當別於白氏集僞文篇詳之。）故茲不取。次全詩七函七册居易題文集櫃云：

「前後七十卷，小大三千篇」。

三千舉其大數，然卷則七十，惜此詩作於何年，無可捉摸。又次全詩七函八册送後集往廬山東林寺兼寄雲皐上人云：

「後集寄將何處去，故山迢遞在匡廬，舊僧獨有雲皐在，三二年來不得書，別後道情添幾許，老來筋力又何如，來生緣會應非遠，彼此年過七十餘。」東本六九遞作遰）。

居易會昌二年纔七十一，今曰年過七十，則後集之編定，或卽在是年。

當此時期中，白氏與劉禹錫唱和之什，又別出爲劉白唱和集，如全文六七七居易劉白唱和集解：

「彭城劉夢得、詩豪者也，其鋒森然，少敢當者，予不量力，往往犯之。……一二年來日尋筆硯，同和贈答，不覺滋多，至太和三年春以前，紙墨所存者凡一百三十八首，其餘乘興扶醉率然口號者不在此數。因命小姪龜兒編錄，勒成兩卷，仍寫二本，一付龜兒，一授夢得小兒崙郎，各令收藏，附兩家集。……己酉歲三月五日樂天解」。（按東本六〇、太和正作大和）。

己酉卽大和三年。越四年，又再續一卷，名劉白吳洛寄和集，如全文六七四居易與劉蘇州書云：

「與閣下在長安時，合所著詩數百首，題爲劉白唱和集卷上下。去年冬、夢得由禮部侍郎中集賢學士遷蘇州刺史，冰雪塞路，自秦徂吳，僕方守三川，得爲東道主，閣下爲僕稅駕十五日，朝觴夕詠，頗極平生之歡，各賦數篇，視草而別。歲月易邁，行復周星，一往一來，忽又盈篋，……然吳苑、洛城相去二三千里，捨此何以啓齒而解頤哉。……今復編而次焉，以附前集，合成三卷，題此卷爲下，遷前下爲中，名曰劉白吳洛寄和卷，自太和六年冬送夢得之任之作始。居易頓首。」（按東本五九、「與閣下」上多一僕字，「禮部侍郎中」不衍侍字，「吳洛寄和卷」之卷作集，太和正作大和，均以東本爲是。唯易邁作易得，合成三卷作合前三卷，則又全文爲可從也。）

此書雖未署年月，然據汪校禹錫以五年冬之吳任，六年字是訛，（說見後。）則行復周星，應六年秋末之作。後此劉、白唱和尙多，故會昌五年夏之長慶集後序，稱劉白唱和集五卷，其編次今不可得見矣。

更別出爲洛詩及洛中集者，全文六七五序洛詩序云：(東本六一無下序字。)

「序洛詩，樂天自序在洛之詩也。……自三年春至八年夏，在洛凡五周歲，作詩四百三十二首。除喪明、哭子十數篇外，其他皆寄懷於酒，或取意於琴，閒適有餘，酣樂不暇，……故集洛詩別爲序引，不獨記東都履道里有閒居泰適之叟，亦欲知皇唐太和歲有理世安樂之音，集而序之，以俟夫採詩者。甲寅歲七月十日云爾。」(東本六一、在洛之詩作在洛之樂詩，喪明作喪朋，太和作大和，均是也。元稹卒大和五年，東本五六元相公挽歌詞三首，五七哭微之二首，卽喪朋之作，否則喪明卽哭子，何用重言之。)

甲寅、大和八年也，此不過一時編集，其後更擴而爲洛中集。全文六七六載香山寺白氏洛中集記云：

「白氏洛中集者，樂天在洛所著書也。太和三年春，樂天始以太子賓客分司東都，及茲十有二年矣，其間賦格、律詩凡八百首，合爲十卷，今納於龍門香山寺經藏堂。……大唐開成五年十一月二日，中大夫守太子少傅、馮翊縣開國侯、上柱國、賜紫金魚袋白居易樂天記。」(太和、東本七〇正作大和。)

大和八年七月至開成五年十一月，計餘五年，比前增詩三六八首；最後會昌五年長慶集後序稱曰洛下遊賞宴集十卷，今亦失傳。

(丙)續後集

全文白氏長慶集後序云：

「白氏前著長慶集五十卷，元微爲之序，後集二十卷，自爲序，今又續後集五卷，自爲記；前後七十五卷，詩筆大小凡三千八百四十首。集有五本；一本在廬山東林寺經藏院，一本在蘇州南禪寺經藏內，一本在東都勝善寺鉢塔院律庫樓，一本付姪龜郎，一本付外孫談閣童，各藏於家，傳於後。……會昌五年夏五月一日，樂天重記。」(按爲之二字應乙，已校見前文。文中言「自爲記」，則東本題集後記者合，此題集後序者非也。南禪、前引各文同，(2)東本此處作禪林，誤。聖善、前引各文均作聖，舊書本傳同，太平廣記一六三引朝野僉載、二二七引國史補有聖善寺，全文與東本此處訛勝。東本又訛鉢塔爲盆塔，鉢古作盋，故訛盆也。談氏外孫、全詩稱玉童，東本六九缺一點爲王童，此稱閣童，或後來改名。）

此卽白氏易簀前一年自行編定之七十五卷本也。一年之內，雖有續作，（如東本七一自詠老身示諸家屬之「壽及七十五」，及六年立春日人日作，均顯是會昌六年所詠。）數諒無多，後人殆附入卷末矣。依此記，則自開成四年春至是，增文筆三五三首，白氏全集如完好弗缺者，其首數應在三千八百四十已上。

凡上引文，除大集別出者不計，其卷數、首數，可撮舉如下：

前集	長慶四年編	五十卷	文二二五一或二一九一首
後集	會昌二年？	二十卷	文一五三九或一六四九首
續後集	會昌五年夏	五卷	
集後			不詳

(二)白氏全集源流

依白氏集後記，最末手定之七十五卷本，凡寫五本：

(1)庋廬山東林寺經藏院。

(2)庋東都聖善寺鉢塔院。

(3)蘇州南禪寺經藏。

(4)付姪龜郎。

(5)付外孫談閣童。

按東林初有六十及六十七卷本，聖善初有六十五及六十七卷本，南禪初有六十七卷本，觀其送後集往東林詩，是否換回前本，抑續寫送上，滋難言也。龜郎卽東本六〇祭弟文之龜兒，文有云：

「龜兒頗有文性，吾每自教詩書，三二年間，必堪應舉，阿羅日漸成長，亦勝小時。……爾前後所著文章，吾自檢尋，編次勒成二十卷，題爲白郎中

(2)范成大吳郡志三一云，「南禪寺，唐有之，今不知所在。」

集，……他日及吾文集同付龜、羅收傳。」（檢、全文六八一訛綠）。

蓋行簡之子，今以集付，踐其前言也。龜郎亦疑卽景受，全文七八〇李商隱刑部尙書致仕白公墓碑碑銘幷序云：

「子景受，大中三年，自潁陽尉典治集賢御書，……奉公之遺，旻不克旣，乃件右功世以命其客取文刻碑。」

新表七五下居易下亦云：

「景受、孟懷觀察支使，以從子繼。」

獨舊書一六六傳謂「無子，以其姪孫嗣」，與醉吟墓誌同，疑不確。又外孫姓作談，全詩全文及東本同，唯墓碑銘「一女妻譚氏」，亦疑誤。

白卒而後，其集始著錄者厥爲墓碑銘，時大中三年也。碑云：

「集七十五卷，元相爲序。」

白氏自序數次，而未之言，則似未嘗披覽其全集者；且積所序止前集五十卷，故知商隱之言甚粗略也。繼其後者有全詩十二函四册齊已賀行軍太傅得白氏東林集詩：

「樂天歌詠有遺編，留在東林伴白蓮，百尺典墳隨喪亂，一家風雅獨完全，常聞荆渚通侯論，果遂吳都使者傳，仰賀斯文歸朗鑒，永資聲政入薰弦。」

齊已常游匡廬、荆湘間，新書一九〇鍾傳傳：

「僖宗擢傳江西團練使，俄拜鎮南節度使、檢校太保中書令。」

五代史補又言：

「鍾傳雖起於商販，尤好學重士。」

或疑行軍太傅是傳，似有可能；然賀傳詩而用「傳」字韻，唐人多忌諱，想必不然，且何解於吳都使者乎。唯宋敏求春明退朝錄下云：

「白公自勒文集，成五十卷，後集二十卷，皆寫本，寄藏廬山東林寺，又藏龍門香山寺。高駢鎮淮南，寄語江西廉使，取東林集而有之。香山集經亂亦不復存。其後履道宅爲普明僧院，後唐明宗子從榮又寫本置之經藏院，今本是也。後人亦補東林所藏，皆篇目次第未眞，與今吳、蜀本摹板無異。」

謂東林眞本爲高駢威取，似與詩吳都使者合。舊新書駢傳均未敍其歷行軍太傅；始領淮南節度，在乾符六年末，其敗也光啓三年，於時鍾傳廉察江西，本駢所汲引，

（見桂苑筆耕）。廣記二〇〇引謝蟠雜說云：

「唐高駢幼好爲詩，雅有奇藻，屬情賦詠，橫絕常流，時秉筆者多不及之，故李氏之季，言勳臣有文者，駢其首焉。集遇亂多亡，今其存者盛傳於時。」

則駢之取集，傳之應命，要皆有故。齊己又有與崔校書靜話言懷詩：

「同年生在咸通裏，事佛爲儒趣盡高。」

駢取集當中和年，齊己時代亦可相及。所須注意者，敏求北宋弘雅，尤專唐故，而敍白集卷數祇曰七十，若其時尚未見七十一卷本者；然吳、蜀已有摹板，豈振孫所見吳、蜀刻，有異乎敏求所見歟？抑敏求未詳爲比觀歟？

李從榮、據新五代史一五本傳：

「長興元年，拜河南尹兼判六軍諸衞事。從璟死，從榮於諸皇子次最長，又握兵柄，然其爲人輕雋而鷹視，頗喜儒學，爲歌詩，多招文學之士，賦詩飲酒。」

從榮以長興四年誅死，其補寫白集當在長興中，蓋楊氏補寫東林本前不二三年也。香山、東林兩處之掇拾，數歲之間，南北輝映，且皆發自王子，堪稱無獨有偶；然贋作羼入，亦當斯時，其幸，亦其厄也。

抑白氏全集庋藏之地，在東都唯聖善寺，龍門香山寺所庋，不過洛中詩十卷，白氏遺文，可一一按，宋氏乃謂七十卷本又藏香山，直是失實。（謂香山後來分鈔一本，或許有之。）然由此可設想聖善寫本，早成刼灰，故卽在文人，已勿復能詳矣。稍後、則全文九一九載匡白江州德化東林寺白氏文集記云：

「唐皇白傅之有文勳鈞私，乃惟曰，此必補之，蓋不銷吾之力也。及旋旆於府，卽命翰墨者繕之，不期月，操染畢函而藏之於辨覺大師堂之座左，誡其掌執者嚴以鎖鑰開閉，準白侯文集，無令出寺，勿借外人；又圖白侯眞於其壁，使人敬憚之，不敢苟違也。仍傳教令，下屬幽愚，令紀徽猷，用刊琬玉，匡集七十卷，一置東都聖善，一置蘇州南禪，一置廬山東林，……洎唐之季世，兵火四起，向來之美，殆爲煨燼，餘則固知東林者其已墜焉。……德化令公大王處青宮日，雖以宴遊參侍宸扆，而友愛棣華之美，靡間於君臣。……俄膺天命，秉旄鉞，出撫江城，……視事之暇，閱圖經，蹶然而悟，且曰，白傳嘗謫爲是邦典午，及訪之遺跡，又洗然，憶東林等（疑寺訛）有其集焉，又詢諸老僧，咸曰，執事者不勤，翦無遺矣，王咨嗟良久，顧謂諸輩，何疏慢之若是，亡斯寶耶。然於勝事頗（原注闕一字）。白也冥蒙釋子，述作非能，仰認獎錄之深，詎可輒爲陳讓，含毫襞紙，愧懼煎惱，股栗流汗，不能已矣。時太和六年歲次甲午，八月己巳朔，十二日庚辰，管內僧正講論大德賜紫沙門匡白記。」

此文內錯簡一大段，故不能不詳爲摘錄，先事校正，後加討論。考「皇唐白傅之有文」及「然於勝事頗」之下，均文氣不接，細審之，乃知前一句應下接「集七十卷……」，其「鈞動私」已下至「用刊琬玉匡」一段凡一百有七字，應鈎於「然於勝事頗」之下，如是，則前文爲「皇唐白傅之有文集七十卷，一置東都聖善，……」後文爲「然於勝事，頗動鈞私，……用刊琬玉，匡白也冥蒙釋子，……」文義整然；匡白乃作記之僧名，原注謂「頗」下闕一字，亦非。寶刻叢編一五江州引諸道石刻錄云：

「唐東林寺德化王童置白氏文集記，僧匡白記，余文眞正書，倪康明篆額，大（太）和六年八月十二日。」

童、重之訛，可爲證也。

太和爲楊行密子楊溥年號，由記之「友愛棣華」，知撫江州者亦行密子加官中書令者也。(3)記謂「向來之美，殆爲煨燼」，南禪、聖善，應在數中；一則曰東林已墜，再則曰翦無遺矣，則知東林本亦爲高駢脅去而記諱言之也。記末之頌又云：

「緬彼樂天，其眞古賢，才器天付，辭華世傳，集有七帙，芳逾百年。……念彼東林，而嘗有之，尸掌不專，逸漏堪悲，爰命傳寫，用補闕儀。」

余按(1)文集七帙，白氏自記南禪六十七卷本，雖是如此，但後來續增七卷，帙數果仍前不變乎，惜集後記不提帙數，無所是正。

(2)如記之說，蘇州、洛城等眞本，均已喪失，東林寫補，果何所憑，試爲下一轉語，其當取資於外間傳行之本矣。元氏集二二酬樂天餘思不盡詩自注云：

(3)江西通志四五鄱陽郡公楊澈下引十國春秋云，「太祖第六子，武義元年七月丙戌，封鄱陽郡公，太和二年正月，徙封德化王，不知所終，合觀匡白之記，德化令公大王卽澈無疑。太和末澈加中書令出守江州，可以補吳書之闕。

「後輩好僞作予詩，傳流諸處，自到會稽，已有人寫宮詞百篇及雜詩兩卷，皆云是予所撰，及手勘驗，無一篇是者。」

又白氏集後記云：

「若集內無而假名流傳者，皆謬爲耳。」

元、白生前已贋品不少，故白亟爲之辨，例如郡齋讀書志一八云：

「獨集中載聞李崖州貶二絕句，其言淺俗，似幸其禍敗者，余固疑非樂天之語；及考之編年，崖州貶時樂天沒將踰年，或曰浮屠某所作也。」（按二疑三訛，振孫所見及東本均是三首也。）

書錄解題一六白集年譜下云：

「知忠州漢嘉何友諒以居易舊治，旣刊其文集，又作年譜，……其辨李崖州三絕非樂天作，……與余暗合。」

余亦嘗於會昌伐叛集編證上辨之，（中大史學專刊二卷一期一〇九頁）今東本編入卷二十，乃爲長慶已前作，其尤妄也。抑白集七十五卷，匡白只云七十，遺漏正多，豈續後集定於白氏晚歲，遲留未致之東林，及白卒而事不果行，故東林遂闕五卷耶？今世所傳，有第七十一卷，又豈後人拾續後集五卷之孑遺而補附於末者耶？是皆不可知，李、楊掇補，功非不巨，然攙入僞作，亦當在此時期，實白集之大厄也。

次全文八六三陶穀龍門重修白樂天影堂記云：

「今居守佐相太原武公自許下之撫三川也，……廣順三稘，歲在癸丑，暮春之初，余因芟除入洛，獲謁拜上公，……因以白公影堂爲說。……予曰，……有文七十卷，導平生之志向，……公聳身長揖而言曰，……子其行矣。予果得修之。予歸朝未再旬，邸吏捧公書相授，具報訖事。」（東本七一附錄載此文，佐相作左相，是也。三禩作三祀。朝上空一格，例與前文天子上空一格同，非闕文也。唯篇末比全文多「廣順癸丑歲七月十有二日記」凡十二字。）

按武公卽行德，宋史二五二本傳：

「武行德、并州榆次人，……廣順初，加兼侍中，俄改忠武軍節度，遷河南尹西京留守。」

侍中稱左相，故作佐者誤。撫三川即河南尹，陶氏作記，距東林修補僅二十年，所云集七十卷，與匡白記同，是五代人殆以七十卷爲足本矣。

越在天水，著錄之家，如崇文總目五云：

「白氏文集八十卷，白居易撰。」

新書藝文志六〇云：

「白氏長慶集七十五卷」（通志略同。）

讀書志一八云：

「白居易長慶集七十一卷；……前集五十卷，有元稹序，後集二十卷，自爲序紀，又有續後集五卷，今亡三卷矣。」

解題一六云：

「白氏長慶集七十一卷，……今本七十一卷，蘇本、蜀本編次亦不同，蜀本又有外集一卷，往往皆非樂天自記之舊矣。」

中興書目文已佚，大致想與他家從同。今有可論者：（1）新志之七十五卷，當是據文著錄，非見本如是，因五代至宋初皆只言七十卷也。（2）晁志稱今亡三卷，則所存應七十二卷，何以衹著錄七十一，如謂合解題所謂外集者言之，更不應於標目內漏去，則晁志必有舛誤也。若宋巳後著錄，皆逃不出宋本範圍，無事繁引矣。

宋著錄家外，論東林集源流者尙有渭南文集四六之入蜀記，其言曰：

「白公嘗以文集留草堂，後屢亡逸，眞宗皇帝嘗令崇文院寫校，包以斑竹帙送寺，建炎中又壞於兵，今獨有姑蘇版本一帙備故事耳。」

如陸游說，眞宗去吳太和約七十年，東林之本，亦已屢逸，不徒非會昌舊錄，且非復楊氏補本之眞面目矣。讀書敏求記四云：

「白氏文集七十一卷，年譜一卷。樂天自杭州刺史以右庶子詔還，排纂其文，成五十卷，號長慶集，微之爲之序，又成外集二十卷，自爲之序，嘗錄一部，置廬山東林寺經藏院，北宋時鏤諸板，所謂廬山本是也。絳雲樓藏書中有之，惜乎不及繕寫，庚寅一炬，此本種子斷絕，自此無有知廬山本者矣。予昔從婁東王奉常購得宋刻，卷次與世行本無異，後亦歸之滄葦。此乃對宋本校寫者，其一之二，五之七，四十三，四十八之五十二，共宋刻十一卷，仍同奉常本。十三之十六，二十六之三十，三十三之三十八，共十七卷，是金華宋氏景濂所藏小宋板，圖記宛然，古香可愛，更精於奉常本。然總名白氏文集，愈知廬山舊本之爲艱得矣。」（海山本。十七卷數不合，敏求記校證引黄丕烈說，乃十三之十六，二十六之三十四，五十五之五十八云。）

所云卷數，似與晁志今亡三卷合，然年譜一卷，非白集原有，秦鑒崇目輯釋謂今本七十二卷，恐即誤併年譜言之。當五代初期，東林所庋已失，洛、蘇亦同遭厄，下逮眞宗，屢經亡逸，崇文寫送，必猶是總目七十卷本，非樂天自記之舊，振孫立論最的，安所從得廬山眞跡者。且續後集五卷，晁、陳引文如一，錢曾舍此弗提，足徵其於白集源流之昧昧也。張氏藏書志云：（據管庭芬敏求記校證引）

「白氏文集七十一卷，宋紹興刊本，玉蘭堂藏。書中遇構字注犯御名，桓字注淵聖御名，蓋紹興三（十）年以前刊本也。案敏求記云，宋刻白集從婁東王奉常購得，後歸諸滄葦，此本玉蘭堂、王煙客、季滄葦俱有印記，蓋文氏故物，後歸王氏，轉入錢氏、季氏者。缺卷三十一至三十三，又三十五至三十六，共缺五卷，鈔補。」

大柢後世所傳宋本白集，多屬南渡之刻。就如錢說謂北宋鏤板，似不能逾眞宗而上之，非廬山眞跡，又顯然者。俞大綱氏云：

「特遵王稱牧齋之藏爲廬山東林本者，略有疑義。考宋敏求春明退朝錄卷下云，……則東林本已爲後人所補，遵王直引白氏自記藏書東林事，而謂北宋時取而鏤諸板，一若牧齋藏本，無異東林舊帙者，微覺失於考據。」

藏書家尙板本，人卽因其所好以中之，受欺當不少，眞白集之種子斷絕，斷在五代，寧待絳雲一炬也哉。錢氏又以白氏文集與長慶集之各異標題，爲非廬山或廬山之判別，顧謙益舊藏，據曾所見，非爲足本。汪立名則云：

「公之沒去長慶末二十有二年，距微之之沒亦十有五年，從杭州召還及蘇州、洛中詩皆在後集，奈何以長慶集括公之作乎，此誤相承已久，至今莫辨，良不可解。」

此汪氏謂名長慶集爲不合，與錢曾以題長慶集爲廬山眞本者異。四庫提要（一五一）乃云：

「案錢曾讀書敏求記稱所見宋刻居易集兩本，皆題爲白氏文集，不名長慶集，汪立名校刻香山詩集，亦謂寶歷以後之詩，不應概題曰長慶，……曾及立名所辨，不爲無據。」

則若錢主張應名白氏文集者，殊不知錢氏之意，蓋謂昔年曾在絳雲樓見一廬山本，內五十卷號長慶集，又二十卷號外集，自絳雲一炬，此本種子遂絕，後從王奉常購得宋刻，歸諸季氏，今本係對宋景濂藏小宋板校寫，然此兩宋刻均總題「白氏文集」，究不如廬山本之分題長慶集、外集者爲眞云云；申言之，則錢以總題白氏文集者爲不合，分題長慶集爲合，汪以總題長慶集者爲不合，反言之，卽汪以總題白氏文集者爲合，錢、汪持論，適屬相反，提要竟以異途爲同趨，可爲憒極。提要又云：

「然唐志載白氏長慶集七十五卷，宋志亦載白氏長慶集七十一卷，而白氏文集之名，轉不著錄，又高斯得恥堂存稾有白氏長慶集序，宋人目錄存於今者，晁公武讀書志、尤袤遂初堂書目、陳振孫書錄解題亦均作白氏長慶集，則謂宋刻必作白氏文集，亦未盡然。況元稹之序，本爲長慶集作，而聖善寺文集記中載有居易自註，稱元相公先作集序，并目錄一卷在外，則長慶集序移弁開成新作之目錄，知寶歷以後之詩文，均編爲續集，襲其舊名矣，未可已遽以總題長慶爲非也。」

按集後記命寶歷後會昌前者曰後集、續後集，其上卽隱含長慶兩字，以白所言，名白之集，何得曰誤，錢、汪之說，均有未通。吾人不得目題「白氏文集」者必爲惡，猶諸吾人不得目今題「白氏長慶集」者必爲善。坊賈射利，常有改名，要須看其內容如何耳。涉於卷數，提要亦有討論，今并引於此。提要云：

「其卷帙之數，晁公武謂前集五十卷，後集二十卷，續集五卷，今亡三卷，則當有七十二卷；陳振孫謂七十一卷之外，又有外集一卷，亦當有七十二卷；而所標總數，乃皆仍爲七十一卷，與今本合，則其故不可得詳。」

按年譜成於晁志之後，晁志之七十二，斷非包年譜言之，公武本書，纂行於蜀，所錄殆蜀本，蜀本多外集一卷，故曰亡三卷；所標總數仍作七十一，則許後人據見本改正，不然，兩數終無以相合也。草堂所備是蘇版，可見其當日通行江、浙間，振孫生於浙，必據蘇本入錄，故曰七十一；若蜀本增一卷，當曾見而知之，附說於解題之內，更不足爲異也。俞氏解云：

「今胡氏引牧齋宋刻善本，明著爲久佚之續後集，且所引詩十八首，皆傳世舊本所無，……由此論之，則牧齋所藏續後集，倘卽宋時所存二卷中之一，而七十一卷本中之（第）七十一卷，亦爲續後集中之一卷耶。如此，則晁、馬兩氏續後集亡三卷，藉此可得一通解矣。」

按十八首應作二十七首，且非全爲他舊本所無，余將舉之。（見下文異同節及考證節。）居易全集是生時按年序編下，續後集五卷，自應最暮年之作；且據自記，開成四年春猶不過六十七卷，續後集應爲會昌作品，事更灼然。若全詩補遺所收詩，其時代可考者，如

江南喜逢蕭九徹因話長安舊遊戲贈五十韻。　歷敍少年放浪事，末有云，「舊遊千里外，往事十年強，」則是居易官江南時詩，大和前——或且元和末——作品也。

一字至七字詩。　注云，「樂天分司東洛，朝賢悉會興化池亭送別，酒酣各請一字至七字詩，以題爲韻，」此卽大和三年白以太子賓客分司東都事。

歲夜詠懷兼寄思黯。　詩云「偏數故交親，何人得六旬，今年已入手，餘事豈關身」，白生大歷壬子，則詩爲大和五年六十歲作。

和夢得夏至憶蘇州呈盧賓客。　詩原注，「予與劉、盧三人前後相次典蘇州，今同分司，老於洛下，」又詩云，「齊雲樓上事，已上十三年，」居易寶歷二年罷蘇州，依詩計之，約開成三、四年作。

凡此年分不同之四首，而謂居易至續後集始編入乎？胡震亨統籤敍錄云：（據俞氏引。）

「續後集之止存一卷者，近復於錢太史受之所藏宋刻善本，錄得一卷，附各體後，注補字以別之。」

由汪編則知所謂錄得一卷者，實補詩二十七首，請更就其年代可考者詳之。

送滕庶子致仕歸婺州。　此珦也，據全詩四函八册，珦大和初致仕。

酬令狐留守尙書見贈十韻。　楚也。舊書一七二本傳，大和三年三月，檢校兵部尙

書東都留守，其年十一月，進位檢校右僕射天平軍節度，詩云，「太(大)和膏雨降，周、邵保釐初，」又云，「洛中歸計定，一半爲尙書，」是此詩爲大和三年尙未自刑侍改東都分司時作。

初見劉二十八郎中有感。 二十八卽禹錫，大和初和州召還，自主客郎中累轉禮部郎中，應大和五年元稹卒後之作。

送劉郎中赴任蘇州，又福先寺雪中餞劉蘇州。同是大和五年冬作，於劉白唱和集解見之。

雨中訪崔十八。 崔名玄亮，卒大和七年七月，見東本六一墓誌。

池畔閑坐兼呈侍中。 池卽東都履道白宅之池，詩曰「一卷晉公詩，」則侍中指裴度，舊紀一七下、大和八年三月，度充東都留守依前守司徒兼侍中，九年十月，進位中書令，此應八、九年作。

除夜言懷兼贈張常侍。 詩云，「三百六旬今夜盡，六十四年明日催，」大和八年白六十三，則此是八年歲除作。

送張常侍西歸。 此卽前條之張仲方也。舊書一七一本傳，「七年，李德裕輔政，出爲太子賓客分司，八年，德裕罷相，李宗閔復召仲方爲常侍，」據舊紀一七下，德裕以大和八年十月十七罷相，仲方之召，蓋在八年底九年初，故詩云，「二年花下爲閒伴」，又「洛城久住留情否，省騎重歸稱意無，」而八年除夕仲方尙居雒也。

和河南鄭尹新歲對雪。 鄭澣也；澣以大和八年九月除三川尹，開成元年四月內召，(參拙著唐集質疑河南七易尹條)。又詩云，「又有詩人作尹來，」當大九和年新歲作。

贈鄭尹。 尹卽澣，其任河南尹之時期，已見前文，此總是開成元年初已前作。

別楊同州後卻寄。 舊紀、大和八年七月，工侍楊汝士爲同州刺史，九年九月內召，此詩亦約九年作。

西還壽安路西歇馬，又壽安歇馬重吟。 壽安今河南宜陽縣；按居易自大和九年除同州刺史不拜之後，未嘗聞其西歸，此斷非開成、會昌之作。

凡此二十七首之十四首，約言之，皆大和末已前作，而謂白氏乃編入續後集乎？且總全集觀之，樂府古調篇幅較長，亦最少二十首爲一卷，十八首不足一卷，於事甚明，是擬此十八首爲續後集之一卷，斷斷乎其不可也。反觀今第七十一卷之詩五十六首，雖未能完全證其本事，然竟未覩開成已前之迹，兩者固不能相提並論矣。抑容齋五筆八白蘇詩紀年歲條云：

「白樂天爲人誠實洞達，故作詩述懷，好紀年歲，因閱其集，輒抒錄之。」

徵引頗爲詳盡，獨至全詩補遺所收之「身年三十未入仕」，「六十四年明日催，」「何人得六旬，今年已入手」，未見引入，由此詳之，當洪氏所見樂天集無其文，易言之，即宋刻第七十二卷，應宋人搜補遺佚而附，必非原有續後集之一卷也。引辨既竟，余於白集源流，敢作簡單之斷論曰，白集除傳家者外，其東林眞跡，於唐末或五代初期，已被武人脅去，兵火四起，洛、蘇兩分，殆同灰燼，楊氏子出撫江城，始爲補寫，大約據外間傳本，連綴成書，未加詳審，今本雜僞文多篇，當即此時混入。自此歷後周迄宋仁宗，諸家所記，卷祇七十，其第七十一卷，應是南宋以前拾遺補附，觀今東本卷首總目不列此卷，又此卷之內，特標「刑部尚書致仕太原　居易」十字，爲他卷所無，異同之故，頗耐人思也。宋時蜀刊更多外集一卷，今所傳白文不見於七十一卷本者，意即從是而出，凡諸家外集，都是後人纂輯，惑於疑似，恐僞亂眞，故創斯名，其非白氏之舊，無待論矣。

(三)宋代之吳本蜀本

至吳本、蜀本所自起，汪立名曾論之云：

「案直齋陳氏書錄解題曰，吳郡守李伯珍刻白集，有年譜一卷，維揚李璜、德劭撰，……又曰，知忠州漢嘉何友諒以居易舊治，既刊其文集，又作年譜，列之集首，始余爲譜既成，妹夫王栐叔守忠，錄寄之，則忠已有此譜，……按此即所謂吳、蜀本也。」

考春明退朝錄成於熙寧，彼書已稱「與今吳、蜀本摹板無異」，（引見前）則北宋中葉已有吳、蜀刊本之分。解題又云：

「年譜、維揚李璜德劭所作，樓大防參政得之，以遺吳郡守李伯珍諫議刻之。」

伯珍所刻，晚在寧宗之世，振孫白譜，成於紹定庚寅，（一二三〇）如知忠州何友諒（四川志一〇二不載）即渭南文集八之何蜀州，則友諒所刊，僅約當乾道之末，

(一一七三)是皆非吳、蜀本之朔也。

涉李伯珍時代,亦應於此略爲補明。考蘇州府志五二、李大性嘉泰四年十月、知平江,開禧二年四月改官,宋史三九五本傳,大性字伯和,端州四會人,弟大異。又蘇志、「李大異、伯修,龍興(6)人,嘉定元年四月,以朝奉大夫徽猷閣待制任,三年正月,改知建康,」蘇志載樓鑰同時之知府,無姓李字伯珍者,珍、異字面相切,鑰復於嘉定二年參政,余是以疑李伯珍卽大異也。

汪編又載白文公年譜跋云:

「香山居士長慶集舊刊於郡之思白堂,因以一帙遺湖南林潸,復書乃以陳直齋所編年譜見屬,謂有文集而無年譜,不幾於缺典乎。得此,喜爲完書,鋟梓以冠於集首,亦可以訂香山之出處云。端平甲午重午漢國趙善書。」

蘇志端平初守蘇者無趙善,其官待考,此蓋多鋟陳譜以冠集首之本也。統今所知,宋刻白氏集之略可考者,(不能約擧年代如綘雲本等不錄)。有

熙寧前吳本	宋敏求見本。
熙寧前蜀本	同上。
紹興刊本	張氏藏書志。(引見前)
何友諒忠州刊本(有何撰年譜)	約乾道末。
李伯珍吳刊本(有李璜撰年譜)	嘉定初。
吳郡冠陳譜本	端平元年。

宋刻所收詩首,多少亦各不同,依前人及拙所整理,又可比觀其特殊之點,則如

綘雲樓已焚宋本。比馬本多出酬令狐留守尙書見贈十韻等二十七首,唯內有九首亦見於東本,其篇名見下全唐詩異同節。

泰興季氏手校宋本　比馬本多出和夢得夏至憶蘇州呈盧賓客等十一首。

東本(準宋本)　比馬本多出濟源上枉舒員外兩篇因酬六韻等四首,其篇名詳下論汪編補遺節。又與綘雲樓本同多酬令狐留守尙書等九首。

若盧文弨所見海虞葛氏影鈔宋本,除卷二六失婢一首實馬本誤脫外,詩文首數,比

(4)宋史三九五。「其先積中嘗爲御史,以直言入元祐黨籍,始家豫章,」稱龍興人者以此。今廣東江西兩通志人物下均據宋史收入李大性,惟大異歷官則不詳。

馬本並無多出，此則殆馬本所自出之祖本或其姊妹本也。今未得見者為瞿氏鐵琴銅劍樓宋本、明錫山華堅蘭雪堂活字本及明姑蘇錢應龍刻本；錢本比馬本劣，已見汪立名所評，惟願保有前兩本者鑒定之，果其善於馬本、東本者刊行之，庶不如絳雲善刻，一炬斷絕，則讀書者之幸也。

(四)高斯得本白氏長慶集

恥堂存稿三載白氏長慶集序；按斯得、紹定二年進士，宋亡，隱居苕、霅間而卒，見宋史四〇九本傳，今序有云：

「余早歲讀白傳詩，……晚見世之為詩者，乃復取白集日繙數十紙。」

則序作於晚年。序又云：

「詩凡三千餘篇，予老不能悉記，摭其尤者日諷詠之，且以授季女，凡五百九十五篇為十卷云。」

是高氏所序，乃其節選之本，諒未刊行。復按今白集所存詩首數約二千八百，而高序乃謂三千餘篇，豈高氏所見為別一較足之本，吾恐其未然也。

(五)評東洋本

鐵琴、錫山宋明兩刻，未審內容視東本如何，今取東本分八點評之，明其迴異本來面目，大端可例餘本也。

(甲)分卷

自一至二十二卷為韻文，二十三至五十卷為非韻文，此或元氏編定之舊。（亦未見其必然，參前文後集節。）今後集自五十一至五十八為韻文，五十九至六十一為非韻文，六十二至六十九為韻文，七十為非韻文，第七十一卷總目闕弗書，就卷中檢之，則韻文五十六而非韻文一首也。

(1)余以為後集二十卷之編定，白氏當仍依前集次第，先韻文，後散文，今乃有散文三卷（即五十九至六十一）錯居於中，是不倫也。

(2)如謂東林、聖善、南禪三本為白氏陸續編送，編定後集時未有將前送本換回改寫，則依東林六十卷本，散文應至此卷止，續上六十一卷時應是韻文，顧今卷六十一乃爲散文也。依聖善六十五卷本，末卷應是散文，顧今卷六十五乃韻文也。又依南禪六十七卷本，末卷應散文，顧今卷六十七亦韻文也。凡此假想，都無相合。

準前集之例，今本五十一至六十一卷，與六十二至七十卷，似應各爲一期之作，然考其內容，則又不然；如卷六一所收散文，晚至開成四年二月，卷六二所收詩，起於大和七年四月，先後弗齊如此，誠如汪氏所云，「卷次刪并，其舊自不可復尋」矣。

(乙)分類

全文六七五居易與元九書云：

「僕數月來檢討囊篋中，得新舊詩，各以類分，分爲卷首，自拾遺來凡所遇所感關於美刺興比者，又自武德訖元和因事立題題爲新樂府者，共一百五十首，謂之諷諭詩。又或退公獨處，或移病閒居、知足保和吟翫情性者一百首，謂之閑適詩。又有事務牽於外、情性動於內、隨感遇而形於歎詠者一百首，謂之感傷詩。又有五言、七言、長句、短句、自一百韻至兩韻者四百餘首，謂之雜律詩。」(東本二八、事務作事物是。又囊篋作囊袠，所遇作所適，情性作情理。舊傳篋作帙，首作目，訖作至，退公下奪獨處二字，移作臥，閒作閑，翫作玩，情性二字乙，務作物，情性作情理，一百無一字。)

今前集之詩，分諷諭、閑適、感傷、律詩四類，蓋元氏猶白氏之志也。獨至五十一卷更爲格詩，半格詩之分，提要云：

「又馮班才調集評亦稱每卷首古調、律詩、格詩之目，爲重刻改竄，則今所行本已迥非當日之舊矣。」

余按律詩一辭，見前引書，取與古調別，猶可說；若格與半格，非徒讀者難詳，即作者亦未必攸分涇渭也。(半格兩字，汪氏已辨正，見下汪編類別節。)至羣書拾補於卷一三下校云：

「案後附未應舉時作三十九首，不盡是律詩。」(說本汪編)。

蓋指夜哭李夷道等數首，余按此卷編次，疑已爲後人所亂，說見下發微節。

抑今中書制誥六卷中復爲舊體、新體之別，三十一之三十三，舊體也，三十四之三十六，新體也；余按新體一辭，殆託始於元稹知内制之日，元氏長慶集四〇制誥序云：

「而又拘以屬對，跼以圓方，類之於賦判者流，先王之約束，蓋掃地矣。元和十五年，余始以祠部郎中知制誥，初約束不暇，及後累月，輒以古道干丞相，丞相信然之。又明年，召入禁林，專掌內命，上好文，一日從容，議及此，上曰，通事舍人不知書，便其宜宣贊之外，無不可，自是司言之臣，皆得追用古道，不從中覆。」

舊體多用四六駢對，新體則不沾沾於是，卽稹所謂古道，而後世所謂古文體也。試就稹集例之，如

「昔我憲宗章武皇帝熏灼威名，兵定八極，大索俊乂，以徵謀猷，其在禁林，尤集賢彥，越正月夕庚子，將弃倦勤，付朕眇末，乃詔元穎佑予沖人，以導揚丕訓」。（授杜元穎戶侍制）。

「惟朕憲考亟征不廷，熏劉幽妖，擒滅罪疾，用力滋廣，理財是切，而姦臣乘上之急，刻括以充其求，帝用憫然，思克憂濟。」（授崔稜戶侍制。）

「昔我太宗文皇帝以魏徵爲人鏡，而姦膽形於下，逆耳聞於上，及徵沒而猶歎過失之不聞。夫以朕之不敏不明，託於人上，月環其七而善惡蔑聞，豈諫爭之臣未盡規於不德耶，朕甚懼焉。」（授崔郾大諫制。）

皆新體也。反而取東本三一所謂舊體者觀之，如

「進言者謂文昌賢而審規帷才，以才佐賢，蜀必理矣。……爾等苟佐吾丞相以善政聞，使吾無一方之憂，吾寧久遺汝於諸侯乎。」（授韋審規西川節度副使等制。）

是得謂之舊體耶。（例多，不枚舉。）三十四之三十六各制，又常有用四六體者。如曰舊體卽元稹「古道」之謂，則唐制四六體沿用已久，顧名思義，焉得曰新，余意舊、新體之別，同是後人妄增，元、白兩家不應下如是蒙混之名號也。

其如三十七、三十八兩卷之翰林制誥，內附擬制，尤謬妄，别於白氏集僞文篇論之。

(丙)帙數

據元序集五帙，帙十卷，白氏自記聖善寺六十五卷本、南禪院六十七卷本，均分七帙，蓋約十卷爲一帙也。今東本卷首題「白氏長慶集五帙，都五十卷，」原合乎舊文，顧其下分帙則又不然。

第一帙詩七卷。　一至七。

第二帙七卷。　八至十四。

第三帙七卷。　十五至二十一。

第四帙七卷。　二十二至二十八。

第五帙七卷。　二十九至三十五。

第六帙七卷。　三十六至四十二。

第七帙七卷。　四十三至五十。

五十卷已分七帙，一也。第七帙包八卷，非七卷，二也。第一帙特著一「詩」字，與他帙異，三也。其爲後人妄分無疑。

(丁)首數

東本總目揭每帙之共首數，每卷卷首揭該卷之共首數，實計之則三者往往不侔，蓋本中最爲舛誤之處，欲觀其詳，列爲下表：

首數 / 卷帙	每帙首數	每卷首數	實計首數
第一帙	三三〇	(三三二)	三三一
卷一		六五	六四
卷二		五八	五八
卷三		二〇	二〇
卷四		三〇	三〇
卷五		五三	五三
卷六		四八	四八
卷七		五八	五八
第二帙	四七二	(四七一)	四七〇
卷八		五七	五七
卷九		五五	五五
卷十		七八	七八

卷一一		五三	五三
卷一二		二九	二九
卷一三		九九	九九
卷一四		一〇〇	九九
第三帙	六一五	（六一五）	六一三
卷一五		一〇〇	九九
卷一六		一〇〇	一〇〇
卷一七		一〇〇	一〇〇
卷一八		一〇〇	一〇〇
卷一九		一〇〇	九九
卷二〇		一〇〇	一〇〇
卷二一		一五	一五
第四帙	七九	（七八）	六八
卷二二		二一	二一
卷二三		一四	一四
卷二四		六	六
卷二五		七	七
卷二六		一二	一二
卷二七		三	三
卷二八		一五	五
第五帙	二一三	（二〇八）	二〇八
卷二九		七	七
卷三〇		一六	一六
卷三一		二七	二七
卷三二		三〇	三〇
卷三三		二八	二八
卷三四		五〇	五〇
卷三五		五〇	五〇
第六帙	二五八	（二八二）	二八二
卷三六		四八	四八
卷三七		三四	三四
卷三八		四三	四三

卷三九		五五	五五
卷四〇		六八	六八
卷四一		一〇	一〇
卷四二		二四	二四
第七帙	一五六	(二〇三)	二〇三
卷四三		七	七
卷四四		七	一七
卷四五		二二	二二
卷四六		一七	一七
卷四七		一九	一九
卷四八		二一	二一
卷四九		五〇	五〇
卷五〇		五〇	五〇
小　　計	二、一二三	(二、一八九)	二、一七五
第八帙	五五四	(五一七)	五二〇
卷五一		五七	五七
卷五二		六〇	六一
卷五三		一〇〇	一〇〇
卷五四		一〇〇	一〇一
卷五五		一〇〇	一〇一
卷五六		一〇〇	一〇〇
第九帙	三二八	(三二七)	三三九
卷五七		九〇	九九
卷五八		一〇〇	一〇〇
卷五九		一三	一四
卷六〇		一二	一二
卷六一		一八	一八
卷六二		四七	四八
卷六三		四七	四八
第十帙	五七八	(五六一)	五六〇
卷六四		一〇〇	一〇〇
卷六五		八二	八二

卷六六		一〇〇	九九
卷六七		七五	七五
卷六八		一〇〇	一〇〇
卷六九		九五	九五
卷七〇		九	九
小計	一、四六〇	(一、四〇五)	一、四一九
卷七一	——	一〇〇	五七
總計	三、五八三	(三、六九四)	三、六五一

玆先揭其總數論之，總目云，「白氏長慶集五帙，都五十卷，凡二千一百九十一首，」此沿元序言也，然略爲比較，則有如下之不齊。

總目所舉五帙總首數　　二、一九一

總目各帙下合計首數　　二、一二三

各卷首所列合計首數　　二、一八九

實計各卷所載首數　　二、一七五

總目又云，「已上十册，共七十卷，總三千五百九十四首，」十册、十帙之訛，再比較之。

總目所舉十帙總首數　　三、五九四

總目各帙下合計首數　　三、五八三

各卷首所列合計首數　　三、五九四

實計各卷所載首數　　三、五九四

第二行數仍與他三行不符。第四行似與一三兩行符，而覈其實亦不合；如卷一八有望郡南山寄行簡，次爲和行簡望郡南山，今全詩無前一首，羣書拾補校白氏文集云：

「望郡南山題下空八格，題行簡二字，此行簡詩也，俗本乃作寄行簡，大誤。六朝陰、何及唐人韋蘇州、劉隨州等集，凡他人元倡，皆置在前，和章則置在後，俱與本集平寫，不低一格。至明代已來刻唐四傑集、杜少陵集，不分元倡、和章，盡置本人詩後，又低一字以別之，近來名公刻集，亦依此例，遂不知有古法矣。」

盧氏以此爲行簡詩，（本汪編）甚是，觀其末兩句、「不作巴南天外意，何殊昭應望南山，」正與和詩「試聽腸斷巴猿叫，早晚驪山有此聲，」遙遙相照，非同出一手也，是此首誤以他人詩當居易詩，應剔去不算。外此如卷一九複兩首，卷五四及六三各複一首，（參下篇複節）統予刪減，則實計祇三五八九首，故曰與一三兩行數不合也。由上數再加第七一卷五七首，得三六四六首，視集後記之三千八百四十，幾差二百，若再淘汰僞文，尙不止此，所逸者正多矣。馬本六八、吳興靈鶴贊注，事具黃籙齋記，今集無記；商隱製碑言居易爲中書舍人，上鄭覃自代，今集無表；又昌黎集二一韋侍講盛山十二詩序：

「於時應而和者凡十人，……和者通州元司馬爲宰相，洋州許使君爲京兆，忠州白使君爲中書舍人」。

今集失其詩，皆逸文也。卷一七所稱送蕭鍊師步虛詞十首，亦然。

復如卷五一云，下格詩歌行雜體凡五十七首」，實計祇五十六，他一首爲劉禹錫作，唯連卷首後序計之，亦五十七，此則本不合而偶合者。

(戊)參差

前人文集取原作或和章附錄，固嘗見之，然因繼集凡十七卷，劉白唱和集五卷，他猶在外，則附不勝附，且各序皆未言，固知白氏原本當無此也。今卷五一附劉禹錫白太守行、七一附盧貞和垂柳詩各一篇，似明示掇補時錄自他本之跡。其卷六一屬「銘誌贊序祭文記辭傳」類，乃於聖善文集記後附李紳詩，旣非和章，尤爲破例。

又如卷二八目錄有和答元九詩序、新樂府詩序、傚陶公體詩序、琵琶引序、和夢遊春詩序、鶯子樓詩序、放言詩序、題詩屏序、木蓮花詩序、策林序十首，卷末注云，「已上十序各列在本詩篇首，此卷內元不載，」按策林非詩，應云「各列在本篇之首，」但果詩序可別析爲篇，則如

卷一　　潯陽三題幷序。

卷二　　秦中吟十首幷序。

　　　　贈友詩五首幷序。

　　　　有木詩八首幷序。

卷七　　訪陶公舊宅幷序。

卷一一　　曲江感秋二首幷序。

卷一二　　畫竹歌幷引。

卷二〇　　商山路有感幷序。

卷五一　　題道宗上人十韻幷序。

卷五二　　和微之詩二十三首幷序。

卷五四　　東城桂三首幷序。

卷五七　　想東遊五十韻幷序。

　　勸酒十四首幷序。

卷六二　　詠興五首幷序。

卷六八　　病中詩十五首幷序。

卷六九　　香山居士寫眞詩幷序。

　　感舊幷序。

卷七一　　開龍門八節石灘詩二首幷序。

等之序，何以不別出一篇。如曰文有短長，則有木、曲江、商山路、題道宗、和微之、開石灘諸序，皆過一二百言，而做陶公體洎放言兩序乃不及百字也。抑卷一八木蓮樹詩下初無「幷序」之目，而斥出爲序，準例言之，安見

卷一五　　微之到通州日……

卷六六　　開成二年三月三日……

諸題，不可別出爲序也；更安見凡韻文中有序者，（如二十一、二十二、二十三、二十九、六一等卷。）不可自爲一篇也。謂之參差，誰曰不宜。

詩有數首而總題旣標明者，卽連續接下，此古集本之式也，東本卷九已前，亦循斯例，獨自此而後則不然。如卷十及十一之

念金鑾子二首。

村居臥病三首。

自覺二首。

寄微之三首。

因沐感髮寄朗上人二首。

花下對酒二首。

東坡種花二首。

曲江感秋二首。

其第二第三首均重標「又一首」三字，後此尙多，不悉數也。然同時參廁其間之

栽松二首。

翫松竹二首。

又連接而下，非徒違古，且復自亂矣。盧校宋本未嘗舉如是之同異，馬本亦無又一首之分題，則知此之參差，固東本所獨也。

其參差之弊，或爲他本所同者，合得於此幷論之。唐制重官有不書姓之例，萬年宮銘碑陰之太尉長孫無忌，司空李勣，(皆三公。)開府尉遲敬德，(從一品。)尙書右僕射褚遂良，(從二品。)是也，顧其施行有所限。今東本三九及四〇之

與茂昭詔。　　張茂昭。(內一首稱書)

與師道詔。　　李師道。

與於陵詔。　　楊於陵。

與希朝詔。　　范希朝。

與季安詔。　　田季安。

與從史詔。　　盧從史。

與承璀詔。　　吐突承璀。

與元陽詔。　　孟元陽。

與執恭詔。　　程執恭。

與承宗詔。　　王承宗。

與吉甫詔。　　李吉甫。

答元應授岳鄂觀察使謝上表。　　呂元膺，應訛。

與餘慶詔。　　鄭餘慶。

答黃裳請上尊號表。　　杜黃裳。

與元衡詔。　　武元衡。

答元素謝上表。　　李元素。

與仕明詔。　　朱仕明。

與崇文詔。　　高崇文。

與宗儒詔。　　趙宗儒。

代忠亮答吐蕃東道節度使論結都離等書。　　朱忠亮。

則幾盡人而施之，如曰高官，杜佑其時方以司徒任宰相，高莫有高於此者，何

答杜佑謝男師損除工部郎中表。

答宰相杜佑等賀德音表。

之猶書姓也。抑何以

與王承宗詔。　　卷三九第一首。

答王承宗謝洗雪及復官爵表。

答朱仕明賀册尊號及恩赦表。　　後賜名忠亮。

之或書或不書也。又就制詔批答中之書姓者檢之，

答李遜等謝恩令附入屬籍表。

批李夷簡賀御撰君臣事跡屏風表。

批百寮嚴綬等賀御撰屏風表

答杜兼謝授河南尹表。

答叚（段）祐等賀册皇太子禮畢表。

答李詞賀處分王士則等德音表。

與劉濟詔。

代王伾答吐蕃北道節度論贊勃藏書。

與鄭絪詔。

答高郢請致仕第二表。

與劉總詔。

答裴垍讓中書侍郎平章事表。

答劉總謝檢校工部尙書范陽節度使表。

答任迪簡讓易定節度使表。

答裴垍讓宰相第三表。

答裴垍謝銀青光祿大夫兵部尙書表。

與房式詔。

與盧恆卿詔。

答文武百寮嚴綬等賀御製新譯大乘本生心地觀經序表。

答孟簡蕭俛等賀御製新譯大乘本生心地觀經序狀。

答李鄘授淮南節度使謝上表。

答元義等請上尊號表。

答薛苹(苹)賀生擒李錡表。

與薛苹(苹)詔。

與嚴礪詔。

與韓皐詔。

答李扞等謝許上尊號表。

答馮伉請上尊號表。

答韓皐請上尊號表。

答馮伉謝許上尊號表。

與顏証詔。

與高固詔。

答李扞謝許遊宴表。

答劉濟詔。

與柳晟詔。

答薛苹(苹)謝授浙東觀察使表。

與陸庶詔。

答盧虔謝賜男從史德政碑文并移貫屬京兆表。

與韓弘詔。

答王鍔陳讓淮南節度使表。

答韓弘讓同平章事表。

答韓弘再讓平章事表。

答杜兼謝上河南少尹知府事表。

答王鍔賀賑恤江淮德音表。

與藩（潘）孟陽詔。

答宗正卿李詞等賀德音表。

答將軍方元蕩等賀德音表。

與韋丹詔。

與孫璹詔。

與李良僅詔。

所官殊不齊，不能以高官解也。鄭絪、楊於陵皆廣州節度，絪且前相，何絪姓而於陵不姓。張茂昭、李師道、田季安、劉濟、劉總、韓弘同是藩鎮，何劉、韓姓而張、李、田不姓。王佖無以異乎朱忠亮，何前姓而後不姓。細爲按之，乃知有雙名而著姓者，（如王承宗、朱仕明、李夷簡、任迪簡、盧恆卿、元義、潘孟陽、方元蕩、李良僅是；元義實元義方之奪，別於白氏僞文篇考定。）未有單名而不著姓者；然此種不規則之省略，寧能信是白氏之舊乎。呂元膺稱元膺，元義方稱元義，首一字之爲姓爲名，後世讀者非經一番考査，直無從辨別，顧勘諸馬本、全文，其爲誤與東本大同，則必最初掇補之參差，而非東本所獨有者矣。

(己)陵亂

言乎總目，則「後集」兩字應題第八帙之前，猶諸「白氏長慶集」之題於第一帙前也，而今乃在其後。

言乎卷帙，總目題第七帙七卷而實則八卷，又題第八帙七卷而實則六卷，蓋編者欲升第五十卷於七帙之末，以完白氏前集之舊形，故致矛盾矣。

言乎編年，居易弟行簡卒寶歷二年冬，繡觀音菩薩像贊卽其妻杜氏奉爲祥齋敬繡者，今顧編入前集卷二二。又送毛仙翁明題「江州司馬時作，」（汪疑是追憶錄入，恐未必然。）今顧編入後集卷六九，是皆異乎前、後集之斷代者也。復如卷二〇之哭李崖州三絕，原是僞文，錯編無足怪矣。

言乎分類，卷五九據目爲碑誌序記表等，乃攙收送沈倉曹赴江西詩一首；卷六〇應爲碑序解祭文記，乃收四言詩之池上篇；（唯末句七言。）又卷七〇之不能忘情吟，乃與碑記並列。

(庚)篇複

卷一九之十三頁錄送客南遷詩，末注云：

「是一篇重出而字小異，故依舊存之云。」

取與前文十一頁者相校，所異唯颶風作颶風之一字，是果有重錄必要乎。又同卷行簡初授拾遺同早朝入閣因示十二韻，末注云：

「是一篇亦重出，依舊存之。」

更非字句小異也。又如卷六三七月一日作，注云：

「是一篇重出而小異，故依舊存之。」

考同卷前文題爲兩歇池上，比此少「七月一日天、秋生履道里、閑居見淸景、高興從此始」首四句，又林間暑兩歇作簷前微雨歇，岸莎靑靃靃作岸移莎靡靡，（按靃靡同義。）蒼然古盤石作蒼然古苔石，餘悉同，直失去首四句者強拈五六句「簷前微雨歇、池上涼風起」中四字爲之題耳。羣書拾補云：

「七月一日作宋本有兩歇池上一首在前，池上作前(？)即此詩少前四句耳。」

其說甚謬。俞文云：

「再案統籤於七月一日作詩下注云，『錢太史藏宋本云，前二韻題作雨歇池上』，今考此詩惟日本元和本亦作雨歇池上。」

余按雨歇池上字在七月一日作詩之第三韻，若祇取前兩韻，不應題作雨歇池上也。統籤注殆涉筆之誤，應正云，「闕前二韻者題作雨歇池上」，合諸盧見宋本自明。卷五四吳宮詞一首重出，已見卷五二。

(辛)注削

四庫提要謂聖善寺文集記中載有居易自注，（馬本有）東本卷六一無之。（全文六七六亦闕。）又全文六七九唐揚州倉曹參軍王府君墓誌銘下注，「代裴頲舍人作；」（馬本有）其誌末云：

「某不佞，頃對策於王廷也，與炎同升諸科焉，祇命於憲府也，與播聯執其簡焉，及爲考文之官也，又起在選中焉。」

言題與其三子遊也；東本二五削此注、讀者將以爲居易自述其交際矣。

削之最甚者尤在詩注；詩注多，不可勝舉，觀全唐詩七函便知之、中以代書詩一百韻、（居易十三）東南行一百韻（居易十六）爲詳，當時情事，讀其注，不煩言而解，去其注則昧昧也。夫全詩、全文所本，不外宋、明諸刻，而有注，此本獨闕，是知前舉七弊，他刻或不免，削注之弊，殆東本特尸之，亦即最大最要之缺點也。那波道圓白氏文集後序云：

「若夫其集之在廬山，在東都，在蘇州，及洛詩、洛中集、因繼集、劉白唱和集等，雖盡在全集中，無一不自記自解焉，於是乎補綴、考異、亡逸、紕繆又安在哉。」

由序言，那波所見尚有注，其信爲後人不知輕重，省工而削去矣。

(六)東本與全唐詩比讀

(甲)卷第

全詩七函內居易詩分三十九卷，其第三十八爲別集，與汪編卷三八之別集相當，第三十九爲補遺，約與汪編卷三九之補遺上相當，（有小異同，說詳下汪編補遺節內）。餘三十七卷，度即據通行本白氏全集；(5) 因余嘗費日半之力，將全詩各題與東本一一鉤比，覺全詩每卷中之次序、起訖，除少數異點，餘與東本全同，余所揣瞿藏、華刻亦不過大同小異者，或非妄也。玆先以東本與全詩之相當卷數，列對照表一：

東本卷第	全詩卷第
卷一。	居易一。
卷二。	居易二。
卷三。	居易三。
卷四。	居易四。
卷五。	居易五。

(5)四庫所收白氏長慶集爲通行本，故余揣其即明馬氏合刻本，及得閱本所所藏馬本，此之揣測，已得證實，是本篇以東本與全詩卷第對照表，亦可作爲東本與馬本之卷第對照表看。

卷六。	居易六。
卷七。	居易七。
卷八。	居易八。
卷九。	居易九。
卷十。	居易十。
卷十一。	居易十一。
卷十二。	居易十二。
卷十三。	居易十三。
卷十四。	居易十四。
卷十五。	居易十五。
卷十六。	居易十六。
卷十七。	居易十七。
卷十八。	居易十八。
卷十九。	居易十九。
卷二十。	居易二十。
卷五十一。	居易二十一。
卷五十二。	居易二十二。
卷五十三。	居易二十三。
卷五十四。	居易二十四。
卷五十五。	居易二十五。
卷五十六。	居易二十六。
卷五十七。	居易二十七。
卷五十八。	居易二十八。
卷六十二。	居易二十九。
卷六十三。	居易三十。
卷六十四。	居易三十一。
卷六十五。	居易三十二。

卷六十六。　　居易三十三。

卷六十七。　　居易三十四。

卷六十八。　　居易三十五。

卷六十九。　　居易三十六。

卷七十一。　　居易三十七。

(乙)異同

兩本間之小異同者，如東本

卷一四村居，全詩爲村居二首，東本闕一首。

卷一九自問下，東本闕曲江獨行招張十八、新居早春二首、共三篇，而復出送客南遷及行簡初授拾遺兩篇。

卷二〇李德裕相公貶崖州三首，全詩删。

卷五二濟源上枉舒員外兩篇因酬六韻，全詩闕此首；又吳宮辭一首，東本、全詩同有，唯東本又複見於卷五四。

卷五四吳宮詞一首，已見前卷五二，全詩不複。

卷五五和裴相公水傍絕句，全詩收入三十九，作和裴相公傍水閑行絕句；(禹錫和題與全詩同，東本誤。)又春風一首全詩收二十七。

卷五六失婢，全詩二六注云，「今集本脫此首，」按即汪氏補遺之誚婢失膀，是此卷編第，全詩與東本同，與汪編異。

卷五七有酬令狐留守尙書見贈十韻，得夢得新詩，(全詩倒爲夢得得新詩，汪又訛新詩爲新書。)送滕庶子致仕歸婺州，雨中訪崔十八，拜表早出贈皇甫賓客，夜題玉泉寺，(全詩無寺字)。初見劉二十八郎中有感，送劉郎中赴任蘇州，福先寺雪中餞劉蘇州，共九首，全詩皆收三十九補遺；又同崔十八宿龍門兼寄令狐尙書馮常侍一首，全詩闕。

卷六二詠興五首後，全詩有秋涼閑臥、酬思黯相公見過弊居戲贈二首，東本此兩首收入卷六三。

卷六三全詩在偶作二首後，次爲池上作、何處堪避暑、詔下、七月一日作、四篇，並不複出雨歇池上一篇，(說見前。)其東本之秋涼閑臥、酬思黯相公見過弊居戲贈二首，全詩則收入居易二十九。

卷六四浪淘沙詞六首，全詩闕，拾補有。(6)

卷六七憶江南詞三首，全詩移附卷末。

此外卷五一附劉禹錫、卷七一附盧貞詩各一首，亦爲全詩所無。夫以三四十卷之書，而其收載與次第，所異者祇此，且太半在後集之內，又知大同小異之論，施諸前集而益合也。

(丙)較量

漢古籍罕見絕對之善本，讀書者類能知之，今所謂善，是相對之詞，猶云「彼善於此」而已。然尺有所短，寸有所長，必輕重之攸分，唯大端其可論，故如

(1)東本有而全詩闕者；如五二之濟源上枉舒員外兩篇因酬六韻，五七之同崔十八宿龍門兼寄令狐尙書馮常侍，六九之送沈倉曹赴江西，六四之浪淘沙詞六首，共九首。

(2)東本闕而全詩有者；如一四村居二首之二，一九之曲江獨行招張十八、新居早春二首，又補遺中之

勸酒。

南陽小將張彥硤口鎭稅人場射虎歌。

陰雨。

喜雨。

遇過故洛城。

江南喜逢蕭九徹因話長安舊遊戲贈五十韻。

贈薛濤。

聽蘆管。

除夜言懷兼贈張常侍。

送張常侍西歸。

和河南鄭尹新歲對雪。

吹笙內人出家。

(6)全詩之闕，度以爲此應入詞也。

醉中見微之舊卷有感。

壽安歇馬重吟。

贈張處士山人。

池畔閑坐兼呈侍中。

初冬卽事憶皇甫十。

小庭寒夜寄夢得。

西還壽安路西歇馬。

贈鄭尹。

別楊同州後卻寄。

狐泉店前作。

贈盧績。

與裴華州同過敷水戲贈。

閑遊。

招韜光禪師。

和柳公權登齊雲樓。

毛公壇。

靈巖寺。

白雲泉。

寄韜光禪師。

和夢得夏至憶蘇州呈盧賓客。

曲江。

歲夜詠懷兼寄思黯。

寒食日過棗糰店。

宿張雲舉院。

惜花。

七夕。

宿誠禪師山房題贈。

新池。

南池。

宿池上。

翻經臺。

寄題上強山精舍寺。

一字至七字詩。

九老圖詩并序。

共五十首。兪文云：

「按胡氏此集假錢牧齋宋刻善本補詩十八首，……今涵芬樓影日本元和戊午刻本，……其書今稱獨步者，亦無此十八首也。」

其實十八首中之酬令狐留守尙書見贈十韻（留守上兪文衍丞字。）等七首，東本已收卷五七，所未收者祇十一首，兪文未經一一鉤比，故略有不符。

（3）字之訛舛，兩本都不免，此短篇內勢難悉舉，姑隨摘其顯見者言之；如東本是而全詩非，則有東本

卷一〇村居臥病三首，全詩三訛二。(馬卷內訛，目不訛。汪兩者均不訛。)

卷一八別樓東坡花樹兩絕，樓、全詩作種，字牽強，以次詩別橋上竹比之，作樓是。其一云，「東坡桃李種新成，」其二云，「樓上明年新太守，」合之知爲樓之東坡。（馬、汪均誤。）

卷一九代謝好答崔員外，全詩謝好下有妓字，但題末又注，「謝好、妓也，」如題有妓字，何需乎注，是知無妓字者爲合，拾補亦云，「下無妓字。」（馬本有妓字而無注，汪編無妓字而有注，均與全詩不同）。

卷五七得夢得新詩，全詩補遺倒爲夢得得新詩，詩云，「集仙殿裏新詞到，便播笙歌作樂章，」集仙卽集賢舊號，劉嘗官集賢學士，故云。又第二句閑教小樂理霓裳，全詩同汪作少樂亦非。（五六南園試小樂，禹錫和詩同。）

同卷夜題玉泉寺，全詩補遺同汪無寺字非，卷五八有獨遊玉泉寺，六四有玉泉寺南三里澗下。

卷六六同夢得酬牛相公初到洛中小飲見贈，同、全詩訛因，由末句莫欺白叟

與劉君見之，拾補亦作「同」。（馬、汪均不訛。）

卷六八偶題鄧翁，翁、全詩同汪作公，拾補同；按末兩聯「翁居山下年空老，我得人間事校多，一種共翁頭似雪，翁無衣食又如何，」作翁合。（馬作翁。）

同卷旱熱，全詩及拾補作早熱，按詩「長景又加旱，火雲殊未收，」作旱是。（馬，汪皆訛。）卷六三亦有旱熱二首，全詩同，唯拾補訛早。（此處馬、汪不訛。）

卷七一齋居春夕感事遣懷，夕、全詩作久訛，詩有「月明停酒夜」及「雪宴燭通晨」句。（馬、汪亦訛。）

（4）東本非而全詩是，則有東本

卷一〇早秋晚望兼呈韋侍，全詩侍下有郎字，注「一作御，」拾補作御；按詩「九派繞孤城，……此地同飄寄，……潯陽酒甚濃，相勸時時醉，」言韋、白同謫江州也，今卷一七有山中戲問韋侍御及送（韋）侍御量移金州司馬，知作侍御者合。（馬誤，汪不誤。）

卷一一東樓，全詩作東樓曉，與前題西樓夜相對也，故詩云，「宵燈尙留焰，晨禽初展翮，欲知山高低，不見東方白。」（馬、汪均不誤。）

卷一三邯鄲至除夜思家，全詩作「邯鄲冬至（一作至除）夜思家」，按詩擘首卽云，「邯鄲驛裏逢冬至」，至除誤。（馬、汪均不誤。）

卷一五重到城見元九七絕句，全詩作重到城七絕句，見元九是七首題之一，因餘六題高相宅、張十八、劉家花、裴五、仇家酒、恆寂師，均與見元九無涉也。（馬、汪均不誤。）

卷一七山中戲問韋侍御「君懷齊世才」訛，全詩作濟世。（馬、汪均作濟，唯馬本侍御訛侍郎。）

同卷送蕭鍊師步虛詩十首卷後以二絕繼之，全詩作步虛詞，詩固云贈君十首步虛詞。（馬、汪均不誤。）

同卷春江閑步贈張仙人訛，全詩作山人。（馬、汪不誤。）

同卷送侍御量移金州司馬，全詩送下有韋字是，卽前卷一〇早秋晚望之韋侍御也。(馬、汪有草字。)

卷一八竹枝詞,依全詩下奪「四首」二字。(馬、汪不奪。)

同卷錢虢州以三堂絕句見寄,此錢徽也,全詩作虢州是。(馬、汪不訛。)

卷二〇暮杻衢州張使君書幷詩因以長句報之,依全詩暮上奪歲字,詩云官職蹉跎歲欲除也。(馬、汪不奪。)

卷五七重陽石上賦白菊,按詩「還似今朝歌酒席,白頭翁入少年場」,則全詩作席上是。(馬、汪不誤)。

卷五八予與微之老而無子、發於言歎、著在詩篇、今年冬各有一子、戲作二什、一以相賀、一以自嘲,此卽兩首之總題也,顧第二首又題自嘲,羣書拾補云,「自嘲卽第二首,宋又別標題。」蓋東本之複題,與盧見影宋本同,全詩不別標。(馬、汪不別標。)

卷六二新秋晚興,全詩作曉興,按詩有「晨釭耿殘焰,」「輝輝日上梁,」「睡足景猶早,起初風乍涼」等句,作晚誤。(馬、汪不誤。)

同卷秋日與張賓客舒著作同遊龍門醉中狂歌凡百三十八字,按詩爲七言十七韻,乃二百三十八字也,全詩百上有「二」字。(馬、汪有「二」字。)

卷七一每見呂南一郎中新文輒竊有所歎惜因成長句以詠所懷;一、全詩作二,注稱「二賢詞藻贍麗」,可知也。南卽南卓,卷六九有南侍御以石相贈,又酬南洛陽早春見贈,卽其人。(馬、汪均作二。)

由是知兩本各有所善,未可偏從,唯平均言之,全詩訛舛較少,東本訛舛較多,蓋前者經明、清學人迭校,塵穢漸清,東本舊雖同文,而字多別體,義理之辨,未盡能明。況原注幾於全削,讀者最爲遺憾,苟必舍其一,吾寧取全詩而置東本矣。

抑全詩於諸本異同之處,多注明一作某,使覽者得致推敲,爲益不淺。或謂此非白集本有,然如前所論,五代而後,誰復敢信廬山眞面尙在人間乎。今傳古人文集,如是加注者固多矣。

全詩——亦汪氏——取舊列詩賦中之程試詩,洎廁散文中之歌、謠、吟等,自爲一卷,署曰「別集」,揆諸古稱,頗嫌未當;然其意無非欲保存舊本次第,勿使相混，是不必深求也。

其中兩本俱非者亦有之；如卷一九見于給事暇日上直寄南省諸郎官詩因以戲贈，兩本同，（馬、汪亦然。）拾補云：

「案暇日上直，頗難解，觀詩語似于乃道流，故齋詔之暇，始至官曹也」。此純昧於唐代制、俗之言，唐人服官而談道者不少見，如詩「東曹漸去西垣近，鶴駕無妨更著鞭，」此豈對道流供奉之詞乎。唐之休假日，可參會要八二，封氏聞見記五云：

「御史舊例初入臺陪直二十五日，節假直日，謂之伏豹，亦曰豹直」。顯見假日亦須輪直，暇必假之訛，猶諸卷五一郡齋旬暇而全詩作旬假也。（馬、汪均作旬假是。）

（丁）發徵

東本每卷首數與實計首數之差異，前已列表詳之，余因此而有以窺東本之變遷焉。按單就詩卷論，兩數不同者有卷一、卷一四、卷一五、卷一九、卷五一、（除去後序不計。）卷五二、卷五四、卷五五、卷五七、卷六二、卷六三、卷六六、卷七一凡十三卷，然其中異同之故，可得而詳者凡十卷；如

卷一四村居原二首，東本漏卻第二首，故差一。

卷一九自問之下，東本漏卻三首，而以重出之兩首代入，（見前異同節。）長短相消，故差一。

卷五一將劉禹錫元倡計入，故差一。

卷五二東本比全詩多濟源上枉舒員外一首，故增一。

卷五四東本重出吳宮詞一首，故增一。

卷五五和裴相公一首，全詩入補遺，意此是後來攙加者，（其例與卷五七同。）故增一。

卷五七酬令狐留守等九首，（見前異同節。）全詩均收補遺內，故增九。

卷六二吟四雖雜言一首，體與卷首題律詩迥異，疑應與不能忘情吟同列一卷，故增一也。唯全詩及盧見宋本仍入此卷中。

卷六三重出雨歇池上一首，故增一。

卷七一原題一百首，今除集後記外，祇得五十六首，計差四十四首，其數爲最多。余意全詩補遺之四十餘首，(減卻東本已錄及漏奪者而言。)其中若干，或即此卷之所失；易言之，此卷即在五代及北宋初所見七十卷外，後人搜集遺佚而附後者，故作品之年代參錯。唯是見存五十六首，多可證爲居易晚年詩，蜀本多別集一卷者，或舉年代參錯之作析出一卷耶？

所餘不可詳者，爲卷一、卷一五、卷六六均差一首，無大關係。余由五五、五七兩卷推之，敢斷東本雖可溯源於宋刻，但中間必曾經損失，(故今卷三一有闕文)由後人補綴者，故歷比諸刻，均有其特殊之點。俞文云：

「再案統籤於七月一日作詩下注云，(按此節已引見前，從略。)……又聞李崖州貶二絕[7]見於晁志者，又獨此集及日本元和本有之，則元和本與錢本實同源，不過少續後集一卷耳。」

竊謂「同源」兩字，爲廣義解釋則可，爲狹義解釋則不可；不然，胡震亨據錢謙益宋本所補之二十七首，何以東本得其九而亡其十八也。又由全詩推之，異乎謙益宋本者尚有兩點：

(1)行簡望郡南山詩，全詩不誤收居易而收入同函九册行簡下，上溯錢藏宋本，想亦同然；今東本乃誤爲寄行簡詩，正與拾補所謂俗本者相同。

(2)全詩無「又一首」之標題，錢藏宋本，合符斯例。

此可見其遠源雖同，而東本自身中多改變也。抑四部叢刊書錄云：

「他本皆先詩後筆，無復前後續之分，此本以卷一之五十爲前集，五十一之七十爲後集，七十一爲續集，尚未改廬山次第。」

檢閱東本，則總目中並未著錄第七十一卷，第七十一卷之首，亦未刻「續集」兩字，以言廬山眞面，前文已詳辨之，今可於此更舉兩點；例如卷一三涼夜有懷下注云，「自此後詩並未應舉時作，」全詩同，大致可云不誤，唯其中有及第後憶舊山一首，則明非未應舉時之作矣。又花下自勸酒詩云，「莫言三十是年少，百歲三分已一分，」居易生大歷七年，三十是貞元十七年，已爲登第之後一年矣。(參登科記考一四。)又題李十一東亭詩云，「惆悵(全詩正作悵)東亭風月好，主人今夜

(7)二爲三訛，說已見前。

在鄜州」，李十一、建也，元氏長慶集五四李建墓誌云：

「會朝廷以觀察防御事授路恕治於鄜，恕即日就，公乃自貳降拜。」

恕授鄜坊在元和三年二月，見舊紀一四，建之在鄜時，居易已入翰林矣，是今本次第已亂者一也。

卷一四曲江獨行，注云，「自此後在翰林時作，」全詩同。按卷一三末之題李十一東亭，已是翰林時作，於前文言之，今曲江獨行之先，爲翰林中送獨孤二十七起居罷職出院及重尋杏園，後詩難定其歲月，若獨孤卽獨孤郁，據重修學士壁記：

「獨孤郁、元和五年四月一日自右補闕史館修撰改起居郎充，九月，出守本官。」

則作此詩時，居易入居翰苑，幾及三秋，是今本次第已亂者二也。

是故謂東本「尙近乎廬山次第」，可也，曰「尙未改」，不可也。

(七)汪編香山詩集之整理工夫

白香山詩集，清汪立名編，康熙四十二年癸未宋犖、朱彝尊各爲之序，內分長慶集二十卷，後集十七卷，別集一卷，補遺二卷，共四十卷；又附年譜二卷，目錄一卷，提要（一五一）許其「考證編排，特爲精密，……蓋於諸刻之中，特爲善本」，品題不虛。兪大綱氏言，「立名蓋曾據統籤校訂，（見其書凡例。）轉錄牧齋所藏續後集中佚詩十八首也，（仲勉按此辨見下文。）又另自季滄葦手校宋本補輯十一首，並文苑英華、才調集等書所存漏載詩共五十五首，爲補遺一卷，故其書至今稱詳備。今本全唐詩白集末卷依汪氏補遺編訂，僅提出詶婢失牓一首」。（本集刊七本三分紀唐音統籤）余購得此書，在全稿旣成後，艱於修改，所論已見他處者不贅，玆第就專於汪編者論之。

據詩集凡例，汪氏編集時得家塾數種外，復假證於吳中舊家藏書，如萬閒堂校改本、苕溪草堂本及憩閒堂所庋泰興季侍御依宋刻手校本，有鑿然譌謬者逕行抹改，或意介疑似者則注一作某字於下，視一般校勘，爲例略異。

汪評錢、馬舊本之弊，有「卷首所標與卷內不合」一項，然此弊汪編亦未能免；卽如

卷一五　九十九首。　數同馬本，唯汪將卷一三之感故張僕射諸妓一首移入，實一百首。

卷二一(後集一)　八十九首。　實九十首，因吳中好風景本二首，目脫「二首」兩字，(卷內不脫)故誤。

卷二三(後集三)　五十八首。　實五十七。

卷二八(後集八)　一百首。　同馬本二五，但兩本均實得九十九首，以東本校之，或是漏春風一首，此首汪收三一，馬收五七。

卷三〇(後集一〇)　一百十五首。　實一百十四首，目誤而卷首不誤。

卷三一(後集一一)　七十首。　目與卷內雖相合，但比諸本失收馬上晚吟一首，(馬本二七)或因移入春風一首而致漏也。

卷三四(後集一四)　九十八首。　目失題首數，卷內實九十九首。

卷三五(後集一五)　七十一首。　目不誤，卷首誤爲七十五，當是誤合移收卷二三之四首計之。

是也。汪評復有「目與卷不合」一項，今汪目固作「卷二十一(後集一)」，「卷二十二(後集二)」，……顧卷內則逕題「白香山詩後集卷第一」，「白香山詩後集卷第二」，……抹去卷二十一、卷二十二等字樣，無乃使讀者乍感不便乎。

汪又譏各本失去詩題，代以小序；考馬本一四(汪編同)「答謝家最小偏憐女感元九悼亡詩因爲代答三首」，盧校感元九以下是小注，是也，而汪則以感元九十二字作爲三首總題。又馬本三三(汪三四)開成二年三月三日一首，汪以題目過長，別爲改制，均未免失白氏之舊。

然此其小疵耳，盧校嘗云：

「汪本是處多，但次第多移易，又文儘見一二於詩中，故不據以爲本。」

讀者於此，應勿誤會盧意，以爲對汪不滿，緣汪所編者祇詩，盧校全集，斷不能用作底本，且馬本次第，大致同葛影宋本，盧須用馬，其勢然也。抑汪氏之本，係抽刊白詩，非具刊全集，正不必以次第相繩，其移易者適著彼整理之功，汪氏蓋清初整理集部家之先鋒，亦此中能手也。欲實其說，請於下四點覘之。

(甲)次第　汪評唐晉丁籤前後失當，已引見前文，彼於卷八末又云：

「立名按今本此下尚有古詩三十餘首，乃長慶三年以後詩，不在元相勘定之長慶集，今考正歸入後集。」

又於卷二十末云：

「立名按各本於二十一卷之首，並載後序，是以前二十卷還長慶集矣，乃第八卷及二十卷猶雜入長慶三年詩，蓋誤以爲前集之終於長慶耳，豈公自序中訖長慶二年冬之語，都不省視耶。按公以長慶二年七月除杭州，時汴河未通，取襄陽路赴杭，十月至任，則小歲日對酒以下詩，皆長慶三年春作也，今悉校歸後集。

汪以長慶集詩文終於長慶二年底所作，與余主張四年者異（見前文）然此屬於考證範圍，今且依汪說以評汪，則如由馬本之

卷六　割舟行江州三首入卷七，因其同是外謫江州後所作。（汪無說）

卷八　割郡齋暇日以下三十首入卷二一。（汪說見前）。

卷一三　移感故張僕射諸妓一首入卷一五，取其與燕子樓詩爲同類。（汪有說）

卷一九　移寄李蘇州兼示楊瓊一首入卷二三，以爲長慶三年後作也。（汪無說）

卷二〇　割小歲日對酒以下五十七首入卷二五。（汪說見前）

卷二六　除大和戊申歲等七十首編入卷二九外，餘洛橋寒食等二十九首別入卷三一，爲其是大和六年作。（汪無說）

卷二七　除戊申歲暮詠懷等五十一首分編卷二九及三〇外，餘和令狐相公等三十七首入卷三一，以爲約是大和五年作也。（汪無說）

卷三一　將重修香山寺、大和六年冬、戲招諸客、十二月二十三日等四首編入卷三一，餘編卷三二，爲盡分大和六、七兩年所作也。（汪無說）。

詩作之年月，不盡篇篇可攷，汪所分割，雖未必全合，然卽此足見其富於整理精神，一般拘守殘篇者望塵莫及矣。抑汪亦非鹵莽滅裂者，其卷八末云：

「此卷雖卷尾不足，不欲删併卷數，所以存其舊也。」

又卷一八德宗皇帝挽歌下注云：

「按此以下皆貞元末、元和初之作，誤簡忠州詩後，姑仍之。」

又後集二天竺寺七葉堂避暑下注云：

「按咸淳臨安志下天竺寺有七葉堂，載公此詩，是亦杭州作，編者誤入洛下詩耳，然集中前後倒置者甚多，未能盡正也。」

蓋仍不欲過分更張，以招時議。特汪氏轉移之間，有錯誤顯然，不能不附加訂正者；如汪編卷二九收送河南尹馮學士赴任，（馬本二六）按舊書一六八馮宿傳：

「改左散騎常侍兼集賢殿學士，充考制策官，太(大)和二年，拜河南尹」。

今詩列大和戊申歲大有年之次，是矣。傳又云：

「太(大)和四年，入爲工部侍郎。」

又舊紀一七下、大和四年十二月，

「丙寅，以前河南尹馮宿爲工部侍郎，」

則三年時宿方尹正三川，白以三年春分司到洛，是分司初到洛中偶題六韻兼戲呈馮尹一首，（馬本二七）應收汪編二九將至東都等首之後，今乃收入卷三一，與大和六年詩相次，非也。

次如汪編三〇收歸來二周歲詩云，「池藕重生葉，林鴉再引雛，」以時考之，應是大和五年之春，顧其後乃列早秋（飲訛）醉中除河南尹敕到。依舊紀一七下，白除河南尹在四年十二月二十八日戊辰，敕到河南，應在閏十二月上旬，證諸詩句雪擁衡門、温爐卯後，便知不妄，此固先後甚明，而舊本次第當稍爲移換者也。

(乙)類別　汪評唐音統籤，首責其分體太瑣，故編次時亦兢兢於是，如卷一二云：

「又自十三卷至二十卷，今本皆作律詩，而古調歌行雜體之誤收，往往而有，悉爲摘出，未敢以臆見穿鑿，分列諷諭、閑適、感傷各卷，但附雜體卷末。」

又於後集一辨正格詩云：

「按唐人詩集中無號格詩者，卽大歷以還，有齊梁格，元白格，元和格，葫蘆、轆轤、進退諸格，多兼律詩而言，不專主古體也。顧格詩之義雖亡考，而見諸公之文章者可證；元少尹集序，……著格詩若干首，律詩若干首，…

……由是觀之，格者但別於律詩之謂，……後集不復分類別卷，遂統稱之曰格詩耳。時本於十一卷之首格詩下，復繫歌行雜體字，是以格詩另爲古詩之一體矣，豈元少尹生平獨不爲歌行雜體乎。況公後序但曰邇來復有格、律詩凡八百首，初未嘗及歌行雜體者，固以格字該舉之也。又時本三十六卷首作半格詩附律詩，半者本謂卷內半是格詩而附以律詩云爾，乃直標半格詩而注附律詩於其旁，是又將以半格詩另爲一體矣。」

汪氏本此主張，故除長慶(前)集二十卷之編類，大致遵舊本外，其餘統曰後集，且祇分格詩、律詩兩種；其

卷一二　兼收馬本一三夜哭李夷道等六首，一四晚秋夜等四首，一六秋晚等四首，一八喜山石榴花開等五首，一九代謝好一首。(汪說見前)

後集一　兼收馬本二三席上答微之、蘇州李中丞、除官赴闕等三首。(末一首汪有說)。

後集二　兼收馬本二七醉中重留夢得一首。(汪無說)

後集三　兼收馬本二三汎小艑二首，二九詠興五首等五十首，三四奉和裴令公等四首。(汪無說)

後集四　兼收馬本三七能無媿一首。(汪無說)

後集七　兼收馬本二二吳宮辭一首。(汪無說)。

皆欲釐正格、律兩詩之稱謂者。

(丙)攷證　提要稱汪編「考證編排，特爲精密，」其可略舉者如

卷一三　辨唐詩紀事以有月多同賞、無杯不共持爲杭、越唱和之誤。

卷一六　辨文苑英華元八改官之誤作元九；又辨時本元和十二年誤十三。

卷一八　訂望郡南山寄行簡之爲行簡作。

後集四　正香山居士寫眞詩序元和五年爲三年之訛。

後集一一　辨與劉蘇州書大和六年應作五年。

後集一七　辨北夢瑣言稱白少傅曰白太保爲無據。

別集　辨唐詩紀事白譜之誤。

然亦有尙可商兌者，玆附拙見於次：

卷六自題寫眞詩注云：

「按公此詩內五年爲侍臣及宜當早罷去之句，當作於元和五年，蓋是年歲滿當改官也，以公年計之，爲三十九歲，而公後題舊寫眞圖，乃曰我年三十六，寫貌在丹青，豈別有圖，非李放所寫耶」。

按侍臣指翰學，白氏元和二年末始得此差，則詩是六年作，非五年作。至以我年三十六句爲疑，則二年寫眞，六年乃題，固許有之，此其一。

卷一八錢號州詩注云：

「劉伯芻，……元和八年出刺號州制詞，卽公所撰」。

八年白氏尙未終喪，又非奪情，何得撰制，當別於白氏集僞文篇詳論之，此其二。

後集一醉歌示妓人商玲瓏詩注云：

「按公霓裳羽衣歌云，移領錢唐第二年，始有心情問絲竹，玲瓏箜篌謝好等，陳寵觱栗沈平笙，是此詩亦作於長慶三年，各本誤入前集，今改正。」

余按卷二〇夜歸詩，「歸來未放笙歌散，畫戟門開蠟燭紅，」又和薛秀才尋梅花，「白馬走迎詩客去，紅筵鋪待舞人來，歌聲怨處微微落，酒氣醺時旋旋開，」則領錢唐之第一年，似非不問絲竹。況卷一二已收代謝好答崔員外，玲瓏之詩，正不必特移後集也，此其三。

後集一七之「五相一漁翁」，拙著唐集質疑已有詳解，今汪氏雜引紀事李絳、裴度、崔羣、裴垍、王播及容齋裴垍、王涯、杜元穎、崔羣、李絳兩說，均有妄指，而未釐正，此其四。

(丁)補遺　汪編一七、十年三月三十日詩注云：

「按集中但載此(三遊洞)序而其詩已缺焉，卽元集亦無此詩，可見元、白詩亡失者多矣。」

汪氏知此，故於搜補方面，不遺餘力。兪大綱氏云：

「案胡氏此集，假錢牧齋宋刻善本補詩十八首，」

又云：

「立名蓋曾據統籤校訂，(見其書凡例。)轉錄牧齋所藏續後集中佚詩十八首也，」(均本刊七本三分)

余按汪編補遺上，

「酬令狐留守尚書見贈十韻。（以下出錢氏絳雲樓藏本）。」

自此至閒遊一首止，共二十七首，並不止十八首，汪氏無由見絳雲藏本，則必本自統籤，試取兪氏所舉十八首篇目勘之，未舉者有下列九首，

送劉郎中赴任蘇州。

福先寺雪中餞劉蘇州。

除夜言懷兼贈張常侍。

送張常侍西歸。

和河南鄭尹新歲對雪。

吹笙內人出家。

醉中見微之舊卷有感。

壽安歇馬重吟。

贈張處士山人。

本所所藏丁籤，適缺白氏詩卷，未得對覈，疑兪氏漏計耳。茲再條列其補遺上之本據及首數如下：

勸酒等五首	出文苑英華。
誚失婢牓一首	出唐詩紀事。
江南喜逢蕭九一首	出才調集。
贈薛濤一首	出張爲主客圖。
酬令狐留守等二十七首	出錢氏絳雲樓藏本。
招韜光禪師等二首	出咸淳臨安志。
和柳公權等四首	出范成大吳郡志。
寄韜光禪師一首	出東坡題跋。
和夢得夏至等十一首	出泰興季氏手校宋本。
寄題上強山一首	出輿地紀勝。（按已見韻語陽秋一六及嘉泰吳興志）
句二	出盧氏雜話（說？）

又補遺下除聯句外，有

一字至七字詩一首　出唐詩紀事。

九老圖詩一首　出唐詩紀事四九。（原未注）

兩共五十七首；唯謫失婢牓馬本二六誤脫，全詩已補入，又全詩删去句二而補和裴相公傍水閑行一首，故全詩補遺總五十六首，比汪編差一也。至胡氏自絳雲本錄出者非純續後集之詩，汪編後集一已予辨明，其言曰：

「鹽官胡氏直謂續後集詩止一卷，近於宋本錄附各體後，然續後集者公晚年最後之詩，若胡氏所錄如送劉郎中刺蘇州，在大和五年，不盡是續集詩，而會昌末年諸作又已收後集，蓋卷次刪并，其舊自不可復尋。」

汪之補遺，比較完備，然以東本及全詩校之，未收者猶有下舉四首也。

濟源上枉舒員外兩篇因酬六韻。（東本五二）

和裴相公水傍絕句。（東本五二、全詩三九）

同崔十八宿龍門兼寄令狐尚書馮常侍。（東本五七）

送沈倉曹赴江西。（東本五九）

補遺下聯句中之

西池落泉聯句。（裴度、行式、（失姓）張籍、白居易、劉禹錫。）

首夏猶淸和聯句。（裴度、白居易、劉禹錫、行式、張籍。）

薔薇花聯句。（裴度、劉禹錫、行式、白居易、張籍。）

喜遇劉二十八偶書兩韻聯句。（裴度、劉禹錫、白居易、李紳。）

劉二十八自汝赴左馮塗經洛中相見聯句。（裴度、白居易、李紳、劉禹錫。）

予（度）自到洛中，與樂天爲文酒之會，時時搆詠，樂不可支，則慨然共憶夢得，而夢得亦分司至止，歡愜可知，因爲聯句。（裴度、白居易、劉禹錫。）

宴興化池亭送白二十二東歸聯句。（裴度、劉禹錫、白居易、張籍。）

杏園聯句。（李絳、崔羣、白居易、劉禹錫。）

花下醉中聯句。（李絳、劉禹錫、白居易、庾承宣、楊嗣復。）

樂天是月長齋，鄙夫此時愁臥，里閭非遠，雲霧難披，因以寄懷，遂爲聯句，所期解悶，焉敢驚禪（劉禹錫、白居易。）

秋霖卽事聯句三十韻。（白居易、王起、劉禹錫。）

喜晴聯句。（白居易、王起、劉禹錫。）

會昌春連宴卽事。（白居易、劉禹錫、王起。）

僕射來示有三春向晚四者難并之說，誠哉是言，輒引起題，重爲聯句，疲兵再戰，勍敵難降，下筆之時，輾然自哂，走呈僕射，兼簡尙書（。白居易、王起、劉禹錫。）

凡十四篇，皆東本、馬本所未有，（上列次第，依全詩十一函九册。）唯杏園聯句之「犂上司空」，汪編訛犂爲醉；秋霖卽事聯句漏璧絡蝸涎下，汪編脫居易名；僕射來示聯句誰能避兕觥下，汪編訛起爲居易；（因居易非連聯六韻）。玆幷依全詩附正之。

（八）東本與全唐文比讀

（甲）篇各失收

目見於東本而全文未錄者僅一篇，卽卷三一之劉縱授祕書郎制是也。然東本雖著其目而空其文，姜氏據錫山本補之。（馬本不闕）

見於全文而東本所無者，凡十餘篇，蓋拼合各本，較爲完備，其勢然也，玆詳厥目：

卷六五六　荷珠賦。（以泣珠絲鮮瑩爲韻）

洛川晴望賦。（以顧拾青紫爲韻）

叔孫通定朝儀賦。（以制定朝儀上尊下肅爲韻）

卷六五七　授王建祕書郎制。（按此應是中書制誥）

卷六六一　盧元輔吏部郎中制。（按同上）

卷六六三　第十二妹等四人各封長公主制。（按此是憲宗女穆宗妹，應屬中書制誥。）

卷六六六　元和南省請上尊號表。

第三表。

第四表。

卷六七二　得甲居蔡曰寶，人告以爲僭，不可，人官，訴云，僂句不余欺，是以寶之。

得甲畜北斗龜，財物歸之，遂至萬千，或告違禁，詞云，名在八龜。

卷六七三　得乙在田，妻餉不至，路逢父告飢，以餉遺之，乙怒，遂出妻，妻不伏。（馬本惟有此篇）。

卷六七六　太湖石記。（據文是會昌三年五月丁丑記）(8)

卷六七七　佛光和尚眞讚并序。（據文是會昌二年春作）

已上十三篇，都白氏眞作否，難一一證實。他尚有

（1）存疑兩篇　卷六六六論請不用奸臣表，文苑英華注云：

「元、白交分，始終不替，方元傾裴，白不應有此論列，集固無之，光謂君直友逆，則順君以誅友，古有行之者，則此奏亦不爲過，但白非其人也，與元稹二表俱非是，當以唐書爲主。」

又英華辨證六云：

「白居易諫不用姦臣表，按表言元稹尙居臺司，裴度爲東都留守事，又云，職當諫列，然元、白交分，始終不替，方元傾裴時，白亦不在諫列，而本集亦無之。」

此非白作者一。又卷六七九醉吟先生墓誌銘并序，（馬本有）余疑是僞作，將別文論之。

（2）誤收一篇　卷六五九授徐綰兵部員外郎、李光嗣右司員外郎制云：

「具官徐綰以丞相之子爲尙書郎，……論者美宣祖大臣以至行移風，稱易名者必曰光嗣之王父也。」（至行二字，依英華三九二乙正。）

郎官考三云：

「英華蒙上白居易云前人，衍字。光嗣王父疑是李景讓。」

又讀全唐文札記云：

「攷徐瑄昭宗相彥若子，天祐初歷司勳、兵部二員外郎，戶部、兵部二郎

（8）據二十史朔閏表，三年五月是己丑朔，月內無丁丑。

中，李光嗣哀帝時吏部郎中，入梁官吏部侍郎，事蹟見唐郎官石柱題名考，與白居易時代不合，當別一人所草，此亦沿英華之誤」。

則此制是誤收無疑。

（3）攙收一篇　卷六七五香山居士寫眞詩序，按詩序已見全唐詩者，全文例不再收，今此序已見全詩居易三十六，自應剔出；不然，全文未收之白氏詩序，（見前參差節）數固多矣。

（4）複收三篇　卷六六六諫詔吐突承璀率師出討王承宗疏，再言承璀疏，又河朔復亂合諸道兵討無功賊取弓高絕糧道深州圍益急因上言，按此三篇皆據新書一一九居易本傳入錄，其實第一篇卽卷六六八論承璀職名狀之縮節，第二篇卽卷六六七請能兵第二狀之縮節，第三篇卽卷六六八論行營狀之縮節，均應刪卻。

（乙）誤有同犯

居易翰林制誥中羼入僞作，余當別著專編，然此宋已來傳本都如是，非徒東本、全文爲然也。兩本同犯之舛誤，自須合各刻洎英華、文粹等彙校，始能成一系統的敍述，今不過隨見舉其一二，以示兩刻固互短長，然亦有同陷於錯誤者。

提要嘗謂聖善寺文集記、載有居易自註，（引見前）今兩本皆無之，此同一漏卻者也。英華辨證九云：

「白居易進士策問第二道，大時不齊，大信不約，大白若辱，大直若屈，雷一發而蟄蟲蘇，句萌達，霜一降而天地肅，草木衰，其爲時也大矣，斯豈不齊者乎。日月代明而晝夜分，刻漏者準之，無杪忽之失焉，春秋代謝而寒暑節，律呂者候之，無黍累之差焉，其爲信也大矣，斯豈不約者乎。堯讓天下而許由逝，周有天下而伯夷餓，其爲白也大矣，斯豈辱身者乎。桀不道，龍逢諫而死，紂不道，比干諫而死，其爲直也大矣，斯豈屈己者乎。詳上下文，斯語極爲允當，而印行集本卻於辱身屈己之上，各添一不字，但欲與不齊、不約相應、而忘其淺陋，今別白言之，以見印本經後人添改，大率類此，益知舊書之可信也。」

黍累、全文六六九乙爲累黍，小節不足論；彭氏所指，今兩本（馬本同）皆作「斯亦不辱者乎，……斯豈不屈己者乎，」前「豈」字易爲「亦」，辱下脫「身」字，愈較彭氏見本而陋矣。又如東本卷四〇(同馬本)之答薛苹賀生擒李錡表、與薛苹詔、及答薛苹謝授浙東觀察使表，凡「苹」字均應正作「苹」，(別詳拙著白集僞文。)全文六六四收第二篇，訛與東本同，卷六六五收前後兩篇，更失卻卄頭，轉訛爲「平」，訛之狀雖異，其訛一也。東本三七授沈傅師左拾遺史館修撰制，全文收六六〇，此傳師也，顧兩本之題與文皆訛爲傅。(馬本亦訛)。

(丙)東本差長

東本二五王怨誌漏去「代裴頲舍人作」之注，使讀者對於居易出處，易生誤會，前已詳之；然所漏不止此也，可分常注、專注兩種：

(1)常注，如

卷二三祭烏江十五兄文，漏注「時在宣城」。

同卷祭浮梁大兄文，漏注「時在九江」。

卷五九錢唐湖石記，漏注三段。

卷七〇香山寺新修經藏堂記，漏注「事具前記」。

(2)專注，如卷二一之

宣州試射中正鵠賦　漏「以諸侯立戒衆士知訓爲韻」。

求玄珠賦　以玄非智求珠以眞得。下漏「爲韻」兩字。

漢高皇帝親斬白蛇賦　漏「以漢高皇帝親斬長蛇爲韻」。

大巧若拙賦　漏「以隨材成器巧在其中爲韻」。

雞距筆賦　漏「以中山兔毛作之尤妙爲韻」。

黑龍飲渭賦　漏「以出爲漢祥下飲渭水爲韻」。

敢諫鼓賦　漏「以聖人來諫諍之道爲韻」。

君子不器賦　漏「以用之則行無施不可爲韻」。

賦賦　漏「以賦者古詩之流爲韻」。

又卷五九三教論衡第一座下，漏

「祕書監賜紫金魚袋白居易，安國寺賜紫引駕沙門義休，太淸宮賜紫道士楊宏元」。

尤其是此本鈔自東瀛，魯豕滋甚，略覽浙江圖書館報所校傳法堂碑數篇，足窺涯略。兩本中余寧取東本者，爲全集檢討計，今應棄小疵而采大醇，所謂近乎廬山次第者也，其故將於論全文之短處反面見之。

(丁)全文叵短

東本所漏，既如前節，顧有東本不漏而全文反漏者，數在不少，於事實眞相、年月考據，與夫作者之造詣淺深如何，作風有無改變，煞見關係也。屬此者爲

卷六五六省試性習相近遠賦　爲韻下漏「依次用，限三百五十字已上成，中書侍郎高郢下試」等字。登科記考一四、貞元十六年知貢舉中書舍人高郢下注云，「按白詩年譜又作中書侍郎」，余按郢之禮侍知舉，見河東集二三送辛生下第序及舊書一四八權德輿傳，記考亦既徵之，自唐、代後中書侍郎爲宰相職，非解職後不知舉，郢十九年自太常卿入爲中書侍郎，相在知舉後，此稱中書侍郎，乃白注追稱之辭，猶諸汎渭賦序、「右丞相高公之掌貢舉也，予以鄉貢進士舉及第，左丞相鄭公之領選部也，予以書判拔萃選登科，十九年天子並命二公對掌鈞軸，」相最榮重，故以冠稱，非謂郢帶右相（中書侍郎）知舉，珣瑜帶左相（門下侍郎）領選，蓋前者在相前，後者在相後也。年譜固誤，徐氏亦若有疑，非矣。賦題東本作「遠近」，應乙，性近習遠，不當互倒。（馬本亦倒）

同卷中和節頌并序　東本二九下有注，「此已下文並是未及第前作，」并指晉謚恭世子議、漢將李陵論、故鞏縣令白府君事狀、襄州別駕府君事狀四篇也；今全文議收六六九，論收六七七，事狀收六八〇，且均失注，則其作年不可稽矣。

卷六六三奉敕試邊鎮節度使加僕射制　東本三〇此題之前，原有「奉勅試制、書、詔、批答、詩等五首。元和二年十一月四日，自集賢院召赴銀臺候（候）進旨，五日，召入翰林，奉勅試制詔等五首，翰林院使梁守謙奉宣宜授翰林學士，數月，除左拾遺」等字，題後又有「將仕郎守京兆府盩厔縣尉集賢殿校理臣白居易進」等字，五首卽幷指次後之與金陵立功將士等勅書，與崇文詔，批河中進嘉禾圖表，大社觀獻捷詩，是也。得此可見當時翰林考試之制度，與白氏之仕歷年月。今除全文不收詩外，詔收六六四，敕書及批

表收六六五，分載數處，又復失注，使當日作因末由考見，其憾一也。商隱所爲碑，雖稱「試文五篇，明日以所試制加段佑(祐)兵部尚書領涇州，」然其餘三篇採用與否，初無明文，今與賞詔答相錯列，復不冠「奉敕試」三字，使假擬者與實施者混亂，其憾二也。

卷六六六爲宰相賀赦表　東本四四下注，「長慶元年正月就南郊撰進」。

同卷賀平淄青表　東本末注，「元和十四年四月九日」，按居易是時守忠州，故專表賀，表首稱「伏見二月二十二日制書」，足見當時驛遞之程期也。

同卷賀雲生不見日蝕表　東本下注，「爲宰相作」，得此然後表首之「臣某等言」、表末之「自慚燮理無功」、可以解。

同卷忠州刺史謝上表　東本末注，「元和十四年三月二十八日」，斷表中「以今月二十八日到本州當日上訖」，確知其爲三月矣。

同卷杭州刺史謝上表　東本末注，「長慶二年」。

同卷爲宰相謝官表　東本下注「爲微之作」。

卷六六八論重考科目人狀　東本末有「元和十五年十二月十三日，重考定科目官將仕郎守尚書司門員外郎臣白居易等狀奏，重考定科目官將仕郎守尚書祠部員外郎上護軍臣李虞仲」等字，得此知表首之「臣等」爲何人，且事在何時也。

同卷舉人自代狀　東本末有「長慶元年正月四日、新授朝議郎守尚書主客郎中知制誥臣白居易狀奏，」非此不見狀內「參知制命」字之良有斟酌，蓋此時止知制誥，未正除舍人也。

同卷論重考試武進士事宜狀　武字衍，東本四三又脫重字，(馬本不誤)惟東本末有「長慶元年四月十日、重考試進士官朝議郎守尚書主客郎中知制誥臣白居易等奏，重考試進士官朝散大夫守中書舍人上輕車都尉臣王起」字樣，與舊紀一六合。

同卷讓絹狀　東本下注，「長慶元年八月十三日進」，按狀言「又昨除田布魏博節度制中」，據舊紀一六，元年八月，「乙亥，以前涇、原節度使出布起復檢校工部尚書兼魏州大都督府長史充魏、博節度使，」乙亥十二日，故曰昨制。

同卷論左降獨孤朗等狀　東本下注，「長慶元年十二月十一日奏」，按朗等之貶，舊紀一六書十二月十五日戊寅下，蓋居易雖封回詞頭，卒不許也。全文此處與東本均作朗可富州刺史，惟據全文六三九李翺獨孤朗誌及舊紀，朗實貶韶州，他三人與詞頭同，豈因一度封回朗遂改近歟，抑富爲韶之訛歟。（馬本亦作富）

同卷論行營狀　東本末注「長慶二年正月五日、朝散大夫守中書舍人上柱國臣白居易狀奏，」按舊紀二年正月五日，「丁酉，朱克融陷滄州弓高縣，賊攻下博，兼邀餉道車六百乘而去，」蓋報到之日，故狀已言「弓高已失」，又「開弓高糧路、合下博諸軍解深、邢重圍」也。

同卷論姚文秀打殺妻狀　東本下注，「長慶二年五月十日奏」，文末又連綴「奉勑姚文秀殺妻罪在十惡，若從宥免，是長兇愚，其律縱有互文，在理終須果斷，宜依白居易狀，委所在決重杖一頓處死」，狀、敕連下，雖刻不合式，然覩是可以知其定案也。（馬本勑字另起行，是也。）

卷六六九禮部試策五道　東本下注，「貞元十六年二月高侍郎試及第」。

同卷進士策問五道　東本下注，「元和三年爲府試官」。

卷六七六畫西方幀記　東本下注，「開成五年三月十五日」。

概言之，文字舛誤，通其意者可以懸想得之，若如上列事實，非懸想所能確得者也。余謂東本不及全詩，即因其削去事實，今謂全文不及東本，亦在乎此。

抑全文之卷次，大約爲賦、制、詔、批答、表、狀、書、序、記、贊、銘、碑、誌、傳、狀，祭文等，此欲取其一律，未可厚非，顧以施諸白集，則眞面失其大半矣

東本分中書制誥六卷，——三一至三六——翰林制誥四卷，(9) ——三七至四〇——代表兩箇時期的作品，最應保存；蓋唐人曾兼掌內外制而其集傳於今者，以白氏爲最完，分列中書、翰林兩項，使後世略見內外制撰述之範圍者，又以白氏爲

(9)馬本同，盧校作翰林制詔。

僅有。(元稹亦嘗兼掌，但其集中制誥，今並不分，常袞制詔集由近人搜彙者更無論矣)。今全文非徒不略存卷限，且復混之，由六五七至六六一之一部止，約相當於東本之三四至三八；又由六六一至六六三，約相當於東本之三一至三三，其間又小有參錯，可議一也。

翰林中所撰詔書、批答及雜文，東本統收三九、四〇兩卷，今全文爲欲名目齊一，於是代王佖答吐蕃北道節度使論贊勃藏書，代(朱)忠亮答吐蕃東道節度使論結都離等書，乃移附六七四，讀者幾疑白越俎代庖，而不知外交策略由朝廷所指蹤也。畫元始天尊讚，畫大羅天尊讚三篇，北齊驃騎大將軍高敖曹讚，上元日歎道文移附六七七；季冬薦獻太清宮詞文，移附六八〇；祭故贈婕妤孟氏文，憲宗祭吳少誠文，祭咸安公主文，祭張敬則文，祭盧虔文，移附六八一；則公私無別。抑此祭文五篇皆皇帝遣官致祭，何以其餘四篇不署憲宗，中書之祭回鶻可汗文，亦同斯例，可議二也。

卷六六六册新回鶻可汗文，册回鶻可汗加號文，贈劉總太尉策文，性質同乎制詔、批答，謂應附諸六六五卷末，今乃與表、疏同卷，卽爲調劑多寡計，寧差此三篇之數耶。卷六六九之晉謚恭世子議，爲未第前私作，正合與六七七之李陵論同列，而乃廁諸狀、策之間，則有混乎廷議之「議」。又卷六七七代書，猶今介紹書，書之一體也，今乃不收卷六七五書類之後，猥與雜文同列，可議三也。

凡此皆東本能昭示吾人以性質、時代之特徵而爲全文所堙滅者，余謂白氏散文之研究，寧取東本，不取全文，職是故也。(東本比全文佳處，皆馬本所有。)

抑全文所收白氏文，據何本著錄，舊無成說，今試取羣書拾補所校與元九書以與全文比觀之。

羣書拾補	全文
(1)(粗，麤下竝同；案二字不同，俗本凡粗俱改爲麤誤。)論歌詩大端	麤(東本粗。)
(2)亦無出(脫)足下之見	脫(東本不脫。)
(3)卒(率)不能成就其志	率(東本卒。)
(4)上下通而一(文粹作二。)氣泰	一(東本同，舊傳二。)
(5)決此以爲大寳(寶)也	寶(舊傳同，東本寳。)
(6)用(乃)至於諂成之風動	乃(東本同，舊傳用。)

(7)雨雪霏霏因雪(二字脫。)以愍征役也	不脫(東本、舊傳同。)
(8)世稱李杜李(脫)之作才矣(已)奇矣	不脫及「矣」(東本舊傳同。)
(9)鼱縷格(楁)律	格(東本、舊傳同。)
(10)有指之(無)字無(之)字示僕者	無——之(東本同，舊傳之無。)
(11)月(手)請諫紙	月(舊傳同，東本手。)
(12)聞登(脫)樂遊園寄足下詩	脫(東本同，舊傳不脫。)
(13)其餘則足下(宋本又有足下二字屬下句。)	重「足下」(東本、舊傳同。)
(14)名落(入)衆耳	入(東本同，舊傳落。)
(15)此誠雕篆(蟲)之戲	蟲(東本同，舊傳篆。)
(16)今雖謫佐(在)遠郡	在(東本、舊傳佐。)
(17)檢討囊袠(帙)中	帙(東本袠，舊傳帙。)
(18)分爲卷目(首)	首(東本同，舊傳目。)
(19)凡所遇(適)所感	遇(舊傳同，東本適。)
(20)才(清)麗之外	清(東本、舊傳才。)
(21)今之秉筆者(脫)	不脫(東本、舊傳同。)
(22)然(後衍)人貴之	衍(東本不衍，舊傳人始貴之。)
(23)知吾罪(最)吾(要)	罪吾(舊傳同，東本最要。)
(24)脫蹤跡(蹟)	蹟(東本跡，舊傳迹。)
(25)且欲(脫)與僕悉索往還中詩	不脫(舊傳同，東本脫。)
(26)微之微之(脫二字。)知我心哉	脫(舊傳同，東本不脫。)

表內附校舊傳，倘有異同爲盧氏未舉者，不錄。

考全文凡例云：

「一唐人別集，四庫全書所載，多至九十餘種，其中專以詩行者不過十之三四，其餘文集，悉行甄錄。」

四庫著錄之白氏長慶集，下注通行本，通行本即馬氏合刻之元、白二集也，全文所收白氏文，自應一部據此，然觀前第(13)條重足下兩字，則固有不盡同乎馬刻者。

凡例又云：

「一文集外總集如古文苑、文苑英華、唐文粹、崇古文訣、文章辨體彙選等書，凡唐人之文，悉行甄錄。」

又云：

「一原書編載文苑英華諸文，所據係明刊閩本，其中譌脫極多，今以影宋鈔逐篇訂正，補出脫字」。

是知據英華入錄者亦不少，以此推之，殆英華已收者據英華，英華未收者據本集，其間復稍涉取棄，故與各本不盡同。或疑全文中之白氏文，專自一古善本錄出，殆可斷其必非也。

(九)東本與盧見影宋本

羣書拾補白氏文集云：

「今所傳詩三十七卷，詩賦一卷，文三十三卷，共七十一卷，明馬元調與微之集合刻者，亦名白氏長慶集。其前尚有蘇州錢應龍梓本，名白氏文集，分爲十帙，但有總目，不載每篇之題。馬本目錄二卷，具載篇題，然脫誤甚多，今祇就當卷改正。此兩本卷中脫誤亦略同，今得海虞葛氏依宋本影鈔者以校馬氏之本，亦如元集之例，文是者皆大寫而注所脫誤於其下。其小注皆本有，唯音切係馬氏所增，本集閒有一二，則具著焉。」

此影鈔宋本及錢刻，余雖未見，然由盧氏校記及馬本推之，除篇次後先小有差異，洎馬刻多出總目兩卷，——此應馬刻自增——其先詩後筆，三本一致。廣義言之，則葛氏影宋本與錢刻、馬刻，可謂之同出一源。

更進言之，東本與上舉三本，語其詳細，固多有不同，論其大端，則東本與影宋亦甚相近。所最異之點，即前者詩筆相間，猶存前集、後集之名；後者先詩後筆，舁後集及第七十一卷之詩，上續於前集之詩，推前集之筆，下合於後集之筆。若夫詩筆之每門卷次，洎每卷之內容篇第，就盧校所標出窺之，尚未見其大異也。爲欲證明上說，爰將相當之卷，列成次表：

葛氏影宋本卷次	東本卷次
卷一至二十	卷一至二十
卷二十一	卷五十一
卷二十二	卷五十二
卷二十三	卷五十三

卷二十四	卷五十四
卷二十五	卷五十五
卷二十六	卷五十六
卷二十七	卷五十七
卷二十八	卷五十八
卷二十九	卷六十二
卷三十	卷六十三
卷三十一	卷六十四
卷三十二	卷六十五
卷三十三	卷六十六
卷三十四	卷六十七
卷三十五	卷六十八
卷三十六	卷六十九
卷三十七	卷七十一
卷三十八	卷二十一
卷三十九	卷二十二
卷四十	卷二十三
卷四十一	卷二十四
卷四十二	卷二十五
卷四十三	卷二十六
卷四十四	卷二十七
卷四十五	卷二十八
卷四十六	卷二十九
卷四十七	卷三十
卷四十八	卷三十一
卷四十九	卷三十二
卷五十	卷三十三
卷五十一	卷三十四
卷五十二	卷三十五
卷五十三	卷三十六
卷五十四	卷三十七
卷五十五	卷三十八

卷五十六	卷三十九
卷五十七	卷四十
卷五十八	卷四十一
卷五十九	卷四十二
卷六十	卷四十三
卷六十一	卷四十四
卷六十二	卷四十五
卷六十三	卷四十六
卷六十四	卷四十七
卷六十五	卷四十八
卷六十六	卷四十九
卷六十七	卷五十
卷六十八	卷五十九
卷六十九	卷六十
卷七十	卷六十一
卷七十一	卷七十

又如錢刻分十帙，總目不載每篇之題，則帙數、總目同東本。影宋後序冠卷二十一之首，（盧校云，「正應在此，馬說非。」）則後序位置同東本。（東本五一相當於影宋二一。）以是知卷次有昇降，卷容無變亂，所謂兩甚相近者也。汪立名云：

「西溪叢語云，白樂天後集第五十一卷同微之贈別郭虛舟鍊師五十韻敍燒丹事甚詳，今本此詩在二十一卷，可見宋本尙各集詩、文次卷，未嘗截然列文於後也，非此分并之明驗乎。」

汪氏此說，良由未見先詩後文之宋本，故以爲宋刻皆與姚寬見本相同，今以盧校推之，則兩種本之大異處祇在卷第，卷容並無多許變更也。

涉於詩而影宋與東本同者：（1）言編卷則有失婢收卷二六，秋涼閒臥、酬思黯相公收卷二九，窻中列遠岫詩入卷三八，三謠、無可奈何入卷三九，池上篇入卷六九，齒落辭入卷七〇，不能忘情吟入卷七一，均相當乎東本之卷也。（2）言附錄則卷一八有行簡詩，卷二一有劉禹錫詩，卷三七有盧貞詩。（3）言詩題則卷二一和劉禹錫白太守行祇著一「答」字，卷三〇裴侍中晉公一首非別有題，卷三七垂柳詩之次序。（詳見拾補，不繁引。）（4）言複出則有卷三〇之兩歇池上。

涉於筆而影宋與東本同者：如卷四四爲人上宰相書之增古者宰相取天下凡二十五字，卷四七才識兼茂策訛「此三君者」爲「三君子者」，奉敕試邊鎮一行後始著將仕郎等二十一字，卷五〇訛耆駐有聲爲耆騎，卷七一畫西方幀記重何獨如是哉五字。

亦有影宋與東本異者：合詩筆言之，則如卷一八之行簡詩不訛爲寄行簡，卷二七未收酬令狐留守等九首，卷四五不重出和答元九詩序等十首，（知者因拾補均未舉出。）卷六六之末，多得乙在田判一首，卷七一之末，多醉吟先生墓誌銘一首。其影宋尤佳之處，則（1）注作小字，盧氏所謂小注是也。（據盧所見錢刻同，推諸今之全詩亦然。）如卷四七奉敕試制書詔批答詩等五首之下，本是小注，而東本顧大寫之，凡今東本題下空一格後所附大寫字，皆原注也。此由日人謄鈔時不諳款式，致正文與小注無分，詩筆中間夾附小注，全體削落，亦殆因此。（2）觀羣書拾補，知卷四七才識兼茂策下，與崇文詔下，卷五二幽州兵馬使劉悚除制下，卷五四除王佖及除閻巨源制下，原均有注，且都涉於作品之動因及月日，大有助於唐史研究，東本則悉遺之矣。

由此以觀，讀白氏散文，全文固不如東本，東本又不如影宋，甚而不如錢、馬兩刻，是亟有待乎宋、明本之廣刊行世也。

（一〇）馬刻爲見行白集較完本

馬本卽松江馬元調所校刻，萬歷丙午吳郡婁堅爲之序，略云：

> 「予曰，白之所以爲文者，元序之詳矣，子之合刻二氏者，嚮已具言其概矣。」

汪編詩集凡例、以爲馬刻從元及白，故獨詳於元，元刻既竣，乃漫鐫白集附行者。其間字句訛舛，已詳盧校，他所同異，亦散見各節，可無複述；唯每卷卷首所標首數，或與卷容不合，盧並未加校，故特詳之。

卷一　六十五首。實六十四首，誤同東本。

卷二〇　一百首。實九十七首，因已删卷末哭李崖州三絕，總數未及剔除也。

卷二一　五十七首。實五十六，誤同東本，殆并劉禹錫原唱計之。

卷二五　一百首。實九十九，東本多一，此差一，因此本無和裴相公示傍絕句，而春風一首又編入卷二七也。

卷二六　一百首。實九十九，失婢一首，蓋是誤脫。

卷二九　律詩四十七首。按此卷實是格詩，可於詩之體裁及後一卷(卷三〇)仍爲格詩見之，其誤與東本同。又卷內實五十首，非四十七，比東本多秋涼閒臥、酬思黯相公見過弊居戲贈、二首。

卷三〇　四十七首。實四十五，前卷之秋涼閒臥等二首，東本(六三)收入此卷，故得四十七。

卷三三　一百首。實九十九，與東本同誤。

卷三七　一百首。祇五十六，與東本同缺。

汪立名評明代錢、馬兩刻云：

「今本有姑蘇錢考功刻，曰白氏文集，雲間馬元調刻，曰元白長慶集，……往往前後紊雜，既非分體，又非編年，二本略同而錢爲甚。目與卷不合，卷首所標與卷內不合，有律詩卷而雜入古體者，有一題小序而冠作通卷之序者，有失去詩題竟以小序作題者，有本是他人作因公唱和附見者、輒易題中字扭爲公作。」

東本無總目，茲不置論，錢刻未之見，亦無從比定。今就得見之馬本對勘之，其謂卷首所標與卷內不合者，如卷一(東本同)卷首標六十五首，而卷內詩實得六十四首，東本與馬刻同也。(例不悉舉，下倣此。)律詩卷雜入古體者，如卷二九(東本六二)詠興五首等，(此項例極多，汪均謂之格詩。)東本與馬刻同也。失題而以小序作題者，如卷三四(東本六七)司徒令公分守東洛……(汪易名爲寄獻北都留守裴令公)等，東本與馬刻同也。他人詩扭爲白作者，如卷一八(東本同)望郡南山寄行簡，東本與馬刻同也。蓋馬刻亦脫胎於一種宋本，大端之舛誤，非其所獨有。謂馬氏不知是正，吾無以護之，若謂馬本不及東本，則耳食目聽者之辭耳。

且更有馬本不誤而東本誤者，試就汪氏所摘卷首卷內不合一項例之：（參閱前全詩發微節，此節，是未見馬本時所草成。）

卷一四村居第二首未闕，故不誤。

卷一五卷首標「凡九十九首」，故與卷內合。

卷一九東本除重出兩首外，實得九十七，馬本自問後有曲江獨行招張十八、新居早春二首、共三首，故適合。

卷二二（東本五二）無濟源上枉舒員外一首，故不誤。

卷二四（東本五四）不復出吳宮詞，故不誤。

卷二七（東本五七）無酬令狐留守尚書𧨏同崔十八宿龍門等十首，而將東本五五之春風一首編入此卷，故適合。

卷六八（東本五九）未攙收送沈倉曹赴江西詩一首，故適合。

其有比東本不復出者，如卷四五（東本二八）標五首，未將和答元九詩序等十首複收。

有比東本多出者，如卷六六（東本四九）多得乙在田妻餉不至判一首，卷七一多醉吟墓誌一首。

最佳者各文能保存原注十餘條，不特全文所無，且非東本所有，如

卷四八　張平叔可戶部侍郎判度支制下，「時長慶二年三月制」，足與舊紀一六、長慶二年三月壬寅「以鴻臚卿判度支張平叔爲戶部侍郎充職」作證。

卷五二　幽州兵馬使劉悚除左驍衞將軍制下，「以兄劉悟奏請」，盧見本則作「劉悟兄奏請」，且校云，「案奏請上當又有一悟字」是也，否則「兄」字應改「弟」。

卷五三　盧昂可監察御史裏行知轉運永豐院制下，「時王播奏請」，據舊書一六四，播時領鹽鐵轉運。

卷五四　除王佖檢校戶部尚書充靈鹽節度使制下，「四年六月十三日進」，盧校云，「注四年三月六日，宋無十字」，以舊書一四勘之，王佖除在六月三日丁丑，宋無十字是也；盧校「三」「六」兩字，涉筆誤錯。

同卷　除閻巨源充邠寧節度使制下，「四年十月十一日進」，盧校云，「注

十一日，宋無十字」，依舊紀一四、亘源以十月癸酉朔除，無十字是。

同卷　除程執恭檢校右僕射制下，「七月十二日夜進」，注不舉年，由制文觀之，則五年七月王承宗洗雪時所加官也。考舊紀一四、是歲七月九日丁未詔昭洗王承宗，劉濟、田季安、李師道等並以罷兵加賞，此稿進於十二日夜，正合其時。

卷五九　請罷兵第二狀下，「五月十日進」。

同卷　請罷兵第三狀下，「六月十五日進」。

同卷　奏陳情狀下，「元和五年四月二十六日進」。

同卷　謝官狀下，「元和五年五月六日進」，據重修壁記，白以先一日改京兆戶曹，正相脗合。

卷六八　吳興靈鶴贊下，「事具黃籙齋記中」，今集無此記，蓋已佚。

同卷　與劉蘇州書「題為劉白唱和集卷上下」句下，「事具集解中」。

卷六九　因繼集重序「題為因繼集卷之一」句下，「因繼之解，具微之前序中」，今元集此序已佚。

又卷三八省試賦注「中書侍郎高郢下試」句下，比東本尙多「貞元十六年二月十四日及第第四人」十五字。

又卷六〇論姚文秀打殺妻狀注，「長慶二年五月十一日奏」，未見盧校正，則與影宋本同，而今東本作十日，未詳孰是。

凡此之注，都足與史、集互相發明者，而東本、全文均失之，余是以謂全文不如東本、東本又不如馬本也。汪編雖不惡，然專於詩，若論魯魚亥豕，則東本、馬本政猶魯衞，而馬本幸得盧校爲輔，故在未有他本刊行前，研究白氏全集者仍推馬本爲上，謂東本曰善本，夫豈其然。

(一一)東本與白氏諷諫[10]

白氏諷諫、卽白氏文集中卷三、卷四抽出之單行本也。崇文、新志、晁、陳數

(10)聞日人鈴木虎雄業間錄中之白香山新樂府校勘記，所據寫本，頗有異文，惜未得其本以相磨勘。

家，均未著錄。羣書拾補云：

「別有正德年間海寧衞指揮嚴震克承梓本，名白氏諷諫，頗出諸本之右，毛斧季以宋本校，頗多未是，今所改依嚴本居多云。」

勘其兩本之異，（祇據盧校所舉）最要者：（一）嚴本每題下有第一、第二至第五十等字。（二）嚴本陰山道、時世粧兩首移在母別子之前。（三）嚴本小序置當篇之下，全詩同，東本則彙置序末。（據盧說、錢本同。）（四）東本幾全削小注，累見前文，惟胡旋女下「天寶末康居國獻之，」昆明春下「貞元中始漲之，」城鹽州下「貞元壬申歲特詔城之，」驃國樂下「貞元十七年來獻之，」仍留遺跡少許，惟皆大寫，純與他本異。(11) 今就盧氏校出之文，以勘東本，記其同異，（其異同處凡全詩同東本者不再舉，否者乃詳之。）亦可略覘盧氏所評爲如何也。

并序　此及下「元和四年爲左拾遺時作，」盧校及全詩均小注，東本則大寫，且元和十字附序後一行。

序曰　盧校爲「是曰諷諫」。

首句標其目　盧校下增「古十九首之例也」七字。

卒章顯其志　盧校卒章爲是非。

詩三百之義也　盧校三百下增篇字。

使采之者傳信也　盧校爲「使來者之傳有徵」。

其體順而肆　肆、盧校律。

不爲文而作也　盧校序末別行多「唐元和壬辰冬長至日左拾遺兼翰林學士白居易序」二十一字。

美列聖正華聲也　聲、盧校音，又增「玄宗雜夷歌不能無所刺焉」十一字。

明祖宗之意也　盧校上多刺亡國三字。

刺雅樂之替也　盧校刺輕雅樂也。

(11) 景宋本白氏諷諫一卷，光緒癸巳九月吳門徐元圃刻，嚴本所見四特點，此卷相同；卷內則不然，如并序下無「元和四年爲左拾遺時作」之小注，序曰同東本、馬本，首句標其目下有「古十有九首之例也」八字，近乎嚴而與嚴本亦不盡同，卒章訛率章，詩三百下有篇字，使采之者作使來者之，肆作律，序末亦無盧校之二十一字，余以其異文太多，未見獨善，故不復互校，姑舉序文之異者如上，庶見一斑云爾。

新豐折臂翁　盧校無新豐字，下同。

借夫婦以諷君臣之不終也　盧云，「嚴無之不終三字」。

引古以儆今也　盧云，「嚴本儆作證」。

昆明春水滿　盧校題無水滿字；全詩同，惟云一本有。

美臣遇明主也　美下、全詩云，一有賢字，盧校同。

惡鄭之奪雅也　盧校鄭下多聲字。

欲王化之先邇後遠也　盧校爲「刺不恤民也，貞元十七年獻，欲王化之先近後遠也」。

達窮民之情也　盧云，民作人。

辨皇王鑑也　盧校無王字。

刺佛寺寖多也　盧云，「序寖作衆」，又滂、全詩亦作寖。

憂蠶桑之費也　盧云「序桑作絲」。

傷農夫之困也　盧云，「序無之字」。

苦官市也　官、盧校宮，全詩云，官一作宮。

警戒也　盧云，嚴本作儆時將變也；全詩作儆戒也，唯注云，「一作儆將變也。」

憐幽閉也　盧校爲「託幽閉喻被讒遭黜也」，全詩亦云一作如此。

惡幸人也　盧校爲化淳人也。

譏失職也　盧云，序譏作誡。

疾貪吏也　盧校爲戒貪吏也。

哀冤民也　盧校爲「哀冤民刺諫臣之蹇者」。

鑑前王亂亡之由也　鑑、全詩監，盧校爲鑒前政之由也。

○七德舞

樂終稽首陳其事　樂、盧校曲。

魏徵夢見天子泣　天子、盧校子夜，全詩同。

則知不獨善戰善乘時　盧云，則知二字宋有。

○法曲歌　盧校無歌字，按前文序祇作法曲，似應一律。

○華原磬

華原磬、華原磬　盧云，「嚴不重，下泗濱石同。」

今人古人何不同　盧乙爲古人今人。

知有新聲不知古　盧亦校如古爲知古，唯全詩作如古。

立辯致死聲感人　辯、全詩辨，聲、盧校能。

宮懸一聽華原石、君心遂忘封疆臣　盧校上句爲玄宗爲聽華原磬，但亦校因茲爲君心。

豈聽鏗鏘而已矣　聽、盧校獨。

清濁兩聲誰得知　聲、盧校音，

○上陽白髮人　全詩云，「一無白髮字」，盧未校。

上陽人　盧云，「嚴重」。

綠衣監使守宮門、一閉上陽多少春　綠衣、盧校六宮，又多少校來幾。

同時採擇百餘人　擇、盧校摘。

零落年深殘此身　深、盧校多。

憶昔吞悲別親族、扶入車中不教哭　吞，盧校含，教校敢。

未容君王得見面、已被楊妃遙側目　盧校得見乙君王上，已校早。

秋夜長　盧校上有宿空房三字，全詩同，且云房一作牀。

耿耿殘燈背壁影、蕭蕭暗雨打窻聲　盧亦校照背爲背壁，但校下句爲瀟瀟夜雨洒牕聲。窻、全詩窗。

梁燕雙栖老休妬　栖、盧校飛。

春往秋來不記年　往、盧校去。

大家遙賜尚書號　遙、盧校齊。

靑黛點眉眉細長　點、盧校畫。

天寶末年時世粧　盧校天寶年中時樣妝，且云，粧俗；全詩作妝。

君不見昔時呂向美人賦　盧亦校呂尙爲呂向；按向、新書二〇二有傳，尙字顯誤。

又不見今日上陽白髮歌　盧校上陽下有宮人二字，全詩亦云一本有。

○胡旋女

胡旋女、胡旋女　盧云，嚴不重。

迴雪飄颻轉蓬舞　雪、盧校風，但亦改飄飄爲飄颻。

人中物類無可比　盧校爲絃催鼓促曲欲遍。

梨花園中册作妃　盧校爲梨園宮中。

從玆地軸天維轉　維、盧校關。

○新豐折臂翁

頭鬢眉鬚皆似雪　盧乙眉鬚字。

慣聽梨園歌管聲、不識旗槍與弓箭　盧校慣聽驪宮歌吹聲，全詩云，「一作唯聽驪宮歌吹聲」；又旗槍字、盧乙。

點得驅將何處去　將、盧校向，又點得、全詩云，一作里胥。

偸將大石鎚折臂　偸將、盧校遂把，全詩云，一作自把。又鎚、盧校及全詩均作搥。

從玆始免征雲南　玆、盧校此。

骨碎筋傷非不苦、且圖揀退歸鄉土　盧云，此二句嚴倒轉。

臂折來來六十年　全詩作此臂折來，盧亦校爲臂折來來。又全詩折來二字下注云，「一作臂折」，連上讀下，則爲此臂臂折，殊難通。

至今風雨陰寒夜　盧云，本作淒寒。

身死魂飛骨不收　全詩及盧校均作魂孤。

君不聞開元宰相宋開府　聞、盧校見。又君、全詩云，一作何。

○太行路

若比人心是坦途　盧亦校君心爲人心，並云，下兩君心字，宋本亦俱作人心。

爲君盛容飾、君看金翠無顏色　盛、盧云嚴作事；亦校珠翠爲金翠。

行路難　盧校疊句。

只在人情反覆間　盧校情爲心。

○司天臺

燿芒動角射三臺　盧校光芒。

唯奏慶雲壽星見、天文時變兩如斯　盧云，見、本作現，兩如斯作固若斯。

安用臺高百尺爲　盧云，本臺高作高臺。

○捕蝗

興兀兵久傷陰陽　兀訛，盧校及全詩均作元。又盧校兵後爲兵革，全詩兵後注，一作久，一作革。

河南長吏言憂農　言、盧校苦。

是時粟斗錢三百　粟斗、盧校乙。

一蟲雖死百蟲來　兩蟲字盧均校蝗。

○昆明春冰滿　前文序作水滿，冰字顯訛。

貞元中始漲之　全詩之作泛，盧云，「題無水滿二字，貞元中始弛之，與上文連，」按作弛之、是也，東本、全詩均誤；唯此句是注，與題連則非。

昆明春、昆明春、春池岸古春流新　盧校無春春池三字。

影浸南山青滉瀁　青、盧云，本作清。

龜尾曳塗魚煦沫、詔開八水注恩波　盧校塗爲泥，煦爲呴，唯亦校分水爲八水。

今來淨淥水照天　盧校衍淨字，水下補波字。又淥、全詩作綠。

游魚鱍鱍蓮田田　盧云，鱍鱍、嚴作潑潑。

洲香杜若抽心短　盧云，短、嚴作長。

動植飛沈皆遂性　末四字盧校爲潛性皆遂，全詩遂性一作性遂。

貧人又獲菰蒲利　貧、盧校樵。全詩久獲一作又，盧校從又。

官家不得收其征　盧云，官本作宦。

無遠無近同欣欣　盧云，同欣欣本作皆忻忻。

吳興山中罷榷茗　盧云，茗本作茶。

鄱陽坑裏休封銀、天涯地角無禁利　裏、盧校頭，封、校稅，又無禁校盡蒙。

○城鹽州

特詔城之　盧校無特字。

君臣赭面有憂色　君、盧校羣。赭、全詩赬，盧校從赭。

自築鹽州十餘載　州、盧云，本作城。

諸邊急警勞戍人　急警、盧云，本作警急。

長安藥肆黃耆賤　耆、盧云，本作蓍，全詩從蓍。

城鹽州　盧云，州下本衍城字。

耳冷不聞胡馬聲　盧亦校耳聆爲耳冷。

翻作歌詞聞至尊　詞、盧校聲。

〇道州民

市作矮奴年進送　盧校末三字爲來進奉。

道州水土所生者　水土、盧校土地。

〇馴犀

馴犀乘傳來萬里　乘傳、盧校纒縛。

又逢今歲苦寒月　月、盧云，本作天。

角骨凍傷鱗甲縮　前四字盧校爲骨凍皮傷。縮、全詩作蹜，盧校從縮。

馴犀凍死蠻兒泣　泣、盧校活。

〇五絃彈

第三第四絃冷冷　冷、全詩泠，盧校玲。

五絃並奏君試聽　試、盧校更。

淒淒切切復錚錚　淒、全詩及盧作凄；又錚錚、盧校丁丁。

殺聲入耳膚血寒、慘氣中人肌骨酸　全詩上多鐵聲殺、冰聲寒六字，盧校亦增，云嚴有此二句也。又盧云，嚴本寒慘二字倒轉；全詩同，但慘作憯。

更從趙璧藝成來　藝、盧校教。又更、全詩云，一作自。

〇蠻子朝

入界先經蜀川過、蜀將收功先表賀　界、盧校國，又校蜀中爲蜀道，收功爲取收。

東連牂牁西連蕃、六詔星居初瑣粹　牂牁、全詩牂牱，盧牂柯。連、盧校接，蕃、盧作番，又校瑣粹爲碎瑣。

箭孔刀痕滿枯骨　痕、盧校瘡。

蠻子導從者誰何、摩挲俗羽雙隈伽　盧亦校道爲導，唯改挲爲娑。

大將軍繫金呿嗟　盧乙將軍二字；又云，呿嗟、蠻書作呿苴。

○驃國樂

貞元十七年來獻之　盧校「刺不恤民也，貞元十七年獻，欲王化之先近後遠也。」

驃國樂、驃國樂　盧云，嚴不重。

黈纊不塞爲爾聽　盧亦校黈爲纊。

銅鼓千擊文身踊　千、全詩作一，云一作千，盧校從千。

珠纓炫轉星宿搖　盧云，炫、本作宛。

左右歡呼何翕習、皆尊德廣之所及　盧云，翕、本作拿，皆尊作皆稱；全詩皆尊作至尊。

聞君政化甚聖明　上四字盧校爲吾聞君王。

君如心兮民如體　盧云，如體、本作若體。

貞元之民苟無病　盧云，苟、本作若。

○縛戎人

耳穿面破驅入秦　盧亦校口爲耳，但改破爲縛。

忽逢江水憶交河、垂手齊聲嗚咽歌　忽逢、盧作忽聞，未提逢字；亦校交流爲交河，但改聲爲唱。

自云鄉管本涼原、大曆年中沒落蕃　凉誤，全詩正作涼。盧云，管、本作貫，大作太；按作太者顯誤。

遺著皮裘繫毛帶、唯許正朝服漢儀、斂衣整巾潛淚垂　盧亦校身著爲遺著，唯改朝爲朔，又改末句爲整巾斂袂雙淚垂。

暗思幸有殘筋力、更恐年衰歸不得　盧亦校自爲幸，骨爲力，唯改更爲又。

驚藏青塚寒草疏　全詩塚作冢，疏作疎；盧云，疎、本作枯。

游騎不聽能漢語　盧乙聽能二字。

配向江南卑濕地　全詩東南，云一作江；盧亦稱本作東南。

歸漢被刼爲蕃虜　歸、盧校還，刼校縛。

兩地寧如一處苦　盧云，地、本作處。

漢心漢語吐蕃身　盧云，吐、本作士。

○驪宮高

朱樓紫殿三四重　紫殿、盧校翠閣。

玉甃暖兮溫泉溢　甃暖、盧校蝶翻。

何不一幸乎其中、西去都門幾多地、吾君不遊有深意　盧亦校於爲乎，唯改去爲出，又乙有深二字。全詩云，門一作城，遊一作來。

朝有宴飫暮有賜　盧亦校飲爲飫。

不傷財兮不傷力、驪宮高兮高入雲　盧校傷爲奪，又衍高兮之兮字。

君之不來兮爲萬人　爲下、全詩注云，「一本此下有千字」；盧校衍兮字、千字，但改人爲民。

○百鍊鏡

日辰處所靈且祇　盧校祇爲奇；又全詩云，處所、一作置處。

揚州長史手自封　全詩長吏、注一作吏；盧校從史，然亦云宋作史。盧又云，全句嚴作鈿函金匣鏁幾重。(徐刻同)。

人間臣妾不合照、背有九五飛天龍　盧校照爲用，九五爲五爪。

百王治亂懸心中　盧校治爲理，但亦改其中爲心中。

○青石

兼車運載來長安、工人磨琢欲何用　盧校兼車爲兼功，又云，磨琢、一本乙。

願爲顏氏段氏碑　段誤，全詩及盧均作段。又盧從嚴本先段後顏。

狀彼二人忠烈姿　、彼盧校此。

義心若石屹不轉、死節名流確不移　若石、全詩作如石，又名流作如石，注一作名流；盧亦云，本若石作如石，名流亦作如石。

似見叱呵希烈時　盧云，叱呵、本乙。全詩作訶非。

○兩朱閣

五雲飄颻飛上天　盧亦校飄飄爲飄颻。全詩云，飛、一作迎。

比屋疲人無處居、憶昨平陽宅初置　疲人、盧校齊民，又云，昨、本作昔。

仙去雙雙作梵宮、漸恐人間盡爲寺　盧校首四字爲帝子昇仙，又云，間、本作家。

○西涼伎　涼誤，全詩及盧均作凉，下同。

皷舞跳梁前致辭、應似涼州未陷日　盧校梁爲踉，辭爲詞，應似爲道是。

須臾云得新消息　盧云，新，本作眞。

享賓犒士宴三軍　全詩娛賓，云一作享，又監軍，云一作三；盧校從娛從監。

有一征夫年七十　盧云，夫、本作人。

取笑資歡無所愧　資、盧校貪。又愧、全詩作媿。

○八駿圖

背如龍兮頸如象、骨竦筋高脂肉壯　盧校象爲鳥，壯爲少，但亦校肌肉爲脂肉、又竦、全詩聳。

璧臺南與盛姬遊　盧校南爲高，又遊作游。

豈知纔及四代孫　四、盧校五。

能蕩君心則爲害　盧云，則、本作即。

千里馬去漢道興　盧云，興、本作平。

不知房星之精下爲怪　盧亦校害爲怪。

○澗底松

天子明堂欠梁木、此求彼有兩不知　木、盧校棟，此求彼有爲彼求此弃。

金張世祿原憲貧、牛衣寒賤貂蟬貴　原憲貧、盧校黄憲賢；又牛衣爲牛醫，下同。

○牡丹芳

千片赤英霞爛爛、百枝絳艷燈煌煌　片、盧校葉。全詩絳點、注一作焰，盧校點爲焰。

當風不結蘭麝囊　盧亦校裳爲囊。

宿露輕盈汎紫豔、朝陽照耀生紅光　盧亦校曉爲宿。汎、全詩及盧均作泛。耀、盧校曜。

遂使王公與卿士　盧云，士、本作相。

庫車軟轝貴公主　盧云，本作輕轝貴公子。軟、全詩作輭。

西明寺深開北廊　盧云，北、本作曲。

殘鶯一聲春日長　盧云，春、本作嬌。鸎、全詩鶯。

三代已還文勝質　已、盧云，本作以；全詩以。

重華直至牡丹芳　至、盧云，本作指。

少迴卿士愛花心、同似吾君憂稼穡　盧校卿士爲士女，憂爲愛；全詩云，卿士愛、一作士女看，似、一作助。

〇紅線毯

染爲紅線紅於藍、織作披香殿上毯　藍、盧校花，又云，上、本作中。

綵絲茸茸香拂拂、線軟花虛不勝物、美人踏上歌舞來　盧云，本綵絲作彩線，線軟作線厚，來作時。按全詩軟作輭，踏作蹋。又茸茸是茸茸之誤。

大原毯澁毳縷硬　大、全詩及盧作太，澁作澀。盧校毳爲翠。

宣城太守加樣織　城、盧校州。

〇杜陵叟

急斂暴徵求考課　徵、盧校征。

何必鉤爪鋸牙食人肉　盧乙鋸牙在鉤爪上。

帝心惻隱知人弊　盧云，人、本作八。

京畿盡放今年稅　盧云，年、本作秋。

手持敕牒牓鄉村、十家租稅八九畢　勑、全詩尺，盧校尺牒爲敕牓。盧又云，畢、本作足。八九、全詩作九家。

〇繚綾

中有文章又奇絕　又、盧校甚。

越溪寒女漢宮姬　盧云，姬、本作妃。

染作江南春草色　江南、盧云，本作池中。草、全詩水。

轉側看花花不定、昭陽舞人恩正深　盧亦校看不爲花不，又云，舞、本作美。

繚綾織成費功績　盧云，成、本作時。

絲細繰多女手疼、扎扎千聲不盈尺　繰、盧校繚，扎扎爲軋軋，聲爲梭。

昭陽殿裏歌舞人　盧校依嚴下多不見織三字。

〇賣炭翁

曉駕炭車輾冰轍　輾、盧校碾。

黄衣使者白衫兒、手把文書口稱勑、迴車叱牛牽向北　勑、全詩及盧作敕。衫、盧校衣，唯亦校文章爲文書。盧又云，牽向北、牽宋作牽，今從嚴作驅。

〇母別子

一始扶行一初坐、坐啼行哭牽人衣　盧校扶行爲扶牀，行哭爲行泣，唯亦校一始爲一初。

以汝夫婦新嬿婉　盧云，汝、本作爾。嬿、全詩燕。

又似園中桃李樹、花落隨風子在枝　又似、全詩應似；盧校爲又不如，校桃李樹爲桃與李，在枝爲住枳。

但願將軍重立功　盧云，功、本作勳。

〇陰山道

飛龍但印骨與皮、五十疋縑易一疋　兩疋字全詩均作匹。但印、盧作促節，云「馬本作但印，不知孰是。」下句盧校爲官家縑稅五千匹，云「嚴有注云，每馬一匹，價縑三匹。」

養無所用土非宜　土、全詩去，盧校去爲士。

藕絲蛛網三丈餘　盧云，三尺、宋作三丈。

遠爲可汙頻奏論　汙誤，全詩及盧均作汗。

仍詔江淮馬價縑　淮、盧校南。

捧授金銀與縑綵　盧云，縑、本作繒。

誰知黠虜啓貪心　啓、盧校起。

○時世粧　粧、全詩及盧均作妝。

雙眉畫作八字低　盧亦校盡爲畫。

圓鬟無鬢堆髻樣　盧校無爲垂，堆爲椎。

昔聞被髮伊川中　盧云，被、本作披。

髻堆面赭非華風　盧云，本推作椎；推當椎訛。

○李夫人

君恩不盡念未已　盧校前四字爲君王之恩。

又不見泰陵一掬淚　盧云，泰、本作太；按作太者誤，玄宗之陵不作太字。

○陵園妾

陵園妾　盧云，嚴重。

紅玉膚銷繫裙縵、憶昔宮中被妬猜　全詩作帬慢；盧校縵爲幔，又昔爲在。

未死此身不令出　盧亦校此身未死爲未死此身。

雨露之恩不及者、猶聞不啻三千人、三千人　盧校不及爲未及，但從宋本重末三字。

○鹽商婦

不事田農與蠶績　農、盧校園。

綠鬟富去金釵多、皓腕肥來銀釧窄　鬟、盧作鬢，又校富爲溜，皓爲玉。

兩朵紅顋花欲綻　盧云，朵、本作片。

有幸嫁鹽商、終朝美飯食　有、盧校何，飯校飲。

好衣美食有來處、亦須慙愧桑弘羊　有來、全詩來何，云一作有來；又愧作媿。盧校亦爲汝，但不從「來何」而從「有來」。

○杏爲梁

何人堂室李開府　室、盧校宇。

誰家第宅盧將軍　盧云，第宅、本乙。

君不見魏家宅　君、盧校又。

○井底引銀瓶　瓶、全詩缾。

人言舉動有殊姿　盧云，有殊、嚴作足嬌。

笑隨戲伴後園中、此時與君未相識、妾弄青梅憑短牆　戲、盧校女，與君未爲未與君，憑爲倚。

牆頭馬上遥相顧　盧云，顧、本作見。

潛來更不通消息　盧云，更、本作旣。

○官牛

滻水岸邊般載沙　般、盧校驅。

幾斤重　斤、盧校石。

載向五門官道西　盧云，五、本作午。

恐怕泥塗汚馬蹄　盧校塗爲深。

但能濟人治國調朝陰陽　人治、盧校民理。

○紫毫筆

尖如錐兮利如刀　尖、盧校纖。

喫竹飲泉生紫毫、宣城之人采爲筆　盧云，喫、本作嚙，之作工。

願頒左右臺起居、搦管趨入黄金闕　盧校頒爲賜；又云，臺、嚴作史，搦、本作握。

○隋隄柳

風飄飄兮雨蕭蕭　飄飄、盧校颯颯。

種柳成行夾流水、西自黄河東至淮、綠影一千三百里　盧云，夾、本作傍，至作接，影作隱。又影、全詩陰。

應將此柳繫龍舟　盧云，繫、本作蔭。

青蛾御史直迷樓　蛾、全詩娥。盧云，迷、本作妝。

宗社之危如綴旒　全詩云，「一本此下有煬天子、自言歡樂殊未極、豈知明年正朔歸武德三句；」盧亦校補，唯未作無。

福祚長無窮、豈知皇子封酅公　長、盧校垂，又豈知下補後年二字。

龍舟未過彭城閣　閣、全詩閤；盧云，彭城閣、本作朝城閣。

沙草和煙朝復暮　盧校上四字爲露草水烟。

○草茫茫

蒼蒼茫茫在何處　盧乙爲茫茫蒼蒼。

墓中下涸二重泉　盧校涸爲錮，又作三重泉。

別爲天地於其間　於、盧校在。

○古塚狐　塚、全詩冢，下同。

古塚狐、妖且老　盧校塚下補有字。

徐徐行傍荒村路　盧云，村、本作林。

翠眉不舉花顏低　盧云，顏、本作鈿。

女爲狐媚害卽深，日增月長溺人心、何況褒妲之色善蠱惑　全詩卽、一作則，一作却；又日長月增，云一作日增月長。盧校媚爲魅，却爲則，云宋作卽；又日增月長爲日長月久，褒妲爲褒姒妲己。況、全詩及盧均作況。

○黑潭龍

黑潭水深色如墨　色、全詩黑，盧校同。

龍不能神人神之、豐凶水旱與疾疫　神、盧校異；又云，豐、本作災。

紙錢動兮錦傘搖　傘、盧云，本作繖。

肉堆潭岸石、酒潑廟前草、不知龍神饗幾多　岸、盧校畔，潑校灑，龍神二字乙，幾多校多少。又饗、全詩及盧均作享。

狐假龍神食豚盡、九重泉底龍知無　盧亦乙神龍爲龍神，無知爲知無，但改九重泉底爲重泉之下。

○天可度

天可度、地可量　度下盧校補兮字。

使君父子爲豺狼、海底魚兮兮天上鳥　爲、全詩成，盧校「爲」爲「成」。又盧衍兮字。

咫尺之間不能料　能、盧云，本作可。

不測人間笑是瞋　間、盧校心，瞋校嗔。

○秦吉了

今日大鴦鳥　日、全詩朝，盧校日爲朝。

嗉中食飽不肯搏　食、全詩肉，盧校食爲肉。

閑立颼高如不聞　颼高、全詩乙；盧校颼高爲高颼，又閑作閒。

人云爾是能言鳥、豈不見鷄燕之冤苦　盧亦校「人言」爲「人云」，又云，豈、本作爾。鷄、全詩雞。

安用噪噪閑言語　盧校上噪字爲日。全詩云，噪噪、一作咻咻；閒作閑。

〇鵶九劍

鵶九鑄劍吳山中、天與日時神借功　盧亦乙劍鑄爲鑄劍，但校天與日時神爲地與時辰俱。

踊躍求爲鏌鋣劍　踊、全詩踴。盧云，鏌鋣、本作莫邪。

劍成未試十餘年　前三字盧校斂芒不。

三尺青蛇不肯蟠　盧校劍本無媒客冐言。

容代劍言告鵶九、君勿矜我玉可切　容誤，全詩及盧作客。盧校告爲報，玉切爲犀剸。

爲君使無私之光及萬物　盧校前三字爲白日白，「及」爲照。

〇采詩官　采、盧作採。

下流上通上下泰　盧校上無失政下皆安。

若求輿諭規刺言　盧亦校諷爲輿。

不是章句無規刺、漸及朝廷絕諷議　不是、盧校如何，「及」校恐。

諫鼓高懸作虛器　盧校「諫鼓高縣作」爲「太常進樂爲」。

夕郎所賀皆德音　盧校夏廷磬鐸寂無聲。

君之門兮九重閟　閟、盧校邃。

奸臣蔽君無所畏、君不見厲王胡亥之末年　奸、盧校姦，所畏校畏意。胡亥、全詩云，一作煬帝；盧則胡亥下更依嚴補煬帝二字，又校末爲季。

君兮君兮願聽此、欲開壅蔽達人情　全詩云，達一作遠。盧校願聽此欲四字爲若要除貪害五字。

就中全詩與東本異同，初不止此，不過因比校盧勘而順及之。抑諸本異同，盧校亦未盡，觀全詩及吳門徐刻可知之。盧校可以正東本者固多，然過信嚴本，疵瑕要自不少，試以管見鍼之。

(1)上陽白髮人之綠衣監使守宮門，盧校綠衣爲六宮，(徐刻同。)既云宮門，似不必贅用六宮字，閹人服亦有紫、緋、綠之別，且正與前句紅顏白髮相映帶也。

(2)同題憶昔吞悲別親族，扶入車中不教哭，盧校爲含悲、敢哭，(含字徐刻同)含之意淺，吞之義深，一也。且扶入者親族扶入，下接皆云入內便承恩者親族皆云，此着教字，恰前後關聯，若改不敢，則屬小女子自身，(若不以不敢屬親族言，小女子別家不哭，又背人情。)夫哭者其情，不教哭者其理，盧氏此校，無乃類於佛頭著糞耶。

(3)同題鶯歸燕去長悄然，春往秋來不記年，盧校春去；(徐刻同)。按歸去、往來自相對，以謂重「去」字爲兩句連鎖，究不如自相對之較穩矣。

(4)同題今日宮中年最老，大家遙賜尙書號，遙、盧校齊；按蔡邕獨斷、親近侍從官稱天子曰大家，舊唐書、宴吐蕃使臣於麟德殿，拜謝曰，惟願大家萬歲，如謂天子齊賜尙書號，將何以說？白髮宮人堂簾遠隔，故曰遙，其用字至費斟酌矣。

(5)馴犀、海蠻聞有明天子，驅犀乘傳來萬里，言王寶異物，故許乘傳而來也，盧改繩縛，(徐刻同)毫無意味。

(6)蠻子朝、臣聞雲南六詔蠻，東連牂牁西連蕃，按唐人稱北方國曰北蕃，西方國曰西蕃，不作番字，六詔西連吐蕃，更應作蕃爲是，盧氏從番，顯沿明本之省誤。

(7)同題清平官持赤藤杖，大將軍繫金呿嗟，大將軍與清平官對，正合，盧乙爲大軍將，未見其可。

(8)驃國樂○貞元十七年來獻之，下八字顯是注文，今盧作「刺不恤民也，貞元十七年獻，欲王化之先近後遠也，」則首末兩句均爲序文，然綜觀餘四十九題，序文皆祇一句，何以此獨兩句，且何爲序、注參錯，嚴本殊不可從。

(9)同題左右歡呼何翕習，皆尊德廣之所及，盧云，皆尊、本作皆稱，(徐刻同)余按皆尊、皆稱，兩不如全詩作「至尊」之文從義順，盧氏未比勘全詩也。

(10)縛戎人、忽逢江水憶交河，盧作忽聞，未舉異文逢字；余按前文「天子矜憐不忍殺，詔徙東南吳與越，黄衣小使錄姓名，領出長安乘遞行，身被金瘡面多瘠，扶病徒行日一驛，朝飡飢渴費盃盤，夜臥腥臊汚床席」，把一路遣徙情狀迤邐寫來，逼出「逢」字，詩境甚合。如作忽聞，與上不屬，亦盧氏未勘全詩之過也。

(11)驪宮高、君之不來兮爲萬人，盧校萬民；（徐刻同）按民字唐人不定諱，然可免亦不用，即如縛戎人序、達窮民之情也，盧亦云民、本作人，大約唐文中有許多本用人字代諱而後世爲改正者，盧之改亦類是。

(12)百鍊鏡、揚州長史手自封，盧從長吏，祇注云，宋作史；按揚州長史即淮南節度使之本職，用長史字則意更緊湊，不如長吏之虚泛。

(13)同題、百王治亂懸心中，治盧校理；又官牛、但能濟人治國調陰陽，人治、盧校民理；（徐刻皆同）按太宗爲不祧之祖，德宗升祔，高宗已遷，（見會要一五）此韓愈諱辨所由云不聞又諱治天下之治也，（文元和時作）。盧昧於諱例，復應諱之民，改不諱之治，大誤。

(14)兩朱閣、比屋疲人無處居，盧校疲人爲齊民；（徐刻同）按齊民無居，包孕太廣，不如疲人之近實，且民字應諱，具見前條。

(15)紅線毯、太原毯澁毳縷硬，盧校毳爲翠；按毯是用羊毛線績成，故曰毳縷，盧乃易翠，似欠格物功夫，當日未必能紐翠羽爲縷也。

(16)賣炭翁、曉駕炭車輾冰轍，輾、盧校碾。按輾、轉也，轉轍義通，廣韻無碾字，正字通碾、俗砐字，字彙同碾非；何盧氏竟信俗字不略檢小學耶。

(17)母別子、又似園中桃李樹，花落隨風子在枝，盧校又似爲又不如；（徐刻同）按此詩詠母子生別，故上句言不如林中烏鵲之母雛同處、雌雄共伴，而有類乎花隨風、子在枝，若作又不如，則隨風在枝者究何以愈於母子生別乎？即謂追深一層，亦覺義難通喻也。又在枝盧校住枳，云，「案廣雅釋木，枳、枝股也，是枳亦可通作枝，」余按枝與上悲、兒、衣、離、雌爲韻，（支、脂、微通押。）白詩老嫗都解，未必用「住枳」之僻詞，特盧既校桃李樹爲桃與李，（徐刻同。）故又改住枳而強爲之說耳。

(18)陵園妾、紅玉肩銷繫裙縵，盧校縵爲幔。（徐刻同。）全詩作慢。余按集韻、慢一音麪，慢訑弛縱意，上句青絲髮落藂鬢疎，疎字與髮落相針對，慢字亦與膺銷相針對；幔通常爲名辭，膺銷繫裙幔，毫無意味，當以全詩爲可從。緩一釋緩緩，亦比幔字好。

(19)鹽商婦、綠鬟富去金釵多，皓腕肥來銀釧窄，盧校富爲溜，皓爲玉；(徐刻同)余按富猶豐也，富、肥對稱，正楚辭盛鬋之意，且見其享奉素厚而心廣體胖也，綠鬟、皓腕，金釵、銀釧，亦均燕、雀匀稱，盧校絕不見佳。

(20)官牛、一石沙，幾斤重，此處用幾斤字，殊不限於十已下之數，盧校幾石，似是寫實，而不知失諸著跡，鄰於魔道矣。(徐刻作石砂幾石重，更奪「一」字。)

(21)秦吉了、哀寃民也，盧校爲「哀寃民刺諫臣之蹇者」，余按餘四十九首之序，均用也字煞脚，此題獨用者字，殊未能信。

(22)總序末之別行，盧校多出「唐元和壬辰冬長至日左拾遺兼翰林學士白居易序」二十一字。按唐世翰學結銜，放在官前或官後，雖無一定，(見下引文)惟唐中已還，兼字率就兼兩官者用之，左拾遺、官也，翰林學士、差遣也，於義不爲兼；況翰學固極貴重之差遣，寧肯著一兼字以自歧視之乎。(行制俱云充，不曰兼。)今且不必他徵，卽就居易謝官狀、「新授將仕郎守左拾遺翰林學士臣白居易，新授朝議郎守尙書庫部員外郎翰林學士雲騎尉臣崔羣」，洎初授拾遺獻書之「翰林學士將仕郎守左拾遺臣白居易」，已見兼字之可疑；況苟有此行，前文又何須自注「元和四年爲左拾遺時作」耶。

此外盧校界於兩可者尙多，明人好行小慧擅改舊籍者累見不鮮，觀上十三、十四、十六、十八、十九、二十、廿一、廿二各條所辨，可窺一斑。嚴本備勘固佳，若謂爲上承宋刻善本，出諸本右，則過信明人，難免乎失察之譏矣。

抑白氏樂府五十篇，其篇題亦非盡白所自創，元氏長慶集二四和李校書新題樂府十二首幷序云：

「予友李公垂貺予樂府新題二十首，雅有所謂，不虛爲文，予取其病時之尤急者列而和之，蓋十二而已。」

其和題如後：

法曲。

立部伎。

華原磬。

上陽白髮人。

胡旋女。

馴犀。

五弦彈。

蠻子朝。

驃國樂。

縛戎人。

西涼伎。

陰山道。

公垂即紳，所餘八題爲何，今紳詩已佚，無可復考，想不出白氏五十題之外；得此，知本或作法曲歌或上陽白髮人無白髮字者皆非矣。其元詩原注，都可與白集參讀。

(一二)白氏詩文五篇雜校

欲將白氏全集與各刻及他總集合校，非徒厥工浩瀚，抑亦書本難得。唯有五篇別見史說，特取校之，以備將來合校者采入。若舊傳之論元稹第三狀、治木蓮、荔枝詩序，則以删削過甚，不復校也。

(甲)長恨歌傳及歌　見太平廣記四八六，傳雖陳鴻之作，且未有删節，然今所傳歌、傳率相連，廣記見北宋初傳本，其中數處，實足以正見有本之訛脫。故不忍割愛，取談本廣記與東本、全詩對勘之，盧校宋本、胡校瞿宋本一并附入，涉此篇異同之處，於是可窺其八九矣。

長恨歌傳〇前進士陳鴻撰　盧云，「宋本皆大字題，與本集題竝，傳文亦皆頂格，」又云，「長恨歌、宋本在長恨歌傳後，」所見正與東本同；全詩雖傳列歌先，而傳文低兩格；馬刻，傳列歌後，低一格。傳末云，「歌既成，使鴻傳焉，」傳爲鴻作甚明，全詩於長恨歌題後一行首云，「前進士陳鴻撰長恨歌傳曰，」蓋改題爲文也。

開元中　廣記上有唐字，顯編者加入。

玄宗在位歲久　玄宗、全詩明皇，乃清人諱改，下同。

倦于旰食宵衣、政無小大、始委于右丞相、深居游宴□倦、廣記勸。于、廣記、全詩皆作於，下同。又廣記小大乙，無有字，深上有稍字。

宮中雖良家子千數、無可悅目者　廣記千萬數，「無」下無「可」字。

焜燿景從　燿、廣記焜。

澹蕩其間　廣記及馬刻澹作淡。

上心油然，若有顧遇、左右前後、粉色如土　廣記作「恍若有遇，顧左右前後，」顧字屬下讀，是也。

詔高力士潛搜外宮　詔、廣記誤謁。

鬒髮膩理　鬒、廣記作鬢，非是。

舉止閑冶　閑、廣記閒。

詔賜藻瑩　藻、廣記、馬本、全詩澡，此誤。

奏霓裳羽衣曲以導之、定情之夕　廣記無曲字。盧亦校日爲夕。

繇是冶其容　繇、廣記、全詩由。

泥金五岳　岳、廣記、全詩嶽。

輦上行同室、宴專席、寢專房　輦誤，廣記、馬刻、全詩輿，行同室三字頗不順，廣記爲「行同輦，止同室，」今本應是奪誤也，兩同字、兩專字正相對。

樂府妓女、使天子無顧眄意　妓、全詩伎。眄、廣記、馬刻、全詩盼。

非徒殊豔尤態致是　豔、廣記艷，又態下多「獨能」字。

蓋才智明慧　智、廣記知。

皆列在清貴　全詩及瞿宋本均淸貫，盧亦校貴爲貫。

富埒王室　王、廣記主，亦通。

爲之側目　馬刻、全詩及瞿宋本均無之字。

生兒勿喜歡　兒、馬刻男。喜歡、廣記倒，非是。

看女卻爲門上楣、其人心羨慕如此　廣記作「君看女卻爲門楣」，又「其」下有「爲」字，均佳，言門上楣則近於贅也。

及安祿山引兵嚮闕　嚮、廣記及馬刻向。

次馬嵬亭、六軍徘徊　廣記無亭字。徘徊、全詩裴回，下同。

當時敢言者請以貴妃塞天下怒　廣記作之怒。

使牽之而去、蒼黃展轉　廣記使牽而去之，又蒼黃作倉皇。

肅宗受禪靈武　廣記無受字。

就養南宮，遷于西內　廣記南宮下多自南宮三字。

玉琯發音　琯、廣記管。

左右歔欷　廣記欷歔。

求之夢魂、杳不能得　夢魂、全詩乙。廣記作杳杳而不能得。

知上皇心念楊妃　廣記脫皇字，盧校意爲皇。

不見　廣記上有又字。

又旁求四虛上下、東極天海　天字顯誤，馬刻、全詩大，廣記作「又旁求四虛上下，東極絕天涯。」

見最高仙山、上多樓闕　闕、廣記閣。盧校「見最高仙」爲「見最高山」，則原文之山屬下讀，未見其是；歌云忽聞海上有仙山，仙字似不可改。

西廂下有洞戶東嚮、闔其門　嚮、廣記、馬刻、全詩向。闔、廣記閟。

方士抽簪叩扉、有雙童女出應門　叩、廣記、馬刻、全詩扣，然歌之「叩玉扃」，三本又均作扣也。下句廣記作「有雙鬟童出應門」，盧校應問爲應門。

俄有碧衣侍女又至　廣記無又字。

詰其所從　廣記下多來字。

洞天日晚　盧校曉爲晚。

久之而碧衣迎入　迎、廣記、馬刻、全詩延。

見一人冠金蓮　廣記上有俄字。

珮紅玉　珮、全詩佩。

次問天寶十四年已還事　年、廣記載，較佳。

言訖憫默　全詩、瞿宋本皆憫默，廣記、馬刻、憫然；下文即接貴妃之辭，余頗主廣記也。

指碧衣取金釵鈿合、各枴其半　廣記衣下有女字。枴、馬刻、全詩析，廣記作拆，

玉妃固徵其意　固、廣記因，方士方欲致辭，何待妃之固徵，作固則情文不相生也。

請當時一事不爲他人聞者　廣記「乞當時一事不聞於他人者」。

負新垣平之詐也　負、廣記罹。

徐而言之曰、昔天寶十載、侍輦避暑驪山宮　廣記無之字；惟載作年，則有戾乎前文之稱十四載也。盧校駕爲輦。

是夜張錦繡　廣記無是字。繡、馬刻綉。

樹瓜華焚香于庭　廣記樹花燔香於庭，全詩樹瓜果，盧校補樹字，又瓜果爲瓜華。

夜殆半　廣記作時夜始半。

上凭肩而立　凭、廣記憑。

復墮下界　廣記復於。

或爲天、或爲人、決再相見　兩爲字廣記均作在，前句用在字似較順也。決、全詩決。

因言太上皇不亦久人間　廣記、全詩、瞿宋本及盧見各本均作亦不久，此顚倒。又盧校世爲間。

幸惟自安、無自苦耳　惟、廣記、馬刻、全詩唯。耳、廣記也，余以爲也字較好。

皇心震悼　廣記作「上心嗟悼久之」，自此已下至傳末，删改太多，不復校。

鴻與琅邪王質夫　馬刻瑯琊。

養在深閨人未識　未、廣記不。

迴眸一笑百媚生　迴、廣記、馬刻、全詩回，下同。盧校頭爲眸。

雲鬢花顏金步搖、芙蓉帳暖度春宵　全詩顏一作冠，暖度一作裏暖。

承歡侍宴無閑暇　全詩宴一作寢。閑、廣記、馬刻閒。

後宮佳麗三千人　後、廣記漢，全詩云，一作漢。

金屋粧成嬌侍夜　粧、全詩妝。

緩歌縵舞凝絲竹　縵、廣記、全詩、瞿宋本皆慢，馬刻謾。

盡日君王看不足、漁陽鼙鼓動地來　全詩看一作聽。鼙、廣記、馬刻、全詩鞞。

九重城闕烟塵生　烟、廣記、馬刻、全詩煙。

六軍不發無奈何　全詩無、一作知。

迴看血淚相和流　全詩看、一作首，盧校首爲看。

雲棧縈紆登劍閣　紆、廣記迴，全詩紆、一作迴。

峨嵋山下少人行　廣記蛾眉，又人行二字乙。

天旋日轉迴龍馭　盧校地爲日。迴、馬刻、全詩此處同。

馬嵬坡下泥土中　全詩泥、一作塵。

君臣相顧盡霑衣　霑、廣記、馬刻沾。

春風桃李花開夜　全詩夜、一作日。

西宮南苑多秋草、宮葉滿階紅不掃　全詩苑、一作內，宮、一作落，掃作埽。廣記落葉，階作堦。（馬刻同堦）

孤燈挑盡未成眠、遲遲鍾鼓初長夜　全詩孤、一作秋，鍾作鐘。廣記作鐘漏。（馬刻鐘鼓）

翡翠衾寒誰與共　全詩前四字一作舊枕故衾。

臨卭道士鴻都客　全詩道、一作方。

爲感君王展轉思、遂教方士殷勤覓　全詩思、一作恩。教、廣記令。馬刻慇懃。

排空馭氣奔如電、昇天入地求之遍　全詩空、一作雲，又昇爲升，遍爲徧。（馬刻升）

樓閣玲瓏五雲起　閣、廣記殿，全詩閣、一作殿。

中有一人字玉眞　廣記名太眞；瞿宋本、馬刻字太眞，全詩同，唯云一作字玉眞，一作名玉妃。

金闕西廂叩玉扃　全詩西、一作兩，由傳文觀之，兩字顯傳寫之訛。

九華帳裏夢中驚　全詩裏、一作下。(馬刻裡)中、廣記、馬刻、全詩皆作魂。

珠箔銀屏迤邐開、雲鬢半垂新睡覺　全詩屏、一作鉤，迤邐、一本乙，鬢、一作髻。廣記迤逦，逦蓋俗字；又垂作偏，馬刻、全詩同。

風吹仙袂飄颻舉　袂、廣記訛怏，又颻作飄。(馬刻飄飄)

玉容寂寞淚欄干　寞、全詩莫。欄、廣記、瞿宋本、馬刻、全詩皆闌，此訛。

含情凝睇謝君王　全詩睇、一作涕，盧校涕爲睇。

昭陽殿裏恩愛絕　裏、廣記、馬刻裡，俗字。

迴頭下望人寰處　全詩望、一作問。

唯將舊物表深情　唯、廣記空，全詩云，一作空持。

釵擘黃金合分鈿、但令心似金鈿堅　擘、廣記劈。令、全詩教，云一作令。

在天願作比翼鳥　作、廣記爲，全詩云，一作爲。

此恨緜緜無盡期　廣記、馬刻綿綿。盡、廣記、瞿宋本、馬刻均作絕；全詩絕，一作盡。

(乙)池上篇幷序　見舊書一六六本傳，今與東本、全詩互校，並附盧校。

都城風土水木之勝　都城、舊傳東都；按唐以長安爲正都，洛陽爲東都，則洛陽似不應泥稱都城，此以舊傳爲合。

雖有臺池　舊傳臺池乙。馬刻、全詩無池字，非是。盧於臺上校補池字，同舊傳。

樂天罷杭州刺史時　舊傳無時字；按下文罷蘇刺、罷刑侍均有時字，舊傳蓋脫。

始作西平橋　盧校住爲作。

得太湖石　舊傳下有「五」字，盧亦校補。

通三島逕　逕、全詩徑。

洎臧獲之習筦磬絃歌者　筦、舊傳管。絃、全詩作弦，下同。

先是潁川陳孝山與釀法、酒味甚佳　潁誤，舊傳又訛穎，馬刻訛潁，全詩正作潁。孝山、舊傳孝仙，又乙法酒兩字，按下文韻甚清、聲甚淡，與味字駢舉，應從舊書。

聲甚淡　淡、舊傳澹。

大和三年夏　大、舊傳、馬刻、全詩均訛太。

今率爲池中物矣　舊傳無矣字。

露清鶴唳之夕　盧亦校淚爲唳。

彈姜秋思　舊傳脫姜字，因前文楊石、陳酒、崔琴知之也。

悠揚於竹烟波月之際者　烟、舊傳、馬刻、全詩煙。際、全詩間。

而樂天陶然已醉睡於石上矣　舊傳無已醉睡於四字。

覩其粗成韻章　粗、全詩麤。

命爲池上篇云爾　舊傳無爾字。

足以容膝　膝、全詩厀。

有堂有亭、有橋有船　亭、全詩誤庭，亭卽序中之池西琴亭及中島亭也。盧校一庭爲有亭，一船爲有船。

白鬚飄然　飄、盧校颯。

如鼃居坎　舊傳「如蛙作坎」，全詩鼃作鼁，盧校鼁爲鼃。

盡在我前、時引一盃　我、馬刻、全詩吾。引、全詩飲，盧校飲爲引。盃、舊傳、全詩及盧見本均作杯。

（丙）初授拾遺獻書　見舊書本傳，傳雖將首尾删去，然其中一兩處大足正今各本之誤，故與東本、馬刻、全文合校之。

謹昧死奉書于旒扆之下　于、全文於。盧校施爲旒。

前充翰林學士者　傳作依前翰林學士，今各本均奪依字；居易未授左拾遺，已充翰學，故曰依前充，重修學士壁記及唐人制誥，其例不少也。

臣與崔君同狀陳謝　傳改爲己與崔羣，瞿宋本、馬刻及全文亦作羣，此誤。

今者再黷宸嚴　傳無者字，黷作瀆。

臣按六典、左右拾遺掌供奉諷諫　傳臣下有謹字，是也，各本均脫。諷、全文訛誦。

大則庭諍　傳及全文均廷諍。

俾上不忍負恩、下不忍負心也　舊傳下不忍負心在上不忍負恩之前，殆錯簡。

夫位未足惜　傳及全文均不足。

豈小臣愚劣闇懦所宜居之哉、况臣本鄉里豎儒　闇、舊傳暗。里、舊傳校。又况、舊傳、全詩均作況。

絕望烟霄　烟、舊傳、馬刻、全文煙。

每宴飫無不先及　飫、舊傳飲。又舊傳作先預，非是，預爲代宗諱也。

中廐之馬代其勞　廐、馬刻、全文廄。

朝慚夕惕　惕訛，舊傳、全文均惕。（馬刻亦訛）

未伸微効　伸、舊傳申。

僅將十日　將、舊傳經。

以答殊寵　答、舊傳、馬刻、全文均荅。

今陛下肇建皇極　建、舊傳臨。

便於時　舊傳下有者字，而無「故天下之心顒顒然日有望於太平也然今後」十八字。全文諱顒顒爲禺禺。

陛下豈不欲革之乎、候陛下言動之際　革字合，舊傳作知，殆非。又候、舊傳儻，全文倘。

小有遺闕　闕、馬刻、全文闕；舊傳乙爲闕遺。

臣又職在中禁　舊傳乙禁中。

欲竭愚衷　衷、舊傳誠。又舊傳錄至深察赤誠句止。

（丁）劉白唱和集解　此見舊書一九〇劉禹錫傳，羣書拾補未有異同校出，今取東本、舊傳、馬刻洎全文四種合校之。

繇是每製一篇、先相視草　繇、舊書由。製、舊書、馬刻、全文制。相、舊書訛於。

同和贈答　答、舊書荅。

至大和三年春已前　舊書無至字。大、舊書、馬刻、全文同訛太，又已作以。

其餘乘興扶醉　扶、舊書仗。

因命小姪龜兒編錄、勒成兩卷　舊書無錄字，卷作軸。

一授夢得小兒崙郎　兒、舊書男。

附兩家集　家下舊書有文字。

予頃以元微之唱和頗多　以、舊書與。

常戲微之云　常、舊書嘗是，因下文云二十年來，不當作常也。

播揚名聲　舊書同，全文末二字乙。

以予子之故　舊書、馬刻、全文均無予字。

亦不幸也　舊書作此一不幸也。

今垂老復遇夢得、得非重不幸耶　舊書無下得字。

眞謂神妙　舊書末有矣字。

應當有靈物護之、豈唯兩家子姪祕藏而已　舊書無當字，之作持，唯作止；但姪作弟，當非是。祕、馬刻秘。

己酉歲三月五日樂天解　此十字舊書略去。

計十六條中，馬刻、全文異乎東本者各祇四條。

(戊)記異　此見太平廣記三四四，廣記主記事，有所刪改，無怪其然，非必盡是異同也。下所校者爲東本、廣記、拾補及全文四種。

記異　廣記別題爲王裔老。拾補云，宋作紀異。

曰延年里　年、全文平，盧校平爲年。

元和八年秋七月、予從祖兄曰皥　廣記、「唐元和八年，翰林學士白居易丁母憂，退居下邽縣，七月，其從祖兄曰皥」，此顯編者刪改以明事原，但居易六年丁憂，非八年，當於白集僞文篇辨之。皥、盧校暭。

自華州來訪予　予、廣記改居易。

途出於蘭若前　於、廣記于。

服黃綠衣　廣記衣黃綾衣。馬刻綠衣兩字間空一字。

會語於佛屋　於、廣記于。「屋」下、廣記、全文均有「下」字。

聲聞于門、兄熱行方渴　于、全文於。廣記改兄爲皥。

自縶韁於門柱　廣記無自字，縶作繫，於作于。

意其退藏於窻闥之間　廣記意上有自字，前條所錯簡也；於作于。窻、馬刻牕，全文窗。

又意其退藏於屋壁之後　於、廣記于。

則堵牆環然無隟缺　廣記牆作墻，(馬刻同)隟作隙；全文乙爲墻堵。

覆視其族談之所、則塵壤四幕然無足迹　廣記族作聚，無則字。又壤作埃，四幕作羃，全文同，蓋東洋誤析一字爲兩字也。迹、廣記跡。拾補缺覆字，馬刻有，豈誤屬上讀耶，然覆視、周視、固對舉也；又校聚爲族，羃爲幕。

繇是知其非人　繇、廣記由，又沕知字。

不敢留　廣記無此三字。

來告予、予亦異之、因訊其所聞　、兄曰云云　兩予字依馬刻、全文顯予之誤。廣記改此數句爲「來告居易，且聞其所言云云。」

王胤老如此　、觀其辭意　、若相與數其過者　胤、廣記裔、全文允、皆諱改也。如、全文於，盧校「於」爲「如」是。辭、廣記詞。盧又校相過爲其過。

厥所居予舍八九里　居、馬刻、全文去，是，觀廣記改爲「厥所去居易舍八九里」可知，且前文云故蘭若無僧居，則不應言「居」也。

果有王胤者年老　裔、允皆諱避，與前同，下倣此。廣記無年老字。

方徙居於蘭若東百餘步　廣記作蘭若之東北。

築場蓺樹僅畢　蓺、廣記藝。

不浹辰而胤死、不越明而妻死、不逾時而胤之二子與二婦一孫死　辰、廣記旬。明、廣記、全文皆作月，此訛。(馬刻亦訛)又廣記無與字，而作「及一孫亦死」。

餘一子曰明進　廣記上有止字。

乃撤屋拔樹　撤、廣記訛撒。

遂獲全焉　廣記改爲遂免，引敍至此止。

嘻　全文噫。

則衆君子謀於社以亡曹　盧亦校尹爲君。

樂天云　全文上有太原白三字。

除諱字外，全文異乎東本者十四處，兩可者居其六，餘全文誤三，東本誤五；平均推之，後者當較多，因東洋人不盡識中國字，傳鈔易誤也。

(十三)檢討元劉酬和白詩後所見

白詩多酬唱之作，尤以與元稹、劉禹錫爲最密，因繼集至十七卷，劉白唱和集至五卷。今元、劉兩集雖頗散佚，白集亦有遺文，（其可知者，前已略舉厥目。）苟再從元、劉兩集比覈之，於白氏佚文之研究，當不無小補。惟是原唱出自元、劉者，白之和答與否不可知，故祇就元、劉之和章，考次如後。每表上格先列兩家之和目，下格乃列東本原唱之卷數，東本所闕者輔以全詩補遺；其元詩所據爲叢刊長慶集及全詩之二十七、二十八兩卷，劉詩因手頭適無他本，祇取資於全詩而止。

(甲)元稹酬和白詩表解

種竹并序（元氏二）	卷一
和樂天贈樊著作（同上）	同上
和樂天感鶴（同上）	同上
和樂天折劍頭（同上）	卷一
酬樂天（同上五）	卷九
酬樂天書懷見寄（同上六）	同上
酬樂天登樂遊園見憶（同上）	卷一
酬樂天早夏見懷（同上）	卷九
酬樂天勸醉（同上）	卷九
和樂天初授戶曹喜而言志（同上）	卷五

和樂天贈吳丹（同上）	卷五
和樂天秋題曲江（同上）	卷九
和樂天別弟後月夜作（同上）	同上
和樂天秋題牡丹叢（同上）	同上
酬樂天赴江州路上見寄三首（同上八）	卷十
和樂天劉家花（同上）	卷十五
和樂天夢亡友劉太白同遊二首（同上）	卷十七
酬樂天見憶兼傷仲遠（同上）	卷十六
酬翰林白學士代書一百韻（同上十）	卷十三
酬盧祕書（同上十二）	卷十五
酬樂天東南行詩一百韻（同上）	卷十六
和樂天送客游嶺南二十韻（同上）	卷十七
酬樂天江樓夜吟稹詩因成三十韻（同上十三）	卷十七
酬樂天待漏入閣見贈（同上）	卷十九
酬樂天早春閑游西湖……（同上）	卷五三
酬樂天寄蘄州簟（同上十五）	卷十六
代杭民答樂天（同上）	卷五三
酬樂天秋興見贈……（同上十六）	卷十三
酬樂天八月十五夜……（同上十七）	卷十四
予病瘴樂天寄通中散……（同上）	同上
和樂天招錢蔚章看山絕句（同上十八）	同上
和樂天高相宅（同上十九）	卷十五
和樂天仇家酒（同上）	同上
和樂天贈雲寂僧（同上）	同上
酬樂天書後三韻（同上二十）	卷十六
酬樂天醉別（同上）	卷十五
酬樂天雨後見憶（同上）	卷十五
和樂天過祕閣書省舊廳（同上）	卷十五
和樂天贈楊祕書（同上）	同上
和樂天題王家亭子（同上）	同上
酬樂天頻夢微之（同上）	卷十七
酬樂天春寄微之（同上二十一）	卷十六

酬樂天舟泊夜讀微之詩（同上）	卷十五
酬樂天武關南見微之題……（同上）	卷十五
酬樂天見寄（同上）	同上
酬樂天得稹所寄紵絲……（同上）	卷十七
和樂天尋郭道士不遇（同上）	同上
酬樂天寄生衣（同上）	卷十五
酬樂天得微之詩……（同上）	同上
酬樂天聞李尚書拜相……（同上）	卷十七
酬樂天歎窮愁見寄（同上）	同上
酬樂天三月三日見寄（同上）	卷十七
酬樂天歎損傷見寄（同上）	卷十八
酬樂天喜鄰郡（同上二十二）	卷五三
重夸州宅……兼酬前篇末句（同上）	同上
酬樂天吟張員外詩……（同上）	同上
重酬樂天（同上）	同上
酬樂天餘思不盡……（同上）	卷五三
酬樂天雪中見寄（同上）	同上
和樂天早春見寄（同上）	同上
代郡齋神答樂天（同上）	同上
酬樂天重寄別（同上）	同上
和樂天重題別東樓（同上）	同上
和樂天示楊瓊（全詩二十七）	卷十九
除夜酬樂天（同上二十八）	卷五三
酬樂天初冬早寒見寄（同上）	
酬白樂天杏花園（同上）	卷五五
酬白太傅（同上）	

依上表，共得六十八首。考元、白交分，起於貞元，迄於大和，事歷六朝，始終相得甚深，又皆以詩鳴，故投贈之作，積至十七卷。劉、白初契，不過在寶歷、大和間，故白氏前集中對劉並無唱酬之什，至晚年合成五卷，猶未及因繼集之三一。今搜劉氏和章，（見後）數且逾之，是知元集之損失爲極多矣。（原一百卷，今存六十。）表列兩集相當之作，其間題目或有小異，附說明之。

(1)和樂天早夏見懷，東本題爲春暮寄元九，然兩首同用雛、如、徂、殊、居、除六韻，且首句梨花結成實(白)，庭柚有垂實(元)復相似，故知其相當也。春暮、全詩乙；春暮、早夏，爲時相連，初無大異。

(2)和樂天招錢蔚章看山絕句，東本題爲絕句代書贈錢員外，卽錢徽，蔚章其字也。首韻白爲孤，元爲壺，雖小異，然末韻同押無字，白詩「可惜今朝山最好，強能騎馬出來無，」信是邀錢看山也。

(3)和樂天贈雲寂僧，東本題爲恆寂師，(重到城七絕句之七)條、消兩押相同，元集作銷，實通用字，不作恆而作雲，當是唐、宋人諱改，東本同卷下更有苦熱題恆寂師禪室一首也。

(4)酬樂天醉別，東本題爲醉後卻寄元九，迴、來(白)回、來(元)，用韻相同，且東本之「澧水橋邊兀兀迴」，(澧誤，全詩正作灃。)固可改同兀兀回也。

(5)酬樂天春寄微之，東本題爲憶微之，同用蒙、籠、中、同、風五韻。

(6)酬樂天見寄，押官、難、看、安四韻，與東本得微之到官後書備知通州之事悵然有感因成四章之第四首，用韻相同；而元集酬樂天得微之詩知通州事因成四首，前三首祇第一首不同兩韻，顧第四首所押鋤、(東本鉏)蔬、如、魚、虛，竟同乎東本一八之卽事寄微之，則殆元集中兩詩誤行錯簡也。知者，東本用官韻之詩，說通州事，用鉏韻之詩，說忠州事，是東本斷未錯簡，其錯應在元集，一也。元集官韻詩位卷二十一第二頁上之二、三、四行，鋤韻詩位同卷第三頁上之二、三、四行，前後一頁，位置恰同，余嘗發見金石萃編誤將前後兩頁之上下板相錯(見拙著郎官柱題名新著錄)此處爲例相似，二也。惟是羣書拾補校微之集宋本，並未校出，則其誤推源於宋，明董氏本猶是承舊刻之訛耳。

(7)酬樂天初冬早寒見寄；按全詩二十七、二十八兩卷，是通行本元集闕收之作，今此詩固別收劉禹錫卷五，一字不易，詩有「洛水碧雲曉、吳宮黃葉時」之句，顯見是吳、洛唱和，非元、白唱和。又白之原唱，見東本六四，題爲初冬早起寄夢得，押裘、頭、愁、州四韻，元氏和作率步韻，否亦同韻，今則韻並不同。況白詩「詩成誰遣和，還是寄蘇州，」劉大和五年冬出刺，元已先於八月卒。凡此皆足證誤以劉詩補入元詩中也。

（8）酬白樂天杏花園，東本題爲杏園花下贈劉郎中，詩所謂「自別花來多少事，東風二十四迴春，」實切劉事，元絕首聯「劉郎不用閑惆悵，且作花間共醉人，」亦是慰劉之語，劉自有酬作，（見下文）元詩題之酬字，似應正作「同」也。

（9）酬太白傳；按舊書白傳，開成元年，除同州不拜，尋授太子少傅，此作太傅，誤一，元卒大和五年，更不見白加少傅，誤二，此必他人詩，非稹詩也。

合上檢尋，知元集今存和白之作，其原唱均見白集中，並無遺逸。

（乙）劉禹錫酬和白詩表解

樂天寄洛下新詩兼喜微之欲到……（二）	卷五八
酬樂天七月一日夜卽事見寄（同上）	卷六三
和樂天洛城春齊梁體八韻（同上）	卷六二
和樂天讌李周美中丞宅……（同上）	卷六九
酬樂天聞新蟬見贈（同上）	卷六九
和樂天秋涼閑臥（同上）	卷六三
酬樂天詠老見示（同上）	卷六五
翰林白二十二學士見寄詩一百篇 ……（三）	
樂天寄憶舊遊因作報白君以答（同上）	卷五一
和樂天春詞依憶江南曲拍爲句（同上）	卷五五
答樂天臨都驛見贈（同上）	卷五五
再贈樂天（同上）	同上
答白刑部聞新蟬（四）	卷五六
和樂天早寒（同上）	卷六七
同樂天和微之深春二十首（同上）	卷五六
答樂天見憶（五）	同上
和樂天誚失婢牓者（同上）	同上
酬樂天初冬早寒見寄（同上）	卷六四
酬樂天閑臥見寄（同上）	卷六六
酬樂天小亭寒夜有懷（同上）	全詩三九
酬喜相遇同州與樂天替代（同上）	卷六六

酬樂天感秋涼見寄(同上)	卷六五
酬樂天小臺晚坐見憶(同上)	卷六三
秋晚病中樂天以詩見問力疾奉酬(同上)	卷六七
和樂天燒藥不成命酒獨醉(同上)	卷六六
白舍人自杭州寄新詩……(七)	卷二十
白舍人見酬拙詩因以寄謝(同上)	卷五四
白舍人曹長寄新詩……(同上)	同上
蘇州白舍人寄新詩……(同上)	同上
酬樂天楊州初逢席上見贈(同上)	卷五七
和樂天鸚鵡(同上)	卷五六
和樂天送鶴上裴相公別鶴之什(同上)	卷五六
和樂天以鏡換酒(同上)	同上
同樂天送河南馮尹學士(同上)	卷五六
同白二十二贈王山人(同上)	同上
和樂天南園試小樂(同上)	同上
答樂天戲贈(同上)	卷六七
同樂天送令狐相公赴東都留守(同上)	卷五六
吟白樂天哭崔兒二篇愴然寄贈(同上)	卷五八
答樂天所寄詠懷且釋其枯樹之歎(同上)	同上
和樂天耳順吟兼寄敦詩(同上)	卷五一
和白侍郎送令狐相公鎮太原(同上)	卷五六
酬樂天見寄(同上)	同上
樂天寄重和晚達冬青一篇因成再答(同上)	
河南白尹有喜崔賓客歸洛……(同上)	卷五八
和樂天洛下醉吟寄太原……(同上)	卷六四
酬樂天見貽賀金紫之什(同上)	同上
樂天見示傷微之敦詩晦叔……(同上)	卷六四
和樂天柘枝(同上)	卷五三
和樂天題眞娘墓(同上)	
酬樂天衫酒見寄(同上)	卷六五
自左馮歸洛下酬樂天……(同上)	卷六六
和樂天齋戒月滿夜對道場偶懷詠(同上)	同上

吳方之見示獨酌小醉……（同上）	同上
酬樂天齋滿日裴令公置宴……（同上）	同上
酬樂天偶題酒甕見寄（同上）	卷六六
酬樂天請裴令公開春加宴（同上）	同上
樂天示過敦詩舊宅有感……（同上）	同上
和樂天洛下雪中宴集……（同上）	卷六七
和陳許王尚書酬白少傅侍郎長句……（八）	卷六七
白侍郎大尹自河南寄示……（九）	卷五八
和樂天閑園獨賞八韻……（同上）	卷六五
三月三日與樂天及河南李尹……（同上）	卷六六
酬樂天晚夏閑居欲相訪……（同上）	卷六七
酬樂天醉後狂吟十韻（同上）	卷六七
同樂天登棲靈寺塔（十二）	卷五四
杏園花下酬樂天見贈（同上）	卷五五
和樂天春詞（同上）	同上
醉答樂天（同上）	卷五七
吟樂天自問愴然有作（同上）	卷六四

已上共得七十首，比元稹所存尚多，但檢對則逾難；緣劉氏和作，非徒不步韻，且往往異韻，即如白氏杏園花下贈劉郎中七絕，押人、春兩韻，元和同，而劉酬則倒用春、人兩韻，他可知矣。題目亦往往殊異，故其中有須說明者。

（1）酬樂天七月一日夜即事見寄；按東本七月一日作一首，亦是古體，唯題未署寄劉，疑即此篇。

（2）和樂天誚李周美中丞宅池上賞櫻桃花；按東本櫻桃花下有感而作，詩云，「藹藹美周宅，櫻繁春日斜，」全詩題下且有注云，「開成三年春季（李）美周賓客南池者，」據新書宗室表蜀王房，仍叔字周美，則東本、馬、汪兩本及全詩殆誤倒。又東本六六，開成二年三月時，仍叔爲賓客分司。

（3）和樂天春詞依憶江南曲拍爲句；按東本春詞爲七絕，下文已有和樂天春詞一首，此蓋改調再和之什。憶江南詞三首，見東本六七。

（4）和樂天早寒五律；按東本初冬即事呈夢得七律，有「紅地爐深宜早寒」

句，是早寒，「走筆小詩能和否」，是索和，「僧來乞食因留宿，客到開樽便共歡，」又恰與劉詩「久留閑客話、宿請老僧齋」對照，疑卽和此章也。

(5)酬喜相遇同州與樂天交代，原注云，「前章所言春草，白君之舞妓也，故有此答，」按東本喜見劉同州夢得結聯云，「應須爲春草，五馬少踟蹰。」

(6)酬樂天感秋涼見寄，疑卽和東本之新秋喜涼，兩篇同是五律也。

(7)白舍人見酬拙詩因以寄謝；考東本答劉和州云，「好相收拾爲閑伴，年齒官班約略同，」劉詩之「煙水五湖如有伴，猶應堪作釣魚翁，」卽答詞也。

(8)白舍人曹長寄新詩有遊宴之盛因以戲酬；按東本酬劉和州戲贈、頸聯云，「變蛾解珮啼相送，五馬鳴珂笑卻迴，」似卽誇遊宴之盛者。

(9)蘇州白舍人寄新詩有歎早白無兒之句因以贈之；按東本吟前篇因寄微之云，「毿鬚早白亦無兒」，劉題卽指此。

(10)和樂天以鏡換酒，東本題爲鏡換盃，劉詩亦云，「把取菱花百鍊鏡，換他竹葉十旬杯。」

(11)酬樂天見寄云，「元君後輩先零落，崔相同年不少留，」按東本寄劉蘇州云，「去年八月哭微之，今年八月哭敦詩，」兩聯恰相對，敦詩、崔羣字，曾爲相。

(12)河南白尹有喜崔賓客歸洛兼見懷長句因而繼和，東本題爲贈晦叔憶夢得，詩云，「自別崔公四五秋，因何臨老轉風流……得君更有無厭意，猶恨樽前欠老劉」，晦叔、崔玄亮字。

(13)白侍郎大尹自河南寄示池北新葺水齋卽事招賓十四韻兼命同作，按東本今題府西池北新葺水齊(齋)卽事招賓偶題十六韻，計差兩韻，豈白詩簡遞發續有追加歟，抑劉集佚去兩韻後人遂改題爲十四歟。

(14)醉答樂天云，「洛城洛城何日歸，故人故人今轉稀，莫嗟雪裏暫時別，終擬雲間相逐飛，」與東本之醉中重留夢得「劉郎劉郎莫先起，蘇臺蘇臺隔雲水，酒盞來從一百分，馬頭去便三千里，」其事實、卽景、(劉以大和五年冬出刺吳江。)格調均相當。

(15)酬樂天小亭寒夜有懷，原唱今東本失收，全詩補遺有小庭寒夜寄夢得，詩語正相針對，唯庭、亭小異。

此外翰林白二十二學士見寄詩一百篇因以答貺，當日白氏是否賡以詩章，難於確定，未得爲佚詩之據。又樂天寄重和晚達冬靑一篇因成再答，余未檢得原唱，和樂天題眞娘墓一首，似東本無此題，總言之，白集所佚原唱，尤其量亦祇兩篇而已。

由上旁證，又似前、後二集之詩，散佚有限，然果其佚在續後集者，則元、劉已後先下世，不能持是以爲衡也。

元、白及劉、白酬往之作，倘擬輯一全目，爲因繼、吳洛兩集稍留餘影，然非本篇所亟，俟暇時別成之。

(一四)宋見石刻中之白氏詩文

白氏壽甚高，名甚重，官復淸貴，然平生爲人作石刻文不多，性不苟諛然也。據宋人所著錄，今均見集內或後人補遺中，順年序而列之，亦可對碑錄爲小小校正，故附立此節焉。

(1)江州司馬廳記。

輿地碑記目二，「元和十三年七月八日，白樂天建」，按文稱七月八日記。

(2)唐上弘和尙塔碑。

金石錄九，「白居易撰，李克恭正書，元和十三年，」寶刻叢編一五引復齋碑錄云，「唐撫州景雲寺上弘和尙石塔碑，唐白居易撰，李克恭正書，段全緯篆額，大中八年七月十五日重立，在東林寺。」按東本二四載碑文，「十三年夏，作石塔成，又來請，始從之，……翌日而文就，明年而碑立」，（夏、全文作冬。）則文作於十三年，碑初立於十四年，洎會昌倒而大中又重立也。輿地碑記目二，「唐弘和尙石墳，元和十年白居易撰碑，」十下奪一字。

(3)唐張誠碑。

金石錄九，「白居易撰，武翊黃正書，姪孫皤篆，長慶二年六月，」此即東本二四唐贈尙書工部侍郎吳郡張公神道碑，銘文祇云，「以長慶二年某月某日立神道碑，」據錄知爲六月。

(4)唐興果寺律大德奏公塔碣。

叢編一五引復齋碑錄，「唐白居易撰，僧雲臯正書，長慶二年閏十月一日建，武宗時廢，宣宗大中八年七月十五日重立，」奏字訛，他皆作湊。碑之年月，金石錄九與復齋同，唯碑記目二云，「元和十二年白居易撰碑」，按東本二四載碣銘，「元和十二年九月七日遘疾，二十六日及其，「據全文及眞之訛）十月十九日遷全身於寺道北，祔賜門墳左，」顯居易居江州時作，殆遲五年而後立也。長慶二年閏十月，見舊紀一六。

(5)冷泉亭記。

碑記目一，「唐長慶二年白居易文，」按東本二六作「長慶三年八月十三日記」，此是杭任上作，白二年十月方抵杭，四年五月罷，二爲三訛無疑。

(6)西湖石函記。

碑記目一，「唐史長慶四年白居易文」，史字衍，此卽東本五九錢唐湖石記，文末稱「長慶四年三月十日，杭州刺史白居易記。」

(7)龍興寺華嚴經柱石記。

碑記目一，「寶歷三年九月二十五日蘇州刺史白居易撰，僧南操立，」按柱、社之訛，寶歷無三年，東本五九載此文，末題「寶歷二年九月二十五日前蘇州刺史白居易記，」(全文無記字)。蓋作記時白已罷蘇任，故稱前，三年字誤。

(8)唐春分投簡陽明洞天幷繼作。

叢編一三引復齋碑錄，「唐元威明、白居易撰，王璹分書，劉蔚篆額，大和三年正月十五日立，在龍瑞宮，」碑記目一紹興府下亦著錄「白居易陽明洞天詩，大和三年，」按詩今見東本五六。寶刻類編七記白所書石有越之詩篇，當卽此詩，但據復齋言，非白氏書也，類編誤。

(9)唐裴度白居易聯句。

金石錄九，「正書，無姓名，太(大)和三年十二月，」按是歲之末，白已分司東都，裴則仍居相位，所聯何句及何地、何時，錄均不詳，全詩所收度、居易等聯句，有西池落泉、首夏猶清和、薔薇花及宴興化池亭送白二十二東歸四種，似均可相當，然未知何屬也。

(10)唐白居易游濟源詩。

金石錄一〇，「正書，太和五年九月，馮宿詩附，」叢編五引太和正作大和，又居易作樂天；按此卽東本五二遊坊口懸泉偶題石上，首句便云濟源山水好，全詩題下注「時爲河南尹」。

(11)唐崔弘禮碑。

寶刻叢編四淸河縣下引訪碑錄，「唐白居易撰并書」，類編七稱此碑在洛；按東本六〇、唐故湖州長城縣令崔府君神道碑，府君諱孚，興元元年歿於宋，大和五年遷葬於洛，又云，「實生司空，司空諱弘禮，公之幼子也，」是居易撰書者爲弘禮父碑，非弘禮碑，錄誤。

(12)唐武昌軍節度使元稹碑。

叢編八引京兆金石錄，「唐白居易撰，元和中立，」按今所傳乃元公墓誌銘，非碑也，稹墓或別立碑，但未必同是白作，誌云，「以六年七月十二日祔葬於咸陽縣奉賢鄉洪瀆原」，元和、大和之誤。

(13)唐香山寺碑。

叢編四引諸道石刻錄，「唐白居易撰」，按此當卽東本五九修香山寺記，末題「唐大和六年八月一日河南尹太原白居易記。」

(14)唐修香山寺詩三十韻。

叢編四引訪碑錄，「唐白居易撰，賀拔惎書」，按東本六四重修香山寺畢題二十二韻以紀之，與前條之記，當同時作，然祇二十二韻，非三十韻也，此誤。

(15)唐白樂天遊王屋山詩。

叢編五引復齋碑錄，「唐白居易撰，道士張弘明正書，大和六年十月題，」金石錄一〇略同；按東本五二有早冬遊王屋自靈都抵陽臺上方望天壇偶吟成章寄溫谷周尊師中書李相公，詩亦云，「霜降山水淸，王屋十月時，」中書、李宗閔也。

(16)唐東林寺白氏文集記。

金石錄一〇，「白居易撰，僧雲皐正書，太(大)和九年八月，」按文作於是歲之夏，叢編一五正作大和。

(17)南禪院千佛堂轉輪經石記。

碑記目一，「開成二年二月一日，白樂天撰，」與東本六一記末所題年、月、日同，全文作四年誤。

(18)唐照公塔碑。(黃刻集古錄目)

叢編四引集古錄目作塔銘，云，「唐太子少傅分司東都白居易撰，劉禹錫爲祕書監分司東都時書，照公名神照，姓張氏，蜀州青城人，居東都奉國寺，碑以開成三年立」，按文「粤以開成三年冬十二月、示滅於奉國寺禪院，……明年，………」則作於四年，歐陽氏誤。

(19)唐白蘋州五亭記。

金石錄一〇，「白居易撰，馬纘正書，開成四年，」按文、記於四年十月十五日。

(20)唐八節灘詩并龍門二十韻。

叢編四引訪碑錄，「唐白居易撰」，按東本七一開龍門八節石灘詩二首并序，稱會昌四年開灘。

(21)唐醉吟先生傳并墓誌。(黃刻金石錄)

錄云，「傳、白居易自撰，碑、李商隱撰，譚邠正書，大中五年四月，」按釋文稱碑，叢編四引錄亦作碑，則題曰墓誌者誤。錄三〇又跋云，「右唐醉吟先生傳并墓碑，舊唐史云，居易以大中元年卒，年七十五，而新史云卒於會昌六年，年六(七訛)十五，今碑所書與新史合。又舊史書居易拜官歲月，亦多差謬不合，小失不足道，故不錄。」

其作年不可確定者，有

(22)唐白居易大徹禪師傳法堂記。

碑記目一衢州云，「在西安縣北玉泉鄉明果禪寺，」按東本二四傳法堂碑，「有僧舍名傳法堂，先是大徹禪師宴(全文晏)居於是寺，說法于是堂，因名曰（馬刻、全文衍此字）焉。有問師之名迹，曰號惟寬，姓祝氏，衢州信安人，」即此傳法堂記也。碑又云，「師旣歿後，予出守南賓郡，遠託譔述，迨今而成，」南賓卽忠州，白於元和十四年三月抵任，前文復稱憲宗謚，而碑收前集，則可斷爲憲宗卒後至長慶二年間所作也。大徹生信安，後住西安，必其鄉人所傳刻，然彼葬灞陵西原，不葬衢州，易碑曰記，亦有因矣。

上記二十二石，撰而兼書者唯崔碑，尙有兼書撰者兩種，其年分亦不能確考。

(23)與劉禹錫書。（杭）

見類編七，按東本唯載與劉蘇州書一通，大和七年作，或是此書，然書作於洛陽，寄往蘇州，何以刻在杭也。

(24)天竺寺白樂天詩。

見碑記目二贛州下，云，「在水東三里，白樂天贈韜光禪師墨跡，舊存，眉山老蘇嘗至寺觀焉，後四十七年，東坡南還再訪，惟見石刻，因賦詩云，香山居士留遺跡，天竺禪師有故家，空詠連珠幷疊璧，已無飛鳥及飛蛇，」是入宋乃刻石也。據漁隱叢話前集二一，卽汪編補遺之寄韜光禪師長句，唯幷作吟，無作亡，及作失小異。

(一五)拙見總述

總上十四節所討論，拙見可概舉如次：

(1)白氏文集寄存東林寺者，僖宗時高駢刼去，不知下落，洛、蘇眞本亦經亂散失。後唐李重榮在洛爲補寫，不數年，德化王楊澈、又爲重掇置東林，至宋眞宗世，屢次亡逸，朝廷乃令崇文院寫校送寺，所謂東林眞迹，唐末早已失傳。北宋時通行於代者，宋敏求謂是從榮補本。

(2)自五代起至北宋宋敏求時止，文獻所徵，均稱白氏集七十卷，新唐志作七十五卷，祇依文著錄，非見本如是。厥後傳世之第七十一卷，始自何時，未得而詳。或稱七十二卷，不過連別集一卷數之，疑南宋至今復佚去一卷者誤也。

(3)依白氏遺文觀之，續後集五卷應載會昌一代作品，然元、劉詩敵，次第凋淪，復從前、後兩集之年期卷數，爲比例的推測，白氏晚歲詩筆，恐無五卷之多。如謂闕佚者爲會昌前之卷，則又與白氏數集記不符，此猶爲全集總卷數之一疑問。

(4)東本白集，除詩筆參錯略存前、後集面目一點外，其餘卷第、篇次，大致同乎他刻，且因東人多昧我國字義，烏焉滿紙，未得見其獨善。

(5)唯東本幾全删原注，讀詩者必求其一，則汪編、全詩均勝東本。

(6)留心於白氏散文者，訛字不在論外，則東本視全文稍勝，然均原注不全，通行者仍以馬本爲較善。

(7)明刻白氏諷諫，殆多經明人肊改，盧氏未免推許過當。光緒吳門景宋本，大致與嚴本相近。

(8)陳振孫謂蘇、蜀本編次有異，其異殆即詩筆錯雜略存前、後集之舊，或先詩後筆不復爲前、後集之分者是。南宋東林所貯，陸游見是蘇板，余意東本與之同源，先詩後筆者與蜀本同源。

白氏早歲即以樂天自號，其曠其達，初不自飽嘗宦味始，生平弗亟亟求進，與元稹異，然有所事任，亦恰能盡其職責，固非積極，要自別乎消極一流。余夙慕之，故草此篇時，偶有生發，便立節目，不自知其冗且長耳。順德岑仲勉記於昆明龍頭村，時民國二十八年六月月半。

涉李大異歷官，嘉定鎭江志一五宋潤州太守門云，「李大異，朝奉大夫敷文閣待制，開禧元年七月十八日到。二年六月十九日，除徽猷閣待制改知婺州」吳郡志一一牧守門云，「李大異，朝奉大夫徽猷閣待制，嘉定元年四月到，六月，磨勘，轉朝散大夫，八月，除寶謨閣直學士，依舊知平江府。二年十二月磨勘，轉朝請大夫。三年正月，知建康府」三十六年一月十四日論稿復閲，校畢附記。

出自第九本(一九四七年九月)

白氏長慶集僞文

岑仲勉

東本白氏長慶集二〇末載李德裕相公貶崖州三首，余嘗辨其假託，（中山大學史學專刊二卷一期會昌伐叛集編證上一〇九頁）後乃見胡仔苕溪漁隱叢話後集一三引蘇轍云：

「元符二年，余自海嶺再謫龍川，……獨西鄰黄氏世爲儒，粗有簡册，乃得樂天文集閱之。樂天少年知讀佛書，習禪定，旣涉世履憂患，胸中了然照諸幻之空，故其還朝爲從官，小不合卽捨去，分司東洛，優游終老，蓋唐世士大夫達者如白樂天寡矣。……觀其平生端而不倚，非有所附麗者也，蓋勢有所至而不能已耳。會昌之初，李文饒用事，樂天適已七十，遂致仕，不三年而沒。……至其聞文饒謫朱崖三絶句，刻覈尤甚，樂天雖陋，蓋不至此也。且樂天死於會昌之初，而文饒之竄在會昌末年，此決非樂天之詩，豈樂天之徒淺陋不學者附益之耶？樂天之賢，當爲辨之。」

胡仔於其下附加按語云：（胡書乾道三年丁亥成）。

「余以元和錄考之，居易年長於德裕，視德裕爲晚進，方德裕任浙西觀察使，居易爲蘇州刺史，德裕以使職自居，不少假借，居易不得已，以卑禮見，及其貶也，故爲詩云，……然醉吟先生傳及實錄皆謂居易會昌六年卒，而德裕貶於大中二年，或謂此詩爲僞。余又以新唐書二人本傳考之，會昌初白居易以刑部尙書致政，六年卒，李德裕大中二年貶崖州司戶參軍，會昌盡六年，距大中二年正隔三年，則此三詩非樂天所作明甚。但蘇子由以謂樂天死於會昌之初，而文饒竄於會昌之末，偶一時所記之誤耳。」（按卑禮訛，陳譜引作單禮，是也。）

陳振孫白文公年譜云：

「舊譜云，李德裕貶崖州，公有詩三首，……而此詩集中無有，見於漁隱叢話謂考之元和錄，……元和錄者世不見其書，不知漁隱從何得之也。德裕以四月罷相爲江陵尹，其自潮貶崖，蓋在明年之冬，公薨固已久矣。審如詩意，則爲幸灾快忿，非青山獨往之比，故穎濱蘇公力辨之，以爲刻核太甚，樂天不至此也，蓋不待考其年月而可知其僞矣。况年月復甚明白，舊譜何其不深考耶。」

余按蘇轍既辨之在先，則此三詩北宋已相傳如此，必吳、蜀兩刻或其任一種載入，故晁言集載，今東本仍未删除，馬本二〇卷首標一百首，實得詩九十七，亦流露本載三絕之迹象，振孫云集中無有，則正汪編白詩後集一三所謂「集中不載，不知何人考正删去」耳。

次乎蘇而爲辨者，有郡齋讀書志，衢本一八云：

「獨集中載聞李崖州貶二絕句，其言淺俗，似幸其禍敗者，余固疑非樂天之語，及考之編年，崖州貶時樂天沒將踰年，或曰浮屠某所作也。」

二絕乃三絕之訛，沒將踰年句，如就貶崖言之，亦不塙，浮屠某云云，則據唐語林七之詞也。稍後、葛立方韻語陽秋二〇（書成於隆興元年）亦云：

「李德裕於樂天不見有隙，德裕貶崖州，亦作三絕快之，……蓋嘗以唐史考之，樂天卒於會昌之初，武宗時也，而德裕之貶，乃在宣宗大中年，則德裕之謫，樂天死已久，非樂天之詩明矣。以是準之，快王涯之句，恐亦未必然也。」

之初字誤，應云之末。同時辨之者復有何友諒，（余意約當乾道末，說見論白集源流篇）解題一六云：

「知忠州漢嘉何友諒以居易舊治，旣刊其文集，又作年譜，刊之集首，……其辨李崖州三絕非樂天作，與余暗合。」

何氏之論雖不詳，總上所引，足見白氏長慶集中，宋人已發見其僞文。再由東本、馬本觀之，僞文且羼入前集之內，宋以來傳本，初未有能當於「廬山眞面」之品題者也。然前集之僞文，以余所見，猶不止此。

白氏一生事迹，約具舊新書本傳，陳振孫白文公年譜，汪立名白香山年譜等，今無贅贅，顧爲下文論據張本計，有須略先述正者。唐詩紀事三八白居易條云：

「（元和）五年，以母喪解還，……七年，拜左贊善大夫。」（按此當如汪氏言，採自舊譜。）

陳譜元和五年庚寅下云：

「至是則併翰苑皆解去，是必移疾求退而史失載爾。但集有拜裴垍、李絳、張弘靖、武元衡、韋貫之五相制，考裴垍相在元和三年，公正居翰苑，絳以六年相，元衡八年，弘靖、貫之九年，皆當公退閑憂居之日，此又不可曉也。」

又六年辛卯下云：

「四月五日，太夫人陳氏卒。」

陳譜後汪氏注云：

「立名按今白集錢考功本並依吳門宋刊，獨無李璜譜，不知何時芟去，就直齋所譽，可以概見其舛謬，豈特目不知有史傳，卽白公文集亦似從未省覽者；吳本之年譜如此，無怪其篇次之荒唐乃爾也。近世購書家但重宋本，略不鑒別，幸而李譜不存，陳氏駁正之書尙在；設以彼易此，亦將据宋刻而信之否乎。顧白公以元和五年庚寅除京兆戶曹，六年辛卯丁母陳太君喪，始歸渭村，時年四十，故歸田詩云四十爲野夫也；直齋乃以此詩係之五年，且云移疾求退，然陳太君以六年卒於長安宣平里第，猶自京兆府申堂狀，安得先一年歸渭村。」

又汪譜元和六年辛卯下云：

「四月，公丁陳縣君喪，退居渭上。潁川縣君事狀云，元和六年四月三日，沒於長安宣平里第，元稹祭文亦作六年，李碑作五年誤。」

洎元和九年甲午下云：

「是年，公入朝，拜太子左贊善大夫。」

按潁川縣君之卒，東本二九、馬本四六（盧見影宋本同）均作六年四月三日，三、五形近，陳譜之五日，殆傳刻之訛。總合上引數條，去非存是，可以兩點簡括之：

(1)居易以元和六年四月丁母憂，退居渭村，并非如陳譜先於五年移疾解去，亦非如李商隱碑及唐詩紀事謂五年母喪解還。

(2)居易服闋後，九年入朝，拜贊善大夫，李碑及紀事係七年誤。(1)

知此，則振孫所致疑之李絳等命相四制，應爲進一步探討；易言之，此等制草乃僞文，非居易作也。抑陳氏之疑，祇其犖犖大者，余謂翰林制詔中之僞文，固不止此，欲實余說，爰取東本卷三七至卷四〇之翰林制詔，(總目詔或作誥，馬本則總目及卷內均誥、詔兼見，盧校一從制詔。)分爲六類討論之，每題下所注，皆東本卷數，東本此四卷相當於馬本之卷五四至卷五七，可類推，不繁舉也。

第 一 類

重修翰林學士壁記、居易於元和二年十一月六日入院，又依上文所考，應於六年四月四日出院，今下所彙列，根據史籍，皆可認爲白充翰林學士期中之作品者，計百二十二首。

與韓皐詔(集四〇)

詔云，「李錡負國反常，阻兵干紀，未勞師旅，已就誅夷，……遠陳慶賀，深見懇誠，」按舊紀一四、元和二年十月癸酉，(十九日)潤州大將張文良、李奉僊等執李錡以獻，十一月甲申，(朔日)斬李錡於獨柳樹下，則皐之賀表，約在十一月。據順宗實錄及舊紀，皐時官武昌節度。

答薛苹賀生擒李錡表(集四〇)

苹、苹之訛，說見拙著唐集質疑。苹時爲湖南觀察使，其賀表亦約十一月上。

廣記三四六引異聞錄「長慶三年春，平盧節度使薛苹遣衙門將劉惟清使於東

(1)太平廣記三四四王裔老條引白居易集云，「唐元和八年，翰林學士白居易丁母憂，退居下邽縣，七月，其從祖兄曰皡，自華州來訪居易，」按此條本自白集二九之記異，其文原云，「元和八年秋七月，予從祖兄曰皡，自華州來訪予，」廣記所引，經編者略加删改，「翰林學士白居易丁母憂、退居下邽縣」二句，尤是編者增入，然可見宋初人尙知居易是時方居憂也。

平，」依舊紀及平本傳，苹實平之訛，由此見苹、平易於互誤。

與茂昭詔（集四〇）

詔云，「省所奏請上尊號及建儲闈、賀誅李錡并進馬者，」張茂昭時官易定，即義武節度也，表賀誅錡，當約與前兩表同時。

答元素謝上表（集四〇）

李元素也，舊紀一四、元和二年十月己酉，以御史大夫李元素爲浙西節度，月內無己酉，依岑刊校記七引通鑑及沈本，應是五日己未之訛。答有云，「知卿已到本鎮，當慰疲人，」此表殆十一月到京。

與元衡詔（集四〇）

詔云，「計卿行邁，已到西川，」按舊紀一四、元和二年十月丁卯，（十三日）以武元衡爲劍南西川節度，此謂計期已到，則亦十一月之詔也。

已上五首，元和二年十一月。

與高固詔（集四〇）

詔云，「以卿一從軍旅，多在邊陲，……今授卿檢校尚書右僕射、御史大夫兼右羽林軍統軍，以端揆之崇，兼環衞之帥，……卿宜即赴闕庭，想宜知悉，」按舊書一五二固本傳，「貞元十七年，（邠寧）節度使楊朝晟卒，軍中請固爲帥，……順宗即位，就加檢校禮部尚書，憲宗朝進檢校右僕射，數年受代，入爲統軍，轉檢校左僕射兼右羽林統軍」，又舊紀一四、元和二年十二月十三日丙寅，以西川節度高崇文爲邠寧慶節度，是崇文乃代固者，固之召入，應亦同時。

繹詔文端揆之崇一句，檢校右僕射是新加之官，新書一七〇亦止言「憲宗時檢校尚書右僕射，入爲右羽林統軍，」舊傳謂先進檢校右僕射、及入爲統軍時由右轉左，與白集、新傳均不符，諒有誤。

祭故贈婕妤孟氏文（集四〇）

文云，「維元和二年歲次丁亥，十二月甲寅朔，十九日壬申，皇帝遣某官某……」

季冬薦獻太清宮詞文（集四〇）

文云，「維元和二年歲次丁亥，十二月甲寅朔，二十六日己卯，嗣皇帝臣稽首……」

已上三首，元和二年十二月。

答元義等請上尊號表（集四〇）

元義、余以爲元義方之奪文。新書二〇一、義方歷虢、商二州刺史、福建觀察使，又舊紀一四、元和四年四月，以商州刺史元義方爲福建觀察使，則義方當元和二年末，非商州即虢州刺史也。復考舊紀、憲宗尊號係三年正月十一日癸巳所上，此答末言「勿固爲請」，則上號尚未得請，固是二年末事，惟未能確斷其爲十一抑十二月耳。

答黃裳請上尊號表（集四〇）

黃裳、杜黃裳也，時爲河中節度。答云，「勉從所請，深愧於懷，」蓋已許上尊號矣，故應在前首之後，已下三首同。

答馮伉請上尊號表（集四〇）

答云，「勉依勤請，良用愧懷，」亦是許上尊號者。舊書一八九下伉傳云，「順宗即位，尚書兵部侍郎，改國子祭酒，爲同州刺史，入拜左散騎常侍，復領太學，元和四年卒，」舊書一四、元和四年四月，「戊寅，國子祭酒馮伉卒，」大約二年之末，伉非同刺即祭酒也。

答韓皐請上尊號表（集四〇）

皐已見前，答云，「勉依所請，彌愧於心，」與前兩首同。

與季安詔（集四〇）

田季安時爲魏博節度，詔云，「實慚薄德，未稱崇名，而華夷兆人，內外羣后，屢有勤請，難於固違，卿遠獻表章，明徵典訓，……勉從懇誠，良用愧惕。」

答李扞等謝許上尊號表（集四〇）

此得請而謝之答詔也，故比前四首又應稍後，下兩首同。觀下答扞等許遊宴詔之「卿等榮崇宗寺，恩重本枝」，似扞是官宗正卿者，唯檢宗室世系表未得其名，此答亦云「卿等義深宗室」，則其爲宗室無疑也。答又云，「朕自臨萬邦，僅經三載，」按詔書中凡敍臨宇若干年，通例皆自卽位年起計，由永貞元至元和二，故曰僅經三載。

答長安萬年兩縣百姓耆壽等謝許上尊號表（集四〇）

答馮伉謝許上尊號表（集四〇）

伉已見前。

答百寮謝許追遊集宴表（集四〇）

答李扞謝許遊宴表（集四〇）

舊紀一四、元和二年十二月，「丙子，令宰臣宣勅百寮遊宴過從餞别，此後所由不得奏報，務從歡泰，」丙子、二十三日。全文六二六、呂溫代百寮謝許遊宴表，「今月二十三日，宰臣奉宣進旨，如聞百寮士庶等親友追遊、公私宴集，及晝日出城餞送，每慮奏報，自今以後，各暢所懷者，」「今月」卽十二月，今後答云，「朕自御萬方，僅經三載，」前答云，「是宜……仁及下而啓迪歡心，澤先春而導迎和氣，」故知是元和二年歲晚許遊宴之事。

與從史詔（集四〇）

詔云，「省所奏今月七日到潞城縣，降雪尺餘，兼奏耆老等詣闕請欲立碑，幷手疏通和劉濟本末事宜者；……耆老等遠詣闕庭，請立碑紀，尋已允許，當體誠懷，以旌政能，無至陳讓。」按詔賜從史德政碑文時，從史之父虔尚生，（見下條）今從史表奏降雪，是冬日景象，（詔云，「時降大雪，豐年表祥。」）且白集卷四十首列十餘篇，（除兩三篇無可考證者外）均爲二年末所作，因是、余斷此爲二年底之詔也。

其劉濟通和事，舊、新書兩人本傳均不載。

答盧虔謝賜男從史德政碑文幷移貫屬京兆表（集四〇）

此答與前詔當相去後先甚近，故並附二年末。答云，「卿男從史爲國重臣，自領大藩，厥有成績，……勒石所以表勳，賜文所以襃德，……昨又請移鄉貫，願隸京邑，」卽前文所謂耆老詣闕，請立碑紀，故由朝廷賜以碑文也。

與嚴礪詔（集四〇）

詔云，「薛光朝至，所陳謝具悉，……俾優襃贈，爰慰孝思，秩貴冬官，以表過庭之訓，」蓋答礪謝父贈工尚之詔也。按礪卒四年三月，（見下文）此篇前後都二年末之作，故附於此。

與薛苹詔（集四〇）

苹、苹之訛，說見前。詔云，「楊君靖至，省所陳謝具悉，……且清白之風，旣自家而刑國，則寵旌之澤，宜因葉以流根，」亦答苹謝追贈亡親之詔也。苹以尤課理行遷擢，（見舊書一八五下本傳）故曰清白之風。此詔年月無考，其附此之故，與上嚴礪詔同。

與顏証詔（集四〇）

詔云，「戴岌至，省所賀及謝王國清充五嶺監軍，具悉。卿職在撫綏，任兼備禦，……乾象昭感，壽星垂文，與時相膺，有道則見，顧慚非德，何以當之。」按舊紀一三、貞元二十年十二月，「庚午，以桂管防禦使顏証為桂州刺史、桂管觀察使，」又元龜二五、「元和二年，……八月戊辰，老人星見，」老人星卽詔所謂壽星垂文也，故此詔儘在二年之末，與同卷前後篇之編次相當。

與從史詔（集四〇）

詔云，省所陳謝追贈亡母并舉薦韋悅，具悉」，按此文前後各篇都二年底作，且從史亦於居易出院前貶逐，故附此也。

答劉濟詔（集四〇）

詔云，「省所奏茂昭送卿管內百姓殷進能等七人，奏前後事宜，具悉。……與茂昭疆場之事，小有違言，曲直是非，朕已明辨。」按濟以五年死，本篇附此，其理由與前從史詔同。

與柳晟詔（集四〇）

詔云，「卜英琦至，省所奏慶雲并進圖者，」按舊書一八三晟本傳，「元和初，檢校工部尙書、興元尹、山南西道節度使，」又舊紀一四、元和三年二月，「癸酉，以鄜坊節度使裴玢為興元尹、山南西道節度使，」（據沈本改正）是晟以三年二日罷也，晟罷後再未出掌封圻，故此篇最遲當三年初作。

已上十八首，元和二年末或三年初作。

答朱仕明賀册尊號及恩赦表（集四〇）

舊紀一四、元和三年正月十一日癸巳，羣臣上尊號曰睿聖文武皇帝，大赦天下，同年三月十八日庚子，以定平鎮兵馬使朱士明爲四鎮、北庭、涇原等州節度，四月癸丑朔，賜朱士明名曰忠亮；今答仍稱仕明，且云，「卿盡忠訓旅，推美奉君，」是仕明進表時尚官兵馬使，當三年歲初作也。

答薛苹謝授浙東觀察使表（集四〇）

苹、苹之訛，說已見前。唐方鎮年表五引韓集石君墓誌注，「元和三年正月，以薛苹爲浙東，」（今通行本無此注）又李紳龍宮寺詩序，「元和三年，余以前進士爲故薛苹常侍招至越中，」（據登科記考一六引）則苹以三年正月授浙東，此制當作於歲初也。方鎮年表引紳序、元和二年余以新進士云云，所見當是誤本。（全詩七函一册亦訛二年。）緣紳是元年舉進士，非二年。

已上二首，元和三年歲初作。

祭咸安公主文（集四〇）

文云，「維元和三年歲次戊子，三月癸未（朔），某日，皇帝遣某官某以庶羞之奠，致祭於故咸安大長公主覩濬毗伽可敦之靈曰，……爰命使臣，往申奠禮，」按舊紀一四、元和三年，二月（二十六日）戊寅，咸安大長公主卒於迴紇。

除段祐檢校兵部尚書右神策軍大將軍制（集三七）

制云，「四鎮北庭行軍兼涇、原等州節度支度營田觀察處置等使、光祿大夫、檢校工部尚書、使持節涇州諸軍事涇州刺史、兼御史大夫、上柱國鴈門郡開國公段祐，……展執珪之勤禮，瀝戀闕之深誠，方圖爾勞，且遂其志，……可檢校兵部尚書、右神策軍步軍大將軍知軍事，」因祐朝辭涇原而改除也。考舊紀一四、元和三年三月十八日庚子，以定平鎮兵馬使朱士明爲四鎮北庭涇原節度，則祐之罷應同時。

已上二首，元和三年三月。

與仕明詔（集四〇）

詔云，「卿久鎮邊防，初膺闢寄，……今改封卿丹陽郡王，仍改名忠亮，」按仕明已見前，依舊紀一四，賜名在元和三年四月癸丑朔。

已上一首，元和三年四月。

與宗儒詔（集四〇）

趙宗儒也。詔云，「今授卿禮部尚書，幷賜官告往，餘東都留守，卿宜便與交割，即赴上都，」考舊紀一四、元和元年十一月庚戌，以吏侍趙宗儒爲東都留守，又三年六月甲戌，（二十三日）以河南尹鄭餘慶爲東都留守，今依馬本，餘上奪「除」字，下奪「慶」字，知宗儒此詔爲同時所發。

與希朝詔（集四〇）

范希朝也。詔云，「省所奏沙陁突厥共一千八百七十人幷駞馬器械歸投事宜，具悉。……今賜衣服及匹段等，自首領已下，卿宜等第給付，其部落家口等遠經跋涉，宜稍安存。」考舊紀一四、元和三年六月二十六日，「丁丑，沙陀突厥七百人攜其親屬歸鎮武節度使范希朝，乃授其大首領曷勒河波陰山府都督，」岑刊校記七云，「沈本鎮作振，又云希朝是時鎮朔方，非振武，當作朔方；張氏宗泰云，希朝傳、憲宗即位，充朔方靈鹽節度使，下接突厥別部有沙陀者云云，與此紀合，是振武當爲朔方之誤；按通鑑作靈鹽節度使范希朝，」余按元龜一七〇文略同舊紀而更詳，惟鎮武正作振武，河波正作阿波，多半唐實錄原文誤作振武，舊紀未加考正也。又舊紀、元龜均作七百人，與此詔異。

與迴鶻可汗書（集四〇）

書云，「皇帝敬問迴鶻可汗，夏熱，想比佳適。……達覽將軍等至，省表、其馬數共六千五百匹，據所到印納馬都二萬匹，都計馬價絹五十萬匹，……今數內且方（馬本方）圓支二十五萬匹，分付達覽將軍便令歸國，仍遣中使送至界首。……其東都、太原置寺此令人勾當，事緣功德，理合精嚴，又有彼國師僧，不必更勞人檢校，其見撚拓勿施鄔達（馬本下有于字，干之訛。）等，今並放歸。所令帝德將軍安慶雲供養師僧，請住外宅，又令骨都祿將軍充檢校功德使，其安立請隨般次放歸本國者，並依來奏。……內外宰相及判官、摩尼師等並各有賜物，至宜准數分付。」余按舊紀一四、元和二年正月，「庚子，迴紇請於河南府、太原府置摩尼寺，許之，」蓋旣許立寺，此時又請派人料理也。又同集新樂府五十篇，元和四年爲左拾遺時作，其陰山道一篇，疾貪虜也，詞云，「五十疋縑易一疋，縑去馬來無了日，……藕絲蛛網三丈餘，迴鶻訴稱無用處，咸安公主號可敦，遠爲可汙（汗）頻奏論，元和二年下新勑，內出金帛酬馬直，仍詔江淮馬價縑，從此不令疎短織，合羅將軍呼萬歲，捧授（受）金銀與縑綵，誰知黠虜啓貪心，明年馬多來一倍，」所謂多來一倍者，卽詔之二萬匹也。二年之明年爲三年，書首著夏熱，故知是三年夏末作。

與餘慶詔（集四○）

餘慶、鄭餘慶。詔云，「省所謝陳，具悉，……自尹洛師，日聞報政，……俾光孝思，爰擧禮命，榮褒冢宰，寵賁幽靈，」蓋餘慶在河南尹任內因其父蒙贈吏尙而陳謝也。此不復知月日，唯餘慶六月二十三日自河南尹改東都留守，（見前）總當六月前所發，故附於此。

已上四首，元和三年六月或六月已前。

祭張敬則文（集四○）

文云，「維元和三年歲次戊子，七月辛巳朔，二十七日丁未，皇帝遣某官某以清酌之奠，致祭於故鳳翔節度使贈某官張敬則之靈，」按舊紀一四、元和三年六月戊午，鳳翔節度使張敬則卒。

答杜兼謝上河南少尹知府事表（集四○）

答云，「亞理以明愼選，專餘以展長才，知已下車，當親綏撫，」按昌黎集二六杜兼誌，「入爲刑部郎中，以能官拜蘇州刺史，旣辭行，上書曰，李錡且反，必且奏族臣，上固愛其才，書奏，卽除吏部郎中，遂爲給事中，出爲商州刺史、金商防禦使，改河南少尹、行大尹事，半歲拜大尹，元和四年十一月二十二日暴薨，」考舊紀一四、元和三年六月二十三日甲戌，以河南尹鄭餘慶爲東都留守，兼殆繼餘慶後者，故附此。

已上二首，元和三年七月。

答王鍔陳讓淮南節度使表（集四〇）

答云，「雖戀闕誠深，然殿邦寄切，既執圭而肆覲，宜返旆而勞旋，……方注意於撫綏，何瀝誠而陳讓，難允來請，宜體所懷，」因王鍔來朝請辭未許也。考舊紀一四、元和三年九月十日己丑，淮南節度使王鍔來朝，同月十九日戊戌，以宰相李吉甫爲淮南節度代鍔，以鍔爲河中節度，知詔下之後，鍔必再有陳讓，故調河中。

與韓弘詔（集四〇）

詔云，「任光輔至，省所陳請，具悉，……省茲章奏，懇願朝宗……朕以梁、宋之地，水陸要衝，……雖戀深雙闕，積十年而頗勞，然倚爲長城，捨一日而不可，……宜體所懷，即斷來表，」拒宣武節度韓弘入朝之請也。據舊紀一三、貞元十五年九月辛酉，以韓弘爲宣武節度，計至元和三年恰十年，合觀下詔，則此詔約同時發，或在九月前不久。

與韓弘詔（集四〇）

詔云，「惠彼一方，於茲十載，歷展勤王之效，屢陳戀闕之誠，……今除卿同中書門下平章事，依前宣武軍節度等使，餘並如故，」按舊紀一四、元和三年九月十一日庚寅，加宣武韓弘同平章事。

除裴垍中書侍郎同平章事制（集三七）

制云，「正議大夫行尚書戶部侍郎、上柱國、賜紫金魚袋裴垍，……可中書侍郎同中書門下平章事，散官、勳、賜如故，」按舊紀一四、元和三年九月十七日丙申，以戶侍裴垍同平章事。

答韓弘讓同平章事表（集四〇）

弘加同平章事在九月十一日，則其辭表當在九十月之交。

與嚴礪詔（集四〇）

詔云，「省所奏進蒼角鷹六聯，……時屬勁秋，……進獻及時，」按礪以四年三月卒（見下文）居易以二年十一月入翰林，則此之秋必三年秋無疑。同卷下一篇與韓弘詔，（見前）亦是三年九月作，故茲附九月下。

已上六首，約元和三年九月或已前。

答韓弘再讓平章事表（集四〇）

此答弘再讓之表，當入十月。

已上一首，約元和三年十月。

代忠亮答吐蕃東道節度使論結都離等書，奉勑撰。（集四〇）

書云，「大唐四鎮北庭行軍涇原等州節度使、檢校工部尚書兼御史大夫、丹陽郡王朱忠亮，致書大潘（蕃）東道節度使論公、都監軍使論公麾下，專使辱問，悚慰良深，……皇帝君臨萬方，洎及四載，……近以吳、蜀小寇，暫肆猖狂，未及討除，尋以殄滅，……歲暮嚴寒，惟所履安勝，……今因押衙迴，亦有少答信，具如別紙。」按憲宗以永貞元年八月卽位，至元和三年爲四載，答書祇言吳、蜀之叛，不及王承宗，當是三年時說話；合觀歲暮一句，應爲三年底覆書也。元龜九八〇、元和七年，「二月，吐蕃東道節度論誥都、宰相尙綺心兒以書遺鳳翔節度使李惟蘭，（簡）惟蘭奏獻之，」論誥都當卽此之論結都離，誥、詰字肖，未詳孰正。

已上一首，當元和三年末作。

與南詔清平官書（集四〇）

勑云，「南詔清平官段諸突、李附覽、爨何棟、尹輔首、段谷普、李異傍、鄭蠻利等，段史倚至，知異牟尋喪逝，……又知閤勸纘業撫人，……今遣諫議大夫兼御史中丞段平仲持節册命閤勸，……春寒，卿等各得平安好。」按舊紀一四、元和三年十二月十七日甲子，南詔異牟尋卒，二十四日辛未，以諫議大夫段平仲使南詔弔祭，仍立其子驃信苴蒙閤勸等爲王，今由春寒句觀之，是平仲以三年歲底命而以四年初行也。

答杜兼謝授河南尹表（集三九）

答云，「觀能以授，俾亞理於三川，見可而遷，宜專臨其一府，」據前引昌黎集兼誌、半歲拜大尹，則兼眞除河南尹約在三年年底，故附本月。

全文四九一、權德輿送杜少尹閣老赴東都序，「叔通之文學、政事，若雄鋩百鍊，竅卻中節，比年由東曹郎給事黃門，俄以中執法守上洛，得幹支郡，覲方任焉，及今亞尹洛師，實顓府政，冬十月，至自繞霤，來朝京師，」韓集點勘三云，「按兼字叔通，見權文公送杜少尹序，而史云字處弘，蓋有兩字，」知三年十月兼入覲時尙未眞除大尹也。

答王鍔賀賑恤江淮德音表(集四〇)

鍔已見前。答云，「水旱流行，江淮艱食，朕明申詔旨，親遣使臣，蠲其逋租，賑以公廩，」按舊紀一四、元和三年，淮南、江南、江西、湖南、山南東道旱，新紀七、元和四年正月五日壬午，免山南東道、淮南、江西、浙東、湖南、荆南今歲稅，通鑑二三七、元和四年正月十三日庚寅，命左司郎中鄭敬等爲江、淮、二浙、荆、湖、襄、鄂等道宣慰使賑恤之，故鍔表約正月上。

全文六〇、憲宗賑貸淮南浙西詔，「淮南揚、楚、滁三州，浙西潤、蘇、常三州，今年旱歉尤甚，……宜以江西、湖南、鄂岳、荆南等使折糴米三十萬石賑貸淮南道三州，三十萬石貸浙西道三州，……宜委淮南、浙西觀察使且各以當道軍糧米據數給旱損人等，節級條件賑貸，淮南李吉甫、浙西韓皐躬親部署，」元和四年初吉甫官淮南節度，皐官浙西節度也。又同書五六、憲宗賑諸道水旱災制，「居兆人之上，五載於玆，……近者江、淮之間，水旱作沴，緜亙郡邑，自夏徂秋，……憫玆求瘼，臨遣使臣，分命巡行，特加存恤，……俾免其田賦，賑以公廩，……其元和三年諸道應遭水旱所損州府應合放兩稅錢米等，損四分已下，存準式處分，四分已上者並準元和元年六月十八日敕文放免，仍令中書門下卽於朝班中擇人分道存撫。」

已上三首，元和四年正月。

畫大羅天尊讚文(集四〇)

文云，「唐元和己丑歲四月十四日，畫大羅天尊一軀成，奉爲睿聖文武皇帝降誕之辰所造，惟歲之春，惟月之望，誕千年一聖之始，降百祥萬壽之初，」余按會要一、憲宗「大歷十三年戊午歲二月十四日，生於長安之東內，」此云四月，當是二月之訛，不然，頌誕之像，豈遲至兩月後乃繪成乎。

除鄭絪太子賓客制（集三七）

制云，「銀青光祿大夫守門下侍郎同中書門下平章事、兼弘文館大學士、上柱國、陽武縣開國侯鄭絪，……可太子賓客，散官、勳、封如故，」按元龜三三三、元和四年，「二月丁卯，制門下侍郎同中書門下平章事鄭絪可太子賓客」。（丁卯二十一日）

已上二首，元和四年二月。

與藩孟陽詔（集四〇）

藩、潘之訛，馬本不誤。詔云，「自守關輔，克舉藩條，……朕以東川，蜀門重鎮，……無以易卿，今授卿劍南東川節度觀察等使，并賜官告往，」蓋自華州遷東川也。據載之集一五嚴礪碑，元和四年三月甲申，（八日）薨於理所，孟陽卽繼礪者，故知詔爲三月發。

與陸庶詔（集四〇）

詔云，「省所奏當管新開福建陸路四百餘里者，」按庶爲福建觀察，約元和二年四月至四年四月，（據唐方鎭表六）故附四年三月下。

已上二首，元和四年三月。

答宰相杜佑等賀德音表（集四〇）

答云，「朕臨御萬國，迨茲五年，……思革弊以救災，在濟人而損己，」按新紀七、元和四年閏三月三日，「己酉，以旱降京師死罪非殺人者，禁刺史境內榷率諸道旨條外進獻，嶺南、黔中、福建掠良民爲奴婢者，省飛龍廏馬」，通鑑二三七亦云，「上以久旱，欲降德音，……閏月己酉，……」卽此德音也。

答宗正卿李詞等賀德音表（集四〇）

答云，「累歲有秋，今春不雨，」自此已下兩首，與前首同時。全文六三、元和四年十二月二十七日戊戌贈吳少誠司徒册文云，「今遣使權知宗正卿李詞、副使起居舍人裴度持節册贈爾爲司徒，」考新表七〇上、神符五世孫太子賓客守散騎常侍詞，當卽此李詞，若紀王愼之曾孫義烏令詞，官職相懸，非是。全文五二九、顧況湖州刺史廳壁記，「今使君詞、唐景皇帝七代之孫，」(貞元十五年作)即神符五世孫也。

答將軍方元蕩等賀德音表(集四〇)

答云，「朕以時陽舛候，春澤愆期，……卿志竭邦家，職修軍衛，」方元蕩等蓋諸衛軍將軍。

與韋丹詔(集四〇)

新書一九七丹傳，「徙爲江南西道觀察使」，又昌黎集二五、韋丹誌，丹卒於元和五年八月六日；丹時方爲江西觀察，故詔云，「竇從直至，省所陳賀并奏江、饒等四州旱損，其所欠供軍留州錢米等，並已放免，又奏權減俸及修造坡堰并勸課種蒔粟麥等事宜，具悉，朕頃緣時旱，慮害農功，雖推咎己之心，敢望動天之德，而未逾浹日，膏澤沛然，」新紀七、閏月己未雨，去己酉降詔剛旬日也。丹表當閏月或四月上，故併附此。

已上四首，元和四年閏三月。

答李遜等謝恩令附入屬籍表(集三九)

遜爲愿訛，拙著唐集質疑已辨之，晟子也。答云，「卿先父頃逢多難，嘗立大功，……念先臣之績，雖書名於太常，推同姓之恩，更附籍於宗正，」按舊紀一四、元和四年四月二十五日，「庚子，制故太尉西平郡王李晟宜編附屬籍，」全文五六憲宗命李晟家編附屬籍制，「故奉天定難功臣太尉兼中書令、上柱國、西平郡王食實封一千五百戶、贈太師李晟，……睦以宗親，將予厚意，其家宜令編附屬籍。」

已上一首，元和四年四月。

與希朝詔(集四〇)

詔云，「省所奏党項歸投事，具悉，……党項拓拔忠敬等頃雖爲盜，今已經恩，懼而歸投，情可容恕，……其磨梅部落倘能繼至，亦許自新，」此當希朝官靈鹽節度時事。希朝以四年六月改河東，故附五月之下。

已上一首，約元和四年五月前。

除王似檢校戶部尙書充靈鹽節度使制(集三七)

馬本原注云，「四年六月十三日進，」應從盧見影宋本衍十字。制云，「開府儀同三司、檢校刑部尚書、兼右衛上將軍、寧塞郡王食實封二百五十戶王佖，……進地官以崇新命，極勳秩以褒舊功，……可檢校戶部尚書、兼靈州大都督府長史御史大夫，充朔方靈、鹽、定遠城節度副大使知節度事、管內支度營田觀察處置押蕃落等使，仍賜上柱國，散官、封、實封並如故」，按舊紀一四、元和四年六月三日丁丑，「以右衛上將軍王泌爲靈州大都督府長史靈鹽節度使，」校勘記七云，「沈本泌作佖」是也，舊紀一五、元和八年九月下亦作佖。勳級十二轉爲上柱國，視正二品，故曰極勳秩。

巳上一首，元和四年六月。

批李夷簡賀御撰君臣事跡屏風表（集三九）

按舊紀一四、元和四年七月，「乙巳朔，御制前代君臣事迹十四篇，書於六扇屏風，是月出書屏以示，宰臣李藩等表謝之，」是月疑是日之訛。夷簡時官御史中丞，見四月二十九日甲辰及七月十八日壬戌下。全文四一五誤以此篇收常袞，殊不知袞早卒於德宗初年也。

容齋三筆九，「唐憲宗元和二年，製君臣事跡，上以天下無事，留意典墳，每覽前代興亡得失之事，皆三復其言，遂采尚書、春秋後傳、史記、漢書、三國志、晏子春秋、吳越春秋、新序、說苑等書君臣行事可爲龜鑑者，集成十四篇，自製其序，寫於屏風，列之御座之右，書屏風六扇，於中宣示，宰臣李藩等皆進表稱賀。白居易翰林制誥有批李夷簡及百寮嚴綬等賀表，其略云，取而作鑑，書以爲屏，與其散在圖書，心存而景慕，不若列之繪素，目覩而躬行，庶將爲後事之師，不獨觀古人之象；又云，森然在目，如見其人，論列是非，既庶幾爲坐隅之戒，發揮獻納，亦足以開臣下之心，居易代言，可謂詳盡，又以見唐世人主作一事而中外至於表賀，又答詔勤渠如此，亦幾於叢脞矣。憲宗此書有辨邪正、去奢泰兩篇，而末年用皇甫鎛而去裴度，荒於遊宴，死於宦侍之手，屏風本意，果安在哉。」按二年是四年之誤，於中當依元龜四〇作「於中書」。元龜敍此事尤詳，不備錄，唯又訛七月爲九月。

批百寮嚴綬等賀御撰屏風表（集三九）

說見前條。據舊紀一四及同書一四六，綬時爲右僕射，通鑑二三七作左。

祭盧虔文（集三九）

文云，「維元和四年歲次己丑，七月日，皇帝遣某官某……致祭於故祕書監贈兵部尙書盧虔之靈。」按舊書一三二盧從史傳，「父虔，……祕書監，」丙寅稿祕書監盧虔神道碑跋云，「碑稱虔字子野，……元和……三年十月，遷檢校工部尙書兼祕書監，以四年三月卒，年七十有六，後□月八日，詔贈兵部尙書，其年秋八月十一日，遷神於絳州龍門縣，」廣記四一五引宣室志「故右散騎常侍萬陽盧虔，貞元中爲御史，分察東臺，」按萬陽、范陽之訛，右、碑跋作左。

與從史詔（集四〇）

詔云，「史渀至，省所陳謝，具悉，卿亡父早踐班榮，久著聲績，永言褒贈，自叶典常，」答從史謝父虔贈官表也。據通鑑二三七、從史以四年四月十七日壬辰起復左金吾大將軍，餘如故，而朝廷遣使祭虔在七月，且文稱贈兵部尙書，則詔贈應在此前，故以與從史詔附其後。

已上四首，元和四年七月

與於陵詔（集三九）

詔云，「省所賀安南破環王國賊帥李樂山等三萬人者，……卿素蘊忠誠，又連封壤，」按舊紀一四、元和四年八月二十三日，「丙申，安南都護張舟奏破環王國三萬餘人，獲戰象兵械幷王子五十九人；」又依同紀，於陵時官嶺南節度，故曰連壤。

與崇文詔（集四〇）

詔云，「段良玭至，省所謝亡妻邑號，具悉，卿有濟時之勳，寵居衮職，」年月不能確詳。按舊紀一四、元和二年十一月丙寅，以西川節度使高崇文檢校司空同平章事、邠寧慶節度使，所謂衮職也。又同紀、崇文以五年九月二十四日丁卯卒官，則此詔當九月已前發，故附此。

已上二首，元和四年八月或已前。

與王承宗詔（集三九）

詔云，「朕臨御天下，及此五年，……爾父云亡，即欲命卿受詔，而遠近方鎮，內外人情，紛然奏陳，皆云不可，……久不能決，……卿自罹憫凶，屬經時月，……而又上陳密款，遠達深誠，潔身而諜出三軍，損己而讓推二郡，……特加新命，仍撫舊封，今授卿起復左金吾衞大將軍，檢校工部尙書，充成德軍節度使、恆州刺史、恆、冀、深、趙等州觀察等使，兼御史大夫，仍賜上柱國，……其德、棣兩州以辭進讓，……今所以除薛昌朝德、棣兩州觀察使。」按舊書一四二承宗傳，「元和四年三月，士眞卒，三軍推爲留後，朝廷伺其變，累月不問，承宗懼，累上表陳謝。至八月，上令京兆少尹裴武往宣諭，承宗奉詔甚恭，且曰，三軍見迫，不候朝旨，今請割德、棣二州上獻以表丹懇，由是起復雲麾將軍、左金吾衞大將軍同正、檢校工部尙書、鎭州大都督府長史、御史大夫、成德軍節度、鎭、冀、深、趙等州觀察等使。」裴武復命在九月朔日，（通鑑二三八）承宗起復在同月九日庚戌，（舊紀一四）至傳稱鎭州，乃後來避諱追改。詔不著雲麾將軍及長史，大將軍不稱同正者，此非除制，稍從略也。

與茂昭詔（集三九）

詔云，「盧坦等至，省所奏恆州事宜，幷別論請陳獻者，……所緣恆州事宜，朕亦思之甚熟，但以武俊牽身仗順，於國有功，……承宗又密陳深款，遠獻忠誠，旣念舊勞，已降成命，計其奉詔，必合感恩，如或乖違，續有商議，卿宜以睦鄰爲事，體國爲心。」按舊書一四一茂昭傳，「四年，王承宗叛，詔河東、河中、振武三鎭之師，合義武軍爲恆州北道招討，茂昭創廩廐，開道路，以待西軍，」循覩詔文，知當日茂昭必別獻平恆之策，惜舊、新傳及通鑑皆失書其事也。

已上二首，元和四年九月。

除閻巨源充邠寧節度使制（集三七）

制云，「奉天定難功臣、開府儀同三司、檢校尙書右僕射、兼羽林軍統軍御史大夫、上柱國、定襄郡王食邑一千三百戶閻巨源，……長南宮而遷左揆，壯西郊而委中權，……可檢校尙書左僕射，使持節邠州諸軍事、兼邠州刺史、御史大夫，充邠、寧、慶等州節度管內支度營田觀察處置等使，功臣、散官、勳、封並如故，」按舊紀一四、元和四年十月，「癸酉朔，以右羽林統軍閻巨源爲邠州刺史邠、寧、慶節度使，」馬本原注「四年十月十一日進，」應依盧見影宋本衍「十」字。

答李詞賀處分王士則等德音表(集三九)

士則、武俊子，承宗之叔也。舊紀一四元和四年十月十七日，「己丑，詔諸軍進討，其王武俊、士眞墳墓，軍士不得樵採，其士平、士則各守本官，仍令士則各(?)襲武俊之封，」(據沈本校正)詞時官宗正卿，已見前，故答謂「卿職修卿寺，誠奉本枝」也。

答段祐等賀册皇太子禮畢表(集三九)

舊紀一四、元和四年十月十八日，「庚寅，册鄧王寧爲皇太子，」祐於三年三月除右神策軍大將軍，已見前，故答有「卿等各司軍衞，同奉表章」語。

已上三首，元和四年十月。

與師道詔(集三九)

詔云，「省所奏、當道赴行營兵馬取正月過渡河，逐便攻討，并奏兵馬出界後，請自供一月糧料，又奏待收下城邑，若有軍糧，一月已後，續更支計，并陳謝慰問者；……昨獻帛助軍，極盈數於萬疋，今又賫糧出境，減經費於三旬，」蓋答師道奏派兵會討承宗之表也。日取正月渡河，當是四年年底所奏，故附十二月。其師道獻帛供糧事，舊、新書本傳均不載。

與希朝詔(集三九)

詔云，省所奏請自部領當道兵馬一萬五千人，取蔚州路赴行營，并奏土門及承天軍各添兵士備禦者。」按舊紀一四、元和四年十月十七日，詔諸軍進討承宗(引見前)吐突承璀則於二十七日己亥出發，又金石錄補一九恆岳題名云，「河東節度支度營田觀察處置等使、開府儀同三司、檢校司空、太原尹、御史大夫、北都留守、上柱國、成紀郡王范希朝奉詔領馬步五萬人，與義武軍合赴恆州討叛，得薦誠於安天王，(……闕……)領考佐三人，大將一百一十五人，故拜壇下，用祈靈贊，遂於縣城南屯軍□□而還，元和五年二月六日鑴，」希朝之奏，或是十一、二月事，故附此。

與吐蕃宰相鉢闡布敕書（集三九）

書云，「吐蕃宰相沙門鉢闡布，論與勃藏至，……所議割還安樂、秦、原等三州事宜，已具前書，非不周細，及省來表，似未指明。……曩者鄭叔矩、路泌因平涼盟會，沒落蕃中，比知叔矩已亡，路泌見在，……路泌合令歸國，叔矩骸骨，亦合送還。……其論與勃藏等尋到鳳翔，舊例未進表函，節度不敢聞奏，自取停滯，非此稽留，昨者方進表函，旋令召對，今便發遣，更不遲迴，仍令與祠部郎中兼御史中丞徐復及中使劉文璨等同往。……冬寒、卿比平安好」。按下文與吐蕃宰相尙綺心兒等書，經余考爲五年七月之作，彼書云，「去年論與勃藏來，是其來以四年也。元龜九八〇、元和五年，「七月，吐蕃遣使來和好」，應卽此一行之人。書末稱冬寒，則其回國在四年冬，故附於此。

與師道詔（集三九）

詔云，「所奏亡兄師古請列於私廟昭穆者」，據舊紀一四、師古元年閏六月卒，其年十月，卽以師道爲節度，此當元和初所請，今同卷前後多篇，率四年事，故暫附四年之末。

除趙昌檢校吏部尙書兼太子賓客制（集三七）

制云，「前荊南節度管內支度營田觀察處置等使、金紫光祿大夫、檢校兵部尙書、兼江陵尹、上柱國、天水郡開國公趙昌，……統護交州，威惠之聲克振，鎭臨南海，撫循之政有經，自移部荊門，馳心魏闕，……可檢校吏部尙書、兼太子賓客。」按昌之內調，實趙宗儒繼其後，惟舊一五一、新一七〇昌傳及舊一六七、新一五一宗儒傳均不著年月，所知者三年四月昌除荊南，六年四月宗儒又自荊南內召，唐方鎭年表以昌、宗儒之交接列四年下，當可信，故茲附四年之末。

已上五首，元和四年十二月或已前。

與劉濟詔（集三九）

詔云，「省表及露布、十二月十七日、劉緄部領當道行營兵馬，收下饒陽縣城，破賊衆三千人，并擒斬將校、收獲馬畜器械等，兼送賊將郭履清等四人，又進所收饒陽縣等者；……詔下而父子戮力，鼓行而將卒齊心，先鞏師以啓行，首諸軍而告捷，」緄、濟之長子也。據通鑑二三八、「五年，春正月，劉濟自將兵七萬人擊王承宗，時諸軍皆未進，濟獨前奮擊，拔饒陽、束鹿，」觀此，知濟之進軍及拔饒陽，是四年十二月事，不過奏報於五年正月纔到耳。

全文七五六杜牧燕將錄云，「劉濟曰，吾知之矣，乃下令軍中曰，五日畢出，後者醢以徇，濟乃自將七萬人南伐趙，屠饒陽、束鹿，（二縣屬深州）殺萬人。」

同書五〇五、權德輿劉濟誌，「去年冬，王師問罪於常山，公率先踣厲，累上功捷，引義慷慨，賦詩以獻，詔宰司敍引、百執事屬和以美大之；師次瀛州，既圍樂壽，又遣支兵急攻安平，三旬未下，武怒益奮，命其子總以騎士八千先登，公親鼓之，士皆殊死，戰亭午而拔，」安平之役，又在收饒陽後。

畫大羅天尊贊并序（集三九）

序云，「歲正月十九日，順宗仙駕上昇之月日也，皇帝嗣位六載，……」此當五年作。

已上二首，元和五年正月。

祭吳少誠文（集三九）

文云，「維元和五年歲次庚寅，二月辛未朔，二日壬申，皇帝遣……致祭於故彰義軍節度使贈司徒吳少誠之靈，」按舊紀一四、元和四年十一月二十七日「己巳，彰義軍節度使、檢校司空同平章事吳少誠卒。」

與希朝詔（集三九）

詔云，「張嘉和至，省所奏前月二十六日破逆賊洄湟鎮六千餘人，」按通鑑二三八、元和五年正月，「丁卯，河東將王榮拔王承宗洄湟鎮，」丁卯、二十六日，與集符。奏報二月到，故曰前月。

與從史詔（集三九）

詔云，「省所奏、今月三日栢鄉縣南破賊衆約三萬人，并擒斬首級、收獲器械及馬等，又奏當軍所傷士馬數并量事優邺事宜，具悉」，按從史奏收復栢鄉，舊、新紀傳及通鑑均不明著。當日藩鄰觀望養寇，從史尤意在逗留，今知劉濟首於四年十二月十七日收下饒陽，范希朝於五年正月二十六日拔洄湟鎮，而從史四月十五日被執，依此推之，栢鄉破賊，似在二月。又白集四二之請罷兵第二狀，通鑑附三月下，狀有言，「從史雖經接戰，與賊勝負略均，況奏報之間，又事恐非實，」亦與此詔「奏當軍所傷士馬數」相合，故附二月。

馬本五九請罷兵第二狀原注，「五月十日進」，由通鑑觀之，五必三之訛，「五」、「三」形近易誤，此猶前引白母卒四月三日，而陳譜訛作五日也。舊紀一四、元和五年四月十五日，「甲申，鎮州行營招討使吐突承璀執昭義節度使盧從史，載從史送京師，」使白狀上於五月十日，則在從史被執後幾一月，狀中必不作「從史雖經接戰、與賊勝負略均、況奏報之間、又事恐非實、遷延進退、貴引日時、不唯意在逗遛、兼是力難支敵、」等揣測之詞矣。

與執恭詔（集三九）

詔云，「省所奏、今月八日進收平昌縣，已令鎮守，并奏劉濟欲與卿約義事者，」按此事，舊、新紀傳、通鑑亦不載，殆如居易請罷兵第三狀所云，「季安等心元不可測，與賊計會，各收一空縣，」故并附二月。

與季安詔（集三九）

詔云，「省所奏、當道行營兵馬今月十七日已收棗強縣，其賊棄城夜走者，」舊、新紀傳及通鑑亦不明著，說見前條。

全文七五六杜牧燕將錄云，「季安曰善，先生之來，是天眷魏也，遂用忠之謀，與趙陰計，得其堂陽，（縣名，屬冀州。）」與此作棗強異。

已上五首，約元和五年二月。

授吳少陽淮西節度使留後制（集三七）

制云，「彰義軍馬軍先鋒兵馬使、正議大夫、檢校右散騎常侍、使持節申州諸軍事申州刺史、兼御史大夫、會稽郡王吳少陽，……屬元戎旣沒，謀帥其難，朕將選衆以升，試可而用，推掌戎務，已逾歲時，……可銀青光祿大夫，檢校左散騎常侍，依前兼御史大夫，使持節蔡州諸軍事、權知蔡州刺史，充彰義軍節度管內支度營田、申光蔡等州觀察處置等使留後，仍賜上柱國，封如故」，按舊紀一四、元和五年三月十九日己未，「以申州刺史吳少陽爲申、光、蔡節度留後，」（據沈本校正）少誠沒於上年十一月，故曰已逾歲時也。

與季安詔（集三九）

詔云，「省所奏，具悉，……吳少陽自參軍務，頗効恭勤，豈待奏陳，已有處分，」按少陽三月授知留後，六年正月正除，此詔之「自參軍務」，當指自稱留後言，非指已授留後言，蓋季安爲少陽奏請之表，適到於前制甫發之後也，故附三月。

已上二首，元和五年三月。

與茂昭書（集三九）

書云，「省所奏、今月十八日大破賊衆一萬七千人，幷擒斬收獲訖者，……況荷戈於炎暑之際，……」按舊紀一四、元和五年四月，「丁亥，河東范希朝奏破賊於木刀溝，」丁亥正十八日。

全文五〇五權德輿張茂昭誌，「前年冬，詔武庫禁兵會諸侯之師於常山，……恆人以步騎二萬踰木刀溝，爲從衡七里之師，來薄於城。公擐甲出壁門，徑當其鋒，俾其子克讓與猶子克儉、甥陳楚等分犄之，設左右翼以待之，出奇決命，凡數十合，取巧於七縱，畜銳以三捷，席勝鼓行，橫屍如陵。」

與昭義軍將士詔（集三九）

詔云，「昭義軍節度下將士等，……盧從史……此則主將之恩，於卿何有，臣子之分，負朕實深，卿等辨邪正之兩端，識逆順之大義，……其當軍將士等賞設，已有處分，」按舊紀一四、元和五年四月十五日，「甲申，鎮州行營招討使吐突承璀執昭義節度使盧從史，載從史送京師，」今詔未說到後任，亦未言從史處分，知應在已後數篇之前。

與承璀詔（集三九）

中官吐突承璀也。詔云，「今授（孟）元陽檢校尚書右僕射、充昭義軍節度等使，未到行營間，其昭義軍卿宜切加宣撫，務使安寧。烏重胤職在偏裨，保於忠正，……今授烏重胤河陽節度使兼御史大夫，……兼恐河陽無人，速宜進發。」按舊紀一四、元和五年四月二十三日壬辰，（原訛壬申，據昌黎集二六烏氏廟碑銘校正。）「以昭義都知兵馬使、潞州左司馬烏重胤爲懷州刺史、河陽三城懷州節度使，以河陽節度使孟元陽爲潞州長史、昭義軍節度，澤潞磁邢洺觀察使。」全文五六、憲宗授烏重胤河陽節度使制，「昭義軍節度右廂都押衙、兼馬軍都知節度（？）使同州（此字衍）節度副使、銀青光祿大夫、檢校太子賓客、兼潞州大都督府左司馬、御史中丞、上柱國、張掖郡開國公烏重胤，……是用拜之壇場，授以旌鉞。命副相之崇秩，牧覃懷之舊封，……可使持節懷州刺史，御史大夫，充河陽三城懷州節度營田等使，散官、勳並如故。」（都知節度使當作都知兵馬使）全文六四五、李絳請授烏重胤河陽節度使疏，「臣請（？）案守謙密言，聖恩商量，以昭義兵馬使烏重胤部置軍中事，不獲已須與節度使者，……伏望聖恩先令密諭從胤，授以河陽節度使，除元陽澤、潞節度使，則人情大伏，國體得全。」

與元陽詔（集三九）

元陽已見前條。詔云，「澤、潞全軍，方討恆、冀，盧從史虧失大節，包藏二心，……尋追赴朝，今已在道，……以卿有㶏水之勳効，……今授卿檢校尚書右僕射，充澤潞節度等使，……卿宜速發先到潞府上訖，便赴行營，慰安軍心，」㶏溵之訛，據舊書一五一本傳，吳少誠寇許，元陽留軍溵水，破賊二千餘人也。

與昭義軍將士勑書（集三九）

書云，「昭義軍節度下將士等，……今授元陽檢校尚書右僕射，充卿等當道節度使。」

與昭義節度親事將士等書（集三九）

書云，「昭義軍節度下親事將士等，盧從史……追令赴闕，……今則止於貶官，……何至不安，有此疑懼，……已有詔示諭元陽，若到行營，一無所問，乃至將士家口，亦令優卹安存，」按舊紀一四、元和五年四月二十九日，「戊戌，貶前昭義節度使盧從史爲驩州司馬，」書當同時發。紀又言，五月六日乙巳，昭義軍三千人夜潰奔魏州；又居易龍兵第三狀云，「聞昨者澤潞潰散健兒，其間有入魏博卻投邢州者，季安追捉，並按軍令，」殆書尙未到而先已潰散矣。

太平廣記三四六引續玄怪錄，「盧從史以左僕射爲澤潞節度使，坐與鎮州王承宗通謀，貶驩州，賜死於康州，」按舊書一三二不言賜死，新書一四一言之而未著其地，據此，則從史尙未行抵貶所矣。

與師道詔（集三九）

詔云，「省表具悉，盧從史，……屈法申恩，已有處分，昨者詔旨已明示卿，」蓋師道爲從史緩頰也。已有處分者卽已貶驩州。

已上七首，元和五年四月。

與師道詔（集三九）

詔云，「省所陳奏，并進王承宗與卿書者，……所獻表章，具已詳覽，……在忠謀而則然，於事體而未可，誠嘉勤至，難允懇懷，今諸道將帥親領士馬，深入寇境，頻奏捷書，四面合圍，一心旅進，……況卿同道師徒，已收縣邑，」此卽舊紀所謂李師道、劉濟亟請昭雪也。觀頻奏捷書之語，殆是四、五月間陳請而未獲准者。師道所收之縣不詳。

已上一首，約元和五年五月已前。

與恆州節度下將士書（集三九）

書云，「成德軍節度下將士等，……頃屬姦臣從史，謀構異端，致使恆陽，隔於恩外，……今卿等繼獻表章、遠輸誠款，……今已降制書，各從洗雪，承宗仍復舊官爵，充恆、冀、深、趙、德、棣六州觀察使成德軍節度使，將士等官爵、實封，並宜仍舊，待之如初。」按舊紀一四、元和五年七月九日，「丁未，詔昭洗王承宗，復其官爵，待之如初，……乃歸罪盧從史而宥承宗，不得已而行之也。」全文五六、憲宗復王承宗官爵制，「盧從史首獻章表，深陳便宜，乃心頗類於向公，如流遂昧於進熟，……王承宗……賦奉其常數，官奉其闕員，……其王承宗特宜洗雪，依前起復雲麾將軍，守左金吾衞大將軍員外置同正員，檢校工部尚書，兼鎮州大都督府長史、御史大夫、上柱國、充成德軍節度管內支度營田等使、鎮冀深趙德棣等州觀察處置使，成德軍將士官爵、賓封等，一切如舊，待之如初。」

與承宗詔（集三九）

詔云，「今既陳章疏，懇獻衷誠，請進官員，願修貢賦，」按舊紀一四、元和五年七月二日，「庚子，王承宗遣判官崔遂上表自首，請輸常賦，朝廷除授官吏。」

批宰相賀赦王承宗表（集三九）

事見前兩條。

除程執恭檢校右僕射制（集三七）

制云，「横海軍節度支度營田、滄景等州觀察處置等使、起復冠軍大將軍、左金吾衞大將軍員外置同正員、檢校兵部尚書、使持節滄州諸軍事兼滄州刺史、御史大夫、上柱國、邢國公程執恭，……自合符徵旅，奔命出疆，暴露歷於三時，供億出於二郡，……朕以恆陽之衆，蠢爾無知，敺彼生人，致之死地，每一念至，惻然久之。……旣罷師旅，爰圖勳勞，……俾自夏官之長，特升右揆之崇，……可檢校尚書右僕射，餘並如故。」此言執恭曾出師討恆陽而特加檢校右僕射也。按成德領恆、冀等州，恆陽之衆者指王承宗言之，據舊紀一四、元和四年十月，癸未，詔討王承宗，五年七月，丁未，詔洗雪王承宗，制所云暴露三時也。馬本原注、「七月十二日夜進，」蓋卽五年七月。（見白集源流篇）抑第二類所錄執恭除官制，比此制少冠軍、金吾二大將軍，則彼制當在此制之先，余所以謂執恭來朝，舊紀作三年者似不誤。惟是同一檢校右僕射之官，不應再授，如謂前制已行，則此制殊可疑，如謂前制草而未下，則居易後來自編文集，分應芟去。總言之，兩制之除官爲不誤，說難以通，若曰任一有誤，亦不知何去何從矣。

答王承宗謝洗雪及復官爵表（集三九）

表當上於七、八月間，故幷附此。

與劉濟詔(集三九)

詔云，「省所謝男紹及孫景震等授官，幷謝賜器仗弓甲刀斧等者，」此詔年月難確考，唯舊紀一四、元和五年七月十七日，「乙卯，幽州節度使劉濟爲其子總鴆死，」則當七月已前事，故附此。紹及景震均不見舊、新傳。

代王佖答吐蕃北道節度論贊勃藏書(集三九)

書云，「大唐朔方靈鹽豐等州節度使、檢校戶部尙書、寧塞郡王王佖，致書大蕃河西北道節度使論公麾下，……佖近蒙制命，守在邊陲，……承去年出師討逐迴紇，其間勝負，此亦備知。……所蒙寄贈，並已檢到，佖爲邊將，須守常規，馬及胡瓶，依命已授(受)，其迴紇生口，緣比無此例，未奉進止，不敢便留。……初秋尙熱，……謹因譯語官馬屈林恭迴。」按佖於四年六月始授靈鹽節度，此書由內署起草代覆，必是佖得吐蕃寄物表請進止者。但苟非佖之莅事消息，傳達域外，彼蕃亦無由指名饋贈，經此兩重往返，而覆書之日，猶是初秋，可決其非四年也。書又有近蒙制命語，則亦非已逾兩年者，故斷爲五年七月作，與同卷前後數篇時期亦合。

與吉甫詔(集三九)

詔云，「韓用政至，省所奏陳謝，具悉，……才可以雄鎮方隅，故委之外閫，智可以密參帷幄，故任以中樞，而能一其衷心，再有冲讓，……而憂寄方深，難輟紫垣之務，……今征討已停，方隅稍泰，」蓋王承宗洗雪後，欲再召李吉甫(時在淮南節度)入相而吉甫謙辭也。以征討已停句測之，當是七、八月間所行。

與吐蕃宰相尙綺心兒等書(集三九)

書云，「吐蕃宰相尙綺心兒等，論思諾悉至，省表幷進奉，具悉。……河隴之地，國家舊封……今者捨而不言，豈是無心愛惜，但務早成盟約，所以唯言三州，……來表云此三州非創侵襲，不可割屬大唐來，……去年與論(二字乙，馬本不訛。)勃藏來，卽云覆取進旨賛普，便請爲定，今兩般使至，又云此之小務，未合首而論之，前後既有異同，信使徒煩來去。……前般蕃使論悉吉贊至，緣盟約事大，須審商量，未及發遣，後使雖是兩般，所論祇緣一事，故令相待，今遣同歸。……所送鄭叔矩及路泌神柩及男女等，並已到此。……今遣兼御史中丞李銛及中使與涅使同往，……秋涼，卿等各得平安好。」按舊書一九六下吐蕃傳，「五年五月，遣使論思耶熱來朝，幷歸鄭叔矩、路泌之柩及叔矩男文延等一十三人，叔矩、泌平涼之盟陷焉，凡二十餘年，竟不屈節，因沒於蕃中，至是請和，故歸之。六月，命宰相杜佑等與吐蕃使議事中書令廳，且言歸我秦、原、安樂州地。七月，遣鴻臚少卿攝御史中丞李銘（銛之訛）爲入蕃使，丹王府長史兼侍御史吳暈副之。」校勘記六五云，「通鑑、新書耶作斜；册府九百八十作熲，疑誤。」余按此書作論思諾悉，亦異。銛時官陜州左司馬兼通事舍人，見元龜九八〇。書中之三州，卽傳所謂秦、原、安樂州也，觀書可以略知當日交涉之概。（三州名亦見前文與鉢闡布書）

已上九首，元和五年七月或已前。

答高郢請致仕第二表（集三九）

答云，「誠懇乃懷，未允來表，」按舊書一四七郢傳，「逾月再表乞骸，不許，」又舊紀一四、元和五年九月二十六日，「癸亥，以兵部尙書高郢爲右僕射致仕，」則此答當在癸亥已前，傳稱郢「六年七月卒，年七十二，」故答云援禮引年也。

與劉總詔（集三九）

詔云，「仍舉奪情之典，以昭延賞之恩，令（今訛，馬本不訛。）授卿起復雲麾將軍，檢校工部尙書，充范陽節度等使，」按舊紀一四、元和五年九月二十五日，「壬戌，以瀛州刺史劉總起復，受（當作授）幽州長史，充幽州盧龍軍節度使。」

已上二首，元和五年九月。

答裴垍讓中書侍郎平章事表（集三九）

答云，「微生腠理之疾，暫從休告，遽獻表章，……宜加調攝，……無爲固讓，」按通鑑二三八於五年九月二十七日丙寅前書云，「裴垍得風疾，上甚惜之，中使候問，旁午於道，」此表當十月間上。（參下文）。

答劉總謝檢校工部尚書范陽節度使表（集三九）

授官已見前，謝表當十月上。

已上二首，元和五年十月。

答任迪簡讓易定節度使表（集三九）

舊紀一四、元和五年十月二十五日，「壬辰，制以迪簡檢校工部尚書、定州長史、充義武軍節度觀察北平軍等使，」此讓表當十一月上。

與茂昭詔（集三九）

詔云，「王日興至，省表陳讓檢校太尉者，」按舊茂昭傳，「會朝廷洗雪承宗，乃詔班師，加檢校太尉兼太子太傅。」詔又云，「宜加寵榮，已降新命，何至謙讓，仍辭舊官，」據舊紀一四、元和五年十月二十七日，「甲午，以前義武軍節度、檢校太尉兼太子太傅同平章事張茂昭檢校太尉兼中書令、河中尹、充河中晉絳慈隰節度使，」此所謂新命也。茂昭之表，當到於十、十一月間。

全文六四六、李絳論張茂昭事狀，「伏以茂昭舉家朝覲，河北都無此例，……須降恩榮，以存激勸，今迪簡除易定節度，……茂昭寂寞，於體非宜，伏望聖恩速除茂昭一官。」

答裴垍讓宰相第三表（集三九）

答云，「卿疾病已來，表疏相繼……是用輟樞劇之務，加崇重之官，」按舊紀一四、元和五年十一月二十三日，「庚申，以中書侍郎平章事裴垍爲兵部尚書。」

答裴垍謝銀青光祿大夫兵部尚書表（集三九）

舊傳云，「罷爲兵部尚書，仍進階銀青，」按答有言，「未踰四旬，以至三讓，」故知前答之讓相（第一）表爲十月中所上。

已上四首，元和五年十月或已前。

與房式詔（集三九）

詔云，「卿以良才，尹茲東洛，……今授卿宣州刺史，兼御史中丞，充宣歙等州都團練觀察處置等使，并賜告身往，宜卿（二字乙，馬本不訛。）便起赴本道，」據舊紀一四、元和五年十二月七日癸酉，「以河南尹房式爲宣州刺史、宣歙池觀察、采石軍等使」。

與盧恆卿詔（集三九）

詔云，「勑盧恆卿，……自領藩條，益彰理行，……今除卿尙書刑部侍郎，充諸道鹽鐵轉運使，并賜告身往，宜卽赴闕庭，」按舊紀一四、元和五年十二月七日癸酉，「以前宣歙觀察使盧坦爲刑部侍郎，充諸道鹽鐵轉運使，」然則恆卿卽坦，蓋後來避穆宗諱而追改者，（郎官柱、大中立，故戶外亦作盧坦。）舊一五三、新一五九本傳祇云坦字保衡，失書也。舊傳又云，「三年，入爲刑部侍郎、鹽鐵轉運使，」三乃五之訛。

除柳公綽御史中丞制（集三八）

制云，「諫議大夫柳公綽，……頃居臺憲，累次郎位，……擢首諫司，器望益重，……可御史中丞，」按舊紀一四、元和五年十二月十六日，「壬午，以吏部郎中柳公綽爲御史中丞，」依制則公綽先已改大諫，乃遷中丞，舊紀是誤書舊官，舊一六五、新一六三本傳亦均略去大諫一轉。

賜劉總詔（集三九）

詔云，「卿之先父，爲朕元臣，……故命宰臣爲之撰錄，……遠有奏謝，益用嘉之，」按濟卒五年七月，具詳前文，今此詔前後多篇，率五年所作，故玆附五年之末。

全文五〇五、權德輿故幽州盧龍軍節度副大使知節度事管內支度營田觀察處置押奚契丹兩番經略盧龍軍等使開府儀同三司檢校司徒兼中書令幽州大都督府長史上柱國彭城郡王贈大師劉公墓誌銘并序，「五年，秋七月，寢疾，薨於莫州之廨舍，享年五十四。冬十月，歸全於涿州良鄉縣之某原，追錫太師，不視朝三日，命諫議大夫弔詞法賻，廷尉卿持節禮册，又詔宰臣德輿銘於壽堂。」卽詔所云命宰臣爲之撰錄也。德輿以是歲九月二十七日丙寅，入相，誌又有十月歸全字，則誌之詔撰，最早不能過十月。

與新羅王金重熙等書（集三九）

書云，「新羅王金重熙，金獻章及僧冲虛等至，省表兼進獻及進功德并陳謝者，……今遣金獻章等歸國，……冬寒，卿比平安好。」余按舊書一九九上新羅傳，元和「五年，王子金憲章來朝貢，」元龜九七二、元和五年，「十月，新羅王遣其子來獻金銀佛像及佛經幡等，上言爲順宗祚福，並貢方物，」正與此書所言合，書末稱冬寒，則是五年末返國也，故附此。

與鄭絪詔（集三九）

詔云，「省所奏邕管黃少卿及子弟等事宜，」據舊紀一四、邕管將黃少卿及弟少高、少温於元和三年六月歸款授官，絪則五年三月出除嶺南節度，八年十二月代還，今此篇前後都五年之作，故附於此。

已上六首，元和五年十二月或已前。

答文武百寮嚴綬等賀御製新譯大乘本生心地觀經序表（集三九）

答孟簡蕭俛等賀御製新譯大乘本生心地觀經序狀（集三九）

按舊紀一四、元和六年正月二十二日丁巳，勅諫議大夫孟簡、給事中劉伯芻、工部侍郎歸登、右補闕蕭俛等於醴泉佛寺翻譯大乘本生心地觀音經，（參據元龜五一補正）又全文六三、憲宗大乘本生心地觀經序，「其梵夾我烈祖高宗之代師子國之所獻也，寶之歷年，祕於中禁，……乃出其梵本，於醴泉寺詔京師義學大德罽賓三藏般若等八人翻譯其旨，命諫議大夫孟簡等四人潤色其文，列爲八卷，勒成一部，……時我唐御天下一百九十有四年也。」嚴綬已見前四年七月。

答元膺授岳鄂觀察使謝上表（集三九）

元膺、元膺之訛。舊書一四、元和五年十二月十六日壬午，「以前御史中丞呂元膺爲鄂州刺史、鄂黃（字衍）岳沔蘄安黃等州觀察使，」答云，「遂輟中憲，往臨外藩，知已下車，深慰人望」，則當六年正月上。

答李鄘授淮南節度使謝上表（集三九）

舊紀一四、元和五年十二月七日，「癸酉，諸道鹽鐵轉運使刑部尙書李鄘、檢校吏部尙書兼楊府長史充淮南節度使，」答云，「載省來表，知已下車，」其表當六年正月上。

已上四首，元和六年正月。

答京兆府二十四縣耆壽謝賑貸表（集四〇）

舊紀一四、元和六年二月二十八日癸巳，「以京畿民貧，貸常平義倉粟二十四萬石，諸道州府依此賑貸。」全文六二、憲宗賑恤百姓德音，「如聞京畿之內，舊穀已盡，宿麥未登，……京兆府宜以常平義倉粟二十四萬石貸借百姓，其諸道州府有乏少糧種處，亦委所在官長用常平倉米借貸，淮南、浙西、宣歙等三道元和四年賑貸米並宜停徵，……朕嗣守丕圖，於茲七稔。」

答宰相杜佑等賀德音表（集四〇）

答云，「朕以春候發生，歲功資始，順陽和而布政，賑貧乏而勸農，」所謂德音，似即指前條貸粟事。

已上二首，元和六年二月。

與孫璹詔（集四〇）

詔云，「劉德惠至，省所進隴右地圖兼進戰車陣圖車樣，及奏陳收復河湟事宜者，具悉，卿尹茲右輔，……」按同集四二有論孫璹不合授鳳翔節使狀，通鑑二三七、元和四年三月乙酉，以鳳翔節度李鄘爲河東節度，又舊紀一四、元和六年五月七日庚子，以李惟簡爲鳳翔尹隴右節度，唐方鎮年表一據此以爲孫璹之任在兩李間，是也。由是知答詔儘在六年四月已前，因無確考，故附於末。

已上一首，元和六年四月已前。

第二類

亦有姓名、官職俱存，而勘諸見存史料，未獲質證，或難確定其年月，且有須存疑者，得如左二十二首，在未覓到強反證之前，不能斷爲非白氏作品。

加程執恭檢校尚書右僕射制（集三七）

制云，「銀青光祿大夫、檢校兵部尚書、使持節滄州諸軍事兼滄州刺史、御史大夫、橫海軍節度支度營田滄景等州管內觀察處置等使、上柱國、邢國公食邑三千戶程執恭，……洎執珪入覲，班瑞言旋，……念來朝述職之忠，未加寵數，特升右揆，俾壯中權，……可檢校右僕射，餘並如故，」此言執恭來朝歸藩後特加檢校右僕射也。考舊紀一四、元和三年十一月十六日，「甲午，橫海軍節度使程執恭來朝」，則此制似下於三年年底或四年之初。顧舊書一四三執恭本傳稱，「元和六年入朝，憲宗禮遇遣之，加尙書左僕射，」又新書二一三稱，「六年入朝，憲宗寵禮遣還鎮，加檢校尙書右僕射，」與舊紀作三年異，通鑑於執恭來朝事缺而不書，度卽因此。余則頗信紀而疑傳，其理由詳第一類執恭條，新傳文似沿用舊傳，然左右字亦互異。

授范希朝京西都統制(集三七)

制云，「某官范希朝，……以爾有朔方之勞，有振武之効，……今拜爾爲大將，尊爾爲司徒，……可充京西都統。」按希朝官振武節度，在德宗時，憲宗卽位，拜朔方節度，元和四年六月，自朔方轉河東節度，五年十一月庚戌，王鍔除河東節度，(舊書一四及一五一希朝傳)則此制之行，應在五年十一月已後。又前此充京西諸軍都統者有高崇文，以元和四年九月卒，(舊紀一四)但希朝河東免後，舊、新傳皆只云除左龍武統軍，不能謂卽京西都統，故此制當存疑。

裴克諒權知華陰縣令制(集三七)

裴克諒量留制(集三八)

前制稱前鎭國軍判官試大理評事裴克諒，後制稱華州刺史奏華陰令裴克諒考秩向滿、借留三年；考新表七一上有裴克諒，不著官歷，係裴度之三從兄弟，想卽其人。

除任迪簡檢校右僕射制(集三七)

按舊書一八五下：新書一七〇迪簡本傳，均未著此加銜，殊可疑。

除裴武太府卿制(集三七)

制不舉其前任、考新表七一上、濯卿孫武，太府卿，似是元和七年中見官，(說詳拙著元和姓纂四校記)然不能必其是六年四月已前授也。武、舊、新書均無傳，其官歷可考者，元和四年正月，自京兆少尹使江西、鄂岳等道宣撫，(元龜五一八)同年八月壬午，仍以少尹赴眞定宣慰王承宗，九月甲辰朔復命，（通鑑二三八）八年八月丁亥，由司農卿出爲鄜、坊觀察，同年十二月庚辰朔，入爲京兆尹，十年七月乙未，復爲司農卿，十一年七月丁丑，自華州刺史遷荆南節度，（均舊紀一五）長慶元年初，復入爲檢校禮部尙書兼司農卿。（元氏長慶集四五）

鄭涵等太常博士制（集三八）

舊書一五八涵傳敍其官歷雖頗詳，而事殊複雜，難以推定。唯昌黎集二一有送鄭十校理序云，「四年，鄭生涵始以長安尉選爲校理，人皆曰是宰相子，……爲博士也，始事相公於祭酒，分教東都生也，事相公於東太學，今爲郎於都官也，又事相公於居守，三爲屬吏，經時五年，」注云，「公以元和四年六月爲都官員外郎，分司東都，涵求告來寧，公於其行，作是序以送之，蓋五年春也，故有歸騎春衫薄之句，」是五年春初涵尙是集賢校理。舊傳云，「改長安尉、集賢校理，轉太常寺主簿，職仍故，遷太常博士」，其太博是否六年四月已前所遷，尙待考證。

京兆少尹辛祕可汝州刺史制（集三八）

制云，「京兆少尹辛祕頃守吳興，……出倅戎車，入貳京輦，亦有政績，……可汝州刺史。」按元和姓纂稱祕汝州刺史，則是七年修書時見官。英華九一五牛僧孺撰祕神道碑云，自河東軍司馬就拜爲左司郎中，更京兆、汝州刺史本州防禦；又舊書一五七祕本傳，「及太原節度范希朝領全師出討王承宗，徵祕爲河東行軍司馬，委以留務，尋召拜左司郎中，出爲汝州刺史，」討承宗以五年七月罷兵，祕官少尹及汝刺當在其後，然是否爲六年四月已前事，則難於推斷也。

除李建吏部員外郎制（集三八）

制云，「兵部員外郎李建，……可吏部員外郎，」此爲六年四月前抑已後除授，殊難推定。

除周懷義豐州刺史天德軍使制（集三八）

制云，「前汝州刺史周懷義，……可豐州刺史、天德軍使，」按前文有辛祕授汝州刺史，或即代懷義者歟。懷義九年中卒，見舊紀一五。

張正一致仕制(集三八)

制云「前諫議大夫張正一,……可國子司業致仕,」無考。

張正甫蘇州刺史制(集三八)

制云,「鄧州刺史張正甫,自領南陽,僅經三載,……可蘇州刺史,」按舊紀一五、元和八年十月己巳,以蘇州刺史張正甫爲湖南觀察使,其除蘇州不知何時。全文六一九、正甫「官鄧州刺史,歷同州,轉蘇州,」按舊書一六二本傳,「遷戶部郎中,改河南尹,由尙書右丞爲同州刺史,入拜左散騎常侍,」合此制觀之,正甫並非自同轉蘇,全文是誤。復次舊紀一五、元和十一年九月,「丙子,新除吏部侍郎韋貫之再貶湖南觀察使,」正甫罷湖南,最少應是同時;又同書、元和十二年八月,「戊辰,以同州刺史張正甫爲河南尹,」則正甫官河南尹固在同刺後,非在前,舊傳亦陵躐不足據也,並附正之。

崔淸晉州刺史制(集三八)

制云,「左司郎中崔淸,……可晉州刺史,」按郎官柱左中今殘缺,未見淸名,戶中、倉外有之。戶中題名次鄭敬、張正甫之後,當是元和初人物,惟自左中出爲晉州刺史則未詳。新書一九三高沐傳有崔淸。抗節忤李師道,當非其人。

李翻虞部郎中制(集三八)

制云,「金州刺史李翻,……可尙書虞部郎中,」按翻、宗閔之父,據舊書一七六,翻於穆宗卽位後自宗正卿出爲華州刺史,今新表祇稱金州刺史虞部郎中翻,虞中其卽元和七年修姓纂時翻之見官歟。(新表多本姓纂)惟以何時召入,不能確知。

張聿都水使者制(集三八)

制云,「前湖州長史張聿,頃以藝文,擢升朝列,嘗求祿養,出署外官,……喪期旣畢,班序當遷,……可都水使者,」按聿於元和元年十一月自翰林學士出守左拾遺,見重修壁記,長慶初自工外出衢州刺史,見本集三一。及元氏集五一,故聿卽有前項除授,疑亦在六年四月之後。

李彙安州刺史制（集三八）

制云，「宿州刺史李彙，勳閥之門，嗣生才略，久參戎衞，頗著勤勞，……屬汴、泗之右，創畫州居，……一日必葺，三年有成。……可安州刺史，」按舊書三八，「元和四年正月，勅以徐州之符離置宿州，」如彙任果滿三年者，則此制當在六年四月後。

與元衡詔（集四〇）

詔云，「省所奏、當管南界外生蠻東凌六部落大鬼主苴春等，以所管子弟百姓等二千餘戶請內屬黎州，并奏南路蕃界消息者，」事無考，以編次測之，疑三年中作。

答杜佑謝男師損除工部郎中表（集四〇）

按舊書一四七稱師損終司農少卿，元和姓纂以七年修，亦稱師損工部郎中、司農少卿，合諸卷中編次地位，疑亦三年中作。

與驃國王雍羌書（集四〇）

書云，「驃國王雍羌，……又令愛子遠副（馬本赴）闕庭，……今授卿檢校太常卿，并卿男舒難陀那及元佐摩訶思那等二人，亦各授官告往，……冬寒，卿比平安。」按新書二二二下驃傳，「貞元中，王雍羌聞南詔歸唐，有內附心，亦遣弟悉利移城主舒難陀獻其國樂，……德宗授舒難陀太僕卿遣還，」又元龜七九二、元和元年十二月，驃國遣使朝貢，此書稱遣其子來，不見著錄，未詳何年。

與季安詔（集四〇）

詔云，「劉清潭至，省所奏、貝州宗城縣百姓劉弘爲母病割股祭事宜，具悉」，年分未詳。

與茂昭詔（集四〇）

詔云，「近者志在憂國，慮及安邊，請率精兵，親防黠虜，……今又密奏恆州，具申事體，」恆州、王承宗也，此詔或在討伐之前。（可與前文四年九月之詔參看）

與李良僅詔（集四〇）

詔云，「卿久在軍門，習知邊事、……今授卿延州刺史兼安塞軍使，幷賜官告往」，其人、其時未詳。

第三類

其有缺姓名或乏時間性，無從加以考證者，得如左八首，此不能斷爲非白氏作品，理由同第二類。

除郎官分牧諸州制（集三七）

制祇云，「戶部郎中某可某州刺史，兵部員外郎某可某州刺史，」無可考。

邊鎮節度使起復制（集三七）

制祇云，「某官某握我兵要，守在塞門」，無可考。

除常侍制（集三七）

無可考。

除某節度留後起復制（集三八）

制祇云，「可節度留後檢校工部尙書」，無考。已上四首，或即元稹所謂白樸歟？

上元日歎道文（集四〇）

畫大羅天尊讚文（集四〇）

讚文云，「畫大羅天尊者，奉爲順宗至德大聖大安孝皇帝忌辰之所造也，」

已上兩篇，文面上雖無可考證，惟同卷前後，率二年底或三年初之作，順宗忌辰爲正月十九，似可認其同撰於三年正月中。

畫元始天尊讚幷序（集四〇）

北齊驃騎大將軍高敖曹讚幷序，奉勑撰（集四〇）

已上兩篇，均無年月可考。

第四類

屬此類者凡三十二首，皆在元和六年四月白氏丁憂出翰林後，必僞作無疑。（理由詳後）。

制云，中書舍人于尹躬，其弟皐謨贓汚狼藉，…… 然以典職詔命 ，恭勤五年，……俾居近郡，茲謂得中，」按通鑑二三八、元和六年，「五月，前行營糧料使于皐謩、董溪坐贓數千緡，敕貸其死，皐謨流春州，溪流封州，行至潭州，並追遣中使賜死，」則尹躬之貶，當亦同時。

已上一首，元和六年五月。

贈高郢官制（集三七）

舊紀一四、元和六年七月，癸巳朔，尙書右僕射致仕高郢卒，制祇云「可贈某官」。

贈裴垍官制（集三七）

按舊書一四八垍傳，「明（六）年，改太子賓客卒，廢朝，賻禮有加，贈太子少傅，」朝且廢，安有不卽贈官之理。而新書一六九垍傳則云，「會卒，不加贈 ，給事中劉伯芻表其忠 ，帝乃贈太子太傅，」似與制所云「頃屬多故、未申禮典、……可贈某官、」相符 。但考六年業已罷兵 ，與吉甫詔且云，「今征討已停，方隅稍泰，」（見前）頃屬多故一句，殊無的指。考元和以後，牛、李黨爭極盛，弔李崖州三詩，卽借居易名以排李之最顯淺者，此制當亦作僞之一，後再論之。

舊紀一四、元和六年七月二十八日，「庚申，贈銀青光祿大夫太子賓客裴垍太子少傅，」此制祇稱「故太子賓客裴垍」，銜亦不全。

已上二首，元和六年七月。

除韓皐東都留守制（集三八）

制云，「刑部尙書韓皐，……可檢校吏部尙書、東都留守，」按舊紀一四、元和六年十月，「戊辰，以戶部尙書韓皐爲東都留守、判東都尙書省事，」新書一二六皐傳亦稱，「入爲戶部尙書，歷東都留守，」此作刑部，殆誤。

已上一首，元和六年十月。

除李絳平章事制（集三七）

制云，「某官李絳，……自參內職，每備顧問，……及貳地官，專領財賦。」

按舊紀一四、元和六年十二月，「己丑，制以朝議郎守尙書戶部侍郎、驍騎尉、賜紫金魚袋李絳爲朝議大夫守中書侍郎同中書門下平章事，」今制內不言晉秩，絳未著元官，且不言以何官入相，均可疑之點。又此制雖見英華四五〇，署居易名，但四四八又有一制，文字弗同，絳祇一度入相，不得有兩麻。其制全文收入卷五六，題授李絳中書侍郎同平章事制，云，「門下，司重柄者允屬於長才，熙大猷者固資於端士，朕纘承鴻緒，撫有萬邦，夙夜祇勤，懼遠於道，故每注意宰輔，勞懷夢想，誠以得失之效，邦家所繫，疇若僉論，簡予深衷，必惟其人，是舉成命。朝議郎守尙書戶部侍郎、驍騎尉、賜紫金魚袋李絳，質秀珪玉，文含采章，抱器挺生，居貞特立，有史魚秉直之操，勵山甫匪懈之誠，忠孝兩全，學識兼茂，淸標可以範雅俗，正氣可以肅羣倫。頃自周行，俾參密命，動由於義，知無不爲，蹇蹇懷匡濟之心，孜孜陳遠大之略，言無隱避，居則靜專，貫於初終，其道一致。地卿之貳，爰委典司，理財先示於簡廉，利物每徵於聚斂，經通立制，器用彌光，臺閣之間，鬱有公望。是宜權衡百度，宰理庶工，允副具瞻，掌我樞密。於戲！予欲驅人俗以躋富壽，感人心而致和平，爾尙修明憲章，宣布德澤，必寬大其志，無皦察爲公，恢其道以秉彝，裕其體以臨下，各任以職，無忘陳平之言，苟便於人，勿憚蕭何之請，敬茲寵擢，其懋戒哉！可朝議大夫守中書侍郎同中書門下平章事，勳、賜如故，主者施行，」具官、除官，與舊紀合，今收入白集者是僞作，洵無可疑。

已上一首，元和六年十二月。

除許孟容河南尹兼常侍制（集三七）

制云，「某官許孟容，……常尹京邑，……仍以騎省申而寵之，」按舊紀一五、元和七年二月，「壬寅，以兵部侍郎許孟容爲河南尹，」此制不詳著其見官兵侍，可疑。

已上一首，元和七年二月。

除崔羣中書舍人制（集三七）

制云，「庫部郎中知制誥翰林學士崔羣，……自列內朝，兼司誥命，……六年於茲，勤亦至矣，……所宜寵以正名，式光禁職，」按重修學士壁記，羣於「五年（此二字補）五月五日加庫部郎中知制誥，十二月賜緋，七年四月二十九日遷中書舍人，」制不言賜緋，可疑。

已上一首，元和七年四月。

杜佑致仕制（集三八）

制云，「司徒同平章事杜佑，……可太子太師致仕，如天氣晴和，亦任朝謁。」按舊紀一五、元和七年六月，「癸巳，以金紫光祿大夫守司徒同平章事、崇文館大學士、太清宮使、上柱國、岐國公杜佑爲光祿大夫守太保致仕，宜朝朔望，佑累表懇請故也；」又同書一四七佑本傳，「元和七年，被疾，六月，復乞骸骨，表四上，情理切至，憲宗不獲已，許之。詔曰，宜力濟時，爲臣之懿躅，辭榮告老，行已之高風，況乎任重公臺，義深翼贊，秉冲讓之志，堅金石之誠，敦諭旣勤，所執彌固，則當遂其衷懇，進以崇名，尙齒優賢，斯王化之本也。金紫光祿大夫司徒、同中書門下平章事、兼充弘文館大學士、（按與舊紀崇文異）太淸宮使、上柱國、岐國公食邑三千戶杜佑，巖廊上才，邦國茂器，蘊經通之識，履溫厚之姿，寬裕本乎性情，謀猷再彰乎事業，博聞強學，知歷代沿革之宜，爲政惠人，審羣黎利病之要。由是司邦用，累歷藩方，出總戎麾，入和鼎實，聿膺重寄，歷事先朝，左右朕躬，夙夜不懈，命以詔册，登之上公，肅恭在廷，華髮承弁，茲可謂國之元老，人之具瞻者也。朕纘承丕業，思弘景化，選勞求舊，期致時邕，方伸引翼之儀，遽抗懸車之請，而又固辭年疾，乞就休閑，已而復來，星琯屢變，有不可抑，良用耿然。永惟古先哲王君臣之際，臣有耆艾以求其退，君有優賜以狥其情，乃輟鄧禹敷教之功，仍增王祥輔導之秩，俾養浩然之氣，安於敬止之鄉，庶乎怡神葆和，永綏福履，仍加階級，以厚寵章。（全文五七所收，此下多「其惟敬哉、茲謂全志」八字。）可光祿大夫守太保致仕，宜朝朔望。」觀集制，稱司徒不稱守司徒，不提晉秩光祿，太保致仕而曰太子太師，朔望朝請而曰晴和朝謁，祇此數端，已顯呈其作僞之拙。況傳制當日有實錄可本，斷不至僞，集制竟無一語相同；傳制凡三百六十餘言，集制不及二百二十，謂非僞作而何。

已上一首，元和七年六月。

除孔戣等官制（集三八）

制云，「諫議大夫孔戣，……駕部郎中薛存誠，……吏部員外郎王涯，……戣、存誠並可給事中，涯可兵部員外郎知制誥。」據舊紀一五、元和七年，「秋七月，乙丑，以兵部員外郎王涯知制誥，」（依沈本補正）戣、存誠爲給事中，各見昌黎集三三及新書一六三、舊書一五三本傳，唯舊傳稱存誠改兵部郎中，與此作庫部異。

已上一首，元和七年七月。

除范傳正宣歙觀察使制（集三七）

制云，「蘇州刺史范傳正，……江南列郡，連領者三，……況黝歙之遺愛尙在，吳興之新政方播，」按舊紀一五、元和七年八月，「丙午，以蘇州刺史范傳正爲宣歙觀察使，」同書一八五下傳正傳，「自比部員外郎出爲歙州刺史，轉湖州刺史，歷三郡，」又吳興志一四「范傳正、元和四年八月，自歙州刺史拜，六年二月十一日，遷蘇州刺史。」

除薛平鄭滑節度制（集三八）

制云，「右衞將軍薛平，……嘗使於絕國，可謂有勞，嘗牧於大郡，亦聞有政，……仍以冬卿、副相，兼而寵之，可檢校工部尙書兼御史大夫，」（英華四五四此下尙有「鄭滑潁等州節度使觀察處置等使」十四字，然銜仍未全。）按舊紀一五、元和七年八月，「辛亥，以左龍武大將軍薛平爲滑州刺史義成軍節度使，」同書一二四平本傳亦云，「自左龍武大將軍授兼御史大夫滑州刺史鄭滑節度觀察等使，」（新書一一一略同）至右衞將軍，乃未守汝州已前歷職，制內竟冠此銜，可爲作僞之一證，使於絕國，舊、新本傳均不詳。

已上二首，元和七年八月。

除田興工部尙書魏博節度制（集三八）

制云，「某職、某官田興，……可檢校工部尙書兼御史大夫、魏博等州節度觀察等使，」按舊紀一五、元和七年十月，「甲辰，以魏博都知兵馬使兼御史中丞、沂國公田興爲銀青光祿大夫檢校工部尚書兼魏州大都督府長史充魏博節度使，」試將制内之授官相比，脱略頗多，卽作僞不工之證。

全文五七又有憲宗授田興魏博節度使制云，「經邦制理，先務於安人，秉義納忠，諒存乎體國，其有堅持正性，動合衆心，才當與能，善足垂勸，則宜荷推轂之寄，爲分閫之臣，建侯貞師，宜我利澤。魏博軍步射都知兵馬使同節度副使、檢校祕書監兼御史中丞、沂國公田興，深明有融，忠孝是力，介若金石，通乎弛張，效用思齊於昔賢，潔誠期報於君父，生此王國，跡淪戎藩，逢時乃彰，會節有立。日者元戎卽代，裔子幼年，小人任事以作威，諸將屏息而增懼，政理滋紊，刑章亟乖，羣臣危疑，幾致顚越。朕用憂閔，方圖輯寧，而興任在轅門，深惟大體，義勇斯奮，奸雄伏辜，士心所歸，不令而肅，征鎭安固，厥庸茂焉。旣而保貴胄之家，將致上國，全故帥之績，求復中軍，表章屢疏，情懇備至，以勳則特異，以義則可觀，周旋令圖，蓋有餘裕。朕高懸爵命，以待能賢，嘉爾殊勞，允宜懋賞，晉軍謀帥，郤縠嘗學於詩書，漢將議功，竇融實冠於名節，魏郊巨鎭，河上奥區，杖鉞可以宣國威，觀風可以率彝典，習俗至於丕變，疲甿後而汔康，佇光册書，用寄心膂，榮級繼登於七命，顯秩超踐於六卿，仍兼副相之雄，以重元戎之寄，服兹休命，其懋介哉！可銀青光祿大夫，檢校工部尚書，兼魏州大都督府長史御史大夫，充魏、博等州節度管内支度營田觀察處置等使，勳、封如故。」按授制祇有一無二，此制四百二十餘言，意致詳盡，其職守復一一與舊紀合，若今白集制不足二百言，於興拔自偏裨之故，殊欠詳盡，職守又復脱略，孰眞孰僞，涇渭攸判。蓋此非以他人之文，誤編白集，直牛黨僞託白文，使魚目混珠，陰以行其排擠而已，作僞心勞日拙，信哉。

已上一首，元和七年十月。

贈杜佑太尉制（集三八）

制云，「某官致仕，……可贈太尉」，按舊紀一五、元和七年十一月，「辛未，太保致仕杜祐（佑之訛）卒，」同書一四七佑本傳、載之集二二、新書一六六均云册贈太傅，而此曰太尉，是作僞之證。

除裴堪江西觀察使制(集三八)

制云，「同州刺史裴堪，……入爲諫議大夫，……出爲左馮翊，曾未周歲，政立績成，……可江西觀察使兼御史中丞，」按舊紀一四、元和六年四月乙丑朔，以諫議大夫裴堪爲同州防禦使，同書一五、元和七年十一月甲申，以同州刺史裴堪爲江西觀察使，(據沈本校正)。則堪莅同州已年半有奇矣，而曰曾未周歲，作僞顯然，他不具論。

已上二首，元和七年十一月。

除鄭餘慶太子少傅制「集三八)

制云，「吏部尚書鄭餘慶，……可太子少傅，」按舊紀一五、元和七年十二月，「丙戌朔，以吏部尚書鄭餘慶爲太子少傅。」

除裴向同州刺史制(集三八)

制云，「京兆少尹裴向，……累守大郡，入亞天府，……可同州刺史，」按舊紀一五、元和七年十二月，「戊戌，以京兆尹裴向爲同州防禦使，」據舊書一一三向本傳，「改晉州刺史，充本州防禦使，遷虢州刺史，入爲京兆少尹」，舊紀蓋奪「少」字。(參拙著唐集質疑京尹十年十五人條)

除裴度中書舍人制(集三七)

制稱司勳郎中知制誥裴度，按舊書一七〇度本傳「元和六年，以司封員外郎知制誥，尋轉本司郎中，七年，魏博節度使田季安卒，……牙軍立小將田興爲留後，……憲宗遣度至魏州宣諭，……興又請度遍至屬郡，宣述詔旨，……使還，拜中書舍人；又舊紀一五、元和七年十一月十日，「乙丑，詔田興以魏博請命，宜令司封郎中知制誥裴度往彼宣慰；」(通鑑二三九作六日辛酉)此外如英華四三四、宣慰魏博德音亦作司封郎中知制誥，郎官柱、勳中無度而封中有度，均足證司勳之確誤，作僞之證也。郎官考七引此制，謂「案新、舊傳俱云以司封員外郎知制誥，制云司勳誤，」語猶有病；蓋新傳求省，故略去封中一轉，然按諸官制，員外知誥，非遷郎中後不能正授舍人，此制之誤，是誤司封郎中爲司勳郎中，非誤司封員外郎爲司勳郎中也。

由前引舊傳測之，度遍歷數郡，回京儘在十二月，其眞除中舍，當係年底，故附於此。

除盧士玫劉從周等官制（集三八）

制云，「前侍御盧士玫嘗在西川，時爲從事，……前監察御史劉從周頃佐宣城，奉公守政，……士玫可起居郎，從周可右補闕。」按稱侍御史爲侍御，不合制體；且據石刻武侯祠堂碑陰題名、觀察支使殿中侍御史內供奉盧士玫，（元和四年二月立）則士玫似是前殿中侍御史，非前侍御史也。裴度劉太眞碑、門生之在朝廷者中書舍人裴度、起居舍人盧士玫，（全文五三八）度以七年底除中舍，（具詳前條）九年十一月改中丞，（舊紀一五）依此思之，士玫官起居舍人，應八、九年間也。又據重修學士壁記，元和八年正月二十七日，劉從周自左補闕入翰林，則其授補闕時最遲不過八年初；易言之，卽士玫除起居郞制，謂約七年底至八年初所行也。然起居舍人與起居郞均從六品上，似非改官，今集制稱起居郞，與裴度文稱起居舍人不符，疑一。元和姓纂及壁記均稱從周左補闕，而集制作右，疑二。

獨孤郁守本官知制誥制（集三七）

制云，「考功員外郞史館修撰獨孤郁，……累升諫列，再秉史筆，」按昌黎集二八郁墓誌，「五年，……改尙書考功員外郞，復史館職，七年，以考功知制誥入謝」，唯不詳七年某月，故附此。

巳上五首，元和七年十二月或約巳前。

除李夷簡西川節度使制（集三八）

制曰，「山南東道節度使某官李夷簡，……執憲之難也，爾爲臺丞，」按舊紀一四、元和四年四月，夷簡自刑中侍御史知雜爲中丞；又曰，「司計之重也，爾調邦賦，」卽紀書五年三月夷簡爲戶侍判度支也；又曰，「自摠符鉞，於漢之南，……三載考功，爾爲稱首，」卽紀書六年四月夷簡爲山南東道節度也；尙與史合。制又曰，「可檢校吏部尙書劍南西川節度等使，」按舊紀一五、元和八年正月，「癸未，以山南東道節度使李夷簡檢校戶部尙書成都尹充劍南西川節度使，」夷簡之出山南，據舊紀、新傳，係檢校禮尙，似以改檢校戶尙爲近是。

李程行軍司馬制(集三八)

制云，「隋州刺史李程，頃自周行，出分憂寄，漢南大郡，守之五年，……可御史中丞劍南西川行軍司馬。」按新書一三一程傳，「元和三年，出爲隨州刺史，以能政賜金紫服，李夷簡鎮西川，辟成都少尹，」重修壁記亦稱元和三年自勳外知制誥授隨州刺史，又夷簡係八年正月充西川節度，制謂守郡五年，尙與史合。但新傳稱成都少尹而制祇云行軍司馬，(舊書一六七程傳稱出爲劍南西川節度使行軍司馬，與制合。)其爲兼職而未之詳書，抑任一有誤，未能斷也。

除李程郎中制(集三七)

制云，「隋州刺史李程，……勵精爲政，三年有成，……尙書郎缺，爾宜補之。」按前制謂程守隨五年而改西川司馬，此制又謂守隨三年而改郎中，豈命下後復予留任歟?然制內不舉何司，舊、新傳亦不載，其官兵中則在西川任後，是可疑也。

除袁滋襄陽節度制(集八三)

制云，「戶部尙書袁滋，……頃賚其能，移鎮東郡，……在部七載，……益聞遺愛，……故旌武公之美，寵以司徒，……可某官山南東道節度等使，」按新書一五一滋本傳，「未幾，徙義成節度使，…… 居七年，百姓立祠祝祭，以戶部尙書召，改檢校兵部，拜山南東道節度使，」又舊紀一五、元和八年正月癸未，「以戶部尙書袁滋檢校兵部尙書襄州刺史充山南東道節度使。」

已上四首，元和八年正月或已後。

除武元衡門下侍郎平章事制(集三八)

按制首云，「朕嗣守丕業將十年，」已下不舉某官某，不合制體，然此猶可諉曰傳刻漏脫也。制末云，「可門下侍郎同中書門下平章事，」考舊紀一五、元和八年，「三月，(依沈本補)甲子，以劍南西川節度使、銀青光祿大夫、檢校吏部尙書兼門下侍郎同平章事、上柱國、臨淮郡開國公食邑二千戶武元衡復入中書知政事，兼崇文館大學士太淸宮使，」其兼官不應並脫也。抑相制祇有一無二，今英華四五〇旣載此制，而四四七復別出一制，文字迥異，（全文收入卷五七）制云，「門下，邦國之興，將相是資，選衆而舉，思賢俾乂，故有臺臣外撫，宣力已靖於西方，衮職迭居，懋功復疑於庶職，允茲崇踐，爰屬上才。前劍南西川節度副大使知節度事管內支度營田觀察處置統押近界諸蕃及西山八國雲南安撫等使、銀靑光祿大夫、檢校吏部尙書兼門下侍郎同中書門下平章事、成都尹、上柱國、臨淮郡開國公食邑二千戶武元衡，粹厚端莊，簡易常壹，有誠明之道以致用，有宏茂之略以佐時，貞方自得於性術，操尙不愆於風雨。加以懿文合雅，聚學承師，通禮樂刑政之源，達古今治變之要，歷登華貫，休聞穆然，洎處鈞衡，中立不倚，致君思堯、舜之盛，修職以邴、魏爲宗，翼戴之勤，夙夜彌亮，彝倫攸敍，鼎飪載和。益部大藩，比仗兼濟，而能布宣威惠，撫莅蠻髦，繇道輯寧，疲黎安息，推心而下皆率附，正己而人自嚮方，臨之累年，理有殊等。眹以出納王命，緝熙帝圖，總庶官之職業，爲百度之扃鍵，惟此重任，屬於黃扉，分憂遂輟於殿邦，具瞻再歸於碩望，爾尙行之以中正，煦之以和平，毗於一人，高潤天下，祇膺禮命，無替徽猷。可守門下侍郎同中書門下平章事，兼崇文館大學士，充太淸宮使。」此制具官與新除皆合乎舊紀，可信一也。元衡散官是銀靑，散階視職卑，故曰守門下侍郎，可信二也。僞白氏文者不知元衡散官，故逕云「可門下侍郎同中書門下平章事，」所謂忽於眉睫，而其作僞之敗露，正在此細微處也。

韓愈比部郎中史館修撰制（集三八）

制云，「太學博士韓愈，……可使執簡，列爲史官，……仍遷郎位，」按洪興祖韓子年譜引實錄云，「八年三月乙亥，國子博士韓愈比部郎中、史館修撰。」余按官制實名國子博士，不名太學博士，太學者祇普通文字所用之代稱，不應施於行制，比觀實錄正言曰國子，制之僞造，顯而易見。顧洪譜引此制，仍綴云「白居易詞也」，殊不知是時白氏已以母憂退居渭村，其誣白者至矣，然即此可見白集之羼亂，北宋已然。

已上二首，元和八年三月。

薛伾鄜坊觀察使制（集三八）

制云，「右金吾將軍薛伾，……可檢校工部尙書充鄜、坊等州觀察使，」按舊紀一五、元和八年四月，「辛卯，以將作監薛伾爲鄜、坊觀察使，」同書一四六伾本傳，「累遷左金吾衞將大軍、檢校工部尙書兼將作監，出爲鄜、坊觀察使，」是伾固兼將作監，而制並不提，又伾官大將軍，而制祇曰將軍，與史不合，均屬疑點。

已上一首，元和八年四月。

錢徽司封郎中知制誥制（集三八）

制云，「祠部郎中翰林學士錢徽，……迨今六載，……俾轉郎吏，仍參綸閣，」按重修翰林學士壁記，「錢徽、元和三年八月二十六日，自祠部員外郎充，六年四月二十五日，加本司郎中，八年五月九日，轉司封郎中知制誥，」三年至八年，故曰六載，但仍參綸閣，似祇指知制誥言之，未及其仍充學士也。

已上一首，元和八年五月。

獨孤郁司勳郎中知制誥制（集三八）

制云，「考功員外郎知制誥獨孤郁，……官滿當歲，職亦逾年，……可司勳郎中知制誥，」按昌黎集二九郁墓誌，「七年，以考功知制誥入謝，因賜五品服，八年，遷駕部郎中，職如初，……九年，以疾罷，尋遷祕書少監，」郎官考七云，「按舊傳云駕部郎中，墓誌同，制云司勳誤，」駕中而稱勳中，亦僞作之證。郁遷駕中，不詳八年何月，故附於末。

贈吉甫先父官并與一子官制（集三七）

制云，「某官李吉甫，出入將相，迨今七載，」按吉甫以二年正月相，曰七載則應爲八年之制也。

已上二首，元和八年。

除張弘靖門下侍郎平章事制（集三七）

制云，「某官張弘靖，……洎出刺陝部，移鎮蒲坂，……乃用登爾於左輔，」按舊紀一五、元和九年六月，「壬寅，制河中晉絳慈隰等州節度使張弘靖守刑部尚書同中書門下平章事，」新紀七及新表六二同，並不以門下入相，此作僞之證也。況除制祇有一而無二，此文雖見英華四五〇，惟同書四四八復有一制，（全文收卷五七）中有云，「宜登右弼之任，用正中臺之贈，……可守中書門下平章事，」比較可信，因弘靖同年十二月改守中書侍郎也。或謂白集之門下，可許中書之誤，殊不知左輔是門下，右弼是中書，文既言登於左輔，則門下字非傳訛也。（唯馬本五四左作佐）矧文有言，「清簡之化，聞於京師，……人謀旣同，朕志亦定」，是作僞者固欲僞冒弘靖初入閣之制，非欲僞冒弘靖入閣後改官之制，而弘靖初入相，旣非門下，亦非中書，乃以刑部尚書入也。全文五七別有憲宗授張弘靖刑部尚書平章制，詞云，「門下，虞以爲盛，猶咨五臣，殷之用興，亦賴三后，朕勵精恭己，十載於茲，常以國鈞，委之公輔，務熙庶績，敢怠旁求，思欲左右有人，在廣股肱之任，歷選列辟，洎於藩維，冀獲賢能，俾匡正道，爰茲所命，允屬至懷。河中晉絳慈隰等州節度支度營田觀察處置等使、正議大夫、檢校禮部尚書、兼河中尹御史大夫、上柱國、高平縣開國子食邑五百戶、賜紫金魚袋張弘靖，德稟精微，器含冲用，溫恭諒實，明允克誠，素推君子之風，雅有大臣之體，蘊積稽古之學，發揮經緯之文，嘗司朕言，動叶謨訓，歷踐清貫，具揚淑聲，爰統方州，載膺節制，奉法遵制，在公忘私，人無不懷，績用丕茂。予欲正百工之理，成太平之階，若臨巨川，以重舟楫，是用命爾列於中臺，每念臣鄰之規，以貞崇棟之吉，少翁積慶，嗣德漢廷，文子勤身，繼匡晉室，爾惟朝夕納誨，以翊朕躬，是資袞職之勤，式重緇衣之美，仍帥司寇之屬，俾靖皐陶之刑，懋宣厥猷，往踐於位。可守刑部尚書平章事，散官、勳、封如故。」與史相合，是眞弘靖初登臺輔之麻矣。

已上一首，元和九年六月。

除韋貫之平章事制（集三七）

制云，「某官韋貫之，……乃者擢居諫司，……出領符竹，……煩之劇務，訪之大政，……可中書侍郎同中書門下平章事。」按諫司、符竹兩句，尙與舊書一五八貫之本傳相合。但舊、新紀表及本傳均謂貫之九年十二月以尙書右丞入相，十一年二月始改中書侍郎，今如謂此是改守中書侍郞之制，則應題「除韋貫之中書侍郎制，」不應題「除韋貫之平章事制，」因貫之早以右丞平章事也。由是言之，此制祇當指貫之初入相事，今文竟以入相後之改官，當入相時官，顯與史悖，其爲僞作而非誤收他人之作，不問可知，更無論居易之久出翰林矣。此制英華收卷四五〇，亦題居易名，惟同書四四八及四四九復收貫之兩次相制，全文均收入卷五七憲宗下；其一題授韋貫之尙書右丞平章事制，云，「門下，弼成大化，參敍彝倫，克光元首之明，其服股肱之任，朕所以不自暇逸，務求賢能，式重舟楫之才，以弘經濟之道，疇若予志，僉諧乃公。中大夫守尙書右丞、上輕車都尉、賜紫金魚袋韋貫之，淸明在躬，禮樂之器，瀘珪璋特達之德，茂廉正博雅之規，靜而知微，動必有守，凡踐列位，備聞嘉猷，當官而行，臨事能斷，道可鎭於風俗，望彌積於朝倫，是宜和靖陰陽，紀綱邦國，命作心膂，列於臺階。夫能慮四方，揆百事，愛利萬物，辨論羣材，示公忘私，時乃之職，而況圖靖藩服，繫在廟謨，爾惟順下以訓人，奉上以宣力，因衆功而致用，熙衆志以爲心，朝夕獻可否之誠，經綸底文武之績，祇膺厥命，勿懈於時。可守尙書右丞平章事，散官、勳如故。」其二題授韋貫之中書侍郎平章事制，略云，「右丞韋貫之，……可守中書侍郎平章事。」咸與史合，此眞貫之兩次相麻也。夫麻無二，其一眞，斯其他僞，無待繁言矣。

制體率以除官作收，稍讀唐代文章者自知之，今白集之制，在「可中書侍郎同中書門下平章事」後，尙綴「夫臣事君以忠、后從諫則聖、靡不有始、鮮克有終、理化不成、恆由於此、今我與爾、永終是圖、雖休勿休、以臻其極、嗚呼、二宜之業、吾有望焉、」一大段，不合制體，一也。君臣吁咈，多用於戲，嗚呼多表傷感詞，今制竟用「嗚呼」，二也。僞撰之人，於此道尙非三折肱者。

昌黎集三八爲韋相公讓官表，注謂韋貫之也，其表亦云，「伏奉今日制命，以臣爲尚書右丞同中書門下平章事。」

已上一首，元和九年十二月。

授韓弘許國公實封制（集三七）

制云，「梁、宋之交，……今有良帥，……自分閫寄，……在浚之郊，……於茲一紀，……是用達於上公，授之眞食。」按舊書一五六弘傳，「吳元濟誅，以統帥功，加檢校司徒兼侍中，封許國公，」昌黎集三二注云，「元和十二年十一月，錄平淮西功，加弘檢校司徒兼侍中，封許國公，」三事似同制除授，而此制祇提封爵，不合者一。封公所以賞平淮，而制內竟無一語道及，不合者二。舊弘傳答弘願留京師之詔，祇曰食邑三千戶，與昌黎集弘碑同，無食實封之文，不合者三。弘以貞元十五年除宣武節度，至元和十二年，已逾二十載，而制竟作於茲一紀，如是謬戾，不獨非居易作，抑更非他翰林作；質言之，一篇僞文而已。（韓集署「司徒兼侍中中書令贈太尉許國公神道碑銘」，文內顧無一字提封公事，亦是疎略。）試觀憲宗加弘中書令制云，「宣武軍節度副大使知節度事、汴宋亳潁等州觀察處置等使、開府儀同三司、守司徒兼侍中、使持節汴州諸軍事汴州刺史、上柱國、許國公食邑三千戶韓弘，……自鎭浚郊，二十餘載，……及齊境興妖，分師進討，遂梟元惡，惟乃有略地之效，旣聞旋師，俄請執珪，……又抗表章，固辭戎旅，……難違其衷懇，……可依前守司徒兼中書令，」（全文五九）此制卽十四年平李師道後弘朝京師時所下，不過遲封許公二年，而曰二十餘載，又仍食邑三千戶，前制之僞，益爲顯然。

已上一首，元和十二年十一月。

第五類

尙有年月雖不確知，而比證史傳，其事總在六年四月已後者，得如左十四首，亦僞文也。

授沈傳師左拾遺史館修撰制（集三七）

制云，「京兆府鄠縣尉沈傳師，……可左拾遺、史館修撰，」按傳、傳之訛。舊書一四九傳師傳，「擢進士登制科乙第，授太子校書郎、鄠縣尉、直史館，轉左拾遺、左補闕，並兼史職，」（與樊川集一四傳師行狀略同）據登科記考一五及一六，傳師於貞元二十一年登第，元和元年舉制科；又據重修學士壁記，傳師於元和十二年二月自左補闕史館修撰充翰林，十三年正月，遷司門員外郎，合而推之，其授拾遺總在六年四月已後。

除軍使邠寧節度使制（集三七）

制云，「某官某，……自領軍衛，……服勤五年，……仍加副相，以重是行。」按元和一朝，除邠、寧節度者凡五；元和二年十二月，高崇文自西川改，四年十月，閻巨源自右羽林統軍授，九年十一月，郭釗自左金吾大將軍授，十三年六月，程權自滄、景改，十四年五月，李光顏自忠武改，其前官合於此制者惟巨源與釗，巨源又已有除制見同卷，則此制舍釗莫屬。舊書一二〇、新書一三七均謂釗以檢校工尚出除，而此制作副相，其爲僞作甚明。

除拾遺監察等制（集三七）

制稱渭南縣尉庾敬休等。按舊書一八七下敬休傳，「旋授渭南尉、集賢校理，遷右拾遺、集賢學士，歷右補闕、稱職，轉起居舍人，」據元龜五六〇、元和十二年時，敬休方官起居舍人，又據元和姓纂，拾遺雖是敬休七年中見官，但未必是六年四月已前授也。

中書舍人韋貫之授禮部侍郎制（集三八）

制云，「中書舍人韋貫之，……可禮部侍郎，餘如故。」按舊紀一四、元和六年六月，命中書舍人韋貫之等詳定減省吏員俸額，是六年六月已前，貫之猶是中舍。又會要七五、元和「七年十二月，權知禮部侍郎韋貫之奏試明經請停墨義，依舊格問口義，從之，」英華九八四、元和八年四月辛卯鄭餘慶等祭杜佑文，稱朝議大夫權知禮部侍郎韋貫之，是貫之自中舍初除禮侍，祇屬權知，今制無權知字，更作僞之明證也。登科記考一八云，「按白居易有中書舍人韋貫之授禮部侍郎制，……蓋於八年眞拜也，）無論八年居易已出翰林，不能草制，即就制論制，亦事實不合　蓋貫之自中舍權知禮侍，郎關去原職，此可於祭杜佑文不稱中舍見之；旣開原職，則眞拜時之制，應爲「灌知禮部侍郎韋貫之眞除制」，非由中書舍人眞除禮部侍郎也，徐氏唯未確審遷轉之常制，故誤信此文。

薛存誠除御史中丞制（集三八）

制云，「給事中薛存誠，……可御史中丞，餘如故。」按存誠除給事中，據前文所推，係七年七月；又據通鑑二三九、元和八年二月，存誠官中丞，是存誠擢拜中丞，約在七、八年間。

前長安縣令許季同除刑部郎中前萬年縣令杜羔除戶部郎中制（集三八）

制云，「前長安縣令許季同、前萬年縣令杜羔等，……尙書郎缺，方選才良，憲部人曹，俾膺並命，季同可刑部郎中，羔可戶部郎中。」余按元龜一五三、元和六年，「十二月，勑萬年縣令杜羔、長安縣令許季同並宜停見，中京兆尹元義方宜罰一季俸祿，」是季同等之入爲曹郎，總在此後。據元和姓纂、季同金部郎中，則金中應是七年修書已前所官，今郎官柱金中有季同，可證姓纂不誤。又新書一六二季同傳，「歷長安令，再遷兵部郎中，孟容爲禮部侍郎，徙季同京兆少尹，」曰再遷，則先金中後兵中也，並無除刑中之說。復次據新書一七二羔本傳，官至振武節度，而新表七二上祇稱羔刑部郎中，是蓋姓纂七年修書前所官也；（因新表多本姓纂，說詳拙著姓纂四校記。）此制除羔戶中，而今郎官柱戶中欄題名尙完整，並無杜羔，故謂羔除戶中，亦極可疑。新傳，「未幾，授戶部郎中，後歷振武節度使，」恐卽本自白集，不能恃爲信證。

除李遜京兆尹制（集三八）

制云，「浙江東道（原訛都，馬本不訛。）觀察使御史中丞李遜，……可權知京兆尹。」據嘉泰會稽志、遜九年九月追赴闕，但舊書一五五則云，九年入爲給事中，俄遷戶部侍郎，十年拜山南東道節度，（新書一六二略同）不言權知京兆；其後雖一度除京兆尹，約爲元和十三年頃。遜是否未經此度除授，雖不能決定，然其文非居易充翰林時所作，則斷然也。（據舊紀一五、裴武八年十二月入爲京兆尹，至十年七月始罷，亦遜不得於中間權知之證。)

除劉伯芻虢州刺史(集三八)

制云,「給事中劉伯芻,……可授虢州刺史。」按六年正月,給事中劉伯芻奉詔譯經,見舊紀一四;同書一五三伯芻本傳,「伯芻上疏論之,贈垍太子少傅,伯芻妻、垍從姨也,或譏於吉甫,以此論奏,伯芻懼,亟請散地,因出爲虢州刺史,」依舊紀、裴垍贈官在六年七月底,則伯芻出除,更當在後。昌黎集九和虢州劉給事使君詩、注云,「劉伯芻以元和八年出刺虢州,白樂天有制詞,」謂八年出除,未審所據;時距裴垍贈官已年餘,其說果確,則傳稱懼禍求出,恐未實也。姓纂七年祇著伯芻給事中,但其書此處殘破,不能恃爲信證,集注猶以此制爲樂天作,足見僞文之久已亂眞矣。汪編香山詩集一八注云,「劉伯芻(芻)字素芝,洺州廣平人,元和八年出刺虢州,制詞卽公所撰,」按汪撰香山年譜、業於元和八年癸巳下稱「公退居渭村」,則安得有撰制事,是亦沿昌黎集注之誤而失察也。

除孔戣萬年縣令制(集三八)

制云,「兵部員外郎孔戣自御史府遷夏官之屬,」按兵外、萬年令兩官,舊書一五四新書一六三戣本傳均不載。舊傳云,「轉侍御史、庫部員外郎,……戣謂京兆尹裴武曰,……」武官京尹,在八年十二月後,則戣縱曾出除畿令,亦非六年四月已前事。

昌黎集二六孔戡誌,「明年元和五年,……其年八月甲申,從葬河南河陰之廣武原,……母弟戣殿中侍御史,」是五年八月戣官殿中侍御史。又元和姓纂七年修,稱戣庫部員外,是七年尚官庫外。其爲僞託居易之文,可無疑矣。

歸登右常侍制(集三八)

制云,「工部侍郎歸登,……冠附貂蟬,立之於右,……可右散騎常侍。」按舊紀一四、元和六年,登自工部侍郎奉詔譯經;舊書一四九本傳云,「遷工部侍郎,……又爲東宮及諸王侍讀,……久之,改左散騎常侍,」新書一六四略同;又元和姓纂係記七年中見官,祇稱登工部侍郎,其遷常侍斷在六年四月後。兩書皆作左常侍，此獨作右，亦可疑之一點。

牛僧孺監察御史制（集三八）

制云，「河南縣尉牛僧孺，志行修飾，詞學優長，頃對策於庭，其言甚直，累從吏職，頗謂滯淹，訪諸時論，宜當朝選，俾升憲府，以觀其才，可監察御史。」按昌黎集遺文迓杜兼題名，（元和四年九月二十二日）稱水陸運判官伊闕縣尉牛僧孺，舊書一七二僧孺本傳，「釋褐伊闕尉，遷監察御史，」樊川集七則云除河南尉，拜監察御史，新書一七四本傳又謂「調伊闕尉，改河南，遷監察御史」也。舊書一七六李宗閔傳云，「僧孺、宗閔亦久之不調，隨牒諸侯府七年，吉甫卒，方入朝爲監察御史，」是僧孺入朝，總在六年四月後。今此制盛道僧孺，其爲假居易名以張牛黨之勢，益昭然若揭矣。

全文七二〇李珏牛僧孺碑，「從潞帥郗士美簡授管記，三奏不得請，竟除河南尉，會有次對大寮因言事，解於上前，遷監察御史，」杜牧所爲僧孺誌略同，按舊紀一四、元和六年三月乙未朔，以河南尹郗士美爲昭義節度，既三奏不得而後除河南尉，而後遷監察，則斷爲六年四月已後事可知。

復次白集二九、代書，「予佐潯陽三年，……持此札爲予謁……監察牛二侍御，……三月十三日樂天白，」此即介劉軻舉進士於長安諸公之書也。居易以元和十年貶江州，又登科記考一八、軻十三年登進士第，則此書是十二年春作，而僧孺（即牛二）猶是監察，使制爲六年四月前居易所行，豈非僧孺得監察七年未遷耶。僧孺三年登科，依舊宗閔傳滯諸侯府七年，則其入取爲御史，約在十或十一年，故十二年初猶官監察也。得此一證，益知制爲僞作無疑。

竇易直給事中制（集三八）

制云，「前御史中丞竇易直，……前因病免，今以才遷，……可給事中，」按舊書一六七易直傳，「元和六年，遷御史中丞，……八年，改給事中，九月，出爲陝、虢都防禦觀察使，」則此除是八年事。又本傳不言中間病免。

孟簡賜紫金魚袋制（集三八）

制云，「常州刺史孟簡，……曾未再稔，績立風行，……宜賜紫金魚袋。」

按舊紀一四、元和六年正月，勅諫議大夫孟簡等譯經，同年八月辛巳，以常州刺史崔芃爲洪州刺史江西觀察使，又舊書一六三稱八年簡自常刺徵拜給事中，是簡蓋代芃而任者，非六年四月前事甚明。

盧元輔杭州刺史制（集三八）

制云，「河南縣令盧元輔，……嘗守商都，……可杭州刺史。」按文粹六六胥山銘，元和十年冬十月，朝散大夫使持節杭州諸軍事杭州刺史上柱國盧元輔視事三載，勞氏雜識七、杭州刺史考据此以爲元輔八年任。咸淳臨安志四五古今郡守表於唐德宗下書云，「盧元輔，自河南縣令除杭州刺史，白集有制詞，」以元輔爲德宗時任，又信白集制詞之眞，此皆未嘗於年代上加以考察之疎誤也。德宗時居易尙未達，安得草制。

第六類

更有比證史記，並無其事，可逕斷爲僞作者，得如左二首。

除蕭俛起居舍人制（集三七）

制云，「左補闕翰林學士蕭俛，……記事之官，一時淸選，俾膺是命，以弘勸奬」。按重修學士壁記，「蕭俛、元和六年四月十二日，自右補闕充，七年八月五日，加司封員外郎，九年十一月二十四日，加駕部郎中；」又舊書一七二本傳，「遷右補闕，元和六年，召充翰林學士，七年，轉司封員外郎，九年，改駕部郎中知制誥；」兩書之官歷全同，在補闕與封外間，並無改起居舍人一事。況起居、員外同爲從六品上，俛未必有此改官；縱謂有之，亦在居易退出翰林之後矣。復次舊紀一四、元和六年正月下稱右補闕蕭俛，與壁記、舊傳同，制獨作左，可爲僞撰之旁證。

除某官王某魏博節度使制（集三八）

制云，「況河上列城，鄴中雄鎭，初喪良帥，……某官王某，……可魏博等州節度觀察使，」按舊紀一五、元和七年八月，魏博節度田季安卒，十月卽以田興繼任，通元和一朝，並無王某任魏博之事，其僞也無疑。（田興又有除制，見上七年十月。）

合六類言之，第一類，信白氏作品也。第二、第三兩類，其中雖有可疑，然未獲強證，吾人不能斷爲非白氏作品也。第四至第六類則異是，其必非白氏所作，證據纍纍，無可以爲解也，屬此者凡四十八首。（約四分一）

唐人奪情，事不少見，余初讀白集，稍生是疑，然集中退居渭村之詩文，歷歷可數，證諸重修學士壁記，尤決其不然。

唐代文集經宋人編刊，往往誤收他家文字，如柳柳州別集等，（參拙著唐集質疑」所在多見，白氏之批答李夷簡，全文乃收常袞，（說見前）其一例也。又如文苑英華文下往往題「前人」，因而致訛者復不少；余亦嘗涉想，以爲白集或雜收他一家或多家文字。然苟制中事實符乎史籍，以是爲解，尙猶可說，今顧有直與史籍相戾者，是斷非將他家眞制誥誤編白集中矣。且何以事在白氏服官翰林期內者，其人之具官、除官，往往完全，事在白氏丁憂退居期內者，具官、除官，往往漏略，寧獨白氏之制詞獨詳，而他家之制詞獨略歟？故謂此非他家之眞制詔，亦無庸疑。

或者曰，子何不觀乎東本之總目，其第三十七、三十八兩卷不嘗有「擬制附」三字注其下乎，又不觀乎馬本卷五四之卷首，非亦注「擬制附」三字乎，龍筋鳳髓判，張鷟之擬判也，白亦有之，策林、白氏之擬策也，劉禹錫有擬太子太保、太子太傅等制，劉氏之擬制也，（見全文五九九，叢刊本未收，參拙著讀全唐文札記。）白有擬制，子復何疑。

余於此又嘗再三考慮，然終知其不可同日語也。張之判設爲假名，白之判祇曰甲乙，判猶如是，而謂王言綸綍，可任取當代人物實其中乎。夫一制之遷貶也，命出主上，草自翰林，受者僚友，擬之而善，無所討好，擬之而不善，則上得罪於君，下得罪於友，禹錫之擬制，全是空空洞洞，並無主名，以白之明，豈肯出此。況白丁母憂，方罹重謗，今僞制中竟有元和六年五月、七月之事，喪方在堂，尤未必抱此閒心，以速外毀。且白賦性爽直樸實，故其文章中常自道年歲及俸祿之數，顧僞制中所書官歷，往往與史籍——卽實事——不符，是非徒開罪於君友，抑更亂天下後世之耳目，處己尙不僞，而於人僞之，白氏行事，豈如是其顢頇者。

唐之散官、勳、爵、賜，至複雜之官制也，白氏居翰林幾三載有半，當深知之，今僞制於斯數者率避而不書，若除韋貫之平章事制，於最顯淺之「守」字，尙未識用，白斷不如是拙也。

抑今白集中奉敕試制詔自爲一卷，（東本三〇、馬本四七。）此當是本來面目，然亦見元氏編定時大有分寸，凡以異於眞行制詔也。敕試者猶勿相混，而謂私擬者竟予攙雜乎。且某制爲「擬」，何卷內竟無一注也。

由前之論，余敢謂此等制必非白作，且非熟諳朝故者作。元氏長慶集二二酬樂天餘思不盡詩、有「白樸流傳用轉新」句，自注云：

「樂天於翰林、中書取書詔批答詞等，撰爲程式，禁中號曰白樸，每有新入學士，求訪寶重，過於六典也。」

曰程式，則必其詞空洞，如東本三七之除郎官分牧諸州制、邊鎭節度使起復制、除常侍制，三八之除某節度留後起復制，可也，當必無實其人、繆其事、以自取罪尤者。矧前文第四、五類所摘出，又皆在白出翰林後，與元氏所記不符歟。

元稹爲白氏集序，謂「其甚者有至於盜竊名姓，苟求是售，」則知白氏生時，冒爲其詩文者已屢見，顧由僞制觀之，其意恐尙非盜名求售而止者。前人屢稱白與牛僧孺爲師生而身不陷牛、李之黨，今除僧孺監察御史制逕謂，「頃對策於庭，其言甚直，累從吏職，頗謂滯淹，訪諸時論，宜當朝選，」大似替牛黨爭氣，用意與崖州三絕同，則必牛黨之餘孽所爲也。

僞制中之李絳等四相制，引見陳撰年譜，韓愈比部郎中制引見洪興祖韓子年譜，劉伯芻虢州刺史制引見昌黎集注，盧元輔杭州刺史制引見咸淳臨安志，是此等僞文之混入吳、蜀兩刻，北宋已然。余由是推定白集之誤收僞文，最遲不過李、楊擬補時代，其影響白集者尙小，影響史實者滋大，故亟辨之。

民二十八年十一月下旬，草成於昆明龍泉鎭。

范傳正以元和七年八月方罷蘇州刺史（見五四二頁）則張正甫之除蘇州（見五一八頁）最早不能過此時，是正甫制爲僞文之強證。三十六年一月十五日校淪稿後附記。

出自第九本(一九四七年九月)

白集醉吟先生墓誌銘存疑

岑仲勉

全文六七九載白居易醉吟先生墓誌銘并序一首，東本未收，馬本七一有之，余於論白集源流時，嘗疑其僞，以文中多疑誤之點也。金石錄三〇唐醉吟先生傳并墓碑跋：

「舊唐史云，居易以大中元年卒，年七十五，而新史云，卒於會昌六年，年六（按七之訛）十五，今碑所書，與新史合」。

亦似未見此文者。茲依誌順次論之：

（1）王父諱鍠，……先大父諱季庚　此以先大父稱其考也。考居易所撰諸碑誌如（均據全文）

「綿州昌明令珍玉，大父也，雅州別駕贈禮部尙書震，考也」。（李建碑。東本二四作珍王，殆誤）。

「監察御史諱預，王父也，常州江陰令育，皇考也」。（崔羣碑）。

「王父府君諱守一，……先考府君諱晤」。（李紳家廟碑）。

「台州臨海令諱鵰，卽公之大父也，袁州司馬諱孝績，卽公皇考也」。（張擇碑。「之大父」、馬本四一作王大父東本二四作王父。又皇、馬本王）。

「父諱無擇，和州刺史，祖諱孝績，袁州司馬」。（張誠碑。誠、全文作諴，注云，「一作誠」；余按全文張擇碑亦作子諴，唯馬本四一兩文俱作誠）。

「王父諱某，衢州刺史，王考諱某，祕書郞，贈鄭州刺史」。（鄭眆碑，據舊書一三七雲逵傳知之。王考、東本二五作皇考）。

「王父諱大璡，爲嘉州司馬，父諱昪」。（王恕誌，據舊書一六四王播傳知之。東本二五奪父字，又昪作昇，新表七二中大璡兩子俱名昪，不合，殆作杲爲是)。

「王父諱鍠，……先府君諱季庚」。(白幼美誌。東本二五馬本四二作季庚誤)。

「祖鄰幾，賜汝州刺史，考愉」。(皇甫鏞誌。賜、東本六一作贈)。

「……公之王父也，贈尙書右僕射諱抗，公之皇考也」。(張仲方誌)。

「祖諱侏，南頓縣丞，贈兵部員外郎，考諱寬，比部郎中、舒王府長史」。(元稹誌。比、東本六一訛北。馬本七〇員外下無郎字)。

「祖光迪，贈贊善大夫，考抗」。(崔玄亮誌。抗與新表七二下合，唯馬本七〇從木作杭)。

「祖諱志善，尙衣奉御，父諱鏻，揚州錄事參軍」。(白季康誌。依白鍠事狀及他誌，前文之曾祖乃高祖之誤，此之祖，曾祖之奪，又奪王父諱溫檢校都官郎中一節，東本六一亦訛高爲曾，祖上奪曾字，尙衣訛尙醫，六局奉御無尙醫也；又作王父諱鏻，則王父下約奪「諱溫檢校都官郎中父」數字。馬本官七〇亦訛尙醫，餘同全文)。

「祖某某官，父某某官」。(韋賢妃誌)。

「王父諱嚌，朝散大夫、易州司馬，父諱濟」。(元君夫人鄭氏誌)。

「祖諱承，工部尙書、湖南觀察使，考諱藩」。(裴君夫人李氏誌。馬本六八湖誤河)。

「祖諱志善，朝散大夫、尙衣奉御，父諱溫」。(白鍠事狀)。

凡此碑、誌、狀等十七例，曾無用大父爲考之代稱者，就中李建碑之大父，且用以稱祖也。

(2)朝奉大夫　唐文散官無此稱，依白季庚事狀，應作朝散大夫。

(3)先大父夫人陳氏　按此與(1)條同。

(4)兄幼文，皇浮梁縣主簿，弟行簡，皇尙書膳部郎中。碑誌書例，通常於其先世仕不一朝者，則入本朝時加皇字別之，亦有統加皇字者，今上文敍高、曾、祖、父四代歷官，均未用皇字，此忽加入，何也。

(5)三姪，長曰味道，廬州巢縣丞，次曰景回，淄州司兵參軍，次曰晦之，舉

進士　盧、廬誤。新表祇有景受、咮道，商隱作碑於大中三年，稱子景受，豈卽晦之耶。景回必非景受，因參軍階位尉上，而景受則大中三年始自尉改官也。

(6)樂天無子，以姪孫阿新爲之後。此與舊書本傳「以其姪孫嗣」合，而與商隱所爲碑及新表不符，阿新之名，他無所見。

(7)終以少傅致仕　唐制、致仕者往往別除一虛官，故東本六九寫眞詩序稱，「會昌二年，罷太子少傅」，同集七一有刑部尙書致仕詩，而墓碑亦題刑部尙書致仕也。（舊本傳同）。

(8)大歷六年正月二十日，生於鄭州新鄭縣東郭宅。白詩好紀年歲，容齋五筆八曾一一撮出，無煩贅擧，循而求之，應生大曆七年壬子。下文云，「春秋七十有五」，如由大歷六年辛未計至會昌六年丙寅，數豈合耶。

(9)以某年月日葬於華州下邽縣臨津里北原，祔侍御、僕射二先塋也。按白鍠事狀，「遷葬於下邽縣北義津鄉北原而合祔焉」，又白季庚事狀，「嗣子居易等遷祔於下邽縣義津鄉北原，從鞏縣府君宅兆而合祔焉」，均稱義津鄉，此作臨津里異。遺命歸葬，似與祭弟文、「下邽北村爾塋之東、是吾他日歸全之位」、（全文六八一）相合，顧舊書本傳又言，「遺命不歸下邽，可葬於香山如滿師塔之側」也。

(10)又著事類集要三十部，合一千一百三十門，時人目爲白氏六帖行於世。按前人稱此書爲白氏著者，賓暇集最早，似是唐末撰述。（余別有說）。但商隱所爲碑並不載，倘眞白著，應是早年之作，旣特書於誌，則亦非視若等閑，顧何以集中絕無一言，而與白膠漆如元稹者曾弗之及也。白撰策林四卷，猶爲之序，何三十卷者竟不置辭耶。長慶集序有言，「其甚者有至於盜竊名姓，苟求自售，雜亂閒厠，無可奈何」。此餖飣之册，安知非假名求售所爲歟。

尙有一事，如季庚身後之榮，誌曰「累贈刑部尙書、右僕射」，碑則云「贈太保」，然今所傳碑多舛誤，未足爲信徵也。

前擧十事，其中許有鈔刻之訛，余所側重者在六至十之五條，率不能以傳寫藉口，謂斯編只應錄存於外集耳。

繼檢寶刻叢編四洛陽縣下引復齋碑錄云：

「唐醉吟先生白公畫北巖石碣,樂天自著墓碣也,白敏中書,會昌六年十一立月」。

似與上舉墓誌銘相影響,但誌言葬下邽,此在洛陽,並不同地。即謂原草如是,敏中代書,必不仍舊,且碣樹墓上,誌藏穴中,吾有以知此誌非錄自石本也。誌載遺命,旣謂

「無建神道碑,但於墓前立一石,刻吾醉吟先生傳一本可矣」,

今傳絕不載歷官,足見白素性怡曠,已視身外之榮如無物,今傳之不已,復有碣,碣之不已復有誌,則彌留之間,猶滋矛盾,奚得如誌銘所云「吾安往而不可」乎。

兩京新記卷三殘卷復原

岑仲勉

此書爲唐韋述撰，已見阮元、伍崇曜兩跋。宋敏求修長安志，其京城諸章，多本韋記，猶可覆按；兩書參讀，則不特此記之錯謬，可以芟除，而宋志之傳訛，亦得是正。爾來頗攻隋、唐間史，不辭鄙拙，斟其概略，久淪三島之斯文，重復唐家面目，不禁喜從中來也。抗戰三年十一月朔，順德岑仲勉識。

稿創於長沙，案頭祇得粤雅本及畢校長安志，功甫半而輟。今改以商務影佚存叢書本爲底本，合粤雅堂叢書本、（後省稱粤本）。正覺樓叢書本、（後省稱覺本）黃氏活字翻本（後省稱黃本）總校之，而參以談本太平廣記、畢校長安志、徐松唐兩京城坊考等。（徐書西京部分多採宋志，然與畢本多異同，殆非據畢本者）。其有書體偶異，或正俗通用，如竝並、見現、隣鄰、飢饑、媿愧、麄麤、冲沖、靈靄、辭辤、醫毉、駈驅、已以、瘉愈、班頒、勑勅、大太、（大學、太學）彫雕、舘館、灑洒、撿檢、蘓蘇、疋匹、駞駝、盇蓋、却卻、帀匝、諸字，均不校入。原夫三本皆祖佚存，惟其中校改參錯，互有同異。大抵覺本最近於原本，故除與他兩本同正訛七字，乙到文一，又與粤本同正訛一字，與黃本同正訛一字而外，獨正訛者只一字，無多是正。黃本名雖翻刊，輒多臆改，乃三本中之較次者，計獨正訛三字，乙到文一，又與粤本同正訛一字。粤本舛淆頗見，要有獨得之處，其異乎前兩本者，計鉤正錯簡文二節，正訛字十一，補奪文、衍重文各一，凡此前人成績，均於原文之旁，用△記之。余今所整理，則有

鉤正錯簡	五大段。
鉤正錯文	一字。
補入佚文	一段。（百三十五字）。

指出缺佚 三處。

補入奪文 四十九字。

補入泐文 六十二字。

擬補泐文 九字。

是正訛文 五十七字。

改正後世諱文 一字。

乙正到文 五處。

衍去羡文 二字。

衍去空格 二字。

舉出疑文 二十字。

今餘泐□未補者八而已，凡此皆於原文之旁，用◎記之。

原書以坊、署、宅、寺、祠、觀等爲綱，文頂格；說明低一格；每街各坊總數低兩格。今附校語，不便多別，故改以說明逕接本節之末，唯中用一「○」隔之；其坊總數亦改爲頂格，而於校注說明之。

舊書經籍志本自開元間毋煚書錄，故韋書未入錄，其可考者唯舊書一○二述本傳云，「所撰唐職儀三十卷，高宗實錄三十卷，御史臺記十卷，兩京新記五卷，凡著書二百餘卷，皆行於代」。然宋人書目，前而崇文總目，後而晁、陳二書，均未見收，有之者唯新書藝文志，則在北宋早爲罕傳本矣。述成此書，足立喜六長安史蹟考系諸開元，（西七一三——七四一，譯本九六頁）。今觀此卷布政坊下明覺尼寺條書開元七年，（原訛開皇，經余校正）。延福坊下猶稱郯王，再參金石錄尹尊師碑，則其成書又可約定爲開元八至十二年期內（西七二○——七二四）據舊書述傳「開元五年，爲櫟陽尉，祕書監馬懷素受詔編入圖書，乃奏用左散騎常侍元行沖、左庶子齊澣、祕書少監王珣、衛尉少卿吳兢并述等二十六人，同於祕閣詳錄四部書，懷素尋卒，行沖代掌其事，五年而成」，又舊紀八、開元六年，「秋七月己未，祕書監馬懷素卒」，其時、其事，正與此書布政坊下稱散騎常侍元行沖相符。至五卷內容。以此殘卷敍至長安城西諸坊止推之，其殆前三卷記西京，後二卷記東京歟。

東本傳自何時，天瀑跋未之及，觀其卷內諱懷貞坊爲懷眞，應是北宋仁宗後傳本。又長安志只缺朱雀街西之北兩坊，此卷則并缺次南之豐樂、安業兩坊，崇業坊亦不全，殘缺比敏求見本爲尤甚，殆南宋之鈔本歟。抗戰第三年除舊布新之前夕，校文寫畢，因念原卷次序，或前後互錯，或同節而離析爲二，幾不可循讀，今經鈎補，已非復昔之陵躐無序，故命名曰復原云。仲勉再識。

兩京新記卷第三。

第三、覺本訛第一。

唐韋述撰。

原列第二行下方。其第三行低一格起「（卷首殘闕）京城之壯觀……」云云，今考定此之前尚有錯簡文在後，說詳下條。

成當往，及經畢，開元四年，八十一卒，給事中裴子餘爲其碑文，左衛長史郭謙光八分書之。

覺本誤復中字。

按此段前文闕，今誤附於朱雀街西第四街懷遠坊後。考金石錄、「第九百四十六唐元元觀尹尊師碑，（裴子餘撰，郭謙光八分書，開元八年四月）」，同書二六跋云，「右唐尹尊師碑，郭謙光八分書，謙光八分初不見稱於唐人，獨歐陽公盛稱之，以謂不減韓、蔡、史、李四家，余因訪求久之，得崔敬嗣及此碑著錄焉」，寶刻類編二則著錄爲「元都觀主尹尊師碑」。（唯訛裴子餘爲張子餘，按新表七一上、南來吳裴氏，守眞子子餘，給事中，舊書一八八、新書一二九均有傳）。復考記文此下爲永達坊，依長安志九、永達坊之北爲崇業坊，內有元都觀，云，「隋開皇二年，自長安故城徙通道觀於此，改名元都觀」，此元都觀本作玄都觀，（據舊書一六〇及叢編七，元字後人諱改）。至劉禹錫時，尚仍而未改，可知今本金石錄作元元訛。又碑之尹尊師，盧文弨校云，「案尹尊師名文操」，大誤。考尹文操尊師碑題大唐故宗聖觀主，所主觀不同，一也。文爲員半千撰，撰人不同，二也。文操卒垂拱四年，此尹尊師卒開元四年，時代不同，三也。綜上考證，可斷記之殘文，係記崇業坊中玄都觀事。

宋敏求志長安坊里，譜自韋記，世之所知，顧長安志首朱雀街東第一街，以次至第五街，又朱雀街西第一街，以次至第五街，則韋記次序，亦當如是。今殘卷既敍至朱雀街西第四街之懷遠坊，乃忽接入朱雀街西第一街之崇業坊，其爲錯簡無疑也。茲將第十頁起至第十二頁（黃本頁數同，粵本十一至十三頁，覺本十二至十四頁。）之錯簡一大段，先行移正，乃加校勘。

朱雀街西第一街計共九坊，長安縣志（嘉慶十九年）三、唐城圖，自北起、第一坊名缺，以次爲敦化、豐樂、安業、崇業、永達、道德、光行、延祚八坊；咸寧縣志(嘉慶二十四年)三、唐京城總圖始訂正敦化屬朱雀街第五街，故第一、二兩坊名俱缺，餘與長安縣志同；唐兩京城坊考(嘉慶十五年自序)則疑此兩坊名爲光祿、殖業。由是約推，知韋記卷三殆從朱雀街西第一街說起，今所缺佚者爲第一、第二及豐樂、安業、崇業五坊，故天瀑跋謂首闕數紙矣。

次南曰永遠坊。次南曰道德坊。〇隋有澄虛觀，武德中廢。

永遠、長安志九作永達，所引輦下歲時記、及城坊考四引玉泉子、舊書王播傳、宋張禮遊城南記均同，遠字訛。

虛長安志作靈，但城坊考亦作虛。

次南曰光行坊。次南曰延祚坊。〇坊南街抵京城之南。

光、粵本訛先。

以下文安樂、大安、昭行三坊之文例之，京城之南下當補面字，長安志延祚坊下亦作「坊南街抵京城之南面」也。

右朱雀街西九坊。

原文此行低兩格。長安志西下多第一街三字。

朱雀街西第二街，此當皇城南面之含光門街西。從此第一曰太平坊，西南隅溫國寺。〇景龍九年，煬帝爲溫主立，寺內淨土院爲京城之最妙。

長安志云，「朱雀街西第二街，北當皇城南面之含光門街南，從北第一太平坊」，記文兩此字均北訛。

粵本泐曰字。

景龍無九年，唐亦無煬帝，長安志云，「景龍元年，殤帝爲温王改温國寺」，

九是元，煬是殤，主是王訛；唯粵本正主作王。

西門之北定水寺。〇隋開皇十年，荆州總管上明公楊紀爲禪師慧能所立。

曰荆州總管者稱紀之終官，非開皇十年時紀官此，參拙著隋書郡守表七七頁。

東南隅舒王□名宅。〇今爲戶部尚書尹思貞居之。

舒王下爲元字，高祖子，舊書六四、新書七九均有傳，長安志亦曰元名。

思貞、舊書一〇〇、新書一二八有傳，其官戶尚約開元初，卒開元四年，長安志訛唐思貞，城坊考不訛。

次南曰通義坊，西南隅興聖尼寺。〇高祖潛龍舊宅，武德元年以爲通義宮。六年，高祖臨幸，大宴羣臣，引見隣里父老，班賜有差。貞觀元年立爲寺。高祖寢堂今見在，景雲二年。寢堂前枯柿樹忽更生，枝條鬱茂如故，有勅封植焉。

今字書無寢字，各本均作寝，下同。

次南曰興化坊，西南隅空觀寺。〇隋開皇七年，右衞大將軍駙馬都尉洵陽公元孝矩捨宅立。

隋書五〇元孝矩傳，「及高祖爲丞相，拜少冢宰，進位杜國，賜爵洵陽郡公」，與記之名、爵均符，但傳祇言立其女爲太子妃，未言尚主。長安志及城坊考均作孝恭，恐誤。

西門之北、今邠王守禮宅。〇宅南隔街有邠王府。

宅南、粵本訛西，於方向不合，長安志亦作南。

次南崇曰德坊，西南隅崇聖寺。〇隋仁壽元年，秦孝王俊捨宅所立。

崇曰二字倒，各本均乙正。

隋書一、開皇二十年，「六月丁丑，秦王俊薨」。同書四五俊本傳同，仁壽元年俊已卒，是非其生前捨宅也，長安志無仁壽元年字。

東北隅、證果尼寺。〇隋開皇二年立。

次南曰懷眞坊，西南隅、御史大夫樂思晦宅。次南曰宣義坊。次南曰豐安坊。次南曰昌明坊。次南曰安樂坊。○坊南街抵京城之南面。

懷眞，長安志九、城坊考四及長安、咸寧兩縣志圖均作懷貞，城坊考引蘇頲唐璿碑及許棠詩亦同，此作懷眞，當宋人諱改，然由是可見此殘卷本自宋鈔，非唐代鈔本也。（惟長安縣志一二又作懷眞）

思晦，舊紀六、舊書八一、新紀四、新表六一及元和姓纂均同，粵本忍晦訛。據史、思晦終鸞臺侍郎，其父彥暐乃終御史大夫，記疑誤。

右朱雀街西第二街九坊。

原文此行低兩格。

朱雀街西之第三街，卽皇城西之第一街。○南出安化門，北出芳林門入苑。

苑者禁苑也。

街西從北第一曰循德坊，西北隅興福寺。○本左領軍大將軍彭國公王君廓宅，貞觀八年，太宗爲穆皇后竇氏追福立，制度華麗焉。武太后移住東都，至坊北隅，牛住不行，牽□益重，其尼拜咒便動，至都，置於天堂供養，後天堂災，因是燼滅。

曰字粵本泐。

長安志一○、城坊考四均作修德坊，城坊考引西門大夫墓誌、內寺伯袁公夫人王氏墓誌亦同，蓋唐人寫循、脩兩字，幾於無別，故此訛修爲循也。

穆、長安志作太穆；考會要三、「高祖皇后竇氏，武德元年六月二十二日追謚穆皇后，貞觀九年五月九日，追尊太穆神皇后」，蓋八年高祖尙生，就當日言之，猶未稱太穆也。

牛住上黃本多一「有」字。

燼滅之下，應注「中闕」，說詳下條。

卷首殘闕京城之壯觀。寺內有碑，面文賀蘭敏之寫金剛經，陰文寺僧懷仁集王羲之書，寫太宗聖教序及高宗述聖記爲時所重。

按慈恩法師傳七，「時弘福寺寺主圓定及京城僧等請鐫二序文於金石，藏之寺宇，帝可之，後寺僧懷仁等乃鳩集晉右軍將軍王羲之書，勒於碑石焉」，又長安志一○皇城西第一街街西從北第一修德坊下云，「西北隅興福寺。…

…貞觀八年，太宗爲太穆皇后追福立爲弘福寺，神龍中改爲興福寺」，是此條爲興福寺殘文。又宋志修德坊，次南輔興坊，今記下文緊接「次東曰輔興坊」句，是此條爲修德坊下興福寺殘文也。前條已說興福寺，此亦說興福寺，而文氣不接，中當有闕，故前「因是爐滅」句下應注「中闕」兩字，而以此段殘文上接於末也。長安志記興福寺云，「寺北有果園，復有萬花池二所」，又廣記四五七引宣室志云，「長安興福寺有十光佛院，其院宇極壯麗，云是隋所制」，殘文所謂京城之壯觀，不知是指此否。今既知此段之前，別有錯簡，則「卷首殘闕」（首、粵本訛有。）四字，不復適用於此處，應前移於「……成當往」句之上。

金剛、粵本訛金明。

畢校長安志云，「按今懷仁書聖教序記碑後並無賀蘭敏之金剛經」；余按寶刻類編二武敏之下著錄「金剛經、麟德二年、京兆」一種，舊書一八三外戚武氏傳，「乾封年惟良與弟淄州刺史懷運以岳牧例集於泰山之下，時韓國夫人女賀蘭氏在宮中，頗承恩寵，……則天密令人以毒藥貯賀蘭氏食中，賀蘭氏食之暴卒，歸罪於惟良、懷運，乃誅之，……乃以韓國夫人之子敏之爲士彠嗣，改姓武氏」，則武敏之即賀蘭敏之，類編同卷內重出賀蘭敏之，武敏之兩人，非也。復次舊紀五、乾封元年八月，「丁未，殺司衞少卿武惟良、淄州刺史武懷運」、（新紀三同，唯惟良稱始州刺史）。惟良等旣誅而後敏之入繼，改姓武氏，麟德時敏之安得預行改姓，是類編所著麟德二年，頗有疑問。敏之書經，不見於歐、趙二錄及寶刻叢編，未詳本据，惟趙錄四、「第七百二唐金剛經，正書，無姓名，咸亨四年七月」，盧校云，「案金石文字記作王知敬正書，咸亨三年四月」，（金石記月上字缺）。然趙旣云無姓名，則未必卽指顧所記之少林寺刻；一在京兆，一在嵩少，趙未說碑所在地，又焉知趙所藏必屬王知敬本乎。抑叢編八萬年縣、「唐金剛般若經碑，咸亨四年，（京兆金石錄）」年分同趙錄，尤徵趙錄之碑，殆在京兆；且類編王知敬不著金剛經，王本宋人似未之見也。至京兆金石錄與趙錄之金剛經，卽敏之書本否，仍難斷定。

次東曰輔興坊，東南隅金仙女官觀。〇景雲二年，睿宗第八女西城公主及第九女昌宗公主竝出家，爲立二觀，改西城爲金仙，昌宗爲玉眞，乃以公主湯沐邑爲二觀之□，制度造爲京城之華麗□。

次字粵本削去。

東字誤，長安志一〇作次南輔興坊，蓋每街之坊，均是自北而南，以次敍下，若作次東，則闌入朱雀街西之第二街矣。

官、粵本訛宮，女道士他書及石刻率稱女冠，（如叢編七引京兆金石錄、唐三洞觀女冠劉芬提墓誌），長安志一〇亦然，唯通鑑常作官，新唐書間見之。（說詳拙著通鑑比事摘誤）。

長安志一〇昌宗作昌隆，余按玄宗名隆基，故韋記諱改爲昌崇，此作昌宗訛，清儒所釋，說均不諦，余別辨之，參看通鑑比事摘誤。

西南隅玉眞女官觀。〇本工部尙書莘國公竇誕宅，武太后時以其地爲崇先府，景雲二年，爲玉眞公主立爲觀，事源物制，與金仙同。此二觀南街東當皇城之安福門，西出京城之開遠門，車馬往來，實爲繁會，而二觀門樓綺榭，聳對通衢，西土夷夏自遠而至者，入城遙望，窅若天中。

女官、粵本訛女宮，長安志亦作女冠。

長安志一〇莘國公竇誕作畢國公竇瓌；按元和姓纂、瓌名希瓌，乃誕孫，舊紀九、天寶十三載十月卒，未聞其官工部尙書，若誕卒贈工尙，見舊書六一，且就武后時立言，亦以稱誕宅爲合理，長安志誤。

開遠、粵本訛閒遠，按長安志七、皇城西面二門，北曰安福門，外郭城西面三門，北曰開遠門，（參看唐兩京城坊考二開遠門。）閒字誤。

次南曰頒政坊，南門之東、龍興寺。〇貞觀五年太子承乾所立，西北隅本隋之慧雲寺，舊有佛殿，今見在，有鄭法輪之書跡。

次字粵本削去。

慧、長安志一〇作惠，慧、惠古常混寫。舊有、志作有舊是。志又云，「寺內有鄭法輪畫」，按本記下文亦稱大雲經寺有鄭法輪畫跡，此作書訛。

十字街東之北，建法尼寺。〇隋開皇三年坊人田通所立。隋文帝初移都，便出寺額一百枚於朝堂，下制云，有能修造，便任取之，通孤貧子然，唯有圜堵之室，乃發憤詣闕，請額而還，置於所居，柴門甕牖，上穿下漏，時陳臨賀王叔教母與隣居，又捨宅以足之，其寺□漸建也。

三年、粵本訛二年；按隋書一、開皇二年六月，創造新都，三年三月景辰，入新都，田通艱辛構造，寺之落成，謂在三年，斯爲近理，長安志亦作三年。便出、粵本訛使出。

一百、長安志作一百二十；按續高僧傳一九法藏傳，「大象二年五月二十五日，隋祖作相，……令遣藏共竟陵公檢校度僧百二十人」，曇獻傳亦有「百二十僧」語，度僧如此，方諸寺額，似亦百二十爲合也。

便任、黃本二字倒。

圜堵、黃本及長安志環堵。

叔教、長安志一〇作叔敖，與陳書二八符，教字訛。

又捨、粵本訛人捨。

長安志一〇云，「其寺方漸修建」，寺下空一格殆方字。

十字街北之東，澄空尼寺。〇本工部尚書段綸之祖廟，貞觀十七年，立爲眞空寺，武太后改爲澄空寺。

澄空、長安志均作證空。

段綸、長安志作段倫，非是，綸見元和姓纂。

西北隅、大崇福觀。〇本楊士宅，咸亨中爲太平公主立。有道士劉寶概者，京兆三原人，善講論，爲時所重，垂拱中卒，御史中丞李嗣眞臨弔哭，賦詩申意。

長安志一〇、「載初元年，改爲大業崇福觀」，業字疑衍，城坊考四亦無業字。志又言，開元十七年，爲昭成太后追福，改此觀爲昭成觀，今韋仍稱舊名，其書作於開元中已前也。

據長安志楊士下此奪達字，士達卽隋書四三之楊達，武后外祖也。

舊書一九一李嗣眞傳，「調露中爲始平令，風化大行，時章懷太子居春宮，嗣眞嘗於太清觀奏樂，謂道士劉槩輔儼曰，此曲何哀思不和之甚也，槩、儼曰，此太子所作寶慶樂也」。元龜八五七、新書九一同作劉槩，當卽此寶概，惟無寶字小異。

中烝誤，各本均正作中丞；同前嗣眞傳云，「永昌中，拜右御史中丞、知大夫事」。

次南曰布政坊，西門之南、法海寺。○本隋江陵總管淸水公賀秡華宅，開皇七年，爲□沙門法海捨宅奏立爲寺，因以法海爲名。咸亨元年，寺內有英禪師，□□見鬼，寺主沙門惠簡嘗日晚見二人，行不踐地，入英房中，惠簡怪而問之。英曰，向秦莊襄王遣人傳語，飢虛甚久，以師大慈，從師乞一飡，并從者三百許人，勿辭勞費也，吾已報云，後日晚食當來，專相候也。惠簡便以酒脯助之。至時，秦王果至，侍從甚衆，貴賤羅列，食甚急，謂英曰，弟子不食八十年矣。英問其故，答曰，吾生時未有佛法，地下見責功德，吾但以放赦矜恤應之，以福薄受罪未了，受此一飡，更□年矣。因指坐上人曰，此是白起，此是王翦，爲殺人多，受罪未了。又指一人云，是陳軫，爲多虛詐，亦受罪未了。英曰，王何不從索食，自受飢窘。答曰，慈心人少，且餘人又不相見，吾貴人又不可妄作禍祟，所以然也。因指酒脯曰，寺主將來耶，深有所媿。臨去，謂英曰，甚媿禪師，弟子有物在，卽這相償，城東通化門尖冢是弟子墓，俗人不知，妄云呂不韋冢。英曰，往遭赤眉發掘，何得更有物在。鬼曰，賊將麁物去，好者深，賊取不得，今見在。英曰，貧道出家，無用物處，必莫將來。言訖，揖謝而去。

江陵、覺本訛江南，隋無江南總管之稱。

淸水、長安志作淸海，城坊考仍作淸水；考隋有淸水縣，屬天水郡，海字誤。

賀秡、粵本及長安志作拔，按比干墓文碑陰、魏書官氏志及帝紀、又周書紀傳均從拔，秡是別字。

華、長安志作業，城坊考仍作華；華、葉字近，往往互訛，(參拙著姓纂四校記)。葉、業又同音也，其人無考。

七年、長安志及城坊考作九年；若然，則賀拔任江陵總管，或在劉仁恩出發伐陳之後，楊素未移荊州之前，(參拙著隋書牧守表七六頁)。

太平廣記三二八法門英禪師條(景談本)引兩京記，首云，「唐法海寺沙門英禪師具言每見鬼，……」則法門是沙門之訛。廣記引書，恆多改節，談本又舛誤不少，故茲不合校，第舉其較要者。空兩格可補言每字。

惠簡、廣記慧蘭。

三百、粵本改一百，廣記又作二百。

更□年矣，廣記云，「更四十年方便得食」，故空格可補册字。

王何不、粵本訛主何不。

祟、覺本訛崇。

酒脯、粵本奪酒字。

即遣相償，粵本校遣爲送，按此句廣記作「當相送」。粵校是也。

賊取不得，賊、黃本訛藏，則字屬上讀，廣記亦云「賊取不得」。

北門之東、濟法寺。〇隋開皇二年沙門法藏所立。

續高僧傳一九唐終南山紫蓋沙門釋法藏傳，「大定元年二月十三日，丞相龍飛，即改爲開皇之元焉。十五日，奉敕追前度者，置大興善寺，爲國行道，自此漸開，方流海內，豈非藏戒行貞明，禪心鬱茂，何能累入朱門，頻登御榻。爾後每有恩敕，別加慰勞，并敕王公，咸知朕意。開皇二年，內史舍人趙偉宣敕，月給茯苓、棗、杏、蘇油、柴炭，以爲恆料。……武候將軍索和業者，清信在懷，延至宅中，異禮奉養，積善所熏，遂捨所住，以爲佛寺。……其所住處可(?)爲濟法，今之隆政坊北門僧寺是也」。按長安志一〇、布政坊本名隆政，避明皇名改。索和業、長安志及城坊考作章和業。

十字街東之北、明覺尼寺。〇本隋御史大夫裴蘊宅，開皇中太保河間王弘立爲寺。開皇七年，鑄鐘未擊自鳴，散騎常侍元行沖以贊其事焉。

弘、粵本諱改宏。弘、隋書四三有傳，其拜太子太保在煬帝時，記舉終官也。開皇七年，按上文已著開皇中，此開皇必開元之訛，據舊書一〇二、開元七年，行沖正由大理卿轉左散騎常侍，行沖官終太子賓客，卒贈禮尙，今稱常侍，故知舉其見官也。又依此，知韋書成在此後。

自鳴、三本皆正作自鳴。

東北隅、右金吾衞，西南隅、胡祆祠。〇武德四年所立，西域胡天神，佛經所謂摩醯首羅也。

祆、覺本、黃本均作祆,從天是也,參長安志一〇。

胡天、應依前文及長安志作胡祆。

次南曰延壽坊,南門之西、懿德寺。〇隋開皇六年刑部尙書萬安公李圓通所立。神龍元年,中宗爲懿德太子追福,重加飾爲禪院。內有大石臼,重五百斤,隋末鄠縣人開法通自終南社來。法通少出家,初極怯劣,同侶輕之,乃發憤乞願壯健,晝夜不捨。後因晝寐樹下,口中涎沫,流出三升,其母驚遽呼覺。通曰,忽夢大人遺三馱薊,使通噉之,適噉一馱,便驚悟耳。自爾健壯特異,試舉大木石,不以爲困,此寺僧行戡本稱膂力,通遂繫其袈裟,舉堂柱以壓之,行戡望見驚異,盡力莫能取之,通乃徐舉柱以取,衆大駭。通力兼百人,時人咸伏,以爲神力。

中宗、粵本訛中室。

太平廣記九五法通條引西京記,所述故事相同,西兩字近,故訛也。葛洪、吳均之西京雜記,焉能說及唐事。唯玆不以廣記所引全文合校,理由詳前。

大石臼之臼,覺本訛曰,廣記訛白。

開雖是姓,但法通爲僧號,不應帶姓,廣記作「鄠縣沙門法通」,人開當沙門之訛。

社、粵本校扛;按廣記言,「自南莊致於此寺」,致卽扛之意,粵校是也。廣記南莊殆當作南山。

馱、粵本、覺本作馱,黃本作馱,據字書從大是,下同。

薊字誤,粵本校酥,黃本校筯,唯廣記作筋;詳其義則酥字不緊切,筯使爲贅文,噉馱筋而長力,合於舊社會之傳信,應從廣記。

伏、黃本及廣記均作服,伏、服古通用,見拙著隋書求是。

次南曰光德坊,東南隅、京兆府廨。〇後魏武光四年置,府內廨字竝隋開皇中制度,其後隨事改作。開元元年,孟溫禮爲京兆尹,奏以贓贖錢修理繕緝焉。

魏年號無武光;太武之始光,東魏之武平,雍州非其所有,相近者文成之興光、孝明之正光耳,疑正光誤。

元年字誤否待考,說見拙著元和姓纂四校記孟姓下。

賦、粵本訛臟，長安志作賦亦非，城坊考不誤。

西南隅、勝光寺。〇本隋幽州總管燕榮宅。寺西院有畫行僧及圖花，貞觀初中□令王定所寫，爲京城所重。

榮、長安志一〇訛營；燕榮有傳，見隋書七四，（城坊考不訛）。榮、營音近，（吾鄉榮、營同呼。）故舊籍中常誤寫。

畫、覺本訛書。

王定見城坊考引名畫記，所空格城坊考補作書字、誤，貞觀初無宰相王定其人也。新表七二中、京兆王氏有「定，字鎮卿，太子右庶子、集賢院學士」，乃開元時王敬從（參郎官考八）等之後一輩，時代亦不合。（載之集一四、唐故太子右庶子集賢院學士王公神道碑，卽定，卒興元初）。唯歷代名畫記九云，「王定，官至中散大夫、尙方令，貞觀初得名，筆迹甚快」，依此，則中與令之間，殆闕「散大夫尙方」五字，非止一字也。

十字街東之北、慈悲寺。〇武德元年高祖爲沙門曇獻所立。初、曇獻屬隋隋末飢饉，常以賑給貧乏爲事，故以慈悲爲名。

粵本作之東北，以全卷句法驗之，蓋誤倒也；長安志亦作東之北。

續高僧傳有兩曇獻；其一爲蒲州栢梯寺釋曇獻，見卷二五習禪六，傳云，「隨文御寓，重啓法筵，百二十僧，釋門創首，昌膺此選也，仍僧別度侍者一人，獻預其位，住大興善。……州司以靜林仁壽，已偃慈風，栢梯淨土，未霑甘露，遂屈知栢梯寺冠任。……以貞觀十五年正月徹疾」。其二見卷二九，附唐京師會昌寺釋德美傳下，云，「又京邑沙門曇獻者，亦以弘福之業，功格前賢，身令成範，衆所推揖，所造福業，隨處成焉，故光明寶閣，冠絕寰中，慈悲佛殿，時所驚異，人世密邇，故不廣焉」。德美是隋、唐間僧人，此曇獻亦當同例，今前曇獻知蒲州栢梯寺，後曇獻傳有慈悲佛殿語，正與記之慈悲寺映照，記之曇獻，當爲後曇獻無疑。

兩隋字，覺本、黃本皆照重，唯粵本衍去一字；隋字重則應以屬隋爲句，言曇獻是隋僧也，但武德爲唐之初元，獻自隋入唐，不言而喻，似無須贅筆，長安志亦作「屬隋末饑饉」，宋氏見本顯不重，應衍一字爲是。

次南曰延康坊，西南隅、西明寺 。〇本隋尚書令越國公楊素宅 ，大業中素子玄感誅後，沒官。武德初爲萬春公主宅，貞觀中賜濮恭王，恭王死後，官市立寺。寺內有楊素舊井，玄感被誅，家人以金投井 ，後人窺見 ，鉤汲無所獲，今寺衆謂之靈井，在僧廚院內。初、楊素用事隋朝，奢僭過度，制造珍異，資貨儲積。有美姬，本陳太子舍人徐德言妻，即陳主叔寶之妹，才色冠代，在陳封樂昌公主，初與德言夫妻情義甚厚。屬陳氏將亡，德言垂泣謂妻曰，今國破家亡 ，必不相保 ，以子才色，必入帝王貴人家，我若死，幸無相忘，若生，亦不可復相見矣，雖然，共爲一信。乃擘破一鏡，各收其半，德言曰，子若入貴人家，幸將此鏡合於正月望日市中貨之，若存，當冀志之，知生死耳。及陳滅，其妻果爲隋軍所沒，隋文以賜素，深爲素所寵嬖，爲營別院，恣其所欲。陳氏後令閽奴望日賫破鏡詣市，務令高價，果值德言，德言隨價便酬，引奴歸家，垂涕以告其故，并取己片鏡合之，及寄其妻題詩云，鏡與人俱去，鏡歸人不歸，無復姮娥影，空餘明月輝。陳氏得鏡見詩，悲愴流淚，因不能飲食，素怪其慘悴而問其故，具以事告，素愴然爲之改容，使召德言還其妻，并衣衾悉與之。陳氏臨行，素邀令作詩敍別，固辭不免，乃爲絕句曰，今日何遷次，新官對舊官，笑啼俱不敢，方驗作人難，時人哀陳氏之流落，而以素爲寬惠焉。

粤本删次字，非是。

長安志一〇西南隅西明寺下夾注云，「顯慶元年高宗爲存敬太子病愈所立，大中六年 ，改爲福壽寺」，其下繼以大書「本隋尚書令越國公楊素宅」一條，又夾注云，「大業中，素子元感謀反，誅後沒官，武德中爲萬春宮（公之訛）主宅，貞觀中以賜濮王泰，泰薨後，官市之立寺」，乃誤以夾注爲正文也。蓋「楊素宅」雖可自成一條，「本……楊素宅」則顯是附注之文，合觀本記 ，知「本隋尚書令」十一字亦應小寫爲夾注 ，接於「改爲福壽寺」之後，畢校失之，城坊考不誤。

玄感、粤本諱改元，下同。

制造、黃本作製。

德言事、廣記一六六引本事詩略同，蓋孟棨亦轉錄此記者。

在陳下，粵本衍一初字。

屬陳氏將亡，黃本改屬爲迨。

亦不可、黃本倒爲亦可不。

幸將此鏡合，合、粵本作佮；按前後所言皆是破鏡，非破鏡合，粵本可從，合、佮兩字甚近也。

冀志、黃本作留誌，又知生死耳、改爲可卜生死，不如原文。

陳滅兩字、黃本倒。

賫、覺本作齎。

垂涕、粵本改垂泣。

姮娥、粵本改嫦娥。

流淚，粵本、覺本均作流涕。

東南隅靜法寺。〇隋開皇十年、右武侯大將軍陳國公竇機立。西院中有木浮閣，機弟璡爲母成安公主立，高一百五十尺，皆伐機園梨木充用焉。

靜一作淨，見城坊考引名畫記。

右、長安志一〇作左。

侯誤，唯粵本正作候，長安志亦然，將軍無武侯之號。

長安志一〇三機字均作抗；按隋書三九，竇榮定妻，高祖姊安成長公主也，開皇六年榮定卒，贈陳國公，子抗嗣，及煬帝即位，坐漢王諒構逆除名，以其弟慶襲封陳公，慶弟璡。是開皇十年之陳公，爲竇抗無疑，此三機字均訛。至成安、安成，同是郡縣，然隋書一、開皇二年正月，「庚申，幸安成長公主第」，三年六月，「乙未，幸安成長公主第」，均作安成，似安成近是。

木、覺本訛水。木浮閣應依長安志作木浮圖。

尺、城坊考同，長安志訛丈，無此高也。

次南曰崇賢坊，十字街北之西、大覺寺。〇開皇三年文帝豎人周子祭所立，子祭家代方術，深爲隋主所重，其地本祭之佛堂也。

粵本削次字，非是；又乙北之西爲之西北，亦誤，說見前。

三年、長安志及城坊考均作二年，又子祭均作子臻。

西門之南、法明尼寺。〇開皇八年長安富商王道賓捨宅所立。

道賓、長安志道買，唯城坊考仍作道賓。

次南曰延福坊，西南隅、紀國寺。〇開皇六年獻皇后爲母紀國夫人崔氏所立也。

東南隅鄎王府。〇舊新都寺，寺廢，今爲鄎王府。

按舊書八、開元十三年三月甲午，「鄎王嗣直改名潭，徙封慶王」，又一〇七琮傳，「十三年改封慶王，仍改名潭」，（據沈本補「十」字）。此仍稱鄎王，是韋記成於十三年三月前也。

次南曰永安坊。次南曰敦義坊。次南曰大通坊。次南曰大安坊。〇坊南街抵京城之東面。

城、粵本訛師。

長安志一〇大安坊下注云，「坊南街抵京城之南面」，城坊考四同；按巳上所敍，乃皇城西第一街之十三坊，次第自北而南，謂最南之大安坊抵京城南面，方向正合，（可參看城坊考一西京外郭城圖。）此作東面訛。

右皇城西之十三坊。

此行原低兩格。長安志作「右皇城之西十三坊」，以卷末「右皇城西第三街之十三坊」句例之，西下當補「第一街」三字，城坊考四作「右城西第一街十三坊」是也。

朱雀街西之第四街，卽皇城第三街。街西從北第一曰安定坊，東南隅、千福寺。〇本章懷太子宅，咸亨四年捨宅立爲寺。

長安志一〇作「朱雀街西之第四街・卽皇城西之第一街」，按本記前文，「朱雀街西之第三街，卽皇城西之第一街」，又下文朱雀街西第五街，卽皇城西第三街」，長安志同，由此合推，是朱雀街西第四街卽皇城西第二街也，此作第三，志作第一，均訛。又皇城下應補「西」字，（參看下文）城坊考四云，「朱雀門西第四街，（卽皇城西之第二街）」，是也。

西南隅、福林寺。〇武德元年所立。

東北隅、五通觀。〇隋開皇八年爲道士焦子順所立；子順能驅使鬼神，受諸符錄，預告隋文受命之應，及卽位，授上開府、永安公、徐州刺史，固辭，常諮謀軍國，出臥內，帝恐其往還疲頓，令選近於此立觀，仍以五通爲名焉。

子順附見隋書七八來和傳，云，「及踐祚，以張賓爲華州刺史，子順爲開府」。

出臥內、粵本校爲「出入臥內」，近是。黃本改爲「每出臥」則非。

次南曰休祥坊，東北隅、崇福寺。〇本開府儀同三司觀國公揚恭仁宅，咸亨元年，以武皇后外氏故宅立。

揚、各本皆作楊。恭仁爲雄長子，武后母則雄弟達之女。

立下黃本多「之」字。

東南隅、萬善尼寺。〇周宣帝大象二年立，開皇二年，度周氏皇后嬪御已下千餘人爲尼以處之也。

大象、粵本訛天象。

二年，粵本及長安志、城坊考均作三年。

寺西昭成尼寺。〇先天二年，爲昭成皇后立爲昭成寺。

次南曰金城坊。〇本漢博望苑之地，初移都，劚以爲坊，百姓分地板築，土中見金，欲取便，以事上聞，隋文曰，此朕金城之化，因以金城爲坊名。

土、粵本訛王，又取訛使。

長安志敍此云，「本漢博望苑之地，初移都，百姓分地版築，土中見金，聚欲取便沒，隋文帝曰，此收金城之兆，因以金城爲坊名」，此記便字下蓋奪「沒」字，化爲兆訛，然志之收字（城坊考同）亦似當依記作朕。

北門有漢戾園。〇卽戾太子、史良娣墓，宣帝改葬於此，其地本曰亭。

末句有訛脫，寰宇記二五長安縣云，「漢戾園，漢戾太子、史良娣葬於此，其地本秦白亭，云地在金城坊，後省」，則曰應作白，城坊考亦訛曰亭。

劚東南、漢博望苑。〇漢武帝爲戾太子立，本□門外道之東也。

長安志云，「本在門外道之東」，（城坊考同）。門字何指，殊可疑；考其前思后園下注云，「本長安故城之杜門外大道東也」，寰宇記二五漢思后園下亦云，「在金城坊，卽故城杜門外大道東」，是此坊在漢故城杜門外，前人寫在字甚類於杜，志之「在」應正作「杜」，此記所空格當補杜字。杜門見水經注，亦曰利城門。

東南隅、開善尼寺。〇隋開皇中宮人陳宣華、蔡容華二人所立。

宣華二人，隋書三六均有傳。

西南隅、會昌寺。〇義寧元年，義師入關，太宗頓兵於此，武德元年，因立此寺。

寧、粵本諱改甯。

十字街之南東、樂善寺。〇開皇六年，尉遲迥孫大師爲其祖所立焉。

十字街之方向，係東西與南北交錯，此作南東固非，黃本乙爲東南亦誤，長安志作街南之東，則之南二字乙也。志又曰樂善尼寺，若然，則善下亦奪尼字。

大師、長安志作太師；按迥官太師，豈孫太師爲太師孫之誤倒歟。

次南曰醴泉坊。〇開皇初築此坊，忽聞金石之聲，因掘得甘泉七所，飲者疾瘉，因以名坊及寺焉。

西南隅三洞女官觀。〇隋開皇七年所立也。

官、粵本訛宮，長安志作冠，說見前。叢編七著錄三洞觀女冠劉芬提誌，引見前。

觀北妙勝尼寺。〇開皇三年周平原公主所立。

三年、長安志及城坊考均作二年。

十字街北之西、醴泉寺。〇初隋文此置醴泉監，以甘泉水供御，開皇十三年廢監立寺焉。

此置、黃本乙爲置此，考長安志云，「隋文帝於此置醴泉監」，「此」上殆奪於字也，黃本非。

十三年，長安志及城坊考均作十二。

十字街南之東、波斯胡寺。〇儀鳳二年，波斯王畢路斯奏請於此置波斯寺。

畢、長安志一〇作卑，舊書一九八、元龜九六四、新書二二一下均同，卑、畢往往涉似而訛。

西北隅祓祠。次南曰西市。〇隋曰利人市，南北盡兩坊之地，隸太府寺，市內店肆，如東市之制。市署前有大衣行，雜糅貨賣之所，記言反說，不可解識。市西北有溝池，以爲放生之所，池側有佛堂，皆沙門法成所造。市署前有市令載敏碑，蒲州司兵徐彥伯爲其父也。

祓、粵本改祓，均非，惟覺本作祆是，長安志亦作祆，此與前文布政坊胡祆祠同。

利人殆本名利民，韋爲唐諱改。

城坊考引沈既濟任氏傳，鄭子游入西市衣肆見任氏，謂卽此大衣行，是也，粵本太衣非。

反說蓋謂謎語，粵本訛友說；又市西北訛寺西北，前文未說寺也。

側、黃本訛則。

法成、粵本倒成法；桉宋高僧傳二六，「釋法成，本姓王，名守愼，官至監察御史。……長安中，於京兆西市疏鑿大坎，號曰海池焉，支分永安渠以注之，以爲放生之所，池上佛屋經樓，皆成所造」。

父、文訛；彥伯累轉蒲州司兵參軍，以文辭雅美稱，見舊書九四。

次南曰懷遠坊，東南隅、大雲經寺。〇開皇四年文帝爲沙門法經所立。

寺內有二浮閣，東西相值。〇隋文帝立，塔內有鄭法倫、田僧亮、揚契丹畫跡及巧工韓伯通素作佛像，故以三絕爲名。

閣、謂應依長安志作圖，亦猶前文延康坊木浮圖之訛木浮閣也。

倫、粵本改輪是，前文頒政坊下固作法輪，長安志亦云，「塔內有鄭法輪、田僧亮、楊契丹書（畫）跡」，唯歷代名畫記八，「昔田、楊與鄭法士同於京師光明寺畫小塔，……是稱三絕。……（光明寺後爲大雲寺，今長安懷遠里也）」，則以爲法士之畫，與此異。

揚、歷代名畫記八及長安志作楊。

素、粵本改傃，長安志作塑，均通，唯黃本改所作非。

十字街東之北、功德尼寺。〇隋開皇七年周宣帝女細要公主所立，武德中移於此。

七年、長安志及城坊考均作五年；又要、均作腰，要、腰古通。

廣記九二萬迴條引談賓錄及兩京記云，「……太平公主爲造宅於己宅之右，景雲中卒於此宅，臨終，大呼遣求本鄉河水，弟子徒侶覓無，萬迴曰，堂前是河水，衆於堦下掘井，忽河水湧出，飲竟而終，此坊井水，至今甘美」，（覓無、宋高僧傳一八作求覓無所。）未明言何坊。考長安志、太平公主宅凡三見；一在朱雀街東興道坊，二在朱雀街東第五街興寧坊，三在朱雀街西第四街醴泉坊，唯宋高僧傳一八萬迴傳云，「太平公主爲造宅於懷遠坊中，與主宅前後爾」，則萬迴宅在懷遠坊，與醴泉坊相近也。依此推之，韋記懷遠坊下應有萬迴宅一段記事，於今已佚，但廣記所引，是參合兩京新記及談賓錄之文，故不能據補闕佚矣。

次南曰（下闕）

黃本注曰，「下闕四行」，皆非也。依長安志一〇，此坊應是長壽坊，今其文全段在次南嘉會、永平二坊前，均誤錯於十六頁（黃本頁數同，粵本十七頁，覺本十九頁。）羣賢坊之下，茲先移正而後依次斠之。

長受坊，西南隅，長安縣廨。〇去府六里。

原文此有「次南曰羣賢坊東門之南直」十一字，文氣不貫，一看便知有誤，其實「長受坊西南隅長安縣廨」十字，係逕接於前條「次南曰」之下，各本均謂下闕，誤也　依長安志、長受乃長壽之訛，志於長壽坊下亦云，「西南隅長安縣廨，（去府六里）」。

南門之東、永泰寺。〇神龍中、中宗爲永泰公主追福所立。寺內東精舍有隋中大夫鄭法士畫釋迦滅度之變，左□廊有滕王庫眞李雅畫聖僧之跡也。

粵本泐永泰寺三字。

隋人諱忠，無中大夫，此當有誤；名畫記八，「入隋、授中散大夫」，按隋書二八祇有朝散大夫，正四品，中散當朝散訛。

名畫記八、「李雅爲滕王庫直」，按史亦有稱庫眞者。同書三「永泰寺殿及西廊，李雅畫聖僧」，□可補西字。

北門之東、大法寺。〇武德中、左光祿大夫□遠所立焉。

依長安志一〇，遠上所空是李字。

十字街西之北、崇義寺。〇武德二年、桂陽公主爲駙馬趙慈景所立焉。

次南曰嘉會坊，西南隅、裒義寺。○本隋大保吳武公尉遲剛宅。初剛兄迥置妙象寺於故都城中，移都後，剛捨宅復立於此，改名裒義寺，其殿堂□宇，竝故都舊寺之材木。

依長安志一○，長壽坊次南曰嘉會坊。裒、志作褒，二字通用，唯黄本前作褒，後作裒，則不一律。

大、粵本作太，字通。

其殿堂、黄本作故殿堂，非。

十字街西之北、靈安寺。○武德三年、高祖爲衛懷王玄霸所立。

玄、粵本諱改元。

次南曰永平坊，東門之北、宣化尼寺。○隋開皇五年，周昌樂公主及駙馬都尉尉遲安捨宅立。寺門金剛，上人雍法雅所制，頗有靈跡，有一尼常傾心供養。

依長安志一○，嘉會坊次南曰永平坊。尉遲安、志作王安，當誤；安爲剛嫡子，見周書二○。

東門之北、黄本漏北字。

門金剛、黄本作爲金剛，非，卽城坊考所謂寺門金剛也。

法雅、粵本訛法推。

制、黄本製。

自長壽坊至此，皆今本錯簡之文也。

依長安志一○，永平坊之再南爲通軌、歸義、昭行三坊，今其文又誤錯於十二頁（黄本頁數同，粵本十三頁，覺本十四頁）。循（修）德坊後，亦做前例、先移正乃校之。

次南曰通軌坊。次南曰歸義坊，全一坊隋蜀王秀宅。○隋文帝以京城南面闊遠，恐竟虛秏，乃使諸子竝於南郭立第，時秀有寵，封土殷富，起第最華，今周垣舊迹見在。秀死後□宮，今爲家令寺園。

粵本削次南曰通軌坊之次字，非是；又沕「竟虛秏乃使諸子竝」八字。

虛秏云者，隋文深信形家說也，黄本改虛廢、誤。

南郭、粵本誤南郊，此非郊也；又周垣訛周坦，黄本改周圍亦非。

宮字誤，依長安志及城坊考，□宮乃沒官之訛泐。

次南曰昭行坊。〇坊南街抵京城之南面。

右皇城西第二街之十一坊及西市。

此行原低兩格。

按前文「卽皇城第三街」，余斷爲「卽皇城西第二街」之訛奪，適與此處「右皇城西之第二街」相照應，錯簡之迹一也。前文已敍(1)安定，(2)休祥，(3)金城，(4)醴泉，(5)懷遠，又移正錯簡之(6)長壽，(7)嘉會，(8)永平，連此(9)通軌，(10)歸義，(11)昭行，共成十一坊之數，與總數第二街十一坊符，錯簡之迹二也。修德坊之前無西市，與總數所云「及西市」者不合，惟醴泉坊之次南爲西市，錯簡之迹三也。將此兩大段錯簡依次移正，今而後皇城西第二街之十一坊，不至如前顚錯失序矣。

長安志一〇亦云，「右皇城西第二街之十一坊及西市」，畢校云，「沅按實十二坊，疑字誤」，余數之確爲十一，殆畢氏誤連西市作坊計也。然文明云「及西市」，可見市在坊外，畢校殊疏。

朱雀街西第五街，卽皇城西第三街。街西從北第一曰脩眞坊。〇今坊之南門門扉，卽周之太廟門板也。

按說畢皇城西第二街之後，以次應及皇城西第三街，今殘卷此處尙相承而下。

脩、各本均正作修，長安志一〇亦作修。

門板、粵本奪門字。

坊內有漢靈臺。〇漢平帝元始四年所立望雲物之所，今餘趾高五尺，周廻一百二十步。

趾、黃本改址，長安志一〇作阯。

五尺、粵本訛六尺，長安志亦作五。

廻、粵本、覺本正作迴、黃本改作圍。

次南曰普寧坊。〇南街西出，通開遠門。

寧、粵本諱改甯。

開遠、長安志訛衢遠，城坊考不訛。

坊西街有漢大學餘趾。○其地本長安故城南安門之外焉。

趾、粵本、黃本均改址，長安志作阯。

按三輔黃圖、南出第二門曰安門，北出東頭第一門曰洛城門，（亦曰杜門）。前者南門，後者北門，今記前文既謂金城坊在杜門外，此處又謂普寧坊在安門外，顧普寧實居金城西北，（參城坊考一西京外郭城圖。）揆諸地望，極不相合，（可參長安縣志一一及同書三漢城圖。）待考。

次東漢辟雍。○漢元始四年所立。

東南隅東明觀。○明慶元年孝敬升儲所立，規度□西明之制，長廊廣殿，圖畫彫刻，道家館舍，無以爲比。觀內有道士馮黃庭碑，又有道士巴西李榮碑，永樂李正己爲其父也。

明慶卽顯慶，韋爲中宗諱。

空格、城坊考作仿，近是。

此載兩碑，金石書均未著錄，唯寶刻叢編七長安縣下引京兆金石錄，有「唐東明觀道士茹法師碑、長安四年立」耳。

永樂者、居城東永樂坊之謂，此李正己非藩鎮中有傳之李正己也。

其父乃其文之誤，與前西市條同。

十字街東之北、靈化寺。○隋開皇二年沙門善告所立，其地本告之宅。講堂□有古冢，不詳姓名，高五丈，僧徒射暮□人儀仗偉然，乘白馬，著白袴褶，翼從甚衆，或有墾掘冢土，多見災異焉。

二年、長安志作五，唯城坊考亦作二。

善告、長安志、城坊考均作善吉，未詳。

長安志云，「北冢崇五尺」，講堂下所泐殆北字，惟城坊考仍作五丈。射字疑。

西北隅祆祠。次南曰義寧坊，南門之東、化度寺。○隋左僕射齊國公高熲宅，開皇三年，熲捨宅奏立爲寺。時有沙門信行自山東來，熲立院以處之，乃撰三階集三十餘卷，大率以精苦忍辱爲宗，言人有三等，賢、愚、中庸，今並教之，故以三階爲名，其化頗行，故爲化度寺。寺內有無盡藏院，即信行所立，京城施捨，後漸崇盛，貞觀之後，錢帛金繡，積聚不可勝計，常使名僧監藏，供天下伽藍修理，藏內所供天下伽藍修理，燕、涼、蜀、趙，咸來取給，每日所出，亦不勝數，或有舉便，亦不作文約，但往至期還送而已。貞觀中、有裴玄智戒行修謹，入寺灑掃，十數年間，寺內徒衆以其行無玷缺，使守此藏，後密盜黃金，前後所漸，略不知數，寺衆莫之知也。□便不還，衆驚，觀其寢房，內題詩云，將軍遺猴□，故僧狗前頭，自非阿羅漢，誰能免作偸，竟不知所。武太后移此藏於東都福先寺，天下物□，遂不復集，乃遷移舊所。開元元年、勑令毀除，所有錢帛，供京城諸寺修緝毀壞，其事遂廢。

祓、粵本改祓，均誤，依前醴泉坊條及長安志，此亦祆之訛也。

義寧、粵本諱改義甯。

信行、廣記四九三引辨疑志誤信義。按信行、續高僧傳一六有傳，云，「釋信行，姓王氏，魏郡人，……開皇之初，被召入京，僕射高穎（熲）邀延往眞寂寺，立院處之，乃撰對根起行三階集錄及山東所制衆事諸法，合四十餘卷，……又於京師置寺五所，卽化度、光明、慈門、慧日、弘善等是也」，據此，則眞寂、化度本爲兩寺，而長安志則云，「化度寺本眞寂寺，……武德二年改化度寺」，豈其後來歸併歟。傳又云，「春秋五十四，卽十四年正月四日也，其月七日，於化度寺送屍終南山鵄鳴之埠，……樹塔立碑，在於山足，有居士逸民河東裴玄證製文」，金石錄三第四百九十六亦著錄「隋信行禪師碑，開皇十四年正月」，是信行卒開皇中，辨疑志乃云「武德中，有沙門信義習禪，以三階爲業」，誤也。

筠清館金石記錄宋拓裝本化度寺塔銘云，「及開皇之初，宏（弘字諱改。）□釋教，於時有魏州信行禪師□明佛性，大轉法輪，實命世之異人，爲元（玄字諱改。）門之益□，以道隱之辰，習當根之業，知禪師遯世幽居，遣人告曰，脩道立行，宜以濟度爲先，□善其身，非所聞也，宜盡宏（弘字諱改。）益之方，昭示流俗。禪師乃出山與信行□□□脩苦行，開皇九年，信行禪師被勑徵召，乃相隨入京，京師道俗，莫不遵奉。信行禪□□□之□，

□持徒衆，以貞觀五年十一月十六日終於化度寺，春秋八十有九，聖上崇敬□□，贈帛追福，即以其月二十二日奉送靈塔於終南山下鴟鳴埠，禪師之遺令也」。（據金石補正三○）余按續高僧傳一九僧邕傳，「開皇之始，弘闡釋門，重敍玄宗，更聯榮問。有魏州信行禪師深明佛法，命世異人，以道隱之晨，習當根之業，知邕遯世幽居，遣人告曰，修道立行，宜以濟度爲先，獨善其身，非所聞也，宜盡弘益之方，昭示流俗。乃出山與行相遇，同修正節。開皇九年，行被召入京，乃與邕同來至止，帝城道俗，莫匪遵奉。及行之歿世，綱總徒衆，甚有住持之功，以貞觀五年十一月十六日終於化度寺院，春秋八十有九。主上崇敬情深，贈帛爲其追福，以其月二十二日奉靈魄於終南山，遵邕之遺令也，門徒收其舍利，起塔於行之塔左。……左庶子李百藥製文，率更令歐陽詢書，文筆新華，多增傳本，故累誦野外矣」。碑、傳比讀，知道宣爲邕制傳，亦依傍李文爲之，萃編四三疑貞觀五年是邕爲信行建塔之年，補正又疑無一語及信行之卒爲文有脱漏，皆因未旁參僧傳，故滋臆測。其實「信行禪□□□之□□持徒衆」，意即謂「信行禪師沒世之後，住持徒衆」，非無一語也。由此推之，宋裝本塔銘「稠公禪慧通□」，可依傳補靈字。「五亭□念」，可補「四」。「字像□□□」，可補法隱壞字。「百□爲羣」，可補卉字。「焚香讀□□□奇禽異獸」，可補誦輒有字。「弘□釋教」，可補闡字。「□明佛性」，可補深字。「□善其身」，可補獨字。「與信行□□□脩苦行」，可補禪師同字。「信行禪□」，可補師字。「崇敬□□」，可補情深字。雖未必全符原刻，相去要不遠矣。（補正云，「懇如恭敬，懇疑貌字之誤」，今僧傳作貌如慕敬）。因論信行，遂泛及之。

不可勝計、覺本改勝數。

供天下伽藍修理藏內所供天下伽藍修理兩句，當有羨誤，然黃本改爲「藏內所供之伽藍，時常修理，不使稍有晦色」，殊無據也。辨疑志則云，「分爲三分，一分供養天下伽藍增修之備，一分以施天下饑餒悲田之苦，一分以充供養無礙士女禮懺」。

亦不、黃本改亦難。

但往至期還送而已，往字係下文「竟不知所」下所錯簡。

玄智、粵本諱改元，又訛修謹爲修理。

前後所漸略不知數八字，黃本改爲「以前後所積過多故」，尤無據，原文自通也，辨疑志作「前後所取，略不知數」。

□便不還，以辨疑志「因僧使去遂便不還」句例之，空格可補去字。

覩、粵本訛覗。

辨疑志所引詩與此異，云，「放羊狼頷下，置骨狗前頭，自非阿羅漢，安能免得偸」，記所載殆有誤，或當爲「將羊（與軍字類。）放狼頷、置骨狗前頭」也；否則爲「將羊遺狼守，放骨狗前頭」、置字形亦近骨。

竟不知所下顯奪文，粵本補之字、與辨疑志「更不知所之」同，余則謂前文衍「往」字，應此處錯簡。

西北隅、積善尼寺。〇隋開皇十二年、左僕射高熲妻賀拔氏所立，其地本賀拔氏之別第。

十二、長安志十一，但城坊考亦作十二。

十字街東之北、波斯胡寺。次南曰居德坊。〇南街西出，通金光門。坊內隋有依法、寶岸、凝觀寺，大業中□。時凝觀寺有僧法慶，□□□□紵像未成，恭死，時寶昌寺僧大智同日亦卒。三日□□，去見官曹室殿上有一□，□若王者，見法慶在前，有一像忽來，爲殿上人曰，慶□我□□，何乃令死。便檢之簿云，慶食書而命未終。殿上□□，□給荷葉已終其年，言訖而忽失所在，大智便蘇。衆異之，乃往凝觀寺問慶，時亦蘇，說□□問。遂不復能令，每日朝進荷葉而拔，齋時進八□，知□終身，周流請乞，以成其□，□今見在光天寺。文渭南人單道琮，永徽中因病風，瘉後，便皆食具不復經口，但噉土飲水，以終其身，時人謂□人□也。

東之、粵本乙爲之東誤，長安志亦作東之北。

西出、粵本誤東出，於方向不合。

隋有、黃本乙爲有隋，誤。長安志謂此三寺並大業廢，則唐時已無此三寺，故不能言「坊內有隋……」也。

說法慶事訛泐最多，差幸太平廣記三七九引有其文，復得續高僧傳二五法慶傳與之參校，幾可全節補正，翳障盡去矣。玆以次說之：

大業中□，依前引長安志，中下是廢字，續僧傳亦云，「京師西北有廢凝觀寺」。

□□□□紵像未成，廣記引文云，「凝觀寺有僧法慶，造丈六挾柱像未成」，續僧傳云，「有夾紵立釋迦，舉高丈六」，挾柱乃夾紵之訛，四空格可補「造丈六夾」四字。

恭死、廣記作暴死，此缺其上半也。

三日□□，續僧傳云，「經三日穌」，廣記云，「三日並蘇」，兩空格可補並蘇字。

去見官曹室殿上有一□，□若王者，續僧傳云，「說云，……乃見宮殿人物，華綺非常，又見一人，似若王者，左右儀仗，甚有威雄」，廣記云，「云見官曹殿上有人似王者，儀仗甚衆」，去、云訛。室殿當作宮殿。「一」下爲人字，再下一空格非「似」卽「儀」。粵本訛曹爲曾。

爲殿上人曰，爲、續傳及廣記均作謂，此訛。

慶□我□□，續僧傳云，「慶造我未了」，廣記云，「慶造我未成」，應補造未成三字。

之簿、廣記文簿，「文」字易訛「之」也。

慶食書，粵本校書爲盡，是也；續僧傳，「命未盡而食盡」，廣記、「慶食盡、命未盡」。

殿上□□□給荷葉已終其年，續僧傳，「彼曰，可給荷葉而終其福壽」，廣記、「上人曰，可給荷葉以終壽」，按廣記、上人前奪殿字，此「殿上」下應補「人曰可」三字。已、黃本正作以，粵本作也非。

說□□問，續僧傳、「衆咸往問，與大智說同」，廣記、「說皆符驗」，竊謂此句原文殆作「說與智同），同字類乎草寫之「問」也。

能令，粵本校能食、是，廣記、「慶不復能食」。

每日朝進荷葉而拔，續僧傳，「自爾旦旦解齋，進荷葉六枚」，廣記，「每日朝進荷葉六枝」，枝、枚訛，而㧞，六枚訛；續傳固云，「凡欲食時，先以煖水沃令而耎濕，方食之」，所食祇葉，非連其枝也。

齊時進八□知□終身，齊讀齋，續傳、「中食八枚」，廣記、「齋時八枝」，枝亦訛，「八」下應補枚字。又廣記、「如此終身」，知□乃如此之訛泐。

周流請乞以成其□□今見在光天寺，續僧傳、「周流遠近，率諸士女，以成其像」，廣記、「同流請乞，以其成像」，同、周訛，其成乙，兩空格應補兩「像」字，言像今見在先天寺也。光、粤本校先是，見下條。據傳，慶卒大業初，春秋七十六。

文渭南人單道琮，文、又訛。

便皆食具不復經口，具、粤本訛其，此文自通，黃本改前四字爲「日所具食」無據。續僧傳云，「差後，味諸飲食咸臭」，臭、玉篇俗臭字。

時人謂□人□也，續僧傳，「時俗命爲人蟺」，曰字稍漫，便與□同，應補曰蟺兩字。

東南隅光天寺。〇□□□漢圜丘餘趾，光天元年，改爲光天寺。

三「光」字均訛，長安志作先天，且唐無光天年號也。

長安志先天寺云，「其地本漢之圜丘，先天元年，改爲先天寺」，所空三格，殆「其地本」之泐。

丘、黃本諱改邱；又趾改址，長安志作阯。

西北隅普□寺。〇開皇七年，突厥開府儀同三司鮮于遵義捨宅立寺。傅□□磨帝，西域胡人，善咒術，常咒枯楊使生枝葉。

普□、長安志作普集。

傅、粤本、黃本均作傳，驗其文義，傳字近是。

南門之西、奉恩寺。〇本將軍尉遲樂宅，神龍二年立爲寺也。

次南曰羣賢坊，東門之南、直。

自次南曰通軌坊至此，爲今本錯簡一大段，其下原接「長受坊西南隅長安縣廨」至「常傾心供養」一大段，乃前文所錯簡，業已移正在前。

此節文意未完，考長安志一〇羣賢坊下云，「東門之南、眞心尼寺，（隋開皇八年，宦者儀同三司宋祥捨宅立）」知直是眞訛。下文十七頁之「□心尼寺」（黃本頁數同，粤本十八頁，覺本二十頁）。云云，應上接於此節之下也。

□心尼寺。〇開皇八年、宦者儀同宋祥捨宅所立也。

心上是眞字，已見前，此條當移接前條「東門之南」下，空格刪卻。

十字街東之北、眞化尼寺。〇開皇十年、冀州刺史馮臘捨宅所立。

覺本奪東字，長安志亦云，「街東之北」。

東南隅、中宗昭容上官氏宅。〇今爲南陽縣主所居之。

長安志作「後爲南陽郡王所居」，但城坊考仍作南陽縣主。

次南曰懷德坊。〇□門之東，舊有富商鄒鳳熾宅。鳳熾肩高背曲，有似駱駝，時人號爲鄒駱駝。其家巨富，金玉資貨，不可勝計。常與朝貴遊往，因是勢傾朝市，邸店田宅，遍滿海內，其家男女婢僕，□□玉食，服用器物，皆盡一時之□。常嫁女，娶婦□請朝士拜常賓客數百人，衆皆愕然，不知孰是□婦。又嘗謁見□高祖，請市終南山，山中每樹□絹一疋，自云，山樹雖盡而臣絹未竭，事雖不行，終爲貴賤之所驚。後犯事流瓜州，會赦還，及卒後，子漸以窮迫。又有富商王元寶者，年老，好戲謔，出入市里，爲人所知，時人以錢文有元寶字，因呼錢爲王老焉。

□門之東，據廣記四九五，所泐是南字。

廣記四〇〇引朝野僉載，「鄒駱駝、長安人，……於是巨富」，又四九五引西京記鄭鳳熾，即此書也，訛兩京爲西京，與前引法通條同，兩鄭字皆誤。

遊往、粤本改往還，廣記作「常與朝貴遊」。

□□玉食，所空兩字，依廣記應是錦衣。

皆盡一時之□，廣記作「皆一時驚異」，空格是異字。

常嫁女娶婦□請朝士拜常賓客數百人，按此處當有奪誤。廣記引云，「嘗因嫁女，邀諸朝士往臨禮席，賓客數千，夜擬供帳，備極華麗，及女郎將出，侍婢圍遶，綺羅珠翠，垂釵曳履，尤豔麗者至數百人」，廣記引文雖時有刪加，然斷不差至三四十字，大柢前有「數千」字，後有「數百」字，傳鈔者不愼，遂由數千躐至數百，故奪文如此多也。由是勘校，娶婦兩字衍。□請是邀諸之訛渺。拜常是往臨禮席之訛奪。賓客下約奪「數千、夜擬供帳、備極華麗、及女郎將出、侍婢圍遶、綺羅珠翠、垂釵曳履、尤豔麗者至」等三十二字。

不知孰是□婦，廣記引「不知孰是新婦矣」，空格當補新字。

又嘗謁見□高祖。謁字訛，各本均正作謁。廣記引「又嘗謁見高宗」，祖、宗字未詳孰是。又述、唐人，則空格不能補唐字，豈韋本原空格以示敬，後人不知，遂疑為有渺字歟。

每樹□絹一疋，廣記引作「請市終南山中樹，估絹一匹」，詞義不足，當有奪文，但可據彼以補空格之「估」字也。

錢文有、黃本改有錢為，非是；廣記亦引為「人以錢文有元寶字」也。

西南隅羅漢寺。○開皇六年、雍州牧楚公豆盧勣所立也。

原文立也下尚有「□□之光……」一段，實豐邑坊錯簡之文，粵本已鉤正，但於立也下仍著兩□則非是，參看下文。

據長安志一○，此後應接十九至二十頁「十字街西之北辨才寺」（黃本頁數同，粵本二十一至二十二頁，覺本二十二至二十四頁。）一大段，玆先移正而後校之。

十字街西之北、辨才寺。○本鄭孝王亮隋代舊宅，亮子司空淮安王神通以開皇十年為沙門智疑立此寺羣賢坊，以智疑辨才不滯，因名寺焉。武德二年移於此。

據長安志，懷德坊西南隅羅漢寺後，次接街西之北辯才寺及東門之北慧日寺，故知是此處錯簡文也。

智疑、長安志同，城坊考四作智凝；按續僧傳一○、「釋智凝，不詳姓族，豫州人，……後赴京輦，居於辯才，引衆常講，亟傳徽緒，隋文法盛，屢興殿會，名達之僧，多參勝集，唯凝一人，領徒弘法」，則兩疑字均誤。

東門之北、慧日寺。○開皇六年立，本富商張通宅，捨而立寺，通妻陶氏常於西市鬻飯，精而價賤，時人呼為陶寺。寺內有九層浮圖，一百五十尺，貞觀三年沙門道□所立。

三、粵本訛一。

次南曰崇化坊，東南隅龍興觀。○貞觀五年、太子承乾有疾，勑道士秦英祈禱獲愈，遂立此觀。垂拱中有道士成玄英，長於言論，著□、老數部行於時也。

觀、粤本訛寺，道士所居，非寺明矣，長安志亦作觀。粤本又渺道士秦英祈禱獲愈八字。

玄、粤本諱改元。

著□老數部，應是莊、老；舊書四七經籍志，「老子二卷，成玄英注」，又「莊子疏十二卷，成玄英撰」。

東門之北、經行寺。○本長安令屈突蓋宅，開皇十年，邑人張緒市所立焉。

屈突蓋附見隋書七四崔弘度傳，所謂「寧茹三升艾，不逢屈突蓋」也。

西南隅、淨樂尼寺。○隋開皇六年所立。

次南曰豐邑坊。○南街西通□平門。此坊多假賃方相送喪之具，武德中有一人姓房，好自矜門閥，朝廷衣冠，皆認以爲近屬，有一人惡其如此，設

自前「十字街西之北辨才寺」至此，皆錯簡之文也。此節文意未完，其下應接前文西南隅羅漢寺條之「□□之先……」一段，粤本業已鈎正。（但鈎至「設便」字止，又此下原有之「三途六趣……」一段，文意絕不相屬，乃「半已東大莊嚴寺」條所錯簡，粤本亦經移正矣。

□平應補爲延平，長安志云，「南街西出，通延平門」。

門閥、黃本改閥閱。

□□之，先問周、隋間房氏知名曰，皆云是從祖、從叔，次日，豐邑公相與公遠近，亦云是族叔。其人大笑曰，公是方相姪兒，只可𧹞鬼，何爲証人。自是大媿，遂無矜証矣。

設□□之、似爲一句。

粤本校知名曰爲知名者，又次日爲次曰，皆是也，原文顯誤。

無矜、黃本改不敢，殊無據。

廣記二六○引啓顏錄姓房人一條，大意同此，錄亦當本自韋記者。

東北隅淨虛觀。○開皇七年、隋文帝爲道士□呂所立；呂卻穀練氣，故以淨虛爲名。

依長安志一〇，自「東北隅淨虛觀」至「半已東大莊嚴寺」一大段，（十八至十九頁，黃本頁數同，粵本十九至二十頁，覺本二十一至二十二頁。）應敍在豐邑坊後，茲亦先移正而後校之。

淨虛、長安志及城坊考均作清虛，此疑訛。

七年、長安志作十，但城坊考仍作七。

□呂、長安志及城坊考均作呂師元，待考。

次南曰待賢坊。〇此坊隋初立天下諸州朝集使邸，故以待賢名之。

太平廣記三二七史萬歲條引兩京記，首卽標「長安待賢坊隋北領軍大將軍史萬歲宅」云云，以此標題及前引沙門英禪師、法慶兩條合推之，必是韋記待賢坊下佚文，長安志待賢坊下亦云，「隋又有左鎮軍大將軍史萬年宅」，（年、歲之訛。）益可證矣。茲爲補於次，惜宅在坊內之位置，猶未詳也。

隋左領軍大將軍史萬歲宅。〇其宅初常有鬼怪，居者輒死，萬歲不信，因卽居之。夜見人衣冠甚偉，來就萬歲，萬歲問其由，鬼曰，我漢將軍樊噲，墓近君居廁，常苦穢惡。幸移他所，必當厚報。萬歲許諾，因責殺生人所由。鬼曰，各自怖而死，非我殺也。及掘骸柩，因爲改葬。後夜又來謝曰，君當爲將，吾必助君。後萬歲爲隋將，每遇賊，便覺鬼兵助己，戰必大捷。

萬歲之官，廣記作北領軍，長安志作左鎮軍，隋書五三本傳則作左領軍，茲從隋書，廣記北當左訛。

東北隅會聖觀。〇開皇七年隋文帝爲秦王孝俊所立。

會聖、長安志作會昌，但城坊考仍作會聖。

長安志云，「文帝爲秦孝王俊所立」，隋書四五秦孝王俊，孝是謚非名，應乙正；前文崇德坊下亦作秦孝王俊。

□南曰淳和坊，東南隅、隱太子廟。次南曰常安坊，東南隅章懷太子廟。〇神龍中所立也。

敍各坊均是自北而南，準本記前例及長安志，□南應補作次南。

淳和、粵本訛浮和；長安志云，「本名淳和，元和初避憲宗名改」，則作淳無疑。

兩東南隅、長安志均作東北隅，城坊考亦兩存之。

次南曰和平坊。○坊內南北街之東，築大莊嚴寺，街西□總持寺。

粤本奪「次南曰和平坊」一行。

長安志云，「坊內南北街之東，築入莊嚴寺，街之西，築入總持寺」，總持寺上之空格，當爲「大」字。

次南曰陽坊。○坊西南卽京城之西南隅也。

依長安志，此坊名永陽，次南曰下奪永字。

半已東大莊嚴寺。○隋初□，□□三年，爲獻后立爲禪定寺。宇文愷以京城西有昆明池，地勢微下，乃奏於此建木浮圖，高三百三十仞，周匝百二十步。寺內複殿重廊，天下伽藍之盛，莫與爲比。大業末，此寺有僧智興，□□□□□□□。

長安志大莊嚴寺云，「隋初置宇文改別館於此坊，仁壽三年，文帝爲獻后立爲禪定寺」，則所空三格當是「置仁壽」三字，置下或有奪文。

三百、粤本訛一百。仞字殆誤，長安志及城坊考均作崇三百三十尺也；若依舊說八尺曰仞，三百三十仞乃等二百六十餘丈，當無此高。

此節文意未完，其後半錯於豐邑坊之下，粤本業已鉤正。

便云三途六趣，聞此解脫，時仲冬寒烈，掌中凝□，□□告倦。後寺僧三果有元住待賢坊，因從煬帝南幸，忽成夢其妻曰，吾至彭城，不達病死，生於地獄，艱苦常備，□今日初聞禪定寺智興師鳴鐘，響徹地獄，同受苦者一時解免，今得託生，思報其恩，□具絹與之。妻覺不信，又夢如初，妻辭以家貧無所得絹。答曰，有吏枉得絹三十疋，不合得用，今吾將來，置於後牀，與是足矣。妻驚覺，持火照牀，果有絹三十疋，遂發哀，持絹送寺，數日而凶問至。武德元年、改爲莊嚴寺。

便字粤本割屬豐邑坊節，余詳其文殊不類；考續僧傳二九智興傳云，「大業五年仲冬，次掌維那，時鍾所役，奉佩勤至。……有問興曰，何緣鳴鐘，乃感斯應。興曰，……每冬登樓，寒風切肉，僧給皮袖，用執鐘槌，余自勵意，露手捉之，嚴寒裂肉，掌中凝血，不以爲辭。又至諸時鳴鐘之始，願諸賢聖同入道場，然後三下；將欲長打，如先致敬，願諸惡趣，聞此鐘聲，俱時離苦」。又廣記一一二釋智興條引異苑云，「至大業五年仲冬，次當維那鳴鐘，……鳴鐘之始，先發善願，諸賢聖同入道場，同受法食；願諸惡趣聞此鐘聲，俱時離苦，速得解脫」。合而參之，前文智興下所空七格，約當爲「次掌維那每鳴鐘」字，斯與「便云三塗六趣、同此解脫」文氣相賡續矣。黃本改便爲法，趣爲趨，皆誤。復次廣記釋智興條謂出異苑，當有誤；廣記引得以屬宋劉敬叔之異苑，亦失考，敬叔焉能記隋末事。又隋書大業五年、十一月景子，(十三日)車駕幸東都，六年正月癸亥朔，有盜入自建國門。丁丑，角抵大戲於端門街，帝數微服往觀之，據城坊考五、東京外郭城南面三門，正南曰定鼎，北對端門，隋曰建國，則大業五年仲冬煬帝無幸江都、過彭城事，續僧傳及廣記所引，皆與史不符。

掌中凝□□□告倦，據上引續僧傳，凝下是血字，餘兩格或爲「絕不」字。有元、據續傳及廣記，有兄之訛。

吾至彭城不達病死，續僧傳作「吾行從達於彭城，不幸病死」，廣記作「吾行達彭城，不幸病死」，此不達乃不幸之訛。黃本又誤吾爲五。

艱苦常備□今日初聞禪定寺智興師鳴鐘，黃本校爲艱苦□備嘗；按續傳、「生於地獄，備經五苦，辛酸叵言，誰知吾者，賴以今月初日，蒙禪定寺僧智興鳴鐘發聲，響振地獄」，廣記、「今墮地獄，備經五苦，賴今月初十日禪定寺僧智興鳴鐘發響，聲振地獄」黃本乙正常備爲備嘗，固是，但乙□於備嘗上則非，以余詳之，此□實賴字也。又鳴、覺本訛明。

□具絹與之，續傳、「可具絹十疋奉之」，廣記、「汝可具絹十疋奉之」，具上補「可」字。又前兩書均十疋，與此作三十疋異。

半已西大總持寺。○隋大業元年、煬帝爲父文帝立；初名禪定寺，制度與莊嚴同，亦有木浮圖，高下與西浮圖不異。武德元年、改爲總持寺，今莊嚴、總持，即隋文、獻后宮中之號。二寺門額竝少詹事殷令名所書，竹林傳云隋代所賜，至今儼然。

元年、長安志及城坊考均作三年。

初名禪定寺，按爲獻后追福所立，已名禪定，(即後來之莊嚴。)具詳前文，此似不應復同名，長安志作「初名大禪定寺」，是也。獻后者名禪定，故文帝者名大禪定，此脫大字。

與西浮圖不異，意指莊嚴寺之浮圖也，然總持在西，莊嚴在東，方向不合，西應正作東。

卽隋文、獻后宮中之號，覺本省中字，是謂隋代宮殿有名莊嚴、總持者也。考長安志一〇引景龍文館記云，「隋主自立法號，稱總持，呼蕭后爲莊嚴，因以名寺」，以莊嚴、總持爲煬帝、蕭后法號，雖與此稱文帝、獻后號不同，然可見「宮中之號」，猶宮中所稱之法號之謂，省卻中字，意便不同。抑此兩寺本爲隋文、獻后追福而立，不應以其子、婦之法號名之，況武德元年煬帝雖崩，蕭后仍在，似無用蕭后法號名寺之理，景龍文館記不如此記所說之足資傳信矣。

再依前鉤正錯簡，則半已東大莊嚴寺一節，正與半已西大總持寺一節相連，非徒合乎長安志之敍述，且本記和平坊下固云東築入大莊嚴，西築入大總持，亦必如此而後位置脗適，今本陵亂之迹，一覽便見。

右皇城西第三街之十三坊。

原文此行低兩格；粵本奪坊字。

依上鉤正錯簡，則此街各坊從北起數，(1)修眞，(2)普寧，(3)義寧(4)居德，(5)羣賢，(6)懷德，(7)崇化，(8)豐邑，(9)待賢，(10)淳和，(11)常安，(12)和平，(13)永陽，正符十三之數，其長壽、嘉會、永平，三坊，不屬此街明矣。

附　言

廣記引兩京新記者有二五〇尙書郎一條　按當是記長安皇城尙書省之文。

同書引兩京記者七條　除九二萬迴、三二七史萬歲、三二八沙門兩禪師、三七九法慶四條，具見前校文外，其

一八七引祕書省一條　按當是記長安皇城祕書省之文。

三九一引豐都冢(冢訛)一條　按當是東京記內文，但廣記原注「出朝野僉載、

兩京記」，則是合參張、韋兩書成之，非盡韋記文也。

唯四一八引梁武后一條，係記梁武帝后投井事，地在金陵，與兩京無關，亦未便遽擬爲薛寘之西京記，應存疑。

同書引西京記者四條　西爲兩訛，斷非西京雜記之省稱。又其中九五法通、四九五鄒鳳熾兩條，已見前校文外，餘

九七引秀禪師一條　按當是東京記內文。秀卽宋高僧傳八之神秀，卒神龍二年，賜謚大通禪師，今說之集一九有唐玉泉寺大通禪師碑，卽記謂「燕國公張說爲其碑文」者。

一三五引隋文帝一條　按當是記西京城文。

廣記引得云，「西京記(見隋志 2/11a，無撰人名，兩唐志作薛冥西京記)」，又云，「兩京記（薛冥，見通志藝文略地理郡邑類，請互參兩京新記）」。鄭氏之略，不過雜鈔舊史，合觀之，知並無所謂薛氏兩京記，特傳刻訛西爲兩耳。隋書經籍志、西京記三卷，章宗源考證云，「脫撰名，按後周書薛寘傳、寘撰西京記三卷，引据該洽，世稱其博聞焉，唐志作薛冥」，姚振宗考證云，「冥並當爲寘」，據周書三八寘本傳，寘卒於周，不徒不能說唐事，卽隋文遷都，亦非所及見，故除梁武后一條，其餘絕對不能擬爲薛書也。

至前人所稱程大昌雍錄、郎瑛七修類稿均嘗及是書，又余所知段成式酉陽雜俎續集已略采其文，然以皆非徵引全節，故不備論。

讖緯釋名

陳槃

（壹）敍說

讖緯之稱，不一而足。統而言之則曰「讖緯」。「讖」出在先，「緯」實後起，「讖」書之別名也。自隋志已來，治此學者輒此甲彼乙，紛挐其辭。古無是也。隋志以七經緯三十六篇爲「緯」，外此爲「讖」。李賢後漢書樊英傳注從之，而其所定三十六緯之篇目，則亦不盡依據隋志。〔詳後「讖緯考辨」章。〕且於區分「讖」「緯」之外，又別有說。北宋楊侃曰：

緯書之類，謂之祕經。圖讖之類，謂之內學，河洛之書，謂之靈篇。〔經義考二九八說緯引。〕

按：楊氏兩漢博聞〔此書承友人丁梧梓先生檢示〕卷十一云：

祕經。〔蘇竟傳二十上。〕

注云，謂幽祕之經，卽緯書之類也。

內學。〔方術傳序七十二。〕

自王莽矯用符命，及光武尤信讖言，自是習爲內學，尙奇文，貴異數，不乏於時矣。

注云：內學，謂圖讖之書也。其事祕密，故稱內。

卷十二云：

靈篇。〔班固傳。〕

注云，靈篇，河洛之書也。〔以上全錄原文。〕

丁梧梓先生云：楊氏此處，全本李賢後漢書注。經義考所引，殆即隱括兩漢博聞而爲之辭。按：丁說蓋是也。

自明已來，諸家對於隋志及李賢注之說，從違頗有不同，而辯別「讖」「緯」之主張，則甚一致。胡應麟謂河圖、洛書皆「緯」、「緯」所以配經，而「讖」說尤怪異，則附經而行。

四部正譌上，世率以讖、緯並論，二書雖相表裏，而實不同。緯之名，所以配經，故自六經、語、孝而外，無復別出，河圖、洛書等緯，皆易也。讖之依附六經者但論語有讖八卷，餘不概見，以爲僅此一種，偶閱隋經籍志注附見十餘家，乃知凡讖皆託古聖賢以名，其書與緯體制迥別，蓋其說尤誕妄，故隋禁之後永絕，類書亦無從援引，而唐、宋諸藏書家絕口不談。

孫穀則以爲「候」屬「讖」，而「圖」屬「緯」。

古微書尙書中候，謹按隋志、河洛七經緯、合八十一篇，又有尙書中候洛罪級，五行傳雜讖等書，則中候屬讖不屬緯矣。其說云，孔子求尙書，以其十八篇爲中候。以故，漢世之學，緯候並稱。

又疑河圖爲「緯」，洛書爲「讖」。

古微書洛書緯，今讀其文，大類讖詞，豈河圖主緯，洛書主讖邪。

四庫總目提要易類六以爲「緯」者，經之支流。「讖」者，詭爲隱語。

案，儒者多稱讖緯，其實讖自讖，緯自緯。讖者，詭爲隱語，預決吉凶。緯者，經之支流，衍及旁義。蓋秦、漢以來，去聖日遠，儒者推闡論說，各自成書，與經原不相比附，如伏生尙書大傳，董仲舒春秋陰陽，核其文體，卽是緯書，特以顯有主名，故不能託諸孔子。其他私相譔述，漸雜以術數之言，旣不知作者爲誰，因附會以神其說。迨彌傳彌失，又益以妖妄之詞，遂與讖合而爲一。然班固稱，聖人作經，賢者緯之。楊侃稱，緯書之類謂之祕經，圖讖之類謂之內學，河洛之書謂之靈篇。胡應麟亦謂，讖緯二書雖相表裏，而實不同。則緯與讖別，前人固已分析之。〔槃按，總目古微書提要云，「劉向七略，不著緯書。然民間私相傳習則自秦以來有之，非唯盧生所上」。盧生所上錄圖書，卽河圖，亦卽提要上文所謂「讖者詭爲隱語，預決吉凶」者也。今忽云錄圖書爲緯，是謂自相伐。〕

阮元七緯序則曰：「七緯」爲「緯」，「候」與「圖」皆「讖」。

七緯之外復有候、有圖，最下而及於讖，而經訓愈漓。不知緯自爲緯，讖自爲讖，不得以讖病緯也。自賈公彥周官疏造爲漢時禁緯之說，後儒不督，并爲一譚，以爲古人緯讖同諱，此謬論也。今以隋書經籍志證之，云「孔子旣敍六經，以明天人之道，知後世不能稽同其意，故別立緯及讖。」「及」者，逮事之辭也。觀下文，「王莽好符命，光武以圖讖興，遂盛行於世。」則讖者特緯之流弊也。

任道鎔緯攟序說同。

緯學之立，實始周世。其後由緯有候、有圖、遂以有讖。然緯自緯，讖自讖。讖者，緯之流極，言治者不當以讖病緯，讀書者不可以讖比緯也。雙甫之書，〔按：謂古微書〕溷讖緯而爲一，故駁駁特甚。

世固亦有辨之者，王鳴盛蛾術編讖緯曰：

緯書者，經之緯也，亦稱讖。

徐養原緯候不起於哀平辨曰：

讖、緯、圖，此三者同實異名。然亦微有分別。蓋緯之名所以配經，故自六經、論語、孝經而外，無復別出。河圖、洛書等緯，皆易也。若讖之依附六經者，論語有讖八卷，餘皆別自爲書，與緯體制迥別。〔詁經精舍文集卷十二。〕

按：徐云緯候與讖同實異名，是也。以主經與否分讖緯，又非也。〔詳後〕

顧頡剛師以爲「圖書」「讖」「緯」「候」名異實同，但先起後起有別。

漢代學術史略一九讖緯的造作，這（讖緯）兩種在名稱上好像不同，其實內容並沒有什麼大分別，不過讖是先起之名，緯是後起的罷了。

又因爲有圖、有書、有讖、有緯，所以這些書的總稱或是圖書，或是圖讖，或是讖緯，或是讖記，或是緯書。又因尚書緯中有十數種爲中候，亦總稱爲緯候。

姜忠奎亦曰,「圖」「讖」「符」「籙」皆「緯」之別名。

緯史論微一、一六,緯,共名也,圖、讖、符、籙皆別名。猶易、書、詩、禮之統稱爲經也。今緯書名候者有尙書中候。名讖者有易九厄讖,論語比考讖及河洛讖等。名符者有春秋感精符,中候合符后,河圖赤伏符等。名圖者有易稽覽圖,春秋演孔圖,孝經內事圖等。名籙者有春秋錄運法,雒書錄運法等。又有稱期如春秋佐助期,稱度如詩推度災。顧其名則候之類也。稱驗如尙書帝命驗,稱應如易天應人,顧其名則讖之類也。稱徵如禮稽命徵,稱契如孝經援神契,顧其名則符之類也。稱儀如樂動聲儀,稱象如論語摘輔象,顧其名則籙圖之類也。觀其所載,皆以明天人感召之微,物理玄祕之徵。此疆彼界,無由畫分也。

按:師說是也。姜云:「圖」「讖」「符」「籙」皆一書之別名,亦是也。但以「緯」爲共名,則未審。廖平曰,「緯與讖,不可強分優劣。今旣知一原,又苦無明文可據」云云。〔公羊推證昭十七年。〕今試爲廖君進一解曰,所謂讖緯,讖先於緯。讖之興,當推本騶衍之徒。〔讖緯與騶書之關係,別詳本期拙譔「讖緯溯原上」,以下不一一注明。〕所謂「讖」與「符」,由騶書衍變而出,所謂「錄」「圖」卽河圖,則其徒所託。連類依附,又有洛書。「候」者,天官之學,騶子增飾之以爲其立說佐證,後來遂爲讖書之名。西京中世,崇經尊孔,自是始有緯爾。其間雖遞演流變,巧立名目,執其簡而御其繁焉,但有讖緯而已矣。而緯又出於讖。定以爲一焉,止有讖而已矣。是故,所謂讖也,符也,錄也,圖也,書也,候也,緯也,漢人通用,互文,未始以爲嫌也。蓋從其驗言之則曰「讖」,從其徵信言之則曰「符」,從所謂河圖文字之顏色言之則曰「綠」。〔又作錄,義同。詳本刊第十本第三分拙譔「古讖緯書錄解題四種」「綠圖」篇。〕從其有圖有字言之則曰「圖」,曰「書」,從候望星氣與災祥之徵候言之則曰「候」,從其託經言之則曰「緯」。同實異名,何拘之有。例如易緯乾鑿度下曰,「洛書靈准聽曰,八九七十二,錄圖起。」〔殿本頁十四。〕又曰:「丘按錄讖,論國定符。」〔同上,頁十五。〕易緯是類謀曰,「錄圖世讖易嘗喪」。 鄭注，「籙圖讖之言何嘗可法」。〔殿本頁八。〕 或曰「籙圖」，或曰「籙圖讖」，亦或曰按「籙讖」而定「符」，是以「籙圖」爲「讖」又爲「符」也。 緯候之書曰，「河洛之符，名字之籙」。〔堯典正義引。〕 是河圖洛書可以名「符」，又名「籙」也。 後漢書竇融傳：

竇等於是召豪傑及諸太守計議，其中智者皆曰，今皇帝姓號見於圖書，觀符命而察人事，它姓殆未能當也。〔融〕又上疏曰，有子年十五，臣融朝夕教導以經義，不得，令觀天文，見讖記，欲令恭肅畏事，恂恂循道。

以「圖書」與「符」及「讖記」互文，是「圖書」可以名「符」又可以名「讖記」也。 續漢書百官志一注曰：

應劭曰，自上安下曰尉，武官悉以爲稱。 前書曰秦官，鄭玄注月令亦曰秦官。 尚書中候云，舜爲太尉。 束晳據非秦官，以此追難玄焉。 臣昭曰，緯候衆書，宗貴神說。 圖讖紛僞，其俗多矣。

以「中候」與「緯候」「圖讖」互文，是「候」可以名「緯候」，又可以名「圖讖」也。 光武以「赤伏符」號召，而後漢書本紀或作「赤伏符」，或作「讖記」，按本紀曰，「赤伏符曰，劉秀發兵捕不道」。 又祝文曰，「讖記曰，劉秀發兵捕不道」。 同一事也，或曰「符」，或曰「讖」，是「符」「讖」一也。 而「緯」亦可以名「符」，後漢書方術傳曰：

河洛之文，龜龍之圖，箕子之術，師曠之書，緯候之部，鈐決之符，皆所以探抽冥賾，參驗人區，時又有同者焉。

按：今讖緯書尚書類有琁璣鈐，春秋類與孝經類均有鉤命決。 方術傳所謂「鈐決之符」，蓋指此。 琁璣鈐與鉤命決，世以爲「緯」書也，〔詳後〕是「緯」書亦可以名「符」也。 讖緯諸名，可以互通，更無凝滯如此，是其故可思也。 抑余又有一種感覺，以爲讖緯篇目，自來視爲幽隱譎奇，不易理解。 見存之書，殘整不齊，詳略各異。 然若取其全文參互而鉤驗之，類次而排比之，則其遺辭造意，不居於此，卽屬於彼。 通而觀之，膠而續之，條理本末，差得端緒。〔關於讖緯書名取義部分，別詳拙譔「古讖緯書錄解題」。〕 固知讖緯諸書名義雖自不同，其實一家之言。 先入爲主，深閉固距，毋亦未之思也。

云何一家之言也。　謹參稽衆錄，斟酌名實，引申吾說，著於下章。

(貳)「讖」「符」「錄」「圖」「書」「候」「緯」一元論

所謂「讖」「符」以至「候」「緯」之屬，無不自騶書變化而出。騶衍之書，以驗爲第一義，故由此而依託之書如「符」「錄」「圖」「書」「候」之屬，亦曰「驗」書，旋又轉爲「讖」書。　讖亦驗也。　時君尊經，始有「緯」書，用是爲阿諛苟合之工具。　由「讖」至「緯」，不過形式上一轉變，從而標新名目。其實質則「讖」「緯」一也。　試分述焉。

(甲)讖　「讖」、本於騶書之所謂「驗」。　史記孟荀列傳：

騶衍覩有國者益淫侈不能尙德，若大雅整之於身，施及黎庶矣。　乃深觀陰陽消息而作怪迂之變，終始大聖之篇十餘萬言。　其語閎大不經，必先驗小物。　推而大之，至於無垠。　稱引天地剖判以來五德轉移，而符應若茲。

按：上曰「驗」，下曰「符」，互文也。　所謂陰陽消息，必先驗小物，五德轉移而有符應，此卽後來讖緯類書之綱領。　讖緯家一切怪迂之說，開宗明義必稱其明效大驗，否則無由惑人。　騶子之書，旣爲其徒勦襲，託以爲讖，故此類書有卽以「驗」爲名者，如「易通卦驗」，「尙書帝命驗」，「尙書帝驗期」之類，是其遺意也。　「驗」後又轉作「讖」。　賈誼服賦及淮南說山訓中旣有讖書之名。　最早之稱，始於何時，今不可知。　但由「驗」轉而作「讖」，因二字音義接近，則似甚明顯。　按張衡疏曰：

立言於前，有徵於後，故智者貴焉，謂之讖書。　永元中，淸和宋景遂以歷紀推言水災，而僞稱洞視玉版。　後皆無效。　復采前世成事，以爲證驗。〔後漢書本傳。〕

此張氏以「徵」與「證驗」釋「讖」也。　又說文言部。

讖，驗也。

二字義訓旣同，而聲亦近，檢六書音韻表，從「僉」從「韱」之聲，同隸第七部。余疑秦漢間人之於二字，同聲通用，作「驗」者，同時亦可作「讖」，故讖緯家言徵驗運命之期，易有「運期讖」，而他書之言「期讖」者，則或作「期驗」，如蜀志先主備傳曰，「聖諱豫覩，推揆期驗，符合數至」。春秋演孔圖亦曰，「孔子曰，丘作春秋，天授演孔圖，中有大玉，刻一版，曰琁璣。一低，一昂，是七期驗敗毀滅之徵也」。〔古微書引。〕兩字旣通用，積習久之，大都作「讖」不作「驗」，故「讖」遂專其稱耳。

(乙)符　騶子之論或言「驗」，或言「符」，由此而產生之讖緯書亦或曰「驗」，旋轉作「讖」，如上述。同時又或名其所託之書曰「符」。今有「河圖聖洽符」，「紀命符」之等。

(丙)錄　讖緯家所託之河圖，云文字皆作綠色，〔或云靑色。〕故河圖又有綠圖之稱。綠，亦作錄，義訓同也。又作祿，形聲相近而訛也。讖緯家弔詭，又有河圖之錄之說，則錄之又爲簿籍著記之義。旣有此義，於是錄又作籙。今其書有「錄圖」，「河圖祿運法」〔祿，一作錄，亦作籙。〕「洛書錄運期」之等。別詳拙譔「綠圖解題」。茲不贅。

(丁)圖書　方士之徒剽竊騶書，從而神之曰綠圖，卽河圖。旣有河圖，又比附洛書。大氐戰國末年先有河圖，洛書之傳說，故易繫辭曰，「河出圖，洛出書，聖人則之」。秦漢間方士取騶書爲綠圖，史書推驗，可以得之。〔別詳本期拙譔「讖緯溯原上」。〕洛書始託於何時，不可知。〔河圖數字有八，洛書有九。八卦，九疇，由是而作，此蓋先秦舊說。騶子之徒所依託之河圖，洛書則豫言書也。其名襲古，實則不同。別詳拙譔「河圖解題」，「洛書解題」。〕以余肊度，當不甚晚。以易緯之等往往引用洛書篇，而春秋緯亦云「河圖有九篇，洛書有六篇」。〔易繫辭上正義。〕移讖爲緯，在於西漢中葉以後，〔詳下。〕緯旣引洛，可知洛書更在緯前矣。

文籍中所謂「圖書」，厥初本爲河圖與洛書之簡稱。讖緯家言，河中所出之書，有圖，有字，故曰河圖，簡稱則曰圖。但後來僞託洛書者，以爲洛書亦有圖，有字，與河圖同，故洛書亦稱圖。後漢書方術傳，「河洛之文，龜龍之圖」。此之所謂「圖」，卽兼指河圖洛書言之。讖緯之書，增益滋多，皆言河、洛或江、淮等水中所出，〔別詳拙譔「河圖解題」。〕故諸讖緯內容，無不論述河圖洛書，敷陳歷運符命。 亦有但揭其篇目卽知其與圖書有關係者，如易類有「易河圖數」，「制靈圖」，「稽命圖」，書類有「中候握河紀」，「中候考河命」，「中候摘雒謠」，詩類有「摘雒謠」，樂類有「樂錄圖」，春秋類有「春秋錄圖」，「春秋河圖揆命篇」，孝經類有「孝經河圖」等。 此類名雖附經，以與河圖洛書等量齊觀，諒不爲過。 事實上則兩漢間人心目中之所謂「圖」，「圖讖」「圖緯」，「圖候」，「靈圖」，「圖書」諸辭，亦早旣成爲一切讖緯概括之稱。〔詳後〕是不啻謂諸讖緯皆河圖洛書之類也。 桓譚疏曰：

今諸巧慧小才技數之人，增益圖書，矯稱讖記。〔後漢書本傳。〕

論衡實知篇曰：

讖記所表，皆效圖書。

按：此云圖書，河圖洛書之簡稱也。 卽此可知桓王二君亦謂河圖洛書爲讖緯之所本，換言之卽讖書皆效法河圖、洛書之作也。 古微書賁居子云，河圖，洛書，蓋七緯之祖也。〔引見後。〕 按：緯又出於讖。〔說見後。〕 直以爲緯祖於河圖，洛書，亦不誣也。

(戊)候 「候」者，天官家恆言。 義爲徵候，候望。 天官之於災祥，歷運，必候星氣，從而占之。 史記天官書，漢書天文志之言，可驗也。 此術自古有之。 史官漸失其統，向之所謂專官世業者，往往流傳民間。 騶衍「談天」，尤多徵引。 故史記曆書曰：

戰國並爭，未遑念斯，是時獨有騶衍明於五德之傳，而散消息之分。

今所見輯存之讖緯，其中言天文占候者，猶居全書十五六，是騶書之遺緒也。 天象故有候，其他災變，亦莫不然，故「候」遂爲讖緯之別稱。 如云「緯候」，或以「圖讖」爲「候」〔旣詳上〕之例，是也。 諸書以「候」名者，多失傳，今唯「易飛候」一種，「尙書中候」之篇二十餘種。 所謂「中候」，卽於臺殿中候望星氣之意，〔別詳拙譔「中候解題」。〕 是猶存其初義者也。

(己)緯 「緯」者，對「經」而言。 但其材料則一本讖書。 讖書當溯原騶衍，騶本儒家者流，故史記使附見於孟荀列傳。 傳曰：

孟子乃述唐虞三代之德，是以所如者不合，退而與萬章之徒序詩書，述仲尼之意，作孟子七篇。 其後有騶子之屬。 齊有三騶子，其前騶忌，先孟子。 其次騶衍，後孟子。

史公於序詩書述仲尼之意屬之孟子，而後續以三騶。 系統分明，無煩疑義。 騶衍之書，今雖失傳，然其指歸，史公著之矣，曰：

騶衍睹有國者益淫侈不能尚德，若大雅整之於身，施及黎庶矣。

按：孟子私淑孔氏，繼述其意，故以憲章唐虞三代之德爲職志，而衍亦致慨於世主之「不尚德」。 孟子序詩書，而衍亦欲使時君如「大雅整之於身，施及黎庶」。「要其歸，必止乎仁義節儉，君臣上下六親之施」。 騶衍之於孟子，是可謂殊途而歸於一致者。 騶衍固矣。 衍既以「陰陽主運顯於諸侯，而燕齊海上方士傳其術」者，「不可勝數」。 此輩方士，則亦儒生而爲術士者也。 始皇三十二年，「悉召文學方術之士甚衆，欲以興太平」，後「或爲妖言，以亂黔首」，爲始皇「阬之咸陽」者，四百六十餘人。 扶蘇諫曰，「諸生皆誦法孔子，今上皆以重法繩之，臣恐天下不安」。〔見秦本紀。〕 始皇所阬者術士，而扶蘇以爲此輩「誦法孔子」，可知儒生即是方士。 故封禪書以爲「諸儒生疾秦焚詩書，誅僇文學」，淮南王安傳，伍被以爲「秦絕先王之道，殺術士，燔詩書」也。 由是言之，騶衍雖外表爲繼承孔孟之儒家，實術士之始祖。 其所著論，亦儒家言而兼陰陽五行之說者也。 其徒海上方士，剽襲其書，託爲圖讖，篇目雖繁，其實則爲騶書之無數化身變象。 而緯書之產生，亦卽淵源於此。 蓋騶衍既貌爲儒者，而勦取騶書託爲圖讖者，又出於方士化之儒生之手，故此等圖讖亦必依傅經義，從可知。 武帝之世，罷黜百家，儒爲一尊。 孔子世家云：

自天子王侯，中國言六藝者，折中於夫子。

史公此言可信爲此一時代學術思想之說明。 經學與孔子關係何如，今茲不必置論。 但時勢所趨，既使經學與孔子不可分離，六藝與孔子之權威如此，非藉以自重，則不足以迎合人主而干祿取榮。 隋書經籍志讖緯類敍曰，「言五經者，皆憑讖爲說。 唯孔安國，毛公之徒獨非之，相承以爲妖妄，亂中庸之典」，卽指是而言。 「中興以後，儒者爭學圖讖」，「桓譚以不善讖流亡，鄭興以遜辭僅免。賈逵能附會文致，差爲貴顯」。〔後漢書張衡傳。〕趨勢之所至，則如是矣。 彼犨附會六藝與孔子之怪說則有「緯書仲尼之作」〔引見後。〕及子夏六十八人共譔仲尼微言〔文選王仲宣誄李注引論語讖〕之等。　自來學人之所以致誤，以爲緯純而讖駁，緯附經而讖妖妄，則類此之說有以啓之也。　豈知此類矛盾狂惑，悉是杜譔。　按：易緯乾坤鑿度題曰：

庖犧氏先文，公孫軒轅氏演古籀文，蒼頡修爲上下篇。

坤鑿度曰：

庖氏著乾鑿度上下文。

春秋演孔圖曰：

孔子曰，丘作春秋，天授演孔圖。〔古微書引。〕

據此，則作緯者復有伏羲，黃帝暨自天所授之說，何獨於孔子師徒作緯之言爲可信。　隋書經籍志讖緯部敍曰：

河圖九篇，洛書六篇，云自黃帝至周文王所授本文。　又別有三十篇，云自初起至於孔子，九聖之所增演，以廣其意。

河圖洛書，世所謂讖書也。　據云讖書亦九聖所增演，何必獨以緯書爲聖賢之作。　又尚書緯曰：

孔子求書，得黃帝玄孫帝魁之書，迄於秦穆公凡三千二百四十篇。　斷遠取近，定可以爲世法者百二十篇，以百二篇爲尚書，十八篇爲中候。〔尚書敍正義引。〕

尚書中候，世以爲讖也，而尚書緯乃以爲黃帝玄孫之書，孔聖之所删定，儻如向來說法，則亦當爲緯也。　世俗以爲讖，而緯書之託者蓋以爲緯。　此又當何去何從乎，以何者之說爲標準乎。　張衡曰，「聖人之言，埶無若是，殆必虛僞之徒以要世取資」。〔後漢書本傳。〕張氏辨之是矣。〔申鑒俗嫌篇曰，「有起於中興之前終，張之徒之作乎」。　按：終，張之徒，不知誰何。　中興之前，大抵指西京哀、平之際。　云「有起於終，張之徒之作」，是終張之徒，不過無數作者之一。　前此作者，固多有之，前文詳之矣。〕「子不語怪力亂神」，亦「弗爲」「索隱行怪」。　孔子所「不語」，所「弗爲」，則游夏之徒何述焉。　至於庖犧、黃帝、文王等之不能爲讖緯，以讖緯所言多有秦漢以後名物，則又常識可以判斷者也。偏信自欺，進退失據，眞堪發笑。然此輩「虛僞之徒」，雖移讖爲緯，又從而製造仲尼及其徒所作之種種神話，以堅世人之信念，有識之士，固瞭然於其本出於「讖」也。

「緯」之稱，大氐可能早推至于昭、宣帝之世。經義考說緯曰：

識緯之書，相傳始於西漢哀、平之際，而小黃門譙敏碑稱其先故國師焦贛〔延壽〕深明典奥讖錄圖緯，能精徵天意，傳道與京君明，〔房〕，則讖緯遠本於譙氏，京氏也。

按：譙敏之稱其先人，其所依據，可能爲直接材。其所敍述，自較可信。〔參考拙譔「讖緯溯原上」辨張衡說第四項。〕焦贛昭帝時人，至元帝朝猶存。贛既深明「圖緯」，然則「圖緯」之稱，蓋早在昭、宣之世，至遲亦當在元帝時。成帝之世，亦有可考者，華陽國志卷十曰：

王延世，字長叔，資中人也。建始五年，河決東郡，氾濫兗、豫四郡三十一縣。漢史案圖緯當有能循禹之功，在犍柯之資陽。求之，正得延世。

建始者，成帝年號。如譙敏碑說，昭、宣、元之世既有「圖緯」矣，則成帝之世，故亦可信其有。

「緯」之稱雖遠自西漢中世，然稱謂猶未固定也，故又有「經讖」之目，後漢書郅惲傳曰：

上書莽，曰，臣聞天地重其人，惜其物，故顯表紀世，圖錄豫設。漢歷久長，孔爲赤制。莽大怒，猶以惲據經讖，難卽害之。

按：方士化之儒生以「讖」附經，因名爲「緯」。「經」「緯」相對之稱。今乃曰「經讖」，不曰「緯」，可知是時「緯」稱猶未甚著，故或以爲「緯」，或以爲「經讖」。卽中興以後，「緯」之一名，猶未約定俗成，故章帝建初四年詔諸儒會白虎觀，講論經義，令班固撰集其書。班于諸讖緯或直稱其篇目，〔白虎通爵篇引援神契曰，鉤命決曰，中候曰，含文嘉曰，五行篇引元命包曰。災變篇引春秋潛譚巴曰，樂稽耀嘉曰。情性篇引樂動聲儀曰。姓名篇引刑德放曰。天地篇引乾鑿度曰。崩薨篇引禮稽命徵曰。〕或曰傳，〔聖人篇引傳曰。疏證，所引傳曰，蓋兼用元命包，援神契諸緯文。五刑篇引傳曰。疏證，鉤命決之文也。五經篇引傳曰。疏證,書琁璣文也。衷服篇引傳曰。疏證,援神契文。〔槃按:三代世表褚先生引詩緯亦曰傳。〕或曰說,〔考黜篇引禮說。疏證,此禮含文嘉文也。聖人篇引禮說曰。疏證,皆含文嘉文。〕或曰讖,〔誅伐篇引孝經讖曰,春秋讖曰。辟雍篇引論語讖曰。日月篇引讖曰。〕無稱「緯」者。蓋讖書之說,流傳既久。「緯」名後起,普徧使用,故非一朝一夕之效也。

(叁) 「讖」「緯」考辨

「讖」書出於方士化之儒,故讖亦比傅經義,漢武後移「讖」作「緯」,則時勢有以使之。余所得於史籍之記載者,蓋如上。有事實在焉,請更得而證之。先言讖之託經,後漢書桓譚傳曰,「譚復極言讖之非經,〔光武〕帝大怒,曰,桓譚非聖無法。」儒林尹敏傳曰,「〔光武〕帝以敏博通經記,令校圖讖」。東觀漢紀明帝紀曰,「帝尤垂意經學,删定擬議,稽合圖讖」。此讖書之託經之一也。河圖,洛書,世以爲讖,王充,桓譚以下,言之者衆矣。〔詳上。〕然宋均云,「堯得圖書,舜禪後,演以爲考河命,題期,立象三篇。〔參考後漢書曹褒傳注引尙書帝命驗宋均注。〕「圖」卽河圖,「書」卽洛書。此所云舜演河圖、洛書成考河命等三事,相傳以屬尙書中候,考其內容如:

曰若稽古帝舜,曰重華。〔宋書禮志一高唐隆議。〕

如此之等,確爲摸擬尙書者。別有中候握河紀,中候雒予命,中候雒師謀,中候摘雒戒等,曰「河」,曰「雒」,則河圖、洛書也。中候屬書類,今中候有河洛之說,是則河圖、洛書並託於書經也。易乾坤鑿度乾鑿度曰:

古有先文,未析眞冥。先元皇介而後有垂皇策,而後有萬形經,而後有乾文緯,而後有乾鑿厇,而後有考靈經,而後有制靈圖,而後有河圖八文。〔殿本頁三。〕

上所引易緯類中有河圖八文,而今傳世輯本易緯又有易河圖數,是河圖並託於易經也。春秋類中有春秋錄圖,春秋河圖揆命篇,是河圖並託於春秋也。樂類中有樂叶圖徵,「圖」卽河圖。是河圖並託於樂經也。孝經類有孝經河圖,是河圖又託於孝經也。 洛書類中有尙書雒書，書類中有雒罪級，中候雒予命，雒師謀，摘雒貳，詩類中有摘雒謠。「雒」，雒書也。 是雒書並託於書經與詩經也。 古微書賁居子曰，七緯皆祖河圖洛書。

古微書河圖緯，賁居子曰，自前漢世有河圖九篇，洛書六篇，云自黃帝至周文王所受本文。 又別三十篇，云自初起至於孔子，九聖增益，以演其意。蓋七緯之祖本也。

不誤也。 「讖」之託經，二也。 張衡疏嘗稱春秋讖、詩讖：

後漢書張衡傳，上疏曰，春秋讖云，共工理水，凡讖皆云黃帝伐蚩尤，而詩讖獨以爲蚩尤敗然後堯受命。

范書言張純「案七經讖」〔本傳〕，而古微書易類有九厄讖，尙書類有洪範讖，張彥遠歷代名畫記所引有孝經圖讖，魏志文帝紀注有易運期讖，春秋玉版讖。而班固白虎通亦引春秋讖、孝經讖。〔卷四誅伐。〕 是不獨張疏范書以左右六經者爲「讖」，卽「讖」「緯」作者亦未嘗不自以爲「讖」，班氏亦未嘗不稱之爲讖。諸經皆有經讖，是讖亦託經。 三也。

讖書旣託經矣。 取讖爲緯，事至輕易。 緯之從讖，其例綦繁，略示數事以明之。 易緯通卦驗上曰：

河出龍圖，授帝，戒曰，帝迹術威，其與候房精謀。〔殿本頁三。〕

易緯是類謀曰：

雒書靈准聽曰，天以變化，地以紀州，人以受圖。〔殿本頁一。〕

又曰：

河龍、洛圖、龜書，聖人受道眞圖者也。〔殿本頁三。〕

易緯乾鑿度下曰：

洛書摘六辟曰，建紀者，歲也。〔殿本頁九。〕

又曰：

洛書靈准聽曰，八九七十二，錄圖起。〔殿本頁十四。〕

書緯運期授曰：

河圖曰，倉帝之治。〔詩文王敍正義。〕

書緯琁璣鈐曰：

孔子曰，五帝出受錄圖。〔文選功臣頌注引。〕

以上諸緯書均爲河圖〔或曰錄圖〕，洛書說法。河圖，洛書，固後世所謂讖書者也。緯書引讖，是緯同於讖也。亦有緯書不明言引讖而鄭注直以爲讖者，易緯乾鑿度下曰：

別序聖人，題錄興亡州土名號姓輔叐符。——鄭注，言孔子將此應之而作讖三十六卷。〔殿本頁九。〕

易緯是類謀曰：

攝提招紀格，如別甲子，賔歲，離樞推以却步，歷試自苞者。——鄭注，離當歷樞，卒却步，謂推來歲之數，讖自苞在其中矣。〔殿本頁二。〕

易緯通卦驗曰：

叢言隱怪。——鄭注，隱怪，相率爲讖也。〔逸書考引淸河郡本。〕

鄭氏以讖釋緯，是謂讖緯一體也。如以此爲後來觀念，非古也，則不知所謂緯書固明引讖說，易緯乾鑿度下曰：

孔子曰，丘按錄圖讖，論國定符。〔殿本頁十五。〕

自然之讖，推引相拘。〔同上十六。〕

易緯是類謀曰：

重瞳之新定錄圖有白顓頊帝紀世讖。〔殿本頁三。〕

錄圖世讖易管喪。〔同上頁八。〕

緯書之援引讖書，或明言，或不明言，如此之類，未易悉數。反之，七經緯三十六篇之外向來視爲讖書者，未嘗見其著錄緯書之名也。緯引讖，讖故不引緯。即憑此事，余固得謂緯出於讖，況乎讖在緯前，歷史之所指示又如拙譔「讖緯溯原上」之所述者邪。

移讖爲緯，爲緯造說，後世不能辨者，蓋有之矣。然讖之爲讖，不難覆按而知之也。若從其移甲就乙之稱，則是緯矣。從其實而驗之，則猶是讖也。或以爲讖，或以爲緯，各據所見，各爲其書而稱焉，不妨也。如「世稱緯書仲尼之作」，荀悅之言也，而鄭玄注易緯是類謀云：

能思孔子所作讖書之修以責己，帝王遂依此道，則可以自正也。〔殿本頁八。〕

猶是此書也，或曰孔子之「緯」，或曰孔子之「讖」，悅又曰：

世稱緯書，仲尼之作也。臣悅叔父故司空爽辨之，蓋發其僞也。〔申鑒同上。〕

後漢書爽傳：

又作公羊問及辯讖。

所辨者，一書也，悅以爲「緯」，而傳以爲「讖」。楊震碑云：「明尚書歐陽，河洛圖緯」。後漢書儒林景鸞傳云：「兼受河洛圖緯」。是以河洛之書爲「緯」也。而東觀漢記郊祀志乃以爲「讖」，曰：

謹案河洛讖書。

後漢書儒林蘇竟傳，善「圖緯」，而蘇曉劉龔書乃曰。「圖讖之占，衆變之驗」。以「圖緯」與「圖讖」互文，是「圖讖」卽「圖緯」也。袁術所惑者，後漢書以爲「讖」。

袁術傳，又少見讖書，言代漢者「當塗高」，自云名字應之，遂有僭逆之謀。

而三國志孫策傳注以爲「圖緯」：

孫策傳，時袁術僭號，策以書責而絕之。——注，吳錄載策使張紘爲書，有云，世人多惑於圖緯而牽非類，合文字，以悅所事。

是「讖」卽「圖緯」，「圖緯」卽「讖」也。魏王受禪之際，李伏上表，語涉「符讖」，而劉、辛等以爲「圖緯」。

魏志文帝丕注，獻帝傳載禪代衆事，曰，左中郎將李伏表魏王曰，昔先王初建魏國，在境外者，聞之未審，皆以爲拜王。武都李庶，姜合謂臣曰，必爲魏公，未便王也。定天下者，魏公子桓。神之所命，當合符讖，魏王侍中劉廙，辛毗，劉曄等言，臣伏讀左中郎將李伏上書事，考圖緯之言，以效神明之應。

是「符讖」卽「圖緯」「圖緯」卽「符讖」也。假曰，其人其書不同，各自爲說，不無傳聞異辭也。則後漢書亦「讖」與「圖緯」互言矣，張衡傳曰：

> 初，光武善讖，及顯宗、肅宗，因祖述焉。自中興之後，儒者爭學圖緯，兼復附以訞言。衡以圖緯虛妄，非聖人之法。

以「讖」與「圖緯」互文，是「讖」即「圖緯」，「圖緯」即「讖」也。鄭玄傳曰：

> 以戒子益恩曰，時覩祕書緯術之奧。五年春，夢孔子告之，曰，起，起，今年歲在辰，來年歲在巳。既寤，以讖合之，知命當終。

以「緯術」與「讖」互文，是「緯術」即「讖」，「讖」即「緯術」也。儒林薛漢傳：

> 尤善說災異讖緯，建武初爲博士，受詔校定圖讖。

以「讖緯」與「圖讖」互文，是「讖緯」「圖讖」一也。假曰，著後漢書者范。范爲宋人，離於東京之世，亦已遠矣，其於讖緯之分，或致誤會。則請觀三國時人之說。按：蜀志先主備傳，劉豹，向舉等曾勸備爲帝，其引證之書有河圖，洛書與五經讖緯，而許靖、糜竺、諸葛亮等以爲「圖讖」。或「讖記」，或「讖緯」。傳曰：

> 羣下前後上書者八百餘人，咸稱述符瑞圖讖明徵。今上天告祥，羣儒英俊並進，河、洛、孔子讖記咸悉具至。考省靈圖，啓發讖緯，神明之表，名緯明著，宜即帝位。〔劉豹，向舉等說引見下。〕

是「讖」即「圖緯」，即「讖記」，即「讖緯」也。東漢至三國爲讖緯極盛時代，而諸葛亮又爲湛深學問之名臣，其言自不誤。然則范書亦必有據矣。夫必其書有二名，而後可以上下互文，此行文常法，人之所知者也。緯書二名之例，故有可以指實者，蜀志先主備傳，故議郎陽泉侯劉豹，青衣侯向舉等上言：

> 臣聞，河圖洛書，五經讖緯，孔子所甄，驗應自遠。謹案洛書甄曜度曰，〔略。〕洛書寶號命曰，〔略。〕洛書錄運期曰，〔略。〕孝經鉤命決錄曰，〔略。〕圖書曰。〔略。〕

所謂「河圖洛書」，「五經讖緯」，試將原文連上下而讀之，則甄曜度、寶號命、錄運期三書，當入洛書類。得列於五經讖緯類者，當爲孝經鉤命決。是鉤命决一書而兼有「讖緯」之稱也。晉摯虞決錄注「辛繕，字公文，治春秋讖緯。光武徵，不至」。〔御覽九一六引。〕「讖緯」並稱，此又一例也。或疑一經之中有讖，有緯，故統之以「讖緯」。非也。「讖」「緯」之分，蓋始於隋志，學者信之，則不知此實後出之名也。隋志以三十六篇者爲「緯」。志曰：

又有七經緯三十六篇，並云孔子所作。

此七經緯之目，隋志闕，李賢注後漢書樊英傳有之。傳言英「善風角，星算，河洛，七緯」。注曰：

七緯者，易緯稽覽圖，乾鑿度，坤靈圖，通卦驗，是類謀，辨終備也。書緯璇璣鈐，考靈耀，刑德放，帝命驗，運期授也。詩緯推度災，氾歷樞，含神務也。禮緯含文嘉，稽命徵，斗威儀也。樂緯動聲儀，稽耀嘉，叶圖徵也。孝經緯援神契，鉤命決也。春秋緯演孔圖，元命包，文耀鉤，運斗樞，感精符，合誠圖，考異郵，保乾圖，漢含孳，佐助期，握誠圖，潛潭巴，說題辭也。

賢注七緯之目，不知何本。數目止三十五篇，持校隋志亦有出入。隋志云：

其書出於前漢有河圖九篇，洛書六篇，云自黃帝至周文王所受本文。又別有三十篇，云自初起至於孔子，九聖之所增演，以廣其意。又有七經緯三十六篇，並云孔子所作。幷前合爲八十一篇，而又有尚書中候洛罪級，五行傳，詩推度災，記曆樞，含神務，孝經勾命決，援神契，雜讖等書。

孝經勾命決，援神契，詩推度災，氾曆樞，含神務，以上五事，隋志敍在七經緯三十六篇之外，而李賢注均納之七經緯中。即此一端，可見所謂「讖」「緯」，去取之間，彼此漫無標準，各以己意爲之。唯其如此，故賢注三十六緯之目，東拼西湊，無以充其數，故止於三十五篇也。

以三十六篇爲「緯」，隋志已前，未有聞焉。三十六緯之篇目，李賢注以前，亦未有聞焉。

張衡云「河洛五九，六藝四九」。〔後漢書本傳注引衡集上事。〕四九三十六，與隋志所言，數目相應。然未始以爲「緯」也。鄭玄乾鑿度下注且以爲「讖」，曰，「孔子將此歷之而作三十六讖」。〔殿本頁九。〕

七緯三十六篇，隋志稱「七經緯」，後來簡稱則曰「七緯」。「七經緯」三十六篇，鄭玄以爲三十六「讖」，旣有如上所言，而「七經緯」亦可以稱「七經讖」，張純傳云，「迺案七經讖」，是也。〔後漢書本傳。案：純於哀、平間爲侍中。案七經讖則在建武之二十六年，早於樊英五世。〕

或疑「七經緯」與「七經讖」，蓋非一事，必當時於「七經緯」之外別有書曰「七經讖」者。應之曰，「經緯」，「經讖」，是，非二。如琁璣鈐，章懷注所謂「書緯」也，而漢明帝以爲「圖讖」。東觀漢記明帝紀曰：

詔曰，尙書琁璣鈐曰，有帝漢出，德洽，作樂名予。其改郊廟樂曰太予樂，樂官曰太予樂官，以應圖讖。

詔前引書緯琁璣鈐說，下云「以應圖讖」，是以書緯琁璣鈐爲「圖讖」。而曹褒則以爲「讖記」。後漢書曹褒傳：

〔明〕帝問制禮樂云何，〔褒父〕充對曰，河圖括地象曰，有漢世，禮樂文雅出。尙書琁璣鈐曰，有帝漢出，德洽，作樂名予。帝善之。〔章帝〕元和二年，下詔曰，河圖稱赤九會昌，十世目光，十一目興。尙書琁璣鈐曰，述堯理世，平制禮樂，放唐之文。〔注：緯本文——槃按指尙書緯琁璣鈐文——云：使帝王受命，用吾道，述堯理代、平制禮，放唐之文，化洽作樂，名斯在。〕予末小子，託於數終，曷目纘興，崇弘祖宗，仁濟元元。帝命驗曰，順堯考德，題期，立象。每見圖書，中心恧焉。〔章帝〕章和元年，命小黃門持班固所上叔孫通漢儀十二篇，敕褒曰，今宜依禮條正，使可施行。褒旣受命，迺次序禮事，依準舊典，雜目五經讖記之文，撰次目爲百五十篇。

前引書緯琁璣鈐及帝命驗說，下云「五經讖記之文」，是以書緯琁璣鈐及帝命驗爲「五經讖記」之類也。春秋緯曰，「公羊全孔經」。〔初學記文部引演孔圖。〕又曰，「傳我書者，公羊高也」。〔公羊敍疏引說題辭。〕公羊說與春秋緯同者極多，例如：

公羊，隱元年春王正月。元年者何，君之始年也。

春秋緯元命苞，元年者何。元宜爲一。謂之元何，曰，君之始年也。

〔文選東都賦注。〕

×××　　×××　　×××　　×××

公羊，莊十年秋九月，荆敗蔡師於莘，以蔡侯獻舞歸。　荆者何，州名也。州不若國，國不若氏，氏不若人，人不若名，名不若字，字不若子。　蔡侯獻舞何以名，絕。　曷爲絕之，獲也。　曷爲不言其獲，不使夷狄之主中國也。

春秋緯說題辭，北斗七星有政，春秋亦以七等宣化。〔公羊莊十疏。〕

春秋緯運斗樞，春秋設七等之文，以貶絕錄行，應斗屈伸。〔同上。〕

又曰。抑楚言荆，不使夷狄主中國。〔同上。〕

春秋緯既云公羊傳孔經，公羊與春秋緯說信多合，是公羊善於緯也，而鄭君六藝論乃曰，「公羊善於讖」。　荀爽不滿公羊，蓋不滿公羊之惑於緯說也，而爽傳乃曰，「作公羊問及辯讖」。〔引見上。〕　是春秋緯又名「讖」也。　後漢書明帝紀，七年，詔曰：

朕以無德，奉承大業，而下貽人怨，上動三光，日食之變，其災尤大，春秋圖讖，所爲至譴。

按：春秋緯中多有日蝕之說，如：

運斗樞，人主自恣，不循古，逆天暴物，禍起，則日蝕。〔古經日占五。〕

保乾圖，日蝕，主行蔽明壅塞。　改身修政，乃黜不法。　又曰，日蝕治亂。〔同上。〕

感符經，日蝕婁，則王者郊祀不時，天下不和，神靈不享，小臣不忠，責在大臣。〔同上日占六。〕

潛潭巴，丙戌日蝕，臣憎主，獄不理，多冤訟。〔同上。〕

明帝所指，不知何篇，但其爲春秋緯蓋甚明，而明帝詔乃以爲「春秋圖讖」，是春秋緯又可以名「圖讖」也。　魏志文帝傳注引獻帝傳曰：

輔國將軍淸苑侯劉若等百二十八人上書，曰，伏惟陛下〔丕〕違經讖之明文，信百氏之穿鑿，非所以奉答天命。

按：此所謂「經讖」明文，蓋即指太史丞許芝等所奏上者。　注引獻帝傳曰：

太史丞許芝條魏代漢見讖緯於魏王曰，春秋漢含孳曰，漢以魏，魏以徵。

春秋玉版讖曰，代赤眉者，魏公子。　春秋佐助期曰，漢以許昌失天下。　佐助期又曰，漢以蒙孫亡。　孝經中黃讖曰，日載東，絕火光，不橫一，聖聰明，四百之外，易姓而王。　此魏王之姓諱著見圖讖。〔略〕

春秋漢含孳，春秋佐助期，世固以為春秋緯也，劉若等以為「經讖」，而許芝等則以為「圖讖」。　蜀人周羣亦謂春秋佐助期為「春秋讖」。　蜀志周羣傳：

巴西閬中人也。　父舒；時人有問，春秋讖曰，代漢者，當塗高。　此何謂也。

按：周引春秋讖云云，春秋佐助期之文也。〔見魏志文帝傳注。〕　春秋佐助期，亦世所謂春秋緯也。　今周羣乃以為「春秋讖」。　合誠圖，亦所謂春秋緯也，然易緯乾鑿度下云：

欲所按合誠。〔殿本頁十四。〕

鄭注：

此人心之合誠，春秋讖卷名也。

是鄭固以合誠圖為春秋讖也。　然則由此類推，所謂七經緯即三十六緯，蓋自隋志倡之。　三十六緯之篇目，蓋自李賢樊英傳注籍之。　以後始為固定之稱。　隋志與李注已前，或「讖」，或「緯」，或「讖緯」並稱，無乎不可也。

他人之稱不拘壹是，固如此矣，而讖緯家自名其書，亦何莫不然，如易類既有「易緯」矣，又有「易九厄讖」。　詩類既有「詩緯」矣，又有「詩讖」。　春秋既有「春秋緯」矣，又有「春秋讖」。　論語既有「論語緯」矣，又有「論語讖考讖」，「陰嬉讖」等。　將曰，同為託經，或曰「讖」，或曰「緯」，蓋純駁有別，故立名亦異。　此望文生義之言也。「讖」「緯」同實異名，故或以為「讖」，或以為「緯」爾。

本文暨「讖緯溯原上」篇，並承友人丁梧梓先生有所是正，衷心銘感，要着處並隨文注明，以示不敢掠美之意。

三十一年十月八日記於山院。

出自第十一本(一九四四年九月初版，一九四七年七月再版)

讖緯溯原上

陳槃

讖緯中所載迷信之說，前古多有之。〔別詳拙譔「論讖緯與古代思想之關係」。〕然前古雖亦有此迷信，不可謂此卽讖緯也。〔此處承孟眞師啓示。〕所謂讖緯，槃以爲當溯原於騶衍及其燕齊海上之方士。史記孟荀列傳言：

騶衍睹有國者益淫侈，不能尙德，若大雅整之於身，施及黎庶矣，乃深觀陰陽消息而作怪迂之變，終始大聖之篇十餘萬言。其語閎大不經，必先驗小物，推而大之，至於無垠。先序今以上至黃帝，學者所共術，大並世盛衰，因載其禨祥度制，推而遠之，至天地未生，窈冥不可考而原也。先列中國名山、大川、通谷、禽獸、水土所殖，物類所珍，因而推之及海外，人之所不能睹。稱引天地剖判以來五德轉移，治各有宜，而符應若茲。以爲儒者所謂中國者，於天下乃八十一分居其一分耳。中國名曰赤縣神州，赤縣神州內自有九州，禹之序九州是也。不得爲州數。中國外如赤縣神州者九，乃所謂九州也，於是有裨海環之，人民禽獸莫能相通者，如一區中者，乃爲一州。如此者九，乃有大瀛海環其外，天地之際焉。其術皆此類也。然要其歸必止乎仁義節儉，君臣上下六親之施。始也濫耳。王公大人初見其術，懼然顧化，其後不能行之。於是騶子重於齊。適梁，梁惠王郊迎。〔胡適之先生云，騶衍大抵與公孫龍同時，不及見梁惠王。——詳中國哲學史大綱上頁三五六。〕適趙，平原君側行，襒席。昭王擁彗先驅，身親往師之。〔頡剛師云：騶遊燕，大約不在昭王初立時。——詳五德終始說下的政治和歷史第二章。〕作主運。〔槃按：上云終始大聖之篇十餘萬言，此云作主運，似是二書。 封禪書云，論著終始五德之運，則是將終始五德及主運二者合而一之。 蓋二書名雖不同，內容則一。集解引如淳曰，今其書有五德終始。 文選魏都賦注引七略曰，鄒子有終始五德。 而漢書藝文志所著錄者則鄒子四十九篇，鄒子終始五十六篇。 各家所見又互異如此。〕

如孟荀列傳所述騶書內容，則與吾人現在所見之讖緯，並無二致，謂史公所述即爲整部讖緯之大綱扼要，未嘗不可。〔詳後。〕後來呂氏春秋之所謂「綠圖」及燕齊海上方士盧生等〔盧生，燕人，而其入海則齊地。 封禪書直以燕齊海上方士爲辭，可知此等方士是一流人，地域雖殊，性質無別。〕 所奏上之「錄圖書」，皆從騶書蛻變而出。 呂氏春秋二十觀表篇曰：

人亦有徵，事與國皆有徵。 聖人上知千歲，下知千歲，非意之也，蓋有自云也。 綠圖幡薄，從此生矣。

按：此之所謂「綠圖」與盧生等之所謂「錄圖書」，蓋同爲方士所託。 所謂讖書，此其朔也。 史記秦始皇本紀曰：

三十二年，始皇巡北邊，從上郡入，燕人盧生使入海還，以鬼神事，因奏錄圖書，曰，亡秦者胡也。〔正義，鄭玄曰，胡，胡亥也，秦二世名也。 秦見圖書，不知此爲人名，反備北胡。 槃按：此事湊巧。 胡之爲中國患，舊矣。 意者騶書其要歸於仁義節儉，君臣上下六親之施以及黎庶，由是而託之圖書，蓋主文譎喻，本在備北胡，後來秦竟以胡亥亡，迷信之輩傅合其事，遂謂圖書有靈。 恐託圖書者始料固不及此。〕擊匈奴，略取河南地。

此始皇三十二年之「錄圖書」，方士所奏上，即方士所飾。 呂氏春秋中之「綠圖」不言託之方士，知其實爲一類書者，因呂氏書常引用騶氏終始五德之說。 騶固爲方士所祖，「錄圖書」即從此而出。 呂氏書既樂道騶說，〔詳後「終始大聖之篇與河圖對照表」「備考」文。〕 又稱「錄圖」之所以「生」，故知此「綠圖」與騶衍之徒燕齊海上方士所奏之「錄圖書」是同一性質之書矣。

「錄圖」或稱「錄圖書」，亦名「河圖」，〔以下並質稱「河圖」。〕故秦本紀曰，「錄圖書曰，亡秦者胡。」 而論衡實知篇以爲「亡秦者胡，河圖之文。」

〔別詳本刊第十本第三分拙譔「古讖緯書錄解題四種」「綠圖」篇。〕 始皇之爲人也，好大喜功，旣幷天下矣，則冀萬世長享與夫神仙方道。 方士所託河圖，以爲唯受命天子能有之，故曰，「河圖，命紀也，圖天地帝王終始存亡之期，錄代之矩」。〔文選永明十一年策秀才文李注引尚書璇璣鈐。 按：雒書雺准聽曰，「顧命云，天球，河圖在東序。 天球，寶器也。 河圖，本紀圖帝王終始存亡之期」。——文選褚淵碑文李注曰，王隱晉書引。——據此，知尚書璇璣鈐此條爲不完之文。又，此云河圖，是指周之河圖。 實則周之河圖與方士所託之河圖，完全二事。方士此說，應視爲自道其書。 周之河圖，不如是也。 說見下。〕 又曰，「天子執圖書。 諸侯得之，大權成」。〔同上晉紀總論注引春秋演孔圖。〕 此正始皇所求之而不得者，於是河圖遂應時出矣。

復次，尚書璇璣鈐所謂河圖「圖天地帝王終始存亡之期」，此卽騶書之主要內容。 騶書得名，亦卽以此。 今曰「終始」云云，則騶書名義亦在其中矣。 所謂「錄代之矩」、「矩」者，成法，此卽騶書「先序今以上至黃帝，大並世盛衰，因載其禨祥度制」之用意。 河圖與騶書名實相應如此，河圖託於方士，而騶書又爲方士之所祖，此其驗矣。 然此不過其一端耳。 以河圖與騶書比較，無弗相應者。 例如下表。

或質之曰，「綠圖」、「河圖」之目，上世有之，墨子非攻下，「武王伐殷有國，河出綠圖。」 書顧命，「河圖在東序。」 此其例也。 上世旣有之矣，何必自海上方士之徒始耶。 應之曰，非也。 古之所謂河圖，與方士所託之河圖，名同而實則異也。 方士之河圖故與騶書名實相應，旣如上述，而古河圖不然也。所謂古河圖，蓋寶石之類之有紋理者。 歷世傳以爲國寶，故康王之踐阼也，河圖與夷玉，天球之屬，並陳東序。〔參考周書顧命。〕 然此河圖之紋，殆甚單簡，故易繫辭雖極言其神，不過曰，「河出圖」，「聖人則之」，以畫八卦。 所「則」者固不止一事，「仰則觀象於天，俯則觀法於地，觀鳥獸之文與地之宜，近取諸身，遠取諸物，於是始作八卦」。 八卦旣簡易矣，而八卦之取「則」於河圖者又如此微乎其微，是故古河圖之爲何物，可知也。〔河圖傳說別詳拙譔「河圖解題」。〕 此爲河圖史上一絕大關鍵，明乎此，庶不致爲方士之徒所紿。〔桓譚新論，「讖出河圖、洛書，　但有兆朕而不可知。　後人妄復增加依託」。——意林引——此似亦是謂古河圖與後來之河圖不同，古河圖單簡，但有兆朕。　後人之所依託者則吉凶禍福，文辭稠疊。　然桓氏此文簡略，義指殆不能確定，則亦不必強人從我。　聊復錄之而已矣。〕

方士之所謂河圖，統名也，其篇目則有河圖祕徵，河圖帝覽嬉之等，不下數十事。　展轉相襲，蓋不出一人一時之手。　封禪書曰：

騶衍以陰陽主運顯於諸侯，而燕齊海上之方士傳其術，不能通，然則怪迂阿諛苟合之徒自此興，不可勝數也。

讖緯之書，愈後而篇目愈繁，封禪書此文，卽爲其最佳之說明。　騶書亡而求之於圖書，火盡薪傳，雖謂騶書不亡，可也。　茲爲騶書揭櫫宏綱，試與河圖之屬作對照表如下。

終始大聖之篇與河圖對照略表

	河　　圖	備　　考
終始大聖之篇	〔讖緯諸書，互相剽襲。　輯本不完，有河圖旣闕而他讖尙殘存者，低二格書之，不妨合而觀之也。〕	
先序今以上至黃帝，學者所共術，大並世盛衰。	黃帝攝政，有蚩尤兄弟八十一人，並獸身人語，銅鐵額，食沙石子，造五兵仗，刀戟，大弩，威振天下。萬民欽命黃帝行天子事。　黃帝以仁義，不能禁止蚩尤，乃仰天而嘆。　天遣玄女下授黃帝兵符。〔史記五帝本紀正義引龍魚河圖。　此以下均據黃氏逸書考本移錄，取其便以示例而已。　持校逸書考所據原書，間有出入，然無乖大義，校記茲故從略焉。〕 　　初、堯在位七十載矣，見丹朱之不肖，不足以嗣天下，乃求賢以巽於位，至夢長人見而論治。〔路史有虞紀引尙書緯。〕 　　〔舜〕褒賜羣后，爵當有分、稷、契、皐陶、益土地。〔詩崧高序正義引中候考河命。〕 　　〔又〕欽翼皇象，建皇，授政，改朔。〔宋書禮志一引同上。 夏禹所治四海，內地東西二萬八千里，南北二萬六千里。　有君長之州有九阻，中土之文德及而不治。〔古微書引河圖括地象。〕 　　夏桀無道，殺關龍逢，絕滅皇圖，壞亂厤紀，殘賊天下，賢人逃遁，淫色嬗易，不事祖宗。〔御覽皇王部七引尙書帝命驗。〕 　　諸鄰國襁褓負歸德。　湯東觀於雒，云寡人愼機。湯降三分璧、沈於雒水。〔北堂書鈔祭祀總載引中候雒子命。〕 　　蒼帝姬昌，日角，鳥鼻，身長八尺二寸，聖智慈理，以成草木之長，而順天時。　萬物不失其性，天下不失其時。〔古微書引雒書靈准聽。〕	舉例止於三代。　列國以下盛衰，文繁不具錄。

因載其讖祥度制。	黃帝修兵革，以德行，則黃龍至，鳳皇來儀。〔五行大義論五帝第二一引禮含文嘉。〕 黃帝師於風后，風后善於伏犧之道，故推演陰陽之事。〔後漢書張衡傳注引春秋內事。〕 風后曰，予告汝帝之五旗，東子法青龍，曰旍。南方法赤鳥，曰旐。西方法白虎，曰旟。北方法玄蛇，曰旂。中央法黃龍，曰常。〔御覽三四零引河圖〕。 帝嚳駢齒，上法日參，秉度成紀，以理陰陽。〔古微書引河圖握矩記。〕 堯德匪懈，醴泉出。〔玉海祥瑞門引禮含文嘉。〕 堯將歸功於舜，乃齋戒於河洛，有五老相謂曰，河圖將來，告帝以期。知我者，重瞳黃姚。〔清河郡本引河圖祿運法。〕 有人方面，日衡，重華，握石椎，懷神珠，璿璣，玉衡，以齊七政，歷象日月星辰。正月上日，舜受終，鳳皇儀，黃龍感，朱草生，蓂莢孳，西王母授益地圖。〔古微書引雒書靈准聽。〕 禹卑宮室，垂意於溝洫，百穀用成，神龍至，靈龜服，玉女敬養，天賜妾。〔御覽皇王部七引禮含文嘉。〕 禹時，星纍纍如貫珠，炳炳如連璧。〔御覽天部六引孝經鉤命決。〕 帝命伯禹曰，告汝九術五勝之常，吾克之。汝能從之，汝師徒將興。〔說郛五引河圖握矩記。〕 桀無道，夏出霜。〔說郛五引尚書帝命驗。〕 紂時，十日雨土於亳，紂卒國滅。〔御覽咎徵部四引中候維師謀。〕 梓化爲柏，以告文王。文王幣告羣臣與發，並拜吉夢。〔清河郡本引中候我應。〕 赤鳳皇銜書，游文王之都。書文曰，殷帝無道，虐亂天下。星命已移，不得復久。靈祇遠離，百神吹去。五星聚房，昭理四海。〔古微書引雒書靈准聽。〕	三代以下讖祥如白虹貫牛山，管仲諫曰，無近嬖宮，君恐失權〔漢書楊賜傳注引春秋文耀鉤。〕之類，例多不具舉。

推而遠之，至天地未生，窈冥不可考而原也。	易有太極，是生兩儀。 兩儀未分，其氣混沌。 淸濁既分，伏者爲天，偃者爲地。〔古微書引河圖括地象。〕 天地未分之前有太易，有太初，有太始，有太素，有太極，是爲五運。 形象未分，謂之太易。 元氣始萌，謂之太初。 氣象之端，謂之太始。 形變有質，謂之太素。 質形已具，謂之太極。 五氣漸變，謂之五運。〔劉仲逵鴻書天文部引孝經鉤命決。〕 一塊之物，目〔曰〕地。 一烝之氣，〔鄭注，——下同——蔀也。〕 名混沌。 一氣分萬鬻。〔鬻也，萬性之物，分聲其形體也。〕 是上聖鑿破虛無，斷氣爲二，緣物成三，天地之道不鬻。〔鬻者，息絕。〕 黃帝曰，覩上古聖，驅駉元化，〔駉，動也，急也，不住也。〕 劈楷萬渠，〔晉不息。〕 徒得爲懸訓，究體諜〔訓，認識也。〕 元，鬃頭浚澳，作沐懸心，輪薄不息，以啓三光。上飛箭風雨，下竉〔突字。〕 滸河沱，〔聖人輪薄智惠，頭大道理，開三光明，上躍風雨，下竉滸河沱。 沱者，江名，若上下不止息也。〕 得元氣澄，陰陽正，易大行，萬渠生。〔易乾坤鑿度乾鑿度。〕 有巨靈者，偏得元神之道，故與元氣一時，生混沌。〔御覽一引遁甲開山圖。〕 有巨靈胡者，偏得坤元之道，能造山川，出江河。〔文選西京賦注引同上。〕	
先列中國名山，大川，通谷，禽獸，水土所殖，物類所珍。	少室之山，大竹堪爲釜甑。〔御覽九六二引孝經河圖。〕 少室山有白玉膏，服即成仙。〔事類賦山引河圖。〕 流川多積石，名琨珸石，鍊之成鐵。 以作劍，光明如水精。〔史記司馬相如傳注引河圖。〕 太湖中洞庭山林屋洞天，即禹藏眞文之所，一名包山。吳王闔閭登包山之上，命龍威丈人入包山，得書一卷，凡一百七十四字。〔古微書引河圖絳象。〕 崐崘之墟有五城十二樓，河水出焉，四維多玉。〔古微書引河圖括地象。〕 岐山在崐崘山東南，爲地乳。 上多白金。 周之興也，鸑鷟鳴於岐山。 時人亦謂岐山爲鳳凰堆。〔御覽四十引河圖括地象。〕 黃河出自崐崘山東北角剛山東，以流。 北流千里，折西而行，至於南山。 南流千里，至於華山之陰。 東流千里，至於植雷。 北流千里，至於下津。 河水九曲，長者入於渤海。〔濟河郡本引河圖祿運法。〕	

因而推之及海外，人之所不能睹。	夫九州之外，是爲八夤。 八夤，東南興區曰無澤，南方〔曰〕大營曰浩澤，西南墳資曰丹澤，西方九區曰泉澤，西北大夏曰海澤，北方大冥曰寒澤，東北無通曰南澤，東方大諸曰少澤。 夫八夤之外，是爲八紘，東南大窮曰衆女，〔舊注——下同——陰氣內蓄，陽氣始生，故多衆女。〕 西南都廣曰反戶，〔戶皆南向，居此之下，戶相迎設，故曰反戶。〕 西南焦僥曰炎土，〔焦僥，人之最小者。 炎土，火也。〕 正西金丘曰沃野，西北一目曰沙所，〔沙所，掘土而居也。〕 北方積冰曰委羽，〔委羽，羽者，受其極陰之氣則不能飛。其人不織而衣，不耕而食，蓋壽域之地。〕 東北和丘曰荒土，東方棘林曰桑野，〔東方有扶桑之樹，日出則桑順雞鳴而天曙，故名桑野。〕 夫八紘之外，是爲八極。 八極之弘，東西二億三萬三千里，南北二億三萬一千五百里。 〔淸河郡本引河圖括地象。〕	
	龍池之山，四方高，中央有池，方七百里。 羣龍居之。 多五華樹，羣龍食之。 去會稽四萬五千里。〔淸河郡本引同上。〕	
	丁零之民，地寒，穴居，食土及禽獸之肉。 神丘有火，光照千里。 去瑯琊三萬里。〔同上。〕	
	天毒國，最大暑熱，夏草木皆乾死。 民惡熱，善沒水以避暑。 將暑，入寒泉之下。〔御覽三四引同上。〕	
	大人國，其民孕三十六年而生兒。 生兒長大，能乘雲。 蓋龍類。 去會稽四萬八千里。〔御覽三六，引同上。〕	
	崑崙以西得焉波國，有人長一丈，大九尺，踐龜蛇，戴朱鳥，左憑靑龍，右按白虎，知河海斗斛，識山石多少，通天下鳥獸言語，明百穀草木鹹味甘苦，名爲無不達。〔淸河郡本引河圖玉版。〕	

稱引天地剖判以來，五德轉移，而符應若兹。	黃帝名軒，北斗黃神之精。母，地祇之女附寶，之郊野，大電繞斗樞，星耀，感附寶，生軒。胸文曰，黃帝子。〔御覽七九引河圖握矩記。〕 黃帝起，大螾見。〔古微書引河圖。〕 擣杌之神，見於邳山。有人牽白狼銜鉤而入商朝。金德將盛，銀自山溢。〔古微書引洛書靈準聽。〕 白鳩，成湯時至。〔繹史商紀引禮含文嘉。〕 文王比隆興，始霸，伐崇，作靈臺，受赤雀丹書，稱王制命，示王意。〔詩大雅文王正義引易是類謀。〕 武王赤烏，穀芒應。周尚赤。〔詩思文正義引禮緯。〕	終始五德次序，據文選魏都賦注引七略曰，「鄒子有終始五德，從所不勝，土德後，木德繼之，金德次之，火德次之，水德次之。」其事甚略。孟荀傳集解引如淳曰，「今其書有主運，五行相次轉用事，隨方向爲服。」呂氏春秋應同篇曰，「凡帝王者之將興也，天必先見祥乎下民，黃帝之時，天先見大螾、大螻。黃帝曰，土氣勝。土氣勝，故其色尚黃，其事則土。及禹之時，天先見草木秋冬不殺。禹曰，木氣勝。木氣勝，故其色尚青，其事則木。及湯之時，天先見金刃生於水。湯曰，金氣勝。金氣勝，故其色尚白，其事則金。及文王之時，天先見火，赤烏銜丹書集於周社。文王曰，火氣勝。火氣勝，故其色尚赤，其事則火。」馬國翰曰，案文選魏都賦李善注引七略云云，呂覽所述，蓋鄒子佚文也。〔玉函山房輯佚鄒子。〕槃按，讖緯遺文，唯夏爲木德說無可考，其餘三德，故有可以與呂氏春秋相印證者，馬說不誤。又按封禪書，「始皇已幷天下而帝，或曰，黃帝得土德，黃龍，地螾見。夏得木德，青龍止於郊，草木暢茂。殷得金德，銀自山溢。周得火德，有赤烏之符。今秦變周，水德之時。於是秦更命河曰德水，色上黑。」此說始皇者，方士之流。所據者，鄒書。呂氏春秋與讖緯之說，亦出鄒子之徒，故爾三者切合。封禪書又云，「騶子之徒論著終始五德之運，及秦帝而齊人奏之，故始皇采用之。」方士之說原本騶書，此其明證矣。

以爲儒者所謂中國者，於天下乃八十一分居其一分耳。 中國名曰赤縣神州，赤縣神州內自有九州，禹之序九州是也。不得爲州數。 中國外如赤縣神州者九，乃所謂九州也。 於是有裨海環之，人民禽獸莫能相通者，如一區中者，乃爲一州。 如此者九，乃有大瀛海環其外，天地之際焉。	天有九部，八紀。地有九州，八柱。〔初學記引河圖。〕 凡天下有九區，別有九州。中國九州名赤縣神州，即禹之九州也。上云九州，八柱，即大九州也，非禹貢赤縣小九州也。〔同上。〕 玄州，在北海中，地方三千里，去南岸十萬里。上有玄〔著〕，玄澗。澗水如蜜味，服之長生。〔御覽地部二四引龍魚河圖。〕 流州，在西海中，地方三千里。上多山川積石，名爲昆吾石。治其石如鐵，作劍，光明四照，洞如水精。以割玉，如土，劍神名飛揚。〔御覽三四四引同上。〕 □州，在南海中，地方三千里。多檀木，可治爲弓。鳥見之則號。弓之神名典張。〔清河郡本引同上。〕	
騶衍睹有國者益淫侈不能尚德，若大雅整之於身，施及黎庶矣。乃深觀陰陽消息而作怪迂之變。 要其歸必止乎仁義節儉，君臣上下六親之施。	孝順二親，得算二千天。司祿所表事，賜算中功。〔古微書引河圖。〕 謀道吉，謀德吉。能行此大吉，受天之慶也。〔文選白雉詩李善注引同上。〕 帝貪則政暴而吏酷，酷則誅深，必殺，生蝗蟲。〔續漢書五行三引河圖祕徵。〕 王無德則虎牛尾，無口目，名曰亂朝。〔占經一一六引河圖說徵。〕 帝失德，政不平，則月生足。〔古微書引河圖祕徵。〕	

燕齊方士所託之書，本自騶衍，蓋無疑義。其不同之點則唯騶衍以游談著書，而方士之徒則「以鬼神事」。又其書亦經方士改換增飾，不曰「終始大聖之篇」，不曰「主運」，而曰「綠圖」，或曰「錄圖書」。或曰「河圖」。若直曰騶衍之書，則不足以神其事而惑時君矣。

騶衍之書，除終始五德爲燕齊方士改飾作圖書外，又有仙方書，亦爲方士所傳，糅雜圖書之中。此仙方書名曰「重道延命方」，漢書劉向傳曰：

淮南有枕中鴻寶苑祕書，書言神僊使鬼物爲金之術，及騶衍重道延命方，世人莫見，而更生父德武帝時治淮南獄得其書。〔補注，劉奉世曰，案：德待詔丞相府，年三十餘，始元二年事也。淮南事元朔六年。是時德甫數歲。先謙曰，德傳言治劉澤詔獄，是也。此因向得淮南書而附會，已詳德傳。〕更生幼而讀誦，吕爲奇，獻之，言黃金可成。

騶氏此書今不傳，意其書曰「重道延命方」，則其主旨蓋言神仙延命之道，亦卽丹沙化黃金之屬。彼時方士言神仙長生之術，以言內容，不過此類事物，〔詳後。〕故劉向以二書並獻之，以爲「黃金可成」也。

所謂丹沙，黃金，今所傳讖緯輯本，猶有遺跡。孝經援神契曰：

巨勝延年，威喜辟兵。〔抱朴子十一仙藥。〕

巨勝，威喜並草藥，以與金液等合煉之，則成丹金，所謂延年辟兵，其效乃見。抱朴子金丹篇詳之，曰：

以金液爲威喜，巨勝之法，取金液及水銀一味合煑之，三十日出，以黃土甌盛，以六一泥封，置猛火炊之，六十時，皆化爲丹。服如小豆大，便仙。以此丹一刀圭粉，〔御覽九八五引有和字。〕水銀一斤，卽成銀。又取此丹一斤，置火上扇之，化爲赤金而流，名曰丹金。以塗刀劍，辟兵萬里。以此丹金爲盤椀，飲食其中，令人長生。

以抱朴子仙藥篇證援神契此文，然後援神契所言之事物及其梗概，始得瞭解。二書之說，淵源則一，但或詳，或闕，有不同耳。所謂淵源，則故當上溯騶氏之重道延命方及其徒方士。鑄作黃金以爲飲食器則長生，方士言之。〔詳下〕劉向傳述騶氏重道延命方唯言使鬼物爲金，無制器明文，似抱朴子與方士合，而與騶書徵異者，其實非也。若使止於化黃金而已，與長生何涉，故知必以黃金爲飲食器如其徒方士之所云也。然則向傳雖未明言，而騶書以黃金爲器之意，可推而求之也。謂騶氏此書「世人莫見」，亦非也。觀於封禪書可知也。書曰：

自齊威、宣之時，騶子之徒論著終始五德之運，及秦帝而齊人奏之，故始皇採用之，而宋毋忌，正伯僑，充尙，羨門子高，最後皆燕人，爲方僊道，形解銷化，依於鬼神之事。騶衍以陰陽主運顯於諸侯，而燕齊海上之方士傳其術，不能通。然則怪迂阿諛苟合之徒自此興，不可勝數也。自威、宣、燕、昭使人入海求蓬萊，方丈，瀛州，此三神山者，其神在渤海中，去人不遠，患且至，則船風引而去。蓋嘗有至者，諸仙人及不死之藥皆在焉。其物禽獸盡白，而黃金銀爲宮闕。及至秦始皇幷天下，至海上，則方士之言，不可勝數。

又曰

少君言上〔武帝〕曰，祠竈則致物，致物而丹沙可化爲黃金，黃金成以爲飲食器則益壽，益壽而海中蓬萊僊者乃可見，見之以封禪則不死，黃帝是也。於是天子始親祠竈，遣方士入海求蓬萊，安期生之屬，而事化丹沙諸藥齊爲黃金矣。

統觀以上諸事，可以得一端緒，卽秦漢之際，宣傳不死之方者皆方士。方士之說，本自騶衍，終始五德之運，其主要書也。重道延命方，騶之餘緒，而方士並傳之，故有「以鬼神事因奏錄圖書」之舉。所謂鬼神事，如封禪書所記，不過海上神仙，與夫黃金，丹沙，封禪之屬，騶所著重道延命方正是此類書。此書今雖亡佚，然當時方士所傳，其遺意不妨於讖緯中求之。秦皇、漢武求仙封禪，日不暇給，旣方士有以迷惑之，方士所據，明爲騶書，可知所謂「騶衍以陰陽主運顯於諸侯，而燕齊海上之方士傳其術」者，是幷指重道延命方，不僅終始五德而已。封禪書言，齊威、宣，燕昭並敬事騶衍，嘗使人入海求蓬萊等三神山。及始皇幷天下，至海上，方士之徒又紛紛言其事。武帝時，而李少君等更效之。蓋由騶衍而盧生，而李少君等方士，一貫相傳如此。讖緯書言海上仙山今可考見者，止春秋說題辭一條曰，「蓬萊山爲巨鼇所負」。〔五行大義論禽蟲第二四引。〕蓋今所傳讖緯本佚書之遺，殆初本繁衍，後來軼之，亦未可知。　幸而此三山之神話，僞列子中尙保存一二，湯問篇曰：

〔夏〕革曰，渤海之東，不知幾億萬里，有大壑焉，實惟無底之谷。　其中有五山焉，一曰岱輿，二曰員嶠，三曰方壺，〔注，一曰方丈。〕　四曰瀛洲，五曰蓬萊。　其山高下周旋三萬里。　其頂平處九千里。　山之中間，相去七萬里，以爲鄰居焉。　其上臺觀皆金玉。　其上禽獸皆純縞。　珠玕之樹皆叢生華實，皆有滋味，食之皆不老，不死。　所居之人皆仙聖之種。　而五山之根，無所連著，常隨潮波上下往還，不得暫峙焉。　仙聖毒之，訴之於帝。　帝恐流於西極，失羣聖之居，乃命禺彊，使巨鼇十五，舉首而戴之。

此可以補充讖緯之脫佚。　湯問中亦說及騶衍事，蓋篇中仙山之說與讖緯書之言仙山者，大氐同一淵源騶衍，故詳略雖有不同，而條貫初無二致，不妨作讖緯讀之。河圖云，「玄洲在北海中，澗水如蜜，服之長生」。　遁甲開山圖云，「南溟之山，金堂玉室。　上無元氣，實茲元化」。　又云，「遼東有襄平山，多饒鬼目之柰，生而有神虎，龍蛇，大魚守之，雲氣覆之。　食之，令人不死」。　此類並所謂海上仙山。　讖緯書仙山之說多有之，又不獨蓬萊，方丈，瀛洲而已。

初余之讀讖緯也，見其爲書，所包者至廣，至博，雖極不相涉之事亦兼收並畜，如言九州地理，邃古歷史，人倫道義，神仙封禪之屬，與夫所謂禍福預言之讖，比傅經義之緯，循名覈實，全無關係。　又每一事一說，往往諸書重出，辭費不已。　頗不解其何以致此。　今知其書原本騶衍，騶書如此，則由此而產生之讖緯，自無怪其然耳。　至讖緯所以多雷同者，則由於騶子之徒「傳其術」者「不可勝數」，而增益比傅效法圖書者又如王桓二君之言，按：王充論衡實知篇曰：

神怪之言，皆在讖記。　所表，皆效圖書。

桓譚疏曰：

諸巧慧小才技數之人，增益圖書，矯稱讖記。〔後漢書本傳。〕

據此知吾人今日所見之讖緯，直是騶書之無數化身變象，「怪迂阿諛苟合」者實繁有徒，則此類之書亦層出而不窮，或剽竊互襲，或增飾依託，不一而足，故其書自亦不免大同小異也。朱彝尊曰「河圖括地象其言雖夸，然大抵本騶衍大九州之說」。〔經義考毖緯二。〕頡剛師曰，讖緯導源於騶衍一派之思想。〔五德終始說下的政治和歷史第三章。〕按：騶書無乎不包，師云騶衍一派之思想，未有明確義界，但以上下文推之，知蓋指騶主要思想五德轉移之說。實則所謂讖緯，不過騶書之改頭換面，固不僅大九州與五德終始說而已。

疑者曰，讖緯之書，千頭萬緒，統而理之，不外天人之際，而天官之事，尤爲占候萬事萬物之樞機。故曰，「人主含天光，據機衡，齊七政，操八極」。〔春秋感精符。〕又曰，「天子靈臺，所以觀天人之際，陰陽之會也。揆星度之驗，徵六氣之瑞應，原神明之變化，覩日氣之所驗，爲萬物獲福於無方之原」。〔禮含文嘉。〕讖緯「談天」，皆原原本本出於古之太史，〔包括星、曆、卜、祝。此類皆史官統之，故月令曰，「孟冬，命太史釁龜筴卜兆，審吉凶」。讖緯書言天占，大氐皆有來歷，比校天官書可以知之。此處不具舉。〕太史者，專官世業，王制所謂「不貳事，不移官」，龜策傳所謂「父子疇官，世世相傳」，王者之所重也。騶子既非史官，不典藏室，其文其事，何所依據。子謂讖緯原出騶衍，毋乃非耶。曰，不然，「幽、厲之後，周室微，陪臣執政，史不記時，君不告朔，疇人子弟分散，或在諸夏，或在夷狄，禨祥廢而不統」，天官書言之矣。「雖父子疇官，世世相傳，精微深妙，多所散失」，龜策列傳言之矣。史官既失其統，流傳民間，騶衍博物，據而著書，更無可疑，故史記曆書以爲「戰國並爭，未遑念斯，是時獨有騶衍明於五德之傳而散消息之分」矣。

疑者又曰，騶子終始五德之傳，自呂氏史遷以下，公私之家，頗亦著錄。〔詳上。〕子言方士之徒剽襲騶書以爲讖緯，十目所視，十手所指，方士之徒，其誰欺乎。曰，此風氣使然。先秦兩漢諸子百家之書，雷同互襲，其例非一。呂覽，淮南，則集舊之大成者也。當時視之，曾不爲異，於讖緯乎何有。抑且歷史上一種新思想之發生暨其與時銷逝，此思想本身之價值，初不居重要關係，唯視客觀之是否需要。如其需要，則臭腐亦神奇矣。不然，則雖復創通大道，無所用之。是故讖緯在當日之所以能惑人，實政治、社會迫切需要有以使然，於此之時，只有迷信，初無理智。又況讖緯之家巧於文飾，善能傅會，使人初不易感覺其作僞。習非成是，積重難反，自非明智，孰能辨之。若夫在上者則方利用此爲統治工具，唯恐人疑之。「桓譚以不善讖流亡，鄭興以遜辭僅免，」〔後漢書張衡傳。〕則亦誰敢辨之。

疑者又曰，圖書之屬原本騶書，孳乳寖盛，既聞命矣，而張衡博洽，乃以爲始聞於成、哀之後。

後漢書本傳，讖書始出，蓋知之者寡。自漢取秦，用兵力戰，功成業遂，可謂大事。當此之時，莫或稱讖。若夏侯勝，眭孟之徒，以道術立名，其所述著，無讖一言。劉向父子領校祕書，閱定九流，亦無讖錄。成、哀之後，乃始聞之，則知圖讖成於哀平之際。

豈其非邪。曰，張衡之言，不爲無因，然而未得其實。蓋當時讖書，皆祕內府，宣帝時，霍山移寫祕書，至於坐罪。〔山太夫人顯常夢第中井水流溢諸異，又有鼠鷃諸怪，舉家憂慮，山蓋感此而有移寫祕書之事。——參考漢書霍光傳。〕見者蓋寡，故張氏云耳。然其流傳之跡，固有可考者，即如錄圖書，始皇本紀以爲燕方士所奏，校以封禪書及今所傳之讖緯內容，原流本末，既歷歷不爽，知史公於此等處並非妄作，則秦漢之際，既有讖書矣。此其一。秦皇，漢武，求仙，封禪，以及二代受命，改正，易服之議，蔚然爲思想迷信之主流，載籍所記，其辭繁多。此說皆方士所扇。今所傳讖緯，猶存其說，即是當時方士遺書也。是謂秦漢之際，不必有讖書之名，既有讖說流傳播衍，可也。〔陸賈新語本行，夫子「周流天下，無所合意，大道隱而不舒，羽翼摧而不申。自□□□，深受其化，以厚終始。追治去事，以正來世，案紀圖錄以知性命，乃天道之所立，大義之所行也」。明誠，「易曰，天垂象，見吉凶，聖人則之。天出善道，聖人得之。言御占圖歷之變，下衰風化之失，以匡衰盛，紀物定世」。據此，高帝之世，錄圖書之說，未嘗不行，故陸賈引之以指陳得失。今所傳陸賈之書，雖非復舊觀，然如此類之說，必有所據，以其切合時事知之也。〕此其二。賈誼新書修政語上有綠圖〔即河圖〕之說。鵩賦亦曰，「異物來萃兮，私怪其文。發書占之兮，讖言其度」。今河圖有「鳥一足，名獨立，見則主勇強」。〔御覽四三三。〕等說。賈君所見，即此類書也。淮南說山訓，「六畜生多耳目者，不詳〔祥〕，讖書著之」。今河圖有「羔羊四耳，目下，腋下，名孽。見卽有起王」。〔古經一一九羊咎徵。〕等說，蓋其遺文也。西京早年亦有讖書，此其三。隋書經籍志讖緯類敍曰：

漢世又詔東平王蒼正五經章句，皆命從讖。俗儒趨時，益爲其學，篇卷第目，轉加增廣。言五經者，皆憑讖爲說。唯孔安國，毛公，王璜，賈逵之徒獨非之，相承以爲妖妄，亂中庸之典。〔按：孔氏，毛公皆當景武時。孝景「不任儒者」，今言二君非憑讖說經，蓋在武帝之世。〕

此與漢書眭兩夏侯京翼李傳贊之言可以互證。贊曰：

漢興，推陰陽，言災異者，孝武時有董仲舒，夏侯始昌。昭、宣時則眭孟，夏侯勝。元、成則京房，翼奉，劉向，谷永。哀、平則李尋，田中術。此其納說時君著明者也。察其所言，仿佛一端。假經設誼，依託象類，或不免乎億則屢中。

京房精能讖緯，淵原有自，譙敏碑亦言之。經義考說緯曰：

讖緯之書，相傳始於西漢哀、平之際，而小黃門譙敏碑稱其先故國師譙贛〔延壽〕深明典奧讖錄圖緯，能精微天意，傳道與京明君〔房〕。則讖緯遠本於譙氏，京氏也。

然則，隋志俗儒憑讖之說，不誣也。〔今輯佚之書，董氏有春秋災異，董仲舒占，京房有易緯，易候，易鈔，劉向有劉向讖等，世皆以爲讖緯書。其間憑依僞附，諒亦不免，要不失爲諸君研習讖緯之一種暗示。〕西京中世既有讖緯書，此其四。高祖斬白帝子，神母夜哭，入關之際，五星聚東井，及高祖受命等種種傳說，今讖書多有之，蓋方術之徒阿諛苟合託之以媚上者。此燕齊方士奏錄圖書之故技也。所謂「神怪之言，皆在讖記，所表皆效圖書」，此亦一端也。史記漢書之高祖本紀，固旣據以著錄，卽張衡東京賦亦侈言高祖「應籙受圖，順天行誅」矣。今忽曰，西京之初，莫或稱讖。但顧稱情而言，何渠善忘耶。四庫書目古微書提要曰：

考劉向七略不著緯書，然民間私相傳習則自秦以來有之，非唯盧生所上見史記秦本紀，卽呂不韋十二月紀稱，某令失則某災至，伏生洪範五行傳稱某事失則某徵見，皆讖緯之說也。漢書儒林傳稱孟喜得易家候陰陽災變書，尤其明證。荀爽謂起自哀、平，據其盛行之日言之耳。

提要以爲時至哀、平，然後盛行，非謂起自哀、平，此說差爲公允矣。然謂前此之日，止於民間私相傳習，則猶有未考者也。

顧炎武氏推而上之，據趙世家有「秦讖」之言，以爲讖之興，實始於此。〔日知錄三十圖讖。〕蓋又不然。趙世家曰：

簡子疾，五日不知人。大夫皆懼。醫扁鵲視之。扁鵲曰，血脈治也而何怪。在昔秦繆公嘗如此，七日而寤。寤之日，告公孫支與子輿曰，我之帝所，甚樂。吾所以久者，適有學也。帝告我，晉國將大亂，五世不安。其後將霸，未老而死。霸者之子且令而國男女無別。公孫支書而藏之，秦讖於是出矣。獻公之亂，文公之霸，而襄公敗秦師於殽，而歸縱淫，此子之所聞也。今主君之疾，與之同。居二日半，簡子寤，語大夫曰，我之帝所，甚樂。有一熊，欲來援我，帝命我射之，中熊，熊死。又有一羆來，我又射之，中羆，羆死。帝甚喜，賜我二笥，皆有副。吾見兒在帝側。帝屬我一翟犬，曰，及而子之壯也，以賜之。帝告我，晉國且衰，七世而亡。嬴姓將大敗周人於范魁之西，〔正義曰，嬴、趙姓也。周人，謂衞也。晉亡之後，趙成侯三年，衞取都鄙七十三，是也。〕而亦不能有也。今余思虞舜之勳，適余將以其胄女孟姚配而亡七世之孫。〔索隱曰，即娃嬴，吳廣之女。姚、姓。孟、字也。七代孫，武靈王也。〕董安於受言而藏之。他日，簡子出，有人當道，辟之不去。當道者曰，吾有欲謁於主。從者以聞，簡子召之，曰，譆，吾有所見子晰也。〔索隱曰，簡子見當道者，乃寤曰，嘻，是吾故吾前夢所見者，知其名曰子晰也。〕當道者曰，主君之疾，臣在帝側。簡子曰，然，有之。當道者曰，帝主君射熊與羆，皆死。簡子曰，是且何也。曰，晉國且有大難，主君首之。帝令主君滅二卿。夫熊與羆，皆其祖也。〔正義曰，范氏，中行氏之祖也。〕簡子曰，帝賜我二笥，皆有副，何也。曰，主君之子，將克二國於翟，皆子姓也。〔正義曰，謂代及智氏也。〕簡子曰，吾見兒在帝側，帝屬我一翟犬，曰，及而子之長，以賜之。夫兒何謂以賜翟犬。曰，兒，主君之子也。翟犬者，代之先也。主君之子，且必有代。及主君之後嗣，且有革政而胡服，并二國於翟。簡子問其姓而延之以官，當道者曰，臣野人，致帝命耳。遂不見。簡子書藏之府。

今按：趙世家此文，亦猶左傳豫言並著應驗之類，無疑為好事者所增飾。抑或由於家譜世錄故意渲染，亦有可能。不可信左傳當時確有此等記錄，謂趙世家之所謂秦讖與趙簡之讖為當時事實，亦可笑。漢書揚雄傳，「莽既以符命自立，即位之後，欲絕其原，以神前事」。蓋古人既迷信神道，而狡猾之野心家即因神道爭政，以誣其民，而杜絕覬覦者之念。唐書楊嗣復傳，「文宗問，人傳符讖之語，自何而來。嗣復對曰，只如班彪王命論所引，蓋矯意以止賊亂」。可謂一語破的矣。所謂秦讖與夫趙簡之讖，不過如此。分明欲神趙簡託言，而引喻秦讖者，藉此比重，若曰自古有之耳。騶衍以前，無所謂「讖」。曰「秦讖」云云，史公於時習見讖書，（抑或史公以後人所竄改，亦未可知。）以其類似，遂爾稱之曰「秦讖」耳。（封禪書云，「史書而記，藏之府，而後世皆曰，秦繆公上天」。史書而記藏之府，亦是後來託辭。後世皆言秦繆上天，傅會其事者亦遂以此為秦讖爾。）非繆公之世旣有「秦讖」之名也。檢風俗通六國篇作「秦策於是出」。「秦讖」云云之非舊，蓋可知也。夫後出之辭，非有左證，固不可據以為典要，不然則孝經緯云，「夏時兩日並出，讖曰，桀無道，兩日照」。（古經日占二。）據此，則夏桀之時旣有「讖」矣，何必「秦讖」哉。（古書中此例甚多，如詩、書、禮、樂、易、春秋之名「經」，蓋最早於莊子天運篇見之，而依託讖緯者乃有「萬形經」，「著成經」之等，——並見易緯乾坤鑿度——並云伏羲以上聖人之經矣。一種名辭，習聞久之，故用之有不知其然而然耳。）然則顧氏之論非矣。

或曰，子所言者讖也，即如錄圖書，後人故以為讖，賈誼，淮南以暨隋志敍及漢書傳贊之所稱引，亦止於讖。譙敏碑雖兼言讖緯，然治此學者之譙贛，京房，按其時代，約略不過宣、元之世，是緯固後出於讖也。子乃云讖緯皆當溯原騶書,有說乎。曰,子所言者,名也。槃所辨者,實也。讖緯固同實異名,不過得名有早晚之別耳。讖之與緯,以今日之所能見者,大氐內容無甚相遠,詳略之間雖互有不同,合而觀之,首尾差得具備。讖緯是一非二,此爲堅證,則余前文旣言之矣。原夫讖之所以得名,以錄圖書卽河圖之屬,其要以驗爲主。「讖」,「驗」聲近義同,故由「驗」轉而稱「讖」。因世主尊經,時勢需要,引讖解經,因復有「緯」。「緯」者,對「經」而言,蓋方士化之博士儒生善以作僞,巧立名目。然名稱雖可由人改易,而其實質故自不變。余故曰,讖緯當溯原騶書,蓋推本言之也。拙譔「讖緯釋名」於此說爲詳,今不復贅。

讖緯起原之說衆矣,或曰,始於太古,〔劉師培讖緯論。〕或曰周世,〔任道鎔緯攟敍。〕或曰春秋之季,〔古微書緯書緯。〕或以爲孔子,〔後漢書蘇竟傳,荀悅申鑒俗嫌篇,等。〕或曰七十子之徒。〔錢大昕潛研堂文集卷九,王鳴盛蛾術編讖緯等。〕此類傅會迷信之說,蓋有所蔽。固不足辨。兩胡,張氏以爲濫觴易卜,胡寅氏曰:

> 讖書原於易之推往以知來。周家卜世得三十,卜年得八百,此知來之的也。易道旣隱,卜筮者溺於考測,必欲奇中,故分流別派,其說寖廣。要之,各有以也。〔文獻通考經籍考引。按胡氏以左傳中之卜筮爲例,此例不實,說旣見上。〕

張惠言氏易緯略義敍曰:

> 緯者,其原出於七十子之徒,相與傳夫子之微言,因以識陰陽五行之序,災異之本也。蓋夫子五十學易而知天命。

胡玉縉氏緯史論微序曰:

> 天垂象,見吉凶,聖人象之。河出圖,洛出書,聖人則之。是卽緯學之濫觴。

俞正燮則以爲太史所記,癸巳類稿書開元占經目錄後曰:

> 嘗論古緯書爲馮相,保章從太史所記靈臺候簿,故曰緯候,讖候。

此皆似是而其實非也。讖緯之爲讖緯,古思想之淵海也。於古思想與讖緯之間爲承先啓後之爲者,則騶衍其人也。故讖緯之內容,並不限於易卜與夫靈臺候望之術。以二者爲讖緯中主要思想之一部分則可，謂既統攝無遺則不可。〔別詳拙譔「論讖緯與古代思想之關係」。〕不爾則讖緯中有經說焉，有百氏之說焉，孰爲君臣，誰爲高下。起原之說，詎適而可乎。

讖緯與騶書之關係，個人之所見者如此。至於後來增益，寖多於前。其文其事亦有可資鉤稽者，則續篇詳焉。

民國三十一年十月六日脫稿，時流寓西川南溪李莊之栗峯。

出自第十一本(一九四四年九月初版,一九四七年七月再版)

古讖緯書錄解題(一)

陳　槃

目　次

綠圖（綠、一作錄、或籙、又作祿。）

綠圖，河圖之別稱。書顧命：『河圖在東序』；隨巢子：『殷滅，周人受之。河出綠出馬圖』；（北堂書鈔九六圖九引。按字譌脫，當曰，河馬出綠圖，向來所謂河中龍馬負圖者是也。）墨子非攻下:『武王伐殷有國，河出綠圖』。同此事物也，或曰河圖，或曰綠圖，證一。淮南人間篇：『秦皇挾錄圖，（按錄，通綠。詳後。）見其傳曰，亡秦者胡也』；史記秦始皇本紀：『燕人盧生使入海還，以鬼神事，因奏錄圖書曰，亡秦者胡也』：此謂亡秦者胡，錄圖之言也；而論衡實知篇則曰：『亡秦者胡，河圖之文也。』證二。河圖，洛書，相提並論，舊籍習慣，不勞舉似、而淮南俶眞篇曰：『洛出丹書，河出綠圖』；易緯是類謀曰：『河出錄圖，雒授變書。』（逸書考本頁一三。）錄圖卽綠圖，卽河圖，此其證三。是類謀曰

重瞳之新定錄圖。（逸書考本頁六。）

鄭注曰：

黃帝始受河圖而定錄。

鄭玄亦解錄圖爲河圖，不誤也。

河圖所以又名綠圖者，從其圖書之顏色言之耳，中候握河紀曰：

龍馬銜甲，赤文綠字，自河而出。（路史陶唐紀注等。）

禹觀於河而授(受)綠字。(繹史十一。)

又中候考河命曰:

黃龍負卷舒圖,赤文綠錯。(注:錯,分也,文而以綠色分其間。)(御覽八一引。)

按此等處均謂河圖文字色綠。河圖文字色綠,洛書文字色丹,故淮南俶眞篇以爲『洛出丹書,河出綠圖』矣。

『綠』或作『錄』者,荀子性惡篇:『桓公之葱,文王之錄』;楊注:『葱,綠色也。錄與綠同。二劍以色爲名。』蓋二字聲同,字通,故或作『綠』,或作『錄』,不拘也。

然『錄』復有箸記之義,與『圖』字可以互文,故有河圖之錄之說,易是類謀鄭注曰:

黃帝始受河圖而定錄。(逸書考本頁六。)

易辨終備鄭注曰:

按河圖之錄。(同上頁六。)

按河圖之文,可以稱河圖之錄;然則簡稱自得曰錄圖。綠圖之又名錄圖,此亦可備一義。讖緯不出一人一時,其事其義,莫衷壹是,可並存焉,不能盡定其是非也。

『錄』亦或作『籙』,東京賦:『膺籙受圖』;春秋元命苞:『應籙以次相代』。(文選運命論注引。王命論注引籙作錄。)『籙』即『錄』,『錄圖』之省稱。本當作『錄』,『籙』字晚出。

春秋感精符:『孔子案錄書,含觀五常英人』。(御覽皇王部九。)是錄圖又可以作錄書也。

洛書亦有綠圖之稱,劉安世曰:

河出丹書,洛出錄圖。(經義考二六四引。)

按錄圖即綠圖。上引淮南子云:『洛出丹書,河出綠圖。』劉氏云云,河洛互倒。然劉說未爲無據,檢河圖有曰:

(蒼頡)臨於玄扈洛汭,靈龜負書,丹甲青文。(山海經中山經玄扈之水郭注。)

按所謂洛龜負書,即洛書。『青文』即綠字。洛書亦或綠字,自得曰洛出綠圖。晉書文苑傳序云：『温洛禎圖，綠字符其丕業』，亦其例。洛書雖亦可以稱綠圖，然不甚習見。

顓項師亦有『綠圖』之稱。『綠』，一作『錄』，一作『籙』，亦作『祿』。（新序五，漢書人表，白虎通辟雍，暨學津本韓詩外傳五作綠。讖輔本外傳作錄，荀子大略注引新序同。古微書引論語比考讖作籙。明刊韓詩外傳作祿，御覽四百四引同。）此爲顓項師之『綠圖』，不審其果爲人名？書名？漢書人表作人，列上品之中。又葛洪神仙傳老子條曰：

老子者，……顓項時爲赤松子；……帝嚳時爲祿圖子；堯時爲務成子。

韓詩外傳五作：

子夏曰，……顓項學乎『祿圖』，帝嚳學乎赤松子、堯學乎務成子。

按『祿圖』，卽『綠圖』。顓項師『綠圖』，蓋秦漢間方士有此傅會。（呂氏春秋尊師篇曰：『顓項師伯夷父』，不云『綠圖』。然則師『綠圖』之說，殆不能甚早。）今神仙傳乃云，祿圖子與帝嚳同時，而與顓項無涉。此其又一說。但其稱祿圖子，繫一『子』字，又云卽老子化身、是亦以『祿圖』卽『綠圖』爲人名，與漢書人表同也。近人魯實先曰：

錄圖書乃顓項所師錄圖之書也。案秦爲水德，用顓項歷、則其師尙者爲顓項，故盧生奏錄圖之書，俾可取信於始皇也。（史記會注考證駁議頁六九。）

是以『綠圖』爲始皇時方士盧生所託之書也。余按易是類謀曰：

重瞳之新定錄圖，有白顓項帝紀世讖，别五符，元元之威冥，因裁。——鄭注：黄帝始受河圖而定錄。白顓項有爲世讖别五帝之符，異精元冥，又因著衆災也。（逸書考本頁六。）

按此處言黄帝始受錄圖，顓項因讖而著災異之説，此顓項所因之讖，蓋卽所謂黄帝始受之錄圖。果爾，則顓項師綠圖，是亦一說也。此綠圖亦謂其爲書，非人也。方士詭辭，（顓項師『綠圖』之説，方士所託，夏曾佑歷史教科書第一篇第一章六十節已發之。）莫可究詰，而路史復云：『綠』當爲『渌』；注云：『渌，從水，見何氏姓苑。傳多作綠圖；新序，晉紀又作錄圖，皆非』。（後紀八。）是何氏姓苑及羅氏父子並以爲確有綠圖其人；且謂『綠』當作『渌』，渌姓之所從出，豈不惑乎。

〇〇〇　〇〇〇　〇〇〇

綠圖已爲河圖別稱，而河圖之目，先秦載籍中已有可考，（略已前見）然則綠圖舊矣乎？曰，不然，古之所謂河圖，非文辭之書；而秦漢間之所謂河圖，綠圖，固圖書也。方士之所造託。別詳河圖解題，今不論。

舊題甘公石申星經上天皇條云：『天皇大帝一星，在鉤陳中央也。不記數，皆是一星，在五帝前坐萬神輔錄圖也。』此亦云『錄圖』，其義未詳。

河圖提劉子（一無子字。子又或作予、或作篇。）

敍　錄

［黃奭逸書考通緯河圖緯］緯出於漢，如河圖中提劉諸篇，顯然可見。

［姜忠奎緯史論微卷十二］河圖提劉篇，帝季日角，戴勝，斗胸，龜背，龍股，長七尺八寸，明聖，寬仁，好士，主軫。此明爲秦漢以後濳附。

槃按『提劉』之『提』，義同于尙書考靈曜之所謂『提』。考靈曜曰：

河圖子提期地留赤。——鄭注，河圖子劉氏而提起也。（初學記九帝王部引。）

考靈曜同時又有所謂『帝起受終，五緯合軫』者。（占經五星占二引。）又河圖曰：

帝劉季日角，戴勝，斗胸，龍股，長七尺八寸。昌光見軫，五星聚井。期之興，天授圖，地出道，予張兵鈐，劉季起（後漢書班固傳注。）

尙書帝命驗曰：

東南紛紛注精起，昌光出軫已圖之。——鄭注，紛紛，動擾之貌。注、星之精起，謂劉氏也。謂火星當起翼軫之野。（古微書。——初學記九『精起』，『起』作『紀』，與注之言『起』者不相應，然則『紀』當從古微書引作『起』。）

以上諸言『河圖子提』，言『帝起』，言『劉季起』，或言『精起』，義同，皆爲劉漢說法。『提』卽『起』，『起』卽『提』，鄭注考靈曜以爲『提起也』，不誤也。

『提』又與『題』通，故上引尚書考靈曜言『提期』，而尚書帝命驗則作『題期』，文曰：

順堯考德，題期立象。（後漢書曹褒傳。——續漢書律歷志上引『題』作『顧』。按，『題期』，卽考靈曜所謂『提期』。『題』作『顧』，蓋誤。）

春秋緯亦有言某期而某起者，文曰，『慧星入樞，期八年，五伯起，帝主亡。』（占經慧星占下。）按，曰以某期起，倒言之則曰起某期；又簡言之則曰起期。起期，卽『題期』矣。無論其爲『提』，爲『題』、抑爲『起』，或聲同，（如提，題），或義同，（如起，提，題），可通而觀之也。

然則『提劉子』者，起劉子也。起劉子者，劉子興起也。此猶上引河圖言『劉季起』，河圖握矩記言，『聖人感期而興』耳。

云何『河圖提劉子』，讖緯家以爲河圖天帝書，漢受命而有之，因以興起，故曰『河圖提劉子』。『河圖』，『劉子』能受而有之，故亦省稱曰『河圖子』，尚書考靈曜所謂『河圖子提期地留赤』（見上引。）是也。

由是言之，河圖提劉子一名見於續漢書祭祀志上者，唯嘉靖本及武英殿本不誤。宋紹興本『子』作『予』，形近致譌。經義考，逸書考省『子』字；藝文類聚，太平御覽，古微書等改『子』作『篇』：並非其舊也。

此書佚，今可考見者止二則：一言漢高帝事；一言光武事。其關于光武者、文曰：

九世之帝方明聖，持衡拒（矩），九州平，天下子。（續漢書祭祀志上。）按光武，高帝九世孫。（後漢書光武紀。）此言『九世之帝』，卽指光武。提劉子此文託於光武之世，甚明。攷光武卽位之三十年，羣臣皆奏書請封禪，光武意不欲，設科嚴厲取締，羣臣于是不復敢明言，乃造作河雒讖文以感之，上爲動；梁松等遂索諸讖書盡奏上之。封禪之事，卒于三十二年實行。諸家記載，可供參驗者如下：

續漢書祭祀志上：建武三十年二月，羣臣上言，卽位三十年，宜封禪泰山。（按東觀漢記郊祀志載太尉趙憙上書言封禪事，甚詳。）詔書曰，卽位三十年，百姓怨氣滿腹。吾誰欺，欺天乎？何事汙七十二代之編錄！若郡縣遠遣吏上壽，盛稱虛美，必髡，兼令屯田。從此羣臣不敢復言。——三十二年正月，上齋，夜讀河圖會昌符曰，赤劉之九、會命岱宗。不愼克用，何益於承？誠善用之，姦僞不萌。感此文，乃詔松等復案索河雒讖文言九世封禪事者。松等列奏，乃許焉。上許梁松等奏，乃求元封時封禪故事，議封禪所施用。二月，上至奉高，遣侍御史與蘭臺令史將工先上山刻石，文曰，河圖赤伏符曰，劉秀發兵捕不道，四夷雲集龍鬭野。四七之際火爲主；河圖會昌符曰，赤帝九世，巡省得中，治平則封。誠合帝道孔矩，則天文靈出，地祇瑞興。帝劉之九，會命岱宗。誠善用之，姦僞不萌。赤漢德興，九世會昌，巡岱皆當。天地扶九，崇經之常。漢大興之道，在九世之王。封于泰山，刻石著紀，禪于梁父，退省考五；河圖合古篇曰，帝劉之秀，九名之世，帝行德，封刻政；河圖提劉子曰，九世之帝方明聖，持衡拒，九州平，天下予；雒書甄曜度曰，赤三德昌，九世會修，符合帝際，勉刻封；孝經鉤命決曰，予誰行，赤劉用，帝三建孝，九會修，專茲竭行封岱青。河雒命后，經讖所傳，皇天睠顧。皇帝以匹庶受命中興，在位三十有二年。皇帝唯愼河圖雒書正文。是月辛卯，柴，登封泰山。甲午，禪于梁父，以承靈瑞，以爲兆民。」東觀漢記郊祀志：三十二年，羣臣奏言，登封告成，爲民報德，百王所同。陛下輒拒絕不許，臣下不敢頌功，述德業。謹按河雒讖書，赤漢九世當巡封泰山，凡三十六事。傅奏左帷，陛下遂以仲月令辰，遵岱嶽之正禮，奉圖雒之明文，以和靈瑞，以爲兆民。上曰，至泰山乃復議。國家德薄，災異仍至，圖讖蓋如此。上東巡狩至泰山，有司復奏河雒圖記表章赤漢九世尤著明者，前後凡三十六事，與博士充等議，以爲宜封禪，爲百姓祈福，請親定刻石紀號文。太常奏儀制詔曰，今予末小子，巡祭封禪，德薄而任重，一則以喜，一則以懼。喜于得承鴻業，帝堯善及子孫之餘賞，蓋應圖籙當得是。懼于過差，執德不弘，信道不篤，爲議者所誘進。後世知吾罪深矣。

河圖提劉子卽于此『威迫利誘』之際出世，其言『九州平天下予』，正與光武『卽位三十年百姓怨氣滿腹』之託辭緊對，其爲羣臣假此以欺世惑主，更無疑義。(此文與河圖會昌符解題有連帶關係，請參而讀之。）

河圖會昌符

敍錄

［朱彝尊經義考二六四毖緯］河圖會昌符，佚。司馬彪曰，建武三十二年，上齋，讀河圖會昌符言凡藥封禪。

［黃奭逸書考通緯河圖緯］緯出於漢，如河圖中會昌符諸篇，顯然可見。

槃按，符者，憑信之物，孟子所謂『若合符節』者也。字從竹，本以竹爲之。以後假爲凡徵驗之名，陰陽五行家言瑞應者尤喜用之。例如：

史記孟荀列傳：騶衍乃深觀陰陽消息而作怪迂之變，終始大聖之篇十萬餘言，稱引天地剖判以來五德轉移，治各有宜，而符應若茲。

漢書天文志：漢元年十月，五星聚於東井，此高皇帝受命之符也。

又：政失於此，則變見於彼，是以明君覩之而寤，飭身正事，思其咎，謝，則禍除而福至，自然之符也。

又五行志：元帝初元四年，皇后曾祖父濟南東平陵王伯墓門梓柱卒生枝葉，後王莽篡位，自說之曰，梓，猶子也，言王氏當有賢子開通祖統，起於柱石大臣之位，受命而王之符也。

又郊祀志：或曰，周得火德，有赤烏之符。張蒼好律歷，以爲漢乃水德之時，河決金隄，其符也。

又：趙人新垣平以望氣見上，言長安東北有神氣，成五采，若人冠冕焉。或曰，東北，神明之舍；西方，神明之墓也。天瑞下，宜立祠上帝，以合符應。

又以名書，謂帝王受命之符錄也。其書有河圖聖洽符，赤伏符，紀命符，尙書中候合符后，春秋感精符，王莽符命之等。今會昌符，亦其類也。

云何『會昌』？河圖括地象曰：

岷山之地，上爲井絡。帝以會昌，神以建福。上爲天井。（文選左太沖蜀都賦注。）

此謂帝于岷山之上會昌。春秋演孔圖曰：

帝當會昌，成封岱宗。——宋均注，應會之期耳。(文選拜陵廟作詩注。)

此謂帝會昌而封岱宗。或止曰于某山會昌，或會昌與封禪相提並論，然則會昌者，封禪之謂。詳言之則曰會昌封禪，省稱則曰『會昌』耳。封禪則何以言『會昌』？謂德昌之會，甄曜度所謂『赤三日德昌，九世會』、(蜀志先主備傳。)是也。亦或言『會命』，不言『會昌』，會昌符文曰，『赤劉之九、會命岱宗』、(續漢書祭祀志上。)是也。諸辭皆極隱晦，蓋讖緯家術語。宋均春秋演孔圖注以爲『應會之期』，(引見上。)似未免含混。

書託于光武之世，觀其文曰：

赤漢德興，九世會昌。巡岱皆當。天地扶九，崇經之常。(續漢書祭祀志上。)

按九世，即光武。(後漢書光武紀。)此書以促成光武封禪爲主旨，梁松等所奏上。續漢書祭祀志上曰：

建武三十年，羣臣上言，宜封禪泰山。詔書曰，何事汙七十二代之編錄！從此羣臣不敢復言。三十二年正月，上齋，夜讀河圖會昌符，感此文，乃詔松等復案索河雒讖文言九世封禪事者，松等列奏，乃許焉。(詳引見上提劉子解題。)

案此書蓋即松等所託。光武初固不欲封禪，故此書即以危辭聳之，曰：

赤劉之九，會命岱宗。不愼克用，何益於承！(續漢書祭祀志上。)

光武以『國家德薄，災異仍至』爲理由，(東觀漢記郊祀志。)此書則設事以誘之，曰：

赤帝九世，巡省得中，治平則封。誠合帝道孔矩，則天文靈出，地祇瑞興。帝劉之九，會命岱宗。誠善用之，姦僞不萌(續漢書祭祀志上。)

可謂極對症處方之能事。然光武之言曰：

國家德薄，災異仍至，圖讖蓋如此。(東觀漢記郊祀志。)

又已封禪矣，光武下詔曰：

今予末小子，巡祭封禪，德薄而任重，……喜于得承鴻業　帝堯善及子孫之餘賞，蓋應圖籙當得是；懼于過差，執德不弘，信道不篤，爲議者所誘進。後世知吾罪深矣。（同上。）

按曰『圖讖蓋如此』，曰『蓋應圖籙當得是』，『蓋』者，疑辭。曰『爲議者所誘進』，曰『知吾罪深』，似頗有媿悔之意。然則光武受欺，蓋亦自知之審矣。

春秋漢含孳

敘　　錄

［俞正燮癸巳類稿六緯字論］漢人言緯讖非聖人所作，中多近鄙別字，頗類世俗之辭，恐貽誤後生。今檢文選西都賦注引春秋漢含孳云，劉季握卯金刀，卯在東方，陽所立，仁且明；金在西方，陰所立，義成功；刀居右，字成章。刀擊秦。枉矢東流。其言或是，或否，緯直記之而已，豈能日持六書之義，執談字形述謠讖之人而一一代之改訂也？隋志言，東漢俗儒，趨時增廣。史緯之體應爾，不得云俗儒趨時也。

［鄧瑞彭緯書釋名］五行大義論五行及生成數篇引孝經援神契言，以一立，以二謀，以三出，以四孳，以五合，以六嬉，以七變，以八舒，以九列，以十鈞，四。金之生數；九，金之成數。西方成就，故言四滋。（同孳。）今考春秋緯有漢含孳，蓋取義於四孳。

［姜忠奎緯史論微卷五］董仲舒請雨止雨之辭，古微書載入春秋漢含孳，未知所據？漢志雜占有請雨止雨二十六卷，不知何人所譔？藝文類聚一百，御覽三十五竝引神農求雨書，則其來已久。董子祝辭，必古緯遺文也。（槃按，謂董子書必有所據可也，謂求雨書碻爲神農作，爲古緯，不可也。陰陽五行家託之爾。）

槃按，『孳』，『滋』義同，有滋乳蕃殖之意。前漢至于成哀之際，劉氏積衰已極，國脉幾于中斷。谷永對成帝之問，即諄諄以『繼嗣滋蕃，災異訖息』（漢書本傳。）爲言。厥後讖緯家依託讖言，謂漢家中衰，當復興，再受命，漢書哀帝紀曰：

建平二年，待詔夏賀良等言赤精子之讖，漢家歷運中衰，當再受命。

又王莽傳曰：

地皇四年，（西門）君惠好天文讖記，爲（王）涉言，星孛掃宮室，劉氏當復興。

按所謂『復興』，所謂『再受命』，與谷永『滋蕃』之說，同其用意。此雖迷信，然可以反映當時朝野心目中所急切期望者，究爲何事。在相反方面，王莽僞託符命，攘漢氏之統，其符命有曰：

火德銷盡，土德當代。皇天眷然，去漢與新。(漢書本傳。)

曰火德已盡，則是漢當亡，不得『滋蕃』，不得『再受命』矣。新莽不久崩潰，而光武中興。然猶有公孫述之割據西蜀，竊號自娛，以爲代王氏而得其正統，後漢書公孫述傳言：

(述)好爲符命瑞應之事，妄引讖記，以爲孔子作春秋，爲赤制，而斷十二公，明漢至平帝十二代，歷數盡也。一姓不得再受命。又引錄運法曰，廢昌帝，立公孫；括地象曰，帝軒受命，公孫氏握；援神契曰，西太守，乙卯金。謂西方太守而乙絕卯金也。五德之運，黃承赤，而白繼黃。金在西方爲白德而代王氏，得其正序。

按公孫述以爲漢歷已盡，一姓不得再受命，與王莽符命說同。此其說對於漢氏不利；尤其對於光武，爲一極大之威脅。漢含孳者，謂漢當含孳，當『滋蕃』，當『再受命』，當『復興』，然則此書之託，其當前漢哀平以後，光武中興之世乎？光武喜託讖，(參考拙譔秦漢間之所謂符應論略第六章。)漢含孳之託，其殆亦不能例外乎？

書亦皮傅及曹魏事，曰：

漢以魏，魏以徵。(魏書文帝紀注引。)

按書繫以『漢』字，不當爲魏氏說法。此處明出後來竄亂。又多有天象占候，並與託書之指無關。蓋亦非舊也。

三十六年春月更定稿

出自第十本(一九四八年四月)

古讖緯書錄解題(二)

陳槃

目　次

白澤圖

敍　錄

「馬國翰玉函山房輯佚書白澤圖」白澤圖一卷。　案孫氏瑞應圖，黃帝巡于東海，白澤出，能言語，遠知萬物之精，以戒於民，爲除災害。　抱朴子論黃帝云，窮神姦則記白澤之辭。　蓋古有是說也。　南史梁簡文帝紀有新增白澤圖五卷，隋，唐志並有白澤圖一卷，不著撰人姓名。　今佚。　從諸書所引，輯得四十餘節，合錄爲帙。　圖則佚矣。

槃按：白澤書有二：一者，白澤圖。　二者，白澤地鏡經。　白澤圖者，言「鬼神之事」，而白澤地鏡經者則「但說珍寶光氣」。〔金樓子五志怪篇。〕　地鏡經今不論，論白澤圖。

白澤圖者，蓋讖緯家所託，舊讖緯中有之，今旣佚。　但其事猶不難索考。〔詳後。〕　他書中亦往往遇之。　唯說文大部臭下，各本作：

大白澤也。〔廣韻三二晧臭下同。〕　从大白，古文以爲澤字。〔玉篇大部臭下同。〕

此「白澤」，不知何解。　郭氏石鼓釋文以爲卽白澤獸，並引之以釋石鼓文臭字。　然諸家頗亦致疑，徐鍇曰，澤，和潤也。〔說文繫傳。〕　鈕玉樹曰，句讀當作大白也，澤也，本具二義。〔說文校錄。〕段玉裁曰，「各本白下有澤字，其誤不知始於何時。獸名白澤，故非經典。卽有此物，孰別其大小乎。全書之例，於形得義之字，不可勝計。臭以白大會意，則訓之曰大白也。猶下文大在一上則爲立耳。淺人妄增。」〔說文解字注。〕按：書闕有閒矣，臭爲「大白澤」之說，今無旁證。諸氏之說，余固無辭以贊，亦無由加以否定，則存其疑焉可也。

據搜神記，則三國間人旣知有白澤圖。原書卷十二曰：

吳諸葛恪爲丹陽太守，嘗出獵兩山之間，有物如小兒，伸手欲引人。恪令伸之，乃引去故地。去故地，卽死。旣而參佐問其故，以爲神明。恪曰，此事在白澤圖內，曰，兩山之間，其精如小兒，見人則伸手欲引人，名曰傒囊。引去故地則死。無謂神明而異之，諸君偶未見耳。

按：諸葛恪，三國吳人，瑾子。云出獵遇山精，事涉迷信。意者，恪爲人博雅，引喻設例，取證舊說，容或有之。流聞不察，誤以爲實。干寶嗜奇，亦未能辯。果爾，則恪故曾見白澤圖其書，但遇精之說，不足據爾。

抱朴子內篇兩引是書，極言篇曰：

（黃帝）窮神奸則記白澤之辭。

又登涉篇曰：

其次則論百鬼錄，知天下鬼之名字，及白澤圖，九鼎記，則衆鬼自卻。

類似白澤圖之神話，抱朴子篇中亦多有之。蓋白澤圖神話，有一定型式，卽「自古精氣爲物，遊魂爲變者，」書示其姓名，以戒于民，使民辟禍求福是也。此不妨名之曰「白澤圖型」。抱朴子中之「白澤圖型」神話，姑引一段爲例，登涉篇云：

山中有大樹，有能語者，非樹能語也，其精名曰雲陽，〔御覽引有以其名三字。〕呼之則吉。山中夜見火光者，皆久枯木所作，勿怪也。山中夜見胡人者，銅鐵之精，見秦〔御覽引有人字。〕者，百歲木之精，勿怪之，並不能爲害。山水之間見吏人〔御覽引無此字。〕者，名曰四徼，〔御覽有以其名三字。〕呼之名，〔御覽引無此字。〕卽吉。山中見大蛇著冠

幘者，名曰升卿，呼之卽吉。〔據孫星衍校本。〕

此類神話，與白澤圖說如出一型，或者卽白澤圖遺文，亦未可知。抱朴子嘗稱引白澤圖，而「白澤圖型」之神話又散見於其篇章中，然則抱朴子之得見白澤圖，則故甚明也。

○○○　○○○　○○○　○○○

白澤圖之爲吾人所知雖頗晚，而其說之起原則極早。蓋古人不了解自然現象，以爲萬物皆有神靈爲之主宰，故祭祀祈禱及於上天下地。生民以來，則已然矣。昭元年左傳，「子產曰，山川之神則水旱癘疫之災於是乎禜之。日月星辰之神則雪霜風雨之不時於是呼禜之。」古人拜物之情形，大略如此。又古人以爲萬物已莫不有神，而神怪亦往往出現，故祭法曰，「山林川谷丘陵能出雲爲風雨，見怪物，皆曰神。」神怪出現之記載，春秋戰國間多有之，如莊子達生篇曰：

水有罔象。

國語魯語下：

季桓子穿井，獲如土缶，其中有羊焉，使問之仲尼。曰，以丘之所聞，羊也。丘聞之，木石之怪曰夔，蝄蜽，水之怪曰龍，罔象，土之怪曰羵羊。

按：御覽八八六引白澤圖曰：

水之精名罔象，其狀如小兒，赤色，大耳，長爪，以索縛之則可得。烹之，吉。

白澤圖此文，可爲莊子達生篇及魯語罔象之注脚。蓋古人引說簡略，白澤圖猶首尾差具也。達生篇又曰：

桓公曰，然則有鬼乎。（皇子）曰，有，沈有履，竈有髻。戶內之煩壤，雷霆處之。東北方之下者，倍阿，鮭蠪躍之。西北方之下者，則泆陽處之。水有罔象，丘有峷，山有夔，野有彷徨，澤有委蛇。公曰，請問委蛇之狀何如。皇子曰，委蛇，其大如轂，其長如轅，紫衣而朱冠。其爲物也，惡聞雷車之聲，則捧其首而立。見之者，殆乎霸。桓公辴然而笑，曰，此寡人之所見者也。於是正衣冠與之坐，不終日而不知病之去也。

管子小問篇亦載桓公見委蛇之事，曰：

登山之神有俞兒者，長尺，而人物具焉。霸之君興而登山，神見，且走馬前，疾道也。袪衣，示前有水也。右袪衣，示從右方涉也。

此云俞兒，即達生篇之所謂委蛇。音近而字異。由上引數事，合而觀之，知記精怪名狀，流傳甚早，與後出之書，往往詳略互見，白澤圖之記，要爲有本。類此型式之神話，古籍中數見不鮮，山海經亦多有之，如下引夔一足說，是其例。但山海經兼記山海地理，奇人異類，不專言精怪，此其不同爾。然則白澤圖殆亦山海經之支流與？山海經相傳以爲禹、益所作，而「白澤圖型」之神話亦有託始夏禹者，〔詳下。〕此蓋亦其淵原相同之一暗示與？

○○○　　○○○　　○○○　　○○○

以上所引，可視爲春秋、戰國間所流行之神怪說。書傳復有九鼎之記，則其原流似不妨更推至於夏禹之世。宣三年左傳：

楚子伐陸渾之戎，遂至於雒，定王使王孫滿勞楚子。楚子問鼎之大小輕重焉。對曰，在德不在鼎。昔夏之方有德也，遠方圖物，貢金九牧，鑄鼎象物，百物而爲之備，使民知神姦，故民入川澤山林，不逢不若，螭魅罔兩，莫能逢之。用能協於上下，以承天休。桀有昏德，鼎遷於商。商紂暴虐，鼎遷於周。德之休明，雖小重也。其姦回昏亂，雖大輕也。

按：禹鼎所謂罔兩，即上引國語所謂蝄蜽。呂氏春秋：

周鼎著饕餮，有首無身，食人未咽，害及其身，以言報更也。〔先識。〕

周鼎著倕而齕其指，先王有以見大巧之不可爲也。〔離謂。〕

周鼎有竊曲〔竊，一作竊。〕狀甚長，上下皆曲，以見極之敗也。〔適威。〕

周鼎著鼠，令馬履之，爲其不陽也。不陽者，亡國之俗也。〔達鬱。〕

此言周鼎，蓋卽夏鼎。以其遷周，故繫之周。始皇本紀，二十八年，「齋戒禱祠，欲出周鼎泗水」。〔封禪書，禹收九牧之金，鑄九鼎。鼎遷於夏、商。周德衰，宋之社亡，鼎乃淪沒，伏而不見。〕此稱夏鼎爲周鼎之例也。夏鼎象物，據上引左傳，知有螭魅罔兩。　玆據呂氏所記，則此外又有饕餮，倕，鼠，窮曲。　然則夏鼎著象，殆可能是事實，非傳說。

夏鼎之存在，南宋洪邁嘗致疑焉，以謂「夏禹鑄九鼎，唯見於左傳王孫滿對楚子及靈王欲求鼎之言，其後史記乃有鼎震及淪入於泗水之說。　且以秦之強暴，視衰周如機上肉，何所畏而不取。　周亦何辭以卻。　赧王之亡，盡以寶器入秦，而獨遺此。　以神器如是之重，決無淪沒之理。　泗水不在周境內，使何人般舁而往，寧無一人知之以告秦邪。　始皇使人沒水求之不獲，蓋亦爲傳聞所誤。　三禮經所載鍾彝名詳矣，獨未嘗一及之。　詩書所書，固亦可考。　以予揣之，未必有是物也。」〔容齋三筆卷十三十八鼎。〕　今按：周是否有夏鼎，與夏禹鑄鼎象物之故事，似可各自獨立，即縱令周京實無禹鼎，亦不能抹煞此故事之來原。　此故事之流傳，可能相當古舊。　周人宣傳此神器，殆必直接受此故事之影響，藉此自重，以爲收拾視聽之工具。　故吾人即退一步，承認禹鼎之實不在周，然吾人亦不能武斷此故事之非舊。

然則此類「白澤圖型」之神怪故事，姑不妨謂之導原夏鼎。　晉以後，偏旁小書有所謂九鼎記及百鬼錄者，抱朴子登涉篇曰：

> 或問曰，辟山川廟堂〔原注，一作座。〕　百鬼之法。　抱朴子曰，道士常帶天水符及上皇竹使符，老子左契及守眞一思，三部將軍者，鬼不敢近人也。　其次則論百鬼錄，知天下鬼之名字，及白澤圖，九鼎記則衆鬼自卻。

而佚篇又有靑靈經，御覽八八三引其文曰：

> 案九鼎記及靑靈經，言人物之死，皆有鬼也。　馬鬼常時以晦夜出行，狀如炎火。

九鼎記又有作夏鼎志者，宋書五行志曰：

> 夏鼎志曰，掘地得狗，名曰賈。　尸子曰，地中有犬名曰地狼，同實而異名也。

此等書內容與白澤圖大抵相同，蓋其溯原自夏鼎之象物，數典不忘其祖，故曰九鼎記，或曰夏鼎志。　由其專言鬼怪，故曰百鬼錄，曰靑靈經爾。　然白澤圖故託之黃帝出巡東海所記白澤之言。此事當然迷信，但夏鼎圖象，亦必有所本，左傳云「遠方圖物」，此爲夏鼎著象來源說法之一種。意者，夏之先已有種種神怪傳說，白澤獸言怪物之說，或已流傳於前世，故白澤圖不言夏鼎而獨數黃帝歟。抑方士立異，喜言黃帝，白澤圖因之亦不能例外歟。

漢書藝文志雜占家又有人鬼精物六畜變怪二十一卷，執不祥劾鬼物八卷，蓋亦白澤圖，九鼎記之類。其成書蓋更在二書之前。書今不傳，然觀於白澤圖，約略可以推知其內容。然則神怪舊說，有賴白澤圖保存以傳者，固不鮮矣。未可以其殘缺不完與夫誕漫不經，遂而少之也。

○○○　○○○　○○○　○○○

舊本白澤圖，據唐張彥遠歷代名畫記三云，一卷，三百二十事。隋、唐、宋諸史藝文志卷數同而不言其物事幾何，然卷數已同，則內容殆不甚相遠，獨王欽若課先天記軒轅本紀乃云，凡萬一千五百二十事。〔雲笈七籤卷一百。〕彼此相校，差數絕遠。疑張氏及諸史藝文志所見，於舊本爲近。欽若所據，殆後人增輯之書。今道藏中「白澤圖型」之神話甚多，〔參考雲笈七籤卷三一，稟生受命，卷四四，鎮神養生內思飛仙上法，卷四八，老君明照法敍事等篇。〕蓋道家者流，隨時有所增廣。梁簡文帝已有新增白澤圖五卷，度後人所益者，亦復不少也。

白澤圖舊本託始黃帝，就輯存之本觀之，其中保存之舊說，故不在少。然明爲後人所比傅者亦有之，但比傅此事者之爲誰氏，收入白澤圖書中始於何時，今皆不可知矣。

所謂明爲後人皮傅者，如云：

火之精曰宋毋忌，蓋其人火仙也。

按史記封禪書云，「宋毋忌、正伯僑、充尙、羨門子高，最後皆燕人，爲方仙道，形解銷化，依於鬼神之事。」此輩皆秦始皇時方士，燕人。此「爲方仙道」之方士宋毋忌，與白澤圖所謂火仙人宋毋忌蓋是一事。宋毋忌已爲秦始皇時燕人，可知白澤圖此處火仙宋毋忌之託，明明後人所爲。文又曰：

故水石者，精名慶忌，狀如人，乘車蓋，日馳千里。以其名呼之，可使入水取魚。

管子水地篇亦曰：

水地涸澤數百歲，谷之不徙，水之不絕者，生慶忌。慶忌者，其狀若人，其長四寸。衣黃衣，冠黃冠，戴黃蓋，乘小馬，好疾馳。以其名呼之，可使千里外一日反報。

按：此水精慶忌與吳王子慶忌名固同，而性格亦近似。呂氏春秋忠廉篇曰：

吳王欲殺王子慶忌而莫之能殺，要離曰，臣能之。吳王曰，吾嘗以六馬逐之江上矣而不能及，射之矢，左右滿把而不能中。汝惡能。要離曰，王誠能助臣請，必能。吳王曰，諾。要離走往見王子慶忌於衞，居有閒，謂王子慶忌曰，吳之無道也愈甚，請與王子往奪之國。王子慶忌曰，善。乃與要離俱涉於江。中江，拔劍以刺王子慶忌。〔吳越春秋闔閭內傳第四略同。〕

按王子慶忌與水精慶忌名固同，而善馳走又相類。曰吳王嘗逐之江，曰要離刺之江，江與王子慶忌處處關係密切，亦容易使人由王子慶忌連想到水精慶忌。何以王子慶忌與水精慶忌竟爾如此近似，豈王子本不名慶忌，因與舊說水精慶忌者性格符同，世遂錫以水精之號，久假不歸，遂專其稱耶。抑王子故事，積久神化，好事者遂有王子爲水精之種種附會，白澤圖作者據之乃有水精爲慶忌之託耶。由前之說，是甲事塗附乙事，久而遂冥其嘗被塗附之迹。由後之說，則本是一事，分化而爲二事也。如後說不誤，則水精之說，蓋出於戰國間人之所附會，亦非白澤圖之舊也。〔管子有水精之說，已見上引。又王子慶忌亦見左傳哀二十年，似水精慶忌之出見，先於王子慶忌。但管子與左傳並有頗晚之材料，前人辨之矣。兩慶忌之出，孰先孰後，未易明也。〕然古史中人神混淆之事，故多有之，如所謂樂正夔一足者，亦其例。按：木石怪中有夔，魯語著之。夔者，「一足，趻踔而行，」莊子秋水篇之言也。白澤圖亦曰：

山之精名夔，狀如鼓，一足而行。以其名呼之，可使取虎豹。

白澤圖此說，與舊說悉合。又舊說舜樂正亦名夔，是夔有二，一山精，一舜樂正。傳說久之，遂淆混不辨，而有樂正夔一足之說。呂氏春秋察傳篇曰：

魯哀公問於孔子，曰，樂正夔一足，信乎。 孔子曰，昔者，舜欲以樂傳教於天下，乃命重黎舉夔於草莽之中而進之，舜以爲樂正。 夔於是正六律，和五聲以通八風，而天下大服。 重黎又欲益求人，舜曰，若夔者，一而足矣。 故曰夔一足。 非一足也。

按舊傳山精夔一足，舜樂正亦名夔，俗人不辨，併爲一事，故有樂正夔一足之說爾。 呂氏牽引孔子爲言，可謂強作解事，意其非君子「博物」之辨。〔虞書，夔擊石拊石，百獸率舞，山精能使虎豹，而樂正夔亦擊石拊石而百獸率舞。是以山精夔影附樂正夔也。〕 豈第人性之樂正夔受山精夔神話之點染，山精夔受樂正夔塗附之處，亦未嘗無之，如白澤圖云，山精夔，狀如鼓。 大荒東經云，「黃帝得其皮以爲鼓，聲聞百里。」 曰「如鼓」，曰鼓「聲聞百里」，是山精夔帶音樂性之表狀也。 古神話傳說混合之歷史，往往人神不分，輒因夔忌故事之例，聊復發之。

○○○　○○○　○○○　○○○

「白澤圖型」神話之影響，上自朝廷，下逮社會。 朝廷設官，制儀有志。民間沿習，久爲風俗。 且至今猶有存者。 周禮夏官方相氏條曰：

掌蒙熊皮，黃金四目，玄衣朱裳，執戈揚盾，帥百隸而時難〔按卽儺字。〕以索室，毆疫。 大喪，先匶。〔注，音柩。〕 及墓，入壙，以戈擊四隅，毆方良。〔注，罔兩也。 槃按，續漢書禮儀志略同。〕

按：所謂疫鬼，周官此處不詳，漢官舊儀有之，蓋卽相承舊說，續漢書禮儀志注引之，曰：

顓頊氏有三子，生而亡去爲疫鬼，一居江水，是爲虎。 一居若水，是爲罔兩蜮鬼。 一居人宮室區隅，漚庾，善驚人小兒。

所謂墓鬼，白澤圖有之，所記亦視周官爲詳，曰：

丘墓之精名狼鬼，善與人鬭不休，爲桃弓棘矢，羽以鵄羽以射之，狼鬼爲飄風。 脫履投之，不能化。

此言墓中狼鬼，與周官所謂墓中方良，蓋是一事。 注云，「方良，罔兩也。」音近字異。 疑「方良」文奪或省稱則曰「良」，〔佚周書王會稱「樂浪之夷」曰

「良夷」，蓋同此例。〕又轉而爲「狠」也。此類本無正字，往往形音相近，字即隨之而易。至於驅鬼，白澤圖云以「桃弓棘矢」，而周官則云「以戈」，此其微異。然，此類可以因人杜譔，其實無關宏指也。

以桃逐墓鬼，其説甚早，襄二九年左傳言，公會楚康王之葬，「楚人使公親襚，公患之。穆叔曰，祓殯而襚，則布幣也。乃使巫以桃茢先祓殯。」昭四年傳亦曰，「桃弧棘矢，以除其災。」〔鬼所以畏桃，别有神荼、鬱畾之神話，説見山海經、論衡、風俗通義等書，茲不贅。〕

儺亦見論語鄉黨。曰「鄉人儺」云云，則此儀制不特舉行於朝廷，且已化民成俗矣。

所謂儺，所謂以桃除災害，遺俗至今猶存，今民間歲時舞金獅，舞貓頭獸者，蓋即方相「蒙熊皮」之變象。舞金獅或貓頭獸亦同時作場演技擊，此則同於所謂「執戈揚盾」矣。但今人失其本原，徒欲以娛觀衆爾。「桃弧棘矢」則已蛻遺而爲漢儀之所謂「桃符」。今民間歲時以桃枝插門首，巫覡以桃枝逐鬼，人已死則置桃枝掌中，是其遺俗矣。

又有一事，出劉宋以後人之附傅而遺俗至今猶存者，則歲時民間畫鍾馗像貼門首以壓不祥，是也。按，鍾馗，蓋本作終葵，辟邪之物。顧炎武引馬融廣成頌「翬終葵，揚關斧」，謂古人以椎逐鬼，如大儺之執戈揚盾。〔日知錄三二終葵條。〕終葵，又作鍾葵，魏書列傳三十堯暄本名鍾葵，字辟邪，是也。鍾葵，旋又譌作鍾馗，宋時既然，見夢溪筆談卷二四。唐自明皇後，每歲首以鍾馗與曆日同賜大臣，民間至今相沿以爲俗。〔鍾馗傳説之來歷，陔餘叢考三五鍾葵條考甚詳贍。〕槃按魏書列傳十二，張白澤本名鍾葵，獻文改名白澤。余疑白澤圖本有終葵驅鬼物之説，故後人如張氏者連類取以爲名爾。白澤圖散亡，遺説當甚多。如終葵者，殆亦其中之一事歟。

○○○　○○○　○○○　○○○

宋書符瑞志以白澤爲瑞獸，孫氏瑞應圖，敦煌「瑞圖」殘卷，唐劉賡稽瑞及玉海祥瑞等並同，所謂符瑞者，受命之徵，乃讖緯家所極意描寫之事物，故讖緯書之專言徵瑞者有禮瑞命篇、禮瑞應圖、春秋瑞應傳、考經應瑞圖之等。

復次，宋書符瑞志等以白澤圖爲瑞物，蓋亦以舊讖緯瑞圖爲根據。符瑞志書瑞異之通則，例先標舊說於前，其歷代有其物事者，則著時代年月日，附瑞物其下，俾與舊說相應。其但見舊說而後代旣無其物者，則注之曰闕。於白澤圖條下云：

澤獸，黃帝時巡狩至於東濱，澤獸出，能言，達知萬物之精，以戒於民，爲時除害。賢君明德幽遠則來。〔元注，闕。〕

按：符瑞志備此一事者，志舊瑞書之有是說。注云「闕」者，明爾後未嘗有是物也。〔注闕之例如天鹿、周印等，頗不少，蓋皆所謂神物也。〕以符瑞志引用舊說之多本讖緯，謂白澤圖亦讖緯舊說之一，諒甚可能。今輯存之舊讖緯中無白澤圖之名者，蓋佚之也。然佚存之讖緯中類似白澤圖之說，今可考者，猶不下數十事，例如白澤圖云：

雷神名攝提，雷　呼之。

而春秋佐助期言某星，其神某，呼之可以求福者，則有如：

第一星，神名執陰，姓顯梁。第二星，神名斗諒，姓尹偶，當第三星。三星，神名拒里，姓莫劉領許。第五星，神名防作，姓雞尹堵。第六星，神名開寶，姓蚩，一名蒼兒部。第七星，神名招，姓肥脫絡濁。七星之名，並是人年命之所屬。恆思誦之，以求福也。〔五義大義論神第二十引。〕

此外又有牽牛，織女，須女，奎，虛，危，天廩，東壁，畢，參伐，胃，營室，昴，婁，天弓，厩，太尉諸星之神，並見春秋佐助期。又白澤圖云：

羊有一角當頂上，龍也。殺之，震死。

又曰：

老雞能呼人姓名，殺之則止。

此言六畜之有精怪也，而龍魚河圖亦曰：

羊有一角，食之殺人。〔藝文九四引。按，此文引家省略，當與上引白澤圖合觀之。〕

白馬玄頭，食之殺人。〔御覽八九三引。〕

其實，白澤圖故有一定型式，具如上述。據此型以求讖緯，則同於此型者復有海神：

東海君，姓馮，名修靑。夫人姓朱，名隱娥。南海君，姓視，名赤。夫人姓翳，名逸寥。西海君，姓勾大，名丘百。夫人姓靈，名素簡。北海君，姓是，名禹帳里。夫人姓結，名連翹。河伯公，名子。夫人姓馮，名夷君。有四海河神名，並可請之，呼之卻鬼氣。〔御覽八八一引龍魚河圖。〕

有嶽神：

東方太山君神姓圓，名常龍。南方衡山君神姓丹，名靈峙。西方華山君神姓浩，名鬱狩。北方恆山君神姓登，名僧。中央嵩山君神姓壽，名逸羣。呼之，令人不病。

有稻神：

稻神，名爲警畺，姓㓲。麥神，名爲福習，姓鉏。豆神，名爲靈殖，姓𦳝。又曰，豆神名爲靈趙，長七尺，大目，通於時節，以驅降民疫也。〔淸河郡本春秋佐助期。〕

有司命神：

司命神，名爲滅黨，長八尺，小鼻，望羊，多髭，癯瘦，通於命運期度。〔後漢書張衡傳注引春秋佐助期。〕

有髮神：

髮神，名壽長，耳神，名嬌女。目神，名珠映。鼻神，名勇盧。齒神，名丹朱。夜臥呼之，有患亦便呼之九過，惡鬼自卻。〔後漢書張衡傳注引龍魚河圖。〕

有疫鬼。〔淸河郡本禮稽命徵。按：說與上引夏官方相氏及漢舊儀同，今略。〕讖緯中類此之說，不可悉數。然則白澤圖雖佚，其遺說猶大部分可以於讖緯中求之。白澤圖與讖緯之關係，密切如此。

隋志以白澤圖歸五行類，新舊唐書、宋史等從之。今以此書性質大較同於讖緯，故收入讖緯中。

此書蓋至明中葉後期猶存，見焦竑國史經籍志雜占類，今佚。輯本，以余所知凡二家，一者，洪頤煊集本一卷，見祠堂書目。二者，馬國翰所集，收入玉函山房輯佚書中。洪本未見。馬本所收，不過三十許事。今據黎氏古逸叢書影印日本貞和鈔本玉燭寶典及困學紀聞等，爲補數事。馬氏引文亦頗有脫誤之處，今悉爲釐定。

此書流傳已久，譌誤繆亂，諒亦不免，如云：

上有山林，下有川泉，地理之間生精，名曰必方，狀如鳥，長尾。

按：此云山林川泉之精名必方，狀如鳥。而火之精亦名必方，狀如鳥。顧火精又有宋毋忌之名。凡此之類，是宜亟爲理董，以還其舊者也。〔訂正之說，詳拙譔古讖緯通纂集說白澤圖卷內，茲不贅。〕

附　　記

巴黎國家圖書館藏敦煌寫卷，伯希和編目二六八二號白澤精洜圖，殘存丈許，王有三（重民）先生巴黎敦煌殘卷敍錄第一輯子部作白澤精話圖者，是也。此殘卷有文，有圖，尙存古書之舊。按：圖象精怪，於載籍考之，蓋莫先於夏鼎，流衍而爲戰國間人之「畫鬼魅」，〔韓非子十一外儲說。〕爲「楚先王之廟及公卿祠堂，圖畫天地，山川神靈，及古聖賢怪物行事。」〔天問王逸序。〕山海經所記諸異物飛走之狀，或云東向，或云東首，蓋亦據圖畫而言。〔又郭注有云，圖亦作牛形。又云，亦在畏獸中。山海經有圖故甚明。〕圖畫精靈之風氣，漢時猶然，故魯靈光殿賦云，「圖畫天地，品類羣生，雜物奇怪，山神海靈，寫載其狀，託之丹青。千變萬化，事各繆形。隨色象類，曲得其情。」〔以上數事，言畫史者，類能稱舉，引用姓氏，今略。〕白澤圖中之怪物，古書屢引之，具如上文所述。然則白澤圖中之圖象，自亦流傳有緒。此圖之佚，不知始於何時。敦煌寫卷，幸得殘存。崑山片玉，寧非至寶。若其文字之有資於校訂輯佚，又不待論已。本所嘗於二十九年冬，託王君寫副此卷，聞已付郵矣，值戰禍蔓延，海山間阻，至今不知浮沉何處。洪頤煊輯本，藏書家度亦有之。僻處空山，遂亦無從借閲。豈其深閉固距，同於抱殘守闕。然則茲篇之作，姑不妨聊爲嚆矢，拾遺補亡，敢俟它日。

於時中華民國三十三年開歲十五日，記於西川南溪李莊栗峯之寓齋。

師曠占　師曠書　師曠紀

隋書經籍志五行類，師曠占五卷，師曠書三卷。師曠占僅據七錄，有目無書。章宗源氏考證云，師曠書三卷，即師曠占五卷之殘帙。此所云亡，實未盡亡也。蓋既據見存書目〔槃按：即日本見存書目。〕著錄於前，復從七錄鈔附於此耳。槃按：唐書經籍志，新唐書藝文志均著錄師曠占一卷，卷數與七錄，隋志異，疑唐人曾加以省併，抑或其佚存之數，亦未可知。御覽引書中有此目，不著卷數。書中引用，都十許事。疑此時尙存。容齋三筆卷十一引一事，乃據法苑珠林，蓋南宋時既無書。孫氏祠堂書目有洪頤煊輯本一卷，今未見。

師曠占者，蓋東漢時讖緯家本諸前漢師曠八篇而別標名目之書。前漢書藝文志陰陽家有師曠八篇，〔後漢書方術傳注，師曠，占災異之書也，今書七志有師曠六篇。槃按：師曠六篇，疑本諸師曠八篇，而卷數有分合之異。不然則六篇者，八篇之殘餘。〕師曠八篇既爲陰陽家書，則占驗天時人事之說，蓋多有之。後漢書蘇竟傳曰：

猥以師曠雜事，輕自炫惑。

方術傳敍曰：

河洛之文，龜龍之圖，箕子之術，師曠之書，緯候之部，鈐決之符，皆所以探抽冥賾，參驗人區，時有可聞者焉。

按：蘇竟所謂「師曠雜事」，方術傳敍所謂「師曠之書」，蓋是一事。其書蓋卽前志之師曠八篇。以此書多言占驗，故時人傅會而利用之以陳說時事矣。七錄以下各志著錄之師曠占，蓋亦師曠八篇之後身。師曠八篇言陰陽之占，循名覈實，或讖緯家詭爲之名，故曰師曠占。所謂師曠占者，由法苑珠林，太平御覽等所引文觀之，大抵不外天時人事，如曰：

春夏一日有霜者，君父母治政大嚴大殺，天以示之。何以言之，霜威殺萬

草，坐大殺也。見變如此，宜損威殺，重人之命。〔御覽八七八引。〕

杏多實不蟲者，來年秋善。〔同上九六八引。〕

玉燭寶典十二引一條作師曠書，曰：

人家忌臈日煞生，形於堂上有血光，不祥。過臈一日，謂之小歲。

此與師曠占性質無殊，而謂之師曠書。可知師曠書卽師曠占。曰師曠書，則猶存方術傳敍中本名。〔引見前。〕曰師曠占者，別標之目。其實一矣。

師曠占雖云大體本之前漢師曠八篇，然頗有漢人因託之嫌，如曰：

長吏乘車出入，行步道上，有雞飛集車上者，雄遷，雌去。〔御覽九一八引。〕

按「長吏」之稱，漢書史習見，漢書高帝紀下，罷兵賜復詔曰，「守尉長吏，教訓甚不善。」景帝紀，中元六年，詔曰，「吏六百石以上，皆長吏也。」是也。〔百官公卿表云，縣令長皆秦官。皆有丞尉，秩四百石至二百石，是爲長吏。與景帝詔微異。〕此其一。「雄遷雌去」，謂飛集車上之雞如爲雄，則官遷。雌則去官也。遷官，亦漢書史恆辭，漢書張釋之傳，「今陛下以嗇夫口辨而超遷之」。又趙禹傳，「積勞遷爲御史大夫」。是也。此其二。顧此二稱漢以後書史沿用，吾人似可謂師曠占此文不能早於秦漢，而不能謂其必出於秦漢。然蘇竟以爲師曠雜事者，「說士作書，亂夫大道。」〔本傳。〕由前之說，師曠雜事之屬與師曠占故是一事，然則師曠占中漢時說士因緣假託之義，必多有之。上述二則，蓋卽其例矣。

讖緯家之因託，亦有不可思議者。師曠本晉平公樂師，國語，左傳，古文瑣語以下，無異辭也。〔參考下篇。〕而師曠占乃有黃帝問師曠，欲知牛馬貴賤。〔御覽九三九引。〕黃帝問師曠，欲知歲苦樂善惡之說。〔同上九九四引。〕是師曠又爲黃帝臣也。讖緯書之詭異無據乃如此。

○○○　○○○　○○○　○○○

唐劉賡稽瑞一書，所引多讖緯家說，其中有所謂師曠紀者一事，文曰：

虬龍者，龍之無角者也。黃帝時有虬龍，白前身，有鱗角，背有名字，出圖史禁，或以授黃帝。〔後知不足齋本頁四七。〕

按：師曠紀所説，與河圖雒書之内容無殊。宋書符瑞志下曰：

河精者，人頭魚身，師曠時所受讖也。

據此文，知讖緯家更有師曠曾受「河精」「讖」書之託矣。孫氏瑞應圖亦曰：

玉龜者，師曠時出河東之崖，爲聖圖出河，負錄讖書。〔初學記六引。〕

讖緯已有師曠時受「聖圖」「讖」書之説，於是讖緯書所樂道之事物，紛紛出矣。宋書符瑞志曰：

白燕者，師曠時銜丹書來至。

又曰：

玉羊，師曠時來至。〔稽瑞頁五三同。〕

符瑞志之説如此。孫氏瑞應圖言師曠時來至之瑞物則有玉羊，〔占經百十四引。〕白鵠，〔初學記十六引。〕玉馬，〔藝文類聚九九等引。〕白羊，〔稽瑞引。〕白鵲，〔北堂書鈔百九九引。〕白鵠，〔初學記一六引。〕之等。熊氏瑞應圖，以余所見，則有赤燕銜書〔稽瑞五五引。〕一事。

按：宋書符瑞志，孫熊二氏瑞圖或言師曠時受聖圖，讖書，或言師曠時致瑞異物事，説與上引師曠紀同符性質，可能有淵原關係。師曠紀豈即所謂師曠所受讖書耶？宋書符瑞志，孫氏瑞應圖等所引師曠時瑞物如白燕，玉羊之等，豈即其内容之一斑耶？又一般讖緯内容，自瑞物以至天時人事之占，無不備具。師曠紀，師曠占，通而觀之，故是一事。師曠紀豈即師曠占異名耶？所未詳也。

○○○　○○○　○○○　○○○

讖緯家之樂於依傍師曠，蓋頗受春秋、戰國間人之影響。後期尤甚。師曠之「先知禍福，言無遺策」，〔淮南齊俗篇語。〕國語，左傳嘗有其記，如晉語八，「平公説新聲，師曠曰，公室其將卑乎，君之明，兆於衰矣。夫樂以開山川之風也，以耀德於廣遠也。夫德廣遠而有時節，是以遠服而邇不遷。」左傳襄十八年，楚師伐鄭，勞師而反，「役徒幾盡」。初，「晉人聞有楚師，師曠曰，不害。吾驟歌北風，又歌南風，南風不競，多死聲，楚必無功。叔向曰，在其君之德也。」又昭八年，晉魏榆有石能言，晉侯亦就師曠問焉。師曠蓋頗能陳説鬼神之事，又能豫言。但豫言之有效，事或偶然，故叔向不信，以爲「在其君之德也」。「師曠之聽」，國語、左傳中雖頗露其消息，顧遠不如後來附會之雜，之甚。如佚周書太子晉解云，王子晉語師曠，「吾聞汝之人年長短告吾，〔按：句有譌誤，風俗通義卷二引作，吾聞大師能知人年之短長也。〕師曠對曰：汝聲汙，汝色赤白。火色不壽。王子曰，吾後三年，上賓於帝所，汝慎無言，□將及汝。師曠歸，未及三年，告死者至。」古文瑣語云，「晉師曠御晉平公鼓瑟，輟而笑，曰，齊君與其嬖戲，墜於牀而傷其臂。平公令人書之，某月某日，齊君戲而傷。問之於齊侯，笑曰，然，有之。」〔藝文類聚十九引。〕此則近於神性矣。

師曠要爲春秋後期至戰國間豫言之中心人物，故此時載籍記師曠豫言之事特繁富，其尤可注意者，豫言之事物，每每涉及妖祥嘉瑞，古文瑣語曰：

有鳥飛從西方來，白質，五色皆備，集平公之庭，相見如讓。公召叔嚮問之，叔嚮曰：吾聞師曠曰，西方有白質鳥，五色皆備，其名曰翬。南方赤質，五色皆備，其名曰搖。其爲吾君臣，其祥先至矣。〔太平御覽九一七引。〕

韓非子十過篇曰：

（晉平）公曰，清徵，可得而聞乎。師曠曰，不可。古之聽清徵者，皆有德義之君也。今吾君德薄，不足以聽。平公曰，寡人之所好者，音也。願試聽之。師曠不得已，援琴而鼓，一奏之，有玄鶴二八，道南方來集於郎門之垝。再奏之而列。三奏之，延頸而鳴，舒翼而舞，音中宮商之聲，聲聞於天。平公大說。坐者皆喜。平公提觴而起，爲師曠壽，反坐而問，曰，音莫悲於清徵乎。師曠曰，不如清角。平公曰，清角，可得而聞乎。師曠曰，不可，昔者黃帝合鬼神於西泰山之上，駕象車而六蛟龍，畢方竝鎋，蚩尤居前，風伯進掃，雨師灑道，虎狼在前，鬼神在後，騰蛇伏地，鳳皇覆上，大合鬼神，作爲清角。今君主德薄，不足聽之。聽之，將恐有敗。平公曰，寡人老矣，所好者，音也，願遂聽之。師曠不得已而鼓之，一奏而有玄雲從西北方起。再奏之，大風至，大雨隨之，裂帷幕，破俎豆，隳廊瓦。坐者散走。平公恐懼，伏於廊室之間。

晉國大旱，赤地三年。　平公之身遂瘙病。

說苑辨物篇曰：

(晉)平公曰，安有人臣履而上人主堂者乎。　師曠解履刺足，伏刺膝，仰天而歎。　公起引之，曰，今者與叟戲，叟遽憂乎。　對曰，憂乎，肉自生蟲而還自失也，木自生蠹而還自刻也，人自興妖而還自賊也。　五鼎之具，不當生藜藿。　人主堂廟，不當生蒺蔾。　平公曰，今爲之奈何。　師曠曰，妖已在前，無可奈何。　入來月八日，修百官，立太子，君將死矣。　至來月八日平旦，謂師曠曰，叟以今日爲期，寡人如何。　師曠不樂，謁歸，歸未幾而平公死。　乃知師曠神明矣。

按：此諸所言西南方有五色之鳥，爲國告祥。　言德義之君合清徵之樂，可致瑞異，德薄者當之則國旱而身病。　言五鼎生藜藿，堂廟生蒺蔾。　種種妖祥徵應，皆讖緯家所極意敷張之物事。　宋書符瑞志孫熊二氏瑞圖與夫師曠紀之言師曠時致圖，讖諸暨珍異祥瑞，蓋上引古文瑣語、韓非子、說苑之等既爲之暗示，抑或爲之先河矣。　前漢志師曠八篇，意與此等書內容，蓋不甚相遠。　讖緯家踵事增華，乃其慣技，時風使然，又不獨師曠之書而已。

中華民國三十三年七月二十四日初稿。

出自第十二本(一九四七年)

古讖緯書錄解題(三)

陳　　槃

（１）禮瑞應圖

（２）孝經中黃讖

禮瑞應圖

書經遺佚，僅存御覽八七二引「昔太清之治世也，昭明於日月」一事。然此類書說，讖緯各篇展轉互襲，雖殘闕已不在少，實未盡亡也。

「瑞應」一辭，讖緯書多有之，如河圖挺佐輔曰：

堯勅臣下寫取 大龜負圖 告瑞應。古微書本。　又見藝文類聚九九引龍魚河圖。

易乾鑿度曰：

天之將降嘉瑞應。逸書考本頁五七。

易乾元序制記曰：

聖人受命瑞應之至。逸書考本頁一一。

易坤靈圖曰：

聖人受命，瑞應先見於河。御覽五六引。

禮含文嘉曰：

靈臺 徵六氣之瑞應。古微書本。

春秋曰：

王者 符瑞應，天下歸往。公羊成八解詁引。

按「瑞應」，義卽此春秋讖緯所謂「符瑞應」。作「瑞應」者，從省稱也。

兩漢閒書書史亦習見，西京雜記曰：

樊將軍噲問陸賈曰，自古人君皆云受命于天，云有瑞應。豈有是乎？卷三。

槃按，陸賈新語本行，「夫子……案紀圖綠以知性命，乃天道之所立，大義之所行也」，明誠，「易曰，天垂象，見吉凶，聖人則之。天出善道，聖人得之。言御占圖應之變，下衰（？）風化之失，以匡盛衰，紀物定世」云云：知陸生爾時喜言讖緯，西京雜記此辭，可毋疑其依託。

史記封禪書曰：

元朔六年天子苑有白鹿，以其皮爲幣以發瑞應，造白金焉。

樂書曰：

或言，古者太平，萬民和喜，瑞應辨至。

漢書谷永傳曰：

龍陽德，由小之大，故爲王者瑞應。

論衡曰：

五帝三王，招致瑞應。書虛篇。

夫河出圖，洛出書，聖帝明王之瑞應也。感虛篇。

故瑞應之德降。異虛篇。

服瑞應之物，不能致福。儒增篇。

潛夫論曰：

神明瑞應，可朞年而致也。三式。

建寧五年析里橋郙閣頌曰：

仍致瑞應。金石萃編十四。

太平經曰：

天地人見樂興理禮而萬物各得其所，瑞應善物萬二千爲其出矣。某訣第二百四。

凡物樂，則奇瑞應俱出生。闕題。

此其例也。

先秦古籍中不經見。子華子北宮意問篇曰：

夫禎祥瑞應之物。

此雖亦言「瑞應」，然其書出于僞託，可勿論。

「瑞應」，書史亦或作「符應」，「符命」，「瑞命」……諸等稱。別詳秦漢間之所謂符應論略。其實一也。

瑞應之書，因附見圖象，故曰瑞應圖。敦皇發見之鈔本「瑞圖」殘卷，猶有繪事可考，蓋舊書之遺制也。別詳敦皇鈔本「瑞圖」殘卷解題。

此種思想，蓋本諸鄒衍五德終始之所謂「符應」。秦漢間之主要思想也。其成爲專門言瑞應之書，蓋至晚西京景武之世已有之。別詳秦漢間之所謂符應論略第三章。東京早年，尤多可考。別詳孫氏瑞應圖解題。

兩漢間已爲瑞應說極盛之世，蓋其書紛紛遂出。然則此等讖緯，意者其卽此時代之產物矣。

三十五年七月六日，脫稿于栗峯。

孝經中黃讖

書亡佚，今可考者止魏志文帝紀注引一則，其文飾合曹丕名氏，讖緯中，此其言之淺俗者。

「中黃」，不審宜作如何解釋？方士所傅託之古仙人有所謂中黃者，抱朴子極言篇曰：

黃帝適東岱而奉中黃，入金谷而諮子心。

軒轅本紀亦曰：

南至青城山，禮謁中黃丈人。雲笈七籤一百先天紀。

依此說，是中黃與黃帝爲同時。據敦煌石室遺書老子化胡經殘卷，則云與老子同時。皆依託之說也。抱朴子神仙金汋經曰：

服金丹後身則光明，羽翼卽生，上爲中黃太一承敍元精。元注，昔上輔仙官者，皆隸屬中黃丈人及太一君。此二君者，仙人之主也。

此則言其位置甚尊，與太一同爲仙官之主。此類傅會，不知始于何時？文子微明篇曰：

昔者中黃子曰，天有五方，地有五行。……

中黃之名，先秦舊籍中唯此一見。文子，或云駁書，顏師古漢書藝文志注。唐柳先生集四辯文子。或曰非也。孫星衍問字堂集四文子序。然則文子此處是否先秦舊說，未可知也。

東漢後期，齊地民間之于中黃，已有相當之信奉，黃巾賊移曹操書有曰：

昔在濟南毀壞神壇，其道乃與中黃太乙同似。魏志武帝紀注引魏書。

按黃巾賊所崇信者黃老道，殆黃老道中本無中黃其人，故黃巾禁毀之，比之于諸神壇淫祀。然因是可知爾時民間之于中黃必相當迷信，否則無煩賊衆留意于此矣。

秦漢間方士多有道家其人，然方士之思想性行，雖道家其內，而其外乃以儒學文飾，亦喜矯作讖緯。以上別詳戰國秦漢間方士考論第二、三、四章。其依託經藝之讖緯，今可考者尚有老子河雒讖，按舊說，易出于河圖洛書，故河洛讖實即經讖。易乾鑿度，希夷名按二書之名，本諸莊子老子，別詳解題。之等。孝經中黃讖豈亦其類耶？果爾則當時民間與方士對于中黃之崇奉，雖經黃巾加以禁毀，猶未能絕其根荄；亦或其禁止限于濟南，餘地之迷信如故，故曹丕篡漢之頃，復有此中黃讖書之託。據抱朴子遐覽篇引有中黃經，仙藥篇有中黃子服食節要，可見方士造託中黃之書，頗亦不少。但孝經中黃讖是否止此一事？則不可知矣。

然所謂「中黃」，同時亦可能作另一解釋，即依五行家舊說，東方屬木，其色青；南方火，色赤；西方金，色白；北方水，色黑；中央土，色黃。土已爲中，爲黃，故曰，「黃，中之色也」；左氏昭十二傳。曰，「黃者，中也」。禮郊特牲。簡言之則曰「黃中」，例如：

君子黃中通理。易坤卦文言。

含黃中之德。五行大義釋名第一引禮斗威儀。

或曰「中黃」，例如：

芝草生中黃藏府。後漢書桓帝紀初。

礪以五方之石，鑿以中黃之壤。初學記二二等引曹植寶刀賦。

今皇帝捐乘車之副，竭中黃之府。文館詞林六九五引曹植自誡令。

啓中黃之少宮。文選七命。善注，中黃，土色。

中黃曄以發暉兮。同上藉田賦。善注，周禮曰，地謂之黃。

按上引「中黃」之稱五事，第二三四事指土，顯而易見。第一五兩事是指天子內府。天子內府而云中黃府者，謂天子居中，同于土德之「臨御四方」；土色黃，故天子中府曰中黃府，敦煌瑞圖殘卷曰，「黃者，中之色，言人君有中和之德，總六合以居中也」，是其義也。

土地可以稱「中黄」，此固矣，而孝之義與土地之關係，古亦有說，孝經三才章曰：

夫孝，天之經也，地之義也。

按「義」者，宜也。此謂孝行于道爲地也。董仲舒發揮其說曰：

河間獻王問温城董君曰，孝經曰，夫孝天之經，地之義，何謂也？對曰，天有五行，木火土金水是也。木生火，火生土，土生金，金生水。水爲冬，金爲秋，土爲季夏，火爲夏，木爲春。春主生，夏主長，季夏主養，秋主收，冬主藏。藏，冬之所成也。是故父之所生，其子長之。父之所長，其子養之。父之所養，其子成之。諸父所爲，其子皆奉承而續行之，不敢不致如父之意，盡爲人之道也。故五行者，五行也。由此觀之，父授之，子受之，乃天之道也，故曰，夫孝天之經也。此之謂也。王曰，善哉。天經既得聞之矣，願聞地之義。對曰，地出雲爲雨，起氣爲風。風雨者，地之所爲。地不敢有其功名，必上之於天命，若從天氣者，故曰天風天雨也。莫曰地風地雨也。勤勞在地，名一歸於天，非至有義，其孰能行此？故下事上，如地事天也，可謂大忠矣。土者，火之子也。五行莫貴於土，土之於四時無所命者，不與火分功名。木名春，火名夏，金名秋，水名冬。忠臣之義，孝子之行取之土。土者，五行最貴者也。其義不可以加矣。五聲莫貴於宮，五味莫美於甘，五色莫盛於黄，此謂孝者地之義也。春秋繁露五行對。

又曰：

爲人子者，視土之事火也，雖居中央，亦歲七十二日之王，傅於火以調和養長，然而弗名者，皆并功於火，火得以盛。不敢與父分功，美孝之至也。是故孝子之行，忠臣之義，皆法於地也。地事天也，猶下之事上也。春秋繁露王道通。

觀于董生此文，可知說孝經者對于「地之義也」一句如何聚精會神，神明其事，使上天下地，大義微言，于是乎咸在。中間五行對篇「父之所生」至「不敢不致如父之意」五句，亦見孝經鉤命決。說郛，又逸書考引清河郡本。趙在翰以爲此文出于董君，說郛引作鉤命決爲可疑。七緯附案語。究竟此處董君因襲讖緯耶?讖緯因襲董君耶?將董君與讖緯並直據舊說,故不期而同然耶?未渠詳也。

孝經讖緯之附會,有更甚于此焉者,孝經中契曰:

丘作孝經,文成道立,齋以白天,則玄雲踴北,紫宮開北門,角亢星北落,司命天使書題號孝經篇,云神星褎古微書「篇」下有「目」字。「云神星褎」作「元神辰裔」。孔丘知元今古微書「今」作「命」。使陽衢乘紫麟下告地主要道之君,後年麟至。……御覽六一〇引。

此亦孝爲地義之說也。云孔子作孝經已成,天神使使「下告地主要道之君」。「地主要道」,卽孝道,卽「地之義也」之謂。依讖緯此說,孔子作孝經,上合天心,則孝經故神乎其爲書矣。以孝經孝道之得上契于天,宜復有讖,故孝經援神契曰:

元氣混沌,孝在其中。天子孝,天龍負圖,地龜出書,妖孽消,景雲出游。……初學記人事部等引。

云孝道感通,能使天地爲出圖書,豈謂孝經中黄讖之爲書,亦其類耶?果爾則孝之義屬于地,地位中,其色黄,曰孝經中黄讖云云, 說故甚順;抑曹氏自謂繼承漢統,漢德火,火生土,其色黄。諛曹魏之讖以爲,「漢以魏徵,黄精接期,天下歸高」,文選陸機答賈長淵詩注引春秋佐助期。是也。然則孝經中黄讖云云,其本身已與孝道之理論一致,而與曹魏之所謂土德者亦密合:是其義雙關。作讖者之意,豈是之謂耶?

除此之外,「中黄」又爲勇士名與國名,文選西京賦曰:

迺使中黄之士,育獲之儔。李善曰:尸子曰,中黄伯曰,余左執泰行之獶而右搏雕虎。李周翰曰,中黄,國名,其俗多勇力。

而仙藥有所謂「石中黄子」者亦或稱「中黄」,文選南都賦曰:

太一餘糧,中黄穀玉。善注,博物志曰,石中黄子,黄石脂。

按抱朴子仙藥篇曰,「仙藥之上者,…… 次則太乙禹餘糧次則石中黄子」。以抱朴子之以「太乙禹餘糧」與「石中黄子」並提,知賦以「太一餘糧」與「中黄」並提,此「中黄」卽「石中黄子」。李注不誤。

此勇士與國與仙藥之名「中黄」,與孝經中黄讖之所謂「中黄」,殆無甚關係,蓋可勿論。

三十五年七月大暑中,稿于栗峯。

出自第十七本(一九四八年四月)

古讖緯書錄解題（五）

陳　　槃

河　　圖（宋均、宋衷附考）

叙　　錄

〔王充論衡實知篇〕神怪之言，皆在讖記；所表，皆效圖書。亡秦者胡，河圖之文也。

〔桓譚新論啓寤〕讖出河圖、洛書，但有朕兆而不可知。後人妄復增加依託，稱是孔丘，誤之甚也。

〔又疏〕今諸巧慧小才、伎數之人，增益圖書，矯稱讖記（後漢書本傳。案『圖書』，謂河圖、洛書，觀前引論衡說）。

〔張衡上事〕河洛五九（後漢書本傳注引。謂四十五篇）。

〔劉勰文心雕龍正緯第四〕繫辭稱河出圖、洛出書，聖人則之。但世敻文隱，好生矯誕。眞雖存矣（？），僞亦憑焉。原夫圖籙之見，迺昊天休命。事以瑞聖，義非配經。故河不出圖，夫子有歎。如或可造，無勞喟然。

〔隋書經籍志〕河圖二十卷（元注：梁河圖洛書二十四卷，目錄一卷，亡）。

〔又〕其書出於前漢，有河圖九篇，洛書六篇，云自黃帝至周文王所受本文；又別有三十篇，云自初起至于孔子，九聖之所增演，以廣其意。至宋大明中，始禁圖讖。梁天監已後，又重其制。及高祖受禪，禁之踰切。煬帝即位，乃發使四出，搜天下書籍與讖緯相涉者皆焚之，爲吏所糾者至死，自是無復其學。祕府之內，亦多散亡。

〔孔穎達尙書洪範正義〕漢書五行志，劉歆以爲伏羲繫天而王，河出圖，則而畫之，八卦是也；禹治洪水，錫洛書，法而陳之，洪範是也。先達共爲此說。龜負洛書，經無其事。中候及諸緯多說黃帝、堯、舜、禹、湯、文、武受圖、書之事；皆云龍負圖，龜負書。緯候之書，不知誰作。通人討覈，謂僞起哀平。雖復前漢之末，始有此書。以前學者，必相傳此說。

〔日本國見在書目九異說家〕河圖一卷。

〔程大昌易原論有河圖而無字〕鄭康成則直曰：河圖有九篇，洛書有六篇。說者謂其本諸緯書。緯書者，哀平間實始有之，非古也，不可據也。

〔胡應麟四部正譌上〕讖緯之說，蓋起於河洛圖書。當西漢末，符命盛行，俗儒增益，舛訛日繁。

〔顧起元〕讖緯前記（三十五篇）之外，河圖有會昌符、括地象、稽曜鉤、握拒起、帝通紀、叶光篇、著命篇、揆命篇。大都此等多係漢人僞作（經義考悲緯引）。

〔惠棟後漢書張衡傳補注〕郊祀志曰：上使梁松等案河洛讖文，以章句細微相況，八十一卷，明者爲驗。又其十卷，皆不昭晳。是當日河洛讖文八十一卷皆有章句。

〔汪師韓文選理學權輿注引羣書目錄緯候圖讖河圖類〕河圖，河圖括地象、河圖帝覽嬉、河圖帝通紀、河圖著命、河圖闓苞受、河圖會昌符、河圖龍文、河圖玉版、河圖考鉤、宋均河圖注。

〔王鳴盛蛾術編讖緯〕河圖九篇，洛書六篇，李鼎祚周易集解所載，鄭康成注，事舉之，蓋其正也。三十篇則支別也。今散見羣書者，河圖，二字有叶光、視萌、絳象、玉版、龍文、攷鉤、龍魚；三字有握矩起、眞紀鉤、記命符、挺佐輔、稽耀鉤、帝通紀、帝覽嬉、括地象、始開圖、闓苞受、赤伏符、會昌符、合古篇、提劉子、祕徵篇、錄運法。或正或別，今皆不能辨矣。

〔章宗源隋書經籍志考證〕按，經義考毖緯篇輯河圖篇目之散見諸書者凡三十有二：曰括地象、曰錄運法、曰赤伏符、曰挺佐輔、曰帝覽嬉、曰握矩起、曰稽命曜（或作稽命徵）、曰稽耀鉤、曰會昌符、曰記命符、曰說徵示、曰帝視萌、曰運期授、曰帝紀通（或作帝通紀）、曰皇參持、曰闓苞受、曰考曜文、曰內元經、曰龍魚河圖、曰河圖龍文、曰河圖八文、曰河圖提劉、曰河圖眞鉤（或作眞紀鉤）、曰河圖著命、曰河圖天靈、曰河圖緯象（或作絳象）、曰河圖玉版、曰河圖叶光圖、曰祕徵圖（徵一作徵）、曰合古篇、曰始開篇、曰要元篇。似已略具於斯矣，而開元占經又有河圖舍占篇，汪氏文選注引書目又有河圖考鉤。

〔朱一新無邪堂答問五占經日行度篇引河圖條〕曰天元十一月甲子夜半朔，日月俱起牽牛，乃用太初術。蓋太初以後人所爲耳。

〔廖平公羊推驗補證昭三十一年〕西人所稱獨得之奇，如地動、天靜、地球四游，中土所嘆以爲絕業者，乃其說皆見于緯（案章炳麟章氏叢書文集別錄二亦曰：『緯書言，地有四游，是亦曉地球轉動也』。又案『地有四游說』，亦見尚書考靈曜。逸書考本葉一）。

〔顧頡剛師漢代學術史略二〇讖緯的內容〕他們提起伏羲的故事，說雷澤裏有大人的脚印，華胥去踏了、就生下了伏羲。他的樣子是龍身、牛耳、虎鼻、山準、大眼睛，長九尺一寸（照王莽的系統，他是木德，所以和天上的蒼帝一樣長）。因爲他的道德融洽於上下，所以天把鳥獸文章送給他，地把河圖、洛書送給他。神農呢，少典的妃子安登到華陽去遊玩，有一條神龍和他交感了，就生下了他，生得牛頭，龍顏，大脣，長八尺七寸（也就是天上赤帝的長度）。因爲他喜歡耕田，創造了耒耜，所以地出醴泉，天降嘉禾。黃帝更了不得，大電光繞着北斗，照到郊野，觸着了附寶的身子，生下了他。他身逾九尺，日角，龍顏，河目，隆顙。胸前有文，是「黃帝子」三字。他將要做天子的時候，有黃雲在堂升起，鳳凰銜了圖，放在他的面前，他再拜而受。少皞是劉歆臨時插入古史系統裏的，他的歷史太短，人民知道的不多，這個位子還沒有坐穩。但在黃帝的土德和顓頊的水德之間，應當有一個金德的天子，這是很顯然的，所以讖緯的作家就另插了一位朱宣進去，說黃帝時有虹一般的大星，下流華渚，女節夢中和它交接了，生下了白帝朱宣。顓頊的出生也和他相像，說是有蜺一般的搖光貫過月亮，感着女樞而生的。

〔又〕在商、周時，固然天子也說，自己的祖先是上帝所生。但他們意想中的上帝只有一個。到漢代纔依了五行說而分上帝爲五個。到西漢之末，纔因王莽的宣傳而確認這天上的五帝的兒子輪流了做人間的帝王。例如漢高帝，如果說他以水德王的，他是黑帝的兒子。倘改說爲火德，他就變成了赤帝的兒子了。天上赤帝的兒子在人間做帝王，也可以稱赤帝，所以王莽得到的金策書上寫的是『赤帝行璽邦』， 而土德的王莽也就成了『黃帝』。他們說，這人間的五帝，是有一定的任期的，蒼帝應當傳二十八世，白帝應當傳六十四世，黑帝可以治八百年。光武帝所以自承『漢家九百二十歲，以蒙孫亡』，就因爲赤帝是應當治九百二十年的緣故。

〔又五德終始說下的政治和歷史二〇少昊金天氏〕漢人雖愚，歷史的系統裏忽然跑進了一個嶄新的『古帝』，也不會立時信奉的，所以東漢初年的賈逵（他的父賈徽是劉歆的弟子；他傳父業，故爲古文學專家）對章帝說：『五經家皆言顓頊代黃帝，而堯不得爲火德。左氏以爲少昊代黃帝，即圖讖所謂帝宣也。如令堯不得爲火，則漢不得爲赤。其所發明，補益實多』（後漢書卷三十六本傳）。即此可知當時經學家還不肯承認黃帝顓頊之間曾有少皞一代；賈逵們想要維持這個偶像，猶須借重於圖讖中不同名的帝，更須借了『堯不得爲火則漢不得爲赤』的威嚇的話來聳動漢帝的聽聞。又可見賈逵所云『其所發明，補益實多』者，即左傳中『發明』了『漢爲堯後』和『顓頊繼少昊後』諸說之後，其補益於漢家的五運數者乃甚多也。

槃案書佚。舊有古微書、黃氏逸書考、緯攟三輯本。近有安居香山、中村璋八二氏之緯書集成本（油印）。二氏之書後出，故網羅較前人爲富。然有時亦不免任意去取。如逸書考本河圖云：

蒼帝之治，八百二十歲，立戊午蔀(詩大雅文王序正義云，尙書運期授引河圖)。　注：

周文王以戊午部二十九年受命(同上)。

案逸書考所引出處甚明，而集成本乃芟削不用，未詳其旨。又『客星犯守尾』、『客星入天駟』(詳後)、『客星犯營室』、『客星入東壁』等數事，逸書考本據(開元)占經卷七六、卷八十、卷八二收，而二氏蓋以今所傳各鈔本皆未見，遂亦逕行删去。案逸書考所據者，不知何本。此當加附識語，仍存其舊，以昭愼重，闕疑之道也。

河圖之類，篇目甚繁。前引後漢書郊祀志云：河洛讖文八十一卷，又別有十卷。此河圖、洛書合編之卷帙也。至于河圖，隋志云：二十卷，出于前漢有九篇；王鳴盛所考，以爲二十二篇；章宗源所考，以爲三十二篇；而安居、中村二氏所輯，其目則有：

(1)　河圖括地象(槃案又名地統書，見經義考毖緯)。

(2)　河圖始開圖(槃案『圖』或作『篇』)。

(3)　河圖挺佐輔

(4)　河圖稽耀鉤

(5)　河圖帝覽嬉

(6)　河圖握矩記(槃案『握矩記』，經義考作『矩起』)。

(7)　河圖玉版

(8)　龍魚河圖(槃案淸河郡本作河圖龍魚徵紀)。

(9)　河圖合古篇

(10)　河圖令古篇(槃案『令古』，或作『今古』)。

(11)　河圖赤伏符

(12)　河圖闓苞受(槃案『闓』，或作『開』；『受』，或作『授』)。

(13)　河圖叶光紀(槃案『叶』，或作『汁』，或作『汗』，或作『協』，或作『汴』)。

(14)　河圖龍文(槃案又有河圖玉版龍文、孔子玉版；前引又有河圖玉版，疑是一事)。

(15)　河圖錄運法(槃案『錄』，或作『籙』，或作『祿』，古字通)。

(16)　河圖帝通紀(槃案經義考作帝紀通。注：『或作帝通紀』。『通』又或作『統』)。

(17) 河圖眞紀鉤（槃按一本無『鉤』字）。

(18) 河圖考鉤

(19) 河圖秘徵（槃按一本『徵』下有『篇』字。經義考毖緯『徵』作『微』。御覽七作河圖帝秘徵）。

(20) 河圖說徵（槃案經義考『徵』下有『示』字）。

(21) 河圖說徵祥（槃案以上二書，殆是一事）。

(22) 龍魚說徵示

(23) 河圖會昌符

(24) 河圖稽命徵

(25) 河圖揆命篇

(26) 河圖要元篇

(27) 河圖天靈

(28) 河圖提劉篇（槃案『篇』，或作『子』）。

(29) 河圖絳象（槃案『絳』，經義考作『緯』。注：『緯』或作『絳』）。

(30) 圖緯絳象（槃案蓋卽河圖絳象。『絳』當作『緯』）。

(31) 河圖著明（槃案諸家輯本『明』作『命』。路史有虞氏紀注引作『注』。御覽引作『著命苞』）。

(32) 河圖皇持參（槃案『持參』二字互倒。『持』，一本作『待』）。

(33) 河圖帝視萌（槃案稽瑞引帝王世紀作帝觀篇）。

(34) 河圖靈武帝篇

(35) 河圖玉英

(36) 河圖稽紀鉤

(37) 河圖考靈曜

(38) 河圖紀命符

(39) 河圖聖洽符

(40) 河圖表紀

(41) 河圖（槃案亦稱錄圖。『錄』或作『籙』，一作『綠』，亦作『祿』。又稱禹本紀）。（以上略記諸書目異文。其詳，見個別解題)。

以上二氏河圖類書目，大體是綜合中土輯佚書如古微書、說郛、緯攟、七緯、逸書考(一名漢學堂叢書)之等；而其中如河圖令古篇、龍魚說徵示、河圖靈武帝篇、河圖玉英、河圖稽紀鉤、河圖紀命符、河圖表紀七事 (實六事。河圖令古即河圖合古。『令』或作『今』；『古』或作『占』。字之異耳，非書有不同也)，則舊輯所無，而爲二氏之所考得者。合計都爲四十二篇。然眞誥云:『河圖中要元篇第四十四卷云………』。注：『此河圖書，舜禹所受，及洛書之屬，今猶有四十餘卷存』(稽神樞第一)。是河圖要元之在河圖中，篇卷在第四十四，則河圖全編，數或不止于四十又四矣。

歷年來，余之所見，以視安居、中村二氏所輯，溢出之篇，又不下三十有一事：

(1) 河圖十三卷；又八卷(圖畫。據唐張彥遠歷代名畫記)。

(2) 河圖緯(逸書考有輯本)。

(3) 古龍圖(緯畧卷七茗一車條引)。

(4) 河圖傳(同上)。

(5) 河圖括地象圖十七卷(圖畫。歷代名畫記)。

(6) 河圖說命徵(稽瑞引)。

(7) 河圖稽命曜(經義考毖緯)。

(8) 河圖龍魚徵記(清河郡本。與龍魚河圖，未知是否一事)。

(9) 龍魚河圖(圖畫。據張彥遠歷代名畫記)。

(10) 龍馬河圖(日本殘存佚文。緯書之基礎的研究葉二八三)。

(11) 河圖計先篇(同上。案『計先』，疑『汁光』〔叶光同〕之譌)。

(12) 河圖徵(晉書藝術傳戴洋傳引)。

(13) 河圖考曜文(經義考毖緯)。

(14) 河圖八文(毛奇齡河圖洛書原舛編)。

(15) 河圖內元(眞誥稽神樞篇)。

(16) 河圖占(逸書考有輯本)。

(17) 河圖運期授(經義考)。

(18) 大古河圖代姓紀(竹書統箋前編引)。

⒆ 河圖記（蘇氏演義卷上引）。

⒇ 河圖出軍訣（『河圖』，一作『黃帝』。偶遺其出處。俟補）。

㉑ 河圖識（逸書考有輯本）。

㉒ 河圖皇傳（晉書天文志上：『黃帝創受河圖，始明休咎，故其皇傳，尙有存焉』。今佚）。

㉓ 握河記（水經河水一注等引。春秋命曆序：『堯壇於河，受龍圖，作握河紀』）。

㉔ 錄圖（逸書考有輯本。『錄』或作『綠』，或作『祿』。別詳綠圖解題）。

㉕ 河圖龍表（唐李鳳撰天文要錄引。參中村璋八天文要錄について。中國文學論叢第二號）。

㉖ 河圖表（同上）。

㉗ 河圖龍帝紀（同上）。

㉘ 河圖紀（同上）。

㉙ 河圖文帝（同上）。

㉚ 河圖符文（同上）。

㉛ 河圖帝道紀（太平御覽）。

如余以上所見，合緯書集成所輯，粗略計之，都七十有三事。蓋已寖多于前矣。桓譚所謂『後人妄復增加依託』者，此類是矣。

河圖篇目雖繁，然而其簡稱則皆曰河圖，如『堯使禹治水，握括命，不試爵，授司空』，此河圖括地象文也，而中候握河紀引之，則止稱河圖（參逸書考本中候握河紀又河圖括地象）；『九名之世，帝行德，封刻政』，此河圖合古篇（逸書考本）文也，而後漢書律厤志引之，則止稱河圖（參後漢書祭祀志上）；『洛水地理，陰精之官，帝王明聖』，此河圖祿運法文（初學記六引）也，而河圖祿運法引之，則止稱河圖（參清河郡本）。蓋其始出也則止稱河圖（詳後），此其總目也。厥後依託者眾，則別立篇目，而其內容互相掇拾，大同小異。諸家稱引，或仍總目，或據篇目，殆于無從深究矣（其它如洛書、易、書、詩、禮、樂、春秋、孝經、論語等讖緯，亦有總目與篇目之異，而其稱引之不嚴格，與河圖之稱例同也）。

所謂『河圖』者，謂黃河所出之圖書也。其書屢言圖載某某事物，圖長廣若干尺，顏色何若（詳後）是必有字亦復有圖。唐張彥遠歷代名畫記卷三：

古之祕畫珍圖，今粗舉領袖，則有河圖。　原注：十三卷。又八卷。

張氏以河圖爲『祕畫珍圖』，是此河圖必有圖繪矣。敦煌之鈔本瑞圖殘卷（伯希和編目二六八三號) 有字有圖，是其比矣。是則吾人今日所見輯本之河圖，原書久佚，圖已不傳，非其朔矣。詳別一河圖解題(本所集刊第十一本)；又敦煌鈔本瑞圖殘卷解題(本所集刊第十七本)。

讖緯河圖之依託，蓋始于始皇之世。呂氏春秋觀表篇：

人亦有徵，事與國皆有徵。聖人上知千歲，下知千歲，非意之也，蓋有自云也。綠圖幡薄，從此生矣。

案『綠圖』卽『錄圖書』，河圖之別稱(詳後)。河圖中多預言吉凶禍福之說，呂氏以此爲聖人之書，故其辭云爾。然則綠圖卽河圖之託，始皇早年卽已有之矣(呂氏春秋序意，言其著書之詣，有『維秦八年』之句，謂始皇八年也)。

或問，尚書顧命言：

陳寶、赤刀、大訓、弘璧、琬琰，在西序。大玉、夷玉、天球、河圖在東序。

墨子非攻言：

武王伐殷有國，河出綠圖。

此言綠圖，亦卽河圖。西周武王時已有河圖，則河圖尙矣，何云始自始皇之世？曰：不然。西周之所謂河圖，蓋河中所出石玉之類之有紋理者(南宋兪琰已有是說)。秦漢間方士之所謂河出尺二玉牘之類(詳後)，蓋其遺義也。如墨子此文，則西周河圖，紋理作綠色。而秦漢間所託之河圖，其圖書或云『赤文綠錯』，有綠圖之稱，蓋亦依古義也。章炳麟之解古河圖也，曰：

地中伏火，或時厥石騰上，而水漱齧之，沕以成文。其成書契者，解遘如其形也。是以文多黯黮，不可以句度知。北地石崖，有文如虎馬(原注：水經河水注，河水東北歷石崖山，西去北地五百里。山石之上，自然有文，盡若虎馬之狀，粲然成著，類似圖焉，故亦謂之畫石山)。而剖蜃者，見其珠璣或象人形。夫圖、書、石馬、石璽之屬，盡如是矣。且卜事本末，未易明也。重耳至于五鹿而得塊，以爲天賜，其實野人也。庖犧之王，不知所自始，其先慮或有能攫畫采飾者矣。枳棘之未伐、九有之未列，雖趨中夏，無以知中夏之形也。河圖者，地宜也。獲于行迷，而見其有行列，成文章，雖腐木則珍之。吾安知夫嬰駭河圖以爲天賜者，非重耳之塊邪？吾安知夫前乎庖犧者，不有聖哲之士邪？彼且儀其地之象而淪于河，庖犧得之而以爲陳宲，斯猶蕭何之收秦圖籍，以知地形阸塞也。夫何瑰琦矣哉？(檢倫卷六、葉十五)。

案章說亦出揣度，然頗近事理。春秋命厤序：『河圖帝王之階，圖載江河山川州界之分野』(水經河水一注引)。此與章氏『儀其地之象』之說合。豈河圖此說，義猶近古耶？然章氏謂此乃『前乎庖犧』之『聖哲之士』之所爲，蓋繆。近戴君仁先生著河圖洛書的本質及其原來的功用一文(文史哲學報第十五期)，其結論謂：

一、河圖洛書是古代的一種符瑞。

二、圖書是石製的，上面刻著靈異動物的形象。

三、圖書能使民心歸附，是一種政治方術。

戴說第一、三兩項，取與章說合而觀之，竊以爲西周之所謂河圖，其性質、作用，殆不外是矣。而秦漢間方士所託之河圖，則綠字之『幡薄』也。『幡』字从巾，帛類也。『薄』即『簿』。古人从『竹』之字或書作『艹』。『簿』者，簿書、册籍之謂。方士河圖所稱，其圖廣若干尺，長若干丈，有書有圖，『赤文綠錯』，是其類也(詳後)。呂氏以爲『綠圖幡薄，從此生矣』，謂方士河圖之託，從此遂紛然出矣。然則呂氏固曾見方士所託之河圖矣。若始皇之曾見方士河圖，則又學者所習知之事矣。史記始皇本紀曰：

三十二年……燕人盧生使因奏錄圖書曰：亡秦者胡也(淮南子人間篇同)。

案『錄圖書』即河圖，故論衡實知篇曰：『亡秦者胡，河圖之文也』。河圖也而謂之錄圖者，『錄』假爲『綠』，河圖有『赤文綠字』、『赤文綠錯』，從其圖書之顏色言之也。然『錄』或作『籙』，亦有著記之義，所謂「黃帝始受河圖而定錄』、所謂『按河圖之錄』者是也。讖書詭祕，異說多端，並存其義可也(別詳綠圖解題。本所集刊第十本)。

賈誼新書脩政語上：

故黃帝職道義，經天地，紀人倫，序萬物，……然後濟東海，入江內，取綠圖，西濟積石，涉流沙，登於崑崙，以是還於中國，以平天下。

案河圖云，江河淮濟並出圖書(詳後)。新書云『入江內取綠圖』，亦本諸河圖說也。

漢武帝亦嘗見所謂圖書。史記大宛列傳附安息傳：

天子（武帝）案古圖書，名河所出山曰崑崙云。

案此其所謂『圖書』，蓋即錄圖書之類，亦即河圖之類。河圖絳象曰：

河導崑崙山，名地首（古微書本）。

黃河出崑崙東北（同上）。

河圖括地象曰：

崑崙之墟，河水出焉（黃氏逸書考本葉十三）。

河圖類書中不乏河出崑崙之說，此其例也。以為『古圖書』者，蓋讖緯之書，皆託之孔子，以為聖人之『祕書微文』，故又有古圖書之目也。

安息傳贊又云：

禹本紀言：河出崑崙。崑崙其高二千五百餘里，日月所相避隱為光明也。其上有醴泉、瑤池。今自張騫使大夏之後也，窮河源，惡睹本紀所謂崑崙者乎。故言九州山川，尚書近之矣。至禹本紀、山海經所有怪物，余不敢言之也。

前以為記河水出崑崙者為圖書，今輒以為禹本紀。然則圖書又名禹本紀也。雒書靈准聽云：

顧命云：天球、河圖在東序 。 天球 ，寶器也。河圖本紀圖帝王終始存亡之期（逸書考本葉九）。

曰河圖本紀云云 ， 蓋河圖本紀總名也。曰禹本紀，是其中之一篇也。論衡談天篇：『太史公曰：禹本紀言，河出崑崙……』。黃暉校釋：『困學紀聞曰，三禮義宗引禹受地記；離騷王注引禹大傳。豈即所謂禹本紀者？』案方士讖緯之託，或雷同互襲，或巧立名目，其篇卷匪一，而內容則無非大同小異。謂禹本紀亦即禹受地記、禹大傳之類，蓋無不可也。春秋運斗樞曰：

舜以太尉受禪即位，五年二月，東巡狩，至於中舟，與三公諸侯臨觀黃龍五色負圖，出置舜前，以黃玉為匣，如櫝，長三尺，廣八寸，厚一寸，四合而連，有戶，此合樞紐之命。龍匣皆黃也。四合有蓒，道相入也。有戶，言開閉也。白玉檢，黃金繩，黃金艾為泥，封之。瑞章曰「天章帝符璽」五字。廣袤各三寸，深四分，鳥文。舜與三公大司空禹等三十人，集發圖，玄色而綈，狀可卷舒，長三十尺，廣九尺，中有七十二帝地形之制，天文宮序位列分度若天日月五星變（稽瑞卷一引）。

春秋命曆序曰：

河圖，帝王之階，圖載江河山川州界之分野。後堯壇於河，受龍圖，作握河紀。逮虞舜、夏、商，咸亦受焉（水經河水一注、古微書）。

讖緯書言，禹與河圖大有關係。禹嘗受河圖，而河圖有江河山川州界之分野，此爲其將來有天下之兆朕。然則禹受河圖，同于受地矣。所謂禹受地記，此等說，蓋卽其遺義之一矣。

復次漢書王莽傳曰：

天鳳三年，羣臣上壽，以爲河圖所謂以土填水，匈奴滅亡之祥也。

又翟方進傳曰：

莽依周書作大誥曰：河圖、雒書，遠自昆侖，出於重壄（注：昆侖，河所出。重壄，洛所出。皆有圖書，故本言之）。古讖著言，肆今享實。

此與前引安息傳、贊互相印證，亦可知王莽、翟方進傳所說之河圖，與安息傳、贊所說之古圖書及禹本紀，固是同一事類，但內容則不必盡同，因王莽亦喜造託符命（別詳秦漢間之所謂符應論略第四章）故也。

復次河圖以土填水、河出昆侖及昆侖上有醴泉瑤池諸說，今淮南子墬形篇亦有之，而諸家引用此說者，並歸之河圖而不云出淮南子。蓋淮南此說亦據河圖耳。淮南好陰陽、五行及神仙家言，其書有方士之說，不爲異也。

方士河圖之託之在西漢乃至始皇之世，其可考者，大抵如上。隋書經籍志云：『其書出於前漢，有河圖九篇』。今則莫能詳矣。至于東漢，以光武之篤好，自是之後，方術之士、阿諛之徒，紛紜競進，于是高祖以下並受河圖之說出矣。班固西都賦：

及至大漢受命而都之也，仰悟東井之精，俯協河圖之靈（李善注：『春秋漢含孳曰：劉季握卯金刀、在軫北，字季，天下服。卯在東方，陽所立，仁且明。金在西方，陰所立，義成功。刀居右，字成章。刀擊秦，枉矢東流，水神哭祖龍』）。

此讖緯家傅會高祖受河圖之說也。御覽七五七引河圖，亦言劉季曾受河圖（詳後）。此類怪迂阿諛苟合之託，蓋並出東京之世。自王莽以符命篡漢，光武假赤伏符以中興，于是圖讖之託，世多有之矣（別詳拙秦漢間之所謂符應論略。本所集刊第十六本）。漢書武帝紀：元光元年五月，詔賢良曰：『周之成、康，刑錯不用，德及鳥獸……麟鳳在郊藪，河洛出圖書。嗚虖！何施而臻此與？』觀武帝此詔，極羨慕成康之世，以爲有河洛之出圖書，而不及高祖之亦曾受河圖而『俯協河圖之靈』，則是讖緯家媚漢之託，武帝之世，尚未有是也。

據後漢書，則光武時亦出河圖。章帝紀：

嗣卽位。十二月，有司奏言：孝明皇帝聖德淳茂，著在圖讖（注：河圖曰：圖出代九天開明，受用嗣興，十代以光。又〔河圖〕括地象曰：十代禮樂，文雅並出。謂明帝也）。

東漢之有河圖，此其可考者也。張衡上事云『河、洛五九』，謂河圖、洛書四十五篇也。是東漢河圖之篇，以較前漢之所謂九篇者，至少亦倍之，或二三倍之矣。河圖之書，藏于祕府，非一般人所可得而見。論衡宣漢篇：

方今無鳳鳥、河圖，瑞頗未悉具，故謂未太平。此妄言也。今天下安乎？危乎？安則平矣。瑞雖未具，無害於平。

王充生當光武建武三年，卒當和帝永年八年，其時河圖篇目，已甚繁富矣，而云『頗未悉具』者，蓋充于時有所未見。不然則充以此類爲『神怪之言』，有所不信，故其辭乃爾也（論衡宣漢篇又云：『彼聞堯舜之時，鳳凰景星皆見，河圖洛書皆出，以爲後王治天下，當復若等之物，乃爲太平』。是必王氏嘗見河圖矣。蓋不信之說是也）。

方士河圖之託，由來久矣。然其說亦屢變矣。例如河圖得名之由圖出于河，此顧名思義之可知者也，卽河圖亦言之矣，曰：

舜以太尉卽位，與三公臨河觀黃龍五采負圖，出置舜前……（初學記六、御覽九二九等）（逸書考葉一八）。

然又有所謂三河之河圖。中候勅省圖曰：

粤若堯母曰慶都，遊於三河。龍負圖而至……（逸書考本葉一）

案史記貨殖傳謂河東、河內、河南爲三河。而讖緯之所謂三河，則謂黃河、淮河、洛河也，故洛水所出亦稱河圖。河圖祿運法曰：

天大霧三日，黃帝遊洛水之上，見大魚，殺五牲以醮之，天乃大雨七日七夜，魚流而得河圖（逸書考引清河郡本）。

乃至汶水亦出河圖。河圖曰：

漢高祖觀汶水，見一黄釜，驚却，反，化爲一翁，責言曰：劉季何不受河圖！（御覽七五七引）。

翠嬀之淵亦出河圖。河圖挺佐輔曰：

黄帝乃祓齋七日……天老五聖皆從，以遊河洛之間，求所夢見者之處，弗得。至於翠嬀之淵，大鱸魚泝流而至……（黄帝）乃辭左右，獨與天老跪而迎之。五色畢具，天老以授黄帝。帝舒視之，名曰錄圖（逸書考本葉一——二）。

案錄圖卽河圖，説已前見。翠嬀之淵在河洛之外，文義自見。然所在無可考。江水、濟水亦出河圖。河圖曰：

地有四瀆，以出圖書（後漢書班固傳注引）。

四瀆謂江、河、淮、濟也（爾雅釋水）。

河圖亦不一，有⑴虙犧之河圖。中候握河紀：

神龍負圖出河，虙犧受之，以其文畫八卦（清河郡本）。

⑵黄帝之河圖，已見前引。⑶倉頡之河圖。春秋元命苞：

倉帝史皇氏名頡，姓矦岡，生而能書，及受河圖錄字，於是窮天地之變，仰觀奎星圜曲之勢，俯察龜文、鳥羽、山川，指掌而創文字（繹史黄帝紀）。

⑷唐堯之河圖。春秋元命苞：

堯遊河渚，赤龍負圖以出，圖亦如綈狀。龍沒圖在（玉海祥瑞門等引）。

⑸虞舜之河圖。中候考河命：

舜禮壇於河畔，沈璧，禮畢，至於下稷，榮光休至，黄龍負卷舒圖，出水壇畔，赤文綠錯（逸書考本葉十五——十六）。

⑹夏禹之河圖。中候考河命：

觀於河，有長人，白面魚身，出，曰：吾河精也。言訖，受（授）禹河圖（清河郡本）。

⑺商湯之河圖。春秋命曆序：

河圖，帝王之階。圖載江河山川州界之分野。後堯壇於河，受龍圖，作握河紀。逮虞舜、夏、商，咸亦受焉（水經河水一注等引）。

⑻周文王之河圖。易乾鑿度：

入戊午部二十九年，伐崇侯，作靈臺，改正，布王號於天下，受錄應河圖（詩大雅文王疏）。

⑼武王之河圖。中候合符后：

武王觀于河，沈璧，禮畢，且退，至于日昧，榮光竝塞……赤龍臨壇，銜玄甲之圖，吐之而去（逸書考本葉三三）。

⑽成王之河圖。中候摘雒戒：

周成王擧堯舜禮，沈璧于河，青龍臨壇，銜玄甲之圖（逸書考本葉三四）。

⑾始皇之河圖。河圖考靈曜：

趙王政以白璧沈河，有黑公從河出，謂政曰：祖龍來！授天寶，開，中有尺二玉牘（初學記六等引）。

⑿漢高祖之河圖。⒀漢光武之河圖。並已前見。

河圖之託，詭云帝王受命，天降符應，蓋已以欺時君，更以欺後世（釋道安比丘大戒序：『此上尙書及與河、洛，其文樸質，無敢措手，明祗先王之法言而愼神命也』；魏書釋老志崔浩讚明寇謙之受神詰事疏：『臣聞聖王受命，則有大應。而河圖、洛書，皆寄言于蟲獸之文』）。由今觀之，其書中如云『女主』：

月未滿蝕，天下奉兵。若月三日滿而蝕，女主水走，戰將死，王者失地（天文要錄月占五）。

『貴妃』：

客星犯守尾後星，貴妃有妊子之喜（占經七六）（逸書考本葉八）。

『宰相』：

熒惑守南斗，宰相坐之，有兵罷（天文要錄鬼占三二）。

『大將軍』：

月乘天高，大將軍死，外臣有誅者（同上）。

『大司馬』：

卒起主虐亡，少陰之精，大司馬之類，白虎七宿之域有謀反………（前引書占八六）。

『文書』：

客星犯東壁，官吏以文書售奸（前引書占八十）（逸書考葉九）。

此等皆秦漢以後辭彙也。案史記呂后本紀：『高帝崩，太后女主，欲王呂氏』；又外戚世家褚先生補鉤戈夫人條：『（武）帝曰：……女主獨居，驕蹇淫亂自恣，莫能禁也。女不聞呂后邪』。是女主謂太后。太后臨朝攝政，自秦昭王母宣太后始（參史記穰侯傳）。然『女主』一辭，則似高后以後始有之也（通典卷六十七引晉庾翼荅何充書，謂『中古㠯上，未有母后臨朝，女主當陽者也，乃起漢耳』。案庾氏謂母后臨朝起自漢代，說誤）。女主一辭亦見史記天官書，云：『軒轅，黃龍體，前大星，女主象』。天官書又云：『昔之傳天數者……在齊甘公（正義：『七錄云，楚人，戰國時作天文星占八卷』會注：『梁玉繩曰，案續天文志及晉、隋志，竝以甘德爲齊人』），楚唐眛，趙尹皋，魏石申（正義：七錄云，石申，魏人，戰國時作天文志八卷也）。……夫自漢之爲天數者，星則唐都，氣則王朔，占歲則魏鮮。故甘、石歷五星法，唯獨熒惑有反逆行。逆行所守及他星逆行，日月薄蝕，皆以爲占』。案星占之術，自戰國秦漢以來有其書傳，故史公本之以作天官書。蓋方士之徒亦本之以爲河圖之說矣。

『宰相』卽相國、丞相，于漢或稱宰相。史記陳丞相世家：『使待罪宰相』；新書立後『故人皆爭爲宰相』，是也。

漢書百官公卿表上太尉條：『元狩四年，初置大司馬，㠯冠將軍之號；宣帝地節三年，置大司馬，不冠將軍……』。後漢書百官志一：『將軍不常置，比公者四：第一大將軍，次驃騎將軍，次車騎將軍，次衞將軍……初武帝㠯衞青數征伐，有功，㠯爲大將軍，欲尊寵之，㠯古尊官唯有三公，皆將軍，始自秦晉，㠯爲卿號，故置大司馬官號㠯冠之；其後霍光、王鳳等皆然。成帝綏和元年，賜大司馬印綬，罷將軍官……』。是大司馬、大將軍、並漢官也。

『文書』，秦漢間人恆辭。史記李斯傳：『（趙）高聞其文書相往來』；匈奴傳：『毋文書』；許愼說文敘：『及亡新居攝，使大司空甄豐等，校文書之部』；蔡邕太尉橋玄碑陰：『不舉文書』；又陳寔碑：『及文書赦宥』（並見本集）。後漢書獨行向栩傳：『略不視文書』，是也。

『貴妃』一辭，尤爲晚出，蓋劉宋孝武帝始置女官名，與貴嬪、貴人號三夫人

（南史列傳第一后妃上）。

夫河圖之文，動稱河圖之出，肇始于古代帝王，而其文乃有秦漢六朝間人辭彙；至其中人見于前述者，乃下逮光武；而中華古今注刀劍類引文云：

吳大帝有寶劍六：其一曰白蛇，二曰紫電，三曰辟邪，四曰奔星，五曰青冥，六曰百里。

案三國吳孫權薨，謚曰大皇帝（吳志）。吳大帝即孫權矣。是又有三國時人矣。其辭彙如彼，而其人物又如此，則其成書時代，亦略可知矣。

所謂河圖之爲物，內容亦甚龐雜矣。中候握河紀曰：

神龍負圖出河，虙犧受之，以其文畫八卦（清河郡本）。

尙書琁機鈐曰：

河圖，命紀也，圖天地帝王終始存亡之期，錄代之矩（文選永明十一年策秀才文注引）。

春秋命曆序曰：

河圖，帝王之階。圖載江河山川州界之分野（水經河水注一等引）。

春秋運斗樞曰：

（河圖）長三十三尺，廣九寸，中有七十二帝地形之制、天文官位度之差（御覽皇王部等引。路史引無『官』字）。

瑞應圖曰：

圖有江河海水山川丘澤之形及州國之分、天子聖人所興起容類刑（槃案同型）狀也（敦煌瑞應圖殘卷赤龍負圖授帝堯條）。

論語比考讖曰：

赤龍負玉苞、舒圖出，堯與大舜等共發，曰：帝當樞百則禪虞（御覽八一引）。

中候考河命曰：

舜乃設壇於河，如堯所行。至於下稷，容光休至，黃龍負圖，長三十二尺，置於壇畔，赤文綠錯，其文曰：禪於夏后，天下康昌（清河郡本）。

案讖緯之書，不出一人一時之手，人自立說，競爲奇瑋詭異。在昔賈逵擿讖互異三十餘事，諸言讖者皆不能說。張衡亦云：『圖中訖於成帝，一卷之中，互異數事』

（並見後漢書張衡傳）。如余以上所陳，亦其例矣。班固秦紀論云：『呂政殘虐，然以諸侯十三，并兼天下。……兵無所不加，制作政令，施于後王。蓋得聖人之威，河神授圖』（全後漢文卷二五）。所謂『河神授圖』，前引河圖考靈曜云，有黑公從河出，以尺二玉牘授趙王政是也。以孟堅之學識，猶不免惑于此等『怪迂』之說，是不可解也。

史記秦始皇本紀：『三十二年……燕人盧生，使入海，還，以鬼神事，因奏錄圖書曰：亡秦者胡也』。此錄圖書卽河圖別稱；河圖之託實始于此，余前文已論之。史記封禪書曰：

自（齊）威、宣、燕昭，使人入海求蓬萊、方丈、瀛洲，此三神山者，其傳在勃海中，去人不遠；患且至，則船風引而去。蓋嘗有至者，諸僊人及不死之藥皆在焉。其物禽獸盡白，而黃金銀爲宮闕。未至，望之如雲；及到，三神山反居水下；臨之，風輒引去，終莫能至云。世主莫不甘心焉。及至始皇并天下，則方士言之，不可勝數，始皇自以爲至海上而恐不及矣。使人乃齎童男女，入海求之，船交海中，皆以風爲解，曰：未能至，望見之焉。

案使燕人盧生入海求不死之藥，卽由始皇惑于海上方士之說。本紀之文，可互證也。錄圖書卽河圖之託，亦在此時。意此一初期河圖，當有描述、夸張海上三神山或它海上神山之事。而今佚存之河圖，惟有言玄州一則：

玄州在北海中，去南岸十萬里，上有芝生，玄澗澗水如蜜，服之長生（淨土三部經音義集二）。

唯春秋說題辭有蓬山一事：

蟹（亥）者，立旨之旨，草木生根，如其足也。艮爲山，巨靈贔負，首頂靈山。負蓬萊山，卽巨蟹也（五行大義論禽蟲第二十四）。

蓋由河圖文有遺佚，而此猶幸存者也。

河圖之言大陸神山者，今猶有崑崙：

崑崙之墟，五城十二樓，河水出焉（古微書等）。

少室：

少室山有白玉膏，服之卽成仙（格至鏡原）。

本自海上燕齊方士，何以反而侈陳大陸神山？蓋始皇使『方士徐市等入海求神藥，數歲不得』(本紀)，由是大怒。同時始皇亦嘗徧祠『天地名山大川鬼神』(封禪書)，故『怪迂阿諛苟合』之方士，遂亦不復言海上神山轉而言大陸神山矣。

河圖之成書時代雖不能甚早，然殆亦頗存舊說。如云：

鳥一足，各獨立，見則至勇強(御覽四三三引)。

鷄有五色，殺人。玄鷄含病人(占經一一五引。逸書考云：當作『玄鷄白頭，食之殺人』)。

羔羊四耳，目下，腋下，名孽，見卽有起王(占經一一九引)。

案史記天官書：『自初生民以來，世主曷嘗不歷日月星辰。及至五家三代，紹而明之，仰則觀象于天，俯則法類于地；天則有日月，地則有陰陽；天有五星，地有五行；天則有列宿，地則有州域。三光者，陰陽之精氣，本在地，而聖人統理之。幽厲以往，尚矣。所見天變，皆國殊窟穴，家占物怪，以合時應。其文圖籍，禨祥不法。是以孔子論六經，紀異，而說不書』。史遷蓋謂，自上古以來，世主無不則象天地；幽厲以後，則地方自爲風氣，或家占物怪，以傅合時事。所謂『家占物怪』，河圖此類近是矣。

又鄒衍大九州之說，于河圖中亦不無痕迹可求，朱彝尊已言之。余因之亦有所申說，別詳論早期讖緯及其與鄒衍書之關係(本所集刊第二十本)。

書舊有宋均注。而他書注則又有宋忠，或作宋衷其人者。張澍曰：

按三國志，宋衷，南陽章陵人，後漢荊州五等從事，與劉表共定五經章句。督郵班碑云：爲五業傳士。隋志云：五業從事。又按魏略言：樂詳云，五業並授。卽五經也。衷定五經章句，故立此官官之，今魏志作五等者，訛。唐菽文志：宋衷注世本四卷。詩正義引宋仲子注，卽衷字，魏志作宋忠，字之通也。……宋均，漢書有傳。然謝承書宗資傳，均爲宗資之祖父，則當作宗。范書作宋均，誤。此宋均，宜爲注緯書者。均於詩譜序曰：我先師北海鄭司農，則均是玄之傳業弟子。宋均字叔庠，卒于建初元年。鄭玄生于桓帝時；于獻帝五年卒。宋均不能爲其徒也(世本稡集補注卷第一按語)。

洪業曰：

詩孔疏（鄘風定之方中）引樂緯詩稽嘉宋均注云云。隋書經籍志『樂緯三卷，宋均注』：又曰『宋均鄭玄並爲讖律（緯？）之注』。置宋均於鄭玄之前，是河內太守宋均也（建初元年卒，傳在後漢書卷七十一）。彼以循吏著名，何暇爲讖緯作注？然李善注文選既引樂緯動聲儀二條，復引其注，一則謂宋均注，一則謂宋衷注，是宋均宋衷乃一人耳。陸德明經典釋文叙錄謂『宋衷字仲子，南陽章陵人，荆州五等〔？〕從事』。陳壽三國志（蜀志卷八許靖傳）言南陽宋仲子致書蜀郡太守王商薦靖。裴松之注引益州耆舊傳，又以仲子爲『儒者宋忠』。後漢書劉表傳謂表在荆州『起立學校，博求儒術，綦毋闓宋忠等撰立五經章句』。王粲荆州文學記曰『荆州牧曰，劉君命五業從事宋衷所作文學，延朋徒焉』（藝文類聚卷三十八，光緒己卯華陽宏達堂本。類聚衷作哀。漢魏百三名家集中王侍中集，光緒十八年本作衷）。是宋忠宋衷亦一人也。按晉惠帝諱衷，故史籍或稱仲子，或改爲忠，或改爲均云爾。荆州既降曹操，衷亦入魏爲博士，隋書經籍志，詩緯十八卷，魏博士宋均注，卽其人也（白虎通義引得序）。

案宋忠、宋衷，自是一人。三國蜀志尹默傳：『乃遠游荆州，從司馬德操、宋仲子等受古學』。注：『宋仲子後在魏。魏略曰：其子與魏諷謀反，伏誅。魏太子答王朗書曰……嗟乎宋忠！無石子先識之明』。又李譔傳：『父仁字德賢，與同縣尹默俱游荆州，從司馬徽、宋忠等學』。同一人也，或曰宋仲子，或曰宋忠，是宋忠字仲子矣。經典釋文序錄：『宋衷字仲子，南陽章陵人』。宋忠、宋衷俱字仲字，是亦可證宋忠卽宋衷矣。張氏以爲『字之通也』，是也。至云又改作『均』，此殆無義可取。案晉書儒林徐苗傳：

弱冠，與弟賈就博士濟南宋鈞受業……武、惠時計吏至臺，帝輒訪其（苗）安不。

『鈞』『均』聲同義通，宋鈞疑卽宋均。宋均，鄭玄弟子，嘗爲魏博士，則晉武、惠時之徐苗，方其弱冠時，自得從宋均受業。蓋均與衷（忠）並嘗爲讖緯注，故易相亂。然宋衷（忠）籍章陵，宋均（鈞）籍濟南。著籍不同，實二人也。

稽瑞四角之羊條：

宋均曰：孝武帝大明二年，河南王吐谷渾拾演獻四角羊。

案此劉宋孝武帝也。魏晉代之博士宋均（鈞），不得逮此時尙存，當是別一宋均。否則託名僞文也。

河圖帝覽嬉

敍　　錄

〔孫瑴古微書河圖帝覽嬉〕猶言覽德輝而嬉悅爾。

〔又古微書河圖緯〕曰帝覽嬉，曰稽耀鉤，皆以扶星象之元。

〔邵瑞彭緯書釋名〕凡緯書多以三字命名，其義爲字難曉。五行大義論五行及生成數篇引孝經援神契言，以一立，以二謀，以三出，以四孳，以五合，以六嬉，以七變，以八舒，以九列，以十鈞。五行以一立水，一爲生數。以五配水去成數。故言一立而六嬉。嬉是興義。今考孝經緯有威嬉拒，論語緯有陰嬉讖，河圖緯有帝覽嬉，葢取義於六嬉。書緯有中候苗興，興亦嬉也。然則『謀』『孳』『嬉』『備』等字，當時用以記次第之數者。

槃案書佚。舊有古微書、黃氏逸書考、緯攟諸輯本。近有緯書集成本，以較舊本，增加五十有餘條。

何謂『帝覽嬉』？孫瑴曰：『猶云覽德輝而嬉悅』（古微書）。案以『嬉』訓『喜』，此可備一義。太平經：『天將興祐帝王……輒爲奇文異筴，令可案以治，故所爲者悉大吉也。……使其心曠然開通。而好嬉用之也』（卷八六來善集三道文書訣第一百二十七）。又：『是名爲大逆之人，天不好也，地不嬉也，鬼神不祐也』（卷九十寃流災求奇方訣第一百三十一）；又：『吾甚嬉之』（卷九一萬二千國始火始气訣）。是『喜』亦通作『嬉』。喜卽悅也。然則帝覽之而喜悅，謂覽此圖錄而喜悅也。亦猶太平經之言帝王見天之『奇文異筴』，『其心曠然開通而好嬉用之也』。

復考易乾鑿度：

孔子曰：丘按錄讖，論國定符，以春秋西狩，顯釗表命，予亦握嬉（逸書考本葉六八）。

易是類謀：

帝必有察，握神嬉。世主永味，神以知來。　鄭注：言後世之帝，必察圖書之言，則可與神嬉，有味之，味思有道，則如神知來也（逸書考本葉一一）。

論語摘輔象：

燧人出天，四佐出洛：明由曉升級，必育受稅役，成博受古諸，隕薑(一作立)受延嬉(聖賢羣輔錄、古微書、參續博物志卷四)。 宋均注：延，長也。嬉，興也。主受此錄也(羣輔錄。古微書本作：『嬉，福也』)(參緯書集成初印本)。

或曰『握嬉』，或曰『握神嬉』，或曰『受延嬉』，與河圖之言『覽嬉』，義亦近似。蓋方士常用術語。宋均解『受延嬉』，以爲『興也』，此與邵瑞彭之解同。一云『福也』，是以『嬉』通作『禧』也。未知其審，並參考焉可也。

此書之託，不知始于何時。天文要錄、石氏內官占四四引其文有云：

魏之帝時，斗星晝見經天，君臣相違，誅五都尉，戰流血，不出三年。

案戰國時，魏未嘗稱帝；都尉亦秦以後置(後漢書百官志五、參漢書百官公卿表上郡尉條)，則此云魏帝，當指曹魏。唯其言『君臣相違』，事無可考。

秦漢六朝間人辭彙亦習見。如云『廷尉』：

月犯晨星，兵大起，上卿死。一曰：廷尉有憂，期不出三年(開元占經十二)。

案漢書百官公卿表上：『廷尉，秦官……景帝中，更名大理。武帝建元四年，復爲廷尉。宣帝地節三年，初置。哀帝元壽二年，復爲大理。王莽改曰作士』。後漢書百官志二：『廷尉卿一人，中二千石』。

又云『都尉』，已前見。

又云『女主』：

月蝕填星，女主死，其國以伐亡(占經十二)。

『宰相』：

火星流入牽牛，上下乖離，宰相出逃(同上占七三)。

『大將軍』：

月暈角亢間再重，狀如環連，大將軍與大臣相戰……(天文要錄角占一一)。

『貴妃』：

填星入氐而抵觸之，后夫人有坐廢者。……入氐之左，貴妃有憂(占經三九)。

案女主之稱始于漢；宰相、大將軍、並漢官稱；貴妃，宋以後始置，並別詳河圖解題。

此外又有所謂『文人』：

賊星犯台垣，文人不得時勢，山林必多隱逸(同上占七六)。

案『文人』，漢魏間恆辭。論衡超奇：『故夫能說一經者爲儒生；博覽古今者爲通人；采綴傳書，以上書奏記者爲文人；能精思著文，連結篇章者爲鴻儒』(校釋：孫人和曰，『何休公羊序云：「是以治古學貴文章者，謂之俗儒」。徐彥疏云：「謂之俗儒者，即繁露云：能通一經曰儒生，博覽羣書號曰鴻儒」。今本繁露脫此文。疑儒生、通人、文人、鴻儒之分別，仲任蓋依舊說也』)；文選魏文帝典論論文：『文人相輕，自古而然』；『今之文人，魯國孔融文學』。

又有『白衣會』：

月犯昴，天子破匈奴，不出五年中；若有白衣會(同上占一三)。

案『白衣會』，喪事也。史記天官書：『昴曰髦頭，胡星也，爲白衣會』。會注：『王啓元曰：主喪，故又爲白衣會』；又：『金爲白衣會，若水』。會注：『陳仁錫曰，白衣會，言喪也』。王說是也。亦漢人恆辭。後漢書靈思何皇后紀附王美人紀：『董卓令帝出奉常亭舉哀，公卿皆白衣會，不成喪也』。

又有穀價：

正月月蝕，賤人病，糴石二千。二月月蝕，貴人病，糴石三千；三月月蝕，主當之，糴石四千(同上占一七)。

案此言糴石幾何千，蓋並指穀言。然則糴穀石二千，則米石四千有餘矣；糴石三千，則米石六千有餘矣；糴石四千，則米八千有餘矣。此等雖屬觀象占者懸擬之辭，然必與當時或前此之實際價格，距離不甚相遠。考楚漢相距之際，滎陽民不耕種，米石至萬(史記貨殖傳)。漢興，民失作業而大饑饉，凡米石五千(漢書食貨志)。以秦錢難用，更令民鑄莢錢，米至石萬餘(同上)。高帝二年，關中大饑，斛(一石)米萬錢(又高帝紀)。王莽末年，穀價騰躍，斛至數千(後漢書范升傳)；長陵，米石萬餘(又第五倫傳注引東觀記)。安帝永初四年，歲饑，粟石數千(後漢書第五訪傳)；元初間，武都，穀石千五百(又虞詡列傳惠棟補注據御覽八六五引續漢書)。靈帝熹平間，廣漢，米斛萬錢(後至數十)(後漢書西南夷滇王傳)。以上資料，與帝覽嬉所云，略可爲比。若戰國時魏文侯臣李悝言，穀石不過錢三十(又食貨志)。始皇三十一年，米石千六百(史記本紀)。前漢文、宣、元帝；後漢明帝時穀價，亦不甚高：文帝時最低，粟至十餘錢（又律書）；穀至石數十錢（北堂書鈔一五六，御覽三五等引桓譚新論）；最高，穀糴常至石五百（風俗通義卷二孝文帝條）。宣帝時，最低，穀石五錢（漢書本紀、食貨志）；最高，神爵初年，張掖以東，粟石百餘；金城、湟中，穀斛八錢（又趙充國傳）。元帝時，最低，永光二年，京師穀石百餘；最高，邊郡四百，關東五百（又馮奉世傳）；王莽地皇元年，雒陽以東，米石二千（本傳下）；後漢光武時，米石千餘（後漢書朱暉傳）；明帝時，歲比登稔，粟斛三十（本紀）；章帝時，南陽大饑，米石千餘（又朱暉傳）；安帝時，永初二年，州郡大饑，米石二千（本紀注引古今注）；四年，穀石萬餘（又第五訪傳）；武都，最低，米石八十（同上傳）。帝覽嬉所云，此並非其時。至于漢末赤眉之亂，南陽等縣，黃金一斤（値錢萬），易豆五斗（又馮異傳。集解：王補曰，袁紀作穀五斗）；天下旱蝗，黃金一斤，易穀一斛（又光武本紀）。靈帝光和間，粟斗五錢（隸釋三白石神君碑）；董卓壞五銖錢，更鑄小錢，穀石數萬（後漢書本傳）；長安之亂，穀一斛五十萬（同上傳）（以上穀價資料，間亦參用勞榦先生居延漢簡考證所引。排印本葉五七——五八）。若此之等，差距益懸遠矣。

帝覽嬉雖不乏秦漢以來辭彙，可使人約略想見其成書之世代。然其間如云：

月暈天，陳公子死，民飢，女后有喪，不出二年（天文要錄角占一一）。

辰星暉昴，大臣死，秋多水，地動；出彗星觜中，明年春，齊桓公以食樂失珍寶，五穀無實，民飢分散（同上錄尾占一六）。

案齊桓公，春秋時人。秦漢以後，無所謂陳公子。此二事，蓋先秦舊文也。

河圖說命徵

書佚，輯本未見。考稽瑞引一事曰：

黃帝土德，故先是（見）大螾之應（稽瑞葉三十引。後知不足齋本）。

黃帝受命，天先見大螾，以爲土德受命之符應。讖緯敍述此等事類，故曰『說命徵』。案呂氏春秋應同：

凡帝王之將興也，必先見祥乎下民。黃帝之時，天先見大螾、大螻。

此鄒衍五德終始遺說也(別詳拙論早期讖緯及其與鄒衍書說之關係肆)。『螾』『蚓』字同。然則說命徵此文,本諸鄒衍也。

所謂『大蚓』者,史記封禪書:『或曰,黃帝得土德,黃龍、地螾見』。集解:『應劭曰,螾,丘蚓也。黃帝土位故也。見其神,蚓大五六圍,長十餘丈』。案應劭所引,殆亦鄒書或讖緯舊說也。

河圖稽命徵(附論清河郡本)

敍錄

〔鄭玄本書注〕『稽』,察也。『命』,猶運也。『徵』,攷其象、驗以事也。

欒案書佚。舊有古微書、黃氏逸書考、緯攟三輯本。近安居、中村二氏綜合舊輯本而增加占經所引一事,是爲緯書集成本。舊本有鄭注共九事,而集成本統加刪去,未詳其義。

云何『稽命徵』?謂稽考帝王受有天命之徵驗也。讖緯作者之意,蓋謂自古受命帝王,皆有以異乎常人,然必有徵驗。如云:

華胥於雷澤,履大人蹟而生伏羲於成紀(清河郡本)。

帝劉季日角,戴北斗,胸龜,背龍,身長七尺八寸,明聖而寬仁,好任主(同上)。

伏羲之生由其母履大人蹟;漢高帝體貌、德性並與人不同,此卽受命之明徵也。

受命帝王,亦必有瑞應、休祥。如云:

五十年秋七月庚申,天大霧三日三夜,晝昏,黃帝問天老及力牧、容成曰:於公何如?天老曰:聞之,國安,其主好文,則鳳皇居之;國亂,其主好武,則鳳皇去之。今鳳皇翔於東郊而樂之,其鳴音中夷則,與天相副。以是觀之,大有嚴教以賜帝,帝勿犯也(同上)。

劉受紀,昌光出軫,五星聚井(說郛、清河郡本)。

黃帝時有鳳皇至,漢高帝時昌光出軫、五星聚井。受命帝王必有祥應,此其徵也。呂氏春秋觀表：『人亦有徵，事與國皆有徵。聖人上知千歲，下知千歲，非意之也，蓋有自云也。綠圖幡薄，從此生矣』。『綠圖』卽河圖（參河圖、綠圖解題）。人與事祥異之徵，河圖著之。所謂『河圖稽命徵』，是其類也。漢書平當傳，元帝時，當上書有言：

今聖漢受命而王，繼體承業，二百餘年。然風俗未和，陰陽未調，災害數見。何德化休徵不應之久也？

謂漢已受命矣，而國家之休祥未徵，故平當有疑懼之問，時代意識使之然也。史記高祖本紀：

高祖，沛豐邑中陽里人，姓劉氏。父曰太公，母曰劉媼。其先劉媼，嘗息大澤之陂，夢與神遇。是時雷電晦冥，太公往視，則見蛟龍於其上。已而有身，遂產高祖，高祖爲人，隆準而龍顏，美須髯，左股有七十二黑子。

秦始皇常曰：東南有天子氣，於是因東游以厭之。高祖卽自疑，亡匿，隱於芒碭山澤巖石之間。呂后與人俱求，常得之。高祖怪問之，呂后曰：季所居，上常有雲氣，故從往，常得季。

蓋讖緯學說影響下之天子，相傳有此『命徵』，故史家遂亦有此作法也。褚先生曰：『夫匹夫安能無故而起王天下乎？其有天命』（史記三代世表附說）。此不獨褚先生之言，當時社會之通言也。史記儒林轅固生傳：

黃生曰：湯、武非受命也，乃弑也。轅固生曰：不然。夫桀、紂虐亂，天下之心皆歸湯、武，湯、武與天下之心而誅桀、紂。桀、紂之民不爲之使而歸湯、武。湯、武不得已而立，非受命而何？黃生曰，冠雖敝，必加於首。履雖新，必關於足。何者？上下之分也。反因過而誅之，代立踐南面，非殺而何也？轅固生曰，必若所云，是高帝代秦卽天子之位非邪？於是，景帝曰，言學者無言湯、武受命，不爲愚。遂罷。是後學者無敢明受命、放殺者。

漢高受命，在當時人視之，應爲天經地義，無容置疑之事。而黃生之論，與此牴牾不合，非景帝雅量，幾于召禍矣。受命說之在當時，其神聖不可侵犯蓋如此矣。

然則讖緯書諸言高帝受命之徵祥者，方士爲媚漢而託者也。反之對于秦皇、項羽，如云：

秦距之帝名政，虎口、日角、大目、降鼻、長八尺六寸，大七圍，手握執矢，名祖龍（說郛五、淸河郡本）（御覽八六引河圖，『降鼻』作『隆鼻』；『大七圍』，『大』上有『身』字；『手握』下有『兵』字）。

怪目、勇敢，重瞳、大耳，力政之邦（『耳』亦作『口』；『政』或作『楚』）（說郛五參淸河郡本）。

此則其辭不恭。以讖緯書言之，『距』有不順天之意。易乾坤鑿度：『應天順人，承順天者不違拒』（逸書考本葉十九）。『距』『拒』古字通。易乾鑿度：『仵者霸，橫者距』（逸書考本葉六六）；班固秦紀論：『呂政殘虐……葢得聖人之威，河神授圖，據狼狐，蹈參伐，佐政驅除，距之稱始皇。始皇既歿，胡亥極愚………人頭畜鳴，不威不伐。惡不篤，不虛亡。距之不得留，殘虐以促期』（史記秦始皇本紀附錄）。諸言『距』，義並同。秦紀論『拒之稱始皇』，始皇之所以有『秦距』之稱，其義在此也。『怪目』者，謂項羽。本紀贊：『吾聞之周生曰：舜目葢重瞳子；又聞項羽亦重瞳子。羽豈其苗裔邪？何興之暴也！』太史公此言，若有遺憾焉，而其實乃深惜之也。至于稽命徵直譏之爲『怪目』，則近于醜詆之矣。方士之徒，惟利是視，既已飾說以迎合漢主矣，則亦必惡言以排斥始皇、項羽，亦勢所必然也。

顧師頡剛曰：

自從漢高帝以平民得天下；加以文、景以來五德說的爭辨，武帝的封禪和改歷，大家注目的是皇帝的受天命，覺得這是世界上惟一的大事（漢代學術史略二〇讖緯的內容）。

案師說良是。雖然，受命之說尙矣。商書盤庚上：『先王有服，恪謹天命』；高宗肜日：『天既付命正厥德』；毛詩小雅十月之交『天命不徹』；又小苑：『天命不又』；大雅文王有聲：『文王受命』；皇矣：『受命既固』。或曰『天命』，或曰『受命』，或單言『命』，其義一也。唯秦漢以後之方士，極力鼓吹、渲染此說，因而造作無數歷史神話，以欺世惑主者，紛紜無數，此則其異于上世者也。漢書楊雄傳：『及莽篡位，談說之士，用符命稱功德、獲封爵者甚眾』。所謂『符命』，卽帝王受命之符徵矣。葢方士讖緯學說之影響與當時人主之迷信，遂至此矣。

此書諸家共輯得二十有一條，其中有六條，唯于清河郡本中一見，而逸書考據之。薛壽曰：

江都陳穆堂（逢衡）先生藏有清河郡鈔本易緯，云舊爲甘泉張登封（宗泰）所藏，每頁刻有清河郡三字。卷首下題漢鄭氏注、魏宋均校。前後並無序記（廣雅叢書本學詁齋文集書通卦驗鄭注後下篇）。

案舊藏清河郡本易緯者，甘泉張宗泰。蓋清河郡刻本不限易緯一事，尙有它種（如河圖括地象、龍魚河圖、河圖始開圖、易通卦驗等是），河圖稽命徵是其一事也。逸書考原輯者黄奭，亦甘泉人，與張氏同縣，疑亦有此本，抑或卽從張氏假（或鈔）得，並未可知也。近安居香山曰：

清河郡卽今之直隸清河，近古代燕齊之地。據後漢書張衡傳所載事例，清河之宋景稱爲洞視玉版，並以圖讖惑衆，可見此地（清河）之緯書說已大爲流行。清河郡本或爲古之地誌，其中引用頗多當地所流行之緯書說。是故，其成書年代不明，其所引用之緯書說恐怕相當古老吧（緯書之基礎的研究葉一八〇——一八一。從陳慶隆先生讀）。

案清河郡、前漢時置，治清陽。後漢爲清河國，後魏復爲郡，故治在今河北清河縣東。隋廢，尋復置，治清河，在今清河縣北十里。歷唐而宋，元以後廢。纂刻古籍、以類相從之風，宋以來盛行。謂清河郡本之清河，卽宋元以來之清河，似近是耳。然日知錄曰：『以今日之地爲不古，而借古地名。……文人所以自蓋其俚淺也。……何孟春餘冬序錄曰，今人……稱府州縣，必用前代郡邑名，欲以爲異』（卷十九文人求古之病）。明以來文人爲文，往往有求古之病。若是，則清河郡本之所謂清河，果其爲明以前之稱歟？抑爲明以後文人求古之稱歟？又未可知矣（書中所引，多後代絕無可考之材料，謂出宋元人所輯，極有可能。但刊行時代則未可定耳。薛氏述所見本，不云刊刻時代，則似非古本。豈其書則舊，而其刻本則否乎？）。

河圖稽耀鉤

敍　　錄

〔鄭玄本書注〕『稽』，有所攷察；『耀』，有所光輝；『鉤』，疏其略也。攷其所見，著是簡册（淸河郡本）。

〔又宋均注〕『稽耀鉤』者，考古赫奕之文。數其往而以察其來也。耀三才之光輝，並星辰於人事，紀日月於運會，明明可鑒，融融可憑焉者，鉤射之也（同上）。

〔孫瑴古微書河圖稽耀鉤〕稽耀曰『鉤』，以言乎元象之竅竅無不窺也。

〔又古微書帝覽嬉〕曰帝覽嬉、曰稽耀鉤，皆以挾星象之元。

〔朱彝尊經義考說緯〕按稽曜鉤，其說妖占，其文曰：五星散爲五色之彗，歲星之精，流爲國皇。太白散爲天狗，辰星散爲枉矢，熒惑散爲蚩尤旗，鎮星散爲獄漢；又爲五殘，又爲旬始。攷晉書天文志，彗有五色，各依五行本精所主，蚩尤旗類彗而後曲，象旗；國皇大而赤，類南極老人星；五殘一名五鋒，狀類辰星，出角；獄漢一名咸漢，大而赤；旬始出北斗旁，如雄雞，其青黑象伏鼈；枉矢類流星，色蒼，黑蛇行；天狗狀如犬奔，色黄有聲，有名義，學者所宜知，故節錄之。

〔又經義考說緯〕河圖有稽曜鉤。……大都此等多係漢人僞作，東漢人所著錄。如參同契之名，皆三字。其爲假託者多，難可斷決也。

槃案書佚。舊有古微書、黄氏逸書考、緯攟三輯本。近安居、中村二氏綜編之爲緯書集成本，而舊注並遭删落，殊爲可惜。

乾象新書四日蝕總序占引一事曰：

日蝕者，陽微陰盛，君蔽臣恣。

諸家皆未收，當據補。

日月五星爲七曜（五行大義論七政第十六引尚書考靈曜）。『稽曜』，謂視察天象，漢人恆辭。楊雄蜀都賦『上稽乾曜』，簡言之則曰『稽曜』矣。班固典引云『上稽乾則』（後漢書本傳。章懷注：稽，考。乾，天也），『稽乾則』即『稽曜』矣。『鉤』，謂考索。易乾元序制記：『鉤効（效）紀錄，興亡授度』（鄭注：『效』，驗。言天能鉤驗五星，記其次第興亡，天人皆授法度）（逸書考本葉三）；魯相史晨奏祀孔廟碑：『鉤河擿雒，却揆未然』（隸釋卷一）。此其言『鉤』，義並同。讖緯書多以『鉤』名，河圖眞紀鉤、河圖考鉤、春秋文曜鉤、孝經鉤命讖政事、孝經鉤命決之類是也。邵瑞彭曰：

五行大義論五行及生成數篇引孝經援神契言：以一立，以二謀，以三出，以四孳，以五合，以六嬉，以七變，以八舒，以九列，以十鈞。五是土之生數，十是土之成數。以天之五，合地之十，數斯畢。所以五言其合，十言其均（同鈞）。均，是成備之義。竊疑緯以『鉤』名者如春秋緯文曜鉤、孝經緯鉤命決、河圖緯稽曜鉤、眞紀鉤、考鉤，亦『鈎』之形譌（緯書釋名）。

案邵氏據五行生成數，以爲『鉤』當作『鈎』，葢誤。

河圖祿運法（『祿』，或作『錄』）

敍　錄

〔本書舊注〕『祿』，通作『錄』。『運』，轉舒天心法條則也。紀蓯世之運、則之，永以爲法也（淸河郡本引）。

〔黃奭逸書考河圖祿運法案語〕御覽一百三十五引洛書錄運法：孔甲見逢氏抱小女末喜，帝孔甲悅之，以爲太子履癸妃，古微書亦然，則是錄運法亦洛書之文，而淸河郡本乃以逢氏抱小女一條入於始開圖，與說郛同。又復錄河圖錄運法二十條、復有鄭注十二條、必有所本。如河圖說徵示，占經十引一條作雒書說徵示。葢河雒二緯出入互錯，久矣，故後漢公孫述傳注亦以錄運法爲河圖。

槃案書佚。舊有黃氏逸書考、緯攟二輯本。近安居、中村二氏綜前二輯本加事始引一事，是爲緯書集成本。二氏此本，于逸書考本所引淸河郡本十九事，並刪削不錄，未詳其義。豈以淸河郡來歷不明故耶？然他讖緯之出于淸河郡而二氏仍錄而存焉者，有之矣，何獨置疑于此？況此書亦流傳有自者耶（參河圖稽命徵解題附記）。

何謂『祿運法』？『祿者，錄也』，見孝經援神契（禮記王制正義引）。春秋緯有錄運法，有孔錄法；雒書亦有錄運法、錄運期讖。『錄』『祿』古字通，是河圖祿運法即錄運法也。『運』者，帝王所受于天之歷運，亦即所謂天運。鄒衍有終始五德之運；春秋合誠圖云『赤受天運』（御覽皇王部引）；獻帝傳云：『厤運去就，深切著明』（三國魏志文帝志注引）。此類是也。然則『祿運法』者，謂紀錄帝王歷運、天運之法也。

然『錄』字亦可作名辭，假爲『籙』，後漢書公孫述傳下注：『籙運，河圖書名也』。解作記錄帝王歷運之簿書、圖籍。春秋合誠圖：『赤受天運』。注：『運，籙運也』。籙運，謂歷運之書籙也。籙運，漢人恆辭。通作『錄』。易通卦驗鄭注：『其王天下也，其當錄運，即得與子孫；不當，即禪位』（逸書考本葉八）。是也。

以上兩義並可通，未詳孰是。

書有云：

九名之世，帝劉之秀。帝行德，封刻政（清河郡本）。

九世之帝方明主，持衡拒。九州平，天下予（同上）。

此阿諛光武之文。然據後漢書祭祀志，前一事乃河圖合古篇文；後一事乃河圖提劉子文。未知孰爲鈔襲。

注文今仍存十餘事（逸書考本），無主名，黃奭曰：

清河郡本。原脫『鄭氏曰』三字。檢（河圖）始開圖、稽曜鉤、括地象、稽命徵，皆云『漢大司農北海鄭玄注』，其篇題下注皆冠以『鄭氏曰』三字。今據補。

案輯本（逸書考本）河圖握矩記有宋均注；河圖括地象有鄭玄注又有宋均注。是宋均亦注河圖矣。清河郡本原引已無主名，則闕疑可矣。

河圖玉板龍文　河圖玉板　孔子玉版　河圖龍文

敍　錄

〔隋書經籍志經籍一〕河圖龍文一卷（章宗源考證：按此一卷，似即梁有河圖洛書二十四卷之佚存者）。

〔日本國見在書目九異說家〕河圖龍文一卷。

〔沈括夢溪筆談補卷六〕子午屬庚（元注：此納甲之法。震初爻，納庚子、庚午也），丑未屬辛（巽初爻、納辛丑、辛未也），寅申屬戊（坎初爻、納戊寅、戊申也），卯酉屬己（離初爻、納己卯、己酉也），辰戌屬丙（艮初爻、納丙辰、丙戌也），巳亥屬丁（兌初爻、納丁巳、丁亥也）。一言而得之者，宮與土也（假令庚子、庚午一言便得庚，辛丑、辛未一言便得辛，戊寅、戊申一言便得戊，己卯己酉一言便得己，故皆屬土。餘皆倣此），三言而得之者徵與火也（假令戊子、戊午皆三言而得庚，己丑、己未皆三言而得辛，丙寅、丙申皆三言而得戊，丁卯、丁酉皆三言而得己，故皆屬火）。五言而得之者羽與水也（假令丙子、丙午皆五言而得庚，丁丑、丁未皆五言而得辛，甲寅、甲申皆五言而得戊，乙卯、乙丑皆五言而得己，故皆屬水）。七言而得之者商與金也（假令甲子、甲午皆七言而得庚，乙丑、乙未皆七言面〔而〕得辛，壬申、壬寅皆七言而得戊，癸丑、癸酉皆七言而得己，故皆屬金）。九言而得之者角與木也（假令壬子、壬午皆九言而得庚，癸丑、癸未皆九言而得辛，庚寅、庚申皆九言而得戊，辛卯、辛酉皆九言而得己，故皆屬金〔木〕）。此出於抱朴子，云是河圖玉版之文。然則一何以屬土？三何以屬火？五何以屬金？〔水〕。其說云：中央總黅天之氣一，南方丹天之氣三，北方元天之氣五，西方素天之氣七，東方蒼天之氣九。皆奇數而無偶數，莫知何義，皆不可推致。

〔孫㲄古微書河圖玉版〕緯之說，兆于河圖，故僭河圖者益衆，而濫河圖者益陋。索之緯錄，未聞有玉版者，類書徵集，顧有數條，或亦其流沿之舊與？

〔俞樾茶香室三鈔卷七金剛力士見緯書〕初學記引河圖龍文云：『天之東南西北極，各有銅頭鐵額兵，長三千萬丈；又有金剛敢死力士，長三千萬丈』。按此，則金剛之名，緯書已有之，不始於佛氏。

〔沈曾植海日樓札叢卷二大秦國〕河圖玉版云（元注：山海經注引）：『從崑崙以北九萬里，得龍伯國，其人長三十丈。崑崙以東得大秦國，人長十丈。從此東十萬里，得佻人國，長三十丈五尺。從此以來十萬里得中秦國，人長一丈』。向嘗疑大秦之名，外國無之，不知何緣而立。讀此則二字卽中國，緣緯書所記而附會之。弱水西王母，正同一例。安息長老詎知是戔戔者哉？史大宛列傳：『天子按古圖書，名河所出曰崑崙云』。附會之意正相類（護德瓶齋涉筆）。

槃案書佚。舊有古微書、黄氏逸書考、緯攟諸輯本。

『玉板』，板或作『版』，古字通。

前引夢溪筆談援抱朴子所錄河圖玉版一事，各輯本並未收，可據補。

書以『玉版』名者，謂以玉爲版，刻文字其上。舊說，古文書之珍貴者，皆以玉版書刻之，如云：

素成胎教之道，書之玉版，藏之金櫃（新書胎教。大戴記保傅篇同）。

陛下（文帝）之德厚而得賢佐，皆有司之所覽，刻於玉版，藏於金匱（漢書鼂錯傳）。

明堂石室，金匱玉版，圖籍散亂（史記太史公自敍）。

讖緯家謂河神亦往往出玉版圖書，河圖考靈曜云：

趙王政以白璧沉河，有黑公從河出，謂政曰：祖龍來！授天寶。開，中有尺二玉牘（初學記六等引）。

按『牘』者，版牘。『玉牘』，卽玉版矣。

拾遺記一云：

帝堯在位，聖德光洽，河洛之濱得玉版，方尺，圖天地之形。

此云堯得玉版于河洛之濱，亦讖緯遺說。讖緯之書，所佚者衆，此說猶賴拾遺記引用，得保存至今耳。

所謂河圖玉版之來歷、大略蓋如此。

此書自明孫瑴、淸朱彝尊以下,並以讖緯視之。獨文廷式補晉書藝文志據張湛列子周穆王篇注引河圖玉版,有『西王母居崐崙山』之說,因廁其目于神仙家之列。槃按書中神仙之說,固不止此,如言湘夫人何神(山海經中山經郭注引);龍伯國人生萬八千歲而死(同上大荒東經注引);少室山有白玉膏、一服卽仙(同上西山經注引)之等、是也。神仙家之書,誠亦往往喜託之玉版,如晉書載記慕容儁傳言,石虎使人搜策於華山,得玉版,文云:

歲在申酉,不絕如綫;歲在壬子,眞人乃見(又見十六國春秋二七)。

拾遺記八云:

周羣妙閑筭術、讖說,遊岷山採藥,見一白猿……化爲一老翁,握中有玉版,長八寸,以授羣。羣問曰:公是何年生?答曰:已衰邁也。忘其年月。猶憶軒轅之時,始學歷數。風后、容成皆黃帝之史,就余授歷術。……羣服其言,更精勤筭術、及考校年歷之運。……

范曄後漢書方術傳敍云:

神經怪牒,玉策金繩,關扃於明靈之府,封滕於瑤壇之上者,靡得而闚也。

江總陶貞白先生集序云:

至如紫臺青簡,綠帙丹經,玉版祕文,瑤壇怪牒,靡不貫彼精微,殫其旨趣(藝文類聚五五)。

按諸如此類或曰『玉策』,或曰『玉版』,『策』者簡札,其刑制同于版,是『玉策』亦卽『玉版』矣。此諸『玉版』與河圖玉版,不必是一事。然而神仙家喜僞託『玉版』,此與讖緯家之傅會河圖玉版,則誠有其極相似處。

謂河圖玉版爲神仙家言,未始不可。然其中亦不乏讖緯舊說,如上引堯舜與秦皇世河神出授玉版之說,是其例。卽後來神仙家所傅會之玉版文字,其言天運、曆數,亦讖緯遺意。尙書琁璣鈐言:『禹開龍門,導積石,玄圭出,刻曰:延喜玉受,德天賜佩』(藝文類聚帝王部等引);河圖言:『禹旣治水,功大,天帝以寶文大字(槃按,卽上文所謂玄圭,亦卽玉版)賜禹佩,渡北海弱水之難』(初學記九等引)。卽其比。語其實,讖緯之書,本戰國末年以來之方士所造託。方士,雜學,自神仙以至于儒家思想,無所不包（別詳拙戰國秦漢間方士考論），故讖緯爲書，其內容皆如此，又不獨河圖玉版而已。

此書，東晉人郭璞注山海經、張湛注列子，並已引之。而其始出于何時？今已莫可尋究。書又有所謂孔子玉版者，出于魏初文帝之世。朱彝尊以爲卽河圖玉版，曰：

> 按酈道元水經注引此（按謂河圖玉版）。又裴松之注魏志云：左中郎將李伏表魏王，曰：昔先王初建魏國，武都李庶、姜合羇旅漢中，謂臣曰：定天下者，魏公子桓。臣以合辭語鎭南將軍張魯。魯問合，知書所出？合曰：孔子玉版也。天子曆數，雖百世可知。合長於內學，關右知名。所云孔子玉版者，當卽是書也（經義考毖緯）。

槃按河圖玉版兼言曆運天命，今孔子玉版亦言天子曆數；抑讖緯之書，大都託之孔子。然則河圖玉版，亦未嘗不可稱爲孔子玉版。朱說其是矣。然而『玉版』之託，其事匪一。吳孫晧天璽元年禪國山碑，其紀瑞應也有云：

> 祕記、讖文、玉版，紀德者三（全三國文七五）。

此亦一『玉版』也。此『玉版』紀著吳之德運，與河圖玉版、孔子玉版之紀歷數天命者，同符性質。顧其爲吳國之君臣所僞飾以欺世惑衆者，可無疑義。孔子玉版則出于魏氏，其爲依託一也。此亦一僞『玉版』，彼亦一僞『玉版』。豈本舊有所謂河圖玉版，魏文、孫晧之流，隨宜增飾其書，以故神其國命邪？將互不統屬，各因玉版刻書，故著『玉版』之目，而其實不過書名相偶合邪？此故未可知。唯後漢書張衡傳言：

> 永元（章帝年號）中，清河宋景遂目歷紀推言水災，而僞稱洞視玉版，或者至於弃家業入山林。後皆無效，而復采前世成事，目爲證驗。至於永建復統，則不能知（注：永建、順帝卽位年也。復統，謂廢而復立。言讖家不論也）。

按宋景託稱洞達玉版，推歷紀，知有水災。而讖緯家之稱說『玉版』者，亦不離曆紀，或言禹治水，說具如上。然則宋景之所謂玉版，倘卽是河圖玉版。果爾，則河圖玉版之書，東京早年已有之矣。又題作焦贛之易林，屯之蒙云：

> 山崩谷絕，大福盡竭。涇渭失紀，玉歷盡已。

此亦由玉歷而推及水災、與歷運，與宋景之所謂玉版者，性質類似。果其玉歷卽玉版，亦卽河圖玉版，則河圖玉版之託，可以早推至于西京晚季，因易林已提及玉歷，而此易林，固王莽新朝崔篆之所作也(據余季豫著四庫提要辨證子三易林。胡適之先生著易林斷歸崔篆的判決書。搜神記八：『虞舜耕於歷山，得玉歷於河際之巖。舜知天命在己，體道不倦』。按此玉歷、與易林之所謂玉歷，不知是否一事？然云舜得玉歷，無疑爲讖緯家妄說)。

逸書考于河圖玉板篇目下注云：

清河郡本下有『龍文』二字。

是清河郡本元題作河圖玉板龍文也。逸書考蓋以諸家所引或作河圖玉板，故亦依之云耳。然清河郡本亦必有據，想非杜譔。『赤九會昌，十世以光，十一以興』一事，古微書引作河圖龍文；『從崑崙以北九萬里得龍伯國』一事，初學記十九引亦作河圖龍文。蓋本作河圖玉板龍文，諸家稱引則或省稱河圖玉板，或省稱河圖龍文耳。蓋又或稱孔子玉板，說已前見。

龍魚河圖(或作河圖龍魚徵紀)

敍　錄

〔張彥遠歷代名畫記卷三〕古之祕畫珍圖，今粗舉領袖，則有龍魚河圖。

〔羅苹路史前紀黃帝紀附蚩尤傳注〕龍魚河圖等，至謂：『尤亂，黃帝仁義不能禁。尤沒，天下擾亂，黃帝乃畫尤像，以威天下，天下咸謂尤不死，乃服』。妄矣。

〔孫瑴古微書龍魚河圖〕河圖篇目已蕪矣，類書所錄，復有以『龍魚』命者，豈非以其玉石雜糅、椒艾紛汨而衍其牘與？要其文字亦雅俚相乘，政不必棄。

〔朱彝尊經義考毖緯〕三龍魚河圖一卷。按龍魚河圖，賈思勰齊民要術屢引之，有云：瓜有兩鼻者殺人；羊有一角，食之殺人；玄雞白頭，食之病人。此服食家言爾。又云：各以臘月，鼠斷尾。正月旦日未出時，家長斬鼠著屋中，祝云：付敕屋吏，制斷鼠蟲。三時言功，鼠不敢行；又云：埋蠶沙於宅亥地，大富，得蠶絲，吉利。以一斛二斗，甲子日鎭宅，大吉，財致千萬；又云：歲暮夕四更中，取二七豆子、二七麻子、家人頭髮少許，合麻豆著井中，咒敕井使，其家竟年不遭傷寒，辟五方疫鬼；又太平御覽引其文云：婦人無以夫衣合浣之，使不利；又云：以賣馬錢娶婦，令多惡病，夫妻離別；又云：懸艾虎鼻門上，宜官子孫，帶印綬。懸虎鼻門中，周一年，取燒作屑，與婦飲之，二月中便有娠，生貴子。勿令人知之，泄則不驗也。亦勿令婦見之。又云：七月七日，取小赤豆，男吞一七，女吞二七，令人畢歲無病。是日取烏雞血和三月三日桃花末塗面及身，三日後，肌白如玉。觀其大略，無異道家厭勝之術。與經義何裨？至謂蚩尤兄弟八十一人，皆銅頭鐵額，食砂石子，尤屬不倫。諸毖緯中，邪說誣民，蓋未有甚於此書者已。

〔姜忠奎緯史論微卷五〕龍魚河圖：『七月七日，取赤小豆，男吞一七，女吞二七，令人畢歲無病』；又『七月七日，取烏雞血和三月三日桃花末塗面及遍身，肌白如玉』。頗與萬畢術中所載相類，蓋亦古緯遺文也。

槃案清河郡本作龍魚河圖徵記。殆原題如此作，引書者省稱，去『徵記』二字耳。書佚。舊有古微書、逸書考、緯攟諸輯本。近安居、中村二氏綜合諸家所輯，更以三教指歸、元弘相傳本五行大義、天地祥瑞志、集注文選、顯時卿改元定記、開元占經鈔本、祕府略諸古籍所引、增益凡十有餘事，是爲緯書集成本。

書云龍魚河圖者，蓋謂此河圖、河中龍魚所負。經義考毖緯引顧野王云：

龍魚負圖，從河中出，付黃帝；從洛水出，詣舜。

河圖祿運法云：

天大霧三日，黃帝遊洛水之上，見大魚，殺五牲以醮之，天乃大雨七日七夜，魚流而得河圖（清河郡本）。

河圖挺佐輔云：

黃帝乃祓齋七日……天老五聖皆從，以遊河洛之間，求所夢見者之處，弗得。至於翠媯之淵，大鱸魚泝流而至……（黃帝）乃辭左右，獨自與天老跪而迎之。……五色畢具，天老以授黃帝，帝舒視之，名曰錄圖（逸書考本葉一——二）。

此類是也。所謂『大魚』，所謂『大鱸魚』，卽龍魚也。魚也而謂之龍魚者，淮南脩務：『龍門，本有水門，鮪魚游其中，上行得過者便爲龍，故曰龍門』；說苑正諫：『吳王欲從民飲酒，伍子胥諫曰：不可。昔白龍下淸冷之淵，化爲魚』。謂魚龍同類，故魚可化龍，而龍有時亦化爲魚也。

唐張彥遠歷代名畫記敍述古之祕畫珍圖，其中有龍魚河圖，是謂龍魚河圖有文且復有圖。案古籍以『圖』名者，大都有圖（參拙古讖緯全佚書存目解題二河圖篇。本所集刊第十二本）。龍魚河圖蓋亦莫能外是。然文今猶賴輯本、僅有存者，而圖則全佚矣。

此書于諸讖緯中，說最駁雜，古史地傳說、天象占驗、神仙家言、陰陽五行雜事，兼而有之，然不失其爲方士之書也。

書中有記符籙者二事云：

玄帝出信兵符付黃帝，制蚩尤（御覽七三六、等）。

帝伐蚩尤，乃睡夢西王母遣道人，披玄狐之裘，以符授之，曰：太乙在前，天乙備後。河出符信，戰則尅矣。黃帝寤，思其符，不能悉憶，以告風后、力牧。風后、力牧曰：此兵應也，戰必自勝。力牧與黃帝俱到盛水之側，立壇，祭以太牢，有玄龜銜符出水中，置壇中而去。黃帝再拜稽首，受符視之，乃夢所得符也。廣三寸，袤(表)一尺。於是黃帝佩之以征，卽日禽蚩尤(清河郡本)。

俞正燮論之曰：

太平御覽載黃帝出軍訣(七百三十六)，有龍魚河圖二符。太平廣記載神仙傳，老子以太元淸生符與徐甲。魏書王早傳：授東莞趙氏一符，擒得鄭氏男。北齊書吳遵世傳云：恒山老翁謂之曰，與君開心符。遵世跪取呑之。符者，漢時有印文書名。道家襲之。黃老書乃漢人述也。淮南本經訓云：審于符者，怪物不能惑。是守一之文言，非指符籙。又道家咒語，亦漢式。雲麓漫鈔云：急急如律令，漢公移常語。張天師漢人，故承用之，道家遂得祖述。野客叢書云：此沿漢式，如今言文書千里驛行。其言至通。符是漢名，如律令亦是漢文。今道藏書言律令雷部神，名性疾速。此與僧說羅刹，同一陋謬。

俞氏以前引龍魚河圖之言黃帝受兵符二事，卽道士符籙之符；又以符籙之興，始于東漢末之張天師。今案，俞氏前說是；後說則有未盡然者。以余所考，西漢初期卽已有符籙之作。羅整庵困知記以爲『大抵皆秦漢間方士所爲』，亦有可能(別詳拙譔敦煌木簡符籙試釋。中央研究院民族學研究所集刊第三十二期)。

書中秦漢間人之文辭、思想，固不惟此，如云：

月有九行，黑道二出黃道北，赤道二出黃道南，白道二出黃道西，靑道二出黃道東。立春、春分，月從東靑道；立秋、秋分，從西白道；立夏、夏至，從南赤道；立冬、冬至，從北黑道。天有四表，月有三道。聖人知之，可以延年益壽(御覽四)。

案『延年益壽』，戰國、秦、漢以來恆辭。史記商君列傳，趙良說商君曰：『尚將欲延年益壽乎』；秦鏡銘：『大樂富貴得所好，千秋萬歲，延年益壽』(善齋吉金錄鏡一、一至三)；漢鏡銘：『延年益壽』(金石索金六、四一七)；『延年益壽，大樂未央』(小檀欒室鏡影三、一後)；『長宜子孫』(內輪)。『延年益壽樂未央』(外輪)(簠齋藏鏡鏡下二一後)；『延年益壽，長毋相忘』(小校經閣金文十五、一百四至一百五)；『湅治銅華清而明。以之爲鏡宜文章。延年益壽去不祥』(善齋鏡一、八一)。如此之類是也。

龍魚河圖又云：

東方太山君，神姓圓，名常龍。南方衡山君，神姓丹，名靈峙。南方華山君，神姓浩，名鬱狩。北方恆山君，神姓登，名僧。中央嵩山君，神姓壽，名逸羣。呼之，令人不病(御覽八八一、等)。

東方太山將軍，姓唐，名臣。南方霍山將軍，姓朱，名丹。西岳華陰將軍，姓鄒，名尚。北岳恆山將軍，姓莫，名惠。中岳嵩高將軍，姓石，名玄恆。存之，卻百邪(御覽八八一、古微書)。

案南岳『衡山』，書亦或作『霍山』者，考爾雅釋山：『霍山爲南嶽』。邢疏：『案詩傳言四嶽之名：東嶽岱，南嶽衡。此及諸經傳，多云泰山爲東嶽、霍山爲南嶽者，皆山有二名也。風俗通云：泰山，山之尊，一曰岱宗。岱，始也；宗，長也。……衡山，一名霍，言萬物霍然大也。……是解衡之與霍、泰之與岱，皆一山而有二名也。若此，上云：江南衡；地理志云：衡山在長沙湘南縣。張揖廣雅云：天柱謂之霍山；地理志云：天柱在廬江灊縣。則在江北矣。而云衡、霍一山二名者，本衡山一名霍山。漢武帝移嶽神於天柱，又名天柱亦爲霍，故漢以來，衡、霍別耳。郭云：霍山，今在廬江灊縣西南，別名天柱山。漢武帝以衡山遼曠，移其神於此』。衡之與霍，一山而二名，是則龍魚河圖之文，或云『南方衡山』，或云『南方霍山』，其實一耳。武帝元封五年，巡南郡、至江陵而東，登禮灊之天柱山，號曰南嶽，見漢書郊祀志下。郭璞謂武帝以衡山遼曠，移其神於此云云，未知所出，當別有所據。武帝已移南嶽之神與號于灊縣之霍山，則自時厥後，言南嶽則當數灊霍矣。郊祀志下：『自是(宣帝元康四年)，五嶽四瀆皆有常禮：東嶽泰山於博，中嶽泰室於嵩高，南嶽灊山於灊(注：師古曰，灊與潛同也。補注：齊召南曰，自元封五年巡南郡至江陵而東，登禮灊之天柱山，號曰南嶽，於是南嶽之名，移於灊山，而長沙湘南之衡山、自古稱南嶽者，反無祠矣)，西嶽華山於華陰，北嶽常山於上曲陽』。而龍魚河圖則猶以湘南之衡山爲南嶽，不知有灊霍。然則此其說在武帝元封五年封灊霍之前，殆可知也。

龍魚河圖又云：

高皇攝正總萬庭。四海歸詠治武明。文德道治承天精。元祚興隆協聖靈(御覽八七篆引)。

案此歌頌漢高帝之詩，則蓋西漢方士之徒之作也。七言古詩，每句用韵，當以此爲權輿。柏梁詩中亦有此一格。柏梁詩本出三秦記，云是武帝元封三年作，而考之於史，則多不符，蓋是後人擬作(說詳日知錄卷十九柏梁臺詩條、古詩源卷二漢詩柏梁詩條)。案三秦記，辛氏所作，時代無可考，蓋魏晉間人也。柏梁詩雖不能出于武帝元封三年，然要不失其爲漢人之語。隨園詩話云：『崇山幽都何可偶？黃鉞一下何處所！光武語也。懷仁附義天下悅，阿諛順旨要領絕。嚴子陵語也。皆七古中生硬句。二人少同學，故語相似』。槃謂柏梁詩與前引龍魚河圖詩、與光武、子陵語，其爲七古中生硬字句並同，而子陵語每句用韻亦同，是諸詩時代相近之一暗示矣。此一嶄新詩體之出現，治中國文學史者，但知引柏梁詩耳，而龍魚河圖之詩、光武、子陵之語，則能擧似之者鮮矣。

朱彝尊以是書、中有食物宜忌與五行吉兇雜事，謂『與經義何裨』。槃謂雖于經義無裨，然研究古代民間風習與方士思想，此等資料，正不可少。氏又以蚩尤兄弟八十一人，皆銅頭鐵額，食砂石子之事爲『邪說』『不倫』。案此古代神話、傳說之遺，雖屬不倫，不可廢也。

龍魚河圖文又云：

劍神名飛揚(御覽三四四、等)。

弓神名曲張(同上三四七)。

盾神名自障(同上三五六)。

斧神名狂章(同上七六二)。

矛神名矢陰(書鈔一二三、等)。

案兵器神名，術數之書多有之。太公兵法：

弩之神，名遠望(御覽三四八)。

箭之神，名續長(同上三四九)。

戟之神，名大將(同上三五二)。

矛之神，名跌蹌(同上三五三)。

抱朴子雜應：

或問辟五兵符之道，抱朴子曰：吾聞吳大皇帝曾從介先生受要道云：但知書北斗及日月字，便不畏白刃。以試左右數十人，常爲先登鋒（孫校：疑衍）陷陣，皆終身不傷也。鄭君云：但誦五兵名，亦有驗。刀名大房，虛星主之；弓名曲張，氐星主之；矢名彷徨，熒惑星主之；劍名失傷，角星主之；弩名遠望，張星主之；戟名大將軍，參星主之也。

雲笈七籤卷六雜呼神名：

弩名遠望，一名菫威，張星之主。

弓名曲張，一名子張，五星之主。

矢名續長，一名信往，一名傍徨，熒惑星之主。

刀名脫光，一名公詳，一名大房，虛星之主。

劍名陰陽。

戟名大將，參星之主。

鑲名鉤傷，一名鉤殃。

鉾名牟，一名默堂。

楯名自障。

已上，有兵革卽呼其名，所無傷害，能福於人，大吉良矣。

諸家之說，詳略不同，名字亦不盡符合，蓋來源各別。傳鈔亦不無譌繆。而今龍魚河圖之文或有脫佚，亦未可知也。所謂鄭君，未詳，蓋方士前輩。太公兵法，則殆亦戰國末年之作也。

龍魚河圖又云：

髮神名長耳，耳神名嬌耳，目神名珠映，鼻神名勇盧，齒神名丹朱，夜臥呼之，有患亦便呼之九過，惡鬼自卻（御覽八八一神上、等）。

案黃庭內景經云：

至道不煩決存眞。泥丸百節皆有神。髮神蒼華字太元，腦神精根字泥丸，眼神明上字英玄，鼻神玉隴字靈堅，耳神空閑字幽田，舌神通命字正倫，齒神崿峰字羅千（至道章第七）。

心神丹元字守靈，肺神皓華字虛成，肝神龍煙字含明。翳鬱道煙主清濁。腎神玄冥字育嬰，脾神常在字魂停，膽神龍曜字威明(心神章第八)。

同是髮、耳、目、鼻、齒之神，而名稱不同，蓋方士傅會，自由創說，本無其事，故不難妄造也。

龍魚河圖又云：

鄧國有工，善鑄劍，因名鄧師(七國考韓國兵制)。

案鄧，春秋時小國，居今河南鄧縣(亦嘗居上蔡及新蔡)，莊十六年(周僖王四年)，爲楚所滅(別詳拙春秋大事表列國爵姓及存滅表譔異册三、葉二一二——二一五)。案中國自古刀劍之屬，最稱吳(或作干，同)、越(或作粤，同)(參周禮考工記、莊子刻意、呂氏春秋疑似、漢書地理志下吳地條、等)。『鄭之刀、宋之斤、魯之削』(考工記)，楚之劍(說苑指武)，蓋其次也。而鄧之劍工，僅見于此。殆先秦之遺聞舊說也。

河圖始開圖

敍　　錄

〔鄭玄本書注〕『始』猶初也。闢廣之謂『開』(清河郡本)。

〔宋均本書注〕溯水之原而圖之也(同上)。

〔朱彝尊經義考毖緯河圖始開篇〕按其文：黃帝問風后曰，予欲知河之始開。風后曰，河凡有五，皆始於崑崙之墟。此其所以名篇也。

槃案書佚。舊有古微書、逸書考、緯攟諸輯本。近安居、中村二氏綜合諸舊輯爲緯書集成本。

書云：

黃泉之埃，上爲黃雲。青泉之埃，上爲青雲。赤泉之埃，上爲赤雲。白泉之埃，上爲白雲。玄泉之埃，上爲玄雲(御覽八)。

陰陽相薄爲雷(開元占經一〇二)。

案淮南墬形篇：

正土之氣，御于埃天。埃天五百歲生缺，缺五百歲生黃澒，黃澒五百歲生黃金，黃金千歲生黃龍，黃龍入藏生黃泉。黃泉之埃，上爲黃雲。陰陽相薄爲雷，激揚爲電，上者就下流水，就通而合乎黃海。偏土之氣，御于青天。青天八百歲生青曾，青曾八百歲生青澒，青澒八百歲生青金，青金千歲生青龍，青龍入藏生青泉。青泉之埃，上爲青雲。陰陽相薄爲雷，激揚爲電，上者就下流水，就通而合乎青海。牡土之氣，御于赤天。赤天七百歲生赤丹，赤丹七百歲生赤澒，赤澒七百歲生赤金，赤金千歲生赤龍，赤龍入藏生赤泉。赤泉之埃，上爲赤雲。陰陽相薄爲雷，激揚爲電，上者就下，流水就通而合乎赤海。弱土之氣御于白天，白天九百歲生白礜，白礜九百歲生白澒，白澒九百歲生白金，白金千歲生白龍，白龍入藏生白泉。白泉之埃，上爲白雲。陰陽相薄爲雷，激揚爲電，上者就下，流水就通而合乎白海。牝土之氣，御于玄天。玄天六百歲生玄砥，玄砥六百歲生玄澒，玄澒六百歲生玄金，玄金千歲生玄龍，玄龍入藏生玄泉。玄泉之埃，上爲玄雲。陰陽相薄爲雷，激揚爲電，上者就下，流水就通而合乎玄海。

兩相校核，則知今始開圖尙有脫文，或由引書者隨意省略，亦未可知。而二者之間孰爲先後，今亦未詳。

書又云：

孔甲見逢氏抱小女妹喜，帝孔甲悅之，以爲太子履癸妃(說郛五。淸河郡本無首三字。御覽一三五引作洛書錄運法)。

案履癸卽夏桀。夏本紀：『孔甲崩，子帝臯立。帝臯崩，子帝發立。帝發崩，子帝履癸立，是爲桀』。索隱：『按系本，帝臯生發及桀。此以發生桀，皇甫謐同也』。孔甲以下帝系，諸家不同。而始開圖以履癸(桀)爲孔甲太子，與本紀、世(系)本、皇甫謐(帝王世紀)、復互異。本紀會注考證：『國語晉語：史蘇曰，昔夏桀伐有施，有施人以妹喜女焉』。而始開圖云『孔甲見逢氏抱小女妹喜，帝孔甲悅之，以爲太子履癸妃』，彼此又異。始開圖以上二說，未詳所本。注家尙未聞有拈出之者，錄之于此，亦可以廣異聞也。

河圖徵

書佚。晉書藝術戴洋傳引一事曰：

地赤如丹血沇沇（緯攟引作『丸丸』，未詳所據何本），當有卜犯上者。

緯攟引此首七字併入河圖祕徵內。案河圖雜篇，祕徵外又有說徵示、說徵祥。止曰『徵』，則何以知其必屬祕徵？別存之可矣。

河圖祕徵（或作河圖帝秘微、或作河圖祕微篇）

案書佚。舊有古微書、逸書考、緯攟諸輯本。近安居、中村二氏綜合舊輯而刪去『黃帝起則大蚓見』一事，爲緯書集成本。集成本之刪去此事，未詳其恉。豈因其重出也故耶？實則緯書中，此類情形習見。然其間孰爲後先，孰爲剽襲，今已無可考，並考其舊焉，斯亦可矣。

書云：

劉帝卽位百七十年（集成本誤作日），太陰在庚辰，江充誘，其變天鳴（占經三）。

案此漢武帝征和二年秋七月事也，上距漢高帝卽位于西元前二〇六年、爲百一十五年。云百十七年者誤。又漢書武帝本紀：征和二年秋七月，按道侯韓說、使者江充等，掘蠱太子宮。壬午，太子與皇后斬充，以節發兵，與丞相劉屈氂大戰長安，死者數萬人。庚辰，太子亡，皇后自殺。辛亥，太子自殺于湖。癸亥，地震。是江充誘，戾太子出亡在庚辰，而『天鳴』卽地震（地震劇烈，空中有聲，故或以爲天鳴），則在癸亥。祕徵此處，蓋失實。

河圖說徵（一下有『示』字）

敍　錄

〔黃奭逸書考河圖祿運法〕河圖說徵示，占經十引一條作雒書說徵示。蓋河雒二緯，出入互錯久矣。

槃案書佚。舊有逸書考、緯攟二輯本。近安居、中村二氏綜合二輯而益以天地祥瑞志所引二事，是爲緯書集成本。

說徵，一本作說徵示。蓋本有『示』字，引書者或省去。非二書也。

鄭玄注河圖稽命徵云：『徵，攷其象，驗以事物也』。今曰河圖說徵（或河圖說徵示），其義同。呂氏春秋觀表：『人亦有徵，事與國皆有徵。聖人上知千歲，下知千歲，非意之也，蓋有自云也』。然則所謂『徵』者，國家祥瑞、災異之徵也。說徵之文如云：

蒼帝起，天雨粟也（御覽八四〇）。

人主失國無下，見牛四角二足（占經一一七）。

狸三頭，名曰蘖。蘖見則女害（同上一一六）。

此其類是也。

河圖說徵祥　河圖說徵示

說徵祥今祇存一事，見御覽四三三又九二八，曰：

烏一足曰獨立，見則主勇強也。

逸書考、緯攟所見本並同。而『祥』，涵芬樓影宋本御覽作『示』。疑本作『祥』，因漫漶譌爲『示』。而『徵示』，又或因形近僞作『徵禾』（緯書集成葉二八三『日本殘存佚文』表，河圖有說徵禾）。獨逸書考、緯攟所見本尚不誤。至天中記引但作河圖，則省偁也。

河圖絳象（『絳』一作『緯』）

書佚。舊有古徵書、逸書考二輯本。近安居、中村二氏綜合舊輯爲緯書集成本。

『絳』，楊愼引作『緯』（原引文未見。據明士性廣志繹卷一引。『黄河出崑崙東北』一條，古徵書云，楊用修引作絳象，則似楊引已有緯象，復有絳象。莫能詳也）。朱彝尊（經義考毖緯河圖絳象條注）云：『或作緯』。

案文有云：

河導崑崙山，名地首，上爲權勢星。一曲也。東流千里至規其山，名地契，上爲距樓星。二曲也。祁南（一作北流。槃案『祁』，楊愼引作『郃』）千里至積石山，名地肩，上爲別符星。三曲也。邠（槃案楊愼引作郃）南千里入隴首山（槃案楊引無山字）間，抵龍門首，名地根，上爲營室星。四曲也。龍門上爲王良星，爲天橋。神馬出河躍，南流千里抵龍首，至卷重山，名地咽，上爲卷舌星。五曲也。東流貫砥柱，觸閼流山，名地喉，上爲樞星，以運七政。六曲也。西距卷重山千里，東至維(槃案揚作洛)會，名地神，上爲紀星，七曲也。東流至大伓山，名地肱，上爲輔星，八曲也。東流至絳水，千里至(槃案揚引作過)大陸，名地腹，上爲虛星。九曲也(古微書)。

『緯』者，星象。周禮天官大宗伯『日月星辰』。注：『星，謂五緯』。疏：『五緯，卽五星。言緯者，二十八宿，隨天左轉爲經；五星右轉爲緯』。通言之，緯卽是星。黃河之流，上與天星相應。河圖緯象之『緯』，其義在此。或作『絳象』者，涉前引文『東流至絳水』而譌也。

圖緯絳象

書佚。緯攟輯得一事，曰：

太行，附路之精(淵鑑類函、天中記引)。

案圖緯絳象，殆卽河圖緯象。河圖緯象已譌爲河圖絳象(別詳河圖絳象解題)，而『圖緯』，舊籍恆辭(漢讖緯類有五經圖緯〔乙巳占引〕；小黃門譙敏碑：『深明典奧、讖錄圖緯』；蔡邕郭有道碑：『深綜圖緯』；晉書天文志：『圖緯舊說』)，故河圖絳象亦遂被引作圖緯絳象，蓋河圖固可汎稱作『圖緯』，而『絳象』則仍譌稱未改耳。

復次附路，星名(見晉書天文志)。『太行，附路之精』，謂太行山上應星辰，其名附路也。河圖緯象亦有此文例，如云：『河導崑崙山，名地首，上爲權勢星』。謂崑崙上應星辰，其名權勢也；又云：『(黃河)東流千里至規其山，名地契，上爲距樓星』。謂規其山上應星辰，其名距樓也。

河圖緯象與圖緯絳象，書名取義同，文例亦合，故知是一事矣。

河圖闓苞授

(『闓』，一作『開』，一作『闢』。『苞』，一作『色』。『授』，一作『受』)。

敍錄

〔司馬彪續漢書天文志上〕軒轅始受河圖鬭苞授(集解：惠棟云，案闓苞受，河圖篇名，見李善注文選。『闢』，當作『闓』。『授』，當作『受』。『規』字屬下讀。羅泌以『闢苞』爲黃帝臣名，非也)，規日月星辰之象，故星官之書，自黃帝始。

〔王應麟困學紀聞九天道〕後漢天文志：黃帝始受河圖，闢苞授規，〔正〕日月星辰之象(翁注：案宋羅泌路史引此文，『日月』上有『正』字，文義較明)，故星官之書，自黃帝始(隋志云爾)。闢苞，似是人名氏。當攷(翁注：全云，河圖闢苞，恐是緯書名目，故曰『受』。深寧疑爲姓名者非。集證：按劉恕通鑑外紀，帝既受河圖，得其五要，乃設靈臺，立五官，以敍五事。命鬼臾蓲占星，闢苞授規正日月星辰之象，於是乎有星官之書。命羲和占日，尙儀占月，車區占風。闢苞與鬼臾蓲等竝稱五官。其爲人名氏可知。或曰：闢苞受，河圖篇名，見文選石仲容與孫皓書注。蓋誤『闓』爲『闢』也)。

〔錢大昕十駕齋養新錄十七河圖闓苞受〕續漢書天文志云：黃帝始受河圖闢苞授，規日月星辰之象。王伯厚謂：闢苞，似是人名氏。按文選李善注引河圖闓苞受曰：『弟感苗裔出應期』。『闓苞受』，蓋河圖篇名。漢志誤『闓』爲『闢』，非人名也。『授』，與『受』通。

檠案『闓』或作『開』；『授』或作『受』，並古字通(說文門部：『闓，開也』。漢人文辭，喜用『闓』字。韓勑造孔廟禮器碑：『前闓九頭，以什言敎』；韓勑脩孔廟後碑：『大帝闓門』；孔耽神祠碑：『恃闓郭藏，造作堂宇』；祝睦後碑：『資五就，闓道綱』；越絕書外傳計倪：『闓門固根』；申鑒貴言：『闓張以致之』)。『闓』亦或作『闢』者，誤。宋書二七志符瑞上：

(堯)歸功於舜，將以天下禪之，乃潔齋，修壇場於河雒，擇良日，率舜等升首山，遵河渚，有五老游焉，蓋五星之精也，相謂曰：河圖將來，告帝以期。知我者重瞳黃姚。五老因飛爲流星，上入昴。二月辛丑昧明，禮備。至於日昃，榮光出河，休氣四塞，白雲起，回風搖，乃有龍馬銜甲，赤文綠色，臨壇而止，吐甲圖而去。甲似龜背，廣九尺。其圖以白玉爲檢，赤玉爲字，泥以黃金，約以青繩。檢文曰闓色授帝舜，言虞夏殷周秦漢，當授天命。帝乃寫其言，藏於東序。

此讖緯舊說也。河圖檢文曰『闓色授帝舜』，當即『闓苞授帝舜』。『苞』之爲『色』，以形近致譌。『闓苞授帝舜』，簡言之則曰『闓苞授』矣。是闓苞授爲河圖篇名，必矣。彼續天文志言『黃帝始授河圖闓苞授』，而此曰『闓苞授帝舜』者，各有所受，方士之詭也。『闓』作『闢』者，亦以形近致譌也。

復次論語撰考讖言：

赤龍負玉苞，舒圖出，堯與大舜等共發(御覽八一)。

案此『玉苞』之『苞』，卽彼『闓苞』之『苞』；云『舒圖』，義卽『闓苞』，亦卽『開苞』耳。

闓苞授書佚。逸書考(緯擴同)輯存一事曰：

帝感苗裔出應期(文選孫子荆爲石苞與孫皓書注)。

逸書考又曰：

『帝』，胡刻本作『弟』，誤。

逸書考所據未詳。然其說是。緯攟本未能拈出。緯書集成本乃據緯攟過錄而不引逸書考此校，並誤。

案『帝』謂堯帝。前漢自中葉以後，有『漢家堯後』之說(詳顧師五德終始說下的政治和歷史一二漢爲堯後說)。『苗裔』，卽謂漢帝。『應期』者，應五德代興之期運也。魏脩孔子廟碑：『於赫四聖(黃、虞、夏、商)，運世應期』(隸釋十九)；孫子荆爲石仲容與孫皓書：『太祖承運，神武應期』(李善注：『春秋緯曰，「五德之運，各象其類」。宋均曰，「運，錄運也」』)。所謂『應期』，此類是也。謂『帝感苗裔出應期』，則是應期者堯帝之苗裔，則漢帝是矣。然則此亦方士媚漢之辭爾。

一九七二年夏月初脫稿。

本文之完成，得行政院國家科學委員會之補助。

出自第四十四本第四分(一九七三年三月)

古讖緯書錄解題(六)

陳　槃

河圖括地象圖(一無『象』字，一無『圖』字)　括地圖

敍　錄

〔鄭玄注〕廣被不遺之謂『括』。『象』，猶貌也。審諸地勢，措諸河圖。(逸書考引淸河郡本)。

〔宋均注〕括地象者，窮地儀也(同上)。

〔楊升菴文集卷七六崑崙九州〕鄒衍言，九州之外，復有九州，載于史記。按其說曰：『東南神州曰旦土(元注〔下同〕：旦音與晨同)，正南卬州(隋書作迎)曰深土，西南戎州曰滔土，正西弇州(隋書作拾州)曰幵土，正中冀州曰白土，西南柱州曰肥土，西北玄州(隋書作營州)曰成土，東北咸州曰隱土(尸子作𡓞土)，正東揚州曰信土』。其言本荒唐。漢人作河圖括地象，全祖其說。隋代郊天，遂以其名入從祀之位。史炤通鑑釋文曰：此九州，其崑崙統四方之九州乎？或曰：神農地過日月之表，蓋神農之九州也(柱州，一本作桂州；營州，一本作宮州，近是。宮與玄相近，未知孰是)。

〔朱彝尊經義考毖緯二〕按河圖括地象，其言雖夸，然大抵本鄒衍大九州之說。今節錄之，文

云：易有太極，是生兩儀。兩儀未分，其氣混沌。清濁既形，伏者為天，偃者為地。天不足西北，地不足東南。西北為天門，東南為地戶。天門無上，地戶無下，天有五行，地有五嶽；天有七星，地有七表；天有四維，地有四瀆；天有八氣，地有八風；天有九道，地有九州。東南神州曰晨土，正南卬州曰深土，西南戎州曰滔土，正西弇州曰开土，正中冀州曰白土，西北柱州曰肥土，北方玄州曰成土，東北咸州曰隱土，正東揚州曰信土。八極之廣，東西二億三萬三千里，南北二億三萬一千五百里。夏禹所治四海內，地東西二萬八千里，南北二萬六千里。崑崙者，地之中也，有柱焉，其高入天，卽所謂天柱也。高萬一千里，圍三千里，有五城十二樓，出五色雲，五色流水。其泉南流入中國，名曰河也。東南地方五千里名神州，中有五山，帝王居之。地下有八柱，柱廣十萬里，有三千六百軸，互相牽制，名山大川，孔穴相通。崑崙之山為地首，岐山為地乳，桐柏為地穴。熊耳，地之門也。鳥鼠同穴，地之幹也。汶山，井絡也。太行，天下之脊也。

〔同上〕又按禹受地統書。考禮正義，天子祭天地山川文疏曰：案地統書括地象云，崑崙者，地之中央，東南地方五千里，名曰神州。此卽括地象之文。然則括地象又名地統書也。

〔黃奭逸書考河圖括地圖〕按括地圖卽括地象，故諸書所引多相同。

〔饒宗頤論釋氏之崑崙說〕漢人所見禹本紀，其言昆侖，更涉荒誕。司馬遷於史記大宛傳論之云：『禹本紀言河出崑崙，崑崙其高二千五百餘里，日月所相避隱為光明也。其上有醴泉瑤池。今自張騫使大夏之後也，窮河源，惡覩本紀所謂崑崙者乎？』……禹本紀一書，後來羣籍徵引，又有禹大傳、禹受地記、禹受地統書諸異稱。禹本紀——史記大宛傳贊引、水經河水注引；禹大傳——離騷王逸注洧盤水條；禹受地記——尚書益稷疏引（弼成五服句下）、崔靈恩三禮義宗引；禹受地統書——杜佑通典注引。以上各書，皆依託禹以為名。……［illegible］五十［illegible］引禹受地記云：『昆侖東南五千里之地卽神州』。禮記曲禮（疏）引括地圖文相同。說者因謂括地象與禹受地記應是一書（參王謨漢唐地理書鈔禹受地記跋）。道宣釋迦方志言，案河圖云：崑崙山東方五千里名曰神州，文亦相同。蓋括地象原稱河圖括地象，其言崑崙，略舉如下……漢武所見之圖書，或卽河圖括地象、禹受地記一類之書乎？（大陸雜誌第四六卷［illegible］）

槃案書佚。舊有說郛、古微書、重訂漢唐地理書鈔（王謨輯。嘉［illegible］本）、諸經緯遺（青照堂叢書本）、黃氏逸書考、緯攟、緯書（殷元正輯、陸明睿增訂。清觀我生齋鈔本）諸輯本。安居、中村二氏于綜合說郛、古微書、逸書考、緯攟四本外，復據元弘相傳本五行大義背記及中佚本天地祥瑞志，輯得四事，是為緯書集成本，然間有遺漏；而逸書考所輯鄭注五十餘事則悉遭屏棄，未解其故（緯書集成中類此之例尚多，以下不復一一舉似）。又辭通卷一一東『號通』引河圖括地象注云：『淮南子曰，西北為號通之維』（辭通以爲號者，涉曬字之形而訛)。此一事，諸家未收。然辭通所本，今亦未詳。

讖緯書皆言，括地象圖，夏禹所得，尚書刑德放：

禹長於地理水泉、九州，得括地象圖，故堯以爲司空(藝文類聚職官部等引)。

得圖之處則有二說，易乾鑿度鄭玄注：

得括墬象圖於會稽(逸書考本葉七三引清河郡本)。

此言禹得圖于會稽。吳越春秋下越王無余外傳亦云：禹于『宛委山發金簡之書，案金簡玉字，得通水之理。』所云宛委山，即會稽山之支峯也。

其又一說則云得之河中，尚書中候曰：

伯禹在庶……握括命，不試爵。……(古微書本)。

舊注：

禹握括地象，天已命之。……

同書又云：

伯禹曰，臣觀於河伯，面長，人首魚身，出曰，吾河精也。授臣河圖。

舊注：

河圖，謂括地象。

案禹所得之圖，或曰括墬(古地字)象圖，或曰括地象，其實是一事。或云得之會稽，或云黃河，此則神話附會，不足辨。得自會稽之說，鄭注與吳越春秋並同，而河精授禹河圖之說，亦見于尸子(廣博物志十四引)。吳越春秋，東漢末趙曄所作。尸子即尸佼，本秦孝公時人。二氏之書，固多謀集先秦以來之遺文舊事，然而亦比附讖緯。讖緯之興，當溯原于戰國晚季。但禹得括地象圖之說，究未審起于何時？金鶚氏據此書有鄒衍大九州說，因謂或即鄒衍之徒爲之(詁經精舍文集十二緯候不起於哀平辨)。今案書有云：

十代，禮樂文雅並出(後漢書章帝紀注引)。

九代爲光武(後漢書光武紀：高祖九世之孫也)；十代則明帝，是不無頗晚之說矣。蓋其書本出于早年，後人加以增竄，遂爾有此耳。經義考說緯直以爲『大都此等多係漢人僞作，東漢人所著錄』。蓋其說有所未至。

謂括地象圖九州說本諸鄒衍，前儒楊愼、朱彝尊、金鶚、顧頡剛師(五德終始說下的政治和歷史第二章) 等，皆然。案淮南子墬形篇亦有九州說。然以校括地象圖九州說，其間不無異同：

淮南子墬形篇	括地象圖
東南神州曰農土（王夢鷗曰：御覽一五七引『農』作『晨』）。	東南神州曰晨土（逸書考本葉五下。槃案楊升菴文集七六、稗史彙編八崑崙九州條引鄒衍說並作『旦土』；稗史又注云：『旦』與『晨』通）。
正南次州曰沃土。	正南卬州曰深土（同上逸書考；又注云：『初學記作正南迎州，下注云：一曰次州』。槃案稗史引鄒說亦作『卬州』〔楊升菴文集同〕；又注云：『隋書作迅』。余案隋書禮儀志一今本作『迎州』）
西南戎州曰滔土。	西南戎州曰滔土（同上逸書考）。
正西弇州曰并土。	正西弇州曰开土（後漢書張衡傳注。逸書考本葉六引說郛五、古微書『开』作『并』；引初學記『弇』作『揜』。槃案隋志作『拾』）
正中冀州曰中土。	正中冀州曰白土（同上逸書考）。
西北台州曰肥土。（王夢鷗曰：『台州』，御覽一五七引作『括州』）。	西北柱州曰肥土（同上逸書考；又注云：『清河郡本「柱」作「桂」，亦誤。初學記「西北曰柱州」下注：一作「括州」』）。

正北泲州曰成土（王夢鷗曰：御覽一五七引作『濟州』）。	北方玄州曰成土（同上逸書考。槃案『玄州』，稗史引隋書作『營州』；又云：一作『宮州』）。
東北薄州曰隱土。	東北咸州曰隱土（同上逸書考；又注云：『初學記「東北曰咸州」下注：一作「薄州」』。槃案楊升菴文集、稗史引尸子，『隱土』作『急土』）。
正東陽州曰申土。	正東揚州曰信土（同上逸書考；又注云：『按「信」當讀如「伸」』）。

顧頡剛師曰：『這（淮南墬形篇、括地象圖）兩個名單，雖文字間有出入，大體還是相同，神州是其中的一州，可信爲鄒的遺說。案師說是也。括地象圖云：

天有九部、八紀，地有九州、八柱，天地精通，神明列序也（逸書考引藝文類聚六、初學記八、等）。凡天下有九區，別有九州。中國九州名赤縣神州，即禹之九州也。上云九州八柱，即大九州也，非禹貢赤縣小九州也（逸書考引古微書；又云：『清河郡本無神州二字；八柱下有者字；禹貢下無赤縣二字』。又云：『自「上云」下，當是注』）。

此所謂『中國九州名赤縣神州』，即鄒衍所謂『中國名曰赤縣神州』者也。鄒衍所謂『赤縣神州內自有九州』，前引括地象圖及淮南墬形篇中之九州，皆是也。淮南書中富方士思想。方士『恢迂』、善『變』，讖緯書說亦往往大同小異。方士作風，大率類此，所以括地象圖之於淮南墬形篇不無異同之辭也。然其中如『晨』之與『農』，『幵』之與『并』，『柱』之與『括』，『括』之與『台』等，或由形近致誤，或以漫漶而譌；又況同出一書，而其異文亦隨在可見，古文籍中多此類，不爲怪也。

括地象圖云：『凡天下有九區，別有九州』。所謂『九區』，于鄒衍書說中似無所見。案此亦不然。史記鄒衍傳『中國外如赤縣神州者九，乃所謂九州也，於是有裨海環之，人民禽獸莫能相通者，如一區中者，乃爲一州』。是鄒書中有『區』說之明證矣。鄒傳所述者止于一『區』，然細繹其義，一州一區，天下必有『九區』，可毋疑矣。以此推之，則括地象圖云：

夫九州之外，是爲八貟(逸書考〔下同〕引淸河郡本)。

八貟，東南與區曰無澤，南方曰大沓曰浩澤(槃案『方』下『曰』字疑衍)，西南墳資曰丹澤，西方九區曰泉澤，西北大夏曰海澤，北方大冥曰寒澤，東北無邊曰大澤，東方大諸曰少澤(淸河郡本)。

此亦言『區』，東南曰『與區』，西方曰『九區』，則『南方大沓』、『西南墳資』『西北大夏』、『北方大冥』、『東方大諸』，亦各自爲一區矣。而『八貟』止得八區者，蓋神州亦當一區，合計之則是九區矣。

復次鄒衍終始大聖之篇十餘萬言，史記孟子荀卿列傳述其大要云：

乃深觀陰陽消息而作怪迂之變……其語閎大不經，必先驗小物，至於無垠。先敍今以上至黃帝，學者所共術，大並世盛衰，因載其禨祥度制，推而遠之，至天地未生，窈冥不可考而原也。先列中國名山大川通谷，禽獸水土所殖，物類所珍，因而推之及海外，人之所不能睹。稱引天地剖判以來，五德轉移，治各有宜，而符應若茲。以爲儒者所謂中國者，於天下乃八十一分居其一分耳。中國名曰赤縣神州，赤縣神州內自有九州，禹之序九州是也，不得爲州數。中國外如赤縣神州者九，乃所謂九州也。

如上史公所述鄒書項目，以校括地象圖，除九州一事已前見外，其餘如『陰陽消息』『怪迂之變』、『閎大不經』、『先敍今以上至黃帝』、『推而遠之至天地未生』、『中國名山大川通谷、禽獸水土所殖、物類所珍』、『因而推之及海外、人之所不能睹』，此等事項，括地象圖中亦有其蹤迹可求。然吾人今日所見之括地象圖，固非全帙，而鄒衍之書，其文、其義，亦往往散見于現存各讖緯中，但使合而觀之，則鄒衍之說，一一皆可以按圖索驥，于此可證讖緯書說，大抵皆本鄒衍(別詳拙論早期讖緯及其與鄒衍書說之關係。本所集刊第二十本)，而括地象圖之有鄒衍書說，特其一例，非全貌之謂也。

然若謂括地象圖乃至其它讖緯必全襲鄒衍之書，無復它家之說參雜其間，則固不可。由有它家之說參雜其間，因而疑及鄒衍書說在讖緯中所占之重要性，亦未可也。

括地象圖中復有西域傳說，岑仲勉氏曾舉似『地乳』一事云：

藝文類聚七引河圖：『岐山在崑崙東南，爲地乳，上爲天糜星。』太平寰宇記三〇引河圖括地象云：『岐山在崐崙山東南，爲地乳，上多白金。周之興也，鸑鷟鳴於山上，時人亦謂此山鳳凰堆。』按外人稱帕米爾東南行之山脈爲喀喇胡魯木（Kara koram）辛卯侍行記五則謂喀喇胡魯木山亦在崐崙內，古人之地理區劃，遠不及現世詳備。讖書之崐崙，固可應用胸說，如是，則于闐南方之山，正在崐崙東南，亦卽周之岐山矣。『地乳』之說不經見，而東、西傳說，如此雷同，且與前文(二)(六)各條，同爲于闐族對周室有密切連繫之表示，是可不特別揭出以供史界之硏論耶。斯坦因以地乳一節爲野說，爲後起。然讖書之具體，可決其形成於秦前，是則故事中之阿輸迦王，雖由佛徒牽傅，而于闐本土有地乳之號，應傳說在先。彼之批評，從漢籍觀之，殊難令吾人接受。易林泰之大有，『生直地乳，上皇大喜，賜我福祉，受(一作壽)命無極』，其意味與地乳資生無殊，亦漢以後地乳說之僅存者（詳兩周文史論叢漢族一部分西來說之初步考證四于闐傳說與中史之試比）。

饒宗頤云：

（淮南子）地形訓，白水出崑崙。離騷云：朝吾將濟于白水兮，登閬風而緤焉。洪氏補注引河圖：『崑山出五色流水，其白水入中國，名爲河也』。證之康泰，恒水之源出崑崙山有五大流；山經西次三經，昆侖丘四水爲河水、赤水、洋水、黑水，此與佛家四河、五河說若合符節。括地象言『崑崙山滿爲四瀆』。四瀆說與印度之四河說亦復類似。最可注意者，爲崑崙天柱說，同於長含世記經言須彌山之天柱，溯其遠源，殆出諸阿闥婆吠陀（容當另論）。是知古圖書中之崑崙，已不乏印度神話之成分。豈由羌戎自西北而傳入中國，未可知也。此則遠在佛教之前矣（詳論釋氏之崑崙說）。

是謂括地象圖中又有印度神話。今案清河郡本河圖括地象云：

天毒國最大暑熱，夏，草木皆乾死。民惡熱，沒水以避，日入時暑，常入寒泉之下。　鄭注曰：日之所入名天毒國，日入時則振鼓，國人盡沒水以避日，氣蒸水沸，暑莫能盡避，或多熱死，日甚常焉（逸書考本葉十六上引）。

『天毒國』，史籍或作『天篤』，或作『身毒』，或作『天竺』，或作『天督』，卽東印度（詳漢書西域傳上皮山國傳王先謙補注）。括地象圖已有東印度紀事，則其亦兼載印度神話，不爲異矣。印度之說已可傳入中國，則于闐傳說之入中國，更有其可能矣。

括地象圖舊有圖，東晉裴秀之言曰：

今秘書既無古之地圖，又無蕭何所得秦之圖籍，唯有漢氏輿地及括地諸裸圖，各不設分率，又不考正準望，亦不備載名山大川。其所載列，雖有麤形，皆不精審，不可依據。或稱引外荒迂誕之言，不合事實（湯球九家舊晉書輯本五、裴秀）。

案裴氏所謂『括地』之『圖』，卽讖緯及鄭注等所謂河圖括地圖（文廷式補晉書藝文志著其目，止題括地圖，又不詳其至晚亦當出于東漢之世，並失之考），亦卽河圖括地象圖。唐張彥遠歷代名畫記之述『古之秘畫珍圖』，有河圖括地象圖十一卷。此與裴氏所論，當是一事。自是以後，不見著錄，其遺文，今雖賴有輯本猶略存梗概，而圖則全佚矣（經義考誤緯分河圖括地象與河圖括地象圖爲二，不知古河圖括地象本自有圖，非二書也）。

河圖括地象圖亦簡稱括地圖，逸書考輯作河圖括地象『附』篇。實一事也。逸書考于『奇肱氏』條注云『按括地圖卽括地象，故諸書引多相同』，是也。

河圖帝通紀（一作帝紀通、或作帝統紀）

敘　錄

〔朱彝尊經義考說緯〕河圖有帝通紀。……大都此等，多係漢人僞作，東漢人所著錄。如參同契之名，皆三字。其爲假託者多，難可斷決也。

槃案書佚。古微書、逸書考、緯攟、緯書（殷元正輯，陸明睿增訂）並有輯本。近安居、中村二氏綜前三本爲緯書集成本。

經義考作帝紀通，注：『或作帝通紀』。今案占經九二引又有帝統紀，殆是一事。

何謂『帝通紀』？漢書李尋傳：

迺說（王）根曰：書云，天聰明（師古曰：虞書皋陶謨之辭也。天視聽人君之行，不可不畏愼也）。蓋言紫宮極樞，通位帝紀（孟康曰：紫宮，天之北宮也。極，天之北極星也。樞，是其迴轉者也。天文志曰：天極，其一明者，太一常居也。太一，天皇大帝也，與通極爲一體，故曰通位帝紀也。補注：先謙曰，紫宮中有紫微大帝之坐，故名中宮。天極星，卽北極五星之一。宋史天文志：北極五星在紫微宮中，北辰最尊者也。其紐星爲天樞。天樞，卽天極。此所云紫宮極樞也。旁三星，三公，或曰子屬。後四星，后妃之屬，環以匡衞。十五星，藩臣。總爲紫微垣，與人君宮垣，列位綱紀，消息相通，故曰通位帝紀也）。

天帝聰明，與人君宮垣、列位綱紀，消息相通，能視聽人君之行。曰『帝』、曰『通紀』，卽『帝通紀』之義矣。然則書或作帝通紀或作帝紀通者，並無不可。而或作帝統紀者，蓋誤也。又日本天文要錄引有河圖帝紀，疑脫『通』字。

經義考云：『大都此等，多係漢人僞作』。案文有云：『形瑞出，變矩衡。赤應隨，叶皇靈』。西漢末葉，定漢家爲火德。火色赤。『赤應』，謂火德之瑞應，此方士媚漢之辭，朱氏說是也。

河圖著命（著，一作注）

叙　錄

〔朱彝尊經義考說緯〕河圖有著命篇。……大都此等，多係漢人僞作，東漢人所著錄。如參同契之名，皆三字。其爲假託者多，難可斷決也。

槃案書佚。古微書、逸書考、緯攟並有輯本。安居、中村二氏因之，爲緯書集成本。

路史有虞氏紀注引作河圖注命。蓋因音近而誤。緯書集成本作河圖著明，未詳所據。

『著命』，漢人常辭。易乾元序制記『因象著命』（逸書考本葉三）；漢書王莽傳『皇帝謙謙，既備固讓。十二符應迫，著命不可辭』，是也。何謂『著命』？莽傳師古注：『著，明也』。然則『著命』云者，明帝王所以受命之謂也。受命，漢人主要思想，亦卽讖緯之中心思想（別詳河圖稽命徵解題及河圖說命解題）。書云：

瑤光之星如虹貫月，正白，感女樞於幽房之宮，生黑帝顓頊（逸書考本葉二上）。

握登見大虹、意感，生舜（一作黃帝）于姚墟（同上）。

修己見流星，意感，生帝戎文禹，一名文命（前引書葉三）。

扶都見白氣貫月，意感，生黑帝子湯（同上）。

太任夢長人感己生文王（同上）。

此類感生神話，蓋讖緯家僞託，以明古代帝王受命皆有異于常人耳。此即『著命』名篇之恉也。

夢占逸旨壽命篇第十三引：『太任夢長人感己，曰，爾子壽而昌』；竹書義證十二『外壬元年邳人姺人叛』條引：『禹母有莘氏女名脩己』。此二事，未詳所本。諸家輯本並闕。當補收以俟考。

河圖考靈曜（一作考曜文）

敘　錄

〔黃奭逸書考通緯河圖緯〕緯出於漢，如河圖考靈曜諸篇，顯然可見。

槃案書佚。舊有古微書、逸書考兩輯本（殷元正緯書有輯本一卷〔陸明睿增訂〕，未得見）。近安居、中村有緯書集成本。舊本止輯得二事，集成本于舊本外復據開元占經鈔本輯得四事。

『靈曜』謂日。廣雅釋天：『朱明、曜靈、東君，日也』。天問：『曜靈安臧？』王逸注『曜靈，日也』。『靈曜』、『曜靈』，一也。蓋『曜』謂日光；『靈』者，神之之辭也。然則『考靈曜』者，考察天象也。古微書曰『一作考曜文』，其義同也。

日月星三光亦可以稱『靈曜』，故尚書緯類復有三光考靈曜之篇。今河圖考靈曜其書云：

五政俱失，五星色明，年穀不登（緯書集成油印本葉一一一）

帝起受終，五緯合軫（同上）。

政失於春，歲星滿偃，不居其常（同上）。

是其所考，亦兼包五星，不但指日。

黃氏逸書考謂河圖考靈曜出於漢。案書云：

高皇攝政總萬庭，四海歸詠理威明，文德道化承天精，元祚興隆協聖靈（逸書考本葉四上)。

此爲方士媚漢而託，固不待言。然其中似亦有媚秦之作。書云：

秦王政以白璧沈河，有黑頭公從河出，謂政曰：祖龍來。授天寶，開，中有尺二玉牘(前引書)。

案班固秦紀論云：『呂政殘虐，然以區諸侯十三，并兼天下……兵無所不加，制作政令，施於後王。蓋得聖人之威。河神授圖，據狼狐，蹈參伐，佐攻驅除，距之稱始皇』(史記秦始皇本紀附錄)。所謂『河神授圖』，即指此。考靈曜所謂『中有尺二玉牘』，蓋玉牘中有圖有書，方士託之，以爲此乃天授。時人信以爲然，故班氏亦曰『蓋得聖人之威』矣。『玉牘』亦或作『玉板』，故河圖緯復有河圖玉板龍文之篇目(別詳河圖玉板解題)。

秦始皇初年借用方士，方士『以鬼神事』，嘗『奏錄圖書，曰：亡秦者胡也』(史記本紀)。又『有人持璧遮使者曰：爲吾遺滈池君；因言曰：今年祖龍死』(同上)。疑此亦出方士所爲。蓋方士之于始皇，亦有得志、或不得志。如本紀此記，當是不得志方士託此以醜詆始皇者。而前引考靈曜之文，則是方士託此以神化始皇者也。傳說久之，即班氏亦不能辨，故秦紀論遂信以爲然矣。

河圖眞紀鉤(一無『紀』字)

槃案書佚。古微書、逸書考、緯攟諸家所輯，止存『王者封泰山、禪梁父……』一事(殷元正緯書有輯本一卷〔陸明睿增訂〕，未得見)。緯書集成本據天文要錄、天地祥瑞志、占經三書，所收乃增至三十四事。

『紀』者記錄。『鉤』謂考索、考驗。魯相史晨碑：『鉤河擿雒，卻揆未然』。彼『鉤』此『鉤』，義亦相近。易乾元序制記：『鉤效紀錄，興亡授度』。曰『紀』曰『鉤』，即『紀鉤』之謂矣(參河圖稽曜鉤解題)。逸書考、緯攟書題並無『紀』字，蓋誤。

上引乾元序制記鄭注：『言天能鉤驗五星，記其次弟興亡，天人皆授法度』。今眞紀鉤所言，大抵皆天象占驗之事，是河圖之『紀鉤』與乾元序制記之所謂『紀』『鉤』其義一矣。邵瑞彭以『鉤』爲『鉤』誤(引見河圖稽曜鉤解題)，其說非矣。

眞紀鉤又云：

王者封泰山、禪梁父，易姓奉度，繼興崇功者，七十有二君。

案續漢書祭祀志上，河圖中此類之說，乃建武三十二年十二月，梁松等所奏上（別詳河圖提劉子解題）。蓋河圖書舊傳此說，而梁松等據之也。又河圖稽耀鉤亦有此文（據說郛五及清河郡本），蓋讖緯之篇互相鈔襲，此例甚多，不足異也。

河圖赤伏符

敍　錄

〔陳普〕王莽以哀章金匱，用賣餅兒王盛爲四將，天下所共笑也。光武初興，又按赤伏符，用王梁爲大司空；以讖文，用孫咸爲大司馬，羣情不悅，始以吳漢易咸。後欲以罪誅梁。夫名應赤伏符，而有可誅之罪，則所謂劉秀者，何足道哉！（經義考卷二九八說緯引）。

〔黃奭逸書考通緯河圖緯〕緯出於漢，如河圖中赤伏符諸篇，顯然可見。

槃案書佚，舊有逸書考、緯攟兩輯本，止得二事。殷元正緯書有輯本一卷（陸明睿增訂），未得見。

漢末有火德之說，故曰『赤』。『符』者，帝王受命之信物，即所謂符瑞、符應，讖緯書恒辭（參河圖會昌符解題）。

後漢書光武帝紀：

光武先在長安時，同舍生彊華自關中奉赤伏符曰：『劉秀發兵捕不道，四夷雲集龍鬬野，四七之際火爲主』（槃案續漢書祭祀志上引作『劉秀發兵捕不道，卯金修德爲天子』）。羣臣因復奏曰：受命之符，人應爲大，萬里合信，不議同情，周之白魚，曷足比焉？今上無天子，海內淆亂，符瑞之應，昭然著聞，宜答天神，以塞羣望。光武於是命有司設壇於鄗南千秋亭五成陌；六月己未，即皇帝位。

赤伏符文，始見于此。秀，光武名也。光武于王莽天鳳年間（王莽建國六年，改爲天鳳）嘗之長安『學世事朝政』（後漢書本紀參東觀漢記光武紀），彊華與光武同寓所，故曰『同舍生』也。謂此時已出現赤伏符矣，此事可疑。

漢書王莽傳下，地皇四年四月：

世祖（光武）悉發郾、定陵兵數千人，來救昆陽，（王）尋（王）邑易之……與漢兵戰，不利……漢兵乘勝殺尋，昆陽中兵出竝戰，邑走，軍亂……士卒犇走，各還歸其郡邑……關中聞之，震恐，盜賊並起。……先是衞將軍王涉素養道士西門君惠，君惠好天文讖記，爲涉言：星孛掃宮室，劉氏當復興，國師公姓名是也。涉信其言，目語大司馬董忠，數俱至國師殿中廬，道語星宿，國師不應。後涉特往對歆涕泣，言誠欲與公共安宗族，奈何不信涉也？歆因爲言：天文人事，東方必成。涉曰……董公主中軍精兵，涉領宮衞，伊休侯主殿中，如同心合謀，共刼持帝（王莽），東降南陽天子，可目全宗族，不者俱滅矣。

案傳謂道士西門君惠引讖記言『劉氏當復興，國師公姓名是也』，此讖記亦指赤伏符。國師公謂劉歆。歆于哀帝建平元年改名秀，字穎叔（漢書本傳）。赤伏符言『劉秀發兵捕不道』，歆亦改名秀，故以爲歆名與符讖合也。歆本傳師古注引應劭說云，歆之改名，由欲以趣合赤伏符讖。案後漢書竇融傳，融等亦云『故劉子駿（歆）改易名字，冀應其占』。應說本此。實則歆之改名，因避哀帝諱（本錢穆劉向歆父子年譜說），彼時天下，亂象未成，歆何敢遽萌非分之想，不虞殺身滅門之禍耶？且已以爲歆之改名，冀以應讖矣，何以歆竟言『天文人事，東方必成？』豈前此都無所見，必待此時乃知之耶？余以爲此符殆僞託于地皇四年，光武大捷昆陽之後。蓋此時新莽大局已無可收拾，伯升爲更始所害，光武繼起，軍民皆歸心，劉氏復興之望，集于一身。時人固信讖，而光武尊奉之尤篤，赤伏符之託，事有必至，此乃人爲之也，非天也（別詳拙秦漢間之所謂符應論略陸王莽作風之影響下章。本所集刊第十六本葉四八——五〇）。

赤伏符第二事曰『王梁主衞作玄武』，見後漢書王梁傳，傳曰：

梁字君嚴，漁陽安陽人也。……從（世祖）平河北，拜野王令與河內太守。……及卽位，議選大司空，而赤伏符曰：「王梁主衞作玄武」。帝以野王，衞之所徙；玄武，水神之名；司空，水土之官也；於是擢拜爲大司空，封武彊侯。建武二年，與大司馬吳漢等俱擊檀鄉，有詔，軍事一屬大司馬，而梁輒發野王兵。帝目其不奉詔，勑令止在所縣，而梁復目便宜進軍。帝目梁前後違命，大怒，遣尙書宗廣持節，軍中斬梁，廣不忍，乃檻車送京師，旣至，赦之。月餘，目爲中郎將，行執金吾事，北守箕關，擊赤眉別校，降之。三年春，轉擊五校，追至信都、趙國，破之，悉平諸屯聚。……四年春，擊肥城、文陽，拔之；進與驃騎大將軍杜茂擊佼彊、蘇茂於楚沛間，拔大梁，齧桑。……五年，從救桃城，破龐萌等，梁戰尤力，拜山陽太守……數月，徵入，代歐陽歙爲河南尹。梁穿渠，引穀水注洛陽城下，東寫鞏川，及渠成，而水不流。七年，有司奏劾之，梁慙懼，上書乞骸骨。……

據傳，是王梁固有功，然亦不無過，不可以爲賢大司空。陳普謂『夫名應赤伏符而有可誅之罪』，是亦以赤伏符爲妄。陳氏復論及孫咸。案光武卽位，以讖文有『孫咸征狄』之文，因用平狄將軍孫咸行大司馬，衆皆不悅(後漢書景丹傳)。是孫咸之讖亦僞也。余又考後漢書尹敏傳：『建武二年……帝目敏博通經記，令校圖讖……敏因其闕文，增之曰：「君無口，爲漢輔」。帝見而怪之，召敏問其故，敏對曰：臣見前人增損圖書，敢不自量，竊幸萬一』。是其時增損圖書以竊冀非望者，蓋已成習見之事矣，于王梁孫咸何怪！

河圖天靈

敍錄

〔黃奭逸書考通緯河圖緯〕緯出於漢，如河圖天靈諸篇，顯然可見。

槃案書佚。逸書考、緯攟有輯本，止得一事。

『靈』，神也(書泰誓僞孔傳)。神之精明者也(毛詩大雅靈臺傳)。天神精明，故曰『天靈』矣。『天靈』，兩漢以來恒辭，晉李興諸葛丞相故宅碣表：『英哉吾子，獨含天靈』(蜀志諸葛亮傳注引)。是也。楊雄法言目第八：『聖人淵懿，繼天測靈』。曰『天』曰『靈』，簡言之，亦卽『天靈』矣。桓帝尊匽貴人爲孝崇皇后詔『與天合靈』(全漢文卷七引東觀漢記)，卽與合『天靈』之謂矣。方士以河圖爲天授神物、天神之言(左傳孔穎達正義隱元年『仲子生』條引舊說，『若河圖、洛書，天神言語，眞是天命』)，故亦以『天靈』目其篇矣。班固西都賦：『俯協河圖之靈』(文選卷一)。此河圖之『靈』，亦卽『天靈』之謂矣。

天靈文云：

『趙王政以白璧沈河，有一黑頭公從河出，謂政曰：『祖龍來』！天寶開，中有尺二玉牘（御覽八〇六）（槃案『來』下闕文。河圖考靈曜此條『來』下有『授』字是也。如此，則其讀當爲：『「祖龍來」！授天寶，開，中有尺二玉牘』）。

緯攟本校注云：

說郛引作尚書考靈曜，趙王作秦王。初學記引作河圖考靈曜。天中記、唐類函皆作河圖考靈曜。

案一事別見，古讖緯中習見，蓋皆互相抄襲成書，不祇此而已也。

逸書考謂河圖天靈此文『出於漢』。余則謂此文殆出于始皇之世，蓋方士阿諛始皇而託此以神化始皇者也（參河圖考靈曜解題）。

河圖要元篇（『要』或作『內』；篇或作『經』）

敍　錄

〔楊愼丹鉛續錄卷七〕茅山志引河圖要元篇云：『句金之壇，其間有陵。兵病不起，洪波不登。乃有地脈，土良水清。句曲之山，金壇之陵。可以度世，上昇曲城』。蓋漢世讖書，後漢書志注不載其目，僅見此焉。

〔朱彝尊經義考毖緯〕按要元篇亦見陶隱居眞誥云：『是第四十四卷中語。』非用修臆撰。

槃案書佚。古微書、逸書考、緯攟並有輯本，止得一事。殷元正緯書有輯本一卷（陸明睿增訂），未得見。

逸書考云：『眞誥十一引作河圖內元經文，起作仕』。案學津本眞誥『內』仍作『要』；『仕』作『往』；『壇』作『山』；『脈』作『脉』。

胡應麟云：『在楊氏談苑醍醐所記，以用修語，余未敢深信。然他無可考。姑錄此，以廣異聞』（四部正譌河圖要元篇條）。案此文亦見眞誥十一，朱氏已論之。又御覽一七〇亦引之，但題曰河圖，無子目。古人引書，多類此。

河　圖　皇　參　持

敍　錄

〔朱彝尊經義考卷二六四毖緯〕按皇參持文云：『皇辟出，承乾訖。道無爲，治□（一本不闕字，是也）率被。遂矩戲。作術開皇邑（一本作色。案此句字有脫誤），握神日。投輔提，象不絕。立皇後，翼不格。道終始，德優劣。帝任政，河曲出。叶輔嬉，爛可述』。王劭以爲隋受命之符，以有『開皇』字也。

槃案書佚。舊有逸書考、緯攟兩輯本。殷元正緯書有輯本一卷（陸明睿增訂），未得見。緯攟所輯者止隋書王劭傳所引一事，前錄經義考所引者是也。逸書考除王劭傳外，復從易辨終備中輯得一事，文曰：

天以斗視日發明，皇以戲招，始掛八卦談。

案原文有鄭注云：

皇參持，河圖名也。言以北斗之星視聽，而以日月發其明，以昭示天地。三皇伏戲始卦，以示後世之人，謂始觀見之矣。

此注，逸書考未收，當補。

據鄭注，則所謂『皇參』，蓋卽『參皇』。參、三古通，參皇卽三皇矣。文云『皇以戲招』，鄭注謂『戲』卽『伏戲』（亦卽伏羲。槃案風俗通皇霸篇引尚書大傳亦曰：『伏羲爲戲皇』）。然則王劭傳所引『遂矩戲』，『遂』卽遂人（燧人）矣。三皇之名尚闕其一，蓋卽神農矣。文有闕，故其名不見。讖緯書禮含文嘉（風俗通皇霸篇引）、雒書甄耀度（路史卷一引。曲禮正義引甄曜度，無雒書二字）並以伏羲、神農、遂人爲三皇，則皇參持之三皇，度亦不例外也（三皇之名，舊籍各異其說：或曰天皇、地皇、泰皇；泰皇或作人皇；或曰伏羲、女媧、神農；或曰伏羲、神農、祝融；或曰伏羲、神農、共工。詳楊寬中國上古史導論第四篇三皇傳說之起源及其演變。古史辨册七）。

『持』，執也。讖緯書有中候握河紀、中候握契、春秋握誠圖、孝經左右握。『持』『握』義同，然則『河圖皇參持』者，蓋謂三皇持此河圖，亦卽握此河圖也。文有云：『帝任政，河曲出。叶輔嬉，爛可述』。謂帝任政則河曲出圖，爛然可述，蓋卽述河圖之謂也。

河圖合古篇（『合古』或作『令占』，或作『舍占』）

敍　錄

〔黃奭逸書考河圖合古篇〕案御覽四引河圖令占篇云：『地淪月散，必有立王』。『合古』、『令占』，必有一誤。』

〔又河圖緯〕緯出於漢，如河圖中合古諸篇，顯然可見。

〔喬松年緯攟河圖令占篇〕愚按『令占』與『合古』，字相似，疑卽是『合古篇』，傳寫別誤耳。

〔邵瑞彭緯書釋名〕五行大義論五行及生成數篇引孝經援神契曰：『以一立，以二謀，以三出，以四孳，以五合，以六嬉，以七變，以八舒，以九列，以十鈞。五是土之生數，十是土之成數。以天之五，合地之十，數義斯畢。所以五言其合』。今考書緯有中候合符后，春秋緯有合誠圖，河圖緯有合古篇，蓋取義於五合。

槃案書佚。殷元正緯書有輯本河圖合古篇（元註：一名河圖令占篇）一卷（陸明睿增訂），未得見。逸書考輯本止得『帝劉之秀……』一事。緯攟同，而別立河圖令占篇，據御覽四引『地淪月散，必有立王』一事。緯書集成與緯攟同，而于令占篇補開元占經七六引『將失政不法則星亡，然將強大也』一事。余考『合古』、御覽引作『令占』，而開元占經引又有『河圖舍占篇』。案合古篇始見於續漢書祭祀志上，各本無異文，當可從。令占、舍占，皆形近致譌耳。

續漢書祭祀志上，建武三十年二月，羣臣皆上言，當封禪泰山。帝不許。三十二年正月，帝夜讀河圖會昌符曰：『赤劉之九，會命岱宗。不慎克用，何益於承？誠善用之，姦僞不萌』。感此文，乃詔梁松等復案索河雒讖文言九世封禪事者，松等列奏，乃許焉。二月，上至奉高，遣侍御史與蘭臺令史將工，先上泰山刻石，文曰：

河圖赤伏符曰……河圖會昌符曰：『赤帝九世，巡省得中，治平則封。誠合帝道孔矩，則天文靈出，地祇瑞興』。帝劉之九，會命岱宗。誠善用之，姦僞不萌。赤漢德興，九世會昌，巡岱皆當。………河圖合古篇曰：『帝劉之秀，九名之世，帝行德，封刻政』。河圖提劉子曰……

合古篇爲建武三十二年正月梁松等所奏上，當卽梁松等所僞託，情事顯然。河圖會昌符曰『誠合帝道孔矩』，謂合于古帝王之道與孔子之矩法也。然則河圖以『合古』名篇，其義在此。文云『帝劉之秀，九世之名』，並指光武（詳本紀）。曰『帝行德，封刻政』，謂光武誠合帝道孔矩，可行封禪也，卽『合古』之謂也。邵氏『取義於五合』之說，未免迂曲。

河　圖　占

槃案書佚。宋書五行志引『日薄也』三字，緯攟以之入河圖令占篇。緯書集成本同。余考排印本乾象新書殘卷三日中黑氣占類引河圖占曰：

日中有黑氣，日薄也。其說曰：凡日蝕，皆於晦朔。不於晦朔者爲日薄，雖非日月同宿，時陰氣盛，奄日光也。其占類日蝕(晉書天文志中引無首句；『盛』作『掩』；『其占』，無『其』字)。

宋書所引，其文略，可以此條補之。

又河圖令占卽河圖合古之譌(別詳河圖合古篇解題)。然則河圖占蓋別是一事。

河圖聖洽符

槃案書佚。舊有逸書考、緯書兩輯本。逸書考本從開元占經中輯得五十九事。安居、中村二氏于舊輯外，復據別本占經鈔本輯得七十八事。綜合爲緯書集成本。

『聖洽符』者，謂聖人(帝王)德洽則符瑞應之而出也。中候準讖哲：『管子曰，昔者聖王，功成道洽，符出，乃封大山』(逸書考本尙書中候葉三)。曰『聖』、曰『洽』、曰『符』，卽『聖洽符』之謂矣。雒書靈准聽：『洛水地理，陰精之官，帝王明聖，龜書出文，天以與命，地與授瑞，按河合際，居中護羣。王道和洽，吐圖佐神』(逸書考本葉三)。曰『聖』、曰『洽』、卽『聖洽』矣。曰『授瑞』、曰『吐圖』，亦卽符瑞、符應矣。漢人篤信方士讖緯此說，故史記司馬相如傳，遺封禪書曰：『陛下休烈液洽，符瑞衆變，應期紹至』；漢書王莽傳：『公卿大夫博士議郎列侯富平侯張純等九百二人皆曰，今九族親睦，百姓旣彰，萬國和協，黎民時雍，聖瑞畢臻，太平旣洽』。漢人用讖緯書『聖洽符』之義，此其例矣。

史記封禪書：『自古受命帝王，曷嘗不封禪？蓋有無其應而用事者矣，未有睹符瑞見而不臻乎泰山者也(會注考證：楊愼曰，與後言符瑞如黃龍、寶鼎相應)。雖受命而功不至，至梁父矣而德不洽，洽矣而日有不暇給，是以卽事用希』。此其言『受命帝王』、言『德』、言『符瑞』，亦卽『聖洽符』之謂。『聖』字雖未明白拈出，然所謂『受命帝王』，所謂『德』，卽『聖』之謂矣。與司馬相如遺封禪書之義可互證。梁玉繩曰：『三代以前無封禪，乃燕齊方士所僞造，昉于秦始，侈于漢武。此(封禪)書先雜引鬼神之事，比類見義，遂因其傅會，備錄于篇，政以著其妄，用意微矣。……或問：封禪雖禮經不載，然管子、莊子、韓詩外傳皆言之。……豈俱不足信歟？曰：管子雜篇，多後人附竄，非其本書；而管、莊于諸子中最顯，因並竄焉』（史記志疑卷十六）。案梁氏此論，可謂有識矣。

聖洽符以聖帝王之符瑞、符應爲主題，篇中此類事項，今可考者有如下六則：

少微色明潤，熒惑入之，光彩培增，朝多賢良之相，列大夫皆忠直，人主耳目聰明，政令得宜，人心悅服，天下和（逸書考本葉二下）。

翼星黄潤明朗，皆夙興夜寐，勤心工作，天下豐嘉，四海乂安（同上葉五下）。

客星犯人星，羣策輔佐朝國，天下平安（同上葉六下）。

紫宮和而正，則致鳳皇，頌聲作（緯書集成本葉一二二）。

流星犯抵天一、太一者，五穀成熟，人民安樂，天下太平，鄰國寧（同上葉一二四）。

有星，其色黄白，方不過三尺，名蓬星，見則天下道術士當有出者，布衣之士貴，天下太平，五穀成，人民寧。期一年，遠二年（同上葉一二七）。

國家禎祥之說不祇此，蓋其文有闕。

篇中亦頗有漢人辭彙，如云『舞文』：

塡星逆行，乘犯東壁，執法之吏有舞文售奸者，獄訟不公，災禍將至，期不出三年（逸書考本葉三上）。

案史記張湯傳：『必舞文巧詆』；又：『舞文巧詆以輔法』；漢書酷吏王溫舒傳：『舞文巧請』。是『舞文』，漢人恆辭。又有『宰相』（逸書考本葉一上）、『大將軍』（緯書集成本葉一二七）並漢官，說見河圖解題；『女主』（逸書考本葉一一七）、『白衣之會』（同上本葉一二八）並漢人之辭，說見河圖解題及河圖帝覽嬉解題。

又有周末、秦、漢間人之辭，如云：

流星突犯左角，左將軍戰死（逸書考本葉六上）。

案續漢書百官志一將軍條：『又有前、後、左、右將軍』。集解，惠棟曰：『漢官解詁，前、後、左、右將軍，皆周末官，秦因之，皆掌兵及四夷。……宣、元以後，雖不出征，猶有其官，位在諸卿上也』。是左將軍，周末以後始有之官也。

然其間亦有春秋以來相傳之遺文舊義，如云：

流星抵令星，有兵起，天下不安。若出令星，王者使諸侯行令四方（緯書集成本葉一二四)。

案『王者使諸侯行令四方』，此于春秋之初，偶亦有之，如隱十年左傳：蔡人、衞人、郕人不會王命。多，齊人、鄭人入郕，討違王命也；桓九年左傳：秋，虢仲、芮伯、梁伯、荀侯、賈伯伐曲沃（春秋大事表二十：『是時王室，猶能興師諸侯，猶能擧方伯連帥之職，輔嫡長以將右軍，蔡人、衞人屬焉；周公黑肩將左軍，陳人屬焉，戰于繻葛，王卒大敗』），是此時猶有王命諸侯之迹。自春秋中葉以後，則王室如贅疣，命令不行于四國矣。戰國以後，更毋論矣。然則『王者使諸侯』一辭，蓋舊矣。

河圖考鉤

槃案書佚，緯攟從文選陶徵士誄李注中輯得『有壞者可穿』五字。殷元正緯書有輯本河圖考鉤一卷（陸明睿增訂），未得見。

『鉤』『考』義同，謂考索、考驗，古人自有複語。邵瑞彭以『鉤』爲『鈎』字之譌，非是（詳河圖眞紀鉤解題）。

河圖揆命篇

敍錄

〔朱彝尊經義考說緯〕河圖有揆命篇。……大都此等多係漢人僞作，東漢人所著錄，如參同契之名，皆三字。其爲假託者多，難可斷決也。

槃案書佚。舊有緯攟輯本，止得二事：

倉、羲、農、黃三陽翊，天德聖明。

孔子年七十，知圖書，作春秋。

『揆』，度也（說文手部）。『命』，聖帝王受有天命之命。董仲舒對策：『臣聞，命者，天之令也』；又曰：『天令之謂命。命非聖人不行』（漢書本傳）。讖緯書之所謂『命』，此類是也。後漢史晨謁孔廟奏銘：『鉤河擿雒，却揆未然』；蜀志先主劉備志，故議郎陽泉侯劉豹等上言：『聖諱豫覩，推揆期驗，符合數至若此』。曰『揆』、曰『推揆』，卽漢人援引讖緯、推度帝王受命之事矣。

此書于推度帝王受命，事義未甚詳備，蓋其文有闕。

河圖帝視萌(一無『帝』字。『視』或作『觀』)

檠案書佚。殷元正有輯本(陸明睿增訂)，未得見。緯攟帝視萌條云：『帝王世紀有此篇名，而無其辭』。考錢熙祚輯本帝王世紀(據事類賦註三引)云：

黃帝五十年秋七月庚申，天大霧三日三夜，霧除，帝遊洛水之上，見大魚負圖書，殺五牲以醮之，天乃甚雨七日七夜，魚流于海、始得圖書，今河圖帝視萌之篇是也(指海本葉八)(『帝遊洛水之上』以下，亦見經義考毖緯引)。

此所謂有其篇無其辭也。河圖帝視萌一辭，緯攟所見帝王世紀同，而唐劉賡稽瑞『封中雲起、洛上帝觀』條引作河圖帝觀篇(後知不足齋本)。蓋作帝視萌篇者是也。水經注卷一五洛水注作河圖視萌篇，是省『帝』字，其文曰：

昔黃帝之時，天大霧三日，帝遊洛水之上，見大魚，殺五牲以醮之，天乃甚雨七日七夜，魚流，始得圖書，今河圖視萌篇是也。

酈注于此文不著出處，然與帝王世紀所說是一事，但取舍不同，故互有詳略耳。

日本丹波康賴醫心方卷廿七引河圖帝視萌曰：

違天地者凶，順天時者吉。春夏樂山高處，秋冬居卑深藏，吉利多福，老壽无窮(雲笈七籤卷三二養性延命錄引『違』作『侮』，『老壽』作『壽考』，『无』作『無』)。

帝視萌文，以余所知，唯此一事。然帝王世紀與水經洛水注所述，必亦是帝視萌篇中文字，無疑也。

河圖祿運法：

天大霧三日，黃帝遊洛水之上，見大魚，殺五牲以醮之，天乃大雨七日七夜，魚流而得河圖(逸書考本葉三)。

此與帝王世紀、水經注所引，亦是一事。讖緯之書，篇目繁多，而事義亦往往彼此互見，未能知其孰爲原本、孰爲抄襲也。

何謂『帝視萌』？『萌』者，草木芽也(說文艸部)。事之始生曰『萌兆』，說苑：『萌兆未現，見存亡之機』(輔行記第二之五引)；歙縣志方儲傳，對漢明帝曰：『臣受書先師，推步萌兆，今咎時且至』(志注云，出元祕書李孝光孝集。洪頤煊讀書叢錄卷二十三曰：疑是謝承〔後漢書〕之文)；東漢濟陰太守孟郁修堯廟碑：『帝堯萌兆生長，葬陵在於成陽』。亦或止曰『萌』。新語道基篇：『杜漸消萌』；淮南子繆稱篇『福之萌也緜緜』；春秋繁露仁義法篇：『觀物之動而先覺其萌』；漢書張安世傳，魏相上封事曰：『安社稷，絕未萌』；說苑正諫：『君有過失者，危亡之萌也』；後漢書郎顗傳，便條便宜七事，其三事曰：『君子遠覽，防微慮萌』；又丁鴻傳，上封事曰：『敕政責躬，杜漸防萌』；又文苑杜篤傳：『咸陽，守國利器，不可久虛，目示姦萌』。如此之等，未可悉數。或曰『萌兆』，或曰『萌』，其義一也。蓋兩漢間恆言也。由是論之，帝視萌文云；『帝遊洛水之上』，見『大魚負圖書』，『始得圖書』，蓋謂黃帝視此圖書之萌兆也。其萌兆伊何？而其文已闕也。易是類謀：

皇觀鈎、堂、房、斗、能，帝視河洛緯，合謀。　注：鈎、堂、房、斗、能，皆星名。言三皇觀此宿而動作，五帝則視河洛五緯而合謀(逸書考本葉三)。

曰帝視河洛緯而合謀、曰帝視洛水圖書之萌兆，可比類也。

孝經援神契：

奎主文昌，頡效象洛龜，曜書丹青，垂萌畫字。　宋均注……蒼頡視龜而作書，則河洛之應、與人意所惟通矣(初學記文部引)

蒼頡視洛出龜書，垂萌畫字；春秋演孔圖亦云：『倉頡四目，是謂並明，畫象天地，機度垂萌』(逸書考本葉十九上)。蓋謂倉頡視洛書，畫象天地，文字由是始萌芽矣。則黃帝視洛水圖書之萌，亦必有所作為矣。然而無文可考矣。

河　圖　讖

槃案書佚。逸書考輯得一事云：

上參南斗第一星，下立草屋為紫庭。神龍之岡梧桐生。鳳鳥戢翼翔且鳴(南史齊高帝紀)。

此七言古詩，字句生硬，每句用韻，漢以來有此一體(參龍魚河圖解題)。

緯書集成引此條不著篇目，逕附河圖聖洽符後，未詳所據。

河圖紀命符

槃案書佚。輯本未見。經義考毖緯篇著其目，注云：『見抱朴子微旨篇』。余檢微旨引其文二事云：

天地有司過之神，隨人所犯輕重，以奪其筭。筭減則人貧耗疾病，屢逢憂患。筭盡則人死。

身中有三尸。三尸之爲物雖無形，而實魂（孫校：藏本作鬼）靈鬼神之屬也，欲使人早死，此尸當得作鬼，自放縱遊行，享人祭酹，是以每到庚申之日，輒上天白司命，道人所爲過失。又月晦之夜，竈神亦上天白人罪狀，大者奪紀。紀者，三百日也；小者奪筭。筭者，三日也（元注：或作一日）。

案此神仙家說也。自戰國末葉以來，燕齊方士皆喜言神仙，秦皇、漢武使人入海求長生不死之藥，卽燕齊方士之說使之然也（參史記秦始皇本紀及封禪書）。讖緯之託亦出于此時，史記秦始皇本紀：『燕人盧生使入海還，以鬼神事，因奏錄圖書曰、亡秦者胡也』；論衡實知篇曰：『亡秦者胡，河圖之文也』。錄圖，或作綠圖，卽河圖（別詳綠圖解題），是方士造託讖緯之例也，方士之僞託讖緯，不止此一事，今日吾人可能見到之讖緯，大抵皆方士說也；而方士皆祖述鄒衍，故劉師培云：『圖讖之詞，神仙之術，大抵均出於鄒衍』（西漢今文學多采鄒衍說考）。案鄒衍有重道延命方（漢書劉向傳），是鄒衍兼神仙家也。鄒衍所著有主運，其『五德終始』說又言『符應』（史記孟荀列傳附鄒衍傳），此二事固讖緯思想之骨榦，又不待論。然則劉氏推本鄒衍之說，亦無可疑也（別詳拙戰國秦漢間方士考論、秦漢間之所謂符應論略、論早期讖緯及其與鄒衍書說之關係）。讖緯之來歷如此，然則今河圖紀命符之有神仙家說，不爲異也。

右河圖紀命符二事抱朴子引其文，且云，亦見赤松子經及易內戒。案赤松子經，神仙家言；易內戒及河圖紀命符則讖緯也。讖緯之書，篇目繁富，然其內容，大都皆重見，複出，彼此互襲，方士之喜于作僞，此又其一例矣。

復次篇題曰『紀命符』，度其義，當是紀帝王受命符應之事，而今無其辭，蓋其文已闕矣。

河圖記　（『記』一作『紀』）

槃案書佚，輯本未見。唐蘇鶚蘇氏演義卷上引『風者天地之使』六字。唐李鳳天文要錄所引有河圖紀十一事（日本鈔本。參中村璋八天文要錄について。中國文學論叢第二號）。『

記』『紀』字通，當是一書耳。

雒書 (『雒』一作『洛』)

敍錄

〔孔穎達尙書洪範正義〕引見河圖解題。

〔程大昌易原論有河圖而無字〕同上。

〔胡應麟四部正譌卷上〕同上。

〔王忠文集洛書辨〕鄭康成據春秋緯文有云：『河以通乾出天苞，洛以流坤吐地符』；又云：『河龍圖發，洛龜書感』；又云：『河圖有九篇，洛書有六篇』。夫聖人但言圖書出于河洛而已，豈嘗言龜龍之事乎？又烏有所謂九篇、六篇者乎？孔安國至謂：『天與禹，神龜負文而出』。誠亦怪妄也已。人神接對，手筆粲然者，寇謙之、王欽若之天書也，豈所以言聖經乎(尙書古文疏證七、葉四六下引)。

〔顧起元〕讖緯前紀(三十五篇)之外，洛書有甄曜度、寶號命、錄運期。大都此等、多係漢人僞作(經義考毖緯引)。

〔劉節洪範疏證〕河圖、洛書之名，前人謂出於先秦者，因見易繫辭有『河出圖洛出書』之語；而莊子天運篇引巫咸袑曰：『來，吾語汝！天有六極、五常，帝王順之則治，逆之則凶。九洛之事，治成德備，監照下土，天下戴之，此謂上皇』。節案易繫辭及莊子天運篇，皆漢代之作，其言皆出洪範後。天運篇所謂九洛，卽九疇洛書也。

槃案書佚。舊有黃氏逸書考、緯書(殷元正輯、陸明睿增訂)、經編緯書類(王仁俊。王函山房輯佚書續編)、緯攟諸輯本。安居、中村二氏于綜合逸書考、緯攟二本外，復據天地祥瑞志、開元占經鈔本，輯得數十事，是爲緯書集成本。惟以余所見，尙有如下三事：

水火者，陰陽之餘氣也(晉書天文志上)。

黑帝起，黑龍見(稽瑞。後知不足齋本葉五一)。

王者之瑞則圖之(陶穀述龍門重脩白樂天影堂記)。

諸家輯本並未收，當補。

『雒』，諸家引或作『洛』。蓋本作『雒』，假作『洛』。段玉裁曰：『今學者作伊雒字皆作洛，久無有知其非者矣。古豫州之水作雒字，雍州之水作洛字，載於經興者畫然。漢四百年，未嘗淆惑。至魏而始亂之。魏志「黄初元年幸洛陽」，裴注引魏略曰：「詔以漢火行也，火忌水，故洛去水而加佳。魏於行次爲土，土，水之牡也。水得土而乃流。土得水而柔，故除佳加水，變雒爲洛」。此黄初元年改雒字之始。曹丕欲改佳从水，而先以漢去水加佳爲辭，竟若漢以前本作伊洛；而漢始改之者。漢果忌水，則國號漢者，將何說乎？卽如顏籀云，光武以後始改，光武又何以不改漢而改洛乎？……』(詳經韻樓集伊雒字古不作洛考)。案段說詳覈。馮登府、汪之昌二氏並有辨(馮著見石經考異尙書多士『有幹有年于玆洛』條、汪著伊雒字古不作洛辨，見青學齋集卷二)。然不足以難段氏。至其謂漢人已二字通用，則碻也。

易繫辭上：

是故天生神物，聖人則之。天地變化，聖人效之。天垂象，見吉凶，聖人象之。河出圖、雒出書，聖人則之。

此之所謂雒書，究爲何物，所言何等，諸家所說不同。南宋吳人兪琰，謂『洛水至今有白石，洛書蓋石之白而有文者也』(兪氏易集說繫辭傳上)。此說頗平實而有理致。自餘諸說，並不無可議。兪氏又曰：

洛書之說，則他經無所見。孔安國注洪範，乃以爲洛書者，禹治水時，神龜負文而列於背，有數至九，禹遂因而第之，以成九數。愚案禹貢，但言導洛，不曾言洛之出書，安國亦何所據而有是說耶？……蓋皆出于緯書也。緯書不經，牽合附會，怪誕之甚。漢儒多習讖緯之學，其爲義疏，往往採諸緯書。自其有九篇、六篇、赤文、綠字之說，故班固以『初一』至『六極』六十五字爲本文；顧野王以『農用』『敬用』十八字爲神龜所附者，豈不甚可笑哉！……南軒張氏曰：『康成溺於緯書，乃云：河圖有九篇，洛書有六篇；又以河圖爲八卦，洛書爲九疇，此皆蕪穢聖經者也』。

孫星衍曰：

漢人以八卦爲河圖，九疇爲洛書，其說見孔安國注論語『河不出圖』；及馬融注書『九疇』；又漢五行志引劉歆說亦同，以『初一曰五行』已下六十五字爲雒書本文(燮案劉向以爲三十八字，劉歆以爲二十字，並見洪範篇正義)。禮記疏引中候握河紀：『伏羲氏有天下，龍馬負圖出於河，遂法之，作八卦』；又：『龜書，洛出也』。李鼎祚周易集解引孔安國注繫辭、班固漢書敍傳及李奇注，悉用其說。惟鄭康成注易，始用春秋緯云：『河圖有九篇，洛書有六篇也』。鄭所稱河圖、洛書，今多見開元占經，未必太古時文，此則鄭氏信讖緯之過（問字堂集河圖洛書考。經解本卷七七四）。

孫詒讓曰：

尚書洪範，原本雒書，漢劉子駿、班孟堅舊說咸謂：『初一曰五行』至『畏用六極』六十五字爲雒水所出龜書，禹得之以爲九疇。馬、鄭所論略同。後儒疑信參半，遂滋異議。顧彪、劉焯、劉炫、孔穎達之倫，雖依用劉、班，猶致疑於字數緐簡之間。今所見龜文殘版，徑一二寸者，刻字輒數十。計元龜全甲尺二寸，必可容萬名以上，以相推例，雒水龜書，殆亦猶是。蓋本邃古之遺文，賢達寶傳，刻著龜甲，用代簡畢。大禹浮洛，適爾得之。要其事實不過如此。自緯候詭託，以爲神龜負書，文琢天成；後儒矜飾符瑞，遂若天璽神讖，祥符天書，同茲誣誕。實則契龜削甲，古所恆覩，不足異也（籀高述林卷五契文舉例敍）。

俞樾曰：

（參同契云）『上察河圖文，下序地形流，中稽於人心，參和考三才』。按以此觀之……則知洛書卽是地理。必古來易說相傳如此（俞樓雜纂三十四參同契條）。

章炳麟曰：

庖犧之王，不知所自始，其先慮或有能擭畫采飾者矣。枳棘之未伐，九有之未列，雖趨中夏，無以知中夏之形也。河圖者，地宜也，獲于行迷，而見其有行列，成文章，雖腐木則珍之。吾安知夔駭河圖以爲天賜者，非重耳之塊邪？吾安知夫前乎庖犧者，不有聖哲之士邪？彼且儀其地之象而淪于河，庖犧得之而以爲陳宲，斯猶蕭何之收秦圖籍，以知地形阸塞也。夫何瑰侐矣哉？禹之雒書，其猶是圖矣。票忽遇而拾之，寵靈其書，以爲天賜。誠與僞，亦兼有焉（詐檢論卷六、葉一五）。

戴君仁曰：

河圖洛書是古代的一種符瑞。

圖書是石製的，上面刻着靈異動物的形象。

圖書是使民心歸附，是一種政治方術（河圖洛書的本質及其原來的功用。文史哲學報第十五期）。

今案孫氏以殷虛卜辭之用龜甲刻字，推例所謂雒出書，『殆亦猶是』，此說頗堪玩味。惟仍相信漢儒之說，謂其內容即洪範『九疇』，『蓋本邃古之遺文』，此則不思之甚。洪範：『初一曰五行，次二曰敬用五事，次三曰農用八政，次四曰協用五紀，次五曰建用皇極，次六曰乂用三德，次七曰明用稽疑，次八曰念用庶徵，次九曰嚮用五福，威用六極』。此即漢儒劉歆、班固之所謂『九疇』（洪範正義：『五行志悉載此一章，乃云：「凡此六十五字，皆洛書本文」。計天言簡要，必無次第之數。上傳云「禹因而第之」，則孔以第是禹之所為；「初一曰」等二十七字，必是禹加之也。其「敬用」「農用」等一十八字，大劉〔向〕及顧氏以為龜背先有，總三十八字。小劉〔歆〕以為「敬用」等，亦禹所第敍，其龜文惟有二十字。並無明據，未知孰是』）大禹以前，『邃古之世』，豈有五行思想？又豈有此等高級之精神文化？俞樾氏地理之說，亦不可以語遠古之世。章氏謂庖羲之先，或有聖哲之士畫此地圖，尤其不可想像。戴君仁先生石製瑞圖之說，以之解釋先秦之所謂河圖，可備一義。以之解釋雒書，則不無可疑。蓋『書』與『圖』自有別。雒書固不可以為雒圖也。至鄭康成據春秋緯，謂即讖緯之洛書六篇。此說甚繆，宋以下諸儒闢之是也。莫善夫桓譚之言曰：

讖出河圖、洛書，但有朕兆而不可知。後人妄復增加依託，稱是孔丘，誤之甚也（新論啓寤）。

託河圖、雒書者不止一人、一事，故其書人自為說，紛紜雜陳，都無統紀。其在河圖，解題別見。今論雒書。案讖緯之書，謂雒書之出，黃帝時有之，中候握河紀云：

黃帝巡洛，河出龍圖，洛出龜書曰威（一無『曰威』二字），赤文像字，以授軒轅（逸書考本葉六）。

蒼頡帝時亦有之，河圖玉版云：

蒼頡為帝，南巡狩，登陽虛之山，臨於玄扈、洛汭，靈龜負書，丹甲青文以授之（逸書考本葉一下）。

唐堯時亦有之，中候運衡云：

帝堯刻璧，率羣臣，東沈于雒。……退俟，至于下稷，赤光起，玄龜負書出，背甲赤文成字，止壇（逸書考本葉十三下）。

夏禹時亦有之，河圖云：

天與禹，洛出書，謂神龜負文，列背而出（逸書考本葉一九）（易乾坤鑿度『周易』下鄭注：禹時『於苤穴得洛書，內有太易，易之源流。大易旣行者，今之連山、歸藏之名，緣而得之』。案鄭氏此注，蓋亦本讖緯家說。然今無可考）。

商湯時亦有之，雒書靈准聽云：

湯臂四肘，在亳，能修其德，東至于洛，觀帝堯之壇，沈璧退立，黃魚雙踴……又有黑龜，赤文成字，言夏桀無道，湯當代之（逸書考本葉六）。

周文王時亦有之，易乾鑿度云：

初世者戲也。姬通紀，河圖龍出，洛書龜予。鄭注：伏羲初還十言之教而畫八卦。文王乃通其教（逸書考本葉六）。

成王時亦有之，中候摘雒戒云：

成王觀於洛，沈璧禮畢，王退，有玄龜青純蒼光，背甲刻書，止躋于壇，赤文成字（逸書考本案葉二四）。

讖緯之所謂雒書，又不定是龜書，易坤靈圖：

法地之瑞，黃龍中流見於雒（逸書考本葉四）。

是謂此雒書出于黃龍。河圖挺佐輔：

黃帝遊於洛，見鯉魚長三丈，青身無鱗，赤文成字（逸書考本葉二三）。

是謂黃帝所得雒書，見于鯉魚之身。中候雒師謀：

呂尚出遊於雒，戊午，有赤人出，授吾簡，丹書，曰：命由呂（逸書考本葉二七）。

是呂尚所得雒書，乃神人所授簡書。同謂之雒水所出書也，而或曰出于黃龍，或曰出于鯉魚，或曰出于神人，是雒書說之又一變也。

俞氏以易繫辭之所謂雒書爲地理書，雖不可能，然讖緯之雒書，則不無序述地理之說。雒書靈准聽：

相厥山川，形成勢集，才爲九州，謂之九囿（逸書考本葉三下）。

雒書甄曜度：

政(岐)山在崑崙東南，爲地乳，上爲天糜星。汶山之地爲并州，帝以會昌，神以建福，上爲天井星。……（逸書考本葉五上）。

此類是也。拾遺記卷二：

禹盡力溝洫，導川夷岳，黄龍曳尾於前，玄龜負青泥於後。玄龜，河精之使者也。龜頷下有印文，皆古篆字，作九州山川之字。

此亦可視爲讖緯雒書之遺文賸義也。現存雒書，同時復有古代神話、帝王歷運、天象占候諸説，作者不止一人，故不免羣言龐雜也。

讖緯雒書之託，未知始于何時。後漢書張衡傳，上疏云：

立言於前，有徵於後，故智者貴焉，謂之讖書。讖書始出，蓋知之者寡。自秦取漢，用兵力戰，功成業遂，可謂大事，當此之時，莫或稱讖。若夏侯勝、眭孟之徒，目道術立名，其所著述，無一讖言。劉向父子領校秘閣，閲定九流，亦無讖錄。成哀之後，乃始聞之。（集解：惠士奇云，錄圖幡溥見呂覽；亡秦者胡亦錄圖中語。似起戰國，至哀平而大興）。……至於王莽篡位，漢世大禍，八十篇何爲不戒？則知圖讖成於哀平之際也。

如張氏此説，是謂自漢哀、平以前，無所謂圖讖也。案張説殊誤。惠氏以爲『起戰國，至哀、平而大興』，是也。即如雒書，槃往作河圖解題，嘗推測河圖之託，謂當肇于始皇之世。考戰國、秦、漢間人之文，往往河圖、雒書並稱：

河出圖，雒出書，聖人則之（易繫辭上）。

老子曰：至德之世，河出圖，洛出書（文子道德）。

管子對（桓公）曰：……昔人之受命者，龍龜假，河出圖，雒出書（管子小匡）。

讖緯書亦然：

故聖王觀河洛也（河圖祿運法。逸書考引清河郡本）。

河龍、洛圖龜書，聖人受道眞圖者也（易是類謀。逸書考本葉七）。

河以通乾出天苞，雒以流坤吐地符（春秋説題辭。詩大雅文王序正義引）。

河龍圖出，洛龜書威，赤文象字，以授軒轅（尙書帝命驗。逸書考引清河郡本）。

案戰國、秦、漢間人之言符應者，以河圖與雒書相提並論，蓋謂自古聖帝明王，道德周浹，則河圖雒書相繼而出，嘉瑞若茲也。以此言之，始皇之世既有河圖之託，則託雒書者，蓋亦有之矣。見存雒書，其文有云：

秦失金鏡，魚目入珠。鄭注：金鏡，喩明道也（逸書考本葉十二上）。

案『亡秦者胡』，始皇時方士所託河圖文也(史記本紀三十二年紀)。以此一事例之，則雒書此文，謂亦始皇末年所託，未必無此可能也。始皇之阬儒生，實則阬方士化之儒生耳。方士之徒忿而託此，以醜詆始皇，不爲異也(讖緯書于漢多諛辭，于秦有惡言，參河圖稽命徵及河圖考靈曜解題)。

管子小匡：

桓公(謂管仲)曰：……荆夷之國，莫違寡人之命，而中國卑我。昔三代之受命者，其異於此乎？管子對曰：夫鳳皇鸞鳥不降，而鷹隼鴟梟豐；庶神不格，守龜不兆，握粟而筮者屢中；時雨甘露不降，飄風暴雨數臻；五穀不蕃，六畜不育，而蓬蒿藜藿竝興。夫鳳皇之文，前德義，後日昌。昔人之受命者，龍龜假，河出圖，雒出書，地出乘黃。今三祥未見有者(注：三祥，謂龜龍、圖書、乘黃也)，雖曰受命，無乃失諸乎？

案管子此文言灾異、祥應，充滿讖緯思想；龍龜負河圖、雒書之說，亦唯讖緯書有之，蓋秦漢間方士託此，而劉向亦未能辨。史記封禪書中管子言封禪之說，亦燕齊方士所僞造(梁玉繩史記志疑已論之)，其例同此也。

漢書鼂錯傳，文帝十五年上對策曰：

愚臣竊目古之五帝明之。臣聞，五帝神聖，其臣莫能及，故自親事，處于法宮之中，明堂之上，動靜上配天，下順地，中得人……德上及飛鳥，下至水蟲，草木諸產，皆被其澤；然後陰陽調，四時節，日月光，風雨時，膏露降，五穀孰，妖孽滅，賊氣息，民不疾疫，河出圖，洛出書，神龍至，鳳鳥翔，德澤滿天下，靈光施四海，此謂配天地，治國大體之功也。

此漢文帝世鼂錯已稱引讖緯雒書之證也。案鼂氏此策所舉似之瑞應物事，亦一望而知其爲讖緯書恆言。曰『河出圖、洛出書』，亦卽讖緯書之所謂河圖、雒書耳。曰『五帝神聖』則出此圖書，亦唯于讖緯書中僅見。先秦舊籍，無此說也。見存讖緯佚文，其言河圖者，有黃帝之河圖，倉頡帝之河圖，唐堯、虞舜並亦有河圖(別詳河圖解題)。其言雒書者，黃帝時有之，蒼頡帝時有之，唐堯以下，並亦有之(例已前見)。鼂氏之策，其根據在此也。

雒書亦稱丹書，淮南俶眞篇：

古者至德之世……當此之時，風雨不毁折，草木不夭，九鼎重味，珠玉潤澤，洛出丹書，河出綠圖。

此漢武帝世淮南王安稱引讖緯雒書之證也。曰『洛出丹書』者，讖緯書謂雒書字赤也（中候握河紀、中候運衡等。已前見）。河圖字綠，故曰綠圖（別詳綠圖解題），是其比也。雒書字赤，河圖字綠之說，亦唯讖緯書有之，故知淮南之所謂『雒出丹書』，所謂『河出綠圖』，非讖緯書莫屬也。

漢書翟方進傳：

莽依周書作大誥曰：河圖、雒書、遠自昆侖，出於重壄（注：昆侖，河所出；重壄，洛所出。皆有圖書，故本言之）。古讖著言，肆今享實。

案王莽喜符命，故一時狡猾之徒，皆假此以爲阿諛苟合之資，而所謂河圖、雒書，亦由是出矣。曰『古讖著言，肆今享實』，則知其所謂河圖、雒書，卽與讖緯同性質之河圖、雒書矣。續漢書律曆志中：順帝漢安二年，尚書侍郎邊韶上言，劉歆治曆，『研幾極深，參目易道，目河圖帝覽嬉、雒書甄曜度、推廣九道』。西漢季世既有雒書，此其顯證矣。

讖緯類之雒書，雖是始皇末年以來已有迹象可求，至于部帙，則自東漢光武以後，始約略可考。續漢書祭祀志上：

建武……三十二年正月，上齋，夜讀河圖會昌符曰……感此文，乃詔（梁）松等復案索河雒讖文言九世封禪事者，松等列奏，乃許焉（集解：黃山曰，其言河洛者，謂河圖、洛書之學。七經皆有讖，而以河洛爲宗。河洛五九，六藝四九，都凡八十一篇，張衡所奏定。衡傳載衡疏，論圖讖得失最詳）。

二月，上至奉高，遣侍御史與蘭臺令史，將工先上山刻石，文曰……皇帝唯愼河圖、雒書正文，是月辛卯，柴，登封泰山；甲午，禪于梁陰，目承靈瑞，目爲兆民。……秦相李斯燔詩書，樂崩禮壞。建武元年已前，文書散亡，舊典不具，不能明經文，目章句細微相況，八十一卷，明者爲驗；又其十卷，皆不昭皙（集解：惠棟曰，張衡集上事曰：河洛五九，六藝四九，共八十一篇）。

依光武三二年封禪泰山刻石之文及張衡上事，是其時河圖與雒書，共爲四十五篇，合七經讖三十六篇，都爲八十一篇；別有十卷，不甚可了，則其篇目不知當何屬。易繫辭傳正義等引春秋緯云：『河以通乾出天苞，雒以流坤吐地符。河龍圖發，洛龜書感。河圖有九篇，洛書有六篇』。春秋緯所說河圖、雒書篇數，與光武時所見篇數不相應，蓋春秋緯前出，所見止此。厥後依託者衆，篇目寖增，至光武時則已數倍于前矣。隋書經籍志：

說者又云：孔子既敍六經，以明天下之道，知後世不能稽同其意，故別立緯及讖，以遺來世。其書出于前漢，有河圖九篇，洛書六篇，云自黃帝至周文王所受本文；又別有三十篇，云自初起至于孔子，九聖之所增演，以廣其意。

案此云前漢有河圖九篇，洛書六篇，合計爲十五篇；又云別有三十篇，是合計亦爲四十五篇，與光武時所見篇數密合。如隋志此說，是河、雒十五篇者爲『本文』，別有三十篇者則『增衍』之文。語其實則壹是皆方士之徒所託，以爲黃帝、文王、或孔子、九聖者，皆誣也。

漢以後，卷帙分合，諸家所見不同。梁有河圖洛書二十四卷，目錄一卷，亡，見隋志一河圖二十卷下元注。河圖洛書之屬四十餘卷，存，見眞誥稽神樞第一。自爾以後，不見著錄。今緯書集成本，其目尚有：

⑴洛書靈准聽（槃案『靈』，或作『天』，或作『零』）。

⑵洛書甄曜度（槃案『甄』或作『乾』。『曜』或作『耀』。或作甄曜度讖）。

⑶洛書摘六辟（槃案『六』或作『亡』，或作『三』）。

⑷洛書寶號命（槃案『號』一作『予』）。

⑸洛書說禾

⑹洛書錄運法

⑺洛書錄運期（槃案一作錄運期讖）。

⑻洛書雒罪級

⑼洛書紀

⑽洛圖三光占

⑾洛書說徵示

⑿洛書兵鈐勢

⒀洛書

⒁孔子河洛讖

以上都十有四種。而余之所見者，更有如下七種：

⑴雒書稽命曜（經義考毖緯）。

⑵雒書居處法（易乾元序制記）。

⑶河洛內記（抱朴子遐覽）

⑷老子河洛讖（南齊書符瑞志）。

⑸河洛交集（後漢書儒林景鸞傳）。

⑹河洛解（朱倉注。見華陽國志廣漢仕女贊）。

⑺尚書雒書（汪師韓文選理學權輿注引羣書目錄緯候圖讖雒書類引）。

雒書甄曜度（『甄』一作『乾』。『曜』一作『耀』，一作『燿』） 甄曜度讖

敍 錄

〔孫瑴古微書卷三六〕緯書以曜稱者凡四見：曰靈曜，曰文耀，曰耀鉤，曰耀嘉，未有博極軌度者。惟洛書所溝，旁蠡周天，罔不悉具。

〔朱彝尊經義考說緯〕洛書有甄曜度……大都此等。多係漢人僞作，東漢人所著錄，如參同契之名，皆三字。其爲假託者多，難可斷決也。

〔劉師培左盦外集一詩緯星象說〕史記律書次星象，其二十八舍之次分應四時，以東壁、營室、危屬十月；虛、須女屬十一月；牽牛、建星屬十二月；箕屬正月；尾、心、房屬二月；氐、亢、角屬三月；軫、翼屬四月；七星、張，注屬五月；弧、狼屬六月；罰、參屬七月；濁、留屬八月；胃、婁、奎屬九月。星名多與世經殊。其以狼、弧、建星爲律列宿，則月令章句所引甄耀度（見玉燭寶典二），其說亦同；知漢代緯書說星象，均與律書符合。惟春秋佐助期、春秋潛潭巴二書星名，與三統同。

槃案書佚。舊有說郛、古微書、諸經緯遺（劉學寵）、緯書（殷元正輯。陸明睿增訂）經編緯書類（王仁俊。玉函山房輯佚書續編）、逸書考、緯攟等諸輯本。安居、中村二氏于綜合說郛、古微書、逸書考、緯攟四種本外，復據日鈔本占經輯得三十餘事，是爲緯書

集成本。

甄曜度，『甄』一作『乾』。鄭注：『「乾曜」，周天列宿也；「度」，限次也』(逸書考引清河郡本)。是鄭氏所見本作『乾』也。續漢書律歷志中第二引作『甄』，集解：

惠棟曰：『乾』作『甄』，當是避太子承乾諱改。先謙曰：官本『甄』作『乾』。

案宋高似孫緯略卷二御撰晉書條：

晉書之首，置以『御撰』。今觀天文志曰：『天聰明，自我人聰明』。以『民』爲『人』，太宗不應自避其名；又洛書乾曜度以『乾』爲『甄』，太宗又不應爲太子承乾避也。只是史官所修，閒有經御覽裁整者，謂之御撰則不可也。

惠氏避諱之說，蓋本此。然而有未盡然者。

『乾曜』本漢人恆辭。楊雄蜀都賦：『上稽乾曜』(文選)。魯相韓敕造孔廟禮器碑『刊石表銘，與乾運燿』(隸釋卷十)，亦其義(晉書八王傳論『乾耀以之暫傾』，本舊辭)。周天列宿，其運行皆有限次、度數，故曰『曜度』。漢書藝文志曆譜家，耿昌有月行度，傳(傳)周有五星行度；三國吳志步隲傳『七曜循度』，『曜度』之說，此類是也。『曜』或作『燿』，或作『耀』，字通。

『甄』，雖鄭玄所見本作『乾』。然三國蜀志先主備志、宋書天文志一、符瑞志上及玉燭寶典卷二等引並亦作『甄』，此豈可謂亦由避唐太子承乾諱而改？案『甄』，表也(文選西征賦注等引尚書緯鄭注)；或曰紀也(御覽七八、路史後紀三注引春秋命曆序鄭玄注)，並可通。謝承後漢書王翰傳：『陳災異，甄吉凶，有驗』(後漢書樊英傳注引)；楊震碑：『博學甄微』(隸釋卷十二)；熊君碑：『綜覽百家，無所不甄』(前引書卷十一)；獻帝傳：『太史丞許芝條魏代漢見讖緯於魏王曰，察圖緯之期運，揆河洛之所甄……河洛所表，圖讖所載，昭然明白』(三國魏志文帝紀注引)；三國蜀志先主傳，劉豹等上言：『臣聞河圖、洛書、五經讖緯，孔子所甄，驗應自遠』，是『甄』亦漢人恆辭，而獻帝傳『河洛所表』、『河洛所甄』；先主傳『河圖、洛書』『孔子所甄』云云，尤足證雒書甄曜度作『甄』之不爲無據。此不可謂亦是避諱所改。若都作『乾』讀之，則文不成義矣(宋書曆志下引祖沖之曰：『夫甄曜測象者，必料分析度，考往驗來，准以實見，據以經典』。曰『甄曜』、曰『度』，此亦明據舊義，不可改)。然『甄』之與『乾』，形音並相近，故傳寫易譌。康成所見，豈譌文邪？

甄曜度之託，朱彝尊以爲『大都此等，多係漢人僞作，東漢人所著錄』。案續漢書律曆志中：

順帝漢安二年，尚書侍郎邊韶上言……孝武皇帝攄發聖思，因元封七年十一月甲子朔旦冬至，乃詔太史令司馬遷治曆。鄧平等更建太初改元易朔，行夏之正。……其後劉歆研幾極深、驗之春秋，參目易道，目河圖帝覽嬉，雒書甄曜度推廣九道……

劉歆治曆既參考雒書甄曜度，是西漢哀平之際，既有甄曜度其書矣。然續漢書祭祀志上云：

（建武）三十有二年……二月，上至奉高，遣侍御史與蘭臺令史先上（泰）山刻石，文曰……雒書甄曜度曰：赤三德昌，九世會，修符合帝際，勉刻封。（『修符合』，蜀志先主備傳引作『備合爲』）。

占經卷七六引雒書甄曜度云：

雜星之休也，四星聚，見于牛女之次，而晉元因以王吳；四星聚，見于參觜之次，而齊主因以王魏；景星見于箕尾之次，而慕容德因以復燕。

又云：

雜星之咎也，弧星突入東井，而苻堅遂以亡秦。

案『九世會』，九世謂光武，見後漢書本紀（紀云：世祖光武皇帝，高祖九世之孫也）；『勉刻封』，勸誘光武當封禪刻石也，事詳續漢書祭祀志上建武三十年、三十二年；晉元王吳，謂晉元帝以琅邪王爲晉王，即位建康也，見晉書元帝本紀；齊主王魏，蓋謂三國魏少帝齊王芳，見三國魏志三少帝紀；慕容德復燕，見晉書卷一二七慕容德載記；苻堅亡秦，見晉書卷一一四苻堅載記。由是言之，甄曜度雖早在西漢末年既已出現，而後漢、魏、晉間人增竄之文字，亦有之矣。

古微書于洛書甄曜度外又有甄曜度讖一種，所引二事，一曰：

赤三德昌，九世會，備合帝際（元注：指劉備也）

二曰：

沙流不言，小人起擅。百川亂不言，小人執政。

案第一事見三國蜀志先主傳，本作洛書甄曜度（續漢書祭祀志上引同）。作甄曜度讖者，係古微書所妄改，非舊也。第二事，逸書考附雒書曜度篇後，注云：『錢氏曰，見抄本書鈔百五十九』。案甄曜度讖卽雒書甄曜度，書鈔省『雒書』二字、加一『讖』字耳，豈二書邪？

雒書靈准聽（『靈』一作『零』，一作『天』）

敍　錄

〔宋均注〕靈之所准，可以測聽。

〔孫瑴古微書〕所述多太古溟涬以上，故言其幽靈忽怳，不可爲象，而但溢于聽。謂聽之以氣，非聲也。

〔胡應麟四部正譌〕坤鑿度又有地靈母經含靈孕易靈緯經；又洛書有靈準聽，又地形經，又制靈經，甚矣其名之眾也。蓋此又宋世僞撰乾坤鑿度者依彷御覽所存諸目，創立新題，故尤可笑。

〔朱彝尊經義考毖緯〕按洛書靈準聽，乾鑿度引其文，則鑿度之先已有其書。

〔鄭珍鄭學書目洛書靈準聽注〕七錄有河圖、洛書二十四卷。隋志二十卷。朱氏經義攷列其目凡數十種，靈準聽居其一，引其文氣五機七云云，鄭元注曰：氣五，寓之五行；機七，二十七里也云云。羅苹路史注亦引洛書靈準聽鄭元注數語，知康成注有此緯。

〔安居香山緯書中生成論的全盤考察〕鑑於洛書靈準聽之內容，乃除『太極具理氣之原』一句仍有商榷之餘地外，其他幾乎與河圖括地象相同。所以假如太極與理氣有關之想法，絕對不能遡上到西晉以前，則此一部分就是後世所竄入。然而，正如我當初既下假定，設使認爲普通緯書之成立，在於前漢中期乃至後期，但不得以爲所有緯書以及緯書說皆成立於該期左右，而有宏汎地自從前漢以至後漢之長期間，漸漸成立之可能性（也可以這樣想）。所以此兩項資料，究竟成立於何時，雖然無從遽斷，若由其中所包含之各種思想加以分析，當可認爲成立於前漢時期諸思想之集成的構成之下者。因此，我寧可認爲是成立於前漢中、後期以至後漢之時期。再者，如果將洛書靈準聽之成立，拉下到後漢末期，則距西晉不甚遠。然則其有太極與理氣關係之思想，固不足爲奇。不過，因爲此項資料是僅有之孤例，所以仍無從確定，只好存疑（重澤俊郎於董仲舒研究一文云：『總而言之由於董仲舒有關氣之論議，可見當時本體論的關心，相當被昂揚。而且宋儒之理氣論，固非其創說，實是起源於漢儒，可想而知』〔周漢思想研究 p. 254〕。如此說法，俟諸將來研究，玆略而不論）（緯書之基礎的研究第五章）。

槃案書佚。舊有古微書、黃氏逸書考、緯攟、緯書、（殷元正輯、陸明睿增訂）四輯本。安居、中村二氏綜合前三本爲緯書集成本。

『靈』或作『零』（文選王仲寶褚淵碑文注據王隱晉書引），因形聲相近而譌；或作『天』者（汪師韓文選理學權輿注引羣書目錄緯候圖讖雜書類引），蓋『靈』、俗書或作『灵』，字或漫漶，則可誤作『天』。『准』或作『準』者，亦俗書。

『靈』，神靈也。小雅小明：『神之聽之』；詩推度災：『神在天門，出入候聽』（逸書考本葉七）；宋書五行志敍：『從聽獲自天之祐，違道陷神聽之辠』，神聽卽靈聽矣。

文有云：

太極具理氣之原，兩儀交媾而生四象，陰陽位別而定天地，其氣淸者，乃上浮爲天；其質濁者，乃下凝爲地（淸河郡本）。注：具，猶備也（同上）。

此言天地生成，與易繫辭上之說不同，彼文云：

是故易有太極，是生兩儀，兩儀生四象。

兩儀，日月；四象，金木水火（參正義）。是繫辭謂天地生于『太極』，不言『太極』卽『理氣』，與靈准聽之言『太極具理氣之原』者不同。太極與理氣有關之說，今可考見者，莫詳于西晉顧榮。晉書紀瞻傳：

與榮同赴洛，在塗，共論易『太極』。榮曰：『太極者，蓋謂混沌之時，曚昧未分，日月含其輝，八卦隱其形，天地混其體，聖人藏其身；然後廓然既變，淸濁乃陳，二儀著象，陰陽交泰，萬物始萌，六合闓拓。老子云「有物混成，先天地生」，誠易之太極也。而王（弼）氏云，太極，天地。愚謂未當。夫兩儀之謂，以體爲稱，則是天地；以氣爲名，則名陰陽。今若謂太極爲天地，則是謂天地自生，無生天地者也。老子又云：「天地所以能長且久者，以其不自生，故能長久」；「一生二，二生三，三生萬物」以資始；「沖氣以爲和」。原元氣之本，求天地之根，恐宜以此爲準也』。

案顧榮演繹老氏之說，當然亦言之成理。然以爲此卽易繫辭之本義，則不無可疑。紀瞻曰：

昔庖犧畫八卦，陰陽之理盡矣；文王、仲尼係其遺業，三聖共同一致，稱易準天地，無復其餘也。夫天淸地平，兩儀交泰，四時推移，日月輝其間，自然之數。雖經諸聖，孰知其始？吾子云矇昧未分，豈其然乎？聖人，人也，安得混沌之初，能藏其身於未分之內？老氏先天之言，此蓋虛誕之說，非易者之意也。……直謂『太極』，極盡之稱，言其理極，無復外形。外形旣極，而生兩儀。王氏指向，可謂近之。古人指至極以爲驗，謂二儀生於此，非復謂有父母。若必有父母，非天地其孰在？

紀氏駁顧氏之說，亦可謂直截了當。然文選十九勵志詩李善注引鄭康成曰：『極中之道，淳和未分之氣也』。『極中』，謂太極。『極』訓『中』，亦見洪範僞孔傳。鄭康成已以『氣』釋『太極』，是顧氏之說亦有所本矣。論衡談天：『說易者曰，元氣未分，渾沌爲一』；又曰：『儒書又言，溟涬濛澒，氣未分之類也』。王充所謂『儒書』，蓋卽所謂『說易』之書，是至晚在東漢之初，已有此一宇宙論，非自康成始矣。

復次逸書考引淸河郡本靈准聽，原篇目下題云：『漢司農北海鄭玄注。北魏博士宋均校』。又引注云：『均曰，靈之所准，可以測聽』。正文『太極具理氣之原』條注云：『具，猶備也』。此注不標名氏，以下注十數事並然。逸書考以宋均注已標明『均曰』，則其不標名氏者『皆鄭注可知』。案黃氏說，當是也。由是論之，靈准聽一書之出見，至晚亦當在康成以前，可無疑已。

宋均，康成弟子，曹魏時爲博士，亦嘗注讖緯，淸河郡本靈准聽引『宋均校』者，是其人也；而以爲『北魏博士』者，誤也（詳前河圖解題宋均、宋衷附考）。因並記。

一九七四年十一月初脫稿。

本文之完成得行政院國家科學委員會之補助。

出自第四十六本第二分(一九七五年十月)

燉煌唐咸通鈔本三備殘卷解題

——古讖緯書錄解題附錄之一——

陳　槃

巴黎國立圖書館藏燉煌鈔本三備，伯希和編目S六〇一五，又S六三四九號。本所託北平圖書館王有三重民先生錄副。上備闕，中下二備殘。

下備一卷，已終篇，而頁後復有題占候驗吉凶法者二百餘字，所言係葬時吉占數事。以此題推之，當更有凶占，而其文已佚。三備本分上中下備各一卷，每卷別有篇目，如中備有筮宅吉凶法，下備有占葬日及地下事之類是也。此占候驗吉凶法言葬時吉徵，與其上篇言葬地吉凶者，層次相應；又中備有筮宅吉凶法，下備有言葬地之占候驗吉凶法，以全書體例言，亦相應。然則此占候驗吉凶法，無疑爲下備篇目之一。其見于下備終篇之後，似別爲一書者，錯出之故。此如中備篇首二行，乃全書之引論，應置上備之前，今亦誤置中備之首；又如下備第五頁下面，第六頁上面，俱空白，六頁下面始復有書，亦其例。書多近鄙別字，知本爲一極通俗之篇，錯亂互倒，宜其不免。

占候驗吉凶法尾行，注明鈔寫時間，檢當爲唐懿宗之咸通五年。（詳後。）

三備沉薶，蓋數百年于茲矣。此鈔雖非完璧，然古籍理董，有資于此者已不在少，是可貴也。爰爲粗陳本末，間據管見，論次如下。

壹　三備概述

三備又作易三備，或周易三備；（並引見後。）亦稱三備經，文有『經云，上備天也』云云，可知。

三備著錄，始于隋書經籍志；次舊新唐書；次北宋崇文總目等。永樂大典本易緯稽覽圖前頁注亦提及此書，無疑大典纂集時，此書尙存。焦竑國史經籍志子部術數易占類亦有其目，然焦氏書不可盡信，其是否曾見及此書，未可知。朱彝尊經義考僅據隋志箸錄，則爾時已有目無書矣。

三備內容，『上備，天也；中備，筮人中宅舍吉凶也；下備，筮□盤石□泉深淺吉凶安葬地也』：此本書之言也。通志藝文五行一占筮類，周易三備三卷，注：『上備，言天文；中備，卜筮；下備，地理』。今按，中備當云『筮人』。通志微誤。然『卜』『人』形近易譌，抑或志本作『筮人』，傳刻譌作『卜筮』，亦未可知。

『三備』者，易家習語，易繫辭：『易之爲書，廣大悉備，有天道焉，有人道焉，有地道焉、兼三才而兩之，故六。六者，非它也，三才之道也』；乾坤鑿度乾鑿度曰：『☰，古文天字，今爲乾卦重，聖人重三而成立位得，上下人倫王道備矣』。(逸書考本頁十四。)曰天地人爲『三』，曰易爲能具『備』其道，『易三備』云云，是其義。唯然，故易三備以天人地爲上中下三備矣。(僞三墳太古河圖代姓紀云:『天地孕而生男女，謂之三才。三才者，天地之備也』。此亦言『三』，言『備』，然而不及易道，蓋有以異乎舊義矣。)

三備雖隋志已見箸錄，而書成于何時，遽未能判定。觀其引及『郭景純占』；又言『僧』，(此字承友人勞貞一先生指出。)言『佛』。(路史所引佚文，見後。)郭景純卽郭璞，卒于東晉初。『僧』稱，蓋亦不能更早于六朝。

然書中殆亦頗剿襲早年之材料，例如：

(一)『葬之封侯』　後漢靈帝建安三年崔坊買地劵云：『千侯百歲』。(善齋吉金錄任器六四。)漢人之于墓葬，希望地靈，子孫得至千侯，而三備亦曰：『葬之封侯』。

(二)『出二千石』　稱官以俸，不始于兩漢，(韓非子外儲說：『燕王收吏璽、自三百石以上，皆效之子之』。始皇本紀：『秦人六百石以上，奪爵，遷』。)然不若漢書史之習見。蓋時人以爲榮稱，如前漢張奮，嚴延年之號『萬石君』之類是也。又漢鏡銘：『至二千石』。(金石索六，百十一。)

(三)『位至三公』　漢鉤，鏡銘常辭。(秦漢金文錄六，位至三公鉤，丙午神鉤，袖珍奇鉤等。善齋鏡二一等。)又後漢書袁安傳有『道逢三書生，指一處云，葬此地，當世爲上公』之傳說。

(四)『宜子孫富貴大吉』 漢器銘或曰，『長宜子孫』；(小檀欒室鏡影三，九等。)或曰，『富貴』；(小校經閣金文十六，八等。)或曰，『大吉』。(小檀欒室三，三一等。)

除此類常辭外，書中屢以宅舍及墓地中有男女伏屍鬼神爲言，此其迷信，漢世亦多有可考。檢宣帝黄龍元年諸葛敬及靈帝建寧四年孫成買地券，並作啓告鬼神之言曰：田中若有尸死，男卽當爲奴、女卽當 婢，皆爲買主趨走給事；(諸葛地券見羅振玉地券徵存，孫成買地券見小校經閣金文十三，七六。)崔坊買地券則祈請：『先有(鬼神)居者，各相安好』。(以上地券三事，其中有二事承友人張苑峯先生檢示。)三備云：『遊鬼神索亂，必傷家』，此居人恐鬼神不安，因而來『索』也；而漢鎮墓殘卷祈禱之辭則曰莫相來『索』；(貞松堂吉金圖錄下四十。)又魏志管輅傳類此之說，尤連篇累牘。

三備文辭與思想，同于漢人者如此之多，此事頗可注意；其次，傳世有三國吳陸績注本京氏易傳，(有漢魏叢書本。)此易傳題爲漢京房譔。果否出于京房，未可知；至于流傳頗舊，殆可無問題。其書分三卷，上卷，中卷，以八卦分八宮，每宮一純卦，統七變卦，而注其世應、飛伏，游魂，歸魂諸例。(按陸德明經典釋文於周易六十四卦之下，悉注某宮一世，二世，三世，四世，游魂，歸魂諸名，蓋陸氏亦用京氏此法以附合經義也。)今三備正爾。然則三備蓋又嘗鈔襲京氏易傳。已可鈔襲京氏，自亦可以更竊其他漢人之書說。是則今其中有不少漢人之語辭，思想，固有所受之矣。蓋三備爲書，特六朝間人依託，而其材料，則亦來源非一。舊題爲『孔子師徒所述』，宋史藝文志辨之，(文引見後。)是矣。

此書卷數，隋書經籍志五行類云，三卷；今殘卷，崇文總目，通志及宋史藝文志並同。隋志同時又著錄易三備一卷，不知其是否本爲一書而卷數有分合之不同歟？將名同而實異歟？又新唐書藝文志五行類，易三備三卷；下云，又三卷，是同時有二種不同之本。此則可能本雖不同，而內容則一也。

宋史藝文志著龜類錄周易三備三卷，而五行類又收周易三備雜機要一卷，(崇文目五行一占筮類有中備雜機要一卷，通志五行一占筮類同，此中備雜機要蓋卽從三備雜機要中析出者。)此三備與三備雜機要有無何等關係，未詳。

貳　三備是否有注

三備不知是否曾經有注？永樂大典本易緯稽覽圖（卽今殿本之前身。）書首有『推天元甲子之術』一節，凡百餘字，移錄如下：

推天元甲子術：

置天元已來年數，以六十去之。不滿六十者，以甲子始數算盡之。上所得之日，卽生歲之卦。諸變皆如卦十所年歲月朔日辰直子日者，卽主今月之卦。今日辰値五子之日，卽是今日之卦也。諸改變異，並與歲同占。至歲之卦，當隨太歲而移之，行一子，終則反始，無有窮也。

又題『推易天地人之元術』者一節，六十餘字，如下：

推易天地人之元術：

先置天元。太初癸巳元年，一百九十萬八千八百五十三歲，乃始太初元年已來載數。至所求年歲上，以六十除之。不滿六十者，以從甲子所數算盡者之上，卽今歲用事。

以上二文，原書並比正文低二格。大典本易緯編者識其下云：

已上寫出一紙，本經易緯無之。此於三備上錄出、以廣本耳。其所寫三備並從前立卦者，皆不寫；以緣此本有，更不能再出，故此本兩存耳。從後卽是易緯本經，非三備所有也。

此謂上所引二節百數十字，乃編者當日自三備錄出，非易緯稽覽圖原來所有。武英殿當日校刻此書時，則疑大典本上引之文爲李淳風續注易緯之一。殿本校記曰：

按以上推衍天元歲數，乃後世術士所加。據馮椅引中興館閣書目有李淳風續注易緯、其一『推天元甲子之術』，其二『推易天地人之元術』，與此相合，疑卽出淳風續注本也。

按據中興館閣目，李淳風曾續注易緯，又指出其目錄如此，而大典本易緯稽覽圖編者引其文乃云本自三備。三備託於易，亦可泛稱易緯。豈舉其泛稱則曰易緯，舉其本名則曰三備耶。誠如此，則或曰易緯，或曰三備，其實一事也。如爲一事，則似李淳風曾爲三備作注，上引二文其注語也。

然而，可疑也。黄震日鈔卷一易緯稽覽圖條云：

書有推天元甲子之術，推易天地人之元術，皆墮小數，不足留情。其曰癸巳元年一百九十萬八千八百五十三歲乃加（按大典本引作始。）太初元年，殆誣誕耳。

按據大典本引此文，明云自三備錄出，非稽覽圖本經所有。而黄氏乃以爲稽覽圖之文，何也？豈移三備此文入稽覽圖，乃在黄氏之前，今吾人所見移寫三備之注語，亦是大典以前舊本所有，黄氏所見稽覽圖，注有脱失，不然則偶爾失檢，遂誤認移自三備之文爲稽覽圖本文耶？

殘卷三備無注，舊籍著錄自新唐書以下亦不言有注。又馮椅引中興館閣目言此文爲李淳風續注易緯中語，豈易緯是指稽覽圖，此書原有鄭注，李淳風更爲之注，故曰續注邪？果爾，則右引『推天元甲子之術』與『推易天地人之元術』，仍當爲稽覽圖所有。大典本注乃云『此於三備上錄出』，何也？

叁　三備中之中備與辨終備

三備自明末已來殆既不傳。易緯辨終備今有據大典本校刻之殿本，亦非完帙，觀黄氏逸書考辨終備補遺數事，可以知之。二書已一亡，一殘，無從比校，後人偶見三備之中備嘗引見于史記正義等，（文見後。）因而遂誤會中備即辨終備。朱彝尊經義考毖緯二易辨終備目下注云，『終或作中。佚。按，史記正義引中備文云云，蓋唐初其書尚存』。四庫全書總目易類附錄云，『案，辨終備一作辨中備，其文頗近是類謀，而史記正義所引辨中備孔子與子貢言世應之説，與此反不類。或其書先佚，而後人雜取他緯以成之者，亦未可定也』。今按經義考與提要誤。辨終備無作辨中備者。史記仲尼弟子列傳正義引中備，不作辨中備。辨終備自有其取義，（別詳拙譔辨終備解題。）與中備之因部居三備上下備之間而得名者，絶然不同。四庫提要明知正義所引中備與大典本即今殿本辨終備不類，乃強爲解説，疑辨終備非原書，殆受經義考之説所暗示。（孫星衍孔子集語卷四謂中備即辨終備，蓋亦襲前之誤。)

經義考所以致誤，又有一原因，蓋讖緯書目聲近而誤，形似而誤，以及繁稱，省稱不一，如中候運衡，『衡』或作『行』；雒書摘亡辟，『亡』或作『六』；樂叶圖徵，或省『徵』字之類，所在皆是，因而容易使人聯想辨終備，中備亦必是一書之異文。有如原書具存，可以究論，自無此誤。不幸而有亡佚殘缺之事，徒憑推想，鮮有不誣者。經義考與四庫總目之失，無怪其然也。

或問，子言中備與辨終備非一書，然則引書者何以稱中備而不曰三備。曰，古人引書，類此之事甚多，如引繫辭則直舉繫辭而不稱周易，引王制則但稱王制而略禮記。可無疑也。

肆　中備非辨終備之證

兩書非一事，其證二：(1)自隋唐以來，內府及諸藏書家所謂易緯，無不包括辨終備在內。今錄後漢書樊英傳章懷注，玉海，直齋書錄解題及永樂大典易緯目于下，以資參考。

[章懷後漢書方術樊英傳注]易緯，稽覽圖，乾鑿度，坤靈圖，通卦驗，是類謀，辨終備也。

[王應麟玉海藝文易緯]易緯。案隋志八卷，鄭玄注。(原注，梁九卷。)舊唐志九卷，宋均注。(唐志，宋衷注。崇文目九卷。)康成或引以解經。今篇次具存。宋注不傳。李淑書目九卷，凡乾鑿度，稽覽圖，通卦驗各二。辨終備，是類謀，坤靈圖各一。今三館所藏乾鑿度，通卦驗皆別出爲一書，而易緯止有鄭氏注七卷，稽覽圖第一，辨終備第四，是類謀第五，乾元序制記第六，坤靈圖第七。二卷，三卷無標目。易乾鑿度二卷，(崇文目同)易通卦驗二卷，稽覽圖一卷，流演通卦驗一卷。(不知作者。)

[陳振孫直齋書錄解題讖緯類]易緯七卷，漢鄭康成注。其名曰稽覽圖，辨終備，是類謀，乾元序制記，坤靈圖。

[大典本易緯]乾坤鑿度，乾鑿度，稽覽圖，辨終備，通卦驗，乾元序制

記，是類謀，坤靈圖。（按，武英殿本易緯八種卽據此校刻。）

易緯中必包括辨終備，諸家所見之本如此。隋志，舊新唐志，宋志等目所收之易緯，蓋亦據內府書目，與章懷諸家所見者是一事。今諸史志目皆于經類著錄易緯，同時于五行或占筮類又著錄三備，例如；

［隋書經籍志一］易緯八卷。（鄭玄注。梁有九卷。）

［同上五行］易三備三卷。　易三備一卷。

［唐書經籍志經讖緯類］易緯九卷。（宋均注。）

［同上五行類］易三備三卷。

［新唐書藝文志讖緯類］宋均注易緯九卷。

［同上五行類］易三備三卷。　又三卷。

［宋史藝文志易類］易緯七卷。（鄭玄注。）

［同上蓍龜類］周易三備三卷。（題孔子師徒所述，蓋依託也。）

易緯與三備各自著錄，可知易緯中不收三備。易緯中之辨終備與三備經之中備非一事，甚明。

（2）以上一事，固旣然矣，而今日可以憑藉者乃更有不可易移之事實，卽今辨終備與三備之中備，內容固完全不同，是也。『中備筮八中宅舍吉凶』，而辨終備則無所謂筮，又兼言天地人，而言人者反占最小部分。辨終備今可見者，約數百言，錄如下方，讀者與三備殘卷比校觀之，可也。

易緯辨終備　漢鄭康成注（略）

孔子表河圖皇參持，曰，天以斗視，日發明。皇以戲招，始掛八卦談。煌煌之燿，乾爲[illegible]岡。合凝之類，坤握其方。雄雌呿吟，六節搖通。萬物孳甲，日營始東。三五環復，七十六載閏反常。旋出樞乾機據參、衡出坤離授提巽招震、卯緯嬴縮，辰中効當。必視熒惑，所在時殃。循歲德，鎭之光。拒白甄商、金大謀兵，雪霜水疾旱饑喪，地動山崩淪，慧隕，物愫悖淫負之傍，害水決江，德潰河空，移徙赤黄。箕風飄石，折拔樹酷深。長大卒嬉，暴大楊。解裂珥偶，虹蜺蔓行。沉藏相桐，水害湒滂滂。日之旣，陽德消。月之毀，刑將將。大惟士蒙，羣烏却，野獸羣，遊人孳。按錄視天比象由。神靈悉存，八八通時。小辨終備無遺，戒郄知億察世鄭。帝王奉命永安治。至哉易三聖，謀專密，惡必執思。(句讀不明則闕。下同。)

補遺(據黃氏逸書考本。)

月晝見，陰謀合，國雄逃。(開元占經月占一。)

蛙聚，大盜出。(占經龍魚蟲蛇占。)

日再中，烏連嬉。仁聖出，持知時。(古微書引。)

四庫總目云，史記正義嘗引中備文而與今殿本辨終備不類。槃按二書非一事，不類乃所當然。持之以校敦煌殘卷中備，則未嘗不類矣。史記仲尼弟子列傳正義引中備文曰：

魯人商瞿，使向齊國。瞿年四十，今後使行遠路，畏慮，恐絕無子。夫子正月與瞿母筮，告曰，後有五丈夫子。子貢曰，何以知？子曰，卦遇大畜，艮之二世，九二，甲寅木、爲世立，(廿二史考異曰，立當作六。)五景子，(考異、景卽丙字。)水爲應。世生外象，生象來爻，生互內象，艮別子，應有五子。一子短命。顏回云，何以知之？內象是本子，一艮變爲二醜三陽爻五，於是五子，一子短命。何以知短命?他以故也。(涵芬樓影宋本。)

此文不見于中備殘卷，蓋逸文也，然其與中備殘卷相同之點，可得而言：(甲)依託孔子師徒之言。(乙)言卦爻，世應。(丙)中備殘卷筮宅吉凶法云，『凡筮得王相有氣之卦，一世，二世，上下相生，富貴萬盛。三世，四世，次吉。五世，絕世無後。遊魂出，客死』。正義所引商瞿使行遠路，恐絕無子，孔子爲之筮，卽是一貫說法。——微不同者，行文之例，中備殘卷類先卦爻，然後繫月，然後繫孔子師徒之說。而正義引文則直云孔子某月爲某筮。此蓋正義概括引稱之辭。古人引書，往往如此，未足異也。況此文『譌舛難讀，』(錢大昕史記考異語。錢又嘗以己意推衍正義引文，以通其讀，今從略。)恐旣非中備之舊，且亦非正義引稱之舊。今欲以此訛誤片斷之文與中備殘卷比校辭例，殆不可能。毋亦觀其大體而已矣。

路史發揮三佛之名篇亦引中備曰：

觀夫震爻之動，則知有佛矣。

殘卷無此文。然殘卷雖無此文、細玩文例，則無不合。殘卷屢云『爻動』，『爻定』。此文云『震爻之動』，蓋亦引書者概括之稱。又殘卷有『王僧』，此文有『佛』，則其言人事之範圍，亦可互相印證。反之，辨終備與此引文比校、則絕無相似之處，此又顯而易見者也。

然則路史所引文，不可謂中備無之，蓋亦佚之爾。

三十六年春月重訂本。

附　錄

燉煌唐咸通鈔本三備殘卷

附校記　陳槃譔集

（上缺）三備者，經云：上備，天也；中備，筮人中宅舍吉凶也；下備筮□盤石□泉深淺吉凶安葬地也。（此當爲上備書首導言，今置諸中備之上，蓋錯出。岑仲勉曰，以所引郭景純占例之。則筮下蓋脫占字，石下蓋脫湧字。）

筮宅吉凶法

凡筮得王相有氣之卦，一世，二世，上下相生，富貴萬盛；三世，四世次吉；五世，絕世無後，遊魂出客死。　八純歸魄，其卦有吉有凶。　各內卦爲宅，外卦爲人。□□□爲地下，外卦爲地上。和合相生爲吉，相尅爲凶。（闕文疑爲各內卦三字。）　又一法。　初□□□二爲麒麟，三爲章光，四爲玉堂、□□大德，上爲青龍。□□□發與世應并者吉。　徵姓麒麟，與□并（春秋演孔圖曰，麟，木精也。與下蓋脫木字。）　宮姓，角姓鳳凰，與火并。　商姓玉堂，與水并。　羽姓章光，與金并。皆爲吉凶。　郭景純占宅地下盤石湧泉伏尸法：世爻金在外，卦中有火，動後有水潫宅，他放此（潫，蓋漂之譌。張政烺曰：爻即爻字，唐寫本玉篇爻部諸字可驗。倭本篆隸萬象名義及新撰字鏡爻部字亦如此作，蓋效唐人體也。槃按，諸本史記正義暨路史引中備文直作爻。引見解題。）　孔子備經云：高其屋，閟其家，闚其戶，閴其無人，不覿，三歲，凶，是高大也。豐卦高屋隆隆，居中無人。（豐，當作豐。陸氏周易音義曰：若曲下作者，禮字耳。非也。世人亂之久矣。——備經云云，蓋劉竊周易，而字句訛誤。按周易豐卦象曰，上六，豐其屋，蔀其家，闚其戶，闃其無人。三歲不覿，凶。又，此條錯在上，當繫豐卦下。）

純乾䷀，純乾四月卦。世在上，應在三。世爻定，此地有金，伏尸在西北。老是男鬼。居德此宅，大凶，出賊男。（德，當作得。）

遘䷫，巽下，乾上。乾家一世。遘，五月卦。世在初，應在四。此地有錢鐵及有人骨，深七尺得之。居得此宅、絕世。孔子云：後一百八十年有孫荀仁發之。（遘，陸氏所見周易作姤。又曰，薛云、古文作遘，鄭同。周易注疏校勘記曰：石經，岳本，閩監，毛本作姤。）

遁䷠，艮下乾上。乾家二世。遁，六月卦。世在二，應在五。占世爻定，其地有銅，去卜處七十步，東北有之。無銅，是磚石。居得此宅，出二千石，宜子孫，富貴，大吉。（遁，陸氏所見周易作遯，云又作遁。同。）

否䷋，坤丁。乾家三世。否，七月卦。世在三，應在上。占世爻定，此地深六尺得金。應乾上爻定。深六尺得錢鐵。居得此宅，君子吉，小人自如。孔子云：居得此宅，大吉。後三百四十一年，有劉文度破之。六三九五發富貴。（岑仲勉曰：此條有錯衍處。又坤丁乾，文脫誤，當云坤下乾上。槃按坤丁乾家三世，當作坤下乾上，乾家三世。）

觀䷓，坤下巽上。乾家四世。觀，八月卦。世在四，應在初。占世爻定，居得此宅，九神擁護。十年，當出貴子，大吉。孔子云：此宅出卿相，九州刺史，宜子孫，吉。又云：其宅下有龍蛇所護，常道其福。十年，位至三公。勿復移動。八百年有孤寡。楚女人破之。

剎䷖，坤下艮上。乾家五世。剎，九月卦。世在五，應在二。占世爻定，穿井深八尺，得蚯蚓，長六寸，似蛇。子夏云：居得此宅，絕滅，凶。孔子云：此宅出孤寡。（剎，當作剝。）

晉䷢，坤下離上。乾家遊魂。晉二月卦。世在四，應在初。占世爻定，穿井深七尺，得銅。此地水美。孔子云：居得此宅，君子吉，小人自如，先富後貧。後一百年，有員天破之。

大有䷍，乾下離上。乾家歸魂。大有，正月卦。世在三，應在上。占世叐定，此地舊有龍道，不可居，絕嗣。子夏云：此地葬，出三公，大吉，宜子孫。

坤䷁，純乾，十月卦。世在三，應在三。占世叐定，穿井有金錢。子夏云：居得此宅，出豪貴，損財。後一百八年，有水從南來。（按文例，坤上脫純字。又純乾，乾當作坤。）

復䷗，震下坤上。坤家一世。復，十一月卦。世在初，應在四。占世叐定，穿井三尺，有鋸齒鐵。子夏云：居得此宅，貴人。當有伏尸在東北角。鬼姓陸，無墳。其下有金鐵，在西北角。　後一百年，有崔同破之。

臨䷒，兌下坤上。坤家二世。臨，十二月卦。世在二，應在五。顏淵曰：居得此宅吉，而有石。孔子云：不如然，出死人骨在西北，有伏尸，鬼是奴，字雙宮。後二百年，有王僧居之。（以上S六三四九敦煌本第一頁正面。）

泰䷊，乾下坤上，坤家三世。泰，正月卦。世在三，應在上。占世叐定。孔子云：居得此宅，出三公，宜子孫，大富貴。九二叐發。後一百七十年，有山東人董初居之。

大壯䷡，乾下震上。坤家四世。大壯，二月卦。世在四，應在初。世叐定。子夏云：此地有伏龍，見之滅族。伏尸在東北角，不可居之，大凶。

夬䷪，乾下兌上。坤家五世。夬，三月卦。世在五，應在二。世定。孔子曰：此地有石臼，直西有男子鬼。居得此宅，君子吉，小人凶。子夏曰：後一百四十年，龐文居之。（王重民曰：世下當脫叐字。）

需䷄，乾下坎上。坤家遊魂。需，八月卦。世在四，應在初。顏淵曰：居得此宅，鬼神安利。孔子曰：雖吉，宅南有伏尸。大何在下，有玉石。去卜處三百步，南廂下如西，玉在中，不見。居得此宅，大吉。又云：九三叐發，三世卦。云後一百八十年，有許子賢來。（下文或曰沙石，或曰蕩沙，或曰堤坊。此大何，何當爲河。卷下需卦正作大河。如西、如通而。）

比䷇，坤下坎上。坤家歸魂。比，七月卦。世在三，應在上。子夏曰：比地三龍所遊，亡人不安，生人不利。孔子云：此地舊有土蜂及蛇穴，不可居之。

純震䷲純震，十月卦。世在上，應在三。世叐（缺）遊鬼神索亂，必傷家。

豫䷏，坤下震上。震家一世。豫，五月卦。（缺）云：百年大吉，出二千石，宜子。（缺）

解䷧，坎下震上。震家三世。解，十二月。（缺）孔子云：居得此宅，宜子孫，大富。（缺）（王重民曰：三世，三當作二。）

恒䷟，巽下震上。震家三世。恒，正月卦。（缺）日思審言之。居得此宅，三世。（缺）（恒，陸氏所見周易如此作。通行本作恆。）

昇䷭，巽下坤上。震家四世。昇，八月卦。（缺）凶。孔子云：東方有女子鬼（缺）（昇，陸氏所見周易作升。又曰：鄭本作昇。注疏校勘記曰：石經，岳本，閩，監毛本作升。）

井䷯，巽下坎上。震家五世。井，三月（缺）之凶。孔子云：下有伏尸。

大過䷛，巽下兌上。震家遊魂。大過，二月。（缺）（以上敦煌本二葉上面。）

（中缺）

䷹，十月卦。世在上，應在三。占世爻。（缺）云：北有伏尸，南有提河。（缺）（卦上脫純兌二字。卷下云，南有堤坊。此作提，誤。）

困䷮，坎下兌上。兌家一世。困，五月卦。（缺）吉。孔子曰：九二六，上爻發。後二百。（缺）

萃䷬，坤下兌上。兌家二世。萃，六月卦。（缺）云：居得此地，吉。西有伏尸。

咸䷞，艮下兌上。兌家三世。咸，正月。（缺）墓。孔子云：西有伏尸，居。（缺）

蹇䷦，艮下坎上。兌家四世。蹇，八（缺）孔子云：鬼神歡喜。東有伏尸。（缺）（八下。當脫月卦二字。）

謙䷎，艮下坤上。兌家五世。謙，九月卦。世在□，應在二。穿井深三尺，得小豆；六尺，得白稼。居得此宅，吉。又云：生死安樂富貴微。八百年有奴益得□□。六二爻□□□□□

小過䷶。（缺）世爻定，穿井深六尺，得赤蛇。居得此宅，凶。（小過艮☶下，震☳上。此作離☲下，蓋誤。）

歸妹☳☱，兌下震上。兌家歸魂。歸妹，七月卦。世在三，應在上。此地有玉，居之大吉。唯伏尸在西南，愼勿動之，吉。三六爻不動，居之，富貴。

易中備卷第二（以上敦煌本第二葉下面。）

周易下備占葬日及地下事

內卦爲亡孝，外卦爲葬日。外卦陽，葬日吉。純陽，大吉。世爻俱陽，大吉。　凡外卦雖陰，而坤兌艮吉。若得巽，爲風；坎爲雨。六十四卦立成法。

☰☰純乾，四月卦。世在上，應在三。世爻定，穿地深五尺，得金玉。世爻動，穿地深四尺，得磚石。應爻定，穿地深四尺，得孔穴。應爻動，深八尺，得骨炭，吉。世應爻等位又變動者，是名動也。此位無變者，名不動也。

遘　巽下乾上。乾家一變。遘卦　月卦。世在初，應在四。占世爻定，穿地深四尺，得沙石。世爻動，深八尺，得磚石。應爻定，深六尺，得人骨。應爻動，深七尺得磚。應葪葬此地，大吉。（遘下闕乾巽兩卦。以下亦多脫佚。學仲勉曰：月上闕五字，可從上下文推之。）

遁　艮下乾上。乾家二變。遁，六月卦。世在二，應在五。世爻定，穿地深三尺，得炭土。世爻動，穿地深九尺，得磚石。葬得此地，大凶。

否　坤下乾上。乾家三變。否，七月卦。世在三，應在上。占，穿地深五尺，得沙石。孔子曰：葬得此地，大凶。

觀　坤下巽上。乾家四變。觀，八月卦。世在四，應在初。世爻定，穿地深五尺，得石。世爻動，八尺，得小豆。應爻定，深一丈三尺，得黃沙土。應爻動，深一丈，得槃。孔子曰：葬得此地，九神擁護。十年、大吉利。（書中屢云得穀，此作槃，蓋穀之別體。元刻風俗通皇霸篇亦如此作，但下從木，不從禾。）

剥　坤下艮上。乾家五變爲剥，九月卦。世在五，應在二。世爻定，穿地六尺，得孔穴。世爻動，五尺，得赤小豆。應爻定，四尺，得蛇孔。應爻動，八尺，得蚯蚓。（剥當作剝。）（以上敦煌本第三頁上面。）

（中缺）

益　震下巽上。巽家三變。益，七月卦。世在三，應在上。占世爻定，其下四尺，得孔穴；其下一尺，得水龜。世爻動，其下八尺，得骨。應爻定，其下八尺，有黃壤。應爻動，其下七尺，得死骨。葬得此地，凶。孔子云：北有伏屍。去卜處一百八十步近大蛇頭，往掘卽得之。令人貧窮。

無妄　震下乾上。巽家四變。無妄，二月卦。世在四，應在初。占世爻定，其下六尺，得大麥。世爻動，其下九尺，得炭灰。凡應爻定，其下五尺，得孔道。下二尺，有蝦蟆，似活。應爻動，其下一尺，得聚蟻。葬得此地，吉。孔子云：葬之，吉。北有伏屍，勿動，大吉利。(無，周易作无。)

噬嗑　震下離上。巽家五變。噬嗑，九月卦。世在五，應在二。占世爻定，其下五尺，得蕩沙。世爻動，其下一丈二尺，得壤土。應爻定，其下四尺，得磚。凡應爻動，其下得牛頭骨。葬得此地，大吉。孔子云：葬之，合家大吉利。(嗑，當從周易作嗑。)

頤　震下艮上。巽家遊魂。頤，八月卦。世在四，應在初。占世爻定，其下六尺，得銅鐵；其下有鏡。身爻動，其深四尺得鐵。應爻定，其下五尺得黑青土。應爻動，其下六尺得濕壤，有水龜。葬得此(缺)(以上敦煌本第三頁下面。)

(張政烺曰：諸當作世字者，下備補遺則代以身字，以避太宗諱改易。槃按或避，或不避，諸篇皆然。唐人多有此例、俞樾九九消夏錄卷十已論之。)

孔子云：合。(缺)

(缺)尺，土似有孔穴不成。應爻動，其下(缺)葬之大窮。伏屍其下。

☵☵純坎。十月卦。世在上，應在三。占世爻定，(缺)下一丈六尺，得墳鼠。應爻定，其下三尺(缺)箇黿。葬得此地，大凶。南有泉。孔子云(缺)

節　兌下坎上。坎家一變。節，十一月卦。世在初，應(缺)穴道。世爻動，其下六尺，得穈麥。應爻定，(缺)一丈，得磚，赤壤。葬得此地，大吉。孔子云：有(缺)此地，不過三年，乃大吉利。

屯　震下坎上。坎家二變。屯，六月卦。世在二，應在五。占世爻定，其四尺，得磚。身爻動，其下八尺，得石肫。應爻定，下六尺，得錢。應爻動，其下一丈二尺，得錢。葬得此地，大吉。(其四尺，其下脫下字。)

旣濟　離下坎上。坎家三變。旣濟，正月卦。世在三，應在上。占世爻定，其下四尺，得塼。世爻動，其下一丈一尺，得穴井。應爻定，其下三尺，得孔穴。應爻動，其下六尺，得蕩沙。葬得此地，吉。孔子云：富及子孫，大吉利。

革　離下兌上。坎家四變。革，二月卦。世在四，應在初。占世爻定，其下一丈，泉水。身爻動，其下六尺，得井。應爻定，其下八尺，得葦根。應爻動，其下七尺，得人骨。葬得此地，凶。下有盤石。孔孔云：煞師。

豐　離下震上。坎家五變。豐，九月卦。世在五，應在二。占世爻定，其下五尺，得盤石。身爻動，其下一丈，得故井。應爻定，其下四尺，得磚石。應爻動，其下八尺，得蕩沙土石。葬得此地，凶。孔子曰：煞人，不利後。

明夷　離下坤上。坎家遊魂。明夷，八月卦。世在四，應在初。占世爻定，其下八尺，得故坑。世爻動，其下四尺，得故井。應爻定，其下六尺，得白沙土。應爻動，其下二尺，得虛土。葬得此地，大凶。孔子云：鬼神不祐。

師　坎下坤上。坎家歸魂。師，七月卦。世在三，應在上。占世爻定，其下三尺，得火炭。世爻動，其下七尺，得破几。應爻定，其下四尺，得白石，似人骨。應爻動，其下九尺，得破几。葬得此地，大吉。孔子云：大富貴。

䷝純離，四月卦。世在上，應在三。占世爻定，其下四尺，得灰炭。世爻動，其下八尺，得几。應爻定，其下六尺，得鐵。應爻動，其下一丈，得塼。凡葬得此地，吉。孔子云：其一年，爵祿自來。

旅　艮下離上。離家一變。旅，五月卦。世在初，應在四。占世爻定，其下四尺，得壚土，下有濕沙。世爻動，其下一丈，得木根。應爻定，其下三尺，得犂鉺。應爻動，其下九尺，得鈞刃。葬其此地，吉。孔子云：先頻後富。伏尸在東葙，不有銅鐵。（葬其，其蓋得之誤。頻，當作貧。葙，當作箱。古箱通廂。前卷需卦作廂。）

鼎　巽下離上。離家二變。鼎，十二月卦。世在初，應在五。占世爻定，其下一尺，得空坑。世爻動，其下六尺，有孔穴，似有灰。應爻定，其下五（以上敦煌本第四葉下面。四葉上面空。）得黃沙。應爻動，其下一丈，得白土。葬得此地，君子吉，小人自如。（其下五，五下蓋脫尺字。）

未濟　坎下離上。離家三變。未濟，十月卦。世在三，應在上。占世爻定，其下三尺，得火灰。世爻動，其下六尺，得鐵矢。應爻定，其下八尺，得蚯蚓。應爻動，其下二尺，得故井。葬得此地，大凶。

蒙　坎下艮上。離家四變。蒙，八月卦。世在四，應在初。占世爻定，其下四尺，得石脆。世爻動，其下六尺，得沙石。應爻定，其下四尺，得死人。應爻動，其下八尺，得虛土，似坑，有沙。葬得此地，大凶。孔子云：合有伏屍，合家喪亡，大凶。

渙　坎下巽上。離家五變。渙，三月卦。世在五，應在二。占世爻定，其下八尺，得玉石。世爻動，其下四尺，得蕩沙，水泉。葬得此地，大凶。孔子云：西有伏屍，葬之，合家喪亡，大凶。

訟　坎下乾上。離家遊魂。訟，二月卦。世在四，應在初。占世爻定，其下三尺，得赤沙。世爻動，其下六尺，得聚蟻，有炭。應爻定。其下四尺，得磨石。應爻動，其下八尺，得故井。葬得此地，大凶。孔子云：南有伏屍，西有提，上有玉。葬之，鬼神不安。（提，當作隄）

同人　離下乾上。離家歸魂。同人，三月卦。世在三，應在上。占世爻定，其下三尺，得金石玉。世爻動，其下六尺，得骨牙。應爻動，其下四尺，得清錢。應爻動，其下六尺，得錢，有沙。葬得此地，大吉。孔子云：下有伏屍，勿動之。（以上敦煌本第五葉上面。）吉。（清錢，清疑當作青，下同。諸卦定然後動，前後對稱。此云爻動得清錢，又云爻動得錢，疑上動字乃定之譌。以下亦多錯亂，不具舉。）

（中缺）

（上缺）在三。應在上。世爻定，其下五尺

（上缺）應有動，其下二尺，得埳竈。應

（埳，蓋俗陶字。岑仲勉曰：有，當作爻。）

（上缺）此地，君子吉，小人自如。孔子云：葬

（上缺）勿動之，大吉。

（上缺）定，其下二尺，得虛坑。世爻動

（上缺）三尺，得破磚儿。應爻動，其下一丈，

（上缺）云：葬得此地，北有伏死，南有堤坊，（缺）

（死，疑當爲屍。）

（上決）初，應在四。占世𤯍定，其下八尺

（上缺）𤯍定，其下六尺，得金玉。應𤯍動

（上缺）有泉。孔子云：葬得此地，富貴吉利。

（上缺）卦。世在二，應在五。世有定，其下

八尺得伏屍。世𤯍動，其下三尺，得錫。應𤯍定，其下九尺，得銅錢。應𤯍動，其下四尺，得花枝，似蛇，葬得此地，大吉。四有伏屍，勿動。（王重民曰：四有，四疑當作西。峯仲勉曰：有定，有當作𤯍。）

咸 艮下兑上。兑家三變。咸，正月卦。世在三，應在上。世𤯍定，其下二尺，得骨。世𤯍動，其下五尺，得濕沙土，有蟻蚓。應𤯍定，其下四尺，得龜蟲。應𤯍動，其下一丈一尺，得黄沙。葬得此地，吉。孔子云：西有伏屍、勿動之，吉。

蹇 艮下坎上。兑家四變。蹇，八月卦。世在四，應在初。占世𤯍定，其下五尺，得白壚土，似沙。世𤯍動，其下一丈三尺，得粟。應𤯍定，其下四尺，得孔穴。應𤯍動，其下八尺，得葦根。葬得此地，大吉。孔子云：葬之，鬼神歡喜。東有伏屍，勿動之，吉。

謙 艮下坤上。兑家五變。謙，九月卦。世在五，應在二。占世𤯍定，其下一尺，得清錢。世𤯍動，其下六尺，得錢。應𤯍定，其下三尺，得小豆。應𤯍動，其下六尺，得白穄。葬得此地，大吉。孔子云：葬之封侯。

小過 艮上震上。兑家遊魂。小過，二月卦。世在四，應在初。占世𤯍定，其下五尺，得火炭。世𤯍動，其下七尺，得故陶竈。應𤯍定，其下四尺，得赤蛇。應𤯍動其下四尺，得白骨。葬得此地，大吉（艮上。上當作下。）

歸妹 兑下震上。兑家歸魂。歸妹，七月卦。世在三，應在上。占世𤯍定，其下四尺，得磚石。世𤯍動，其下八尺，得玉石。應𤯍定，其下四尺，得金錢。亦可是銀。應𤯍動，其下六尺，得玉。葬得此地，大吉。孔子云：葬之，鬼神咸欣。西有伏屍，勿動之，吉。

下備一卷(以上敦煌本第六葉下面。五葉下面，六葉上面俱空。)

占候驗吉凶法

內卦得乾下，占地時，上喪引車時，必見黑牛，父馬，黑色，黑衣，黑字，大吉。(色字疑誤。岑仲勉曰：父字疑誤。) 內卦得坎下，占地時，上喪引車時，必見逢白馬，白衣服人，白鳥來，見之大吉。 內卦得艮下，占地時，上喪引車時，必逢見黃牛馬，黑衣服人來者，大吉。 內卦得巽下，占地時，上喪引車時，必逢見赤牛馬，黑牛馬，黑衣人，及婦人來者，大吉。 內卦得離下，占地時，破地時，上喪引車時，必見青色牛馬驢，白衣人，白鳥，白雲來見，大吉。 內卦得坤，占地時，上喪引車，必見黃牛馬，黃衣人，大吉。(從上下文例推之，車下蓋脫時字。)內卦得兌，占地時，上喪引車時，逢見黃牛馬人；如無，上有風雲起，大吉。

內卦得此易六十四卦占時，見來時應有、宜子孫聰達，長壽，榮花，代代大吉。(花，當作華。) 內卦得震下，占地時，上喪引車時，必見黃牛馬，黑衣服人，黑鳥獸，黑雲來者，大吉。(以上S六三四九敦煌本第七葉上面。)

于時歲次甲申六月丙辰十九日甲戌申時，寫訖。(同上，敦煌本第七頁下面。)(歲甲申六月丙辰，檢陳垣朔閏表，當爲唐懿宗咸通五年，西紀元八六一年。)

易下備補遺(敦煌本S六三四九下備不完。王重民據S六零一五輯補。)

☶☴蠱，正月卦。身三，應上。(缺)有蛙墓。應爻定，六尺。(缺)地，大凶。爲有伏屍，大窮。(缺)

☷☰泰，正月卦。身三，應(缺)墡土、似沙。應爻定，深四。(缺)

☳☰大壯，二月卦。身在四，應(缺)一丈二尺，得竪頭墡。爻動，深九尺，得灰。應爻定，(缺)爻動，其下六尺，得墳鼠。凡葬得此地，凶。孔子云：下有伏□□□□伏屍在東北角。

☱☰夬，三月卦。身在五，應在二。身□□□三尺，得石臼。爻動，五尺，得穄。應爻定，深八尺，得腐木。爻動，四尺，得磚瓦石。葬得此地，君子吉，小人凶。

☵☰需，八月卦。身在四，應在初。身爻定，深一丈二尺，得穀。爻動，其下四尺，得黄沙土。應爻定，深七尺，得穴。爻動，深五尺，得鼠。孔子云：葬得此地，鬼神安，利生人。南有伏屍，大河在下，有玉，去卜處三百步，南相如西，玉在中，不見。葬得此地，大吉。（南相如西，與南廂而西同。）

☵☷比，七月卦。身三，應上。身爻定，深七尺，得骨。爻動，三尺，得死木根。應爻定，深五尺，得蜂。爻動，丈二，得聚蟻。葬得此地，凶。有穴，孔子云：三龍所遊，亡人不□凶。（岑仲勉曰：不下蓋脱安字。大有卦云，地有龍道，不可居，以此知之。槃按葬之鬼神安，或不安，書中習辭。）

☳☳純震，十月卦。身上，應三，身爻定，其下四尺，得白沙土。爻動，六尺，得磚石。應爻定，深八尺，得穀。爻動，一丈六尺，得葦根。葬得此地，凶。有□。孔子云：□□□□

☳☷豫，五月卦。身在初，應四。身爻定，深，其下丈，得白黍。爻動，丈二尺，得赤黍。應爻定，深九尺，得黑土，似壿。應爻動，六尺，得小豆。葬得此地，大吉。（應四，四下闕在字。深其下文句有脱誤。）

☳☵解，十二月卦。身二，應五。身爻定，深八尺，得大豆。爻動，一丈，得人骨。應爻定，深六尺，得石。爻動，四尺，得磚井。葬得此地，君子吉，小人自如。而有穴，孔子云：宜子孫。（而字誤。）

☳☴恆，正月卦。身三，應上。身爻定，深九尺，得石。爻動，六尺，得磚瓦。應爻定，其下五尺，得穀。爻動，一丈，得赤穀。葬得此地，孔子云：三十年，大吉。

☷☴昇，八月卦。身四，應初。身爻定，四尺，得石。爻動，八尺，磚瓦。應爻定，六尺，得空井。爻動，二尺，得骨。葬得此地，大凶。孔子云：一年，曹大事。（王重民曰：曹，疑當作遭。）

☵☴井，三月卦。身五，應二。身爻定，四尺，得豎頭壿。又動。八尺，得白沙土。應爻定，二尺，得錢。爻動，三尺，得墨。葬得此地，大凶。有穴，孔子云：下有伏屍。（岑仲勉曰：又，當作爻。）

☱☴大過，二月卦。身在四，應在初。身爻定，六尺，得石。爻動，四尺，得土肫。應爻定，八尺，得麥。爻動，二尺，得沙土。葬得此地，大吉。孔子云：下有金□□

䷐隨，七月卦。身三，應上。身爻定，其下五尺，得葦根。爻動，一丈，□□□□根。應爻定，五尺，得白際。爻動，□尺，得黃沙土。葬得此地，大吉。孔子云：西有大道，下有伏屍，勿動，□□□得祿。

䷸純巽，四月卦。身上，應三。身爻定，其下七尺，得木根。身動，八尺，得葦根。應爻定，四尺，得錫。爻（缺）玉石。孔子云：女代。（身動，引身下闕爻字。）

䷈小畜，十一月卦。身初，應四。身（缺）應爻定，八尺，得塼石。應動，（缺）孔子云：南有伏龍，去（缺）動之，吉利。（應動，應下脫爻字。）

䷤家人，六月卦。身二，應五。（缺）石。應爻定，五尺，得黑土。下有（缺）貴，有利益，生人安吉，不（缺）

（中缺）

䷳純艮，四月卦。身上，應三。身爻定，其下八尺，得沙石。身爻動，四尺，得□土。應爻定，其下五尺，得黑坵土。應爻動，一丈，得白沙。此地大凶。孔子云：煞小□。西南三十步，有磨及馬骨。

賁，十二月卦。身初，應四。身爻定，八尺，得牛啼骨。應爻定，六尺，得黑沙土。應爻動，一丈，得聚□。此地有盤石。孔子云：葬之百日，祿自來。西有一像骨。深八尺，□錢。（賁上脫艮☶離☲兩卦。啼，疑當作蹄。）

䷙大畜，十二月卦。身二，應五。身爻定，八尺，得牛骨。爻動，四尺，得黃石。應爻動，九尺，得米孔。應爻定，五尺，得孔穴。孔子云：下有青沙，葬之大吉。

䷨損，七月卦。身三，應上。身爻定，一丈，得羊頭骨。爻動，五尺，得錢銅。（缺）爻動，八尺，得死土，凶。孔子曰：葬得此地，百年（缺）

（上缺）定，七尺，得銀銅。身動，九尺，得白銅。

（身動、身下脫爻字。下同。）

（上缺）尺，得蛇孔。此地，凶。孔子云：鬼神不安。伏屍在西，勿動之。

（上缺）尺，得錢。身動，一丈，得流沙。應爻定。

（上缺）青沙土。葬之，此地，君子吉，小人自如。

（上缺）尺，得灰炭。身動，一丈，得錢銅。應

（上缺）得磚瓦。下有壚土。此地，孔子云：葬

（上缺）死，大凶。

（上缺）尺，得蔡子。身動，一丈二尺，得人骨。

（李仲勉曰：諸云得米，得麥，得黍。此云蔡子，蔡疑當作粟，蓋聲近而訛。）

（上缺）五尺，得黄壚。下有□沙。此地吉，君

（上缺）伏□□去卜處三百步。一云：下有勿動之。

（上缺）二尺，得虚坑。身動，五尺，得□□□

（上缺）尺，得沙石。葬此地，大吉。孔□□□□

（上缺）石。身動，四尺，得錢。應受定，

（上缺）孔子云：葬後七年外，大富貴，吉。

（上缺）世世大吉利。

（上缺）骨。身動，五尺，得濕沙土。下□

（上缺）□世應受動，□（缺）

（殘卷完）

出自第十本（一九四八年四月）

登科記考訂補

岑仲勉

徐松氏著登科記考三十卷，起武德，迄天祐，搜採極勤，與勞格、趙鉞合著之郎官柱考，同爲研唐史者所必備之書，惜尚無人爲作檢索，以便參稽。然其中有複者，有誤者，有闕而未考者，偶隨所見，拈出數條，非謂於斯已盡也。中華民國卅年三月中旬，四川南溪。

記考一　貞觀二十年進士著張昌齡，云，「按舊書明言昌齡及第，文苑英華亦載其文。潘昂霄金石例載張昌齡召見，試息兵詔。」又言昌齡爲崑邱道記室，平龜茲露布爲士所稱，則又及第後任幕職之證也，會要、新書皆非事實，今從舊書。」余按昌齡無進士及第之碻證，拙著唐史餘瀋已嘗言之，徐氏以會要、新書不可信，則未知唐人記載，如封氏聞見記、譚賓銘，固已如此云云也。昂霄元人，不過轉拾舊乘，試息兵詔本因獻翠微宮頌，充崑丘道記室更非必須進士其人，是豈足爲昌齡及第之憑信耶。徐證之強者，厥爲英華錄昌齡對策，然劉蕡制科不第，其文尚傳，似未能據此而盡排唐人舊說也。

記考二　永徽四年，據通考「不貢舉，應制及第三人，」余按千唐景龍三年雍州美原縣丞王景之墓誌，（原目倒爲之王景）。「永徽四年，鄉貢進士及第，」似是年固有進士者，應附入備考。抑近年出土諸誌，記錄進士、明經及第者頗多，今第取其年代明確之名以實余文，餘不復錄。

同卷顯慶四年下引舊書本紀，「惟郭待封、張九齡五人居上第，」注云，「按徐浩撰張九齡碑，九齡卒於開元二十八年，年六十三，則生於調露元年，上距顯慶四年尚二十一年，舊志誤，册府元龜載五人無張九齡。」（舊志應舊紀訛）余按元龜六九三之張昌宗，即與舊紀之張九齡相當，徐氏蓋未之注意。餘說見拙著唐史餘瀋張昌齡條。

同卷麟德二年,「進士並落下」,注云,「唐語林,高宗時進士特難其選,龍朔中,勅左史董思恭與考功員外郎權崇原同試貢舉,思恭吳士輕脫,洩進士問目,三司推贓汚狼籍,命西朝堂斬決,告變免死,除名流梧州,按思恭與皇太子宏撰瑤山玉彩,其書成於龍朔三年三月,其年不貢舉,所云洩進士問目,或卽此年事,而進士因之落下歟。」 余按語林此節,採自封氏聞見記三,權崇原本作權原崇。 又元和姓纂,「右史董思恭,范陽人,」舊書一九〇上,「董思恭者蘇州吳人,所著篇咏,甚爲時人所重,初爲右史,知考功舉事,坐預洩問目,配流嶺表而死,」元龜一五二,「龍朔三年,四月壬辰,右史董思恭以知考功貢舉事預賣策問受贓,帝令於朝堂斬之,百僚畢集,……(叙責語甚詳,從略。) 思恭臨刑告變,免死,長流嶺表,」均稱右史,與聞見記及語林小異。元龜一五八敍事甚詳,復有月日,則應是龍朔三年無疑,思恭焉能預賣兩年後(麟德二年爲龍朔三年之後二年)。之策問,徐氏太未之思矣。 抑徐所持者通考記龍朔三年不貢舉,然登科記唐人已經屢修,通考之說,未必盡信,(參前永徽四年條)。 抑又安知非洩策問而停貢舉,後人遂謂之不貢舉乎。 若麟德二年之落下,當自有原因,不可混爲一談也。 唐詩紀事七,于季子登咸亨進士第,今卷二咸亨下失載。

千唐景雲二年中散大夫守荆州大都督府司馬鄧森(茂林)墓誌,「天授二年,應舉及第,」記考三年下祇云「進士十六年」(年當人訛)。 可補入。

記考三 長壽三年臨難不顧徇節寧邦科,「寇玭,(見册府元龜)。」 按玭乃泚訛,記考四,神龍三年賢良方正科寇玭同。 泚之事跡,可參郎官考戶外及拙著姓纂四校記。

記考四 證聖卽天册萬歲元年進士孫嘉之,引舊書文苑傳及孫逖宋州司馬先府君墓誌銘,余按千唐會昌元年故汝州司馬孫審象墓誌亦云,「曾祖府君諱嘉之,皇朝天册中,舉進士擢高第,久視中,應拔萃登甲科。」

同卷大足元年拔萃科孫嘉之下注云,「孫逖其(其字衍)撰父嘉之墓誌銘,久視初預拔萃,與邵炅、齊澣同昇甲科,按久視時無拔萃科,故附是年。」余按前條引孫審象誌作久視中。

同年拔萃科邵炅下注云,「見上」,卽爲孫逖所撰父嘉之誌也。 余按千唐天寶七載廣平郡太守恆王府長史寇洋墓誌云，「弱冠應材稱棟梁舉，策居第一，又試拔萃出類科，與邵昇、齊澣同時超等，」則拔萃科之全名，應爲「拔萃出類」，拔萃乃其省稱，合觀嘉之墓誌，則洋亦與嘉之同年舉也，寇洋名可補入。　復次孫逖文作炅，寇洋誌作昇；考元和姓纂，「唐都官郎中邵昇，自安陽徙汝南，弟炅，考功員外，」昇、炅是昆弟，非同人，炅字在宋刻書本雖爲太宗諱，但洋誌近年出土，又無可疑，豈其中任有一誤歟，抑昆弟同舉是科歟。　太平廣記二五五引御史臺記，「唐邵景，安陽人，擢第，」（郎官考一〇，「廣記炅作景，係避太宗御名改。」）然舉進士亦得曰擢第（記考二七即以爲進士第）。　不必其爲制科也，故邵昇名應並存。　至材稱棟梁科，依寇誌敍法，應在久視或久視前，今記考三及四均未見，亦足補闕，特難定其年分耳。

寇洋誌又云，「神龍初，大徵儒秀精擇令長薦，與盧藏用等高第，」考新書一二三藏用傳亦云，「姚元崇持節靈武道，奏爲管記，還應縣令舉甲科，爲濟陽令，神龍中，……」今記考四神龍元、二年下都無此科，可補寇洋、盧藏用兩名。（藏用、記考二七附制科內。）

記考五　景雲三年獨孤楷云，「考唐宰相世系表有潁州郡長史楷，蓋即及之父，」此誤也，辨見拙著唐集質疑。（集刊九本一分二九頁。）

記考七　開元九年下云「進士三十八人」，名均不傳；考千唐開元十四年進士寇堮墓誌云，「廿五擢第，卅而終，」堮卒十四年，是開元九年第進士也，可補入。又拓本故左領軍衞倉曹參軍李府君墓誌銘云，「君諱震，字子徵，……開元四年，始應鄉賦，……其後進士擢第，」按震卒開元廿六，年卌六，其第進士當在此數年間，今記考七未見。

記考八　開元二十二年下云，「李琚狀元」，蓋據廣卓異記引登科記及唐才子傳閻防傳而著錄也。　考曲石藏唐故洛陽尉李琚誌，卒天寶七載戊子，享年凡三百廿三甲子（即五十四）。　誌爲前大理評事張階序，洛陽縣尉韓液銘，誌云，「洎開元廿二載，尙書考功郎孫公……遂以鄉貢進士擢茅，……則予與公泉今洛陽尉韓液皆同年擢桂之客」，是張階、韓液皆此年進士(液亦見博學弘辭科)，可據補。記考則於二十三年進士著錄張階云，「文苑英華辨證引登科記作張諧」，按英華辨證一〇云，「李華楊騎曹集序，趙郡李蕚、李傾，南陽張階，連年高第，而唐登科記有李伉、李欣、張鍇，無李傾、張階，」（傾、欣皆頎訛，參登科記考。）止云連年登第，記考又於楊拯下注云，「按柳芳、李蕚、張階、張南容不知的年，附此俟考，」蓋徐氏亦未知的年；今得李琚誌爲階所自述，是廿三年之張階，確可移附廿三年下矣。

記考廿三年下進士柳芳；按柳芳是附存俟考，具見前引，顧一附不容再附，今記考同卷又於開元二十九年進士著錄柳芳，云，「新書柳登傳，父芳，字仲敷，開元末擢進士第，」進士不再舉，芳擢第之年，既未碻知，則宜留廿九年之條，删去廿三年之重見也。

唐詩紀事二二　鄒象先尉臨渙，蕭穎士自京邑無成東歸，以象先同年生也，作詩贈之，今卷八開元二十三年下（即穎士登第之年）失載。

記考同卷開元二十六年引册府元龜云，「八月，甲申，親試文詞雅麗舉人，……有郭納、姚子彥等二十四人升第，皆量資授官」徐氏因於文詞雅麗科著郭納。考千唐貞元十八年宣議郎京兆府藍田縣尉孫嬰墓誌云，「父造，天寶初應文詞清麗舉，與郭納同登甲科，」清麗、雅麗，所差一字，開元、天寶，紀年亦異，今記考九天寶初無此科名，則孫誌未可必信，惟孫造（逖弟）與郭納同舉，則其名可附補此年下也。

記考九　天寶元年下引册府元龜，「考判官……左拾遺孟朝皆貶官嶺外」，按孟朝應作孟匡朝，宋人諱匡，故略去，其事跡可參郎官考二左外，勞氏所徵，却漏去此條也。

記考同卷天寶十二載知貢舉禮部侍郎楊浚，注云，「見唐語林，按諸書所引，楊或作陽，浚或作俊，又作渙，皆非，李華三賢論禮部侍郎楊浚掌貢舉，問蕭穎士求人，海內以爲德選。」　余按曲石藏「唐故朝散大夫太子左贊善大夫隴西李府君（岧）墓誌銘并序，」岧卒天寶十三載十二月，以翌年十一月葬，撰人題「禮部侍郎集賢院學士陽浚撰，」是作陽者不誤，徐氏唯知信三賢論，殊不知傳刻之訛，固不限於某書也。　下文十三至十五載同誤。

卷一〇大歷四年博學弘詞科下云，「崔淙，見文苑英華。　〇按崔琮已見前，則淙當作琮。○按呂溫作崔淙行狀，但言明經上第，則進士及第者名琮，與淙爲二人。○呂溫集有博陵崔公行狀，文苑英華子目作崔淙行狀，淙字君濟，出博陵第二房，見世系表。○按呂云，始以經明上第，調任夏陽，次以詞麗甲科，超尉王屋。」由後列兩按語，則徐氏明認此爲崔淙，且與崔琮是兩人，何以第一按語又謂「淙當作琮」，疑本是初見，後來未及删去也。崔名淙，金石錄與寶刻類編均同，說見拙著貞石證史崔縱條下（集刊八本四分五六〇頁）

拓本「唐故朝散大夫使持節都督邕州諸軍事守邕州刺史兼御史中丞充本管經略招討處置等使賜紫金魚袋張公（士陵）墓誌銘并序」云，「維唐元和十一年，秋九月，四日，邕管經略使兼御史中丞張公終於理所，……年八歲，以通古文尙書、論語登春官上第，……享年五十四。」依此計之，士陵生廣德元年癸卯（七六三），其八歲則大歷五年庚戌（七七〇），今記考一〇未著錄。

記考同卷大歷九年云，「上都試元日望含元殿御扇開合詩，東都試清明日賜百僚新火詩，見文苑英華。」按張莒爲是年進士，雖見柳集韓注，但余見本英華並未注明爲本年上都試題，郞官考四引文則作「大中十三年」並云，「歲時雜詠一作大歷，」莒爲宗元先友，大中自是大歷之訛；再考全唐詩五丞二册收莒此詩，亦注「大歷十三年吏部試，」是記考本年收入莒詩，尙無碻據（參下卷二二大中十三年）。且吏部非進士試題所自出也。

記考一一大歷十四年下表同直注云，「又鮑溶有見袁德師侍御說江南有仙檀花因以戲贈詩，皆謂同直也，」按同直與德師各爲一人，辨見拙著唐史餘瀋，此誤。

拓本唐故滎陽縣君鄭夫人墓誌銘（大中六年云），「故光祿卿致仕賜紫金魚袋博陵崔府君諱廷，……貞元初名昇太常，元和中位陪省署，憲宗皇帝嘉其人物，重其皇華，遂假旌旄，錫金紫，御命吊祭於樂□國，雖泛滄溟，……長慶二年，大卿薨於位，」是崔廷爲貞元初進士，可據補。記考一二貞元元年進士雖著錄崔頲，但據舊書一七七崔珙傳，「祖懿；父頲，貞元初進士登第，元和初累官至少府監，四年，出爲同州刺史卒，」若廷則千唐長慶四年有故朝散大夫光錄（祿）卿仕崔廷墓誌云，「高祖寶德，皇朝司封郎中，」檢新表七二下，廷、頲雖同屬博陵二房，然此廷爲寶德玄孫，職方員外郎廷，彼頲爲武宗相珙之父，終同州刺史，世系固別，仕履亦異，非同人也。

千唐大中十二年盧宏幷夫人崔氏墓誌云，父璠，貞元四年進士擢第，今記考一二於五年下著錄盧璠，云，「按裴公統言兩榜，無由別爲某年，今幷載於下以俟考，」今得此誌，則璠名應移四年之下。

記考同年下賢良方正能直言極諫科下著錄崔元翰，按元翰舉制科，當在建中元年前後，說詳拙著唐史餘瀋。

曲石藏唐故滑州匡城縣令王虔暢墓誌(咸通七年)云，「日雲……二子，長曰宗，……少曰公亮，貞元六年進士，」今記考二七進士科下附見王公亮，云，「貞元進士第，見唐詩紀事，」依虔暢誌，則公亮名可移附貞元六年。

卷一四貞元十二進士馮審，係舊書著錄，然卷一五又據玉泉子以審爲貞元二十一年進士，兩者必有一誤，否則後者或是制科，進士不再舉也。

同卷貞元十四年知貢舉尙書左丞顧少連，引呂溫祭座主文維貞元十年云，「按貞元十年爲元和十年之訛，」此文斷非元和十年作，拙著唐集質疑已辨之。(集刊九本一分三三頁)

同卷貞元十六年進士杜元穎，注云，「舊書本傳，元穎……貞元末登進士第，白居易七年元日對酒詩注，余與循州杜相公及第同年，」其後又轉載英華白居易、杜元穎是歲試玉水記方流詩各一首，元穎之爲貞元十六年進士，有此兩證，似不虛矣。詎卷一五、貞元二十一年下復列進士杜元穎，仍引舊書本傳以證，然進士不再舉，其爲複出無疑。卷一六、元和元年傳舉弘詞科下又注云，「因話錄、趙宗儒以舊相爲吏部侍郎，考前進士杜元穎弘詞登科，考憲宗紀及宗儒傳，宗儒於貞元二十年遷吏部侍郎，元和元年十一月，自吏部侍郎爲東都留守，貞元二十年停貢舉，元穎蓋以貞元二十一年登第，元和元年擢弘詞也。」此其立說，蓋已忘前文貞元十六年元穎早登進士矣。抑「前進士」云者，已第進士之謂，並不限於前一年，今因元穎於元和元年擢弘詞，即斷其貞元二十一年登進士，豈登第者必連舉制科耶。

同卷貞元十六年進士，又據唐才子傳著錄戴叔倫，無論叔倫之死，在此一紀之前，事爲絕不可能，即單就舉進士論，叔倫亦似非由此進身也，說詳拙著唐史餘瀋，叔倫名應移於存疑之列。

記考一五　貞元十七年進士，據英華著錄鄭方，按白香山詩集「元」一作方，叢刊本作元，應補注。

同卷貞元十九年拔萃科呂頻，係據元氏長慶集一六，徐云，「文苑英華作呂穎誤，」但元和姓纂及白氏長慶集五均作穎，余以爲此元集之訛耳。

千唐咸通四年揚州海陵（原目訛奪爲凌）縣丞張觀墓誌，「親伯公儒，皇祕書少監，……貞元廿一年，擢上第於進士科，」今記考一五未著錄，可據補。

千唐大和七年朝散大夫守尙書比部郎（原目奪郎字）中上柱國緋□袋李蟾墓誌云，「父千鈞，皇任右贊善大夫，公卽贊善之第二子，……元和元年，登太常第，」今記考一六未著錄，可據補。

千唐大中五年文林郎國子助教楊宇墓誌云，「皇考諱茂卿，字士蘶，元和六年進士，」今記考一八未著錄，可據補。　宇兄牢，中大中二年進士，見記考二二。

卓異記，「唯（薛）廷老翰林時座主庾公拜兗海節度，廷老爲門生，得爲麻制，時代榮之，」據重修壁記，廷老以大和四年，入五年九月出，又據舊紀一七下，座主庾公卽庾承宣也，今登科記考一八、元和十三四年承宣兩知舉，不列廷老，唯於卷二十七附記之，是徐氏未考及卓異記也。

記考一九　長慶元年賢良方正能直言極諫科，據册府元龜、唐會要、唐大詔令集及舊書一七六本傳，著錄崔龜從，是也。　復考全詩七函八册白居易卷三十五、病中辱崔宣城長句見寄兼有觥綺之贈因以四韵總而酬之詩，其第三句「三道舊誇收片玉」，原注云，「昔予考制策，崔君登科也，」（叢刊本已删注）此詩作於開成五年，據唐方鎭年表五，是時龜從官宣歙觀察，白詩之崔宣城，龜從也，此節故事，可補附龜從名下。

柘本「唐故桂州員外司戶滎陽鄭府君（當）墓誌銘幷敍」云，「寶歷二年，於今相國楊公下進士昇第，」誌立於開成五年，嗣復方相，故曰今相國，記考二〇未著錄，可據補。

千唐大和六年畢諴撰朝請大夫尙書刑部郎中上柱國盧就（原目訛龍）墓誌云，「大和六年，進士及第，」誌又言諴與就爲同年，今記考二一是年下著錄畢諴，可以互證，且可補就名。

千唐楊宇誌(引見前)。言宇登李漢下進士,年廿八;卒大中五年,年四十五。依此計之,宇爲大和八年進士,據記考二一,是年正李漢知舉,唯楊宇未著錄,可據補。

千唐咸通八年謝觀自製朝請大夫慈州刺史上柱國緋魚袋謝觀墓誌云,「開成二年,舉進士中第,」今記考二一未著錄,可據補。

記考二二 會昌元年進士下著錄崔樞,云,「唐語林、崔樞應進士,客居汴半歲,與海賈同止,……後一年,崔游丐亳州,……遂剖棺得其珠,汴帥王彥謨奇其節,欲命爲幕,崔不肯,明年登第,竟主文柄,有清名。○按王彥謨當即王彥威之誤,參考彥威傳及方鎮表,彥威於開成五年代李紳任河南節度使,會昌中入爲兵部侍郎,則樞登第當在會昌元二年,今截此俟考。○宰相世系表清河大房有祕書監崔樞,疑卽其人。」按徐氏因汴帥彥威、彥謨相近,遂疑此崔樞爲會昌初進士,亦考證家應有之義。但海賈還珠事,太平廣記四○二引有數條,情節多大同小異,率說文柄,」然自部家改頭換面之作,本已不可深信。語林旣云「竟主會昌已後,據徐氏所錄,知貢舉者曾無崔樞其人,卽此一端,尤見虛僞之跡。記考一八、元和五年,禮部侍郎崔樞知貢舉,似卽語林故事所指(此崔樞見唐摭言一一),顧時代又遠在彥威前也。唐初別有崔樞,官司農卿乃知温之祖(見舊書一八五上,亦見貞觀八年窨銘專),更與此無涉。抑徐疑祕監崔樞生會昌時代,非謂不可能,顧從新表七二下觀之,此樞之七世從祖彥武,實仕隋室,憲宗於高祖爲九代孫,以生殖比率例之,祕監崔樞謂卽禮侍崔樞,似尤近理,祕監從三品,視侍郎猶加兩階也。總此論測,唐語林之進士崔樞,謂應移入存疑一類。

拓本晉絳慈隰等州觀察支使□祕書省校書郎清河崔隋妻趙氏墓誌云,「開成元年廿五適予,……婦於崔九載,予始獲春官第,」依此計之,隋乃會昌四年進士,今記考二二未著錄,可據補。

同卷會昌四年下進士楊知温,據所引摭言,知温應是開成間——或四年——進士,今誤編於會昌四年之下,應移正,說見拙著唐史餘瀋。

同卷會昌六年「知貢舉禮部侍郎陳商,」注云,「永樂大典引蘇州府志,於會昌五年稱諫議陳商權知貢舉,會昌六年稱禮部侍郎陳商知舉,當是眞拜也,今從之。

○陳商華嶽題名云，「會昌元年七月二十五日商祗召赴闕；商題後六年自禮部侍郎出鎮分陝。」（按下文尙有「又與鄭支使同來十月□□」等字。）余按匋齋臧石記三四李耆誌，「洎即試於春官，名聲大振，巉然鋒見，年廿九登上第，其明年冬，以博學弘詞科爲勑頭，又明年春，授祕書省校書郎，今中山鄭公涯爲山南西道節度，時以君座主孫熟聞其理行，願置於賓筵，……大中八年，……九年冬，……竟殞芳年，……享年卅八，」唐方鎭年表一云，「誌又明年即大中二年，」是也。依是推之，則耆登進士第應在會昌六年，誌云座主孫，似是歲非陳商知舉，但考東觀奏記下，「吏部侍郎兼判尙書銓事裴諗左授國子祭酒，……初裴諗兼上銓，主試弘、拔兩科，」又芒洛四編六孫讜誌言讜父簡，「歷刑、吏侍郎，尙書左丞，兩拜吏部尙書，四總銓務，」此座主孫應是孫簡，殆大中元年弘詞科之座主，非會昌六年進士座主也。記考二七已據舊傳著李耆，今得此誌，則耆名可移附會昌六年下。又耆中大中元博學弘辭勑頭，他書未見，今亦可依誌補大中元年下。

記考同卷著錄大中六年進士苗台符，按此亦有疑問，詳拙著唐史餘瀋。

記考同卷大中十三年張台注云，「宋張禮游城南記引唐登科記進士中有大中十三年及第之張台，而無嘉話錄所載慈恩題名之張莒，」余檢康熙七年黃修咸寧縣志七所載張記，無台名，不知徐據何本。張莒大歷十三年詩，或訛大中十三（見前卷一〇），則莒非本年進士可知；況嘉話錄大中十年成書，何爲說十三年事也。抑台、莒字略類，後人謂莒詩大中十三年作，是否緣城南記而誤，城南記所引大中十三年張台，是否大歷十三年張莒之訛，似均須闕疑待證也。

記考二三　咸通四年下據玉芝堂談薈，著錄孫龍光狀元；按龍光即孫偓字，已見同卷下文乾符五年，此應刪卻，說詳拙著唐史餘瀋。

同卷咸通十年劉鄴引「摭言，永寧劉相鄴字漢藩，咸通中，自長春宮判官召入內廷，特敕旨及第，」又云，「按新、舊書本傳，咸通初劉瞻、高璩居要職，以故人子薦爲左拾遺，召充翰林學士，賜進士第，宰相表，十年六月，劉瞻同平章事，故附於此。」余按鄴入翰林，在大中十四年十月十二日，越五年而後瞻自太博入翰林，謂由瞻薦，當誤。惟璩則先鄴年餘入翰林（均見翰林學士壁記），或由璩與他人薦耳。若瞻入相時，鄴居翰苑已十年，爲時更後。鄴名應移前大中十四年下。

同卷咸通十四年曹希幹下，引「唐詩紀事，希幹，汾之子，咸通十四年登第，……時進士胡錡有啓賀，」按唐俗剛登第者曰進士，逾年則爲前進士，今錡稱進士，應與希幹同年，本年旣不著，亦未於附考著錄，應補入。

同卷乾符三年鄭谷云，「按文苑英華載鄭谷漲曲江池詩注云，乾符丙申歲春，則鄭谷當于乾符三年及第，光啓爲乾符之訛，今改正。」　余按英華一八三原作「奉詔（集作試）漲曲江池」，下署「鄭谷（乾符丙申歲春）」，此題實應依全詩十函六册作「乾符丙申歲奉試春漲曲江池用春字，」編英華者不識文義，乃割裂爲兩截，殊不知詩題如祇作「漲曲江池」，則文義不完，未必有此顢頇之試官，且何解於韻用春字也。　徐氏不知英華之誤，更就春字爲之曲說，尤屬疎忽。　且奉試（詔字訛）者不必其即售，猶諸劉蕡下第，對策仍存耳。　故未獲他證，谷名不應移至乾符。　此條曾辨見拙著讀全詩札記（一·二四頁），今得英華本對勘，故再申之。

同卷乾符三年知貢舉禮部侍郎崔沆下，引黄御史集代陳錫謝崔侍郎啓之後段，「某詞學疏蕪，……碎首須歸於舊地，」而遺其前段，一若所謝卽知舉之崔侍郎者。考前段云，「戸部鄭郎中伏話鄭隱先輩，專傳侍郎尊旨，伏蒙於新除永樂侍郎處特賜薦論，跪對吉辭，拜聆嘉耗，感激兢悚，罔知所容，」所謂新除永樂侍郎，始是知舉之人（沆），錫所謝爲别一崔侍郎，卽薦錫於知舉之侍郎者。

同卷乾符五年知舉中書舍人崔澹下，引容齋續筆崔殷夢一段，以澹與殷夢爲同人，大誤，說詳拙著唐史餘瀋。

同卷中和五（卽光啓元）年知貢舉下缺名，注引黄滔上翰林薛舍人啓一篇，幷云，「按黄滔以咸通十三年鄉薦，言五隨計吏，三歷貢闈，是在鄉薦之後數年，此年疑爲薛舍人知舉，其名俟考。」　按此薛舍人經予考定爲薛貽矩，但滔書並非本年作，貽矩亦無知舉明文，辨見拙著補唐末翰林學士記貽矩條下。

記考二四　大順元年下進士，著錄林衮，云，「淳熙三山志，衮字讜言，閩縣人，終祕書校書郎，」按此與元和姓纂之廣陵監察御史林衮，姓名相同，但時代、官歷異。

匋齋藏石記三六，唐故右拾遺崔君與鄭氏夫人合祔誌云，「府君諱驤，字濟之，清河人也，……年廿八，擢進士甲科第，……以乾寧四年八月廿日終於華州之官舍，享年三十有三，」跋云，「當廿八擢第時，實爲昭宗景福元年，」是也，今記考二四未著錄，可據誌補入。

同卷天祐四年知貢舉漏列，按是歲係禮部侍郎于兢知舉，說見拙著貞石證史（集刊八本四分五九二及五九四頁），可補入。

記考二七據，太平廣記引御史臺記，著錄進士邵景，按此卽卷四大足元年拔萃科之邵炅，景係宋人諱改，應正。

同卷周□注云，「杜牧故東川節度檢校右僕射兼御史大夫贈司徒周公墓誌，公少孤，舉進士第，」余按此卽周墀也。 同書一九，長慶二年下已據舊書著錄，此應刪卻。

同卷據元和姓纂著錄沈仁衛，復據劉崇望授制著錄沈文偉；余按此實是一人，其名似應作仁偉，作仁衛或文偉者均訛，說見拙著重修翰林學士壁記訂補沈仁偉條。

同卷著錄孟簡云，「郊之叔，見孟郊詩；」又著錄孟簡，引舊書本傳云，「按此與孟郊之叔別是一人。」 余按此兩孟簡並非二人，辨見拙著讀全唐詩札記（集刊九本一分一〇九頁），應刪併。

同卷楊仁贍注云，「東觀奏記前鄉貢進士楊仁贍女弟嫁前進士于瓌」，又薛邁注云，「古刻叢鈔載咸通四年九月三日有攝觀察巡官前鄉貢進士薛邁。」 余按唐國史補；投刺謂之鄉貢，得第謂之前進士，鄉貢者舉進士而未第之謂也；使兩者無別，東觀奏記何不并稱仁贍爲前進士，而必加鄉貢兩字以異於瓌乎。 又石刻楊漢公題名云，「……鄉貢進士鄭□，鄉貢進士賈□，開成四年二月十五日同游，進士楊知本、進士楊知範、進士楊知□從行，」使兩者無別，鄭、賈二人何不同題進士，而必加鄉貢以爲異乎。 是知楊仁贍、薛邁之不應列於進士科內也。 唐詩紀事五三，「（李）渥時爲鄉貢進士，後登第，」全文五三三李觀帖經日上侍郎書自稱鄉貢進士李觀，在揭榜前曰鄉貢進士，在揭榜後曰前鄉貢進士，同是進而未第之稱，比觀甚明。

同卷李冂注云,「陳子昂水衡丞李府君墓誌,君諱某,趙國人也,少尙名節,躬行仁義,始入太學,以精理見知,未幾,登進士高第,」余就新表七二上考其世系,李某卽李仁穎也。然誌下文又云,「洎上聞,對策甲科,」則仁穎亦嘗舉制科而登科記考失載。(失載者多,此附帶及之耳。)

同卷明經科竇□注云,「張九齡河南少尹竇府君墓碑,公諱某,扶風平陵人,以明經上第,」余按碑又云,「自後魏大將軍侍中永富公,至烈考瀛州刺史贈刑部尙書莘國公六葉矣,」據姓纂善封永富公,善生榮定,榮定生抗,抗生誕,誕生孝慈,孝慈生希瑊,希瑊生銓,所謂六葉也,銓生賓,兵部郎中,河南少尹,然則此竇某者竇賓也。

依上考證,其結果約可綜括如下:

新補有年分可知之進士　王景之　于季子　鄧森　□寇堮　韓液　鄒象先　張士陵　張公儒　李蟾　楊茂卿　鄭當　盧就　楊宇　謝觀　崔隋　□胡錡　李疈

新補年分可約知之進士　李霞　崔廷

原年分附見今已碻知之進士　張階　盧璠

原不知年分今已碻知之進士　王公亮　薛廷老　李晝

年分移正或可疑之進士　楊知溫　苗台符　劉鄴　鄭谷

應入存疑之進士　張昌齡　戴叔倫　崔樞

複出之進士　柳芳　馮審　杜元穎　孫龍光卽孫偓　沈仁衛卽沈文偉(似應是仁偉)　孟簡

正名或補名之進士　邵景卽邵炅　周□卽周墀　李□卽李仁穎

應删之非進士　楊仁瞻　薛邁

新補年分確知或約知之制科　寇洋(再見)　李晝　孫造　張昌宗(此名應待考實)

原年分未知今已約知之制科　盧藏用

原年分有訛之制科　崔元翰

存疑之制科　邵昪

補名之明經　竇□即竇賓

知貢舉　中和五年原疑薛舍人，非是

天祐四年補于兢。

出自第十一本(一九四四年九月初版,一九四七年七月再版)

補唐代翰林兩記

目　　錄

自序

卷上

卷下

卷末

岑仲勉

自序

重修翰林壁記止於咸通，承旨記止於長慶，李唐一代官志，闕焉弗備，余旣爲壁記注補，於是亟思所以補之。

錢大昕潛研堂叢書卷首錄唐學士年表一卷，原注云，「別刻，板存德淸徐氏，」近刊廿五史補編及南京國學圖書館目均未收，詢諸閎博，都云未之見。竊意錢氏非專工隋、唐史者，其廿二史考異六〇云，「翰林有待書之詔學士，惟見於公權傳，」然陸東之爲崇文侍書學士，見元和姓纂，則侍書溯乎初唐，張懷瓌充翰林、集賢兩院侍書侍讀學士，見張中立墓誌，則開元中巳有翰林侍書，錢書縱存，或與萬斯同諸史表等量觀耳。

十七史商榷七四論翰林學士云，「於是進退人才，機務樞密，人主皆必與議，中書門下之權，爲其所奪，當時謂之內相，見新唐書百官志及范祖禹唐鑑、陳埴木鐘集，然則玄宗以前，翰林學士可不書，玄宗以下，不可不書矣，」（按時人謂翰學爲內相，早見於元和末李肇翰林志。）以不書翰學爲新唐書咎。原夫建中巳後，翰學除授年月，有重修壁記可循，然僖、昭之世，海宇崩析，人民蕩離，秉筆乏賢，掌故失墜，五代、北宋兩次搜羅，不謂不勤，而事實所限，莫能爲力。涉宰相拜免，其舊、新書牴忤之處，往往不徒月日，且異紀年，重要者如此，他復何論。故苟或書或不書，通達者尙諒其變通，吹求者便譏其雜亂，爲翰學列表，北宋作人亦許有此見，奈格於種種困難也。王氏持論，非不振振有辭，試揣當日情形，直未嘗設身處地想。韋執誼撰翰林故事，上溯立院，僅逮五紀，巳言「先後歲月，訪而未詳，」李肇續成翰林志，又云「建中巳後，年月遷換，乃爲周悉，」唐人猶如是失考，生百十年後者謂能向壁構造乎。

然則今茲補記，其有以異乎宋人所据之資料乎，曰，無以異也。宋人採其菁華，余乃啜其糟粕，宋人綱領提絜，余乃雜碎剖分，事則倍而功不半，是之謂矣。

雖然，竹頭木屑，有助鉅工，片爪隻鱗，集成輪廓，史乘之糾紛，借此未嘗不可以解除一二，於讀晚唐史者或不無小補歟。

宣、懿兩朝廿七年，翰學六十一，僖、昭、哀三朝三十三年，今知者約五十八，(併計張禕再入及韋昌明、孫棨。) 比例推之，或可達乎廿八矣，故首之以補僖、昭、哀三朝學士記。

承旨者翰學之長，厥任尤重，故得傳名者較一般翰學爲多。其職剏自憲宗，迄長慶末，充者凡十五人(連所補錢徽計)，今補自文宗迄哀帝，得五十六人，以比例及交替合推之，縱有漏略，總不外三四名而止。然補承旨記係從補翰學記所推衍，復循承旨廳壁記以產生，故次之以承旨學士廳壁記校補，再次之以補文帝至哀帝七朝承旨學士記，庶紹元氏之遺徽，無俾宦權之流毒。(說見注補自序)。

翰苑羣書收唐人六家，翰林院故事、承旨廳壁記及重修學士壁記三者相爲表裏，已分別校注訂補，翰林志暨翰林院舊規，以乏善本相勘，故置不論。餘者曰韋處厚翰林院廳壁記，今開首一段，語意突兀，難以索解，然英華所錄已如是，余嘗再三循誦，乃悟原文首段，傳本錯簡於篇中，是宜亟爲釐正，庶復舊觀者也，故次之以翰林院廳壁記摘校。

洪遵羣書所收家數，目錄家論者紛如，都昧眞旨，四庫提要猥取通考之張著盛事當其一，益增糾矣。抑唐人翰林紀述傳於世者，洪氏仍有失收也；唐翰林院設於內廷，故置高品使二人知其使事，居南廳之東西間前架，(見翰林志)是曰使院，元和十五年因移北閣學士舊記，增葺院署，處厚撰者翰林院廳壁記也，杜元穎撰者翰林院使壁記也，兩文同時作而洪遺其一。後此不三載，學士院又添構新樓，於是乎有韋表微翰林學士院新樓記。杜、韋兩記，皆足徵翰林故實，北宋人所編翰林雜志，本採其文(見鄭璘條)，合諸洪收六家，得八家矣。故次之以翰苑羣書跋，又次之以杜、韋兩記全文及其校語。

抑唐代翰林紀載不徒散文可徵也，韵文亦見之；若元、白，若李德裕，之三子者，嘗登玉清，翔紫霄，就所見聞，發爲歌詠，言皆有物，視宋人禁林讌會集徒爾酬唱者虛實迥以判矣，故次之以白、李、元三公翰林嘉話詩節錄。

凡上所著，合而讀之，唐代翰林故實，大概備於是矣。書錄解題五收張著翰林盛事一卷，云，「唐剡尉常山張著、處晦撰，紀儒臣盛事，自武德中迄於天寶，首載張文成七登科者，卽著之祖也，」是著當肅、代間人，彼言「翰林」，猶儒林之謂，與翰林學士無關，（崇文目亦云，唐張著撰，記唐朝儒臣美事，凡三十人。）觀乎此益知提要以著書當一家之徒憑耳食。舍此而外，唐世玉堂佳話，未聞有薈成一篇者，余生千載後，固不能妄擬鴻模，贊揚文化，姑就顯而易見者隨手掇拾，排而比之，得十數條，名曰盛事類比，以殿編末，飣餖之役，徒見空疏而已。全編概名曰補唐代翰林兩記，揭其要也。

猶有賸言焉，記晚唐史實，今通鑑多同新書、異舊書者何也？曰，通鑑多本宋敏求補唐實錄，新書之唐末記事，最少有一部與宋錄同其史源；衍言之，卽通鑑與新書有一部同其史源，史源同斯記載同，記載同斯爲是爲非，不可以互證，猶諸二加二爲四，猶若異而質無殊，通鑑之同乎新書，未見新書之必合也。考訂家處此，往往失察史源，輒引三占之辭以成其說，余因輯翰學史料，有所觸發，幷於此揭之，研究晚唐輿乘所宜注意者也。時中華民國三十一年七月小暑日，順德岑仲勉識。

補唐代翰林兩記(卷上)

順德岑仲勉纂撰

補僖昭哀三朝翰林學士記

一 僖宗朝

僖宗朝二十一人

按孔温裕是咸通末入，本應補在重修記之後，但重修記原無其名，且懿宗以咸通十四年七月崩，則補於僖宗之初，亦無不可。大中十三年，翰學得二十九，咸通十四年，翰學三十二，如以比例推之，僖宗一朝或當三十三、四人，但其時數次外奔，員司或不備，今得二十一人，殆總超過全數十分之六矣。

*孔温裕約咸通十四年自檢校右僕射、太常卿充侍講學士。

温裕已見重修記，此復入爲講學也。重修記不載，玆據鄭仁表孔紓墓誌（古誌石華二三）補，依記例，侍講亦得書也。

紓誌云：「父温裕，皇任檢校右僕射、太常卿，充翰林侍講學士，册贈司空，」又云：「咸通十五年三月，侍講學士、右僕射、太常孔公以疾辭內署職，其元子左拾遺養疾，亦病逾二旬，太常公疾少間，拾遺疾亦間，又旬日，太常公薨。」余按舊記一九上，咸通十三年三月，以吏部尚書蕭鄴等考試弘詞選人，試日蕭鄴替，差右丞孔温裕權判，未稱曰講學及太常卿，故疑温裕約於十四年由右丞轉太常卿入充也。新書一〇一蕭倣傳敍宣宗時事，稱温裕爲侍講學士，殆即涉此度充任而誤會者。

十五年三月，以病出院。

是年十一月始改元乾符，故紓誌稱咸通十五年，誌之「以疾辭內署職」，即辭侍講也。

*〔相〕孔緯乾符元年初自右司員外郎入充。

緯、舊書一七九新書一六三有傳，溫裕(已見前)之姪也。舊傳云，「服闋，以右司員外郎入朝，宰臣趙隱嘉其能文，薦爲翰林學士，」據舊紀一九上及下，隱以咸通十三年二月相，(新紀九同，新表六三作三月丁巳誤。)乾符元年三月罷，(新紀、表作二月。)今原記咸通無孔緯，故依舊傳擬爲乾符元年初入充。

轉考功郎中知制誥，賜緋，拜中書舍人，累遷戶部侍郎知制誥，賜紫。乾符中，改御史中丞出院。

舊傳云：「轉考功郎中知制誥，賜緋，正拜中書舍人，累遷戶部侍郎，謝日面賜金紫之服。乾符中罷學士，出爲御史中丞。」

※崔澹乾符初入充。

澹、崔璵子，舊書一七七、新書一八二均附見。舊傳秖云，「澹、大中十三年登進士第，累遷禮部員外郎，位終吏部侍郎，」新傳略同，皆失載學士一節。舊紀一九上、咸通十一年正月，以禮部員外郎崔澹等考試應弘詞選人，元龜六四四同，是咸通十一年初澹官禮外也。郎官柱封中題名、澹居王徽之後，徐仁嗣之前(參拙著郎官署題名新著錄)，考舊書徽傳、乾符初遷司封郎中，舊紀一九下、乾符二年二月，徐仁嗣爲司封郎中，是乾符二年二月前澹官封中也。惟澹係自封中入充抑入充後始加封中，則不得確考矣。原記最末之盧攜，以咸通十四年十二月入，故知澹及後一條之徐仁嗣，均乾符初——或元年——入。

二年二月，自司封郎中遷中書舍人，依前充。

舊紀一九下、二年二月，「以翰林學士崔澹爲中書舍人，……學士如故。」

四年九月，權知貢舉出院。

舊紀一九下、四年，「九(據沈本改)月，以中書舍人崔澹權知貢舉。」唐摭言八。「孫龍光、僖，崔澹下狀元及第，」登科記考二三引作崔殷夢，復於崔澹下引容齋續筆崔殷夢一條，若澹、殷夢爲同人者；殊不知澹、崔璵子，殷夢、崔龜從子，郎官柱封中澹、殷夢各有題名，渺不相屬。考舊紀一九上、咸通八年，以司勳員外郎崔殷夢等考吏部弘詞選人，祇是考試弘詞，語林乃誤爲知舉，徐氏不察，更混兩人爲一，因疑歸仁澤之不合，斯眞失檢之甚矣。

*徐仁嗣乾符初入充。

仁嗣、舊新書均無傳，登科記考二三據文苑英華一八五，以爲咸通三年進士，郎官考五據新表七五下，以爲徐商（見前）之子，惟舊書一七九徐彥若傳、新書一一三徐商傳均不著其名。 舊紀一九下、乾符二年二月，「翰林學士徐仁嗣爲司封郎中，學士如故，」考郎官柱封中、封外均有仁嗣題名，封外仁嗣在鄭就之後，盧胤征之前，而舊紀乾符元年四月，以侍御史盧胤征爲司封員外郎，二年七月，司封員外郎盧胤征爲吏部員外郎，則仁嗣官封外後，似再轉一官乃遷封中也。 仁嗣應是乾符初入，與前崔澹同（說見澹條），惜未知當時帶何官耳。

二年二月，加司封郎中，依前充。

見前舊紀引文，何時出院，不得而悉。

*〔相〕王徽乾符初自長安令入充。

徽舊書一七八新書一八五有傳。 舊傳云，「乾封（符之訛）初，遷司封郎中、長安縣令，學士闕人，倣用徽爲翰林學士，」據新紀九、蕭倣卒乾符二年五月，故依舊傳應是乾符初自長安令入充也。

廣記七〇引墉城集仙錄云，「王氏女者徽之姪也，父隨兄入關，徽之時在翰林，……卽乾符元年也，」第二「徽之」誤衍「之」字，此亦徽乾符元年入內署之證。

改職方郎中知制誥。 三年九月，拜中書舍人。

舊傳「改職方郎中知制誥，正拜中書舍人，」舊紀一九下、三年九月，「戶部郎中知制誥翰林學士王徽爲中書舍人，……學士並如故，」郎官考一一云，「本傳失載。」 余按今郎官柱戶中題名，乾符初部分尙完好，並無王徽，則疑舊紀之誤而傳反覺可信也。

延英召對，賜紫，遷戶部侍郎知制誥，進承旨，改兵部侍郎知制誥，尙書左丞，並依前充。

舊傳云，「延英中謝，面賜金紫，遷戶部侍郎、學士承旨，改兵部侍郎、尙書左丞，學士承旨如故。」

全文七九三王徽創築羅城記，「皇帝改元之六年，……上命翰林學士承旨臣王徽授其功狀，」知徽於乾符六年已充承旨。

廣明元年十二月五日，改戶部侍郎同平章事。

舊傳云，「廣明元年十二月三日，改戶部侍郎同平章事，」按舊紀一九下、甲申、宣制以戶部侍郎翰林學士王徽本官同平章事，新紀九、新表六三、通鑑二五四均稱甲申、翰林學士承旨尚書左丞王徽爲戶部侍郎同平章事，甲申是五日，舊傳三殆五訛。

＊〔朴〕蕭遘約乾符三年入充。

遘、舊書一七九新書一〇一有傳，寘子也（寘已見重修記）。舊傳云，「保衡譖，以禮部員外郎徵還，轉考功員外郎知制誥，乾符初，召充翰林學士，」考舊紀一九下、乾符二年十月，禮部員外郎蕭遘爲考功員外郎，未稱翰林學士，傳曰乾符初者概言之耳。舊紀又載三年九月，戶部員外郎、翰林學士蕭遘爲戶部郎中，學士如故，似遘中間曾由考外轉戶外，且同紀三年正月有考功員外郎周仁舉爲考官，益足相證。顧今郎官柱戶外題名完好，不見蕭遘，遘究以何官入充，殊難確定。

三年九月，由戶部（？）員外郎加戶部（？）郎中，依前充。

舊紀一九下、三年九月，「戶部郎中知制誥，翰林學士王徽爲中書舍人，戶部員外郎蕭遘爲戶部郎中，學士並如故，」乍觀之，遘補徽缺，似無可疑。但考舊書一七八，徽係自職方郎中拜中舍。非自戶中，保無戶部四職方之誤，而遘所遷者或職方郎中也；況今郎官柱戶中之乾符初部分甚完好，不見徽與遘，舊紀益可疑矣。

拜中書舍人，遷戶部侍郎知制誥，進承旨。

舊傳云：「正拜中書舍人，累遷戶部侍郎、翰林承旨，」按寰宇記一四八歸州秭歸縣，「紫極宮黃魔神廟，其記云，咸通壬辰歲令（令訛）翰林蘭陵公自右史竄黔南，……乾符丁酉歲仲春月九日，司戶參軍袁循記，蘭陵公即唐朝蕭遘，尋爲宰相，此異事也。」

又全文八一六，袁循修黃魔神廟記，「咸通末歲，今翰林舍人蘭陵公自右史竄黔南，……丁酉歲，公從弟㦤自澧陽尹亞西蜀，……乾符丁酉歲仲春九日司戶參軍袁循記，」知制誥亦得稱舍人，則未知拜中舍在四年丁酉前，抑遘以郎中知制誥也。

中和元年正月，改兵部侍郎、充諸道鹽鐵轉運等使。

舊紀一九下、中和元年正月，「以翰林學士承旨、尚書戶部侍郎知制誥蕭遘爲兵部侍郎，充諸道鹽鐵轉運等使，」考新紀九、新表六三、通鑑二五四均稱遘以正月二十三日壬申入相，則遘出院在此前也。惟舊傳作中和元年三月相，與新書通鑑異。

※張禕乾符中自左補闕充。

張禕、舊書一六二附見其祖正甫傳，新書無傳，益州名畫錄上作禕，金石苑作禕，拾遺轉錄又作禕。舊傳云，「趙隱鎮浙西，劉鄴鎮淮南，皆辟爲賓佐，入爲監察御史，遷左補闕，乾符中，詔入翰林爲學士，」據通鑑、隱鎮浙西在乾符元年二月，（舊紀一九下作三月。）鄴鎮淮南在同年十月，則張禕之入，總在乾符元年已後。

累遷中書舍人。

舊傳云：「累官至中書舍人，黃巢犯京師，從僖宗幸蜀，拜工部侍郎判戶部事，」中間歷官不詳，按僖宗幸蜀在中和元年。

中和元年八月，追赴行在，授工部侍郎判□部事（？）出院。未浹旬，復入充。

唐文拾遺三三引金石苑南龕題名記云，「聖上西巡之辰，余自金門飛騎，追扈大駕，中途隔烟塵遁跡，及中秋方達行在，由青瑣判吏，視事未浹旬，復歸內署，明年自貳□授是官，又明年出綰是職，奉命先鑾輅之神都，……中和四年甲辰三月八日，尚書右丞判戶部張禕記。」依舊紀一九下，僖宗以七月乙卯至蜀，（新紀九作正月丁丑。）中秋者是年之中秋也，青瑣判吏未實指何官，但舊書四二、諸司侍郎次右丞後，則工侍之拜，當如舊傳在抵川之後，但依記文觀之，判戶似非同時所命，故祇書判□部事（？）存疑。

二年，遷尚書右丞。

記之「明年」，即中和二年也，自貳□授是官者，貳□當指工侍言，或是「貳卿」，「是官」即後題之尚書右丞。

三年，判戶部事出院。

記之「又明年」中和三年也，「是職」即指後題之判戶部，記作於四年三月八日，而記「之神都」句後尚有殘文云，「俾輯舊綱，行次□(缺)遇軍變，乃間道俟通於茲郡，(缺)是塵清路鑾，山秀川明，方與(缺)博酣於臨眺，忽有賫函而登(缺)出天書以示，促赴行朝」云云，觀其奉命之神都，遇軍變而轉至他郡，(巴州)又復奉詔回行在，當日道路艱難，可斷褘之出不在四年，因是歲自正月朔至題名日，不過六十七日耳。　由此逆溯，則「又明年」必爲三年，「明年」必爲二年，中秋達行在之年必爲元年，蓋僖宗元年方幸蜀，中間不容再有挪移之餘地也。　陸熹海金石苑跋此記云：「按唐書僖宗本紀，帝避黃巢之亂，走興元，於中和元年正月幸成都，文所謂西巡之辰中秋方達行在也。　三年四月李克用收復長安，黃巢遁去，張褘所以有先鑾軫之神都緝舊綱之命也。　四年三月東川節度使楊師立反，詔高仁厚討之，文所謂遇軍變乃間道通於茲郡，皆與史合。　張褘及其男曖、表兄巢湖處士薛璫，俱不見於史傳，……其姪曙有擊甌樓賦，其序曰，甲辰竄身巴南云云，正從褘題名時也。」　所考元年褘抵行在，三年奉命先之神都，均合，惟謂褘不見史傳，殆因褘、禕略異，拾遺謂舊書有傳，故又依舊書改之。余按益州名畫錄上、僖宗幸蜀回鑾日，中和院上壁寫隨駕文武臣寮眞，有尙書右丞判戶部張禕，正與南龕題名記結銜相符，字亦作褘。

次(相)裴徹戶部侍郎知制誥充。

徹、兩唐書無傳。　舊紀一九下、廣明元年十二月，「令孜恐衆罪加己，請貶(盧)攜官，命學士王徽、裴徹爲相，甲申宣制，以戶部侍郎、翰林學士王徽、裴徹本官同平章事，」徹、沈本及新紀九、新表六三、又七一上、通鑑二五四均作澈。　舊紀文有奪誤，新紀、表則云戶部侍郎裴澈爲工部侍郎同平章事也，約何年及何官入充，不詳。

今郎官柱祠中題名有裴徹，勞氏作澈，且以附郎官考一三度中之下，非是，說詳拙著郎官柱題名新著錄。

新表七一上南來吳裴有戶部郎中徹，乃天寶時弘農太守昌之子，與此不同時。

廣明元年十二月五日，改工部侍郎同平章事。

據新紀表書之，引見前。

＊〔相〕韋昭度約乾符末入充。

昭度、舊書一七九新書一八五有傳，以何時、何官入充，不能確知，茲曰乾符末者姑約言之耳。 舊傳云，「乾符中，累遷尚書郎知制誥，正拜中書舍人，」張宗泰云，「未言司名，俟考，」按今郎官柱戶外有昭度。

加承旨。 中和元年，權知禮部貢舉。

舊傳云，「從僖宗幸蜀，拜戶部侍郎，中和元年，權知禮部貢舉，」此言以戶侍知貢舉也。 新傳則云：「僖宗西狩，以兵部侍郎、翰林學士承旨從，」新紀九、新表六三、通鑑二五四亦稱中和元年七月庚申，昭度由翰林學士承旨、兵部侍郎入相，不提知貢舉一節，似昭度充承旨直至拜相始出院者。 舊紀一九下書入相於中和元年七月，與新書相同，惟其官稱兵部侍郎判度支而不稱翰學，又同中有異。 考唐摭言九，「駕幸西蜀，……韋中令自翰長拜主文，」翰長即承旨，是昭度自承旨出知貢舉，固有旁證；常例知舉自應出院，然此時乘輿播遷，容或通變，是須懸以待質矣。 舊傳云：「明年，以本官同平章事，兼吏部尚書，」依新表、兼吏尚誠在二年，而同平章事則元年也，傳前文既提中和元年，「明年」自應改作「其年」方合。

遷兵部侍郎知制誥。 七月十四日，守本官同平章事。

庚申即十四日。 全文八六僖宗授昭度平章事制，「翰林學士承旨、銀青光祿大夫行尚書兵部侍郎知制誥、上柱國韋昭度，……可守本官同中書門下平章事，勳、賜如故，」殆即新紀、表之本據，制內獎敍語亦未涉知舉，又制末言勳、賜如故而銜內無賜，銀青從三品散階，於制自可服紫，不必賜也。

＊〔相〕徐彥若約乾符末自主客（？）員外郎入充。

彥若、舊書一七九、新書一一三有傳，商（已見重修記）之子也。 舊傳祇云，「乾符末，以尚書郎知制誥，正拜中書舍人，昭宗即位，遷御史中丞，」新傳略同，均未言入翰林。 唯金華子雜編上云，「南海端揆為主客員外時，有除翰林學士之命，旣還，省吏忽報除目下，員外徐彥若除翰林學士，」按彥若卒嶺南東道節度，故稱南海端揆。又考舊紀一九下、乾符元年十一月，以吏部員外郎徐彥若爲長安令，彥若倘嘗入翰林，殆當在此後，其出院最遲應在中和四年前。（因中和院無寫眞。）所疑者今郎官柱主外題名完全無缺，並不見彥若，金華子雜編所載，未必全信耳。

※鄭穀約乾符時入充。

北里志鄭舉舉條，「今左諫王致君調、右貂鄭禮臣穀、夕拜孫文府儲、小天趙爲山崇皆在席，時禮臣初入內庭，矜誇不已，致君已下，倦不能對，甚減歡情。舉舉知之，乃下籌指禮臣曰，學士語太多，翰林學士雖甚貴甚美，亦在人耳，至如李隲、劉允承雍章亦嘗爲之，又豈能增其聲價耶。」按唐末未聞鄭殼其人，鄭穀見郎官柱封外，當卽其人，劉允承雍章應乙正爲劉允章承雍，與李隲三人均見重修記，劉承雍咸通末始外貶，故穀之入應在僖宗之世及中和四年以前。新書一八五鄭畋傳，「鄭穀者薰子也，方畋秉政，擢爲給事中，至侍郞，」畋之始相，在乾符元年十月，又舊書一五八鄭從讜傳，僖宗命爲河東節度，許自擇參佐，乃奏長安令王調爲副使，前司勳員外郎史館修撰趙崇爲觀察判官，從讜出鎭河東在廣明元年；依此合參，知穀以乾符入也。至入時何官，出於何時何官，均不詳。

薰見重修記，新書一七七本傳敍事甚略，然有子官至侍郞、翰學，不應不書，此豈能適用互見之例耶。

※樂朋龜中和元年自右拾遺充。

新書六〇，「樂朋龜綸閣集十卷，又德門集五卷，賦一卷，字兆吉，僖宗翰林學士，太子少保致仕，」全文八一四云，「中和元年，官翰林學士承旨、知制誥。」按今全文收朋龜文六首：

（1）蕭遘判度支制　制云，「特進行中書侍郎兼戶部尙書、同中書門下平章事、監修國史、上柱國蕭遘，……可兼判度支，餘並如故，」據新表六三，是中和二年二月所命。

（2）王鐸弘文館大學士等制　制云，「開府儀同三司、守門下侍郎兼司徒、同中書門下平章事、上柱國、晉國公、食邑三千戶王鐸，……金紫光祿大夫守中書侍郎、兼禮部尙書、同中書門下平章事、上柱國裴澈，……銀靑光祿大夫守尚書工部侍郎、同中書門下平章事，上柱國蕭遘，……王鐸可司徒兼侍中、充太清宮使、弘文館大學士、兼延資庫使，散官、勳、封如故。澈可特進、門下侍郎兼兵部侍郎、同中書門下平章事、監修國史，勳、封如故。遘可光祿大夫行中書侍郎，兼禮部尚書、同中書門下平章事、充集賢殿大學士，勳、封如故。」據新表，此是中和元年四月庚寅所命。其異者澈之前官，新紀九及新表爲工侍，此作中書侍郎，但新表亦有可疑，因澈是年二月曾改官，則同時蕭遘亦可改官工侍也。又表澈之見官爲兼兵尚，此作兼兵侍，當誤，因澈前官已兼禮尚，時方加恩，不應降兼侍郎也。

（3）王鐸中書令諸道行營都統權知義成軍節度使制　制云，「開府儀同三司、守司徒兼太子太保、同中書門下平章事、充太清宮使、弘文館大學士，兼延資庫使、上柱國、晉國公、食邑三千戶，王鐸，……可司徒兼中書令、充諸道行營都統兼指揮兵馬收復京城及租庸等使、判延資庫事，權知義成軍節度管內觀察處置等使，」據表，此是中和二年正月辛亥所命。

（4）賜陳敬瑄太尉鐵券文　文云，「維中和三年歲次癸卯十月甲午朔十六日己酉……。」

（5）西川青羊宮碑銘　碑云，「況逆巢干紀，悖氣凌空，……遂偸生之五載，併除惡於一時，……左僕射平章事蕭遘，……吏部尚書平章事韋照(昭)度，……兵部尚書平章事裴澈，」就遘等三人之官言之，應是中和三年七月前事。復考全文九三三，杜光庭歷代崇道記，稱中和三年「是(十)月乙卯，奏收復京城，……又敕翰林學士承旨、尚書兵部侍郎知制誥樂朋龜撰碑立之，」末題中和四年十二月十五日杜光庭上，又九八六、中和四年中書門下奉勅立青羊宮碑牒，「當午夜而龍蛇搖動，六字分輝，後一年而狼武蕩平，八紘無事，……樂朋龜職司內翰，首冠近臣，……宜刊盛事，以證斯文，」首冠近臣，即朋龜是時充承旨也。據崇道記，三年八月二十九日夜於成都府青羊肆玄中觀得寶磚一口，有古篆文太上平中和災六字，又巢以四年七月平，澈、昭度四年十月各加僕射，碑當四年秋間之作，昭度、澈稱尚書者，擇敍其所歷最高之官也。

(6)僖宗皇帝哀册文　文云,「維文德元年歲次戊申十月乙丑朔二十七日辛卯……。」

由此約知朋龜在翰林最少爲中和元年四月至四年秋間一時期,前後計四年矣,(參拙補承旨記)兩唐書皆無傳,究以何官出,無可稽考。

太平寰宇記一四,單州成武縣,「唐樂朋龜墓,在縣西二十里路南一百步,」朋龜意卽成武人。

廣記二三九引北夢瑣言云,「唐例士子不與內官交遊,十軍軍容田令孜擅回天之力,唐僖皇播遷,行至洋源,百官未集,缺人掌誥,樂朋龜侍郎亦及行在,因謁中尉,仍請中外,由是薦之,充翰林學士。……樂公舉進士,初陳啓事,謁李昭侍郎自媒云,別於九經書史及老莊行都賦外,著八百卷書,請垂比試,誠有學問也,然於制誥不甚餘當,時人或未之可也。」　按李昭、登科記考二三疑是咸通十四年知舉,樂似咸通末進士。復次通鑑二五四中和元年正月下,「時百官未集,乏人草制,右拾遺樂朋龜謁田令孜而拜之,由是擢爲翰林學士,」是朋龜以中和元年正月自右拾遺入,非當日卽充承旨,其加承旨雖在杜讓能之前,但全文所云,「中和元年官翰林學士承旨知制誥,」殊犯語病。

累遷至承旨、兵部侍郎知制誥,守兵部尙書。

宋僧傳五僧徹傳,「僖宗幸蜀,其夕徹內宿,明日,倉黃與杜光庭先生扈從,入於岷峨,……內翰侍郎樂朋龜爲眞讚。」

益州名畫錄上,僖宗自蜀回鑾日,中和院上壁寫隨駕臣寮眞,有翰林學士承旨、守兵部尙書樂朋龜,是光啓之初,朋龜已進兵尙。

*柳璧約中和初自屯田員外郎充。

璧、舊書一六五新書一六三有傳。　舊傳云:「入爲右補闕,僖宗幸蜀,召充翰林學士,累遷諫議大夫充職,」新傳云:「擢右補闕,再轉屯田員外郎,僖宗幸蜀,授翰林學士,累遷右諫議大夫。」

累遷右諫議大夫仍充。

舊、新傳均不詳其出院及所終,然以中和回鑾時壁畫觀之,無璧之寫眞,則其出院當在此前。

※〔相〕杜讓能中和二年自中書舍人充。

讓能、舊書一七七新書九六有傳，審權之子也(已見重修記)。舊傳云：「黃巢犯京師，奔赴行在，拜禮部郎中、史館修撰，尋以本官知制誥，正拜中書舍人，謝日面賜金紫之服，尋召充翰林學士，」會要五七，「中和二年僖宗幸蜀時，黃巢犯京畿，關東用兵，書詔重委，翰林學士杜讓能草辭迅速，筆無點竄，動中事機，」故擬爲中和二年充也。

遷戶部侍郎知制誥。

舊傳云：「僖宗嘉之，累遷戶部侍郎，」會要五七則云：「上嘉之，遷戶部侍郎承旨，」以加承旨在官戶侍之時，與舊傳異，亦與樂朋龜錄下所引各史料衝突，今依舊傳書之。

光啓元年，加禮部尚書知制誥，進銀青光祿大夫，轉兵部尚書知制誥、學士承旨。

舊傳云：「從駕還京，加禮部尚書，進階銀青光祿大夫，轉兵部尚書、學士承旨，沙陀逼京師，僖宗蒼黃出幸，」按舊紀一九下、僖宗還京在光啓元年三月，再出鳳翔在是年十二月。

益州名畫錄上、僖宗自蜀回鑾日，於中和院上壁寫隨駕臣寮，翰林學士守禮部尚書杜讓能。

二年三月十九日，改兵部侍郎同平章事。

舊紀一九下、光啓二年三月戊辰，以翰林學士承旨、兵部尚書知制誥杜讓能爲兵部侍郎同平章事，按是月庚辰朔，月內無戊辰，沈本及新紀九、新表六三、通鑑二五六作戊戌是，(即十九日)惟新表又訛三月爲二月。

※侯翮約中和二年充。

桂苑筆耕四，與翰林侯翮學士書云：「今者拜以古官，加之賢食，伏蒙學士親奉宸睠，過垂獎詞，」按崔致遠佐淮南高駢幕，以中和四年歸國，此即爲高致侯書也。同卷又有上三相公書云，「伏以風后古官，是聖代弼諧所重，圖儒美賞，非賢才負荷固難，……雖進退每從於帝命，而否臧實愧於軍謀，以茲責躬，無所逃罪，但願能歸林藪，絕望雲霄，豈料宸襟，猶傷墜履，自上安下，方懸畫鹿之峪，居高飲清，忽戴附蟬之冠，解煩雖於平準，增寵祿於實封。」考舊書一八二駢傳，「中和二年五月，雉雊於揚州廨舍，……其月，盡出兵於東塘，……駢在東塘凡百日，復還廣陵，……僖宗知駢無赴難意，乃以……韋昭度領江淮鹽鐵轉運使，增駢階爵，使務並停，」新書二二四下駢傳云，「加駢侍中，增實戶一百，封渤海郡王。」據晉志，黃帝時風后爲侍中，又漢侍中冠惠文冠，加金璫附蟬爲文，即前兩書所謂古官附蟬而傳所謂加侍中也。國僑美賞及實封，即傳所謂增實戶也。解煩難於平準，即傳以昭度代鹽鐵轉運也。是光遠代草致㑺啓，應在中和二年；翻是歲充翰林，除高駢侍中等制由其起草，故駢以書謝之。

駢究是歲何時除龍，舊、新紀傳均無明文，通鑑二五五附於中和二年五月下，此乃未得確月，因傳言駢五月出兵，故如此安插耳。僖宗之免駢兵柄，自當在駢復回廣陵後，由五月起計百日，最早應爲閏七月中。再觀舊傳與駢詔「初秋覽表，方云仲夏發兵，便詔軍前，幷移汶上，」可見當日自淮達蜀之文報，需程月餘，駢之無意赴難，其確實流露，又應在出兵東塘月餘之後。依此合計，駢罷最早當在七月後，若在五月，則出兵之表猶未達行在，豈遽罷耶。詔又云，「喜聞兵勢，渴見旌旗，尋稱宣潤阻艱，難從天討，」其罷即在再表時也。由此考證，約知中和二年秋初，翻已充翰林。又益州名畫錄上言僖宗自蜀回鑾日，宣令於中和院上壁畫隨駕臣寮，翰林學士中書舍人侯翮，據此知翮在中和、光啓間以中舍充學士。至何時、何官出，他無可考。

全詩十函十册，黃滔喜侯舍人蜀中新命三首云，「却搜文學起吾唐，暫失都城亦未妨，錦里幸爲丹鳳闕，幕賓徵出紫微郎，」又云：「賦家達者無過此，翰苑今朝是獨遊，」舍人斷是翮，由詩觀之，則僖宗幸蜀時彼方佐幕，奉徵爲中書舍人充翰學者。

米崔凝約中和間自中書舍人充。

凝、舊新書均無傳。英華三八四有劉崇望授中書舍人崔凝右補闕沈文（總目作仁）偉並守本官充翰林學士制。按舊紀一九下、光啓二年五月，「乃奏遣諫議大夫劉崇望賫詔宣諭，達復恭之旨，王重榮、李克用欣然聽命，」（通鑑二五六略同。） 舊書一七九崇望傳，「使還，上悅，召入翰林充學士，」又舊紀二〇上、龍紀元年正月，崇望自承旨拜同平章事，（通鑑二五八同。） 依此，則崇望行制，似應在光啓二年末至文德元年之間。 但考益州名畫錄上、僖宗自蜀回鑾日令於中和院中壁畫隨駕臣寮，有翰林學士、戶部侍郎崔凝，是光啓初凝已進戶侍，且已入翰林，與上文所解析者不相容。 余初據崇望授制，疑名畫錄舉其後官，但比觀畫眞諸臣結銜，此說殊難成立，而畫眞中無翰學劉崇望，則謂崇望入內署在光啓二年，亦無可駁斥，豈凝及文偉之制非崇望所行而英華誤署其名歟。 （此弊英華中屢見之。）故今從名畫錄所記，擬爲中和間入充，若郎官柱勳外見凝名，應在入充翰學之前。

轉戶部侍郎，依前充。

說見前。 次考黃御史集、唐昭宗實錄，乾寧二年二月丁未，勅刑部尚書知貢舉崔凝可貶合州刺史，則其出院當在此前，然不可確考矣。

＊沈仁（一作文）偉約中和間自右補闕充。

與崔凝同一授制，引見前條。 制有云：「三代絲綸，一門冠蓋，不墜其業者，伊文偉有之，」考唐代沈氏兩代翰林知制誥者唯傳師、詢父子爲然，元和姓纂云，「詢、進士浙東觀察澤潞節度，生仁衛，進士，」然則仁偉卽仁衛，一作文者非，偉、衛同聲，字亦相近，勞格讀書雜識七引北夢瑣言五、益州名畫錄上及英華，以爲作衛者誤。

名畫錄上，「僖宗皇帝幸蜀，回鑾之日，……宣令中和院上壁及寫隨駕文武臣寮眞，殿上御容前寫……翰林學士、中書舍人沈仁偉，」此乃光啓初所官，餘參前崔凝條。

登科記考二七既據姓纂著錄沈仁衛，復據劉崇望制著錄沈文偉，殊失考。

累遷中書舍人，依前充。

說見前，其出院不詳。

＊〔相〕鄭延昌約光啓初入，加兼中書舍人。

延昌、新書一八二有傳，云，「畋再秉政，擢司勳員外郎、翰林學士，」據新表六三，鄭畋中和二年二月己卯復相，三年七月罷，（舊書一七八、「二年正月至成都，……二年冬罷相，」未二年字疑。）以此推之，延昌擢勳外充翰林似在中和二三年。惟中和院簽頁無延昌，郎官柱勳外亦未見其名，則疑是光啓初始入，唐末遷轉甚速，觀下崇望行制，亦足爲此疑之旁證也。

英華三八二有劉崇望授翰林學士鄭延昌守本官兼中書舍人制，按唐官制員外、郎中皆得知制誥，今制內略去本官，守本官者何官，不復詳。崇望行制，應在光啓二年末至文德元年間（見上崔凝條），則延昌兼中舍應亦此時事。

郎官考八云，「案延昌出院年月無考」，余按新傳又云，「進累兵部侍郎兼京兆尹判度支，拜戶部尙書，」舊紀二〇上、大順二年末，「戶部尙書鄭延昌爲中書侍郎平章事判度支，」（沈本尙書作侍郎，恐非。）新表六三則書相於景福元年三月，今無論其孰是，然唐代翰林無兼外官者，其出院似當兼尹時也。（姜公輔、白居易等兼外官，只支俸不視事，不可比論。）

舊紀一九下、光啓三年六月，「遂詔修奉太廟使宰相鄭延昌修奉」；沈炳震云，「按延昌、舊書昭宗大順二年十二月入相，新書景福元年三月入相，僖宗時總未相也，此條已書宰相，前無同平章文，新書本傳又略，未詳何從。」張宗泰云，「據禮儀志、車駕自興元還京下，一書修奉使宰相鄭延昌具議，一書修奉太廟使（宰相）鄭延昌奏，……是延昌實於三年二月前已爲宰相，當是兩紀漏書於前，其後所書不誤。」余按會要一七略引此節，（惟誤光啓三年爲元年）亦稱「修奉太廟使宰相鄭延昌奏」，然舊、新紀亦不書罷，是可疑也。今由崇望行制之年分覈之，余以爲沈、張二氏誤讀舊書耳。夫修太廟，重典也，意必不止延昌一人，凡當時爲相者皆兼其職，復以延昌專董之，舊紀、舊志之「宰相」字，皆當自成一句，宰相多人，不復縷列，申言之，卽修奉太廟使宰相某某某及使鄭延昌也，舊史固有此種句法，沈、張均誤以延昌承上宰相讀，失其意矣。錢氏考異五八云，「僖宗紀、殷盈孫傳及此志皆稱宰相，蓋史家追稱之，」論亦未的。

氺〔相〕劉崇望約光啓二年六月自諫議大夫入充。

崇望、舊書一七九新書九〇有傳。舊傳云，「僖宗在山南，……以崇望爲諫議大夫，旣至，論以大義，重榮奉詔恭順，……使還，上悅，召入翰林充學士，」

按舊紀一九下，光啓二年五月，「楊復恭兄弟於河中、太原有破賊連衡之舊，乃奏遣諫議大夫劉崇望賫詔宣諭，」故擬爲是年六月自諫議大夫充也。

累遷戸部侍郎知制誥，加承旨，改兵部侍郎知制誥。

舊傳云：「累遷戸部侍郎承旨，轉兵部，在禁署四年，」由光啓二年至龍紀元年，先後四年也。

龍紀元年正月一日，以本官同平章事。

新表六三不著日，舊紀二〇上，云，「癸巳朔，……以翰林學士承旨、兵部侍郎知制誥劉崇望本官同平章事，」新紀略同。

＊〔相〕李磎約光啓末自中書舍人充。

磎、舊書一五七新書一四六均附其祖李鄘傳。舊傳云，「入爲尚書水部員外郎，累遷吏部郎中、兼史館修撰，拜翰林學士、中書舍人，廣明中分司洛下，遇巢、讓之亂，逃於河橋，光啓中避亂淮海，」是磎初入翰林，似在乾符之末。然考舊紀一九下、乾符三年九月，以刑部郎中李磎爲戸部郎中、分司東都，則與傳廣明中分司異，中舍高於郎中，磎遷中舍，總在歷諸司郎中之後，中舍又無分司制，故謂廣明前磎已入翰林，於敍遷之制殊不合也。新傳云，「累遷戸部郎中、分司東都，……黄巢陷洛，磎挾尚書八印走河陽，……嗣襄王之亂，轉側淮南，……入爲中書舍人、翰林學士，辭職歸華陰，」分司東都，依舊紀、乾符三年也，黄巢陷洛，廣明元年也，襄王僭位，光啓二年也，順次敍來，與官制遷轉無忤，則疑新傳近是，而磎入翰林當在光啓末，其後不久辭職也。尤可證者，全文八〇三李磎泗州重修鼓角樓記，「積月而史官尚書司封郎中李磎自淮楚趨闕驛泗，……請磎爲記，……樓以中和五年二月二十八日成，以其年九月三十日書，」足證中和五年（即光啓元）九月磎猶是封中，未充學士，舊傳不足據也。

舊傳稱鄘子柱，官至浙東觀察使，柱子磎；依新傳及新表七二上，磎父名拭，又據嘉泰會稽志及唐會稽太守題名記，大中二、三年間李拭官浙東觀察，舊傳兩柱字訛。

二　昭宗朝

昭宗朝三十一人

重修記人數、復入或三入者亦算一員，今薛貽矩、吳融均碻知其再入，故爲三十一人。準前宣、懿兩朝比例估計，昭宗在位十六年，約應三十五至三十七人，依此以推，本篇所補，當已得其八九。

※〔相〕崔昭緯昭宗初入充。

昭緯、舊書一七九新書二二三下有傳。舊傳云，「昭宗朝，歷中書舍人，翰林學士，不知帶何官入也。」

加承旨、兵部侍郎知制誥。　大順二年正月九日，以本官同平章事。

舊紀二〇上、大順元年十二月，「以翰林學士承旨、兵部侍郎崔昭緯本官同平章事，」新紀一〇、新表六三、通鑑二五八則作二年正月庚申，即九日也。　舊、新傳又稱戶部侍郎（通鑑作兵）。　其由戶改兵，抑任一有誤，不可確考。

※〔相〕崔遠大順初以員外郎知制誥入充。

遠、澹（已見前）之子也，舊書一七七、新書一八二有傳，唯新傳於其入相已前歷官均從略。　舊傳云：「遠、龍紀元年進士登第，大順初，以員外郎知制誥召充翰林學士，」今郎官柱不見遠名，亦未詳何司員外郎也。

累遷中書舍人。

自員外郎至中舍，應經郎中知制誥一級，今舊傳祇云，「正拜中書舍人，」其間遷除無可考。

乾寧三年，遷戶部侍郎知制誥，封博陵縣開國男，食邑三百戶。

舊傳云，「乾寧三年，轉戶部侍郎、博陵縣男，食邑三百戶。」

轉兵部侍郎知制誥，加承旨。

舊傳云，「轉兵部侍郎、承旨。」

九月十七日，守本官同中書門下平章事。

全文九〇昭宗授崔胤崔遠平章事制云：「翰林學士承旨、銀青光祿大夫行尚書兵部侍郎知制誥、上柱國、博陵縣開國男、食邑三百戶崔遠，……遠可守本官同中書門下平章事，判戶部，散官、勳、封如故，」舊傳亦云，「尋以本官同平章事，」新紀一〇、新表六三、通鑑二六〇系於九月乙未，即十七日也。唯新紀訛兵部侍郎爲戶部侍郎，舊紀失書遠入相事。（同一授制內崔胤係由武定（安之訛）軍節度湖南觀察使復相，新書一〇、本紀六三、宰相表二二三下胤本傳均同，唯舊書二〇上本紀及一七七胤本傳，以爲自淸海軍節度嶺南東道觀察使復入，殆誤，可參通鑑考異二六，彼主宋敏求實錄之說，當卽因此制而云然。）

英華四五八收遠授涇州節度使張璉加檢校司徒平章事制，依據遠出相年月，事應在乾寧三年九月前，（文有討伐宋文通卽李茂貞事尤可證。）惟通鑑二六一則於乾寧四年十月下書「加彰義節度使張璉同平章事，」於時遠已出相，不應草制，通鑑未審何據。又授蘇文建邠州節制使制，據文似是乾寧三年約七月頃所行，說詳拙著唐方鎭年表正補。

*崔汪大順中充加承旨、戶部侍郎知制誥，遷尙書右丞，仍依前充。

汪、舊、新書均無傳。新表七二下、淸河小房崔綱子汪，時代不合。博陵第二房崔珦子汪，字希度，其諸父瑨山南西節度，璪刑尙，珙相武宗，璵河中節度，授制有云：「門地軒冕，甲於當時，」卽其人也。

英華三八四有薛廷珪授翰林學士承旨戶部侍郎崔汪尙書右丞、學士中書舍人崔涓、李磎並戶部侍郎知制誥充學士制，汪自何官入充學士，又加承旨在遷戶侍之先或後，均未能詳。考舊書一九〇下、廷珪「大順初累遷司勳員外郎知制誥，正拜中書舍人，」今觀李磎同制除授，而景福末磎已加承旨，舊紀二〇上、大順元年末（或二年初）復有崔昭緯以承旨出相，故疑汪繼承旨，卽在此時，後無考。

*崔涓大順中充，自中書舍人、加戶部侍郎知制誥，仍依前充。

與前崔汪同一授制。新表七二下、武宗相崔珙子涓，御史大夫，又宣宗相愼由姪（卽昭宗相崔胤之從昆。）涓，司封員外郎，二人時代相同，故苟新表所書確爲最高歷官，則此充戶侍者或是珙子（？參下文）而非愼由之姪，因御史大夫高於侍郎，而員外遠在侍郎下也。授制云：「崔涓公台華胄，名教偉人。」

重修記之崔湜，趙鉞疑湜爲涓之誤（見重修記注補），殊無的據。就使不錯，亦必非此崔涓，緣唐末超升甚速，咸通十四年旣官封外，至大順初已十七年，未必尙僅一舍人也。

珙子涓，舊書一七七、新書一八二均附見。唐語林三，「崔大夫涓，璵之子，禮部侍郎澹之兄，」璵、珙訛，據新表涓、澹同祖，則從兄耳。崔涓行制可考者，如光化元年戊午九月戊辰朔八日乙亥賜許國公韓建鐵券文，(全文七九一)然已在大順後七年，是否涓仍充學士，抑文有誤系，尙是一疑點。

樊川集有崔涓東川柳仲郢推官制，殆非此崔涓，相去已四十年矣。舊書一六四王龜傳，「乾符初，崔瑾廉察湖南，崔涓鎭江陵，皆辟爲從事，」考舊書一七七崔珙傳，「子涓，大中四年進士擢第，」珙子涓或即仲郢之推官，亦得爲乾符初荊南節度之崔涓，奈史料缺乏，都難爲斷然之肯定也。

宋〔相〕李磎大順中充。　自中書舍人加戶部侍郎知制誥，依前充。

與前崔汪、崔涓同一授制，磎已見前，此再入後之事也。舊傳云，「昭宗雅重之，復召入翰林爲學士，拜戶部侍郎。」

遷禮部尙書，加承旨。

見下引文。新傳云，「乾寧元年，進禮部尙書同中書門下平章事，」以爲乾寧始進禮尙，此乃新書敍事省略，併作一起，其豎各傳間數數見之，不足深據。

景福二年十月，以本官同中書門下平章事，制不行。

舊傳云，「遷禮部尙書，景福二年十月，與韋昭度並命中書門下平章事，宣制日，水部郎中知制誥劉崇魯掠其麻，哭之，……時宰臣崔昭緯與昭度及磎素不相協，密遣崇魯沮之也，乃左授太子少師。」岑刊校記五三云，「沈氏炳震云，『新書乾寧元年，舊書昭宗紀同，當從新書。』張氏宗泰云，『據本紀、景福二當作乾寧元，此因韋昭度而誤，二人同貶故也。』案會要五十五敍此事正作景福二年十月，韋昭度傳敍昭度與磎並命事，亦云景福二年冬，蓋紀、傳非出一手，各有所據也。」余按舊紀二〇上、乾寧元年十月，「以翰林學士承旨、禮部尙書知制誥，李磎爲戶部侍郎同平章事，宣制之日，水部郎中知制誥劉崇魯出班而泣，言磎姦邪，黨附內官，不可居輔弼之地，由是制命不行，」其所謂制命不行，正與舊傳「乃左授……」之言相符，質言之，即制雖宣而磎並未就職。又舊紀自此已後至磎被殺止，並不書磎再命相，由是思之，余以爲舊紀實誤考磎初命相崇魯裂麻之事，併書於磎再命相之下，沈氏不能引此以證新書之確也。 復次新表所書磎拜罷之月日及其官，計如下四項：（新紀一〇、通鑑二五九及二六〇略同。）

乾寧元年六月戊午，翰林學士承旨、禮部尚書李磎本官同中書門下平章事。

庚申，磎罷爲太子少傅。 （新紀太傅誤。）

二年二月乙未，李磎爲戶部侍郎同中書門下平章事，判度支。

三月，磎罷爲檢校吏部尚書、守太子少師。

是磎居相位僅及一月，與舊傳「至乾寧初，又上第十一表，乃復命爲相，數月，與昭度同爲王行瑜等所殺，」不盡相協。 唯舊傳左授太子少師，似當依新表作少傅。 又舊紀之「以翰林學士承旨、禮部尚書知制誥李磎爲……，」乃追書其前官，亦不合。 至磎之兩相年月，則余未見新書之可信，故依舊傳書之。

太平廣記一二三引北夢瑣言云，「李磎字民望，拜相麻出，劉崇魯抱之而哭，改授太子少傅。」

*李昌遠大順二年三月自起居郎充。

昌遠、舊新書均無傳，新表七二上，趙郡李氏有同名者，時代不合。 英華三八四有薛廷珪授起居郎李昌遠、監察陸扆並守本官充翰林學士制，廷珪知制誥在大順初，已見前崔汪條，合觀舊書陸扆傳（引文見下條），故知昌遠充學士在二年三月也。 此後無可考。

*〔相〕陸扆大順二年三月自監察御史充。

扆、舊書一七九新書一八三有傳。舊傳云，「中丞柳玭奏改監察御史，大順二年三月，召充翰林學士，」今扆與李昌遠同制，（引見前條）故知昌遠亦二年三月授充矣。 唐大詔令五〇扆拜相制云，「仍歲展和鑾之狩，六年專制誥之勤，」大順二至乾寧三，正是六年。

扆所行制，英華四五七共收八通，茲分別考其年分：

朱崇節河陽節度 大順二，詳拙著唐方鎮年表正補。

周岳嶺南西道節度 吳表不詳，說見同上拙著。

陳珮廣州節度 據通鑑是景福二年六月。

李籌盧龍軍節度 據通鑑匡籌以乾寧元年正月授。

周岳湖南節度　吳表不詳，說見同上拙著。

張鐇彰義軍節度　據通鑑是乾寧元年十一月。

趙凝檢校太尉開府　制云，「姦兇構患，都邑縱兵，爰避艱虞，出居巖險，」應在乾寧二年八月前。

石善友振武節度、滕從兗邕州節度　吳表一列善友於景福二年，表七列存(?)兗於景福元年，自相矛盾。

改屯田員外郎，賜緋。　景福元年，加祠部郎中知制誥。

二年正月一日，賜紫。

均見舊傳。

六月二十二日，遷中書舍人。

舊紀二〇上、景福二年六月戊午，「以祠部郎中知制誥陸扆爲中書舍人，依前翰林學士，」戊午、二十二日，舊傳則作「五月拜中書舍人，」茲從舊紀書之。

乾寧元年五月，遷戶部侍郎知制誥，並依前充。

舊紀二〇上、乾寧元年五月，「以翰林學士、中書舍人陸扆爲戶部侍郎知制誥，充職，」充職依前充也，舊傳亦云，「乾寧初轉戶部侍郎。」

二年五月，改兵部侍郎知制誥。

舊紀二〇上、二年五月，「以翰林學士、戶部侍郎知制誥陸扆爲兵部侍郎，充職，」舊傳亦云：「二年，改兵部，進階銀青光祿大夫、嘉興男、三百戶。」

三年正月，加承旨。

昭宗實錄、乾寧二年二月九日，「丁酉，宣翰林學士承旨戶部侍郎知制誥陸扆、祕書監馮渥於雲韶殿考所試詩賦，」似二年二月九日已前，扆經進承旨，舊傳云，「三年正月，宣授學士承旨，」豈舊傳誤歟，抑黃氏誤記扆時爲承旨歟。舊紀二〇下祇云昭宗命翰林學士陸扆，不稱承旨，唐才子傳王貞白傳亦祇云翰林學士陸扆，況扆如二年正月爲承旨，則與趙光逢條及前引舊紀衝突，茲故依舊傳書之。

改尚書左丞知制誥。

舊傳云，「三年正月，宣授學士承旨，尋改左丞，」新傳亦云，「累爲尚書左丞」，學士院舊規稱承旨尚書左丞知制誥陸扆。

舊紀二〇上、三年二月下又云，「以銀青光祿大夫、戶部尚書、嘉興縣子、食邑五百戶陸扆爲兵部尚書，」是扆固常進——否則兼——戶、兵二尚也，顧舊、新傳均未之及，舊紀及楊鉅制於扆拜相時亦祇稱尚書左丞，茲故不取。

七月二十七日，拜戶部侍郎同平章事。

舊紀二〇上、三年七月，「丙午，制以翰林學士承旨、尚書左丞知制誥、嘉興縣開國子、食邑五百戶陸扆爲戶部侍郎同平章事，」丙午二十七日。英華四五〇楊鉅授制則稱「翰林學士承旨、銀青光祿大夫守（？）尚書左丞知制誥、上柱國、嘉興縣開國男、食邑三百戶，」子作男，五作三，與舊傳同，與舊紀小異。會要五七，「其年七月，翰林學士承旨陸扆拜中書侍郎平章事，」中書字誤。

全詩十二函三册貫休寄翰林陸學士詩，殆卽寄扆者。

*趙光逢景福中以祠部郎中知制誥入充。

光逢、舊書一七八新書一八二均附見，隱（已見重修記）之姪也。舊傳云：「景福中，以祠部郎中知制誥，尋召充翰林學士，」新傳所謂「以中書舍人爲翰林學士，」殆有省略，茲從舊傳。

全文八二四黃滔上趙員外啓，三稱員外學士，按唐末趙姓學士，今知者唯有光逢，豈光逢實自員外入而舊傳從略歟。

全詩十函十册滔又有投翰長趙侍郎詩，前之趙員外學士，殆光逢無疑。

遷中書舍人、戶部侍郎知制誥，加承旨，改兵部侍郎知制誥。

舊傳云，「正拜中書舍人、戶部侍郎、學士承旨。」

乾寧二年三月，遷尚書左丞知制誥，依前充。

舊紀二〇上、乾寧二年三月，「以翰林學士承旨兵部侍郎知制誥趙光逢爲尚書左丞，依前充職，」舊傳亦云：「改兵部侍郎、尚書左丞，學士如故。」復按舊紀三年十二月，「以前翰林學士承旨，尚書左丞知制誥趙光遠（逢之訛）爲御史中丞，」舊傳亦云：「乾寧三年，從駕幸華州，拜御史中丞，」似光逢充承旨直至乾寧三年末始罷者。但乾寧三年正月至七月時期，有陸扆爲承旨，具見舊書扆傳、舊紀、會要、新紀表及通鑑;同年九月之前,崔遠谿承旨,又有前文崔遠條所徵諸書可證,此云「前翰林學士」,當是追書其舊官,(舊紀載晚唐除授,常有此例。) 非謂三年十二月時光逢猶充承旨也。

光逢後入梁爲相,舊五代史五八、新史三五有傳。北夢瑣言,「太傅致仕趙逢仕唐及梁,……揚歷臺省,入翰林、御史中丞,」逢卽光逢,殆宋人諱省光字。

*薛貽矩約乾寧初自起居舍人充。

貽矩、舊五代史一八新史三五有傳。舊史云,「乾符中,登進士第,歷度支巡官、集賢校理、拾遺、殿中、起居舍人,召拜翰林學士,加禮部員外郎知制誥,轉司勳郎中,其職如故。」黃御史集七有上翰林薛舍人書及薛舍人書各一篇,登科記考二三於光啓元年知貢舉下引黃氏文,幷系以說云,「按黃滔以咸通十三年鄉薦,言五隨計吏,三歷貢闈,是在鄉薦之後數年,此年疑爲薛舍人知舉,其名俟考。」余按黃氏前書云,「滔伏以十一日纔除主人,旋瀝情懇,……且夫禮司取士,寒進昇名,若無哲匠以釿成,未有良時而自致,」此特言知貢舉者已奉詔派出,請薛舍人推薦,非舍人知舉也。不然者,知舉之人,非眞除禮侍亦權知禮侍,故書云,「禮司取士」,使舍人果知舉者,何書內祇稱彼爲學士舍人歟。況後書有云,「今月二十八日,張道古參軍仰傳仁恩,伏承舍人學士不以滔幽沈,榮賜論薦,……竊惟薦士,豈易其人,」明是謝舍人推薦,徐氏乃以爲舍人知舉,誤矣。據新書藝文志、張道古景福進士,今稱道古曰參軍,意滔之書卽乾寧初作,後來得舍人薦而獲雋者(滔乾寧二年進士),徐氏擬爲光啓初文章,亦不合。

薛氏曾充翰林學士者重修記祇薛調一人,卒咸通十三年二月,斷非其人,此外同時曾官中書舍人者,如

(1)薛廷珪 新書二〇三,「大順初,以司勳員外郎知制誥,遷中書舍人,從昭宗次華州,」元龜六五八稱廷珪「乾寧中爲中書舍人」,又英華三八二載廷珪所行錢珝膳中守中舍制,則乾寧二年乙卯冬月事。

(2)薛昭緯 舊紀二〇上、乾寧三年,「十月戊申朔,以中書舍人權知禮

部貢舉薛昭緯爲禮部侍郎。」

然均無曾入翰林之明文。 今與貽矩事迹合觀之，知黃滔所干之薛翰林舍人，實即貽矩，所謂舍人乃起居舍人，否則知制誥爲中書舍人未眞除之別衔，亦可尊稱曰舍人，唐末亂離，遷轉甚速，據此以推，貽矩之入禁林，如非乾寧初，當亦不過景福末也。

加禮部員外郎知制誥，遷司勳郎中知制誥，並依前充。

據舊五代史本傳，引文已見前，今郎官柱有殘損，勳中、禮外均不見貽矩名。

二年七月，以不及隨駕罷出院。

舊五代史云，「乾寧中，天子幸石門，貽矩以私屬相失，不及于行在，罷之，」按舊紀二〇上、乾寧二年七月癸亥，昭宗出走，晚幸莎城鎭，信宿乃移石門鎭之佛宮，是貽矩罷於乾寧二年七月也。然全詩十函七册、吳融中秋（此下一本有十五夜三字。） 陪熙用學士（此下一本有侍郎二字。） 禁中翫月詩云：「此夕無纖靄，同君宿禁林，」熙用、貽矩字，考融入內署在乾寧三年(見下文本條)，似無可疑，若舊五代史所記貽矩初罷內署已前之歷官（勳中）及詩題之「侍郎」字不誤，則此詩是貽矩再入時所作（參下文）。

貽矩後入梁爲相，與唐無關，故不書相。

*楊鉅乾寧初自尙書郎知制誥充。

鉅附見舊書一七七，其父收（見重修記）傳，云，「乾寧初，以尙書郎知制誥召充翰林學士，拜中書舍人、戶部侍郎，封晉陽男，食邑三百戶，從昭宗東遷，爲左散騎常侍卒，」所云尙書郎，不審某曹，中間有無出院抑終其身學士，亦不可知。

英華四四六有楊鉅册淑妃何氏爲皇后文，據舊紀二〇上、新紀一〇均作光化元年四月，（惟舊庚子、新丙寅異。） 通鑑二六一則書乾寧四年十一月戊寅。 四五〇有授陸扆平章事制，末署（乾寧）三年七月。 四五一有趙凝進封南康王制，（但訛鉅爲矩。） 按新書一八六、舊五代一七、新五代四一均不著此封，通鑑二六一、光化二年十一月，加匡凝兼中書令，今制云「貴仍遷於右座」，卽加兼中書令也。 四五八有授韓建華州節度使制（鉅亦訛矩），文云，「越自去秋，狩于太華，……今者沙澤之陽，疆理相接，……俾兼統制之權，……爾當視同如華，」據通鑑二六一、乾寧四年十月，以建爲鎮國、匡國兩軍節度使，是鉅所行制，可考者自乾寧三年秋至光化二年末也。

翰林學士院舊規之撰人，洪遵云，「按閣下本作李愚，唐志幷崇文總目作楊鉅，今以史爲正。」　余按舊規內多載昭宗時章制，其最晚之時日爲天復三年七月二十一日，李愚在唐（非後唐），未嘗入翰林，則似稱鉅撰者近是。但舊規內有云，「契丹書頭云，敕契丹王阿保機，」阿保機是遼太祖名，其稱王（帝）始天祐四年，直至後唐明宗天成元年乃卒，就此條論之，又應與愚爲翰林時相當，故若謂其書與愚完全無關，亦未愜當。

新書五八云，「（鉅）字文碩，收子也，昭宗時翰林學士、吏部侍郎」，與舊傳作戶部異，豈嘗歷官兩部歟。

*王彥昌乾寧二年七月自京兆尹判官權充。約三年初，拜京兆尹出院。

彥昌，舊新書均無傳。　唐摭言九云，「王彥昌，太原人，……廣明歲駕幸西蜀，恩賜及第，後爲嗣薛王知柔判官，昭宗幸石門時，宰臣與學士不及隨駕，知柔以京尹判鹺權中書事，屬近輔表章繼至，切於批答，知柔以彥昌名聞，遂命權知學士，居半載，出拜京尹，又左常侍、大理卿，爲本寺人吏所累，南遷，」按舊紀二〇上、乾寧二年七月，「權令京兆尹知柔知（依沈本補）中書事及隨駕置頓，使信宿，宰相徐彥若、王摶、崔胤三人至，乃移石門鎮之佛宮，」知彥昌權充，應在七月。又同紀「三年，春正月，癸丑朔，制以特進戶部尚書兼京兆尹嗣薛王知柔……充清海軍節度，」彥昌出除京尹，或即其時。

*裴庭裕乾寧中充。

庭亦作廷，嘗著東觀奏記，舊、新書均無傳。元龜五五四，「柳玭爲吏部侍郎，昭宗大順中，宰相監修國史杜讓能以宣宗、懿宗、僖宗三朝實錄未修，乃奏玭及右補闕裴廷裕、左拾遺孫泰、駕部員外郎李商、太常博士鄭光庭等十五人分修之，」依會要，此爲大順二年二月事，以其文觀之，庭裕是時未入翰林也。（李商、同書五五六作李裔，奏記及會要作李允，按商乃裔之訛，裔、允又皆胤字之諱避，元龜五六二正作胤。）

新志五八，「庭裕字膺餘，昭宗時翰林學士、左散騎常侍，貶湖南卒。」唐摭言一三云：「裴廷裕、乾寧中在內庭，文書敏捷，號爲下水船。梁太祖受禪，姚洎爲學士，嘗從容，上問及廷裕行止，洎對曰，頃歲左遷，今聞旅寄衡水，……向在翰林，號爲下水船。」又英華四五八有廷裕授孫儲邠州節度使制，復有吳融授儲秦州節度使制，後制云，「昨以邠土奧區，遹時闕帥，俾專旗鼓，用息烽煙，而屬千乘未臨，三軍獻狀，旣聞陳請，須議改移，」是儲授邠、遷秦，相去不遠，遷秦約乾寧四年（參後吳融條）。此亦足證廷裕乾寧中充翰林也。此外廷裕之文，有可考見其居翰林年月者，如

（1）授孫偓判戶部制。（全文八四一）制云，「正議大夫守中書侍郎同中書門下平章事、上柱國、賜紫金魚袋孫偓，……可銀青光祿大夫、依前中書侍郎同中書門下平章事、充集賢殿大學士、兼判戶部事、仍封安樂（二字乙）縣開國子、食邑五百戶，餘如故，」據新表六三、乾寧三年七月乙巳，崔胤出爲武安軍節度，偓爲中書侍郎，至八月戊午，陸扆爲中書侍郎判戶部，則此制當行於是年七八月間。制中有云，「張說當玄宗之代，初啓集賢，竇參居德宗之朝，別分戶部，」制末之新授各職，未有誤也，得此可以彌新表之缺。

（2）大唐故內樞密使……吳公（承泌）墓誌銘。末云，「乾寧二年春正月二十日薨於遂水，年四十五，君命也，冬十月一日，上御札示中書門下，許公昭雪，十一月二十日，葬於京兆府萬年縣滻川鄉北姚村，……公之季知象、猶子恕己以書寓門僧，請銘於裴廷裕，時爲天子詞詔之臣，不得辭，」首題「翰林學士、朝議郎守尚書司封郎中知制誥、柱國、賜紫金魚袋裴庭裕撰」（萃編一一八，參全文八四一。）按舊紀二〇上、乾寧二年十月丁亥，（四日）制應大順已來有非罪而加削奪者，並復官資，承泌昭雪，亦屬同類。

（3）東觀奏記自序。序云，「聖文睿德光武弘孝皇帝自壽邸卽位二年，監修國史丞相晉國公杜讓能以宣宗、懿宗、（僖宗）三朝實錄未修，歲月漸遠，慮聖績湮墜，乃奏上選中朝鴻儒碩學之士十五人，分修三聖實錄，以吏部侍郎柳玭、右補闕裴廷裕、左拾遺孫泰、駕部員外郎李允、太常博士李（鄭）

光庭專修宣宗實錄，……踰歲、修例竟未立，……且奏記於監國史晉國公，」四庫提要五一定其書爲大順、景福間作。余嘉錫氏提要辨證史部二云，「案唐會要卷六十三云，大順二年二月，敕吏部侍郎柳玭等修宣宗、懿宗、僖宗實錄……踰年，竟不能編錄一字，惟廷裕採宣宗朝耳目聞覩，撰成三卷，目曰東觀奏記，納於史館，是此書之成，會要具有年月，且唐書藝文志亦明注爲大順中，提要乃僅據杜讓能歷官推其年月，考證至二百餘言，徒爲詞費耳。」余按會要之年月，乃詔修之年月，非東觀奏記成書之年月，觀裴氏自序「踰歲修例竟未立」一語，則其書最早止成於大順二年之踰年，——即景福元年——若會要末段，實節錄自序之文，初未明具年月，新藝文志之「大順中」，又不過本會要約略言之，提要二百餘言，半引自序，其餘所論，尙循考證正軌，余氏猥詆爲詞費，過矣。

觀2條、知廷裕入內署，最遲在乾寧二年十一月已前。

歷司封郎中知制誥。

引見前文。

授左散騎常侍出院。

全文八三一錢珝授廷裕左散騎常侍制，「勅具官裴廷裕，……況詞臣之任，君命所垂，苟詳慎之有乖，繫事機而實重，旣聞輿論，得以移官，以爾……自居侍從，亦謂勤勞，乃推游刃之功，庶叶匿瑕之道，未能降秩，且復立朝，珥貂猶假於寵光，夾乘仍親於左右，將存大體，以息多言，」是廷裕以漏言出，惜未詳其前官。又錢珝光化三年六月獲譴(見後張玄晏條)，廷裕出院，應在其前。

*薛貽矩自中書舍人充。

貽矩已見前，此復入也。舊五代史一八云，「旋除中書舍人，再踐內署，」其復入之年，難以確定，最早當不過乾寧二年末也。

歷戶部、兵部二侍郎知制誥，加承旨？

舊五代史云，「歷戶部、兵部侍郎、學士承旨，」新五代史不舉戶部。知制誥三字係依唐制增之。涉承旨一節，將於補承旨記論之。

天復三年二月，貶夔州司戶。

舊書一七七崔胤傳，「昭宗初幸鳳翔，……及還京，胤皆貶斥之，又貶……學士薛貽矩夔州司戶，韓偓濮州司戶，姚洎景王府咨議，」是貽矩約於天復三年二月與韓偓同時貶也。舊五代史云，「及昭宗自鳳翔還京，大翦閹寺，貽矩尙(嘗)爲韓全誨等作畫贊，悉記於內侍省屋壁間，坐是譴官，」特崔胤掎摭之詞耳。

全詩十函七册吳融有送薛學士赴任峽州二首；第一首云，「負譴雖安不敢安，疊猨聲裏獨之官，」以時徵之，應是貽矩，唐無峽州，有硤州，硤、夔雖近而地異。十二函三册貫休詩十二亦作送薛侍郞貶峽州司馬，詩云：「得罪唯驚恩未酬，夷陵山水稱閑遊，」夷陵郡正硤州，是硤州之貶，已獲兩證，豈舊傳誤歟，抑後來累貶歟，懸以俟考。

※鄭璘約乾寧中充。

姚應績讀書後志一云，「翰林雜志一卷，右不題撰人，輯唐韋執誼故事、元稹承旨壁記、韋來徵新樓記、杜元穎監院使記、鄭璘視草亭記并詩、李宗諤題名記爲一編，或云蘇易簡子耆采其父翰林續志所遺附益之。」按來徵乃表微之訛，上舉六人中，除李宗諤係宋景德學士外，其韋執誼、元稹、韋表微、杜元穎四人，均唐時學士，依此而推，鄭璘亦曾入翰林者，惟其記及詩已佚。璘、從讜之子也，止見新表，舊、新書都無傳。

全文八二一收璘文六首，玆依次考之。

(1)授王摶諸道鹽鐵轉運等使制　制云，「扶危匡國致理功臣、光祿大夫守吏部尙書、同中書門下平章事、上柱國、瑯琊(郡)開國公、食邑二千戶王摶，(摶)……可門下侍郞，依前兼吏部尙書、同中書門下平章事、監修國史、充諸道鹽鐵轉運等使，功、勳如故，」依新表六三，此是乾寧四年四月所授。

(2)授錢鏐潤州節度使制　制云，「昨者董昌輒生狂逆，顯負恩榮，旣署官僚，復更正朔，……鏐於此時，獨奮忠節，……爰整干戈，竟開城壘，捷書上獻，殊庸卓然，……是用益其疆土，盛彼旌旄，增鏡水之名封，兼金陵之奧壤，合此重寄，殷爲大藩。」按吳越備史、乾寧三年十月，敕改越州爲鎭東軍，授王領鎮海、鎮東等軍節制使，舊紀二〇上則於三年八月六日甲寅下書鏐權領浙江東道軍州事，即制所謂增鏡水之名封也，備史作十月，或舉其詔到上任之日。題稱潤州節度使，意標署亦誤，此制可定其行於三年秋間也。

(3)授李繼密山南西道節度使制　據通鑑二六一，此是光化元年五月授。制云：「可權知河陽節度使、觀察留後、特進、檢校司徒兼御史大夫、上柱國、隨郡開國子、食(邑)五百戶，」河陽字誤。

(4)授安友權安南節度使制　唐方鎮年表七始列友權於乾寧四年，待證。

(5)皇帝第八男祕第九男祚第十男祺封王制　舊書一七五、景王祕、祁王祺均乾寧四年十月二十二日封，新紀一〇同(甲子二十二日)。英華四四五署乾寧四年十月，惟舊紀二〇下云：「乾寧四年二月，封輝王，名祚，」「二」字誤。

(6)授李鐬邕州節度使制　按通鑑二六二、光化三年五月後，書邕州軍亂，逐節度使李鐬，則鐬任在此前，唐方鎮年表七書鐬任始乾寧四年，是否待證。

依(2)(3)兩條，璘之行制，計居乾寧三年秋至光化元年五月一箇時期，(2)、(3)、(4)、(6)四制，英華四五八附翰林制誥內，(首安友權、次錢鏐、次李鐬、次李繼密。)足見璘嘗充翰林也。

璘之歷官，可考者有尚書左丞；(韓內翰別集)又全文八三七薛廷珪授考功員外郎鄭璘、司勳員外郎盧擇並充史館修撰制云，「紀綱專總於丞相，筆削分任於名儒，……而崇望言爾等博聞強識，」按劉崇望以景福元年二月外除，考外當璘大順末所官。

※張玄晏約乾寧三年秋自員外郎充。

玄晏、舊、新書均無傳。英華三八四有錢珝授右司郎中張玄晏翰林學士制，據新書一七七，珝以宰相王摶薦知制誥，摶敗，貶撫州司馬，而摶初相在景福元年末，(此據舊紀二〇上，新表六三則在乾寧二年三月。)賜死在光化三年六月，珝自撰舟中錄序(英華七〇七)云，「乙卯歲冬十一月，余以尚書郎得掌誥命，庚申歲夏六月，以舍人獲譴佐撫州，」乙卯即乾寧二年，庚申即光化三年，令制有「吾越在關輔不遑燕居」之語，當是乾寧、光化間昭宗幸華州時之制。

全文八一八玄晏有未召試先與孫相公啓，唐末孫姓宰相唯偓一人，據新表六三，其作相屆乾寧二年十月至四年二月間，未召試者，未入翰林前之召試也。又有上承旨崔侍郎啓，崔姓充承旨與偓相同時者曰光遠，其任期應屆三年七月丙午（承旨陸扆出相）洎同年九月乙未（是日遠出相）之間。又有先與承郎啓，依前首題目勘之，當是「先與承旨崔侍郎啓」之訛奪，亦未召試前所上，與前上孫相公啓同；此啓有云，「伏見宮相楊侍郎、右司趙員外奉揚尊旨，竊話昌言，伏審侍郎學士俯錄𧈭微，獎稱靡薄，」按宮相即翰林別稱，楊鉅以乾寧初入，後遷侍郎，宮相楊侍郎疑是鉅，合諸後所考證，玄晏決三年秋入充無疑，未久而改駕外知誥，至冬而遷本司郎中，事實上或是如此。

全文同卷謝奉常僕射啓云，「某今日伏奉聖旨，令充職翰林者，……遂忝決科，俄榮筮仕，始優遊於諫省，旋履歷於霜臺，郎署一棲，星霜六變，……忽垂大恩，顧及衰緒，……竟使凡材，遽膺劇職，參玉堂之侍從，掌金殿之書詞，」依此，知玄晏未入內署前，嘗歷遺補、御史、省郎各官而以省郎入充者。

又玄晏謝奉常僕射啓云，「伏奉敕命授尚書駕部員外郎知制誥、依前充職者，……伏蒙僕射不次垂恩，驗涯降德，……因得擺脫塵泥，昇騰霄漢，專玉堂之詔誥，追金馬之遊從，……孰謂纔踰累月，又陟華資，」觀其文，知玄晏擢知制誥在入充翰林之後，依前充職者充翰林也。

又玄晏謝時相啓云：「某伏奉今日敕授尚書駕部郎中知制誥、依前充職者，……繆因銘鑄，驟陟煙霄，掌禁苑之文詞，列金門之侍從，……忽自秋而徂冬，每素飧而尸祿，……相公曲示洪鈞，重磨頑璞，……遂使移粉署應星之列，帖掖垣掌誥之名，」郎官上應列宿，應星者郎中也，唐人稱兼官曰帖，指知制誥言也，此蓋玄晏由駕外遷本司郎中，由自秋一語觀之，殆秋時以駕外知制，同年冬即改郎中，唐末升除甚速，不足奇也。

玄晏既入翰林後之遷轉，既如是歷歷，今錢珝授制前文祇省作「具官」，文末又祇云「可依前件」，復不類已入翰林後升除之語，頗疑「右司郎中」四字有誤，懸以俟考。

全文八三五錢珝代戶部孫相公謝授兄太常卿表，「伏奉今月某日敕命，授臣親兄太常卿檢校右僕射者，」新表六三、乾寧二年，「十月，京兆尹孫偓爲戶部侍郎同中書門下平章事判戶部，」戶部孫相公、偓也，新書一八三、偓兄儲，卽授太常卿、檢校右僕射者也，由玄晏之謝奉常僕射啓洎先與孫相公啓合觀之，知玄晏人翰林，蓋藉儲之力以介於其弟者，奉常卽太常也。

復次英華四四五皇第十一男禎(禎)封雅王第十二男祥封瓊王制，係張玄晏所行，末署光化元年十一月，舊書一七五稱十一月九日封。又英華四五七載玄晏所行節鎮制多通，其較前者如授王潮威武軍節度使制，據通鑑二六〇、乾寧三年九月庚辰，升福建爲威武軍，以觀察使王潮爲節度使。又授龐從武寧平難軍節度使改名師古制，據通鑑二六一、乾寧四年三月丙子，授龐師古爲武寧留後。英華四七二玄晏所爲下元金籙道場青詞，首云：「維乾寧二年歲次丙辰十月戊申朔十二日己未，」二年乃三年之訛，是玄晏入翰林約可推至乾寧三年九月矣。此外李繼徽邠州制在乾寧四年，馮行襲昭信制在光化元年正月，王敬蕘武寧、張珂彰義二制在光化二年正月，李思敬武定李繼顏保大制，據方鎮年表亦光化二年，惟以何年出署，不得而詳。

新書六〇有張玄晏集二卷，云，「字寅節，昭宗翰林學士。」

英華三九二有殿中侍御史張玄晏授都官員外郎制，係薛廷珪行，依前文所推，乃大順初以後之除授，應在未入翰林前。

千唐盱眙令鄭潰誌，咸通甲午(卽乾符元)十月立，題「鄉貢進士張玄晏撰」，當卽其人。

歷駕部員外郎知制誥，駕部郎中知制誥，右司郎中(?)依前充。

均引見前文。

*吳融約乾寧三年自禮部郎中充。

融、新書二〇三有傳，云，「龍紀初，及進士第，韋昭度討蜀，表掌書記，遷累侍御史，坐累去官，流浪荆南，依成汭，久之，召爲左補闕，以禮部郎中爲翰林學士。」(解題一九龍紀元年進士)考唐摭言載融軼事數條：

(1)翰林侍郎濮陽公融。(卷三)

(2)吳融廣明、中和之際，久負屈聲，雖未擢科第，同人多贊謁之。(卷五)

(3)景福中，……時吳子華任中諫。(同上，子華、吳融字。)

(4)盧延讓光化三年登第，先是……吳翰林融爲侍御史，出官峽中，……後値融赴急徵入內庭，孜孜於公卿間稱譽不已，光化戊午歲，來自襄南，融一見如舊相識。(卷六，戊午卽光化元年)。

(5)光化三年，……時內翰吳融侍郎、西銓獨孤損侍郎。(卷十一)

(6)昭宗天復元年正旦，東內反正，旣御樓，內翰維吳子華先至。(卷十三)

由此尋究，約知融景福中累遷侍御史，後出官峽中，在光化元年以前被徵入翰林者。

融制誥之有年代可考者，如

(甲)授孫儲秦州節度使制(英華四五八)，據唐方鎭年表，儲授此官在乾寧四年。

(乙)授劉崇望東川節度使制(同上)，按舊書一七九崇望傳，「及王行瑜誅，太原上表言崇望無辜放逐，時已至荆南，有詔召還，拜吏部尙書，未至，王摶(原訛溥，據沈本改，可參拙著唐史餘瀋宰相王摶條。) 再知政事兼吏部尙書，乃改崇望兵部尙書，時西川侵寇顧彥暉，欲併東川，以崇望檢校右僕射平章事梓州刺史劍南東川節度使，」王摶兼吏尙應在乾寧三年八月，而王建攻陷梓州，據新紀在四年十月，則此制當行於三、四年之間。

(丙)授孫德昭安南都護充淸江軍節度使制(同上)，據舊紀二〇上及通鑑二六二，係天復元年正月。

(丁)授王行審鄜州節度使制(同上)，待考。

(戊)李茂貞封岐王加尙書令制(英華四五一)，通鑑二六二書此於天復元年正月丙午後。

(己)上元靑詞(英華四七二)，題光化四(卽天復元)年正月十五日己亥。

復次全文八二〇吳融禪月集序，「沙門貫休，……止於荆門龍興寺，余謫官南行,因造其室,……越三日不得往來,恨疎矣,如此者凡朞有半,……丙辰歲,余蒙恩詔歸,與上人別,」丙辰、乾寧三年也,全詩十二函三册亦有貫休送吳融員外赴闕。宋僧傳三〇貫休傳,「北謁荆帥成汭,初甚禮焉,於龍興寺安置,時內翰吳融謫官相遇,往來論道論詩,融爲休作集序,則乾寧三年也。」全詩十函十册黃滔和吳學士對春雪獻韋令公次韻,按吳學士似即融,韋令公則昭度也,然舊紀二〇上、昭度乾寧二年五月被殺,於時融未入翰林也,姑存疑於此。

合上研討,故謂融入充翰林約乾寧三年。

拜中書舍人,進戶部侍郎。

均見新書本傳。

全文九二二疊域禪月集後序,「有唐翰林學士、兵部侍郎吳融請爲敍,」按學士率由戶侍改兵侍,新傳是否失載兵侍一遷,待考。

天復元年十一月,駕幸鳳翔,不克從去。俄召還翰林,遷承旨卒。

新傳云,「鳳翔刼遷,融不克從去,客閿鄉,俄召還翰林,遷承旨,卒官,」召還疑在三年正月回京之後,因全詩十函七册吳融有閿鄉寓居十首,(一作卜居一十,閿鄉上有壬戌歲三字。)壬戌、天復二年。

*韓儀乾寧中充。

新書一八三韓偓傳,「兄儀,字羽光,亦以翰林學士爲御史中丞,」容齋續筆一一云,「唐昭宗出幸華州,……水部郎中何迎表薦國子博士朱朴,……遂拜爲相,中外大驚,唐制詔有制詞,學士韓儀所撰,……儀者偓之兄。」

改諫官者通例出翰林,儀以何時出院,不詳。新傳有云,「偓貶之明年,……貶儀棣州司馬。」

儀所行制,今全文八四〇共收八首,茲依次考之。

(1)授朱朴平章事制 制云,「朝散大夫守國子毛詩博士、上柱國、賜紫金魚袋朱朴,……可朝議大夫同中書門下平章事,」英華四五〇署乾寧三年八月,按朴之相,新紀一〇、新表六三均書乾寧三年八月乙丑,唯舊紀二〇上以爲四年五月乙亥朔。又新紀表朴以左諫議大夫入,舊紀作右,制之「可朝議大夫，」實「可□諫議大夫」之訛奪。

有應於此附言者，玉堂嘉話一收李紳拜相制乙通，告末中書侍郎崔珙奉宣，後有中書舍人臣孔温業行字樣，唐文拾遺卷三〇據收，且以爲温業之作。按唐中以後，相制向由內翰所草，温業祇是奉行之員，非草制之員也，此制應改入闕名類，翰林志云，「南詔及大將軍清平官書用黃麻紙，出付中書奉行，卻送院封函，與回紇同，」可證。

（2）授王摶平章事制　制云，「扶危匡國致理功臣、新授武勝軍節度浙江東道管內觀察處置兼宣撫等使、金紫光祿大夫、檢校尚書右僕射、同中書門下平章事、使持節越州諸軍事越州刺史、上柱國、□□□開國公、食邑二千戶王搏（摶），……可光祿大夫守吏部尚書、同中書門下平章事，功臣、勳、封並如故，」按此當是乾寧三年八月所行，說見拙著唐史餘瀋宰相王摶條。

（3）授韓建昌黎郡王制　制云，「去秋迎鑾郊次，駐蹕州城，……既而首貢封章，議建儲貳，……是乃錫功臣之號，封二姓之尊，」據舊紀二〇上、乾寧三年七月幸華州，四年二月丙辰建表請封皇太子，己未冊德王裕爲皇太子，三月戊寅，制韓建進封昌黎郡王，改賜資忠靖國功臣，則此制乃乾寧四年三月所行。

（4）授王鎔常山郡王、羅弘信長沙郡王、劉仁恭彭城郡王制　此未得其確月日。唯舊紀二〇上、乾寧二年八月，仁恭始自留後爲節度，光化元年九月，弘信進封臨淸郡王，是月卒，又通鑑二六一、乾寧四年十月下，「全忠奏加仁恭同平章事，朝廷從之，」今制中有「眞相正三台之位，掌武居一品之尊，增實封以錫圭田、升虛邑而光寳節」等語，第一句即加同平章事也，郡王、從第一品也，由是知此制蓋四年冬間所行而王、羅與劉同時晉封者，是亦可以補舊、新書暨舊、新五代史各傳之闕。又常山貞石志跋王鎔誌云，「志云（上泐）檢校太保封常山郡王，文德元年又昇太傅，又有（上泐）封□百戶，文苑英華有授王鎔常山郡王羅弘信長沙郡王劉仁恭彭城郡王制，史皆不載其冊封年月，弘信、仁恭傳亦然。考兩唐書僖宗本紀、弘信爲魏博留後，在文德元年二月，其殺魏博帥樂彥禎，在是年四月，文德元年即光啓四年，本紀、文德元年二月戊子，上御承天門，大赦，改元文德，據此，則弘信正拜節度封長沙郡王，已在改元文德之後，王鎔與之同制，卽係同時册封，志文敍其事於文德元年昇太傅前，未知何故。」 按沈氏因弘信事而致疑，今再就仁恭事徵之，益見誌之有誤也。

(5)授成汭上谷郡王制　制云，「今則移紫微之尊秩，疏異姓之殊封，位冠三台，爵逾五等，」按紫微、中書令之別稱，然唐代侍中常先於中書令。(說詳拙著通鑑比事舉疑。) 位冠三台句又似指侍中言之。 通鑑二六一、乾寧四年七月，加荆南節度使成汭兼侍中，又光化二年七月，加汭兼中書令，又舊五代史一一七祇云，「累官至檢校太尉，封上谷郡王，」新唐書一九〇云，「進累檢校太尉、中書令、上谷郡王，」均不詳其封年，余意紫微兩字不易訛，則殆光化所授也。

(6)授葛從周兗州節度使制　按舊五代史一六從周傳，光化三年授兗州節度使，唯舊紀二〇上則於乾寧四年十一月下，書「以檢校司空權知兗州兵馬事葛從周爲兗州刺史、充泰寧軍節度使，」又據通鑑二六一、是歲「三月丙子，朱全忠表曹州刺史葛從周爲泰寧留後，」如依通鑑及薛史，是遲至三年始行實授，頗有可疑。 中州金石記三跋葛從周神道碑，謂碑字可辨者與薛史不甚異，疑薛據碑爲傳，惜此碑漫泐過甚，不能提出炳證，而韓制雖二百餘字，又語多通套，初無權知或正除字意，是皆不易推詳之要因也。

(7)授李思讓延州節度使制　制云，「昨以邠岐勵衆，畿甸匪寧，授以統臨，錫之鈇鉞，……朕念兵革繁興，十有八載，……又念昨者邠人不令，潛持兩端，有誤軍機，遂成退守，復臨彼土，自不懷安，」按舊紀二〇上、乾寧二年八月丁酉，夏州節度使李思諫充邠寧東北面招討使，通鑑二六一、乾寧四年正月己亥，以副都統李思諫爲寧塞節度使，(新書方鎮表、光化元年，更延州保塞節度爲寧塞節度。) 與新紀一〇均作思諫，不作思讓，此蓋乾寧四年初所授也。 自廣明元年僖宗播遷起，至此恰十八載，故制云然。

(8)授李成慶夏州節度使制　唐方鎮年表一系成慶於乾寧三年以繼李思諫，因通鑑二六〇是年九月以前定難節度使李思諫爲靜難節度也。 然制有云，「未行眞命，且假劇權，士心咸感於惠和，封部果臻於寧肅，既符試可，須議與能，方當殄寇之時，將用正名之典，……今則近輔元渠，久未誅翦，」是成慶固先權知留後、後乃實授者，其實授不定在三年也。考四年九月復有討茂貞之議，見新紀、通鑑，意此制卽其時所行歟。

合上解析，知儀行制年月之較可確定者，爲乾寧三年秋至四年冬一時期，5、6兩制，頗有疑問。

改御史中丞出院。

引見前。

*盧說約乾寧末充，歷兵部侍郞。

英華四一九有錢珝翰林學士兵部侍郞盧說妻博陵郡君崔氏進封博陵郡夫人制，應是乾寧二年末至光化三年夏所行。(說見前)說、舊、新書均無傳，新表亦不見。

同上四五八盧說授馬殷湖南節度使制云，「有以元戎隕喪，軍俗上陳，言其以得士心，可使爲帥，姑徇人欲，爰假武符，……或始逾星紀，……不有卽眞之命，曷明勸賞之文，」通鑑以殷除武安留後爲光化元年三月。但同制於李思敬則云，「或以難兄告老，瀝懇以聞，俾諧內舉之誠，爰頒試守之命，……或曾未半期，」據通鑑二六〇、乾寧三年三月，「保大節度使李思孝表請致仕，薦弟思敬自代，詔以思孝爲太師致仕，思敬爲保大留後，」如此節年月不誤，依制曾未半菁推之，思諫卽眞，約在乾寧三年九月前。況通鑑二六〇既於乾寧三年九月書「以湖南留後馬殷判湖南軍府事，」復於二六一光化元年三月書「以潭州刺史判湖南軍府事馬殷知武安留後，」似涉複出。由制觀之，三年九月便是眞除，與思諫之曾未半菁適相合也。所差者殷自知留後在三年四月，舊、新紀，通鑑皆同，又與始逾星紀不合，事應存疑云。

全文八二一收盧說此制云，「說官汝陽主簿」，未審何據。又全詩十二函四册齊己有送盧說亂後投知己，觀題與詩，似未至達官者，其爲姓名相同抑說未達時事，均待考。

*韓偓、光化中自司勳(封？)郞中兼侍御史知雜事、賜緋充。

英華三八四有錢珝授司勳郞中兼侍御史知雜事賜緋魚韓偓本官充翰林學士制，總曰則作司封郎中，(據郎官考五引)今郎官柱封中未行有闕泐，勳中無偓名，似封中近是。偓、新書一三八有傳，云，「擢進士第，佐河中幕府，召拜左拾遺，」才子傳九稱龍紀元年趙崇下擢第，今制有云，「朕初嗣丕業，擢升諫曹，」即指左拾遺言也。

新傳、偓字致光，唐詩紀事曰，偓小字冬郎，字致堯，今曰致光，誤矣，馮浩玉溪詩註二云，「吳融集亦作韓致光，史文必不誤也，」近人謂偓佺、堯時仙人，應作致堯。余按偓兄儀字羽光，致光或涉此而訛。

關於偓入充翰學之年分，新傳與才子傳記載不符，雨非信史，而以新傳爲近是。新傳云，「後遷累左諫議大夫，宰相崔胤判度支，表以自副，王溥薦爲翰林學士，遷中書舍人，偓嘗與胤定策誅劉季述，昭宗反正爲功臣，」胤判度支、舊紀二〇上在光化三年九月，新表六三在六月，又舊紀、「天復元年春正月甲申朔昭宗反正，」依此以讀新傳，偓充翰學，其必在天復前無疑矣。才子傳則云，「天復中，王溥薦爲翰林學士，遷中書舍人，」乎加天復中三字。夫反正之前，已晉中舍，而初充翰學之日，猶是郎中，此初充最遲不過光化之證也。最要者錢珝行制，新書一七七云，「子珝，……宰相王摶薦知制誥，進中書舍人，摶得罪，珝貶撫州司馬，」摶以光化三年六月賜死，(舊紀)珝貶亦同時，(見前張玄晏條。) 尤爲偓充翰學不始天復之鐵案。蓋翰林學士爲兼知事務，轉官之後，往往依前充職，致新傳夾敍於中間而不明著先後，其例前文數數見之，書翰學於遷累諫議之下，雖不確符，要在反正之前，吾故謂其近是也。至唐摭言六云，「韓偓天復初入翰林，其年冬，車駕出幸鳳翔，」亦屬傳聞失實，通鑑二六二、天復元年六月後書云，「上之返正也，中書舍人令狐涣、給事中韓偓皆預其謀，故擢爲翰林學士，」謂反正後偓始充翰學，其誤與摭言同。況諫議會昌後升爲四品，階比給事中高，新傳作諫議而通鑑作給事中，兩文又小異也。毛晉韓內翰別集跋云，「玆吳匏庵叢書堂抄別集，皆天復元年辛酉入內庭後詩也，」以偓爲天復元年入內庭，亦失考。

全文八三二錢珝授竇回鳳翔節度副使崔澄觀察判官韓偓節度掌書記等制，「漢詔子弟理郡國，必擇諸儒有材行者以左右之，……今朕以汧岐奧壤而輔京師，推擇統臨，重在藩邸，用乃命丞相選賓介於朝，……偓等亮直勤敬，如在諫省郎署時，」按通鑑二六一、乾寧四年六月乙卯，以覃王嗣周爲鳳翔節度使，即制所謂詔子弟理郡國也。 全詩十函七册韓偓詩引，「余自刑部員外郎爲時權所擠，値盤石出鎭藩屏，朝選賓佐，以余充職掌記，鬱鬱不樂，因成長句寄所知，」又知偓是時方官刑外，此事新傳未載。

偓、秋雨內宴一首，下注乙卯年作，卽乾寧二年也，由前文觀之，偓是時尙未內直。偓又有錫宴日作一首，自注，「是歲大稔，內出金幣賜百官充觀稼宴，學士院別賜越綾百匹，委京局句當，後宰相一日宴於興化亭，」又注，「是日在外四學士排門齊入同進狀，辭赴宴所，奉宣差學士院使二人押去，」又注，「當直學士二人，至晚、學士院使二人却押入直，餘四人在外，可以卜夜，」此爲何年事，未之確考，但知是時學士有六員而已。

新傳又云，「偓因薦御史大夫趙崇勁正雅重，可以準繩中外，帝知偓崇門生也，嘆其能讓，」按舊紀、光化三年七月，「御史大夫上柱國趙崇封天水縣開國子、食邑五百戶，」意亦因偓薦而加恩者。

累遷左諫議大夫、中書舍人，竝依前充。

兩遷均見前引新傳，遷諫議當光化末事，（參通鑑二六二）後加承旨，故知其「竝依前充」也，新傳昭宗答李彥弼亦有奈何不欲我見學士之語。

天復元年，遷兵（？）部侍郎知制誥，加承旨。

新傳云，「至鳳翔，遷兵部侍郎，進承旨。」

偓無題詩序，「余辛酉年，……是歲十月末，余在內直，一旦兵起，隨駕西狩，」又有辛酉歲冬十一月隨駕幸岐下作，按在內直云云，非是時始入翰林之謂。 綠偓隨駕鳳翔，回鑾不半月，卽被外貶，今在鳳翔所賦數首，均有注明，（全詩十函七册。） 而如中秋禁直、六月十七日召對自辰及申方歸本院兩詩則不注；更顯者錫宴日作注謂宴興化亭，據長安志九、興化坊，「晉國公裴度池亭，白居易詩宿裴相興化池亭兼借船舫遊泛，」尤見在長安不在岐下也。

通鑑二六三、天復二年四月，「辛丑，回鶻遣使入貢，請發兵赴難，上命翰林學士承旨韓偓答書許之。」

改戶(?)部侍郎知制誥。

舊紀二〇上、天復三年正月,「上又令戶部侍郎韓偓、趙國夫人寵顏宣諭於全忠軍,」不知改官於何時,參補承旨記。

三年二月十一月,貶濮州司馬。

新傳云,「全忠至中書,欲召偓殺之,鄭元規曰,偓位侍郎學士承旨,公無遽,全忠乃止,貶濮州司馬。」按舊紀二〇上、昭宗以三年正月二十七日己巳還京,(是月小建)全忠以二月二十七日戊戌歸大梁,偓出官經硤石縣詩係天復三年二月二十二日作,同詩又注,「是月十一日貶濮州司馬,」(通鑑二六四書作癸未,乃十二日。 蓋回都甫及旬日也。 舊書一七七崔胤傳作韓偓濮州司戶,與新傳及詩注異。

全詩十二函三册,貫休有江陵寄翰林韓偓學士詩。

函學紀聞一四云,「韓偓自書裴郡君祭文,首書甲戌歲,銜書前翰林學士承旨、銀青光祿大夫行尚書戶部侍郎知制誥、昌黎縣開國男、食邑三百戶韓某。」(翁注云,「案此條全錄劉克莊語。」)

崇文總目、「金鑾密記一卷,韓偓撰。」 新書五八、「韓偓金鑾密記五卷。」郡齋讀書志六、「金鑾密記一卷,右唐韓偓撰。 偓天復元年爲翰林學士,從昭宗西幸,朱溫圍岐三年,偓因密記其謀議及所見聞,事止於貶濮州司馬。予嘗謂偓有君子之道四焉;唐之末、南北分朋而忘其君,偓崔胤門生,獨能棄家從上,一也。 其時搢紳無不交通內外以躐取爵位,偓獨能力辭相位,二也。 不肯草韋貽範起復麻,三也。 不肯致拜於朱溫,四也。 詩曰,風雨如晦,雞鳴不已,偓之謂矣,而宋子京薄之奈何。 一本釐天復二年,三年各爲一卷,首尾詳略頗不同,互相讎校,凡改正千有餘字云。」 (元年表本作中。 按「爲」者「時爲」之謂,非「始爲」之謂。) 書錄解題五云,「金鑾密記三卷,唐翰林學士承旨京兆韓偓致堯撰,具述在翰苑時事,危疑艱險甚矣。 昭宗屢欲相之,卒不果而貶,竟終於閩,非不幸也。 不然,與崔垂休輩駢肩就戮於朱溫之手矣。」合四家言觀之,新志五卷實三卷之訛。 所記天復間事,通鑑採入不少,今說郛所收,衹零星數條耳。玉谿年譜四引有近人震鈞編韓譜,未之見。

※〔柏〕張文蔚約光化末自中書舍人充。

文蔚、舊書一七八附見其父裼傳，（裼已見重修記）舊五代史一八、新史三五亦有傳。舊書云：「龍紀初，入朝爲尚書郎，乾寧中，以祠部郎中知制誥，正拜中書舍人，賜紫，崔胤秉朝政，與蔚同年進士，尤相善，用爲翰林學士，」據舊一七七崔胤傳，「光化中，貶（王）摶溪州司馬，（舊紀二〇上作崖州司戶。）……自是朝廷權政皆歸於己，」故擬爲光化末事。

全詩十函六册，鄭谷寄司勳張員外學士詩，「平昔偏知我，司勳張外郎，昨來開倣棲，憂甚欲顛狂，」按學士非必翰林，惟舊五代史文蔚曾官勳外，亦疑鄭谷所寄詩者，顧又與舊書中舍入充不合，（或是集賢。）唐末史乘多訛闕，是猶有研考之必要也。新書六〇又言谷「乾寧中以都官郎中卒於家，」郡齋讀書志一八則云，「遷右拾遺，歷都官郎中，乾寧四年歸宜春，卒於別墅，」今齊己江上望遠山寄鄭谷郎中注云，「公時退居仰山，」（十二函五册。）又有戊辰歲湘中寄鄭谷郎中詩（同函四册），是知谷以都官郎中退休，其卒在梁開平二年巳後，非謂谷乾寧中卒，讀者無以辭害意也。（祖無擇鄭都官墓表未得讀，故先就所見釋之。

遷戶部侍郎知制誥，轉兵部侍郎知制誥，並依前充。加承旨。

舊書云，「戶部侍郎轉兵部」，兩知制誥字樣均依唐制增入。舊五代史云，「轉戶部侍郎，仍依前充職，」未舉兵部。據舊書一七九柳璨傳，「翌日對學士，上謂之曰，朕以柳璨奇特，似可獎任，若令預政事，宜授何官，承旨張文蔚曰，……」知天復末與天祐初文蔚充承旨。又舊五代史云，「服闋，復拜中書舍人，俄召入翰林爲承旨學士，屬昭宗初還京闕，皇綱寖微，文蔚所發詔令，靡失厥中，論者多之。」昭宗以天復三年正月自鳳翔還京，文蔚加承旨或卽在是年。

約天祐元年末轉禮部侍郎出院。

文蔚以何時出院，亦無明文。舊書祇云，「從昭宗遷洛陽，輝王時拜中書侍郎平章事，」舊紀二〇下、天祐二年三月甲子，（五日）「以正議大夫、尚書吏部侍郎、上柱國、賜紫金魚袋張文蔚爲中書侍郎同平章事，監修國史，」新紀一〇、新表六三均稱戊寅（十九日）禮部侍郎張文蔚同平章事；考唐摭言一四　天祐

「二年，張文蔚東洛放榜後大拜，」(合前數文觀之，舊五代史謂天祐元年入相者誤也。)舊五代史、「尋出爲禮部侍郎」，則新書可信。又光化二年知舉爲禮侍趙光逢，三年爲禮侍李渥，天復元年爲禮侍杜德祥，二、三兩年停舉，天祐元年爲左丞楊涉(參登科記考二四)。故謂文蔚因改禮侍出院，尙合事實。歷觀舊書宣、懿兩紀，翌年知舉之員，率於上年九月至十二月除放，故又擬其出院在元年末也。

※〔相〕王溥天復元年初自左散騎常侍充。

舊紀二〇上、光化三年十月七日，「辛酉，以前淸海軍節度副使、朝散大夫、檢校左散騎常侍御史大夫、上柱國王溥守左散騎常侍，充鹽鐵副使，」又新書一八二本傳，「昭宗蒙難東內，溥與(崔)胤說衞軍執劉季述等殺之，帝反正，驟拜翰林學士、戶部侍郎，」按昭宗以三年十一月朔被幽，天復元年正月朔反正，故疑溥中間未再遷授，卽自常侍充也。

拜戶部侍郎。

據新傳，引見前。

二月，拜中書侍郎同平章事，判戶部。

英華四五〇吳融授王摶中書侍郎同中書門下平章事判戶部制，「昨者朕失遵王度，致降天災，釁起蕭牆，釁加洊棘，而賴能謀於上相，說彼中權，反正乘輿，肅淸輦轂，畤其忠節，雖已擢於禁林，惜此奇才，難久留於誥命，……旣調金鉉，仍總版圖，必務阜財，以資經費，」按王摶以乾寧初相，其時融當未掌制，(參前文吳融條)且亦無釁起蕭牆之事，惟證諸新書王溥傳，(引見前)則情節均合。考英華三九四、錢珝授王摶刑部郎中制，勞氏郎官考二〇謂摶當作溥，今此文之摶亦溥訛也。

舊紀二〇上、天復三年二月，「以戶部侍郎王溥同平章事，」岑刊校記一〇云，「按沈本……又云，新書在元年二月拜，是年二月罷，溥舊書無傳，新書溥罷相之時，舊書尙未拜也，然舊書元年十一月猶書崔胤命之至全忠軍，若同爲宰相，胤不應使之矣，但舊書不書罷免歲月，而哀帝卽位卽書太常卿，未知罷於何時。張氏宗泰云，是年十二月獨孤損入相，疑溥以是時罷。」按沈出誤會，張更妄擬，唐末紀綱隳弛，舊紀亦無復書法可言，溥由胤援引，故得使之，徒執一字以爲斷，殊難信立。夫吳融制所云，「雖已擢於禁林」，即充翰學也，「難久留於誥命，」可見其相去不久也，依新表六三、溥罷爲戶侍，今舊紀文特「以平章事王溥爲戶部侍郎」之倒錯耳。使信舊紀訛文，則吳融之制，直不切時勢，故知新書作元年之可信。

※令狐渙天復元年自中書舍人充。

登科記考二四、大順二年進士羅袞下云，「永樂大典引臨邛續志，羅袞、臨邛人，應進士舉，文學優贍，操尙甚高，唐大順中策名不歸故鄉，時屬喪亂，朝廷多故，契闊兵難，備歷饑寒，蜀先主致書於翰林令狐學士吳侍郎，選書記一員，欲以桂陽應聘，外郎謂知己曰，嘗擁馬通衢，願弊布衣以俟外朝，無復西歸，爲魯國東家某也，竟通朝籍，終於梁禮部員外郎也，」按蜀先主、王建也，以大順二年入成都，此令狐某應是昭宗時翰林學士。唐末令狐氏之可考者，如綯子渙，舊書一七二云，「位至中書舍人」；又緘子澄，新書五八云，乾符中書舍人，（舊書一七二止云，「緘子澄、湘，澄亦以進士登第，累碎使府，」不言官中舍，今新志誤澄爲綯子，韓集點勘二嘗辨之，則亦疑志並誤將渙之歷官移於澄下耳。）均未言曾充學士。唯元龜七七一、「綯子渙，位至中書(舍)人、翰林學士，」又全詩十函七册、韓偓和吳子華侍郎令狐昭化舍人歎白菊衰謝之絕次用本韻，又無題詩序，「余辛酉年戲作無題十四韻，……故內翰吳侍郎融、令狐舍人渙……相次屬和，」兩題比觀，知令狐昭化卽渙，天復元年時方以舍人居內翰也。通鑑二六二、天復元年六月後書云，「上之返正也，中書舍人令狐渙、給事中韓偓皆預其謀，故擢爲翰林學士，數召對，訪以機密，渙、綯之子也，」謂渙天復初入充殆不誤，惟偓之入實非與渙同時，辨見前偓本條。又通鑑考異二七引續寶運錄，「聖上幸鳳翔，宰臣裴諗、翰林學士令狐渙等扈從，」按諗、裴度子，仕大中時，此時宰臣乃裴樞耳。

昭化應是渙所居坊名；考長安志七、朱雀門東第一街開化坊有尙書左僕射令狐楚宅，又東第三街有廣化坊，注云：「六軍十二衞觀軍容使楊復恭宅在廣化坊，……本傳誤作昭化坊，按坊無名昭化者，今以延喜及通化門證之，卽是廣化坊也。」 余按長安城坊規於隋，隋人諱廣，必其坊曾一度改名昭化，故士俗仍存是稱，渙居昭化，可信即志之廣化，宋氏謂坊無昭化，殊未詳考。

新書一八三韓偓傳，「中書舍人令狐渙任機巧，帝嘗欲以當國，俄又悔曰，渙作宰相或誤國，朕當先用卿。 辭曰，渙再世宰相，練故事，陛下業已許之，若許渙可改，許臣獨不可移乎。 帝曰，我未嘗面命，亦何憚。」

全詩十二函三册、貫休有送令狐煥赴闕，煥即渙之訛。

*姚洎天復二年五月前入充。

洎、舊、新書皆無傳，亦不詳其何所人。 舊紀二〇上、天復三年正月九日，「辛亥，全忠令判官李振入奏，上令翰林學士姚洎傳宣，令全忠喚崔胤令率文武百寮來迎駕，」此天復三年初洎已充學士之證也。 又新書一八三韓偓傳，「宰相韋貽範母喪，詔還位，偓當草制，……學士使馬從皓逼偓求草。 偓曰，腕可斷，麻不可草。 ……姚洎聞曰，使我當直，亦繼以死。 既而帝畏茂貞，卒詔貽範還相，洎代草麻。」 據新紀一〇、貽範天復二年五月二十五日庚午以母喪罷，八月二十六日己亥起復，新表六三同。 通鑑二六三、天復二年五月，「庚午，工部侍郎平章事韋貽範遭母喪，宦官薦翰林學士姚洎爲相，洎謀於韓偓，偓曰，若圖永久之利，則莫若未就爲善，儻出上意，固無不可，且汴軍旦夕合圍，孤城難保，家族在東，可不慮乎，洎乃移疾，」又「六月丙子，以中書舍人蘇檢爲工部侍郎同平章事，……上既不用洎，茂貞及宦官恐上自用人，協力薦檢，遂用之，」是二年五月前洎已充翰學之證。

全詩十二函三册、貫休送姚洎拾遺自江陵幕赴京，當在未充學士前。

三年二月，貶景王府咨議。

洎之貶，見舊書一七七崔胤傳(引見前薛貽矩條)，當與韓偓同時。

唐摭言一三，「梁太祖受禪，姚洎爲學士，」則洎逮事朱梁，其終官不可考。

*〔相〕柳璨天復中自左拾遺入充。

璨、舊書一七九新書二二三下有傳。 舊傳云，「遷左拾遺，……無幾，召爲翰林學士，崔胤得罪前一日，召璨入內殿草制勑，」又翰林學士院舊規，「唐天復三年七月二十一日，學士柳璨准宣於思政殿對，」知璨之入院，在三年七月二十一日已前。

新書一〇昭宗紀稱翰林學士右拾遺柳璨，糾謬九云，「今案璨傳及宰相表皆左拾遺，非右也，未知孰是，」余按通鑑二六四亦作左。

天祐元年正月，加右諫議大夫同平章事，賜紫。

舊紀二〇上書於丁酉朔下，新紀一〇、新表六三則作乙巳，九日也。舊傳云，「翌日對學士，上謂之曰，朕以柳璨奇特，似可獎任，若令預政事，宜授何官。承旨張文蔚曰，陛下拔用賢能，固不拘資級，……若循兩省遷轉，拾遺超等入起居郎，臨大位，非宜也。帝曰，超至諫議大夫，可乎。文蔚曰，此命甚愜。」錢氏考異六〇云，「兩省供奉官，拾遺從八品，補闕從七品，起居郎從六品，給事、舍人正五品，諫議大夫正四品，由拾遺敍遷，當歷補闕，若遷起居郎，是爲超等，柳璨以拾遺驟加諫議入相，越過正從九等。」

唐摭言一五，「光化二年趙光逢放柳璨及第，光逢後三年不遷，時璨自內庭大拜，光逢始以左丞徵入，」按自光化三年至天復三年應云後四年，且據舊書一七八光逢傳，是引疾居洛，非不遷也。

*沈棲遠左諫議大夫知制誥充。天祐元年五月二十一日，因病出守本官。

棲遠、兩唐書無傳，唯元和姓纂見之，云，中黃大理司直生栖遠、栖逸，栖遠庶子、知制誥翰林學士，賓客致仕，梁徵詳定禮儀、戶部侍郎。舊紀二〇上、天祐元年五月，「乙酉，翰林學士、左諫議大夫知制誥沈棲遠守本官，以病陳乞故也，」棲、栖字通用。棲遠以何官何時入，不詳。

全文八三七、薛廷珪有授侍御史沈棲遠右司員外郎殿中張玄晏部官員外郎制，則其入翰林斷在官右外已後。

*楊注天祐元年六月三日自中書舍人入充。

注、舊書一七七附見其父收傳（收已見重修記）。舊紀二〇上、天祐元年六月，「丙申，通議大夫、中書舍人、賜紫金魚袋楊注可充翰林學士，」舊傳亦云，「正拜中書舍人，召充翰林學士。」

遷戶部侍郎知制誥。二年三月二十八日，出守本官。

舊紀二〇下、二年三月，「丁亥，勅翰林學士、戶部侍郎楊注是宰臣楊涉親弟，兄既秉於樞衡，弟故難居宥密，可守本官罷內職，」舊傳略同。

＊杜曉天祐元年自左拾遺充。

曉，審權之孫，讓能之子（均見重修記）。　舊五代史一八、新史三五有傳。

舊史云，「及昭宗東遷，宰相崔遠判戶部，又奏為巡官兼殿中丞，……未幾拜左拾遺，尋召為翰林學士，」按昭宗以天祐元年閏四月遷洛，翌年三月遠即罷相，故曉入翰林，似在元年末也。

轉膳部員外郎，依前充。

舊史云，「轉膳部員外郎，依前充職。」

二年五月，出守本官。

舊史云，「及崔遠得罪，出守本官，」據舊唐書二〇下、二年五月十四日壬申，遠責授萊州刺史，二十三日辛巳，再貶白州司戶，六月戊子朔，賜自盡，故曉出守本官，似即在五月。

曉後入梁為相，以非唐事，故不書相。

＊杜荀鶴天祐元年以主客員外郎知制誥充，無何卒。

荀鶴、舊五代史二四有傳，云，「時田頵在宣州，甚重之，頵將起兵，乃陰令以箋問至，太祖遇之頗厚，及頵遇禍，太祖以其才，表之，尋授翰林學士、主客員外郎，既而恃太祖之勢，凡縉紳間已所不悅者，日屈指怒數，將謀盡殺之，苞蓄未及洩，丁重疾，旬日而卒，」又唐才子傳九、梁王薦為翰林學士，遷主客員外郎，天祐元年卒，均以為受官唐末。　唯北夢瑣言則稱梁受禪後拜翰林學士，五日而卒。　按九國志一臺濛傳，「天復三年，田頵叛於宣州，……冬十月，頵出州外求戰，登橋馬墜，為外軍所殺，」（同書三頵傳作十二月。　又舊五代史一七頵傳，「唐天祐初，楊行密雄據淮海，時頵為宣州節度使，」天祐係天復之訛。）　如全忠受禪後始用荀鶴，似相距過遠，又舊史所謂苞蓄未洩，亦似當白馬投屍（天祐二年六月）之前，茲故從舊史之說；通鑑二六四亦敍荀鶴使全忠於天復三年八月後。

紀事六五云，「荀鶴……授翰林學士、主客外郎知制誥，」寰宇記一〇五池州下云，「杜荀鶴字彥之，石埭人，官翰林學士。」

學士祇是職務，才子傳稱由學士遷主客，乃未諳唐代官制之誤筆，由舊史及紀事觀之，蓋以主客入充也。 又才子傳謂荀鶴侮慢縉紳，衆怒，欲殺之，未得，與舊史恰相反，文房西域人，蓋誤解舊史之文耳。

＊封渭天祐初中書舍人充。

渭、舊、新書均無傳，據新表七一下、信卿之子敖（見重修記）之姪孫也，字希叟。 元龜七七一云，「舜卿從子渭，昭宗遷雒時爲翰林學士。」 渭舉乾寧二年進士，見黃御史集二月二日宴中貽同年封先輩渭詩；又寄同年封舍人渭詩云，「唐城接軫赴秦川，嬰合歡離驟十年，」乾寧二至天祐元恰先後十年也。舊書二〇下、天祐二年五月，「甲戌，勅中書舍人封渭貶齊州司戶，」（甲戌、十六日。） 渭是否以中書舍人入充，貶時是否尚帶學士抑先已出院，均不可知。

＊韋郊昭宗末充。累官戶部侍郎知制誥，加承旨，卒。

澳（已見重修記）之姪也。 舊書一五八、「貫之子澳、瀞，……瀞子庾、庠、序、雍、郊，……序、雍官至尚書郎，郊文學尤高，累歷清顯，自禮部員外郎知制誥正拜中書舍人，昭宗末，召充翰林學士，累官戶部侍郎、學士承旨卒，」此言韋郊充翰學及承旨也。

新傳不敍瀞及瀞子，唯新表七四上列貫之三子，（一）澳字子斐，河南尹，（二）庾、刑部侍郎判戶部事，（三）瀞。 庾下列四子，（1）庠字寶虞，（2）廱字德華，戶部侍郎、翰林承旨學士，（3）亭字休之，（4）郊字延秀。 余按澳、瀞名從水旁，庾乃與其子庠、廱同用广部，頗不可信，新表往往有誤推上一代者（參拙著貞石證史新表之唐貞休條），此處必誤將瀞推後而將庾推上也。 辟雍亦作辟廱，固字有通寫，獨表無序而有亭，則未詳孰是矣。 至表以舊傳郊之歷官，移於廱下，亦未敢信其必合，茲仍依舊書列之，以俟考實。 又郊以某年入充，卒於某年，均未得他文爲證，故附昭宗之末。

三 哀帝朝

哀帝朝四人。

哀帝在位祇兩年，茲補四人，缺者應無幾矣。

*張策約天祐二年自職方郎中充。

策、舊五代史梁書一八、新五代史三五有傳。 唐摭言一一云,「張策、同文子也,……策後爲梁太祖同事,天祐中在翰林,」按兩傳策父名「同」,不名「同文」,文字疑之字誤。 舊五代傳云,「華帥韓建辟爲判官,及建領許州,又爲掌記,天復中,策奉其主書幣來聘,……即奏爲掌記,兼賜金紫,天祐初表其才,拜職方郎中兼史館修撰,俄召入爲翰林學士。」 舊唐書二〇下、天祐二年五月二十九日,「丁亥,勅以翰林學士、尚書職方郎中張策,兼充史館修撰,修國史,」會要六三敍其事則云,「天祐二年五月二十九日,勅翰林學士、職方郎中兼史館修撰張策,(策訛)今修撰職名稍卑,不稱內廷密重,宜充兼修國史,」文義較明,揣其事理,似是入院未久,嫌修撰名稱之卑小而要求更換者,故策之入疑在天祐二年。

改以本官兼修國史,依前充。

引見前文。

轉兵部郎中知制誥,遷中書舍人,並依前充。

舊五代傳云,「轉兵部郎中知制誥,依前修史,未幾,遷中書舍人,職如故,」又舊唐書二〇下、天祐四年二月,「中書侍郎平章事楊涉押傳國寶使,翰林學士、中書舍人張策爲副,」策蓋終唐代爲學士也。

新五代史梁紀,「翰林學士承旨禮部侍郎張策爲刑部侍郎同中書門下平章事,」五代史記纂誤補一云,「按唐六臣傳、策以工部侍郎奉旨拜刑部侍郎,不言自禮部爲刑部也。 考容齋四筆云,舊制執政轉官,六侍郎則升兩曹,以工、禮、刑、戶、兵、吏爲敍,宰相爲侍郎者升三曹,爲尚書者雙轉,如工侍轉戶侍,禮侍轉兵侍。 竊意宋制故有所本而微不同,此張策嘗以工侍轉刑侍爲升兩曹也。」按薛史梁紀、開平元年載工侍張策轉禮侍,二年四月始爲刑侍,則吳氏所疑轉兩曹之說未可信。復次唐制、六部以吏、戶、禮、兵、刑、工爲班次(舊書四二),中唐而後,禮侍知舉,宰相、翰學無帶禮侍者,吏侍主選,帶吏侍者亦極少。 大率初授工侍,次轉戶、轉兵,其慣例可於翰學壁記見之,容齋所言,初非唐制,因涉唐、宋異同,故附著於此。

※韓偓天祐二年秋以兵部侍郎知制誥召充承旨，不拜。

偓已見前，新傳云：「天祐二年，復用爲學士，還故官，偓不敢入朝，」才子傳作天祐六年誤；沙陁雖仍用天祐舊號，但此指哀帝時事，哀帝無六年。

全文八二五、黃滔丈六金身碑，「粤天祐三年丙寅秋七月乙丑，……其明年正月十有八日乙未，設二十萬人齋號無遮以落之，是日也，……座客有右省常侍隴西李公洵、翰林承旨知制誥兵部侍郎昌黎韓公偓，」又偓荔枝三首詩注，「丙寅年秋到福州，」是偓抵閩在天祐三年。

偓詩題云，「乙丑歲九月，在蕭灘鎮駐泊兩月，忽得商馬楊迢員外書，賀余復除戎曹依舊承旨，還緘後因書四十字，」戎曹、兵侍也，九月得書，則其復召應在是歲之秋。

※杜曉約天祐三年自膳部員外郎知制誥入充。

曉已見前，此再入也。舊五代史云，「居數月，以本官知制誥，俄又召爲學士，」又舊唐書二〇下、天祐二年十二月七日辛卯，勑膳部員外知制誥杜曉隨册禮使柳璨魏國行事，不稱翰林學士，故擬曉之復入在三年。

遷本司郎中知制誥，依前充。

舊史云，「遷郎中充職，」新五代史云，「累遷膳部郎中、翰林學士，」官員外時已帶知制誥，則遷郎中後應亦帶知制誥，故傳下文繼云，「太祖受禪，拜中書舍人也。」 曉終唐代爲學士，與張策同。

※張衍天祐時自左拾遺充。

衍、舊五代史二四有傳，云，「唐昭宗東遷，……衍由校書郎拜左拾遺，旋召爲翰林學士，太祖卽位，罷之，特拜考功郎中，」是衍終唐代爲學士者，中間有無轉官，不得而詳。

僖宗後翰學史料不完，今知者

(甲)僖宗　翰學二十一人（增韋昌明），登相者十，宰相二十一人，曾充翰學者十二。

(乙)昭宗　翰學三十八人（增孫棨而別去同朝再入之薛貽矩、吳融），登相者七；宰相二十六人，曾充翰學者十二。

其中得傳者或因曾登宰輔，失傳者以乏事跡可記，故難爲數字上之比較。

僖昭哀三朝翰林學士辨疑

韋昌明

全文八一六云，「昌明、嶺南人，乾符五年官翰林學士；」下收越井記一首，略云，「自秦距今八百七十餘年，……昌明祖以陝中人來此，已幾三十五代矣，……乾符五年十月之吉、邑人翰林學士韋昌明記。」按乾符五年當西元八七七年，再加西元至秦末二百有二年，約一千八十年，則歲數不合，唯以三十年一世計之，所舉三十五代又可信，豈八百字訛歟。廣東阮志，古蹟門言昌明有寒林書室，在坂塘大石岩，少讀書於此，唐循守楊在堯鐫石榜之。至昌明官翰學，他無可稽，故存疑焉。

蔣泳

桂苑筆耕一〇、致考功蔣泳郎中云，「郎中學士暫避囂時，偶勞僑跡，今者官清司績，職峻集仙，」集仙卽集賢舊號，泳蓋以郎中兼集賢學士也，如爲翰學，則當舉其要職，不題考中矣。黃巢之亂，泳殆奔過淮南，故曰僑跡，泳授考中時猶未北歸，故書末又云，「詎可守三徑之寂寥，履千山之險阻、許垂訪別、專冀祗迎也。」

楊堪

十七史商榷八三，「南部新書」(乙)、虞卿生知退，知退生堪，堪生承休，承休生巖，巖生郁，郁生覃，覃太平興國八年成名，近爲諫議大夫知廣州卒。堪爲翰林承旨學士，隨僖皇幸蜀，……世系表則以堪爲知退之弟非其子，郁爲魯士子思寧之子，與南部以爲虞卿玄孫之子者大不合。且魯士旣與汝士、虞卿、漢公嫡兄弟，汝士、虞卿、漢公官位皆顯於文宗之初年，則魯士當不大遠，何以隔百四五十年至宋太宗卽位之八年，其孫方得成名，此大可疑。而楊氏旣官於吳越，希白於祖父寮屬，親與周旋，知之必審，舊書虞卿傳亦以堪爲知退弟，與世系表同而與南部不合，疑舊書亦誤。

此偏信南部新書之說也。余按舊紀一九下、乾符二年二月，庫部員外郎楊堪爲吏部員外郎，三月，都官郎中楊知退，爲戶部郎中，唐制升遷，罕有父子相及爲郎官者，可疑一。益州名畫錄上、常重胤於中和院上壁寫僖宗皇帝幸蜀隨駕文武臣寮眞，有左散騎常侍楊堪，不言堪是翰學承旨，可疑二。據拙著補僖昭哀三朝翰學壁記，僖宗幸蜀之際，充翰學承旨者爲韋昭度、樂朋龜，並非楊堪，可疑三。歐陽文忠外集一一、諫議大夫楊侃（改名大雅）墓誌銘云，「府君之九代祖隱朝始復得次序，曰隱朝生燕客，燕客生堪，而猶爲弘農人，堪生承休，是謂皇高祖，…… 初承休之行也，挈其子巖以俱，……是謂皇曾祖，生尚書職方員外郎諱鄴，是謂皇祖，生贈禮部尚書諱蟾，是謂皇考，」郎官考四云，「按世系表燕客生寧，寧生虞卿，虞卿生堪，墓誌有脫文，」是也。蓋依世表、墓誌合計，自隱朝至侃凡十代，曰九代祖者離己身而數之，倘堪爲知退子而非弟，則隱朝最少爲侃十代祖矣，可疑四。南部又云，「承休自刑部員外郎使浙右，値多難，水陸相阻，遂不歸，巖侍行，年十六矣，……及叔父（假）西上，巖以圖籍入覲，卒於秀州，年八十餘，」據侃誌、承休出使在天祐元年（西元九〇四），時巖年十六，計至太平興國三年（九七八）錢俶納土，巖剛九十，而南部猶謂八十餘，則其文固非甚核實者。抑商榷以爲巖之子郁，即世表晉士之子郁，是又不然；郁、鄴同部，可信郁是巖子，蓋巖年少南行，與弘農本支相阻隔，誤以三從父子之名名其子，非事勢所必無。若王氏之堅信錢書，無非因其是祖父寮屬，然錢氏是否親見楊氏家譜錄入，或祇據口說而復有誤記，同在疑問之中。有此種種難信，故楊堪之充翰學承旨，余以爲必有舛謬，不然，承旨號稱內相，唐人所重，何歐陽作誌未之及也。抑南部新書成於眞宗大中祥符間，在黃林復益州名畫錄（景德作）之後，意錢易誤解黃錄，連上文數翰林學士讀下，遂謂堪亦學士之一耳。（錢書有云，堪眞在中和院，可見其本自黃錄。）

李拯

舊書一九〇下、「李拯字昌時，隴西人，咸通十二年登進士第，……僖宗再幸寶鷄，拯扈從不及，在鳳翔，襄王僭號，逼爲翰林學士，……及王行瑜殺朱玫，襄王出奔，京城亂，拯爲亂兵所殺，」紀事七一引作李極字昌詩，誤，此係僞除，故不採。

袁郊

已辨見注補袁郁(郜)條。

郄文晏

全文八三八、薛廷珪授學士郄文晏將軍金紫光祿大夫制，「國家設翰墨之林，延髦碩之士，以潤色鴻筆，發揮王猷，妙選內官修辭立誠者、以與我言語侍從之臣朝夕遊處，膺是簡拔，實惟重難，而具官文晏常夢綵毫，亦吞文石，……自擢居密署，言奉詞臣，所爲當材，且聞稱職，」按文晏是內官掌翰林院事者，非翰林學士也，此文標題未合。

孫棨

唐語林七，「翰林學士孫棨北里志記乾符事，」書錄解題一一，「北里志一卷，唐學士孫棨撰，載平康狹邪事，」均稱棨學士。讀書志三下云，「北里志一卷，右唐孫棨撰，記大中進士游俠(狹)邪雜事，」不著此職，乾符、大中，時代亦異。紀事六五、棨與鄭谷同時(谷、咸通十哲之一，見紀事七〇)。考北里志、棨中和甲辰(四年)自序云，「予頻隨計吏，久寓京華，時亦僉游其中，固非興致，每思物極則反，疑不能久，常欲紀述其事，以爲他時談藪，顧非暇豫，亦竊俟其叨忝耳，不謂泥蟠未伸，俄逢喪亂，鑾輿巡省，崤函鯨鯢，逋竄山林而志老地盡矣，」觀其所言，中和以前斷未嘗官學士，諸家所稱，未審何據。若志中記敍，率乾符事，讀書志以爲大中，蓋因序首有「自大中皇帝好儒術特重科第」語而誤會也。新表七三下止云，「棨字文威，中書舍人。」復考全詩十函六册，鄭谷偶懷寄臺院孫端公棨詩，「唯君應見念，曾共伏青蒲，」自注，「谷舊與端公同在諫垣，」谷授右拾遺，最早不過大順初(因是薛廷珪行制)，此詩是谷已出諫垣之作，棨時猶官侍御史，(端公)此外無可徵佐，故棨充翰學，應入存疑。

李曉

廣記三一二引北夢瑣言云，「唐乾寧中，劉昌美爲夔州刺史，……學士李曉，絜家自蜀沿流，將之江陵，昌美以水勢正惡，止之，曉忽遽而行，俄而舟覆，一家溺死焉，」按郎官柱與新書世系表均未見李曉其人，瑣言亦未明言翰學，應存疑。

趙觀文

全文八二八小傳云，「觀文、臨桂人，乾符初進士第一，官侍講學士。」按觀文、舊、新書都無傳，謂官講學，未審何時，亦未詳本據。

乾寧二年重試進士，觀文第一，見黃御史集。　孔平仲珩璜新論三，「趙觀文桂州小（一本有蔣字）軍也，狀元及第。」

楊贊圖

全詩十一函一册、徐夤經故（一作過）翰林楊左丞池亭，又有傷前翰林楊左丞（一本有贊圖二字），按贊圖乾寧四年狀頭及第，見黃滔詩注、廣卓異記及殷文圭詩，今徐後詩首二句云，「飛上鰲頭侍玉皇，三台遺耀換餘光，」則一本有贊圖二字者固不誤。　惟全文八二五、黃滔丈六金身碑是天祐四年作，於時贊圖已南依王審知爲座客，而碑稱其官祇曰「弘文館直學士弘農楊公贊圖，」是贊圖在唐未嘗充翰林學士。　夤亦嘗依審知者，且是閩人，豈贊圖在閩歷此職歟？全文八二九載韓偓手簡十一帖，似居閩所作，中有一帖云，「楊學士兄弟來此，濟棃子兩日前已尋得，花時伏望拴拔，謹狀，十四日偓狀。」此楊學士疑亦指贊圖（參下文）。

唐人詩文中所見翰林學士姓氏，其可考定者已分注各條，然學士除翰林之外，更有集賢、弘文等號，其不特著翰林且未能比定者，如

杜牧贈沈學士張歌人詩　見全詩八函七册，疑是沈詢。

喻鳧和段學士南亭春日對雨　見全詩八函十册。

同人和段學士對雪　同上。

趙嘏宛陵望月寄沈學士　見全詩九函一册，又有宛陵寓居上沈大夫二首，蓋傳師也。

韋莊雨霽池上作呈侯學士　見全詩十函九册，按同人又有和集賢侯學士分司丁侍御秋日雨霽之作，故知侯是集賢，惟未知卽侯翮否。

同人題汧陽縣馬跑泉李學士別業　同上，按同人又有江上逢史館李學士，此疑同人。

同人和同年韋學士華下途中見寄　同上，按莊與韋同年，登科記考二四亦失載，

待考。 詩云,「羨君新上九霄梯,」似是翰林學士。

黃滔出京別崔學士 全詩十函十册,是未第時作,與後條者非同人。

同人寄同年崔學士 同上,登科記考二四謂是崔仁寶。

同人寄相贊圖學士(學士與元昆俱以龍腦登選)。又酬楊學士 同上,據全文八二五黃滔丈六金身碑,贊圖是弘文館直學士,說見前。

辛學士答王無功入長安詠秋蓬見示詩 見全詩十一函八册。

齊己寄監利司空學士,又送司空學士赴京 見全詩十二函四及四册,按後詩云,弘文初命下江邊,則是弘文學士也。

同人酬蜀國歐陽學士 見全詩十二函四册齊己七,按此是蜀之歐陽炯。

貫休和毛學士舍人早春 詩自注云,「舍人有茶譜,」見全詩十二函三册貫休八,按此是蜀之毛文錫,文錫撰茶譜一卷,見崇文總目小說類。

許學士東洛貨丹及天闕回到世吟 見全詩十二函七,不著名,按唐世翰學許姓者惟康佐,然詩有仙意,當非其人。

薛逢與崔學士書 見全文七六六,書云,「賢弟過岐山,賦謁讓帝陵二篇,」今其詩不可考,故無從知其名字。

亦有雖明題翰林,而徵諸史乘,難爲比定者,如

盧肇喜楊舍人入翰林 見全詩九函一册,按楊知溫、楊收,據壁記、知制誥均在入充之後,詩首句「御筆親批翰長銜,」收曾加承旨,豈指收言之歟。

溫庭筠投(一作上)翰林蕭舍人 見全詩九函五册,按蕭鄴蕭寘同時是翰林舍人,未知指誰。

李頻賀同年翰林從叔舍人知制誥 見全詩九函六册,登科記考二二云,「未知其名,俟考。」按頻、大中八年進士,在此後入翰林者,宣懿兩朝有李貺、李瓚、李隲,據英華三九一,隲授祠外,崔瑕行制,瑕以大中初斥(見新李德裕傳)。則隲斷非大中進士。 瓚爲宗室宰相宗閔子,頻、睦州壽昌人,詩無頌揚家世語,亦不類瓚。所賀者或爲李貺歟?

司空圖賀翰林侍郎二首 見全詩十函一册,詩云,「早晚重徵入翰林,」則是再入充者。

李山甫謁翰林劉學士不遇　見全詩十函二册。

羅隱河中經故翰林張舍人所居　見全詩十函四册，一題作經張舍人舊居。

吳融聞李翰林游池上有寄　見全詩十函七册。

同人和諸學士秋夕禁直偶（一作遇）雪　同上。

張蠙投翰林張侍郎　見全詩十函十册。

同人投翰林蕭侍郎　同上。

徐夤獻內翰楊侍郎　見全詩十一函一册，未知是楊鉅抑楊注，并參前楊贊圖條。

貫休聞知己入翰林，見全詩十二函三册，或是指吳融。

補唐代翰林兩記(卷下)

順德岑仲勉纂撰

翰林承旨學士廳壁記校補

承旨學士院記　　　元稹

舊制學士無得以承旨爲名者，應對、顧問、參會、旅次，班第以官爲上下。憲宗章武孝皇帝以永貞元年即大位，始命鄭公絪爲承旨學士，位在諸學士上，居在東第一閤，乘輿奉郊廟，輒得乘廄馬自浴殿由內朝以從，揭雞竿、布大澤，則升丹鳳之西南隅，外賓客進見於麟德，則止直禁中以俟。大凡大誥令，大廢置，丞相之密畫，內外之密奏，上之所甚注意者，莫不專受專對，他人無得而參，非自異也，法不當言。用是十七年之間，由鄭至杜，十一人而九參大政；其不至者衞公，詔及門而返，事適然也〔禁省中備傳其事〕。至於張則弄相印以俟其病閑者久之，卒不興，命也已。若此則安可以昧陋不肖之稹，繼居九丞相二名卿之後乎。俛仰瞻睹，如遭大賓，每自誨其心曰，以若之不俊不明而又使欲惡欲曲攻於內，且決事於冥冥之中，無暴揚報効之慮，遂忿行私，易也。然而陰潛之神，必有記善惡之餘者，以君父之遇若如是，而猶舉枉錯直，可乎哉。使若之心，忽而爲他人盡數若之所爲而終不自愧，乃可矣。昔魯恭王餘畫先賢於屋壁以自觀臨，我以十一賢之名氏，豈直自警哉。由是謹其遷授，書於座隅，長慶元年八月十日記。

此文據翰苑羣書錄。亦收董本元氏集五一，題「翰林承旨學士記，」又收英華五九七、全唐文六五四，均題「翰林承旨學士廳壁記。」余按居晦文亦稱承旨學士廳壁記，翰苑羣書及元集所題均不合。

參會下，英華本注占四格，但只側注「翰林志」三字，當有奪文。鄧本奪參會兩字。

旅次班第、英華倒作班第旅次，注云，「翰林志、集並作旅次班第，」所謂翰林志應即今之翰苑羣書（因羣書首列翰林志），知彼時見本有與今本異者。旅字非。叢刊本元集張元濟校次作决，亦不合。

永貞、英華永眞，宋人諱改。

諸學士上、英華上作右。

揭雞竿、董本揚非。英華竿下多「而」字，注、「翰林志無志字，」無志乃無而之訛。

丹鳳、門名，長安志六、大明宮南面五門，正南曰丹鳳門。

麟德下、英華注，「一有殿字，」按丹鳳下不著門字，則麟德下可不著殿字。

則止直、英華作則直上，注，「翰林志作止直，集作上直，」似上直較佳。

大誥、英華大詔，注，「二本作誥。」

注意者、英華無者字。

專受、董本奪。

之間、董本及英華，全文均無之字。

九參、英華誤凡參。

衞公、董本無公字，是也；上文由鄭至杜，下文至於張，均不用公字，何爲中間獨亂其例，此殆後人因唐有兩著名之李衞公（靖、德裕），遂涉誤會而增公字耳。

禁省中備傳其事七字，英華、全文無。

卒不興、英華注「集作典，」董本與，非是；張仲素將相而卒，故曰卒不與也。

俛仰瞻睹、英華俛瞻仰覩，又注，「翰林志作瞻仰。」

之中下、英華多若之二字，注，「二本無此二字。」

報効、英華報校，注，「二本作効。」

之慮、董本之言。

遂忿行私易也，董本作「不忿行私易也，」英華作「遂忿行於私易易也，」注，「八（字）翰林志作遂忿行私易也，」余按此處似從英華爲易解。

而終、英華而中，於義較佳，粤音中、終同呼。

乃可矣、董本及英華、全文均斯可矣，英華注，「翰林志作乃。」

恭王、董本、全文共。

屋壁、英華無屋字。

謹其、英華、全文均謹述其，有述字是。

鄭絪、貞元二十一年二月，自司勳員外郎、翰林學士拜中書舍人賜紫金魚袋充。其年十月二十七日，拜中書侍郎同中書門下平章事。集賢殿大學士。

據順宗實錄及重修記，絪拜中書舍人在二月二十二日，此漏書日。又絪以十二月拜相，非十月，月上脱「二」字，說見重修記注補及下條。

記文云，「憲宗章武孝皇帝以永貞元年卽大位，始命鄭公絪爲承旨學士，位在諸學士上，」據舊紀一四，永貞元年八月九日乙巳憲宗始卽位，如絪先於二月充承旨，則在順宗剛卽位後，非憲宗所命也。實錄亦只云，「又以司勳員外郎、翰林學士知制誥鄭絪爲中書舍人，學士如故，」設承旨是一代特制，如絪於二月充，實錄不應不書。余細比兩文之後，竊謂記作「二月……充」者，實元氏紀述之誤，蓋永貞元年二月乃順宗時絪自勳外遷中舍之月，非憲宗時絪自中舍授承旨之月，絪授承旨，依記文言，斷在八月九日後也。

李吉甫、永貞元年十二月二十四日，自考功郎中知制誥入院，二十七日正除，仍賜紫金魚袋充。元和元年，加銀青光祿大夫。二年正月二十一日，拜中書侍郎同中書門下平章事。

永貞元年卽前條貞元二十一年，是歲八月改元永貞，故本條紀年與前條異。入院者始入爲學士，二十七日正除，乃充承旨學士，是日卽絪出拜宰相之日，故知前條之十月爲十二月之奪也。依重修記，加銀青在元和元年十二月，可據補月分。

裴垍、元和二年四月十六日，自考功郎中知制誥、翰林學士賜紫金魚袋拜中書舍人充。三年四月二十五日出院，拜戶部侍郎。其年冬，拜中書侍郎平章事。

重修記亦云四月十六遷中舍，去吉甫出相之日，幾已三月，可見承旨之缺，有時虛懸。據舊紀一四、新紀七及新表六二，垍以九月丙申（十七日）拜中書侍郎，其年冬是其年秋之誤。

衞次公、元和三年六月二十五日，以兵部侍郎入院充。七月二十三日，加知制誥。四年三月，改太子賓客出院。後拜淮南節度使。

次公出院約三月下旬，可參重修記注補。其拜淮南故實，說見注補元和王涯條。

李絳、元和四年四月十七日，自主客員外郎、翰林學士拜司勳員外郎知制誥充。五月十九日，賜紫金魚袋。五年五月五日，遷司勳郎中知制誥。十二月正除。六年二月二十七日出院，拜戶部侍郎。其年十月，拜中書侍郎平章事。

賜紫金魚袋乃賜緋魚袋之誤，賜紫應在五年十二月遷中舍之後，可參重修記注補本條。郎中知制誥爲拜中舍之張本，正除云者正除中書舍人也。據舊紀一四、新紀七，絳拜相在十二月己丑(二十八日)，本文十月乃十二月之奪，新表六二訛爲十一月。

崔羣、元和六年二月四日，以庫部郎中知制誥、翰林學士賜緋魚袋充。七年四月二十九日正除。九年六月二十六日出院，拜戶部侍郎。十二月，拜中書侍郎平章事。

前條絳二月二十七方出院，若羣二月四日已充，則同時有兩承旨，疑二月或三月之誤。正除即遷中舍之謂，說見前條。舊書一五九羣傳，「遷禮部侍郎，……轉戶部侍郎，」重修記亦云，「出院拜禮部侍郎，」戶侍乃後來轉官，戶字應正作禮。據舊紀一五、新紀七、新表六二，羣以十二年七月丙辰(二十九日)相，十二月乃「十二年」或「十二年七月」之訛奪。

〔補〕錢徽、約元和九年六月後由司封郎中知制誥、翰林學士賜緋魚袋充。十年七月二十三日，正除中書舍人。十一年正月十四日，出守本官。

崔羣已去，王涯未入，承旨一職，憲宗時設，中間不應虛懸年半已上，新書一七七徽傳言其曾加承旨(參重修記注補本條)，說當不妄。況涯以十一年正月十八入，徽以同月十四出，尤顯示其舊新相銜之跡乎。積記謂由鄭至杜十一人，蓋猶有所失考；長慶初元，去徽之出僅及五載，而紀事已有脫漏，則又何怪乎全代史之多所失略耶。徽未得爲相，亦非如衞、張之幾於作相，其未得人之注意，或卽在此。

末檢白氏集一五、渭村退居寄禮部崔侍郎翰林錢舍人詩一百韻有云，「殷勤翰林主，珍重禮闈郎，」是詩先經余考定爲元和九年秋作，唐人常稱承旨爲翰長，翰林主者亦承旨之代稱也，尤足與前說相印證。

王涯、元和十一年正月十八日，以中書舍人入院充。 二十四日，賜紫金魚袋。十月十七日，拜工部侍郎知制誥。 十二月十九日，拜中書侍郎同中書門下平章事。

涯之入恰後於錢徽出院四日，足證兩人相代爲承旨，新錢徽傳所記不誣也。 本記已前各條書例，凡自原日翰學拔充承旨者，如鄭絪、裴垍、李絳、崔羣，均書「翰林學士……充」，如自外廷遷入爲翰學(如李吉甫)或承旨者(如衞次公)，均書「入院」或「入院充」，今本條書「入院充」，故事亦云「中書舍人充」，知涯係自外廷遷入，非拔自原日翰學，故元和十年韓愈祭張虞部文仍止稱「中書舍人王涯，」不稱學士也(參重修記注補本條)。 舊本傳，「十年，轉工部侍郎知制誥，」據本記、十年應作十一年，緣侍郎高於舍人，如十年已進侍郎，則又與前文十一年初由中舍入充不符矣。涯相在十二月丁未(十六日)，舊、新紀及新表同，此作十九日，恐訛。

令狐楚、元和十二年二月二十四日，以職方郎中知制誥、翰林學士賜緋魚袋充。三月二十日，正除。 八月四日，出守本官。 後自河陽節度拜中書侍郎平章事。

此上距王涯出院已兩月餘。 正除者除中舍也，重修記亦云三月遷中書舍人。楚拜相在十四年七月。

張仲素、元和十三年二月十八日，以司封郎中知制誥、翰林學士仍賜紫金魚袋。十四年三月二十八日，正除。 其年卒官，贈禮部侍郎。

魚袋下脫充字。正除卽遷中舍，亦見重修記。

段文昌、元和十五年閏正月一日，以中書舍人、翰林學士與杜元穎同承旨，仍賜紫金魚袋。 八月，拜中書侍郎同中書門下平章事。

此係穆宗新命，故有兩承旨。 文昌出相，舊紀一六、新紀八及新表六二均在閏正月八日辛亥，八月、八日之訛，重修記亦訛八月，然則文昌充承旨僅得七日耳。

杜元穎、元和十五年閏正月一日，以司勳員外郎、翰林學士充，賜紫金魚袋。 二十一日，正除。 十一月十七日，拜戶部侍郎知制誥。 長慶元年二月十五日，以本官同中書門下平章事。

員外郎下漏「知制誥」三字（說見重修記注補），否則下文「正除」無所承矣。 賜紫及遷中舍日期，重修記皆同，唐制升轉常例，員外郎應先改郎中知制誥始除中舍，今元穎由員外知制誥卽授中舍，是躐級也。 至元穎出相，舊紀作十日（通鑑二四一同），新紀、表作二十日，均與此異（參下條）。

元稹、長慶元年二月十六日，自祠部郎中知制誥、行中書舍人翰林學士，仍賜紫金魚袋。 其年十月十九日，拜工部侍郎出院。 二年二月，拜本官平章事。

稹之入院在二月十六，可證新紀、表二月壬午元穎出相之不合，蓋必元穎旣去，乃以稹繼爲承旨也。 抑稹除中舍之制，係朝散大夫守中書舍人，此作「行」，當誤（參重修記注補）。 魚袋下應補「充」字。 舊紀一六、長慶元年十月壬午，（十九日）「河東節度使裴度三上章論翰林學士元稹與中官知樞密魏弘簡交通，傾亂朝政，以稹爲工部侍郎，罷學士，」稹當日所記，逮此而止，已下李德裕三條，皆後來所續題也。

李德裕、長慶元年正月二十九日，以考功郎中知制誥、翰林學士賜緋魚袋，二月四日遷中書舍人充，餘如故。 十九日，改御史中丞出院。

按元稹和德裕述夢詩注，「稹與大夫相代爲翰林承旨」，（見後翰林嘉話詩）。今稹元年十月十九始出，德裕安得以元年正月入，依重修記、元年乃二年之訛也（參下條）。 蓋元稹旣出，論資歷次當沈傳師，迨傳師稱病固辭（參重修記注補），乃以德裕承之耳，此次承旨虛懸，亦逾三月已上。 魚袋下當補「充」字。 德裕後來於大和七年二月初相。 開成五年，九月再相。

李紳、長慶二年二月十九日，自司勳員外郎知制誥、翰林學士賜緋魚袋遷中書舍人充。 二十三日，賜紫金魚袋。 三年三月二十七日，改御史中丞出院。

紳入之日，正德裕出院之日，足證前條元年爲二年之訛也。 紳後於會昌二年二月相武宗。

韋處厚、長慶四年二月十三日，以侍講學士權知兵部侍郎知制誥、賜紫金魚袋爲翰林學士充。　十月十四日，正拜兵部，餘如故。　寶曆元年十二月十七日，拜中書侍郎平章事。

紳出後，承旨一職計虛位者十月已上。　二月十三，重修記誤錯爲十月二十三，說見彼文。　正拜兵部者卽正除兵侍，前此是權知也。　元年係二年訛，可參重修記。

補文宗至哀帝七朝翰林承旨學士記

路隋、寶歷三年（卽大和元年）正月八日，自中書舍人、翰林學士賜紫金魚袋遷兵部侍郎知制誥充。　大和二年十二月二十七日，拜中書侍郎平章事。

寶歷三年，重修記訛二年，據學士院新樓記校正；又十二月、重修記奪爲二月，據舊、新紀及新表校正，說均見重修記注補（已下省稱注補）。

韋表微、大和二年十二月二十八日，自戶部侍郎知制誥、翰林學士賜紫金魚袋充。三年八月二十日，以疾出守本官。

重修記作二月二十八日加承旨，今以隋出相之日驗之，知二月實十二月之誤，蓋隋先一日出相而表微翌日代之，適相銜接也。

王源中、約大和三年十二月（？）自戶部侍郎知制誥、翰林學士賜紫金魚袋充。八年四月二十四日，以病遷禮部尚書出院。

今重修記作二年十二月加承旨，由前條表微出院之年月觀之，可決其必有訛奪，惟是否三年十二月，則仍有疑問，說詳注補。　又據舊紀一七下，源中出院前所官係兵侍，四年至八年時逾四載，中間曾經兵侍一轉，亦屬可信，唯以孤證乏佐，且缺年月，故暫闕之。　出院日、重修記作四月二十，茲從舊紀。

許康佐、大和八年五月八日，自戶部侍郎知制誥、翰林學士賜紫金魚袋充。九年五月五日，以疾改兵部侍郎出院。

見重修記及舊書一八九下本傳。

李珏、大和九年五月六日，自中書舍人、翰林學士賜紫金魚袋充。　十九日，遷戶部侍郎知制誥。　八月五日，貶江州刺史出院。　後以戶部侍郎於開成三年正月拜平章事。

珏充承旨，即在康佐出院之翌日。

歸融、大和九年八月五日，自中書舍人、翰林學士充。二十日，遷戶部侍郎知制誥。二十四日，賜紫金魚袋。開成元年五月五日，守本官兼御史中丞出院。

融加承旨，鮑本重修記作「□年□月五日，」鄧本作「十年五月五日，」經於注補辨正，余以爲應作九年八月五日，即珏被貶之日。蓋融充此職，介於珏與陳夷行之間，由重修記觀之，絕無可疑；記前文爲九年八月一日，後文爲八月二十日，益見融加承旨爲八月事矣。況太和九年之翌年便是開成元年，年上數目更不容有別種擬議乎。戶部、重修記作工部，茲從舊紀一七下及舊書一四九本傳。出院日、記作五月十五，茲亦從舊紀書之。

陳夷行、開成元年五月二十三日，自太常少卿兼皇太子侍讀、翰林學士賜緋魚袋充。六月二十四日，遷工部侍郎知制誥。八月七日，賜紫金魚袋。二年四月五日，以本官同平章事出院。

夷行加承旨後仍兼皇太子侍讀，可於舊紀一七下夷行出相時所書結銜知之。餘均見重修記。

柳公權、開成三年九月十八日，自諫議大夫知制誥、翰林學士賜紫金魚袋遷工部侍郎知制誥充。五年三月九日，加右散騎常侍出院。

公權之充，上去夷行之出，幾一年有半，但細觀重修記，中間並無他人入充之痕跡，且李紳、韋處厚之間，據舊記亦嘗虛懸十月已上矣。公權散階未達三品，仍是賜紫，可從苻璘碑結銜知之。右散騎據舊書本傳。餘均詳重修記。

裴素、開成五年十一月，自中書舍人、翰林學士賜緋魚袋改賜紫金魚袋充。會昌元年十一月(？)十七日，卒官。

素加承旨，去公權之出，亦踰八月。其卒斷不能早於會昌元年二月，但今重修記有缺文，余疑是十一月，亦乏確證，僅就李褒之入擬度之耳，可參閱注補。

李褒、會昌元年十二月，自中書舍人、翰林學士賜緋魚袋充。六日，賜紫金魚袋。二年五月十九日，出守本官。

均見重修記。

崔鉉、會昌二年九月二十七日，自司封郎中、翰林學士仍賜紫金魚袋充。十一月二十九日，遷中書舍人。　三年五月十四日，拜中書侍郞平章事。

均據重修記，各史間有異同，可參注補。　鉉之入充，亦去褒出逾時四月。

白敏中、會昌三年十二月七日，自職方郞中知制誥、翰林學士仍賜紫金魚袋充。四年四月十五日，遷中書舍人。　九月四日，遷戶部侍郞知制誥，後轉兵部侍郞知制誥。　六年四（五？）月，出守本官同平章事。

遷戶部侍郞知制誥以前，係依重修記。　考舊書一六六本傳，「累至兵部侍郞學士承旨，」又舊紀一八下會昌六年，「四月辛未，……以兵部侍郞、翰林學士承旨白敏中守本官同中書門下平章事，」新紀八則云，「五月乙巳，大赦，翰林學士承旨兵部侍郞白敏中同中書門下平章事，」新表六三、通鑑二四八與新紀同，四月或五月，未詳孰是。　然敏中嘗由戶侍轉兵侍，仍充承旨，至會昌六年夏，始以入相出守本官，則可決也。

韋琮、會昌末，自翰林學士充。　遷戶部侍郞知制誥。　大中元年□月拜中書侍郞平章事。

由前條知會昌六年四、五月間，白敏中已相，又依重修壁記，在敏中後者孫穀，於大中元年十二月始加承旨，是中間缺承旨者一年有半。　考大中元年之初，琮已充承旨，見舊紀、會要、元龜及集古錄目，琮同年自承旨入相，見舊紀及新書紀表（參注補）；新書一八二本傳亦云，「擢累戶部侍郞、翰林學士，」今所未知者其加承旨之月日，曁以本官同平章事抑拜中書侍郞耳。　由敏中入相推之，琮加承旨，當在會昌六年，至賜紫、遷戶侍二事，在充承旨前抑與同時，抑在其後，今無可考，故括略言之。

孫穀、大中元年十二月七日，自兵部郞中知制誥、翰林學士賜緋魚袋改賜紫金魚袋充。　二十六日，遷中書舍人。　二年七月六日，遷戶部侍郞知制誥。　十二月二十四日，除河南尹兼御史大夫出院。

琮相是三月抑七月，難確定，故承旨之虛懸時間，無從知之，餘均見重修記。

裴諗、大中二年十二月二十六日，自工部侍郞知制誥、翰林學士賜紫金魚袋充。三年五月二十三日，守本官出院。

均見重修記。

令孤綯、大中三年九月十六日，以御史中丞賜紫金魚袋入院充。 二十三日，權知兵部侍郎知制誥。 四年十一月三日，出守兵部侍郎同平章事。

綯充承旨，非拔自原有學士，故依舊記衞次公、王涯之書例，以「入院」字別之。 出相月分，舊紀附十一月，與重修記同，茲故從記。 又其作相之底官，舊紀傳、新表、新紀傳及通鑑均作兵侍，似卽由權知正除者，若然，則舊紀、傳所載中經戶侍一轉，當不確也。餘參注補。

蘇滌、大中四年十二月二十四日，以尚書右丞入院充。 十八日，加知制誥。 五年六月五日，遷兵部侍郞知制誥。 六年六月九日，上表病免。

依今本重修記，令孤綯出後至蕭鄴之充，中隔二十月已上，未免虛懸太久。 考樊川集一七及舊紀一八下均言滌曾充承旨，當非虛構，求其相當時間，非在綯後鄴前，無可位置，且舍此又與重修記不符也。 詳其事理，滌當係自外廷遷入爲承旨，與衞次公、王涯、令孤綯等例同，第今本重修記「十二月二十四日自右丞入」之下，漏去「充承旨」三字耳。 右丞本與兵侍同階，而記書曰遷，自是當日慣例。 記上表病免之下，又綪書「□(鄧本作七)年十一月守本官出院，」繹厥文義，當是因病先解承旨事務，而翰學之差，猶未開去，故令人較難索解，唯如是，所以蕭鄴卽於六年七月二十七日入充也。餘參注補。

蕭鄴、大中六年七月二十七日，自中書舍人、翰林學士賜紫金魚袋充。 七年六月十二日，遷戶部侍郞知制誥。 八年十二月十八日，守本官判戶部出院。 後於十一年七月，以兵部侍郞拜同平章事。

鄴相、舊紀一八下作六月，通鑑二四九與新紀、表均作七月，茲從之。 餘均據重修記。

蕭寘、大中九年二月十七日，自戶部侍郞知制誥、翰林學士賜紫金魚袋充。 十年八月四日，授檢校工部尚書、浙西觀察使出院。 後於咸通五年四月，以兵部侍郞拜同平章事。

寘相月份，茲依新紀九、新表六三及通鑑二五〇書之，舊紀一九上則作十一月乙未。 餘均據重修記。

蔣伸、大中十年十月二日，自戶部侍郞知制誥、翰林學士充。 十一年十二月二十九日，遷兵部侍郎知制誥。 十二年五月十三日，守本官判戶部出院。 其年十二月二十七日，守本官同平章事。

伸加承旨，今本重修記誤作十一年十月，已於注補辨正，蓋伸於寘出後兩月纔入也。 伸相、新紀八新表六三及通鑑二四九均作甲寅，卽二十七日，記作二十九日，七、九字肖，當易轉訛。 餘參注補。

杜審權、大中十二年□月二十八日，自刑部侍郎、翰林學士遷戶部侍郎知制誥充。十三年八月二十九日，加通議大夫、兵部侍郎知制誥。 十二月三日，守本官同平章事。

審權充承旨月份，今重修記缺去，由前條伸以五月十三出院觀之，則審權充承旨最早不得過五月也。 至審權之相，茲依重修記、新紀九、新表六三及通鑑二四九所記年月日書之，舊紀、傳旣與此異，復自相矛盾，故不取，其說具詳注補。

苗恪、大中十三年十二月十三日，自戶部侍郎知制誥、翰林學士賜紫金魚袋充。十四（卽咸通元）年十一月八日，授檢校工部尚書、山南西道節度使兼御史大夫出院。

據重修記。 稱大中十四者，因尚未改元咸通也。 考新紀九、通鑑二五〇均書十一月丁丑（二日）改元，記爲原日所題，以侍從密臣，在丁丑後，斷不應再題大中十四。 舊紀一九上則作十一月丙午朔，丁未改元，校勘記九云，「沈本作十二月而謂新書在十一月，張氏宗泰云，午當作子，未當作丑，他本改十一月爲十二月，此由不知本年閏十月小而十一月初二日冬至爲丁丑日，下未字卽丑之誤，新紀作丙子朔朝享於太廟，丁丑有事於南郊，較爲明析，今依以正之，不然，十二月大赦改元可也，又何有事於郊廟乎。 按張說是，御覽（百十五）册府（三十）俱作十一月（二書作丁未亦誤），通鑑亦作十一月丁未（此未字勉按當是丑訛，今通鑑作丁丑）。」 依張、岑兩說，沈本之十二月，似不可據，而重修記之「十一月八日」，或有舛誤也。 當日在內署諸臣，如皇甫珪、楊知溫、高璩、李貺，均以十月各加新命，豈十一月爲十月之訛衍歟。

楊知溫？

苗恪之出，下距高璩擢充，相隔餘八月，承旨虛懸，前乎此常見之，原不足怪。但考今重修記楊知溫下云，「十四年十月，拜工部侍郎知制誥依前充，」不書其出院，則此下斷有佚文。又承旨學士，懿宗一朝今得十五人，除、罷之相去最久者爲鄭畋、劉鄴然猶未逾兩月，此次竟越八月，殊有可疑。又十四年十月間供職內署者，知溫外有嚴祁、高璩、李既、劉鄴四人，而資階均不逮知溫。職是數因，余頗疑咸通元、二年間知溫曾一度充當承旨，而重修記工侍知制誥下或即漏去「承旨」字。依舊傳，此後似再經戶部侍郎知制誥一轉(前文大中時孫瑴、裴諗、蕭鄴、蕭寘、蔣伸、杜審權均以戶侍或工侍知制誥充承旨，懿宗卽位後，苗恪以戶侍知制誥、高璩以工侍知制誥充承旨，可相比例)，未以改尙書左丞出院也(大中時亦有蘇滌改左丞出院之一例)。惜晚唐掌故湮墜，尙乏明證，今姑揭所疑如此以待證實。餘可參注補。

高璩、咸通二年七月十九日，自右諫議大夫、翰林學士賜紫金魚袋充。八月七日，遷工部侍郎知制誥。三年二月二十日，加朝散(?)大夫、兵部侍郎知制誥。八月十九日，授檢校禮部尙書、東川節度使出院。後於六年四月，自東川節度使拜兵部侍郎同平章事。

璩相年月，係據新紀九、新表六三及通鑑二五〇書之，舊紀一九上作四年。又兩知制誥字及東字，均係余所校補，說詳注補。

楊收、咸通三年九月二十三日，自中書舍人、翰林學士賜紫金魚袋充。二十六日，遷兵部侍郎知制誥。四年五月七日，以本官同平章事。

收相月日據重修記。新紀九、新表六三作己巳，卽七日也，通鑑二五〇作戊辰，早差一日；舊紀一九上作三月。

路巖、咸通四年五月十六日，自中書舍人、翰林學士賜紫金魚袋充。九月十八日，遷戶部侍郎知制誥。五年九月二十六日，遷兵部侍郎知制誥。十一月十九日，以本官同平章事。

巖相月日據重修記；新紀九、新表六三及通鑑二五〇均作壬寅，亦卽十九日。舊紀一九上附咸通七年十一月，應誤。

侯備、咸通五年十二月二十六日，自司勳郎中知制誥、翰林學士賜紫金魚袋充。

六年二月二十三日，遷中書舍人。 五月二十□日，遷戶部侍郎知制誥。 九月十七日，加朝散大夫、兵部侍郎知制誥。 七年三月九日，授河南尹出院。

均見重修記。

獨孤霖、咸通七年三月十七日，自工部侍郎知制誥、翰林學士賜紫金魚袋充。 八年正月二十七日，改戶部侍郎知制誥。 十一月四日，遷兵部侍郎知制誥。 九年九月八日，守本官判戶部出院。

霖之出院，今本重修記作十年九月八日，但以下條劉瞻之入充觀之，「十年」斷是九年之訛，瞻充蓋在霖出院後四日，正相銜接。 自憲宗設承旨起，兩人同充者只有段文昌同充七日之一例，但彼似專爲文昌作相之過渡辦法，他未見兩人同承旨也。

劉瞻、咸通九年九月十二日，自戶部侍郎知制誥、翰林學士賜紫金魚袋充。 十年六月十七日，以本官同平章事。

今本重修記、瞻以九年十月十七日相，勞格讀書雜識校正爲十年六月十七日；按通鑑二五一亦作六月癸卯，與新紀、表同，勞說是也，參閱注補。

韋保衡、咸通十年三月十三日（？），以起居郎駙馬都尉、守左諫議大夫知制誥入院（？）充。 十一月十日，遷兵部侍郎知制誥。 十一年四月二十五日，以本官同平章事。

重修記作「咸通十年三月十三日自起居郎駙馬都尉入守左諫議大夫知制誥充承旨，」似入院之日即充承旨者，余曾據舊書一七七本傳保衡中經郎中、中舍兩遷及通鑑三月辛未（即十三日）下止書保衡充翰學不書承旨，疑今記「充承旨」之上有脫文（見注補）。 試重思之，通鑑中晚唐史料多據宋敏求補唐實錄，此條諒亦同源，追溯宋錄之文，是否別有據依，抑僅從重修記演化而出，今不可定，然宋氏必嘗旁參是記，可斷言也。 循此以論，宋所見重修記或與今本異，而「充承旨」之上有一節佚文，即不然，宋氏亦必於逕入充承旨之事有所懷疑，故止書曰充翰學不曰承旨也。 諫議大夫雖與中舍同階，然遷轉常例，仍授中舍（參注補宋申錫條）。 保衡固懿宗愛婿，未必不願其略循常制。 由三月至十一月，計閱八月，謂中間曾有遷改，尤意中事。 況唐制無兩人同承旨，具詳前文，劉瞻出院，既證明爲同年六月十七，保衡改中舍充承旨，大約卽在其後，第月日不可確知，故姑仍重修記書之，願覽者勿泥也。 新紀九、新表六三及通鑑二五二均作四月丙午出相，丙午二十四日，比重修記先差一日。

鄭畋、咸通十一年四月二十六日，自戶部侍郎知制誥、翰林學士賜紫金魚袋充。九月二十七日，授梧州刺史。 後於乾符元年十月，自吏部侍郎改兵部侍郎同平章事。

「知制誥」及「賜紫金魚袋」，據舊紀一九上補。 畋之相，舊紀一九下在乾符元年五月，新紀九、新表六三及通鑑二五二（考異云，本宋敏求實錄。）在十月。

劉鄴、咸通十一年十一月二十二日，自戶部侍郎知制誥、翰林學士賜紫金魚袋充。十二月二十三日，守本官充諸道鹽鐵等使出院。 後於十二年十月，以兵部侍郎拜禮部尚書同平章事。

鄴入相時之年月、官職，新紀九、新表六三及通鑑二五二均同；舊紀一九上作十三年正月甲戌以兵侍同平章事。

張裼、咸通十一年十二月□□□日，自工部侍郎知制誥、翰林學士賜紫金魚袋充。十二年正月二十六日，改戶部侍郎知制誥。 十一月十八日，遷兵部侍郎知制誥。十三年五月十二日，貶封州司馬。

裼充承旨至咸通十三年五月，當然在劉鄴之後，今本重修記乃作十年十一月二日加承旨，則與前保衡、畋、鄴三條均衝突，「十一月二日」必十一年十二月之訛奪；日雖不可考，亦必在二十三（鄴出）之後。 其出貶封州，舊紀一九上、通鑑二五二均作五月辛巳（十二日），與重修記同。

崔充、咸通十三年六月十日，自戶部侍郎知制誥、翰林學士賜紫金魚袋充。 九月二十八月，授檢校工部尚書、東川節度使出院。

韋蟾、咸通十三年十月十五日，自工部侍郎知制誥、翰林學士賜紫金魚袋充。 十一月十五日，改御史中丞、兼刑部侍郎出院。

充、蟾兩條，均全據重修記。

鄭延休、咸通十三年正（？）月四日，自工部侍郎知制誥、翰林學士賜紫金魚袋充。 十四年八月二十二日，加金紫光祿大夫、尙書左丞知制誥。 十五年正月十三日，除檢校禮部尙書、充河陽三城節度使出院。

今本重修記作「十三年正月四日宣充承旨，」與前文裼、充、蟾三條均相衝突，蟾承旨僅一月前後，尤無可挪移，此必「正」爲「十二」之訛也。

舊書一七七韋保衡傳，「弟保乂，……尙書郎知制誥，召充翰林學士，歷禮、戶、兵三侍郎學士承旨，坐保衡免官，」又據重修記、保乂咸通十二年五月十日加戶中知誥，十四年十月貶賓州司戶；如果舊傳充承旨屬實，則應在十二年五月與十四年十月之間。 今裼至十三年五月始外貶，其後便有充、蟾相銜接，延休充承旨年月雖有訛文，但十四年八月時仍充，固未見可疑之點，有此數人事跡，保乂實無入充承旨之機會；蓋循舊傳文解釋，保乂應自兵侍知誥翰林承旨外貶也。 通鑑二五二祇云，「又貶其弟翰林學士、兵部侍郎保乂爲賓州司戶，」亦不稱承旨，故余謂舊傳之文不可據。

盧攜、咸通十四年十二月，以左諫議大夫入院（？）充。 十五年十月，以戶部侍郎同平章事。

今本重修記攜名居最末，所記極簡，必壁記多巳剝落也。 所云「咸通十四年十二月自左諫議大夫充承旨學士，」月份與延休條相抵觸，通鑑二五二、乾符元年正月二十七日丁亥下亦祇書曰翰林學士盧攜，此必十四年十二月初入充翰學，其加承旨則在十五年正月十三延休出院之後，猶諸韋保衡一條，承旨字上有佚文也（舊書一七八本傳諫議後經中舍一轉，與保衡略同）。 其出相年月，茲依重修記、新紀九、新表六三及通鑑二五二書之，他有同異，可參注補本條。

自此巳下至唐末止，其年月日常不可知，各人是否魚貫相接，中間有無罣漏，亦未易說定，祇就見有材料記其概略而巳。

豆盧瑑、約乾符初自戶部侍郎知制誥、翰林學士充。 六年五月八日，拜兵部侍郎同平章事。

瑑於咸通末入充翰學，在盧攜前，意其加承旨即在乾符元年十月攜作相之後。

瑑相之底官及其拜除年月，諸史互有同異，茲參酌書之，說詳注補。

王徽、乾符六年自戶部侍郎知制誥、翰林學士賜紫金魚袋充。 歷遷兵部侍郎知制誥及尙書左丞。 廣明元年十二月五日，改戶部侍郞同平章事。

徽於六年已自稱承旨(見補翰學記)，則是繼瑑後充也。

蕭遘、廣明元年末自戶部侍郞知制誥、翰林學士充。 中和元年正月，遷兵部郞、充諸道鹽鐵轉運等使出院。 其月二十三日，以本官同平章事。

遘充承旨，爲期甚短，是繼徽無疑。 至其作相底官，舊紀一九下云，「尋以本官同平章事，領使如故，」本官卽上文之兵侍。 唯新紀九、新表六三則云，兵部侍郞判度支蕭遘爲工部侍郞同平章事。 通鑑二五四又云：「以工部侍郞判度支蕭遘同平章事，」工侍同新書，而領使則同舊書。 考新紀、表及通鑑於上(廣明元)年十二月五日甲申，均書裴澈爲工部侍郞同平章事，於制似不應有兩人同時以同樣底官入相，澈旣未罷，斯遘之工侍當誤；況判度支爲要政，舊紀、通鑑謂遘仍領諸使，尤未必以工侍閑職綰之也，玆故從舊紀書之。

或據全文八一四樂朋龜(中和元年四月)王鐸弘文館大學士等制、遘之具官爲「銀靑光祿大夫守尙書工部侍郞同中書門下平章事，」因持遘以工侍相之說；殊不知同制裴澈具官固「守中書侍郞兼禮部尙書，」而今新紀、表內固未見澈有中書侍郞之命，祇表云中和元年二月澈兼禮尙，是知當日(1)乘輿出狩，(2)遷轉頻數，(3)掌故失墜，雖宰相之職，不克盡書，澈旣以二月由工侍改中書侍郞兼禮尙，則遘亦得於同時由兵侍改工侍，而所遺兵侍一官，卽以韋昭度承其乏也(參下條)。 澈、遘轉官，新紀、表有所漏書，尙留極明顯之痕跡，例如新表、「四月庚寅，澈爲門下侍郞兼兵部尙書，遘爲中書侍郞兼禮部尙書，」自是根據前引朋龜之制；但須知制內澈之原官，固是中書侍郞兼禮尙，遘卽代澈爲中書侍郞者，由是可設思二月時澈旣由工侍改中書侍郞兼禮尙，遘亦可由兵侍改工侍以代澈矣。 新表唯據朋龜制澈、遘兩人新除之官入書，不復尋究其原官，是以於澈、遘兩人之遷轉，有所遺漏，旣有遺漏，又因遘之本官是工侍，遂誤斷遘以工侍入相矣。 依此解析，可斷遘初以工侍相之說之必誤，然苟非朋龜之制幸存，斯兵侍與工侍孰眞，必爲永古之懸案，讀史之難，有如是者。 總之新書及宋氏實錄所以常異乎舊書者，固由宋人於晚唐史料，搜集較多；但搜集者可分兩種，一爲完整的，一爲殘破的，據前種以入書，自是可信，若後種則不爾，如欲利用，必須先加以理解，萬一箇人理解有誤，結果便似是而非。新書謂遘以工侍同平章事，便爲根據殘破史料最佳之一例，故紀逑反比舊書誤也，此讀舊、新兩唐書者最宜知之。

韋昭度、中和元年初自戶部侍郎知制誥、翰林學士充。遷兵部侍郎知制誥。其年七月十四日，守本官同平章事。

昭度之充，當繼遘後。其出相，新紀九、新表六三及通鑑二五四均作七月庚申，即十四日也。相之底官，全文八六授制及新紀、表、通鑑皆曰兵侍，唯舊紀一九下多判度支三字。

樂朋龜、中和中自翰林學士充。累遷兵部侍郎知制誥、守兵部尚書。

朋龜充承旨，最早見於中和三年十月，時已官兵侍知制誥（參補翰學記）。是否直繼昭度，難以斷言。唯是幸蜀之初，官不過右拾遺，未四年覺躐躋兵尚，彼憑藉田令孜以進，令孜方勢炎薰天，謂數月之間擢充承旨，亦非不可信也。朋龜何時罷翰學承旨，史無明文，據僉州名畫錄觀之，總在光啓回鑾之後。復次光啓二年正月八日戊子僖宗幸寶雞時，通鑑二五六已云，「翰林學士承旨杜讓能宿直禁中，聞之，步追乘輿，出城十餘里，得人所遺馬，無羈勒，解帶繫頸而乘之，獨追及上於寶雞，」兩相比勘，則朋龜解承旨應在光啓元年。若全文八一四所收朋龜僖宗皇帝哀册文（略引見補翰學記），當非朋龜在翰林之作，否則或爲他人作而誤系朋龜名也。

杜讓能、光啓元年自兵部尚書知制誥、翰林學士充。二年三月十九日，改兵部侍郎同平章事。

讓能繼朋龜而充，說見前條。會要五七謂中和中讓能遷戶部侍郎承旨，余已於補翰學記辨之；今更有可旁證者，僖宗自蜀回鑾日，朋龜係兵尚充承旨，而據諸史所載，光啓二年初讓能又是兵尚充承旨，此正示讓能代朋龜爲承旨並代其兵尚之官也。自蜀回鑾日，讓能已官禮尚（參補翰學記）。而猶未爲承旨，則會要所云戶侍加承旨，不待辨而知其非矣。若兵尚本高於兵侍，而拜相時必由兵尚改兵侍者，此自是唐人初次命相之一種慣習，又不能以官階高卑論也。大抵中唐而後，門下、中書兩侍郎爲正規宰相，故初入相者恆改帶侍郎之官，過此而後，又不復論。

劉崇望、自戶部侍郎知制誥、翰林學士充。遷兵部侍郎知制誥。龍紀元年正月一日，以本官同平章事。

讓能、崇望之間，是否有別人充承旨，殊難確言。由舊書一七九本傳所記，雖知其光啓二年入內署，但不知其果否當年充丞旨也。

崔昭緯、自中書舍人(?)翰林學士充。歷戶部(?)兵部侍郎知制誥。大順二年正月九日，以本官同平章事。

崇望、昭緯間有無別人，亦不可考。昭緯既於大順二年初相，則其充承旨最遲在大順元年也。其餘各書異同，可參補翰學記。

崔汪、自翰林學士充。歷戶部侍郎知制誥。遷尙書右丞。

據英華三八四、汪以戶侍知制誥承旨遷右丞，係與李磎戶侍知制誥仍充翰學同制，則汪充承旨，斷在磎之先、昭緯之後；惟直承昭緯否，頗難斷言，且亦不知其如何罷承旨也。

李磎、景福中自禮部尙書、翰林學士充。景福二年十月，以本官同平章事。

磎之初相，舊紀二〇上作乾寧元年十月，新紀、表及通鑑作乾寧元年六月戊午，(二十七日)茲依舊書一五七本傳書之，說詳補翰學記。

趙光逢、約乾寧初自戶部侍郎知制誥、翰林學士充。改兵部侍郎知制誥。乾寧二年三月，遷尙書左丞知制誥。

依舊紀及舊書一七八本傳，光逢充承旨似直繼磎後，且當在陸扆前，可參補翰學記扆、光逢兩條。

黄滔有投翰長趙侍郎詩，末兩句云，「願向明朝薦幽滯，免教號泣觸登庸，」(全詩十函十册黄滔三。)翰長承旨之謂，此上光逢詩也。詩著幽滯字，題是未登第時作，據登科記考二四，滔乾寧二年進士，然則余謂光逢乾寧初充，且先於陸扆，得滔詩而尤有確徵矣。

陸扆、乾寧三年正月自兵部侍郎知制誥、翰林學士充。遷尙書左丞知制誥。七月二十七日，改戶部侍郎同平章事。

扆充承旨年月，茲依舊書一七九本傳書之，昭宗實錄謂二年二月已充承旨，茲不取，說見補翰學記。

崔遠、乾寧三年秋自戶部侍郎知制誥、翰林學士遷兵部侍郎知制誥充。 九月十七日，守本官同平章事。

扆、遠繼相，僅及五旬，遠繼扆充承旨，可無疑矣。

薛偓、天復元年十一月自兵（？）部侍郎知制誥、翰林學士充。 改戶（？）部侍郎知制誥。 三年二月十一日，貶濮州司馬。

自崔遠乾寧三年九月出相，至天復元年十一月，時閱兩年，誰充承旨，都無可考，此乃補承旨記中最大之漏洞也。 舊五代史一八曾見薛貽矩加承旨之記載，但吳融有陪熙用（貽矩字）學士侍郎禁中翫月詩，不稱翰長，似得爲貽矩初任侍郎日最少有一時期尙未加承旨之旁證。 況同人送薛學士赴任峽州二首，貫休送薛侍郎貶峽州司馬，亦不稱翰長，貽矩與偓同時外貶（均見補翰學記），使貽矩在貶前果充承旨者，豈非同時有兩承旨乎。 通憲宗至唐末一百年中，曾充承旨者從無開去承旨止充翰學之先例，若謂貽矩充在偓先，亦不類也。 職是諸故，舊五代史所記，在未獲他證已前，應行存疑。

新書一八三偓傳，「至鳳翔，遷兵部侍郎，進承旨，」舊紀二〇上天復三年正月下仍書偓爲戶部侍郎，似改戶侍在遷兵侍之後。 然歷觀前例，充承旨者俱自戶侍改兵侍（唐末用兵，故以兵爲重），則疑偓先遷戶侍，後改兵侍，舊紀所書不實也。 據偓詩注、係二月十一日貶，通鑑作癸未，後差一日。

吳融、天復三年正月後自戶（或兵？）部侍郎知制誥、翰林學士充。 其年卒官。

融客閩鄉，在天復二年壬戌，其召還翰學加承旨，當在三年正月回鑾後，故不與韓偓等同貶。 推言之，融當繼偓爲承旨也。 融卒何年，雖乏明文，但據舊書一七九柳璨傳，璨天祐元年正月十日命相時，充承旨者已是張文蔚，則文蔚殆於天復三年加充；換言之，卽融以天復三年卒官也。

張文蔚、天復三年自戶（或兵？）部侍郎知制誥、翰林學士充。 約天祐元年末，轉禮部侍郎出院。

說見前吳融條及補翰學記。

韋郊、昭宗末自戶部侍郎知制誥、翰林學士充，卒官。

舊書一五八韋貫之傳，「郊文學尤高，累歷清顯，自禮部員外郎知制誥正拜中書舍人，昭宗末，召充翰林學士，累官戶部侍郎、學士承旨卒，」就文面呆解，得謂郊於天祐元年充（昭宗以是年八月被弒）。但舊史著「初」、「末」字者往往甚泛，「初」不定爲元年，「末」亦不定爲紀號最末之年，故郊究以何年加承旨，尚難確定。

韓偓、天祐二年秋以兵部侍郎知制誥召充，不拜。

偓是否以郊卒而召，抑郊充尚在偓不拜之後，亦難斷言；緣哀帝在位，猶沿天祐年號，舊貫之傳之「昭宗末」，許兼概哀帝言之也。故如郊充在偓再召前，則天祐二、三年間承旨不詳；郊充在偓再召後，則天祐元、二年間承旨不詳也。

翰學有再充三充者，承旨未之聞，唯偓再召不拜，是特例也。充承旨最久者莫如王源中，逾四年已上（豆盧瑑如是乾符元年末充，則其任期亦可相埒，惟未確知），最短者莫如段文昌，祇七日耳。

承旨之職，俶於憲宗，其寵任至重，此承旨記所由云十一人而九相也。今自憲至懿七朝，承旨交替，幸尚完整，卽有漏略，充其量不過一兩人，爰集所得，列爲統計比較表如次：

憲宗至懿宗承旨與宰　統計比較表

朝代	承旨	承旨後至宰相者	百分數	宰相	宰相中曾充承旨者	百分數
憲宗	10	7	70	26	7	27
穆宗	5	5	100	12		33
敬宗	1	1	100	5	0	0
文宗	8	3	38	20	6	30
武宗	4	2	50	12	5	41
宣宗	9	6	67	22	7	32
懿宗	15	6	40	20	12	60
總計	52	30	58	117	41	35

表例說明：

（1）所云某宗，係自其卽位起至崩日已前止計之；例如段文昌爲承旨及宰相，雖在元和十五年，但屬穆宗卽位之後，故不入憲宗計，餘類推。

(2)每朝宰相數目，係依新宰相表及會要卷一、卷二所載計算；但會要時有舛誤，今剔去使相外，如蕭俛、段文昌、崔植應入穆宗，故憲宗祇二十六人。李夷簡、張弘靖未相穆宗，故穆宗祇十二人。杜元穎、王播未相敬宗，故敬宗祇五人。杜元穎、李逢吉、段文昌未相文宗，崔珙係武宗所拜，故文宗祇二十人。李固言、李石、牛僧孺均未相武宗，故武宗祇十二人。李紳未相宣宗，又崔鉉訛任銘，故宣宗祇二十二人。又蕭倣、崔彥昭係僖宗命相而劉瞻反漏去，故懿宗相實二十人。

由表觀之，承旨之盛，莫如穆宗，五人而皆爲相(敬宗祇一人，不可比較)。次則憲、宣，數逹三分二。反之，就宰相曾充承旨而論，則以懿宗爲多，計占三分二。平均言之，前者過半已上，後者亦逾三分一矣。

乾符而後，承旨資料未充，不能確計，今知者：

(甲)僖宗朝　承旨約八人，其七皆相。宰相二十一人(會要二所載鄭昌圖，據新書、通鑑乃襄王煴僞相，又劉崇望未相僖宗，故數如上)，曾充承旨者十。

(乙)昭宗朝　承旨約十人，作相者五。宰相二十六人，(比會要增薛王知柔)，曾充承旨者七。

哀帝脅於全忠，僅延殘喘，知者唯韓偓除而不拜，史料固不備，且亦無復比較之價值矣。

合僖、昭兩朝宰相計之，剔去相同者韋昭度、孔緯、杜讓能、張濬等四人，爲數實四十三，內曾充承旨者十五，逾三分一已上，與憲、懿七朝平均無異，是可以覘唐代承旨之重要矣。

韋處厚翰林院廳壁記摘校(附)

處厚此文，翰苑羣書題作「翰林學士記，」非也，茲依文苑英華七九七(全唐文七一五同)題之。

侍讀學士中書舍人韋處厚撰。

此爲羣書所題結銜，亦誤；應作侍講學士，記內固作侍講也，餘說見注補。

魏、晉以後，復典綜機密，政本中書，詔命辭訓，皆必由焉。

起首便用「復」字，文氣不符，疑今本已佚去前一段，否則「復」字爲誤衍，參下文。

乾封則劉懿。

英華、全文「乾封年則劉懿之」，英華「年」下注「一無此字」，又「之」下注「一無之字」。 按翰林志亦作劉懿之，今庫本元和姓纂、新表七一上均見懿之名，有「之」字是。

秉筆便坐。

秉、英華直，注「一作秉」。

皆自外召入。

入、英華注「一作人，」鄭本作人，非；試觀承旨記之「入院」、「出院」便知作入者合。

未列祕書。

書、英華、全文署。

元宗

英華玄，清人諱改。

與夫數術曲藝。

英華、全文術數工藝，英華注「一作數術典藝，」曲爲典之爛字。

將壇出車之誥。

英華、全文之詔，英華注「一作誥」。

導揚顧命之重。

導、英華道。

尺一旁午。

英華、全文尺牘。

指縱命中之略。

英華、全文指蹤中外，英華注「一作指縱命中」。

謀猷幃幄之祕。

英華、全文「諆謨帷幄」，英華注「一作帷」，應云「一作幃」。 謨字較佳，否則重下文猷字。

陰隲造化。

英華、全文陰陽，英華注「一作隲」。

制萠乎將然。

英華、全文萠制，英華注「一作制萠」。

皆歸元后而播輿運。

英華、全文皆功歸元后而德播輿運，英華注「一無功字」，又德下注「一無此字」。

想風彩者罔究其端。

英華、全文熟究，英華注「一作罔」。

誰然誰否。

英華、全文雖然臧否。

貞元中由此而居輔弼者十有二焉。

英華全文十有二，英華注「一有焉字」。 按輔弼應作宰相解，但德宗一朝（合建中計）學士登宰輔者，至處厚撰文日，祇有姜公輔、趙宗儒、陸贄、韋執誼、鄭絪、鄭餘慶、王涯（李程未相）等七人，所謂輔弼十二，不知何指也。

元和中由此而膺大用者十有六焉。

英華、全文十有六，英華注「一有焉字」。 按大用之義甚泛，故其數更難揣計。

不由內庭者。

鄧本由不二字倒。

建中以來簡拔尤重。

英華、建中來簡拔之重，「中」下注「一作以」，應云「一有以字」。 「之」下注「一作尤」。

學如歆、向。

英華、全文歆、向乙，是也。

然得中第。

英華、全文然後得中第，按唐文「然」字卽作「然后」解。

以潔珪璋之行。

英華、全文球璋。

雖潛聲匿迹莫能脫□。

全文同，唯脫下不空一格。　英華作「雖潛聲匿迹而其能脫乎，」而其下注「二字作莫」。

漢時始置尙書郎五人，平天下奏議，分直建禮，含香握蘭，居錦帳，食太官，則今之翰林名異而實同也。

英華始建，注「一作置」。　按今本處厚此文，開首文氣有缺，前已拈出；考通典二二敍尙書省云，「魏置中書省，有監、令，遂掌機衡之任，而尙書之權漸減矣，」今如將漢時始置尙書郎一段移放記首，不徒擘提翰林，文意緊醒，且與通典尙書、中書機權移轉之事適符，而「復典綜機密」之復字，尤不覺陵空而至，羣書本脫字之下空一格，似亦示錯簡之迹。　由此推之，余斷謂此一段乃記首所錯簡，應移正。　「雖潛聲匿迹莫能脫」句，下接「時論以爲登玉淸」句，文氣固甚鬭榫也。

齊桓。

英華、全文桓下有公字。

以爲直木傳直。

傳、全文傅，下同。　英華傳曲，注「一作直」。

曲木傳曲。

英華傳直，注「一作曲」。

推廢人之規矩乎引賢。

英華、全文移于（於）引賢，英華注「一作規矩乎」。

使如貫珠駢璧。

英華使如是，注「一無是字」。　璧、英華訛壁。

內謁者將王士玖。

英華全文內謁者監王士政，英華監下注「一作將」，又政下注「一作玖」，按作

「將」誤，參下使壁記校注。

近乎十年。

英華、全文延于，英華注「一作近乎」。

聆於中書舍人杜元穎、兵部侍郎沈傳師。

聆於下英華、全文有朝端字，英華注云，「一無此二字」。　又據樊川集、重修學士壁記、舊書一四九及集古錄䟦八，傳師官兵部郎中，此作侍郎誤。　處厚之記，元和十五年作，是歲閏正月元穎遷中舍，十一月遷戶侍，傳師閏正月加兵中，位未至兵侍也。　不然，侍郎高於中舍，處厚寧有先元穎後傳師之理。

傳、全文誤傳，下同。

備乎前聞者也。

英華、全文前文，英華注「一作聞」。

時以爲便。

英華、全文僉以，英華注「一作時」。

上聖紹復墜典。

英華、全文聖上。　又紹、英華詔，非。

處厚與司勳郎中路隋職參侍講。

厚下全文多因字。　侍講，英華、全文侍讀，英華注「一作講」，按讀誤，說見前。

不若使其在人。

英華、全文無在字，非也。

讓於處厚，固陋無以辭。

英華、全文無固陋字，英華讓于處厚下注「因（四？）字一作固陋」。

時皇帝統臨四海之初元也。

穆宗以元和十五年正月卽位，故曰初元，非指長慶紀年之元年也，此亦可由記文所載元穎、傳師官位證之。

翰苑羣書䟦(附)

讀書附志五上云，「翰苑羣書三卷，右唐李肇翰林志、元稹承旨學士院記、韋處厚翰林學士記、韋執誼翰林院故事、楊鉅翰林學士院舊規、皇朝禁林讌會集爲一卷，錢惟演金坡遺事、晁迥別書金坡遺事、李宗諤翰苑雜記爲一卷，蘇易簡續翰林志、學士年表、翰苑題名、翰苑遺事爲一卷，」不題何人所輯。書錄解題六云，「翰苑羣書三卷，學士承旨鄱陽洪遵、景嚴撰，自李肇而下十一家及年表、中興後題名共爲一書，而以其所錄遺事附其末，總爲三卷。」四庫提要七九云，「是書後有乾道九年遵題記曰，……曩嘗梓遺事一編，揭來建業，以家舊藏李肇、元稹、韋處厚、韋執誼、楊鉅、丁居晦洎我宋敎公凡有紀於此者，竝栞之木，仍以國朝年表、中興題名附。……此本上卷爲李肇翰林志、元稹承旨學士院記、韋處厚翰林學士記、韋執誼翰林院故事、楊鉅翰林學士院舊規、丁居晦重修承旨學士壁記、李昉禁林讌會集凡七家，下卷爲蘇易簡續翰林志、蘇耆次續翰林志、學士年表、翰苑題名、翰苑遺事凡五種，其遺事爲遵所續、不在其數，實止四家，除年表、題名外，所收不過九家，與振孫所記不合。考宋史藝文志載是書本三卷，此本止上下二卷，又文獻通考所載，尙有唐張著翰林盛事一卷，宋李宗諤翰苑雜記一卷，若合此二家，正足十一家之數，豈原本有之而今本佚其一卷耶。」余按宋志本通考，通考又本解題，此不足證。惟希弁附志所傳卷數，與解題同，提要疑今本佚其中卷，正合事實。附志上卷止得六家，由洪跋及今本覘之，知奪去丁居晦一家，故上卷應爲七家。依附志中卷收錢、晁、李三家，故中卷應爲三家。下卷易簡父子所作，詳解題之意，祇作一家；知者因解題六有云，「續翰林志一卷，次續志一卷，學士承旨梓潼蘇易簡、太簡撰，以續唐李肇之書，其子耆又以其父遭遇恩禮之盛，續於其後，」合兩作爲一目，而錢、晁、李之書，各各分疏，應注意者一。所謂十一家者，蓋均唐、宋兩朝曾充學士之人，若耆則未居其職，續書易簡遭遇，實與跋後無異，應注意者二。斯義旣明，則十一家卽唐之二韋、李、元、丁、楊，宋之二李、晁、錢、蘇，提要猥分蘇爲兩家，又取洪跋所不著之唐張著當其一，誤矣。抑張著翰林盛事一卷，亦見讀書志二下，提要何須引通考也。

洪氏所編，首翰林志，次承旨廳壁記，次翰林學士記，次翰林院故事，次舊規，次重修壁記，殊不循時代先後之序。謂應(一)韋執誼翰林院故事(貞元二年)。

（二）李肇翰林志（元和十四）。（三）韋處厚翰林院廳壁記（元和十五。此下補杜元穎元和十五使壁記）。（四）元稹承旨廳壁記（長慶元。此下補韋表微大和元新樓記）。（五）丁居晦重修壁記（開成二）。（六）楊鉅（或李愚）翰林院舊規（唐末至後唐）。庶覽者有所循也。

夫唐人翰林院文章，傳於今者尚有杜元穎翰林院使壁記、韋表微翰林學士院新樓記二篇，性質與韋處厚翰林院廳壁記無異，且復同時，今洪書收處厚作而遺元穎、表微作，無以解其去取也。因從全唐文七二四及六三七錄出於後，并爲校正數字，如是，則翰苑羣書之唐文可得八家云。

翰林院使壁記　　杜元穎

聖明以文明敷於四海，詳擇文學之士，置於禁署，實掌詔命，且備顧問。又於內廷選端肅敏裕邁乎等倫者爲之使，有二員，進則承睿旨而宣於下，退則受嘉謨而達於上，軍國之重事，古今之大體，庶政之損益，衆情之異同，悉以開覽，因而啓發。若非有達識，有精材，一心守公，百志根正，則曷能保維密勿之際、傳導吁俞之間哉。故嘗由是職，必極其位，有若今之右軍梁特進、樞密劉監焉。當先聖躬勤萬務，志清九有，築壇亙登，持柄驟移，贊命於是乎出，號令於是乎發，急宣密付，波至飈去，二使之任，尤所重難，乃以今內給事李常暉、內謁者監王士政繼領其職。既而掃殄淮蔡，廓平海岱，有魏以六州底貢，常山以二郡獻地，北逐犬戎，南剪溪蠻，凡兵事之所會，符檄之所至，籌略之所授，告諭之所加，決於一言，敷以萬里，得失以之而定，安危以之而分，降自九天之上，行乎四海之外，無不面奉宸斷，兢兢跼蹐，喘汗之中，揣切必究，毫芒靡失，不有絕人之神用，其孰能處於此乎。勤勞夙夜，亦云至矣。我皇初纘寶祚，特加寵獎，榮以金印、紫綬、玉帶之賜，尋又就遷命秩，勳階兼崇，蓋舉勞以行賞也。爾其發善嚮義，愛才好直，周旋蚤暮，率履無越，每聞激忠之詞，及有所論，必加慰勉，欣喜外形，此又列內庭者所共幸也。至於增葺院署，使羣英有游處之安，栽培松筠，使多士有吟翫之適，表裏融暢，始終堅全，固不易得也。若無題敍，則將來者何以身行之，因移學士舊記，遂徵前院使之官族，斷自元和已後，列於屋壁焉。

詳擇下英華七九七注「一作延」，內廷作內朝，嘉謨下注「一作謀」，梁特進誤時進，劉監誤劉堅。右軍梁特進者即舊紀一六之右軍中尉梁守謙也，守謙憲宗初曾充院使，見注補李絳、白居易兩條。

內謁者監王士政、韋處厚翰林學士記(羣書本)作內謁者將王士玖，英華七九七注監一作將，政一作玖；余案內侍省無「內謁者將」之名，作監是。

魏博節度田興以六州爲朝，在元和七年十月，成德節度王承宗獻德、棣二州，在十三年四月。

四海之外下，英華注「一作內」，兢兢訛競競。

英華文末尚有「時庚子歲夏五月一日記」十字，全文奪，蓋即元和十五年，據重修記、彼時元穎方以中書舍人充學士也。

資治通鑑二六三敍韋貽範急謀起復、韓偓不肯草制事，有云，「學士院二中使怒曰，學士勿以死爲戲，」胡注云，「時韓全誨等使二中使監學士院以防上與之密議國事，兼掌傳宣回奏，以偓不肯草制，故怒，」按學士院設中使二人，是唐之舊制，讀本記及下新樓記便明；胡乃謂韓全誨設之以防昭宗，說殊昧昧。同年十一月甲辰下注誤同。

翰林學士院新樓記　　韋表微

長慶二年春，翰林院學士，穆宗皇帝顧謂左右曰，孰可充是任者。皆曰恭恪可以奉密命，通敏可以肆皇猷，有若內謁者藍田季溫可。上曰，俞。洎四年夏，院使缺，敬宗皇帝顧謂近臣曰，孰可補是職者。皆曰博覽以好古，清白以奉公，有若奚官局令衞元璨可。上曰，俞。是以授金紫之賜，承侍從之榮，典司禁闈，參掌詔令。嘗因暇相與議曰，夫宮室臺觀，蓋有宜稱，苟失其制，人何法焉。內署與集賢、史館、祕書省皆號圖書府，而內署最爲密近，故學士之登將相踐崇顯者十有八九焉，彼三署不可同年而語矣，而庭宇逼仄，屋室卑陋，非聖朝待賢之意，豈羣彥養德之所。於是梧桐高則可以栖靈鳳，巖嶺秀則可以韞美玉，是宜革作，以新其居。乃同詞上聞，詔命惟允，錫以材布，假其工徒，心匠始形於事先，物境潛運於度內。乃撤小屋，崇廣厦，揭飛梁於層構，聳危樓於上楹，重簷翼舒，虛牖霞敞，甍棟豐麗，欄檻周固，三門並設，雙闥對啓，延清風於北戶，候朗月於南榮，積其典墳，藏於扃鐍，因討閱之際，資登眺之娛。若乃前瞰雲山，傍窺臺觀，仰丹霄於咫尺，納顥氣於襟抱，八表殊望，四時異境，觸類生趣，隨方散懷。其下廊廡對序，階陛四市，中創小亭，以候宴語，卉木駢植，松竹交蔭，折高標於夢椽，散餘芳於戶庭，信可久之宏規，不泯之盛跡也。經構之始，侍講崔學士出拜小宗伯，樓成之月，學士韋公秉國鈞，旬日、侍講高學士拜夕郎，明年正月，學士路君遷小司馬爲承旨，表微洎王、宋二舍人皆遷秩加職，院使復以成績並命遷內常侍。夏四月，中書鄭舍人、駕部郎中皆以鴻文碩學爲侍講學士，有詔賜宴，始觴於斯，中外之知者朝昏皆賀，豈興作之會契於陰陽之運乎，而土木之勳應於福慶之數乎。表微學愧鏤冰，文慙畫虎，秉筆視草，於茲六年，備歷規度之蹇，詳觀新舊之制，承命爲記，實慚非詞，時太和元年某月日記。

寶刻叢編七京兆府引諸道石刻錄，「唐翰林學士院新樓記，唐韋表微撰，鄭澣正書，唐玄度篆額，大和元年十二月」同書八鄠縣下所引同，然翰林院舊址不在鄠，豈後經世亂而移往歟，抑叢編誤複歟。

翰林院學士缺之學士二字誤（英華八〇九同）。應正作院使，觀元穎記稱院使有二員，翰林志稱高品使二人知院事，及下文內謁者監田季溫便知之，宦官不能充學士也。

是任、英華訛是仕。

有若內謁者藍田季溫可之藍字誤，應正作監；舊書四四內侍省、內謁者監六人，正六品下，元穎記亦稱內謁者監王士政繼領使職，後人誤作地名，遂連「監田」爲藍田，殊不知田季溫是其姓名也。

乃同詞士閈、士字訛，英華正作上閈。

錫以材布、英華布字下注「作帛」，乃「一作帛」之奪文。

甍棟、英華誤薨棟。

襟抱、英華誤襟袍。

松竹交蔭、英華作交陰，非。

折高標、折英華作拆，又注「一作林」，林字非。

散餘芳、英華誤余芳。

駕部郎中、部下奪許字，見勞格英華辨證補。　文内所云崔學士、崔鄲，韋公、處厚，高學士、高重，路君、路隋，王、宋二舍人源中、申錫，鄭舍人、鄭澣，許郎中、許康佐，皆已分釋於重修記注補之内。

賜宴、英華訛賜晏。

於茲六年，表微以長慶二年入，至大和元爲六年。

詳觀、英華注「一作都」，當是「一作覩」之訛。

太和應作大和。

唐人翰林嘉話詩節錄(附)

散文而外，唐代翰林諸公詩中有整段敍述玉堂嘉話者，撮錄數節，是亦考翰林故實所應知者也。

謂村退居寄禮部崔侍郎翰林錢舍人詩一百韻　　白居易

(前略)忽憶煙霄路，常陪劍履行。　登朝思檢束，入閤學趨蹌。　命偶風雲會，恩覃雨露霶。　沾枯發枝葉，磨鈍起鋒鋩。　崔閣連鑣騖，錢兄接翼翔。　齊竽混韶夏，燕石厠琳琅。　同日升金馬，分宵直未央。　共詞加寵命，合表謝恩光。　厩馬驕初跨，天廚味始嘗。　朝晡頒餅餌，寒暑賜衣裳。　對秉鵝毛筆，俱含雞舌香。　青縑衾薄絮，朱裹幕高張。　晝食恆連案，宵眠每並牀。　差肩承詔旨，連署進封章。　起草偏同視，疑文最共詳。　滅私容黜竄，窮理辯毫芒。　便共輸肝膽，何曾異肺腸。　慎微參石奮，決密與張湯。　禁闥青交瑣，宮垣紫界牆。　井欄排菡萏，簷瓦鬭鴛鴦。　樓額題鳷鵲，池心浴鳳凰。　風枝萬年動，溫樹四時芳。　宿露凝金掌，晨暉上璧璫。　砌笻塗綠粉，庭果滴紅漿。　曉從朝興慶，春陪宴栢梁。　傳呼鞭索索，拜舞珮鏘鏘。　仙仗環雙闕，神兵闢兩廂。　火翻紅尾旆，冰卓白竿槍。　淥瀁經魚藻，深沈近浴堂。　分庭皆命婦，對院即儲皇。　貴主冠浮動，親王轡鬧裝。　金鈿相照耀，朱紫間熒煌。　毬簇桃花騎，歌巡竹葉觴。　窪銀中貴帶，昂黛内人粧。　賜禊東城下，頒酺曲水傍。　樽罍分聖酒，妓樂借仙

倡。 淺酌看紅藥，徐吟把綠楊。 宴迴過御陌，行歇入僧房。 （下略）

此據叢刊本白集一五轉錄，取與馬本、汪編及全唐詩合校其重要之異同如下：

陳振孫年譜元和五年下云：「未幾退居渭上，有寄禮部崔侍郎翰林錢舍人一百韻云，五年同晝夜，一別似參商，自二年爲學士至此五年，崔謂崔羣，嘗同狀謝官，故又云，共詞加寵命、合表謝恩光也。」

汪譜則於六年下著「渭上等詩，」似謂是詩爲六年作；皆非也。 二年至五年只前後四年，安得云，「五年同晝夜」，陳之誤不待辨。 依學士壁記、元和六年崔只庫中知制誥，錢徽只祠中，何得題稱禮部崔侍郎及錢舍人。 惟九年六月二十六日羣出拜禮侍，八年五月九日徽轉封中知制誥（得稱舍人）。 而居易以九年冬入朝，合此推之，是詩斷爲九年秋間所作無疑。 崔、白同日入內署，故云崔閤連鑣驁，又同日升金馬；錢徽約後九月入，故云錢兄接翼翔。 白以二年入，六年出，作詩時追計其共事之日，故曰五年同晝夜；非謂自入內署至作詩時共五年也。

辯毫芒之辯，馬、汪作折，全詩析，盧氏拾補作析。

便共、汪訛便六。

決密與之與，馬本學，全詩與下注「一作學」，拾補以學字爲是，但注云「宋作與」。

宮垣，馬、汪官垣，全詩宮「一作官」，拾補宮。

壁璫訛，他本均壁。

對院、馬對面，全詩院「一作面」，拾補取「院」字，是也；容齋隨筆四作院。

構花騎，馬及全詩「綺」，拾補「騎」，騎是也，容齋隨筆亦作騎。

隨筆云：「白樂天渭村退居寄錢翰林詩敍翰苑之親近云，……蓋唐世宮禁與外廷不至相隔絕，故杜子美詩戶外昭容紫袖垂，雙瞻御座引朝儀，又云，舍人退食收封事，宮女開函近御筵，而學士獨稱內相，至於與命婦分庭，見貴主冠服，內人黛粧，假仙倡以佐酒，他司無比也。」

述夢詩四十韻　　李德裕

去年七月溽暑之後驟降，其夕五鼓未盡，涼風淒然，始覺枕簟微冷，俄而假寐斯熟，忽夢賦詩懷禁掖舊遊，凡四十餘韻，初覺尚憶其半，經時悉以遺忘，今屬歲杪無事，羈懷多感，因綴其所遺爲述夢詩，以寄一二僚友。

賦命誠非薄，良時幸已遭。君當堯舜日，官接鳳凰曹。目睇煙霄闊，心驚羽翼高。〔此六句夢中作。〕椅梧連鶴禁，墀墄接龍韜。〔內署北連春宮，西接羽林軍。〕我后憐詞客，〔先朝嘗宣諭卿等是我門客。〕吾僚並雋髦。著書同陸賈，待詔比王褒。重價連懸璧，英詞淬寶刀。泉流初落澗，〔文賦稱泉流於吻齒。〕露滴更濡毫。赤豹欣來獻，彤弓喜暫櫜。〔時西戎乞盟，幽、鎮二帥束身赴闕，海內無事累月，詩稱赤豹黃羆，蓋蠻貊之貢物。〕非煙含瑞氣，馴維潔霜毛。靜室便幽獨，虛樓散鬱陶。〔學士各有一室，西垣有小樓，時宴語於此。〕花光晨艷艷，松韻晚騷騷。畫壁看飛鶴，僊圖見巨鼇。〔內署垣壁比畫松鶴，先是西壁畫海中曲龍山，憲宗曾欲臨幸，中使懼而塗焉。〕倚簷陰藥樹，落格蔓蒲桃。〔此八句悉是內署中物，惟嘗遊者依然可想也。〕荷靜蓬池鱠，冰寒郢水醪。〔每學士初上賜食皆是蓬萊池魚鱠，夏至後賜及頒燒香酒，以酒味稍濃，每和水而飲，禁中有郢酒坊也。〕荔枝來自遠，蘆橘賜仍叨。〔先朝初臨御，南方嘗獻荔枝，亦蒙頒賜，自後以道遠罷獻也。〕麝氣隨蘭澤，霜華入杏膏。恩光惟覺重，攜挈未爲勞。〔此八句述以恩賜，每有賜與，常攜挈而歸。〕夕閱梨園騎，宵聞禁仗獒。〔每梨園獵回，或抵暮夜，院門常見歸騎。〕扇回交彩翟，鵰起颺銀絛。衢待袁絲攬，書期蜀客操。盡規常謇謇，退食尚忉忉。〔此八句述內庭所覩。〕鷁顧垂金鈿，鸞飛曳錦袍。〔曾蒙賜錦袍，曳者蓋取詩人不曳不婁之義也。〕御溝楊柳弱，天廄驌驦豪。〔學士皆蒙借飛龍馬〕屢換青春直，閑隨上苑遨。〔普濟寺與芙蓉苑相連，常所游眺，芙蓉亦謂之南苑也。〕煙低行殿竹，風拆繞牆桃。〔此八句述沐浴日遊戲。〕（下略）

此據叢刊本衛公別集三轉錄，取畿輔本及全唐詩校其重要之同異如下：（畿本幾全同全詩，唯有一二訛舛，始特揭之。）

題四十韻下，全詩多有序兩字，畿本作并序。

多感、畿本訛夕感。按德裕以長慶二年九月除浙西，大和三年七月去，穊以長慶三年八月除浙東，大和三年九月去，唯據賈餗皇公德政碑、大和元年就加禮部尙書，而元、劉和章仍稱大夫，又禹錫之和，似在和州刺史任上，其除和州爲長慶四年八月，合此推之，本詩當作於寶歷間也。

塀、全詩「一作埤」。

待詔、叢本訛侍詔，按翰林志、「玄宗初改爲翰林待詔」。

連懸、全詩「一作憐玄」。

注「文賦稱」下、全詩有言字。

僊國、全詩「一作山」。

注「比畫」誤，全詩皆晝。

倚簷、全詩「一作傍」。

落格、全詩「一作落」。

注「中物」、全詩作物色。

注「賜及頒」、全詩作頒賜冰及，此顯脫冰字。 又和水、全詩和冰是。

盧橘、全詩盧橘。 仍叨、全詩注「一作常」。

注「述以」、全詩乙爲以述。

銀條、全詩「一作金」。

退食、全詩「一作舍」，作「食」是。

金鈿誤，全詩金鈕。

𩘽飛、全詩「一作迴」。

繞墻、全詩「一作垣」。

注「沐浴」、全詩作休澣是。

奉和浙西大夫述夢四十韻，〔次本韵〕大夫本題言贈於夢中賦詩，以寄一二僚友，故今所和者亦止述翰苑舊游而已。 元稹

（上略）阿閣偏隨鳳，〔大夫與稹偏多同直。〕 方壺共跨鼇。 借騎銀杏葉，〔學士初入，例借飛龍馬。〕 橫賜錦垂萄。〔解已具本篇。〕 冰井分珍果，金瓶貯御醪。 獨辭珠有戒，廉取〔一本有玉字〕非叨。 綾紙偸紅點，〔書詔皆用綾搏紙。〕 蘭燈焰碧高。 〔麻制例皆通宵勘寫。〕 代予言不易，承聖旨偏勞。

〔稹與大夫相代爲翰林承旨。〕 繞月同棲鵲，驚風比夜獒。 吏傳開鎖契，〔學士院密通銀台，每旦常閉門使勘契開鎖，聲甚煩多。〕 神撼引鈴絛。〔院中有急命，卽鈴索自搖，習以爲常。〕 渥澤深難報，危心過自操。 犯顏誠懇懇，騰口懼忉忉。 佩寵雖緺綬，安貧尙葛袍。 賓親多謝絕，延薦必英豪。〔自阿閣而下，皆言稹同在翰林日居處深祕，與頻繁奉職勤勞畏愼周密等事也。〕 分阻盃盤會，閑隨寺觀遨。 〔學士無過從聚會之例，大夫與稹時時而字一本作相期於寺觀閑行而已矣。〕 祇園一林杏，〔慈恩。〕 仙洞萬株桃。〔玄都。〕 （下略）

此亦據衞公別集三轉錄（馬本及叢刊景明嘉靖本元氏集皆失收），取與全唐詩校之：

全詩詩題述夢下多李德裕三字；又次本韻三字移在而已之下，應以在「四十韻」下爲合。

贈言、曾言之訛，又全詩倒錯賦詩爲詩賦。

大夫與稹訛，全詩稹是，舊籍往往見此錯誤，如元和姓纂訛元稹爲元楨，劉稹元龜常作劉楨，是也。

注「一本有玉字，」全詩無，「玉」字正寫。

綾紙、全詩麥紙，又注綾搏紙作麥紋紙；余按翰林院舊規、「舊例宰相及使相官告並使五色背綾金花紙，節度使並使白綾金花紙，」綾脫系旁，故轉訛爲麥，惟搏字未詳。

碧高誤，依李詩本韻應作膏。

注相代爲承旨云云，據承旨記、德裕代稹爲承旨，可參承旨記校注。

引鈴絛下、全詩之注與此異，注云：「院有懸鈴，以備夜直警急文書出入，皆引之以代傳呼。 每用兵，鈴輒有聲如人引聲，耗緩急具如之，曾莫之差。」

注而字一本作相，「而」殆「兩」訛。 「字一本作相」五字，乃後人所附注中之注，猶云「時時兩期，」或作「時時相期」也。 全詩之注作「大夫與稹時時期於寺觀閑行而已矣。」

衞公別集尙附劉禹錫和作一篇，然劉未嘗直禁林，所言都不過人云亦云，故不採。

唐朝翰林盛事類比(附)

前人著卓異記、廣卓異記等，每類聚一時盛況以爲佳話。唐、宋作者於翰林故事，紀述旣富，惟斯門尙無輯比，注補已竟，乃就所見略萅錄之，或足供茶前酒後之譚助也。

三入翰林者：　柳公權（前兩次祇侍書）。

兩入翰林者：　陸贄　衞次公　獨孤郁　王涯　鄭覃（均講學。）　高重（均講學）。　丁居晦　宇文臨　令狐綯　蕭鄴　劉允章　劉瞻　孔溫裕（後一次講學）。　張禕　李溪　薛貽矩　吳融　韓偓（末次未拜）　杜曉。

三代入翰林者：　鄭餘慶，餘慶子澣（講學），澣子處誨。　沈傳師，傳師子詢，詢子仁偉。　杜審權，審權子讓能，讓能子曉（再入）。　令狐楚，楚子綯，綯子澳。

三代入翰林後均爲宰相者：　杜審權、讓能、曉（曉相後梁）。

三代入翰林後兩代爲宰相者：　令狐楚、綯。

兄弟叔姪入翰林者：　高少逸弟元裕（均講學）。　元裕子璩。

父子兄弟入翰林者：　崔鄲（講學），弟鄲及鄲子珮、璆。　徐商及子仁嗣、彥若。　楊收及子鉅、注。

父子入翰林者：　李吉甫、德裕。　顧少連、師邕。　路羣、巖。　崔羣、充。　韋表微、蟾。　鄭涯、延休。　蕭寘、遘。　鄭薰、穀。　崔澹、遠。　張禓、文蔚。

父子入翰林後均爲宰相者：　李吉甫、德裕。　蕭寘、遘。　徐商、彥若。　崔澹、遠。

兄弟祖孫入翰林者：　于益弟肅，肅孫琮。

兄弟入翰林者：　張垍，弟埱（垍兄均亦供奉翰林）。　吳通玄，弟通微。鄭覃，弟朗（均講學）。　韋保衡，弟保乂。　韓儀，弟偓。

叔姪入翰林者：　孔溫裕，姪緯。　趙騭，姪光逢。　韋澳，姪郊。

祖孫入翰林者：　鄭絪，絪孫顥。

父子充承旨者：　李吉甫、德裕。　崔羣、充。　令狐楚、綯。　韋表微、蟾。蕭寘、遘。　杜審權、讓能。　張裼、文蔚。　內吉甫以永貞元年充，德裕以長慶元年充，先後僅十七載，尤其相距之最近者。

翰林侍講學士未嘗改充翰林學士者有　崔郾　高重(兩入)　鄭澣　丁公著　鄭覃　李仲言(改名訓)　鄭注　王起　高元裕　高少逸　鄭朗　盧懿　孔溫裕(末一次)　十三人。

晚唐海宇分崩，往往破格用人，其升轉之速，可勿比論。　然如德宗朝姜公輔、建中元年方自左拾遺(從八品上)充翰學，至四年十月便輔大政，杜元穎、元和十二年二月方自太博(從七品上)入充，至長慶元年二月便拜平章事，皆騰達之異乎常軌者。　若韋綬貞元七年自左補闕入，迄十六年十月丁憂，未嘗改官，鄭絪貞元八年自勳外充，迄二十一年二月始改中舍，衞次公貞元八年四月自左補闕充，迄二十一年二月始改勳外，則又特別濡滯，卽翰林志所謂「有守官十三考而不遷」者是也。

補唐代翰林兩記(卷末)

順德岑仲勉纂撰

姓名檢索

崔鉉

崔遠

崔凝

崔學士(附)

崔澹

張文蔚

張玄晏

張仲素

張衍

張策

張禓

張褘

張褘(即褘)

許康佐

許學士(附)

陳夷行

陸扆

十三畫

楊收

楊注

楊知溫

楊堪(附)

楊鉅(附)

楊學士(附)

楊贊圖(附)

路隋

路巖

十四畫

裴廷裕(即庭裕)

裴垍

裴庭裕

裴素

裴徹

裴澈(即徹)

裴諗

趙光逢

趙觀文(附)

十五畫

劉崇望

劉學士(附)

劉鄴

劉瞻

樂朋龜

歐陽炯(附)

蔣伸

蔣琢(附)

鄭延休

鄭延昌

鄭畋

鄭絪

鄭璘

鄭顥

十六畫

獨孤霖

盧說

盧攜

衛次公

錢徽

十七畫

蕭寘

蕭遘

蕭學士(附)

蕭鄴

薛貽矩

韓偓

韓儀

十八畫

歸融

二十畫

蘇滌

出自第十一本(一九四四年九月初版,一九四七年七月再版)

舊唐書逸文辨

岑仲勉

家賢建功氏舊唐書逸文自序言：

自南宋以後，新唐書盛行而舊唐書流傳漸少。至明嘉靖時，藏書之家已罕有足本。聞人氏所刻，乃彙集諸家之書，補綴而成，其中不無殘缺之處。錢氏考異言薛播等傳，有論無讚，王氏商権言柳公度傳其文不完，趙氏劄記言張巡傳行墨脫落，皆辨論精詳，能正今本之失，而逸文散在羣籍，尙未有彙集之者。

所輯逸文，幾純以御覽爲主，共成一十二卷，仲勉覽而惑之，豈劉昫之書脫漏至於此極耶？其可疑者：

列傳之無可附者，有王行本、張瑾、何潘仁、姜寶誼、段綸、田留安、周法明、張鎮周、賈嘉隱、徐慶、紀履忠、張循憲、范獻忠、韓琬、袁仁敬、崔昌、劉秩子、張造、李栖筠、嚴郾、張著、臧希讓、王國良、戴叔倫、呂温、鄭珣瑜、齊總、王源中、張平叔、薛膺、李泳、鄭居中、房穎叔、崔希喬、李直方、馮履謙、李子愼、王行敏、程袁師、武弘度、施士丐、秦鳴鶴、蘇澄、郭弘道、韓凝禮、趙師、僧萬迴、李謹行妻劉氏、麴昭母某氏等四十九人，（逸文一一）其中多無立傳之値，其中唯李栖筠一人，據通鑑考異一七曾引舊李栖筠傳，殊爲可疑耳。舊書一四八李吉甫傳，父栖筠，國史有傳，一七四李德裕傳，祖栖筠，父吉甫，祖父自有傳，論者或謂劉書之「國史」，承用唐人口氣。十七史商榷七六則謂昫之修史，始於後唐，莊宗自以繼唐立其祖廟，故玄宗紀末史臣論稱爲我開元，又經籍志敍首稱我朝，此皆以唐爲本朝，並非因仍唐代史官之筆云云，且引「父栖筠國史有傳」以證。余按劉書承用唐人語，如八四劉仁軌傳之「史臣韋述曰」，同卷裴光庭傳之史官韋述論，八五唐紹、徐有功傳，八六澤王上金傳，俱稱玄宗爲今上，六一竇威傳稱開元爲今，又八五張文收傳有今元會第一奏語，係沿吳、韋撰文，皆有碻證，(參錢氏考異五九商榷八六)唯後唐自稱唐後，故修史者遂可沿用唐人之「我」而勿改，商榷之論，徒見其偏。「國史有傳」，唐人撰述(如因話錄等)累見之，不能謂卽指劉書也。商榷云，「不言自有傳而言國史有傳者，劉昫以唐爲本朝故也，」釋國史字殊牽強，適反證其爲唐人語氣耳。此其一。

逸文一一又收太和、萬壽公主各一段，以爲兩公主傳逸文，其御覽一五四引，「凡公主封，有以國名者，鄎國、代國、霍國是也，有以郡名者，平陽、宣陽、東陽是也，有以美名者，太平、樂安、長寧是也，唯玄宗之女，皆以美名名之。」同書六九九引，「建中中議公主出降之儀，曰近代設氈帳，擇地而置，此乃北胡穹廬之制，不可以爲佳，宜于堂室中置帳，以紫綾幔爲之，」則注云，「案此條及下條皆述公主之事而無所專屬，疑序論中語，今錄於此以俟考焉。」余按劉書有公主傳，未之前聞，疑及序論，則輯文者已不能自堅其信矣。此其二。

四裔之無所附麗者，有環王、羅刹、殊柰、甘棠、文單、參半、白頭、投和、多蔑、多摩長、哥羅舍分、金利毗逝、杜薄、頓遜、薄剌洲、西爨蠻、松外蠻、姚州蠻、巴東蠻、昆彌、吐火羅、師子、曹、烏篤、蝦夷、流鬼、鞠、拔野古、駮馬等廿九國；其環王條且注云，「疑此條乃環王國傳，與今本林邑國傳原係各自爲篇，誠以國名旣殊，故並存以俟考，新書遂以環王爲主而不標林邑之名，舊書又逸去環王，止存林邑之號，故不免彼此參差耳，」謂劉(逸文一二)書逸去如許外國傳，已令人難信，況所逸者又有複出之環王，其果如是恰巧耶。此其三。

逸文八據御覽六二九，自顯慶三年起迄大和二年止，錄各制舉科暨其及第人名凡四十一條，且注云，「又案史書有選舉志，自新唐書始，舊唐書尙無此名，禮儀志四雖有考試之事，而制舉科目，及第年月則全未載入，此條於彼處無可附麗，故另列於此卷，」無可附麗，自已生疑，則究將爲某處逸文耶。此其四。(參下文)

逸文七地理志涇州收御覽三三四城臨涇事，共八十二字，河中府收御覽三三〇城中都事一百四十九字，洋州收寰宇記一三八齊映從幸梁洋事一百七十三字，梓州收御覽三〇四高崇文伐蜀事一百六十五字，然今存舊地志都無此類不涉沿革之繁文。復次京兆府收御覽九六一，「雲陽縣界多漢離宮故地，有似槐而葉細，土人謂之玉樹，」梁州收御覽一六七，「貞元中，謝眞人於郡紫極宮上昇，萬目所覩，郡郭是夕處處有紅霓雲氣，」（按寰宇記八六南充縣亦云「唐書、貞元十年，謝眞人名自然，於縣界金泉紫極宮白日上昇，郡郭是夕有紅霓雲氣之狀，」比御覽略詳，逸文失徵。） 邕州收御覽五〇〇，「德宗初卽位，詔曰，邕府歲貢奴婢，使其離父母之鄉，絕骨肉之戀，非仁也，罷之。」 此外御覽九五七、「南中有泉，流出山洞，常帶桂葉，好事因謂爲流桂泉，後人乃立棟宇爲漢高之神；」御覽九五〇，「南中山川鵂鳥之地，必有犀牛，有沙蝨水弩，必生可療之草，」都無着落。 余按劉書之蕪穢，爲後世詬病者，端在武宗以後各帝紀，狀類近世之鈔抄，如錢氏考異五七云，「按舊史本紀，前後繁簡不均，睿宗以前，文簡而有法，明皇、肅、代以後，其文漸繁，懿、僖、昭、哀四朝，宂雜滋甚，……且以高祖創業之君，在位九年，而紀止六千八百十有四言，哀帝政在強臣，在位不盈三載，而紀乃一萬三千有二言，蓋唐初五朝國史經吳兢、韋述諸人之手，筆削謹嚴，中葉以後，柳芳、令狐峘輩雖非史才，而敍事尙爲完備，宣、懿而後，旣無實錄可稽，史官采訪，意在求多，故卷帙滋繁而事迹之矛盾益甚也。」 然此實迫於當日史料缺乏，無法完篇，故有濫竽充數之舉。 新書、通鑑於晚唐雖刻意求備，仍不免多所矛盾，劉書之爲世病，固太半環境使然也。 抑余嘗合校通典突厥及劉書突厥傳，覺其皆本吳、韋舊稿而互有取舍，未得軒輊，（參拙著突厥集史）是當年纂輯諸公，尙非胸無滴墨者，玉樹、桂泉與白日上昇諸瑣屑，未見其闌入地志也。 此其五。

逸文七職官志侍御史收御覽二二七，「御史遭長官於途，皆免帽降乘，長官戢轡辭而上馬，乾封中王本立爲御史，意氣頗高，途逢長官，端揖而已，自是諸人或降而立，或足至地，或側鞭弛轡，輕重無恆，開元以來，但舉鞭鐙揖而已，」校今所傳，殊不像職官志語。 逸文同卷復據御覽一七五，「麗正殿高宗降誕之所，開元中繕寫圖籍貯之，」以爲經籍志逸文，然其事與經籍何涉？ 胡爲瑣屑之事，今傳本多佚，若經一度刪削者。 此其六。

諸帝本紀，宣宗以前較謹嚴，以後宂雜滋甚，具見前引錢氏考異，今逸文所輯，自高祖迄文宗，幾達五卷，宣宗祇兩條（均御覽八七三）五十字，僖宗祇一條（御覽八六〇）四十八字，昭、哀且無有，豈謹嚴者偏多佚而宂雜者獨幸存乎，何爲如是之巧也。 此其七。

已上所摘，僅舉犖犖大端，他可疑者猶不勝枚舉。 夫既謂其逸矣，逸在何時 將謂南宋紹興以後歟，今百衲本得宋刻六十七卷及子卷二卷(三一至三四，四至四五，四八至五〇，六五至七八，八八至九七，一〇〇至一一〇，一二八至一三三，一六五至一六九，一七九至一八四，一九〇下至一九四上)，張元濟氏祇校出卷四一廣州下奪七十八字，一九〇下李白傳奪二十六字，縱使張校未全，要爲數有限，何所容如許逸文者? 是宋本出而前說不攻自破也。 將謂逸於南宋前歟，然北宋人書說曾未之言，所疑更無影響也。

大抵建功氏之惑，惑於明人諸序；如文徵明云，「先是書久不行，世無善本，沈君僅得舊刻數册，較全書才十之六七，於是偏訪藏書之家，殘章斷簡，悉取以從事校閱，惟審一字或數易，」楊循吉云，「故有刻本在吳中，惜亦未全，……且命廣搜殘逸，足其卷數，」又聞人詮云，「復成一代之新書，遂亡劉氏之舊帙，」一若劉書已殘闕不完者。 然嘉靖先今四百年，律以百衲所搜，彼時當不難集腋，聞序固云，「末復弭節姑蘇，窮搜力索，吳令朱子遂得列傳於光祿張氏，長洲賀子隨得紀志於守溪公，遺籍俱出宋時模板，旬月之間，二美璧合，古訓有獲，私喜無涯，」足徵卷非不全。 考遂初堂書目，舊唐書有舊杭本、川本小字、川本大字等，其云審一字或數易者，許是互校，且或誇美之詞，吾人讀聞序之「遂亡」，不得以辭害意也。(例如文序得舊刻數册較全書才十之六七云云，既什之六七，何止數册，必泥以求之，斯失眞意矣。)

更有進者，舊籍引書，往往不沾沾於字句，非徒御覽爲然，而御覽亦數見之，(參御覽引得序十一二頁。) 例如逸文十據事類賦注引盧攜鄭畋擲硯相投事，豈能決其非即 七八盧鄭兩傳之文而必爲黃巢傳逸文乎。

劉書逸文之不信，具如上理由，然則御覽所準「唐書」，其不指劉書耶，抑兼舉數種唐代之史耶，是須於唐人遺說、宋代目錄與御覽引文參互而決定之。

御覽經史圖書綱目著「唐書」、「舊唐書」二名，近人論之云，「綱目之作，當在何時，後世頗少定論，惟其中並列唐書及舊唐書之名，則頗使人疑其非修書時所擬進，乃仁宗以後好事者所撰輯者。 蓋修御覽時唐書僅有劉昫所修一種，初無舊與不舊之別，至仁宗嘉祐五年歐陽修等重修唐書成，劉書始被冠以舊字，而歐書或冠新字，或直稱唐書也。」（引得序十三頁） 然御覽流行之始，當屬官雕，豈容「好事者」妄加羼附，彼之說，蓋於「唐書」一名未之細考耳。

拓本貞元六年唐故江夏李府君岐墓誌（姪將仕郎前殿中侍御史內供奉鄘述。）云：

「考邕，皇朝北海郡太守，贈祕書監，有文集一百八卷行於代，唐書有傳。」

全唐詩七函五册白居易（廿四）自到郡齋詩自注云：

「河北三郡相鄰，皆有善政，時爲鐺脚刺史，見唐書。」

朱景玄唐朝名畫錄云：

「韓滉、德宗朝宰相，……按唐書、公天縱聰明，神幹正直，出入顯重，周旋令猷，出律嚴肅，萬里無虞。」

是皆唐人所稱之「唐書」也。 按李邕卒於天寶，鐺脚刺史者卽貞觀中滄州刺史薛大鼎、瀛州刺史賈敦頤、曹州刺史鄭德本，（見劉書一八五上良吏傳。） 則李鄘、白居易所謂「唐書」，當指吳、韋舊著。 若韓滉卒貞元三年，則朱景玄所謂「唐書」，最早亦屬令狐峘以後之續筆矣。 復次唐會要七五注：

「按工部侍郎韋述唐書云，貞觀八年，唐皎爲吏部侍郎，以選集無限，隨到補職，時漸太平，選人稍衆，請以冬初一時大集，終季春而畢，至今行用之。 諸史又云是馬周。 未知孰是，兩存焉。」

此在劉書旣修後，而吳、韋之史仍稱「唐書」者也。 更如宋人目錄，則崇文總目有云：

「唐書一百三十卷，唐韋述撰。 初吳兢撰唐史，自創業訖于開元，凡一百一十卷，述因兢舊本，更加筆削，刊去酷吏傳，爲紀、志、列傳一百一十二卷。 至德、乾元以後，史官于休烈又增肅宗紀二卷，而史官令狐峘等復于紀、志、傳後，隨篇增緝而不加卷帙。 今書一百三十卷，其十六卷未詳撰人名氏。」

「唐書二百卷，劉昫等撰。」

韋、劉二著竝稱唐書。 厥後新書五八云：

「唐書一百卷，又一百三十卷。」兢、韋述、柳芳、令狐峘、于休烈等撰。 又通志略六五云：

「唐書一百卷，吳兢撰。唐書一百三十卷，韋述等撰。」

對吳、韋之書，仍沿向稱；唯通志已稱劉書曰舊唐書，(讀書志五仍曰唐書。)紹聖元年胡宗愈奏已稱宋、歐書曰新唐書，現代舊、新唐書名稱之流行，當始南北宋間，然則御覽所謂「唐書」，其必包韋書在內也。抑此非徒余箇人私見，卽輯逸文者亦云然，其自序云：

「若夫其詞有與通典相同，(職官志逸文雜端御史云云，與通典二十四同，食貨志逸文開元二十五年令諸屯云云，與通典卷二同，其雙行夾注之處，亦屬相符。) 有與會要相同，(官品志後制舉科逸文數十條，與會要七十六制舉科各條字句皆同，行款亦合。) 疑是通典、會要之文而御覽誤引。然既標唐書之目，無以證其必非唐書，與其過而廢之，不若過而存之，疑以傳疑，姑留之以備考云爾。(官品志與職官志顯然不同，御覽所引各條，疑是韋述所撰唐書，今列於諸志之後，別自爲卷以俟考。)」

又云：

「疑其當有逸文而未見他書所引者，則聽其缺如。(楊炎傳云，父播，名在逸人傳，武元衡傳云，祖平一，事在逸人傳，今本無播及平一傳，亦無逸人傳名目，疑韋述之唐書有逸人，卽隱逸傳耳。)」

又卷八云：

「案御覽職官一門，凡引唐書而無官品志三字者，俱編爲職官志逸文。其有官品志三字者，今依御覽之次序，彙列於此卷，舊書本無官品志名目，故次於各志之後以俟考。」

固知御覽中之「唐書」，如不兼包韋著，不復可通矣。(按今本引得未別標唐書官品志一目，似欠完善。) 蓋合李唐創業已後爲一史，吳、韋之稿，最是先河，後此通典、會要，罔不依據，故各書之間，常見文字符同者。今本御覽標目，非必無誤。(參引得序十——十一頁。) 第其同乎通典、會要者，殆此兩書亦採自「唐書」，非御覽之訛也。讀書志五云，「唐書二百卷，右石晉劉昫、張昭遠等撰，因韋述舊史，增損以成，」此又今輯逸文往往與劉書事同而字句略異之故也。

「唐書」有韋述已後手筆，崇文總目具言之，惜其未詳撰人之十六卷，記事訖何朝，失附注說。以余貤之，或記及中唐已後事，故御覽所徵，有德宗朝之馬暢、田悅、王栖耀、韋執誼，憲宗朝之裴垍，穆宗之孟簡，與夫會昌、大中等政令也。然合而計之，屬中唐已前者仍佔絕對多數，是知御覽之「唐書」，多韋氏舊著，非經劉昫增損後之「唐書」也。（御覽二四四引穆宗朝趙宗儒懦怯一事，取與廣記四九七引盧氏雜說趙宗儒一段相勘，除首尾略變換外，中間文字幾全同，此必盧氏雜說亦採自「唐書」也。）

第余尚有疑焉，唐人所著唐史，自高祖以下至武宗，共實錄二十四種，雖崇文總目、新藝文志、讀書志、書錄解題之著錄，互有不同，但南宋猶存，固無疑竇。此外如柳芳唐歷四十卷，韋澳等續唐歷二十二卷，焦璐唐朝年代紀十卷，與前舉實錄，司馬氏修通鑑，皆累見徵引，而御覽獨未見其名，豈修御覽諸臣，竟以此爲無足徵乎？余由是疑之，以爲御覽圖書綱目云「唐書」者，幷韋、柳兩書言之也，「舊唐書」者，指歷朝實錄等言之也，惟卷內引文又統稱曰「唐書」，則直猶通名之唐史矣。

總之，御覽「唐書」下之引文，無論本據爲何，集成一篇，固極有裨於史學，建功氏之差，在徒泥爲劉書逸文而已。

中華民國三十一年五月，國家總動員日寫起，越二日成篇。

古讖緯全佚書存目解題(一)

陳 槃

目 次

孝經內事星宿講堂七十二弟子圖

隋書經籍志一讖緯類，孝經內事條下附注，「梁有孝經內事星宿講堂七十二弟子圖一卷，亡。」 按：通志藝文略孝經讖緯類著錄一卷，蓋南宋初復出。〔焦竑國史經籍志二孝經緯類亦著錄一卷。 然焦志往往濫載，四庫提要嘗譏之。 今存其疑可也。〕 經義考毖緯類有目無書，蓋已亡佚。

此書今雖不傳，意其命名星宿講堂七十二弟子圖，則是連文附圖，語涉「星宿」。 類此之說，猶時時可能於現存之讖緯中見之。 蓋讖緯家故神其事，以謂聖人受命述作，上合天心，下應人事。 易是類謀曰：

命機之運由孔出，天心表際，悉如河洛命紀，通終命苞。 鄭注，機轉者，紀數天之運，皆孔子出天之心意，及表際之事，亦志如之，故能與河洛合其數運終始，知王命之苞本也矣。〔殿本頁四。〕

春秋握誠圖曰：

孔子作春秋，陳天人之際，記異考符。〔逸書考頁一引清河郡本。〕

他讖緯之作，並著類似之神話，不悉數。 按：讖緯書之意，蓋謂孔子已能陳天人之際，故天亦應之以符瑞，如河圖、雒書、春秋、孝經等讖緯，皆「天書」，皆符瑞，聖人考而定之，於是而文成道立。

漢人之所以憑依孔子師徒，造作種種不可想象之神話者，由於漢武之罷黜百家，定於一尊，在此種情勢之下，不唯「言六藝者，折中於夫子，」方士之徒，要世取資，亦莫能外是。於是孔子爲漢制法之說出焉。春秋緯云，「丘覽史記，援引古圖，推集天變，爲漢帝制法，陳敍圖錄。」〔公羊隱元年疏引。〕是其例也。彼讖緯者流所以神化孔子者，固藉此取悅人主，而人主亦卽利用其說以杜絕非望。二者交相利用，故孔子之神話，愈日出而不窮，而孔子之受尊崇，亦變本而逾厲。東京世孔廟碑曰：

孔子大聖，則象乾巛，爲漢制作，先世所尊。〔元嘉三年孔廟置守廟百石孔龢碑。隸釋卷一。〕顏育空桑，孔制元孝，俱祖紫宮，大一所授。前閩九頭，以什言教。後制百王，獲麟來吐。制不空作，承天之語。三陽吐圖，二陰出讖。制作之義，以俟知奧。〔永嘉二年韓勑造孔廟禮器碑。隸釋同上。〕

伏念孔子，乾巛所挺。西狩獲麟，爲漢制作。臣以爲素王稽古，德亞皇代，雖有褒成世享之封，〔金石遺文錄，後漢書孔昱傳，七世祖霸，成帝時歷九卿，封褒成侯。〕四時來祭，畢卽歸國。〔建寧二年魯相史晨祠孔廟奏銘。隸釋同上。〕

諸祀孔廟文，於孔子爲漢制作之說，無不三致意焉。雖云孔子大聖，「生民未有」，千秋俎豆，亦固其宜。然漢人尊祀之意，則在彼者多，而在此者少也。

孔子故順天制作，輔之者則有七十二子之徒，故論語讖曰，「子夏六十人共撰仲尼微言」。〔文選曹子建王仲宣誄注引。〕孝經右契亦曰，「制作孝經，道備，使七十人弟子向北辰星而磬折，孔子絳單衣，向星而拜。」〔御覽五四二引。〕弟子之數，或曰「六十」，或曰「七十人」〔按，「七十人弟子」不辭，疑「人」當作「二」。〕者，讖緯之託，不出一人，說諸多岐，不足異也。

已云孔子師徒能稽合天心人事，爲漢制法，於是遂又有星宿講堂之附會。意其內容，大抵是謂孔子與其徒某也爲某星精，表狀奇特，異乎常流之類。春秋演孔圖曰，「孔子長十尺，大九圍，坐如蹲龍，立如牽牛，就之如昴，望之如斗。」〔御覽人事部十八引。〕論語摘輔象曰，「子貢斗星繞口，南容井口。」〔御覽人事部八引。〕「顏淵山庭，日角。曾子珠衡，犀角。」〔古微書引。〕「樊遲山額，有若有衡，反宇，陷額。」〔御覽人事部五引。〕如此之等，蓋即其遺說也。風俗通義佚篇云，「子路感雷精而生」，〔書鈔百四六引。〕殆亦「星宿講堂」舊文也。

兩漢之世，譔集孔子師徒遺事與夫刻圖畫像，故成爲一種風氣，其最大原因，亦即由於人主之尊崇與夫讖緯家之推波助瀾。譔述其事者，以余所知則有孔安國譔孔子弟子七十二人，〔李石續博物志七，此或後人僞託。〕史記仲尼弟子列傳，〔列傳贊云，本之孔氏古文。〕鄭玄論語孔子弟子目錄，〔隋志論語類，一卷。〕僞家語七十二弟子解。〔仲尼弟子列傳索隱引家語作七十七人。〕濟南某氏藏石刻孔子弟子名氏。〔山東省立圖書館季刊第二期董井館藏新出漢畫石刻考釋。槃按：此石作者不云有圖，漫附於此。〕爲圖者，魯竣石壁畫像，〔金石錄十六。水經八濟水注引戴延之西征記峻作恭。槃按：圖今佚。〕武梁祠七十二弟子圖，〔按：圖今殘存。〕靈帝光和元年置鴻都門學，畫孔子及七十二弟子像，〔後漢書蔡邕傳，又御覽二〇一引華嶠後漢書。〕文翁孔廟圖，〔仲尼弟子列傳索隱。按：此圖或云晉太康中，太守張收作。或疑此堂昔經頹廢，後漢末初平間高眹復繕立，圖畫古今聖賢之像及瑞物於壁，抑或東漢以前人物，高眹時所作，至收輩遞增益之，均未可知。說見全蜀藝文志四八元費著成都周公禮殿聖賢圖考。承友人張苑峯先生檢示。〕至若漢志論語家孔子徒人圖法二卷，〔今佚。〕此則不唯有圖，兼有文字者也。

孝經內事星宿講堂七十二弟子圖，意即此種風氣下產物。雖晚見於著錄，料至少亦不失爲東京之舊也。

此書有文、有圖，與孔子徒人圖法同。然星宿講堂七十二弟子圖必有關涉星宿之神話，如上文所述，此讖緯家說法，則與孔子徒人圖法有別矣。沈欽韓漢書疏證、藝文志、論語家、孔子徒人圖法條謂星宿講堂圖，蓋本諸此而別標詭異之名，殆不然與。

河圖

唐張彥遠歷代名畫記三：

古之祕畫珍圖，今粗舉領袖則有河圖。原注，十三卷，又八卷。

按：書今佚。此所謂「圖」，不知是否以繪畫爲主而附以簡單之標題，抑如古河圖，以文字爲主，所謂「圖」者，隨文而設。〔古河圖有圖說見下。〕張氏記中亦著錄白澤圖，而敦煌殘卷白澤圖則隨文附圖，〔參考王重民氏敦煌殘卷敍錄子部。〕又有「瑞圖」殘卷，〔參考日本支那學七卷一號敦煌遺書所見錄。〕占雲氣書殘卷，〔向覺明先生去冬從敦煌某氏移副歸，承假觀。〕並同此例。然白澤圖、「瑞圖」、雲氣圖者，一事一說，皆言之有物，故每事皆可附圖。而河圖則言事物者固多，而議論亦復不少。若隨文附圖，勢必文多而圖寡。豈好事者選集圖繪，主圖附文，仍本河圖之名，張氏所見，即此書耶？將此書文繁圖少，仍爲河圖之舊耶？莫能明也。

蓋嘗論之，古讖緯書故多有附圖者，凡書名之繫以「圖」者，大抵有圖。讖緯書之以「圖」名者，如河圖類有河圖、河圖緯、古龍圖、河圖括地象圖等。易緯類有坤靈圖、制靈圖、稽命圖等。書緯類有五帝鉤命決圖、中候勑省圖等。推而至於詩、禮、樂、春秋、孝經等讖緯，都不下數十百事。

固然，「圖」之義訓，不定是指圖繪，中候握河紀曰：

神龍負圖出河，虙犧受之，以其文畫八卦。〔逸書考引淸河郡本。〕

尙書帝命驗曰：

河龍圖出，洛龜書威，赤文象字，以授軒轅。〔同上。〕

按：上引二事，或以「圖」「文」互言，或以「圖」「書」「文」「字」互言，蓋謂龜龍之甲鱗有文理，上聖則而象之，寫爲文字。雖「圖」「文」互言，「圖」「書」「文」「字」互言，並無繪畫之實也。河圖曰：

黃帝遊於洛，見鯉魚長三丈，靑身無鱗，赤文成字。〔初學記六引。〕

龍魚河圖曰：

黃龍負圖，鱗甲成字，從河中出付黃帝。黃帝命侍臣圖寫，以示天下。〔淸河郡本。〕

或曰「赤文成字」，或曰「鱗甲成字」，「圖寫以示天下」。據河紀與帝命驗之所謂「圖」，宜同此矣。

由是言之，讖緯書之所謂「圖」，或指文理，或指圖寫，或指書錄，不必圖繪也。以此推之，書之以「圖」爲名者，似亦不定是圖繪，可也。

然讖緯之附圖繪，卽就讖緯遺文尋繹之，故可得其端緒。余考讖緯書之言圖繪者有兩類：一者，書以圖爲飾。二者，隨文附圖，因圖見義。河圖祿運法曰：

黃帝曰，余夢見兩龍挺白圖卽帝以授余於河之都。天老曰，天其授帝圖乎，試齋，以往視之。黃帝乃齋河洛之間，求相見者。至於翠嬀泉，大盧魚折流而至。乃問天老，曰，見河中折溜者乎。見之，與天老跪而授（受）之，魚汎白圖，蘭采、〔一作葉。〕朱文，以授黃帝。帝舒視之，名曰籙圖。〔清河郡本。〕

此籙圖有「蘭采」〔或蘭葉。〕有「朱文」。蘭采，蓋以采繪蘭〔或蘭葉。〕爲飾矣。中候考河命曰：

舜乃設壇於河，如堯所行。至於下稷，容光休至，黃龍負圖長三十二尺，置於壇畔，赤文綠錯，其文曰，禪於夏后，天下康昌。〔清河郡本。〕

此圖長三丈二，而文字不過八。曰「赤文綠錯」云云，蓋「綠錯」卽圖繪，不然以二丈許長之卷僅綴八字，位置故不稱。第此所謂以「綠」爲「錯」之圖，因原文含混，不知其所繪者爲何事，疑亦書飾之類也。

所謂隨文附圖，因圖見義者，敦煌「瑞圖」殘卷「河圖」條曰：

堯坐河渚之上，神龍負圖而出，江河海水山川丘澤之形兆，及王者州國之分，天子聖人所興起容頽形狀也。

又「黃龍負圖授舜」條引春秋運斗樞曰：

舜爲天子，東巡，至乎中月，臨觀，〔元注，臨河觀望也。月，或爲舟。〕至采負圖，〔槃按：至，疑當作五。〕出置舜前。圖黃玉爲匣，如匱，長三尺，廣八寸，厚一寸。四合而連，有戶。曰玉爲檢，〔按：曰，疑當作白。〕黃金爲繩，黃芝爲泥。封兩端，章曰，「天黃帝苻璽」五字。〔按：黃疑當作皇。苻當爲符。〕廣袤各三寸，深四分，鳥文。舜與三公大司空禹等卅人發圖，玄色而綈狀，可卷舒。長卌二尺，廣九尺。中有七十二帝地形之制，天文分度之差。

據此，河圖廣凡九尺，長乃至四丈許。其中有地理，有天文，有帝王形狀。張彥遠氏所見，殆屬此類。至於河圖地形之繪事，晉裴秀嘗見之，晉書裴秀傳禹貢九州地域圖序曰：

今祕書已無古之地圖，又無蕭何所得秦圖書，唯有漢氏所畫輿地及括地諸雜圖，各不設分率，又不考正準望，亦不備載名山大川。其所載列，雖有麤形，皆不精密，不可依據。或稱外荒迂誕之言，不合事實，於義無取。

按：裴氏所謂「括地諸雜書」者，今輯本河圖類有河圖括地象圖、河圖括地圖、括地圖，〔文廷式補晉書藝文志史部括地圖條以爲裴氏所見卽括地圖。槃疑上引三書，蓋一書之異名，本爲河圖括地象圖，引家省略其辭，故有河圖括地象與括地圖之異稱。〕書中多言九州地形，又有「外荒迂誕之言」，與裴說悉合。裴氏所見，蓋卽此本。曰「漢氏所畫輿地及括地諸雜圖」云云，則河圖括地象圖類必有隨文設附之地圖矣。

其所謂「天子聖人」之「容頰形狀」，則可以於春秋合誠圖中窺見其消息，文曰：

堯母慶都，及年二十，寄伊長孺家，出觀三河之首，有赤龍負圖出。慶都讀之，赤受天運。〔宋均注，運，錄運也。〕下有圖人，衣赤光，面八彩。〔槃按：淮南俶眞篇，堯眉八彩。中候握河紀同。此作面，疑誤。〕鬚髮長七尺二寸。兌上，豐下，足履翼翼。〔路史陶唐氏紀引作翼宿。〕署曰，赤帝起，誠天下寶。〔宋注，衣赤光，光像而又著衣也。八彩，彩色有八也。翼翼，星火位宿也。圖人旁有此署文七十也。〕奄然陰風雨，赤龍與慶都合婚，有娠。龍消不見。既乳，視堯如圖表。及堯有知，慶都以圖予堯。〔宋注，如圖人儀表也。御覽八十引。〕

按：曰「赤龍負圖出，慶都讀之，」文作某，「下有圖」，表人形狀，是此河圖有文、有圖矣。宋均注曰，「圖人旁有此署文」，曰，「八彩，彩色有八」，意宋均作注時，嘗目驗此圖繪，故爾語無泛設。然則古河圖之有繪圖，信不誣矣。

名畫記云，「粗舉領袖則有河圖」，知所見河圖繪畫，體製必甚古。宋均，三國魏人。裴秀，晉人。以二君之說徵之，則河圖繪事，歷世相傳。淵源舊矣。

中華民國三十三年二月初稿。

出自第十二本(一九四七年)